毕节年鉴

2019

BIJIE YEARBOOK

毕 节 市 人 民 政 府 主办
中共毕节市委党史研究室
毕节市地方志编纂委员会办公室 编

方志出版社
Publishing House of Local Records

毕节市地方志编纂委员会

编辑说明

一、《毕节年鉴》系中共毕节市委领导、毕节市人民政府主办，毕节市史志办征编的公开出版发行的地方综合性大型权威资料工具书。

二、《毕节年鉴》创刊于2002年，每年一卷。2019年卷《毕节年鉴》坚持以马克思列宁主义、毛泽东思想、邓小平理论、“三个代表”重要思想、科学发展观、习近平新时代中国特色社会主义思想为指导，坚持辩证唯物主义和历史唯物主义的立场、观点和方法，全面、系统、翔实地记载了2018年度毕节市政治、经济、文化、社会等方面的成就、经验，为社会各界了解、研究毕节提供地情资料。

三、2019年卷《毕节年鉴》共设38个部类，即特载、特记、专文、文件选编、大事记、毕节概貌、领导名录、中共毕节市委、毕节市人大及其常委会、毕节市人民政府、政协毕节市委员会、纪检监察、民主党派与工商联、社会团体、军事、法治、经济管理与监督、财政·税务、统计·审计、金融、农业、工业、招商引资、经济开发区·产业园区、城建·环保、旅游、交通·邮电、贸易、教育、科技、文化·体育、史志·档案、广播电视·新闻、卫生、社会生活、企业之窗、县区概况、统计资料。

四、2019年卷《毕节年鉴》所用稿件均由市直各工作部门、各县区、军分区、省属驻毕单位、各民主党派和人民团体提供，《毕节市经济社会发展统计资料》系市统计局提供。各部门提供的数据经过认真核对，但因统计口径与资料来源不同，有的数据可能不尽一致，使用时以统计部门的数据为准。农业用地为保持传统习惯，仍以亩（1公顷＝15亩）表示。封面、封底图片均由毕节日报社原摄影记者聂宗荣提供。

五、2019年卷《毕节年鉴》在征编过程中，得到各级领导、有关部门、社会各界的关心和支持，在此深表感谢。由于编者水平有限，肯定存在不少问题和遗漏，恳请读者及各单位见谅并提出宝贵意见。

▲ 9月17日，毕节经开区税务局开展“青年文明号”开放周活动

（李 想 摄）

▲ 参加公祭活动的武警官兵代表向烈士纪念碑献花 （王纯亮 摄）

▲ 2018年，威宁县开展“扣好人生第一粒扣子”主题活动

（张 印 摄）

▲ 参加公祭活动的学生代表唱响《少年先锋队队歌》　　　　（王纯亮　摄）

▲ 集中收看庆祝改革开放四十周年大会　　　　（毕节日报社　提供）

重要会议与活动

ZHONGYAOHUIYIYUHUODONG

▲ 乌蒙山片区区域发展与脱贫攻坚部际联席会议　　（王纯亮　摄）

▲ 2018年中国赤水河流域生态保护治理发展协作推进会　　（王纯亮　摄）

▲ 中国共产党毕节市第二届委员会第三次全体会议　　（王纯亮　摄）

▲10月12日，到国务院扶贫办汇报工作　　（王纯亮　摄）

▲12月29日，毕节市消防救援支队迎旗授衔换装　　（毕节日报社　提供）

▲8月16日，2018年中非合作论坛减贫与发展会议外宾在贵州省毕节市大方县奢香古镇考察　　（王纯亮　摄）

三大攻坚战

SANDAGONGJIANZHAN

▲ 百人誓师大战三大工程攻坚战：农网改造升级；智能电表、低压集抄全覆盖；供电所建设　　（毕节供电局　提供）

▲ 金海湖新区常丰社区荣获“全国民主法治示范村”——常丰社区一角　　（金海湖新区　提供）

▲ 6 月 1 日，市烟草局（公司）组织安全生产月启动仪式暨宣誓签名活动　（市烟草局黄晓龙　摄）

▲ 金海湖新区常丰社区荣获“全国民主法治示范村”——常丰社区一角　（金海湖新区　提供）

▲ 金海湖新区 2018 年脱贫攻坚誓师大会　　（金海湖新区新闻中心　提供）

三大攻坚战

SANDAGONGJIANZHAN

▲ 4 月 25 日，在赫章县平山乡中山村，药农在中药材基地为白芨除草　　（王纯亮　摄）

▲ 织金县猫场镇农民把皂角精初加工作为脱贫致富奔小康的一项有效途径，利用本地生产和外地收来的皂角进行初加工，加工后年销售收入达 3.6 亿元左右

▲ 12 月 5 日，农民在七星关区朱昌镇青杠村采收水果萝卜　　（王纯亮　摄）

▲ 大方县东关育苗基地，菜农正在管护芹菜苗　　（王纯亮　摄）

▲ 赫章县松林坡乡万亩香葱基地　　（尚宇杰　摄）

三大攻坚战

SANDAGONGJIANZHAN

▲ 金沙县大田乡 11 万棒油茶菇种植引领群众致富　　（陈世海　摄）

▲ 金沙县高坪镇 230 个食用菌大棚助增收　　（陈世海　摄）

▲ 金沙县西洛街道开化社区草莓园带动乡村旅游发展（陈泽劲　摄）

▲ 金沙县禹谟镇香葱产业基地　　（黄忠贵　摄）

▲ 威宁县小海镇的薯农收获马铃薯　（王纯亮　摄）

▲ 织金县马场镇恒大帮扶养殖场，安排就业的贫困户喂牛　（韩贤普　摄）

▲ 黔西县大关镇七里里农民专业合作社温室里的糯谷猪　（韩贤普　摄）

▲ 5 月 27 日，七星关区恒大援建异地搬迁首批集中搬迁入住　　（聂宗荣　摄）

三大攻坚战

SANDAGONGJIANZHAN

▲ 金沙县安洛乡木杉戛易地扶贫搬迁安置点与产业基地构筑致富图画　　（陈世海　摄）

▲ 织金县珠藏镇易地扶贫搬迁安置点　　（织金县史志办　提供）

▲ 威宁五里岗易地扶贫搬迁小区之一　　（沈光勇　摄）

▲ 2018 全市生态环境保护工作大会 （王纯亮 摄）

▲ 大方县黄泥塘兴林村支嘎阿鲁湖畔石漠化综合治理现场 （吴学毅 提供）

▲ 草海治理万吨污水处理厂　　　　（韩贤普　摄）

▲ 金沙县新化乡矿山复绿治理工程一角　　　　（陈世海　摄）

▲ 还河于民、道路畅通　　　　（陈再雄　摄）

实体经济取得新进展

SHITIJINGJIQUDEXINJINZHAN

▲ 金海湖新区工业园区获2018年优秀锂电池产业园区称号
（金海湖新区　提供）

▲ 毕节市七星关经济开发区贵州华耀服装有限公司，解决了进城农民工就近就业
（聂宗荣　摄影）

▲ 金沙回沙酒生产　（韩贤普　摄）

▲ 生机勃勃的金沙经济开发区　（陈世海　摄）

▲ 位于织金县城关西湖村的文家坝煤矿是贵州省参股多元化产权结构的国有大中型煤矿生产洗选加工企业，年设计能力为240万吨/年，总能力为480万吨/年

（织金县史志办　提供）

▲ 织金八步火电厂

（织金县史志办　提供）

▲ 赫章县平山乡贵州乡里人家农产品电商服务有限公司的工人正在包装产品
（王纯亮　摄）

▲ 金沙县禹谟镇生态温馨醋园　（陈世海　摄）

实体经济取得新进展

SHITIJINGJIQUDEXINJINZHAN

▲ 金沙县西洛街道千亩荷花观光园引来各方游客　（陈世海　摄）

▲ 位于毕节城区的中国光大银行大厦　　（王纯亮　摄）

▲ 黔西县金碧镇农商银行工作人员为高山村 4 组村民李启校、梅德秀夫妇办理惠农贷款手续　　（韩贤普　摄）

▲ 中石化毕节油库在金海湖新区响水乡开工建设　　（金海湖新区　提供）

▲ 菜农在贵州大方东关乡恒大·地利扶贫蔬菜育苗中心劳作 （王纯亮　摄）

▲ 大方六龙天麻生产基地 （王纯亮　摄）

农业产业结构调整

NONGYE CHANYE JIEGOU TIAOZHENG

▲ 金沙县安洛乡 6800 余亩优质中华烟基地一角 （陈世海　摄）

▲ 威宁自治县玉龙、迤那等乡镇农户从传统烤烟种植转为天星米种植 （聂宗荣　摄）

▲ 大方县理化乡猕猴桃种植基地（聂宗荣　摄）

▲ 威宁炉山茶场繁忙的采茶场景（王纯亮　摄）

▲ 黔西金碧香葱生产基地（韩贤普　摄）

▲ 织金县马场乡蔬菜大棚（聂宗荣　摄）

基础设施建设

JICHU SHESHI JIANSHE

▲ 厦蓉高速朱昌停车区段　　（汪义康　摄）

▲ 成贵铁路云贵段长轨开铺动员大会现场　　（金海湖新区　提供）

▲ 建设中的成贵高铁大方站（王慧玲　摄）

▲ 3 月 9 日，大方县小屯乡境内，一列行驶在春天里的火车　（王纯亮　摄）

▲ 毕节市梨树高铁客运枢纽中心项目施工现场，工人正在进行公交枢纽的基础垫层，站前广场的基础底板及主体顶板工程　（郑林华　摄）

▲ 纳雍厍东关乡陶营村，樱桃花掩映中的通组公路　（韩贤普　摄）

▲ 第一列火车驶入毕节东火车站　（金海湖新区　提供）

▲ 威宁玉龙象鼻岭电站　　（韩贤普　摄）

基础设施建设

JICHU SHESHI JIANSHE

▲ 在建中的夹岩水利枢纽工程　　（毕节市水务局　提供）

▲ 织金大新桥水库　　（织金县史志办　提供）

基础设施建设

JICHU SHESHI JIANSHE

▲ 纳雍新客运站　　（纳雍县史志办　提供）

▲ 黔西县城区一角　　（聂宗荣　摄）

▲ 织金县城一角　　（织金县史志办　提供）

▲ 毕节供电局电力调度控制中心工作人员正在调度电力运行情况　　（王纯亮　摄）

▲ 金沙县职教中心 （韩贤普 摄）

民生事业

MINSHENG SHIYE

▲ 流沧晚会 （贵州工程应用技术学院 提供）

▲ 海雀小学　　（韩贤普　摄）

▲ 6 月 25 日，贵州省创建国家卫生城市技术培训会在毕节市举行　　（市卫生健康局　提供）

▲ 采供血业务培训 （毕节市中心血站 提供）

民生事业

MINSHENG SHIYE

▲ 在金海湖新区建设中的毕节市妇幼保健院新院 （韩贤普 摄）

▲ 织金县珠藏镇链子村，杨晓珍和当地群众在绘制蜡画 （王纯亮　摄）

▲ 在贵州宣慰府广场举行的大方县原创歌曲大赛现场 （吴学毅　摄）

▲ 3月15日，威宁自治县石门乡新中小学，学生正在跳民族舞　（王纯亮　摄）

▲ 大方奢香古镇祈福迎春　（韩贤普　摄）

▲ 黔西县林泉镇高锦小学打鼓芦笙拳表演　　（毕节市教育局　提供）

民生事业

MINSHENG SHIYE

▲ 神鼓节　　（百里杜鹃管理区文广局　提供）

民生事业
MINSHENG SHIYE

▲ 威宁县石门乡荣合村中寨自管委民居　（况清　摄）

▲ 蓝天白云掩映之下的威宁县石门乡新营苗寨　（祝庆　摄）

▲ 黔西县莲城街道八块田社区残疾青年刁朝贵身残志坚，创业带富　（郑林华　摄）

目 录

特 载

特 记

专 文

文件选编

大事记

毕节概貌

领导名录

中国共产党毕节市委员会

毕节市人大及其常委会

毕节市人民政府

中国人民政治协商会议毕节市委员会

民主党派与工商联

中国共产党
毕节市纪律检查委员会
毕节市监察委员会

社会团体

军 事

法　治

经济管理与监督

财政·税务

统计·审计

金 融

农　业

工　业

招商引资

经济开发区·产业园区

城建·环保

旅　游

交通·邮电

贸　易

教　育

科 技

文化·体育

史志·档案

广播电视·新闻

卫　生

社会生活

企业之窗

县区概况

社会经济发展主要指标

索　引

中共中央总书记、国家主席、中央军委主席习近平日前对毕节试验区工作作出重要指示

新华社贵阳7月19日电　中共中央总书记、国家主席、中央军委主席习近平日前对毕节试验区工作作出重要指示指出，30年来，在党中央坚强领导下，在社会各方面大力支持下，广大干部群众艰苦奋斗、顽强拼搏，推动毕节试验区发生了巨大变化，成为贫困地区脱贫攻坚的一个生动典型。在这一过程中，统一战线广泛参与、倾力相助，作出了重要贡献。

习近平强调，现在距2020年全面建成小康社会不到3年时间，要尽锐出战、务求精准，确保毕节试验区按时打赢脱贫攻坚战。同时，要着眼长远、提前谋划，做好同2020年后乡村振兴战略的衔接，着力推动绿色发展、人力资源开发、体制机制创新，努力把毕节试验区建设成为贯彻新发展理念的示范区。统一战线要在党的领导下继续支持毕节试验区改革发展，在坚持和发展中国特色社会主义实践中不断发挥好中国共产党领导的多党合作的制度优势。

7月19日，统一战线参与毕节试验区建设座谈会在贵州省毕节市召开，中共中央政治局常委、全国政协主席汪洋出席并讲话。汪洋强调，30年来，统一战线成员对毕节试验区倾注了深厚感情，做了大量卓有成效的帮扶工作，为试验区建设贡献了智慧和力量，丰富了多党合作的实践形式，彰显了中国新型政党制度的优越性。

汪洋指出，中国特色社会主义进入新时代，毕节试验区建设也进入新阶段。要以习近平新时代中国特色社会主义思想为指导，认真贯彻习近平总书记重要指示精神，适应新形势，瞄准新目标，实现新跨越。统一战线要发挥人才荟萃、智力密集、联系广泛的优势，帮助培育特色脱贫产业，协调解决重点难点问题，搞好脱贫攻坚民主监督，助推试验区按时打赢脱贫攻坚战。要围绕事关试验区长远发展的重大问题开展前瞻性研究，推动有关方面实施好重大环保工程和生态建设工程，大力协助培养人才，助力试验区建设成为贯彻新发展理念示范区。要通过参与毕节试验区建设，进一步增强拥护中国共产党领导的坚定性，增强参政党自身建设的自觉性，增强多党合作的有效性，积累中国共产党领导多党合作服务党和国家工作大局的新经验。

中共中央书记处书记、中央统战部部长尤权在会上传达了习近平的重要指示并主持会议。

会上，各民主党派中央和全国工商联主席、无党派人士代表和贵州省、毕节市党委主要负责人发言。

中央和国家机关有关部门，贵州省、毕节市负责人参加座谈会。

同心同行谋发展　打赢脱贫攻坚战

——统一战线帮扶毕节试验区综述

人民日报－本报记者　杨　昊

7月中旬，走进贵州省毕节市金海湖新区梨树镇上小河村，满眼苍翠，绿树掩映着白墙青瓦的白族民居。村民王才龙笑着说："原来住土坯房，一年挣2000块就不得了。现在住进了二层小楼，种植蔬菜、酿酒，每年收入5万多元哩！"

上小河村，也被称为"同心新村"——2006年，上小河村被民盟中央列为毕节新农村建设的"共建试点村"，十几年来共投入各类资金6000万元，推进基础设施建设、生态环境整治、产业试点示范，打造集旅游观光、休闲度假于一体的新型旅游精品示范村。

从远近闻名的穷山沟到如今的"贵州白族第一村"，上小河村的变化是统一战线倾力参与毕节试验区精准脱贫的缩影，更是中国共产党领导的多党合作助推贫困地区发展的生动写照。

突破瓶颈，助力破解贫困难题

毕节的"穷"，曾经全国有名。

这里一度是我国西南贫困带的核心区域，深受"人民贫困、生态恶化、人口膨胀"三大问题困扰，生态脆弱、交通闭塞、经济落后，有关专家曾认定毕节是不适宜人类居住的地区。

今天的毕节，贫瘠的土地披上了绿装，贫困的山村建起现代高效农业园区，拥有青山绿野的生态、四通八达的交通、连片开发的工业和连通全球的市场。

这场蜕变始于30年前。1988年6月，国务院批准建立毕节试验区。自此，在党中央、国务院的关心下，围绕“开发扶贫、生态建设、人口控制”三大主题，统一战线开启了帮扶毕节试验区攻坚克难、挑战贫困的新征程。

30年来，中央统战部、各民主党派中央、全国工商联等有关方面紧扣毕节试验区民生诉求，为试验区经济社会发展和扶贫开发作出重要贡献。一代又一代统战人进深山、走村寨、入农户深入调研；一批又一批统战系统挂职蹲点干部长期在喀斯特山区与毕节各族人民一道尽心竭力克服困难；一个个帮扶品牌孕育而生，一个个发展亮点竞相迸发。

一组数字展现了统一战线在毕节试验区的努力：组织986批次8356人次专家学者到试验区考察指导工作，培训各类人才32.9万人次；新改扩建各类学校近200所，援建乡镇卫生院、村级卫生室140多个；组织召开6次统一战线参与毕节试验区建设联席会议，共协调推动项目900多个，涉及资金1200多亿元……

努力带来的成效是显著的：30年来，毕节累计减少贫困人口594万，贫困发生率从56%下降到8.89%，2017年实现25.86万人脱贫，为打赢脱贫攻坚战奠定了坚实基础。如今的毕节试验区，走出了一条以统筹经济与人口、资源、环境协调发展为主线，以改革创新为动力，实现从普遍贫困向基本小康跨越的发展路子。

同心合力，展现统一战线帮扶担当

“小水窖，同心建，统一战线来支援，人背马驮看不见，山乡处处涌清泉……”这首《同心颂》，几乎是每个居住在毕节市大方县九龙山脚的村民都会用方言传唱的歌谣。

乌江支流与赤水河支流在九龙山麓交汇，水源丰富，但这里山高沟深，以前老百姓用水必须下到几公里外的河谷肩挑背驮，“虽然守着河，却吃不到水”。如今，在统一战线的援助下，村村寨寨都建起了“同心”小水窖，“用水难”这个困扰世代九龙山村民的难题成为历史。据不完全统计，截至目前，统一战线共在毕节试验区援建“同心”小水窖1.5万多口，有效解决了群众的生产生活用水问题。

以打造帮扶品牌为代表，每一个项目都凝聚着统一战线与毕节试验区人的心血和汗水。

——中央统战部牵头建立健全统一战线参与支持毕节试验区建设工作联席会议制度、部分省市统一战线参与试验区建设工作机制、干部挂职锻炼机制等帮扶机制，创造性地开展“助推发展、智力支持、改善民生、生态建设、示范带动”“五大工程”，举办招商推介活动引进项目361个，推动747批7414人次专家学者、企业家到毕节考察，推动实施脱贫项目233项；

——农工党中央实施“同心助医工程”及“同心全科医生特岗人才计划”，帮助大方县完成32个乡镇309个村卫生室的标准化规范化改造，探索让全科医生“下得去、留得住、用得上、水平高”的有效路径和工作模式；

——全国工商联在织金县投入1亿多元探索实践智力帮扶、科技示范、民生改善等多种扶贫模式，引导民营企业投资产业项目130多亿元发展县域经济，组织213家民营企业精准帮扶202个村的1.11万建档立卡贫困人口；

——民革中央争取纳雍火电厂、“国家贫困地区义务教育工程”等重大项目落地纳雍；民盟中央协调东部10省市民盟组织对口帮扶毕节15所中小学；民建中央在黔西县完成2000多名中小学骨干教师培训；民进中央为金沙县举办培训班160多期、培训2万余人次；致公党中央培训医务人员2415人次，惠及158万群众；九三学社中央组织26所教育发达地区优质学校与威宁24所学校开展对口帮扶；台盟中央精准助推海雀村民脱贫致富，援建赫章县5所小学教学楼，建设新农村卫生室40所……

建立30年，毕节试验区创造了生存和发展的奇迹：2017年，毕节试验区生产总值从23.4亿元增加到1841.6亿元，城镇和农村居民人均可支配收入分别从795元、376元增加到27320元、8473元，森林覆盖率从14.9%提高到现在的52.8%，实现了从经济基础薄弱向综合实力显著提升、从人与环境矛盾突出向人与自然和谐共生的历史性转变。

奇迹的背后，凝聚着统一战线各界人士与中国共产党同甘共苦、同心协力、同舟共济的一片赤诚。

砥砺奋进，打赢脱贫攻坚这场硬仗

在大方县理化乡华麟猕猴桃种植示范基地，果木村村民赵涛俊正在对高科技品种“金圆”猕猴桃进行常规检查。该基地是农工党中央引进北京华麟科技公司在大方县创建的现代化农业产业项目，集科技成果转化、专利品种种植、产品精深加工及品牌销售为一体。

“2013年基地开始建设时我就在这里务工，一直干到现在。我还承包了基地的除草施肥等工程，每年收入在两万元左右，到今年我已经赚了十多万了。”赵涛俊兴奋地说。

加快产业转型升级是打赢脱贫攻坚战的关键。30年来，毕节试验区结合自身环境气候条件和市场需求，大力发展山地特色高效农业，把高山生态有机茶、经果林、有机蔬菜等作为农业结构调整的主导方向，农业园区总数达到326个；培育发展合作社14064个，市级以上龙头企业334家，覆盖贫困人口65.7万人。

面对“一方水土养不活一方人”的困境，恒大集团将投入35亿元，和毕节市政府共同参与到各县区的易地扶贫搬迁项目中，共解决4.2万户、18.4万贫困群众的搬迁问题，同时每户配建蔬菜大棚、肉牛养殖、乡村旅游等两个以上的产业项目，确保贫困群众“搬得出、稳得住”。

众多帮扶毕节试验区的民营企业充分发挥自己的资金、技术、市场等优势，根据当地资源特点，重点发展一批特色产业，通过提供就业岗位和职业技能培训机会，重点解决一批贫困户劳动力就业，成为当地群众致富增收新的动力。“团结一切可以调动的积极因素，形成凝聚各方力量、长期共同支持一个贫困地区的‘毕节经验’，点燃了统一战线与毕节人民共同奋斗的激情，壮大了同步全面小康的力量。”毕节市人大常委会副主任、市委统战部部长黄光江说。

当前，脱贫攻坚已进入攻坚拔寨的冲刺阶段，越往后越是难啃的“硬骨头”。未来，统一战线将进一步整合和优化资源，形成强大合力，努力为贫困地区全面建成小康社会闯出新路子，在多党合作服务改革发展实践中探索新经验，凝心聚力坚决打赢脱贫攻坚这场硬仗。

新时代期待新作为。在习近平新时代中国特色社会主义思想的指引下，统一战线将充分发挥特色优势，全力做好对口帮扶毕节试验区工作，在同心共筑中国梦的大道上砥砺前行……

（来源：人民网—人民日报2018年7月19日）

中共毕节市委二届三次全会
尽锐出战 发起总攻 坚决夺取脱贫攻坚战全面胜利

（中国共产党毕节市第二届委员会第三次全体会议，于2018年7月4日至5日在七星关召开）

全会听取和讨论了周建琨受市委常委会委托作的工作报告。

全会审议通过《中共毕节市委关于贯彻落实省委十二届三次全会精神坚决打赢脱贫攻坚战三年行动的实施意见》《中国共产党毕节市第二届委员会第三次全体会议决议》和《关于同意黔西县撤县设市的决议》。

·要深入践行习近平扶贫思想，对照省委书记孙志刚在省委十二届三次全会上“十个深刻领会”的系统阐释，深刻理解和准确把握其丰富内涵和本质特征，切实增强打赢脱贫攻坚战的紧迫感和责任感，全面贯彻落实中央和省委决策部署，坚定决战决胜的信心和决心，坚决打好打赢脱贫攻坚战。

·要紧紧围绕“打赢脱贫攻坚战三年行动”，集聚“尽锐出战”的队伍力量，树立“发起总攻”的目标追求，把握“夺取全胜”的时间节点，统筹推进深度贫困县、一般贫困县和非贫困县的贫困人口脱贫，统筹推进脱贫攻坚和高质量发展，统筹推进脱贫攻坚和民生改善，统筹推进脱贫攻坚和乡村振兴，坚持以目标倒逼任务以时间倒逼进度。

·要突出精准施策，高质量打好“四场硬仗”、抓实“五个专项治理”、推进农村产业革命，凝聚脱贫攻坚磅礴力量，全力健全完善支撑体系，坚持以前所未有力度高质量打好关键战役。

·要发挥“大党建”统领作用，全面落实新时代党的建设总要求，强化党政“一把手”负总责的领导责任制，坚决扛起重大政治责任，建强基层堡垒，锤炼过硬作风，健全督查考核体系，营造浓厚氛围，坚持以责任担当为发起总攻夺取全胜提供保障。

本报讯（记者 韩磊 王纯亮）中国共产党毕节市第二届委员会第三次全体会议，于2018年7月4日至5日在七星关举行。

出席全会的有市委委员50人、候补委员6人。

全会由市委常委会主持。市委书记周建琨作了讲话。

全会深入学习贯彻党的十九大精神、习近平总书记在贵州省代表团重要讲话精神和省委十二届三次全会精神，听取和讨论了周建琨受市委常委会委托作的工作报告、关于《尽锐出战发起总攻坚决夺取脱贫攻坚战全面胜利》的讲话，审议通过了《中共毕节市委关于贯彻落实省委十二届三次全会精神坚决打赢脱贫攻坚战三年行动的实施意见》和《关于同意黔西县撤县设市的决议》。市委副书记、市长张集智就《实施意见（讨论稿）》向全会作了说明。

全会充分肯定了市委二届二次全会以来市委常委会的工作。一致认为，在省委的坚强领导下，市委常委会以习近平新时代中国特色社会主义思想为指引，深入学习宣传贯彻党的十九大精神和习近平总书记在贵州省代表团重要讲话精神，全面贯彻党的十九届二中、三中全会精神和省第十二次党代会、省委十二届二次、三次全会精神，按照“113 攻坚战”总体部署，团结带领全市各族干部群众，不忘初心，牢记嘱托，感恩奋进。全会认为，市委常委会坚持抓重点带全局，聚合力解难题，始终把学习贯彻党的十九大精神作为讲政治的首要任务，始终把打好打赢脱贫攻坚战作为履职担当的重大使命，始终把全面深化改革作为推动发展的强大动力，始终把防范化解重大风险作为保障发展的底线要求，始终把“五城同创”作为推动民生改善的重要载体，始终把抓好中央、省委巡视和环保督察问题整改作为严守政治纪律规矩的现实检验，始终把开展“三个大兴”活动作为改进作风加强党建的有力抓手，全市呈现出脱贫攻坚扎实推进、经济质量平稳提升、社会大局和谐稳定、干部群众精神振奋、党的建设不断加强、各项事业明显进步的良好局面。取得这些成绩，最根本的是得益于以习近平为核心的党中央的正确领导，得益于习近平新时代中国特色社会主义思想的科学指引，得益于省委、省政府的重视关心，得益于统一战线的帮扶支持，是全市各级党组织、党员干部、各族群众同心同德、共同奋斗的结果，也是社会各界鼎力支持和倾情帮扶的结果。

全会指出，党的十八大以来，习近平总书记对扶贫开发提出了一系列新思想新观点，作出了一系列新决策新部署，形成了思想深刻、内涵丰富、体系完整的习近平扶贫思想。要深入践行习近平扶贫思想，对照省委书记孙志刚在省委十二届三次全会上“十个深刻领会”的系统阐释，深刻理解和准确把握其丰富内涵和本质特征。要切实增强打赢脱贫攻坚战的紧迫感和责任感，使命逼人、我们必须勇于担当，形势逼人、我们必须加压奋进，挑战逼人、我们必须锐意攻坚。我们面临难得的历史机遇，具备坚实的工作基础，拥有强大的帮扶力量，必须全面贯彻落实中央和省委决策部署，坚定决战决胜的信心和决心，坚决打好打赢脱贫攻坚战。

全会指出，面对新形势新任务新要求，全市上下要紧紧围绕“打赢脱贫攻坚战三年行动”，以“精心绣花”的功夫奋力攻坚，以“万众一心”的态势决胜全面小康。要集聚“尽锐出战”的队伍力量，树立“发起总攻”的目标追求，把握“夺取全胜”的时间节点，坚持以目标倒逼任务以时间倒逼进度。尽锐出战、发起总攻、夺取全胜，务必注意把握全局性、方向性的关键问题，统筹推进深度贫困县、一般贫困县和非贫困县的贫困人口脱贫，统筹推进脱贫攻坚和高质量发展，统筹推进脱贫攻坚和民生改善，统筹推进脱贫攻坚和乡村振兴。

全会强调，要突出精准施策，坚持以前所未有力度高质量打好关键战役。要高质量打好“四场硬仗”，全力打好以农村“组组通公路”“户户通安全饮水”为重点的基础设施建设硬仗，全力打好易地扶贫搬迁硬仗，全力打好产业扶贫硬仗，全力打好教育医疗住房“三保障”硬仗。要牢牢把握目标导向、问题导向和时间导向，高质量抓实“五个专项治理”。要统筹打好“八要素”组合拳，加快培育新型农业经营主体，不断创新农业经营机制，全力推动农业接二连三，高质量推进农村产业革命。要凝聚脱贫攻坚磅礴力量，用好统一战线帮扶力量，深挖东西部扶贫协作力量，汇聚全社会帮扶力量，激发干部和群众内生力量。要全力健全完善支撑体系，提高资金使用效率，加强用地扶贫政策保障，实施人才和科技扶贫计划，用好精准扶贫大数据平台，提高脱贫攻坚的质量和成色。

全会强调，要发挥“大党建”统领作用，全面落实新时代党的建设总要求，强化党政“一把手”负总责的领导责任制，坚决扛起重大政治责任，建强基层堡垒，锤炼过硬作风，健全督查考核体系，营造浓厚氛围，坚持以责任担当为发起总攻夺取全胜提供保障。

全会号召，脱贫攻坚是一场攻城拔寨、消灭贫困的为民之战，是一场同圆中国梦、迈向新征程的复兴之战。全市上下要更加紧密地团结在以习近平为核心的党中央周围，坚持以习近平新时代中国特色社会主义思想为指导，举全市之力尽锐出战、发起总攻，坚决夺取脱贫攻坚战全面胜利，为建设新时代全面小康美丽毕节而努力奋斗！

会议期间，全体参会人员集中观看了电影《文朝荣》。

市纪委委员和有关方面负责同志、毕节市参加省第十二次党代会中的部分基层代表、市第二次党代会中的部分基层代表等列席了会议。

毕节试验区30年发展综述

市统计局

1988年6月，时任贵州省委书记的胡锦涛同志亲自倡导、报经国务院批准，建立了毕节“开发扶贫、生态建设”试验区。30年来，在党中央、国务院及省委、省政府的高度重视和亲切关怀下，在社会各界的关心支持下，在市委、市政府的正确领导下，试验区儿女深化改革，锐意创新，埋头苦干，同心攻坚，经济社会发展取得了巨大的成就，发生了翻天覆地的变化。

一、经济发展硕果累累

1. 经济总量快速翻番。2017年，全市生产总值完成1841.61亿元，是1988年23.40亿元的78.7倍，翻了6.3番，约5年翻一番。

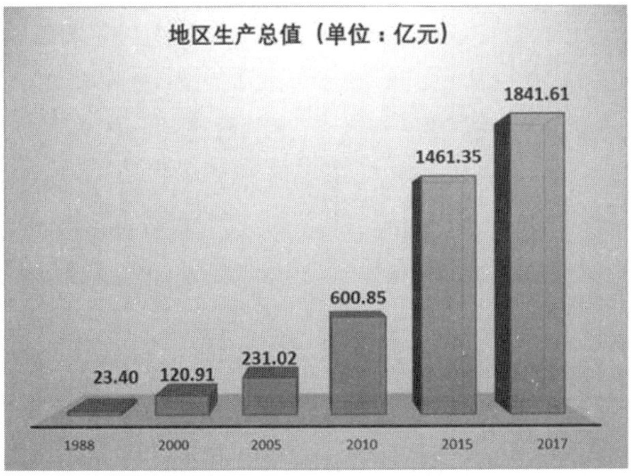

2. 发展速度持续增快。全市生产总值从1988年以来，年均增长11.6%。分阶段来看，呈现不断提速的良好态势，1988—1990年年均增速仅3.3%，“八五”期间增至9.1%，“九五”期间突破两位数达到11.1%，“十五”期间达到12.5%，“十一五”期间达到13.9%，“十二五”期间创历史新高达到了14.8%。“十三五”前两年，年均增速达到11.9%。

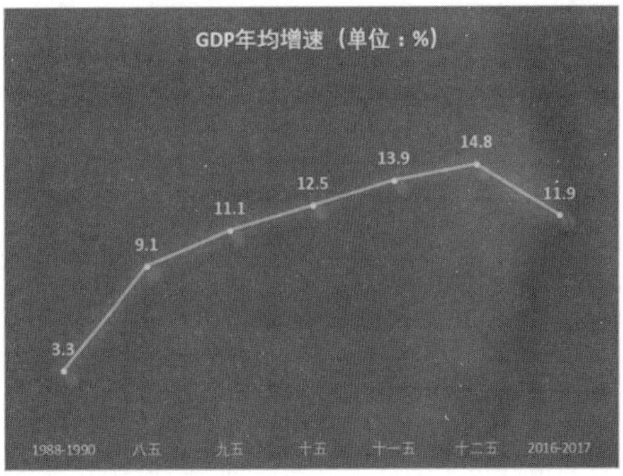

3. 产业结构不断优化。试验区创立之初的1988年，三次产业比为52.8∶21.9∶25.3，第一产业占据绝对的支撑地位。1993年二产比重超过三产，产业结构从“一三二”转变为“一二三”。直至2004年，二产首次超过一产成为毕节试验区的支柱产业，产业结构调整为“二一三”型。2006年三产又超过一产，转变为“二三一”型。2014年三次产业结构首次优化为“三二一”型。2017年三次产业比为20.6∶37.6∶41.8，二、三产业增加值比重达到79.4%。

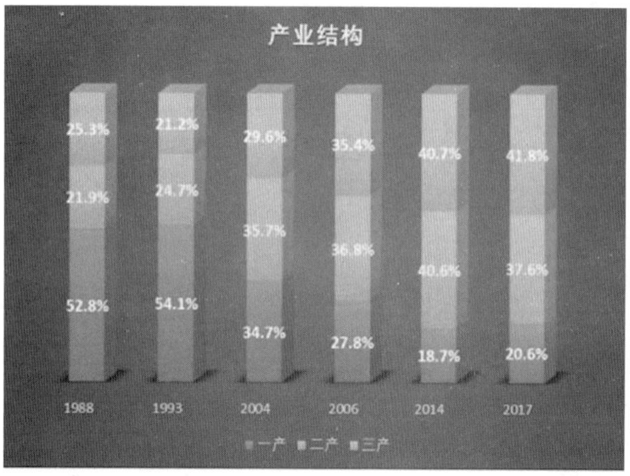

4. 人均水平节节攀升。2017年人均GDP达到27690元，是1988年412元的67.2倍，翻了6.1番，年均增加941元。

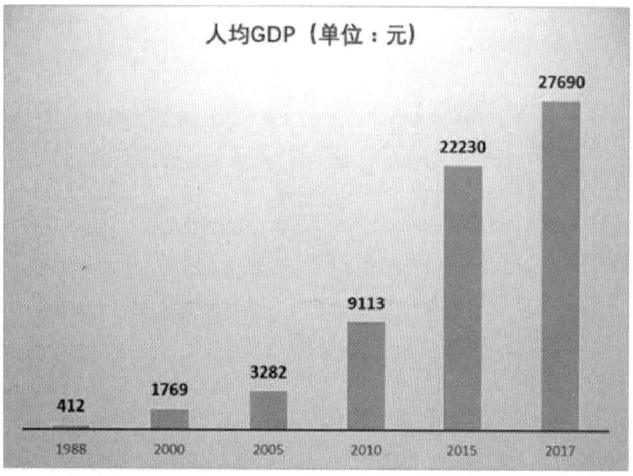

5. 第一产业稳步推进。2017年农林牧渔业总产值达631.3亿元，是1988年20.7亿元的30.5倍，翻了4.9番。农林牧渔业增加值完成401.5亿元，是1988年12.4亿元的32.4倍，翻了5番，年均增长6.2%。

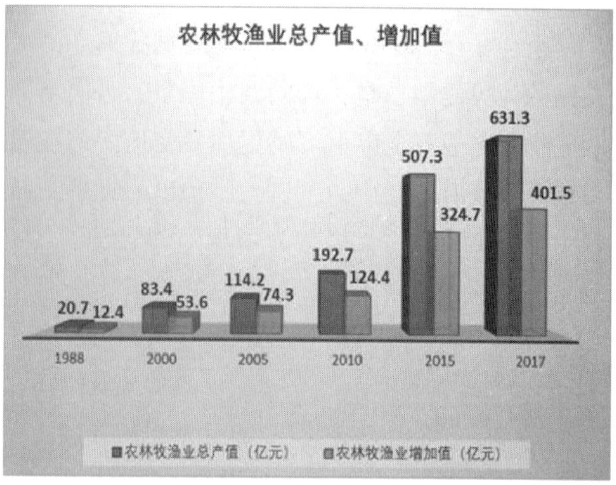

粮食总产量由1988年的103.8万吨上升至2017年的260.2万吨，翻了1.3番。

6. 工业水平迅速提升。2017年全部工业增加值达545.95亿元，是1988年4.5亿元的121.3倍，翻了6.9番，年均增速达到15.2%；工业增加值占GDP比重从1988年的19.2%上升到2017年的29.6%。占比近80%的规模以上工业发展迅速，是推动整个工业化水平不断提高的主要力量，2017年规模以上工业总产值1288.1亿元，是1988年7.8亿元的165.1倍，翻了7.4番。

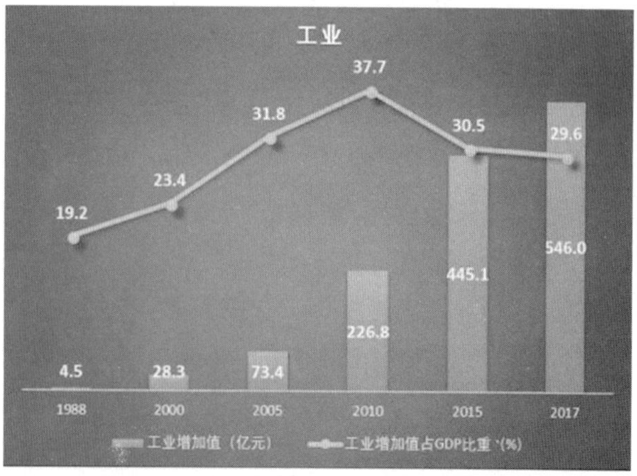

7. 投资规模快速扩大。2017年固定资产投资完成1730亿元，是1988年2.4亿元的720.8倍，翻了9.5番，年均增速达25.5%。

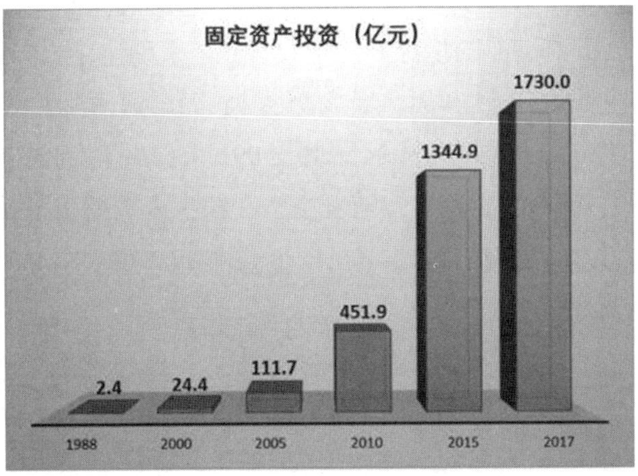

2017年人均固定资产投资为26012元，比1988年的41元翻了9.3番。

受投资拉动直接影响的建筑业，2017年建筑业增加值达到146.2亿元，是1988年6194万元的236倍，翻了7.9番。

8. 贸易市场日趋繁荣。2017年社会消费品零售总额达到382.0亿元，是1988年7.8亿元的49倍，翻了5.6番，年均增速为14.4%。

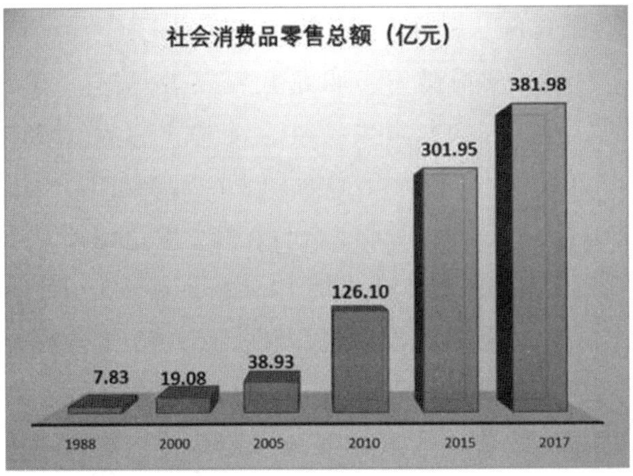

2017年人均社会消费品零售总额为5743元，比1988年的137元翻了5.4番。

9. 财政收支增势迅猛。财政总收入由1988年的3.0亿元上升到2017年的336.1亿元，增长111.3倍，翻了6.8番，年均增速达到17.7%。财政总支出由1988年的4.2亿元上升到2017年的610.2亿元，增长145.3倍，翻了7.2番，年均增速达到18.7%。

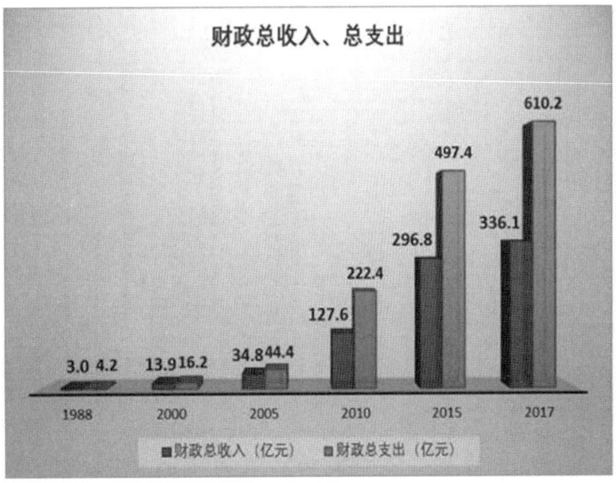

10. 金融形势持续向好。2017年，金融机构人民币存款余额完成1990.4亿元，是1988年5.8亿元的343.2倍，翻了8.4番，实现22.3%的年均增速；金融机构人民币贷款余额完成1321.3亿元，是1988年11.6亿元的113.9倍，翻了6.8番，实现17.7%的年均增速。

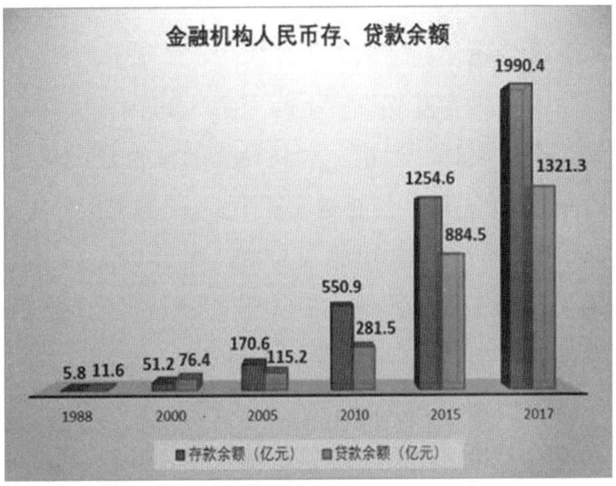

二、生活水平大幅提升

1. 收入水平快速攀升。2017年农村居民人均可支配收入达到8473元，是1988年376元的22.5倍，翻了4.5番，名义实现了年均11.3%的增长速度；城镇居民人均可支配收入达到27320元，是1988年795元的34.4倍，翻了5.1番，名义实现了年均13.0%的增长速度。

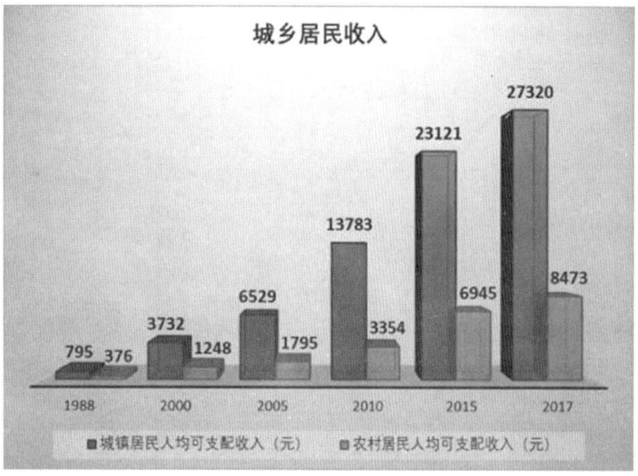

2. 生活质量不断提高。试验区成立以来，全市城乡居民消费水平不断提升、吃穿住行等生活条件不断改善、基础设施不断进步和完善、人民生活质量得以较大幅度的提高。

——城乡居民生活条件极大改善。2017 年农村居民人均住房面积达到 35.9 平方米，比 1988 年的 9.8 平方米提高 26.1 平方米，平均每年增加 0.9 平方米；城镇居民人均住房面积达到 43.3 平方米，比 1988 年的 10.3 平方米提高 33.0 平方米，平均每年新增 1.1 平方米。

——城乡基础设施不断完善。试验区成立以来，全市交通、通信、水利等基础设施建设快速发展。2017 年，公路通车里程达到 31910 公里，是 1988 年 5759 公里的 5.5 倍，翻了 2.5 番；高速公路通车里程达到 755 公里，飞雄机场开通 21 条航线，通达 23 个城市。

2017 年，邮电业务收入达到 38.0 亿元，是 1988 年 434 万元的 875 倍，翻了 9.8 番。

移动电话用户和互联网用户从无到有，2017 年移动电话用户达 518.6 万户、互联网用户达 379.9 万户。

三、社会事业长足进步

1. 教育事业长足发展。随着九年制义务教育的全面推进、高中阶段及中等职业教育的不断增强，教育事业取得了瞩目的成效。

——基础教育成效显著。2017 年，学龄儿童入学率达到了 99.7%，比 1988 年上升了 20.2 个百分点，年均增加 0.7 个百分点。普通中学在校生数达到 65.9 万人，每万人拥有普通中学在校生数由 1988 年的 234 人增至 991 人；小学在校生数达到 83.2 万人，随着中学在校生人数的增加，每万人拥有普通小学在校生数由 1988 年的 1463 人降至 1251 人。

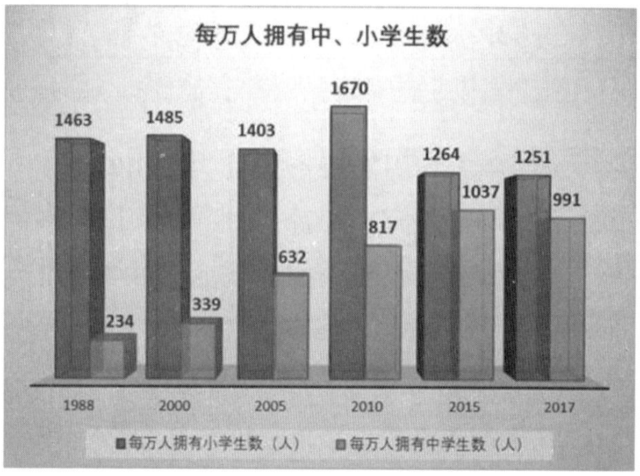

2017 年，普通中小学专任教师数达到了 8.04 万人，是 1988 年 3.36 万人的 2.4 倍，年均增加 1614 人。

——学前教育、职业教育发展迅速。2017 年，全市在园儿童数已经达到 30.1 万人，1988 年则只有约 1 万人（当年入园儿童数 10337 人）。2017 年，普通中等职业教育在校生数达到 4.7 万人，是 1988 年 4551 人的 10.4 倍，翻了 3.4 番。

——全民文化素质显著提高。2010 年第六次人口普查显示：每 10 万人中具有大专以上文化程度的人数达到 2508 人，具有高中（含中专）文化程度的为 4685 人，具有初中文化程度的为 25072 人，具有小学文化程度的为 45746 人，分别是 1990 年的 11.4 倍、2.1 倍、2.4 倍、1.3 倍。

2010 年，15 岁及以上人口文盲率为 10.99%，比 1990 年的 30.39% 下降了 19.4 个百分点，年均下降 0.97 个百分点；2010 年，6 岁及以上人口平均受教育年限达到 6.6 年，比 1990

年的3.3年提高了一倍。2017年人均受教育年限达到8.6年。

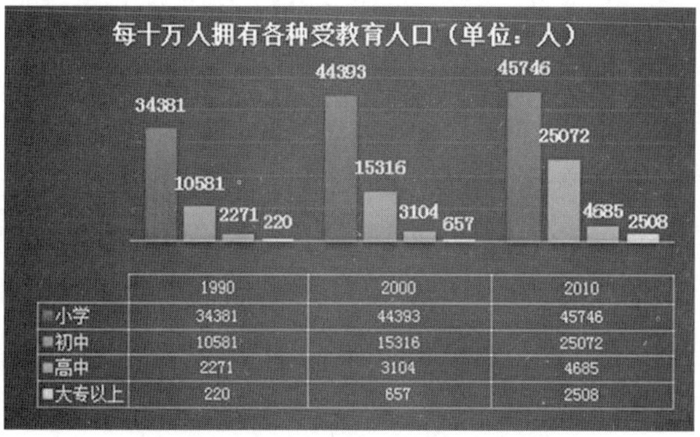

2. 卫生事业成效斐然。试验区成立以来，全市公共卫生事业得到了长足发展。2017年，卫生机构床位数达到3.63万张，是1988年5429张的6.7倍，翻了2.7番。千人拥有卫生机构床位数达到5.45张，是1988年0.94张的5.8倍。2017年卫生技术人员数达到30409人，是1988年的3倍，翻了1.6番；其中，执业医师（助理执业医师）数达到了9205人，是1988年3511人的2.6倍。

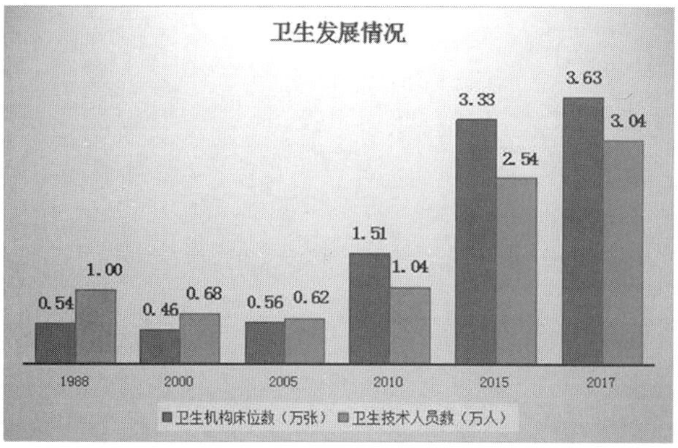

随着卫生事业的不断发展，人民健康水平不断提升，2010年第六次人口普查显示，全市平均预期寿命达到了70.0岁，比2000年的65.2岁提升了4.8岁。

3. 广电事业快速提升。2017年，广播综合覆盖率达到92.0%，比1988年的55.1%上升了36.9个百分点，年均增加1.3个百分点。电视综合覆盖率达到95.1%，比1988年的47.6%上升了47.5个百分点，年均增加1.6个百分点。

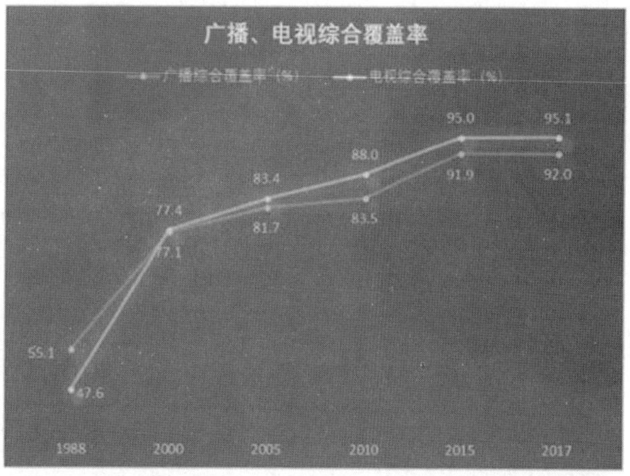

四、“开发扶贫、生态建设”成效显著

1. “开发扶贫”实现阶段性突破。试验区创立之初的1988年，全市是一个极度贫困的区域，贫困人口高达312.2万人，贫困发生率高达57.3%，即全市有一半以上的人口生活在贫困线以下。29年来，全市积极探索，走开发式扶贫、造血式扶贫模式，贫困状况得以显著改善，开发扶贫战略取得巨大的阶段性成果。至2010年，按当时1274元的贫困线标准，贫困人口已减至93.81万人，贫困发生率降至12.14%。2011年，国家将贫困线提高到2300元（2010年不变价），调标后全市贫困人口达到250.05万人，贫困发生率为35.54%。2017年年末，全市贫困人口降至72.46万人，贫困发生率降至8.89%。

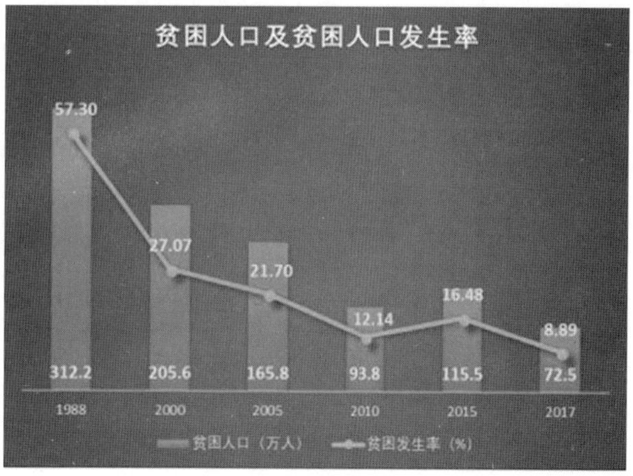

试验区创立以来，围绕“生态建设”主题相继实施了长江中上游防护林体系建设、中国3356、生态工程、农田基本建设、退耕还林、天保工程、长治工程、石漠化综合治理试点工程、中央预算内专项资金（国债）水土保持等重点生态建设项目，以生态效益、经济效益与社会效益相结合，开展山、水、林、田、路综合治理，有效地改善了生态环境，生态建设取得了卓越的成效。

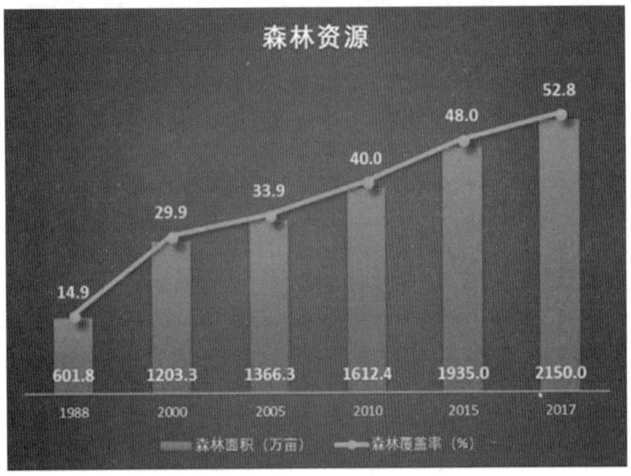

——森林资源持续增长。2017 年，森林面积达到2150 万亩，是 1988 年 602 万亩的 3.6 倍，翻了 1.8 番；森林覆盖率达到 52.8%，比 1988 年的 14.9%提升了 37.9 个百分点，年均增加 1.3 个百分点。森林蓄积量达到 4798 万立方米，是 1988 年 872 万立方米的 5.5 倍，翻了 2.5 番。

——水土保持工程取得巨大成效。1988 年水土流失面积为 16830 平方公里，2011 年减至 11669.69 平方公里，2015 年降至 10342.54 平方公里。1989 年至 2017 年，全市水土保持综合防治面积累计达到 8966.04 平方公里，年均治理 320 平方公里。

——城乡居民生活环境得到有效改善。全市县城以上环境空气质量保持二类，主要河流水质保持Ⅲ类以上，县城以上集中式饮用水源地水质达标率保持 100%，城市区域环境噪声得到有效治理，达到控制标准。

政府工作报告

（2019 年 1 月 4 日在毕节市第二届人民代表大会第三次会议上）

市长 张集智

一、2018 年工作回顾

2018 年，是毕节试验区建立 30 周年。习近平总书记对毕节试验区工作作出重要指示，要求“按时打赢脱贫攻坚战，努力把毕节试验区建设成为贯彻新发展理念的示范区”，为我市发展提供了根本遵循、注入了强大动力。省委、省政府召开支持毕节试验区按时打赢脱贫攻坚战建设贯彻新发展理念示范区推进大会，出台了一系列含金量极高的政策。一年来，在市委的坚强领导下，在市人大、市政协的监督支持下，我们坚持以习近平新时代中国特色社会主义思想为指导，全面落实中央、省委、市委各项决策部署，坚持新发展理念，落实高质量发展要求，全力打好三大攻坚战，认真落实“五步工作法”，扎实推进“113 攻坚战”，较好地完成了市二届人大二次会议确定的各项目标任务。

一年来，我们牢记嘱托、感恩奋进、苦干实干，有九个工作亮点。一是脱贫攻坚初战告捷。黔西县脱贫攻坚精彩出列，荣获“2018年全国脱贫攻坚组织创新奖”；脱贫成效获2018中非合作论坛参会外宾赞赏，得到乌蒙山片区区域发展与脱贫攻坚部际联席会议高度肯定。二是环保督察反馈问题整改成效明显。威宁草海治理由被央视曝光的负面典型转变为贵州省环保整改正面典型上报生态环境部。三是“五城同创”深入推进。入围创建“全国文明城市”提名城市，国家卫生城市、国家环境保护模范城市、国家园林城市、全国双拥模范城创建工作有序实施，“19456”工程扎实推进，城市形象大幅提升。四是经济运行稳中有进。预计地区生产总值突破2000亿元，上半年综合排名由2017年同期第8位上升到第4位，预计全年综合排名取得新突破。五是农业产业结构调整成效初显。深入践行农村产业革命“八要素”，调减玉米种植面积183万亩，占全省五分之一以上，为全省农村产业革命提供了“抓关键少数”的毕节经验。六是煤矿“两化”改造和煤化工产业取得突破性进展。按照省委、省政府“千企改造”和“加快煤炭工业转型升级高质量发展”要求，完成28对煤矿机械化和55对煤矿智能化改造，完成数量全省第一，获奖补资金占全省37.16%，采煤机械化程度达77.2%；黔希煤制乙二醇项目建成投产，织金煤制聚烯烃项目实质性动工。七是成功创建国家公共文化服务体系示范区。名列西部12个省区创建工作第二名，五项创新实践得到文化和旅游部认可。八是所有县（区）义务教育基本均衡发展通过国家评估验收。九是“十大员”就业扶贫工作成为全国典型。创新开发护洁、护路、护河等“十大员”就业扶贫专岗，招募贫困劳动力5.7万名，带动近17万人收入达标，该做法得到农业农村部的充分肯定，成为全国人社领域精准扶贫20个经典案例之一。

2018年预计完成地区生产总值2050亿元、增长10.5%，一般公共预算收入130.1亿元、增长5.06%，固定资产投资增长12%，规模以上工业增加值增长10.5%，社会消费品零售总额390亿元、增长10.5%；金融机构存款余额1953.9亿元、贷款余额1605.5亿元，存贷款余额增长8.74%；城镇常住居民人均可支配收入29670元、增长8.6%，农村常住居民人均可支配收入9371元、增长10.5%。

（一）精准脱贫攻坚战取得新进展。深入开展“春风行动”“夏秋攻势”，预计30.29万以上贫困人口脱贫、601个村出列。一是打好“四场硬仗”。扶贫产业覆盖贫困人口65.7万人。建成“组组通”公路9632公里，7303个村民组通硬化路，占总计划的77.6%；106.74万人饮水安全项目全面启动，88.6%的贫困人口实现饮水安全。19.5万易地扶贫搬迁群众全部入住，累计建成安置房62143套。教育精准扶贫资助贫困家庭学生51万人、资金8.1亿元，贫困人口参保率实现全覆盖，住院费用实报比达92%以上，完成农村“危改”“三改”5.9万户、老旧房整治1.2万户。二是抓实“五个专项治理”。创新开展村自查、乡镇班子成员包村查、乡镇交叉查、县领导包乡查、县（区）交叉查、市级抽查“六查”工作，精准识别建档立卡贫困人口81.82万人。中央第四巡视组、省委第五巡视组巡视反馈问题全面整改。三是扎实推进帮扶工作。统一战线和全国工商联对口帮扶力度加大；广州市投入帮扶资金3.24亿元；恒大集团帮扶资金到位60亿元，金元集团、盘江集团、中国建设银行贵州分行对口帮扶工作有序推进，“千企帮千村”取得新成效。

（二）污染防治攻坚战取得新进展。一是打好“三大保卫战”。出台污染防治三年攻坚行动计划，除纳雍县外，其余县（区）环境空气质量优良天数比例达96%以上。提前完成县级集中式饮用水水源地整改工作，水质达标率为100%，获省级补助资金1.47亿元、占全省52.6%。全面落实“河长制”，完成15个县城污水处理厂提标改造，建成180个污水处理项目。“四个片区”垃圾发电项目加快推进，提前两年实现农村垃圾收运全覆盖。二是筑牢生态屏障。植树造林128.79万亩，治理石漠化160.2平方公里、水土流失91.84平方公里，森林覆盖率预计达56.13%。七星关、大方、黔西、金沙、织金、纳雍、赫章7个县（区）获省级森林城市称号。

（三）防范化解重大风险攻坚战取得新进展。在全省率先出台防范化解重大风险“1+8”措施，实行“一风险一预案”。一是金融风险可控。积极稳妥实施存量债务置换，地方政府综合债务率低于警戒线，金融机构不良贷款率全省最低，PPP模式得到进一步规范。二是安全形势总体平稳。深入开展安全生产隐患大排查大整治，实现“双降”目标，降幅全省最大。非洲猪瘟疫情得到有效防控。紧盯地灾隐患点，实行市县乡村联动机制，坚持汛前排查、汛中巡查和汛后复查，紧急转移群众261户948人，实现地灾“零伤亡”。三是社会治理成效明显。“法治毕节”创建、扫黑除恶专项斗争深入开展，刑事发案率下降20.9个百分点，“两抢一盗”发案率下降29.5个百分点。依法分类处理信访诉求，扎实抓好积案化解。

（四）农业产业结构调整取得新进展。一是抓“关键少数”。明确县（区）4名领导各抓5000亩示范点，乡（镇）4名领导各抓1000亩示范点，调减玉米183万亩，种植蔬菜、香葱、食用菌、特色经果林、茶叶、中药材等经济作物。二是抓技术保障。4652名农技人员深入田间地头开展技术服务。对联系示范点的986名农技人员进行绩效考核、奖惩挂钩，获评优秀231名、合格727名、不合格28名。三是抓产销对接。内抓农校、农医、农企对接，外抓华南、华东、华中、西南和东南亚市场，引进千喜鹤集团在8个县（区）成立农民专业合作社联合会，广州江楠果蔬市场销售良好，助推“毕货出山”。四是抓督查问效。成立8个督查组，对县（区）开展4轮督查，下发提示单26次，反馈整改意见785条，98名领导干部因工作滞后被提醒谈话。

（五）实体经济取得新进展。一是工业经济逐步壮大。新增上规入统工业企业103户、增长6%。发电420亿千瓦时、增长4.79%，工业用电量41.11亿千瓦时、增长9.37%；种植烤烟55万亩，收购烟叶132.85万担、增长16.44%，烟农收益17.9亿元、同比增收3.9亿元；卷烟产值59.67亿元、增长7.1%，白酒产值5.5亿元、增长8.5%。能源工业成效明显，煤矿“两化”改造实现机械化换人、智能化减人，产煤4200万吨、增长8.89%；预计供应电煤2730万吨，全省第一。贵航新能源锂电池等55个项目建成投产；黔希煤制乙二醇、织金煤制聚烯烃、纳雍煤制清洁燃料、威赫电厂高效超临界发电项目取得突破性进展。新兴产业稳步成长，大数据电子信息、大健康医药、装备制造、新型建筑建材等产业实现产值240亿元。产业园区发展加快，每季度召开一次现场推进会，完成投资280亿元，实现工业增加值260亿元、税收50亿元。二是服务业逐步壮大。成功召开第十一届毕节旅游产业发展大会，百里杜鹃管理区入选第四批全国旅游标准化试点；大方县奢香古镇成功创建AAAA级景区，黔西县中果河景区通过AAAA级评审，新增AAA级景区17家，新增酒店和客栈814家、床位15775个，旅游总收入、接待人次增速均超过30%。11个物流项目加快建设。消费市场持续活跃，市场主体户数位列全省第三。入围国家级电子商务进农村综合示范整体推进市名单。成功引入光大银行设立分行，赫章农信社改制为农村商业银行。三是民营经济逐步壮大。认真落实支持民营经济发展的政策措施，民营经济经营主体达38.18万户、增长30.94%，完成增加值1286亿元、占GDP比重59%。

（六）项目投资取得新进展。一是建立综合项目库。谋划储备项目9235个、总投资3.94万亿元，录入财政部PPP综合信息平台项目221个，总投资1877.38亿元。二是项目争取力度加大。争取中央预算内项目200个、投资42.34亿元。争取省级专项绿色产业发展基金50亿元。获南方电网追加投资43.62亿元，全省第一。三是项目引进成效明显。推进“千企引进”工程，深入开展“产业大招商突破年”行动，引进产业项目848个、500强企业10家，预计招商引资到位资金增长18%。四是有效投资持续扩大。对市县乡三级6000余名干部进行项目谋划、包装、建设等培训。新开工亿元项目160个、总投资837.89亿元。776个省市重大项目完成年度投资目标的101.8%、建成183个。

（七）**基础设施取得新进展**。一是交通基础设施建设取得新成效。成贵快铁、叙毕铁路、毕节客运枢纽中心加快建设；织金至普定、六盘水至威宁、黔西至大方高速公路东关至清丰段建成通车，新增通车里程222公里，高速公路通车里程达979公里；镇雄至赫章、赫章至六盘水、威宁至围仗3条高速公路加快推进。完成普通国省道改造304公里、改建农村公路557公里，完成中心城区4个高速公路收费站升级改造。威宁机场建设加快推进，毕节飞雄机场通达20个城市，旅客吞吐量突破120万人次。二是水利基础设施建设取得新成效。夹岩水利枢纽工程累计完成总投资的60.83%，建成七星关双河口、大方野螺沟等7座水库，开工建设纳雍环城、大方青山等10座水库。三是电力及通信基础设施建设取得新成效。威宁500千伏输变电工程、成贵快铁牵引变系统等项目加快建设，毕节武家寨电站、赫章白水电站增效扩容投入运行，建成威宁关口电站。100兆光纤宽带到乡村工程顺利推进。

（八）**城乡建设取得新进展**。按照市委提升城镇建设发展高度、服务厚度、文化温度、平台广度、产业兴度、统筹力度“六度”要求，扎实抓好城市建设，预计常住人口城镇化率提升到42.5%，城镇建设和商品房开发投资占总投资40%。一是七星关—金海湖—大方同城化进程加快推进。完成毕节市城市总体规划修订，启动花海大道、北环路等同城化主干道规划，毕节南山公园、倒天河整治、金海湖湿地公园和奥体中心等“19456工程”加快建设。二是县区城市建设提速。实施城市建设项目296个，新增城镇建成区17平方公里；改造棚户区4.69万户；启动海绵城市建设项目12个；销售商品房556万平方米。三是小城镇建设加快。按照“六型小城镇”建设要求，以16个省市级示范小城镇为引领，重点推进120个特色小城镇建设。164个镇村联动建设点加快推进。四是村庄规划建设步伐加快。启动乡村振兴战略规划编制，完成2828个乡村规划；织金营上古寨和大方黄泥塘镇背座村、雨冲乡油杉河村入选全国第五批传统村落。深入推进农村卫生专项整治，农村庭院、村庄卫生取得新成效。

（九）**改革创新取得新进展**。一是重点改革深入推进。谋划实施22个方面83项改革，七星关区创新引领土地节约集约利用的做法获国务院办公厅通报表扬。“三去一降一补”持续推进。“放管服”改革取得实效，政务服务中心行政审批事项进驻率达86.95%，取消各类证明材料1152项；推行“不见面审批”和“一网通办”，网上办理53.14万件，是2017年的10倍。公共资源交易在全省率先实现全流程电子化。财政改革持续深化，在全省率先实现国库集中支付电子化管理。二是开放平台加快建设。毕节铁路东站开通运营，毕节国际内陆港、保税物流中心建设加快，市级粮食产业园启动建设。成功入选55个全国供应链创新与应用试点城市。三是科技创新力度加大。毕节经济开发区列入中国开发区审核公告目录，贵州工程应用技术学院、市一医获批省级院士工作站。新增省级众创空间1个、市级工程技术研发中心1个，完成专利申请1141件，高新技术企业达19家。

（十）**民生事业取得新进展**。24项民生实事完成21项，七星关区中医院，赫章、金海湖、七星关三县（区）养老示范项目和织金凤凰公园、宝桢公园受融资影响，未按时完工。一是教育事业持续进步。新（改扩）建农村义务教育薄弱学校100所、乡镇及社区幼儿园134所、山村幼儿园1360所。义务教育“超大班额”化解率100%。招聘“特岗”教师2504人。学前教育三年毛入园率、九年义务教育巩固率、高中阶段毛入学率分别达88.12%、89.51%、88.7%。师德师风专项治理深入开展。二是医疗卫生工作扎实推进。市一医金海湖分院、市二医主体完工。深化多形式医疗联合体建设，建成覆盖市县乡三级的远程医疗服务体系。启动医学人才能力提升计划。有效遏制医疗费用不合理增长。成功创建省级食品安全示范城市。三是文体事业发展加快。乡（镇、街道）综合文化站、村（社区）综合文化服务中心、农民体育健身工程实现全覆盖；我市选手获省十运会奖牌数全省第三。威宁籍运动员赵超荣获亚运会赛艇项目金牌。赫章县阿西里西广场舞是贵州唯一参加全国展演队伍，获全国优秀组织奖。四是就业服务保障有力。城镇新增就业8.5万人，转移农村劳动力就业17.4万人，城镇登记失业率3.34%。成功举办第二届“决战贫困·创赢毕节”全民创业大赛。发放创业补贴271.8万元。五是民族宗教事务管理加强。中央、省巡视督察反馈问题全面整改，161个宗教关系和谐示范单位获省委统战部命名。23个民族村寨获评“全省第三批少数民族特色村寨”，12家单位获省第三批“少数民族传统手工艺传习所”命名。六是社会保障能力提升。净增3.45万名城乡困难群众纳入低保，总数达63.34万名。城乡低保平均保障标准分别提高到每月583元、每年3888元，增长6.89%、9.68%。留守儿童关爱保护工作进一步加强。

双拥、外事、国防后备力量建设、人民防空、气象、妇女儿童、老龄、残疾人、地方志、红十字、档案等各项工作全面进步。

过去一年，面对复杂严峻的外部环境和经济下行的内部压力，成绩来之不易。我们深切体会到，做好政府工作，必须坚持党对一切工作的领导。党政军民学，东西南北中，党是领导一切的。必须坚定不移的以习近平新时代中国特色社会主义思想统领各项工作，认真落实中央、省委、市委各项决策部署，坚持每个季度向市委常委会汇报经济工作，全力推进“113攻坚战”。必须坚持以脱贫攻坚统揽全局。把贫困群众脱贫致富作为最大的政治责任，坚定“贫困不除、愧对历史，群众不富、寝食难安，小康不达、誓不罢休”的决心，尽锐出战、务求精准，确保按时打赢脱贫攻坚战。必须坚持改革开放不动摇。改革激发动力，开放带来活力。鼓励大胆试、大胆闯，实事求是、善作善成，形成全方位、多层次、宽领域的全面改革开放新格局。必须坚持用好“五步工作法”。聚焦“干什么”抓政策设计、“怎么干”抓工作部署、“谁来干”抓干部培训、“谁来管”抓督促检查、“干不好怎么办”抓追责问责，对各项工作实行“周调度跟踪、月小结提示、季通报约谈”，全力推动中央、省、市各项决策部署落地生根、开花结果。

这些成绩的取得，主要得益于党中央、全国人大、国务院、全国政协的亲切关怀；得益于省委、省政府的坚强领导；得益于中央统战部、各民主党派中央、全国工商联、国家有关部委、试验区专家顾问组、东部十省市统一战线的鼎力支持；得益于省直各部门倾斜支持、广州和深圳对口帮扶、恒大集团及社会各界大力帮助；得益于市委的坚强领导和市人大常委会、市政协的监督支持；得益于历届党委、政府打下的坚实基础和老领导、老同志的关心支持；得益于各级干部和广大群众的顽强拼搏。

我们也清醒地看到，当前我市发展不平衡不充分的问题还比较突出：一是决战脱贫攻坚任务重。全市预计还有51.53万贫困人口，约占全省四分之一、全国五十分之一。扶贫产业特色化、规模化、标准化、品牌化、绿色化、商品化水平不高；贫困群众内生动力不足。二是产业结构不优。预计三次产业结构比为19.5∶37.6∶42.9，一产占比大，二产支撑不足，三产短板较多，传统产业转型慢，新动能成长不快，经济质量和效益不高。三是项目谋划推动能力不够强。项目谋划、包装、争取、推进比较滞后，导致东西部协作、脱贫攻坚、产业发展等项目准备不充分，资金使用率和报账率低。四是城乡建设欠账大。预计常住人口城镇化率为42.5%，与《毕节市城市总体规划》“到2020年城镇化率达50%”的目标差距较大。县域乡镇、村庄规划滞后，村庄建设普遍存在“民不申请、村不上报、镇不把关、县不审批”和“一条路两排房，一块田一栋房”的无序状态。五是政府自身建设有差距。个别地方和部门形式主义、官僚主义仍不同程度存在，个别领导不担当，表态快、落实慢，调门高、行动少。对于这些问题，我们将采取措施切实加以解决。

二、2019年主要目标任务

今年是新中国成立70周年，是决胜全面建成小康社会第一个百年奋斗目标的关键之年，是落实习近平总书记7月18日对毕节试验区重要指示精神的开局之年。我们一定保持战略定力、工作定力、作风定力，抢抓机遇、苦干实干，圆满完成年度目标任务。

总体思路：以习近平新时代中国特色社会主义思想为指导，全面贯彻党的十九大精神和习近平总书记对贵州对毕节工作系列重要指示批示精神，认真落实中央和全省经济工作会议决策部署，统筹推进“五位一体”总体布局，协调推进“四个全面”战略布局，坚持稳中求进工作总基调，坚持新发展理念，坚持推进高质量发展，坚持以供给侧结构性改革为主线，坚持深化市场化改革、扩大高水平开放，牢记嘱托、感恩奋进，继续打好三大攻坚战，推进三大战略行动，聚焦“113攻坚战”目标，统筹推进稳增长、促改革、调结构、惠民生、防风险工作，扎实做好稳就业、稳金融、稳外贸、稳外资、稳投资、稳预期工作，保持经济持续健康发展和社会大局稳定，为打赢攻坚战建设示范区奠定坚实基础，以优异成绩庆祝中华人民共和国成立70周年！

主要预期目标：地区生产总值增长10%左右，固定资产投资增长14%左右，规模以上工业增加值增长10%左右，一般公共预算收入增长5.5%，社会消费品零售总额增长11%，重点产业招商引资到位资金600亿元，实现进出口总额2亿美元，城镇、农村常住居民人均可支配收入分别增长9%、10.5%，城镇登记失业率控制在4.2%以内，居民消费价格指数、节能减排指标控制在国家、省下达的计划范围内。

围绕实现全年目标，重点抓好以下十个方面工作。

（一）千方百计打好精准脱贫攻坚战。围绕“一达标、两不愁、三保障”，打好“四场硬仗”，减少贫困人口30万以上，大方县顺利实现脱贫摘帽，七星关区、织金县全面决战脱贫攻坚。一抓两业。产业，按照农村产业革命“八要素”要求，继续抓“关键少数”，县（区）4名领导各抓5000亩以上示范点，乡（镇）4名领导各抓1000亩以上示范点，通过示范引领，再调减低效玉米种植200万亩以上；按照市委“654311”部署，抓好500亩以上坝区产业结构调整，今年重点在耕作条件较好的地方发展蔬菜和食用菌100万亩以上，在15度以上坡耕地发展刺梨、茶叶、皂角各20万亩，套种南瓜30万亩，大力发展生态畜禽养殖产业；力争到2020年，发展精品蔬菜和食用菌100万亩（带动发展蔬菜300万亩）、刺梨100万亩、茶叶100万亩、皂角100万亩。留足三年轮作150万亩基本烟地，推动烤烟产业高质量发展。就业，抓好农村劳动力转移就业服务，组织农村劳动力到产业园区和生产基地就近就业；扩大“十大员”就业扶贫专岗，为无法离乡、无业可扶、无力脱贫和有劳动能力、有就业意愿的“三无两有”贫困群众提供就业机会，实现增收脱贫。高度关注收入略高于建档立卡贫困户的群体，切实帮助解决困难。二抓两通。交通，继续实施省道和县乡道建设“三年行动计划”，力争到2020年完成2067公里省道、县乡道提级改造和大修工程，今年建成通乡干线公路300公里、通组公路1600公里，实现30户以上自然村寨通硬化路目标。流通，深入实施冷链物流体系建设三年行动，重点推进市县冷链物流中心和乡镇预冷设施建设，新增库容4.5万吨；继续推动农产品进超市、进机关食堂、进学校、进医院、进工矿企业，实现订单生产、订单销售；充分用好广州、深圳销售窗口，借力千喜鹤集团、江楠果蔬等销售平台，办好马铃薯产业博览会、中国·毕节试验区乌蒙山农产品博览会等展销活动，助力“毕货出山”，增加农民收入。三抓两训。干部培训，继续开展“脱贫攻坚大讲习大培训”活动，围绕脱贫攻坚“扶持谁、怎么扶、谁来扶”开展培训，重点提升县乡干部谋划项目、包装项目、争取项目的能力，让干部知扶贫、会扶贫、扶好贫。群众培训，充分利用新时代农民（市民）讲习所、职业教育培训机构，加强蔬菜（香葱、食用菌）、刺梨、皂角、茶叶、中药材、畜禽养殖等实用技能培训，提高贫困群众生产技能。四抓“三保障”。教育保障，落实好建档立卡贫困学生精准资助政策，不让贫困学生因贫辍学、因贫失学。医疗保障，做好重病慢性病患者、残疾人、孤寡老人等特殊贫困群体保障工作，实现健康扶贫医疗保障救助全覆盖。住房保障，认真落实易地扶贫搬迁有关政策，确保“十三五”规划的32.5万搬迁对象如期搬进新家；加快农村“危改”“三改”和老旧房整治，实现农村住房安全有保障。五抓帮扶工作。用好统一战线帮扶资源。做好东西部扶贫协作和对口支援工作，加大与广州、深圳等帮扶城市对接力度，聚焦产业、教育、医疗等重点，推动帮扶协作落地落实。

（二）千方百计打好防范化解重大风险攻坚战。进一步增强风险意识，强化底线思维，着力化解重大风险。一是从严管控债务风险。严格落实“七个严禁”，健全“借用还”与“责权利”相统一的地方性债务管理机制。用好地方政府专项债券工具。通过土地出让、盘活存量国有资产、平台公司实体化转型、城乡建设用地增减挂钩结余指标调剂、依法依规组织财政收入等多种渠道，积极筹集偿债资金，提高偿债能力。二是着力防范金融风险。持续开展非法集资、交易场所和互联网金融专项整治行动，提高群众风险识别能力和防范意识。强化政银企联动，创新地方政策性金融产品，缓解中小企业、“三农”等融资难题。强化“特惠贷”风险管控，让“特惠贷”真正惠民解忧。三是有效防范化解社会风险。推进“法治毕节”创建，多元化解矛盾纠纷，妥善解决群众合理诉求，快速稳妥处置突发事件。深化扫黑除恶专项斗争，依托社会治安防控“六张网”，提高预测预警预防能力。加快推进基层治理体系建设，提高社会化、法治化、智能化、专业化水平，维护社会和谐稳定，提升人民群众安全感和满意度。四是有效防范化解安全风险。加大交通运输、煤矿、非煤矿山、地质灾害、建筑工地、烟花爆竹、危化物品、食品卫生、消防等重点行业领域安全隐患专项排查整治，坚决遏制重特大事故发生。继续抓好非洲猪瘟疫情防控工作。

（三）千方百计打好污染防治攻坚战。深入践行习近平生态文明思想，努力为人民群众提供更多优质生态产品和优美生态环境。一是巩固环保督察成果。全面完成中央、省生态环保督察反馈问题和信访问题整改；健全长效机制，强化跟踪督办，巩固治理成效，防止问题反弹。二是打好“三大保卫战”。打好蓝天保卫战。抓好扬尘、柴油货车、工业企业、燃煤及油烟等污染治理攻坚行动，县城以上环境空气质量优良天数比例达96%。打好碧水保卫战。开展城市黑臭水体和饮用水水源地保护攻坚行动，新开工40个污水处理项目，严查污水、垃圾处理设施虚假运行，主要河流出境断面水质优良率保持在100%，1000人以上饮用水水源地水质全部达标。打好净土保卫战。重点围绕耕地重金属污染突出区域，开展污染源排查整治，扎实推进土壤污染综合防治试点示范，提高环境管理能力。实施农药化肥减量增效行动，严控除草剂使用。三是抓好生态建设。深入推进“绿色毕节”行动，分步实施好434万亩国家储备林项目，完成造林绿化125万亩，治理石漠化169.8平方公里、水土流失90平方公里，森林覆盖率达58%。完善土地和矿产资源有偿使用制度，推进矿山环境治理修复工程和“兴地惠民”整治项目。扎实抓好草海综合治理、䃅岭地灾综合整治等山水林田湖草保护修复重大工程。争创长江经济带环境综合治理试点示范城市。推行“林长制”，新增护林员1500名以上。

（四）千方百计推进乡村振兴。认真落实习近平总书记“做好同2020年后乡村振兴战略衔接”的重要指示，按照产业兴旺、生态宜居、乡风文明、治理有效、生活富裕的总要求，实施好乡村振兴战略。一是守住3条红线。守住生态红线。深入践行绿水青山就是金山银山理念，加大风景名胜区、地质公园、森林公园、湿地公园、饮用水源保护区、500亩以上耕地大坝、生态公益林、石漠化敏感区等生态保护力度，以绿色发展引领乡村振兴。守住基本农田保护红线。巩固永久基本农田控制线，加强农田水利基础设施建设，提升耕地质量。守住村庄建设控制红线。实施好乡村规划，用好山水、田园、村庄三大资源，低密度、组团式打造集约高效的生产空间，营造宜居适度的生活空间，保护山清水秀的生态空间，推动建筑融入自然环境，打造有山有水、依山傍水、显山露水的绿色新村。落实好《贵州省加强农村住房规划建设管理的实施意见》，农村住房建设层数原则不超过3层，每户建筑面积控制在240平方米以内，底层层高不超过3.6米、标准层层高不超过3.3米。二是突出2个处理。深入学习浙江“千村示范、万村整治”工程经验，扎实推进农村人居环境整治。突出垃圾处理。坚持减量化、资源化、无害化，实现“户分类、村收集、镇转运、县处理”，建成4个垃圾焚烧发电项目，建设偏远乡镇小型无害化处理设施，城乡生活垃圾无害化处理率达85%以上。突出污水处理。坚持分散化、生态化、小型化，对人口集中地区接入污水管网集中统一处理，对人口分散地区采取建设小型人工湿地等方式进行处理，实现25%以上的中心村污水集中收集处理。三是做大做强1个主导产业。坚持“一乡一业、一村一品”，注重特色化、规模化、商品化，每个村发展一个优势主导产业，建立紧密利益联结机制，打造特色农业产业集群。四是制定1套乡风文明治理有效的制度规范。发挥村规民约在基层治理中的独特功能，借鉴塘约“红九条”“黑名单”管理机制，健全道德激励约束机制，逐步构建自治、法治、德治相结合的乡村治理体系。五是选优配强1个村级班子。以农村基层党组织为核心，选优配强村级班子，优化农村基层干部队伍结构，努力培养一批懂农业、爱农村、爱农民的乡村振兴新型三农人才队伍。

（五）千方百计扩大有效投资。把抓项目作为稳经济增长的重要任务。一是做实项目谋划争取。认真落实《国务院办公厅关于保持基础设施领域补短板力度的指导意见》，落实好省委、省政府支持毕节试验区建设46项政策措施，加快谋划一批脱贫攻坚、基础设施、乡村振兴项目。加大对接汇报力度，最大限度争取中央专项建设、中央预算内资金支持。确保获批省绿色产业扶贫投资基金200亿元以上。二是抓好产业大招商。努力把投资意向变成协议、协议变成合同、合同变成投资、投资变成实物工程量，大力引进煤磷化工、锂电池、钢铁铸造、食用菌、中药材、茶叶、刺梨、皂角深加工等产业项目，力争引进500强企业3家以上。落实民间资本投资负面清单，降低民间资本进入环保、交通、能源、社会事业等重点领域门槛，引入投资650亿元以上。坚持优化和整治并重、激励和惩处并举，对破坏营商环境典型案例加大通报和曝光力度，构建亲清新型政商关系。三是加快项目建设。着力破解征地难、拆迁难等问题，细化固定资产投资任务，明确工作目标，努力实现固定资产投资增长14%左右。加快实施“六网会战”专项行动。扩大“路网”投资。启动毕节交通新发展理念示范市建设。加快叙毕铁路建设，成贵快铁建成通车，如期迈入“高铁时代”。推动昭黔铁路、六威昭城际铁路项目前期工作，力争纳水铁路开工建设。加快镇雄至赫章、赫章至六盘水、威宁至围仗项目建设，开工建设修文经金沙至古蔺、纳雍经六枝至晴隆、纳雍至赫章高速公路。推进毕节飞雄机场改扩建、威宁草海机场和百里杜鹃、织金、纳雍、金沙、赫章5个通用机场建设。完成交通投资152亿元。扩大“水网”投资。推进夹岩水利枢纽、赫章河口等大中小型骨干水源建设，力争完成大方青山、赫章新寨等5个骨干水源项目，实施2座水库除险加固和6个中小河流治理项目。建成覆盖106.74万人的农村饮水安全提升工程。完成水务投资60亿元。扩大“电网”和“互联网”基础设施投资。新建和改造35千伏及以上变电站22座、线路691.7千米，推进“无线网络·满格毕节”行动，完成投资34亿元。扩大“油气网”和“地下管网”投资。推进“气化毕节”行动，建成遵义至赫章天然气管道，加快建设赫章至威宁、金沙经黔西至纳雍天然气管道，完成投资18亿元。

（六）千方百计推动工业高质量发展。推进“千企改造”十大专项行动，加快构建新型工业体系，做大做强实体经济，新增规模以上工业企业90家。一是“立足煤”。煤是毕节的优势战略资源，有煤才有电，大煤保大电。继续推进煤矿“两化”改造，完成机械化改造20个、智能化改造25个，机械化程度达88%。推动织金肥田煤矿、文家坝二矿和金沙龙凤煤矿等大中型现代化矿井建设，力争煤炭产量达4500万吨以上。二是“做足煤”。促进煤电协调发展，力争完成电煤保供2625万吨以上，发电455亿千瓦时以上、增长8.3%；加快推进威赫高效超超临界发电项目。做强煤化工产业，实施好国家能源局批复的《毕节试验区新型能源化工基地规划》，推进黔希煤制乙二醇项目达产，加快织金煤制聚烯烃项目建设，争取纳雍煤制清洁燃料项目环评获批。引进乙二醇下游聚酯树脂、吸湿剂等产业，聚烯烃下游新材料、医疗器械等产业，推动产业集群集聚，做大做强煤电和煤化工产业。三是“不唯煤”。深挖烟酒产业增长潜力。扩大优质卷烟比例，增强金沙窖酒、毕节大曲等品牌白酒竞争力，实现产值66亿元。培育壮大新兴产业。紧盯“中国制造2025”，加快发展电子制造、新能源等产业；持续抓好大数据产业，实施政府应用“系统迁云”，开放数据全部接入“云上贵州”；力争电子信息制造业、软件和信息服务业、电子商务交易额达3.8亿元。做大做强园区平台。打造发展平台，各产业园区选准做强主导产业，最大限度释放产能，实现工业增加值300亿元、税收55亿元。打造开放平台，围绕煤磷化工、轻纺服装等17条产业链招大引强，引导关联企业向园区集中，不断强链补链增链；培育3家省级外贸转型升级示范基地，推动七星关、织金、纳雍、威宁等产业园区省级外贸出口基地建设。打造创新平台，积极争取毕节经济开发区获批省级高新技术产业开发区，启动创建国家级高新技术产业开发区申报工作，抓好纳雍经济开发区规划调整；鼓励企业自主创新，建设1个科技企业孵化器。打造服务平台，依法下放项目建设、土地、环保等审批权限，优化园区项目代办服务，提高办事效率，企业开办时间压缩至3个工作日；探索中小企业融资新模式、政银企合作新途径，解决融资难融资贵问题。

（七）**千方百计推动新型城镇化高质量发展**。新型城镇化是推动毕节试验区改革发展的重大战略，全面落实好《毕节市城乡规划条例》，统筹城乡协调发展。一是做大中心城区。实施好新修订的《毕节市城市总体规划》，推进七星关—金海湖—大方同城化发展，建成毕节客运枢纽中心，开工建设花海大道。深入实施“五城同创”，启动中心城区“城市双修”试点。二是做强县城。坚持“新区做加法、老城做减法”，统筹推进棚户区改造与新区开发，完成棚户区改造9074户，加快16个城市新区和8个省级城市综合体建设。大力整治问题楼盘。加强城市路网、污水管网、停车场、地下综合管廊、海绵城市建设，提高县城公共服务水平。推进黔西县撤县设市、大方县撤县设区。三是做特集镇。坚持统一规划、统一建设、统一管理集镇。60%的建制镇建成生活污水处理设施，完成小城镇建设投资110亿元。强化用地审批和国土资源执法工作，严禁违法建房和土地私下交易，规划区内严禁新增自建房。

（八）**千方百计推动服务业高质量发展**。加快服务业提质升级转型，积极扩大内需，新增规模以上服务业企业90户。一是扎实抓好旅游业。承办好省第十四届旅游产业发展大会。抢抓“高铁时代”带来的机遇，沿成贵快铁布局一批景区景点，加快创建国家全域旅游示范区。旅游总收入、接待人次分别增长36%以上。谋划精品线路，旅游重点是做“线”，着力打造“黄果树瀑布→织金古城→织金洞→百里杜鹃→奢香古镇→慕俄格古城→鸡鸣三省景区”“遵义会址→百里杜鹃（黄家坝战役遗址）→慕俄格古城→鸡鸣三省景区”等四条精品旅游线路，把旅游珍珠串起来，把旅游黄金线连起来，把旅游总量做上来。加快景区建设，运用好旅游资源大普查成果，每个县（区）新打造1个景区，确保织金洞通过AAAAA级景区景观质量评审，创建AAAA级景区5个、AAA级景区10个以上。构筑“五大板块”，以金海湖新区为新增长点，打造七星关—金海湖旅游集散服务板块；以百里杜鹃为中心，开发避暑度假、户外运动、乡村旅游等多元产品，打造百里杜鹃—黔西—大方旅游精品板块；以威宁草海和赫章韭菜坪为中心，发展山地避暑旅游，打造威宁—赫章气候养生板块；以织金洞景区为龙头、织金古城为核心，纳雍鸽子花生态城为支撑，打造织金—纳雍生态休闲板块；强化体旅融合，开发体育康体产品，丰富“温泉+旅游”产品，打造金沙山地运动康体板块。二是着力扩大消费。落实好个人所得税专项附加扣除政策，增强消费能力。推动房地产市场健康发展，大力发展住房租赁市场特别是长期租赁。加快打造一批商业步行街，促进城镇居民消费增量提质。新增农村商业网点1000个以上，逐步缩小城乡居民消费差距。严厉打击假冒伪劣商品违法活动，努力创建安全放心的消费环境。三是扎实抓好商贸物流业。加快毕节国际内陆港、中石化石油储备库、保税物流中心、粮食产业园、黔西北农产品物流园建设。积极创建全国供应链创新与应用试点城市。推进电子商务县乡村三级物流体系建设，鼓励企业将分支机构延伸到乡村，让电商成为群众增收致富的新渠道，网络零售额突破4亿元。四是扎实抓好金融服务业。推进金沙、纳雍、威宁农村信用社改制，支持村镇银行发展，金融业增加值突破90亿元。力争1家以上企业在“新三板”挂牌，贵州股权交易中心挂牌企业200家以上。增强金融服务实体经济能力，推广“4321”新型政银担合作模式，逐步提高担保放大倍数。争取将集中连片1000亩以上的特色农产品纳入价格保险，构筑脱贫产业发展“防火墙”。

（九）**千方百计推进改革开放**。把改革开放作为后发赶超关键一招，以改革增动力，以开放促发展。一是深入推进"放管服"改革。坚持放而有度、管而有方、服而有效，继续大力简政放权，工程建设项目审批时间压缩至80个工作日以内，不动产登记办理时间压缩至5个工作日以内。建好市县乡三级综合实体政务大厅，"一窗"分类受理事项超过70%，市县政务服务事项网上可办率达80%，企业和群众办事提供材料减少60%以上。推进公共资源交易识别码应用，项目交易做到应进必进。深化"证照分离""多证合一"改革，新增市场主体6万户以上；推行"双随机、一公开"监管，完善守信激励、失信惩戒机制，让市场主体"一处违法、处处受限"。二是推进开放创新。主动融入"一带一路"、长江经济带、成渝经济圈、泛珠三角区域，参与省内外产业链、供应链、价值链分工。争取毕节经济开发区申报为国家级外贸转型升级示范基地。加快推进"毕节·广州产业园"建设，全力打造承接广州产业转移重要基地。抓好高新技术企业培育认定工作，新增10家高新技术企业。三是做强民营经济。实施政策落实、金融服务、降本减负、扩大民间投资、营商环境整治、领导干部联系服务企业"六大专项行动"，推进百亿民营企业培育工程，深入开展中小企业"星光"行动，用好"服务民营企业市长直通车"，搭建政府和民营企业"连心桥"。力争民营经济增加值1360亿元以上。

（十）**千方百计推动民生事业发展**。让老百姓过上好日子是我们一切工作的出发点和落脚点。一是优先发展教育事业。巩固提升义务教育基本均衡发展成果，实施学前教育普惠提质、义务教育优质均衡、普通高中示范引领、职业教育兴黔富民行动计划，推动教育内涵式发展。结合实际抓好双语教学。新（改扩）建幼儿园100所、农村寄宿制学校100所、城镇义务教育学校2所、普通高中学校10所，消除义务教育学校"大班额"1000个，小学、初中辍学率分别控制在0.6%、1.8%以内。推进毕节职教城二期建设。支持贵州工程应用技术学院特色优势学科和"双一流"建设，支持毕节职院创建省级优质职业院校。深化校外培训机构专项治理，规范社会力量办学。持续整治师德师风，树立良好的师德风尚。二是推进健康毕节建设。推进市一医金海湖分院、妇幼保健院（妇产医院、儿童医院）等重大项目，力争每千人床位数达5.48张。强化医疗卫生人才队伍建设，千人执业医师（助理医师）数达1.95人、万人全科医师数达1.5人。加强城市卫生对口支援农村工作。优化生育服务管理，促进人口均衡发展。加强食品药品安全监管，保障人民群众"舌尖上的安全"。三是抓好创业就业工作。落实创业就业政策，做好高校毕业生、化解过剩产能企业困难职工、城镇就业困难人员、易地搬迁户劳动力等重点群体就业创业工作。创建扶持一批创业孵化示范基地。开展拖欠农民工工资专项治理，构建和谐劳动关系。完成职业技能培训5万人、农民培训19.8万人，城镇新增就业8.2万人。四是大力发展文体事业。巩固提升国家公共文化服务体系示范区创建成果。新增多彩贵州"广电云"用户8万户。继续加强革命遗址挖掘、保护和利用，持续办好乌蒙文化节。推动群众体育、竞技体育与体育产业协调发展，办好毕节试验区首届国际马拉松赛。五是抓好民族宗教工作。依法管理宗教事务，强化宗教工作"三支队伍"培训，支持宗教界加强自身建设。抓好民族团结进步工作，保护和发展少数民族特色村寨。六是完善社会保障体系。落实特困供养人员救助制度。加快养老服务业改革发展，推进养老项目建设。抓好留守儿童（困境儿童）关爱保护工作，严格落实监护人责任。加强特殊困难群体关爱救助，兜住困难群体民生网底。推进城乡社区建设，提高管理能力和服务水平。城乡居民医疗保险参保754万人，城镇职工基本养老保险参保51.5万人、城镇职工基本医疗保险参保34.5万人、失业保险参保25.15万人、工伤保险参保37.3万人、生育保险参保

26.3万人、城乡居民养老保险参保350万人。加强市场监管，保持物价水平总体稳定。积极稳妥推进殡葬改革。

加强国防后备力量建设、人民防空建设，加大外事工作投入保障力度，支持驻毕部队、监察委、法院、检察院、工会、妇联、共青团、文联等工作。加强国家安全、双拥优抚、残疾人、老龄、统计、邮政、气象、侨务、对台、地方志、档案等工作。

坚持尽力而为、量力而行，扎实抓好重点民生实事。(1) 对7.9万建档立卡贫困学生实施教育精准扶贫资助。(2) 转移农村劳动力16.5万人，新增“十大员”就业扶贫专岗10000个。(3) 建成赫章疾病预防控制中心、威宁妇女儿童医院和20个乡镇卫生院（社区卫生服务中心）中医馆、100个智慧卫生急救站。(4) 建设公共停车位3000个，改造农村户用厕所20.35万户，改造（新建）农村公共厕所774个、城镇公共厕所65座、旅游厕所25座。(5) 新建3000个“雪亮工程”视频监控。(6) 实施农村公路危险路段安全防护工程1500公里。(7) 完成农村电影公益放映2.72万场，送戏下乡100场。(8) 建成绿色健身步道500公里。

三、加强政府自身建设

我们将恪守政治纪律政治规矩，践行“五步工作法”，提升履职能力，努力建设人民满意、群众放心、运行高效的新时代服务型政府。

（一）坚定不移全面从严治党。把对党绝对忠诚摆在首位。牢固树立“四个意识”，坚定“四个自信”，落实“四个服从”，践行“两个维护”，杜绝“七个有之”，不折不扣贯彻党的路线、方针、政策，坚决服从省委、省政府和市委的领导。深入开展“不忘初心、牢记使命”主题教育，常态化制度化推进“两学一做”学习教育，认真做好巡视整改工作，营造风清气正的政治生态。认真落实“一岗双责”。扎实推进政府系统党风廉政建设，严格执行《中国共产党廉洁自律准则》《中国共产党纪律处分条例》，加强对公共资金、国有资产、国有资源和脱贫攻坚等重点领域审计监督。

（二）坚定不移依法全面履职。坚决维护宪法权威。把政府工作纳入法治轨道，自觉尊法学法守法用法，深入推进执法规范化建设，推动法治政府建设。坚持科学民主依法决策。把公众参与、专家论证、风险评估、合法性审查、集体讨论决定作为重大行政决策法定程序，提高决策科学化、民主化、法治化水平。强化行政权力监督。自觉接受人大法律监督和政协民主监督，主动接受新闻媒体舆论监督和社会各界监督，习惯在约束中干事、在监督下履职；高度重视民主党派、工商联、无党派人士和人民团体的意见；加强政务公开，让权力在阳光下运行。

（三）坚定不移提升能力素质。提升谋划发展的能力。加强政府系统干部培训，不断增强“八大本领”，积极参加省委新时代学习大讲堂、市委脱贫攻坚大讲堂学习，让各级干部成为新时代各领域的行家里手。提升执行落实的能力。坚决把中央、省和市委决策部署落实到位，满怀激情投入到决战脱贫攻坚、决胜同步小康伟大实践；完善正向激励和容错机制，奖励政治坚定、奋发有为的干部，惩戒慢作为、不作为、乱作为的干部。

（四）坚定不移推进作风转变。驰而不息纠“四风”。坚决贯彻落实中央八项规定实施细则和省委、市委有关规定，大力培育和弘扬新时代贵州精神，把“三严三实”贯穿政府工作，将整治形式主义、官僚主义作为正风肃纪、反对“四风”的首要任务。经济工作坚持靠数据说话，靠作风吃饭。加强政府诚信建设，打击数据造假。坚决纠正“新官不理旧账”，提高政府公信力。扎实推进服务窗口作风建设。统筹规范督查检查考核，为基层“迎评迎检”减负。坚持不懈兴

“三风”。大兴调查研究之风，围绕落实上级决策部署开展调查研究，与时俱进研究问题、破解难题；大兴真抓实干之风，坚持政府工作常态化调度，坚持“周调度跟踪、月小结提示、季通报约谈”机制，强化问效问责，提高行政效能；大兴勤俭节约之风，严控政府“三公”经费，树立务实节俭的政府工作新风尚。

伟大的时代呼唤着我们，伟大的事业激励着我们。新的一年，我们将在习近平新时代中国特色社会主义思想指引下，在省委、省政府和市委的坚强领导下，牢记嘱托、感恩奋进、苦干实干，确保按时打赢脱贫攻坚战，努力建设贯彻新发展理念示范区，以实干实绩向祖国70周年华诞献礼！

毕节市百里杜鹃风景名胜区条例

（2018 年 8 月 23 日毕节市第二届人民代表大会常务委员会第十二次会议通过，2018 年 9 月 20 日贵州省第十三届人民代表大会常务委员会第五次会议批准）

第一章　总　则

第一条　为了加强百里杜鹃风景名胜区保护和管理，合理利用风景名胜资源，促进人与自然和谐共生，推进生态文明建设，根据国务院《风景名胜区条例》和《贵州省风景名胜区条例》等法律、法规的规定，结合风景名胜区实际，制定本条例。

第二条　百里杜鹃风景名胜区（以下简称风景名胜区）生态环境保护、规划建设、资源利用及其相关管理等活动，应当遵守本条例。

风景名胜区与自然保护区、国家森林公园重合的区域，还应当遵守自然保护区、国家森林公园的相关规定。

风景名胜区是以大面积野生杜鹃群落景观为特色可供游览或者进行科学、文化活动的区域，具体范围根据《百里杜鹃风景名胜区总体规划》

划定。

第三条　风景名胜区坚持科学规划、统一管理，保护优先、绿色发展，尊重自然、永续利用的原则。

第四条　风景名胜区实行分区保护管理，划分为一级保护区、二级保护区、三级保护区。一级保护区：野生杜鹃群落集中，植被及自然生态系统保存完好，景观景点丰富的区域。二级保护区：一级保护区外野生杜鹃群落相对集中，植被保存完好，景观景点较丰富的区域。三级保护区：一级和二级保护区以外的区域。

前款规定区域的具体范围由市人民政府根据《百里杜鹃风景名胜区总体规划》划定并公布。

第五条　市人民政府应当加强对风景名胜区保护管理工作的领导，建立协调机制，统筹解决风景名胜区保护管理工作中的重大问题；将风景名胜区保护管理工作纳入国民经济和社会发展规划，所需经费列入财政预算；建立生态补偿机制，对因风景名胜区保护使经济发展或者生产生活受到限制的单位和个人依法给予补偿。

市人民政府应当加强风景名胜区体制机制创新，推进经营管理改革，提升经营服务质量，统筹城乡发展，完善利益链接和分配机制，建设宜居、宜业、宜游风景名胜区。

第六条　市人民政府应当定期向市人民代表大会常务委员会报告百里杜鹃风景名胜区保护管理工作情况。

市、县级人民代表大会常务委员会应当对百里杜鹃风景名胜区保护管理情况开展视察、执法检查、专题询问等监督工作。

第七条　市人民政府设立的百里杜鹃管理区管理委员会（以下简称管委会），作为风景名胜区的管理机构，负责风景名胜区的保护、利用和统一管理工作。

市人民政府有关行政主管部门在各自职责范围内指导、监督管委会做好风景名胜区保护、利用和管理工作。

风景名胜区所在地的乡（镇）人民政府应当配合管委会做好风景名胜区管理的相关工作。

鼓励风景名胜区所在地的村组、社区制定村规民约、居民公约，参与风景名胜区保护管理工作。

第八条　任何单位和个人都有保护风景名胜资源和公共设施的义务，有权举报或者劝阻破坏风景名胜资源和公共设施的行为。

对风景名胜区保护管理工作做出突出贡献的单位和个人，按照国家、省有关规定给予表彰和奖励。

第二章　规划建设

第九条　风景名胜区规划分为总体规划和详细规划。

风景名胜区规划应当与百里杜鹃省级自然保护区规划、百里杜鹃国家森林公园规划相互协调。

风景名胜区内的镇规划、乡规划、村寨规划应当服从风景名胜区规划。

第十条　编制风景名胜区规划应当划定生态保护红线，突出风景名胜资源的自然特性、地方特色和文化内涵，并进行环境影响评价。

第十一条　编制风景名胜区规划应当公告，并征求专家和公众意见。

第十二条　风景名胜区规划是风景名胜区保护、建设、利用和管理等活动的依据，任何单位和个人不得违反。

经批准的风景名胜区规划，任何单位和个人不得擅自变更或者调整；确需变更或者调整的，应当按照原审批程序办理。

第十三条　在风景名胜区内从事建设活动的，应当经管委会审核后，依法办理审批手续。

第十四条　建设项目施工过程中应当采取有效措施保护杜鹃及其他林木、植被、水体、土壤、地貌、景观等风景名胜资源和生态环境。

建设项目竣工或者临时建筑拆除后，建设单位应当及时清理场地、恢复生态环境。

第十五条 风景名胜区内的建筑物、构筑物的布局、外观结构、高度、体量、色彩等，应当与生态环境、自然景观和民族特色相协调。

第十六条 管委会设立风景名胜资源保护专项资金。

风景名胜资源保护专项资金通过门票收入、财政拨款、社会捐助、风景名胜资源有偿使用等渠道筹集。

第十七条 管委会应当对具有保护价值的传统村落、民族村寨、文物古迹等风景名胜区人文景观建立保护档案，划定保护范围，设立保护标志，采取防火、防震、防雷、防蛀、防腐和维护修缮等保护措施，保持其传统格局和风貌。

第十八条 管委会应当建立企业环境信用评价和生态环境违法信息公示制度，将生态环境违法信息载入企业事业单位和其他生产经营者信用信息公示系统。

管委会信用信息公示系统应当按照规定纳入全省公共信用信息平台。

第三章 保护利用

第十九条 管委会应当建立健全风景名胜区保护制度，采取下列保护措施：

（一）以界碑、标牌等方式设置风景名胜区范围保护标志，标明界区；

（二）对杜鹃等古树、名木、珍稀树木进行调查、鉴定、分类、定级、登记、编号，建立档案，设立标志；

（三）加强动植物病虫害防治和保护工作，禁止引入有害外来物种，维护生态平衡；

（四）对天坑溶洞、奇峰异石、草原、石雕石刻等建立档案，设立标志；

（五）对一级保护区景点实行定期封闭、轮流开放；

（六）法律、法规规定的其他保护措施。

第二十条 三级保护区内禁止下列行为：

（一）开山、采石、开矿、开荒、毁林、砍柴、修坟立碑、损毁岩溶等破坏景观、植被和地形地貌的行为；

（二）设立各类开发区；

（三）修建储存爆炸性、易燃性、放射性、毒害性、腐蚀性物品的设施；

（四）捕猎野生动物，在水域内炸鱼、毒鱼、电鱼等；

（五）在禁火区内吸烟、生火、燃放烟花爆竹，在指定区域以外烧香点烛、焚烧垃圾、秸秆和枯枝落叶等；

（六）擅自砍伐、挖掘树根、移植杜鹃树木；

（七）擅自引入未经检验检疫的动植物；

（八）擅自摆摊设点、在景物周围圈占拍摄位置；

（九）在杜鹃树木或者设施上刻画、涂污；

（十）采摘杜鹃花；

（十一）乱扔垃圾；

（十二）其他破坏生态环境和风景名胜资源的行为。

第二十一条 二级保护区内，除遵守本条例第二十条规定外，禁止建设畜禽、水产养殖场所，敞养、放养畜禽；限制非游览性的机动交通工具进入；限制建设与风景名胜资源保护、参观游览无关的建筑物、构筑物及设施。

第二十二条 一级保护区内，除遵守本条例第二十条、第二十一条规定外，禁止建设宾馆、招待所、培训中心、疗养院以及与风景名胜资源保护无关的建筑物、构筑物和其他设施；已经建设的，应当按照风景名胜区规划，逐步迁出。

第二十三条 管委会应当按照风景名胜区规划逐步迁出一级保护区内的村（居）民。

一级保护区外的建筑物和构筑物的建设，应当遵守风景名胜区规划，不得破坏自然景观等风景名胜资源。

第二十四条 风景名胜区内土地、森林、林木等自然资源的利用和处分，应当遵守风景名胜区规划及管理制度。

风景名胜区内土地、森林、林木等自然资源，可以依法通过租赁、入股等方式，逐步实行统一经营管理、实现利益共享。

第二十五条 管委会应当开展生物多样性调查，编制风景名胜区生物物种名录，加强杜鹃及其他生物物种资源保护，倡导和鼓励社会资本参与生物物种资源培育研究。

第二十六条 需要进入特定区域从事科研活动的单位和个人，应当经管委会批准同意后，并由管委会派专人陪同方可进入。

因教学、科研需要在风景名胜区内采集物种标本或者繁殖材料的，应当经管委会批准后，按照规定在指定地点限量采集。

第二十七条 因风景名胜资源保护和利用需要，少量移植、采伐林木的，应当经管委会批准，并报市人民政府林业行政主管部门备案。

第二十八条 风景名胜区内已存在的矿山应当限期关闭，并依法予以补偿。

矿山关闭应当制定生态修复方案，由采矿权人或者其他责任主体对生态环境进行修复。

第二十九条 在风景名胜区内进行下列活动，应当经管委会审核同意，并按照规定办理有关审批手续：

（一）设置农贸市场，从事交通运输、餐饮、住宿等经营活动；

（二）举办大型游乐、文体、演出、会展、训练、竞赛等活动；

（三）摄制电影、电视、宣传片等；

（四）设置、张贴商业广告；

（五）野营、探险等活动；

（六）其他影响生态和景观的活动。

第四章　监督管理

第三十条 管委会履行下列监督管理职责：

（一）宣传贯彻执行与生态环境保护相关的法律、法规；

（二）保护风景名胜区自然生态系统，组织开展与自然资源保护有关的科研、科普、宣传教育等活动；

（三）制定并组织实施风景名胜区保护具体管理制度；

（四）组织指导风景名胜区内乡（镇）人民政府制定生态环境、自然资源、历史遗迹、人文景观等方面的保护管理制度；

（五）保护和培育风景名胜资源、生态环境，维护自然景观和人文景观；

（六）在风景名胜区内从事建设、经营活动的单位和个人建立健全安全生产制度，加强安全生产管理；

（七）监督建设、旅游、经营、科研等活动，维护景区游览秩序和游客合法权益；

（八）负责公共基础设施上报、监督、管理工作；

（九）与风景名胜区保护有关的其他监督管理职责。

第三十一条 管委会应当逐步建立健全风景名胜区大数据旅游信息平台，建设智慧景区，及时公布景观、景物、气候状况、游客最大承载量、游客接待情况等信息。

第三十二条 管委会应当加强风景名胜资源普查登记，建立健全风景名胜区自然资源资产产权登记和用途管理制度。

第三十三条 管委会应当建立生态环境保护监测系统，对风景名胜区森林资源、土壤资源、气候资源、水资源、大气环境、声环境、固体废物等进行监测。

第三十四条 管委会、项目特许经营者及相关责任主体应当做好修复废弃宕口、整治滑坡山体等地质灾害防治工作。

第三十五条 风景名胜区门票统一印制和管理，禁止伪造、变造、倒卖风景名胜区门票。

第三十六条 管委会领导干部实行自然资源资产和生态环境离任审计制度。造成自然资源严重损失和生态环境严重破坏的，实行终身责任追究。

第五章 法律责任

第三十七条 违反本条例第二十条规定的，按照下列规定处罚：

（一）在风景名胜区内进行开荒、修坟立碑等破坏景观、植被、地形地貌的活动的，由管委会责令停止违法行为、限期恢复原状或者采取其他补救措施，没收违法所得，并处以1000元以上1万元以下的罚款；

（二）擅自捕猎野生动物，在水域内炸鱼、毒鱼、电鱼等的，按照有关法律、法规的规定予以处罚；

（三）在禁火区内吸烟、生火、燃放烟花爆竹的，由管委会给予警告，责令停止违法行为；情节严重或者造成严重后果的，并处以1000元以上1万元以下罚款；造成损失的，依法承担赔偿责任；在指定区域以外烧香点烛、焚烧垃圾、秸秆和枯枝落叶的，由管委会责令停止违法行为、限期恢复原状或者采取其他补救措施，并处以50元以上200元以下罚款；

（四）擅自摆摊设点、在景物周围圈占拍摄位置的，由管委会责令改正，没收违法所得，并可处以100元以上500元以下罚款；

（五）在风景名胜区内杜鹃树木或者设施上刻画、涂污或者在风景名胜区内乱扔垃圾的，由管委会责令恢复原状或者采取其他补救措施，处以50元罚款；

（六）在风景名胜区内采摘杜鹃花的，由管委会给予警告，责令停止违法行为；情节严重的，并处以每朵50元罚款；擅自砍伐、挖掘树根、移植杜鹃树木的，由管委会责令停止违法行为，有违法所得的，没收违法所得，并处以1万元以上5万元以下罚款，情节严重的，并处以5万元以上10万元以下罚款；造成损失的，依法承担赔偿责任。

第三十八条 违反本条例规定，在风景名胜区内建设畜禽、水产养殖场所的，由管委会责令限期搬迁，逾期未搬迁的责令关闭；敞养、放养畜禽的，由管委会责令停止违法行为，并按照每只（头）处以20元以上50元以下罚款。

第三十九条 违反本条例规定，建设项目施工未采取有效措施保护杜鹃及其他林木、植被、水体、地貌、景观等风景名胜资源和生态环境的，由管委会责令停止违法行为、限期恢复原状或者采取其他补救措施，处以2万元以上10万元以下罚款。逾期未恢复原状或者采取有效措施的，由管委会责令停止施工。

第四十条 未经审核在风景名胜区内设置、张贴商业广告的，由管委会责令停止违法行为、限期恢复原状或者采取其他补救措施，没收违法所得，并处以5万元以上10万元以下罚款；情节严重的，并处以10万元以上20万元以下罚款。

第四十一条 伪造、变造、倒卖风景名胜区门票的，由管委会责令停止违法行为，没收违法所得，并由公安机关依法予以处罚。

第四十二条 对风景名胜区负有监督管理职责的单位及其工作人员玩忽职守、滥用职权、徇私舞弊，尚不构成犯罪的，对直接负责的主管人员和其他直接责任人员依法给予处分。

第四十三条 违反本条例规定的其他行为，法律、法规有处罚规定的，从其规定。

第六章 附 则

第四十四条 本条例自2018年12月1日起施行。

中共毕节市委办公室　毕节市人民政府办公室关于印发《毕节市加快文化产业发展助推脱贫攻坚的实施意见》的通知

毕党办发〔2018〕5号

各县（自治县、区）党委（党工委）、政府（管委会），市委各工作部门，市级国家机关各部门，毕节军分区，各大专院校，各人民团体：

《毕节市加快文化产业发展助推脱贫攻坚的实施意见》已经二届市委全面深化改革工作领导小组第十九次会议审议通过，现印发给你们，请认真抓好贯彻落实。

中共毕节市委办公室

毕节市人民政府办公室

2018年1月31日

毕节市加快文化产业发展助推脱贫攻坚的实施意见

为全面贯彻党的十九大精神，深入落实《中共贵州省委办公厅贵州省人民政府办公厅印发关于建设多彩贵州民族特色文化强省的实施意见》（黔党办发〔2016〕17号），加快全市文化产业发展，助推脱贫攻坚进程，现提出如下实施意见。

一、重要意义

文化产业被誉为新时期最具潜力的朝阳产业和绿色产业，其发达程度逐步成为衡量区域性综合发展和文明程度的关键因素。要把发展文化产业摆上更加重要的位置，采取扎实有效的措施，推动文化产业加速发展，提升文化产业发展水平。

（一）加快文化产业发展，是推动文化繁荣、助力脱贫攻坚的重要举措。毕节是全省乃至全国脱贫攻坚的主战场，精准脱贫是当前全市上下一切工作的重中之重，文化产业发展必须围绕中心、聚焦大局，与脱贫攻坚深入融合。随着全面小康攻坚时限的临近，一些少数民族乡镇和村寨基础设施薄弱，产业发展滞后，贫困程度深，产业脱贫难，脱贫成本高，加之群众思想封闭僵化，宁守穷窝也不愿搬出，难脱贫又极易返贫。但这些少数民族村寨民族文化资源丰厚，民族风俗保存完好，发展文化产业拥有得天独厚的优势，文化产业助力脱贫能起到事半功倍的效果。同时，文化产业与脱贫攻坚深度融合，可借助脱贫攻坚的各项政策、资金、项目平台，不断促进自身的发展壮大，实现全面小康监测指标文化产业增加值占GDP比重的创建达标。因此，加快文化产业发展，有利于助推脱贫攻坚和全面小康进程。

（二）加快文化产业发展，是我市产业结构调整和经济发展方式转变的重要载体。文化产业作为知识、技术及信息相融合的产物，涉及第一、二产业，集中于第三产业，其发展资源消耗低、环境污染小，科技含量高、发展潜力大，逐步成为产业结构调整的新支柱和经济发展的新增长极。当前，全省各市州大力实施“文化+”工程，培育了一大批知名文化旅游品牌和大型骨干文化企业。而我市文化产业发展起步较晚、速度较慢，亟需在宏观上给予引导扶持，完善体制机制和政策支撑，加快文化产业蓬勃发展，助力全面同步小康，推动我市产业结构调整和经济发展方式转变。

（三）加快文化产业发展，是丰富和满足群众多样化精神文化需求的重要储备。随着脱贫攻坚和全面小康进程的推进，群众经济收入快速增长、教育水平不断提高，对文化产品和服务的需求将大大增加，自主选择性也将大大增强。相比之下，当前文化产业发展水平还不高，总体上还不能很好地适应人民群众精神文化需求快速增长的新形势。因此，加快文化产业发展，形成多样化、多层次、多类型的文化产业体系，才能从数量和质量上满足群众多元化的文化需求。

二、总体要求

（一）指导思想。以毛泽东思想、邓小平理论、“三个代表”重要思想、科学发展观、习近平新时代中国特色社会主义思想为指导，按照习近平总书记关于中国特色社会主义文化创造性转化、创新性发展的重要指示精神，全面贯彻党的十九大、省委十二届二次全会和市委二届二次全会精神，抓住国家实施藏羌彝文化产业走廊规划和国家公共文化服务示范区建设契机，立足我市丰富的试验区文化、民族民间文化、生态文化、历史文化、红色文化资源，推动文化产业跨越式、集约化、规模化、专业化发展，使其成为经济结构调整、产业转型升级的新承接，成为助力脱贫攻坚、实现全面小康的新支柱，为打赢“113”攻坚战提供强大的文化凝聚力和产业支撑力。

（二）基本原则。坚持深化改革和创新驱动，着力完善文化产业发展的顶层设计和体制机制，推进文化因子和产业业态的融合发展。坚持服务大局和互融互促，文化产业与脱贫攻坚深度融合发展，助力脱贫攻坚。坚持政府引导与市场推动，发挥政府宏观调控，引导要素集聚和资源优化。坚持科学规划和统筹推进，规划产业发展蓝图，统筹安排空间布局，分步分层有序推进。

（三）总体目标。围绕“深化体制改革、加快产业发展、助力脱贫攻坚”目标，到2020年，文化市场主体发展规模进一步扩大，做大做强一批主题突出、实力雄厚的骨干文化企业，培育一批知名文化产业品牌，形成拥有比较优势的主导文化产业集群，带动一批贫困群众脱贫致富。逐步建立适度调控、有序运行、促进发展的宏观管理体制；逐步建立适应社会主义市场经济体制要求，导向正确、富有活力的微观运行机制；逐步形成以公有制为主体、多种所有制共同发展的文化产业格局；逐步形成统一、开放、竞争、有序的文化市场体系和政策支撑体系。全市文化产业发展与经济社会发展水平基本相适应，全市文化产业增加值占生产总值比重达4%以上，力争达到5%，基本成为我市新的经济增长点和重要支柱性产业。

三、主要任务

（一）加快文化产业规模化发展

1. 壮大文化市场主体。实施国有文化企业整合计划。按照“社会效益优先、实现双效统一”的要求，深化国有文化体制改革，加强国有文化企业资源整合、结构调整，推动文化资源与要素适度集中倾斜，引导国有文化企业打破区域限制和行业壁垒，以资本为纽带实行跨地区、跨行业、跨所有制战略合作，多元化经营，集团化发展，培育新型国有骨干文化企业集团。实施大中型文化企业培育计划。鼓励和引导多种所有制市场主体进入文化经营领域，通过改制、重组、联合、兼并、收购、租赁、承包经营等多种形式进行文化产权制度和经营体制改革，与金融机构开展多种形式的银企合作，按照国家和省的有关规定对文化企业重点项目贷款实际发生的利息给予一定补贴，真正发展一批社会力量兴办的大中型文化企业，填补市场空白，优化市场结构。实施小微型文化企业倍增计划。采取园区集中孵化、精简行政审批、开辟绿色通道、奖励性引导、政策性鼓励和个转企等方式，有意识地培育一批具有较强创意创新能力和发展后劲的“专、精、特、新”成长型小微文化企业。

2. 推动产业全域布局。围绕“洞天福地、花海毕节”的品牌和“古彝圣地、文化高地、走廊要地”的定位，突出比较优势，加强分类指导，依据我市文化资源分布状况、文化产业发展基础和经济发展水平，积极构建毕节文化的“腾飞模式”，即把试验区文化作为“引航”，民族民间文化和生态文化作为“侧翼”，红色文化作为“尾翼”，历史文化作为“尾鳍”。产业布局围绕“一核两区六园多点”的总体布局，一核：把藏羌彝走廊彝族文化作为核心。两区：着力构建特色文化产业集聚区和文化旅游融创区。文化产业集聚区：着力构建彝族文化产业集群、红色文化产业集群、历史文化产业集群、同心文化产业集群、酒茶产业集群。文化旅游融创区：着力构建文创街区、文特小镇、景区演艺。六园：建设古彝文化产业园、漆器文化创意园、非遗文化传承园、同心文化博览园、生态康养体验园和影视动漫产业园。多点：拓展城市公园、风景名胜区、森林公园、湿地公园、美丽乡村、历史文化名村等多层次、多功能、网格化的文化亮点。

3. 实施项目带动战略。坚持把重点项目作为引领文化产业发展的着力点，通过项目的示范带动，整合文化资源，形成发展优势，带动全市文化产业发展。建立文化产业项目库。以创意设计、文化旅游、影视制作、出版发行、印刷复制、演艺娱乐、广告会展、数字内容和动漫等产业门类为重点，加大全市文化产业项目的包装和储备，建立和完善文化产业项目库，编制重点文化产业项目招商手册，加大招商引资力度，加快建设一批具有较强示范效应和拉动作用的重点文化产业项目。跟踪推进文化产业项目。每年遴选一批产业优势明显、发展后劲足、持续增长能力强的文化产业项目列入全市重点建设项目，建立领导包保责任制，完善定期调度和跟踪服务机制，每年召开文化产业项目观摩会，倒逼推进文化产业项目建设。加强产业项目政策扶持。每年选择一批起点高、前景好、具备实施条件的重大项目，依法通过文化产业发展专项资金担保贷款、贷款贴息或直接补助的方式给予重点支持。开展文化产业助力脱贫攻坚试点。对全市文化资源丰富的贫困村进行摸底调研，采取企业对口帮联的方式，开展文化企业助力脱贫攻坚工作试点，探索经验路径。

（二）加快文化产业集群化发展

1. 加大文化园区（基地）建设。坚持政府引导、市场运作、科学规划、合理布局，围绕功能定位和空间布局，出台支持文化园区建设的政策意见，鼓励依托现有的闲置工业园区、废弃工业厂房，引导园区科学有序发展，加快建设大方古彝文化产业园区和漆器文化创意园区，重点依托黔西水西古城，建设毕节市非遗文化传承园区；依托七星关区同心城市公园，建设同心文化博览园区；依托百里杜鹃旅游景区，建立毕节市生态康养体验园区；依托撮泰吉、神秘古夜郎、奢香夫人、支嘎阿鲁等文化和历史人物，在金海湖新区建立毕节市动漫影视产业园。积极做好园区规划编制，在基础设施建设、土地使用、财税政策等方面按照国家和省的有关规定给予支持，对其公共服务平台建设项目予以资助。各县（自治县、区）要结合实际，培育打造一批县级文化产业园区。

2. 加大文创街区（文特小镇）建设。依托地域特色优势文化，优化文化资源，集聚产业要素，融入文化创意设计，通过政策有针对性引导文化产业集中集群，走产业集约化、规模化、现代化发展之路，重点建设一批以民族民俗风情、文旅田园综合体、烟酒茶食药集聚、山地康养体验等若干个主题鲜明、优势凸显、产业集聚的文化创意街区（文特小镇）。在规划上突出点面结合、连点成线，形成文创街区（文特小镇）的文化片区或文化产业带。

3. 加大文化产业孵化园建设。依托现有闲置工业园区厂房，合理划分板块布局，出台有关入驻集聚优惠政策和融资贷款扶持政策，鼓励和引导小微文化企业和文化项目入驻，重点吸纳市场前景好、科技含量高、辐射带动作用强的文化企业和文化项目。孵化园区采取与高校创意专业“校园合作”的形式，鼓励高校将学生文化创意实习基地建在园区，对有发展前景和潜力的实习创作项目给予扶持，引导入园孵化落地。

（三）加快文化产业融合发展

1. 加快文化与数据信息产业的创新融合发展。抢抓全省建设大数据的机遇，促进文化资源与新兴数字技术融合创新发展，支持打造动漫、影视、娱乐、电子出版物生产、转换、加工和投送平台，形成以数字化内容、数字化生产和数字化传输为主要特征的文化、艺术新业态。以时尚艺术创意手法对民族风情文化进行深层演绎，打造民族主题影视剧、民族主题游戏等创意产品。引进和支持具有自主知识产权的网络游戏技术、游戏运营平台和具有民族文化特色的原创游戏产品的研发和推广。鼓励新闻媒体利用大数据、云计算技术和印刷新技术推进新闻生产，优化媒体采编、内容制作、存储、出版、分发流程，提升数据处理能力。支持推进报网融合、台网融合，建设报网、台网融合技术平台，形成一体化发展的组织结构、管理体制和传播体系，大力发展全媒体。

2. 加快文化与工业制造业的创新融合发展。依托毕节国家新能源汽车研发基地优势，推进新技术、新工艺、新材料、新需求的应用设计和文化内涵研发，促进工业设计向高端综合设计服务转变。综合利用工业设计、品牌策划、营销推广等文化创意手段，提升产品外观、结构、功能等设计能力，提高工业制造业的文化附加值。

3. 加快文化与现代农业的创新融合发展。学习借鉴“塘约经验”，采取引导群众以要素入股的方式，大力发展创意农业、休闲农业、共享农业和农村手工艺产业，拓展传统农业功能，创新农业发展方式，促进文化富民。围绕交通要道、目标市场和旅游景区，打造以农业休闲观光、度假旅游、农事体验、共享农场、养老养生和野外拓展的旅游目的地，加强休闲农业与乡村旅游经营场所的创意设计，大力发展集农耕体验、田园观光、民俗风情、科普教育、文化传承为一体的休闲农业创意园，打造一批田园风光优美、风土人情自然、民风民俗淳朴的特色农产品展览展示园。举办农业创业大赛、农业创意设计大赛和农产品展销会，大力发展农产品电子商务和现代物流，提高农产品的附加值和知名度。

4. 加快文化与旅游业的创新融合发展。将文化创意贯穿旅游规划策划、旅游项目开发、旅游产品推介全过程，提升文化旅游产品开发和服务设计水平，促进特色文化旅游发展。依托我市山地特色文化、自然生态等资源，大力发展山地景观旅游、乡村特色旅游，积极探索避暑休闲、科普探险等新兴业态，加快打造重点景观和精品路线，推动山地旅游与民族文化、红色文化、城镇文化等深度融合。挖掘历史文化、民族文化和红色文化资源，加强地域文化元素与旅游产品有机结合，加大文化旅游特色产品的设计、开发和推广，推动文化与旅游的深度融合。将文化创意元素融入旅游景区景点规划、旅游产品与线路开发、旅游品牌与节庆策划、旅游市场推广、旅游商品开发等领域，重点打造以织金洞、百里杜鹃、草海、韭菜坪等为代表的独特景观自然风光旅游产品体系，以鸡鸣三省、川滇黔省革命委员会旧址、钱壮飞牺牲地为代表的红色文化旅游产品体系，以观音洞、古夜郎遗址、石门坎为代表的历史文化旅游产品体系，以彝族、苗族为代表的民族文化产品体系，以金沙安底、赫章六曲为代表的温泉旅游产品体系，以回沙酒、太极古茶为代表的酒茶文化旅游产品体系。深度挖掘具有广泛群众基础、有较强独特性的少数民族传统节日，举办文化旅游节庆活动，形成具有产业带动效应的节庆品牌。鼓励发展积极健康的特色旅游餐饮、民居民俗和主题酒店，引导旅游和文化、时尚融合发展。

5. 加快文化与城镇建设的创新融合发展。把打造文化小镇作为促进县域文化产业发展的重要载体和抓手，重点培育一批文化元素特征突出、产业基础较好、产业融合潜力较大的文化小镇。依托全市新型城镇化和新农村建设，加强对历史文化遗产、自然景观资源、历史文化名城名镇名村、历史文化街区、少数民族特色村寨和传统村落、民居的保护，打造一批具有历史记忆、地域特色和民族特点的名城名镇名村。鼓励高校、科研院所与文化小镇结对帮扶，在发展规划、智力引进、项目推进等方面开展合作。

（四）加快文化产业品牌化发展

1. 培树文化产业品牌。积极引导文化企业树立品牌观念，加强品牌策划，加快培育一批有自主创新能力和自主知识产权的知名文化品牌。找准区域比较优势，打造“一县一品”的区域文化产业品牌，提高区域文化产业贡献率。将文化创意设计有机融入文化旅游产品的外观设计包装，真正凸显文化特色，提升产品内涵，培育知名文化产品品牌。

2. 加大品牌包装推介。定期组织开展品牌评价和推广活动，发布知名文化产业品牌名录。制定完善品牌培育的配套政策措施，集中力量打造知名文化产业品牌。整顿和规范文化市场秩序，维护文化知识产权，加大对文化品牌的保护力度。加强对文化品牌的宣传、推介和包装，增强地域文化的辐射力和影响力。

四、政策支持

（一）增加财政投入力度。出台《支持和鼓励文化产业发展的若干政策》，有效促进文化产业发展。扩大文化产业发展专项资金扶持规模，从 2018 年起每年将市级文化产业发展专项资金提高到 2000 万元以上，健全完善资金使用管理办法，专项用于支持重点文化项目建设、产业园区和基地建设、重点文化企业培育、文化产品品牌打造、演艺市场培育、文化创意成果转化、产业规划、产业公共服务、人才培养等。各县（自治县、区）要同步建立不低于500万元的文化产业发展专项资金，鼓励有条件的县（自治县、区）提高到1000万元。加大对文化企业的奖励扶持力度，对获得省级以上奖励、首次纳入规上统计、年销售额和缴税额达到一定额度、承办有影响力活动的文化企业和个人，给予一次性资金奖励扶持，所需经费从文化产业发展专项资金列支。

（二）放宽市场准入条件。坚持“非禁即入”原则，只要法律、法规没有明令禁止，就允许法人、自然人或其他经济组织投资文化企业、从事文化产业。按照国家和省的有关规定，简化文化企业注册审批程序，开辟文化企业注册绿色通道。依据《企业名称登记管理实施办法》的规定，放宽文化产业市场主体尤其是新兴业态的名称和经营范围核定标准，对省、市内知名文化人才开办工作室、博物（览）馆、美术馆、科技馆等文化企业的，放宽名称登记注册要求。放宽文化企业住所及经营场所登记，鼓励文化市场主体使用具备条件的住宅、民居、农居作为市场主体住所。

（三）完善投融资服务体系。与毕节旅游开发（集团）有限公司整合组建毕节文化旅游开发（集团）有限公司，推动国有文化企业和资源整合重组。探索设立政府引导的文化产业投资基金，孵化和培育文化企业。加大文化金融产品开发，支持银行业金融机构开发面向不同文化企业的多元化、多层次信贷产品，对文化企业给予利率优惠。大力推广专利权、商标权、著作权等产权质押贷款，开展文化项目收益权质押贷款。完善融资担保体系，加大对全市重点文化企业、重大文化项目的融资担保服务。改进文化产业金融服务，提高银行卡刷卡、支付宝、微信支付覆盖面。

（四）落实税收优惠政策。执行中央和省关于支持文化单位转企改制和文化企业发展的扶持政策，确保文化企业增值税、所得税等各项税收优惠政策落实到位，对中央、省新出台的税收政策较本意见更为优惠的，以中央、省政策为准。文化企业开发新技术、新产品、新工艺发生的研究开发费用，按照国家和省的相关规定在计算应纳税所得额时加计扣除。为承担国家鼓励类文化产业项目而进口国内无法生产的自用设备及配套件、备件等，按照国家和省的相关规定免征进口关税。

（五）强化土地政策支持。根据土地利用总体规划和城乡规划做好文化产业发展规划，安排全市年度用地计划时，要根据文化产业发展需要逐步提高文化产业用地比例，对符合土地利用总体规划且列入省重点建设项目、省级重大产业项目的文化产业项目，按照国家和省的有关规定优先予以用地保障。鼓励企业充分利用空余或闲置旧住宅区、旧厂区、仓储区以及老城区原有工业功能区等存量低效用地再开发利用兴办文化产业。需要改变土地用途并办理有偿使用手续的，在符合城乡规划的前提下，经市、县政府批准，在符合国家有关规定的前提下可采取招拍挂方式办理。对省、市重点文化产业建设项目申请使用工业用地，符合省、市确定的优先发展产业目录且用地集约的，按照国家和省的相关规定在确定土地底价时予以优惠。鼓励文化企业集群化发展，探索建立优惠奖励与节约集约用地水平挂钩政策，对产业集群发展、项目节约集约用地成效显著、亩均税收贡献大或安置吸纳就业人数多的文化企业或文化产业集群进行奖励。鼓励借鉴“塘约模式”，整合村级用地，在符合土地利用总体规划的基础上，支持村留地单独或相邻区域的村留地整合开发，优先用于发展文化产业。

（六）强化文化人才支撑。注重引进领军人才，着力培养引进具有国内外较高知名度、影响力的文化名家和文化产业领军人才，以及文化产业经营管理人才和专业技术人才。对带项目、带资金、带技术的文化产业领军人才和创新团队，除给予项目资金和办公用房补助外，可“一事一议”。加快文化产业人才培育，支持“校园合作”和“院企结合”，建立文化产业人才培养基地和实习实训基地，推进产学研合作培养人才。鼓励文化企事业单位制定智力贡献参与分配的具体办法，采取股权奖励、期权分配、技术入股等方式，激励文化高端人才。建立灵活多样的高层次人才收入分配制度，柔性引才引智机制和聘任机制。

五、保障措施

（一）强化组织领导。各级各部门要切实将文化产业发展摆在全局工作的重要位置、列入重要工作日程，与经济社会发展工作同规划部署、同组织实施、同督查考核。要按照“党委统一领导、党政齐抓共管、宣传部门协调指导、有关部门各负其责、全社会积极参与”的工作格局，齐抓共管，形成合力。市文化改革和发展工作领导小组要强化统筹规划、分类指导和督促检查，完善文化产业发展联席会议制度，及时协调解决文化产业发展遇到的重点难点问题。各县（自治县、区）党委（党工委）、政府（管委会）要切实将文化产业发展工作纳入“一把手”工程，牢牢抓在手上，统筹谋划推进，确保文化产业发展。

（二）明确工作责任。市文化改革和发展工作领导小组办公室要按照各单位职责分工，细化责任目标，建立工作台账，定期跟踪推进情况。文广、旅发、住建、工能、农业等部门要根据各自行业领域制定相关文化产业发展实施方案，并组织实施。金融、发改、工商、税务、财政、国土、投促、人才等部门要按照职能分工，加强协作配合，及时兑现相关优惠政策，给予大力支持，共同促进文化产业加快发展。

（三）加强督促考核。要加强对推动文化产业发展工作的督促考核，确保各项政策措施和目标任务落到实处。市委建立文化产业发展项目观摩推进机制，每年召开2次现场会议，各县（自治县、区）轮流坐庄，观摩进度，通报情况，交流经验，确保文化产业工作有力有序推进。市文化改革和发展工作领导小组办公室要会同市实绩考核办围绕全市总体要求，结合实际提出文化产业发展的年度目标任务和工作举措，加强督促跟踪，强化结果运用，作为评价发展水平、衡量发展质量和考评干部实绩的重要内容。

（四）营造良好环境。各级各部门要切实增强服务意识，进一步优化文化产业发展政策环境。加强文化市场综合执法和队伍规范化建设，完善执法监督机制，维护正常的文化市场竞争和交易秩序，保护经营者和消费者的正当权益。相关部门要立足本部门职责，运用多种形式加强文化产业政策的培训和解读，促进信息公开、政策透明，提高文化企业对政策的知晓率、利用率。市内主要新闻媒体要广泛利用报纸、广播、电视、网络等媒体，加大对文化产业发展的宣传力度，使全市上下充分认识到加快文化产业发展的必要性、迫切性和可行性，进一步凝聚社会共识，营造有利于文化产业发展的浓厚氛围，引导社会各界参与文化产业建设。

附件：

1. 关于支持和鼓励文化产业发展的若干政策
2. 毕节市文化产业发展资金使用管理办法
3. 毕节市文化产业助力贫困村脱贫攻坚试点工作方案

附件1

关于支持和鼓励文化产业发展的若干政策

第一章　总则

第一条　为了大力支持和鼓励文化企业积极发展文化产业，根据《毕节市加快文化产业发展助推脱贫攻坚的实施意见》有关要求，以构建政策体系为支撑，推动全市文化产业健康快速发展，并成为国民经济支柱产业，特制定本政策。

第二条 凡是在毕节市注册登记，并从事新闻出版发行服务、广播电影电视服务、文化艺术服务、文化信息传输服务、文化创意和设计服务、文化休闲娱乐服务、工艺美术品生产、文化产品生产的辅助生产、文化用品生产等相关产业，纳入文化产业统计的文化企业或个体在无差别享受国家、省相关政策的基础上，享受本政策的有关优惠。

第二章 支持方向

第三条 重点支持文化企业依托本地文化资源，挖掘文化内涵，发展“文化+旅游”“文化+演艺”“文化+科技”“文化+工业”“文化+商贸”“文化+金融”“文化+产业”等，力争把毕节打造成集文化旅游、田园休闲、生态度假、文化展示、科普教育为一体的多元复合型文化集聚区。

第四条 重点支持文化产业集群化发展，鼓励各地整合资源建设各类文化产业园区（基地）、文创街区（文特小镇）等集群，吸引众多相互关联的文化企业共处一个文化区域，形成产业组合、互补与合作，以产生孵化效应和整体辐射力的文化企业群落或产业集聚区。

第三章 相关支持政策

第五条 加大财政支持力度

（一）加大市级文化产业发展专项资金投入。从2018年起，将市级文化产业发展专项资金从每年500万元增加到2000万元，采取贴息、奖励和股权投资等方式，大力支持文化产业重点项目建设，支持文化产业集群化发展，支持文化产品和服务出口等。各县（自治县、区）也要建立不低于500万元的文化产业发展专项资金（百里杜鹃管理区和金海湖新区不低于250万元），鼓励有条件的县（自治县、区）提高到1000万元，并用好用活专项资金。

（二）加大对文化企业的奖励扶持力度。对影视、动漫、网游、演艺等获得国家级、省级重要奖项的优秀作品，按相应奖励的50%予以匹配奖励。对被评定为国家级、省级文化产业示范园区（基地）的，对园区（基地）一次性分别奖励企业50万元、30万元。对首次纳入上规入统的文化企业，给予5万元的一次性奖励，同时当年实缴税收达到80万元（以税务部门提供数据为准），再奖励15万元；凡首次达到年销售收入1亿元，且当年实缴税收500万元以上的企业，奖励50万元；凡首次达到年销售收入5亿元，且当年实缴税收2500万元以上的企业，奖励100万元；凡首次达到年销售收入10亿元，且当年实缴税收5000万元以上的企业，奖励150万元。

（三）鼓励文化企业组织承办由国家部委、国家级行业协会主办或省级部委、省级行业协会主办的文化会展活动，分别给予组织承办单位一次性25万元、20万元、15万元、10万元奖励。对在我市举办全国性、国际性专业论坛、会议和活动，且住宿人数超过300人的文化企业，给予企业20万元的奖励。对被入选参加国外会展的文化企业一次性给予2万元奖励，入选参加国内会展的文化企业给予适当奖励。

（四）鼓励和支持文化企业实施品牌发展战略，特别是加大文化品牌推介和商标保护力度，对企业因申报知识产权保护行为所产生的费用，经按程序申报后，可按申报费用的50%予以资金奖励。加大政府对文化企业自主知识产权和自主品牌的支持力度，鼓励舞台艺术、影视、演艺秀、动漫游戏等原创内容生产，对文化产品注入毕节元素的，政府优先购买本地企业自主研发的文化产品、文化演艺、文化服务等。对经申报，获得国家“五个一工程”奖、金鸡奖、百花奖、华表奖、飞天奖、金鹰奖和其他国家型、国际型重要奖项，产生较大市场影响力，并提升毕节知名度和美誉度的文艺、影视、动漫、网游、演艺等优秀作品，按所获奖励的50%匹配奖励，对同一作品获多个奖项的，根据其申报的最高奖项给予一次性奖励，不重复奖励。

（五）鼓励和支持文化企业积极争取国家和省的各类文化产业建设资金，凡是获得国家和省资金支持的文化产业项目，经申报，可给予最高不超过10%的配套奖励。

（六）鼓励开发运营商和各类企业转型投资文化产业，凡是在毕节市投资新建文化产业园区（基地）、文创街区（文特小镇）等重大项目的，符合下列条件的管理机构，经申请认定后，可一次性获得30万元的资金奖励，专项用于文化产业集群区域的房租补贴、公共服务平台建设、技术改造、人才培养、重点项目等建设项目。项目所在县（区）也要给予一定的配套奖励。

具体条件为：1. 有完整的建设和发展规划，并且应与国家、省、市文化产业发展的方向相一致；2. 有鲜明的产业特色和定位，从事文化产品生产和服务的文化企业达30家以上，有一定的生产规模，并拥有一定数量的自主知识产权，且文化产值、交易额等经济效益指标居于同行业领先地位；3. 有合理规范的管理机构和运营机制，能够有效组织开展集群区域的建设、管理和运营；有较完善的基础设施、生产环境和公共服务支撑体系，能够为文化企业开展创意研发、设计生产和流通交易等活动提供适宜的硬件环境保障；4. 有良好的产业发展前景，具有符合文化产业生产规律的产业形态，入驻企业具有较高的成长性，能够引领相关文化产业的发展。

（七）鼓励文化企业建立各种技术、专业、交流平台。凡是经当地发改部门批准立项、发挥作用较好、成效明显的，经申请，可给予一定的资金奖励。

（八）鼓励村集体、文化企业和个人转承包农村集体土地、山林、水库、古村落、古建筑等用于开发建设影视拍摄外景基地、发展乡村文化旅游，经市文化改革和发展工作领导小组认定的，实际投资额在1000万元至2000万元的，按投资额的1%奖励；投资额达到2000万元及以上的项目，按投资额的1.5%奖励，单个项目奖励最高不超过50万元。

（九）凡在毕节市投资新办文化产业扶贫项目的文化企业，各项管理机构、管理制度健全，发展前景好，扶贫效果明显的，经申请，可给予一定的奖励。

第六条 加大税收支持力度

凡国家和省出台的关于支持文化产业及各类文化企业的税收优惠政策皆适用于本政策第二条规定的文化企业。

（一）对从事文化产业的小微企业，其年应缴税所得额低于50万元（含50万元，下同）的，其所得减按50%计入应纳所得额，按20%的税率缴纳企业所得税。

（二）对在毕节市从事符合条件的技术转让、技术开发业务和与之相关的技术咨询、技术服务业务的文化企业，免征增值税、城建税、教育附加和地方教育附加。在一个纳税年度内，居民企业技术转让所得不超过500万元的部分，免征企业所得税，超过500万元的部分，减半征收企业所得税。

（三）鼓励文化企业推动文化产品和服务出口，对毕节市企业自主研发，且具有自主知识产权和自主品牌的文化产品和服务出口，按照国家有关政策法规规定享受出口退（免）税政策。

（四）鼓励文化企业从事文化创意和设计服务，凡是经认定为高新技术企业，减按15%的税率征收企业所得税。文化创意和设计服务企业发生的职工教育经费支出，不超过工资薪金总额8%的部分，准予在计算应纳税所得额时扣除。对纳入增值税增收范围的国家重点鼓励的文化创意和设计服务出口实行增值税零税率或免税。

（五）凡是从事图书、报纸、期刊（杂志）、音像制品等出版发行、批发或零售的文化企业，按照《财政部 国家税务总局关于延续宣传文化增值税和营业税优惠政策》的通知（财税〔2013〕87号）相关规定执行先征后退政策。

（六）对在毕节市内从事电影放映、电影制片等电影产业的文化企业，按《财政部　国家发展改革委　国土资源部　住房和城乡建设部　中国人民银行　国家税务总局　新闻出版广电总局关于支持电影发展若干经济政策》（财教〔2014〕56号）相关规定，从对电影制片企业销售电影拷贝（含数字拷贝）、转让版权取得的收入，电影发行取得的电影发行收入，电影放映企业在农村的电影放映收入，免征增值税。一般纳税人提供的城市电影放映服务，可以按现行政策规定，选择按照简易计税办法计算缴纳增值税。

（七）鼓励转制文化企业做大做强，凡是经营性文化事业单位转制的企业，按《国务院办公厅关于印发文化体制改革中经营性文化事业单位转制为企业和进一步支持文化企业发展两个规定的通知》（国办发〔2014〕15号）、《财政部关于继续实施文化体制改革中经营性文化事业单位转制为企业若干税收政策的通知》（财税〔2014〕84号）和《财政部　海关总署　国家税务总局关于继续实施支持文化企业发展若干税收政策的通知》（财税〔2014〕85号）等文件相关规定享受优惠政策。

（八）鼓励文化企业发展动漫产业，凡是毕节市属于增值税一般纳税人的动漫企业自主开发生产的动漫软件，按17%的税率征收增值税后，对其增值税实际税负超过3%的部分，实行即征即退政策。对为开发动漫产品提供的动漫脚本编撰、形象设计、背景设计、动画设计、分镜、动画制作、摄制、描线、上色、画面合成、配音、配乐、音效合成、剪辑、字幕制作、压缩转码（面向网络动漫、手机动漫格式适配）服务，以及在境内转让动漫版权（包括动漫品牌、形象或者内容的授权及再授权），按3%征收率征收增值税。

（九）凡是在毕节市创业投资企业采取股权投资方式投资未上市的中小高新技术文化企业2年（24个月）以上，且符合规定条件的，可按照其对中小高新技术企业投资额的70%，在股权持有满2年的当年抵扣该创业投资企业的应纳税所得；当年不足抵扣的，可在以后年度结转抵扣。

第七条　加大土地支持力度

（一）鼓励各地利用空余或闲置工业厂房、仓储用房等存量房地资源发展文化产业，对不涉及重新开发建设且无须转让房屋产权和土地使用权的，经市文化改革和发展工作领导小组确认并报市政府批准，且符合国家规定，属于城市功能布局优化、有利于产业升级的，从企业入驻时计算，属国有资产的，免除三年的年租金或土地收益；属企业和个人的，政府以奖代补全部承担年租金或土地收益。在三年补贴期内达到约定投资规模、产值和就业的，再延长两年补贴期，第六、七年按应收租金的60%、70%收取。

（二）对老城区原有工业厂房、公产用房，山区闲置农场和牧场改造为文化创意产业园区、文创街区（文特小镇）、文创楼宇等文化产业集群，并且不涉及重新开发建设且无须转让房屋产权和土地使用权的，土地用途和土地使用权类型可暂时保持不变，连续经营一年以上，符合划拨用地目录的，按照国家和省的有关规定按划拨土地办理用地手续；不符合划拨用地目录的，按照国家和省的有关规定采取协议出让方式办理用地手续。在以保护为主的前提下，按照国家和省的有关规定，允许产权人和使用人适度、合理地利用工业遗存、历史建筑及历史街区内的建筑发展文化创意产业。

（三）对新建文化产业园区确需占用土地的，经市文化改革和发展工作领导小组确认并报市政府批准，国土资源行政主管部门按照国家和省的有关规定安排用地指标。

（四）对利用村留地单独或与相邻区域的村留地整合发展文化产业的，在符合土地利用总体规划的基础上，支持对各类土地的开发利用，并保障用地计划指标。

第八条 加大人才引进力度

（一）加快培育文化产业人才队伍。加强与市内外高等院校、职业学院、文化科研机构的合作，联合建立文化产业人才实训基地。对参加实训的大学生，除了享受毕节市鼓励和支持大学生创业的政策之外，若愿意留在市内从事文化产业连续三年以上，对文化产业发展作出较大贡献的，在合同期满后，经本人提出申请，市文化改革和发展工作领导小组审核同意，可一次性获得5万元的创业资助。

（二）鼓励拥有自主知识产权的文化产业专家、人才在毕节市创办文化企业，对控股并担任法定代表人的具有一定实力的文化企业高管，薪金个人所得税市、县（区）两级留成部分按照“五免五减半”奖励给个人（每户企业享受该政策人数不超过10名）；企业聘请“两院”院士、国家和省、市重点人才计划的高层次人才，一年内累计为本市企业服务满6个月的，当年个人所得税按市、县（区）两级留成部分的70%奖励给个人。

（三）鼓励文化创意人才参加各种进修、研修、考察和国内外学术交流。对本地文化产业发展作出较大贡献的人才，经申请，可给予适当的资金奖励。

（四）鼓励文化企业选送优秀员工参加高等院校及文化创意培训机构组织的学习培训。对完成所要求课程或取得相关从业或毕业（结业）证书的，可给予一定的培训补助费。

（五）对因发展文化产业引进的优秀文化管理人才，享受同时期毕节市相关政策规定。

第九条 搭建文化产业公共服务平台

（一）建立融资服务平台。加快建立文化产业融资服务平台，鼓励各级政府与银行、担保机构及创业投资基金合作，鼓励金融机构优化文化产业贷款审批流程、简化审批程序、缩短审批时间、提高审批效率。建立由市直有关部门、金融监管部门、金融机构组成的联席会议，定期研究文化产业融资工作，制定相关措施办法，缓解文化企业融资难问题。鼓励文化企业参与信用评级制度，对参与信用评级的文化企业给予信贷倾斜。

（二）建立公共管理平台。鼓励工商、税务、知识产权保护部门为文化企业提供便捷的公共管理服务。建立健全知识产权保护机制，鼓励文化企业建立知识产权保护联盟、各种资质认证中心、版权资源信息中心和版权评价交易中心等服务平台。

（三）建立招商引资平台。加大各级各部门招商引资力度，积极引导外地文化企业进驻毕节市发展文化产业。对引进的文化企业，可享受毕节市招商引资管理办法的相关优惠政策。

第四章 附则

第十条 本政策执行期间，如遇国家和省、市相关政策发生调整的，按照国家和省、市政策执行。

第十一条 本政策所涉及的奖励资金来源，由每年的市级文化产业发展专项资金中安排列支。

第十二条 本政策由毕节市文化改革和发展工作领导小组办公室负责解释，自印发之日起执行。

附件2

毕节市文化产业发展资金使用管理办法

第一章 总则

第一条 为进一步规范和加强毕节市文化产业发展专项资金（以下简称“专项资金”）管理，提高资金的使用效率，强化责任追究，促进全市文化产业快速发展，根据《财政部关于重新修订印发〈文化产业发展专项资金管理暂行办法〉的通知》（财文资〔2012〕4号）、《省委宣传部关于修订印发〈贵州省文化产业发展专项资金使用管理办法〉的通知》（黔宣通〔2017〕35号）、《毕节市加快文化产业发展助推脱贫攻坚的实施意见》等有关文件规定，结合我市实际，制定本办法。

第二条 专项资金由市级财政每年按照2000万元的额度列入财政年度预算，由毕节市文化改革和发展领导小组办公室（以下“市文改文产办”）组织对申报项目进行审核并安排使用，按照程序报审后，由市财政局划拨，专项用于提高毕节市文化产业整体实力，促进毕节市经济发展方式转变和结构战略性调整，推动毕节市文化产业跨越式发展。

第三条 专项资金的管理和使用应当符合国家文化发展战略和藏羌彝文化产业走廊总体规划要求，符合贵州省文化产业政策和毕节市文化产业发展实际、公共财政基本要求，坚持“双效统一、诚信申报、科学管理、公开透明、注重实效”的原则，确保专项资金的规范、安全和高效使用。

第四条 市委宣传部、市财政局是专项资金的管理部门，负责专项资金预算管理、资金使用、绩效评估、监督管理。

第五条 专项资金必须接受宣传、财政、审计等部门（单位）的监督检查。

第二章 专项资金的使用

第六条 专项资金使用对象：

（一）在毕节市注册、具有独立法人资格并从事文化产业开发、生产经营和中介活动的文化企业；

（二）在毕节市注册、具有独立法人资格的文化产业行业协会；

（三）毕节市在行业内能起到示范作用的非物质文化遗产展演机构、传承人、工作室；

（四）对毕节市文化产业发展做出突出贡献的个人；

（五）经毕节市政府批准或各县（自治县、区）有关部门立项批复的其他资助对象。

第七条 专项资金使用方向：

（一）推进文化供给侧结构性改革。国有文化企业深化改革和加快发展中实施的重要文化产业项目。

（二）培育壮大文化市场主体。毕节市有关部门（单位）确定组建的文化企业集团（公司）重点项目。毕节市境内文化企业跨地区、跨行业、跨所有制联合兼并重组和股改等经济活动。文化企业利用银行、非银行金融机构等渠道融资发展。毕节市境内文化企业上市融资、发行企业债券等活动。

（三）构建现代文化产业体系。毕节市境内符合文化改革发展规划所确定的国家、省级重点工程和项目。国家、省级文化产业园区和示范基地建设。赋予毕节市特色文化内容的创意产品生产及人才培养等引领新常态的项目。体现毕节文化资源优势的文化演艺、民族歌舞、工艺美术、节庆会展等特色文化产业。市、县（自治县、区）重点文化品牌建设。

（四）促进文化产业服务平台建设。毕节市文化改革和发展工作领导小组确定的市重点文化产业项目、文化产业示范基地、文化产业园区（街区、小镇）以及文化产业创意设计、会展赛事、精品演艺、公共技术、网络营销、传播渠道等服务平台建设。

（五）壮大特色中小微文化企业。培育壮大具有地方特色和发展后劲的“专、精、特、新”创意和设计型中小微文化企业。注重向毕节市境内特色文化产业、传统媒体转型升级和新兴媒体加快发展等新兴文化业态倾斜，帮助小微企业、创意和设计创业人才拓展市场。重点支持毕节市在行业内具有代表性、典型性、示范性和发展势头、成长性、市场前景良好的中小微文化企业。

（六）推进文化科技创新和文化传播体系建

设。毕节市文化企业开展创意产品研发与生产、技术装备升级改造、数字化建设、传播渠道建设、公共技术服务平台建设等项目。

（七）助力文化与旅游等相关产业融合发展。实施文化与大扶贫、大数据、大旅游、大健康、农业、工业、城镇等相关产业融合发展的新兴业态。重点支持毕节市境内文化旅游景区文化内涵提升、文化旅游商品创意研发、特色民族村寨文化旅游脱贫攻坚“一县一示范点”建设等项目。

（八）推动文化企业“走出去”。创新公共文化服务提供方式，加大政府对特色民族文化创意和设计产品服务采购的支持力度。毕节市境内的文化企业开拓市内外市场、境外投资融资和境外演艺精品剧目商演、文化品牌输出等项目。

（九）毕节市文化改革和发展工作领导小组推动文化产业助力脱贫攻坚的基础性工作。

第八条 专项资金使用方式：

（一）项目补助。重点倾斜“文化＋旅游”“文化＋农业”“文化＋科技”“文化＋城镇”“文化＋演艺”“文化＋重点项目”等，重点倾斜毕节市代表性的国家非物质文化遗产传承保护、特色文化产业园区建设、文化创新引领、文化科技融合、文化成果转化应用、影视制作、动漫研发、文创街区（文特小镇）建设等项目，重点支持在我市举办的全国性、国际性文化产业类论坛、会议、活动等。对毕节市境内符合支持条件、以自有资金为主投资、助推当地脱贫攻坚进程的文化企业所申报的重点发展项目，给予规划编制、创意设计、技术创新等适当资金补助（补助金额不超过申报项目实际投资总额的10%，最高补助金额不超过100万元）。

（二）融资担保或贷款贴息。鼓励融资性担保机构为符合条件的文化企业提供融资担保服务，对为符合条件的文化企业提供融资担保的机构，其收取担保费率不高于2%的，单家机构最高奖励不超过30万元。对文化企业投资在2000万元、3000万元、5000万元以上的文化产业项目发生的贷款给予贷款贴息，经有关部门认定后，分别按实际发生贷款利息的3%、5%、10%给予一次性贴息。对毕节市境内符合支持条件的文化企业，通过银行贷款实施重点项目期间实际发生的利息给予补贴，最高贴息金额不超过50万元，其中年贴息率最高不超过当年人民银行公布的同期贷款基准率，补贴金额一般不超过实际利息发生额。

（三）绩效奖励。完善奖励制度，加大对民族特色文化创意成果转化、设计人才创业创新扶持力度，加大对文艺、影视、动漫、网游、演艺等获得国家、省级重要奖项的优秀作品的扶持力度。对毕节市境内符合支持条件、获得较好社会效益和经济效益、获得市级以上表彰的重大项目和文化出口重点企业对外文化贸易等文化产业项目申报企业或个人给予适当奖励，推动文化产业与“大众创业、万众创新”融合发展。参照国家及有关省（区、市）或《毕节市加快文化产业发展助推脱贫攻坚的实施意见》规定的奖励标准执行。

（四）股权投资。推动民族民间传统手工艺传承模式的改革，对符合支持条件的特色文化企业进行股权投资。原则上出资额不超过所投企业实收资本或项目总投资额的20%（不成为第一大股东，投资期限一般为3至5年），投资期满后按照有关协议，以股权转让、股票减持、其他股东回购、企业并购、清算等方式适时从所投企业退出。

（五）保费补贴。对毕节市境内符合支持条件的文化企业实施的重点项目实际发生的保费给予适当补贴，补贴金额不超过实际保费的20%。

（六）创新使用。落实以奖代补、基金入注等政策，探索文化创意与相关产业融合发展基金运作和债权投资、贷款风险代（补）偿、政府和社会资本合作（PPP）等创新使用方式，重点支持“文化＋大扶贫”“文化＋大旅游”等领域的全市文化产业发展。

（七）经市文化改革和发展工作领导小组批准的其他使用方式。重点支持省、市级文化产业项目观摩会、特色文化企业参加大型文化产业博览会和文化人才的培育等。

第九条 专项资金使用范围：

（一）专项资金不得用于与文化产业无关的内容，不得用于文化事业的基础设施建设，不得用于人员工资和福利发放。

（二）项目补助主要用于项目脱贫、策划规划、文化创意、技术创新、文化挖掘提升、文化产品市场拓展等。

（三）贷款贴息专项用于偿还申报项目银行利息。

（四）股权投资根据投资协议用于文化企业经营发展。绩效奖励重点用于重大项目和出口企业扶持，用于开展相关展会活动。

（五）保费补贴专项用于文化企业申报项目参保的费用。其他探索创新使用方式的，根据实际确定使用范围。

第十条 专项资金使用程序：

（一）市财政局负责将专项资金列入年度财政预算，及时按程序将年度专项资金预算划拨市委宣传部。

（二）根据专项资金的使用对象、方向、方式、范围等，市文改文产办组织年度专项资金项目申报，提出拟安排项目。

（三）市文改文产办会同市财政局商定专项资金使用安排项目，报请市文化改革和发展工作领导小组审定。

（四）市文改文产办与获批使用专项资金的单位、文化企业和个人签署《毕节市文化产业发展专项资金使用合同》（以下简称“合同”），规定详细使用范围，按照程序划拨资金。

（五）市文改文产办会同市财政局组织对各县（自治县、区）、有关部门和个人资金使用情况进行督查检查，并组织有资质的审计机构对项目专项资金使用情况进行审计，次年将专项资金的审计情况向市文化改革和发展工作领导小组及相关部门反馈，审计情况将作为次年安排使用专项资金的重要依据。

第三章 项目申报条件

第十一条 专项资金支持的文化产业项目，应符合使用方向中的相关条款，对全市文化产业发展具有较强带动和示范作用。

第十二条 申请专项资金单位应具备的基本条件：

（一）在毕节市登记注册、以文化及相关产业为主、纳入全市文化产业统计范围的市场主体。

（二）会计、纳税等信用良好，无违法违规经营和欠税、欠薪等不良记录。

（三）财务管理制度健全，会计核算规范。

第十三条 以不同使用方式申请应具备的专项条件：

（一）项目补助。项目建设自有资金原则上基本到位；项目前期准备工作合规且处于实施阶段；商业模式和盈利模式科学、清晰。

（二）贷款贴息。获贷时间原则上早于申请之日一年，不足一年的须由贷款机构出具年度利息额度证明；贷款主要用于“文化＋”集群发展以及在各县（自治县、区）开展的文化产业助推脱贫攻坚示范点的融资等方面。

（三）绩效奖励。取得较好社会效益和经济效益，获得市级以上表彰；参加省级或国家级会展或活动成效明显，有文化产业项目在会展或活动上成功招商引资并签约；在试点上通过文化产业发展助推当地脱贫攻坚成效明显的文化企业。

（四）股权投资。申报项目倾向助力脱贫攻坚、创新创意；具有较好市场前景；申请主体成立一年以上；有优秀的经营管理团队；有科学的商业模式和清晰的盈利模式；有操作性较强的风险控制机制和退出机制。

（五）保费补贴。有利于助推当地脱贫攻坚

的特色文化产业项目；获保年限不少于一年；项目具有较好市场前景；有科学的经营模式和风险控制机制。

（六）在各县（自治县、区）开展的文化产业助推脱贫攻坚示范点的基金运作、债权投资、贷款风险代（补）偿、政府和社会资本合作（PPP）等创新使用方式。

第十四条 申请单位、文化企业或个人的申报项目，只能选择项目补助、贷款贴息、绩效奖励、股权投融资、保费补贴等当中的一种使用方式。

第十五条 具有下列情形之一的不得申报使用专项资金：

（一）申请单位或项目存在重大法律纠纷。

（二）申请单位因其违法行为被执法部门依法处罚未满2年。

（三）申请单位违反本办法规定正在接受有关部门调查。

（四）以往年度获支持项目未按要求规范使用或未及时报送资金使用情况及项目进展情况。

（五）以往年度获支持的项目绩效评估或审计不合格未按要求整改。

第四章 项目申报程序

第十六条 项目申报流程：

（一）项目预申报。每年年初，市文改文产办下发专项资金预申报通知，由各县（自治县、区）、市直有关部门组织本地本部门文化产业单位填报专项资金预申报表。

（二）资格审查。市文改文产办汇总整理项目预申报表后进行初步审查，重点审查项目申报主体和项目是否符合有关条件。

（三）正式申报。市文改文产办根据预申报情况，结合年度专项资金使用计划，正式下达专项资金申报通知，明确支持范围、申报条件和相关要求。

（四）县（区）部门初审。各县（自治县、区）、市直有关部门对照相关标准和条件，对本地本部门申报项目进行初审，各地会同当地财政部门共同审核。重点对项目的方向指导、材料真实完整、项目前期筹备、社会效益和经济效益等方面进行初审，审查后形成初审报告（包括初审组织情况、项目情况、双效分析、产业导向、初审意见等），并将初审报告和项目材料报送市文改文产办。

（五）合规性审查。市文改文产办组织第三方专业机构进行合规性审查，重点审查财务数据的真实性和完整性，项目建设的可行性和科学性。

（六）行业专家审定。市文改文产办组织行业主管部门和有关专家开展专家评审，重点审查评估项目建设内容、业态分布、市场前景、商业模式、盈利模式、建设情况、社会效益和经济效益，提出具体评审意见。

（七）会审研究。市文改文产办会同市财政局，根据专家评审意见进一步审查研究，提出年度拟支持项目和具体金额。

（八）部务会审定。市文改文产办按照程序将专项资金拟支持项目和金额提交市委宣传部部务会议研究决定。

第十七条 项目申报材料：

（一）基本材料。申请各类使用方式的项目单位需提供的基本材料包括申请使用报告（含项目背景材料、目标内容、进度安排、资金筹备、使用计划、获得财政支持情况等），法人营业执照、税务登记证、组织机构代码“三证合一”复印件，同意立项批复或备案文件复印件，由会计事务所出具的上年度审计报告或财务报告（含资产负债表、利润表、利润分配表等）。

（二）专项材料。申请贷款贴息的单位或个人，需提供与银行签订的贷款合同复印件、年度利息支付清单、利息支付凭证复印件。申请股权投资的单位或个人需提供初步股权投资意向书。申请绩效奖励的单位或个人需提供获得表彰证书复印件、有关绩效和业绩证明材料。申请保费补贴的单位或个人需提供保费凭证复印件。

（三）结合项目实际的其他材料。

第五章 监督管理

第十八条 市文改文产办会同市财政局对专项资金使用情况进行跟踪检查，根据需要可委托中介机构对上年度专项资金使用情况进行审计和开展绩效评估，或委托市级文化行政主管部门、各县（自治县、区）党委（党工委）宣传部（政治部）或财政局进行监督检查，对发现的问题及时纠正处理。审计绩效评估作为以后年度安排专项资金的重要依据。

第十九条 各县（自治县、区）、市直有关部门加强指导督促和审核责任，督促项目使用单位按照要求使用专项资金，定期报送资金使用和项目进展等情况，适时对项目进行督促检查。在项目申报过程中审核把关不严或者审核发现问题不予以纠正，督促检查不力或发现问题不及时报送和纠正，导致专项资金被虚报、冒领、截留、挪用、挤占或造成浪费损失，应追究责任人的责任。

第二十条 资金使用单位或个人要按照国家、省、市有关财务制度规定和合同要求，按照“双效统一、专款专用、单独核算、注重绩效”的原则，制定专项资金管理办法，建立健全管理制度，加强专项资金使用管理，自觉接受监督检查。

第二十一条 专项资金支持项目因故终止的，使用对象应及时按照原申报程序逐级报告市文改文产办。项目因故需要变更使用主体、使用范围的，需经批准后实施。

第二十二条 对违反财经纪律且虚报、冒领、截留、挪用、挤占专项资金的行为，应责令改正，并按照《财政违法行为处罚处分条例等》法规进行处理，涉嫌犯罪的移交司法机关查处。对存在上述违规行为的使用单位或个人，市文改文产办将其列入不良名单，以后不再受理其使用申请。

第六章 附 则

第二十三条 本办法自发布之日起施行。

附件3

毕节市文化产业助力贫困村脱贫攻坚试点工作方案

为深入挖掘和传承我市独特的少数民族文化资源，结合全市脱贫攻坚工作实际，切实发挥文化产业在助力贫困村脱贫攻坚工作中的积极作用，真正探索一条融合民族文化和文化产业之间的脱贫新路，决定在全市开展文化产业助力贫困村脱贫攻坚试点，制定本方案。

一、工作目标

通过调研摸底和试点探索，充分深入挖掘一批少数民族文化资源，积极培育一批民族文化资源项目库，培育壮大一批文化产业项目，带动一批贫困群众脱贫致富，建立健全文化产业助力脱贫攻坚工作机制。

二、重点内容

（一）挖掘民族民俗文化资源。认真对毕节市辖区内少数民族聚居、传统民族手工艺保存完好、少数民族民俗节日庆典延续较好等民族文化资源丰厚的贫困村进行摸底调研，并建立台账，结合实际选取部分贫困村作为试点精准探索。

（二）建立合作组织。在摸底调研和确定试点的基础上，充分挖掘试点村的文化资源，注重加大培育力度。同时，组织召开群众会，听取群众意愿，选取与市场联系紧密的文化资源，借鉴“塘约道路”经验和模式，鼓励群众采取以资产、资金或技术入股的形式，建立相应的文化产业专业合作组织，组团生产、抱团发展。

（三）文化企业帮扶带动。充分发挥骨干文

化企业的带动作用，鼓励民族工艺品生产、休闲娱乐服务、文创产品生产等相关类别的文化企业将相关业务拓展至贫困村，采取“文化企业＋合作组织＋贫困群众”的模式，文化企业利用先训后用、聘用贫困户员工、吸纳贫困户社员等形式和贫困村建立帮扶对子，文化企业负责做创意设计和市场拓展，合作组织负责组织贫困群众开展原料生产和产品加工，各司其职、各展所长，贫困群众集团化生产，将文化资源转化为文化产品，企业结合市场实际，将文化产品转化为文化商品，实现利益共享、互利双赢。

（四）探索多种模式。结合试点村底蕴实际，可以探索采取文旅资源融合发展、开发文化遗产、振兴传统工艺、充实文化活动等形式在供需两端延伸产业链条，如：在原材料生产环节采取集体经济合作化、规模化生产的方式获得产业收入；积极挖掘传统技艺，大力发展蜡染刺绣、民族服饰、民族美食、民族医药、手工制品、旅游纪念品等文化遗产；深度挖掘文化旅游资源，整合历史文化、自然风光、人文景观等资源，发展文化旅游业，带动群众脱贫致富；在市场销售端通过搭建电商、批发零销等形式销售产品，壮大集体经济。

（五）购买公共文化服务。整合宣传、文化、民族宗教等部门文化领域政府购买公共文化服务资源，优先向帮扶企业和试点村进行倾斜，通过购买服务方式，促进企业发展，带动群众致富。同时，试点村依托农村思想政治教育引导，通过文化企业的帮扶培训，积极创作一些少数民族非遗精品歌舞，并开展专业化提升，依托“送文化下乡百场演艺工程”等政府购买公共文化服务平台，向外拓展演出服务，获得报酬收入。

三、组织保障

（一）加强组织领导。试点工作在市文化改革和发展工作领导小组的领导下工作，由市文改文产办负责牵头统筹调研摸底、试点选择、调度推进和总结提升等日常工作。市民宗委、市文广局、市旅发委等负责协调指导工作。各县（自治县、区）宣传部负责本辖区内试点工作的领导，指导试点乡镇、村寨全力推进试点工作各项目标任务。试点乡镇党委加强试点村的领导，立足村级脱贫攻坚工作实际和集体经济发展情况，充分发动群众积极参与，依靠群众探索推进。

（二）给予政策帮扶。要充分引导文化企业积极参与试点工作。要利用文化产业发展资金，通过以奖代补等形式，对帮扶企业和帮扶点给予一定的支持。同时，市文广局、市民宗委等部门要积极帮助协调，采取购买公共文化服务的方式，对试点村文化产品给予倾斜，鼓励试点村做大做强文化产业，实现脱贫致富。

（三）强化基层组织。充分发挥基层党组织的堡垒作用，乡镇注重加强试点村党组织的建设，采取择优委任、下挂选派等方式，选优配强村级班子，切实将有发展思路和能力的干部选拔担任党支部书记。注重发挥党员的先锋模范作用，在试点工作中走前列、做示范。探索创新村民小组管理方式，发挥族老、寨老、村民小组长等队伍的带头号召作用，解放群众思想顾虑，带动群众积极参与。充分发挥驻村干部的职能优势和帮带作用，加强村级班子建设，引领村级发展。加强村级活动阵地建设，改善村级办公条件。采取合理模式，在试点工作中壮大集体经济。

（四）营造良好氛围。市、县两级宣传部门要认真总结提炼试点工作中呈现的好经验、好做法，挖掘发现试点工作中涌现出的先进典型，加大宣传报道力度，用好的典型引领试点工作不断深入深化，用好的经验给其他地方提供引导指导，真正营造一个良好的舆论导向和氛围。

毕节市人民政府
关于加快发展农村教育推进城乡义务教育一体化改革发展的实施意见

毕府发〔2018〕26号

各县（自治县、区）人民政府（管委会），市政府各部门、各直属机构：

为深入贯彻落实《国务院关于统筹推进县域内义务教育一体化改革发展的若干意见》（国发〔2016〕40号）和《省人民政府关于统筹推进县域内城乡义务教育一体化改革发展的实施意见》（黔府发〔2017〕13号）等文件精神，促进义务教育持续健康发展，整体提升义务教育质量和水平，更好地服务毕节试验区经济社会发展，结合我市实际，提出如下实施意见。

一、总体要求

以习近平新时代中国特色社会主义思想为指导，坚持“优先发展、统筹规划，深化改革、创新机制，提高质量、公平共享，分类指导、有序推进”的基本原则，按照适应全面建成小康社会要求，合理规划城乡义务教育学校布局，大力推进义务教育学校标准化建设，健全义务教育经费保障机制，统筹城乡教育资源配置，加快发展边远乡村教育，加强乡镇寄宿制学校建设，适度稳定农村学校生源，推进城区学校扩容改造，切实解决“乡村弱”“城镇挤”问题，加快缩小县域内城乡教育发展差距，推进义务教育均衡发展，为到2020年教育现代化取得重要进展和全面建成小康社会奠定坚实基础。

二、工作目标

加快推进县域内城乡义务教育学校建设标准、教师编制标准、生均公用经费基准定额、基本装备配置标准统一和“两免一补”政策城乡全覆盖。到2020年，义务教育与城镇化发展基本协调，县域义务教育均衡发展和城乡基本公共教育服务均等化基本实现；义务教育学校数量、规模满足生源变化需求，基本消除大班额；乡村完全小学（含教学点）、初级中学、九年一贯制学校、寄宿制学校办学条件达到《贵州省义务教育基本均衡发展中小学校办学条件基本标准》（黔教基发〔2010〕193号）；城乡师资配置基本均衡，乡村教师待遇逐步提高、岗位吸引力大幅增强，乡村教育质量明显提升，教育脱贫任务全面完成，义务教育巩固率达95%以上。

三、主要任务

（一）科学规划学校布局。严格执行《国务院办公厅关于规范农村义务教育学校布局调整的意见》（国办发〔2012〕48号），按照省、市的统一安排，根据学龄人口变化趋势，科学制定城镇义务教育学校布局规划。按照《毕节市中小学布局规划实施方案》设置中小学。边远山区、交通不便的村寨保留必要的教学点。严格规范农村义务教育学校撤并程序，确因生源减少需要撤并学校的，县级人民政府必须严格撤并方案的制定、论证、公示、报批等程序。村小（教学点）撤并由乡（镇、街道）教管中心申请，报县（自治县、区）教育局审批；完小及以上学校撤并由乡（镇、街道）人民政府（办事处）申请，商县（自治县、区）教育局并报县（自治县、区）人民政府审批，学校撤并应先建后撤，保证平稳过渡［牵头单位：市教育局；责任单位：市城乡规划局、发展改革委、财政局、住房城乡建设局、国土资源局，各县（自治县、区）政府（管委会）］。

（二）保障学校建设用地。各县（自治县、区）政府（管委会）要按照城镇化规划和常住人口规模编制城镇义务教育学校布局规划，根据学龄人口变化趋势、中小学建设标准，预留足够的义务教育学校用地，纳入城市（镇）规划并严格实施，不得随意变更，确保城镇学校建设用地。实行教育用地联审联批制度，已经规划的教育用地，任何部门不得随意变更；新建配套学校建设方案，相关部门应征得同级教育行政部门同意，并与居住区住宅建设方案同步报批［牵头单位：市教育局；责任单位：市城乡规划局、国土资源局，各县（自治县、区）政府（管委会）］。

（三）同步建设城镇学校。依法落实城镇新建居住区配套标准化学校建设，老城区改造配套学校建设不足和未达到配建学校标准的小规模居住区，由县级人民政府统筹新建或改扩建配套学校，确保足够的学位供给，满足学生就近入学需要。县级人民政府要实施“交钥匙”工程，确保配套学校建设与住宅建设首期项目同步规划、同步建设、同步交付使用［牵头单位：市教育局；责任单位：市发展改革委、住房城乡建设局、财政局，各县（自治县、区）政府（管委会）］。

（四）实施消除大班额工程。各县（自治县、区）政府（管委会）要结合新型城镇化发展、计划生育和户籍政策变化等，科学制定消除义务教育大班额规划，明确工作任务和时间表、路线图，到2018年年底基本消除66人以上超大班额，到2020年基本消除56人以上大班额。要统筹中央和省级义务教育学校建设项目，按照国家规定班额标准，通过新建和改扩建校园校舍，重点解决城镇大班额，加快消除现有大班额。要通过城乡义务教育一体化、实施学区化集团化办学或学校联盟、均衡配置师资等方式，加大对薄弱学校和乡村学校的扶持力度，促进义务教育均衡发展。要建立消除大班额工作台账，实行销号管理，避免产生新的大班额问题。要加强招生管理，严禁超规模招生，从2018年秋季学期起，原则上起始年级小学每班不得超过45人，初中每班不得超过50人。各县（自治县、区）政府（管委会）要于2018年12月底前将消除大班额专项规划报市人民政府［牵头单位：市教育局、发展改革委、财政局；责任单位：各县（自治县、区）政府（管委会）］。

（五）努力办好农村教育。各县（自治县、区）要结合国家关于基本公共服务向农村延伸的有关要求，根据实际需要合理布局村级学校，因撤并学校造成学生就学不便的，县级人民政府要因地制宜适度恢复必要的教学点或成建制学校。对布局调整后闲置的义务教育校舍要改建为乡村幼儿园，不得出现“边建设、边闲置”的现象。要推动城乡教师交流，城镇学校和优质学校教师每学年到乡村学校交流轮岗的比例不低于符合交流条件教师总数的10%，其中骨干教师不低于交流轮岗教师总数的20%。要着力提升乡村教育质量，按照国家课程方案开齐课程、开足课时。通过开展城乡对口帮扶和一体化办学，加强校长教师轮岗交流和乡村校长教师培训，利用信息技术共享优质资源，将优质高中招生指标分配向乡村初中倾斜等方式，补齐乡村教育短板［牵头单位：市教育局、人力资源社会保障局，市编委办；责任单位：市财政局，各县（自治县、区）政府（管委会）］。

（六）推进学校标准化建设。各县（自治县、区）政府（管委会）要深入实施“全面改薄”计划、中小学校舍安全工程、农村义务教育校舍维修改造、农村初中建设工程等项目，加快推进义务教育学校标准化建设，确保所有学校校舍达到《贵州省义务教育学校办学条件基本标准》，真正把学校建成最安全、最放心的场所。要加强学校音乐室、美术室和体育运动场地建设，以实验教学仪器、图书资料配备、教育信息化、综合实践活动室建设和体育卫生与艺术设备配置、学校场地标准化建设等为重点，加快教育教学装备标准化建设。要不断改善寄宿制学校食宿条件，优先满足留守儿童寄宿需要［牵头单位：市教育局、财政局、住房城乡建设局；责任单位：各县（自治县、区）政府（管委会）］。

（七）提升教育信息化水平。要把全面推进中小学教育信息化作为加快发展农村教育推进城乡义务教育一体化改革发展的重要举措，重点突破农村学校教育信息技术应用障碍，实现以环境、管理、教学、学习等“四个数字化”为核心的“数字教育”，推进教育过程的全面信息化。要完善市、县、校三级信息网络，基本实现教育档案、学籍、财务、设备、人事等领域管理手段的信息化。要加快“三通两平台”和教学资源库建设，实现优质教育资源共享［牵头单位：市教育局；责任单位：各县（自治县、区）政府（管委会）］。

（八）促进师资均衡配置。要按标准配齐配足教职工，切实满足教育教学的需要；要合理配备中小学校实验、图书、信息技术、科学、艺体等学科教师和心理教育、生活管理、炊事、安全保卫、卫生等人员。“特岗计划”继续向农村学校倾斜，城区学校考调教师主要面向农村招考，且必须在农村从教五年以上。要进一步加强教师培训、培养工作，扎实开展“国培”“省培”“名师”“名校长”等培养计划，努力造就一批教学名师和学科领军人才。各级财政部门要按照规定核拨教师继续教育经费，落实教师培训专项资金。学校年度公用经费预算总额的5%要用于安排教师培训费。要加强师德师风建设，健全师德评议制度，完善学生、家长和社会参与的师德评价和监督机制。要严格执行城镇中小学教师评聘中、高级职务（职称）应有一年以上农村学校或薄弱学校任教经历的规定。全面推进教师“县管校聘”改革，按照教师职业特点和岗位要求，完善教师招聘机制，统筹调配编内教师资源，着力解决乡村教师结构性缺员和城镇师资不足问题。落实乡村教师支持计划，对长期在农村基层和艰苦边远地区工作的教师，在工资、职称等方面实行倾斜政策。要完善医疗、养老等社会保障制度，切实维护农村教师社会保障权益。严禁在有合格教师来源的情况下“有编不补”、长期聘用编外教师，严禁挤占挪用义务教育学校教职工编制和各种形式“吃空饷”［牵头单位：市教育局、人力资源社会保障局，市编委办；责任单位：各县（自治县、区）政府（管委会）］。

（九）实现优质教育资源共享。要健全优质教育资源共享机制，充分发挥优质学校的辐射、带动作用，扩大优质教育资源覆盖面，整体提升学校办学水平。要鼓励建立学校联盟，探索集团化办学，提倡对口帮扶，积极开展“老校＋新校”“强校＋弱校”等模式和“教育联盟”“教育集团”的试点运作，有效缓解城区“择校热”现象。要积极开展农村薄弱学校委托管理模式改革，各县（自治县、区）城区优质小学或初中要对口选择区域内农村薄弱小学或初中学校进行委托管理，尽快提高农村薄弱学校办学水平。要推动办学水平较高学校和优秀教师通过共同研讨备课、研修培训、学术交流、开设公共课等方式，实现教师专业发展和教学质量提升。要提高社会教育资源利用水平。各地博物馆、科技馆、文化馆、图书馆、展览馆、青少年校外活动场所、综合实践基地等机构要积极开展面向中小学生的公益性教育活动［牵头单位：市教育局；责任单位：各县（自治县、区）政府（管委会）］。

（十）加强和改进学校管理。要加大中小学校管理力度，建立覆盖区域内每一所学校和所有工作环节的责任体系，健全各项规章制度，努力将每一所学校都办成管理规范、教风严谨、质量优良和群众满意的学校。要进一步完善学生学籍管理办法，建立以居住地学龄人口为基准的义务教育管理和公共服务机制。要规范中小学办学行为，按照“就近、划片、免试”入学原则，保障每一个孩子就近接受义务教育；义务教育阶段不得举办或变相举办重点学校，不得举办任何形式的选拔生源考试；义务教育阶段学校要均衡编班，不得设重点班和实验班，不得依据考试成绩对教师、班级、学生进行排名和奖励；坚决纠正中小学违规补课和乱收费行为；要建立课程安排公示、学生体质健康状况通报、家校联动等制度，切实减轻学生过重课业负担。要实施好农村义务教育学生营养改善计划，完善学校卫生安全责任制度和监测体系。要加强校园文化建设，实现学校管理制度化、精细化、科学化，提升学校文化品位。要提升学校教育教学管理水平，形成良好的校风、教风、学风，引导学校实行“一校一品”“一校一特”［牵头单位：市教育局；责任单位：市卫生计生委、食品药品监管局，各县（自治县、区）政府（管委会）］。

（十一）保障特殊群体平等接受义务教育。要按照“以流入地政府为主，以全日制公办学校为主”的原则，做好进城务工人员随迁子女接受义务教育工作。要建立由县级人民政府统筹、相关部门和农村基层组织齐抓共管的关爱农村留守儿童的工作机制，切实解决好留守儿童的生活和教育问题。要进一步健全弱势群体、困难群体学生专项档案和跟踪帮扶制度，认真落实资助贫困家庭学生的各项政策，实现精准资助、应助尽助。要加强问题学生的转化教育，做好孤儿教育工作，加强流浪儿童救助保护，保障适龄儿童重返校园。要加大对特殊教育的投入力度，改善特殊教育学校办学条件，建立特殊教育学校、教学点、随班就读有机结合的特殊教育体系；按照不低于当地同级普通学校生均公用经费标准5倍的原则，落实特殊教育学校生均公用经费；保证残疾适龄儿童少年的入学率达90%以上，巩固率达95%以上［牵头单位：市教育局；责任单位：市民政局、财政局，市残联，各县（自治县、区）政府（管委会）］。

（十二）全面提高义务教育质量。要全面贯彻执行党的教育方针，全面实施素质教育。坚持“育人为本，德育为先”的育人理念，把社会主义核心价值体系贯穿学校教育全过程。要深化基础教育课程改革，着力提高学生的学习能力、实践能力和创新能力。要完善符合素质教育要求的义务教育学校教育教学质量和学生学业质量评价体系，科学评价学校教育教学质量和办学水平，引导学校按照教育规律和人才成长规律办学，引导社会按照正确的教育观念评价教育和学校［牵头单位：市教育局；责任单位：各县（自治县、区）政府（管委会）］。

四、保障措施

（一）加强领导。各县（自治县、区）政府（管委会）要将城乡义务教育一体化改革发展摆在优先发展位置，完善政策措施，及时解决发展中的重大问题和热点难点问题。要建立目标责任考核制度，按照一体化改革发展的目标和任务，列出目标任务清单，层层签订责任书，落实工作责任。各（自治县、区）要比照市的做法，制定各自的实施意见，并于2018年12月底前报市教育局备案［牵头单位：市教育局；责任单位：各县（自治县、区）政府（管委会）］。

（二）压实责任。教育部门要加强同有关部门的协调沟通，编制完善义务教育发展规划，积极推动我市城乡义务教育一体化改革发展各项措施落实到位。发展改革部门在编制相关规划时，要统筹考虑义务教育学校布局，在安排重大项目和资金投入时要优先支持义务教育学校建设。财政部门要将义务教育纳入财政保障范围，建立城乡统一的义务教育经费保障机制，切实加大财政保障力度。公安部门要加强居住证管理，建立随迁子女登记制度，及时向同级教育行政部门通报有关信息。民政部门要将符合条件的特殊困难流动留守儿童和家庭经济困难儿童纳入社会救助政策保障范围，落实兜底保障职责。国土资源部门要依法切实保障学校建设用地。城乡规划主管部门制定控制性详细规划涉及中小学用地的，应当征求教育部门意见。卫生计生部门要做好新出生人口的统计，为学校布局提供有关依据。残联要为残疾儿童的成长创造良好的社会环境和条件，维护相关权益，提供必要帮扶。妇联要引导学生家长做好家庭教育，推动全社会关爱留守儿童，保障儿童的合法权益［牵头单位：市直相关部门；责任单位：各县（自治县、区）政府（管委会）］。

（三）加大投入。各县（自治县、区）政府（管委会）要建立完善分项目按比例分担义务教育经费的保障机制，加大投入力度，提高保障水平。要切实做到教育经费“三个增长”，按照规定足额征收并及时安排教育费附加和地方教育附加，从土地出让收益中按10%的比例计提教育资金全额用于教育。农村税费改革转移支付资金用于义务教育不低于50%。各县（自治县、区）政府（管委会）要加强统筹，加大对农村地区、贫困地区以及薄弱环节和重点领域的支持力度。要多渠道筹集教育经费。要杜绝拖欠、挪用教育资金的现象，从2019年起，各（自治县、区）不得出现新的拖欠，往年拖欠的要逐步偿还［牵头单位：市教育局、财政局；责任单位：各县（自治县、区）政府（管委会）］。

（四）加强督查。市人民政府把统筹推进县域内城乡义务教育一体化改革发展作为县级政府综合考核的重要内容。市人民政府教育督导室要开展县域内城乡义务教育一体化改革发展主要措施落实和工作目标完成情况的专项督导检查，完善督导检查结果公告制度和限期整改制度，强化督导结果运用，对因工作落实不到位，造成不良社会影响的部门和有关责任人要严肃问责［牵头单位：市教育局，市政府教育督导室；责任单位：各县（自治县、区）政府（管委会）］。

大事记

1月

2日　市委副书记、代市长张集智主持召开市二届人民政府第二次全体会议，市委常委、常务副市长丁雄军，市委常委、副市长王光友，副市长冉霞、李玉平、丁翊强、蒋从跃、彭容江、王泉松，市政协副主席、威宁自治县县长陈波，市政府秘书长黄家忠参加会议，会议主要内容是集中审定《政府工作报告》。

3日　毕节市二届人大二次会议召开。会期5天，于1月7日闭幕。本次会议由省政协副主席、市委书记、市人大常委会主任周建琨主持。应到代表560人，实到代表532人，符合规定人数。会议表决通过关于毕节市2017年国民经济和社会发展计划执行情况与2018年国民经济和社会发展计划的决议，决定批准《毕节市2017年国民经济和社会发展计划执行情况与2018年国民经济和社会发展计划草案报告》，批准毕节市2018年国民经济和社会发展计划；表决通过关于毕节市2017年全市和市本级预算执行情况与2018年全市和市本级预算的决议，决定批准《毕节市2017年全市和市本级预算执行情况与2018年全市和市本级预算草案的报告》，批准毕节市2018年市本级预算。

是日　中国人民政治协商会议第二届毕节市委员会第二次会议在毕节召开。应出席委员508人，实到471人，符合规定人数。60名列席人员应邀列席会议。会议表决通过关于政协第二届毕节市委员会常务委员会工作报告的决议、关于政协第二届毕节市委员会第一次会议以来提案工作情况报告的决议、政协第二届毕节市委员会提案委员会关于政协第二届毕节市委员会第二次会议提案审查情况的报告、政协第二届毕节市委员会第二次会议决议。会期5天，于1月7日闭幕。

是日　受省政协副主席、市委书记、市人大常委会主任周建琨委托，市委副书记、市委政法委书记尹志华主持召开征求对省委常委会工作意见座谈会。市委常委张欣、卢林、何云江、吴东来，市委党校党委书记王向东，市政府秘书长黄家忠出席会议。

7日　市委副书记、市长张集智主持召开市二届人民政府第38次常务会议。市领导丁雄军、王光友、王一民、杨小强、冉霞、李玉平、丁翊强、蒋从跃、彭容江、王泉松、辜康乐、陈波，市政府秘书长黄家忠参加会议。会议讨论并通过《毕节市厕所革命三年行动工作实施方案(2018—2020年)》；会议还研究了其他事项。

8日　毕节市监察委员会正式挂牌成立，省政协副主席、市委书记周建琨，市委常委、市纪委书记、市监察委员会主任吴东来为毕节市监察委员会揭牌。

9日　市委召开常委（扩大）会议，传达学习习近平总书记在学习贯彻党的十九大精神研讨班开班式上的重要讲话精神、中央农村工作会议和全国扶贫开发工作会议精神，传达学习孙志刚在省统计局报送的《2017年贵州省农业结构调整初步分析报告》上的批示精神和省委关于作风建设有关文件精神、全国“雪亮工程”重点支持城市（区）项目建设现场培训会和全省政法综治工作现场观摩会会议精神，研究部署有关工作。

是日　全市“大兴调查研究之风、真抓实干之风、勤俭节约之风”活动推进大会召开，省政协副主席、市委书记周建琨出席并讲话。

是日　恒大集团向省扶贫基金会第四次定向捐赠结对帮扶毕节市精准扶贫、精准脱贫资金20亿元。

10日　全市农村义务教育营养改善计划现场推进会在大方县召开，市委副书记、市委政法委书记尹志华出席会议并讲话，市人大常委会副主任杨海琰对关于进一步做好营养改善计划工作的通知作说明，副市长冉霞主持会议，市政协副主席辜康乐通报毕节市农村学生营养改善计划实施情况。

是日　市委副书记、市长张集智到黔西县，就脱贫攻坚工作进行督导。

12日　市委副书记、市长张集智主持召开市二届人民政府第39次常务会议。会议讨论并通过《毕节市机动车排气污染防治管理办法》《毕节市市级财政科研项目和资金管理办法（试行)》；会议还研究了其他事项。

是日　贵州工程应用技术学院与七星关区政府签订《校地战略合作框架协议》，双方将在产业发展、人才培养、科技合作和城市建设等诸多领域开展战略合作。

是日　市委议军议警（武警、警卫）议消防会议召开。

是日　全市工作情况离退休干部通报会召开。

1月中旬　省爱国卫生运动委员会办公室公布2017年拟命名的国家卫生县城（乡镇）名单，大方县入选拟命名“国家卫生县城名单”，大方县核桃乡、三元乡入选拟命名“国家卫生乡镇”名单。

14日　全国首逸人联盟特色农产品展在纳雍举行，由纳雍首逸人农场承办的全国首逸人联盟特色农产品开展，来自山东、甘肃、重庆等8个省（直辖市）的首逸人农场组织产品参展。

是日　毕节市医学会儿科学分会成立，由毕节市医学会主办，毕节市第一人民医院承办的毕节市医学会儿科学分会成立典礼暨儿科疾病论坛在七星关区洪山国际大酒店举行。贵州省医学会儿科学分会、贵阳市妇幼保健院、毕节市卫生计生委、毕节市医学会、毕节市第一人民医院相关负责人为毕节市医学会儿科学分会负责人授牌。

15日　市委副书记、市长张集智到毕节经济开发区和七星关区经济开发区调研。

16日　省政协副主席、市委书记周建琨不打招呼、不作安排，到大方县猫场镇开展扶贫慰问调研活动。

17日　省政协副主席、市委书记周建琨到市水库和生态移民局、市委离退休干部工作局、市民政局、市工商局调研。

是日　市委副书记、市长张集智到纳雍县督导“8·28”山体崩塌灾害后续处置工作。

18日　大方县、黔西县、纳雍县、威宁自治县、赫章县共获2018年中央财政农业生产发展(粮改饲)资金945.5万元。

19日　市委副书记、市长张集智主持召开市二届人民政府第40次常务会议。会议审定《毕节市人民政府关于做好当前和今后一段时期就业创业工作的实施方案》，还研究了其他事项。

是日　毕节市召开全市严打整治再深入矛盾纠纷再调处风险防控再落实工作会议。市委副书记、市委政法委书记尹志华，副市长、市公安局局长彭容江出席会议并讲话，市中级人民法院院长任明星主持会议，市人民检察院检察长石子友出席会议。

20日　市委副书记、市长张集智到大方县调研脱贫攻坚工作。

1月中旬　国家质量监督检验检疫总局发布2017年第（117号）公告，批准金沙县“清池茶”为国家地理标志保护产品。至此，金沙县国家地理标志保护产品的“大家庭”中又添一位“新成员”。

24日至25日　内蒙古自治区鄂尔多斯市委副书记、政法委书记于新芳率考察团到毕节市考察脱贫攻坚工作。市委副书记、市委政法委书记尹志华，市委常委、黔西县委书记卢林，副市长、恒大集团副总裁兼扶贫办主任姚东分别参加考察。

27日　由中国科协调宣部主办，中国科协创新战略研究院、中国城市规划学会承办的“中国工业遗产保护名录”发布会在北京举行。位于大方县羊场镇的中国第一航空发动机制造厂遗址入选，成为全国首批100个工业遗产保护项目之一。

28日　威宁、大方两县获“2017年贵州省十大蔬菜基地县”称号。

30日　全市易地扶贫搬迁指挥长工作会议召开。

2月

2日　市委副书记、市长张集智主持召开市二届人民政府第41次常务会议。会议审定了《毕节市生态文明建设工作调度暂行办法》《毕节市关于落实〈贵州省贯彻落实国家生态文明试验区（贵州）实施方案任务分工方案〉的工作方案》《毕节市生态文明建设目标评价考核细则(试行)》。会议还研究了其他事项。

是日　全市公安工作协商座谈会在市政协召开。

2日至4日　市委书记、市人大常委会主任周建琨先后到黔西、贵阳等地，看望慰问老红军和离休老干部，代表市委、市政府向他们致以新年的祝福。

6日　成贵客专铁盔山隧道在贵州省黔西县顺利贯通。这标志着成贵客专全线183个隧道全部如期贯通，该铁路的建设取得阶段性胜利。

6日至7日　中国共产党毕节市第二届纪律检查委员会第三次全体会议在七星关召开。出席会议的市纪委委员31人，列席237人。

7日　由省残联联合多彩贵州网举办的“点亮心灵·传递真爱”贵州省残疾人2017年度十大杰出典范评选揭晓，毕节市两人入选，分别是织金县残联理事长徐坤厚，织金县身残志坚、奉献爱心的残疾人何恩荣。

8日　“牢记嘱托·感恩奋进”贵州省第四届“我最喜爱的人民警察”颁奖仪式在贵阳举

行，4名毕节民警榜上有名。

是日　毕节市2018年文化科技卫生“三下乡”集中示范活动在纳雍县乐治镇拉开帷幕。

9日　毕节市首家商业银行个人信用报告自助查询点启用揭牌仪式在邮储银行七星关区支行举行。

是日　在2018年省级储备粮管理工作会暨表彰大会上，七星关区国家粮食储备库榜上有名，荣获全省“一符四无”粮仓先进单位称号。

9日至10日　贵州“新时代·新梦想”网络媒体新春走基层集中采访活动走进毕节，中央重点驻黔新闻网站、省内网络媒体、知名商业网站和新媒体等近20家网络媒体30多名记者分别到七星关区杨家湾镇、纳雍县化作乡及库东关乡等地，开展新春走基层集中采访活动。

10日　省现代高效农业示范园区建设联席会议办公室对省级农业示范园区进行考评，经过评定，金沙县2017年建设的11个省级农业示范园区中，有4个园区排在全省前120位，成功入选“引领型”园区。

11日　市委副书记、市长张集智主持召开专题会议，研究农业产业结构调整、蔬菜大棚用水保障、就业脱贫一批、煤炭生产和电煤保供等工作。

是日　全市关工委工作会议召开。

10日至12日　“贵州动起来·体育彩票杯”2018年贵州青少年（儿童）游泳冠军赛在清镇基地游泳馆举行，毕节市代表队共斩获金牌27枚，位居全省金牌总数第一，并取得了14枚银牌、12枚铜牌及79个进前八名录取名次的好成绩。

12日　省委常委、省政协主席、省委统战部部长刘晓凯到毕节市检查落实全面从严治党责任情况并指导市委常委会2017年度民主生活会。

是日　市委政法工作会议召开。市委书记、市人大常委会主任周建琨作出批示。市委副书记、市委政法委书记尹志华出席会议并讲话。市人大常委会副主任罗昌琪，市政协副主席肖远福，市中级人民法院院长任明星出席会议。副市长、市公安局局长彭容江主持会议。

15日　中央文明办确定391个城市、直辖市城区、县为2018—2020年创建周期全国文明城市提名城市，并在中国文明网公布。贵州省共有3个地级市、9个县级市被提名，毕节市成功入围。

16日　央视《焦点访谈》推出特别节目《我的村庄叫“幸福”》，用15分钟时间重磅报道大方县恒大幸福二村彝族同胞在政企合作和精准扶贫政策的帮助下发生的新变化。

是日　来自威宁自治县石门乡一群孩子的天籁之声，重新唤醒《苔》这首小诗，让亿万观众为之动容。

17日　光明网以《护林员的别样春节》为题报道春节期间坚守在工作岗位的大方县大海坝国有林场箐梁子工区的护林员陈清勇与张明勇等人，他们用一把镰刀，在箐梁子的密林里、荆棘丛中，过着别样的春节。

19日　央视音乐频道播出《中国节拍》系列节目之《幸福赫章》。众多明星与赫章群众一起载歌载舞，共同演唱了《火辣辣的情歌》《毕节我可爱的家乡》等歌曲。

21日　《人民日报》4版刊发了《贵州新时代农民讲习所激发脱贫内生动力　学来致富经　摘去贫困帽》一文。

22日　《人民日报》1版以《贵州省织金县大寨村好日子“绣出来”》为题，报道了织金县官寨乡大寨村成立了“妈妈制造贵州苗族蜡染合作社”，并与电商企业签订协议，由企业聘请设计师对需要的产品进行设计，然后下订单由合作社组织绣娘进行生产制作的消息。

23日　市委召开2017年度县（自治县、区）党（工）委、市直有关工委书记抓党建工作述职评议会，通报2017年度市委常委班子民主生活会情况。市委书记、市人大常委会主任周建琨出席会议并讲话。

是日　市委副书记、市长张集智主持召开2018年全市一季度经济运行分析调度会议。

24日　全市大党建工作会议召开，市委副书记、市长张集智主持会议。市委书记、市人大常委会主任周建琨出席并讲话。

是日　全市组织部长会议召开，市委党的建设工作领导小组成员单位负责人和各县区党委（党工委）组织部长（政治部主任）参加会议。

25日　市委副书记、市长张集智到威宁自治县，指导2017年度县委常委班子民主生活会。

是日　市委副书记、市长张集智主持召开毕节市第二届人民政府第44次常务会议，听取一季度经济运行工作和中央环保督察整改落实情况汇报，安排部署当前重点工作。市委常委、常务副市长丁雄军，副市长李玉平、丁翊强、蒋从跃、彭容江、王泉松，市政协副主席、威宁自治县县长陈波，市政府秘书长黄家忠参加会议。会议还对做好森林防火工作提出了具体要求。

2月下旬　金沙县鼓场街道中心完全小学被命名为“中小学国防教育示范学校”，教育部印发《关于公布2017年中小学国防教育示范学校名单的通知》，贵州省17所中小学校被命名为“中小学国防教育示范学校”，金沙县鼓场街道中心完全小学获此殊荣，同时也是金沙县首批被教育部命名的唯一一所“中小学国防教育示范学校”。

2月下旬　根据《财政部关于提前下达2018年林业改革发展资金的通知》精神，毕节市获2018年中央财政林业改革发展资金11170.16万元。

26日　全市共查处各类广告违法案件15起，罚没款24.46万元，受理广告报案2起。

27日　市发改委消息显示，毕节市全年计划实施重大工程和重点项目776个，总投资5842.1亿元。其中省重点项目289个（含威宁41个直报省项目），总投资3430.7亿元。

27日至28日　毕节市第二届人大常委会第九次会议召开。市委书记、市人大常委会主任周建琨主持第二次全体会议并讲话。

28日　市委常委会召开会议，传达学习习近平总书记在打好精准脱贫攻坚战座谈会上的重要讲话精神，听取市人大常委会、市政府、市政协、市中级人民法院、市人民检察院党组工作汇报。

是日　省委常委、省纪委书记、省监委主任夏红民到毕节市黔西县调研脱贫攻坚“春风行动”准备工作和深化国家监察体制改革试点工作推进情况。

3月

2日　市委书记、市人大常委会主任周建琨到市群众工作中心调研指导并接访群众。

是日　恒大集团帮扶毕节第四批500名扶贫队员迎新大会在大方县同心职校举行。

5日　市政协智库农业类首批专家聘任仪式暨2018年“一月一协商”第一次协商座谈会召开。

6日　2018年全市离退休干部工作会议召开。

7日　全市法院工作会议召开。

8日　百里杜鹃管理区成功入围第四批全国旅游标准化试点单位。

是日　市委组织部、市人力资源和社会保障局召开毕节市2018年三级机关公开招录公务员和人民警察工作部署暨考务培训会。

9日至11日　省委常委、省委组织部部长李邑飞到织金县、纳雍县、大方县、金沙县进行调研。

12日　市委书记、市人大常委会主任周建琨到七星关区和金海湖新区调研。

是日　受市委副书记、市长张集智委托，市委常委、常务副市长丁雄军主持召开市二届人民政府第46次常务会议。会议主要内容是审定《毕节市降低实体经济企业成本工作实施方案》，审议《毕节市2018年产业大招商突破年行动方案》《毕节市大力优化营商环境专项整治行动方案》，研究《毕节市关于打好防范化解重大风险攻坚战的实施方案》。

13日 市委书记、市人大常委会主任周建琨到市食品药品监督管理局、市妇联、市公共资源交易中心、市林业局调研。

15日 毕节市2018年市直单位选派轮战第一书记和驻村干部岗前专题培训班在市委党校开班。

16日至17日 省委常委、省委秘书长、省委政法委书记唐承沛深入赫章县、威宁自治县调研脱贫攻坚“春风行动”。

17日 毕节市医学会肿瘤学分会正式成立。学会的成立，将促进肿瘤疾病诊疗技术、人才、管理等方面与先进医院实现资源共享，促进医疗资源整合，推动毕节市在技术创新、科研转化、医学教育等方面的对外交流与合作，对打造区域性肿瘤中心、提高整体医疗服务能力将发挥的推动作用。

19日 全市2018年产业大招商突破年行动暨投资促进工作电视电话会议召开。市委书记、市人大常委会主任周建琨，市委副书记、市长张集智作批示。市委常委、常务副市长丁雄军出席会议。

是日 二届市委第三轮巡察六个巡察组分别进驻市规划局、市第三人民医院、市环保局、市国土资源局、威宁县海拉镇、市疾病预防控制中心等相关单位开展巡察，标志着此轮巡察全面展开。

20日 四川省攀枝花市委书记李建勤，副市长李仁杰率考察团到毕节考察精准扶贫相关工作。

21日 市委副书记、市长张集智到黔西县调研农业产业结构调整工作。市政府秘书长黄家忠参加调研。

是日 副省长蒲波到威宁自治县、七星关区、金海湖新区调研环保督察整改、城市规划建设管理和产业大招商工作。

是日 市委副书记、市长张集智主持召开专题座谈会，研究全市煤矿机械化及辅助系统智能化“两化”改造工作。副市长冉霞、丁翊强，市政府秘书长黄家忠参加会议。

是日 第六届“中信置业杯”中国女子围棋甲级联赛毕节·百里杜鹃分站赛开幕。

23日 市委副书记、市长张集智主持召开市二届人民政府第48次常务会议。市领导丁雄军、冉霞、丁翊强、彭容江、吴凡、陈波，市政府秘书长黄家忠参加会议。

是日 “2018互联网+毕节全域旅游”新闻发布会在贵阳举行，标志着毕节市旅发委牵手腾讯网全力打造的“2018互联网+毕节全域旅游”系列活动正式拉开帷幕。

24日 市委副书记、市长张集智到织金县新型能源化工基地调研中石化织金煤制聚烯烃项目推进情况。

是日 市委副书记、市长张集智到织金县调研农业产业结构调整工作。他强调，要借力脱贫攻坚“春风行动”，加快农业产业结构调整步伐，掀起产业扶贫新高潮。

26日 成贵铁路鸭池河大桥主梁吊架安装结束，为全面展开主桥主梁施工奠定了坚实基础。

27日 全市政研改革工作会议召开，总结过去一年的政研改革工作，安排部署当前和今后一个时期的工作。

是日 市委副书记、市长张集智到七星关区和金海湖新区调研“19456工程”建设情况。市政府秘书长黄家忠参加调研。

28日 市政协召开第二届常委会第七次会议。

28日至29日 市委书记、市人大常委会主任周建琨到金沙县岩孔街道、禹谟镇、安底镇、长坝镇、岚头镇，大方县黄泥塘镇、理化乡调研。市人大常委会副主任、市委秘书长黄光江参加调研。

28日至29日　市委副书记、市长张集智到威宁自治县调研脱贫攻坚“春风行动”开展情况。市委常委、威宁自治县委书记肖发君，市政协副主席、威宁自治县长陈波分别参加部分调研。

4月

2日　全市出现分散雷雨回波，部分县区下起了冰雹，全市范围内七星关区、黔西县、织金县、百管委等县区15个乡（镇、办事处）共有23146人受到冰雹灾害。

3日　市委常委会召开会议，传达学习全省2017年度市（州）、贵安新区、省直党（工）委书记抓党建工作述职评议会和省委书记孙志刚点评毕节党建工作讲话精神，研究分析全市中央环保督察问题整改和一季度经济运行工作。市委书记、市人大常委会主任周建琨主持会议并讲话。

是日　二届市委全面深化改革领导小组第二十一次会议召开。市委书记、市人大常委会主任、市委全面深化改革领导小组组长周建琨主持会议并讲话。

2日至3日　民进中央副主席王刚率考察组一行到毕节调研，并在金沙县召开民进社会服务工作会议。

3月30日至4月3日　全国政协副主席、全国工商联主席、全国工商联第一联系调研组组长高云龙率队赴贵州省就全国工商联对口帮扶工作、联系基层工商联工作和脱贫攻坚工作等进行深入调研。

4日　毕节市召开“平安毕节”建设推进大会。

8日　市委副书记、市长张集智主持召开市二届人民政府第49次常务会议。市领导丁雄军、罗昌琪、冉霞、蒋从跃、彭容江、王泉松、吴凡、马培译等参加会议。

10日至11日　全省2018年就业扶贫工作现场观摩会在毕节召开。副省长卢雍政作批示。省委组织部副部长、省人社厅厅长朱桂云出席会议并讲话。

11日　由贵州省医学会和毕节市医学会主办、毕节市第一人民医院承办的毕节市医学会皮肤性病学分会成立大会暨2018贵州省皮肤外科学术论坛在毕节洪山国际大酒店举行，来自全省从事皮肤专业领域的120余位医护人员参加会议。

9日至12日　毕节市第六届高中体育优质课评选观摩交流活动在赫章县第二中学举行，来自全市100多所高中的体育教师参加活动。

12日　毕节200万吨/年煤制清洁燃料示范项目核准申请报告评估会在贵阳召开。

14日　由毕节市医学会主办，毕节市医学会超声学分会承办，毕节市第一人民医院协办的“2018年毕节市医学会超声学分会年会暨学术研讨会”在毕节洪山国际大酒店召开，来自市、县（区）医疗机构从事超声波医学的相关人员参加会议。

是日　“中国梦·劳动美——庆‘五一’”2018年毕节市职工系列文体活动在黔西县开幕，全市各县（区）总工会代表队及象棋、围棋、书法、摄影爱好者参加了开幕式。

是日　大方县音乐文学学会成立，该县文联、县音乐家协会理事成员30余人参加成立大会。

14日至16日　全国人大常委会副委员长、民建中央主席郝明金率民建中央调研组到贵州省黔西县进行脱贫攻坚专题调研。

15日至17日　全国政协副主席、农工党中央常务副主席何维率领农工党中央调研组在贵州省就“深入开展精准健康扶贫　助力实施乡村振兴战略”开展调研。毕节市委书记、市人大常委会主任周建琨参加相关调研座谈活动，汇报了试验区建立30年来在各民主党派倾情帮扶下的变化，并对农工党中央和国家各部委长期以来对毕节的关心和帮助表示衷心感谢。

17日　十二届省委第二轮巡视毕节市所辖县集中反馈会议在威宁自治县召开。

是日　全市决胜“基本解决执行难”工作推进会召开，对“基本解决执行难”工作进行安排部署。

17日　2018年全省建筑工地扬尘治理现场观摩会在毕节举行。

17日至18日　贵州省副省长魏国楠率省直有关部门负责同志到毕节调研教育、民政、妇联等有关工作。市委副书记、市长张集智参加部分调研。

16日至20日　省政协原主席、省关工委主任王正福一行到毕节调研关心下一代工作。

19日至21日　市委书记、市人大常委会主任周建琨，市政协主席宫晓农率队赴云南省开展产业大招商暨农业产业结构调整考察学习。

21日　贵州省副省长吴强到毕节市调研指导脱贫攻坚工作，并召开座谈会。

21日至22日　水利部副部长蒋旭光率队到毕节市检查防汛抗旱工作，副省长吴强，长江防总秘书长、长江委总工程师金兴平陪同检查。

22日　全市核灾救灾工作有序推进，此次强对流天气共造成七星关区、大方县、黔西县、金海湖新区的18个乡（镇、街道）的4万余人遭受冰雹灾害。

24日　毕节市2018年公安交通管理工作会议召开，全市公安交警100余人参加会议。

25日　市委巡察机构成立暨市纪委市监委派驻机构改革工作动员部署会议召开。

26日　市委书记、市人大常委会主任周建琨到市国土资源局和市审计局调研。

是日　市委副书记、市政府党组书记、市长张集智主持召开市政府党组（扩大）会议，传达学习《中共贵州省委关于扎实深入做好学习宣传贯彻〈中华人民共和国宪法〉工作的实施意见》。

是日　市委副书记、市长张集智主持召开市二届人民政府第50次常务会议。讨论了《毕节市打好污染防治攻坚战实施意见》，审定《毕节市推进煤矿智能化机械化改造建设三年攻坚行动方案》《毕节市城乡垃圾治理三年攻坚行动方案》，会议还研究了恒大集团援建大棚供水设施建设事宜等其他事项。

26日至27日　毕节市第二届人大常委会第十次会议召开。市委书记、市人大常委会主任周建琨主持第二次全体会议并讲话。

27日　全市群众安全感和满意度提升工作推进会召开。

27日　“洞天福地·花海毕节”2018互联网+毕节全域旅游系列活动——首届花海网红节在百里杜鹃开幕，来自国内外的百余名正能量网红、大V齐聚毕节，同游毕节市三大景区。

28日　全市脱贫攻坚工作推进会暨省委第二轮巡视脱贫攻坚领域突出问题交办会召开。

5月

2日　市委常委会召开会议，传达学习习近平总书记在深入推动长江经济带发展座谈会上的重要讲话精神，中央政治局会议、全国网络安全和信息化工作会议、全省宣传网信系统会议精神，贵州省统一战线纪念中共中央发布“五一口号”70周年座谈会精神以及省委书记孙志刚批示精神，研究毕节市贯彻意见。

是日　在省政府廉政工作会议结束后，毕节市接着召开市第二届人民政府第二次廉政工作会议，对全市政府系统廉政工作进行安排部署。市委副书记、市长张集智出席会议并讲话。会议由市委常委、常务副市长丁雄军主持，市委常委、副市长王光友、姜建静、王鹏朝，副市长李玉平、丁翊强、彭容江出席会议。

3 日　市委书记、市人大常委会主任周建琨到市委讲师团和市体育局调研。市人大常委会副主任、市委秘书长黄光江参加调研。

5 日　九三学社中央调研组到毕节调研，并召开九三学社基层组织代表暨社务工作座谈会。九三学社中央副主席、上海市政协副主席赵雯，九三学社中央常委、九三学社贵州省委主委黄宗洪，及部分九三学社中央、九三学社上海市委、九三学社贵州省委相关人员参加会议。

6 日　毕节市七星关区高血压诊疗中心成立启动会暨授牌仪式举行，毕节首家高血压诊疗中心在七星关区人民医院揭牌成立。

7 日　毕节市委宣传部与贵州工程应用技术学院签署协议，共建人文学院，旨在为毕节市新闻事业培养更多高素质后备人才。

10 日　市政协召开第二届常委会第八次会议。

是日　西南大学生物技术学院教授王茜龄、高级实验师敬成俊一行 4 人到七星关区汇江蚕桑开发有限公司调研指导蚕桑产业发展工作。

是日　省交通运输厅根据《省发展改革委关于镇雄（滇黔界）至赫章高速公路项目核准的批复》和现行有关技术标准、规范、规程，经审查，对毕节市交通运输局《关于报请审批宜宾至六盘水高速公路镇雄（滇黔界）至赫章段工程初步设计的请示》及两阶段初步设计文件进行了批复。

13 日　毕节市“5・12”防灾减灾日科普教育系列活动暨市防震减灾科普教育基地揭牌仪式在毕节市中小学示范性综合实践活动中心举行，来自金海湖新区第一小学的 200 余位师生参与活动。

14 日　市委常委会召开（扩大）会议，贯彻落实省委常委会专题研究 2017 年贵州省党委和政府扶贫开发工作成效考核国家反馈问题整改落实措施精神，传达学习 2018 年全省第一次项目建设现场观摩会精神，专题研究全市脱贫攻坚存在问题整改方案，安排部署整改落实工作。

14 日至 15 日　全国妇联在人民网演播厅和人民大会堂分别举行 2018 年度全国“最美家庭”揭晓活动和第十一届全国五好家庭表彰大会，毕节市 5 户家庭上榜。

15 日　市委书记、市人大常委会主任周建琨到市委统战部和市委政法委调研。市领导石永忠、吴东来、黄光江参加调研。

15 日至 16 日　副省长王世杰率队到毕节调研医疗卫生工作。

16 日　市委书记、市人大常委会主任周建琨，市委副书记、市长张集智在毕节参观了贵州省扶贫领域形式主义官僚主义突出问题专项警示教育联展。市委常委，市人大常委会、市政府、市政协在家班子成员及其他在职厅级干部参加。

15 日至 17 日　毕节市第二环保督查组深入赫章县、七星关区、金海湖新区开展环保整治工作大排查。

17 日至 18 日　毕节市教学交流研训活动在纳雍县第一小学举办，来自全市多所省级校本研修示范学校的 120 余名教师参加活动。

18 日至 19 日　市委书记、市人大常委会主任周建琨，市委副书记、市长张集智到广东省深圳市考察农产品产销对接和招商引资工作。

18 日　毕节市公共文化数字化服务方式率先在博物馆方面实现了突破，毕节市数字虚拟博物馆正在试运行。

21 日　市委书记、市人大常委会主任周建琨先后到金海湖新区、七星关区调研项目建设工作。市委常委、七星关区委书记崔英魁，市人大常委会副主任、市委秘书长黄光江参加调研。

是日　毕节市召开脱贫攻坚问题整改工作部署电视电话会议，对脱贫攻坚存在问题整改进行再安排再落实。市委副书记、市长张集智出席会议并讲话。

22 日　市委副书记、市长张集智主持召开市二届人民政府第 53 次常务会议。讨论《毕节市发展高山生态茶产业三年行动方案》，听取全市污水处理厂提标改造整改情况，听取毕节市经济社会发展综合测评指标完成情况，审定了《毕节市人民政府起草地方性法规草案和制定市政府规章程序办法》等其他事项。

22日至23日 主题为“感恩奋进三十年 喜看毕节谱新篇”的为党和人民事业增添正能量第五期新时代贵州老干部讲坛在毕节举行。

24日 主题为“智慧旅游·融合共赢”的2018中国国际大数据产业博览会毕节分论坛在七星关区举行。

是日 市委书记、市人大常委会主任周建琨到毕节公路管理局和市科协调研。

是日 毕节市科协2018年学会学术工作暨科技工作者座谈会在市科技馆召开。

25日 市委书记、市人大常委会主任周建琨到金沙经济开发区南铂纸业、背尚实业、天篷门窗、富士亲旺光电制造、国隆机电、金勇鞋厂、绮瑞服饰等企业调研，详细了解企业投资规模、产品构成和销售等情况。

26日 由人民日报社、中国品牌建设促进会指导，人民日报社、中国城市报社主办的“2018中国城市大会”在人民日报社召开。会上，首次对我国地级城市品牌进行试发布，毕节市榜上有名。

28日至29日 广州市政协主席刘悦伦率广州市对口帮扶考察团到毕节市开展精准扶贫考察，并召开广州·毕节扶贫协作工作座谈会。市委书记、市人大常委会主任周建琨陪同考察并出席座谈会。

29日 市委书记、市人大常委会主任周建琨到纳雍县昆寨乡开展“六一”慰问和扶贫工作调研。市人大常委会副主任、市委秘书长黄光江参加慰问和调研。

是日 毕节市召开防汛工作会议，安排部署汛期强降雨天气防范应对工作。市委副书记、市长张集智出席会议并讲话。副市长李玉平主持会议。

30日 成贵铁路四川段最后一对钢轨在成贵铁路254公里746米处稳稳安放，成贵铁路四川段正线铺轨任务完成。

是日 全省彝文古籍普查培训暨授牌仪式在威宁举行，标志着全省彝文古籍普查工作在威宁全面铺开。

6月

1日 市委副书记、市长张集智主持召开市二届人民政府第54次常务会议，传达学习习近平总书记在十九届中央政治局第五次集体学习时的讲话、李克强总理在国务院第一次廉政工作会议上的讲话以及谌贻琴省长在省政府第一次廉政工作会议上的讲话精神，安排部署有关工作。

3日 毕节市召开全市汛期防灾减灾工作电视电话会议，对当前汛期防灾减灾工作进行再动员、再安排、再部署、再落实。市委副书记、市长张集智出席会议并讲话。市委常委、常务副市长丁雄军主持会议。副市长李玉平、蒋从跃，市政府秘书长黄家忠参加会议。

5日 毕节市环境保护局发布《毕节市2017年环境状况公报》（以下简称《公报》）。《公报》显示，2017年，七星关、大方、黔西、金沙、织金、纳雍、威宁、赫章县城环境空气质量优良天数比例分别为96.2%、97.0%、94.3%、94.4%、95.1%、94.4%、97.9%、94.5%。除黔西县外，其他县（区）环境空气质量均符合《环境空气质量标准》（GB3095—2012）二级标准，全市均无酸雨出现。

4日至6日 市委书记、市人大常委会主任周建琨，市委副书记、市长张集智率党政代表团赴广州考察学习，开展产业大招商活动。

5日至6日 省政协主席刘晓凯到赫章县调研脱贫攻坚工作。

8日 贵州省文化厅主办的贵州省第二届

"群文杯"剪纸艺术大赛颁奖仪式在贵州省美术馆举行，毕节市荣获一等奖1名、二等奖1名、三等奖2名、优秀奖4名，同时分别授予毕节市文化广电新闻出版局、市文化馆优秀组织奖。

9日　省委常委、常务副省长李再勇到毕节市威宁自治县调研督导中央环保督察反馈问题整改及草海综合治理工作。

是日　市委常委会召开（扩大）会议，传达学习贯彻省委书记、省人大常委会主任孙志刚在毕节市调研时的重要讲话指示精神，研究毕节市贯彻落实意见。

9日　毕节市举办地质灾害防治监管业务知识培训会。全市各县区地质灾害防治系统分管负责人、大型隐患点和急危重隐患点监测员共160余人参与培训。

11日至12日　市委书记、市人大常委会主任周建琨到黔西县和金海湖新区调研脱贫攻坚工作。在调研中强调要深入贯彻孙志刚书记在毕节调研讲话指示精神　凝心聚力坚决打好打赢脱贫攻坚这场人民战争。

12日　市政协召开二届委员会第19次主席会议暨委员约谈会，传达学习贯彻省委书记、省人大常委会主任孙志刚在毕节市调研时的讲话指示精神，审议市政协会议视察全市乡镇卫生院医疗服务能力建设情况通报（征求意见稿）、市政协二届常委会第九次会议方案，征求主席会议对《〈关于加强全市县级以上集中式饮用水源保护区环境整治的提案〉答复意见》的意见，研究贯彻落实全国地方政协秘书长工作会议和全省市（州）政协秘书长工作会议精神有关事宜。邀请医卫界部分市政协委员约谈，听取他们对全市乡镇卫生院医疗服务能力建设的意见。

15日　毕节市气象局和市安全生产监督管理局通过部门合作监管的方式，加强全市人工影响天气工作安全管理，并要求全市上下各级气象安监部门要严格落实安全监管责任，强化安全责任制考核。

22日　市委书记、市人大常委会主任周建琨到七星关区洪山街道洪山社区，开展全国文明城市创建网格化包保管理调研走访活动。

是日　毕节市委常委会（扩大）会议召开，宣布省委决定：张翊皓任中共毕节市委委员、常委、副书记。

是日　毕节市工会第二次代表大会第一次全体会议召开。市委副书记张翊皓、省总工会副主席魏俊出席并讲话，市领导丁雄军、石永忠、何云江、吴东来、姜建静、杨海琰、肖远福出席，市人大常委会副主任、市总工会主席王炳荣主持会议。

是日　毕节市上半年对全市9个县（区）56个农产品进行抽检，检测合格率达100%。

是日　市政协召开二届常委会第九次会议，学习习近平总书记关于加强和改进人民政协工作重要思想的部分论述，与市人民政府及其相关部门专题协商全市乡镇卫生院医疗服务能力建设工作，协商讨论全市2018年上半年经济运行情况。

26日　中央统战部副部长戴均良率调研组到赫章县调研对口帮扶工作。中央统战部一局巡视员易玉娟，省委统战部副部长、省社会主义学院党组书记何萍参加调研。市人大常委会副主任、市委统战部部长黄光江陪同调研。

是日　毕节市住建系统依法行政业务培训班在市委党校开班，共200人参加培训。

是日　毕节市残疾人联合会第二次代表大会召开。省残联党组成员、机关党委书记龙月祥，市委副书记张翊皓出席开幕式并讲话，副市长冉霞主持会议。

27日　西南最大煤制乙二醇项目黔西县黔希煤化工产煤制乙二醇项目正式建成投产，该项目总投资63亿元，年30万吨。

是日　副省长陶长海到毕节市织金县、黔西县调研煤电项目建设和运行情况。省政府副秘书长宛会东，省发展改革委副主任、省能源局局长张应伟，省经济和信息化委巡视员吴晓森随同调研，副市长蒋从跃陪同调研。

28日　市委常委会召开（扩大）会议，传达学习习近平总书记在十九届中央国家安全委员会第一次会议、中央外事工作会议上的重要讲话精神和关于禁毒工作重要指示精神，以及中央近期有关文件精神，研究毕节市贯彻落实意见。市委书记、市人大常委会主任周建琨主持会议并讲话。

是日　市委常委会召开（扩大）会议，传达学习省委十二届三次全会精神，研究毕节市贯彻落实意见。市委书记、市人大常委会主任周建琨主持会议并讲话。

28日　市委书记、市人大常委会主任周建琨在毕节会见柬埔寨人民党中央委员、中央宣教委员会副主席、参议院主席顾问杰索坡率领的柬埔寨人民党干部考察团一行，双方就毕节市在脱贫攻坚中的做法和成效等方面进行友好交流。中联部正局级参赞王长勇，市领导丁雄军、石永忠、何云江、王光友、黄光江参加会见。

28日至29日　毕节市第二届人大常委会第十一次会议召开。市委书记、市人大常委会主任周建琨出席会议并讲话。市人大常委会副主任王炳荣、杨海琰、黄光江、杨新江、吴学军、罗昌琪出席会议。

29日　市委副书记、市长张集智主持召开市二届人民政府第56次常务会议，传达学习中央和省有关会议精神，安排部署有关工作。

7月

1日　全省脱贫攻坚"七一"表彰大会结束后，毕节市立即召开全市脱贫攻坚"七一"表彰大会，表彰全市在脱贫攻坚战线上涌现出的优秀共产党员和先进党组织，号召全市各级党组织和广大党员牢记嘱托感恩奋进，苦干实干奋力攻坚，对标先进争做表率，为尽锐出战发起总攻，坚决夺取脱贫攻坚全面胜利而努力奋斗。

2日　市委常委会召开会议，传达学习中央政治局会议精神、中央政治局第六次集体学习会议精神和全国政协系统党的建设工作座谈会精神。市委书记、市人大常委会主任周建琨主持会议并讲话。

是日　毕节市公安局交警支队联合七星关公安分局交警大队在七星关城区开展机动车不礼让斑马线整治行动。

月初　经省人民政府同意，省政府办公厅下发通知，通报各市（州）政府2017年度能源消耗和强度"双控"目标责任评价考核结果。毕节市考核等级为超额完成，获通报表扬。

3日　"新时代农民（市民）讲习所"现场观摩研讨组走进毕节，对全市新时代农民（市民）讲习所工作推进情况进行观摩。

4日至5日　市委二届三次全会召开，会上听取了市委二届二次全会以来的工作报告（以下简称《报告》），审议了市委《关于贯彻落实省委十二届三次全会精神坚决打赢脱贫攻坚战三年行动的实施意见》（以下简称《实施意见》）。

是日　为期3天的毕节市首届幼儿教师基本功大赛在金沙县第一幼儿园落幕。共有来自全市各县（区）的58名幼儿教师参赛。

4日至7日　全国政协副主席、台盟中央主席苏辉率队到台盟中央对口帮扶的毕节市赫章县调研脱贫攻坚工作，并出席台盟第十届中央常务委员会第三次全体会议。

11日　市委书记、市人大常委会主任周建琨到七星关区调研易地扶贫搬迁工作，宣讲省委十二届三次、市委二届三次全会精神。

是日　广州市商贸委商贸服务业考察团一行5人，到七星关区开展家政服务行业调研。

13日　市委副书记、市长张集智主持召开市二届人民政府第57次常务会议，传达学习有关文件和会议精神，安排部署工作。

是日　毕节市召开全市脱贫攻坚"五个专项治理"工作调度电视电话会议，对脱贫攻坚"五个专项治理”工作进行再强化再部署再落实。

是日　广州市对口帮扶毕节市项目推进会召开。副市长李玉平出席会议并安排广州市对口帮扶项目建设工作。

是日　全市政协脱贫攻坚“百千万行动”推进会在市政协召开。

14 日　毕节市第一人民医院分院党支部到毕节市怡心苑养老院开展义诊活动。

18 日至 19 日　全国政协副主席、致公党中央主席万钢到贵州省出席统一战线参与毕节试验区建设座谈会并在毕节调研。全国人大常委会环境与资源保护委员会副主任委员、致公党中央副主席吕彩霞参加调研。省政协副主席、致公党省委主委孙诚谊陪同调研。

7 月 19 日　统一战线参与毕节试验区建设座谈会在贵州省毕节市召开，中共中央政治局常委、全国政协主席汪洋出席并讲话。

中共中央书记处书记、中央统战部部长尤权在会上传达了习近平总书记的重要指示并主持会议。全国人大常委会副委员长、民革中央主席万鄂湘，全国人大常委会副委员长、民盟中央主席丁仲礼，全国人大常委会副委员长、民建中央主席郝明金，全国人大常委会副委员长、民进中央主席蔡达峰，全国人大常委会副委员长、农工党中央主席陈竺，全国政协副主席、致公党中央主席万钢，全国人大常委会副委员长、九三学社中央主席武维华，全国政协副主席、台盟中央主席苏辉，全国政协副主席、全国工商联主席高云龙，省委书记、省人大常委会主任孙志刚，全国人大常委、中国农业大学校长、无党派人士代表孙其信，毕节市委书记、市人大常委会主任周建琨作了发言。

中央统战部常务副部长张裔炯，中央统战部副部长、全国工商联党组书记、常务副主席徐乐江，省委副书记、省长谌贻琴，省政协主席刘晓凯，中央和国家机关有关部门，贵州省、毕节市负责同志参加座谈会。

是日　毕节市 2018 年上半年经济运行情况统计新闻发布会公布，上半年，全市完成地区生产总值 958.35 亿元，同比增长 12%，增速比全国（6.8%）高 5.2 个百分点，比全省（10%）高 2 个百分点，由上年同期的全省第 3 位提升到第 2 位，创近六年来同期新高。

18 日至 20 日　全国政协副主席、全国工商联主席高云龙到贵州省出席统一战线参与毕节试验区建设座谈会并在毕节调研。中央统战部副部长、全国工商联常务副主席徐乐江，全国工商联副主席谢经荣参加调研。省政协副主席、省工商联主席李汉宇陪同调研。

19 日至 20 日　全国人大常委会副委员长、民革中央主席万鄂湘、民革中央常务副主席兼秘书长李惠东一行深入贵州毕节市七星关、纳雍调研，了解当地产业结构调整、产业扶贫等情况。副省长、民革省委主委王世杰全程陪同。市委副书记、市长张集智等参加调研。

18 日至 21 日　全国人大常委会副委员长、九三学社中央主席、中国科学院院士武维华到黔出席统一战线参与毕节试验区建设座谈会并在毕节调研。全国人大常委、宪法和法律委员会副主任、九三学社中央副主席、中国工程院院士丛斌参加调研。全国政协常委、九三学社中央常委、九三学社省委主委黄宗洪等陪同调研。

25 日　省委宣讲团到毕节市集中宣讲省委十二届三次全会精神，省委宣讲团成员、省委副秘书长、省水库和生态移民局局长王应政作宣讲报告。市委书记、市人大常委会主任周建琨主持。

是日　市委副书记、市长张集智主持召开市人民政府第 58 次常务会议，传达学习 7 月 23 日国务院常务会议精神，分析当前金融工作形势，安排部署当前全市经济工作。

27 日　金沙县市场监管局颁发了首张全程电子化登记营业执照，推进金沙县企业登记全程电子化改革实现了外网受理，内网审核登记进程。

27 日至 28 日　全市煤矿机械化智能化项目

建设现场观摩会在金沙召开。

28日至30日　市委副书记、市长张集智带队到云南省临沧市考察学习农业产业结构调整和茶产业发展工作，并开展产业大招商活动。

31日　在中国人民解放军建军91周年纪念日到来之际，市委书记、市人大常委会主任周建琨，市委副书记、市长张集智率队到驻毕部队开展走访慰问，向广大官兵致以节日的问候。

是日　全省检察工作座谈会在毕节召开，会议传达学习贯彻中央政法委全面深化司法体制改革推进会、全国大检察官研讨班和省委十二届三次全会精神，总结上半年工作情况，研究部署下阶段工作。

是日　市委副书记、市长张集智主持召开市二届人民政府第59次常务会议，传达贯彻习近平总书记对毕节试验区工作的重要指示、统一战线参与毕节试验区建设座谈会精神，习近平总书记、李克强总理对防汛抗旱抢险救灾的重要指示和全省生态环境保护大会暨国家生态文明试验区（贵州）建设推进会精神，《贵州省人民政府工作规则》等，并就有关工作进行安排部署。

是日　成贵铁路鸭池河特大桥主梁合龙。成贵铁路鸭池河特大桥位于贵州省毕节市黔西县铁石乡与清镇市暗流乡交界处的鸭池河上，全长971米、主跨436米，是世界上跨径最大的中承式钢混结合提篮式拱桥。大桥主梁长336米，是目前世界上单跨跨度最大的高速铁路等高截面连续梁。

8月

3日　市委常委会召开会议，传达学习中共中央政治局会议精神、全省生态环境保护大会暨国家生态文明试验区（贵州）建设推进会议精神，研究部署毕节市贯彻意见。市委书记、市人大常委会主任周建琨主持并讲话。

3日　市委常委会召开会议，听取毕节市各民主党派工作开展情况汇报。

4日至5日　湖北省政协副主席杨玉华率湖北省政协考察组一行，到毕节市考察长江支流生态保护和修复情况。

7日　全市固定资产投资项目建设推进会议召开。

是日　全市脱贫攻坚夏秋攻势暨全面解决农村饮水安全问题攻坚决战行动启动会议召开。

8日　省第十届运动会在遵义开幕，毕节市代表团657人参加本届运动会30个大项402个小项的角逐。毕节市代表团参加群众体育的马拉松、3人制篮球、笼式足球、乒乓球、羽毛球、围棋、象棋、柔力球、太极拳、健身气功、体育舞蹈、轮滑、武术套路、武术散打、广场健身舞等15个大项83个小项的比赛。竞技体育参加田径、游泳、射击、射箭、拳击、举重、跆拳道、赛艇、皮划艇静水、皮划艇激流回旋、乒乓球、羽毛球、足球、篮球、攀岩15个大项319个小项的角逐。

是日　为扎实推进中央环保督察反馈问题整改，根据贵州省环境保护督察方案和中央环保督察“回头看”工作要求，经省委、省政府同意，省委第一环境保护督察组日前进驻毕节市开展省第二轮环保督察暨中央环保督察反馈问题整改大检查工作，召开省委第一环境保护督察组对毕节市开展环境保护督察工作会议，省委第一环境保护督察组组长陈宗俊就做好督察工作作了讲话，市委书记、市人大常委会主任周建琨作了动员讲话。

近日　贵州地矿113地质队在赫章县发现贵州省第一个超大型铅锌矿床，探明铅锌金属资源量275.82万吨，是贵州省铅锌矿找矿的重大突破。本次详查工作，投入钻探工作量11.5万米，各类样品测试4200件，圈定铅锌矿体69个，探明（332＋333）铅锌金属资源量275.82万吨，铅平均品位2.38%，锌平均品位7.56%，其中主矿体长1640米，平均厚度11.01米，铅锌资源量

181.92 万吨，占总资源量的 65.96%。还圈定共生硫铁矿体 2 个，硫铁矿资源量 568.48 万吨；铅锌矿床中伴生银、金、镓、镉、锗、硒等矿产，具有巨大的开发价值。此项勘察成果，对于川滇黔铅锌成矿区带贵州部分的铅锌找矿具有重大的指导意义，对于该区域脱贫攻坚具有重要的经济意义。

8 日至 9 日　全国工商联党组副书记、副主席樊友山带领全国工商联第三联系调研组到大方县、织金县调研考察。

9 日至 10 日　市委书记、市人大常委会主任周建琨到重庆市新鸥鹏集团和五洲世纪文化产业投资集团，开展招商引资活动。

10 日　毕节市住房和城乡建设局召开新闻发布会，就毕节市 2018 年上半年房地产市场运行情况进行公布。

10 日　市委副书记、市长张集智主持召开市二届人民政府第 60 次常务会议，传达学习省委、省政府《关于创新政府配置资源方式的实施意见》《贵州省党政领导干部安全生产责任制实施细则》《贵州省农村人居环境整治三年行动实施方案》等文件精神，并就有关工作进行安排部署。

11 日至 12 日　广东省委常委、广州市委书记张硕辅，广州市委副书记、市长温国辉率领广州市党政代表团到毕节市考察，并在威宁自治县举行广州·毕节东西部扶贫协作党政联席会议。张硕辅、温国辉在会上讲话，副省长吴强陪同考察并讲话，市委书记、市人大常委会主任周建琨主持会议，市委副书记、市长张集智介绍有关情况。

13 日　二届市委全面深化改革领导小组第二十五次会议暨全市城市社区建设改革“回头看”会议在金沙县召开。市委书记、市人大常委会主任、市委全面深化改革领导小组组长周建琨主持会议并讲话。

近日　省委常委、省委组织部部长李邑飞一行到毕节调研抓党建促脱贫攻坚工作，并对毕节市国有企业贯彻落实全省国有企业党的建设工作会议精神情况进行督促检查。

14 日　全市中央巡视反馈脱贫攻坚问题整改工作部署会议召开。市委副书记、市长张集智出席会议并讲话。

15 日　全市产业园区建设现场推进会在威宁自治县召开。

是日　据中国地震台网正式测定，2018 年 8 月 15 日 21 时 28 分 11 秒，贵州省毕节市威宁自治县石门乡（北纬 27.43 度、东经 104.00 度）发生里氏 4.4 级地震，震源深度 10 千米。

据威宁自治县民政局报告：经初步调查统计，截至 8 月 16 日 9 时 40 分，地震造成石门乡 118 户 485 人受灾影响，一般损坏房屋 44 户 44 间，分散转移安置 382 人，无人员伤亡；道路交通、电力通信、水利设施等暂无受损；预计因灾造成家庭财产损失 22 万元。

15 日至 16 日　国务院扶贫办副主任陈志刚带领 2018 年中非合作论坛——减贫与发展会议的外宾代表，到毕节市实地考察基础设施建设、扶贫产业发展、易地扶贫搬迁、生态建设扶贫等项目。

17 日　支持毕节试验区按时打赢脱贫攻坚战建设贯彻新发展理念示范区推进大会在毕节召开。省委书记、省人大常委会主任孙志刚出席会议并讲话。

省委副书记、省长谌贻琴讲话，省政协主席刘晓凯，省委常委慕德贵、夏红民、李邑飞、赵德明、刘捷、李再勇，省人大常委会、省政府、省政协有关负责同志出席。刘捷主持会议。

18 日　全市学习贯彻习近平总书记重要指示、统一战线参与毕节试验区建设座谈会、省支持毕节发展推进大会精神研讨班在市委党校开班。市委书记、市人大常委会主任周建琨作专题辅导报告。

是日　据中国地震台网自动测定，8 月 18 日

1 时 36 分在贵州毕节市威宁县附近发生 3.7 级左右地震，震中位于北纬 27.41 度，东经 103.95 度。

19 日　成贵铁路鸭池河特大桥引桥 6 号墩至 7 号墩现浇梁完成浇筑，成贵铁路鸭池河特大桥主体工程全部完工。

20 日　第十一届毕节旅游产业发展大会在大方县举行。省人大常委会原副主任、省彝学会原会长禄文斌，省人大常委会原副主任、省彝学会顾问禄智明应邀出席。市委书记、市人大常委会主任周建琨，市委副书记、市长张集智，市政协主席宫晓农，省旅发委副主任汪文学，毕节市四大班子有关领导，市各高等院校主要负责同志出席会议。会议由市委副书记张翊皓主持。会上，周建琨为第十二届毕节旅游产业发展大会举办地织金县授旗，并宣布黔西县为第十三届毕节旅游产业发展大会承办地。张集智作“美丽大方·花海毕节”旅游主旨推介。

是日　全市 2018 年计划建设 11309 公里农村“组组通”公路，目前完工 8984 公里。截至目前，全市开工建设 10792 公里农村“组组通”公路，其中完成路基 9924 公里，完成路面 4515 公里。此外，2017 年计划项目完成安保工程 652 公里，完成质量检测 2542 公里，完成项目交（竣）工验收 1020 公里，验收完成的项目已全部移交乡（镇）管护，提供管护公益性岗位 536 个。

20 日至 21 日　全国人大常委会委员、致公党中央副主席曹鸿鸣，致公党中央参政议政部副部长王启平一行到毕节，就“易地扶贫搬迁安置房产权归属问题”课题进行调研，并与市政府相关部门负责人进行座谈。

21 日　全市旅游项目观摩总结暨第十四届贵州旅游产业发展大会筹办工作动员会在大方县召开。市委书记、市人大常委会主任周建琨出席并讲话。

22 日至 23 日　重庆市政协原副主席、市慈善总会会长刘光磊率重庆市考察团到毕节考察，并召开渝毕帮扶对接工作座谈会。

22 日至 23 日　毕节市第二届人大常委会第十二次会议召开。会议传达学习了习近平总书记对毕节试验区工作的重要指示和统一战线参与毕节试验区建设座谈会、支持毕节试验区按时打赢脱贫攻坚战建设贯彻新发展理念示范区推进大会精神。听取和审议了《毕节市 2017 年全市及市本级决算（草案）和 2018 年 1 至 6 月全市及市本级预算执行情况报告》《毕节市 2017 年市本级预算执行和其他财政收支审计工作报告》《关于检查〈毕节市饮用水水源保护条例〉贯彻实施情况的报告》，以及市人大教科文卫委、环资委关于有关议案审议结果的报告；审查批准了毕节市 2017 年市本级决算；表决通过了《毕节市百里杜鹃风景名胜区条例》和《毕节市人大常委会关于批准〈毕节市人民政府关于再次提请审议黔西县撤县设市的议案〉的决议》以及有关人事任免案。

24 日　全市城镇发展暨项目观摩会在黔西县举行。

是日　广东省副省长叶贞琴率队到织金县调研东西部扶贫协作工作。

26 日　由上海市卫计委、上海奥盛基金会与毕节市卫计委携手合作的儿童“先心病”筛查救治公益项目启动。

27 日　全市深化“放管服”改革转变政府职能电视电话会议召开。

是日　二届市委第四轮巡察工作动员部署会议召开。本轮巡察将于 8 月 31 日至 10 月 31 日进行。市委巡察组对市公安局、市公安交通管理局、市总工会、团市委、市妇联、市科协、市文联、市工商联、市社科联、市残联等市直 10 个单位和百里杜鹃管理区、金海湖新区、贵州草海国家级自然保护区管委会、织金洞风景名胜区管理局等 4 个管理区（管委会、局、处）进行常规巡察；对全市扫黑除恶工作进行专项巡察；对各级各部门“按时打赢攻坚战、奋力建设示范区”

开展机动巡察；各县（区）党委（党工委）同步对相应县（区）直部门开展联动巡察；市委巡察工作领导小组授权县（区）党委（党工委）同步对七星关区天河风景名胜区管理处、大方油杉河风景区管委会、大方慕俄格古城管理处、金沙冷水河风景名胜区管委会、金沙沙土三化试验区管委会、织金县织金古城管理处、赫章阿西里西风景名胜区管理处、赫章县妈姑社区服务管理局等8个管理区（管委会、局、处）开展上下联动巡察。

是日　市委副书记、市长张集智主持召开市二届人民政府第61次常务会议，传达学习国务院和省有关会议精神，研究毕节市贯彻落实意见。

28日　市人民政府与中国光大银行贵阳分行签署战略合作协议。

30日至31日　广州市委常委、市委统战部部长卢一先率广州市工商联和民营企业家代表到毕节市开展对口帮扶工作，聚焦毕节试验区困难群众缺产业、缺技术、缺资金等脱贫攻坚“短板”，开展精准帮扶。

31日　中央文明办在六盘水市举办全国道德模范与身边好人现场交流活动，并发布8月“中国好人榜”，毕节市七星关区义务维修村路17年的八旬老人范厚文光荣上榜。

是日，主题为“礼赞新时代，共建新毕节”的2018年毕节市房地产交易暨家装·建材·汽车博览会（以下简称房博会）在毕节市科技文化中心开幕。此次房博会汇集房地产开发、装饰装修、建材、金融、汽车等90余家企业。其中，房地产企业展位28个、家装企业展位10个、建材企业展位30个、汽车企业展位15个，银行、医疗等其他参展企业展位5个。

9月

8月31日至9月3日　市委6个巡察组陆续进驻团市委、市科协、市文联、市公安局、市公安交通管理局及金海湖新区等单位开展巡察。

2日至4日　市委理论学习中心组举行学习研讨会。市委书记、市人大常委会主任周建琨主持会议并作总结讲话。

3日　市委常委会召开会议，传达学习习近平总书记在全国宣传思想工作会议上的重要讲话精神、在中央全面依法治国委员会第一次会议上的重要讲话精神、在推进“一带一路”建设工作5周年座谈会上的重要讲话精神，修订后的《中国共产党纪律处分条例》以及中央、省委巡视工作规划精神，贵州省党政代表团赴广东省学习考察精神，省委中心组学习会、省委常委会巡视整改专题民主生活会精神，研究全市贯彻落实意见。

是日　毕节市农村专业合作社联合会成立大会暨扶贫铁军誓师大会举行。

3日至4日　毕节市乌蒙演艺集团精心打造的彝族古剧《撮泰吉》，在陕西渭南大剧院上演。

4日　毕节市乌蒙文化节·第六届文化艺术系列（戏剧小品和器乐）大赛颁奖仪式暨优秀作品展演在毕节大剧院举行，市主要领导为获奖选手颁奖。《一个懒汉三个帮》《种房子》等4个节目获戏剧小品大赛金奖，《天山风情》《红高粱叙事曲》等10个节目获器乐大赛金奖。

是日　市人民政府与贵州银行股份有限公司签署战略合作协议。

是日　农工党中央专职副主席、精准扶贫精准脱贫工作领导小组副组长龚建明率队到大方县调研定点扶贫督促检查工作。参加农工党中央经济工作委员会明日之星教育基金会向大方县教师捐赠8800份“明日之星”“守护园丁”太平洋保险和伊利集团向陇公希望小学捐赠学生奶的捐赠仪式，并走访了部分贫困户。

5日　毕节市“向黔一公里”互联网+旅游产业助力扶贫活动启动仪式在大方县核桃乡木寨村举行，标志着织金洞、百里杜鹃等6大核心景区和周边乡村旅游景点结对子抱团发展机制形成。

是日　市委常委会召开巡视整改专题民主生活会，深入贯彻落实习近平总书记关于巡视工作的重要论述精神，严格对标党中央关于巡视工作的部署要求，全面对照中央巡视反馈意见，严肃认真开展批评和自我批评，主动认领责任、深刻对照检查、完善整改措施，切实做好巡视“后半篇文章”，确保巡视整改各项任务坚决有效落实，以新气象新作为打赢攻坚战建设示范区，推动中央和省委决策部署在毕节落地见效。

5日至7日　贵州新闻摄影学会2018年年会暨“走进魅力花都·探寻水西文化”采风活动在黔西县举行。

6日至7日　全市农业项目建设暨农业产业结构调整“夏秋攻势”现场观摩会召开。

6日至9日　在第34个教师节来临之际，市委书记、市人大常委会主任周建琨，市委副书记、市长张集智，市委常委、市委宣传部部长何云江，市人大常委会副主任、市委秘书长黄光江，市政协副主席辜康乐等市四大班子领导，分别前往黔西县、纳雍县、大方县、金海湖新区和毕节城区部分学校开展教师节慰问活动，向辛勤耕耘在教育战线上的广大教育工作者致以节日祝贺和诚挚问候。

8日至9日　夜郎故里·赫章2018国际高原山地穿越挑战赛在赫章县举办。此次赛事由国家体育总局登山运动管理中心、中国登山协会、贵州省体育局和毕节市人民政府主办，主题为“穿越古夜郎·体验原生态·拥抱大健康”，为国际性的国家级山地户外赛事。参赛运动员3130名，包括外国运动员50名、省外国内运动员150名、省内县外运动员300名、县内运动员2630名，其中专业组长距离（50公里）人员180名、短距离（20公里）人员450名、全民健身徒步走（8公里）人员2500名。赛事于9月8日在赫章县城夜郎广场开赛，9日进行“韭菜坪云上花海登高赛”。

9日　2018“贵洽会”新能源（锂电池）产业发展研讨会暨首届新能源（锂电池）金海湖论坛在贵阳市举办。

10日　全市启动个体经营户单位清查工作，标志着毕节市第四次全国经济普查工作全面展开。

是日　正值第34个教师节，市委、市政府召开毕节市2018年教师节表彰大会。

是日　市委副书记、市长张集智主持召开市二届人民政府第62次常务会议，专题听取全市项目谋划储备和农产品产销对接工作情况汇报，安排部署有关工作。

11日　位于金海湖新区的毕节铁路东站，开通运营仪式举行，标志着毕节铁路东站正式开通运营。织毕线始建于2013年，毕节东火车站始建于2015年，2017年12月28日达到开通条件，2018年8月29日开通货运业务，于9月12日正式开办货运业务。

是日　省纪委副书记、省监委副主任张平率队到毕对毕节市深化国家监察体制改革试点工作情况进行评估检查。

是日　国家大宗蔬菜产业技术体系西南区夏秋蔬菜产业发展调研座谈会暨现场观摩会在威宁自治县举行，来自西南地区各个试验站的团队成员、示范县技术骨干等40余人参加。

11日至14日　广州市协作办组织媒体及公益广告视频设计人员前往织金县开展产业帮扶深度采访活动。

12日　市委常委会召开会议，传达学习全国教育大会精神、全国深化专项治理扶贫领域腐败和作风问题工作推进会议精神和省有关会议文件精神，听取中央和省委环保督察问题整改情况、全市深度贫困地区脱贫攻坚工作情况汇报，研究毕节市贯彻意见。

近日　省人民政府批复同意毕节市龙官桥水库等6个集中式饮用水水源保护区划分方案。批复原则同意毕节市龙官桥水库，赫章县大、小花渔洞，赫章县结构乡鱼洞，赫章县哲庄乡中坝水库，纳雍县大坪箐水库，黔西县重新镇干河沟水库等6个集中式饮用水水源保护区划分方案。

近日　经毕节市委及市委巡察工作领导小组同意，市委巡察组分别对二届市委第三轮巡察的市工能委、市第一人民医院、市第三实验高中和纳雍县昆寨乡等24家单位（部门）开展巡察情况反馈。

15日　广州医科大学第三附属医院院长陈德、副院长肖国宏率团队一行10人到毕节市开展对口帮扶工作，从提高毕节市基层医疗保健机构产科急危重症识别处置能力，提高救治能力，保障母婴安全等方面开展精准帮扶。

17日至19日　省委常委、省纪委书记、省监委主任夏红民深入毕节市大方、威宁、赫章、织金等县调研。

18日　大方县召开脱贫摘帽“百日攻坚战”动员大会，对脱贫攻坚工作进行再安排、再部署、再加压、再鼓劲，向贫困发起最后的总攻，确保全县如期脱贫、全胜摘帽。

19日　在首届中国农民丰收节系列活动——2018中国美丽乡村休闲旅游行精品景点线路推介活动上，毕节市百里杜鹃景区入选全国100个休闲农业和乡村旅游精品景点线路。

19日至20日　省委副书记、省长谌贻琴到全省极贫乡镇威宁自治县石门乡调研深度贫困地区脱贫攻坚“夏秋攻势”开展情况。

19日至20日　中国岩石力学与工程学会软岩工程与深部灾害控制分会第六届理事会第四次理事长办公会议暨中国矿业科学协同创新联盟第一届理事会第七次理事会议在贵州工程应用技术学院召开。来自全国各地的专家代表齐聚一堂，就我国软岩工程与深部灾害发展现状和目前业内的相关问题、技术难题进行交流研讨。

20日　市委书记、市人大常委会主任周建琨主持召开市委常委会会议，传达学习全省组织工作会议、省委常委会听取中央环保督察反馈问题整改和巡视整改工作情况汇报会议精神，研究部署全市贯彻落实意见。

是日　全市组织工作会议召开。市委书记、市人大常委会主任周建琨出席会议并讲话。

是日　由毕节市统计局、七星关区统计局、国家统计局七星关调查队主办的“走进四经普”暨第九届“中国统计开放日”活动在毕节市人民公园举行。

近日　中国南方电网向毕节追加“十三五”电网建设投资43.62亿元，追加投资量位居全省首位。至此，毕节电网“十三五”规划投资将达84.89亿元。对于追加的43.62亿元投资资金，毕节供电局将主要用于推进威宁500千伏输变电工程基础上，规划建设威宁500千伏变——奢香500千伏变——遵义鸭溪变500千伏线路工程，强化毕节电网与贵州主网的联系，打通贵州电网北部通道，满足威宁风电、光伏发电、云南水电转网等新能源送出需要；在金沙、织金、大方规划各新增一座220千伏变电站，实现金沙、织金、大方、七星关区经济发展较好的四个县（区）达到每县（区）2座220千伏变电站供电的格局，进一步提升主网供电能力；根据负荷发展及供电质量情况，精准规划新增110千伏变电站及35千伏变电站，新建10千伏及以下线路工程，解决配网最后一公里问题，确保农村电网供电可靠率、综合电压合格率、户均容量等指标高于国家能源局要求。同时，毕节供电局还将加快成贵铁路黔西牵引变220千伏线路接入工程和大方牵引变220千伏线路接入工程、成贵铁路毕节德厚牵引变220千伏线路、毕节德沟110千伏输变电工程的建设步伐。

21日　全市中央和省委环保督察反馈问题整改工作推进会议举行。

是日　全市宗教工作会议召开。市委书记、市人大常委会主任周建琨出席并讲话。

25日　记者从市旅发委获悉，中秋小长假期间，全市各大旅游景区游人如织，百里杜鹃、织金洞等重点旅游景区游客接待量持续“井喷”，全市共接待游客185万人次，实现旅游综合收入15.64亿元，较上年同期保持平稳增长态势。

是日　市委书记、市人大常委会主任周建琨到威宁自治县调研易地扶贫搬迁和中央环保督察反馈问题整改工作。

是日　省人民政府已正式批复《关于呈请批准桐梓等14个县（区）实现贫困退出的请示》，并发布《贵州省人民政府关于桐梓等14个县（区）退出贫困县的通告》。

是日　全市脱贫攻坚夏秋攻势调度会暨2018年上半年农业产业结构调整工作滞后乡（镇、街道）约谈会召开。

26日　支持毕节试验区改革省市县三级改革办第一次联席会议在贵阳召开。

是日　副省长陶长海率队到金沙县就煤炭生产、电煤供应等工作进行调研。

是日　市委副书记、市长张集智主持召开市二届人民政府第63次常务会议，传达学习中央、省有关文件和会议精神，研究部署有关工作。听取全市安全生产工作、全面小康建设相关工作、大方县脱贫工作情况、毕节飞雄机场公司工作情况汇报。会议还讨论了《关于坚决打好污染防治攻坚战夯实贯彻新发展理念示范区建设基础的实施意见》《关于加强乡镇政府服务能力建设的实施意见》《毕节市马铃薯产业脱贫攻坚三年行动实施方案》和研究了其他事项。

是日　第十一届中国—东盟教育交流周在贵州工程应用技术学院开幕。来自美国、日本、韩国、马来西亚、印度、老挝等国家和地区相关领域专家齐聚一堂，开展高等教育、特殊教育、合作办学、文化交流等方面交流与合作。交流周以“中国—东盟特殊教育发展交流与合作”为主题，特殊教育领域相关专家分别作《特殊教育发展与展望——写在第十一届中国—东盟教育交流周》《贵州工程应用技术学院特殊教育专业十年发展与展望》《现代教育康复技术与特殊教育专业实验室建设》等主题发言，为特殊教育事业的发展聚智慧、谋良策。

26日至27日　全省易地扶贫搬迁安置点团建工作推进会在黔西县召开。

26日至27日　全国政协副主席、民革中央常务副主席郑建邦率调研组到贵州，就“脱贫攻坚民主监督”“民革中央参与毕节试验区建设、定点扶贫”进行调研。

9月下旬　黔西县通过国家专项评估检查，摘掉了贫困县的帽子，成为毕节市第一个脱贫出列的县。

9月28日　二届市委全面深化改革领导小组第二十六次会议召开。市委书记、市人大常委会主任、市委全面深化改革领导小组组长周建琨主持会议并讲话。

是日　市委常委会召开会议，传达学习中共中央政治局会议精神和中共中央政治局第八次集体学习精神。市委书记、市人大常委会主任周建琨主持并讲话。会议审定了市委、市政府《关于坚决打好污染防治攻坚战夯实贯彻新发展理念示范区建设基础的实施意见（送审稿）》。

28日至30日　2018全国农产品产销对接行（贵州）暨第二届毕节试验区·乌蒙山农特产品交易会在七星关区创美农副产品批发交易中心举行。

29日　2018年“花海毕节·月月旅游”10月活动新闻发布会在毕节洪山酒店举行。

30日　在第五个烈士纪念日到来之际，毕节市各市直单位在毕节烈士陵园举行烈士公祭活动。

是日　2018年全市生态环境保护工作大会召开。市委书记、市人大常委会主任周建琨出席并讲话。

10月

8日　从毕节市旅发委获悉，国庆黄金周期

间，全市共接待国内外游客562.58万人次，实现旅游综合收入47.7亿元，同比分别增长21.82%和20.04%。

是日　市委书记、市人大常委会主任周建琨到大方县安乐乡调研督导脱贫攻坚工作。

9日　在第49届世界邮政日到来之际，毕节市邮政管理局组织邮政公司、各民营快递企业在市人民公园开展宣传活动。

是日　全市师德师风建设工作座谈会议召开。省教育厅厅长邹联克应邀出席会议并讲话，市委副书记、市长张集智出席并讲话。

是日　共青团中央权益工作交流座谈会在上海召开，黔西县作为唯一县级团委代表在会上做青少年权益保护工作交流发言。

9日至10日　省环保厅副厅长姜平率省环保督查整改办第一督查督办组到金沙、百里杜鹃、威宁、纳雍等县（自治县、区）督查督办中央环保督查整改重点问题整改进展情况。

10日　毕节试验区专家顾问组座谈会在北京举行。毕节试验区专家顾问组总顾问、中国农业大学教授、博士生导师常近时出席并讲话。农业与水利组组长、中科院教授王旭，成员刘勇、谷树忠、陈全生、常仲农，市委书记、市人大常委会主任周建琨，市领导黄光江、李玉平出席。

是日　民革毕节市工委邀请民革中央组织部党籍处处长，贵州省政协副秘书长、民革省委秘书长，省政府参事一行到毕节，为民革毕节市工委全体党员辅导授课。

是日　在毕节市梨树高铁客运枢纽中心施工现场，第一对钢轨稳稳落在成贵铁路373公里636米处，标志着成贵铁路云（南）贵（州）段正式开始铺轨，成贵铁路建设进程又迈出坚实的一步。

10日至11日　市委副书记、市长张集智深入金海湖新区和纳雍县，督导脱贫攻坚和中央环保督察问题整改工作。

11日　由中共贵州省委宣传部、省文化厅、省体育局、省妇联、贵州广播电视台主办的“庆祝改革开放40周年全国广场舞展演活动贵州省级展演”在贵州省体育馆举行。毕节参加展演的3支队伍分别获“优秀展演奖”。

是日　从毕节供电局获悉，随着三通一平进场施工及进站道路的修建，威宁县500千伏变电站全面开工建设，目前场平完成20%，进站道路修建工程完成30%。变电站的修建，使毕节电网500千伏变电站由一座增加至两座。威宁500千伏输变电工程系国家重点扶贫项目之一，同时也是中国南方电网公司、贵州省“十三五”规划期间的重点工程。该工程由中国电建集团贵州电力设计研究院设计，贵州送变电公司承担施工，计划于2019年10月建成投运。

12日　全市四季度经济运行分析会议召开，分析前三季度经济运行形势，补短板强弱项，确保圆满完成全年目标任务。市委副书记、市长张集智主持会议并讲话。

是日　全市2018年文化产业项目观摩会召开。

是日　共青团毕节市委联合市人力资源和社会保障局、毕节医学高等专科学校在医专举办了“毕节市2018年青春创业大讲堂”活动，开展“新时代互联网+青年新创业的思维模式训练”专题培训。

12日至15日　由毕节市文联主办的2018年毕节市小说创作培训班在织金县举行。

15日　贵毕公路全线通车，面貌焕然一新。历时6个多月的提质改造后，贵毕公路大方县沙子坡至黔西县六广河改造路段全部结束，标志着贵毕公路改造完工。

近日　从毕节市林业局获悉，2018年，毕节市向中央争取生态护林员指标4260名，其中延续2016年、2017年中央指标2370名，今年新增加人数1890名（全省2018年度新增指标1万名），每人每年补助1万元，共获得补助资金4260万元。

15日至16日　市政协组织开展常委会议视察活动，就全市中央环保督察问题整改工作情况进行视察。

16日　市委副书记、市长张集智到七星关区、金海湖新区和大方县调研“19456工程”项目建设和易地扶贫搬迁工作。

17日　是第五个“全国扶贫日”，也是第26个国际消除贫困日。当天上午，市委、市政府举行全市“扶贫日”现场捐募活动。

是日　市委常委会召开会议，深入学习习近平总书记扶贫重要论述，传达贯彻中央财经委员会第三次会议、十九届中央军民融合发展委员会第二次会议和省委常委会会议精神，通报毕节市到国务院扶贫办汇报工作情况。

17日至18日　由国务院扶贫办主办的决胜2020脱贫攻坚展在北京会议中心举行，赫章县河镇乡海雀村作为6个典型之一参展。

18日　省委第五巡视组巡视毕节市情况集中反馈会议在毕节市召开。

是日　广州市国企结对帮扶毕节市贫困村签约暨捐赠仪式在毕节举行。

18日至20日　全国政协民族和宗教委员会副主任全哲洙率宗教界委员到毕节市考察改革开放40周年国家现代化建设成就。

19日　毕节市召开脱贫攻坚“两不愁三保障”工作推进电视电话会议。市委副书记、市长张集智出席会议并讲话。

是日　市委副书记、市长张集智主持召开市二届人民政府第65次常务会议，传达学习省政府有关会议精神，安排部署有关工作。

19至20日　由中国新闻社举办的“一带一路”沿线国家华文媒体高层“行走中国”大型采访活动走进毕节，由《非洲时报》《布拉格时报》《拉美快报》等19家海外华文媒体高层组成的采访团深入黔西县、大方县、金海湖新区及七星关区进行实地采访。

20日　毕节市2018年全国文明城市创建业务培训会在市委党校召开，各市直单位、县区及乡镇相关单位相关负责人参加培训。

21日　贵州省第六届残疾人运动会在贵州双龙航空港经济区开幕。毕节市共有40名运动员参与8个大项的角逐。

近日　毕节市各级少先队组织为纪念中国少年先锋队建队69周年，开展了以“争做新时代好队员——集结在星星火炬旗帜下”为主题的系列活动。

20日至21日　2018多彩贵州文化艺术节非遗周末聚最后一场上演，七星关区专场压轴登场。

22日　由贵州省教育厅（省教育工委）、省文明办、团省委主办，贵州工程应用技术学院承办的全省高校手绘地图展暨颁奖仪式在贵州工程应用技术学院举行。

是日　毕节幼儿师范高等专科学校科学技术协会成立暨第一次代表大会召开。

22日至23日　副省长、省公安厅厅长郭瑞民，省政协副主席罗宁率2018年全省第二次项目建设现场观摩会第六组代表到毕节市，实地观摩“双千工程”、产业大招商、大数据与实体经济深度融合所取得的成效和经验。

23日　省教育厅巡视组到黔西县文峰街道调研“法治毕节”创建工作。

是日　由毕节市乌蒙演艺集团创作的一台充满毕节地域文化特色的文艺节目走进山西卫视《歌从黄河来》栏目组，进行“纪念改革开放40周年特别节目——全国优秀艺术团体会演”专场录制。

24日　市委常委会召开会议，传达学习贯彻习近平总书记对脱贫攻坚工作所作的重要指示精神和李克强总理批示要求，习近平总书记对全国党委秘书长会议所作的重要指示精神和关于意识形态工作的有关重要讲话精神。

是日　市委常委会召开会议，传达学习贯彻全省产业大招商突破年行动推进会暨2018年全省第二次项目建设现场观摩总结会精神、省委第五巡视组巡视毕节市情况集中反馈会精神，研究部署省委第五巡视组巡视反馈意见整改和大方县脱贫摘帽工作。

是日　在市政府新闻办举行的发布会上，市统计局发布毕节市2018年前三季度主要统计数据。初步核算，前三季度全市完成地区生产总值1399.68亿元，同比增长11.5%，增速比全国（6.7%）高4.8个百分点，比全省（9%）高2.5个百分点，创近六年来同期新高。

是日　从贵州省科学技术协会、贵州省人力资源和社会保障厅联合下发的“关于表彰贵州省第六届科普工作先进集体和先进个人的决定”文件中获悉，毕节市第一人民医院荣获“科普工作先进集体”称号。

25日　市委书记、市人大常委会主任周建琨到七星关、大方、金海湖等县（区）暗访督导脱贫攻坚工作。

是日　全省今冬明春国土绿化启动大会在大方县召开。省林业厅厅长黎平出席会议并讲话。省林业厅副厅长向守都主持会议。

是日　全市迎接中央环境保护督察“回头看”工作部署暨业务培训会召开。

是日　全市基层党建组织规范化建设现场会在黔西召开。

26日　毕节市2018年秋冬季森林草原防灭火演练在纳雍县林场白泥坝举行。

27日　贵州省第六届残疾人运动会在贵阳闭幕，毕节代表团斩获51枚奖牌。

28日　“全国森林康养基地试点建设单位”在七星关区撒拉溪镇柏山家庭林场揭牌，这也是毕节市首家全国森林康养基地试点单位。

30日　国务院扶贫办副主任陈志刚带领2018年改革开放与中国扶贫国际论坛部分嘉宾考察团到毕节市考察。

30日至31日　毕节市第二届人大常委会第十三次会议召开。会议传达学习了栗战书关于深入学习贯彻习近平总书记关于坚持和完善人民代表大会制度的重要思想的讲话，省人大常委会关于脱贫攻坚、污染防治的决议及全省地方立法工作会议精神。审查批准了2018年市本级预算调整方案（草案），审议通过了《毕节市人民政府2018年环境保护工作情况报告》《毕节市第二届人民代表大会常务委员会代表资格审查委员会关于个别代表的代表资格的报告》及有关人事任免案，并对《毕节市城乡规划条例（草案）》进行了第二次审议。

30日至31日　在市委宣传部的组织下，毕节市脱贫攻坚先进典型宣讲报告会相继在金海湖新区文阁乡、金沙县西洛街道阳灯社区、织金县板桥镇白果村和黔西县协和镇举行。

31日　二届市委全面深化改革领导小组第二十七次会议暨全市教育改革“回头看”会议在七星关区召开。市委书记、市人大常委会主任、市委全面深化改革领导小组组长周建琨主持会议并讲话。

是日　全市巡视整改工作推进会召开。受市委书记、市人大常委会主任周建琨委托，市委常委、市纪委书记、市监委主任吴东来主持会议并讲话。

11月

1日　在全国、全省非洲猪瘟防控工作电视电话会议后，市委副书记、市长张集智主持召开全市非洲猪瘟防控工作电视电话会议，贯彻落实全国、全省非洲猪瘟防控工作电视电话会议精神，对全市防控工作进行再部署再落实。

2日　由中华医学会心血管病学分会、中国心血管健康联盟、中国胸痛中心总部主办的第八届中国胸痛中心大会在厦门开幕。在当日上午举行的“2018年度第二批次通过认证胸痛中心授牌仪式”上，毕节市第一人民医院正式获“中国胸痛中心”授牌。

3日　毕节同心社会工作发展中心在民盟毕节市委的帮助下，组织社会爱心人士、贵州工程应用技术学院青年志愿者到纳雍县昆寨乡中心社区，开展2018年“三区计划”社会工作人才支持计划项目启动仪式暨首批爱心物资发放活动。

4日　中央第五生态环境保护督察组对贵州省开展“回头看”工作动员会结束后，全市立即召开会议进行贯彻落实。

4日至5日　毕节市少先队辅导员风采大赛在市大学生创业孵化园举行，来自各县（区）和市直的共10支代表队参加比赛。

5日　中央第五生态环境保护督察组向贵州省转办首批信访举报件34件。这标志着督察组此次贵州省“回头看”信访举报转办工作正式开始。

5日至9日　由市创建办、市委讲师团、市教育局联合举办了“社会主义核心价值观进校园——爱我毕节·做文明人”宣讲活动。

6日　市委书记、市人大常委会主任周建琨到七星关区现场督导中央环保督察反馈问题整改工作。

是日　贵州省公共文化服务体系建设现场推进会在黔西县召开。

是日　笔者从市发改委获悉，为纵深推进旅游供给侧结构性改革，促进全市全域旅游健康持续发展，毕节市自2018年11月1日起，降低部分国有景区门票价格。

近日　由省民政厅、省司法厅组成的检查考核组对毕节市第四批省级“民主法治示范村（社区）”创建工作进行检查验收。

6日至7日　市委书记、市人大常委会主任周建琨到大方县果瓦乡、长石镇、大山乡、星宿乡调研脱贫攻坚工作。

8日　市委常委会召开会议，传达学习中共中央政治局研究部署当前经济工作会议精神和习近平总书记在中共中央政治局第九次集体学习、民营企业座谈会、首届中国国际进口博览会开幕式上的重要讲话精神，学习贯彻中国工会第十七次代表大会、中国妇女第十二次全国代表大会、全省宣传思想工作会议精神，听取前三季度全市经济运行情况汇报。

是日　“聆听·毕节花开的声音”知名音乐人花海毕节采风活动在织金洞旅游风景区启动。

是日　以“全民参与　防治火灾”为主题的毕节市2018年“119消防宣传月”活动启动仪式在市科技文化中心广场举行。

是日　由中共毕节市直属机关工作委员会主办的“打赢攻坚战、建设示范区，毕节怎么干”主题演讲比赛市直机关选拔赛在市烟草公司举行。

近日　毕节市扶贫办与广东省第一扶贫协作组在佛山联合举办“毕节市东西协作贫困村创业致富带头人培训示范班”，对全市220名贫困村创业致富带头人进行培训。

9日　为深入开展“打赢攻坚战、建设示范区，毕节怎么干”大讨论活动，毕节市开展“开放发展”专题大讨论。

10日　中央第五生态环境保护督察组到威宁开展“回头看”现场督察。督察组组长、全国人大华侨委员会副主任黄龙云率队。省委常委、常务副省长李再勇，市委副书记、市长张集智，市委常委、威宁自治县委书记肖发君，副市长蒋从跃参加督察。

是日　毕节市广大党员干部共同收看了由中央组织部、中央广播电视总台联合录制的专题节目《榜样3》。

是日　中国电信天翼大讲堂——“新挑战新机遇新举措——国家安全形势及筹划”（贵州专场）讲座在毕节举行，主讲嘉宾为中国人民解放军少将金一南。

是日　马来西亚旅行商代表一行12人到毕节开展旅游线路营销考察活动，并召开座谈会。马来西亚华人旅游工会荣誉会长包一雄出席会议。

是日　历时3天的2018年福摩杯“舞动中国——排舞联赛”（总决赛）在杭州闭幕，毕节市乌蒙演艺集团参赛的原创排舞作品《彝山杜鹃红》斩获开放组一等奖。

11日　中央第五生态环境保护督察组组长、全国人大华侨委员会副主任黄龙云率督察组一行，到赫章县督察生活垃圾填埋场整改情况。省委常委、常务副省长李再勇，市委副书记、市长张集智，副市长蒋从跃参加督察。

是日　由中国登山协会主办，毕节市体育局、黔西县人民政府承办的2018全国徒步大会（黔西站）活动在黔西县举行。

是日　第九届贵州省少数民族传统体育运动会在贵阳市落下帷幕，毕节市代表团共获得2个一等奖、25个二等奖、19个三等奖。

是日　赫章县委书记刘建平做客央视财经新媒体“中国电商扶贫行动·11.11非常有爱大直播”演播室，向全国观众推介赫章县优质特色农产品。

近日　从市林业局获悉，2016年到目前，毕节市累计为1.19万余名建档立卡贫困家庭劳动力提供公益护林员岗位。

12日　市委副书记、市长张集智主持召开市二届人民政府第68次常务会议。听取大方县脱贫攻坚工作情况汇报，讨论《毕节市蔬菜产业扶贫三年行动方案（2018—2020年）》。

是日　贵州省脱贫攻坚先进典型巡回宣讲活动毕节巡讲报告会在市委党校举行。

是日　贯彻落实“全省产业大招商突破年行动推进会”总结会议精神视频会议召开，毕节市有关部门负责人在分会场参会。

12日至14日　中共贵州省委常委、省委统战部部长严朝君在毕节调研统一战线参与脱贫攻坚工作。

13日　由省委宣传部、省政府新闻办组织的“牢记嘱托　感恩奋进——支持毕节试验区按时打赢脱贫攻坚战”第一场新闻发布会在贵阳举行。

13日至14日　省委副书记、省长谌贻琴赴扶贫联系点纳雍县调研深度贫困县和极贫乡镇脱贫攻坚工作。毕节市委书记周建琨，省政府秘书长张平和省有关部门负责人参加调研。

14日　由省委宣传部、省政府新闻办组织的“牢记嘱托　感恩奋进——支持毕节试验区按时打赢脱贫攻坚战”第二场新闻发布会在贵阳举行。

是日　市政府办机关第一党支部召开“打赢攻坚战、建设示范区，切实做好新时代‘三服务’工作”集中学习讨论会，市委副书记、市长张集智参加学习讨论。

近日　省委第五巡视组向毕节市委反馈巡视情况。省纪委副书记、省监委副主任、省委巡视工作领导小组成员张平出席反馈会议并讲话，省委第五巡视组组长曾长明对毕节市巡视情况进行反馈并移交发现问题线索台账。

14日至17日　由省委宣传部牵头组织的媒体采访团到毕节市开展调研采访活动。

15日　市委常委会召开会议，重温习近平总书记关于毕节试验区重要批示指示精神，传达学习习近平总书记在上海考察时的讲话精神、向国家综合性消防救援队伍授旗并致训词精神、对信访工作的重要指示精神，以及全省信访工作联席会议精神。

是日　毕节市人大常委会组织部分省十三届人大代表围绕毕节市打好“三大攻坚战”，重点对饮用水源治理保护，推进脱贫攻坚工作等相关情况进行集中视察，为代表们知情知政、出席省十三届人大二次会议行使代表职权做好准备。

是日　为庆祝第十九个中国记者节，进一步激发全省新闻工作者使命感和社会责任感，贵州省新闻战线“壮大主流声音，提高记者四力”培训会在毕节举行。

日前　省环保厅发布《贵州省9个中心城市2018年10月环境空气质量排名》，毕节市位列第二，优良天数比例为100%。

16日　由省委讲师团牵头组织的“党的声音进万家、新时代思想上讲堂、总书记话儿记心上”主题宣讲活动走进金沙县鼓场街道红岩社区。

是日　由省委宣传部、省记协组织的“庆祝改革开放40周年——城·村·企调研行‘走转改’主题采访学习活动”采访团走进毕节。

是日　全市统一战线工作会议召开。

是日　据统计，飞抵草海国家级自然保护区的各类越冬候鸟已达3万余只，其中黑颈鹤811只、灰鹤453只、斑头雁1500只。

日前　在2018年贵州省太极拳公开赛中，毕节市代表队以6金3银3铜的好成绩，荣获此次比赛的团体第二名，金牌榜第二名。

17日　广州市第一人民医院到毕联合毕节市第三人民医院开展2018年“世界慢阻肺日”义诊活动暨毕节市第三人民医院加入“广州医疗专科联盟”授牌仪式。

是日　“2018中国战略性新兴产业集群评选”活动颁奖仪式在“第二十届中国国际高新技术成果交易会”浓厚的产业学术交流氛围中同期举办。贵州毕节经济开发区（毕节金海湖新区）获评全国“2018中国优秀锂电池产业园区”。

近日　贵州省评选出第四批“省级民主法治示范村（社区）”，毕节市共41个村（社区）被命名为贵州省第四批“省级民主法治示范村（社区）”。

17日至18日　“春雨工程”——全国文化志愿者边疆行暨大型原创民族歌舞剧《长白山阿里郎》在毕节大剧院精彩上演，来自吉林省安图县的69名文化志愿者为毕节上千名观众带来了一场精彩绝伦的视听盛宴。

近日　《贵州省毕节市国家森林城市建设总体规划》（以下简称《规划》）评审会在北京召开。会上，评审专家组认真听取了毕节市创建国家森林城市工作开展情况和毕节市国家森林城市建设总体规划情况的汇报，并一致同意通过《规划》。

近日　由贵州省卫生计生委、贵州省发展改革委、贵州省人力资源社会保障厅、贵州省食品药品监管局、贵州省中医药管理局联合发文发布的全省儿童白血病定点救治医院名单中，毕节市第一人民医院被指定为市级儿童白血病定点救治医院，成为毕节市首家指定的市级儿童白血病定点救治医院。

19日　二届市委全面深化改革领导小组第二十八次会议召开。市委书记、市人大常委会主任、市委全面深化改革领导小组组长周建琨主持会议并讲话。会议传达学习了中央全面深化改革委员会第五次会议和十二届省委全面深化改革领导小组第九次会议精神，审议了《关于加强外出务工人员党建工作的实施意见》等“1+3”文件、《关于加快旅游服务体系建设的实施意见》等“1+5”文件、《关于推进会展业改革发展的实施意见》等“1+1”文件、《关于深化出租汽车行业改革的实施意见》等“1+1”文件和《毕节市侨联改革方案》，安排部署下一步工作。

是日　毕节市第二届人大常委会第十四次会议召开。市委书记、市人大常委会主任周建琨主持第二次全体会议并讲话。会议表决通过了有关人事任免案。

是日　毕节市七星关区召开推进义务教育均衡发展新闻发布会，通报了该区义务教育均衡发展工作推进情况。

是日　从毕节市工商局获悉，毕节市工商局于2018年8月—10月，在全市组织开展2018年流通领域商品质量抽检工作。近日，该项工作已全部完成。

近日　第二届中国森林康养与乡村振兴战略论坛暨全国森林康养基地建设经验交流会在海南省三亚市召开。会上为143家第四批全国森林康养基地试点建设单位和试点县、5家全国标准化森林康养基地建设示范单位授牌，其中毕节市七星关区柏山国家森林康养基地成功入选。

是日　二届市委脱贫攻坚专项巡察工作动员部署会召开。

是日　笔者从贵州燃气集团毕节市燃气有限责任公司获悉，毕节市中心城区管道天然气接入一期工程进入收尾阶段，预计明年1月实现供气。

20日　市委常委会召开会议，传达学习党的十八大以来习近平总书记对贵州工作的重要讲话和指示批示精神，在参观“伟大的变革——庆祝改革开放40周年大型展览”、中央军委政策制度改革工作会议、亚太经合组织第二十六次领导人非正式会议上的重要讲话精神，以及贵州·广东扶贫协作工作座谈会议精神，研究毕节市贯彻落实意见。

是日　市委书记、市人大常委会主任周建琨到金海湖新区，调研毕节·广州产业园建设、项目推进和脱贫攻坚等工作。

是日　全市2018年质量发展暨品牌建设大会召开。

20日至23日　中国农业大学教授、国家肉牛牦牛产业技术体系首席科学家曹兵海，云南省草地动物科学研究院院长、研究员、体系岗位科学家黄必志，中国农业科学院畜牧兽医研究所研究员、体系岗位科学家李俊雅，河南农业大学教授、体系岗位科学家赵改名等受邀到毕节市考察指导毕节肉牛产业，为毕节肉牛产业发展建言献策。

21日　市委书记、市人大常委会主任周建琨到大方县猫场镇箐口村、永久村调研脱贫攻坚工作。

22日　市委书记、市人大常委会主任周建琨到七星关区督导中央环保督察反馈问题整改工作落实工作。

是日　全市东西部扶贫协作、统一战线帮扶暨全面小康建设工作推进会召开。

是日　毕节市女企业家协会第一届会员代表大会召开。

是日　由毕节市人大常委会办公室主办的《毕节市百里杜鹃风景名胜区条例》（以下简称《条例》）新闻发布会在百里杜鹃管理区举行。《条例》将于12月1日起正式实施。

是日　毕节市新时代农民（市民）讲习所讲习员展示大赛在市图书馆举行。

是日　毕节市委党校组织相关人员到对口帮扶单位七星关区大河乡开展“打赢攻坚战、建设示范区，毕节怎么干”大讨论活动。

是日　成贵铁路毕节至大方段铺轨工作完成，预计明年7月底之前全线贯通，为明年年底通车打下基础。

23日　市委副书记、市长张集智主持召开市二届人民政府第69次常务会议，传达学习习近平总书记对贵州的重要讲话和指示批示精神，贵州·广东扶贫协作工作联席会议精神等有关文件和会议精神，研究部署全市贯彻落实工作。

是日　毕节市2018年第四季度经济运行调度会议召开。市委副书记、市长张集智主持会议并讲话。

是日　毕节市“脱贫攻坚群英谱”演讲比赛在毕节市图书馆二楼多功能厅举行。

日前　从毕节市发改委获悉，截至10月，全市2018年度十件民生实事完成投资168.21亿元，占计划的80.67%，日前，各项工作正有序推进。

23日至24日　2018年贵州省第一届校园体操大赛在遵义市新蒲新区奥体中心举行。毕节市幼儿园作为贵州省首批“体操进校园”试点单位，代表毕节市组队参赛，并在“艺术体操（幼儿组）”和“快乐体操集体自由操三级”两个项目中斩获冠军。

24日　毕节飞雄机场到赫章县开展通航5周年机票大放送暨文明宣传系列活动。

是日　由山西卫视《歌从黄河来》栏目组录制的“纪念改革开放40周年特别节目——全国

优秀艺术团体会演”毕节专场，在山西卫视播出。此次专场会演以“多彩贵州·魅力毕节”为主题，由毕节市乌蒙演艺集团的演员们为观众精心打造。

25日　由民革中央和云贵川三省政协联合主办的2018年中国赤水河流域生态保护治理发展协作推进会在毕节市召开。全国政协副主席、民革中央常务副主席郑建邦出席推进会并讲话。此次推进会以“生态共建·脱贫攻坚”为主题，会议期间形成了三省全国政协委员向全国政协提交提案线索，会上通过了《2018年中国赤水河流域生态保护治理发展协作推进会毕节共识》。

是日　为期3天的以“展示文旅精品　助力脱贫攻坚”为主题的2018年中国（贵州）国际民族民间工艺品·文化产品博览会（以下简称民博会）在贵阳国际会议展览中心圆满结束。毕节市19家企业、50件作品、18名能工巧匠及12个旅游招商引资项目参展参会。

是日　第二届“山水田园”杯全国象棋公开赛在棋乡金沙县源村开幕，来自全国各地的200余名棋坛高手齐聚源村开展为期三天的象棋博弈。

26日　民革中央定点扶贫工作推进会在纳雍县召开。全国政协副主席、民革中央常务副主席郑建邦出席推进会并讲话。

是日　共青团贵州工程应用技术学院第一次代表大会在该校开幕，该校160名学生代表参加。大会听取和审议了共青团贵州工程应用技术学院委员会工作报告，并选举产生了第一届委员会。

是日　国务院办公厅发布了《国务院办公厅关于对国务院第五次大督查发现的典型经验做法给予表扬的通报》，对130项地方典型经验做法予以通报表扬。其中包括毕节市七星关区以创新引领土地节约集约利用。

是日　副省长王世杰到大方县开展服务企业活动。市委副书记、市长张集智，市政协副主席肖远福参加活动。

日前　从金海湖新区工业园区获悉，国际首台压缩空气储能大功率多级间冷压缩机实验平台在位于金海湖新区的国家能源大规模物理储能技术（毕节）研发中心调试成功。

近日　毕节市委教育工委、市教育局组织召开“打赢攻坚战、建设示范区，毕节教育怎么干”大讨论活动。

近日　中宣部办公厅印发了《关于表彰基层理论宣讲先进集体、个人和优秀理论宣讲报告的决定》，表彰了39个全国基层理论宣讲先进集体、38名全国基层理论宣讲先进个人、19篇优秀宣讲报告。其中，毕节市委宣传部被评为全国基层理论宣讲先进集体，党的十九大代表、罗甸县麻怀村党支部书记邓迎香被评为全国基层理论宣讲先进个人。

26日至30日　国家教育督导检查组对毕节市七星关区、织金县、纳雍县、威宁自治县、赫章县5个县（区）义务教育基本均衡情况进行全面督导检查。最终，5个县（区）均达到国家规定的评估认定标准。

27日　市委副书记、市长张集智到大方县兴隆乡、八堡乡暗访脱贫攻坚工作。

28日　市委常委会召开会议，传达学习中共中央政治局会议精神和习近平总书记在中共中央政治局第十次集体学习、纪念刘少奇诞辰120周年座谈会上的重要讲话精神。

是日　市扶贫开发领导小组召开会议，研究部署脱贫攻坚相关工作。市委书记、市人大常委会主任周建琨主持会议并讲话。

是日　在毕节市农业产业链专题招商洽谈会上，毕节市政府相关负责人向在场的100多家企业和行业协会的嘉宾发出邀请。据悉，本次洽谈会签约项目28个，签约金额共计42.083亿元。

29日　全市宣传思想工作会议召开。市委书记、市人大常委会主任周建琨出席并讲话。

是日　全市安全生产工作领导小组召开会

议，传达学习习近平总书记关于安全生产的重要批示指示精神，安排部署全市安全生产工作。

是日　全市“三个大兴”活动领导小组召开会议，总结今年以来全市开展“三个大兴”活动取得的成效，研究部署下一步工作。市委书记、市人大常委会主任周建琨主持会议并讲话。

是日　省委第六巡视组巡视金沙县工作动员会召开。

29日至30日　受农业农村部委托，贵州省农业农村厅农产品质量安全处一行，到七星关区考核验收国家农产品质量安全县创建工作，七星关区国家农产品质量安全县创建工作顺利通过验收。

29日至30日　广州市纪委副书记、市监委副主任冯慧光率领广州市协作办、审计局到毕节调研东西部协作帮扶工作。

30日　2018年全市产业园区发展现场推进会在赫章县召开。

12月

1日　毕节市第一人民医院成功为帕金森患者熊爱明进行脑起搏器开机。对患者熊爱明“脑起搏器”的成功植入，是毕节市第一人民医院完成的首例病例，同时也填补了毕节地区此项医疗技术的空白。

2日　以第七个“全国交通安全日”为契机，开展主题为“细节关乎生命、安全文明出行”活动。毕节市公安局交警支队联合七星关区交警大队、运管部门和地方驾校走进七星关区碧海阳光移民新城，向搬迁入住的4800多户群众宣讲交通安全知识。

4日　毕节市2018年“宪法宣传月”活动启动仪式暨“12·4”宪法日宣传活动在七星关区人民公园举行。

是日　由自然资源部召集的乌蒙山片区区域发展与脱贫攻坚部际联席会议在毕节市召开。

4日至7日　省森林城市核查专家组到毕节市核查验收省级森林城市创建工作，赫章县、纳雍县、黔西县、大方县顺利通过省级核查验收。

5日　广州毕节扶贫协作工作座谈会在广州市召开。广东省委常委、广州市委书记张硕辅，市政协主席刘悦伦与毕节市委副书记、市长张集智，市政协主席宫晓农率领的毕节市党政代表团一行座谈。

是日　第十八届中越（河口）边交会·毕节市农特产品河口（东南亚）对接推介会在云南河口召开。此次推介会，毕节市共组织贵州乌蒙同心农产品开发集团有限公司等12家农特产品生产、流通企业参加。

是日　毕节市妇联联合广州市儿童活动中心在毕节十五小开展2018年科技交流暨儿童心理教师培训活动。

5日至8日　市委副书记、市长张集智，市政协主席宫晓农率市党政代表团到广州市、深圳市考察。

6日　全市第四次全国经济普查领导小组暨普查工作推进电视电话会议召开，对开展好毕节市第四次全国经济普查下一步工作进行安排部署。

是日　毕节市救助管理站联合七星关区救助管理站、七星关区城市综合执法大队等单位启动“寒冬送温暖”专项救助行动，巡查流浪乞讨人员，并随时实施救助。

日前　中国茶叶流通协会发布2018年中国茶叶行业系列榜单，毕节市金沙县荣登“2018中国茶业百强县（市）”榜单。

7日　由中共贵州省委宣传部举办的“新时代农民（市民）讲习所”讲习员展示大赛决赛在贵州广播电视台圆满举行。来自全省各地经过选拔推荐的22名优秀讲习员参加省级决赛。纳雍县农民讲师吴儒文荣获政策理论组“最接地气奖”奖项。

是日　毕节市2018年贫困村党组织书记和

村委会主任冬训市级示范培训班开班。来自全市各县（区）的200名贫困村党组织书记和村委会主任参加培训。

10日　2019年度全市党报党刊发行工作会议召开，对相关工作进行安排部署。

是日　《第五批拟列入中国传统村落名录的村落基本情况公示》发布，大方县黄泥塘镇背座村、大方县雨冲乡油杉河村入列。此前，2013年8月26日，织金县龙场镇阳光村营上古寨入选第二批列入中国传统村落名录。

是日　自11月4日截至当日，毕节市共接收中央第五生态环境保护督察组转来电来信共计360件，其中已上报办结240件（七星关区56件、大方县36件、黔西县15件、金沙县50件、织金县43件、纳雍县6件、赫章县8件、金海湖新区17件，百里杜鹃管理区9件）。

11日　省扫黑除恶专项斗争督导组督导毕节工作动员会召开。省扫黑除恶专项斗争第四督导组副组长、省公安厅副厅长闵建就做好督导工作作动员讲话，市委副书记、市长、市扫黑除恶专项斗争领导小组组长张集智讲话。

是日　广州市国资委在结对帮扶毕节市5个深度贫困村的基础上，率30家广州市国有企业到毕节市，与织金县、纳雍县、赫章县的100个深度贫困村集中签订了结对帮扶协议，助力毕节进一步打好打赢脱贫攻坚战。

是日　贵州美术馆第31期公教活动“‘艾’话大师——走进雷诺阿的艺术世界”活动在省图书馆威宁少年儿童分馆举行。

12日　市委巡视整改工作领导小组召开会议，听取中央和省委巡视反馈问题整改情况汇报，研究部署下一步工作。

13日　市委常委会召开会议，传达学习习近平总书记关于坚持和发展“枫桥经验”重要指示精神，全国人大常委会深入学习贯彻习近平总书记关于坚持和完善人民代表大会制度重要思想交流会精神，中央纪委办公厅《关于贯彻落实习近平总书记重要指示精神集中整治形式主义、官僚主义的工作意见》精神，研究毕节市贯彻落实意见。

是日　全市党风廉政建设责任制领导小组召开会议，听取2018年党风廉政建设责任制落实情况汇报，安排部署下步工作。市委书记、市人大常委会主任周建琨主持会议并讲话。

是日　市政协召开市政协党组理论中心组2018年第五次集中学习会议，传达学习习近平总书记有关重要讲话和有关贺信精神及《全面实施改革强军战略》，学习《关于新形势下党内政治生活的若干准则》和《中国共产党党内监督条例》，传达市纪委《关于全面从严治党“两个责任”专项督查的情况通报》。开展党课培训，邀请有关同志作学习《中华人民共和国宪法》专题辅导。市政协副主席马培译、秦天志、辜康乐、付业春参加学习。

是日　纳雍高山生态有机茶产业联盟在广东省佛山市成立。

14日　市委副书记、市长张集智主持召开市二届人民政府第70次常务会议，传达学习习近平总书记关于坚持和发展“枫桥经验”重要指示精神、《防范和惩治统计造假、弄虚作假督察工作规定》等有关文件，安排部署相关工作。

是日　全市安全生产委员会会议召开，听取2018年安全生产工作情况汇报，安排部署当前安全生产工作。

是日　贵州工程应用技术学院与毕节市儿童福利院共建大学生社会实践服务基地揭牌启动仪式暨签约服务仪式在市儿童福利院举行。

是日　广州市天河区残联一行到纳雍县开展帮扶活动。

15日　由七星关区委、区政府主办，区委宣传部承办的七星关区第二届“十佳青少年”评选颁奖典礼在贵州工程应用技术学院举行。

16日　毕节市梨树高铁客运枢纽中心项目站前广场主体结构顺利封顶。该项目属于成贵高铁毕节站的配套工程，是成贵高铁沿线最大的旅客车站和成贵高铁贵州省境内的重要连接点。总投资约9亿元，总建筑面积约11万平方米，确保2019年年底成贵高铁通车之际，正式投入使用。

17日　毕节市脱贫攻坚“冬季充电”进一步深化农村产业革命主题大讲习现场推进会在七星关区碧海街道办事处砂锅寨社区召开。市委书记、市人大常委会主任周建琨作批示。

是日　市委书记、市人大常委会主任周建琨到金沙县、百里杜鹃管理区调研脱贫攻坚工作。

是日　省委督察组到毕节市督察考评全面深化改革工作并召开座谈会。

近日　毕节市教育局主要负责人带领该局相关人员赴广州市教育局对接落实教育对口帮扶事宜，并到有关学校交流学习。

18日　市委常委会召开会议，传达学习中共中央政治局会议精神、习近平总书记在中共中央政治局第十一次集体学习会议上的重要讲话和在第五个国家宪法日的重要指示精神。市委书记、市人大常委会主任周建琨主持会议并讲话。

是日　庆祝改革开放40周年大会在北京人民大会堂隆重举行。市委书记、市人大常委会主任周建琨，市委副书记、市长张集智，市政协主席宫晓农，市委副书记张翊皓，市委常委，市人大常委会、市政府、市政协领导班子成员，市中级人民法院院长、市人民检察院检察长，市直有关单位主要负责人在市政府第一会议室集中收看收听。

是日　广建集团对口帮扶毕节市金海湖新区——毕节·广州产业园开工仪式在小坝工业园区举行。

是日　毕节市辣椒协会授牌仪式在市委党校举行，标志着毕节市辣椒协会正式成立。

19日　市委理论学习中心组举行集中学习研讨会，深入学习贯彻习近平新时代中国特色社会主义思想，习近平总书记对贵州、对毕节重要指示批示精神，统一战线参与毕节试验区建设座谈会和省支持毕节试验区按时打赢脱贫攻坚战建设贯彻新发展理念示范区推进大会精神，深入开展“打赢攻坚战、建设示范区，毕节怎么干”大讨论活动。市委书记、市人大常委会主任周建琨主持并作总结讲话。

是日　全市全面推进依法行政工作领导小组会议召开。市委副书记、市长、市全面推进依法行政工作领导小组组长张集智主持会议并讲话。

是日　二届市委脱贫攻坚专项巡察集中反馈会召开。受市委书记、市人大常委会主任周建琨委托，市委常委、市委组织部部长、市委巡察工作领导小组副组长石永忠主持会议并通报巡察情况，市委常委、市纪委书记、市委巡察工作领导小组常务副组长王彤出席会议并讲话，副市长李玉平参加会议并就整改工作提要求。

是日　由中共毕节市委宣传部牵头主办的“打赢攻坚战、建设示范区，毕节怎么干”主题演讲比赛决赛在市广播电视台演播大厅举行。

20日　市委党的建设工作领导小组召开会议，听取2018年全市党的建设工作情况汇报，安排部署下步工作。

是日　市委书记、市人大常委会主任周建琨到毕节职业技术学院，向师生代表作形势政策报告，与大家交流谈心。

是日　全市留守儿童关爱救助保护工作领导小组会议召开。市委副书记、市长、市留守儿童关爱救助保护工作领导小组组长张集智主持会议并讲话，副市长王泉松出席。

是日　全市双拥工作领导小组会议召开。毕节市委副书记、市长、市双拥工作领导小组组长张集智主持会议并讲话。

20日至21日　市政协召开二届常委会第十一次会议，学习习近平总书记关于加强和改进人民政协工作的重要思想、对毕节试验区工作的重要指示精神；听取有关汇报、报告等。

21日　市委副书记、市长张集智主持召开市二届人民政府第71次常务会议，研究部署有关工作。

24日　二届市委全面深化改革领导小组第二十九次会议召开。市委书记、市人大常委会主任、市委全面深化改革领导小组组长周建琨主持会议并讲话。

是日　市委书记、市人大常委会主任周建琨主持召开市委统一战线工作领导小组会议，学习贯彻习近平总书记对毕节试验区工作的重要批示指示精神和《中国共产党统一战线工作条例（试行）》，研究部署下步工作。

是日　市委宗教工作领导小组召开会议，总结2018年全市宗教工作，安排当前和今后一个时期全市宗教工作。市委书记、市人大常委会主任周建琨主持并讲话。

是日　由省委宣传部指导、省扶贫开发办公室和省文联主办、省摄影家协会等单位承办的“聚焦脱贫攻坚·共建美好家园”2018年贵州省扶贫工作阶段性成果摄影汇报展在贵阳市人民广场举行开展仪式。作为全省脱贫攻坚的主战场，当天，毕节市展区内容最为丰富，共有10个展板近100幅作品，重点展示了恒大帮扶毕节、赫章县海雀村的变迁、黔西县脱贫攻坚争先出列、威宁自治县石门乡精准扶贫工作、毕节市新时代农民讲习所的新作为、新成效等亮点工作。

是日　毕节市基础地理信息数据档案管理系统项目评审验收会召开，专家组在听取项目汇报、观看系统演示、审阅相关文档后，同意通过验收。

近日　由毕节市农委和贵州千喜鹤助农网络科技有限公司主办的毕节市首届农业合作社带头人培训会在市委党校举行。

24日至25日　毕节市科学技术协会第一次代表大会召开。省科协党组书记、副主席张美圣到会祝贺，市政协主席宫晓农出席，市委副书记张翊皓出席并讲话，市领导石永忠、何云江、王光友、吴东来、王鹏朝、王炳荣、杨海琰、王泉松、秦天志参加。

24日至25日　由省住房和城乡建设厅、省发展和改革委员会、省水利厅联合组成的省级节水型城市考核组一行9人赴七星关区考核毕节市中心城区创建省级节水型城市工作，并宣布毕节市创建省级节水型城市工作顺利通过省级验收。

25日　市委常委会召开会议，传达学习习近平总书记在庆祝改革开放40周年大会上的重要讲话精神、中央经济工作会议和12月24日省委常委会会议精神，进一步贯彻落实习近平总书记对贵州对毕节工作的重要指示精神。

是日　全市师德师风建设工作现场推进会在赫章县召开。

近日　市农委、市商务局、市公安局、市食药监局、市工商局、市供销社和市知识产权局联合召开全市农村假冒伪劣食品治理工作会议，对毕节市农村假冒伪劣食品治理工作进行全面安排部署。

近日　由毕节市农委和贵州千喜鹤助农网络科技有限公司主办的毕节市首届农业合作社带头人培训会在市委党校举行。

25日至27日　由贵州省十三届全国人大代表余维祥、石慧芬、姜涛、郑传玖、罗应和、宋水仙组成的视察组到毕节市，就脱贫攻坚等工作开展集中视察，并在威宁自治县召开座谈会。

26日　中国石化织金60万吨/年聚烯烃项目现场推进会在毕节市织金县召开。会前，省委书记、省人大常委会主任孙志刚在贵阳会见中国石化集团董事长、党组书记戴厚良一行。省委副书记、省长谌贻琴出席会议并讲话，戴厚良讲话。中国石化股份公司高级副总裁雷典武讲话，中国石化股份公司副总裁赵日峰，省领导刘捷、陶长海参加有关活动。

是日　省安全生产工作考核毕节市汇报会在毕节召开。

是日　市委副书记、市长张集智主持召开市二届人民政府第72次常务会议，贯彻落实省委常委会议和市委常委会议精神，对岁末年初安全生产工作进行再安排、再部署。

是日　由贵州省全民国防教育艺术团带来的“军民共建大国防”专题文艺晚会在贵州工程应用技术学院上演。

日前　笔者从市有关部门获悉，经初步预测，预计2018年毕节将完成地区生产总值2050亿元，同比增长10.5%左右。

27日　省铁投公司与毕节市政府战略合作协议签约仪式举行。双方就铁路、现代物流业务等方面建立合作伙伴关系，开展多层次、多领域、全方位的交流合作。

是日　全市安全生产暨应对雪凝天气安排部署会议召开。

是日　市医疗卫生事业改革发展领导小组会议召开。

27日至28日　毕节市青年联合会第二届委员会全体会议在七星关区召开。

28日　东清高速（大方县东关乡至七星关区长春堡镇清丰村）全线开通，该条高速公路是毕节绕城高速，全线长约53.46公里，有14个隧道，28座桥梁，桥梁和隧道总长19.5公里。

近日　“山地公园省·多彩贵州风”暨“洞天福地·花海毕节”2018年毕节冬季旅游宣传推介会在成都市举行。

29日　市政协举行2019年新年茶话会，全市各族各界人士欢聚一堂，畅叙友情，共谋发展。市委书记、市人大常委会主任周建琨出席茶话会并讲话。

是日　全市经济工作会议在七星关召开。会议深入学习贯彻党的十九大精神和习近平总书记对贵州对毕节工作重要指示批示精神，全面贯彻落实中央、全省经济工作会议决策部署，回顾总结2018年经济工作，安排部署2019年经济工作。

是日　毕节市消防救援支队迎旗授衔换装仪式在七星关举行。市委书记、市人大常委会主任周建琨出席仪式并讲话。

是日　大方县脱贫摘帽攻坚调度会召开。市委副书记、市长张集智出席会议并讲话，市委副书记张翊皓主持会议。

是日　受市委书记、市人大常委会主任、市委政治生态建设领导小组组长周建琨委托，市委常委、市纪委书记、市监委代主任王彤主持召开市委政治生态建设领导小组会议，学习贯彻省委、省纪委、省监委和市委关于政治生态建设的部署要求，安排全市政治生态分析研判工作。

近日　《贵州改革开放四十周年·毕节卷》出版发行，全书共20万字，由贵州出版集团、贵州人民出版社出版发行。

毕节概貌

地理环境

【地理位置】 毕节市地处北纬26°21′~27°47′，东经103°36′~106°44′。位于贵州省西北部，扼川滇黔三省交通要冲，北接四川泸州市，西邻云南昭通市、曲靖市，东靠贵州贵阳市、遵义市，南接贵州六盘水市、安顺市，为乌江、赤水河、北盘江的发源地。地形地貌独特，自然资源丰富，小区气候宜人，开发前景广阔。

【建置沿革】 毕节市秦为蜀郡属地，汉为益州之牂牁、犍为两郡所辖，晋属益州、朱提郡，唐代置牂牁、乌撒部，宋代置罗氏鬼国辖乌撒部、毗那部，元代分属“亦溪不薛”（蒙古语，意为水西之地）宣慰司、乌撒乌蒙宣慰司所辖，明代分属水西宣慰司、乌撒军民府、永宁宣抚司和乌撒卫、毕节卫、赤水卫、永宁卫。清康熙五年（1666）置大定（今大方）府、黔西府、平远（今织金）府、威宁府，康熙二十二年（1683）改黔西、平远二府为州隶属大定府，康熙二十六年（1687）改大定府为州隶属威宁府，雍正七年（1729）升大定州为府，领黔西、平远、威宁三州和毕节县、水城厅。民国废府置县，解放前夕为贵州省第四行政督察专员公署，辖毕节、大定、黔西、金沙、织金、纳雍、水城、威宁、赫章9县。民国25年（1936），中国工农红军二、六军团长征进入毕节，在区内建立中华苏维埃人民共和国川滇黔省革命委员会，领导创建黔西北革命根据地。

新中国成立初期，成立贵州省人民政府毕节

区行政督察专员公署，辖毕节、大方、黔西、金沙、织金、纳雍、水城、威宁、赫章9个县。

1955年，威宁改置威宁彝族回族苗族自治县；1958年，大定县更名为大方县；1970年，水城县划归六盘水市。是年毕节专区改为毕节地区，辖毕节、大方、黔西、金沙、织金、纳雍、威宁、赫章7个县1个自治县。1992年建镇并乡撤区后，全地区撤销原县与乡之间的89个区镇建置，改原736个乡镇为245个乡镇。1994年，毕节县撤县设市（县级）。2007年，组建贵州百里杜鹃风景名胜区党工委和管委会，为地委、行署正县级派出机构，对百里杜鹃风景名胜区实行统一领导和管理。2011年12月27日撤销毕节地区设立地级毕节市，同年撤销县级毕节市成立七星关区。2018年，全市辖七星关区，大方、黔西、金沙、织金、纳雍、威宁、赫章县，百里杜鹃风景名胜区，金海湖新区。下辖263个乡（镇、街道办事处）、3659个行政村（社区）。

【区域面积】 毕节市地处滇东高原向黔中山原丘陵过渡的倾斜地带。全市总面积近26848.51平方公里，占贵州省总面积的15.25%。其中七星关区位于市中北部，川滇黔三省交界处，面积3410.89平方公里，占全市面积的12.7%；大方县位于市中部，乌江支流六冲河北岸，面积3500.11平方公里，占全市面积的13%；黔西县位于市东部，地处鸭池河之西，面积2555.14平方公里，占全市面积的9.5%；金沙县位于市东北部，隔赤水河与四川省古蔺县相望，面积2523.23平方公里，占全市面积的9.3%；织金县位于市东南部，地处乌江上游三岔河与乌江支流六冲河之间，面积2865.26平方公里，占全市面积的10.68%；纳雍县位于市中南部，地处滇东高原与黔中山原的过渡地带，面积2452.32平方公里，占全市面积的9.13%；威宁彝族回族苗族自治县位于市西部，地处滇东高原东延部分，面积6298.73平方公里，占全市面积的23.5%；赫章县位于市西部，滇东高原向黔中丘原的过渡斜坡地带，面积3242.74平方公里。占全市面积的12.08%。

【地质地貌】 毕节市地层出露较齐全，从元古界震旦系至新生界的第四系地层均有分布。地质构造复杂，褶皱断裂交错发育。岩溶地貌形态多样，在区内分布次序为：东部峰林、谷地、峰丛、缓丘、洼地—中部峰丛、槽谷、丘陵洼地—西部高原、岩溶、缓丘、盆地。境内出露的岩石以沉积岩为主。面积2.49万平方公里，占全市总面积的92.74%；岩浆岩较少，约0.19万平方公里。占全市总面积的7.08%。沉积岩中以碳酸盐岩类居多，占全市总面积的62.2%，煤系砂页岩占15.6%，紫色砂页岩和紫红色砂泥岩占12.9%，泥质岩类占2.1%。市内地势西高东低，山峦重叠，河流纵横，高原、山地、盆地、谷地、平坝、峰丛、槽谷、洼地、岩溶湖等交错其间。境内平均海拔1600米，最高处位于赫章县珠市彝族乡的小韭菜坪，海拔2900.6米；最低处位于金沙县与仁怀县、四川省古蔺县交界的赤水河谷鱼塘河边，海拔457米。西部威宁县和赫章县的西部、西北部和西南部平均海拔在2000～2400米之间，属高原、中山地带，为境内第一级阶梯；赫章县东部、七星关区、大方县、黔西县、纳雍县、织金县西部平均海拔在1400～1800米之间，属中山地带，为境内第二级阶梯；金沙和黔西两县、织金县东部平均海拔在1000～1400米之间，属低中山丘陵地带，为境内第三级阶梯。

【山脉河流】 毕节市是一个多山区，境内主要山脉有西部的乌蒙山、北部的大娄山、西南部的老王山。乌蒙山位于赫章县西部和威宁彝族回族苗族自治县境内，其山系是牛栏江、白水河、北盘江和乌江的分水岭；大娄山脉西起赫章县东部，向东经七星关区、大方县北部，进入金沙县，延伸到遵义市境内，其山脉在毕节市境内是乌江水系和赤水河水系的分水岭；老王山山脉呈西北—东南走向，西北端与乌蒙山东支相接，向东延伸到六盘水市的水城、六枝一带，为乌江上游三岔河与珠江水系北盘江的分水岭。全市河长大于10千米的河流有193条，分别流入乌江、赤水河、北盘江、金沙江4大水系。属长江流域乌江水系的主要干流有偏岩河、野济河、六冲河、三岔河；属赤水河水系的有赤水河；属金沙江水系的有牛栏江、白水河；属珠江流域的有北盘江上游的可渡河。市境内属长江流域的流域面积2.56万平方公里。属珠江流域的流域面积1239平方公里，分别占全市总面积的95.3%、4.61%。其中乌江水系流域面积1.78万平方公里，金沙江水系流域面积4901平方公里，赤水河系流域面积2943平方公里，分别占全市总面积的66.2%、18.3%、10.9%。

【气候】 境内气候特别是夏无酷暑、冬无严寒，季风气候比较明显，降雨量较为充沛，立体气候突出。全市各县区多年（1951—1998）平均温度在10℃~15℃之间，最高为金沙县。最低为威宁彝族回族苗族自治县；年日照时数在1096~1769小时之间，最多为威宁彝族回族苗族自治县；无霜期245~290天，金沙、织金两县最长；年均降水量在849~1399毫米之间，最多为织金县，最少为赫章县。海拔相对高差大，垂直气候变化尤为明显，山上山下冷暖不同，高原平地寒热各异，利于多种动植物生长。

2018年度，毕节市年平均气温为14.0℃，比多年同期平均值偏高0.6℃，年平均降水量为1108.1毫米，比历史同期偏多8.4%；年平均日照时数为1206.2小时，比历史同期偏少3.3%。是年，毕节市各地先后遭受了低温雨雪凝冻、暴雨洪涝、冰雹、雷电、倒春寒和春旱等气象灾害，其中冰雹、低温雨雪凝冻天气偏重，暴雨洪涝灾害偏轻，夏季降雨量偏少，温度偏高，市的中部以东、以北大部地方达轻至重旱。

人文历史

毕节市历史悠久。在历史的长河中，毕节各族人民在这片土地上创造了丰富的历史文化。

毕节市具有光荣的革命传统。民国23年（1934）1月，中共毕节地下党第一个支部诞生，成为中共毕节地下组织的有生力量。民国24年（1935）2月5日，中央红军长征途中在七星关林口镇鸡鸣三省村召开中共中央政治局常委分工会议，决定张闻天接替博古在党中央负总责，巩固了毛泽东在党和红军中的领导地位。民国25年（1936）2月，红二、六军团挺进黔西北，组织建立革命政权。2月8日，中华苏维埃人民共和国川滇黔省革命委员会在大定（今大方）县成立，17日，川滇黔省革命委员会迁至毕节县城。民国25年（1936）2月，贵州抗日救国军在毕节成立。红军转战毕节期间，领导建立8个区、95个乡、村苏维埃政权和95个游击队，境内5000多名青壮年参加红军。1998年，贵州省划定革命老区时，毕节地区8县市中划为革命老区的就有毕节、大方、黔西、金沙、纳雍、赫章、威宁7县市。新中国成立后，全区迅速刷新了解放前满目疮痍的局面，社会主义革命和社会主义建设日新月异地向前发展。特别是1978年中共十一届三中全会召开后，全市深入贯彻落实党的一系列改革开放方针政策，促进生产力的快速发展。毕节市是1988年6月国务院批准建立的“开发扶贫、生态建设、人口控制”试验区。试验区建立30年来，在“开发扶贫、生态建设、人口控制”，促进岩溶贫困地区经济社会可持续发展方面发挥了“小试验、大方向，作示范、探路子”的作用。

自然资源

【水能资源】 全市年降水总量277.96亿立方

米，每平方千米平均降水103万立方米；年径流变化在300~1000毫米之间，河川径流总量多年在130亿立方米左右。水能资源理论储量221.21万千瓦，其中属长江流域的214.67万千瓦，属珠江流域的6.54万千瓦。可开发装机容量160.08万千瓦，占理论蕴藏量的70.2%。

【生物资源】 市境内有苔类植物近100种，蕨类植物34科130种，裸子植物9科22种，被子植物155科1809种，粮食作物21种950个品种，其中豆类7种277个品种；油料作物7种64个品种；蔬菜有56种395个品种；药用植物1000多种，主产半夏、天麻、茯苓、党参、杜仲；有各类草场745万亩，野生牧草45科378种，森林覆盖率56.13%；畜禽种类多，黔西马和可乐猪驰名全国；鱼类74种，脊椎动物387种，黑颈鹤、白鹤属国家珍稀保护鸟类。全市有7个县区属全国生漆基地县，5个县区属全国烤烟基地县，2个县属全国核桃基地县。

【矿产资源】 境内有煤、铁、铅锌、硫、黏土、高岭土、铝土、磷、硅石、重晶石、砂岩、石膏、稀土、彩石、白云岩、锑、镍、钴土、锰、铜、萤石、碧石、玛瑙等40种矿源。其中煤储量364.7亿吨，居贵州全省之首；铁矿探明含储量2.27亿吨，占全省探明储量的51.7%；铅锌矿查明中型矿床3个、小型矿床13个；硫铁矿有大型矿床4个、中型矿床1个；磷块岩储量14.3亿吨，织金县为省内四大磷基地之一。至2009年已开发的矿产资源有煤、铁、硫、铅锌、磷、锰、铜等30多种。

【旅游资源】 境内旅游资源丰富。国家级风景名胜区织金洞，为世界上开发供游览的最大最美溶洞，与黄果树、龙宫、红枫湖组成贵州西部的旅游黄金环线；国家级森林公园百里杜鹃，总面积125.8平方公里，杜鹃品种达60余种，阳春季节，繁花似锦；国家自然保护区草海，是与滇池齐名的高原淡水湖之一，面积27.5平方公里，有鸟类155种，其中属国家一级保护的5种、二级保护的11种，草海被誉为云贵高原的明珠，“鸟的乐园”；国家级风景区“九洞天”，7公里伏流连九洞，集古、奇、秀、险、幽于一体；西电送重点工程洪家渡水电站建成后，形成蓄水面积80多平方公里的高原湖泊支嘎阿鲁湖（原名水西湖），湖光山色，美不胜收，经开发将变成一道亮丽的旅游风景线；贵州屋脊赫章韭菜坪风景名胜区，面积26.5平方公里，有贵州第一峰、千亩石林、万亩草场，自然景观秀美、奇险，更有浓郁的民族风情点缀，是第五批省级风景名胜区；赫章野马川、纳雍总溪河樱桃熟坠枝头，金沙、黔西连片金黄油菜花绽放时，更是人们踏青的去处；赫章可乐、威宁中水是古夜郎文明探幽寻秘之地；七星关城区中华苏维埃共和国川滇黔省革命委员会旧址、林口镇“鸡鸣三省”等红色旅游景点，是进行爱国主义、革命传统教育的圣地。此外，市内广阔的岩溶地貌，绮丽的自然风光，众多的名胜古迹，著名的革命遗址，浓郁的民族风情，均是旅游开发的宝贵资源。

民族人口

【民族】 境内居住有汉、彝、苗、回、布依、白、蒙古、壮、侗、黎、满、瑶、土家、哈尼、傣、景颇、仡佬、京、维吾尔（含未识别民族）45个民族。民据“六普”资料统计，少数民族人口占全市总人口的25.88%。

【人口】 2018年，全市年末常住人口为668.61万人，比上年末增加2.64万人。人口出生率为13.81‰，死亡率为7.26‰，人口自然增长率为6.55‰。

领导名录

姓名后加“*”号的，是年内因提拔、调离、免职、换届、机构调整、离退休等原因而免职。

中国共产党毕节市委员会

书　记　周建琨

副书记　张集智　尹志华*　张翊皓

常　委　张　欣(女)*　卢　林　丁雄军*

石永忠　王　彤(女)　肖发君

何云江　崔英魁　张　平

吴东来　王光友(挂职)

王一民*(挂职)　杨小强*(挂职)

姜建静(挂职)　王鹏朝(挂职)

秘书长　黄光江(兼)

常务副秘书长　赵　伟*　张青杰

副秘书长　张青杰*　曹代发*　傅立勇(兼)

唐晓晖　罗太瑜(兼)　颜　岭(兼)

机关党委书记　文　景

信息综合室主任　胡智光

毕节市人民代表大会常务委员会

主　任　周建琨

副主任　王炳荣　杨海琰(女)　黄光江　杨新江

吴学军　罗昌琪

秘书长　杨亚军

常务副秘书长　余刚跃

副秘书长　何家友　曾　珊(女)　易　鹏

机关党委书记　曹琴香(女)

机关纪检组组长　彭秀峰*(兼)

法制委员会(法制工作委员会)

主任委员(主任) 陈应华

副主任委员(副主任) 李兆鸿

选举任免联络委员会

主任委员 李云贵

副主任委员 陈 坤

财政经济委员会

主任委员 雷先用

副主任委员 赵德琼(女)

教育科学文化卫生委员会

主任委员 聂 焱

副主任委员 张 军

内务司法与民族宗教委员会

主任委员 罗高峰

副主任委员 刘红燕(女)

农业与农村委员会

主任委员 万兴银(女)

副主任委员 安 旺

环境与资源保护委员会

主任委员 李 琼(女)

副主任委员 何 勇*

信访办公室

主 任 周 杰

副主任 卢兴云

毕节市人民政府

市 长 张集智

副市长 丁雄军* 吴东来 王光友(挂职)
王一民*(挂职) 杨小强*
姜建静(挂职) 王鹏朝(挂职)
冉 霞*(女) 李玉平 丁翊强
蒋从跃 姚 东(挂职) 王治军
彭容江* 王泉松 吴 凡(女、挂职)

秘书长 黄家忠

常务副秘书长 李永喜

副秘书长 游新建 张 春* 李 军 李永喜
邓 林 黄海刚

纪检组组长 杨家凯*(兼)

机关党委书记 幸 勇

毕节市大数据发展办公室(市电子政务办公室)

主 任 龙盛君

毕节市突发公共事件应急委员会办公室

主 任 黄家忠(兼)

副主任 盖 斌

毕节市外事侨务办

主 任 赵伟长

毕节市人民政府法制办公室(毕节市人民政府行政复议办公室、毕节市人民政府法律顾问室)

主 任 江耀波(女)

副主任 张 维 沈 融

毕节市人民政府行政复议办公室

专职副主任 杨志江

毕节市人民政府金融服务办公室

主 任 袁 薇(女)

毕节市人民政府发展研究中心

副主任 吴森绪 文 超

中国人民政治协商会议毕节市委员会

主 席 宫晓农

副主席 马培译 肖远福 秦天志 辜康乐
陈 波 付业春(女) 安 南

秘书长 谢祥贵

常务副秘书长 林 勇

副秘书长 刘祖荣 吕 鸣*(女) 黄宇新

机关党委书记 郭寒燕(女)

智力支边联系领导小组办公室

主 任 张 玮

副主任　顾　军

研究室

主　任　赵祖禹

副主任　李　焱* 　黄　茜(女)

提案与法制委员会

主　任　董安碧

副主任　刘　燕(女)

经济与科技委员会

主　任　代　宇* 　李　焱

副主任　王　漫(女)

民族与宗教委员会

副主任　祝朝靖

人口资源环境委员会

主　任　杨孝忠

副主任　胡国祥

教育文化卫生体育委员会

主　任　姜咏梅(女)

副主任　张道科

文史与学习委员会

主　任　吴学梅(女)

副主任　徐　永

中国共产党毕节市纪律检查委员会（机构改革前）

书　记　吴东来* 　王　彤(女)

副书记　胡良华　聂　勇　熊家军

纪委常委　熊遴箐　阮　腾　杨初林(女)
　　赵德宏　叶智平*

办公室主任　阮　腾

案件管理室主任　陈良琼(女)

纪检监察干部监督室主任　袁　琦(女)

组织部部长　刘　利

第二纪检监察室主任　曾贵勇

第三纪检监察室主任　张　冀

第四纪检监察室主任　詹　文

案件审理室(案件申诉复查复议办公室)主任
　　白　鹤

信访室主任　王　敖

非公有制经济发展侵权投诉中心主任
　　万月平(女)

毕节市纪委毕节市监察局第一纪律检查工作委员会第一监察分局

书　记　刘　跃

副书记　曾　义　谌浩业

局　长　曾　义

副局长　高英策

督查室主任　贺　凯

预防室主任　李玉龙

毕节市纪委毕节市监察局第二纪律检查工作委员会第二监察分局

书　记　朱　钧

副书记　甘红梅(女)　王应树

局　长　甘红梅(女)

副局长　王　华

办公室主任　黄道先(女)

督查室主任　杨家凯

预防室主任　周登璋

毕节市纪委毕节市监察局第三纪律检查工作委员会第三监察分局

书　记　杨初林(女)

副书记　李　华　刘发达

局　长　李　华

副局长　李　刚

办公室主任　赵　艺(女)

督查室主任　聂　鑫(女)

预防室主任　费　明

毕节市纪委毕节市监察局第四纪律检查工作委员会第四监察分局

副书记　赵焕国　肖朝荣

局　长　赵焕国

办公室主任　吕进泽

督查室主任　万　勇
预防室主任　顾　红(女)

毕节市纪委毕节市监察局第五纪律检查工作委员会第五监察分局

书　记　赵德宏
副书记　赵　鹏
副局长　刘世春
办公室主任　韦　琨(女)
督查室主任　李　强
预防室主任　袁正义

毕节市纪委毕节市监察局第六纪律检查工作委员会第六监察分局

书　记　李龙舟
副书记　丁　君　杨　军
局　长　丁　君
副局长　陈　颖
办公室主任　彭默然

中国共产党毕节市纪律检查委员会、毕节市监察委员会〔机构改革后〕

书记(主任)　吴东来*　王　彤(女)
副书记(副主任)　胡良华　聂　勇　熊家军
纪委常委　熊遴箐　阮　腾　杨初林(女)
　　赵德宏　叶智平*
监委委员　阮　腾杨初林　赵德宏　张　萍(女)
办公室主任　阮　腾*　向　勇
案件管理室主任　陈良琼*(女)
纪检监察干部监督室主任　袁　琦(女)
党风政风监督室主任　周先远
组织部部长　刘　利
宣传部部长　吴　伟
第一纪检监察室主任　万　勇
第二纪检监察室主任　曾贵勇*　王　敖
第三纪检监察室主任　张　冀
第四纪检监察室(重大责任事故调查办公室)主任
　　詹　文
第六纪检监察室主任　孙　珲
第七纪检监察室主任　何　君
第八纪检监察室主任　张　俊
信息技术保障室主任　邱　平
案件审理室主任　白　鹤
信访室主任　王　敖*　万月平(女)
非公有制经济发展侵权投诉中心主任
　　万月平*(女)
中共毕节市委巡察工作领导小组办公室
市委巡察工作领导小组办公室主任　阮　腾

中共毕节市委第一巡察组

第一巡察组组长　刘　跃
第一巡察组副组长　赵　鹏

中共毕节市委第二巡察组

第二巡察组组长　朱　钧

中共毕节市委第三巡察组

第三巡察组组长　赵焕国

中共毕节市委第四巡察组

第四巡察组组长　谌浩业
第四巡察组副县长级巡察专员　贺　凯

中共毕节市委第五巡察组

第五巡察组组长　李龙舟
第五巡察组副组长　杨晓平

中共毕节市委第六巡察组

第六巡察组组长　王晓园
第六巡察组副组长　徐清敏(女)
第六巡察组副县长级巡察专员　彭默然

市纪委市监委派驻第一纪检监察组

第一纪检监察组组长　马昭伦
第一纪检监察组副县长级专职纪检监察员
　　聂　鑫(女)

市纪委市监委派驻第二纪检监察组

第二纪检监察组副县长级专职纪检监察员
　　韦　琨(女)

市纪委市监委派驻第三纪检监察组

第三纪检监察组组长　甘红梅(女)

市纪委市监委派驻第四纪检监察组

第四纪检监察组组长　丁　君

第四纪检监察组副县长级专职纪检监察员　李　强

市纪委市监委派驻第五纪检监察组

第五纪检监察组副县长级专职纪检监察员　刘世春

市纪委市监委派驻第六纪检监察组

第六纪检监察组副县长级专职纪检监察员　李玉龙

市纪委市监委派驻第七纪检监察组

第七纪检监察组组长　杨　军

第七纪检监察组副县长级专职纪检监察员　王　华

市纪委市监委派驻第八纪检监察组

第八纪检监察组组长　王应树

市纪委市监委派驻第九纪检监察组

第九纪检监察组组长　黄　莉(女)

第九纪检监察组副县长级专职纪检监察员　周登璋

市纪委市监委派驻第十纪检监察组

第十纪检监察组组长　袁正义

第十纪检监察组副县长级专职纪检监察员　吕进泽

市纪委市监委派驻第十一纪检监察组

第十一纪检监察组组长　高英策

第十一纪检监察组副县长级专职纪检监察员　黄道先(女)

市纪委市监委派驻第十二纪检监察组

第十二纪检监察组组长　林科俊

第十二纪检监察组副县长级专职纪检监察员　李　刚

市纪委市监委派驻第十三纪检监察组

第十三纪检监察组组长　卢建新

市纪委市监委派驻第十四纪检监察组

第十四纪检监察组副县长级专职纪检监察员　陈　颖

市纪委市监委派驻第十五纪检监察组

第十五纪检监察组副县长级专职纪检监察员　费　明

中共毕节市委工作部门
(含部门管理机构)

中共毕节市委组织部

部　长　张　欣*(女)　石永忠

常务副部长　邱旭忠

副部长　高扬宗　关凤晶(女)　王荣猛*黄克卫

部务委员　宋乃新　张忠奎*　王旭东*

毕节市实绩考核办公室(市委、市政府目标管理办公室)

主　任　邱旭忠*

副主任　王　玮　张　丽(女)

中共毕节市委党的建设办公室(市党员干部现代远程教育工作领导小组办公室)

副主任　李　庄　张　猛

毕节市人才工作领导小组办公室

主　任　宋乃新

副主任　温鼎明

中共毕节市委宣传部

部　长　何云江

常务副部长　郑　荣(女)

副部长　李　丽(女)

纪检组组长　刘　跃*(兼)

机关党委书记　熊廷权

中共毕节市委新闻宣传工作办公室(市政府新闻办)

主　任　谢　迪(女)

毕节市精神文明建设指导委员会办公室

主　任　李　丽(女)

《毕节试验区》杂志社

主　编　李　霓(女)

副主编　朱光伦　杨　超

毕节市互联网信息办公室

专职副主任　张翊宝*

中共毕节市委统战部

部　长　张　欣*(女)　黄光江

常务副部长　廖碧江(女)

副部长　何植林*　张玉杰　秦保卫

纪检组组长　谌浩业*(兼)

毕节试验区工作联络联系办公室

主　任　秦保卫

副主任　甘文学*

中共毕节市委政策研究室(毕节市开发扶贫生态建设试验区办公室、毕节市发展研究中心、市委全面深化改革领导小组办公室)

主　任　傅立勇

副主任　郭　凯　孙卫义　陆有斌　黄家懿

毕节市全面小康建设办公室

主　任　张柳青

中共毕节市委政法委员会

书　记　尹志华*　王治军

常务副书记　何志勇

副书记　周　勇　陈晋徽*

纪检组组长　徐清敏*(女)

政治部主任　冉学荣

中共毕节市委610办公室

专职副主任　朱德忠

综治办

主　任　周　勇

副主任　唐凌宇

中共毕节市直属机关工作委员会

书　记　徐霞辉

副书记　罗奇志(女)

纪工委书记　李立新

中共毕节市委离退休干部工作局

局　长　关凤晶(女)

副局长　陈　勇*　杨丽萍(女)

机关党委书记　何　跃

毕节市机构编制委员会办公室

主　任　刘祖虹(女)

副主任　龙尚清　刘先炜

纪检组组长　高英策*(兼)

毕节市事业单位登记管理局

局　长　陈明利

中共毕节市委、市政府接待处

处　长　陈　洁(女)

副处长　路仕兵

毕节市督办督查局

局　长　禄春燕*

副局长　王学亮　熊　凯

中共毕节市委机要局

局　长　黄成林

中共毕节市委保密委员会办公室(市国家保密局)

主任(局长)　徐道泽

毕节市机关事务管理局

局　长　姚庆丰

副局长　郑　敏(女)

中共毕节市委群众工作部

部　长　尹志华*(兼)

常务副部长　唐晓晖

副部长　曾明祥　张忠平　杨　珉　马　吉

毕节市信访局

局　长　唐晓晖
常务副局长　曾明祥
副局长　张忠平　杨　珉　马　吉
纪检组组长　李玉龙*(兼)

毕节市三级联动视频接访(调处)中心主任

主　任　唐晓晖
副主任　张忠平　杨　珉

中共毕节市委台湾工作办公室(市政府台湾事务办公室)

主　任　张玉杰
副主任　李　军

中共毕节市委直属事业单位

中共毕节市委党校(毕节市行政学院)

党委书记、常务副校(院)长　王向东
副校(院)长　谭太富　彭　玲*(女)
高扬宗(兼)
纪委书记　蔡　燕(女)
机关党委书记　李远志
教育长　赵德虎
纪委副书记(监察室主任)　谢春林
办公室主任　李　亚
组织人事处处长　张树洁(女)
学员工作处处长　周凌秋(女)
基础理论教研部主任　胡雪虹*(女)　王洪云
多党合作理论与实践研究所所长　罗　恺
公共管理教研部主任　魏　鸿(女)
经济管理教研部主任　王学权
财务处处长　王洁凤(女)
信息处处长　邹科军
校刊编辑部主任　孔令举
基层党校工作处处长　吕世丹(女)
工会主席　姜　文
对外培训处处长　赵庆宏
行政处(保卫处)处长　袁　静
图书馆馆长　史会荣(女)

毕节市老年大学

校　长　李效敬*　陈　勇
副校长　朱东风*　王　青*　王方杰　李　波

毕节日报社

社　长　张培立
总编辑　施　毅
副社长　李建生
副总编　刘靖林　禄炳宪　刘　瑾

中共毕节市委讲师团

团　长　李　丽(女)
副团长　卜令冲　徐仁龙

中共毕节市委党史研究室(地方志编撰委员会办公室)

主　任　潘圣群*(女)　高隆礼
副主任　高隆礼*　唐光甫　吴南剑

毕节市人民政府工作部门(含所属单位)

毕节市发展和改革委员会

主　任　付　波
副主任　林文启　杨正友(兼)　付立云
纪检组组长　甘红梅*(女)
总经济师　杨　军
总规划师　徐会琼(女)
机关党委书记　石寿飞

毕节市铁路(机场)建设办公室

主　任　雷明礼

毕节市节能减排监察支队

支队长　李　嵩

毕节市工程咨询中心
主　任　陈黔方

毕节市项目稽查办公室
主　任　赵向阳

毕节市价格监督检查局
局　长　谭文杰

毕节市教育局（中共毕节市委教育工作委员会）
市委教育工委书记　王发礼* 何云江
市委教育工委副书记　王泉松　王发礼
市委教育工委专职副书记　张　赟
局　长　王发礼
副局长　朱德贵　张　锦（女）马　锷
纪检组组长　赵德宏*（兼）
教育局党组成员、考试管理中心主任　刘　广*

毕节市考试管理中心
主　任　袁礼礼
毕节市教育科学研究所
所　长　孙　华

毕节市人民政府教育督导室
主　任　吴玲娜*（女）
副县级督学　何友国

毕节市中华职业教育社
主　任　冉　霞*（女）（兼）
专职副主任　夏　青（女）

毕节市科技局（市知识产权局）
局　长　王　丽*（女）　侯长英
副局长　侯长英*　郭绍源　彭斯春（女）
党组成员　阮培均

毕节市防震减灾局（毕节市地震台）
局长（台长）　张　阳

毕节市工业和能源委员会
主　任　桂祥友
副主任　鲁茂言　刘剑锋
机关党委书记　王　岳
总经济师　张永洪
总工程师　蔡成武
纪检组组长　刘发达*（兼）

毕节市民营经济发展局（市中小企业局）
局　长　杨　雄

毕节市煤矿勘测设计院
院　长　吴家文

毕节市工业和能源行政执法支队
支队长　张晓红

毕节市煤炭工业办公室
主　任　胡安坤

毕节市民族和宗教事务委员会
主　任　王丽佳（女）
副主任　刘田向　沈　允（女）　王天军
机关党委书记　禄亚权

毕节市公安局
局　长　彭容江*　王治军
常务副局长　周兵志
副局长　王跃华*　吴安宁
纪委书记　林科俊*
政治部主任　伍仕国
机关党委书记　赵　琳（女）

毕节市公安局禁毒委员会
专职副主任　蔡亚刚*

毕节市公安局洪家渡分局
局　长　吴孟虎
政　委　贺沛权

毕节市公安局交警支队
支队长　方　向
政　委　黄宜勇*　吴　畏

毕节市公安局禁毒工作支队
支队长　唐　彬*

政　委　方昱民

毕节市公安局特(巡)警支队

支队长　王子能

政　委　张绍云*　刘贵彬

毕节市公安局指挥中心(办公室)

主　任　吕厚明*

政　委　吴　畏*

毕节市公安局警务保障支队

支队长　陈贵川*

政　委　杨丽娟(女)

毕节市公安局法制支队(直属公安局)

政委　王森林

毕节市公安局国内安全保卫支队

支队长　宋　宣

政　委　罗高翔

毕节市公安局经济犯罪侦查支队

支队长　尹　平

政　委　黄成龙

毕节市公安局治安警察支队

支队长　林　义

政　委　杨　杰

毕节市公安局刑事侦查支队

支队长　张智军

政　委　唐　彬

毕节市公安局技术侦察支队

支队长　王　冬

政　委　王述尧*

毕节市公安局监所管理支队

支队长　蒙乔生

政　委　禄　杰

毕节市公安局出入境管理分局

局　长　王雪琴(女)

政　委　赵小吉

毕节市公安局网络安全保卫支队

支队长　李　响

政　委　朱品海

毕节市公安局打黑除恶支队

支队长　韦晓松*

政　委　蔡运华*

毕节市公安局警务督察支队

支队长　刘贵彬*　黄晓咏(女)

毕节市公安局人民警察培训学校

校　长　牛国强

政　委　杨　芳(女)

毕节市公安局审计处

处　长　何万林

毕节市公安局警卫处

政　委　罗永义

毕节市公安局维稳支队

支队长　周晓波

政　委　孙方成

毕节市质量技术监督局

局　长　李洪应

副局长　王桂全　徐志安　李　卫

总工程师　王文军

稽查局

局　长　龙　勇

毕节市退役军人事务局

局　长　杨晓铁

副局长　李　敏　罗康国

毕节市工商行政管理局

局　长　杨晓铁*

副局长　罗孝军　杨　爽　陈　锐(女)

纪检组组长　费　明*(兼)

机关党委书记　李贵书*

毕节市民政局

局　长　熊灿平

副局长　孟天明　武绍勇　王仕康

纪检组组长　黄道先*(女)(兼)

机关党委书记　李　敏

毕节市社会救助局

局　长　彭晓刚

毕节市老龄工作委员会办公室

主　任　武绍勇

副主任　孙　晓(女)

毕节市司法局

局　长　张玉梅(女)

副局长　陈青云*　徐忠琴(女)　栾亚庆

纪检组组长　谭学明*

政治部主任　廖秋曦(女)

毕节市普法依法治理领导小组办公室

专职副主任　周　锋

毕节市强制隔离戒毒所

第一政委　张玉梅(女、兼)

所　长　叶逢明*　谭学明

政　委　吕厚明

副所长　孙敬东*　彭思明*

纪委书记　周凌祥(女)

毕节市财政局

局　长　何友谊

副局长　陈天吉　段锡军　周　庆

纪检组组长　杨初林*(女、兼)

总会计师　周玉龙

机关党委书记　苟　耿*

毕节市农业综合开发办公室

主　任　黄训平

毕节市国库支付中心

主　任　朱晓虹(女)

副主任　黄　莉*(女)　熊　培

毕节市国有资产监督管理委员会办公室

主　任　何永芬(女)

毕节市人力资源和社会保障局

局　长　高扬宗

副局长　梅品伦　杨　熙(女)　祝朝卫

机关党委书记　王　涛(女)

纪检组组长　周登璋*(兼)

毕节市发展劳务经济办公室

主　任　杨题龙

毕节市劳动保障监察支队

支队长　蔡定成

毕节市劳动人事争议仲裁院

院　长　徐　锋

毕节市社会保险事业局

局　长　邱　伟

毕节市就业局

局　长　周碧英(女)

毕节市环境保护局

局　长　吉　焕

副局长　乔震生　杨　劲

纪检组组长　韦　琨*(女)(兼)

总工程师　甘明静(女)

毕节市环境监察支队

支队长　唐兴赤

毕节市城乡规划局

局　长　孙小井

副局长　肖景权　李永新　周　杰

纪检组组长　李　刚*(兼)

总规划师　方　兴(女)

毕节市住房和城乡建设局

局　长　朱永德

副局长　张　旭(女)　李　红(女)　吴至衡
机关党委书记　赵建雪(女)
纪检组组长　丁　君*(兼)
总工程师　王　军

九洞天国家重点风景名胜区管理局
局　长　彭　雄
副局长　王成云　彭　旭　尚跃康

支嘎阿鲁湖管理处
处　长　彭　旭

毕节市交通运输局
局　长　林　松
副局长　何运军　王邦富　肖远勋
纪检组组长　朱　钧*
机关党委书记　陈　源
总工程师　张　勇

毕节市地方海事局(毕节市航务管理处)
局(处)长　欧　涛

毕节市道路运输局(毕节市城市公共客运交通管理局)
局　长　陆明朝

毕节市公路处(毕节市农村公路养护中心)
处　长　王端贵

毕节市农业委员会(中共毕节市委农村工作委员会)
市委农工委书记、市农委主任　卢　瑶
市委农工委专职副书记　潘国元
市委农村工作委员会委员、市农委副主任　刘朝峰　李洪强　刘红梅(女)
机关党委书记　赵力永
总农艺师　郑元红

毕节市经济作物办公室
主　任　陈　林

毕节市农业科学研究所
党委书记　龙　国*
所　长　王　嵩
副所长　张时龙　梅　艳(女)杨　爽*
纪委书记　李雪松

毕节市人民政府烟草办公室
主　任　张　雪(女)

毕节市水务局
党组书记　潘　智
局　长　丹　彤
副局长　刘　宗　陈大新　聂宗敬
纪检组组长　赵焕国*(兼)
总工程师　安龙生

毕节市水土保持办公室(毕节市世行贷款/欧盟赠款水土保持项目办公室、毕节市水土保持生态环境监测站)
主　任　孟天友

毕节市人民政府防汛抗旱指挥部办公室
主　任　赵咏梅(女)

毕节市水利工程管理处
处　长　刘显达

毕节市夹岩水利枢纽工程建设处
处　长　宋怀春

毕节市勘测设计研究院
党总支书记　付淑贤(女)
院　长　颜　勇

毕节市商务局
局　长　谌贻勇
副局长　段彰厚*　刘　念　曾凡亚(女)　周云祥
总经济师　王显斌
纪检组组长　王应树*(兼)

毕节市投资促进局
局　长　骆丽红(女)
副局长　喻兴忠　胡　媛(女)　吕　勇

纪检组组长　聂　鑫*(女，兼)

毕节市利用外资和招商引资项目代办服务中心

主　任　党廷海

毕节市卫生和计划生育委员会

主　任　石承钧

副主任　袁顺国　路　敏　蒋　志

　　　　赵丽娅(女，兼)

纪检组组长　赵　鹏*(兼)

毕节市红十字会

会　长　冉　霞*(女，兼)

专职副会长　邓　韬

秘书长　李　梅(女)

毕节市爱国卫生运动委员会办公室

主　任　李林有

毕节市计划生育协会

专职副会长　曾家权

秘书长　韩　荣(女)

毕节市扶贫开发办公室

主　任　颜　岭

副主任　付立铭　刘敬东黄　春

总经济师　胡　松

纪检组组长　顾　红*(女，兼)

毕节市外资项目管理中心(毕节市社会扶贫办公室)

主　任　刘泽宏

毕节市审计局

局　长朱　平*　王雄伟

副局长　陈志勇　李明祥　项学新

纪检组组长　李　华*(兼)

总审计师　杨大莲(女)

毕节市政府投资审计中心

主　任　陈国忠

毕节市林业局

局　长　喻祖常

副局长　高守荣　袁朝仙(女)

纪检组组长　肖朝荣*(兼)

总工程师　糜小林(女)

机关党委书记　赵　伟

毕节市防治石漠化管理中心

主　任　金　宇

毕节市林业改革发展办公室

主　任　聂祥军

毕节市城市绿化管理办公室(毕节市林场管理办公室)

主　任　顾国斌

毕节市文化广电新闻出版局(市版权局)

局　长　薛占润

副局长　李文均　甘德富

机关党委书记　陈如新

党组成员　郭云翔

毕节市广播电视信息网络中心

主　任　糜祖跃

毕节市广播电视台

台　长　李文均

副台长　刘　杰　王应军　李德品

总编辑　叶光良

毕节市文物局

局　长　郑远文

毕节市图书馆

党支部书记　罗　军

馆　长　余　波

毕节市文化市场综合执法支队

支队长　赵　翔

毕节市体育运动学校(毕节市体育职业学校、毕节双山实验中学)

党支部书记　王秀春(女)

毕节市体育局

党组书记　吴大敏(女)

局　长　张　超

副局长　蒋　林　朱卫国

毕节市畜牧水产局

局　长　陈文忠

副局长　王　勤　王　峰　赵　昊

机关党委书记　詹兴祥

纪检组组长　吕进泽*(兼)

毕节市动物疫病预防控制中心

主　任　龙冬梅(女)

毕节市动物卫生监督所(毕节市畜牧综合行政执法支队)

所　长　潘定垒(女)

毕节市牧科所

党委书记、所长　王明进

毕节市牧垦场

党委副书记、场长　罗应禾

毕节市安全生产监督管理局(毕节市安全生产委员会办公室)

局长(主任)　陈　华

常务副局长(副主任)　周选明

副局长(副主任)　谢明富　周龙俊

机关党委书记　邹　敏(女)

总工程师　王成军

毕节煤矿安全生产监督管理局

局　长　杨　扬

毕节市统计局

局　长　王世雄

副局长　胡晓敏(女)　王　彦　杨安群(女)

总统计师　周　琴(女)

纪检组组长　王　华*(兼)

毕节市旅游发展委员会

主　任　何正芳

副主任　施正军　舒　英(女)

纪检组组长　赵　艺*(女，兼)

毕节市食品药品监督管理局(毕节市人民政府食品安全委员会办公室)

党组书记　吴学杰*

局　长　安　南

副局长　赵丽娅*(女)　黄义泉　林学方

纪检组组长　李　强*(兼)

毕节市食品药品检验所

所　长　李富国

毕节市食品药品稽查局

局　长　高　峥

毕节市人民防空办公室(市交通战备办公室)

主　任　袁　锋

副主任　李　刚

毕节市人民政府政务服务中心(市政府采购中心)

主　任　明忠琴(女)

副主任　张和萍(女)　王泽松

纪检组组长　陈　颖*(兼)

毕节市全民国防教育办公室

主　任　郭　毅

副主任　董贵洪

毕节市人民政府直属事业单位

毕节市供销合作社联合社

主　任　谢江道

副主任　钟希霞(女)　胡昭伦

毕节市水库和生态移民局

局　长　罗太瑜

副局长　唐学智　杨正友徐　萍(女)

纪检组组长　李龙舟*(兼)

总工程师　万　军

毕节市住房公积金管理中心

主　任　罗晓平

副主任　张华青　马　林

毕节市档案局(档案馆)

党组书记　戴淑金

局(馆)长　唐鹏程

副局(馆)长　周晓茹(女)　王生才

毕节市公共资源交易中心

党组书记　司　晋

主　任　程　静(女)

副主任　高　锐　蒋　志*

毕节市人民政府驻外办事处

北京联络处

主　任　吕　飞

副主任　丁　荣

广州办事处

主　任　罗光前

副主任　袁　静*　孔凡文

重庆办事处

主　任　赵国红

深圳办事处

副主任　张明发

上海联络处

主　任　黄采军

贵阳办事处

主　任　谭齐贤

副主任　张道富

苏州办事处

主　任　张建军

军队武警部队

中国人民解放军毕节军分区

党委副书记、司令员　邓仲林

党委书记、政委　张　平

党委常委、纪委书记、副司令　王犁田*

叶良兵

党委常委、战备建设处处长　邓小瑾*　刘　锐

党委常委、纪委副书记、政治工作处主任

王华国

党委委员、保障处处长　杨建军*　商　坤

党委委员、动员处处长　杨建军

中国人民武装警察部队毕节市支队

党委书记、政委　洪顺志*　黄　夷

党委副书记、支队长　杨　旭

党委常委、副政委　杨伟华*　叶　斌

党委常委、副支队长　王秀峰*　陈劲松

汪祖超

党委常委、参谋长　周彰荣*　廖　君

党委常委、政治工作处主任　叶　斌*　刘国武

党委常委、保障处处长　周　林*　何柏江

毕节市公安消防支队

党委书记、政委　彭　权

党委副书记、支队长　孟吴恒

党委常委、副政委　黄必开*　尹显清*

党委常委、副支队长　李开华*陈　跃*

周正华

党委常委、司令部参谋长　周正华*　石明雄

党委常委、政治处主任　尹显清*曹慧剑

党委常委、后勤处处长　张　箭

党委常委、防火监督处处长　陈源源

毕节市人民检察院

检察长　石子友

常务副检察长　黄　伟*
副检察长　王荣波　廖显东　陈恩志
纪检组组长　卢建新*
政治部主任　郭正元
机关党委书记　王　燕(女)
职务犯罪预防局局长　张　萍(女)
检察委员会专职委员　王义平
案件管理办公室主任　谢家英(女)

毕节市中级人民法院

院　长　任明星
常务副院长　吴建忠
副院长　肖国勇　陆　川　张百灵
政治部主任　江友福
机关党委书记　罗丽群(女)
纪检组组长　汤应洪*
执行工作局局长　谌珊珊
审判委员会专职委员　张远忠

民主党派

民革毕节市工作委员会

主　委　肖远福
专职副主委　张贤芬(女)
副主委　郭正权　李　军

民盟毕节市委员会

主　委　刘祖荣
专职副主委　谢　霓(女)
副主委　武　卉(女)　陈业强　周建华

民建毕节市工作委员会

主　委　秦天志
专职副主委　罗同昱
副主委　丹　彤　唐玉萍(女)

民进毕节市工作委员会

主　委　罗庆军
专职副主委　莫艳雄
副主委　张　超　杨　兵

农工党毕节市委员会

主　委　辜康乐
副主委　李舒波　庞小林　徐全华　刘发志

致公党毕节市工作委员会

主　委　安　南
副主委　王　力　吴　灵

九三学社毕节市委员会

主　委　周正军
副主委　程　静(女)　王　峰　宋　毅　张景兴

群团部门

毕节市总工会

主　席　王炳荣(兼)
党组书记　陈明江
副主席　钱　旭　彭　菊(女)

共青团毕节市委员会

书　记　饶　萍(女)
副书记　黄　健*　彭　婷(女)　马永江

毕节市青年联合会

主　席　黄　健*　彭　婷(女)

毕节市妇女联合会

主　席　徐书云(女)
副主席　黄文碧(女)　张　敏(女)

毕节市科学技术协会

主　席　谢平贵
副主席　周云祥*　罗　丽(女)　陈　岚(女)

毕节市工商联(商会)

党组书记、副主席(副会长)　何植林*
主　席(会长)　陈广臣*
副主席(副会长)　付漫江(女)　马永义

毕节市社会科学界联合会

主　席　曾加伦

副主席　黄华玉(女)

毕节市文学艺术界联合会

主　席　刘群峰

副主席　杨春明　郭　波

毕节市残疾人联合会

理事长　张永达*　张　春

副理事长　王思华张　霞(女)

毕节市归国华侨联合会

主　席　张　友

学　校

贵州工程应用技术学院

党委书记　陈永祥*　令狐荣锋

党委副书记、院长　李奇勇*　王建平

党委副书记　汤宇华

纪委书记　索绍新

副院长　杨保华*　甑在溪　向贤礼　卢凤鹏*
　　　　李　琳　池　涌*

毕节职业技术学院(毕节市农业学校)

党委书记　王洪全*龙泽玉

党委副书记、院长　龙泽玉*　池　涌

党委副书记　钟　声

纪委书记　安永红(女)

副院长　蒋　进*　杨　慧　傅于川　高守军

组织（人事）部长（处长）　张治国

毕节医学高等专科学校(毕节市卫生学校)

党委书记　颜　勇

党委副书记、校长　杨永学

党委副书记　肖朝荣

纪委书记　黄莉军(女)

副校长　杜刚平*　黎　梅(女)　王景舟

组织(人事)部长(处长)　徐贵祥

毕节幼儿师范高等专科

党委书记　石承钧

校　长卢凤鹏

党委副书记　杨　帆

纪委书记　何　勇

副校长　赵昌伦陈忠勇　黄　瑛(女)

毕节市工业学校(市农业机械学校、毕节市水利电力工程学校、市水利电力技工学校)

党委书记、校长　胡忠健

副校长　付善华　朱厚渊　漆顺刚

毕节市信息工程学校(毕节市财贸学校、毕节市财政经济干部学校)

党委书记、校长　丁诗勇

纪委书记　杜培伦

副校长　张　鹏　李安毕*　叶宇赤

毕节市广播电视大学

党委书记、校长　张安瑾

副校长　王小兵　张纯朴

毕节市第一中学

党委书记　覃珍贵

校　长　屈小锋(女)

纪委书记　彭　艳(女)

副校长　黄　河　张用周　谢　军

毕节市民族中学

党委书记　马友省*　邱国援

校　长　邱国援

纪委书记　邓　梅(女)

副校长　王　祥　黄　瑛*(女)　丁　宇
　　　　金　莉(女)

毕节市实验高级中学(毕节市师范学校)

党委书记　吴浩亮

校　长　赵英才

纪委书记　陶祥湘

副校长　高庆平田贞明　王友云

毕节第二实验高中(黔西旅游学校)
校　长　林　琳

毕节第三实验高中(威宁草海艺术学校)
党委书记　肖良宪
校　长　范光留

毕节市特殊教育学校
校　长　罗　旭

医疗单位

毕节市第一人民医院
党委书记　常　琦*　陈文智
院　长　陈文智
纪委书记　许明军
副院长　刘仁才　武　卉(女)　徐全华
总会计师　陈　煦

毕节市紧急救援中心
主　任　徐全华

毕节市第二人民医院(毕节市红十字医院)
党支部书记　王继华(女)
院　长　王　刚

毕节市第三人民医院(市传染病医院)
院　长　龙　训

毕节市中医院
党委书记　吴国春(女)
院　长　陈德奉
纪委书记　黄玉龙
副院长　李　军　李珍武
总会计师　葛传俊

毕节市疾病预防控制中心
主　任　许文明
副主任　刘　宁　陈世清

毕节市卫生监督所(毕节市人口和计划生育综合行政执法支队)
所长(支队长)　周建礼
副所长(副支队长)　侯尚军　杨　康

毕节市妇幼保健计划生育服务中心(毕节市妇幼保健院、毕节市妇产医院、毕节市儿童医院)
党支部书记　张义丽(女)
院　长　卢　萍(女)

毕节市中心血站
党支部书记　杨　芊(女)
站　长　杨孝义

省管单位

毕节国家安全局
党委书记、局长　※※※
党委副书记、政委　※※※
副局长　※※※
政治部主任　※※※

毕节银监分局
党委书记、局长　李建国
副局长　喻德海　李志远
纪委书记　曾　斌*　祖　毅

中国人民银行毕节中心支行
党委书记、行长　李　刚
副　行　长　岳长春　吴维旭　段丽疆(女)
纪委书记　吴俊勇*　李　毅
工会主席　胡高文

工商银行毕节分行
党委书记、行长　李　文(女)*
党委副书记、副行长　徐志刚
党委委员、副行长　姚宏彪　刘亚松(女)
纪委书记、工委主任　李　斌

农业发展银行毕节分行
党委书记、行长　赵丕松*樊晓东
副行长　汪　晔*　李俊懿　冯廷芳*
　　聂媛洁(女)　蔡建军*　向东海*　赵

云霞(女)*

纪委书记、副行长　汪　晔*吴道庆

农业银行毕节分行

党委书记、行长　赵丕松*　蒋承业

副行长　蔡建平　向东海　姚　欣*(女)

赵云霞(女)

纪委书记　姚　欣(女)

资深客户经理　蔡　军

建设银行毕节分行

党委书记、行长　吴生祥

副行长　张迎春(女)　朱荣祥　张力川　吴　江

纪委书记　李　靖

中国银行毕节分行

党委书记、行长　成文丹*　罗　军

党委委员、副行长　邓昭平*　刘　燊

王若兰(女)

副行长　黄　楠(女)

党委委员、纪委书记　宋华云

贵州省农村信用联合社毕节办事处

党工委书记、主任　张金禄

副主任　彭　锟

纪工委书记　方　容*

中国邮政储蓄银行毕节市分行

党委书记、行长　龚教波

副行长　邓光东*　许　欣　童思强　张海明

党委委员、纪委书记　童思强

党委委员、行长助理　许　欣*

党委委员　陈思学

贵州银行毕节分行

党委书记　覃　伟*

党委副书记、副行长　周　炼

副行长　陈　谊　孟　伟　周　炼*陈明勇

贵阳银行毕节分行

党委书记、行长　顾　波*

党委副书记、副行长　黄　泳*　顾　波

纪委书记　韦　红*　黄　泳*

风险官　韦　红*陈剑挥

行长助理　吴　鑫*　肖　军

交通银行毕节分行

党委书记、行长　刘　顺

党委委员、副行长　黄　咏*　胡俊书*

严　艺*

党委委员、行长助理　严　艺*庄茂筑

杨　涵

毕节发展村镇银行

党支部书记、董事长　常　青*　王　旭

党支部副书记、行长　张鸿翔*　佘俊芬(女)

副行长　佘俊芬(女)*

中国人民财产保险毕节分公司

党委书记、总经理　张明忠

副总经理　杨经邦　李　丽(女)

总经理助理　李桂兵*　夏　炜　王　鑫

纪委书记　杨经邦

中国人寿毕节分公司

党委书记、总经理　杨代煜

党委委员、副总经理　杜　江　王志刚

党委委员、总经理助理　余　冈*

党委委员、纪委书记　周　红*　杜　江

党委委员　史洪全

太平洋人寿保险毕节中心支公司

党委书记、总经理　李　红

党委委员、副总经理　许　翔*　黄霞贵

太平洋财产保险毕节中心支公司

党委书记、总经理　尹　刚

副总经理　刘一鸣*　廖良伟*

总经理助理　徐　奎

工会主席　刘一鸣

毕节市国税局(至 2018.07)

党组书记、局长　杨　毅

副局长　谭景林　周　进(女)　李学智　吕　磊

纪检组组长　吴林昌*

总会计师　张　平

毕节市地税局(至 2018.07)

党组书记、局长　罗玉平

副局长　覃佳兴*　邹智国

纪检组组长　田　忠*

总经济师　邱　飞

机关党委书记　朱光华

总会计师　付启华

稽查局长　张　竹*

毕节市税务局(2018.07 新成立)

党委书记、局长　罗玉平

党委副书记、副局长　杨　毅

党委委员、副局长　谭景林　周　进(女)

李学智　吕　磊　邹智国

党委委员　朱光华

党委委员、总经济师　邱　飞

党委委员、总会计师　张　平

党委委员、纪检组组长　王　鹏

总会计师　付启华

毕节市国土资源局

党组书记、局长　王晓灵

党组成员、副局长　张坤忠*　王　毅　吕　华

纪检组组长　马昭伦*

党组成员、总工程师　丁竹茂

党组成员、地灾办主任　唐春鸣

总规划师　蒙军*　陈在明

党组成员、机关党委书记　邓　敏*(女)

蒙　军

国家统计局毕节调查队

党组书记、队长　杨　伟

副队长　王桂林　夏荣国

纪检组组长　陈劲松

毕节市公路管理局

党委书记　韦　波*

局　长　黄正华

副局长　杨青海　王瑞远　甘晓毅*

工会主席　陈元达

总工程师　周发恒

纪委书记　张　萍(女)

毕节市烟草专卖局(公司)

党委书记、局长、经理　陈文相

党委副书记、副局长、副经理　彭　宁

副局长　祝朝东　马本宁*

纪委书记　蒙朝先(女)

副经理　翟　欣　华　沙　张正林　杨双剑*

总会计师　张万林

中国移动通信集团毕节分公司

党委书记、总经理　王　毅*　李洪平

党委委员、副总经理　吴待志　余廷贵*

王　庆　邹　昕

纪委书记　邹　昕

中国电信毕节分公司

党委书记　丁曼佳

总经理　王林松

副总经理　黄小龙*　龙宪春(女)　孙　胜

张　祥

纪委书记　张　祥

工会主席　孙　胜

财务总监　龙宪春(女)

中国联合网络通信有限公司毕节分公司

党委书记、总经理　左雷鸣

副总经理　刘　宁*　章　力　吴　悦

杨咏萍(女)

纪委书记、纪检组组长　刘　宁

新华书店

党委书记、总经理　陈云章*

党委副书记、副经理　王伟强
副经理　董昌明

中石化毕节分公司
党委书记、经理　罗学祥
副经理　陆　永*　丁　松
副书记、纪委书记、工会主席　陆　永

毕节市邮政管理局
党组书记、局长　黄　蒙*　龙　华
纪检组组长、副局长　王冬梅(女)

中国邮政集团毕节分公司
党委书记、总经理　钟学俊
副总经理　邹　勇　黄　华

毕节市气象局
党组书记、局长　陈明林*王彦春
副局长　谢　明*　刘　佳
纪检组组长　王　琼　(女)

毕节供电局
党委书记、执行董事　李涟叶
党委副书记、局长　张金荣
副 局 长　王远鹏　许文强*邓　松　杨永谦
冉　武*　沈　毅
纪委书记　黄　健
总工程师　邓　松*
工会主席　王远鹏

贵州华电毕节热电有限公司
党委书记　杨革新*　左世伟
总经理　饶　宏*　杨　伟
副总经理　李煜涵　杨　强*　俞开红
纪委书记、工会主席　罗　崑*　叶永奎
总经理　饶　宏

贵州中烟工业有限责任公司(毕节卷烟厂)
党委书记、厂长　罗　军*
党委副书记、副厂长　赵科文　(全面主持工作)
副厂长　范从军　王　潇

纪委书记　刘　刚
工会主席　卢　镝

毕节监狱
党委书记、监狱长　罗元昌
党委副书记、政委　王兆义
副监狱长　沈承献　杨昌富　孙思发　肖良佳
张帮兴
政治处主任　黎德军
纪委书记　张雪雯(女)

贵州草海国家级自然保护区管理委员会(中共贵州草海国家级自然保护区工作委员会)党的工作委员会
党工委书记　肖发君(兼)
党工委副书记、主任　陈　波(兼)
党工委委员、常务副主任　冯兴忠
党工委委员、副主任　赵　毅　李　茂
党政办(政治部)主任　臧宁波
综合执法处(执法局)处长(局长)　丁开斌
环境监测处处长　刘　文
项目管理处处长　崔炳鸿

市属国有企业

贵州草海保护开发投资有限责任公司
党委副书记、董事长　郭　鹏
党委副书记、副董事长、总经理　苟　耿
纪委书记　袁龙盘
副总经理　陈朝昀　高　峰

毕节市水务投资(集团)有限责任公司
党委副书记、董事长　王　红
党委副书记、副董事长、总经理　唐圣胪
副总经理　杨　平
总工程师　周亚驰
监事会主席、工会主席　徐晓元
专职副书记　尹　伟(女)
纪委书记　郭家雄

毕节旅游开发(集团)有限公司

党委书记、董事长　孙思清

副董事长、总经理　罗　丰

专职副书记　王靖云

副总经理　黄小松

纪委书记　张星元

总规划师　胡传粳

毕节市工业能源投资建设有限公司

党委书记、董事长　吴参化

党委副书记、副董事长、总经理　曾　义

专职副书记　陈祖云

副董事长　李守跃

副总经理　张　勇

纪委书记　王　林

副总经理　向仕光

总经济师　范贤富

毕节市医疗投资有限责任公司

党委书记、董事长　朱大庚

副董事长、总经理　黄勇

专职副书记　陈跃进

纪委书记　封陆军

监事会主席　黄　能

总会计师　刘胜祥

毕节市商贸投资有限责任公司

党委书记、董事长　段彰厚

党委副书记、副董事长、总经理　蔡安刚

专职副书记　王长春

纪委书记　李　熹

毕节市建设投资有限公司

党委书记、董事长　张立华(兼)

党委副书记、副董事长、总经理　陈乔友

专职副书记　周礼卫

纪委书记　刘　涛

监事会主席　高安居

毕节市信泰投资(集团)有限公司

党委书记、董事长　张立华

党委副书记、总经理　胡文华

副董事长　汪晓芸(女)

专职副书记　王　羽(女)

副总经理　刘元刚

总会计师　刘　明(女)

纪委书记　何文林

监事会主席　胡晓涛

毕节协和典当有限责任公司

总经理　胡文化

毕节市泰达信用担保有限责任公司

董事长、总经理　汪晓芸(女)

毕节市交通运输有限责任公司

党委书记、总经理　穆　建

副总经理　罗成琪　陆春晖　程　强

毕节乌蒙演艺集团有限责任公司

董事长、总经理　安　黔*(女)

毕节飞雄机场有限责任公司

党委书记、董事长　吴晓君

副董事长、总经理　晏学义

党委副书记、副总经理　杨春华*

纪委书记　赵　艺(女)

毕节市交通建设集团有限责任公司

党委书记、董事长　杨小虎

党委副书记、副董事长、总经理　杨小虎*
王旭东

党委副书记　周　鹏

副总经理　蒋红全　陈业强　周大国

总工程师　杨　春

监事会主席　吴学相

纪委书记　李　宾

毕节市洪欣城市建设投资有限公司

董事长　张　华

毕节市泰信融资担保(集团)有限公司

董事长兼总经理　蒋才勇

专职副书记　陈祥峰

纪委书记　陈俊涛

毕节市农业投资发展有限责任公司

董事长　马友省

副董事长、总经理　黄　健

专职副书记　支从兵

纪委书记　吴学亮

县区党委、人大常委会、人民政府、政协、纪委、人民法院、人民检察院、公安局

毕节市七星关区

区　委

书　记　崔英魁

副书记　胡敬斌　郑建旭

常　委　严　琪　何万学　袁　媛(女)
王晓园*　敖　祥　易晓华　张　铭*
叶　荣　陈估猛　张万泽

区人大常委会

主　任　周　延

副主任　张　媛(女)　胡家敬　张　骅　肖世华
胡卫国　吕艺华

区人民政府

区　长　胡敬斌

副区长　严　琪　王大庆　刘　鑫*
李　萍(女)　陈　俊　肖玉明

区政协

主　席　葛传彦

副主席　王林中　燕金祥　江晓燕(女)　周遵林
熊　雄　邓　庆

区纪律检查委员会、区监察委员会

书记(主任)　易晓华

副书记(副主任)　刘　贵　王　驰

区人民法院院长　禄智华

区人民检察院检察长　刘　永

区公安局局长　何万学

区委党校常务副校长　熊　宁

七星关区天河风景名胜区管理处

党委书记　毛家兴

处　长　丁世远

七星关经济开发区党的工作委员会、管理委员会

书　记　崔英魁(兼)

副书记、主任　胡敬斌(兼)

专职副书记　张和国

副主任　李永红　米　良

大方县

县　委

书　记　张瀚时*　佘　龙

副书记　陈萍(女)　杨志成

常　委　曹代发　徐　萍*(女)　赵德文
黄海鸣　刘　海　章　育(女)
樊　博*　李天智　寇　炯　杨忠强

县人大常委会

主　任　陈祖军

副主任　刘丰俊　李义军　唐　婧(女)
万兴智(女)　穆　峰*　刘玉华

县人民政府

县　长　陈　萍(女)

副县长　曹代发　徐　萍*(女)　穆　峰
杨忠强*　黄洪江　周登印　何　逆
秦　勇

县政协

主　席　袁家艺

副主席　张　琳　陈亚林　杨章贤　姜　涛
陈　倩(女)　李启英(女)

县纪律检查委员会、监察委员会

书记(主任)　赵德文

副书记(副主任) 杨卓智 郑修敏(女)

县人民法院院长 张 敏

县人民检察院检察长 张大中

县公安局

局 长 何 祥

政 委 康 海

大方县慕俄格古城管理处

处 长 吴 亮

大方县油杉河风景区管理委员会

主 任 聂 跃

大方经济开发区党的工作委员会、管理委员会

书 记 张瀚时*(兼) 佘 龙(兼)

副书记、主任 陈 萍(女,兼)

专职副书记 牛平志

副主任 居明旺 龙盛学

黔西县

县 委

书 记 卢 林

副书记 杨汉华 胡书龙

常 委 管庆良 李学军 敖 祥* 樊章宣 罗智琼*(女) 李 旭 向 阳 蒋景毅 孔令文 张 铭

县人大常委会

主 任 邬 江

副主任 殷从隆 赵维举 杨开祥 敖西洛 杨 曦 林 琴(女)

县人民政府

县 长 杨汉华

副县长 管庆良 赵 璞 曾 科 曾 红 刘丹丹(女) 朱绍顺

县政协

主 席 刘麦青*(女) 罗智琼(女)

副主席 卓永发 焦 静(女) 汪伦碧(女) 罗 成

县纪律检查委员会、县监察委员会

书记(主任) 樊章宣

副书记(副主任) 李 宾* 周文渊

县人民法院院长 薛卫东

县人民检察院检察长 卓英武

县公安局

局 长 李 旭

政 委 李 松

县委党校常务副校长 杨智平

黔西经济开发区党的工作委员会、管理委员会

书 记 卢 林(兼)

主 任 杨汉华(兼)

专职副书记 宋文胜*

副主任 何大伦 汤 进

金沙县

县 委

书 记 谢培午

副书记 李 涛 马祥宏*

常 委 熊遴箐* 吴学静 杨家凯 陈 勇 刘汉文 余本涛 陈 超 赵福美(女) 蒋显虹

县人大常委会

主 任 蒙 敏(女)

副主任 陶明森 曾庆军 赵宝庆 任仕宇 罗守先(女) 李超军

县人民政府

县 长 李 涛

副县长 吴学静 罗培林 赵福美*(女) 周益军 周劲松 詹世顺 王正益

县政协

主 席 魏其凯

副主席 李文俊 吴 炜 王治明 吴玉艳(女) 李开伟

县纪律检查委员会、县监察委员会
书记(主任)　熊遴箐*　杨家凯
副书记(副主任)　何文林*　陈　肖
副书记　唐科阳*

县人民法院院长　张　涛
县人民检察院检察长　肖莉红(女)

县公安局
局　长　余本涛
政　委　陈光电

金沙三化同步统筹发展改革试点办公室
主任　罗华明

金沙经济开发区党的工作委员会、管理委员会
书　记　谢培午(兼)
副书记、主任　李　涛(兼)
专职副书记　吴学静
副主任　王体端赵福海

织金县

县　委
书　记　杨　桦
副书记　潘发勇　徐开焱　王兴明(挂职)
常　委　陈　坤　朱宇翔　刘　美(女)　雷文军
何林峰　付　晓　袁　靓　李　义
郭　波*

县人大常委会
主　任　陈石光
副主任　任志艳(女)　陈忠远　武　信　刘玉芳
杨治国*　吴　超　付正祥

县人民政府
县　长　潘发勇
副县长　朱宇翔　冯　浩*　张光品　陈致靖
袁明琴(女)　胡明武王　刚

县政协
主　席　袁家艺*　刘麦青(女)
副主席　兰　薇(女)　何世举　朱一川
黄智勇*　胡常艳(女)　陈昌海
李劲松

县纪律检查委员会、县监察委员会
书记(主任)　雷文军
副书记(副主任)　王佳焕　李　熹

县人民法院院长　李　斌
县人民检察院检察长　翟培友

县公安局
局　长　付　晓
政　委　祝光辉

县委党校常务副校长　杨大禹

贵州织金洞风景名胜区(贵州织金洞国家地质公园)管理局
党委书记　徐开焱
局　长　安太敏(女)
副局长　宋文胜　彭　雄*　黄开俊　张　筠
专职纪检书记　刘建元

织金县织金古城管理处
处长　陈正祥

织金经济开发区党的工作委员会、管理委员会
书　记　杨　桦(兼)
副书记、主任　潘发勇(兼)
副书记　王兴明
副主任　张青灿　陈　华

纳雍县

县　委
书　记　彭华昌
副书记　许晓鹏　何　旭
常　委　敖登雪　张兴华　陈　坤*　张忠奎
郭　宇(女)　马　锷*　张　勇
周　仁　高朝阳

县人大常委会
主　任　胡丰华

副主任 周训荣 王道森 杨兴华 杨 怡
张习渊 张 慧(女)

县人民政府

县 长 许晓鹏

副县长 敖登雪 郭太军 宋邦达 阮 琼(女)
鲍曙光 刘 朝

县政协

主 席 苏 毅

副主席 王海英(女) 王佳永 陈仕才 杨 毅
高朝阳* 张 伟 胡卫华

县纪律检查委员会、监察委员会

书记(主任) 马 锷*

副书记(副主任) 陈 燕 何玉洪

县人民法院院长 罗庆山

县人民检察院检察长 邓 斌

县公安局

局 长 周 仁

政 委 明泽磊

纳雍经济开发区党的工作委员会、管理委员会

书 记 彭华昌(兼)

副书记、主任 许晓鹏(兼)

专职副书记 杨世新* 陈 林

副主任 王玲琳 罗春燕(女)

威宁自治县

县 委

书 记 肖发君

副书记 陈 波 郑建旭* 王荣猛

常 委 禄 云 凌芳玉* 陈晋徽 曾 红
耿忠仁* 王方杰* 杨云娥(女)
马仲华 王仁东 曾贵勇

县人大常委会

主 任 刘青松(女)

副主任 吴丹玫(女) 周 乾 罗兴义 王义国
余崇忠 王 梅(女)

县人民政府

县 长 陈 波

副县长 禄 云 杨华忠 朱云川 马丽飞(女)
杜远仙 潘卫东

县政协

主 席 禄 俊

副主席 金丽华(女) 马鸿恩 陈兴志 李正超
徐 勇 许如龙 王才军

县纪律检查委员会、县监察委员会

书记(主任) 耿忠仁* 曾贵勇

副书记(副主任) 詹朝勇

县人民法院院长 马 跃

县人民检察院检察长 王光强* 安 聪

县公安局

局 长 凌芳玉* 陈晋徽

政 委 禄再辉

威宁经济开发区党的工作委员会、管理委员会

书 记 肖发君(兼)

副书记、主任 陈 波(兼)

副书记 禄 云(主持党工委日常工作)

副主任 杨志伟(主持管委会日常工作) 李 旭

威宁高原草地试验站

副站长 罗永宽

赫章县

县 委

书 记 刘建平

副书记 胡 海 刘 军

常 委 朱大庚* 刘 庆 张红星
安 玲(女) 于 刚 杨洪武
祝长远* 熊 伟 于吉科

县人大常委会

主 任 禄炳军

副主任 李廷贵 孙 霞(女) 管庆国 赵 春
朱祖云 张清维

县人民政府

县　长　胡　海

副县长　朱大庚* 　刘　庆　马武军　张世文　唐　瑜(女)　杨昌举　徐　磊

县政协

主　席　李兴华

副主席　王郁春　张　政　王润丽(女)　刘宗祥　陶继鸿　张丽君(女)

县纪律检查委员会、县监察委员会

书记(主任)　祝长远*

副书记(副主任)　袁龙盘*　李保军

县人民法院院长　卯向方

县人民检察院检察长　彭祥安

县公安局

局　长　杨洪武

政　委　黄　永*　韦晓松

赫章县妈姑矿区社区服务管理局

书　记　王治坤

局　长　周安涛

赫章县产业园区党的工作委员会、管理委员会

书　记　周志刚

主　任　徐　磊*

赫章县阿西里西风景名胜区管理处

处　长　罗　刚

贵州百里杜鹃管理区
(百里杜鹃国家级森林公园、百里杜鹃自然保护区)

党工委

书　记　李　涌

副书记　张　东

委　员　李孝荣　徐书云*(女)　陈敬书　禄　斌　赵　勇　林　江　沈其敏　滕明波　张　俊　黄晓黎(女)

管委会

主　任　张　东

副主任　禄　斌　程朝文*　杨　超　罗冠宇　聂忠兴

人大工委

主　任　李孝荣

副主任　李忠琼(女)　陈　红*(女)

政协工委

主　任　陈敬书

副主任　陈　红

纪工委

书　记　沈其敏

副书记　张　翼、樊顺雄

区公安局

政　委　郑　毅*

毕节金海湖新区(毕节经济开发区)
党的工作委员会、管理委员会

党工委

书　记　赵　伟

副书记　喻祖常*　马祥宏　彭玉祥

委　员　孔令文*　卢文蔚　袁中传　谢品邦

管委会

主　任　喻祖常*　马祥宏

常务副主任　孔令文*

副主任　谢品邦*　成　虎　程朝文　吴文茂　李学海　曾　艳(女)

总工程师　张修德

市公安局毕节金海湖(毕节经济开发区)分局

政　委　黄晓咏*(女)

注：此干部名录为干部任职经历记载，不作任何排序依据。

中国共产党毕节市委员会

市委办

【概述】 2018年，中共毕节市委以习近平新时代中国特色社会主义思想为指引，深入学习宣传贯彻党的十九大，十九届二中、三中全会精神和习近平总书记对贵州对毕节重要指示批示精神，全面贯彻落实省第十二次党代会、省委十二届历次全会精神，聚焦“113攻坚战”总体部署，团结带领全市各族干部群众，不忘初心，牢记嘱托，感恩奋进，苦干实干，全市呈现出脱贫攻坚纵深推进、质量效益不断提升、社会大局更加稳定、人民生活日益改善、干部群众豪情满怀、干事创业氛围浓厚的良好局面，向着第一个百年奋斗目标迈进了更加坚实的一步。全年完成地区生产总值1921.43亿元，增长10.2%；城乡常住居民人均可支配收入分别达29888元和9354元，分别增长9.4%、10.4%；一般公共预算收入130.1亿元，增长5.06%；500万元以上固定资产投资增长12%；规上工业增加值增长10.3%；社会消费品零售总额增长8.5%。在全省综合排名中跃升至第5位，是近6年来最好的一年。

【深入学习贯彻习近平新时代中国特色社会主义思想】 始终把学习贯彻习近平新时代中国特色社会主义思想和党的十九大精神作为首要政治任务，全方位、多层次、高频率专题学习，持续在学懂弄通做实上下功夫。市委常委和市级领导以上率下，带头深入基层开展宣讲，依托新时代农民（市民）讲习所，组建5300余个宣讲团（组），开展集中宣讲4.1万余场，参加集中宣讲的干部群众达127.4万人次，营造了学习宣传贯彻党的十九大精神的浓厚氛围。深入开展“万名干部大讲习、十九大精神进万家”和“党的声音进万家·总书记话儿记心上”等主题活动，教育引导广大党员干部坚决维护习近平总书记核心地位，坚决维护党中央权威和集中统一领导，切实增强了全市党员干部贯彻党的十九大精神的政治自觉、思想自觉和行动自觉。中央和省委召开的重要会议、作出的重要决策，市委都第一时间组织传达学习贯彻，先后召开40余次市委常委会会议、5次理论中心组集中学习研讨会和全市领导干部大会等，学习贯彻习近平新时代中国特色社会主义思想最新内容，确保全市各项事业始终沿着正确方向前进。举办“全市市管干部学习贯彻习近平新时代中国特色社会主义思想研讨班”，对全市在职县处级干部和乡镇党政正职进行集中培训。通过学习贯彻，全市各级领导干部不断增强“四个意识”、坚定“四个自信”、坚决做到“两个维护”，有力推动了中央和省委各项决策部署在毕节落地生根、开花结果。

【深学笃用习近平总书记对毕节试验区工作重要指示精神】 2018年7月18日，习近平总书记对毕节试验区工作再次作出重要指示，强调“确保按时打赢脱贫攻坚战、努力建设贯彻新发展理念示范区”。市委坚持把学习宣传贯彻落实习近平总书记对毕节试验区重要指示批示精神作为前进动力，对总书记重要指示批示精神进行全面学习贯彻。出台《毕节市尽锐出战务求精准确保按时打赢脱贫攻坚战实施方案》，对学习贯彻落实重要指示精神进行系统部署。扎实开展“打赢攻坚战、建设示范区，毕节怎么干”大讨论活动，开展贯彻落实习近平总书记对贵州对毕节重要指示批示精神情况“回头看”监督检查，在全市广泛营造了“牢记嘱托、感恩奋进”的良好氛围。深入贯彻落实省委、省政府支持试验区按时打赢脱贫攻坚战、建设贯彻新发展理念示范区推进大会精神，用好省委、省政府46条支持政策的重大机遇，主动作为抓好落实，不断夯实打赢攻坚战、建设示范区的基础。

【精准脱贫攻坚战】 深入开展“春风行动”“夏秋攻势”“冬季充电”等战役，全年实现了36.89万贫困人口脱贫，黔西县脱贫摘帽顺利通过国家考核验收，荣获“2018年全国脱贫攻坚组织创新奖”。国务院扶贫办先后组织两批非洲国家代表到毕节市考察学习脱贫攻坚工作。“四场硬仗”有力推进。建成农村“组组通”公路1.35万公里，实现7303个村民组通硬化路目标，占计划覆盖村民组总数的77.6%；全面启动106.74万人饮水安全项目，基本实现贫困人口饮水安全全覆盖；19.5万易地扶贫搬迁群众全部入住并实现有劳动能力家庭“一户一人就业”；教育扶贫有效落实，基本医疗保险实现贫困人口参保全覆盖；完成农村“危改”“三改”5.9万户、老旧房整治1.2万户。深度贫困逐步缓解。成立20个脱贫攻坚定点帮扶指挥部，分别由市级领导定点帮扶20个省市极贫乡镇，投入中央和省级财政扶贫资金5.09亿元、省级脱贫攻坚子基金24.91亿元、首批浦发基金17.2亿元、世行贷款项目资金2.24亿元，着力补齐短板，推动3个深度贫困县减少贫困人口15.24万人。攻坚力量加快汇聚。开展脱贫攻坚文艺讲习示范活动和脱贫攻坚先进典型巡回宣讲活动，培训干部群众476万人次。从市、县直部门遴选152名优秀干部到极贫乡镇和深度贫困村所在乡镇挂任党政副职，从县区选派159名优秀干部充实到乡镇班子，选派2004名村第一书记、8309名驻村干部，组建2044个驻村工作组开展帮扶。深化东西部扶贫协作，广州市帮扶资金提高到每年2.9亿元，深圳市继续帮扶毕节市。专项治理扎实有效。深入开展脱贫攻坚“五个专项治理”，创新开展“六查”工作，发现扶贫民生领域腐败和作风问题4567个，立案1996件，处分2060人，移送司法机关27人。全面整改完成国家反馈的17个问题、省反馈的119个问题。

【农村产业革命】 深入践行“五步工作法”，深入实施“一县一业”工程，围绕农村产业革命“八要素”成立8个工作专班，推动农业结构调整，共调减传统玉米种植183万亩，突出发展早熟马铃薯、蔬菜、中药材、茶叶、刺梨、皂角等特色优势产业，推进农业规模化、特色化、商品化发展，覆盖贫困人口65.7万人。抓实产销对接，大力推进电商扶贫，全面推广“三变”改革，构建了毕节绿色农产品生产营销流通联盟组织体系。引进全国团餐行业巨头千喜鹤集团助推“毕货出山”，对内抓农校、农医、农企对接，对外不断扩大毕节农产品在广州、深圳等地的市场份额，产销对接工作实现新突破。

【工业经济发展】 深入实施“千企改造”，突出传统产业“巩固提升”，大力推进煤、电、烟、酒等传统产业转型升级。大力发展新型煤化工产业，《毕节试验区国家新型能源化工基地规划》获国家能源局批复，“气化毕节”和电网建设加快推进。突出新兴产业“做大做强”，“五大新兴产业”实现产值240亿元。产业园区发展加快，实现工业增加值260亿元。认真落实支持民营经济发展的政策措施，民营经济经营主体达38.18万户、增长30.94%，完成增加值1286亿元，占GDP比重59%。

【第三产业发展】 着力构建以大旅游为支柱的现代服务业格局，成功召开第十一届毕节旅游产业发展大会，百里杜鹃管理区成功入选第四批全国旅游标准化试点，大方县奢香古镇成功创建AAAA级景区，黔西县中果河景区通过AAAA级评审，新增AAA级景区17家，新增酒店和客栈814家、床位15775个。旅游接待人数突破1亿人次，实现旅游综合收入833亿元，两项指标同比增长均超30%以上。11个物流项目加快建设。消费市场持续活跃，市场主体户数位列全省第三。入围国家级电子商务进农村综合示范整体推进市名单。成功引进光大银行设立分行，赫章农信社改制为农村商业银行。

【项目建设】 全年新开工亿元项目160个、总投资837.89亿元，776个省市重大项目完成年度投资目标的101.8%。成贵铁路、叙毕铁路、飞雄机场二期改扩建工程等重大基础设施建设项目加快推进。高速公路新增通车里程222公里，镇雄至赫章、赫章至六盘水、威宁至围仗3条在建高速公路项目加快推进。新开工建设10座骨干水源工程，完工7座中小型水库，夹岩水利枢纽等36座大中小型水源工程建设有序推进。黔希煤化工年产30万吨煤制乙二醇等130个项目建成投产。织金煤制烯烃项目获得核准并完成地质详勘。纳雍煤制清洁燃料项目煤炭资源保障规划获省发改委批复。威赫电厂项目申报取得突破性进展。

【城乡建设】 坚持将“五城同创”作为统筹城乡建设的重要载体，扎实开展市政建设提质、交通综合整治、绿色城市攻坚、环境卫生整治、满意度提升“五项行动”，城市发展的高度、服务的厚度、文化的温度、平台的广度、产业的兴度和统筹的力度进一步提升，常住人口城镇化率提升到42.5%。实施城市建设项目296个，改造棚户区4.69万户，新增城镇建成区面积17平方公里。“19456工程”完成投资84.5亿元，120个特色小城镇建设完成投资141.65亿元，七星关—金海湖—大方同城化进程加快推进。毕节市获第六届全国文明城市提名资格，大方、织金、黔西、金沙、威宁获“国家卫生县城”称号，金沙获“全国双拥模范城（县）”命名。启动乡村振兴战略规划编制，建成一批“四在农家·美丽乡村”田园综合体，织金营上古寨和大方黄泥塘镇背座村、雨冲乡油杉河村入选全国第五批传统村落名单。深入推进农村卫生专项整治，农村庭院、厕所、圈舍和村庄卫生取得新成效。

【污染防治攻坚战】 牢固树立“绿水青山就是金山银山”的发展理念，坚决打好污染防治攻坚战，大力推进美丽毕节建设，全市生态环境持续改善。坚决抓好中央环保督察问题整改，多次召开市委常委会会议、专题会议对整改工作进行部署，强化督促调度，扎实推进整改，中央环保督察反馈问题和交办信访件全部办结销号。扎实抓好中央环保督察“回头看”交办的环保信访件办理，着力抓好省委环保督察反馈问题的后续整改工作，一批突出环境问题得到有效解决。草海治理成为全省先进典型。构建“1+1+3+N”污染防治攻坚体系，实施大气污染防治精细化管理，开展水污染防治攻坚行动，推进重金属污染治理、农业面源污染防治和固体废物污染治理。加强环保基础设施建设，完成15个城镇污水处理厂提标改造，建成180个污水处理项目。垃圾发电项目加快推进，县级集中式饮用水水源地水质达标率为100%，提前两年实现垃圾收运和医疗废物处置全覆盖。持续推进“绿色毕节”行动，筑牢“两江”上游生态屏障。完成造林绿化128.79万亩，石漠化、水土流失、岩溶等治理深入推进，森林覆盖率预计达到56.13%。着力推进创建国家园林城市工作，建成城市园林绿化项目8个，《毕节市国家森林城市建设总体规划》通过国家级评审。大力培育绿色经济，全市林业产值达331亿元。突出资源保护，森林保护“六个严禁”执法专项行动扎实推进。

【防范化解重大风险攻坚战】 始终把防范化解重大风险贯穿到各项工作的全过程，着力提高各级干部防范化解风险能力，切实打好防范抵御风险的防御战和主动战，稳定和谐大局持续巩固。以民生保障、城市建设、公共安全、安全生产、地质灾害、经济金融、工作作风、媒体舆论等八大重点领域为主攻目标，出台了打好防范化解重大风险攻坚战的实施意见和8个子方案，组建8个风险防范化解工作组，实行“一风险一预案”，组织召开全市打好防范化解重大风险攻坚战推进会进行部署，做到了排查零死角，风险点全覆盖。开展招商引资项目“大排查、大整改、大促进”专项行动，各领域风险更加可控。风险管控更加有效，地方政府性债务风险、金融领域风险基本可控，金融机构不良贷款率1.76%，较年初下降0.5个百分点。深入开展安全生产隐患大排查大整治，实现“双降”目标，降幅全省最大，安全生产保持良好态势。突发非洲猪瘟疫情得到有效防控。社会风险防控能力持续提升。

【“法治毕节”创建】 “法治毕节”创建持续推进，注重发挥法治的引领推动作用，带头做到依法、科学、民主决策。支持和保障司法体制改革有序推进，确保法院、检察院依法独立行使职权。深入实施法治毕节“六大工程”，持续开展“五项行动”，扎实推进扫黑除恶专项斗争，全市刑事发案率下降19.31个百分点，“两抢一盗”发案率下降19.38个百分点。依法分类处理信访诉求，扎实抓好矛盾纠纷排查化解，及时回应群众关切，群众安全感和满意度进一步提升。

【改革开放与招商引资】 坚持“三个不能变”原则和“三个有利于”改革导向，统筹推进各领域各方面改革。市委深改组召开11次会议，谋划24个方面82项改革事项，防范化解重大风险、学习借鉴“塘约经验”、养老服务业改革发展、创新监督执纪运行机制等一批具有毕节特色的改革专题扎实推进。七星关“作风扫码”、金沙“廉洁文书”、纳雍民主监督等创新事项深得民心。生态文明、民主法治、党的建设等制度体系不断完善。七星关创新引领土地节约集约利用的做法获国务院办公厅通报表扬。把实施创新驱动发展战略作为推动经济高质量发展的前提，分别创建国家级、省级新型工业化示范基地1个和5个，创建省“511”产业示范园区1个。全市完成专利申请1141件，高新技术企业增至19家，新增科技型企业572家。建成省级工程技术研究中心3家、众创空间1个、科技企业孵化器1个。不断加快全域开放步伐，成功举办2018年中国赤水河流域生态保护治理发展协作推进会、乌蒙山片区脱贫攻坚部际联席会和第二届毕节试验区·乌蒙山农特产品交易会，与毗邻的云南、四川合作交流纵深推进。成功入围国家级电子商务进农村综合示范整体推进市（州），成功入选全国供应链创新与应用试点城市。统一战线、东西部扶贫协作对口帮扶资源优势不断向毕节倾斜，毕节·广州产业园、毕节国际内陆港、保税物流中心等开放平台加快建设。深入开展“产业大招商突破年”“优化营商环境集中整治”行动，围绕29条产业链招商，引进产业项目848个、500强企业10家，招商引资到位资金增长18%。

【民生社会事业】　省、市民生工程累计完成投资526亿元。实施“全面改薄”等教育工程项目单体769个，所有县（区）义务教育基本均衡发展通过国家评估验收。扎实推进医疗卫生基础设施建设，市一医分院、二医、妇保院等项目加快推进。深化多形式医疗联合体建设，建成覆盖市县乡三级的远程医疗服务体系。成功创建省级食品安全示范城市。成功创建国家公共文化服务体系示范区。乡（镇、街道）综合文化站、村（社区）综合文化服务中心、农民体育健身工程实现全覆盖。开展低保提标核查、家庭经济状况信息比对、临时价格补贴、农村低保等专项治理，纳入农村低保63.34万人，实现应保尽保。落实特困人员救助供养政策，持续深入推进养老服务业改革发展，以留守儿童、困境儿童、空巢（失能）老人、残疾人等特殊困难群体为重点的长效保障体系不断完善，困难群体保障水平全面提高。实现城镇新增就业64698人，转移农村劳动力就业17.6万人，城镇登记失业率降至3.32%。大力实施就业扶贫行动，创新开发护洁、护路、护河等“十大员”就业扶贫专岗，招募贫困劳动力5.7万名，带动近17万人收入达标，该做法得到农业农村部的充分肯定，成为全国人社领域精准扶贫20个经典案例之一。

【党的政治建设】　把党的政治建设作为党的根本性建设，教育引导全体党员干部牢固树立“四个意识”、坚定“四个自信”、做到“两个维护”，坚定不移贯彻落实习近平新时代中国特色社会主义思想和习近平总书记对贵州对毕节重要指示批示精神，不折不扣贯彻落实中央、省委工作部署。严明政治纪律和政治规矩，坚决禁止“七个有之”，严肃查处违反政治纪律问题，坚决查处落实习近平总书记重要指示批示精神阳奉阴违、有令不行、有禁不止的行为，推动习近平总书记重要指示批示精神在毕节试验区落地落实，以实际成效践行对习近平总书记的衷心爱戴、对党的绝对忠诚。

【基层组织建设】　围绕提升“组织力”，探索出了“三回一派”“四个一体化”“五件套”“基层党组织+”等一系列运行模式，扎实推进基层组织建设与脱贫攻坚深度融合。优化基层党组织设置，建立村级党委24个、党总支859个，在村民组、产业链建立党支部3244个。深入推进农村党建“七大工程”，整顿提升后进村党组织399个，升级改造2266个村级组织活动阵地，村级集体经济积累总量达8.24亿元。机关、事业、国企、高校、中小学校、医院、易地扶贫搬迁安置点、非公企业、社会组织等领域党的建设扎实推进。

【干部人才队伍建设】　坚持好干部“20字”标准，突出对党忠诚、事业为上、基层一线“三个导向”，选优配强各级领导班子，选拔在脱贫攻坚、产业发展和重大项目建设等工作中实绩突出的优秀干部57人，选拔40周岁以下优秀年轻县处级干部25人，在脱贫攻坚一线选拔重用县处级干部30名，各级领导班子结构进一步优化，整体功能不断增强。从严强化领导干部监督管理，认真落实关怀激励、容错纠错机制和“五步工作法”干部培训“1+1计划”，激励广大干部担当作为。

【宣传思想文化】 自觉履行党管意识形态工作政治责任，牢牢掌握意识形态工作领导权、话语权、管理权和主导权。全面加强思想文化工作，紧紧围绕主题主线，做好宣传引导，壮大主流声音，新华社、《人民日报》、中央电视台等主流媒体纷纷聚焦毕节，深度报道毕节试验区30年沧桑巨变。选树一批脱贫攻坚先进典型群英谱，切实营造干事创业的良好氛围。严格落实意识形态工作责任制，加大意识形态主阵地建设管理力度，加强对意识形态重点领域、重大问题的分析研判和应急处置，深入推进意识形态领域巡视问题整改，处置网络舆情的能力水平持续提升。坚持增强人民群众文化获得感，不断增强文化自信，召开首次文化产业项目观摩会，谋划建设6个市级文化产业园，新规划建设9个县级文化产业园、11个文特小镇和8个文化产业孵化园，全市2018年文化及相关产业增加值占GDP比重为2.81%，排名全省第6位，增加值同比增长82.4%，增速排名全省第一。电影《文朝荣》正式在全国上映，在社会各界引起强烈反响。

【统一战线】 成功开展了毕节试验区建立30周年系列活动，统一战线帮扶毕节试验区工作座谈会在毕节召开，统一战线聚力试验区建设进入了全新阶段。深入贯彻落实统一战线参与毕节试验区建设座谈会精神，推动统一战线“对口帮扶立足定点县、优势资源面向试验区”，完成帮扶事项228个，协调投入资金1.1亿元，培训各类人才1.24万人次。持续推进“千企帮千村”，恒大、金元、盘江集团等企业帮扶工作全面推进，790家企业结对帮扶941个贫困村，529个深度贫困村实现企业帮扶全覆盖。深入持久开展民族团结进步宣传教育，加大民族特色村寨建设力度，深入开展民族团结进步繁荣发展示范创建工作，全力解决好民族地区贫困群众的脱贫问题，促进民族地区繁荣发展和长治久安。依法依规管理宗教事务，扎实推进中央、省委巡视和中央宗教工作督查反馈问题整改，宗教领域突出问题有效解决。

【民主政治建设】 充分发挥市委总揽全局、协调各方的作用，全力支持市人大依法履行监督职责，支持市政府依法行政，支持市政协参政议政。社科、文联、残联、科协、党史、对台、外事、老干部等工作有序推进。工会、共青团、妇联各项改革深入推进。党管武装工作和国防后备力量建设取得新进展，军民融合发展不断深入。团结协作、万众一心攻坚的良好局面持续巩固。

【正风肃纪反腐】 建立完善主体明晰、有机协同、层层传导工作机制，推动全面从严治党责任层层落实。做好巡视整改“后半篇文章”，全面推进中央第四巡视组、省委第五巡视组反馈问题整改工作。强化作风建设，扎实开展大兴调查研究之风、大兴真抓实干之风、大兴勤俭节约之风“三个大兴”活动，坚定不移纠“四风”树新风，严肃查处违反中央“八项规定”精神问题，坚决整治形式主义、官僚主义突出问题。一起推进不敢腐、不能腐、不想腐的良好氛围，全年立案2908件，结案2611件，党政纪处分3109人。

深化纪检监察体制改革，高质量完成市县两级监委选举任命、编制人员划转、内设机构设置等工作。政治巡察工作稳步推进，紧盯扶贫领域、扫黑除恶等精准监督，完成56个党组织巡察，实现极贫乡镇巡察全覆盖。

（撰稿：罗昌隆　闫泽意）

组织工作

【概述】 2018年以来，在市委的坚强领导和省委组织部的精心指导下，全市组织系统坚持以习近平新时代中国特色社会主义思想为指导，深入学习贯彻党的十九大精神和习近平总书记在贵州省代表团重要讲话精神及对毕节试验区的重要指示批示精神，学习贯彻省委十二届三次全会、市委二届三次全会精神，按照全国、全省、全市组织工作会议的安排部署，主动适应新时代、践行新使命，以“大党建”为统领，扎实抓好干部队伍、基层党建、人才工作等各项任务落细落实。探索采取“三回一派”措施建强村级攻坚队伍、“四个一体化”发展壮大村级集体经济、落实“五件套”加强党支部标准化建设、推行“五项制度”强化驻村工作管理、推行“基层党组织+”模式提升基层党组织的组织力、建设毕节“智慧组工·干部云”平台等工作得到有关领导认可和《中国组织人事报》、人民网等省级以上媒体宣传推介，为全市打赢攻坚战、建设示范区提供了坚强组织保证。

【围绕“两个维护”，坚定不移用习近平新时代中国特色社会主义思想和中共十九大精神武装头脑】 始终把学习贯彻习近平新时代中国特色社会主义思想作为最重要的政治任务，把教育引导广大党员干部坚决维护习近平同志的核心党中央权威和集中统一领导作为最大的政治责任，坚决落实思想建党要求。一是坚持政治首位，维护核心的政治定力进一步增强。深入开展“万名干部大讲习、十九大精神进万家”主题活动，组织各级党员干部、村第一书记、驻村干部、农民讲师，利用“百姓龙门阵”“院坝会”“板凳会”等形式，深入宣讲党的十九大精神、习近平新时代中国特色社会主义思想，广大党员干部“两个维护”的政治定力进一步增强。二是坚持思想建党，思想理论武装进一步得到强化。举办“全市市管干部学习贯彻习近平新时代中国特色社会主义思想研讨班”和“学习贯彻习近平总书记对毕节试验区工作重要指示精神研讨班”，示范带动各地各单位按照干部管理权限集中培训村（社区）党组织书记6038人次、其他领域党组织书记13515人次，培训农村党员28万余人次，实现了所有党员、干部学习培训全覆盖。三是坚持从严治党，党内政治生活进一步严肃规范。持续推进“两学一做”学习教育常态化制度化，以“主题党日”活动为载体，推动落实“三会一课”、组织生活会和民主评议党员等基本制度。今年以来，全市共开展“主题党日”活动11.3万次，1441个党总支和1.2万余个党支部召开了组织生活会，20多万名党员参加了党员民主评议工作。

【围绕“好干部”标准，着力建设忠诚干净担当的高素质干部队伍】 建立健全素质培养、知事识人、选拔任用、从严管理、正向激励的干部工作体系，不断提高选人用人质量。一是突出“三个导向”选优配强各级领导班子。认真贯彻落实总书记关于“好干部”20字方针，突出三个导向，着力选优配强各级领导班子。突出对党忠诚的导向。坚持政治首位，提拔重用牢固树立“四个意识”，坚定“四个自信”、坚决维护以习近平同志为核心的党中央权威和集中统一领导、全面贯彻执行党的理论和路线方针政策、忠诚干净担当的干部。突出事业为上的导向。把重实干重实绩的用人导向鲜明树起来，让想干事、能干事、干成事的干部受到提拔和重用。2018年以来，提拔57名在脱贫攻坚、产业发展和重大项目建设等工作中实绩突出的优秀干部。选拔40周岁以下优秀年轻县处级干部21人，其中35周岁以下7人。突出基层一线的导向。坚持把脱贫攻坚一线作为培养选拔干部的主渠道，牢固树立在脱贫攻坚一线考察识别和选拔任用干部的鲜明导向，引导和激励广大干部在脱贫攻坚中担当作为。2018年在脱贫攻坚一线选拔重用各类干部266名。二是聚焦“三个从严”强化领导干部监督管理。从严审核，筑牢选任防线。严格审核拟提拔任用人选个人有关事项报告及廉洁自律等情况，共抽查核实领导干部个人有关事项报告297人，对存在漏报行为或瞒报行为的31人进行谈话提醒，19人进行诫勉处理，4人移交市纪委、市监委处理。从严监督，筑牢廉洁防线。实行纪委监委、组织、信访、公检法、审计等监督部门信息“联网”，对204名领导干部进行谈话提醒，其中县处级25名；对10名领导干部进行函询，其中县处级3名。从严查处，筑牢惩治防线。全年受理信访举报64件，全部及时进行办理。建设毕节“智慧组工·干部云”，录入全市14590名副科级以上干部信息，导入8000余名干部档案信息，得到《中国组织人事报》头条刊发并重点推介。三是落实“三项机制”激励广大干部担当作为。落实关怀激励机制。深入贯彻落实市委出台的关怀激励脱贫攻坚一线干部“十条措施”，66名优秀村干部享受乡镇副科级干部经济待遇；提拔重用163名乡镇干部、103名村第一书记和驻村干部；面向在脱贫攻坚中表现优秀、扶贫成效明显的村干部、大学生村干部、村第一书记和驻村干部招录乡镇公务员123人。落实容错纠错机制。坚持以“三个区分开来”，对干部的失误错误进行综合分析，对敢于担当、履职尽责但出现失误错误的12名党员干部进行了容错纠错，给予纠错诫勉1人，诫勉谈话3人，党内警告8人。落实差别化考核机制。将10个县（区）分为三个类别，85个市直单位分为六个类别差别化考核。2018年，对11名开展工作滞后的县级干部和12名科级干部进行了预警，推动干部新时代实现新担当新作为。四是运用“三个渠道”精准补齐能力素质短板。以学习习近平总书记有关扶贫思想和抓好脱贫攻坚培训为重点，以培养干部队伍专业能力为目标，以实施落实“五步工作法”干部培训“1+1”计划为载体，精准补齐干部能力素质短板。运用新时代学习大讲堂开展脱贫攻坚培训。培训干部44万余人次，其中县处级干部40925人次，乡科级干部16万余人次，其他干部24万余人次。运用对口帮扶渠道开展专题培训。借助广州对口帮扶项目的实施，先后在广东外语外贸大学、广东财经大学等高校举办全域旅游、乡村振兴等专题培训班9期，培训干部468人。运用大数据思维和手段开展干部教育培训。组织开发“毕节新时代微讲堂”微信小程序，将学习视频、学习资料、政策文件等上传供广大干部特别是基层一线干部进行学习。

【围绕“组织力提升”，扎实推进基层组织建设与脱贫攻坚深度融合】 围绕打赢脱贫攻坚战和实施乡村振兴战略，突出政治功能，大力提升组织力，充分发挥基层党组织在带领群众脱贫致富、乡村振兴中的战斗堡垒作用。一是持续优化农村基层党组织设置。在村民组、自然村寨、专业合作社、产业链上建立党支部3244个，划分党小组9526个的基础上，采取党的组织和工作、帮扶力量、产业帮扶“三个覆盖”措施，全市8181个深度贫困村民组全部有干部帮扶，454个村民组成立党支部、3889个成立党小组。二是加强脱贫攻坚基层队伍力量。从市、县直部门遴选优秀干部到极贫乡镇和深度贫困村所在的152个乡镇挂任党政副职；从县区选派159名熟悉农村工作的优秀干部充实到乡镇班子中。研判调整不称职、不合格、不胜任的贫困村党组织书记237人。采取“三回一派”措施，回请、回引、回聘和下派了857人担任村党支部书记、1042人担任村“两委”职务。轮战选派了2004名村第一书记、8309名驻村干部帮扶。三是创新“基层党组织+”模式。全面推行基层党组织“+讲习所”“+能人”“+实体”“+创新创业”“+乡村治理”“+群团建设”“+纪律”模式，充分发挥了基层党组织对各项工作的统揽作用。全市创办新时代文明实践中心（站、所）4225个，培训干部群众425万人次；成立“村社民”一体化专业合作社3136个。四是深入推进农村党建“七大工程”。精准排查识别和整顿提升后进村党组织384个，组织清理调整有违法违纪前科问题的村“两委”；升级改造2266个村级组织活动阵地；完成529个深度贫困村小食堂等“五小”建设；探索村社民一体化、人财物一体化、产加销一体化、考奖惩一体化措施发展壮大村级集体经济，全市村级集体经济积累总量达8.24亿元。五是落实“五件套”推进党支部工作标准化建设。规范设计和制作基层党组织书记履职要点、支部书记和村第一书记工作“模板”、党支部书记党务工作手册、组织生活记录本、党员证和主题党日活动箱，推进党支部工作标准化、常态化。六是加大党员教育培训力度。采取集中培训、现场观摩、到先进村学习考察等方式，共组织3424个村党组织到先进村进行学习考察，全面培训农村党员28万余人次。

【围绕“为我所用”，着力集聚推动脱贫攻坚的各方面优秀人才】 聚焦产业、教育、医疗脱贫，大力开展脱贫攻坚专项引才行动，2018年共引进人才4739人，为脱贫攻坚注入了新鲜血液。全年培训各类人才18万余人次。一是实施科技人才联乡帮村计划。共选派科技副职144人、科技特派员218人、农业辅导员560人深入基层开展科技帮扶，实现极贫乡镇和深度贫困村人才帮扶全覆盖。二是实施领创项目示范引领计划。鼓励和支持231名事业单位人员留薪留职领办创办农业发展项目206个，投入项目资金2.61亿元。三是实施乡土人才扶贫带富计划。命名“乡土人才扶贫带富先锋”50人，为乡土人才提供创业担保贷款790余万元，创办经济实体470余个。四是实施情系毕节人才回归计划。实施“雁归兴毕”“万凤还巢”行动，新增返乡创业人员9000余人、返乡就业人员10万余人。五是实施圆梦小康专家行动计划。选派985名专家开展“圆梦小康专家·基层行活动”，培训群众3.9万人次，推广新技术140余项，转化科技成果45个。六是创新开展农业专家精准服务脱贫攻坚工作。组建市、县两级产业扶贫技术专家库，成立市、县产业扶贫技术专家组88个，实现贫困村全覆盖，开发“毕节市人才扶贫大数据管理平台”，开通农业专家服务热线“8412580”。

【围绕“标本兼治”，扎实推进党的组织建设和选人用人巡视整改落地见效】 根据省委、市委的安排部署，市委组织部坚决扛起巡视整改政治责任，成立整改专班，细化分解整改事项，落实整改责任，狠抓整改落实，取得阶段性成效。一是坚持领导带头，统筹联动“合力改”。部务会多次召开会议对巡视整改工作进行安排调度，成立了主要领导为组长的党的组织建设和选人用人工作巡视整改专班，主要领导认真履行巡视整改第一责任人责任，切实推动党的组织建设和选人用人问题整改各项任务落细落实。二是坚持分类施策，立说立行“较真改”。采取分类施策、统筹推进。比如，对国有企业领导班子配备问题，9月份以来，共充实国有企业领导干部33名。三是坚持以点带面，举一反三“全面改”。以小见大、以点带面、举一反三，扩大巡视整改问题查找面，不断扩大巡视整改成果。比如，采取“三回一派”措施，累计回请、回聘、回引和下派857人担任村党总支书记、1042人担任村“两委”其他职务。四是坚持效率优先，数据监督“创新改”。利用“智慧组工·干部云”平台系统，针对干部队伍监督管理不够严格的问题，集成纪检、公检法、民政和卫计等部门的信息，切实对领导干部婚姻状况、经商办企业等情况进行全方位的监督管理和预警提示。五是坚持建章立制，完善机制“常态改”。注重通过建章立制推动巡视成果转化为具体制度，用制度固化整改成效。比如，针对执行干部选拔任用程序不规范的问题，修订完善《干部选拔任用动议查核操作规程（试行）》《市管干部选拔任用工作细则》等相关制度。

虽然毕节市2018年组织工作取得新成绩，但在工作中，还存在干部结构不够合理、激励干部新时代新担当新作为机制不完善、抓党建促脱贫攻坚力量不够强、基层专业技术人才匮乏等困难和问题。下步工作，将把聚焦脱贫攻坚作为组织工作最大政治任务，重点抓好以下工作：一是扎实开展“不忘初心、牢记使命”主题教育。持续深入推进“两学一做”学习教育常态化制度化，按照中央、省委部署要求，在全市开展“不忘初心、牢记使命”主题教育。二是做好机构改革和干部人事调配工作。按市委安排做好机构改革相关工作，统筹考虑干部调整配备。三是全面开展“新时代基层党建提质攻坚行动”。按照新时代党的组织路线，在全市开展“新时代基层党建提质攻坚行动”，全面推进组织体系、队伍体系、方法体系、保障体系和监测体系建设。四是在厚植农村基层基础上持续发力。继续推进基层组织建设“七大工程”，继续落实“三回一派”措施，选优配强贫困村党支部书记，建强村干部队伍。五是进一步压紧压实脱贫攻坚责任。推动各级党组织和党组织书记、村第一书记认真落实村级组织建设“一任务两要点三清单”，进一步提升抓党建促脱贫攻坚工作质量。六是大力推动人才助力脱贫攻坚工作。深入实施人才扶贫工程“五项计划”，全面推动农业专家精准服务脱贫攻坚工作。七是持续推进中央巡视和省委巡视整改工作。对照中央、省委巡视反馈意见，坚持思想不疲、力度不减，确保整改落实到位，让广大干部群众对整改成果看得见、摸得着，真正感受到新气象、新变化。

（供稿：市委组织部）

宣传工作

【概述】 一年来，毕节市宣传思想文化系统坚持以习近平新时代中国特色社会主义思想为指导，自觉承担起举旗帜、聚民心、育新人、兴文化、展形象的使命任务，深入贯彻落实习近平总书记对毕节试验区的重要批示指示精神和全国、全省宣传思想工作会议和宣传部长会议精神，紧紧围绕市委、市政府中心工作，充分发挥文军优势和作用，抓好抓实理论武装、舆论引导、文明创建、文化文艺、文军扶贫等重点工作，为确保按时打赢脱贫攻坚战、建设贯彻新发展理念示范区提供了坚强思想保障和强大精神动力。

【理论武装工作】 一是理论学习深入扎实。组织全市各级党委（党组）开展集中学习研讨1万余次，组织征订理论读物2万余册。依托市委党校主体班举办“习近平新时代中国特色社会主义思想专题研讨班”2期，80余名宣传干部参加培训。组织20余万名干部职工参加以“不忘初心·感恩奋进”为主题的学习贯彻党的十九大精神全媒体知识竞赛。合编印《毕节市在职干部2018年理论学习500题》6.9万余册，组织9.7万余名干部开展理论学习和考试。毕节市委宣传部被中宣部评为《党建》杂志学刊用刊工作先进集体。二是讲习宣讲出新出彩。开展“党的声音进万家　新时代思想上讲堂　总书记话儿记心上”主题示范宣讲48场，重点依托新时代农民（市民）讲习所开展讲习宣讲，编印讲习资料25期近20万册，制作广播节目160期，开展脱贫攻坚文艺讲习示范活动和脱贫攻坚先进典型巡回宣讲活动30余场次，各级讲习员开展讲习11.68万场次，共培训受益干部群众476万人次。毕节市委宣传部被中宣部被表彰为“全国基层理论宣讲先进集体”。三是理论研究不断拓展。组织开展“三十而立看毕节”等理论征文活动，征集理论文章115篇。组织参与省委宣传部庆祝改革开放40周年理论研讨会论文征集活动，推荐入选论文2篇。毕节市以“开发扶贫闯出新路子，多党合作探索新经验——毕节试验区建立30年的改革实践”调研主题入选中宣部庆祝改革开放40周年“百城百县百企”调研活动。四是大讨论活动精彩纷呈。策划开展“打赢攻坚战、建设示范区，毕节怎么干”大讨论活动，统筹运用党委（党组）理论学习中心组学习、主题党日活动、网络平台、讲习平台、征文活动、演讲比赛等形式，确保各类群体均能参与。全市组织开展理论学习中心组学习1127场次，带动全市近7000个基层党组织开展讨论，6.9万名党员干部参与，27000余人次通过网络建言献策。

【意识形态工作】 一是深化责任落实。严格落实党委（党组）意识形态工作责任制，市委召开2次常委会议研究意识形态工作，将习近平总书记对意识形态工作的重要论述以及意识形态相关精神作为重要学习内容抓好学习。市委宣传部切实履行牵头抓总职责，及时修改完善意识形态工作联席会议制度，召开联席会议进行分析研判，按时报告2018年意识形态工作责任制落实情况，督促指导各县（区）和市直各部门党委（党组）向市委报告意识形态工作情况。统筹意识形态工作联席会议成员单位各司其职抓好相关工作，形成齐抓共管的工作格局。二是强化督查考核。对接将意识形态工作纳入各级党委（党组）领导班子及其班子成员目标考核和述职述廉、民主生活会对照检查内容，纳入市、县政治巡察内容。组建督查组对10个县（区）和80余家市直部门开展专项督查，并督促抓好存在问题的整改落实。三是深化巡视整改。围绕中央、省委巡视反馈意识形态方面存在问题，成立工作专班，制定整改方案，明确整改措施、责任单位、责任人员和整改时限等，采取定期调度推进、下发工作提示等方式，深入推进意识形态工作巡视整改。召开专题民主生活会，组织班子成员认真开展对照检查，深入剖析原因，切实抓好整改落实。中央、省委巡视组反馈问题，除涉及机构改革相关问题有序推动中，其余问题全部整改完毕。

【宣传舆论工作】 一是内宣声势浩大。组织主要新闻单位、网站紧紧围绕中心大局，统一开设“牢记嘱托　感恩奋进”“习近平总书记重要指示引发强烈反响”“农业产业革命”等专题专栏50余个，刊播新闻稿件1万余条（幅）。创新性开展“走进脱贫攻坚第一线”采访报道工作，市各新闻媒体累计刊播相关稿件500余条（幅）。推动县级融媒体中心建设，全市10个县（区）已制定相关方案，部分县（区）已落实场地和资金，县级融媒体中心建设取得初步成效。全面完善、更新图片、视频等素材资料库，搜集毕节各类图片2000余幅、视频100多个、各类典型素材184个。二是外宣高潮迭起。紧紧围绕习近平总书记对毕节试验区工作的重要批示指示精神、统一战线参与毕节试验区建设座谈会、试验区建立30周年等重大主题，持续扩大党的十九大期间取得的良好宣传态势。《人民日报》、新华社、《贵州日报》、贵州广播电视台等中央、省主流媒体纷纷将镜头和笔头对准毕节试验区，推出了一系列有重大影响的宣传报道，中央、省级主流媒体刊播有关毕节经济社会发展的稿件1700余条（幅），保持宣传热度不减。搜集整理40余个农特产品宣传资料，协调对接省级主要媒体、组织市级媒体制作、刊播免费广告助推脱贫攻坚。编撰《毕节概览2018》、制作外宣U盘，协调制作不同时长旅游宣传片。召开30余场新闻发布会。制作《改革开放40年毕节市纪事》专题片报送中宣部，配合省委宣传部做好改革开放40周年大型展览活动等。三是风险可管可控。制定《毕节市舆论引导风险防范工作方案》，加强舆情导控，主动应对化解舆论引导风险。完善应对重大突发事件高效快速的新闻宣传协调机制，及时发布权威信息。组织对重点单位关键基础设施及重点领域网络安全进行扫描、排查，全面摸清全市政务新媒体账号、自媒体平台账号基本情况。在全市开展网络空间清朗行动，强化有害信息整治，全面清理整顿刊载违规信息平台。建立完善市县乡三级不良信息举报机制，在省网信办每月通报的互联网违法和不良信息举报工作信息中名列前茅。前移监测端口，扩大监控巡查范围，及时监测上报涉毕负面舆情，妥善处置突出舆情。全市各级各部门密切配合，没有一起全国热点敏感舆情。

【精神文明建设工作】 一是创建工作取得重大突破。强化对以创建全国文明城市为统领的“五城同创”工作的统筹力度，探索开展创文网格化管理，组织开展培训，提升创建点位打造、网上申报能力，征集提炼形成城市宣传标语、LOGO、吉祥物，大力开展创建宣传。充分发挥考核指挥棒作用，会同市考核办等单位开展考核。全市基础设施不断完善、公共环境持续向好、社会主义核心价值观深入人心。毕节市首次荣获2018—2020年创建周期全国文明城市（地级）提名城市资格，七星关区等5个省级文明城市通过年度测评。评选市级文明村镇627个、文明单位150个、文明家庭100户、文明校园29所。二是培育时代新人取得新进展。建成七星关区德溪湿地公园等一批社会主义核心价值观主题公园示范点。织金县文腾街道文化广场和黔西县林泉镇海子村蔡家院被评审为省级社会主义核心价值观示范点。组织开展“讲文明·树新风”公益广告征集大赛，向省推荐参赛作品22件。开展“明礼知耻·崇德向善”“七个起来”活动，向省文明办提供“身边好人”线索3万余条，选树推荐评选身边好人、道德模范、“脱贫攻坚群英谱”、新时代好少年等先进典型318人次，26人上“贵州好人榜”，6人上“中国好人榜”，23人入选2018年“贵州脱贫攻坚群英谱”名单，6人获全省“新时代好少年”称号。向省推荐优秀童谣等148首（件），新建成乡村学校少年宫项目21个。推动公共文化服务设施开展“学雷锋”志愿服务，加强毕节市科学技术馆等4家全省首批公共文化设施开展学雷锋志愿服务示范单位建设。三是文化惠民工程取得新成效。完成7个贫困县区4450户建档立卡贫困户电视机赠送工作，争取资金2775万元建成村综合文化服务中心建设项目265个、乡（镇）精神文明活动中心1个，推动黔西县省级“四在农家·美丽乡村”农村精神文明示范县建设工作。毕节市博物馆等8家单位被评为“全省爱国主义教育示范基地”，织金县烈士陵园等2家单位被命名为省级爱国主义教育基地培育单位。开展“三下乡”集中示范活动20余场次，开展“送文化下乡”100场次。四是环境卫生整治取得新成绩。全面整治乱停乱放、车窗抛物、不礼让行人等交通违法问题，查处交通违法行为38.7万起。实施城区12条主干道提升工程，投入经费402万元实施人行道的改造工程。整治占道经营、流动摊点、残标布幅，查处乱倒垃圾、乱排污水等，整治“僵尸车”500余辆，整治灰道8900个，启动文明和美小区创建工作，着力解决脏乱差问题。

【文化产业】 一是深化改革蹄疾步稳。出台推进“推动国有文化企业双效统一”“1+3”改革课题，健全完善国有文化改革发展体制机制。推进“文化产业助力脱贫攻坚”“1+3”改革文件，细化出台《关于贯彻落实〈毕节市加快文化产业发展助推脱贫攻坚实施意见〉的重要举措分工方案》。统筹推进文化执法、文联、文化行业组织的改革。二是文化产业蓬勃发展。对“十三五”时期省级12个重点文化产业项目，实行市委常委会联席制度，8个项目开工建设（其中2个投入使用），开工率达66.7%。谋划规划6个市级文化产业园建设，新规划建设9个县级文化产业园、11个文特小镇和8个文化产业孵化园。

选择6个少数民族贫困村作为文化产业助力脱贫攻坚工作试点。建立文化产业统计规范性台账10600个，引导141个文化个体工商户转化成为企业，今年新增规模以上文化企业17个。全市文化个体工商户5085个，文化企业2113个，社会组织和行政事业单位各88个。全面小康监测指标文化产业增加值占GDP比重达2.81%，创历史新高。三是文艺工作深入开展。开展毕节试验区30年生态建设摄影采风创作等活动，举办乌蒙文化节·第六届文化艺术系列（戏剧小品和器乐）大赛、2018“多彩贵州”歌唱活动毕节赛区选拔赛等。在2018“多彩贵州”歌唱活动、全省第二届“群文杯”剪纸艺术大赛等赛事活动中，通俗唱法选手李进等9人获奖，草海合唱团等3家团体和单位获奖。大方县、金沙县后山镇等4个县乡获2018—2020年度“贵州民间文化艺术之乡”称号。电影《文朝荣》7月28日在全国上映。大型脱贫攻坚题材情景剧《毕节》于7月10日在大剧院进行首场试演。精心打造童谣作品《十里青山入画来》，在全市中小学校推广传唱，大力宣传“五城同创”工作。

【宣传干部队伍建设】 一是坚持强化政治引领。始终坚持党对宣传思想工作的全面领导，树牢“四个意识”，增强“四个自信”，坚决做到“两个维护”，在思想上政治上行动上同以习近平为核心的党中央保持高度一致。坚持党管宣传、党管意识形态、党管媒体，压实压紧政治责任和领导责任。切实履行好把方向、管导向的责任，坚持政治家办报、办刊、办台、办新闻网站，守住舆论阵地，传播好党的声音，加强对重大问题的辨析引导，思想舆论不断巩固壮大。切实履行意识形态阵地管理，带头严格落实意识形态工作责任制，完善工作制度，加强日常监管。二是注重建强干部队伍。指导各县区为263个乡（镇、街道）配备宣传委员及宣传干部，充实基层宣传工作力量。做好高层次人才引进、推荐工作，选调1名硕士研究生到部机关工作，引进1名硕士研究生到下属事业单位工作。积极组织符合条件人员申报国家“千人计划”、“西部之光”访问学者等。举办培训班5期，培训宣传干部近1500人次；选派123人次参加市级调训，选派32人次参加省级及以上培训，全面提升宣传文化队伍干部业务能力和素质。选拔5名优秀干部到科级岗位工作，选派4名同志到纳雍县羊场乡开展同步小康驻村帮扶工作，遴选15名干部到部机关及下属事业单位跟班培养。在2018年的驻村帮扶工作中，对接落实资金90余万元帮助纳雍县羊场乡开展脱贫攻坚工作，帮扶实施的戈落民族文化产业项目年底利润20余万元，基本实现戈落村贫困人口人均500元分红的年初目标。三是突出抓好作风建设。按照全面从严治党要求，领导班子切实履行主体责任，班子成员结合工作实际履行“一岗双责”，层层落实责任、层层传递压力，奋力打造廉洁勤政机关。通过理论学习中心组学习、干部职工会、专题党课、警示教育、常态化约谈等形式，深入学习贯彻习近平总书记关于巡视整改的论述精神、中央、省、市纪检工作会议精神以及监察法，开展警示教育1次。认真贯彻落实《中国共产党章程》、中央“八项规定”和省委、市委十项规定及实施细则、《若干准则》《纪律处分条例》《党内监督条例》《禁酒令》等，对部务会议制度等17个制度进行修改完善。以扶贫领域突出问题、领导干部违规参与茅台酒清理、巡视整改作风建设等专项整治为契机，结合“三个大兴”活动开展，实行干部职工作风督查常态化，持续深入推进作风建设。

（供稿：毕节市委宣传部）

统一战线工作

【概述】 2018年，在市委的坚强领导下，市委统战部围绕年初制定的目标任务，各项工作有序推进，取得了新成绩新进展。

【主要做法】 （一）积极抢抓统一战线参与建设新机遇，汇聚多党合作聚力试验区脱贫攻坚的强大动能。一是扎实做好联络联系工作推动项目落实。全年共赴京对接汇报8次，争取中央统战部、各民主党派中央、全国工商联等中央统一战线领导赴毕考察帮扶，推动统一战线帮扶项目落实。二是在接待服务中宣传推介争取支持。独立完成并做好各地统一战线赴毕考察团54批、1146人次接待服务工作，在接待中争取支持和帮扶。三是借力重要文件起草争取政策支持。参与市发改委代省委、省政府草拟的《支持毕节试验区按时打赢脱贫攻坚战夯实贯彻新发展理念示范区建设基础的意见》等文稿起草，就统一战线改革发展有关事项争取支持。（二）紧紧围绕“脱贫攻坚”这个最大政治，努力在发挥优势助推脱贫攻坚中闯出新路子。在对上汇报争取上完善一库一机制：一是建好统一战线资源信息库。将各民主党派、工商联的专家、企业家等形成要素齐全的信息数据库动态管理，便于协调联络。二是建立信息收集反馈机制。提高信息反馈的精准度和时效性，通过专报件、工作动态等把各方面帮扶信息精准反馈给市委和帮扶方，在强化宣传的同时推动工作。在对外聚力上突出三个重点：一是畅通联系。要求各县（区）有针对性、有重点地与东部省市特别是广州、深圳统一战线结成友好合作关系，深入务实开展统战领域的协作扶贫。二是建好商会。重点在参与支持毕节试验区建设的东部十省市重点城市建立异地毕节商会，推动毕节籍在外创业成功人士返乡创业帮扶。三是深化合作。以统一战线对口帮扶和东西部扶贫协作为纽带，通过市县联动、交流互访，推动东部十省市统一战线的帮扶和合作。在对内激活上深化三项工程：在全市持续深入推进“千企帮千村”“万凤还巢”“荣誉村主任”三项工作，不断扩大帮扶成效。（三）牢牢聚焦为打赢“113攻坚战”凝聚力量，深入探索多党合作服务改革发展新经验。一是进一步设计载体，推动统一战线“对口帮扶立足定点县、优势资源面向试验区”，探索实践新一轮改革发展新经验。二是围绕建设贯彻新发展理念示范区和多党合作示范区，争取统一战线智力支持，帮助找准切入点、搭建新平台、探索新经验。三是探索建立“纵向民主党派中央、省、市三级组织联动，横向市内有关高校、科研院所互动”的调研方式，围绕多党合作聚力脱贫攻坚为毕节试验区改革发展总结提炼新经验。

【取得成效】 （一）统一战线聚力脱贫攻坚项目实施取得新成效。一是全年完成统一战线帮扶事项128个，协调投入资金8751.01万元，培训各类人才16054人次，免费实施各类手术460例，为6310名群众开展义诊，资助贫困学生2989名。二是会同市纪委监委、市扶贫办对各县区2012年以来统一战线帮扶毕节试验区资金项目开展两轮清查检查工作，出台了《统一战线帮扶毕节试验区资金项目跟踪管理暂行办法》，加强存在问题整改，进一步规范统一战线帮扶资金项目实施。三是制定《打造“大统战推动大扶贫结构示范”实施方案》，动员市直统一战线分别结对帮扶赫章县结构乡8个村，协调争取中央统战部、广州统一战线、香港仁善基金会和中天金融集团等共捐资1.5843亿元助推赫章县结构乡脱贫攻坚。（二）探索多党合作服务改革发展新经验取得新突破。一是继续推进《关于探索多党合作服务毕节试验区改革发展新经验的实施意见》实施，在全市70个乡镇256个村创建了乡村统战联盟、51个社区开展统战“五员”进社区工作，组建了159个脱贫攻坚特邀民主监督组对全市77个乡镇181个村开展脱贫攻坚民主监督，此项工作2018年获全国和全省统战工作实践创新成果奖。二是完成省委统战部安排的《毕节市民主党派组织发展专题调研报告》《毕节市民营经济发展现状专题调研报告》等调研工作；配合市委政研室完成了《闯出新路子　探索新经验——毕节试验区30年改革发展纪实》一书中统一战线帮扶试验区部分的撰稿工作；配合中央、省、市主流媒体做好试验区30周年宣传工作，在《中国统一战线》推出“统一战线参与毕节试验区建设30周年”专题报道，在省委统战部《凝聚力》推出两期毕节试验区特刊，在《贵州社会主义学院学报》以增刊形式出版了《毕节试验区建立30周年论文集》。三是组建专班做好毕节试验区同心展览馆丰富提升工作，对全市统一战线对口帮扶考察项目点提升打造进行督促指导，举办40人党外干部培训班1期，选派68名统战成员参加各类培训学习。（三）统一战线各领域服务中心大局工作取得新进展。一是在全市统一战线集中开展了学习贯彻党的十九大精神和习近平总书记对毕节试验区重要指示精神“集中宣传周”活动。二是深入开展中共中央“五一口号”发布70周年纪念活动、“不忘合作初心、继续携手前进”主题教育活动、“打赢攻坚战、建设示范区，统战怎么干”大讨论活动和“三个大兴之风”活动。三是紧紧围绕试验区建立30周年活动，配合做好统一战线参与毕节试验区建设座谈会筹备及中央统一战线领导赴毕考察调研工作。四是配合做好市委主要领导调研走访各民主党派机关、市委常委会议专题听取民主党派和工商联工作情况等相关工作，对《中国共产党统一战线工作条例（试行）》《毕节市多党合作服务改革发展制度》贯彻落实情况进行梳理。五是继续推进全市民族团结进步创建和宗教关系和谐示范区创建工作，组建专班参与全市宗教督查整改工作。六是招商引进4个项目，签约资金3.5亿元。持续推进“千企帮千村”“万凤还巢”“荣誉村主任”三项工作，截至年末共有790家企业结对帮扶941个贫困村，累计引回2713名外出人员返乡兴办小微企业859个、组建专业合作社475个，全市选聘2934名非公经济人士担任荣誉村主任，529个深度贫困村实现全覆盖。七是争取涉侨基金会、企业、个人赴毕捐款捐物约129.5万元；起草《毕节市侨联改革方案》并在市委深改小组审议通过；与市旅发委出台《毕节市港澳台入境旅游优惠奖励办法》，从2018年开始对到毕港澳台同胞实行国有景区免门票政策；圆满完成台湾工商界、医疗界代表人士及少数民族交流团赴毕考察交流活动。八是建立了新的社会阶层人士、归国留学人员、党外知识分子动态管理数据库。九是在各县区开展“职业教育宣传月”活动，统筹做好2018年度统一战线“泛海助学行动”工作，为全市2300名贫困大学新生发放1150万元助学金。十是完成机关党委换届，积极参与天河社区1网格“五城同创”工作，捐资10万元助推大方县猫场镇箐口村脱贫攻坚。

（供稿：毕节市委统战部）

机构编制工作

【概述】　2018年，毕节市编办坚持以习近平新时代中国特色社会主义思想为指导，深入落实中央、省和市委、市政府及市编委的各项工作部署，采取“着力抓住关键环节，推进改革工作扎实有序；着力夯实基础业务，推进重点工作有效落实；着力抓好统筹兼顾，推进其他工作全面完成”的“三着力三推进”措施，扎实推进机构编制工作，全面完成年初确定的各项任务，努力为打赢“113攻坚战”、建设贯彻新发展理念示范区提供坚强的体制机制保障。其中，机构编制信息工作位于全国市县级编办前列，名列全省编办系统第一，得到中央编办和市编委领导的充分肯定；牵头编制的市级政府部门权责清单（模板）得到省编办的肯定；行政审批“六个一”改革清单在全省率先公布实施。

【承接落实上级取消、下放的事项】　一是抓好

2018年上级取消、下放行政审批事项的承接落实。根据《国务院关于取消一批行政许可等事项的决定》(国发〔2018〕28号)、《省政府关于调整一批行政许可事项的决定》(省政府令第184号)等文件精神，毕节市编办指导县(区)和涉及行政审批事项调整的市规划局、市住建局、市交通运输局等单位及时抓好承接落实。二是认真梳理五年来国务院取消、下放简政放权事项的承接落实情况。根据省、市关于迎接国务院大督查的部署要求，毕节市编办组织各县(区)和市直相关部门认真梳理2013年以来国务院取消、下放或者调整的简政放权事项的贯彻落实情况。经自查梳理，2013年以来，国务院以国发〔2013〕19号等文件取消、下放或者调整的1299项行政审批事项(涉及职业资格许可和认定事项434项、工业产品生产许可事项30项除外)，毕节市均对应取消或承接落实到位。三是开展自行设定行政许可事项清理工作，印发《关于对全市行政审批事项进行清理规范的通知》(毕审改发〔2018〕1号)，对市以下自行设定的行政审批事项进行清理。针对部分乡镇存在开“砂票”“调拨单”“建筑材料准运证”等自行设定行政许可事项的情况，印发《关于开展建筑材料准运证等自行设定行政许可事项专项清理的通知》(毕审改发〔2018〕2号)，抓好组织实施，并提请市政府对清理效果不好的纳雍县、赫章县进行督促，推动市县行政审批制度改革工作顺利通过国务院督查组检查。

【权责清单管理】 按照省编办安排，组织编制市级权责清单(全省模板)，报省编办审定，得到省编办的肯定。根据省统一制定的权责清单模板，结合实际，再次组织市政府部门(单位)对部门权责清单进行复核，修改完善后，提请市政府审定《市政府部门权责清单(2018年版)》并公布实施。调整后，市级共保留职权事项3459项，比2015年版减少2494项，缩减率为41.9%。同时，推行县乡两级权责清单(模板)，进一步规范管理，逐步实现同一层级职权数量基本一致，县乡权责清单中同一职权事项的名称、权力类型、依据和编码基本一致。

【中介服务事项清理规范】 年初按照省行政审批制度改革领导小组办公室安排，组织市直有关部门对本部门开展行政审批活动的中介服务事项进行认真梳理，清理规范市级行政审批中介服务事项，组织初审后，按程序提请市政府审定并于2018年1月公布《毕节市人民政府决定保留为市政府部门行政审批必要条件的中介服务事项目录》《毕节市人民政府决定清理规范的市政府部门行政审批中介服务事项目录》。2018年9月份，又根据法律法规立改废释等启动动态调整工作，于11月底完成。调整后，政府部门保留为行政审批必要条件的中介服务事项32项。

【行政权力运行流程图调整】 根据法律法规立改废释和权责清单调整情况，毕节市编办采取“三好三到位”工作措施(优化权力运行流程，释放市场新活力，把政府该放的权力放好、放到位；建立权责匹配机制，让权力不敢任性，把政府该管的事情管好、管到位；厘清部门职能职责，促权力规范运行，把政府该服务的工作服务好、服务到位)，组织开展行政权力运行流程图动态调整工作。此次调整，市直35个部门(单位)共编制行政权力运行流程图3455张，其中，行政许可流程图196张、行政处罚流程图2714张，行政强制流程图180张，行政征收流程图10张、行政检查流程图166张，行政确认流程图26张、行政奖励流程图30张，行政裁决流程图3张、行政给付流程图4张，其他类权力流程图126张。《毕节市市直部门行政权力运行流程图(2018年版)》编制后，市直行政审批事项办理流程缩减到5个环节以内，办理时限由法定的平均26.7个工作日缩减到现在的7.5个工作日。

【行政审批“六个一”改革】 根据《贵州省行政审批制度改革工作领导小组办公室关于印发〈贵州省行政审批“六个一”改革工作方案〉的通知》要求，提请印发《毕节市行政审批制度改革工作领导小组关于印发〈毕节市行政审批“六个一”改革工作方案〉的通知》，组织推进行政审批“六个一”改革，市级于2018年8月29日在全省率先完成网上办理事项等“六张清单”编制并公布实施。市级纳入网上办理事项141项、当场办理事项190项、承诺办理事项34项、限时办理事项235项、便民化服务事项36项、从严监管事项2045项。“六张清单”公布实施后，市级行政审批更加透明高效，服务更优，企业、群众办事更便捷。此外，毕节市编办还根据省的要求组织编制企业设立后经营许可目录，市级企业设立后经营许可事项为58项，各县（区）共有541项。

【综合行政执法体制改革】 按照《毕节市综合行政执法体制改革工作的实施意见》精神，组织推进综合行政执法体制改革。一是根据省、市文件精神及机构编制管理的有关规定撤销市城乡规划执法支队等5个执法机构，设立市、县（区）综合行政执法监察支队等机构，负责推进市、县（区）综合行政执法工作。二是完成市人口和计划生育执法支队、市医疗待遇稽查支队等9个机构的职责和编制调整工作。三是完成市农机安全监理所、市植保植检站等20个机构的职责调整工作。四是督促指导县（区）结合实际，推进综合行政执法体制改革。

【市县机构改革】 一是深入开展调研。根据工作需要组建调研组，深入7个县（区）和市直有关单位开展调研，及时摸清底数，为顺利推进市县两级机构改革，做好充分准备。二是抓好事业单位承担行政职能清理工作。根据省编办要求，印发《关于开展事业单位承担行政职能清理工作的通知》，组织各县（区）和市直相关部门对所属事业单位承担的行政职能进行清理，全面摸清底数。经反复梳理，全市承担行政职能的事业单位873个［市直131个，县〈区〉742个。不含威宁县，下同］。其中参公单位124个（市直30个，县区94个）。三是制定改革方案。积极与省编办对接联系，及时了解省级党政机构改革的有关情况，根据中央和省委要求，研究制定市级党政机构改革方案，同时，指导县区认真制定本级方案，按程序报批。

【其他有关改革】 一是配合做好监察体制改革。认真做好市委巡察组设立、纪检监察体制全覆盖等监察体制改革机构设立、撤销和编制调整工作。二是完成全市参公管理事业单位和县（区）教育卫生事业单位编制使用情况的摸底工作。三是完成市级市场监管领域职能职责、内设机构、人员编制等的摸底工作。

【机构编制等调整】 根据工作需要，严格按机构编制管理程序和规定，撤销市第四实验高中、市水电物资供应站、市广播电视村村通办公室等机构；设立毕节金海湖实验学校、市美术馆、市监委留置所、市大学生就业创业服务中心等机构；对市南部新区规划建设管理委员会办公室，七星关区创建办公室、碧海新区管理委员会，金沙县市政设施管理局等4个机构进行更名；对市委宣传部、市委政策研究室、市发展改革委，市委和市政府接待处，市公安交通管理局、市公安局监所管理支队、市档案局、市机关事务管理局、市委保密委员会办公室、市统计局、市广播电视台、市医学会管理办公室、市一医、毕节一中、毕节职业技术学院、毕节强制隔离戒毒所、织金县扶贫开发办公室、贵州百里杜鹃管理区乡镇统计管理办公室等18个单位部分内设机构、领导职数等进行调整；对市纪委监委机关、市委办公室、市政府办公室、市委政法委、市工业能源委、市工商局、市卫生计生委、市质监局市委外宣办、市国土局、市创建办、市住房城乡建设局、市林业局、市非公有制经济发展侵权投诉中心，市政府驻广州办事处、重庆办事处、贵阳办事处，市公安局、市老年大学、市乡镇统计办公室、市西部开发办公室、毕节一中、市实验高中、市民中、市教育科学研究所、市中小学示范性综合实践活动中心、市水电预制厂、市文化馆、市博物馆、市广播电视台、市价格监督检查局、市交通规划勘测设计院、毕节洪山宾馆等32个单位编制进行调整。

【机构编制统计年报】 毕节市编办按照省编办统一要求，组织召开全市机构编制统计年报工作布置及业务培训会议，认真汇总核实全市1566个行政单位、6809个事业单位基础数据，全面完成2017年度毕节市机构编制统计年报工作。

【编制年审和工资统发人员审核】 一是及时完成市直480余家单位机构编制证年审工作。二是认真做好市直有关单位及市、县（区）法检系统车改人员审核工作。三是年初集中对市直机关事业单位11162名工资统发人员进行审核，并及时做好有人员变动的市直机关事业单位工资统发审核工作。

【机构编制信息化建设】 一是及时对机构编制实名制管理系统数据进行更新。共对市直480多家机关事业单位的机构编制实名制网络管理系统及台账数据进行更新，确保了数据的真实性、准确性；每月按时向省编办报送全市机关事业单位机构实名制管理信息系统数据与2017年年报数据对比情况。二是继续推广使用省编办和市政府OA智能办公系统网上传输电子公文，共通过OA系统接收公文1946个（其中批办性文件1584个，阅知性文件362个），发送公文106个，提高工作效率，节约了行政成本。三是做好毕节市机构编制内外网站的维护和数据更新工作。及时在毕节市机构编制内外网上刊发市、县（区）编办工作信息214篇，为全市机构编制系统营造浓厚的宣传氛围。四是强化信息报送工作。2018年毕节市编办积极报送工作信息，得到中国机构编制网等有关媒体的采用。其中，中国机构编制网采用27篇，贵州省人民政府网采用30篇，贵州机构编制网采用28篇，《毕节日报》、毕节市人民政府网等媒体采用95篇次。

【事业单位登记管理】 按时完成市直174家事业单位法人年度报告公示；按规定程序办理市直事业单位设立登记4件，法人变更登记40件；办理机关、群团和事业非法人统一社会信用代码证书相关事项变更38件次；按照“双随机一公开”要求，对市直11家事业单位法人公示信息进行实地核查；开展事业单位登记管理专题调研，实地指导各县（区）事业单位登记管理工作。

【用编计划及领导职数审核】 一是抓好用编计划管理。制定《毕节市市直机关事业单位年度用编计划管理办法（试行）》，有效控制财政供养人员增长。核准市直机关事业单位空编情况，按程序报批后，为相关单位办理了38名招考公务员、277名引进高层次人才，81名公开招聘事业单位工作人员的用编手续；梳理市直有关单位用编申请，报批后下达2018年度用编计划294名。二是按有关规定及程序审核办理市直相关单位636名增员手续，办理111名科级职数审核手续。三是配合市委组织部审核县级领导职数146名。

【人大代表建议和政协委员提案办理】 2018年，毕节市编办根据市督办督查局的要求，积极做好人大建议和政协提案承办工作。办理省第十三届人大一次会议建议1件，办理《关于增加县级公安机关警力的建议》等市人大二届二次会议建议11件，办理《关于增加国家级贫困县学前及高中阶段教育教师编制的提案》等市政协二届二次会议提案6件，代表、委员回复均为满意。

【党的建设】　以大党建为统领，以推进“两学一做”学习教育常态化、制度化为契机，切实抓好单位党的建设工作。一是注重加强领导。多次召开主任办公会、中心组学习会议、党员大会等研究部署党建工作，结合实际制定了《2018年毕节市编办党的建设工作要点》并组织实施。二是注重落实组织生活会制度。年初组织召开2017年度市编办领导班子民主生活会、支部组织生活会及民主评议党员工作，单位领导班子成员及全体党员均认真查找问题，开展批评与自我批评，针对查出的问题，制定整改措施，切实抓好整改。9月初，又按照市委要求组织召开领导班子巡视整改专题民主生活会，切实抓好巡视问题整改。三是注重推进脱贫攻坚。深入实施“三联三强”主题活动（部门联村，增强基层党组织建设能力；科室联组，增强农民抱团发展能力；党员干部联农户，增强干部基层工作能力），扎实抓好联系点帮扶工作。市编办县级领导2018年到联系点纳雍县昆寨乡宋家沟村开展调研12次，走访群众350余人次，督促驻村干部开展好相关工作。单位节约办公经费为宋家沟村解决驻村及法治毕节创建经费1.5万元，解决41户贫困户产业扶持补助经费4.1万元；筹集价值7000多元物资，走访慰问贫困群众77户次；协调市直相关部门帮助宋家沟村解决养殖场人饮工程项目资金8万元，解决卫生整治经费5万元，解决棚圈建设经费16万元。四是注重规范管理。组织中心组学习6次、召开支部党员大会及开展主题党日活动15次、办领导上党课4次，认真学习了党的十九大，十九届二中、三中全会等有关会议及文件精神。按要求抓好发展党员、党费收缴及党组织规范化建设等工作。五是注重开拓创新。主动适应新时代党建工作要求，研究丰富单位党务公开栏内容，增加“干部风采、晒实绩”栏目，通过晒实绩的方式，推出一批作风硬、工作实、业绩优的好干部，在全办树标兵、立榜样，激发干部职工比学赶超的工作热情和干事创业的激情。

【意识形态工作】　认真贯彻落实中央、省委和市委关于意识形态工作的决策部署，牢牢把握正确的政治方向，坚决维护党中央权威，始终在思想上政治上行动上同以习近平为核心的党中央保持高度一致。一是精心安排部署。成立意识形态工作领导小组，将意识形态工作列为重要议事日程，制定单位2018年意识形态工作要点、工作计划、学习教育培训方案等，对意识形态工作进行安排部署。二是认真组织实施。组织签订意识形态工作责任书，层层压实工作责任。通过中心组学习等形式，组织干部职工认真学习习近平总书记在2013年全国宣传思想工作会议上的讲话、在党的新闻舆论工作座谈会上的讲话、在中央网络安全和信息化领导小组第一次会议上的讲话、在文艺工作座谈会上的讲话、在全国宣传思想工作会议上的讲话、在全国高校思想政治工作会议上的重要讲话以及习近平主持召开的哲学社会科学工作座谈会、网络安全和信息化工作座谈会等重要讲话和会议精神并抓好贯彻落实。同时，按市委安排认真抓好中央、省委巡视反馈意识形态方面问题整改工作。三是注重氛围营造。通过干部职工大会、支部党员大会等传达中央、省委和市委关于意识形态工作的决策部署，积极撰写意识形态工作简报10期，推动全办形成关心重视意识形态工作的浓厚氛围。

【党风廉政建设】　按照市纪委及第二纪检监察组要求，采取有效措施，扎实深入推进党风廉政建设工作。一是强化工作安排。市编办组织制定《2018年党风廉政建设工作要点》；召开专题会议3次，及时研究部署2018年党风廉政建设工作。二是强化学习教育。组织全体干部职工认真学习党的十九届二中、三中全会，省十二届二次全会、市委二届二次全会和中纪委十九届二次、省纪委十二届二次全会、市纪委二届三次全会、《中国共产党纪律处分条例》《中华人民共和国监察法》等精神。认真学习《中国共产党章程》《关于新形势下党内政治生活的若干准则》并按要求组织开展对照检查。三是强化预防措施。市编办及时向市委、市纪委报送2017年领导班子落实全面从严治党“两个责任”的情况；组织签订党风廉政建设责任书，层层压实党风廉政建设工作责任；组织观看《琴声》《筑篱》《岔路口》等廉政警示教育片，并组织全办干部职工到市检察院反腐倡廉预防职务犯罪警示教育基地接受警示教育；每月定时向纪检监察部门报送“三重一大”事项、约谈党员干部等情况，按季度报送三公经费使用情况。2018年，市编办共报备重要人事任免3件，大额度资金运作2件。四是强化监督检查。严格执行中央“八项规定”及其实施细则，认真开展“作风评价”行动，按要求张贴“作风评价”二维码并做好评价处理工作；组织开展干部不担当不作为突出问题整治、超职数配备干部问题专项整治和领导干部在企业、社团兼职情况清理，及时报送清理情况。五是强化制度建设。制定《收支管理制度》等14个制度，修改完善《公务接待管理制度》等16个制度，进一步扎紧反腐倡廉的制度篱笆。

【三个大兴活动】 按照市委安排部署，市编办采取“五力五强促五升”工作思路（聚焦“三个大兴”凝心聚力，强化组织领导，促进协作能力大提升；聚焦“三个大兴”齐心协力，强化氛围营造，促进宣传氛围大提升；聚焦“三个大兴”同心勠力，强化调查研究，促进精准施策大提升；聚焦“三个大兴”齐心合力，强化真抓实干，促进工作效率大提升；聚焦“三个大兴”竭尽全力，强化勤俭节约，促进廉洁自律大提升），认真开展“三个大兴”活动，并按要求组织开展“打赢攻坚战、建设示范区、毕节怎么干”大讨论活动，进一步加强机关作风建设。2018年，市编办仅发文106个，组织县（区）编办召开会议4次。县级领导共开展调研113天，走访群众600余人次，发现问题26个，协调解决重点问题20个，形成调研报告6篇。

（撰稿：陈　亮）

政策研究

【概述】 2018年，在市委的领导下，市委政研室以习近平新时代中国特色社会主义思想为指导，牢固树立“四个意识”，坚定“四个自信”，做到“两个维护”，深入贯彻落实党的十九大精神、习近平总书记对贵州和对毕节试验区工作的重要指示批示精神，以及统一战线参与毕节试验区座谈会、省委十二届三次全会、省支持毕节试验区按时打赢脱贫攻坚战建设贯彻新发展理念示范区推进大会、市委二届三次全会等会议精神，围绕中心，服务大局，在决策参谋、全面深化改革、试验示范等方面做了大量工作，切实推进全面从严治党，履行意识形态工作责任制，加强机关党建，抓好干部队伍管理，推出了一批好文章，推行了一批好举措，推介了一批好成果，政研工作在全市年度目标绩效考核中获“一等奖”，全面深化改革工作在督察考评中获全省“第二名”，政研改革工作得到了市委书记、市人大常委会主任、市委全面深化改革委员会主任周建琨的批示肯定。

【重要文稿起草】 坚持用精益求精的态度，认真做好文稿起草、修改和审核等工作。先后参与或组织起草《中共贵州省委贵州省人民政府关于支持毕节试验区按时打赢脱贫攻坚战夯实贯彻新发展理念示范区建设基础的意见》《中共毕节市委毕节市人民政府关于贯彻落实省委十二届三次全会精神坚决打赢脱贫攻坚三年行动的实施意见》《毕节市尽锐出战务求精准确保按时打赢脱贫攻坚的实施方案》《毕节市对接落实广州市对口帮扶工作推进方案》等重要文件10余份。牵头起草市委领导在有关会议上的讲话稿30余篇。

【调查研究】 认真践行"四到工作制"，深入研究问题，着力破解难题。认真履行牵头单位职责，完成"大兴调查研究之风"活动日常联络服务、工作调度、阶段性总结、年度考核等工作，建立完善重要问题性调研、重点调研课题管理及成果转化等调研工作制度。组织完成全市2018年度重点课题调研任务，全年立项课题92个，通过评审结题72个。将调研成果汇编成集以内资形式刊印，及时分发各县（区）各部门各单位指导实践。申报并完成2018年省委重大课题《毕节市实施"大党建"统领脱贫攻坚的调查与思考》的研究工作。围绕建设贯彻新发展理念示范区、因病因残因学返贫（致贫）、茶产业发展、园区标准厂房使用等重点问题，采取领题调研、联合调研、蹲点剖析等方式，有针对性地组织开展建议性、经验性课题调研20余个，形成了一批高质量调研报告并通过《政研专报》（全年共编印8期）的形式呈送相关市领导参阅，有的调研报告得到上级领导的批示肯定，有的转化为决策文件。省委副书记、省长谌贻琴在《毕节市创新"五大员"产销对接机制推动农村产业革命》上签批"毕节市创新五大员产销对接机制的做法务实管用，值得总结推广，应加以宣传"；市委书记、市人大常委会主任、市委全面深化改革委员会主任周建琨在《挤干水分练好内功突破瓶颈——关于毕节市茶产业发展现状的调研报告》上签批"这是一篇好的茶产业调研报告，值得一读"。

【全面深化改革】 加强统筹协调。印发《市委全面深化改革领导小组2018年工作要点》《毕节市全面深化改革落实问责暂行办法》等文件。全年召开市委深改组会议11次（其中现场会3次），审议通过24个方面82项改革方案；县（区）累计召开深改组会议62次。坚持"一把手抓"与"抓一把手"并举，推动专项小组、市直部门、县（区）、乡镇、村"一把手"向市委深改组会议作改革工作汇报，层层压实责任。落实落细改革任务。全面梳理中央、省委部署的改革任务和举措，建立台账，跟踪落实。市级层面认真谋划22个方面的改革事项，推动"防范化解重大风险""国有文化企业双效统一""高中教育质量提升""学习借鉴'塘约经验'""养老服务业改革发展""创新监督执纪运行机制"等一批具有毕节特色的专题改革方案。10个县（区）共谋划改革事项146项，推出了七星关区"作风扫码"、金沙县"廉洁文书"、纳雍县民主监督等一批改革亮点专题。助推七星关、大方、金沙、纳雍、威宁、金海湖等县（区、新区）打造改革现场会参观点和样板点14个，全市各级各部门累计打造改革样板点1500多个。推进改革创新。建立汇报对接机制，争取省委改革办出台《支持毕节试验区改革省市县三级改革办联席会议制度》，由省委常委、省委秘书长刘捷担任第一召集人，明确了19个支持毕节改革的事项。创新工作部署机制，建立专题谋划和会议审议"1＋N"机制，对列入各类改革专题方案的上会审议时间进行"预安排"。创新督导考评机制，实行"通报＋整改＋问责"联动机制，全年组织开展各类督促指导6次，对存在问题进行督办。推行"分值＋资金＋表彰"激励机制，组织完成2018年度改革创新奖评选，分别评选出县（区）和市直部门一、二、三等奖各6名。建立"组织部门＋改革系统＋业务部门"联动培训机制，联合有关部门在贵州大学组织开展1期"毕节市全面深化改革专题培训班"，市、县（区）52名业务骨干参加培训。建立总结提炼工作机制，坚持市、县（区）联动推出工作典型，在2018年度全省优秀改革案例评选中，获评全省优秀改革案例6个、专家特别推荐典型案例1个，与铜仁市并列第一。

【试验区工作】 认真做好毕节试验区建立30周年宣传总结。配合撰写试验区建立30周年总结报告，牵头编辑出版《闯出新路子 探索新经验——毕节试验区30年改革发展纪实》一书。积极开展理论研究，依托中央党校党建教研部开展毕节试验区30周年课题研究，形成《毕节贫困治理彰显新型政党制度独特优势》《扶贫辉煌成果彰显党的全面领导核心作用——毕节试验区三十年脱贫攻坚的成效与启示》两项研究成果并在《学习时报》上刊发。积极推进国家和省农改课题试验试点工作。总结提炼的《贵州省毕节市推行问需式精准扶贫机制》《贵州省毕节市推动“大部门”改革促进机构“健康瘦身”》获国家农改办编入《农村改革试验区改革实践案例集》。加大经费投入，为承担“以农村社区为基本单位的村民自治”试点任务的金沙县、赫章县有关乡（镇）协调解决工作经费36万元，指导做好试验课题总结，督促指导威宁自治县抓好“村级集体经济发展”试点工作。积极申报新一轮国家农改试验课题，《毕节市健全党组织领导下的自治、法治、德治相结合的乡村治理体系改革试验方案》获农业农村部办公厅、中央组织部办公厅、民政部办公厅行文批复，及时安排大方县、纳雍县制定试点工作方案启动相关工作。竭力做好试验区专家顾问组联络服务。做好专家顾问组赴毕开展考察调研接待服务。根据试验区专家顾问组要求，组织编印《奉献——毕节试验区专家顾问组参与毕节改革发展30年》一书。积极配合专家顾问组在北京召开“毕节试验区专家顾问组座谈会”。

【信息宣传】 坚持把信息宣传作为展示形象、助推工作的关键一招，不断建立完善信息总结提炼、报送推送工作机制，充分调动县（区）和部门搜集撰写、总结提炼、推荐报送信息的主动性、积极性。一年来，编发《毕节试验区改革发展》专刊10期，采编调研文章和工作信息150余篇。建立改革系统“人人都是专职信息员”机制，全年向省报送改革信息1500余篇，《贵州改革情况交流》《贵州改革工作动态》分别采用22篇、92篇；省委办公厅编印的《工作情况交流》采用市委政研室撰写的调研文章2篇。积极与中央、省级主流媒体对接推出改革报道，组织市内新闻媒体刊发改革新闻，全年在中央、省级主流媒体刊播改革新闻稿件近200篇、在市级媒体刊播相关改革新闻稿件1000余篇，在《毕节改革》微信公众号上刊发信息1135条。

【联系帮扶】 驻村帮扶解难题。选派1名副县级干部到纳雍县董地乡挂职乡党委副书记，并联系做好该乡新华村定点帮扶工作；选派1名正科级干部到纳雍县昆寨乡高峰村任第一支书。定期召开会议研究帮扶工作，为纳雍县昆寨乡高峰村和董地乡新华村分别解决帮扶资金10万元和工作经费各2万元。深入群众办实事。室领导班子成员和科室干部职工深入扶贫联系点遍访贫困户，慰问困难群体。支持昆寨乡加快便民服务大厅建设。针对昆寨乡高峰村新办公楼办公设施短缺的实际，及时清理闲置办公资产，将价值近10万元的办公设备捐赠给高峰村使用。服务村居连民心。积极开展捐募活动和联系社区开展创建工作，在“扶贫日”活动期间，单位捐募1万元，组织干部职工募捐4500元“送温暖、献爱心”。组建工作小组，制定工作方案，为七星关区洪山街道洪山社区解决“五城同创”工作经费3万元，积极协助推进有关创建工作。

【自身建设】 室领导班子切实加强自身建设，强化理论武装，履行全面从严治党责任和意识形态工作责任制，始终保持政治上的坚定性和思想上的纯洁性，严格遵守政治纪律和政治规矩，集中精力抓好抓调研、推改革，全力做好建言献策和聚智辅政工作。注重加强干部队伍能力建设，举办了全市党委政研系统“三项基本技能”（计算机、公文写作、演讲比赛）岗位练兵活动，选拔8名队员到安顺市参加全省集中竞赛，获得唯一团体组织奖，另有4名同志分别获得“全能银奖”“公文写作一等奖和三等奖、计算机操作三等奖”的好成绩。推行室领导分管工作月通报和科室工作月报告制度，每月开展一次“科长上讲台”活动，经常组织干部积极参加各类学习培训，着力推动政研干部能力素质向“一专多能”发展。

（撰稿：郭佳伦）

讲师团工作

【概述】 2018年，市委讲师团认真贯彻落实市委二届三次全会精神和市委、市政府的重大战略部署，班子成员带领全团干部职工创新推进理论宣讲工作，全力以赴做好“五城同创”工作，特别是创建全国文明城市工作，坚持“五步工作法”，圆满完成各项工作任务。

【理论教育、研究、宣讲工作】

（一）注重用科学理论武装干部。积极为全市干部理论学习充好电配好餐，编印《毕节市在职干部2018年度理论学习500题》，涉及治国理政、大党建、大扶贫、大安全、大发展、试验区区情等三十八个方面的内容，为全市干部提供了全面、系统的理论学习读本。组织开展了在职干部理论学习考试，及时对全市96000余名干部职工理论学习情况进行检测，切实提高了干部职工的理论水平。加强干部理论培训，围绕市委的中心工作、重点工作，策划开展了“毕节市全国文明城市创建业务会”暨市直部门科级干部、基层宣讲骨干专题培训，全市500余名人员参加培训，增强基层干部“创文”和宣讲业务水平。

（二）注重用理论研究指导实践。围绕市委“113攻坚战”目标，借助“三个大兴”活动的开展，组织开展调研活动和理论研讨。2018年，组建调研组分赴21个乡镇、42个村开展“创新基层理论宣讲工作成效及经验”专题调研工作，撰写《全面开展讲习助推脱贫攻坚和贯彻新发展理念示范区建设——毕节市新时代农民（市民）讲习所工作调研报告》，荣获全省党委讲师团系统2018年度理论调研报告二等奖。撰写的理论文章《感恩奋进战贫困　牢记嘱托奔小康》荣获全市“学习宣传贯彻党的十九大精神”征文活动优秀奖和“纪念改革开放40周年和毕节试验区成立30周年理论研讨”征文优秀文章，并在《乌蒙论坛》“毕节试验区成立30周年纪念特辑”上进行刊载。编辑发行中心组学习资料双月刊《毕节试验区理论与实践》6期，印制6000册发放到市直副县级以上行政、企（事）业单位和各县（区）中心学习组学习。组织开展“学习宣传贯彻党的十九大精神”征文活动，评选推荐32篇理论文章参加全省“学习宣传贯彻党的十九大精神”征文评选，1篇获二等奖，2篇获三等奖，2篇获优秀奖，全团获得组织奖。

（三）注重用宣讲工作引导群众。通过采取联动宣讲、主题宣讲、专题宣讲、走访宣讲等方式，广泛开展理论宣讲活动，形成了“党的声音进万家、村村寨寨学法规、家家户户知党恩、好人好事传万家”的格局。2018年，会同省委讲师团开展党的十九大精神“七进”主题示范宣讲活动42场，集中组织市内讲师力量对省委十二届三次全会、市委二届三次全会精神开展专题宣讲活动30场，指导各县（区）开展宣讲（讲习）10000余场，在市机关、乡镇、社区、学校、企业、军营开展“党的声音进万家、新时代思想上讲堂、总书记话儿记心上”主题示范宣讲活动114场，全市24万名干部群众聆听了宣讲。讲师团领导班子、干部职工通过驻村帮扶、走访调研，在帮扶联系点开展脱贫攻坚政策理论宣讲40场，在“创文”包联网格开展“创文”知识宣传45场。组织11名市级讲习员，以巡回宣讲的方式，在七星关城区100所学校开展创建全国文明城市专题巡回宣讲，4.5万师生聆听了宣讲，通过“小手拉大手”的方式，带动8.5万参与文明城市创建。

（四）其他工作。一是切实抓好脱贫攻坚帮扶。抽派1名干部到脱贫攻坚联系村羊场乡羊场村驻村开展帮扶工作，团领导干部适时到帮扶联系村开展调研走访和政策宣讲，帮助解决脱贫攻坚中的困难和问题，为联系帮扶村解决办公经费1万元。二是切实抓好“法治毕节”创建，组织市内讲师力量，深入创建联系点开展“法治毕节”创建宣讲，尽最大力量解决创建经费不足问题。2018年，为“法治毕节”联系点解决工作经费1万元。

【市“五城同创”办公室工作开展】 2018年全市“五城同创”工作推进大会召开以后，以“全国文明城市创建”为引领，加强对其他“四创”工作开展情况的督促，确保了工作的稳步推进。在创文方面，取得了全国文明城市（地级市）提名资格，目前，已完成2018年网上申报工作，迎接了中央文明办委托的第三方年度实地测评；在创卫方面，今年7月，毕节市顺利通过了病媒生物防治单项达标省级考核验收；在创模方面，全面完成了137项创模工程、75项国家重点环保项目建设，26项创建指标达标25项、基本达标1项；在创园方面，启动了1个园林城市、6个园林县城、10个园林城镇创建工作，黔西县通过了省级园林城市的验收；在创“双拥”方面，完成了2015年以来“双拥”工作的梳理和自查，为新一轮“双拥”模范城（县）申报奠定了坚实基础。

【全国文明城市创建工作开展】

（一）抓统筹推进，不断提升创建工作的基础条件。紧紧围绕《全国文明城市测评体系》，紧盯重点难点，狠抓责任落实，实行一月一清单工作机制，各部门各司其职，统筹推进八大环境建设工程全面提升，深入开展“七大专项整治行动”和“一个文明素质提升工程”，持续提升城市文明指数。全面开展创建全国文明城市网格化管理工作，各网格责任单位每周至少一次到责任网格进行入户宣传，确保创建全国文明城市应知应会知识家喻户晓，不断提高群众对创建全国文明城市工作的知晓率。向中央文明办上报创建全国文明城市资料610份，未成年人思想道德建设工作资料215份。

（二）抓问题整治，促进创建工作持续提升。针对环境卫生、交通秩序、经营秩序、公共秩序等创建工作中的热点问题，在各个职能部门履行好自身管理职能的同时，组织开展了创建全国文明城市专项整治活动。

一是交通秩序整治。共查处交通违法行为38.7万起，查处机动车违停14.17万起，整治“僵尸车”500余辆。二是环境卫生整治。清理破损陈旧广告2485块、野广告3.9万处、不雅医疗广告120块。三是市场秩序整治。共清理占道经营摊点4280个（起）、占道商铺290家、流动摊点9730个次、占道广告60块，整治商铺高音促销1130起。四是沿街道路整治。修复改造沥青路面29150米、人行道地砖15000平方米、道沿3200米、破损井盖344套、路灯6533盏、盲道3500平方米，安装护栏2350米，种植绿化树1000株，补植绿化树773株，增划停车位200个，摩托车位1385个。五是农村环境卫生整治。组织开展乡村环境卫生“治八乱”百日攻坚行动，重点整治机动车辆乱停、生活垃圾乱倒、农村污水乱排、畜禽粪土乱堆、农户杂物乱摆、畜禽动物乱跑、柴草秸秆乱烧、农作物乱晒等八乱问题，着力提升集镇街道、村容村貌及居民住户整体环境卫生质量，打造一批干净整洁、秩序井然的集镇街道，创建一批环境优美、生态良好的靓丽村寨，形成一批习惯良好、文明有序的乡村农户，助力脱贫攻坚和乡村振兴。六是社区小区综合整治。按照“机制健全、管理规范、设施完善、环境优美、秩序优良、活动丰富、温馨和谐”的要求，制定文明社区创建31条标准，通过深入推进文明社区创建工作，综合整治社区小区突出问题。七是群众反映问题整治。及时转办市民群众反映问题54件，定期复查问题整改落实情况。2018年底47件已经整治完毕并向市民反馈情况，7件正在整改落实中。

（三）抓活动载体，提升市民参与度。为有效地推进文明城市创建工作的深入开展，结合工作实际，组织开展系列特色活动，推动创建工作的顺利开展。

一是广泛开展了志愿服务活动。充分发挥“志愿云”平台，广泛招募志愿者，策划开展志愿服务活动。目前，全市注册的各类实名认证志愿者399992人，志愿服务组织1497个，志愿服务项目128个。二是广泛开展学法守法教育。以学习贯彻落实《贵州省文明行为促进条例》为契机，结合“法治毕节”创建，指导支持市内行业协会、基层自治组织、住宅小区等依法制定和完善行业服务规范、部门规章制度、村居自治章程，引导市民从小处着手，从自身做起，让文明规范成为市民的自觉行动。三是深化“我们的节日”主题活动。在各类传统节日期间，开展集中宣传活动，引导广大市民积极参与到创文中来。在中秋和重阳期间，以“文艺会演+有奖问答”的方式，在创建主城区的127个社区先后开展“五城同创”集中宣传活动。四是扎实开展“扣好人生第一粒扣子”主题教育实践活动。在全市各中小学校开展“新时代好少年”学习宣传、“传承红色基因”“中华优秀传统文化传承”。深化社会主义核心价值观宣传，在建城区100所学校组织了“社会主义核心价值观进校园——爱我毕节·做文明人”主题宣讲活动。五是广泛开展了系列先进典型评选活动。共评选推荐了12名道德模范候选人参加省级评选，有26人上“贵州好人榜”，6人上“中国好人榜”，6人荣获全省“新时代好少年”称号，其先进事迹在贵州文明网进行展播。六是持续开展“五大创建”。持续开展文明城市、文明村镇、文明单位、文明家庭、文明校园创建活动。七星关区、黔西县、金沙县、织金县、威宁县等5个省级文明城市县（区）通过年度测评。通过层层推荐，评选2018年市级文明村镇627个、文明单位150个、文明家庭100户、文明校园29所。积极推动文明行业先进单位和文明窗口创建工作。

（四）抓氛围营造，提升创文知晓率。为提升群众知晓率，采取多种形式，广泛宣传普及创建全国文明城市知识，积极营造良好创建氛围。

一是组织开展征集具有毕节自身特色的毕节市创建全国文明城市形象宣传口号、城市标志（LOGO）和吉祥物活动，并制作成公益广告宣传册下发到各县（区），供各地开展宣传参考。二是编制宣传资料和宣传品。编印《毕节市市民文明手册》《毕节有礼十八条》等宣传资料33万余册，制作具有“创文”宣传内容的雨伞、围裙、手提袋等宣传品12万余件，全部发放给创建主城区的广大市民。三是广泛开展“创文”公益广告刊播。《毕节日报》、毕节广播电视台、掌上毕节、云上毕节和七星关区FM91.2等媒体定期刊播“讲文明树新风”公益广告；创建主城区的大街小巷、建筑围挡、公园社区都设立有“创文”公益广告宣传牌，基本形成了“创文”宣传的良好态势。依托网络化管理，组织市、县、乡（镇、街道）、社区四级领导干部深入网格开展入户宣传。

（五）抓测评培训，提升创建工作水平。通过外出考察学习、邀请专家学习授课等方式，提升全国文明城市创建工作业务水平。

一是“请进来”传经送宝。邀请省内外文明

城市创建专家对市直部门和创建主城区所辖乡（镇、街道）负责“创文”工作的同志进行迎检测评专题培训，提升迎检能力和水平。二是“走出去”借鉴学习。组织市直创建全国文明城市17个牵头单位到云南省腾冲市学习全国文明城市创建工作经验；先后组织市直部门及县区对网上测评、实地考察、问卷调查及负面清单的业务知识学习讨论会议近20场，努力提升市“创文”办及各单位业务水平。三是“借力量”查找短板。聘请市社情民意调查中心对毕节市“创文”工作的知晓率和满意度进行抽样调查。聘请第三方评估机构，对毕节市40多类2000多个点位进行模拟测评，查找工作短板，提出整改建议措施，帮助推进工作。

（撰稿：彭美）

对台工作

【概述】 2018年，毕节市台办深入学习党的十九大、习近平总书记对台工作重要论述和习近平总书记对毕节试验区重要指示精神及统一战线参与毕节试验区建设座谈会精神，以及省委十二届三次、四次全会精神和支持毕节试验区按时打赢脱贫攻坚战建设贯彻新发展理念示范区推进大会等精神，认真贯彻落实党的对台方针政策、习近平总书记关于对台工作的系列重要讲话和全国全省对台工作会议精神，牢牢把握推进两岸关系和平发展主方向，紧扣服务祖国统一和地方经济发展“两个大局”总要求，围绕市委、市政府“打赢攻坚战、建设示范区”部署，充分发挥对台工作资源优势，加强与台湾青少年和基层的交流交往，争取台湾民心，加强对台宣传和涉台调研，强化对台胞台属服务工作，依法维护台商台企的合法权益，较好地完成了各项工作任务。

【思想政治建设】 深入学习贯彻中央、省、市有关会议精神，坚定政治站位，强化政治灵魂。坚持以党的十九大精神和习近平新时代中国特色社会主义思想为指导，深入学习宣传贯彻习近平总书记对毕节试验区的批示指示精神，始终强化思想建设、组织建设、作风建设和党风廉政建设，务实推动机关党建工作，不断提升机关党建工作水平。把党的十九大报告、习近平总书记在贵州代表团发表的重要讲话精神和省委十二届三次全会精神列为重点学习内容。以“打赢攻坚战、建设示范区，台办怎么干”为主题，按照立足实际、围绕主题、突出特点、采取中心组学习、主题党日活动等方式开展大讨论活动。通过开展大讨论活动，进一步将毕节市台办广大干部职工的思想和行动统一到中央、省委、市委的决策部署上来，把智慧和力量凝聚到落实支持毕节试验区按时打赢脱贫攻坚战建设贯彻新发展理念示范区的目标任务上来，确保按时打赢脱贫攻坚战，努力建设贯彻新发展理念示范区。

【对台服务】 2018年，台办为确保调研工作出成果、出实效，制定了《毕节市台办2018年调研计划表》《毕节市台办重点调研课题制度》《毕节市台办经常性调查研究制度》等制度，通过制度的建立，一是加强毕节市台办重点调研课题管理工作，实现课题管理的科学化、规范化、制度化，提高课题研究成果质量，促进调查研究工作；二是切实转变领导干部工作作风，深入基层，贴近群众，为科学决策提供理论依据；三是从办主要领导做起，带头调研督办、带头解决问题，把问题一个一个排查核实清楚，避免调研工作大而化之、浮在面上，敷衍了事，毕节市台办领导多次带队深入全市有关台资企业、驻村工作点纳雍县有关乡镇（办事处）、创文联系点天河社区、金钟社区等地开展调研，并针对调研情况研究出相关措施解决实质性问题；四是依法依规、合情合理，切实提高解决问题的质量，确保每个问题的解决都经得起检验，抓住那些难度大、涉及面广的问题和历史遗留问题，集中攻坚、全力解决；五是严格按照法律政策规定和相关程序解决问题，维护台胞台属的合法权益，不留下新的后遗症。

【对台交流】 一是组织实施重点交流项目。由国台办批准的毕台民族记忆之旅系列五个重点交流项目——基层人士代表、毕台青少年文化周、教育界精英代表、医疗界精英代表和工商界人士代表等活动顺利实施，拓宽了毕台两地交流学习的覆盖面，交流活动共争取到国台办给予补贴经费18万元。进一步提高黔台两地的交流效率，以多管道、多元化方式来推广交流。同时扩大交流层面，在教育、医疗、基层管理等方面不断深化两地基层民间交流交往，建立友谊，形成了长效机制，使交流交往常态化。二是台湾省台东县里邻长联谊会参访团赴毕节交流团组赴毕节、织金、威宁、大方开展基层社区交流考察活动取得圆满成功。三是申报建立海峡两岸交流基地和“海峡两岸少数民族交流与合作基地”工作有新进展。四是指导及时审核4个团组52人赴台手续（其中县处级干部11名，科级及以下41名）。协助省台办做好毕节市组团的正县级及以下因公赴台人员行前指导工作4次。

【对台宣传】 充分发挥涉台交流项目多的优势，大力开展对台宣传。向台胞发放宣传资料200余份，较好地宣传推介了毕节与台湾经济发展、民族文化、教育发展等领域相关情况，毕节在台湾知名度和影响力不断提升。加大组稿投稿宣传力度和网络宣传力度，组织稿件图片20篇（幅）向《贵州与台湾》等涉台宣传媒体投稿，绝大多数得到采用。编发工作信息简报完成18期，其中《毕节台务工作动态》12期，《毕节对台工作专报信息》6期。

【对台服务】 2018年，台办有效提升服务水平，一是建立台胞台属数据库，对全市台胞台属基本数据进行精细化统计，进一步深入了解各地台胞台属基本情况，切实做好毕节市对台服务相关工作。二是规范常态化报送机制，对全市台胞台属进行动态管理，配合省台办慰问困难台胞台属10户，发放慰问金6000元。三是出台《毕节市港澳台入境旅游优惠奖励办法》优惠政策以来，2018年度到毕旅游、考察的台胞凭本人台湾居民来往大陆通行证（台胞证）享受国有景区免门票200余人。四是推动在毕台胞申领居住证工作。组织各单位召开联席会议，传达关于《做好台胞申领台湾居民居住证工作的通知》文件精神，及时深入各县（区）进行宣传，确保申领到居住证的台胞享受与大陆同胞同等待遇，目前，为毕节市常住台胞办理居住证29个。

【服务中心】 2018年，市台办同步小康工作有新成绩。一是扎实抓好驻村工作、为解决毕节市台办驻村联系点纳雍县干坝社区村民解决人畜饮水问题，毕节市台办从办公经费中挤出1万元为其购买水管等设施进行安装并为驻村干部购买了相关保险。为干坝社区协调党建活动阵地经费3万元。为社区安装路灯20余盏，价值5万余元。二是做好“五城同创”创文联系点相关工作。为毕节市台办创文包保联系点市西街道办事处金钟社区向市体育局协调健身器材一套，并为其解决宣传创文相关经费9800元。

（撰稿：李　云）

市直机关工委

【概述】 2018年，市直机关工委在市委的坚强领导下，坚持政治引领，强化理论武装，夯实基层基础，严格纪律作风，全面加强新时代机关党的建设，不断提高机关党建工作科学化水平，为完成各项中心工作提供坚强的组织保证。

【以政治建设为引领，狠抓新时代机关党的建设】 （一）加强对市直党组织的督查指导，促进党支部标准化规范化建设。结合党支部标准化建设工作开展，下发《通知》要求市直各党组织严格落实“三会一课”、主题党日等制度。3月9—15日，8月24—31日，由工委班子成员带队，分成四个督查指导组，采取召开座谈会、查阅资料、实地走访、现场业务培训等方式，对市直属115个党组织开展“三会一课”和主题党日活动、发展党员、党费收缴使用、党的组织生活制度等的督查指导。

（二）举办党的十九大知识竞赛。2018年上旬，在市直单位组织开展党的十九大精神知识竞赛，共8000多名党员干部职工参加竞赛。竞赛内容涵盖习近平总书记在中国共产党第十九次全国代表大会上所作的报告、新修订的《中国共产党章程》《十八届中央纪律检查委员会向中国共产党第十九次全国代表大会的工作报告》等。邀请第三方从答题最高分中采取抽奖的方式抽取了300名优秀奖，每人颁发奖金100元，合计发放奖金3万元。进一步掀起学习贯彻党的十九大精神的热潮。

（三）开展“打赢攻坚战、建设示范区，毕节怎么干”大讨论活动，举办市直机关主题演讲比赛。11月8日，在市烟草公司三楼多功能厅举办了市直属机关党组织“打赢攻坚战、建设示范区，毕节怎么干”主题演讲比赛，共有40个市直党组织选拔的49名选手参赛，评选出一等奖1名，二等奖3名，三等奖5名。毕节电视台、《毕节日报》、毕节试验区杂志均作了专题报道，进一步营造了学习贯彻总书记重要指示批示精神的浓厚氛围。

（四）是组织开展纪念建党97周年系列活动，提振机关党员干部精气神。下发《关于开展纪念建党97周年系列活动的通知》，组织开展纪念建党97周年系列活动。一是组织市直各级党组织以“不忘初心，牢记使命”为主题，开展一次重温入党誓词和入党志愿书活动。二是开展“两优一先”表彰活动。推荐“全省脱贫攻坚优秀共产党员”8名，“全省脱贫攻坚优秀党组织书记”4名，“全省脱贫攻坚先进基层党组织”5个。推荐“全市脱贫攻坚优秀共产党员”12名，“全市脱贫攻坚先进基层党组织”5个。评选表彰了市直优秀党务工作者50名、市直脱贫攻坚优秀共产党员70名、市直脱贫攻坚先进基层党组织55个。进一步营造创先争优良好氛围，激发党员干部干事创业的激情。三是开展党员进社区开展志愿服务活动。结合“五城同创”工作开展，组织市直各级党组织主动加强与帮建社区对接，开展党员志愿服务活动。四是开展“脱贫攻坚”扶贫走访慰问活动。组织市直各级党组织组织党员深入单位驻村联系点，开展脱贫攻坚走访慰问贫困户活动。五是开展党建活动补短板活动。组织市直各党组织负责人及其组织委员分别到所在党支部或单位驻村联系点为党员上了一堂专题党课。

【以党支部标准化规范化建设为抓手，不断夯实机关党建基层基础】 （一）加强党支部标准化规范化建设。下发了《关于加强党支部规范化建设的指导意见》和《机关党支部工作标准》，组织市直属各党组织认真开展党支部标准化规范化建设。在工委管理的留存党费中，拿出252400元采购800套党支部工作标准化建设“五件套”，下发给市直属各党组织，下拨16万元支持市人民检察院等5个机关党委开展党支部标准化示范点建设和5个新批准成立的市民政局等综合（联合）党委开展机关党组织标准化规范化建设工作。

（二）严把党员入口关，及时完成机关党组织按期换届选举工作。为进一步做好发展党员工作，确保新发展党员的质量，11月19日至21日，在毕节市委党校举办了2018年市直党员发展对象培训班，市直各党组织培养的180余名发展对象参加了此次培训。邀请市内党建专家重点对党的十九大精神、习近平新时代中国特色社会主义思想和习近平总书记对毕节试验区“7·18”重要指示精神、新修订的《中国共产党章程》、中国共产党党史、习近平新时代中国特色社会主义法治思想、《中国共产党纪律处分条例》、马克思主义哲学等相关方面内容进行了详细讲解。严格按照“控制总量、优化结构、提高质量、发挥作用”的总要求，始终坚持把政治标准放在首位，进一步扩大发展党员工作中的民主，严格工作程序和纪律，提高发展党员的质量。2018 年，市直共发展党员 211 名，指导完成了 40 余个机关党委、直属党总支（党支部）换届、改选、增补委员工作。

（三）加强党费收缴和管理，不断规范党员档案管理。一是根据中央、省市要求，结合市直实际，制定《市直机关工委留存党费使用和管理办法》，对党费收缴、下拨、使用、管理等进行详细规定，进一步规范了党费的收缴和使用。二是规范发展党员档案工作。下发了《关于进一步规范发展党员工作的通知》，要求市直各党组织抓紧对党的十八大以来发展党员工作情况进行一次全面回顾、深入排查，督促指导基层党组织认真对照《中国共产党发展党员工作细则》和《贵州省发展党员工作规程（试行）》，对发展党员工作 5 个阶段 25 个环节逐项进行自查，对发现的问题进行了及时整改。

（四）加大培训力度，不断提高机关党务干部素质和能力。一是举办贯彻习近平新时代中国特色社会主义思想培训班。6 月 4—6 日，在市委党校举办市直党务干部学习贯彻习近平新时代中国特色社会主义思想培训班。组织市直党组织负责人、党务干部 400 余人学习了习近平新时代中国特色社会主义思想、党的十九大精神、习近平总书记在贵州代表团重要讲话精神、《中国共产党章程》《中华人民共和国宪法修正案》和《中华人民共和国监察法》、脱贫攻坚相关政策法规以及新时代机关党建工作业务知识等。二是举办省委十二届三次全会和市委二届三次全会精神宣讲报告会。7 月 24 日，在市人民检察院二楼会议室组织召开省委十二届三次全会和市委二届三次全会精神市直机关宣讲报告会。市直有关单位党委副书记、市直属机关党委（党总支、党支部）书记、市直机关工委全体干部职工等 100 余人参加了培训。三是举办 2018 年党内统计年报专题培训及党务知识专题辅导。11 月 16 日，组织市直机关 110 余名党务干部开展 2018 年市直党内统计年报培训班，传达了中组部、省委组织部和市委组织部有关要求，总结讲评 2017 年党内统计年报工作，布置 2018 年党内统计年报工作；对 2018 年党内统计年报指标体系、统计方法和填报要求以及党内统计软件的功能和使用方法进行了专题讲解；同时对收缴党费、党员管理、党的组织生活制度落实等党务知识进行专题培训。

（五）加强机关党建工作交流，指导市县（区）直机关党建工作开展。一是分行业和系统召开座谈交流会，推进市直部门全面从严治党工作有效开展。3 月 7 日、4 月 9 日、9 月 30 日、10 月 21 日，先后组织召开部分市直医院、市直教育系统、市直垂直管理部门和农业系统全面从严治党工作座谈会，各党组织负责人围绕中心组学习、“三会一课”等学习制度的落实、基层组织建设、作风纪律建设、党建经费及党建专职人员保障等内容进行发言，提出意见和建议。二是加强对县区机关党建工作的指导。结合开展“三个大兴”活动，工委主要领导及班子成员分别带队分期分批到各县区调研，了解新时代机关党建存在的困难和问题以及市县区直机关选派驻村干部驻村工作开展情况，积极探索形势下机关党建工作的新路子、新方法，全面推进机关党的建设工作。

【认真落实管党治党责任，推进全面从严治党落实落地】 （一）落实全面从严治党要求，切实履行“两个责任”。高度重视全面从严治党“两个责任”工作，认真落实主体责任和监督责任。一是强化工作安排。年初召开了书记办公会议，专题研究部署2018年市直机关工委全面从严治党“两个责任”工作，把党风廉政建设与机关党建工作同安排、同部署、同落实。制定了《2018年毕节市直属机关党的建设工作要点》和《市直机关工委2017年党风廉政建设和反腐败工作计划》。二是强化第一责任。“一把手”带头履行主体责任，做到重要工作亲自部署，重大问题亲自过问，重点环节亲自协调，重要案件亲自督办，树牢党建责任观念。三是强化“一岗双责”。班子成员严格按照“一岗双责”要求，自觉将党风廉政建设与业务工作有机结合起来，对所在支部积极负起指导责任。主要领导与班子成员，班子成员与分管科室、科室负责人与工作人员层层签订党风廉政责任书。四是强化监督执纪保障工作。及时传达上级有关党风廉政建设和反贪腐工作的部署要求，结合实际进行专题研究和安排部署。及时听取纪检工作汇报，全面掌握工委及市直机关党风廉政建设和反腐败工作情况，研究解决问题、健全长效机制。五是强化廉政风险防控。及时发现领导班子成员、内设机构主要负责人在履行职责、作风建设、廉洁从政等方面存在的苗头性、倾向性问题，适时进行约谈，责令限期整改。

（二）提高政治站位，从严抓好领导班子民主生活会、党支部专题组织生活会和2018年巡视整改专题民主生活会。年初，按照市委组织部和市纪委的安排，严格按要求开展好工委领导班子民主生活会和党支部专题组织生活会并对部分市直部门领导班子开展民主生活会进行指导。同时，对市直机关各基层党支部开展好专题组织生活会提出了明确要求，工委主要领导参加了市民政局、市交通建设集团公司等单位的领导班子民主生活会，工委其他班子成员分别选取了一些基层党支部对他们开好专题组织生活会进行了现场指导。8月中下旬到9月上旬，又配合市委组织部和市纪委抓好2018年巡视整改专题民主生活会的有关工作，代市委通过发放征求意见表、召开座谈会等形式广泛征求市直单位对市委常委会的意见建议，全程参与对市直单位巡视整改专题民主生活会的督导，严格按要求开展好工委领导班子巡视整改专题民主生活会。

（三）健全规章制度，规范权力运行。一是积极推进机关效能建设。坚持“按制度办事”、“靠制度管人”，制定《市直机关工委留存党费使用和管理办法》和《市直机关工委工会会费使用和管理办法》，对党费上缴、下拨、使用、管理等进行详细规定，进一步规范了党费工会会费的收缴和使用。进一步修订完善了内部管理相关制度，进一步规范工作纪律，规范车辆管理，严控“三公经费”，形成以制度管人的良好氛围。二是厉行节约“三公经费”。三是严格执行“三重一大”事项集体研究决策制度。严格公务接待和公车使用管理。四是严格党费监管。9月中旬，邀请市审计局对市直管理党费进行专门审计，对发现的问题进行了整改落实。

（四）注重教育引导，着力抓好源头预防。一是开展党规党纪教育，提高广大党员干部的政治觉悟和拒腐防变的能力。市直机关工委通过集中学习、知识讲座、座谈交流等形式，认真组织党员干部学习《中国共产党章程》等党规党纪，旗帜鲜明地反对“四风”，从根本上提高了广大党员干部的政治觉悟和拒腐防变的能力。二是强化廉政警示教育。对党员干部进行廉政提醒谈话，工委书记与班子成员、分管领导与部室负责人都分别进行了提醒谈话，引导并增强干部“勤政在岗位、廉政在岗位、奉献在岗位”的责任意识。7月24日，组织市直各党组织书记、党务工作者和市直机关工委全体干部职工100余人到毕节市人民检察院党风廉政警示教育基地开展警示教育活动，同时市直机关工委书记徐霞辉对参加警示教育活动的全体人员进行集中提醒约谈。徐霞辉还对有关机关党建工作开展不好的市直机关直属党组织负责人进行了约谈。

（五）大力整顿纪律作风，推进干部作风转变。一是大兴“三风”，力戒形式主义、官僚主义和奢靡之风。认真做好作风评价。按照市委统一要求认真开展大兴调查研究之风、真抓实干之风、勤俭节约之风，工委班子成员都选定了各自调研课题，深入机关、企业、学校、农村进行实地调研，并对调研过程实行台账管理，通过形成扎实的调研之风推动其他“两风”的根本好转。二是加强督促检查，确保工作有效推进。开展明察暗访转作风活动。3 月初，工委下发了《关于开展市直机关党的建设工作明察暗访的通知》，由单位班子成员带队，分成 4 个督察组，对市直属 115 个党组织进行了明察暗访。督查组采取明察暗访、召开座谈会、查阅资料、实地走访、现场业务培训等方式，对市直机关事业单位、高校、国有企业、非公企业和社会组织党组织的班子建设、支部书记履职、发展党员、党费收缴使用、党的组织生活制度落实、党员教育管理、作风建设情况等工作进行了全面督查。对督查中发现的问题进行了通报，并限期进行了整改。8 月份，市直机关工委组织 7 个督查组对市直 73 家行政事业单位党组织 2018 年上半年党建工作完成情况进行过程督查，对存在的问题进行了通报，要求各党组织严格按照督查组现场反馈的问题及时开展整改落实，确保整改到位。三是积极参与全市督查工作。每个季度抽派人员参与市委组织部党建及驻村工作督查，积极参与市委重点工作督查，2018 年共完成市委、市政府安排的 28 次专项督查调研任务。

（六）严格执纪审查，保持高压态势。2018 年共受理党员违纪案件 1 件，初核 1 件，审结一件，给予市交通局一名严重违纪党员开除党籍处分。并严格按有关要求，做好处分决定的宣布执行，要求受处分党员所在党组织认真召开一次组织生活会，深刻分析所犯错误的原因，对其他党员进行思想教育，达到处理一个教育一片的目的。

【切实加强对群团工作的领导，推进社会组织党的建设】 （一）不断加强党建带团建工作，进一步加强市直机关团工委建设。一是组织召开共青团毕节市直机关代表会议，选举产生出席毕节市第二次团代会的市直代表 49 名。二是做好市直“智慧团建”系统组织树建立工作，建立完毕节市直团组织组织树，并将市直机关 33 名专兼职团干部信息维护采集完毕。三是参与组织开展了“感恩奋进　青春建功新时代”青年大学习演讲比赛。四是举办了市直机关第一次“书香毕节　青春悦读”读书分享会。

（二）不断加强党建带工建工作，丰富机关干部职工精神生活。一是对市直 30 余家基层工会新建或换届工作进行指导批复。二是春节期间组织市直职工参加了 2018 年毕节市“迎新春”足球、篮球、拔河、登山、羽毛球、乒乓球等系列比赛；5 月组织市直职工参加了在黔西举行毕节市第二届职工象棋、围棋比赛；11 月组织市直职工 300 多人参加了庆祝改革开放 40 周年贯彻中国工会十七大精神“云之享杯”全省职工首届“健康新长征”万人健步走活动。三是发动市直基层工会积极参加《职工医疗互助活动》和工会会员服务卡的办理。截至 12 月，市直 5000 余工会会员参加了职工医疗互助活动，4000 余工会会员办理了工会会员服务卡。

（三）加强社会组织党建工作，确保全覆盖。一是加大调研指导力度。市直机关工委高度重视市直社会组织党建工作，多次召开工委委员会议专题研究，工委班子成员对市直社会组织情况实地调研，逐个研究社会组织党组织建立及发挥作用对策，不断激发和释放社会组织活动力。二是及时成立集中管理社会组织党建工作的有关联合（综合）党委。根据调研情况，结合各管口部门实际，在市民政局成立社会组织综合党委，市工商联、市体育局和市文联分别成立社会组织联合党委，负责管理本单位管理的社会组织党建工作。三是提高社会组织党组织的覆盖率。按照应建尽建的原则，通过单独建、联合建立党组织，下派党建工作指导员等方式及时建立社会组织党组织，切实提高社会组织覆盖率。市直202家社会组织均建立党组织，实现了党组织100%覆盖。

【坚持围绕中心，抓好抓实党建扶贫和同步小康驻村帮扶工作】 紧紧围绕“确保按时打赢脱贫攻坚战”这个中心任务，积极引导市直属各党组织在脱贫攻坚主战场走前头、作表率。组织引导广大党员干部自觉投身脱贫攻坚主战场，实实在在地推动脱贫攻坚工作，确保圆满完成各项目标任务。

（一）积极推进党建助推大扶贫工作。为切实发挥各级党组织在脱贫攻坚工作中的战斗堡垒作用和全体党员的先锋模范作用，5月25日，下发《中共毕节市直属机关工作委员会关于市直党组织落实脱贫攻坚帮扶工作存在问题进行整改的通知》，要求市直属党组织分批次安排机关党组织和全体党员对单位驻村联系点贫困党员群众进行大走访、大排查，及时了解贫困党员群众存在的问题，及时化解群众矛盾纠纷，及时排查脱贫攻坚工作中存在的突出问题。每个季度抽派多名熟悉农村工作领导干部配合市委组织部、市委党建办对市直选派驻村第一书记和同步小康驻村干部到岗到位情况、作用发挥情况进行了多轮督导，确保这些党员干部真蹲实住，充分发挥应有的作用。“扶贫日”期间，组织下发《关于组织开展2018年“扶贫日”公募活动有关事宜的通知》，组织市直部门单位及党员干部职工积极捐款，共组织募捐善款共计959272元，统一存入市慈善总会账户，用于脱贫攻坚工作。

（二）尽单位全力帮扶同步小康驻村联系点。制定了《帮助乐咪营村脱贫攻坚存在问题核实整改排查工作方案》，由领导班子成员带队分成四个工作组，分期分批赴同步小康驻村帮扶点猪场乡乐咪营村帮助排查整改脱贫攻坚存在的问题，并尽单位全力帮助解决。从行政经费中划拨了1.5万元作为同步小康驻村联系点纳雍县猪场乡乐咪营村工作经费，另外帮助解决该村新建村级活动场所缺口资金1.5万元、办公座椅30余套、文件柜4个，协调市体育局帮助解决体育健身器材若干。春节、元旦以及扶贫日期间，由工委班子成员带队，走访慰问困难党员、老党员、困难群众120余人，发放慰问品、慰问金折合人民币6万余元。

（三）强力推进直属党组织社区帮建和机关在职党员进社区报到服务工作。下发《市直机关党组织抓基层党建工作任务清单》要求市直各帮扶单位党组织要以建立长效帮扶机制为基础，明确帮扶单位职责；以党组织结对帮扶为契机，搭建党建交流平台；以在职党员进社区报到服务工作为抓手，积极参与社区“共驻共建”；以加强城市社区建设为目标，积极参与社区治理，各项创建工作都在有序开展。工委自身从主要领导到分管领导经常带领相关部室负责人到工委帮建社区七星关区市西办事处翠西社区走访调研和开展扶贫帮困工作。“八一”和重阳节期间，分别组织了“吹响红色集结号，争做文明志愿者”庆“八一”退伍军人代表座谈会、“我们的节日·重阳 弘扬敬老传统美德 共创全国文明城市”座谈会，号召社区居民积极参与文明创建工作。支持翠西社区2万元经费用于“五城同创”工作，推进了帮建翠西社区的创建工作取得了初步成效。

（供稿：中共毕节市直属机关工作委员会）

离退休干部工作

【概述】 2018年，在市委的坚强领导下，在省委老干部局的正确指导下，全市各级离退休干部工作部门以习近平新时代中国特色社会主义思想为指导，认真学习贯彻党的十九大精神、省委第十二届三次全会、市委二届三次全会精神，以庆祝改革开放40周年、毕节试验区建立30周年为契机，按照党的十九大提出“认真做好离退休干部工作”的要求，围绕中心、服务大局，坚持精准服务的工作理念，引导广大离退休干部为按时打赢攻坚战，建设贯彻新发展理念示范区作出积极贡献，推动全市老干部工作创新发展。

【以政治建设为统领，离退休干部思想建设有了新加强】 各级各部门把政治建设的各项要求贯穿到离退休干部工作的全过程，通过组织老同志政治理论学习、传承党的红色基因、开展党性修养活动等引导老同志珍惜光荣历史、不忘革命初心、永葆政治本色，不断增强离退休干部党员的政治荣誉感。一是政治理论学习不断加强。继续推进“两学一做”学习教育常态化、制度化，通过组织离退休干部定期学习、个人自学、邀请专家专题讲座和推荐外出学习相结合等形式，深入学习习近平新时代中国特色社会主义思想、党的十九大精神、习近平总书记对贵州、对毕节试验区的重要指示批示精神和中央、省、市重要会议、重要文件精神。2018年，邀请市委党校王洪云教授为市直离退休干部作了题为《新思想引领新时代　新使命开启新征程——学习贯彻党的十九大报告及两会精神》的专题辅导，推荐7名厅级老领导参加省委老干部局举办的加强党的政治建设培训班学习，对行动不便的老党员、生病住院的老干部和易地安置的老干部送学上门100余人次，把党的声音及时传达到每一位离退休干部的心坎上，使老同志更加牢固树立“四个意识”，更加坚定“四个自信”，始终在思想上、政治上、行动上同以习近平为核心的党中央保持高度一致。二是思想政治建设不断增强。各级党组织以离退休干部乐于接受的方式，通过组织学习研讨、开展主题征文活动、举办支部书记培训等方式，教育引导老同志自觉做习近平新时代中国特色社会主义思想的坚定信仰者和忠实实践者。各级离退休干部党支部通过组织老同志为在职干部上党课、为青少年学生宣讲社会主义核心价值观等方式，引导老同志发挥政治优势、经验优势、威望优势，讲好初心故事、传承红色基因、弘扬光荣传统，为全面从严治党、党风廉政建设和反腐败斗争、国家监察体制改革深入推进鼓劲助力、加油点赞，为按时打赢攻坚战、建设贯彻新发展理念示范区发挥正能量。三是党性修养活动不断深化。各级各部门把增强离退休干部党性修养作为一项重要工作来抓，通过开展主题鲜明、寓教于乐、形式多样的特色活动，让老同志们在潜移默化中得到教育、受到启发，更好地增强离退休干部的党性修养。在庆祝改革开放40周年大会召开之际，各级老干部工作部门通过组织离退休干部集中收看收听或在家收看收听等方式了解大会精神，老同志们观看后通过网络平台，纷纷为改革开放40年来全国发生翻天覆地的变化点赞。在建党97周年之际，各级老干部工作部门开展形式多样的庆祝活动，市局组织单位离退休干部党员、市直县级以上离退休干部分别到鸡鸣三省、纳雍县枪杆岩等红色文化教育示范基地开展重温入党誓词、表彰优秀共产党员、上专题党课，举行中共十九大知识、监察法、党纪党规、扫黑除恶等知识抢答赛等活动。在国庆节期间，派出工作组到河北省安新县寻找毕节市离休干部朱凤池与《小兵张嘎》人物原型之间相似的历史印证资料，拍摄专题片《小兵张嘎的原型在毕节?》，在毕节电视台、云上毕节、贵州老干部工作网等多家媒体上播放，释放了强大的正能量。

【以提升组织力为核心，离退休干部党组织建设有了新突破】 各级党组织牢固树立“抓离退休干部党建工作就是抓离退休干部工作，要抓好离退休干部工作就要着实抓好离退休干部党建工作”的理念，把健全组织体系作为推进离退休干部党建工作的基础性工程来抓，不断增强离退休干部的组织归属感。一是工作机制逐步健全。10月，市委离退休干部工作局与市委组织部联合下发了《关于加强新时代离退休干部党建工作的实施意见》（毕组通〔2018〕58号）文件，对全市加强新时代离退休干部党建工作作出系统部署，对离退休党组织领导，机构建设、制度保障、工作经费、党支部书记（委员）补贴、党费返还比例等作了明确规定，为进一步加强对新时代离退休干部党建工作的指导，推动离退休干部党建工作提供了重要的制度保障和经费保障。二是组织设置逐步优化。按照“三个有利于”的原则，在离退休干部集中居住地、学习活动场所、兴趣爱好团体建立党组织，推动党组织设置由单位向基层和社区延伸。全市成立离退休干部党支部有185个。各单位在建好离退休干部党支部的基础上，选配党性强、威信高、身体好、责任心强、经验丰富、乐于奉献的离退休干部党员担任党支部书记。为方便离退休干部党支部开展工作，明确了1名单位在职人员作为联络员，很好地发挥党支部的战斗堡垒作用。三是信息化建设逐步推进。充分发挥“毕节老干部之窗”微信公众号、毕节离退休干部微信群以及离退休干部工作网站等新媒体的作用，运用互联网技术和信息化手段创新党建工作方式，不断拓展离退休干部党员学习和支部活动空间，采取“离退休干部党支部+互联网”方式，介绍党建业务，交流经验做法，报道先进典型等，让老干部能及时了解国内外的信息，把老干部的思想统一到中央、省委和市委的决策部署上来，切实做到党支部学在网上、党员连在线上，提高党支部建设的科学化、信息化水平，引导广大离退休干部做全面从严治党的坚定支持者和模范践行者。

【以精细化服务为导向，离退休干部幸福感有了新提高】 全市离退休干部工作部门牢固树立精准服务的理念，增强精准服务意识，在精细化、优质化、便利化、个性化上下功夫，不断增强离退休干部的幸福感和获得感。一是服务工作更加精细。全市各级各部门严格按照年初市委办下发的关于进一步做好元旦、春节期间相关工作的通知精神，认真落实离退休干部走访慰问、报刊征订、情况通报等工作。同时，针对离退休干部个性化需求，在健康体检、知识讲座、医疗费审核和组织参观考察等方面都做到更加精准、更加科学、更加合理。在健康体检、知识讲座等方面都做到事先征求意见，根据大家的需求开展工作。如每次体检后，根据老同志们的体检情况，请医院专家为存疑指标进行解释、指导；每次举办健康知识讲座前，都事先征求离退休干部的意见、建议，根据大家的需求，再邀请相关医疗专家为离退休干部作健康知识讲座；每次组织参观考察前，先了解离退休干部身体状况是否适合外出，参观考察过程中，安排医务人员全程陪同，并对年高的老干部采取一对一的服务。2018年市局分别组织离退休干部到黔东南州、纳雍县参观考察，老同志们结合各地改革开放经济社会发展取得的成果提出很多建设性的意见建议，张集智市长对市局呈送的考察报告作出批示：“很好，多组织老同志外出参观考察，既有利于他们帮助市委、市政府进一步推动科学决策、民主决策、依法决策，又有利于老同志们的身体健康。”各县（区）也分别组织离退休干部到市内市外参观考察，让老同志切实感受各地的发展变化。二是特困帮扶更加精准。为认真贯彻落实市委周建琨书记关于“要加大对特困老干部及老干部遗孀的帮扶工作力度”的指示精神，让特困老干部及无工作遗孀充分感受到市委、市政府的关怀，使帮扶工作更加精准，市局组建了8个专门工作组到老干部家走访，通过走访，对老干部及老干部遗孀存在的困难进行研判、分类，根据困难程度确定帮扶资金数额，做到帮扶更加精准。春节、“七一”、国庆节等重大节日期间，共帮扶慰问特殊困难老干部和遗孀100余人次，发放帮扶资金17.09万元。各县区也加大帮扶力度，共帮扶特殊困难老干部及老干部遗孀300余人次，帮扶资金50余万元。三是活动开展更加广泛。2018年是改革开放40周年、试验区建立30周年，市局在全市离退休干部中开展了“致敬改革开放、唱响同步小康”——毕节市老同志文艺会演活动，全市各级各部门和广大老同志积极参与，各县（区）组织开展了40余场次老同志文艺演出，市局从各县（区）老同志演出的节目中遴选出23个节目参加全市老同志文艺会演，评选出赫章县舞蹈《走进阿西里西》、织金县文琴戏《赞试验区》等优秀节目参加全省文艺会演。在老年节期间，市局组织开展了城区老年人门球赛、全民健身登山活动，还组织文艺宣传队到扶贫联系点七星关区千溪乡中屯村开展纪念改革开放40周年暨法治宣传文艺演出等活动。各县（区）也相继开展了猜谜语、飞镖、象棋、麻将、打保龄球、喜迎国庆书画作品展、“感党恩、迎七一”文艺演出等丰富多彩的活动。通过各种活动的开展，进一步增强了广大离退休干部参加文化养老的积极性，极大地丰富了老同志们的精神文化生活。

【以增添正能量活动为抓手，助力脱贫攻坚有了新作为】 全市各级离退休干部工作部门充分发挥离退休干部独特优势，积极为他们助力脱贫攻坚创造条件、搭建平台，广大离退休干部主动融入大局，积极行动，为打赢攻坚战贡献智慧和力量。一是“311工程”持续向好。按照省委老干部局《组织引导全省离退休干部深化助力脱贫攻坚“311”工程三年工作方案的通知》（黔老干通〔2018〕7号）精神和要求，市局印发了《关于组织全市离退休干部深化“助力脱贫攻坚、参与五城同创”三年（2018—2020年）工作方案》，把推进“311”工程助力脱贫攻坚作为引导离退休干部发挥正能量的一种有效方式，做到了制度化、常态化。全市有83名老专家自己创建或参与创建“产业发展示范点”18个，受益群众4667户；有16个离退休支部参与结对创建“党建扶贫示范村”16个；有近200名离退休干部参与结对创建“脱贫攻坚示范户”197户，在全市营造出“打赢攻坚战、建设示范区”离退休干部在行动的良好氛围。二是建言献策得到肯定。围绕“113攻坚战”目标，通过举办专题讲座、召开座谈会、组织参观考察等形式，开展“试验区建立30周年，我有话儿要建言”“打赢攻坚战、建设示范区、毕节怎么干”等建言献策活动，老同志们积极参与，纷纷为毕节试验区建立30周年以来经济社会发展点赞，提出了很多建设性的意见建议，得到周建琨书记和张集智市长的批示。周建琨书记批示：“非常感谢老同志们，请市委办将意见建议送相关部门办理，并适时给老同志们回复。”张集智市长批示：“感谢各位老领导，各位老同志！这些意见真知灼见，很有价值，请转有关部门研阅。”三是专题调研成果丰硕。围绕“我看改革开放新成就”主题，市局成立4个调研组深入各县（区）开展“我看改革开放新成就”专题调研，广大离退休干部积极参与，发出了好声音，深情回顾了改革开放40年、毕节试验区建立30周年的发展历程，为改革开放以来尤其是党的十八大以来全国、全省以及毕节试验区取得的新成就、新变化点赞，进一步引导全市广大老同志永远感党恩、听党话、跟党走。周建琨书记对市局呈报的调研报告作出批示：“很好，非常感谢老同志们。”四是老干部讲坛展示新风貌。2018年5月，市局承办了以“感恩奋进三十年、喜看毕节谱新篇”为主题的第五期“为党和人民事业增添正能量新时代全省老干部讲坛”活动，邀请全市在“助力脱贫攻坚、参与五城同创”、构建和谐社会过程中发挥作用好的8名老同志现场讲述了试验区“攻坚克难的昨天”“真抓实干的今天”“同步小康的明天”，讲坛现场生动感人，得到了省委老干部局、各市州参会人员和市委、市政府领导的充分肯定和高度评价。周建琨书记亲自听取讲坛筹备工作情况汇报并对办好老干部讲坛作出指示，石永忠部长全程参与讲坛活动并致辞，对讲坛的成功举办作出批示：“活动组织得很好，传递了毕节正能量，望再接再厉，创造新佳绩。”五是专题片宣传展现新风采。广大离退休干部是试验区的亲历者、见证者、建设者、推动者，在试验区建立30周年之际，为更好地把广大离退休干部在毕节试验区各项建设中涌现出来的先进典型宣传出去，市局组建专门记者团队深入全市各县（区）基层一线，采访报道全市离退休干部发挥正能量助力脱贫攻坚的先进事迹，摄制“毕节市离退休干部为试验区建设增添正能量纪略”专题片，在全省老干部讲坛活动上播放，在与会人员中引起了强烈的反响，对宣传毕节试验区起到了很好作用，引导更多的离退休干部积极参与到试验区各项建设中来，为试验区各项建设贡献智慧和力量。六是《桑榆唱晚晴》释放正能量。为更好地引导广大离退休干部在脱贫攻坚中献计出力，市局收集了退休后扎根农村、带领群众创业致富，发挥专业技术特长，为群众解决生产生活中的实际困难等23名老同志和3个离退休干部党支部的典型事迹材料，汇编成《桑榆唱晚晴》一书，分发给前来参加全省老干部讲坛活动的各市州、省直各单位的领导和老同志，把毕节离退休干部在助力脱贫攻坚中的先进典型很好地宣传出去。七是关工委工作开创新局面。市关工委在青少年思想道德教育、法治教育、助力脱贫攻坚、开展农村科技培训、关爱留守儿童等方面做了大量工作，很多工作成为全省品牌。全年，举办了全市第十二期关工委系统干部培训班，开展了“学习三史三情、传承红色基因、争作时代新人”主题教育活动，特别是“党建带关建”“一评三管好”“阳光关爱，高墙帮教”、留守儿童家长（代理家长）、“尽责优教”大讲堂等活动，得到中国关工委、省委分管领导和省关工委领导的高度肯定。2018年，中国关工委主任顾秀莲、常务副主任刘雅芝，省关工委主任王正福、常务副主任吴嘉甫、唐世礼等领导相继到毕节市指导、调研关工委工作，对毕节市关工委工作的好经验、好做法给予充分肯定，顾秀莲12月23日对毕节市关工委工作经验作出批示，指出，毕节关工委工作的好经验、好方法值得学习推广。市委周建琨书记、市长张集智也分别对2018年全市关工委工作作出批示，充分肯定了市关工委工作。

【以加强队伍建设为根本，履职尽责能力有了新提升】 做好新时代老干部工作需要一支讲政治、重感情、业务精、作风好、老同志信得过的过硬队伍。一年来，通过持续开展好书分享、演讲比赛、业务培训等活动，不断加强离退休干部队伍建设。一是好书分享持续推进。2018年是开展“一本好书共分享”读书活动的第四年，市局每年都坚持把加强自身建设，培养干部职工“提笔能写、开口能讲、问策能答、遇事能办”的能力作为提升干部队伍素质的重要抓手。结合好书分享读书活动，举行了以“打赢攻坚战、建设示范区、老干部工作怎么干”为主题的演讲比赛。1月，市委周建琨书记到老干部局调研时，对市局开展的“一本好书共分享”读书活动予以高度评价：“你们开展的读书活动很好，‘不读书，无以从政；不读好书，无以从好政’，干部党性修养和个人品行，都要从好书中汲取营养，吸取精华，丰富自己。”市委常委、组织部部长石永忠到市局调研老干部工作时鼓励：“要把读书分享活动作为一项常态化工作，继续开展下去。”时任省委组织部副部长、省委老干部局局长孙拥辉到毕节调研时，对市局自身建设活动予以肯定：“你们开展的自身建设活动很好，尤其是‘好书分享’读书活动很值得推广，适时请你们通过讲座的形式，向全省介绍经验做法。”9月21日，关凤晶局长在全省离退休干部工作部门自身建设视频培训会上作题为《“六个一”加强自身建设提振老干部工作队伍精气神》经验介绍。二是学习培训提升素养。坚持采取周二、周五政治理论学习制度和选送干部职工参加相关部门在市内和省外举办的各种培训相结合的方式，进一步增强干部职工能力素养。2018 年以来，先后推荐 2 名副县级领导干部参加全国、全省老干部业务能力提升培训和习近平新时代中国特色社会主义思想理论培训，推荐 3 名中层干部分别参加广州(班)毕节市优秀中青年干部综合能力提升专题培训、中国关工委与中国火炬杂志社联合举办的通讯员培训和全市妇女干部班培训。领导班子成员、干部职工先后轮流参加市委组织部举办的“脱贫攻坚大讲习”专题学习 100 余人次。三是帮扶工作做深做实。按照“三个大兴”的要求，局领导班子成员多次带队深入党建扶贫联系点、“法治毕节”联系点、社区帮建工作联系点开展调研和慰问帮扶工作，为各联系点解决很多实际困难。选派一名干部到千溪乡中屯村驻村，落实 1 万元驻村工作经费，解决 8 万元经费用于村两委办公阵地建设和“法治毕节”创建等，从团市委为 2 户贫困户家庭子女每户联系到 5000 元大学生贫困资助资金。为社区创建联系点七星关区洪山街道办事处拥军社区解决 1.5 万元创建文明城市宣传经费，每月组织干部职工深入社区开展“五城同创”宣传工作，提高联系点群众对文明城市创建的知晓率和参与率。四是作风建设一抓到底。按照党风廉政建设“两个责任”工作要求，主要领导与领导班子成员，分管领导与分管科室负责人层层签订了党风廉政建设责任书。利用干部职工理论学习时间，传达学习习近平总书记关于进一步纠正“四风”加强作风建设的重要批示精神、十二届省纪委二次全会精神和第二届市纪委第三次全体会议精神，严格执行《贵州省公务活动全面禁酒的规定》，筑牢党员干部拒腐防变的思想防线。组织干部职工集中观看《打铁还需自身硬》警示教育专题片、扶贫领域的典型违纪案例图片展，教育党员干部时刻坚守政治底线，做清正廉洁、遵纪守法的合格党员。

（撰稿：陈　洁）

党校教育

【概述】 2018 年党校（院）以宣传贯彻党的十九大精神主题主线，深入学习宣传贯彻习近平总书记重要指示精神和统一战线参与毕节试验区建设座谈会精神，落实省市有关会议精神，围绕中心、服务大局，竭力抓好干部教育培训工作，助力打赢脱贫攻坚战，建设贯彻新发展理念的示范区。

【夯实主课主业，提升品质，教学培训有实绩】 2018 年共培训各级各类学员 75948 人次，其中校内培训 55948 人次，校外培训 20000 人次。

一是圆满完成主体班次教育培训工作。围绕党的十九大精神、习近平总书记重要指示精神和统一战线参与毕节试验区建设座谈会精神，以及省委十二届三次全会精神和支持毕节试验区按时打赢脱贫攻坚战建设贯彻新发展理念示范区推进大会精神、市委二届三次全会精神，突出重点、热点问题导向，紧扣毕节市中心工作议题，以扎实的学术研究与严谨的治学精神说清楚中央、省委、市委三级领导作出的重大政治判断、重大政治命题、重大战略决策，让学员学懂弄通。2018 年完成“乡镇（街道办事处）干部培训班”1 期、“少数民族干部培训班”2 期、“妇女干部培训班”2 期、“共青团干部培训班”1 期、“县处级干部进修班”1 期、党外干部培训班 1 期、“习近平新时代中国特色社会主义思想研讨班”2 期、“关工委干部培训班”1 期共 11 个主体班次 429 人次。

二是积极开展基层宣讲与新任公务员培训。充分利用农民（市民）讲习所这个平台，抽派骨干教师作为市级讲习员深入农村、机关、社区、企业、学校等开展党的十九大精神、“7·18”重要指示精神宣讲，2018 年来共开展宣讲 100 余场，培训20000余人次。培训2017年新任公务（选调生）共5期，累计培训新任公务员（选调生）952人次。

三是专题班次开设体现针对性与现实性。2018年，党校（院）举办了“毕节市直单位轮战第一书记和驻村干部岗前专题培训班”，培训269人；举办“全市市管干部学习习近平新时代中国特色社会主义思想研讨班”，培训601人；举办“毕节市监察体制改革试点工作普法培训班”，培训140人；承办“新时代学习大讲堂”共122场次，培训36600人次；“脱贫攻坚大讲习培训”共19场次，培训5700人次；与其他部门联合举办专题培训班52期，培训9523人。推动了毕节试验区“按时打赢脱贫攻坚战”“贯彻习近平总书记重要指示批示精神”等中心工作的进程。

四是对外培训合作培训规模进一步扩大。根据党校（院）工作实际，结合毕节试验区自身工作特色，2018年全年共培训来自内蒙古、广西、云南、青岛、广东、深圳、四川等省（自治区）市的培训班22次期，共计1495人次，有效推广毕节试验区脱贫攻坚工作经验和做法。

五是进一步完善研究生教育工作。在学员考勤上“严”字当头，认真审核报考资料，2018年招生法学专业，报考人数521人，考试上线65人，实际录取63人；在教学管理上认真填报“三表”，即教师上课统计表、研究生考勤签到统计表和上课老师质量测评表，严格研究生管理，提高教学管理质量。同时积极引导与鼓励学员参加省委党校论文评选活动。

【整合资源，注重实效，干部培训有新招】 一是强化阵地建设和组织建设。进一步规范班级阵地建设，强化班级管理，召开各班支委、班委负责人会议，提出组织建设的要求和管理目标。各支委、班委在班级管理中发挥较大的作用，充分释放出正能量。

二是强化理论教育和党性教育。注重增强干部的“四个意识”“四个自信”，忠诚于党，坚决做到“两个维护”和“四个服从”，不断提高政治站位。在理论教育教学的基础上，不断加强党性锻炼，先后组织主体班学员到“鸡鸣三省”“枪杆岩”“钱壮飞烈士墓”等党性教育基地开展党性教育，到市“预防腐败警示教育基地”开展廉政警示教育。利用红军长征在毕节的行动轨迹和历史遗迹，挂牌一批党性教育基地，理论教学与现场教学相结合，让学员不仅感动一阵子，而且要铭记一辈子。不断提高对党新时期新任务新要求的认识，自觉唤醒党员意识，主动承担责任担当。

三是围绕市委、市政府的中心工作开展教学。紧紧把握市委、市政府“坚持三大主题、建设四个高地、打造毕节试验区改革发展升级版”的决胜贫困、同步全面小康的中心工作，深入学习研究“113攻坚战”，以及“五城同创”、生态环境治理等具体战略措施。认真对党的十八届六中全会精神、十九大精神进行分专题备课，共设计了将近20个教学专题。完成“毕节新时代微讲堂”学习资料选编任务。组织培训有关省委十二届三次全会、市委二届三次全会精神，习近平总书记对毕节试验区批示指示精神的专题教学等，注重结合学员的工作实际，强化对重大方针政策、决策部署的宣传和解析。为学员鼓劲打气、增强信心。

四是坚持领导干部上讲台机制，聘请党委政府和部门领导授课。班次培训学习中开设的专题讲座，均聘请市委、市政府和各相关部门领导讲授，既是给学员提要求、鼓干劲，也是给学员教方法、立规矩。邀请部门领导为学员授课，重在让学员系统充分地了解各部门的业务工作和全市中心工作之间的关联性，了解各部门工作在脱贫攻坚、同步小康总目标下所发挥的作用。市委、人大、政府、政协等市领导到党校授课15人。各相关部门领导到党校授课24人。

五扎实开展“三同”实践，助力脱贫攻坚。组织主体班学员扎实开展“三同”实践，切实发挥“三队”（宣传队——宣传党的政策、工作队——帮助谋划建设发展、生产队——参加农民干农活）作用，察民情、了民意、释民惑、解民忧，进一步强化为民务实情怀，助力脱贫攻坚。2018年主体班学员共开展党性锻炼和社会实践活动14次，班（支）委出简报16期次。

【围绕中心，服务“打赢攻坚战，建设示范区”大局，科研咨政有作为】 一是科研成果层次进一步提升。全年发表文章98篇。申报各级课题26个，其中省委党校课题5个，获立项5个；贵州省社科联获立项1个，结题1个，贵州省社会主义学院课题5个，获立项5个；毕节市廉政研究中心课题，获立项5个，结题5个；全市哲学社会科学理论研究课题10个，获得立项6个，结题5个。贵州省党建研究学会课题1个；获省第十二次哲学社会科学优秀成果奖评奖论文类获奖1篇；在全省党校系统第二届优秀科研成果评奖中申报15项，获奖8项。其中一等奖1项，二等奖5项，三等奖2项；参加滇黔桂三省（区）第四届南盘江流域发展论坛征文1篇，贵州省社科界“纪念改革开放40周年”理论研讨征文2篇；中共贵州省委党校（贵州行政学院）关于举行纪念改革开放40周年理论研讨会征文2篇。

二是决策咨询功能进一步发挥。服务发展大局、紧扣重点任务。第一突出问题意识，加强基础性研究。紧扣“7·18”重要指示精神、省委十二届三次全会和市委二届三次全会精神，积极申报省市年度重点调研课题和决策咨询课题，加强对策性研究。第二围绕现实需求，服务决策需要。主动结合市委、市政府不同时期的重要工作部署，做好任务对接和渠道对接，完成市委、市政府有关部门的委托课题，深入调查研究，积极建言献策。第三关注重要节点，做到精准科研。注重决策咨询的前瞻性和针对性，在中央、省委和市委召开重要会议的节点，有针对性地推出专题研究报告。第四聚焦教学目标，促进教学科研咨询一体化。紧扣教学目标搞科研，切实做到“教学出题目、科研做文章、成果进课堂、理论进决策”，促进教学科研咨询一体化。

三是联合科研，提高科研的质量。有效利用外部资源，积极主动协调，开展联合科研。与中央党校出版社协调联系，公开出版发行《怎样当好村支书》专著一部，并纳入毕节市党校系统干部培训教材；在毕节试验区建立30周年之际，与贵州省社会主义学院联合组稿出版2期《贵州省社会主学院学报（增刊）》专门刊发毕节试验区研究的文章；竭力举办好《毕节党校研究》校刊，积极向省内外知名专家学者约稿，不断扩大稿源，提高《毕节党校研究》的办刊质量。

【引育并举，盘活资源，队伍建设有成效】 一是强化素质提升，做好人才引进工作。根据党校（院）工作实际与学科建设需要，引进了哲学、政治学、社会学、法学、新闻传播学等硕士研究生9名，进一步完善了党校（院）学科设置，优化了教师队伍结构。根据校（院）行政后勤部门现实需要完成招募见习生三名，充实了后勤保障力量。

二是完善人才培训架构，锻炼师资队伍。将教师素质提升作为提高教学质量核心。通过集体备课试讲、跟班听课、示范教学、网络在线学习、外出高端培训、专兼职教师培训等形式，着力打造一支有理想、品德好、作风正的师资队伍；举办全市党校系统教学观摩活动，使各县市区党校充分发挥教学观摩活动的引领作用，不断提高教学质量，增进相互交流，使全市党校教学科研不断上档次、上水平；积极开展挂职锻炼、课题调研、“三同”实践等形式，进一步强化教师实践教育培训，提升理论联系实际的能力，做到骨干教师在基层锻炼、在基层发现、在基层培养，在实践中培训。抽调3人到精准扶贫联系村担任第一书记，1 人到省社会主义学院挂职，2 人到市脱贫攻坚指挥部工作。中央党校（国家行政学院）培训 4 人，省委党校培训 4 人。

三是严格教师管理，加强队伍建设。创新教师考核机制，量化教师工作量，将教师日常动态管理和年终考核、职称评定相结合，不断严格教师管理。2 名同志申报教授职称，3 名同志考察提拔为副县级领导岗位。

四是培优教师，推进名师工程。积极参与首届贵州省党校系统“名师工程”人才申报工作，党校（院）曾美海、孔令举两名老师荣获名师工程称号；罗恺老师荣获科研领军人才；陆恩永老师荣获教研新秀。

【加强建设，提升内涵，服务保障有提升】

一是加强行政后勤管理，提升服务质量。校（院）紧紧围绕“保障上台阶，服务重质量，管理出成效”目标，群策群力，团结协作，圆满完成各项阶段性任务。为有效保障各班次教学培训和市委各部门在党校召开的各类会议的正常开展。校（院）投入 100 万元对供电变压器及线路进行改造；18 万元对教室会议室等办公场所加装空调；投入 17 万元对教学楼幕墙进行维修改造；加强对学员食堂的卫生服务管理，注重质量提升。积极引进校（院）物业管理，确保 2018 年底物业公司全面进校服务，为到党校进行培训学习的学员提供更好的学习环境，营造更好的学习氛围。

二是围绕教学中心，知识服务数字化。在每天正常开放各个窗口读者服务的同时，着力围绕校（院）“教学”这个工作中心，有计划有步骤地为教职工采购政治理论及教学科研文献资料：《习近平新时代中国特色社会主义思想三十讲》《贵州新阶段经济社会发展研究》《习近平用典 1－2》《马克思靠谱》等；积极配合相关部门开展好毕节市全国文明城市的创建工作，不断满足帮扶社区居民文化生活的需求，积极协调中央编译出版社申请到价值 20000 元左右的捐赠图书 200 余册送到“书香书屋”；在教学楼创建采购安装了“移动图书馆”，投资 3 万元购买“歌德电子借阅机”，满足了教职工和学员适时、及时对各类文献和国际国内信息的需求。

三是强化红色文化建设，强化意识形态教育。加强廉政文化长廊和党史文化墙建设，更新格言警句和革命导师经典名言，有效利用电子显示屏和宣传橱窗，宣传党的十九大精神、习近平总书记对毕节的重要批示精神、“创文”、“创卫”相关内容，利用印制学习笔记本宣传领袖格言和名人名言警句。努力打造党校红色文化，让学员随时在潜移默化中受到红色文化的熏陶和洗礼。

四是加强智慧化校园建设，提升自媒体传播能量。主动适应“互联网＋”的发展趋势，推进党校（院）网站、微信公众号平台建设。及时在 PC 端、移动端推送党校有关教学科研信息，精准解读时事政策，传播正能量，传递试验区最强音。充分运用职工 QQ 群和毕节党校微信平台，为教职工提供网络环境下的信息资源服务。既在线为教职工提供好馆藏服务，又进行新书、资讯在线推荐，同时按照中央、省、市决策部署及时做好相关精神的宣传报道。

五是为满足当前干部教学培训需求，积极争取启动新校区规划建设。积极向市委、市政府报告，协调启动新校区规划建设工作，解决党校基础设施陈旧老化，资源不足等实际情况。

六是丰富业余生活，关心职工健康。坚持开展工间操活动，调节教职工工作节奏，注重身体健康。积极组建太极队参加首届全省党校系统太极拳比赛，在比赛中取得团体第三的好成绩。组织全体干部职工进行健康检查等。

【着力完善，聚焦责任，党建工作有创新】 一是出真招，全面落实党建工作责任。围绕党的十九大精神，切实履行好党建工作直接责任。第一形成了党委委员联系党支部制度；第二组织党员到川滇黔革命旧址、鸡鸣三省等地开展党性教育；第三层层签订党风廉政建设责任书，责任到人；第四组织对党务工作者的业务培训，明确支委成员的党建工作任务。

二是抓规范，切实开展党的组织建设工作。根据校（院）工作实际，对原有的6个党支部整合为教研、教辅、行政和离退休等4个党支部，选优配强各党支部班子。进一步规范和加强党支部建设，为各项工作的开展提供组织保障。

三是敢创新，结合实际精准督促，抓好校（院）“两学一做”学习教育常态化制度化。为使“两学一做”学习教育取得实效，不走过场，第一采取“走出去”的方式，加强与毕节市其他单位党支部合作，与中国银行毕节分行签订银校共建协议，旨在实现“资源共享、取长补短、相互促进、共谋发展”的目的，积极探索党建工作的新模式；第二规范支部的学习教育、专题讨论、专题组织生活会、民主评议党员等个党建工作环；第三发挥支部在“两学一做”学习教育活动中的主体作用和战斗堡垒作用，充分发挥支部的主观能动性；第四各支部“三会一课”形式多样，创新不断，推进了支部组织生活常态化、多样化。

四是用真情，落实市委大扶贫战略。依靠挂职村“第一书记”，统筹安排全校干部职工89人按照“4321”要求对该乡154户进行结对帮扶；校党委真情帮扶，挤出14万元资金支持官房、拉乐、官代河3个脱贫村；协调七星关区教育局投入资金15万元解决大河乡均衡发展“班班通”、拓海置业和市委宣传部共5万元解决村党组织阵地建设、毕节如春暖通公司价值1.4万元的暖气设备和市移动公司1.5万元投入幼儿园基础设施；协调市交通运输局投入资金20万元帮助官房村解决700米通组路维修硬化；协调市二医及广州红十字会医院专家到大河乡进行义诊；组织具有农村工作经验的教师深入大河乡开展“打赢攻坚战，建设示范区，毕节怎么干”的实践大讨论；根据市委“三个大兴”要求，组织全校副县级以上领导干部及部分教师到扶贫联系点七星关区大河乡的8个村进行调研，吃住在农户家，要求他们做到把政策宣传到位，掌握好民情，研究好问题，进一步破解好难题。

【严肃纪律，牢筑底线，党风廉政建设有力度】

一是统筹谋划部署，明确目标任务。校（院）纪委（监察室）根据《毕节市2018年纪检监察工作要点》，结合党校实际，及时起草《中共毕节市委党校2018年党风廉政建设工作要点》提交校（院）党委研究。校（院）党委于4月4日召开2018年党的建设暨党风廉政建设工作领导小组会议，部署党校党的建设、廉政建设和反腐败工作，明确从压紧管党治党政治责任、把党的政治建设放在首位、以钉钉子精神狠抓“四风”、全面加强廉政宣传教育和权力运行监督等方面开展好党的建设和党风廉政建设工作，为校（院）教学科研、行政后勤工作提供坚强保障。

二是签订责任书，压实从严治党责任。党委书记与班子成员、班子成员与分管处室主要负责人、处室主要负责人与干部职工均签订党风廉政建设责任书，层层传导压力，使党的建设和党风廉政建设有人负责、落到实处，形成了“一级抓一级、层层抓落实”的从严治党责任体系。

三是加强政治建设，严守纪律规矩。采取党委会、中心组、支部会、干部职工会、自学等多种形式，认真学习党的十九大精神，习近平总书记参加贵州代表团讨论时的重要讲话、习近平总书记关于进一步纠正“四风”加强作风建设的重要批示、习近平总书记对毕节试验区成立30周年的重要指示精神，省委十二届三次全会和市委二届三次全会以及中央、省委、市委各种会议精神，组织干部职工每周1小时观看《辉煌中国》《大国外交》《强军》等纪录片。通过学习，全体干部职工进一步坚定理想信念，增强“四个意识”、坚定“四个自信”，做到“四个服从”，自党在思想上政治上行动上同以习近平为核心的党中央保持高度一致，坚决维护习近平总书记在党中央和全党的核心地位，维护党中央权威和集中统一领导，严格遵守党的政治纪律和政治规矩。按照《关于建立市管干部廉洁档案的通知》文件要求，校（院）党委安排纪委（监察室）组织市管干部按照文件要求由本人如实填写领导干部廉洁档案。使党校（院）能更好地把好干部的政治关、廉洁关和全面落实廉洁从政、廉洁用权、廉洁修身、廉洁齐家要求。

四是加强思想建设，筑牢反腐防线。为了落实全面从严治党要求，党校（院）采取多种形式开展廉洁教育和警示教育。包括组织中心组、支部会、主体班学员学习相关规章制度及时向全体干部职工传达中央、省委、市委从严治党有关文件、会议精神和通报、开展党风廉政教育专题讲座15次、在主体班次设置党风廉政相关课程、组织全体干部职工、学员接受警示教育等。通过这些活动的开展，全体干部职工和主体班学员接受了思想洗礼、净化了思想，提高了对从严治党重要性的认识，筑牢了反腐倡廉防线。

五是加强作风建设，持续整治“四风”。第一严格执行中央、省委八项规定实施细则、贵州省公务活动全面禁酒规定和市委关于开展“大兴三风”活动要求，厉行勤俭办校，严控“三公经费”支出。第二教务处、学员处严格执行中组部、省委组织部、市委组织部有关加强干部在党校学习培训期间管理的规定，严格考勤管理和学员管理，杜绝主体班学员公车陪读、公款吃喝现象。第三制定《中共毕节市委党校关于深入整治形式主义官僚主义突出问题的实施方案》，印发各处（室），查找出问题3个，在抓整改落实。认真开展“作风评价”工作。第四县处级干部深入七星关区大河乡调研脱贫攻坚工作，校第二党支部党员深入七星关区拥军社区开展“五城同创”工作调研和参与创建工作。第五坚持执行指纹考勤制度、去向报告制度、请销假制度，严格工作纪律。第六开展了干部职工违规参与茅台酒经营问题自查清理。经查，党校（院）在职干部职工和退休干部职工共计161人无违规经营茅台酒问题。党校（院）也无封存茅台酒、无封存其他酒类的情况。已按照要求向市纪委第一纪检组报送自查清理材料。第七协助党委召开专题民主生活会，落实整改责任。起到了“红脸出汗”“咬耳扯袖”的作用，提高了党委班子成员对落实巡视整改工作重要性认识，找准了存在的突出问题（征求到对领导班子的意见建议6条，领导班子自查出问题14个，5名班子成员自查出问题38个，民主生活会上班子成员相互提出批评意见40条），针对思想上和工作中的突出问题和薄弱环节，将在今后的工作中抓好整改落实。

六是加强风险防控，强化权力监督。建立风险内控机制，形成党委决策—责任处室执行—党风廉政建设主体责任办公室备案—纪委（监察室）监督的流程，加强对财务处、办公室、组织人事处、行政处、对外培训处等风险防控点的监督。“三重一大”事项坚持党委会集体研究决策，集体研究“三重一大”事项70余项次。大额经费使用均按权力清单运行，“三公经费”“三重一大”事项、党务均按规定及时公示，增强工作透明度，自觉接受全体干部职工监督。

七是占领主阵地，落实意识形态责任制。第一是校（院）党委定期召开专题会议，结合校（院）相关教育教学工作，将意识形态工作纳入党委重要议事日程，明确党委书记作为意识形态工作第一责任人，党委各分管领导为直接责任人，并将意识形态工作作为党委民主生活会和述职报告的重要内容。校（院）党委中心组将理论学习作为首要学习内容来统一安排，认真学习贯彻中央、省委和市委关于意识形态工作的决策部署及指示精神，牢牢把握正确的政治方向，并将部分学习内容及情况以简报的方式在党内通报。第二是校（院）党委把意识形态工作作为党建工作首要任务，并结合“两学一做”学习教育常态化制度化、“不忘初心，牢记使命”主题教育开展，将具体任务分解到各党支部，由机关党委负责督促检查。第三是严把校（院）课堂教学内容关，坚持党校课堂讲纪律、无“杂音”。始终将马克思主义基本理论教育、习近平新时代中国特色社会主义思想作为党校理论教育的主体，确保基础理论教育内容占到主体班总课时的70%以上。加强对校（院）网站、QQ群、微信群舆论监控，强化意识形态监管。

八是党委支持保障，纪委切实履职。校（院）党委成立党风廉政建设工作领导小组，加强对从严治党工作的领导，全力支持校纪委（监察室）转职能、转方式、转作风，在人、财、物方面保障校纪委（监察室）履职工作需要。2018年以来，校（院）党委切实履行主体责任，专题研究从严治党工作4次，认真开好2017年度民主生活会，多次传达学习中央、省委、市委从严治党有关文件和会议精神，常态化教育提醒班子成员、干部职工。

【提前谋划部署，强调政治站位，“大讨论”活动有亮点】 一是提早启动，抓好学习。总书记“7·18”重要指示精神提出后，党校（院）高度重视，提前谋划布局，不仅在校（院）党委会议、党委中心组学习、全体教职工大会传达“7·18”重要指示精神相关内容，还从8月份开始，在校（院）各党支部开展“7·18”指示精神讨论为主题党支部生活会，引导校（院）党员教职工集思广益建言献策，并形成一批优秀的理论成果发表于《毕节日报》8月10日要闻版之上。

二是结合实际，有序推动。市委要求开展“大讨论”活动通知印发之后，为了将党校（院）的“大讨论”活动能推向深度，全面发掘党校（院）全体教职工及学员参与热情，制定了《关于毕节市委党校、市行政学院开展“打赢攻坚战、建设示范区，毕节怎么干”大讨论活动的实施办法》作为引领，分别就“脱贫攻坚与乡村振兴大讨论”“统一战线帮扶大讨论”“建设新发展理念示范区大讨论”三大讨论主题组织全体教职工进行专题小组讨论。

三是形式多样，掀起“大讨论”活动热潮。组织秋季主体班各班次学员以“打赢攻坚战、建设示范区，毕节怎么干”为主题展开主题讨论班会和“打赢攻坚战、建设示范区，毕节怎么干”主题演讲比赛，引导学员们结合自身工作、学习与所思所感，就“打赢攻坚战、建设示范区，毕节怎么干”建言献策。

四是领导参与讨论，注入强劲动力。积极邀请市领导参与党校（院）的相关讨论活动。市委常委、市委组织部部长石永忠亲自参与了党校（院）举办的“打赢攻坚战、建设示范区，毕节怎么干”2018年秋季学期县处级干部培训班座谈会，极大鼓舞了参与座谈会其他同志的士气与工作热情，进一步坚定了参与座谈会同志们“打赢攻坚战、建设示范区”的信心与决心。

【整合资源，推动大党校工作向前迈进】 一是强化业务指导，推动教学质量提高。年初制定下发《毕节市县区党校教学科研工作考核指导意见》，并适时开展督促落实。并开展教学观摩活动，为教学质量提升打基础。

二是教学支持，示范引领。在县级党校举办的各类班次中，只要提出教学支持要求，均派教师到县级党校授课，全年共派15名各相关专业教师到县级党校授课，对县级党校教师起到示范引领的作用。

三是相互交流，共同提高。积极推动县级党校之间的交流学习，互通有无，共同提高。组织黔西县委党校、赫章县委党校、织金县等县级党校之间开展学习交流，对黔西、赫章等县级党校进行多次督检指导，积极推动两家县级党校升格复评工作，并协调黔西县委党校、赫章县委党校之间进行交流沟通互鉴学习。

（供稿：中共毕节市委党校　毕节市行政学院）

毕节市老年大学

【概述】 2018年，毕节市老年大学以习近平新时代中国特色社会主义思想为指导，深入学习贯彻党的十九大精神、习近平总书记对贵州对毕节工作重要指示和批示精神以及省十二次党代会精神、省委十二届二次全会精神、市二次党代会和市委二届二次全会精神，推进全市老年教育工作持续、健康、协调发展。

【全市老年教育工作全面推进】 当前毕节市正处于“脱贫攻坚、同步小康”关键期，全市上下聚焦“创新发展、同步小康”这一目标，突出“大党建”为统领，围绕“大扶贫”“大安全”“大发展”三个重点，坚定不移地推进打赢“113攻坚战”。全市老年教育工作也紧紧统围绕党委、政府的中心任务，增添正能量，释放好声音，积极引导广大老年人支持党委、政府的中心工作，充分发挥“老有所为”“服务社会”的作用。同时，学校以市委“三个大兴”活动的开展为契机，加大调研力度，积极探索新形势下老年教育发展的新举措。本年度，学校领导共深入基层调研6次，形成调研报告2份。截至目前，毕节市各级各类老年大学（学校）共计262所，其中：市级1所、县区7所、乡镇218所、社区（村）36所（其中2018年度新建2所）、其他1所。全市注册学员共3.3万人，学员人数占全市老年人口总数的比例为3.18%，乡镇老年学校建校率达到96.89%。与此同时，协调资金4万余元作为金沙县教学点6个党支部工作保障经费，协调资金1万元作为大方县远程老年教育站点工作经费。组织5名教师参加贵州老年大学工作业务培训。组织市老年大学、金沙县老年大学、黔西县老年大学到贵州老年大学开展学习交流活动。指导金沙县老年大学、黔西县老年大学撰写相关材料参加全省创新工作大赛。

【克服困难，努力做好招生工作】 市老年大学教学工作始终秉承“增长知识、丰富生活、陶冶情操、促进健康、服务社会”的办学宗旨和“老有所教、老有所学、老有所乐、老有所为”的办学方针，坚持“政治建校、质量立校、特色兴校、文化强校”的办学理念，不断改善办学条件，强化教学管理，扩大办学规模，提高办学质量。由于市老年大学校舍建设还未启动，老年大学现还是租用民用场地来办学，而现租用的场地已不能满足教学工作的需要及老同志的学习需求，为改善学习环境，学校在经费十分困难的情况下挤出10万余元用于改善办学条件和购买教学物资，从而保障教学工作的正常开展。同时，学校还积极想办法，通过在广场、在人民公园开设教学点（舞蹈、健身球等专业）的方式来弥补教学场地不足的窘境。经过不懈努力，老年大学2018年春季学期共招收学员583人，开设专业18个，教学班22个，专业人次2013人。秋季学期共招收学员686人，开设专业18个，教学班23个，专业人次2262人。

【积极争取，强力推进市老年大学校舍建设】市老年大学拆除重建项目（原市财经干校）启动以来，由于种种原因，一直没有实质性的进展，建设工作还停留在办理前期建设手续中。2018年8月1日，市委主要领导和市委组织部主要领导分别到市老年大学现场调研，就市老年大学建设分别作出了指示，要求市直各相关部门要重视老年大学的建设，在办理前期手续和建设过程中要在合法合规的前提下及时帮助办理，保证建设工作有序开展，力争早日摆脱靠租用场地办学的窘境。与此同时，市老年大学班子成员还积极向市委、市政府领导汇报学校建设的进展情况，积极协调相关部门办理相关手续。在市委领导的重视和学校领导的努力下，市老年大学建设工作现在已经有实质性的进展，校舍地勘、施工设计、监理、审计招标工作已按程序进行，预计 2019 年年初，项目建设就可以整体推进。

【开拓创新，不断丰富课堂文化】 积极组织学员参加社会活动，积极发挥教学服务社会作用。精心组织文艺节目参加全市“致敬改革开放 唱响同步小康”文艺会演；组织节目到望城社区参加主题为“弘扬敬老传统美德·共建全国文明城市”和“守望诚信·文明我先行”的党日活动。组织近 100 人参加毕节市老年人全民健身日健步行活动。组织柔力球和健身球班参加第四届中国晋中国际柔力球邀请赛和参加在浙江金华全国老年运动会健身球操比赛，在比赛中均取得优异成绩；组织摄影班到四川理县、小河风景区、奢香谷景区等多处风景区开展了丰富多彩、形式多样的拍摄采风游园活动，并选出优秀的摄影作品参加在都匀举办的全省老年摄影展。在春季学期邀请市委党校教授讲解中共十九大精神和习近平总书记在贵州代表团上讲话精神。在秋季学期，市老年大学校长向老学员讲解试验区发展现状和传达全市经济工作会议精神，参学老年学员共计 300 人次。通过思想政治教育，努力提高学员们的政治站位，为传播好中国声音积极发挥作用。在“五一”国际劳动节、建党节、国庆节，组织摄影班、书法班、国画班、诗词班利用专刊形式展示教学成果，制作展板 9 面，展示作品共计 140 余篇（幅）。另外，学校教学工作还多次在市区媒体报道，体现了“老有所教、老有所学、老有所乐、老有所为”的办学宗旨。通过以上活动，学员不仅能学以致用，既充分展示教学成果，又丰富了第二课堂，同时也扩大了老年大学的社会影响力，吸引更多的老同志到老年大学学习。

【营造校园文化，将老有所教、老有所学、老有所乐、老有所为紧密融合】 各级老年学校以打造校园文化墙建设为工作切入点，积极举办各类社会活动。金沙县老年大学利用近 200 米长的教学楼外围墙，先后举办了春节老年书画作品展览和敬老月系列活动书画作品展览，共展出全县老年人创作的书画作品近 300 幅。除展示县老年大学学员作品外，金沙县老年大学与县司法局联合开展了 2 期、4 个版面的老年人维权、保健、时事政治、法律法规专题宣传。各级老年大学学员书画橱窗，学员诗词作品橱窗，学员摄影作品橱窗，坚持每月一次作品更新，把学员创作的优秀作品及时进行展示。老年大学活动橱窗，每季度更新一次，及时把各教学班、教学点、各教学班（点）党支部开展活动的图片进行展示。文化墙内容丰富、新颖，吸引广大学员驻足欣赏，让校园充满文化、温馨与幸福，成为展示老年风采的窗口。

【圆满完成贵州省九市州五届三次老年书画联谊会（展）的承办工作】 按照省书研会的要求，贵州省九市州五届三次老年书画联谊会（展）10 月 26 日至 27 日在毕节市七星关区举行。本次活动以“致敬改革开放 聚焦脱贫攻坚”为主题，共展出来自贵州省老年书画家、老年大学学员作品 224 幅，市委领导及省老领导马文骏出席并作重要讲话。此次参展作品紧贴时代气息，体现出老年群体“老骥伏枥志在千里”精神状态！表达出老年书画创作者爱党、爱国、爱家乡的真实感受。同时也弘扬了中华民族的传统文化艺术。

【围绕中心，服务大局，助推全市打赢“113 攻坚战”】 按照省市脱贫攻坚、同步小康的工作要求，各级老年大学认真抓好党建帮扶、同步小康驻村工作。各级老年大学共抽调 10 名干部职工奋战在基层脱贫攻坚第一线，按照“精准扶贫”的要求，参与制定好帮扶村发展规划，驻村入户，了解民情，开展调研、帮扶、指导工作，积极参与联系帮扶村的经济发展、美丽乡村建设和基础设施项目建设。市老年大学在帮扶工作中，积极向各县区做好表率，一年来在学校和驻村干部的共同努力下，通过各种渠道和方式积极开展帮扶工作，圆满完成了驻村的各项任务，帮扶工作取得成效。在帮扶工作中，学校领导及全体干部结合市委“三个大兴”要求，认真落实做好调研走访及帮扶工作，通过宣讲扶贫攻坚政策、开展民意民情走访，了解困难群众最关心、最迫切的困难和问题的切入点，为帮扶工作夯实基础。全年，学校领导及驻村干部开展宣讲20余场、走访群众100余人。春节、建党节走访慰问贫困党员，发放慰问金共计1500元；为驻村点解决10000元的驻村经费。学校及驻村干部借助社会力量参与脱贫攻坚，向社会募集了资金和物资共614000元，帮助改善留守儿童生活条件；募集价值20000元的棉、米、油等生活物资慰问空巢老人；其他捐赠物资和资金达50余万元。同时，驻村干部认真履职，协助村两委做好相关的扶贫工作，参与全村农业产业结构调整种植马铃薯600亩，香葱种植100亩，参与组织全村危房改造48户。老年大学驻村干部章红因帮扶工作突出，工作事迹多次被市区新闻媒体宣传报道、多次被上级部门通报表扬。

【着眼全局，做好党建工作】 老年大学党建工作始终紧紧围绕教学工作，充分发挥党支部战斗堡垒作用和先锋模范作用。一是认真落实党建责任。始终把抓好党的建设工作作为首要任务，把党建工作摆上重要议事日程，纳入年度工作计划，强化对党建工作的安排部署及工作指导，真正形成了党支部书记亲自抓，支部委员配合抓，党务工作人员具体干的齐抓共管工作格局。由于我校人事变动和支委有一位同志驻村，为确保工作有序开展，支部于今年10月对支部委员会人员做了调整，市老年大学校主要领导担任支部书记，支部堡垒作用得到加强。二是加强学习教育，不断强化政治引领。不断加强党员干部思想政治教育，引导全体党员干部坚定理想信念，树立正确的世界观、人生观、价值观和权力观，始终保持清醒的政治头脑。全年通过参加市委讲习专题学习、党课、大讨论等形式认真组织全校党员干部学习习近平新时代中国特色社会主义思想、习近平总书记对贵州对毕节的重要批示和指示精神、党章等。通过学习，切实提高了党员干部政治高度，在政治上自觉做到清醒鉴定。三是突出工作重点，切实加强党员队伍日常管理。党支部按要求认真落实“三会一课”制度，按《中共毕节市委办公室关于印发〈关于推进“两学一做”学习教育常态化制度化的实施方案〉的通知》（毕委办字〔2017〕49号）要求，开展主题党日活动。四是按照要求积极缴纳党费和使用党费，党费收缴和使用均在公示栏公示。五是认真组织党员进社区活动，学校11名党员积极参加社区组织的创卫、党员主题日等活动，全年参加活动10余次，参加党员人数100余人次，在建党节期间，学校还慰问了3名社区贫困党员，发放慰问金900元。六是党员干部积极参与帮扶工作，学校党员干部多次到帮扶联系村调研，并按照“4321”帮扶工作要求对帮扶对象进行帮扶，帮扶资金和物资共计2万余元。

【全面落实两个责任，深入推进党风廉政建设工作】 学校始终坚持把党风廉政建设工作纳入领导班子的重要议事日程，始终坚持与业务工作同研究、同部署、同考核。班子成员在职责岗位上，切实履行“一岗双责”，要求在抓好分管业务的同时，按照工作分工还要负责抓好分管范围内的党风廉政建设工作，从而在全校形成“一把手负总责、分管领导各负其责、谁主管谁负责”的工作格局。一是加强学习，牢固树立“四个意识”和做好“两个维护”，通过专题学习党章、《条例》《准则》等，切实将政治意识和纪律意识挺在前。二是制定党风廉政建设工作目标，学校主要领导与班子成员、分管领导与分管科室负责人与层层签订了党风廉政建设责任书，层层抓落实，强化党风廉政建设责任制。三是严格按照"三重一大"有关规定，接受市第一纪检组的监督。凡是涉及单位重大经费开支，重大事项决定都邀请市第一纪检组有关人员全程参与专题会议。四是按照市第一纪检组要求，及时将权力运行备案清单、会议研究的重大事项以及各项党风廉政建设工作信息等事项积极报市第一纪检组备案，落实全面从严治党主体责任。五是按照市委《干部约谈常态化实施办法》规定，不定期对干部职工进行约谈。通过经常性约谈，切实增强抵御腐败的能力。六是认真贯彻落实中央"八项规定"和省委、市委十项规定精神，严格执行《党政机关厉行节约反对浪费条例》《党政机关国内公务接待管理规定》和省、市配套规定，从严控制资金使用，反对铺张浪费，没有违纪违法的现象发生。七是谨记"警示教育"意义，筑牢拒腐防变思想防线。加强警示教育是强化党的纪律建设的客观要求，让干部职工真正把纪律规矩内化于心、外化于行，使干部职工拧紧世界观、人生观、价值观这个"总开关"。一年来组织干部职工赴市廉政警示教育基地和红色教育地开展廉政警示教育和红色教育，组织干部职工观看《打铁还需自身硬》《灭蚁》廉政警示片，要求在家观看《作风建设在路上》《巡视利剑》等反腐倡廉警示教育节目。同时，在办公室走廊处制作悬挂了廉政格言警句切实加强廉政文化建设。八是认真开好市老年大学领导干部巡视整改专题民主生活会，民主生活会达到了预期效果。

（撰稿：徐向东）

毕节市委市政府接待处

【概述】 2018 年，在市委、市政府的坚强领导下，在市委办公室的统筹调度下，市委市政府接待处全体干部职工进一步提高政治站位，强化责任落实，从严执行规定，精准精细服务，圆满完成了各项接待任务。2018 年，全处共完成接待任务 368 批次 7081 人次，其中，接待党和国家领导人 19 人次，省部级领导 213 人次，厅局级领导 774 人次，县处级及以下领导和其他来宾 4914 人次，客商 943 人次，外宾 218 人次。圆满完成了汪洋（中央政治局常委、全国政协主席）、尤权（中央书记处书记、中央统战部部长）、万鄂湘（全国人大常委会副委员长，民革中央主席）、陈竺（全国人大常委会副委员长，农工党中央主席）、丁仲礼（全国人大常委会副委员长，民盟中央主席，中国科学院副院长）、郝明金（全国人大常委会副委员长，民建中央主席）、蔡达峰（全国人大常委会副委员长，民进中央主席）、武维华（全国人大常委会副委员长，九三学社中央主席）、万钢（全国政协副主席，致公党中央主席，科学技术部部长）、苏辉（全国政协副主席，台盟中央主席）、郑建邦（全国政协副主席，民革中央常务副主席）、何维（全国政协副主席，农工党中央常务副主席）、高云龙（全国政协副主席，中华全国工商业联合会主席）、顾秀莲（全国人大常委会原副委员长、中国关心下一代工作委员会主任）等党和国家领导人赴毕节考察或出席活动的接待任务，同时还完成了"统一战线参与毕节试验区座谈会""台盟第十届中央常务委员会第三次会议""省委省政府支持毕节试验区按时打赢脱贫攻坚战建设贯彻新发展理念示范区推进大会""中非合作论坛外宾赴毕节考察"等大型会议和活动的接待工作。

【工作部署】 一是注重统筹部署。在重大接待任务中，各级领导的高度重视和周密部署是任务圆满顺利完成的关键因素。2018 年 7 月，"统一战线参与毕节试验区座谈会"在毕节召开，11 位党和国家领导人、36 位部级领导同时到毕节参会或调研，领导人数之多、规格之高，在贵州历史上前所未有，市委、市政府成立了筹备工作指挥部，周建琨书记、张集智市长担任指挥长，张翊皓副书记担任常务副指挥长，具体负责统筹推进各项准备工作，黄光江秘书长任指挥部办公室主任。周建琨书记、张集智市长先后召开会议，安排部署座谈会的有关工作，张翊皓副书记亲自到考察点上查看准备情况，黄光江秘书长多次召开协调会、碰头会，及时研究解决任务中存在的困难和问题。二是注重信息畅通。每次接到任务通知后，接待处将第一时间构建多方位沟通渠道，与来访单位进行沟通对接，掌握调研目的、考察主题、人员名单等关键信息；与上级部门进行实时对接，动态跟进接待信息的变化更改；将收集到的信息进行汇总、梳理，及时向领导汇报最新进展、向相关市直部门和县区传递最新动态，确保接待期间的信息通畅。三是注重方案落实。每一个接待任务，都紧紧抓住总体方案这个枢纽，对整个任务进行安排部署和分项落实。在方案基本定稿的情况下，组织不同层级的协调沟通会议，进行不同组别的细化任务分解，安排不同环节的工作推进机制，力求责任到人、落实到位；在每一个警卫接待任务中，及时收集各有关单位（工作小组）的工作方案，拟制任务节点细化方案，明确各个环节的联络人，提高任务调度的可操作性；同时，安排总联络员全程跟踪调度，及时处理突发情况，竭力构建全方位、多层次、以点带面、点面结合的公务接待联动机制，确保接待任务前中后期均有章可循、有条不紊、有序推进。

【接待服务】　一是量体裁衣，精准服务。通过查阅档案、细致观察等方式掌握重要来宾的生活及饮食习惯，根据具体情况及时提供针对性的服务。在统一战线参与毕节试验区座谈会期间，根据重要来宾的饮食习惯，结合毕节实际调整菜单，按规定安排自助餐的同时，最大限度地展现毕节特色和节约接待成本，抽调“织金水八碗”“黔西牛肉粉”“赫章羊肉汤锅”等厨师到洪山酒店，为来宾制作地道的毕节特色家常菜，得到来宾的充分肯定。二是注重细节，精细服务。客房服务方面，严格按照有关规定，合理安排房型，认真做好房间环境卫生、设备设施、通风采光、温度湿度、噪音控制等检查工作，对来宾入住房间提前进行细致检查，重要来宾房间安排接待人员提前体验试住，力争为来宾提供干净、舒适、温馨的休息空间。餐饮服务方面，提前确定菜单，要求采购的所有食材提前一天到位，为安检和食药监预留足够时间；督促酒店加强分工、细化流程，对于每餐分几个楼层，需开几条取餐线以及分时段合理上菜等都进行了精准把握，确保送菜及时；实时沟通、掌握客人行程，让新鲜出炉的菜品恰好维持在合适的温度，让菜品的温度展现接待服务的精度。车辆服务方面，要求驾驶员统一着装、文明服务，车辆卫生清洁、车上物品规范摆放，为客人展现良好的第一印象。三是倾注感情，真情服务。参与接待服务的同志以强烈的大局意识、服务意识投入接待之中，用心用情、周全安全做好接待服务工作。既通过接待服务保障任务顺利进行，又通过接待服务表达对各位领导、来宾多年来对毕节关心、关怀的感恩之情，并展示好毕节试验区干部的良好形象。四是突出特色，个性服务。在重要接待任务中，想方设法在接待服务中融入本地历史文化、民族文化、红色文化、民俗文化、工艺文化、饮食文化，形成具有毕节特色的接待文化，提升了接待服务的质量和档次。

【执行标准】　始终严格按照中央、省委、市委贯彻落实中央八项规定的实施细则（办法）开展接待工作，始终将规矩和纪律作为开展接待工作不可触碰的“高压线”。一是制定公务接待食宿标准。为进一步规范公务接待管理，厉行勤俭节约，反对铺张浪费，根据中央、省、市有关规定要求，结合毕节实际，由市委办牵头，多次组织市纪委、市委办、市人大办、市政府办、市政协办、市财政局等部门相关负责同志召开座谈会协商讨论公务接待标准并多次征求意见后，制定了《毕节市委市政府接待处公务接待食宿管理暂行办法》。该《办法》对公务接待中的“陪餐要求、用餐形式、用餐地点、接待清单、餐费结算”等接待标准作了明确规定，同时，重申了“无公函的公务活动和来访人员一律不予接待”等规定。二是规范公务接待工作流程。按照省委巡视组意见，重新修改完善了“市委市政府接待处公务接待审批单”“市委市政府接待处公务活动接待清单”“市委市政府接待处公务接待餐费明细单”“市委市政府接待处公务接待住宿明细单”并立即执行。根据市领导的要求，拟写《接待安排协调小组工作规程》并报市几大班子秘书长联席会议讨论通过印发，明确市内重要接待任务的任务受理、方案制定、组织实施等环节的具体工作标准。在每一个重要接待任务结束后，都组织接待处全体干部职工集中进行分析总结，持续优化完善接待工作流程。三是严管公务接待经费支出。在接待任务中，想方设法控制接待成本，没有出现超标准安排客房和用餐、私客公待、将非公务活动作为接待范围的情况；每次接待严格执行接待清单制度，接待活动结束后如实填写并附上接待任务公函，由接待人员、处领导、市委办分管领导三级签字确认，按季度办理报账手续。四是注重公务接待信息保密。在重要接待任务中，严格要求所有涉及人员签订保密协议、树立保密意识，在涉密工作中使用涉密电脑编写文档、使用涉密打印机进行文档输出、使用光盘和涉密U盘进行文件传输，切实保障信息不外泄。

【队伍建设】 一是在业务培训中传授经验、提升水平。在接待任务繁重的情况下，积极争取机会，开展了业务培训活动。2018年3月15日，市委、市政府接待处组织举办了全市接待工作培训会议，由经验丰富的接待人员围绕中央“八项规定”实施细则就方案制定、食宿安排和政务接待礼仪进行培训，各县区和市直各有关单位干部职工110人参加培训，取得了良好的效果。二是在重要任务中锻炼队伍、提升能力。每次重要接待任务之前，对从县区和市直单位抽调的接待人员，组织学习毕节试验区区情、政务接待礼仪等有关知识，请接待业务骨干手把手传授接待业务技巧，任务中，牵头负责的同志随时关注、随时提示、随时指导，确保参加接待任务的同志得到一次全面的系统实践。三是在实践指导中全面规范、整体提升。为进一步提升全市接待工作水平，在各县（区）和市直有关单位承担的重要接待中，市委、市政府接待处均安排接待业务骨干到场指导，部分县（区）和市直部门的接待水平有了显著提高。

（供稿：市委市政府接待处综合科）

毕节市人大及其常委会

【概述】 2018年，在市委的坚强领导和省人大常委会的监督指导下，市人大常委会以习近平新时代中国特色社会主义思想为指导，深入学习贯彻党的十九大精神和习近平总书记关于坚持和完善人民代表大会制度的重要思想以及习近平总书记对贵州对毕节重要指示批示精神，坚持党的领导、人民当家做主和依法治国有机统一，紧紧围绕市委“113攻坚战”总体部署，依法履职，担当尽责，圆满完成各项工作任务，全市各级人大推进脱贫攻坚、开展大扶贫条例和饮用水水源保护条例执法检查、专题询问创建国家园林城市、创新代表审议发言建议办理机制等工作得到省人大常委会和市委的批示肯定，为“打赢攻坚战、建设示范区”积极贡献人大力量。

【突出思想引领，牢牢把握正确政治方向】 市人大常委会始终旗帜鲜明讲政治，树牢“四个意识”，坚定“四个自信”，践行“两个维护”，以“大党建”为统领，突出思想引领，加强理论武装，确保中央和省委、市委重大决策部署在人大工作中得到全面贯彻执行。始终把学习贯彻新思想作为讲政治的根本前提。坚持以深入学习贯彻中共十九大精神特别是习近平新时代中国特色社会主义思想为根本，以深刻领会习近平总书记关于坚持和完善人民代表大会制度的重要思想为关键，全面贯彻落实中央和省委、市委各项精神，始终在政治立场、政治方向、政治原则、政治道路上同以习近平为核心的党中央保持高度一致，先后召开42次常委会会议、党组会议等强化学习。坚持以开展“三个大兴”活动为契机，全市各级人大干部和代表1万多人积极开展调研讲习，着力推动习近平新时代中国特色社会主义思想入心入脑、落实落地。始终把学深悟透重要指示作为讲政治的首要任务。2018 年 7 月 18 日，在毕节试验区建立 30 周年之际，习近平总书记对毕节试验区工作作出重要指示，高度肯定毕节试验区成为贫困地区脱贫攻坚的生动典型，同时要求按时打赢脱贫攻坚战、努力建设贯彻新发展理念示范区，做好各项工作指明了前进方向、注入了强大动力。市人大常委会积极掀起学习热潮，深刻领会和把握习近平总书记对毕节试验区的重要指示精神，深入开展“打赢攻坚战、建设示范区，人大怎么干”大讨论活动，切实推动重要指示精神转化为全市各级人大干部和代表感恩奋进、苦干实干的行动先导。始终把坚持党的领导作为讲政治的核心所在。坚持把人大工作置于市委领导之下，及时向市委请示报告重大事项和重要工作。全年共听取和审议报告 12 件，组织开展集中视察、执法检查、专题调研、专题询问、立法调研共 50 余次。坚持党委决策与人大决定相统一，依法科学民主决定重大事项，全年作出涉及国民经济发展、黔西县撤县设市、中心城区规划等事关全市改革发展稳定大局的决议（决定）10 余项。坚持党管干部原则与人大依法任免相统一，确保党组织推荐人选通过法定程序成为国家机关领导人员，全年任免干部、接受辞职、补选代表、终止代表资格 104 人次，切实为“打赢攻坚战、建设示范区”提供坚强组织保障。

【强化立法主导，着力提高法治建设水平】 市人大常委会切实把立法主导责任扛起来，坚持科学立法、民主立法、依法立法，认真开展执法检查，扎实推进“法治毕节”创建，坚持以良法促进发展、保障善治，为“打赢攻坚战、建设示范区”提供有力法治保障。高效推进立法工作。坚持问题导向，广泛征求意见，完善立法机制，积极引入第三方社会力量参与立法。2018 年 8 月，结转类项目《毕节市百里杜鹃风景名胜区条例》经市二届人大常委会第十二次会议审议通过；9 月 20 日，经省十三届人大常委会第五次会议批准，自 2018 年 12 月 1 日起正式施行。制定类项目《毕节市城乡规划条例（草案）》立法起草工作自 2018 年年初启动以来，经充分调研、论证，已经常委会三次审议，并已报请省人大常委会批准，该法规文本草案在城市规划、镇乡村寨规划的实施及修改等方面具有诸多创新之处，是立法法修改后贵州省首个地方性城乡规划条例。调研类项目“毕节市白甫河流域生态环境保护条例”已起草立法前期调研报告。协助参与省人大常委会开展立法调研、征求意见等工作。督促政府抓实做好规范性文件自查清理。积极指导威宁自治县人大修订城乡规划建设管理条例、水资源保护管理条例和草海保护条例。持续加强法律监督。积极践行习近平总书记对毕节试验区重要指示精神，紧紧围绕脱贫攻坚、环境保护等开展执法检查。2017 年 7 月 1 日，毕节市第一部地方性实体法规《毕节市饮用水水源保护条例》颁布施行。2018 年 7 月，市人大常委会组成执法检查组开展“法律巡视”。市二届人大常委会第十二次会议听取和审议执法检查报告，作出审议意见连同问题清单一并提交市政府限期办理。整改中，七星关区累计投入 35 亿元，圆满完成倒天河水库、利民水库一级保护区内迁居整治工作。威宁自治县杨湾桥水库一级保护区内 367 户住户在半个月内全部完成搬迁。纵深推进依法治市。支持和推动“一府一委两院”用法治思维审视社会问题，用法治手段解决社会矛盾，用法治方式满足民生需求。深化法律法规转化为依法治市具体实践，积极关注全市监察体制改革，听取和审议“两院”工作报告和司法体制改革专项工作报告。对扫黑除恶专项斗争开展调研，主任会议专题听取市公安局开展该项工作的情况汇报。牵头组织“法治监督检查工程组”成员单位开展“法治毕节”创建考核。做好人大信访工作，努力提高人民群众安全感满意度。

【着眼发展大局，切实增强依法履职效能】 市人大常委会把人大工作置于全市改革发展大局中去思考、谋划和推进，聚焦经济社会“大发展”，做到正确监督、有效监督，有力推动中央和省委、市委重大决策部署贯彻落实，切实在推动毕节市高质量发展中展现新作为。紧扣脱贫攻坚精准发力。全市各级人大把打好打赢脱贫攻坚战作为履职重中之重，做到监督与支持并重，在思想全聚焦、头脑全武装，调研全到位、宣讲全覆盖，干部全上阵、代表全参与，项目全推进、帮扶全落实，履职全过程、监督全方位等方面狠下功夫，全力推进“大扶贫”。市人大常委会主任会议成员分别担任各自联系县区扶贫联系点脱贫攻坚指挥长。印发《关于进一步推进脱贫攻坚工作的意见》，召开全市人大脱贫攻坚工作推进会，深入开展“脱贫攻坚，代表在行动”主题活动，充分发挥代表带头引领、桥梁纽带、监督促进作用。全市140余名人大干部驻村帮扶，600多名人大干部和1万多名人大代表对近200个乡镇、400多个村联系帮扶，协调落实帮扶资金2亿多元，实施项目1400多个，帮助35000多名贫困群众脱贫。积极争取广州市人大在干部代表履职培训、扶贫项目等方面给予帮助。与此同时，大力开展监督，针对脱贫攻坚组织代表开展集中视察、专题调研，主任会议成员带队督导各县区人大推进脱贫攻坚工作。积极开展《贵州省大扶贫条例》执法检查，在按时打赢脱贫攻坚战中积极作为。紧扣绿色发展推动落实。深入贯彻习近平生态文明思想，树牢“绿水青山就是金山银山”理念。听取和审议市政府2018年环境保护工作报告，主任会议成员围绕中央和省委环保督察整改工作多次深入各自联系县区进行督导。针对水污染、固体废物污染、大气污染等开展调研视察、执法检查，对市级主要河流开展巡河行动，推动环保整改落到实处。如督导威宁自治县实施草海自然保护区综合治理工作取得成效，在中央环保整改督察回头看时作为典型上报。听取和审议《绿色毕节行动三年计划实施情况报告》，要求市政府在加大工作力度、加强队伍建设、加强后续管理等方面再下功夫。根据全市“五城同创”部署安排，听取和审议《毕节市创建国家园林城市工作报告》并进行专题询问。强化生态环境立法保护，《毕节市百里杜鹃风景名胜区条例》已颁布施行，切实推动毕节市生态文明建设向纵深发展。紧扣经济发展主动作为。认真审议审查计划执行、预算执行及调整、年度决算等工作报告，要求市政府贯彻新发展理念，统筹做好稳增长、促改革、调结构、惠民生、防风险等工作，推动宏观经济平稳运行。积极创新监督方式，市级预算联网监督系统基本建成，织金试点县工作稳步推进。推进建立政府向本级人大常委会报告国有资产管理情况制度。2018年11月，主任会议专题听取全市行政事业单位国有资产管理情况汇报，在健全国有资产管理制度、加强收益性国有资产管理、加大审计力度进行审计等方面提出具体要求。认真落实关于改进审计查出突出问题向人大常委会报告机制，不断深化预算审查监督重点向支出预算和政策拓展。紧扣民生改善调研视察。始终坚持以人民为中心思想，紧紧围绕民生问题依法履职，深入开展毕节市居家养老、民办教育及少数民族语言文字保护工作专题调研，督促问题整改。深入开展全市校园及周边食品安全调研并形成课题报告，指出存在问题，提出对策建议。对文明城市创建、宗教管理、文化遗产保护传承、外来投资权益保护等工作开展调研，对毕节市骨干水源工程建设情况进行视察，把人民对美好生活的向往落实到具体行动上，推动改善民生福祉，让发展成果更多、更公平地惠及人民。

【坚持改革创新，有力有效推进代表工作】 市人大常委会高度重视代表工作，深化机制创新，拓宽代表知情知政渠道，提升代表履职水平，充分发挥代表作用，推动代表在“打赢攻坚战、建设示范区”中献智献力。着力增强代表建议办理质效。市二届人大二次会议期间共收到代表提出的议案2件、建议274件，常委会积极研究办理意见，强化跟踪问效，并将具有典型性的11件议案建议确定为2018年度主任会议督办件，切实增强办理质效。全年代表议案建议办复率、沟通率和满意率（含基本满意率）均达100%。注重机制创新，将代表审议发言建议办理向市委申报为改革专题，制定《毕节市创新代表大会期间代表审议发言建议办理落实机制的工作方案》并形成长效机制，将二届人大二次会议期间涉及脱贫攻坚、乡村振兴、医疗教育等领域共32条代表审议发言建议交相关部门办理，取得良好效果。全力保障代表依法履职。强化阵地平台建设，建成代表联络站、代表之家、代表活动中心等场所2027个，积极推进人大代表履职平台、代表网上联络站和代表议案建议办理系统建设。市级人大代表履职平台已基本建成。强化代表主体地位，切实发挥代表作用，通过调研、视察等履职活动促进代表担当作为。强化代表履职保障，及时拨付代表工作经费和活动经费，激发代表履职动力，不断提高代表履职能力和水平。积极丰富闭会期间活动。精心组织人大代表在闭会期间对全市脱贫攻坚、“五城同创”、食品安全等重点热点工作开展调研视察，组织代表参加常委会活动，每次常委会会议都组织部分代表列席，激发代表履职责任感，促使代表闭会期间活动更富成效。

【适应时代要求，全面提高自身建设水平】 市人大常委会落实全面从严治党政治责任，始终把加强自身建设摆在重要位置，完善工作机制，推动整体发展。坚持思想建设不放松。严肃党内政治生活，认真抓好巡视整改、党风廉政建设和意识形态工作。积极开展“不忘初心·牢记使命”主题教育，扎实推进人大理论研究与宣传工作，组织干部培训学习，不断提高履职能力。强化作风建设不松劲。认真贯彻执行中央“八项规定”和省市十项规定，深入整治“四风”，严控“三公”经费，坚决落实“禁酒令”。积极推进机关信息化建设，推动高校办事、节约办事。夯实组织建设不减力。优化机关干部结构，充分发挥专门委员会和办事机构职能作用，加强对百里杜鹃人大工委的领导和各县区人大常委会工作的指导。积极完善、出台相关工作制度和议事规则，使各项工作有章可循、有条不紊。

（供稿：毕节市人大常委会）

毕节市人民政府

施政综述

【概述】 毕节市位于贵州省西北部、川滇黔三省交界、乌蒙山腹地，总面积2.69万平方公里。辖8个县（自治县、区）和2个管委会，263个乡（镇、街道），3657个村（社区），居住着汉、彝、苗、回等46个民族。2018年完成地区生产总值1921.43亿元、增长10.2%，一般公共预算收入130.1亿元、增长5.06%，固定资产投资增长12%，规模以上工业增加值增长10.5%，社会消费品零售总额384.58亿元、增长8.5%；城镇常住居民人均可支配收入29888元、增长9.4%，农村常住居民人均可支配收入9354元、增长10.4%。

【精准脱贫攻坚战取得新进展】 深入开展“春风行动”“夏秋攻势”，全年实现36.9万贫困人口脱贫，贫困发生率下降到5.45%。黔西县脱贫攻坚精彩出列，荣获“2018年全国脱贫攻坚组织创新奖”；脱贫成效获2018中非合作论坛参会外宾赞赏，得到乌蒙山片区区域发展与脱贫攻坚部际联席会议高度肯定。一是打好“四场硬仗”。扶贫产业覆盖贫困人口65.7万人。建成“组组通”公路9632公里，7303个村民组通硬化路，占总计划的77.6%；106.74万人饮水安全项目全面启动，88.6%的贫困人口实现饮水安全。19.5万易地扶贫搬迁群众全部入住，累计建成安置房62143套。教育精准扶贫资助贫困家庭学生51万人、资金8.1亿元，贫困人口参保率实现全覆盖，住院费用实报比达92%以上，完成农村“危改”“三改”5.9万户、老旧房整治1.2万户。二是抓实“五个专项治理”。创新开展村自查、乡镇班子成员包村查、乡镇交叉查、县领导包乡查、县（区）交叉查、市级抽查“六查”工作，精准识别建档立卡贫困人口81.82万人。中央第四巡视组、省委第五巡视组巡视反馈问题全面整改。三是扎实推进帮扶工作。统一战线和全国工商联对口帮扶力度加大；广州市投入帮扶资金3.24亿元；恒大集团帮扶资金到位60亿元，金元集团、盘江集团、中国建设银行贵州分行对口帮扶工作有序推进，“千企帮千村”取得新成效。

【污染防治攻坚战取得新进展】 一是打好“三大保卫战”。出台污染防治三年攻坚行动计划，除纳雍县外，其余县（区）环境空气质量优良天数比例达96%以上。提前完成县级集中式饮用水水源地整改工作，水质达标率为100%，获省级补助资金1.47亿元、占全省52.6%。全面落实“河长制”，完成15个县城污水处理厂提标改造，建成180个污水处理项目。“四个片区”垃圾发电项目加快推进，提前两年实现农村垃圾收运全覆盖。二是筑牢生态屏障。植树造林128.79万亩，治理石漠化160.2平方公里、水土流失91.84平方公里。七星关、大方、黔西、金沙、织金、纳雍、赫章7个县（区）获省级森林城市称号。

【防范化解重大风险攻坚战取得新进展】 在全省率先出台防范化解重大风险“1+8”措施，实行“一风险一预案”。一是金融风险可控。积极稳妥实施存量债务置换，地方政府综合债务率低于警戒线，金融机构不良贷款率全省最低，PPP模式得到进一步规范。二是安全形势总体平稳。深入开展安全生产隐患大排查大整治，实现“双降”目标，降幅全省最大。非洲猪瘟疫情得到有效防控。紧盯地灾隐患点，实行市县乡村联动机制，坚持汛前排查、汛中巡查和汛后复查，紧急转移群众261户948人，实现地灾“零伤亡”。三是社会治理成效明显。“法治毕节”创建、扫黑除恶专项斗争深入开展，刑事发案率下降20.9个百分点，“两抢一盗”发案率下降29.5个百分点。依法分类处理信访诉求，扎实抓好积案化解。

【农业产业结构调整取得新进展】 一是抓“关键少数”。明确县（区）4名领导各抓5000亩示范点，乡（镇）4名领导各抓1000亩示范点，调减玉米183万亩，种植蔬菜、香葱、食用菌、特色经果林、茶叶、中药材等经济作物，为全省农村产业革命提供了“抓关键少数”的毕节经验。二是抓技术保障。4652名农技人员深入田间地头开展技术服务。对联系示范点的986名农技人员进行绩效考核、奖惩挂钩，获评优秀231名、合格727名、不合格28名。三是抓产销对接。内抓农校、农医、农企对接，外抓华南、华东、华中、西南和东南亚市场，引进千喜鹤集团在8个县（区）成立农民专业合作社联合会，广州江楠果蔬市场销售良好，助推“毕货出山”。四是抓督查问效。成立8个督查组，对县（区）开展4轮督查，下发提示单26次，反馈整改意见785条，98名领导干部因工作滞后被提醒谈话。

【实体经济取得新进展】 一是工业经济逐步壮大。新增上规入统工业企业103户、增长6%。发电420亿千瓦时、增长4.79%，工业用电量41.11亿千瓦时、增长9.37%；种植烤烟55万亩，收购烟叶132.85万担、增长16.44%，烟农收益17.9亿元、同比增收3.9亿元；卷烟产值59.67亿元、增长7.1%，白酒产值5.5亿元、增长8.5%。能源工业成效明显，煤矿“两化”改造实现机械化换人、智能化减人，按照省委、省政府“千企改造”和“加快煤炭工业转型升级高质量发展”要求，完成28对煤矿机械化和55对煤矿智能化改造，完成数量全省第一，获奖补资金占全省 37.16%，采煤机械化程度达 77.2%，产煤4200 万吨、增长 8.89%。贵航新能源锂电池等55 个项目建成投产；黔希煤制乙二醇、织金煤制聚烯烃、纳雍煤制清洁燃料、威赫电厂高效超超临界发电项目取得突破性进展。新兴产业稳步成长，大数据电子信息、大健康医药、装备制造、新型建筑建材等产业实现产值 240 亿元。产业园区发展加快，每季度召开一次现场推进会，完成投资 280 亿元，实现工业增加值 260 亿元、税收 50 亿元。二是服务业逐步壮大。成功召开第十一届毕节旅游产业发展大会，百里杜鹃管理区入选第四批全国旅游标准化试点；大方县奢香古镇成功创建 AAAA 级景区，黔西县中果河景区通过 AAAA 级评审，新增 AAA 级景区 17 家，新增酒店和客栈 814 家、床位 15775 个，旅游总收入、接待人次增速均超过 30%。11 个物流项目加快建设。消费市场持续活跃，市场主体户数位列全省第三。入围国家级电子商务进农村综合示范整体推进市名单。成功引入光大银行设立分行，赫章农信社改制为农村商业银行。三是民营经济逐步壮大。认真落实支持民营经济发展的政策措施，民营经济经营主体达 38.18 万户、增长 30.94%，完成增加值 1286 亿元、占 GDP 比重 59%。

【项目投资取得新进展】 一是建立综合项目库。谋划储备项目 9235 个、总投资 3.94 万亿元，录入财政部 PPP 综合信息平台项目 221 个，总投资 1877.38 亿元。二是项目争取力度加大。争取中央预算内项目 200 个、投资 42.34 亿元。争取省级专项绿色产业发展基金 50 亿元。获南方电网追加投资 43.62 亿元，全省第一。三是项目引进成效明显。推进“千企引进”工程，深入开展“产业大招商突破年”行动，引进产业项目 848 个、500 强企业 10 家，招商引资到位资金增长 18.3%。四是有效投资持续扩大。对市县乡三级 6000 余名干部进行项目谋划、包装、建设等培训。新开工亿元项目 160 个、总投资 837.89 亿元。776 个省市重大项目完成年度投资目标的 101.8%、建成 183 个。

【基础设施取得新进展】 一是交通基础设施建设取得新成效。成贵快铁、叙毕铁路、毕节客运枢纽中心加快建设；织金至普定、六盘水至威宁、黔西至大方高速公路东关至清丰段建成通车，新增通车里程 222 公里，高速公路通车里程达 979 公里；镇雄至赫章、赫章至六盘水、威宁至围仗 3 条高速公路加快推进。完成普通国省道改造 304 公里、改建农村公路 557 公里，完成中心城区 4 个高速公路收费站升级改造。威宁机场建设加快推进，毕节飞雄机场通达 20 个城市，旅客吞吐量突破 120 万人次。二是水利基础设施建设取得新成效。夹岩水利枢纽工程累计完成总投资的 60.83%，建成七星关双河口、大方野螺沟等 7 座水库，开工建设纳雍环城、大方青山等 10 座水库。三是电力及通信基础设施建设取得新成效。威宁 500 千伏输变电工程、成贵快铁牵引变系统等项目加快建设，毕节武家寨电站、赫章白水电站增效扩容投入运行，建成威宁关口电站。100 兆光纤宽带到乡村工程顺利推进。

【城乡建设取得新进展】 按照市委提升城镇建设发展高度、服务厚度、文化温度、平台广度、产业兴度、统筹力度“六度”要求，扎实抓好城市建设，城镇建设和商品房开发投资占总投资 40%。一是七星关—金海湖—大方同城化进程加快推进。完成毕节市城市总体规划修订，启动花海大道、北环路等同城化主干道规划，毕节南山公园、倒天河整治、金海湖湿地公园和奥体中心等“19456 工程”加快建设。二是县区城市建设提速。实施城市建设项目 296 个，新增城镇建成区 17 平方公里；改造棚户区 4.69 万户；启动海绵城市建设项目 12 个；销售商品房 556 万平方米。三是小城镇建设加快。按照“六型小城镇”建设要求，以16个省市级示范小城镇为引领，重点推进120个特色小城镇建设。164个镇村联动建设点加快推进。四是村庄规划建设步伐加快。启动乡村振兴战略规划编制，完成2828个乡村规划；织金营上古寨和大方黄泥塘镇背座村、雨冲乡油杉河村入选全国第五批传统村落。深入推进农村卫生专项整治，农村庭院、村庄卫生取得新成效。

【改革创新取得新进展】 一是重点改革深入推进。谋划实施22个方面83项改革，七星关区创新引领土地节约集约利用的做法获国务院办公厅通报表扬。“三去一降一补”持续推进。“放管服”改革取得实效，政务服务中心行政审批事项进驻率达86.95%，取消各类证明材料1152项；推行“不见面审批”和“一网通办”，网上办理53.14万件，是2017年的10倍。公共资源交易在全省率先实现全流程电子化。财政改革持续深化，在全省率先实现国库集中支付电子化管理。二是开放平台加快建设。毕节铁路东站开通运营，毕节国际内陆港、保税物流中心建设加快，市级粮食产业园启动建设。成功入选55个全国供应链创新与应用试点城市。三是科技创新力度加大。毕节经济开发区被列入中国开发区审核公告目录，贵州工程应用技术学院、市一医获批省级院士工作站。新增省级众创空间1个、市级工程技术研发中心1个，完成专利申请1141件，高新技术企业达19家。

【民生事业取得新进展】 一是教育事业持续进步。新（改扩）建农村义务教育薄弱学校100所、乡镇及社区幼儿园134所、山村幼儿园1360所。义务教育“超大班额”化解率100%。招聘“特岗”教师2504人。学前教育三年毛入园率、九年义务教育巩固率、高中阶段毛入学率分别达88.12%、89.51%、88.7%。师德师风专项治理深入开展。所有县（区）义务教育基本均衡发展通过国家评估验收。二是医疗卫生工作扎实推进。市一医金海湖分院、市二医主体完工。深化多形式医疗联合体建设，建成覆盖市县乡三级的远程医疗服务体系。启动医学人才能力提升计划。有效遏制医疗费用不合理增长。成功创建省级食品安全示范城市。三是文体事业发展加快。乡（镇、街道）综合文化站、村（社区）综合文化服务中心、农民体育健身工程实现全覆成功创建国家公共文化服务体系示范区，名列西部12个省区创建工作第二名，五项创新实践得到文化和旅游部认可。入围创建“全国文明城市”提名城市，国家卫生城市、国家环境保护模范城市、国家园林城市、全国双拥模范城创建工作有序实施，“19456”工程扎实推进，城市形象大幅提升。毕节市选手获省十运会奖牌数全省第三。威宁籍运动员赵超荣获亚运会赛艇项目金牌。赫章县阿西里西广场舞是贵州唯一参加全国展演队伍，获全国优秀组织奖。四是就业服务保障有力。城镇新增就业8.5万人，转移农村劳动力就业17.4万人，城镇登记失业率3.34%。成功举办第二届“决战贫困·创赢毕节”全民创业大赛。发放创业补贴271.8万元。创新开发护洁、护路、护河等“十大员”就业扶贫专岗，招募贫困劳动力5.7万名，带动近17万人收入达标，该做法得到农业农村部的充分肯定，成为全国人社领域精准扶贫20个经典案例之一。五是民族宗教事务管理加强。中央、省巡视督察反馈问题全面整改，161个宗教关系和谐示范单位获省委统战部命名。23个民族村寨获评“全省第三批少数民族特色村寨”，12家单位获省第三批“少数民族传统手工艺传习所”命名。六是社会保障能力提升。净增3.45万名城乡困难群众纳入低保，总数达63.34万名。城乡低保平均保障标准分别提高到每月583元、每年3888元，增长6.89%、9.68%。留守儿童关爱保护工作进一步加强。

（撰稿：毕节市人民政府办公室）

政务服务

【概述】 2018年，毕节市人民政府政务服务中心以习近平新时代中国特色社会主义思想以及党的十九大精神为指引，按照国务院及李克强总理关于“放管服”改革工作的有关指示精神，按照省委、省政府的统一部署，在省政务中心的倾力指导下，在市委、市政府的坚强领导下，在各级各部门的大力支持下，在中心全体同志的共同努力下，坚持“以人民为中心、全心全意为人民服务”的思想，树立“100－1＝0”的服务理念，优化政务工作。用“无申辩”的要求提升自己、用“五个绝不”约束自己、用“交通”的建设方式打造服务通道，来提升便民利企服务。在2018年全省政务服务标准化建设工作考核中，毕节市政务服务系统“集成套餐服务”工作成效荣获全省第一名；毕节市综合性实体大厅建设和运行获得全省第二名，同时，在国务院大督查期间还得到督查组组长、国土资源部副部长库热西·买合苏提的充分认可。《毕节市人民政府政务服务中心“一门、一网、一次”改革工作专题报告》获省政府政务服务中心主任饶晓亭的批示表扬。其他各项工作取得较大突破。

【实体政务大厅建设】 毕节市政务服务中心于2018年5月2日整体搬迁至七星关区文博路88号，并正式对外办公。面积为14828平方米，政务大厅分9个办公区域，共145个窗口，127间后室；进驻部门共46个，231人；8个会议室。区域分布有：窗口服务区、咨询服务区、等候区、自助服务区、投诉受理区。行政审批部门进驻率100%，“4＋x”事项进驻率100%，公共服务事项进驻率91.86%。结束了此项工作在2017年以前是全省倒数第一的历史。

【“政务服务一张网”建设】 在省政府办公厅及省政务中心的统筹下，正逐步将各部门的系统融合进贵州省政务服务网（原贵州省网上办事大厅），按国务院“最多跑一次”改革要求，在不违背相关法律法规的前提下，优化办理流程、减少办理环节、压缩办理时限、加强软硬件建设，提高事项网上可办率，为网上业务推行创造条件，减少服务对象来回跑的次数。如，食品生产许可、药品经营质量管理规范认证、医疗器械经营许可、全程电子化营业执照办理等开通全程网办后，办理时限压缩了50%以上，办事群众不用再跑到窗口来办理。2017年全市网上业务量仅有4万多件，截至2018年12月底，网上可办率为84.08%（黔委厅字〔2018〕55号文件要求：2018年市县网上可办率为60%，2019年达80%），比黔委厅字〔2018〕55号文件要求高出24.08%。全市网上业务量有553207件，是2017年的10倍。

【减证便民成效显著】 根据《国务院办公厅关于做好证明事项清理工作的通知》（国办发〔2018〕47号）、《省人民政府办公厅关于开展证明事项清理工作的通知》（黔府办发电〔2018〕118号）和《毕节市人民政府办公室关于印发毕节市证明事项清理工作实施方案的通知》（毕府办发电〔2018〕105号）要求，按合法、便民、共享等原则开展“减证便民”行动，市政务服务中心积极配合市法制办，按照合法、分级、精简、便民、共享原则，通过自查清理、集中审核、组织实施等环节，对毕节市地方性法规和各级行政机关规范性文件等设定的各类证明进行再次清理，2018年全市共清理取消证明材料1152项，减少群众东奔西跑出证明的麻烦。

【积极推动“最多跑一次”改革】 推进证照入库互认。依托省政务服务网电子批文库建设，加快毕节市电子证照库建设和电子证照推广互认工作，2018年年底，全市21个行业的103类证照入库，总量18165个。

推出“一键直达”直抵难点痛处，解决政务顽疾。市工商窗口实现全省首家“无纸化”电子营业执照办理，同时购买设备推出自助办理服务，办理时限由原来的法定时限20个工作日缩短为现在的3个工作日内。截至2018年年底，通过“无纸化”办理市场主体设立登记业务113件、变更登记业务143件，企业满意率100%。市食药监窗口实现辖区内食品生产许可、药品经营质量管理规范认证、医疗器械经营许可等行政许可类事项“零跑腿办理”“不见面审批”。食品生产许可办理时限由法定20个工作日压缩到10个工作日，压缩了50%。药品经营质量管理规范认证办理时限由法定90个工作日压缩到30个工作日，压缩了66.7%。医疗器械经营许可办理时限由法定30个工作日压缩到14个工作日，压缩了53.3%。2018年年底，按照“零跑腿办理”“不见面审批”流程办理有关许可申请259件，企业满意率100%。

【集成套餐便民利民】 以合法、合规、便民为前提，本着成熟一项推出一项的原则，抓好办事流程再造，推行“一窗式集成”服务，解决服务对象在不同部门窗口间多次跑、来回跑、申请材料反复提交的问题，解决群众办事难、排队叫号等候时间长的问题，降低群众办事成本。市政务中心为切实解决不动产统一登记办证难、办证慢、群众排队等候时间长等突出问题，按照“六减两增”原则［减流程（重塑优化流程）、减时限（压缩办理事限）、减资料（规范申请资料）、减平台（统一登记平台）、减部门（实行并联审批）、减投诉（优化服务质量）；增力量（加强队伍建设）、增效率（提高登记效率）］，不动产登记“一窗式集成服务”落地施行，解决了部门各自受理、独立办理、业务分散、企业和群众满厅跑、重复提交材料的问题。以“二手房买卖”为例，集成套餐开展前需向国土、住建、税务三个部门提交申请材料15份，开展集成服务以后仅需提交申请材料5份，减少比例达66.67%。平均受理时间由原来的一个半小时减少到10分钟左右，极大地降低了服务对象办事的时间成本。

【推进就近办理服务事项清单梳理工作】 根据《中共贵州省委办公厅 贵州省人民政府办公厅印发〈关于推进审批服务便民化深化‘放管服’改革的意见〉的通知》（黔委厅字〔2018〕55号）要求，依托县（区）、乡镇（街道、社区）政务中心、村（居）便民服务站等将服务事项延伸到群众身边，制定就近办理事项清单，实现多点可办、少跑快办。2018年年底，梳理出第一批就近办理服务事项清单（186项），通过贵州政务服务网向社会公布。

【党建工作】 政务中心党组认真贯彻落实中央、省、市关于推进党风廉政建设主体责任和一岗双责的部署要求，把党风廉政建设工作作为党建引领业务工作的重要内容纳入议事日程，与大厅管理、作风建设等工作紧密结合，同布置、同落实、同检查、同考核。加强推进“两学一做”学习教育常态化制度化，认真开展理论学习中心组学习研讨，督促各支部认真落实“三会一课”制度和每月10日主题党日活动，班子成员带头学习讨论，以普通党员的身份参加支部活动，有力推进“两学一做”学习教育常态化制度化。高度重视意识形态工作，成立了意识形态工作领导小组，专门召开意识形态专题会议，讨论、总结、部署意识形态工作，拟订学习计划，组织干部职工认真学习习总书记关于意识形态工作系列讲话，强化思想认识，提高政治站位，加强网络舆情管理，积极推动意识形态工作责任制的贯彻落实。按照上级统一部署，出台了《毕节市政务服务中心关于开展“大兴调查研究之风、大兴真抓实干之风、大兴勤俭节约之风”活动的实施方案》，按《方案》开展好相关工作，到基层走访调研，慰问贫困群众；在窗口开展“作风专项整治”“政务服务大比拼”等活动，有效提高办件质量和办事效率。加强了精准扶贫驻村、“法治毕节”挂帮、在职党员进社区服务和机关帮扶社区联系点等工作。拨付驻村工作经费 2 万元、扶贫工作经费 2 万元，大新桥街道大桥社区帮扶资金 1 万元。走访慰问贫困户 3 次、慰问留守儿童 1 次，慰问金 3.81 万元。赠送联系点中心幼儿园空调 8 台、投影仪 1 台。支持省政务服务中心联系点解决“法治毕节”建设资金 1 万元。

（撰稿：徐　莲）

外事侨务工作

【概述】　2018 年，市外事侨务工作坚持以党的十九大精神及习近平新时代中国特色外交思想为指导，深入贯彻落实中央外事工作委员会第一次会议精神、中央外事工作会议精神及省委常委会上孙志刚书记关于落实习近平总书记在中央外事工作会议上的重要讲话精神的讲话及全省外事侨务办主任会议精神，坚决贯彻执行中央和省有关外事工作决策部署，坚决服从和服务于党和国家外交大局，加强党对外事工作的集中统一领导，严格执行外事、侨务及对外友好工作方针政策，切实做好外事工作统筹谋划、推进落实，努力做好服务国家总体外交、服务开放型经济社会发展、服务“一带一路”经济建设和服务构建人类命运共同体“四个服务”及为归侨侨眷、海外侨胞服务工作，推进工作有效开展。一年来，市外事侨务办在做好涉外管理、涉外接待、因公出国（境）服务、对外交流与合作服务、对外友好及为侨服务的同时，统筹抓好大外事和对外开放工作，围绕服务“大扶贫、大数据、大生态”战略行动，服务国家大数据综合试验区、生态文明试验区、内陆开放型经济试验区及“1＋8”国家级开放平台建设工作，推动外事工作更好的服务经贸、旅游、教育、城市和民间对外开放，抢抓贵州建设内陆开放型经济试验区的重大机遇，加快推进毕节国际内陆港“一中心三港五园区”建设，有力推进开放型经济社会发展。

【涉外管理】　充分履行涉外管理工作职能职责，严格落实总体国家安全观，严格执行中央外交方针，严格按国家、省及毕节市有关外事管理规定，统筹做好涉外管理和服务工作。积极协调处理了纳雍县公民顾红超、马林河在俄被抓扣事件，2 名俄罗斯和 1 名乌克兰人在毕节非法就业及俄罗斯领馆探视事宜，摸排毕节市人员在加纳等非洲国家非法采金事件，在中非公民撤离及其他有关涉外案件；做好外国记者管理联席会议工作，如做好日本广播协会赴毕节调研拍摄节目《伟大的自然—中国南方喀斯特》协调及服务工作等。

【涉外接待】　本着“外事无小事”原则，做实、做细、做小外事工作，有力维护毕节试验区的对外形形象、经外事部门报备或报批的外宾邀请和接待共 20 批 311 人次，包括 2018 年百里杜鹃世界音乐节，非洲国家青年领袖研修班赴毕节交流访问，2018 年中国国际大数据产业博览会毕节分论坛，新能源（锂电池）产业发展研讨会暨首届新能源（锂电池）金海湖论坛活动，非洲国家重点媒体知名评论员及专栏作家走进结节，2018 年改革开放与中国扶贫国际论坛部分嘉宾考察团到毕节考察，韩国新闻代表团赴毕节访问，马来西亚祝福文化基金会赴毕节开展捐资助学活动，塞尔维亚中国和平统一促进会赴毕节考察，2018 年中国—东盟特殊教育发展交流与合作及有关企业、学校邀请外宾参加活动等。市外办接待和配合接待外宾 5 批 98 人次，包括蒙古国记者到黔西县采访、柬埔寨人民党干部考察团赴毕节访问、2018 年中非合作论坛——减贫与发展会议外宾赴毕节考察、巴西政党干部考察团赴织金洞世界地质公园参观、世界卫生组织驻华代表考察组赴毕节考察等。在外宾邀请及接待中严格外事纪律，严格规范接待程序和礼宾工作。

【因公出国（境）服务】 共办理因公出国（境）申报手续55批124人次。其中，副厅级2人次，正处级19人次，副处级26人次，科级及以下77人次；出访目的为：参加培训94人次，访问5人次，交流学习2人次，研修9人次，招商引资6人次，参会3人次，调研2人次，旅游推介3人次。在“走出去”战略实施中，申报了贵州工作应用技术学院赴印度尼西亚、马来西亚访问团，国家留学基金委高等教育行政管理人员出国研修项目（加拿大和新加坡），毕节市参加第八届国际展览洞穴代表大会代表团，2017年西部地区人才培养特别项目——高校专业课程教师出国研修项目（加拿大），织金洞参加第八届教科文组织世界地质公园国际大会代表团，毕节市一医赴美国参加中国医院管理高级海外培训班，毕节飞雄机场有限责任公司赴日本访问团共7个自组团团组。此外，还上报了5名外教师出国支教。对因公出国（境），毕节市认真执行国家和省关于因公出国（境）管理与党风廉政建设的有机结合。同时，在因公出国（境）审核过程中，市直部门和各县、区密切配合，严格履行程序，确保程序申报，防止在工作中走捷径等情况的出现。

【侨务工作】 认真做好归侨、侨眷和港澳眷属扶贫走访、慰问和资料报送等工作，发放涉侨困难慰问费5万元，截至目前，毕节市归侨、侨眷和港澳眷属已全部脱贫。此外，还接待了江苏无锡市侨务办及海外交流协会赴毕节考察，帮助协调解决印尼老归侨相关待遇落实请求，收集侨界及海外人才信息及做好侨务信访工作等。

【对外友好工作】 做好市友协的年审和加入中国国际友好城市联合会有关工作，拓展做好对外友好工作，做好与友好城市俄罗斯莫斯科州兹韦尼哥罗德市进一步交流合作，做好与坦桑尼亚基戈马地区基戈马乌吉吉市建立友城关系的进一步对接联系工作等。

【其他工作】 撰写了《毕节市建立世界花海城市交流合作平台的思考》和《毕节市开放发展调研报告》，做好“毕节外事”微信公众号住处更新等。此外，还做好作为牵头单位的市外事工作领导小组成员单位、外国记者管理联席会议的有关工作，做好作为市有关工作领导小组成员单位及省、市领导临时安排的有关工作。

（供稿：毕节市外事侨务办公室）

毕节市人民政府驻北京联络处

【概述】 2018年，市政府驻京联络处在市委、市政府的正确领导下，在省政府驻京办的指导下，坚持以习近平新时代中国特色社会主义思想为指导，深入学习贯彻党的十九大和十九届三中全会精神、习近平总书记在贵州代表团的讲话和对毕节试验区的重要批示指示精神，围绕“113攻坚战”目标和建设贯彻新发展理念示范区的行动指南，全面贯彻落实市委、市政府的重大决策部署，扎实做好联络联系、招商引资、信访维稳和协调服务等工作，有力有效助推全市经济社会发展。

【联络联系】 加强与全国政协、中央统战部、各民主党派中央和全国工商联以及毕节试验区专家顾问组的联络联系，积极做好市领导到全国政协、中央统战部、各民主党派中央、全国工商联和国家发改委、国家林草局等国家部委汇报对接工作的协调联络服务。协助配合做好在京企业赴毕节试验区的调研、考察工作，积极促成了一批项目的落地；协助完成试验区专家顾问组在京举办的毕节试验区建立30周年学术研讨会和中国发展研究基金会在京举办的毕节建设贯彻新发展理念示范区专家咨询会的顺利召开。充分发挥联络处“窗口平台”作用，积极宣传推介毕节试验区建立三十周年经济社会取得的伟大成就，联系中超球队贵州恒丰足球俱乐部帮扶石门坎中学，协调茅以升公益基金投资100万元在威宁羊街镇修建公益桥梁，协调北京贵州商会捐资60万元在织金县开展唇腭裂手术公益项目等。同时，在黔货进京、进军营活动中，织金竹荪的推荐工作取得了良好效果；织金洞和九洞天的修建性详细规划编制、威赫电厂和织金煤制烯烃等项目的推进也得到有效对接。

【招商引资】 认真开展驻点招商工作，加强与企业的联系，开展合作对接、项目推介等工作。全年对接项目24个，在谈12个项目，已签约项目2个（大方一中迁建及配套设施建设项目、苏州益高新能源汽车制造项目）；累计完成招商引资到位资金2.546亿元，其中新建项目到位资金1.5158亿元，续建项目到位资金1.028亿元，超额完成招商引资目标任务。

【信访维稳】 加强与国家信访局、省驻京办、北京公安、信访等相关部门的联系并得到大力支持；强化与区县的沟通，及时了解掌握赴京非访人员信息动向，提前研判舆情，确保及时有效处理在京发生的各类信访问题；积极参与做好进京上访群众的稳控劝返及联系协调工作，全年共处理信访事务294件497人次。

【接待服务】 始终牢固树立服务理念，切实提高接待服务水平，着力改善服务设施，全面完成酒店的升级改造，确保接待工作做到细致、精致、极致。全力做好市领导向全国政协、中央统战部、各民主党派中央和全国工商联、国家有关部委和试验区专家顾问组汇报工作的后勤保障工作；积极做好在全国“两会”“国庆69周年”等重大政治活动期间省市领导、参会代表和市驻京工作组的后勤保障服务工作；圆满完成维稳队伍近一个月后勤保障工作。全年共完成接待服务280批2300人次，得到了省驻京办书面表扬和市领导的充分肯定。

【日常工作】 按照市政府驻外办事机构有关工作要求，结合工作实际，规范管理，提高服务水平。全面开展资产清理工作，进一步推进资产划转工作，完成了珠市口东大街4号房产的资产划转；进一步规范公务接待，坚决执行中央“八项规定”，严格遵守接待工作的有关要求，无公函不接待、不超标接待，严格控制陪餐人数；进一步抓实对物资采购、发票审核报销、财务收支规范等方面的管理工作。同时，克服多方困难，全面完成酒店的升级改造。

【党风廉政建设】 加强党员的教育和管理，利用例会、支部“三会一课”、工作微信群、主题党日、“两学一做”活动等形式认真组织驻京联络处全体人员学习党的十九大、十九届三中全会精神、习近平总书记在贵州代表团的讲话精神和全国“两会”精神，学习中央、省委、市委重要会议精神，提升政策理论水平，强化党员干部的理想信念，树立正确的世界观、人生观、价值观，增强“四个意识”，坚定“四个自信”，确保党员干部在思想上行动上与党中央保持高度一致。落实“一岗双责”，签订党风廉政建设责任书，抓好预防教育，组织党员干部学习“两准则”“四条例”，开展警示教育，强化纪律意识，让党员干部自觉做到自省、自警、自励，做遵守纪律的明白人，做到不闯红线，不越底线。严格党务政务公开，按照党务政务公开要求，对干部评先选优、党费收缴使用等工作及时公示，按照市纪委的有关文件要求，对我处“三重一大”事项及时报备。

（供稿：毕节市人民政府驻北京办事处办公室）

毕节市人民政府驻贵阳办事处

【概述】 2018年市政府驻贵阳办事处在毕节市委、市政府的正确领导下，在省直各有关部门和驻地党委政府的帮助下，认真贯彻落实年初全市经济工作会议精神，对照市政府《驻外办事处、联络处工作目标管理责任书》的主要内容，切实履行工作职责，做了大量的实际工作。与此同时，紧紧围绕驻外办事处工作职能，认真学习近平总书记系列讲话精神学、认真贯彻落实（国发办〔2015〕8号）文件精神和省、市会议精神和中央“八项规定”、认真落实《贵州省公务活动全面禁酒的规定》，按照《党政机关厉行节约反对浪费条例》《党政机关国内公务接待管理规定》等法规制度，结合贵阳办事处的工作实际促进党风廉政建设、切实转变机构职能，认真学习《中国共产党处分条例》《中国共产党廉洁自律准则》、认真开展反对形式主义、官僚主义突出问题的对照检查，认真履行工作职责。按照市委、市政府的要求把协调联络、招商引资、维护稳定，作为工作的重中之重，树立良好的对外形象，积极协助各区县做好接待、上访群众工作，同时认真做好各级领导、有关专家学者、重要投资商的接待服务工作。继续抓好已在毕节市投资建设的大型企业的密切联系合作与协调工作，确保重点项目在毕节市的顺利开展；对内主要抓办事处管理，逐步完善科室各项岗位工作制度，加强职工责任感，发挥办事处“窗口”的作用，逐步提高两个效益（社会效益、经济效益），较好地完成了各项工作任务并取得明显实效。

【加强理论学习全面提高职工思想素质】 2018年，办事处结合驻地实际，继续认真学习了中共十九大会议精神，中央八项规定和省、市十项规定，加强了对机关工作作风行为规范“四要十不准”的贯彻学习，并根据办事处工作的实际制定了接待工作“十不准”。毕节市政府驻贵阳办事处按照市委、市政府的统一部署认真开展反对形式主义、官僚主义突出问题的对照检查学习活动，紧密联系工作实际，以求真务实的态度开展工作。认真学习近平总书记系列讲话精神、国发办〔2015〕8号文件精神和省、市会议精神、认真学习落实《党政机关厉行节约反对浪费条例》《党政机关国内公务接待管理规定》《贵州省公务活动全面禁酒的规定》《中国共产党处分条例》《中国共产党廉洁自律准则》。通过这些学习，一是使党员干部进一步深化了对当前形势任务的认识，加深了对党和国家重大理论与实践问题的理解和把握，切实增强了理想信念，坚定了中国特色社会主义道路的坚定信念。通过这些学习不断提高干部职工的思想政治水平。树立好良好的机关形象、提高机关的工作效能，进一步增强办事处干部职工的责任感。要求每位党员干部严格要求自己，严格管理自己，严格监督自己，做到勤奋工作，热情服务，严谨行为，宽以待人、严于律己、团结协作，和谐相处，无论是星期六星期天，还是白天晚上，只要有信访维稳和接待任务，办事处的同志都能按时到位，处置及时得当，接待热情周到，树立了良好的窗口形象。同时结合驻地特点和自身实际，按照党风廉政建设责任制和实行年度目标责任制考核要求，积极探索行之有效的工作运转机制，做到责任到位，分解到人，切实加强内部管理和督促检查，使各项工作得到健康有序地推进。按照市委、市政府的工作部署，贵阳办事处结合驻地实际，充分履行职责。一是加强与省委、省人大、省政府办公厅、省政协、省直各有关厅局的协调联系，力争得到省直部门对毕节市的关心支持和帮助。二是积极发挥办事处的协调作用，为到毕节市投资考察的领导、专家在贵阳期间与省委领导、省有关厅局和贵阳市委、市政府座谈，搞好协调联系工作。三是加强了与贵阳市委、市政府的联系和协调，增强了与驻地各级党政机关、群团组织、经济文化组织的有效沟通和往来，想方设法为全市经济发展牵线搭桥，促进毕节市与驻地间的交流。四是继续保持与毕节市及曾在毕节市工作过的现在省直各部门工作的领导及老领导的联络联系，积极争取他们一如既往地对毕节市的发展给予大力的支持。五是强化服务意识，提高接待服务质量。根据市委、市政府的有关规定和管理办法，贵阳办事处加强职工思想政治和职业道德教育，狠抓内部管理，进一步转变工作作风，激发活力、提高服务质量。2018 年先后接待了试验区专家顾问组、各民主党派中央领导、中央统战部、台盟中央、文化部、新华社、国家林业局、中央电视台、福建省政府、湖南省政府、河南省有关领导，以及国内外大型企业集团、知名企业家，省委、省政府办公厅及省直有关部门、市几大班子领导、市直有关部门负责人、毕节市委、市政府。通过周到、细致的服务，基本做到了让到毕节市考察的专家领导和出差到驻地的同志“乘兴而来，满意而归”。六是在中共十九大召开期间、全国和省“两会”、省党代会议以及在贵阳市举行的“中国 2018 数博会”“中国国际酒博会”等重大会议活动期间，按照市委、市政府的要求，在人员车辆紧张的情况下，全力以赴配合有关部门做好在贵阳的协调接待、信访维稳工作。2018 年，与各区县抽调的工作组一道，同心协力，加强在省委、省政府，火车站、机场、贵阳客车站等地点的巡查，加强与省信访局、省指挥中心、贵阳市维稳办的协调联系，成功处置和劝返了毕节市上访人员 1866 批次，3735 人，按时完成维稳期间的每日信息报送和全年维稳工作任务。七是随着毕节社会经济的发展，到毕节参观学习考察的省内外领导、专家学者和到贵阳毕节开会、办事的领导较多，贵阳办事处接待任务极为繁重，在车辆有限的情况下，圆满完成了市委、市政府领导安排的各项临时性接送任务，特别是台盟中央一行 36 人到毕节考察、毕节市党政代表团到贵阳市、贵安新区考察学习，广州市对口帮扶 25 人到毕节调研活动。2018 年共计接送到毕节市参观考察学习的省内外领导、专家学者 826 人次，周到细致的接待服务工作得到了市领导的表扬。八是 2018 年毕节市外出务工人员贵阳服务中心在市委、市政府主要领导的直接关心和过问下，得到了市直各部门、各区县及贵阳市有关部门的大力支持，在协调、宣传和维权保障等方面做了大量的工作，取得了明显的社会和经济效益，得到了市委、市政府主要领导的充分肯定。全年接待了来访咨询的农民工 85 人次、电话咨询 57 次、电话回访 49 次、解决农民工维权讨薪 21 人次，劳动纠纷 9 次、帮助追讨拖欠资金 16 万元。九是圆满完成贵阳办事处资产划转工作，此项工作得到了市政府领导的表扬。

【切实加大宣传服务力度，充分发挥窗口职能作用积极开展招商引资】 2018 年，贵阳办事处紧扣市委、市政府的年度工作目标和试验区工作重点、政策，依托驻地特点和区域优势，采用了适合自身条件的宣传方式，制作了广告牌宣传毕节旅游业，酒博会期间发放宣传资料，通过不同的渠道、场合大力宣传毕节试验区，争取各方人士到试验区考察投资，提高了毕节的知名度和美誉度，为毕节市的改革开放创造了有利条件。同时，积极主动做好大型项目的服务协调工作，为全区经济发展营造良好的投资形象，使到毕节市投资的大型骨干企业进得来、留得住。按照市委、市政府的工作要求，贵阳办事处把招商引资工作作为当年办事处的一项重要工作来抓。为此，充分调动和发挥办事处每一个同志积极性能动性作用，依托驻地特点和区域优势，争取各方人士到毕节市考察投资。在招商引资中贵阳办事处同志根据毕节市经济建设的需要，大胆探索、努力探索寻求招商引资的新途径，新方法，全方位做好招商引资工作，积极引荐省内外有相当实力的企业到毕节市发展。2018 年开展招商引资，接触企业15个、签约已落地企业4个，落地资金额达到2亿元。还有一些企业还在谈判对接之中，招商引资工作多次得到市委、市政府主要领导的好评。在招商引资工作中贵阳办事处充分发挥对外窗口作用，把大力推介毕节特色产品，积极配合旅游、农业等部门，以“洞天福地、花海毕节、避暑天堂”“乌蒙山宝、毕节珍好”开辟毕节市旅游工农业产品新市场和销售渠道，全力推介毕节市产品进入驻地城市和省外城市。

【密切关注上访动态，积极做好信访维稳工作】 2018年，贵阳办事处努力克服信访任务繁重，问题处理难度大等困难，全力协助配合省委、省政府群众中心和毕节市信访工作组做了大量艰苦细致的劝返工作，全国和省“两会”，以及在贵阳市举行在贵阳市举行的重大会议活动期间，毕节试验区成立30周年活动期间，贵阳办事处按照市委、市政府的部署，每一位同志保持24小时通信畅通，人员随叫随到，积极配合毕节市驻贵阳工作组有效地化解了上访人的思想矛盾问题，维护了稳定局面，同时搜集汇总上访信息及时上报市委、市政府。在信访维稳工作中贵阳办事处做了大量卓有成效的工作，成功处置和劝返了1866批次，3735人，较好完成了年度维稳工作任务，为毕节市社会经济建设作出了贡献。

（撰稿：谭齐贤　文永东）

毕节市人民政府驻深圳办事处

【概述】 2018年，在市委、市政府的正确指导下，在各县（区）、各部办委局的支持下，深圳办事处紧紧围绕全市经济社会发展大局和各项重点、中心工作任务，以招商引资为重点，以助力脱贫攻坚为主线，以内引外联为抓手，坚持内强素质，外树形象，切实履行职能职责，不断提升服务效能，较好地完成了各项工作任务。

2018年，带领干部深入走访行业企业龙头30余家，加强对接实力商会协会20余家，承办和保障大型会务10余次，上报业务主管部门招商引资动态信息15期，获省投资促进局采用2条，获《毕节日报》采用1条，获市政府领导批示1条，单位获全国各省市区人民政府驻深单位授予“先进单位”，主要领导获全国各省市区人民政府驻深单位授予“先进个人”称号。对接项目信息40余条，在谈项目20个，在谈500强企业1家（太平洋建设集团赫章旅游公路建设项目），带领客商回毕节考察10批50余人次，拜访行业龙头企业20余家。新引进赫章县智慧赫章PPP项目、韭菜坪滑雪场建设、豪宇服装生产，金沙县垃圾清运处理、星原自动售货机生产，织金宏博昌荣传媒集团丁宝桢系列产品开发等6个项目，签约资金18.2亿元。推进德帮能源科技有限公司电子元件生产、彩缤纷印刷包装公司生活用品纸生产等2个续建项目建设。产生到位资金6.03亿元（含与市政府办联合招商0.5亿元）。其中：新建项目3.35亿元，续建项目2.68亿元。

【党风廉政建设抓实学习，强化提升政治意识】 2018年以来，以“两学一做”学习教育为契机，认真开展“三个大兴”活动，切实加强党风廉政建设，组织学习《中国共产党廉洁自律准则》《中国共产党纪律处分条例》以及《关于新形势下党内政治生活的若干准则》《中国共产党党内监督条例》等，学习中纪委十八届六中全会精神，切实履行党风廉政建设主体责任，把纪律和规矩挺在前面，不断增强纪律意识、廉洁意识、规矩意识、看齐意识，按照中央、省委和市委的部署要求，利用组织生活的时间开展领导干部带头上党课，采取以会代训、以会代练、撰写学习心得体会、制作宣传板报等形式加强学习，以学促创、以学促建、以学促进，推动了各项工作有序开展。

【招商引资高位推进，活用资源精准对接】 一是突出产业链精准招商。围绕锂电池、煤化工、新能源汽车、电机、电机驱动控制系统等锂电池上中下游产业链，按照“瞄准高端、打造终端、形成集群”的总体思路，坚持“建链、补链、强链”原则，以“引上游、接下游、抓龙头、带配套”为目标，着力开展产业链招商。二是注重引进配套企业。紧紧围绕物流、金融产业链招商，搜集协调配套信息，积极引进物流公司和融资公司，为毕节市实现产业配套集群和抱团发展提供物流和资金支持。三是着力打通毕货入深大通道。建立100人以上农特产品微信营销群2个，依托海吉星生鲜批发市场、大晟云购管理有限公司等平台，平台搭建以来，已助推毕货入深实现销售额近1亿元。四是因地制宜促产业集群。依据各县区的产业布局和区位优势，相应产业推荐落户相应县区。五是借力活动抓好推介。借助“文博会”“高交会”“贵洽会”“旅游推介会”等重大会议，积极对接文化旅游、酒店地产等产业项目宣传推介。六是形成合力搞好服务。强化与部门、县区合力推进，为项目落地、跟踪服务等工作做好联络联系、信息反馈等工作，树立良好形象，促进“以商招商”“口碑招商”。11月17日，由办事处与主办方深圳市高工产业研究院（GGII）推动对接的“2018中国战略性新兴产业集群评选”活动颁奖仪式在“第二十届中国国际高新技术成果交易会”浓厚的产业学术交流氛围中同期举办。贵州毕节经济开发区（毕节金海湖新区）在来自锂电池、机器人、新材料三大新兴产业60余家国家级、省级园区和开发区中摘得桂冠。与宁乡高新技术产业园、西宁（国家级）经济技术开发区南川工业园区、宜春经济技术开发区、兰州金川科技园、射洪县锂电新材料产业园等5家科技园获评全国“2018中国优秀锂电池产业园区”。

【联络联系加强交流，积极发挥“纽带”作用】 紧紧抓住东西部扶贫协作的历史机遇，有效巩固深圳毕节两地21年来对口帮扶的成果，加强与深圳市相关单位和部门拜会、沟通、交流学习，在与深圳各级各部门建立起友谊的桥梁的同时积极宣传推介毕节。真正发挥“毕节试验区”和深圳经济特区沟通的“桥梁”和“纽带”作用，切实树立好毕节的良好形象，为毕节市承接东西部产业转移打下基础。同时借力中国国际文化产业博览会、中国国际高新技术成果交易会等大活动大事件，加强联络联系的同时，积极宣传推介，不定期到深圳市委、市政府及各单位各部门取经学习，树立好毕节的良好形象，为东西部扶贫协作工作和深毕两地友好关系发展做好协调工作，基本实现到相关部门联络工作时达到“门好进、人能见”的效果，努力实现贵州·毕节走进深圳目标。

【公务活动无缝对接，精准服务推动工作】 本着“无缝对接、精准服务”的原则，公务活动达到了“人人有车座、个个有服务、事事有回音、件件抓落实”的效果。并针对深圳接待服务工作的特点，一是不断修订和补充接待服务的程序、规范和标准，对干部进行经常性的礼仪和业务培训；二是坚决贯彻接待程序化、服务规范化、操作标准化的管理，努力推进人性化的服务理念。曾多次获深圳市委、市政府及各部办委领导高度评价。一年来保障了市直有关部门和县区活动10余次。截至12月2日，共接待和服务市各级各部门领导干部赴深圳公务活动及招商引资考察等商务活动500余人次，保障车辆118余台次，承办和保障大型活动8次。

【加强内务工作管理，营造良好环境】 坚持制度管人、制度管事、对事不对人，真正形成人人都在制度中、人人都在管理中的良好氛围，打造和谐、廉洁、高效工作队伍。一方面不断加强自身建设，强化内部管理，形成了高效、优质的运行机制，随着办事处人员不断增加，规模不断扩大，职能强化，分工细化，管理人员和服务人员也随之增加。同时积极做好梅林一村3套干部周转房和办事处办公楼的维修改造准备工作，已完成了装修设计图、装修效果图、主材询价、装修公司筛选初定等工作，提升办事处接待能力和形象，推行并严格执行“六化”管理，高标准推进工作开展（即：办公场所功能化、资料管理标准化、人员管理准军事化、办公形式无纸化、汇报工作数字化、安心留人情感化）；另一方面坚决贯彻落实中央“八项规定”、省委和市委十项规定，结合自身实际创新建立了“公共资产管理阳光台账、公共车辆管理阳光台账、公共经费管理使用阳光台账、公务接待阳光台账”等“四个阳光台账”。探索形成了对公共资产、公车管理、公共经费、公务接待“四公”管理办法的“四个阳光台账”管理模式。多次受到市委、市政府、组织部、纪委及深圳市相关领导的高度认可，均认为“四个阳光台账”是解决“三公经费”管理的钥匙。

（供稿：毕节市人民政府驻深圳办事处）

毕节市人民政府驻重庆办事处

【概述】 一年来，驻渝办在市委、市政府的坚强领导和亲切关怀下，在政府办、投促局和市第三纪检组的正确指导和热情帮助下，与时俱进，开拓创新，紧紧围绕各项工作目标，内强素质，外树形象，充分发挥协调服务和内引外联的作用，转变职能，不断提升工作质量和效率，有序地推进各项工作任务。

【党风廉政建设】 1. 落实主体责任。坚持一岗双责，健全党风廉政建设工作机制。年初，办事处制定了党风廉政建设实施办法，每一名干部职工都与办事处主任签订党风廉政责任书，把责任落实到岗位、落实到个人。2. “两学一做”。办事处把学习党章党规作为“基础课”，学习习近平总书记系列重要讲话精神作为“必修课”，坚持以“三会一课”为基本制度，以党支部为基本单位，结合办事处实际情况，把学习融入日常、抓在经常。3. 整治“四风”问题。按照中共毕节市纪委、监察委《毕节市深入整治形式主义官僚主义突出问题实施方案的通知》（毕纪通〔2018〕13号）精神的要求，重庆办事处将中央“八项规定”、省委和市委“十项规定”以及“共产党员100条禁令”融入日常工作中，对照参考，时刻警示，杜绝形式主义和官僚主义。4. 开展预防提醒谈话。一是今年3月，办事处与重庆市机关事务局开展联合党日活动，重庆市机关事务局附属巡视员唐毕琴在活动中展开了廉政和预防提醒谈话。二是年初，办事处主任与办事处全体成员进行了集体廉政谈话，对每个岗位廉政目标的落实提出了要求。

【联络联系】 驻渝办与重庆主城6区和重庆市各部门，以及在毕节市工作过的在渝领导积极主动沟通，保持经常性的联系，全面完成了约见重庆市及所辖区县领导协调工作、争取各方面支持帮助等工作任务。积极联系拜访重庆重要商协会、500强企业、龙头企业等，为在渝招商引资和宣传推介毕节夯实了基础。

1. 交流联络方面。今年来，办事处主要进行了以下重要交流联络工作：（1）重庆市市级层面：重庆市政协2次以上，重庆市机关事务局互动4次以上，重庆市旅发委1次，重庆市商委互动2次以上；（2）区县级层面：江北区政府交流联系1次，渝中区政府交流联络1次，巴南区政府1次，九龙坡区政府1次，荣昌区政府1次；（3）协会层面：重庆市餐饮协会1次，重庆市火锅协会1次，重庆市旅游协会1次；（4）500强企业：重庆金科集团3次，重庆隆鑫集团2次，重庆新鸥鹏集团5次以上，五洲国际集团2次；

（5）龙头企业：重庆猪八戒网络科技有限公司5次以上，重庆五洲世界文化有限公司2次。2.协调服务方面。今年重大接待服务有：4月，市商务局局长谌怡勇率团在重庆成功举办“毕节试验区绿色农特产品产销对接会”；5月，毕节市委常委、常务副市长丁雄军带领市旅发委主任何正芳一行在重庆（江北）哈曼酒店成功举办“毕节夏季避暑旅游（重庆）推介会”；8月，毕节市委书记、市人大常委会主任周建琨在重庆考察调研，并到办事处驻地看望办事处全体干部职工，对办事处的工作给予肯定，同时激励大家努力干事；9月，七星关区区长胡敬斌率团在重庆举行乡村旅游扶贫推介会；11月，市委常委、黔西县委书记卢林带队赴重庆考察。

年内市委、市政府、人大、政协主要领导和相关领导赴渝开展公务活动12人次，县区领导和市直领导70多人次，其他80多人次。协助领导开展政务对接和招商引资工作均无任何失误。

【宣传推介】 一是举办推介会：4月，市商务局局长谌怡勇率团在重庆成功举办“毕节试验区绿色农特产品产销对接会”；5月，毕节市委常委、常务副市长丁雄军带领市旅发委主任何正芳一行在重庆（江北）哈曼酒店成功举办“毕节夏季避暑旅游（重庆）推介会”；9月，七星关区区长胡敬斌率团在重庆举行乡村旅游扶贫推介会。二是企业考察座谈会：8月，毕节市委书记、市人大常委会主任周建琨在重庆考察调研中国500强企业——重庆新鸥鹏集团和重庆行业龙头企业——重庆五洲世纪文化有限公司，向两家企业作专题推介毕节；11月，市委常委、黔西县县委书记卢林带队赴重庆考察重庆坤伍集团，作了专题推介。三是办事处在对接拜访企业时，进行宣传推介。2018年，重庆办事处对接座谈三十多家企业，向他们全方位介绍了毕节。四是通过办事处网站和毕节农特产品微信群发布毕节信息，推介宣传毕节。

【推介毕节农特产品】 一是与市商务局在渝成功举办了毕节绿色农特产品产销对接会，重庆市涉及农产品生产、加工、经营的有关行业67家企业受邀参会，现场签约22份，涉及金额达12亿元。二是协助市商务局成立毕节农特产品营销联盟（重庆），截至12月，联盟在重庆市场实现营业收入8600万元。三是联系组织毕节水果种植合作社、水果经销商参加2018重庆水果节．水果产销对接会和重庆火锅节。四是邀请了部分重庆农特产品经销商赴毕参加2018全国农产品产销对接会（贵州）暨第二届毕节试验区·乌蒙山农特产品交易会。会后，带领客商实地考察威宁水果基地和赫章香葱基地。

此外，还专门在微信上建立了“毕节农特产品营销群”，在办事处官网上大力推介毕节农特产品。

【招商引资】 一年来，重庆办事处牢牢抓住产业大招商突破年机遇，重点聚焦农业产业结构调整和其他产业转型升级，围绕“产业招商、园区招商、集团招商、精准招商、环境招商”五个重点全面发力，紧紧抓住29条产业链，按照《毕节市2018产业大招商突破年行动方案》提出的18个重点突破产业大招商，科学制定招商目标，全力推动工作落实。全年报送有效信息48条，项目落地5个，到位资金4.06亿元，圆满完成年初市委、市政府下达的工作任务。

【劳务工作】 一是重庆办事处数次到重庆市人社局和南岸区人社局调研，了解重庆劳务政策。为毕节到重庆务工人员提供服务作保障。二是走访部分毕节籍务工人员，了解毕节市外出劳务人员在重庆务工环境与情况。推动形成农民工就业的互帮互助机制。三是重庆办事处继续聘请专职律师作法律顾问，专门为在重庆打工的毕节籍农民工进行法律咨询服务。纳雍县在渝务工人员颜江，亲人因车祸在重庆市急救中心发生医疗事故，办事处知晓后积极联系相关方面并介绍办事处法律顾问为其提供支持服务。四是鼓励和组织毕节籍乡友回家乡投资创业。办事处成功走访在重庆林云都市工业园区创业的毕节百管委籍梁勇，向其介绍了毕节当前的投资环境和政策，邀请他回毕节投资兴业，践行精准扶贫，回馈家乡人民。

【日常管理工作】 办事处坚持狠抓制度建设，坚持严格制度执行，将办事处人财物通过制度规范起来，在实际执行中不走样。一年来，办事处依照市里的有关规定，年初与办事处所有工作人员签订了廉政责任书，对重要岗位做了风险控制预警，健全办事处人事、财务、公车管理、公务接待等重要制度，确保了办事处运转的规范有序，为办事处各项工作的开展提供了坚实保障。

（供稿：深圳办事处办公室）

毕节市人民政府驻苏州办事处

【概述】 2018 年，在市政府办公室、市纪委第三纪检监察组、市投资促进局的领导和督查下，在市有关部门的指导、帮助下，办事处按照市委、市政府领导对新时期驻外机构工作的指示精神，及时把办事处工作重点调整到发展异地商会、招商引资、联络联系和宣传推介上来，并遵守中央“八项规定”和省委、市委“十项规定”，在工作过程中把党风廉政建设同部署、同落实、同检查，全面推动办事处职能转变和各项日常工作的开展。

【积极发展异地商会】 根据市委、市政府关于积极发展异地商会的指示精神，办事处 2015 年起酝酿在苏州成立毕节商会，邀请毕节同乡中有威望、有一定经济实力的老乡到办事处召开座谈会，办事处领导向他们传达了市委、市政府发展异地商会的有关文件精神，传递了市领导们的关注、意愿和期盼，通过互动交流，统一思想认识后，与会同乡立即行动起来，分片区广泛进行摸底排查，宣传发动老乡。办事处及时沟通市委统战部、市工商联和苏州市工商联领导，进一步争取两地组织的支持后，召集了毕节同乡企业联谊会，并邀请市工商联领导前来宣传指导。及时成立苏州毕节商会筹备组，设置筹备秘书处、会员发展部、后勤服务部，并明确职能和工作任务。通过两年多的努力，截至 2018 年年底，已发展会员 82 家，相关会员企业资料收集后报送苏州市工商联审查审核，批复成立了苏州毕节商会筹备组。办事处领导 2 次向苏州市和毕节市工商联（总商会）汇报工作，3 次邀请商会筹备组主要成员到办事处研究商会会员发展事宜；并针对商会筹备组主要成员存在思想顾虑和信心不足的问题，耐心做引导说服工作，提高他们发展商会的信心和服务精神；同时结合招商引资工作，将市招商指南、优惠政策及项目资料等发到筹备组微信群中，纸质文件发到主要有实力的会员手中，通过他们以商招商，拓展招商信息渠道和资源。

【强化联络联系做好协调服务】 （一）协助领导和部门在驻地开展公务活动。市投资促进局领导和七星关、大方、赫章、纳雍等区县领导，贵阳、广州办事处领导等先后到苏州考察联系招商工作、交流座谈工作等，办事处积极帮助联系安排好住宿酒店，联系有关单位和企业，并陪同考察洽谈招商，座谈交流工作，确保他们公务活动顺利完成，做到满意而归。8—10 月，接到市委周建琨书记要到长三角招商的指示后，办事处先按要求动员 10 家装备制造企业等待，后又调整招商对象为文化旅游产业，办事处重新联络联系 10 家文旅企业等待，虽然最终未来成，但办事处在此期间做了大量工作。10 份省招商推介大会办事处邀请上报 6 家企业代表毕节市客商参加；同时邀请动员 2 位毕节在外创业发展成功人士参加张集智市长在毕节召开的在外成功人士座谈会；努力收集12名在外创业发展成功企业人士信息，向市人才办、投资促进局、工商联上报，录入贵州在外成功企业人才库。（二）服务毕节籍务工人员。办事处及时加强与苏州、毕节有关单位的联络和协调，一方面助推家乡商会的发展，另一方面帮助在苏同乡务工经商毕节籍人士解决好遇到的问题和困难，动员在外创业发展的同乡成功人士助力家乡建设与发展。办事处协调苏州市工商联会同苏州毕节商会筹备组成员，积极走访发展同乡企业会员7家，邀请5家商会企业到毕节考察招商项目，倡导参与同乡企业间的参观交流学习。七星关区对坡镇周泽琴女士早年到苏州打工并在当地结婚生子，但孩子户口问题一直落实不了，当年无法入学，办事处积极帮助出主意、协调关系沟通吴江松陵派出所，解决了落户及适龄及时就近入学问题，做到有求必应。

【积极进行宣传推介】 办事处在发展筹备苏州毕节商会工作过程中，为充分宣传毕节试验区政治、政策、自然资源优势和经济社会发展成就，会同商会建立了144人的毕节苏州企业家微信群，32人的苏州毕节商会筹备组微信群，除开展互动宣传外，还经常在上边宣传推介家乡土特产品、优质农产品，动员商会会员参与营销，回乡创办、领办新型农产品生产基地和加工企业。今年有2人回乡创办、领办辣椒生产基地和土猪养殖企业。

【招商引资目标任务完成情况】 对接目标企业采集信息40条。其中：一般产业链信息24条；行业龙头企业信息8条；500强企业信息4条；酒店会展业信息4条。对接信息转化为在谈信息转化率不低于50%、在谈信息转化为签约信息不低于20%。通过近一年的努力拼搏，全年共计报送招商引资信息68条，其中：对接信息40条，占任务的100%，一般产业链信息35条，占任务的146%；行业龙头企业信息6条，占任务的75%；500强企业信息2条，占任务的50%；酒店会展业信息3条，占任务的75%。对接信息转化为在谈信息转化率62.5%，在谈信息转化为签约12.5%。签约项目5个，到位资金4亿元。到新引进签约项目3个，还有3个项目即将签约（原因是各开发区目前没有厂房），实际完成到位3.2亿元，占总目标任务的80%。预计年底可以完成总的目标任务。有关认证签约项目文件及到位资金凭证还在收集中，报市投资促进局最终确认。

在具体工作中，紧紧围绕省、市园区产业链招商思路，坚决贯彻“百千万”产业大招商“请进来”“走出去”的有效措施。一是抓住和跟踪老客商进一步密切关系，掌握其投资新动向和信息，一方面动员再投资、扩大投资，另一方面借老商招新商，不断拓展新客商信息，主动登门拜访，在增进了解和互信的基础上，介绍毕节市情、资源和政策优势，对有意愿者跟踪保持联系，进一步邀约深入洽谈具体项目、到毕节考察、洽谈、签约投资项目，共计“走出去”对接企业19家，“请进来”对接企业25家，邀请赴毕节考察项目企业23家。二是充分利用市、县、区领导和部门领导到苏州及周边的机会，邀请同乡中的商界成功人士、意愿客商与领导们见面，借机推进更深层次的对接，争取谈成项目。三是利用同乡、商会、行业联谊集会等商界、企业界活动机会，争取介入宣传毕节政治、资源、政策优势，捕捉新招商对象，有针对性地推介为其量身定做的招商引资具体项目，争取他们发现毕节、了解毕节、与毕节结缘，最终投资毕节。

2018年除向市投促局及时报送季简报、半年报简报外，办事处还专题重点编发了4期《苏州工作简报》，提供市领导决策参考。

【加强党风廉政建设】 根据市第三纪检监察组和办公室党组有关党风廉政建设的安排部署和文

件精神，办事处认真贯彻落实了市政府办公室5月份召开的全面落实从严治党主体责任座谈会、党建工作会、党风廉政建设工作会和驻外办事处（联络处）主任座谈会4个会议精神，特别是7月份市委周建琨书记专题召开的驻外办事处（联络处）主任座谈会会议精神，对照办事处实际抓好贯彻执行。（1）落实责任主体。按照“谁主管，谁负责”的原则，年初，办事处领导与市政府办分管副秘书长签订党风廉政建设责任书，办事处正式人员与办事处领导签订党风廉政建设责任书，临时聘用人员与办事处签订聘用劳动协议。将党风廉政建设11个方面的内容与业务工作同部署、同落实、同检查，重点围绕“四种形态”突出问题认真开展自查自纠，对工作中出现的一些苗头和问题及时予以教育与纠正。（2）整治“四风”问题。办事处领导张建军去年12月邀请5名苏州毕节企业家，到北京参加市里举办的商海毕节人活动期间，违反会议纪律单独开房间住宿，并接受同行企业支付部分住宿费，受到市纪委和党支部党内警告处分，本人写了深刻书面检查，接受市纪委约谈，表示接受组织处理，深刻吸取教训。专门开会传达组织对自己的处理决定，检讨错误，要求办事处同志引以为戒，把党风廉政建设落实的日常工作中，解决防止类似问题的发生。办事处在平时学习、业务工作会议上，始终坚持把党风廉政建设同研究、同部署、同落实，把政治纪律挺在前面。按要求向第三纪检监察组报告《关于形式主义、官僚主义突出问题开展自查的情况》《关于对暑假休假期“四风”问题开展自查的情况》；认真如实填报了领导干部有关事项报告表、学历情况报告表、基本情况及有关事项登记表（廉洁档案）、领导干部和中层干部兼职和参与茅台酒销售经营情况表，单位库存、封存酒情况及处理情况表。办事处没有接到信访、举报违规、违纪、违法的问题举报。（3）“两学一做”。按要求及时传达学习贯彻市委二届一次全会、市纪委二届二次全会精神，学习落实《中国共产党章程》《中国共产党廉洁自律准则》、继续贯彻执行中央“八项规定”和省委、市委“十项规定”，教育引导办事处全体同志廉洁从政。

【大力开展“三个大兴活动”】 结合办事处具体工作内容，主要开展两个方面的工作：（1）大兴真抓实干之风。在健全完善制度的同时，围绕签订的目标责任书和劳动协议职责，明确岗位责任，强化问效追责，具体工作提出时间要求和目标成效，落实“马上就办，真抓实干”专项行动，特别是招商引资具体工作中，坚决做到对客商有问必答，热情、周到的优质服务，真正优化营商环境。在办事处房屋资产化转工作中，办事处领导几乎每月两三次跑苏州市国土局催办化转手续，但由于房屋修建比较早，土地历史问题复杂，证照图纸数据与现在实测数据差异大，牵扯左右房主的权益纠纷，国土局一直在协调会办中，但办事处每次催办结果都及时报告市国资委和市信泰投资公司。（2）大兴勤俭节约之风。在招商引资工作接待过程中，办事处领导不仅带头做表率，要求在接待客商时，既要主动热情，服务周到，又要厉行节约，以家常菜为主，不准铺张浪费和弄虚作假。初步统计，“三公经费”将在2017年基础上进一步下降。

【积极开展平安建设】 （1）风险防控。由于办事处地处苏州，毕节人不多，维稳工作任务较轻，按照“有求必应”的要求，及时帮助并解决周泽琴所遇到的问题。平时工作重点主要放在楼房内外的安全保卫上，明确了专人巡防，包括租赁办事处门面在内，邻里有纠纷及时进行调解，一年来没有发生刑事治安案件等重特大案（事）件。（2）保密工作。办事处至今无法接入办公室OA系统，主要是苏州电信系统不支持，涉密和重要文件都是专人到毕节收发。没有在非涉密计算机和互联网站存储、处理涉密信息，至今没有发现办公系统文件泄密问题和被国家、省保密局下发受控计算机核查通知的问题。

【法治建设工作】 (1) 法治单位创建。一年来没有发生命案、群体事件和重大舆情事件。

(2) 推进重点工作。一年来没有发生公职人员违法、违法决策、违法行政、违法行政等行为。

【“一票否决”工作】 一年来，办事处没有发生违反计划生育的问题，没有发生安全生产事故，没有发生信访维稳问题，没有发生综治问题。

(供稿：毕节市人民政府驻苏州办事处)

毕节市人民政府驻广州办事处

【概述】 2018年，在中共毕节市委、市人民政府和中共广州市委、市人民政府的共同领导下，在广州市协作办公室和毕节市有关单位的大力支持和帮助下，毕节市人民政府驻广州办事处认真贯彻学习习近平新时代中国特色社会主义思想和党的十九大会议精神，促进和加强毕节市与广州市的经济合作，推进区域经济的协调发展。一年来，广州办事处在对口帮扶、招商引资、信息收集反馈、宣传毕节、推介毕节特色农产品、协调联络、为农民工服务、接待服务、加强党风廉政建设等方面做了大量的工作，全面完成了年初制定的各项工作目标计划，为促进毕节市和广州市的经济发展和社会进步做出了积极的贡献。2018年度市直部门目标考核被毕节“双考双评挂钩”考核管理领导小组评为一等奖，2018年度招商引资工作被毕节市招商引资扩大开放工作领导小组评为一等奖。

【对口帮扶】 是年，广州办事处积极开展和配合广州对口帮扶毕节的扶贫协作工作，主要做了以下几个方面的工作：（一）积极主动做好对接工作。主动地与广州市委办公厅、广州政府办公厅、广州市政协办公厅、广州市协作办、广州市发改委、广州市台办、广州市商务委、广州市委统战部、广州市教育局、广州市民政局、广州市总工会、广州市农业局、广州市旅游局、广州市体育局、广州市工商联、广州市国资委、广州市台联、广州市文电广新局等单位进行了工作对接；加强与对口帮扶毕节市七县三区相对应的广州市天河区、增城区、南沙区、花都区、荔湾区、番禺区等六区的对接工作，做好有关对口帮扶的对接和协调服务，为毕节市七县三区继续到广州对接对口帮扶工作奠定了良好的基础；加强与广州市国资委属下的中国500强企业广州汽车集团、广药集团、广州建筑集团和广州无线电集团、岭南集团、广之旅国际旅行社、广州港集团、越秀集团等国有企业的联络联系和工作对接；加强与广东省第一扶贫协作工作组和广州市对口帮扶毕节工作组以及广州市6区派驻毕节各县区干部的联络联系，共同做好广州市对口帮扶毕节的协调和服务工作；做好中共毕节市委、市政府和市直单有关部门、各县区与广州市有关部门的协调服务工作，如6月3日至6月6日为中共毕节市委书记、市人大常委会主任周建琨，市委副书记、市长张集智率领的毕节市党政代表团到中共广州市委、市政府对接对口帮扶工作、考察企业和召开“广州·毕节对口帮扶工作联席会议”做好了接洽、联络联系和相关服务工作。如12月4日至6日，为中共毕节市委副书记、市长张集智率领的毕节市党政代表团到广州市拜访广州市委、市政府主要领导和对接教育医疗、产业发展、项目申报实施等扶贫协作工作做好了接洽、联络联系和相关服务工作。（二）协助并陪同广州市总工会、广州市发改委、广州市商务委、广州市国资委、广汽集团、广州无线电集团、广药集团、广州建筑集团、广州港集团、天河区协作办等部门和有关企业到毕节考察和到有关单位进行扶贫协作工作对接，协助双方共同寻找对口帮扶合作的结合点。（三）对接工作取得成效。一是积极推动毕节·广州产业园区建设。广州、毕节两市已签订合作共建“毕节·广州产业园”框架协议，毕节市委、市政府出台了《关于加快推进毕节·广州产业园建设和发展的实施意见》，广建集团与金海湖新区已就建设合作模式达成共识，广州市发展改革委协助编制了《毕节·广州产业园发展规划》，金海湖新区出台了《金海湖新区招商引资优惠政策（试行）》，广州办事处和广州对口帮扶毕节工作组协助金海湖新区分别到广州南沙自贸区、增城区、广州市商务委组织了3场专场招商推介会，协助引进了梵领服饰、广州壹缆电缆实业有限公司、广州江南市场“江南鲜品”等项目落地金海湖新区。二是推动旅游产业的合作。根据毕节旅游资源丰富的优势，广州办事处加强与广州市旅游局的对接联系，推动广州市旅游局在旅游客源互送、宣传推介、资源开发、营销培训等方面与毕节进行了更加深入的合作。广州市旅游局旅游营销策划培训班在毕节继续开班，毕节市各县（区）旅游单位相关科室人员共120多人参加了培训。是年1月初，由广州市旅游局、毕节市旅发委、广州市对口帮扶毕节工作组和毕节市政府驻广州办事处共同筹划启动的“百企千团十万老广游毕节”旅游协作系列活动和中共毕节市委、市人民政府主办，毕节市人民政府驻广州办事处、毕节市旅发委在广州共同承办的“洞天福地、花海毕节——2018毕节市旅游市场宣传推介会”，有力地宣传和推介了毕节的旅游资源，推动了毕节旅游产业的发展。据不完全统计，是年1月至11月广东游客到毕节旅游过夜人数达5.28万人。三是推进了项目的合作。积极推动广州江南果菜批发市场在毕节市投资16亿元建设规模化蔬菜种植基地、“中央大厨房”西南地区物流配送中心等项目。引导广东中和实业集团、广州博今生物科技有限公司在织金县分别投资6亿元、10亿元建设“织金中和生态旅游园林绿化生产基地”“贵州博今生物科技园”；引导广州明特产品有限公司在赫章县建立农特产品产销基地，现已销售辣椒120吨，2018年拟完成30000亩以上的辣椒种植，带动贫困户6000人以上增收脱贫；引导广州奥博皮具有限公司在威宁自治县投资10亿元建设“奥博皮具产业园”，一期项目带动当地易地搬迁贫困户300多人通过就业脱贫；广州雪松文旅投资有限公司与毕节市政府签订了合作框架协议，拟投资30亿元打造乌江源百里画廊旅游开发及业态提升等项目；另外，奥园集团、广东新供销天润粮油集团、广东东升实业有限公司等一批优质产业项目已落地或正在洽谈准备落地。四是谋划劳务协作。是年，中国南方人才市场与毕节市就业局人力资源市场签订《人力资源市场对口帮扶合作协议》，中国南方人才市场毕节分市场已经挂牌，提供广州市100多家企业共3600多个用工岗位。两地合作共举办14期劳务培训班，培训2254人次；举行6场招聘会，提供13106个就业岗位，帮助1723人就业，其中建档立卡贫困户255人。广州港集团与毕节职业技术学院开展校企合作，广州港班首期56名贫困家庭学生已入学就读。五是推进人才支援。截至是年12月底，广州市共选派189多名党政领导干部和专业技术干部到毕节市挂职，毕节市选派149名党政干部和专业技术干部到广州有关部门、区、学校、医院挂职。广州安排500多人次专家和专业人士参与毕节“19456”工程规划设计，协助毕节培训党政干部420人次、专业技术人才4820人次。广州78所学校、17所医院与毕节市的78所学校、17所医院建立了结对关系。广州市教育局与毕节市教育局启动了“互联网+”教育帮扶平台和名校长、名教师“送教入校”活动，共有4300多人次参加网络研修。五是推进社会帮扶。推动广州市31家国有企业结对帮扶毕节市105个深度贫困村，目前广州社会各界与毕节市的203个深度贫困村建立结对帮扶关系，社会各界捐助资金达3840万元。是年12月3日，广州办事处牵头组织在广州的“毕节小屋”微信群和广东狮子会长缘服务队共同发起为威宁县新发乡18所学校、3442名小学生的“暖冬校服”捐赠校服活动，捐赠校服3442套，价值人民币35万元。七是加强区县对接。根据中央和省的有关要求，广州市6个经济强区与毕节市10个县（区）建立了结对关系，全面启动了“携手奔小康”行动。结对区县均建立了党政联席会议制度，完成了主要领导互访，探索了街镇社区与贫困乡镇和贫困村的结对工作。截至是年12月底，广州35个街镇社区与毕节市的25个乡镇、30个贫困村结对并签订结对帮扶协议，各项结对工作正逐步有序展开。

【招商引资】 是年，广州办事处按照中共毕节市委办公室、毕节市人民政府办公室关于印发《毕节市2018产业大招商突破年行动方案》及《毕节市大力优化营商环境集中整治行动方案》的通知（毕委办字〔2018〕24号）的要求，认真贯彻落实省、市产业大招商突破年行动会议精神，经过不断努力，广州办事处全面完成了年初制定的招商引资各项工作任务，主要做了以下工作：一是在项目完成方面，广州办事处主要是根据毕节市人民政府办公室关于印发《毕节市进一步推动产业链招商工作方案》的通知（毕府办〔2017〕36号）中的29条产业链、毕节市人民政府办公室关于印发《毕节市高载能产业招商引资工作方案》的通知（毕府办发电〔2017〕166号）中的8个高载能招商项目，毕节市人民政府办公室关于深化酒店和会展招商工作考核的通知（毕府办函〔2017〕128号）和《毕节市投资促进局关于重点围绕锂电池及关联产业招商的通知》精神开展招商引资工作。是年，广州办事处共引进落地项目8个，签约资金39.355亿元，实际到位资金5.8357亿元，占年度目标任务的146%，其中新建项目6个到位资金4.1043亿元，续建项目3个到位资金1.7314亿元，目前还有在谈项目12个。二是在招商引资信息报送方面，是年，广州办事处报送有关招商引资工作信息72条，报送项目对接信息43条，报送项目在谈信息22条，500强企业信息5条、报送新签约项目信息信息7条。三是在邀请客商到毕节考察方面，是年，广州办事处共组织邀请了21批次共201家广东省、广州市和外省的优强企业到毕节进行投资考察。四是引进2家中国500强企业项目落地毕节，一家是雪松控股集团有限公司投资30亿元建设“乌江源百里画廊旅游开发和提升项目”，另一家是中国华能集团有限公司投资4.3亿元在威宁县新建110千伏升压变电站建设项目落地毕节。

【推销毕节优质农特产品，推进“毕货入粤”】 是年，广州办事处积极为毕节市的优质农产品开拓广东市场做好推进、宣传和推介工作：一是积极同广州市委机关事务管理局、广州市人民政府机关事务管理局和毕节市的优质绿色蔬菜供应企业对接联系，经过多方努力，毕节市七星关区茂源蛋鸡养殖有限公司、毕节水西兴黔产业发展有限公司、贵州江楠农业科技开发有限公司等三家企业生产的土鸡蛋、菜心、威宁土豆、紫菜苔、土豆面条等成功进入广州市委机关食堂和广州市政府机关食堂。二是与毕节市政协积极配合，共同为七星关区撒拉溪镇兴联蛋鸡养殖场、赫章亚林生态养殖有限公司等企业在广州开拓市场，并邀请了广州市有关超市、鸡蛋贸易商、农贸市场负责人等与毕节蛋鸡养殖场的代表面对面交流座谈，促使双方达成销售合作事宜。2018年底，毕节两家蛋鸡养殖场每天要运出的1800多件鸡蛋，基本都是销往广州。三是经广州办事处牵线搭桥并极力推动，毕节市纳雍县含露香茶叶农民专业合作社与广州陶陶居食品有限公司、江门市葵润陈皮制品有限公司、佛山市夜郎源酒业贸易有限公司等企业签订了供销协议，签约金额2400万元。截至2018年11月30日，含露香茶叶农民专业合作社销往广州的茶叶已达120吨，价值1200万元。四是积极协助配合毕节市商务局、毕节市扶贫办和有关企业组团参加“2018广州博览会”“贵州绿色农产品风行天下”广州推介会和“第七届广州食品食材展览会”等国内国际展会，多方面多层次地宣传、推介、展示毕节优质农产品，推动了毕节农业产业的发展，助推“毕货出山”。据不完全统计，2018年，毕节市在广州市场销售各类绿色优质农产品共计8.18万吨，销售金额约5.46亿元。

【信息工作】 是年，广州办事处认真地做好了信息的收集、整理和反馈工作，共编印《广州工作简讯》14期，向广州市人民政府办公厅和广州市协作办公室提供了毕节市经济社会发展的有关信息36条，被广州协作网采用17条，超额完成了年初制定的工作任务。

【宣传工作】 为了传毕节试验区的新形象，展示毕节试验区的新风采，是年广州办事处在宣传毕节方面主要是加强了与广东省、广州市主流媒体的联系。据不完全统计，是年，《羊城晚报》《南方都市报》《新快报》《广州日报》《信息时报》《番禺日报》《增城日报》、广州协作网等报纸、刊物、网站刊载有宣传毕节内容的文章共28篇，广东电视台、南方电视台、广东人民广播电台、广州电视台等播放有关毕节地区内容的新闻达32次，编发广州办事处自媒体公众号24期。

【协调联络】 是年，广州办事处积极主动地加强了与广东省、广州市党政部门、企事业单位、商会、协会和新闻媒体的交流和联系，提高了办事处在广东省、广州市的办事能力和综合协调能力，切实做好了毕节市与广东省、广州市有关部门的接洽、协调、联系和沟通工作。1. 具体承办完成中共毕节市委、市政府市级领导在广州开展有关公务活动，做好了在回访工作中考察广州企业的接洽、联络、协调和有关服务工作，使中共毕节市委、市政府的领导圆满地完成了回访和考察工作。2. 是年3月1日，广州办事处与毕节市旅发委在广州琶洲威斯汀酒店四楼共同承办了由中共毕节市委、市人民政府主办的“洞天福地·花海毕节——2018贵州省毕节市旅游市场宣传推介会”。毕节市人民政府副市长李玉平出席了推介会并作推介致辞。3. 为了宣传、展示毕节市绿色农产品，是年8月24日至27日，广州办事处与毕节市农委共同组织了毕节珍好农特产品开发有限公司、毕节谋康粗粮食品有限公司、大方县琼芳食品开发有限公司、贵州水西兴黔产业发展有限公司、金沙县禹谟沧木湾醋业有限公司、织金县糠骅农资集团有限公司、贵州织金县喇叭河绿色食品有限公司、贵州芦丁食品开发有限公司、大方顺丰生态农业专业合作社、纳雍云雾有机茶有限公司、纳雍县章氏食品有限公司、金沙贡茶茶叶有限公司、金沙县三丈水茶业有限公司、毕节市雨顺农业开发有限公司、贵州冠香坊调味食品有限公司、威宁县四江源种养殖专业合作社等二十多家企业组团参加了博览会。4. 为毕节市委、市政府和市直各部、各县区在广东开展有关公务活动做好了接洽、协调、联络联系、沟通等工作。

【劳务协作】 一是建立机构为农民工服务。为了建立广州·毕节两地协商处理农民工劳资纠纷联动机制，更好、更快、更便捷地关爱在广州近7万多名毕节籍农民工，为他们开展送温暖、提供法律援助和维护合法权益等服务工作，广州办事处与毕节市总工会一起在广州建立了“驻穗农民工服务站”，为在广州的毕节籍农民工做好相关服务。二是为驻地毕节籍务工人员开展了送温暖慰问服务。是年1月15日和1月21日与毕节市总工会、广州市总工会在广州市花都区、番禺区的四个企业开展“送温暖、办实事、促发展”慰问毕节籍在穗困难农民工活动，并在广州市普乐威箱包有限公司召开了慰问座谈会，让毕节籍在穗困难农民工感受到来自毕节家乡党和政府的温暖和关怀，也让毕节籍在穗的困难农民工朋友感受到毕节、广州两地工会组织对他们的关注、关心和关爱。三是开展暑期亲子活动。是年7月30日至8月2日，广州办事处与广州市总工会、毕节市总工会共同组织了“毕穗情深·为爱团聚”的毕节留守儿童暑期赴穗与父母团聚亲子活动，活动历时4天，来自毕节市赫章县、织金县、大方县、七星关区的30位留守儿童与在广州务工的父母以及广州市的儿童参加了活动。四是为了更好地管理和服务在广东珠三角务工的毕节籍农民工，广州办事处与毕节市总工会配合，聘请了10名有组织能力、有家乡情怀、热心为毕节籍农民工服务的毕节籍企业负责人、企业中层负责人和务工人员为驻穗农民工服务站的信息联络员。

【党风廉政建设工作】 (一）强化“一岗双责”，切实履行第一责任人的职责。首先，广州办事处组织党员干部认真学习党的十九大会议精神和中央“八项规定”以及《中国共产党廉洁自律准则》《中国共产党纪律处分条例》《毕节市党风廉政建设主体责任和监督责任清单（试行)》，进一步落实“两个主体责任”，把落实反腐败惩防体系建设和党风廉政建设工作作为当前和今后的一项主要工作来抓，办事处领导带头自觉履行好“一岗双责”，对职责范围内的反腐倡廉工作承担起应有的领导责任，对本单位的违纪违法行为严格责任追究，切实将党风廉政建设与办事处的对口帮扶、招商引资、旅游推介、收集反馈信息、推销毕节产品、宣传毕节、协调联络等工作同部署、同落实、同检查、同考核，确保党风廉政建设工作任务落实到位。（二）继续开展“学党章党规、学系列讲话，做合格党员”的学习教育，以“三会一课”等党的组织生活为基本形式，组织全体党员积极参加中共广州市协作办公室党委组织的“广州协作系统基层党建工作业务培训班”的学习和有关党建、党务工作活动，认真学习党章党规、认真学习习近平总书记的系列讲话，并结合广州办事处工作实际，针对领导干部、普通党员的不同情况作出安排，以尊崇党章、遵守党规为基本要求，教育引导党员自觉按照党员标准规范言行，在工作、学习和社会生活中发挥党的先锋模范带头作用。（三）开展“不忘初心，牢记使命”为主题的党员活动。为了使办事处的全体党员和干部职工接受革命传统教育，传承红色基因，知道和了解中国共产党的发展历史，从中吸取砥砺奋进的力量，办事处党支部是年2月9日在召开党支部2017年度组织生活会前，组织全体党员和干部职工前往广州市越秀区恤孤路3号瞻仰中共三大会址和中共中央旧址（春园)，并在党旗面前重温入党誓词，开展了一次“不忘初心，牢记使命”为主题的党员活动。(四）规范权力运行，实行权力清单运行责任备案制。是来，广州办事处按照《中共毕节市纪委、毕节市监察局关于推行权力运行备案制的实施方案》要求，对广州办事处在研究重大决策、限额以下重大项目安排、大额资金运作事项时，进行集体研究，实行填写《权力运行责任监督备案表》，报送第三纪工委监察分局备案。(五）进一步严格公务接待管理。在公务接待工作中严格执行中央“八项规定”、省市十项规定，坚持公函接待制度，严格接待对象、接待菜品、陪餐人员的审核，做到不该接待的一律不接待，应该接待的按规定接待，严禁违规安排公务接待。(六）加强办事处的制度建设。为了搞好办事处的党风廉政建设工作，用制度规范办事处的工作行为，广州办事处一是对办事处已有的管理制度进行全面梳理，认真做好废止修订工作。二是建立健全相关制度。如制定了《毕节市人民政府驻广州办事处车辆使用管理规定》《毕节市人民政府驻广州办事处党风廉政建设制度》《毕节市人民政府驻广州办事处财务管理制度》等。

（撰稿：罗光前）

毕节市人民政府驻上海联络处

【概述】 一年来，认真学习省委十二届三次全会和市委二届三次全会精神，紧紧围绕市委、市政府的中心工作，扎实做好对外联络招商、对内保障服务工作，为助推毕节市经济社会发展做出了积极的贡献。

【联络招商】 一是招商引资任务提前超额完成。在全体干部职工的共同努力下，截至2018年12月12日，完成招商引资实际到位资金4.32亿元，其中：引进项目3个，产生到位资金4.32亿元。二是宣传推介工作力度加大。积极协助全省招商引资上海推介会，服务并参加市领导牵头组织召开的各类专题汇报、推介、考察、招商会10次，参与或自行开展宣传对接和考察洽谈工作120余次；全年累计邀请企业客商赴毕考察7人次。三是对接联络工作更为深入。按照市委、市政府的要求，进一步加大与上海市委，市政府有关工作部门、长宁区委、区政府和相关工作部门的联络对接力度，定期不定期到上述有关部门拜访、交流为开展宣传推介和招商引资工作奠定了良好的基础。

【对内保障服务工作】 一是着力开展信息搜集整理工作。对上海及周边地区的经济社会发展、产业动态和企业动向信息等进行了广泛收集、梳理、分析、研究，将对毕节市经济社会发展有重要参考价值的信息及时编辑呈传给市政府和有关部门，为领导决策提供依据。2018年共编辑《上海信息》13期，收集信息27条。全年对接目标企业采集项目信息60条。报送行业龙头企业信息2条，报送一般产业链信息29条、酒店会展信息4条，报送500强企业信息1条在质量上得到了进一步提升。二是圆满完成市委、市政府交办的各项对接服务工作，按规定为市领导及市直、县、相关企业领导和人员提供接待服务110余次，接待服务对象达650余人次。

特别是在习近平总书记对首届中国国际进口博览会作出“努力办成国际一流的博览会”的重要指示后，专门成立了服务工作保障小组，制定了工作方案，扎实做好毕节市到沪参展人员的服务工作，确保毕节市代表团参加进口博览会取得圆满成功。

【党风廉政建设】 认真履行“一岗双责”。严格遵守和执行民主集中制各项原则和制度，每季度组织一次干部职工等方面的学习。

（供稿：上海办事处）

中国人民政治协商会议毕节市委员会

【概述】 2018年，政协毕节市委员会在中共毕节市委的坚强领导下，认真学习习近平新时代中国特色社会主义思想，学习贯彻中共十九大精神，学习贯彻习近平总书记关于加强和改进人民政协工作的重要思想、对毕节试验区工作所作的“7・18”重要指示精神，紧紧围绕市委“113攻坚战”，切实履行政治协商、民主监督和参政议政职能，圆满完成二届二次全会确定的各项目标任务。

【提高政治站位，坚定政治方向】 高举中国特色社会主义伟大旗帜，牢牢把握新时代人民政协工作面临的新形势、新任务、新要求，旗帜鲜明讲政治，多形式、多层次深入学习习近平新时代中国特色社会主义思想，学习习近平总书记关于加强和改进人民政协工作的重要思想，学习习近平总书记对毕节试验区重要指示批示精神和统一战线参与毕节试验区建设座谈会精神，学习新修订的《中国共产党章程》《中华人民共和国宪法》和《中国人民政治协商会议章程》等，在学懂弄通做实上下功夫。认真组织开展“打赢攻坚战、建设示范区，毕节怎么干”大讨论。通过学习讨论，不断筑牢“四个意识”，坚定“四个自信”，践行“两个维护”，提高政治站位，切实把思想和行动统一到党的十九大精神上来，统一到中央、省委和市委的决策部署上来，切实增强助推试验区全面深化改革、决胜脱贫攻坚的政治自觉和行动自觉。

【聚焦中心工作，有效推进协商】 组织多形式多层次的协商座谈会35次，报送视察、调研报告21份。其中，市政协二届二次会议协商提出意见建议983条，会后整理成六大类64条建议报市委送市政府参考。召开5次常委会议，开展“乡镇卫生院医疗服务能力建设”“易地扶贫搬迁安置入住”“创建全国文明城市”及全市半年经济运行情况等专题协商，开展“法治惠民工程实施情况”“全市蔬菜大棚建设使用情况”“全市饮用水源地农业面源污染防治工作情况”“食用菌种植技术推广情况”“全市农村公共文化服务建设情况”和“加强优秀传统文化建设　助推脱贫攻坚”等专题对口协商和界别协商。通过主席会议督办、各位副主席牵头督办和各专委会督办，协商重点提案15件。认真出席列席市委、市政府重要会议、重大活动，积极建言献策，对事关全市改革发展、中心工作、民生实事等，发出政协好声音，汇聚各方正能量。如：市政协领导应邀参加市政府常务会议17次；注重事前、事中协商，就毕节市发展茶产业的必要性、可行性、产业发展目标与市委市政府负责同志、“两办”及市直相关部门同志、专家学者、茶叶种植代表等在市政府进行专题协商，推动市委、市政府出台《毕节市发展高山生态茶产业三年行动方案（2018—2020年）》，市政协所提建议大部分得到采纳。

【关注重大民生，强化民主监督】　广泛开展会议监督。市政协二届二次全会提出的意见建议中监督类占42%，大会发言中监督性内容占46%。市政协常委会议、主席会议、专题协商会、“一月一协商”座谈会、对口协商会和委员约谈会等会议中，监督性议题也占一定比例。扎实推进视察监督。开展主席会议视察、常委会议视察、住毕省政协委员视察和市政协委员视察、界别调研和专委会调研等形式集中视察、调研30余次，涉及全市“农业产业结构调整”“中央环保督查问题整改”“创建全国文明城市”“乡镇卫生院医疗服务能力建设”“易地扶贫搬迁安置入住情况”“扫黑除恶”“助推学前教育发展”“加强中小学体育发展”“助推基层医药卫生发展”等多项工作，提出意见建议400余条，一些意见建议得到采纳。如：《毕节市政协主席会议视察全市乡镇卫生院医疗服务能力建设工作情况报告》《关于市政协常委会议视察全市易地扶贫搬迁安置入住工作情况的报告》获市委主要领导批示。切实开展提案监督。市政协二届二次会议以来收到民主监督类提案116件，占立案交办总数的29.67%。采取主席会议督办重点提案落实情况、召开督办协商座谈会、常委会听取市人民政府关于提案办理情况通报、在常委会议上对重点提案办理情况进行民主测评等方式，推进提案办理工作，在办理中实现监督，在监督中促进问题的解决。如：主席会议督办《关于精准实施产业扶贫项目，有效助推脱贫攻坚的提案》（第52号）和《关于加强全市县级以上集中式饮用水源保护区环境整治的提案》（第307号）2个重点提案，提出监督建议6个方面22条。加强办前、办中、办后过程跟踪和平时督办协商，提案办理满意率98.72%，基本满意率1.28%。加强社情民意信息监督。报送社情民意信息34条，获市委市政府主要领导及分管领导批示18条次。如：《群众办理不动产证为什么这么难?》《关于治理瑞丰新城居住区噪音扰民的建议》《关于“文明在行动·满意在毕节”车辆、行人文明出行的建议》《关于加强易地扶贫搬迁群众社会融入工作的建议》等社情民意信息得到市委或市政府主要领导、分管领导及时批示，并得到较好解决，受到群众一致好评。积极参与专项监督。市政协领导率队参加市委对大方县年度脱贫目标任务完成情况等5个方面情况进行督查，提出6个方面25条督查建议。市政协委员积极参加有关部门的听证会、公务员考试和全市员额制法官面试等工作，更好发挥人民政协民主监督作用。

【发挥政协优势，助推脱贫攻坚】　建立“毕节市政协智库”。聘请首批农业类专家82人，按照茶叶、蔬菜、中药材、经果林和畜牧业五大产业分组，深入基层一线调查研究，通过“一月一协商”，为全市农业产业结构调整献计出力。如：《关于高度重视并将茶产业打造成我市农业产业结构调整重要主导产业的建议》《关于安徽省巢湖市槐林镇无性系茶叶大棚育苗的考察报告》《毕节市政协关于做优做特我市蔬菜产业的建议》等得到市委、市政府主要领导批示。扎实开展脱贫攻坚“百千万行动”。按照省政协脱贫攻坚“百千万行动”安排部署，及时制定工作方案，迅速召开动员大会，向全市各级政协委员发出倡议书，广泛动员委员企业和政协委员积极投身“百千万行动”。截至2018年年底，毕节市各级政协主席（主任）、副主席（副主任）62人挂帮乡镇61个，委员企业187个帮扶贫困村267个，委员1958人结对帮扶贫困户5102户，全部超额完成目标任务。市政协在脱贫攻坚中形成的“九子登科”做法，得到省政协领导好评。持续抓好扶贫联系点左鸠戛乡帮扶工作。协调资金400多万元用于该乡基础设施建设和产业结构调整，全力支持驻乡驻村帮扶工作，全乡基本实现村村有产业、村村有经济增长点、村村有集体经济积累。

【牢牢把握主题，加强联络联系】 紧扣团结和民主两大主题，充分发挥人民政协联系群众、团结各界的桥梁纽带作用。注重合作共事。参加市政协的各民主党派、工商联、人民团体、无党派人士及专家学者通过政协这个协商民主的重要渠道发表意见建议520条。注重联络联系。配合全国政协、省政协领导和委员赴毕视察、考察、调研6批150余人次，接待省内外各级政协到毕考察53批600余人次。积极走出去，先后赴浙江、宁夏、安徽、新疆、福建、广东等省区考察产业扶贫、农村公共文化服务等。举办毕节市政协2019年新年茶话会。注重交流协作。积极参加六省二十五市州政协联席会议。和市委、市政府一道成功承办高规格的“2018年中国赤水河流域生态保护治理发展协作推进会”，通过《2018年中国赤水河流域生态保护治理发展协作推进会毕节共识》，会议的筹备工作得到与会领导的好评。

【坚持统筹兼顾，抓好各项工作】 抓好文史资料征编出版工作。完成《同心筑梦三十年》文史资料编辑出版工作，共收录文稿86篇25万余字，图片44幅。完成《毕节政协2012—2016》资料编辑工作，共收录、整理相关文稿131篇35万余字。完成省政协文史委《四在农家·美丽乡村》征稿工作，报送优质文稿20篇。抓好智力支边工作。协调落实帮扶资金700余万元，用于帮助相关县区乡镇基础设施建设、产业发展、人员培训、贫困学生资助等。其中，协调资金90万元对贫困群众开展劳动技能培训，共举办培训班8期，培训人员2000余人次；捐资捐物近70万元，用于开展社会公益活动；联系香港慈恩基金会资助30余万元，帮助毕节市民族中学11名贫困学生圆梦大学。抓好意识形态和宣传理论工作。把坚定“四个自信”作为建设社会主义意识形态的关键，牢固树立意识形态工作极端重要的定位思维、坚守阵地的底线思维和敢于亮剑的担当思维，把旗帜鲜明讲政治贯穿于政协各项工作全过程。编辑出版《毕节政协》4期近60万字300余幅图片，编发“毕节政协”官方微信公众号130余期，在《人民政协报》《贵州政协报》及“中国网·中国政协频道”“人民政协网”“多彩贵州网”等媒体累计刊发稿件100余篇次。

【坚持党建统领，强化党的领导】 以党章为根本遵循，按照新时代党的建设总要求，及时学习贯彻中共中央办公厅《关于加强和改进新时代人民政协党的建设工作的若干意见》和全国政协、省政协加强党的建设工作座谈会精神，集中开展理论学习20多次，开展“打赢攻坚战、建设示范区，毕节怎么干”大讨论集中学习讨论2次。

开展“不忘初心、牢记使命”主题教育系列活动和专题党课。认真开展专题民主生活会2次。切实落实中央、省委巡视整改要求，做好巡视“后半篇文章”。组织机关党员干部到毕节监狱接受警示教育。扎实开展“三个大兴”活动，形成有针对性的调研报告40余篇，建立“四个四”“四做实”“六节约”长效机制，不断改进机关工作作风。组织委员参加全国、全省有关培训200余人次。注重发挥界别优势，把广大委员的专长进一步集中到各自所熟悉的领域和最有话语权的问题上，使议政建言更具有专业深度。加大住县（区）市政协委员列席市政协常委会和参与重大视察调研课题的力度。支持各民主党派、工商联和无党派人士参与对试验区经济社会发展重要问题的协商讨论及履行职责的各项活动，发挥他们在服务发展、参政议政中的重要作用。

（撰稿：赵祖禹）

民主党派与工商联

中国国民党革命委员会毕节市工作委员会

【概述】 2018 年，民革毕节市工委在民革中央、民革贵州省委、中共毕节市委的领导下，在省、市统战部门的指导下，立足市委、市政府的中心工作和参政党的工作职能，积极围绕思想建设、组织建设、参政议政、社会服务、宣传信息等工作内容，充分发挥民革优势，认真履行党派职能，深入基层调查调研，积极建言献策，努力开展各类社会服务活动，积极协助民革中央开展脱贫攻坚民主监督工作，努力为全市“精准脱贫、同步小康”积极作为。

【加强思想建设，提高党员政治理论素养】

（一）采取集中学习与自学相结合的方式，发动全体党员坚持学习中共十九大报告原文和重要章节，以中共十九大报告作为民革尽职履责的纲领性文件；学习习近平总书记在贵州代表团重要讲话精神，深刻领会习近平新时代中国特色社会主义思想的丰富内涵；学习习近平总书记对毕节试验区重要批示精神，以习总书记重要批示精神指导民革工作实践；学习中共中央、民革中央、中共贵州省委、民革省委、中共毕节市委等重要会议和文件精神，学习统一战线及多党合作的方针政策和理论知识，学习民主党派发展成员的相关规定。通过不断学习，切实增强全市民革党员的政治意识、大局意识、核心意识、看齐意识，不断提高党员的思想政治理论水平，筑牢自觉同以习近平为核心的中共中央保持高度一致的政治思想基础。

（二）10月10日，市工委举办了一期民革党员专题学习培训班，邀请民革中央组织部党籍处处长杨海燕宣讲新修订的《中国国民党革命委员会章程》，贵州省政协副秘书长、民革贵州省委秘书长邓文淼讲解《民革基层组织的标准化和示范性建设》，贵州省政府参事、民革贵州省委原专职副主委张树昭讲解国学《传统文化与人生修养》。通过培训学习，让参训党员更进一步增强了学习意识和履职能力。

（三）结合实际开展“不忘合作初心，继续携手前进”主题教育活动。10月29日至11月4日，市工委组织部分骨干党员到广东省广州市开展“观故居，走多党合作之路”主题实践教育活动。学习小组先后到廖仲恺何香凝纪念馆、黄埔军校、大元帅府，中山市中山纪念堂，东莞市蒋光鼐故居、李章达故居，佛山市谭平山故居、陈汝棠故居等地进行现场学习，让参学党员深入了解民革党史，了解民革前辈为新中国的建立而作出的卓越贡献，学习民革前辈为民着想的伟大情怀。

（四）按要求选派党员参加各类学习培训活动。按照民革省委、中共毕节市委组织部、中共毕节市委统战部要求，认真选派党员参加贵州省“新时代学习大讲堂”第五期业务知识专题讲座、全市市管干部学习习近平新时代中国特色社会主义思想研讨班、学习贯彻习近平总书记对毕节试验区工作重要指示及统一战线参与毕节试验区建设座谈会精神专题研讨班、市管干部保密教育轮训、党外干部培训班、《团结报》通讯员培训班等各类学习培训。

【加强队伍建设，切实做好组织发展工作】
（一）按照本党章程和各民主党派中央《关于进一步做好民主党派组织发展工作座谈会纪要》精神有关规定做好组织发展工作，积极吸纳优秀人士加入民革组织。2018年3月发展新党员10名，11月发展新党员7名，截至2018年年底，全市共有党员182名。

（二）积极推进“民革党员之家”建设。根据民革中央、民革省委要求，充分发挥民革党员优势作用，创新工作模式，以毕节民革中山书画院、中山博爱艺术团、茶文化交流中心、法律服务中心等民革社会服务团体为主体，于今年7月份在七星关区同心步行街3号楼建成“毕节民革党员之家”，为全市民革基层组织提供了一个开展社会服务活动的工作场所和交流平台。2018年7月19日，民革中央主席万鄂湘，民革中央副主席兼秘书长李惠东，贵州省人民政协副省长、民革贵州省委主委王世杰共同为“毕节民革党员之家”揭牌。这标志着毕节的民革党员从此正式有了自己的活动场所。“民革党员之家”的建成使用，有效增强了民革组织的凝聚力和向心力。

（三）成立民革毕节市工委监督委会员。2018年1月30日，经市工委主委会议研究提名，党员代表会议表决通过，成立民革毕节市工委监督委员会，由张贤芬任监督委员会主任，杨宏、黄昌洪、姚燕等任副主任。1月31日，组织召开了民革毕节市工委监委会第一次会议，传达学习民革省委监督委员会工作报告，学习《中国国民党革命委员会内部监督工作条例》实施细则（试行），并研究市工委2018年内部监督工作内容。自监督委会员成立以来，按照有关要求，积极开展工作。

（四）成立民革毕节市工委企业家联谊会。2018年1月18日，成立民革毕节市工委企业家联谊会。按照新修订的《民革中央企业家联谊会章程》各项规定，团结联系毕节民革企业人士和经济界人士，积极参与民革参政议政、社会服务、祖国统一等方面工作，为民革履行参政党职能服务；其次，搭建学习培训、联络联系和联谊交流平台，促进优势互补，为促进会员健康成长和所在企业发展服务；最后教育引导会员依法诚信经营，履行社会责任，发展实体经济，推动创新创业，投身公益慈善事业，为新时代中国特色社会主义事业广泛凝聚智慧和力量。

（五）督促各支部按计划组织党员开展民主生活会，每个支部每季度不少于1次民主生活会，全年不少于4次。

（六）督促各支部认真做好党费的收缴、管理、使用工作，并向市工委汇报相关工作情况，同时定期向本支部党员公布党费收支情况，接受集体监督。

【深入开展调查研究，认真履行参政议政职能】

（一）围绕全市经济社会发展的重点和中心工作任务，以年初拟选的调研课题为重点，组织各支部党员深入基层开展调研活动，发动广大党员积极结合自身工作实际以个人或组织名义撰写调研报告、提案建议、社情民意等。在2018年省、市、县“两会”期间，民革共提交提案50余件，其中两名省政协委员提交5件，20名市政协委员提交22件，23名县区政协委员提交26件，平时提交社情民意2件。其中，《关于精准实施产业扶贫项目有效助推脱贫攻坚的提案》被列为市政协主席督办提案，《关于加强乡村医疗卫生服务体系建设的提案》《关于创新模式推进毕节市乡村旅游发展的提案》等得到相关部门的高度重视和认真办理、回复。

（二）积极协助民革中央开展脱贫攻坚民主监督工作。2018年，围绕固定调研点和重点课题开展调研。按照民革中央2018年4月21日在贵阳召开的脱贫攻坚工作第一次推进会议精神、《民革中央脱贫攻坚民主监督2018年工作计划》、民革省委《关于认真开展2018年重点调研课题工作的通知》要求，民革毕节市工委召开2018年工作会议，制定下发《关于认真开展民革毕节市工委2018年重点调研课题工作的通知》，发动全市13个支部每个支部分别联系一个固定调研点（联系村）、围绕一个重点调研课题开展脱贫攻坚民主监督调研工作。8月28日至9月28日，根据民革中央2018年8月16日至19日在云南文山召开的脱贫攻坚民主监督2018年第二次工作推进会暨全国脱贫攻坚民主监督工作交流会精神，民革毕节市工委又全面组织开展为期一个月的2018年第二轮脱贫攻坚民主监督工作调研活动。目前，各支部已经完成全年调研工作任务并形成调研报告报市工委，市工委汇总后报各级上级组织。据统计，先后到6县1区1新区共开展调研20余次，召开调研座谈会38次，走访了46个村188户农户，调查了71个产业扶贫项目。

（三）积极参加各种联席会议、协商会议，为全市经济社会发展建有用之言、献务实之策。相关人员共参加市政协及其部门的联席会、协商会8次。

【整合优势资源，积极开展社会服务工作】

（一）利用界别优势开展法律宣讲咨询活动。3月2日，民革毕节市工委法律服务中心到赫章县珠市乡开展法律宣讲咨询活动，向农民工宣讲劳动合同法及维权知识，并进行普法有奖竞赛。共发放各类法治宣传资料500余份，向群众提供法律咨询100人次。

（二）发挥党员资源优势做实医疗助推脱贫攻坚。民革毕节市工委联合纳雍县政协、民革省委社会服务处携毕节市肿瘤医院共同开展“助力脱贫攻坚防癌抗癌帮扶活动”。5月21日，到纳雍县召开“助力脱贫攻坚防癌抗癌帮扶活动走进纳雍”项目启动会，正式启动该项工作。毕节市肿瘤医院于2017年4月20日向贵州省慈善总捐赠500万元，其中100万元专门用于对纳雍县恶性肿瘤贫困患者进行精准帮扶。对符合帮扶条件的对象，在毕节市肿瘤医院住院治疗期间所产生的相关费用，除医保农合、民政等相关部门报销后，对个人需自费部分进行救助，救助上限为2万元。目前，全市已有108人受助，其中纳雍县受助患者36人。全市预计今年救助金额近50万元。

（三）发挥桥梁作用助力“黔货出山”。在民革省委的大力支持下，民革纳雍县工委积极与其他省市民革组织牵线搭桥，到黑龙江省哈尔滨市、广东省佛山市开展纳雍高山有机茶推荐活动，助力“黔货出山”，助推纳雍茶产业发展。

（四）发挥专业服务团体优势开展社会服务。充分发挥毕节民革中山书画院、毕节民革中山博爱艺术团、毕节民革中山茶文化交流中心、毕节民革法律服务中心、毕节民革环境监督中心等专业服务团体优势作用，有效开展社会服务工作。5月19日，民革毕节市工委第四支部、民革毕节法律服务中心、毕节市肿瘤医院、民革毕节茶文化交流中心到流仓社区东城印象小区开展法律宣讲、免费义诊、中共十九大精神宣讲、纳雍高山有机茶“免费品茗”等活动，共为300余名群众提供法律宣讲、义诊咨询服务、免费品茶服务等，为促进毕节试验区政治、经济、文化、社会、环境的和谐发展和法治毕节建设贡献民革力量和智慧。

（五）积极开展主题书画摄影展，不断丰富社会服务工作内涵。为纪念民革成立70周年、中共中央“五一口号”发布70周年暨“毕节试验区”成立30周年，进一步传承中华民族传统文化，弘扬祖国书法艺术，彰显试验区精神，弘扬同心文化精神，促进试验区文化大繁荣、大发展，民革毕节市工委在同心步行街毕节“民革党员之家”举办纪念民革成立70周年、中共中央“五一口号”发布70周年暨“毕节试验区”成立30周年书画摄影展，共展出作品200余件。同时，积极组织开展文艺培训活动，自毕节“民革党员之家”建立以来，在此平台上共开展书画培训4期（每月1期，每周2次），茶艺培训4期（每月1期，每周2次），摄影艺术培训5次，为传承中国传统文化和毕节试验区精神积极作为。

（六）整合社会资源开展关爱“老寿星”、发放助学金、为特殊困难学生送“暖冬毛毯”等系列活动。11月11日，民革纳雍县工委协调贵阳市浙江瑞安商会，由商会向纳雍县箐上村10名80岁以上的老“寿星”发放1000元“祝寿礼”，让老人们充分感受到社会的关爱；11月1日，在民革纳雍县工委的协调推动下，民革党员王章勇到纳雍县箐上村开展“温暖冬天”行动，给70岁以上老人送去由贵阳市浙江瑞安商会提供的冬衣，并给贫困户送去商会提供的过冬毛毯；民革纳雍县工委向箐上村在读高中生每人发放2000元助学金（民革中央提供）；王章勇还向纳雍县特殊教育学校的158名残障学生送去了由其所在商会提供的158床暖冬毛毯；应纳雍县特殊教育学校请求，民革纳雍县工委还帮助协调外界力量捐赠一台“送教车”，有效解决了学校为极少数特殊学生“送教上门”用车难的问题；10月17日是全国扶贫日，积极组织民革党员开展献爱心捐赠活动，共收到捐款15300元。其中纳雍县工委组织捐款12300元，市直三支部组织捐款3000元，市直四支部捐款500元，捐款用于纳雍县玉龙坝镇敬老院老人购买生活用品、玉龙坝镇中学贫困学生生活补助等；纳雍民革党员赵晓峰为猪场乡大多拱村捐款10000元，用于支助该村贫困学生就学，其他民革党员积极参加本单位组织的募捐活动。

【努力探索渠道，积极做好祖统工作】 认真贯彻落实中共中央对台工作部署，积极探索与台港澳及海外的交流联谊机制，发挥民革的积极作用，创造条件组织开展祖统联谊活动，促进祖国和平统一。5月份，积极协助民革省委做好“台湾参访团”到纳雍考察服务工作。

【不断丰富内容形式，切实加强宣传信息工作】

（一）利用“民革毕节市工委”微信公众号，积极宣传全市民革组织工作开展情况。截至年底，共编辑发布各类消息动态、工作信息89篇，向各级民革组织和社会发出毕节民革好声音。

（二）鼓励擅长写作的党员积极撰写信息简

报、诗歌散文向上级组织宣传平台投稿，不断加强对外宣传工作。据不完全统计，2018 年，共向民革省委网站和微信平台投稿 70 余篇；向市内主流媒体《毕节日报》、毕节市电视台、毕节试验区杂志等投稿 20 余篇；向市委统战部网站和微信平台投稿 20 余篇。

（三）鼓励民革党员和机关工作人员积极撰写理论文章向社会媒体投稿。肖远福撰写的《不忘合作初心，续写多党合作和政协协商新篇章》一文被《毕节试验区》杂志刊登；张贤芬撰写的《“乌金”铺就七彩路——民革中央帮扶纳雍县发展煤炭产业纪实》一文被毕节市政协主编的《同心筑梦三十年》一书选登；陈菊撰写的《统一战线“同心工程”在赫章“开花结果”》一文被毕节市政协主编的《同心筑梦三十年》一书选登；在民革省委主办的“我与改革开放 40 周年”征文活动中，毕节市民革党员周春荣撰写的《回望家乡四十年变迁》一文荣获民革省委二等奖、黄昌洪撰写的《回忆老家的驮马》一文荣获民革省委三等奖。

（四）民革毕节中山博爱艺术团成员积极参与市委宣传部组织开展的试验区 30 周年发展系列拍摄活动，拍摄作品在各级主流媒体和印象毕节微信公众号发布，为宣传毕节的人文风貌、经济社会发展作出了积极的贡献。据不完全统计，共发布宣传图片等资料 80 余幅。

（撰稿：张贤芬）

中国民主同盟毕节市委员会

【概述】 2018 年，民盟毕节市委在中共毕节市委和民盟省委的坚强领导下，在毕节市政协党组和毕节市委统战部等的关心支持下，团结全市民盟各级组织和广大盟员共同努力，以习近平新时代中国特色社会主义思想为指导，认真学习贯彻习近平总书记关于毕节试验区工作的重要批示指示和中央、省、市有关会议精神，紧紧围绕全市的中心工作，按照“聚焦脱贫攻坚、贯彻发展理念，着力自身建设、创新履职实践”的年度工作思路，各项工作有序推进。

【自身建设】 （一）思想政治。是年，正值中共十九大和民盟十二大后第一年、中共“五一口号”发布 70 周年、改革开放 40 年和毕节试验区建立 30 周年，民盟市委一如既往把思想政治建设摆在自身建设的首位，通过主委会议、全委会议、交心谈心、支部组织生活活动等形式和借助网站、微信公众号、微信群推送信息和互动交流，发布宣传信息近 80 条；组织全市盟务干部和盟员认真学习习近平新时代中国特色社会主义思想和中共十九大及十九届历次全会精神，学习民盟十二大和十二届历次中常会精神，学习习近平总书记关于统一战线、多党合作、人民政协等的论述精神，学习中央、省和市有关会议精神；组织筹办了“民盟纪念五一口号发布 70 周年暨基层文化系列活动”，率先在全国统一战线系统开展并传出毕节声音，得到民盟中央、民盟省委和有关领导的肯定；组织盟务骨干、机关干部和盟员代表到同心展览馆、传统教育基地、警示教育基地等地开展学教活动近 100 人次。目前，“四个意识”不断筑牢，“四个自信”进一步坚定，“两个维护”扎实做好，“五种能力”进一步提高，民盟组织的凝聚力进一步增强，民盟组织和盟员立足实际干事创业的激情进一步迸发。

（二）基层组织。民盟市委班子成员按照工作分工，参与所联系的基层组织生活活动 10 余次，不断加强与基层组织和代表性盟员的联络与联系，有效推进基层组织活动开展并促进信息交流和情感互动；开展对民盟七星关区工委班子成员去年底调整充实后的传帮带工作，完成了对民盟市直综合一、二支委班子成员调整工作，完成民盟毕节职院支委的筹建等阶段性工作；按照“注重素质，放慢速度，改善结构，严格把关”

的原则，稳步发展盟员27名，全市2018年年底在籍盟员552名，联系籍外盟员7名（市直1名、七星关区2名、大方县1名、黔西县2名、金沙县1名）；协调推荐盟员骨干24人次到中国浦东干部学院、贵州省社会主义学院、湖南大学、贵州省政协培训中心、毕节市委党校、厦门大学、内蒙古社会主义学院等进行学习培训，以优异成绩取得结业或毕业证书；几名参训人员在参加培训中担任班干部并评为优秀学员，有的在培训期间参加演讲比赛等活动中获得优秀成绩。本年度工作中，民盟贵工程支部荣获民盟中央授予“思想宣传工作先进集体”称号；民盟市直综合二支部、贵工程支部、市民中支部、黔西县支部荣获民盟贵州省委授予“2018年度先进支部”称号；盟员卢文藻、宋朝、赵奇志、罗坤获民盟省委授予“优秀盟务工作者”称号。民盟毕节市委荣获民盟中央群言杂志社“2018年度优秀发行单位奖”。

（三）活动基地。争取民盟中央、民盟省委关心，申报获批“民盟中央美术院毕节分院”“民盟传统教育基地”“民盟中央美术院百里杜鹃创作基地”。“民盟传统教育基地”和“民盟中央美术院百里杜鹃创作基地”建立后，民盟重庆市委、民盟广安市委、民盟广州市委等民盟组织到百里杜鹃管理区开展了活动。

（四）机关机制。民盟市委机关，现有编制内公务员3人，聘用人员2人。在机关建设方面：一是邀请档案专业人员，规范整理民盟市委机关档案并实现数字化；二是按照工作归类设定岗位职责，实行定岗定员弹性工作法；三是推行机关办公会议决定机关事务方式，重大事项向主委会议报告；四是明确机关人员工作周报制度，每周一各工作人员将自己上周所作工作通过微信在“主委会议工作群”向主委会议进行报告；五是实行机关人员岗位公示和工作日去向明示等，着力推进机关服务明晰化和盟务公开化。六是制定出台了盟员发展、财务公示、公务文稿审定等制度；七是修订完善了主委会议制度、全委会议制度、老同志春节慰问制度等，机关工作进一步制度化、规范化、程序化和科学化。

【调研建言】 按计划组织专门人员推进民盟省委批准的《乡镇机构改革与乡村振兴发展研究》《贵州省学前教育发展状况调研》课题调研任务，参与《民盟高校基层组织建设调研》《贵州省远程医疗调研》课题调研工作，人大代表、政协委员按照安排或自行开展相应调研，民盟市委班子成员开展基层调研等；2018年，省市县（区）三级人大代表、政协委员共提交人大议案和政协提案79件（省5件、市45件、县区29件），向有关方面反映社情民意21条，参加有关会议提出建议多条，多数受到重视和采纳。由民盟毕节市委推荐的理论文章《构建城乡教育共同体　推进教育均衡发展——以毕节市为例》被评为第六届民盟教育论坛优秀论文，《浅析执法司法状况对营商环境的影响——以西部中小城市为例》荣获2018民盟法治论坛论文三等奖。

【民主监督】 是年，根据中共市委安排，按照市委统战部和市扶贫办印发的方案，民盟市委在七星关区、百里杜鹃管理区分别选择一个乡镇开展脱平攻坚民主监督活动，共走访群众50余户，向当地反馈信息多条，推动有关问题及时解决。动员民盟黔西县、织金县支部委员会按照当地安排开展脱贫攻坚民主监督工作，走访群众100多户，反馈信息多条，协调有关问题得以解决。

【社会服务】 （一）助教工程。发挥民盟资源优势，并协调东部10省、市、区民盟组织，分别在七星关区、金海湖新区、黔西县、织金县、百里杜鹃管理区等县（区）开展教师慰问、教师培训、示范教学、翻转课堂、双师课堂、关爱孤残、留守儿童等活动，培训教师、学生以及家长等2400余人次；为学校、学生捐赠办公用品、学习用品、玩具、衣物、助学金、奖教金、建设资金等价值约345万元；选送15名学生到福州市开展为期8天的游学活动；选送4名教师进入刘建国名师工作室。

（二）康宁项目。联系市红十字会，落实资金50万元援助金海湖新区竹园乡卫生院添置医疗设备；联系市区医院、协调卫计部门和广电网络，完成七星关区长春镇、水箐镇32个村卫生室远程视频医疗设施全覆盖；联系微笑明天基金会、西安交大一附院等，联合市一医开展“微笑明天”活动，筛查唇腭裂患者199人，对其中适合条件的102名进行了修复手术；发动基层组织，开展义诊500余人次。

（三）社区建设。协调落实民盟中央提供资金40万元，援建七星关区碧阳街道同心社区基础设施和图书室；组织盟员，送文化、送法律进碧阳街道同心社区和梨树镇二堡社区；联系民盟广州市委，捐赠各类图书5000余册援建七星关区桂花社区；联系“中国光华科技基金会”向碧阳街道同心社区捐助15.75万元码洋的图书。

（四）乡村振兴。按照七星关区长春镇需求，协调落实民盟中央提供资金50万元，投入到七星关区干堰村，振兴乡村产业；协调金海湖新区投入资金1000万元，改善梨树镇上小河村基础设施和产业发展环境，于5月同金海湖新区党工委共识开展“乡村振兴·共建试点村”工作；开展了八月瓜种植情况考察，生态休闲旅游打造等工作；选派盟员中的农业专家、法律专家等进村宣传技术和知识。号召毕节市直属综合二支部与梨树镇上小河村党支部结对共建，助推脱贫攻坚。结对后，民盟毕节市直属综合二支部在上小河村开展“关爱健康、助力脱贫义诊”及捐赠仪式等活动；开展“大统战推动大扶贫结构示范”工作，在赫章县结构乡大山村慰问贫困户10户，慰问资金共计6000元。

（五）旅游开发。在百里杜鹃管理区开展“文化景区”系列活动，推动文旅融合发展，助推提升景区软实力；协调民盟湖北省委联系华中农业大学专家团队，启动赫章韭菜花“花期延展”课题研究，可望实现花期分区域分别提前和向后各延长1个月左右；目前，课题立项资金150万元已到位80万元，前期采样工作已经结束，种子在实验室已经发芽；在织金县，民盟同工商联互动开展绣娘培训，邀请专家培训绣娘300人次。

（六）牵手行动。启动开展“东西南北中牵手行动”，已同民盟广州市委结成友好市级组织，民盟广州市委陆续在七星关区、百里杜鹃、金海湖新区等开展社区援建、教师培训等工作；将同民盟包头市委结为友好市级组织；继续推进“医教对口帮扶牵手行动”，推进成都医大对口帮扶毕节医专、成都五医对口帮扶毕节市二医等工作；促成江门市第一职业技术学校与七星关区中等职业技术学校签订结对帮扶协议，促成民盟淮安市委与毕节一中签订对口帮扶协议。

（七）社会建设。借鉴广州市社会工作经验，与民盟广州市委合作在毕节创办共建首家社工机构——毕节市同心社会工作发展中心，该中心已经挂牌运行，并在七星关区、纳雍县、威宁县等地承接政府购买养老及山区人才计划社会工作项目。当年6月，在威宁县石门乡团结村七里冲的长者服务驻点给12名服务对象发放食用油12瓶，大米12袋，床上用品四件套12套，价值3936元。给团结村小学一到五年级的158名学生捐赠了八成新的旧衣服。7月在威宁县石门乡团结村组织12名老人到石门卫生院进行体检，体检支出4200元；组织七里冲居民开展烧烤活动，支出800元；为七里冲老人清洗衣服及生活用品，购买洗衣机、洗衣粉等日用品支出1900元；10月赴七星关区亮岩镇开展“2018教师节捐赠活动”，捐赠价值25万元的校服2500套；12月赴七星关区团结乡捐赠价值4万余元的校服400余套。

（八）招商活动。联系广东客商，在七星关

区落地开办服装加工企业解决部分农村贫困户就业，年内投资500万元左右启动，分期计划投入将达5亿元；参与联系广州市新汇港印务有限公司结对帮扶百里杜鹃管理区高潮村，30万元帮扶资金已到账，实施项目正在审批中；参与联系广州壹玖柒捌文化创意产业园有限公司结对帮扶百里杜鹃管理区大水乡炉山村，50万元帮扶资金已到账；参与联系广东誉丰地产发展有限公司、广州市增城区汇港房地产有限公司帮扶百里杜鹃管理区大水乡营山村、大石村，已签订协议，资金正在对接中；参与促成苏州黔朝圣杰生态食品开发有限公司到百里杜鹃管理区大水乡高潮村落地发展生态种养业，直销长三角市场，辐射带动大石村、炉山村、营山村，助推深度贫困村换穷业，已完成前期工作；参与对接百里杜鹃瑞禾集团，支持大水乡调整产业结构，拟退玉米种植茶叶3000余亩。

民盟毕节市委荣获民盟中央表彰的“社会服务工作先进集体”、荣获民盟贵州省委表彰的“社会服务先进单位”、谢霓荣获民盟中央表彰的“社会服务工作先进个人”称号。

（撰稿：谢霓　宋春香）

中国民主建国会毕节市工作委员会

【概述】 2018年，在中共毕节市委和民建贵州省委的正确领导下，民建毕节市工委全体成员认真履职，各项工作有序推进。本年工作在民建贵州省委2018年度终合考核中获“一等奖”。

【不断深化政治理论学习，提高政治站位】 民建毕节市工委始终把政治理论学习放在工作首要位置。组织会员认真学习中共十九大精神、民建十一大精神，学习贯彻习近平总书记对毕节试验区重要指示和统一战线参与毕节试验区建设座谈会精神，省委十二届三次全会及市委二届三次全会精神。通过学习，全体会员进一步提升了“四个意识”，坚定了“四个自信”，坚决做到“两个维护”，增强了接受中国共产党领导的主动性和自觉性。

【坚持正确政治方向，组织建设开创新局面】 一是按组织发展的要求，向民建省委推荐19名优秀的非党人士加入民建，充实会内力量。

二是选派民建会员参加省委统战部和民建省委举办的各类培训班，进一步提升了会员的履职能力。

三是根据民建中央和民建省委的安排，召开纪念中共中央发布“五一口号”70周年座谈会，组织骨干会员到民建中央爱国主义教育基地参观学习，重温多党合作历史。通过这些活动的开展，不断夯实共同思想政治基础，发扬爱国、民主、建设、团结、创新、奉献的共同价值理念，在各自的工作岗位上努力拼搏、无私奉献，为祖国强大、人民幸福做出新的贡献。

【认真搞好宣传信息工作，传递民建好声音正能量】 加强毕节民建微信公众号的管理，积极向民建中央、民建省委、和市委统战部网站投稿，全年在各类媒体上共编发信息80余条；编印《毕节民建》内刊两期。宣传信息工作获民建贵州省委“优秀奖”表彰。

【认真开展调查研究，参政议政工作取得新成效】 一是组织民建会员中的政协委员切实履行参政议政职责，积极建言献策。市政协会上共提交党派提案3件，委员提案近60件，党派发言材料4篇。

二是组织会员参加市委、市政府、市人大、市政协召开的各种参政议政会和协商会，做好建言献策工作。

三是就农村产业结构调整开展专题调研，并形成调研报告报市委统战部和民建贵州省委。

四是组织好民建会员中的人大代表、政协委员开展好调研工作，拟写议案、提案。为省、市、县两会的召开做好充分准备。

【围绕中心工作，持续开展脱贫攻坚民主监督及五员进社区工作】 一是紧紧围绕脱贫攻坚工作，开展民主监督。2018 年，民建毕节市工委集中力量持续对赫章县结构乡开展脱贫攻坚民主监督，帮助打造统一战线推动结构乡脱贫攻坚示范点。重点对中天金融集团捐资援建的结构乡学校卫生院综合体项目施工情况进行跟踪，帮助协调解决项目实施过程中遇到的困难，主体工程即将竣工；多次到结构乡中山村开展脱贫攻坚民主监督调研，了解农业产业结构调整玉米调减情况，帮助解决问题，联系核桃种植专家帮助村里嫁接改良核桃品种。

二是持续开展“五员”进社区工作，筹集资金在五里坪社区开展“五城同创”慰问活动；动员会员所在律师事务所为观音桥办事处提供法律服务，将五员进社区工作进行拓展。

【通过内引外联，社会服务工作有新作为】 一是协助民建中央及民建各级组织在黔西县开展 1 +10 + N 帮扶工作。民建中央不忘初心、聚焦脱贫，在黔西县 2018 年整县脱贫的关键时刻，采取“民建中央 + 北京、天津、河北、辽宁、山东、浙江、上海、江苏、福建、广东等民建东部 10 省市 + 民建贵州省委、民建重庆市委、民建宁波市委等组织”结对帮扶一个贫困村脱贫攻坚的模式（即“1 + 10 + N”模式），推动黔西县 16 个贫困村（其中 14 个深度贫困村）脱贫攻坚工作，为黔西县实现脱贫摘帽、同步小康注入新活力。

民建中央郝明金主席亲率调研组赴黔西开展脱贫攻坚专题调研，组织会员企业向黔西县捐赠扶贫项目资金 2394 万元。民建北京市委赠予沙坝村每户贫困户 2 桶蜜蜂、1 张床、1 个衣柜，价值约 17 万元的物资，使贫困户户均增收 2000 元。民建天津市委赠予钟山村每户贫困户 2 桶蜜蜂、1 张床、1 个衣柜等 18 万元物资，并表示继续投入 20 万元发展养蜂项目助推贫困户持续增收。民建河北省委发动全体会员缴纳特殊会费 53. 4 万元用于安作村发展养蜂产业和改善贫困群众生活条件，助力安作村脱贫攻坚。民建辽宁省委与锦星镇东庄村签订中药材种植合作协议，组织会员筹资 11. 85 万元帮助东庄村进行发展白花前胡种植，并筹资 20 余万元用于改善当地贫困户人居环境。民建山东省委向青杠坝村捐赠 62 万余元，并签约帮建“同心思源广场”。民建浙江省委捐赠 60 万元帮助高坡小学建设教育基础设施，民建杭州市委向新仁乡化屋村捐赠扶贫项目资金 87 万元。民建上海市委充分发挥联系经济界企业家的优势为观音洞镇新庆村的脱贫攻坚出谋划策。民建江苏省委向定新乡 15 名贫困高中学生捐赠助学金 3 万元，向定新乡新山村贫困户捐赠产业发展资金 1. 55 万元，筹集资金 6. 2 万元帮助该村养鸡合作社购买 4000 只土鸡鸡苗。民建福建省委帮助大湾村组建大湾民建专业合作社，捐赠 36 万元作为大湾村贫困户入股大湾民建专业合作社的股金。民建广东省委向新仁乡文化村捐赠 3 万元产业发展资金，协调博爱基金会联手色妆教育集团举办《筑梦启航黔西县精准扶贫定制班开班》，色妆教育集团减免费用 16. 9 万元，思源博爱基金资助 26. 56 万元，同时协调会员企业出资帮助广兴村安装路灯 100 盏，帮扶文化村安太阳能路灯 100 盏；民建广州市委捐赠资金 20200 元帮助村里脱贫攻坚。民建贵州省委李瑶主委多次深入五里乡新法村调研，并组织毕节工委和黔西县分四批次赴民建东部十省市开展大招商活动；民建贵州省委累计捐赠 30 万元作为新法村产业发展资金，协调贵州合力超市与新法村签订了农产品销售合同；邀请省农科院专家为五里乡新法村进行土地测土配方抽样检测；组织三支部为五里乡新法村安装太阳能路灯 50 盏，折合资金约20万元；与新法村50户贫困户进行一对一结对帮扶；协调省水利厅在五里乡新法村建设水利项目资金50万元；外联委和五支部捐赠新法村太阳能路灯60盏，折合资金约30万元；省直八支部、省直十四支部出资25万元，由省农科院支部提供技术，在新法村种植300亩辣椒示范田；其他支部也将在教育、保险、医疗方面等方面给予大力支持。民建重庆市委捐助30万元帮助化布村贫困户发展养蜂项目，捐赠20万元帮扶化布村的发展其他产业，并向黔西县捐赠了价值150万元拥有国际领先技术的医疗设备2套。民建宁波市委向观音洞镇元庆村捐赠扶贫项目资金120万元，帮助元庆村全面脱贫。

二是协助好民建省委贵州省大地公益基金会对七星关区阿市乡开展帮扶工作，投入1150万元在毕节市阿市乡建成57个藏香猪、土香鸡养殖产业基地，惠及该乡741户贫困户。

三是动员毕节民建会员企业家开展就业扶贫、教育扶贫、产业扶贫、捐款捐物、就业培训及“千企帮千村”工作。

四是组织会员参与民建中央思源扬帆计划爱心捐款，筹措资金为毕节两所小学捐赠思源安全校服，并被民建中央中华思源工程基金会确定为“思源扬帆计划爱心合作单位”。

【深入贯彻落实习近平总书记“7·18”重要指示和统一战线参与毕节试验区建设座谈会精神】
7月18日，习近平总书记对毕节试验区工作再次作出重要指示；7月19日，统一战线参与毕节试验区建设座谈会在毕节召开，汪洋主席亲临毕节出席会议并发表重要讲话，尤权部长在会上传达了习近平总书记的重要指示；8月17日，全省支持毕节试验区按时打赢脱贫攻坚战建设贯彻新发展理念示范区推进大会在毕节召开，省委、省政府出台了《关于支持毕节试验区按时打赢脱贫攻坚战夯实贯彻新发展理念示范区建设基础的意见》。

为贯彻落实习近平总书记重要指示和“7·19”会议精神，民建毕节市工委多形式、全方位地组织学习，并多次到民建中央、民建东部十省市开展相关工作，助力毕节建设贯彻新发展理念示范区。

8月23日上午，毕节市政协副主席、民建毕节市工委主委秦天志，民建毕节市工委专职副主委罗同昱与民建贵州省委李瑶主委，中共毕节市委常委、黔西县委书记卢林一道到民建中央汇报工作争取支持，得到了全国人大常委会副委员长、民建中央主席郝明金，副主席李世杰的亲切接见，围绕贯彻落实习近平总书记对毕节试验区工作的重要指示精神、打赢脱贫攻坚战和建设新发展理念示范区进行了座谈。民建中央领导表示：民建中央将尽锐出战，倾力相助，坚持特色，发挥优势，为毕节试验区建设成为贯彻新发展理念的示范区继续贡献力量；民建中央将进一步巩固黔西县脱贫成果和助力黔西乡村振兴，继续全力以赴关心支持毕节试验区建设和脱贫攻坚工作，助力毕节试验区建设成为贯彻新发展理念示范区（已经列入民建中央2019年工作要点）。

10月中、下旬，民建毕节市工委组织人员，分成四个工作组与民建贵州省委及黔西县分别赴东部十省市开展大招商活动。得到民建相关省委组织的大力支持，为下步民建参与毕节建设贯彻新发展理念示范区打下了坚实的基础。

11月上旬，民建毕节市工委领导带领民建赫章县支部赴浙江省台州、义乌等地民建组织开展调研、交流，为赫章全面脱贫争取支持。

（撰稿：李本树）

中国民主促进会毕节市工作委员会

【概述】 2018年以来，民进毕节市工委在民进中央、民进贵州省委、中共毕节市委的领导下，在中共毕节市委统战部的指导下，民进毕节市工委以习近平新时代特色社会主义思想为指导，认真学习习近平总书记对毕节试验区系列重要指示精神，深入开展“不忘合作初心、继续携手前进”专题教育活动，努力加强自身建设，积极开展调查研究，扎实开展脱贫攻坚工作。

【思想共识】 2018年来，民进毕节市工委按照“思想政治教育”主题年建设要求，切实加强思想政治教育。

一是把中共十九大、习近平总书记对毕节试验区系列重要指示精神作为学习的主要内容，结合“不忘合作初心、继续携手前进”专题教育活动，通过深入学习习近平新时代中国特色社会主义思想，深刻领会中共十九大精神，深入开展“打赢攻坚战、建设示范区，毕节民进怎么干?”大讨论活动，深入学习贯彻中共十九大精神、习近平总书记对毕节试验区重要指示精神，为助推毕节试验区改革发展注入动力。

二是创新学习方法，制定“双10”学习制度。在基层民进组织，很多的会员都是“双岗”，一是所在单位本职岗位；二是民进成员岗位。如何在第一时间组织更多的会员学习各级党委、政府的重大方针政策，是各个基层组织一直都在研究的问题。民进毕节市工委充分运用新媒体，组建了工作学习群。在有重大方针政策需要学习时，在晚上10点推送到微信群，要求每个会员用10分钟的时间，对推送的内容进行认真学习。

三是坚持会前半小时学习。会前半小时学习制度，是民进毕节市工委加强思想政治教育的一项重要制度。2018年来，民进毕节市工委召开的主委、委员（扩大）会议上，都精心收集整理并安排专人领学中共十九大、民进十二大，全国、省、市、县两会等。

四是加强工作信息宣传。充分发挥新媒体优势，着力打造“互联网+”宣传思想教育模式，构建“宣传栏、简报、微信公众号、微信群、QQ群等”立体式宣传平台，全方位宣传民进工作。一年来，通过民进中央、民进省委、《贵州政协报》《贵州民族报》、毕节市委统战部、《乌蒙民讯》等媒体宣传报道了工作信息37篇。

另外，还加强了会章、会史教育，举行纪念中共中央发布“五一口号”七十周年座谈会，重温合作历史。积极组织会员参加民进中央、省委统战部的各项征文活动和省委统战部、民进省委、市委党校组织的各类培训。通过学习及参加各种活动加强了思想政治教育，坚定了“四个自信”，增强了“四种意识”，确保在思想上、政治上、行动上与中共中央保持高度一致。

【自身建设】 按照人才强会战略，民进毕节市工委积极组织会员参加中共毕节市委、民进省委组织的各类培训。同时积极发展新会员，2018年共发展会员11名，目前全市共有会员190名。

【履职能力建设】 2018年以来，民进毕节市工委积极履行参政议政、民主监督、社会服务职能，为建设幸福美丽新毕节贡献力量。

在参政议政方面，民进毕节市工委紧紧围绕市委、市政府中心工作，结合民进教育文化界别优势，聚焦毕节试验区热点难点开展调查研究，发挥民进会员中的人大代表、政协委员优势平台，向市县提交提案建议达30余条。金沙县工委组织会员积极参与会省委的课题招标，获二类课题中标1件，通过组织深入乡镇、遵义、黎平等地调研，已顺利结题，获民进贵州省委文化界别相关专家好评。《关于修改出差客运车船费核销方式、保障干部职工入村脱贫攻坚的建议》得到重视，新的差旅费核销文件已经征求意见。

在民主监督方面，民进毕节市工委根据毕党发〔2017〕24号文件要求，持续做好金沙县化觉镇田坝村、桂花乡脱贫攻坚民主监督工作。积极组织帮助化觉镇田坝村贫困农户销售绿壳鸡蛋，深入群众走访宣传，帮助桂花乡化解脱贫攻坚领域的矛盾两起。深入七星关区望城社区走访调研，开展春节慰问活动，为3户贫困户送去慰问金1500元，打造文化墙30平方米，捐赠电脑6台，助力城市社区和谐建设。

在社会服务方面，民进毕节市工委持续参与金沙县化觉镇帮扶工作，参与帮扶工作组深入化觉镇调研2次，按照4321的帮扶要求联系贫困户4户，走访贫困户50余次，支持化觉镇发展产业资金6万元，慰问贫困户73户；携手金沙县第一幼儿园组织幼儿教师到石场、太平两个乡镇幼儿园开展送教交流活动，并捐赠荡桥、攀爬网等玩具；民进金沙县经济支部、贵州钰祥矿业集团资助清池镇产业发展基金10万元，资助清池镇阳波小学资金6万元。组织会员到野角乡为乡亲们义写春联500余幅。为黔西县观音洞镇争取科技扶贫养蜂产业项目15万元，在新合、熊洞、元庆三个村建立规范中蜂养殖示范基地3个，让观音洞贫困户有后续稳定增收产业；通过开展特色宣传活动，共发放科技创新、知识产权等宣传资料3500余份，接受群众咨询500余人次。统筹协调各支部深入各县区开展“同心助学”教学交流活动5次，共捐赠价值9万余元的图书和学习用品等，“同心助学”活动已成为各支部在所在县区的常态化工作，成为市工委助力脱贫攻坚的一个品牌。积极做好赫章县结构示范工作，协调市体育局捐赠2个篮球板和2个室外乒乓球台。

协助民进中央、民进各级组织赴毕开展各类活动。2018年以来，民进毕节市工委共接待民进中央、民进各级组织到毕节开展考察活动15批共179人次，为各基层送去春联500副、“福”字300个，捐赠慰问金及物资4.45万元，捐赠图书10万余册，捐赠书画作品10幅，开展培训7次，培训医生200余人次，培训学生1400人次，培训教师2300人次，学生牙齿健康检查并实施了窝沟封闭术198人；组织外出培训6期，79名教师赴英国、四川、上海、安徽、河北等地培训。与高坪镇回访了民进山东省委。民进社会服务工作会议在金沙成功召开，民进贵州省委参与毕节试验区建设加力推进金沙县脱贫攻坚工作推进会议在金沙召开，民进参与试验区建设的合力进一步形成。成功举办了题为“同心共进·魅力杜鹃”书画展，在百里杜鹃开幕，全国人大常委会委员、民进中央副主席王刚出席了开幕式并致辞。

积极参与三十周年系列活动准备工作。民进毕节市工委一是根据要求承担了毕节试验区建立30周年统一战线帮扶试验区文稿民进篇征集工作，选送的8篇文稿均入选。二是参与了毕节试验区30周年民进篇专题片、画册、项目点建设拍摄等工作。

（撰稿：李　谦）

中国农工民主党毕节市委员会

【概述】 2018年，农工党毕节市委会在中共毕节市委和农工党贵州省委会的领导下，在中共毕节市委统战部的指导支持下，以马克思列宁主义，毛泽思想、邓小平理论、“三个代表”重要思想、科学发展观、习近平新时代中国特色社会主义思想为指导，以“同心思想”为引领，团结带领全市党员，以开展“不忘合作初心、继续携手前进”主题教育活动为载体，积极投身毕节试验区经济社会建设，围绕中心、服务大局，着力在加强自身建设筑牢多党合作政治基础上贯彻新发展理念、助力脱贫攻坚，着力在认真履行参政党职能上贯彻新发展理念、助力脱贫攻坚，着力在助推试验区经济社会发展上贯彻新发展理念、助力脱贫攻坚，着力在立足本职作贡献上贯彻新发展理念、助力脱贫攻坚，为试验区经济社会发展做出了积极贡献。

【加强思想建设，构筑精神高地。】 一是开展“不忘合作初心、继续携手前进”主题教育活动，引导党员价值追求和行为规范。市委会通过召开主委会议（全年共召开6次）、全委（扩大）会议（全年共召开4次），在全市党员中深入开展学习中共十九大，全国“两会”，中共贵州省第十二次党代会，中共毕节市委二届二次全会精神，认真学习习近平、汪洋、尤权等党和国家领导人对毕节试验区的重要讲话和批示精神，学习贯彻中央、省、市统战工作会议精神、统一战线参与毕节试验区建设座谈会精神，贵州省支持毕节试验区按时打赢脱贫攻坚战建设贯彻新发展理念示范区推进大会会议精神，学习贯彻落实中共中央《关于加强社会主义协商民主建设的意见》《中共中央统一战线工作条例》《中共贵州省委统战部、中共毕节市委关于深入推进毕节多党合作建设的意见》《中共毕节市委关于加强新形势下统一战线工作的实施意见》等文件精神。带领全体农工党员扎实开展工作，把树立和践行社会主义核心价值观作为市委会思想建设的主线，并通过各种形式进行了专门的理论辅导，加强了理论学习，将所学理论内化于心、外化于行，不断深化中国特色社会主义学习教育，引导广大党员深刻认识中国特色社会主义政治发展道路的历史必然性和现实优越性，不断增强接受中国共产党领导的自觉性和坚定性。二是开展参政党理论及党史研究。市委会十分注重加强多党合作服务改革发展的调查研究、经验总结和理论提升，坚持把理论建设作为参政党思想建设的一项重要内容，积极组织理论研究人员参与到农工省委、毕节市政协及中共毕节市委统战部的理论研究活动中。向市委史志办上报了2018年年鉴；主委辜康乐在毕节试验区杂志发表理论文章《牢记总书记嘱托　勇担政治责任　为“打赢攻坚战、建设示范区”做贡献——学习习近平总书记对毕节试验区重要指示精神的体会》；党员高新岑在农工党中央《前进论坛》杂志发表理论文章《毕节启示：多党合作助推扶贫攻坚》，在《贵州政协报》发表理论文章《脱贫攻坚民主监督“大方实践”的启示和经验——以农工党定点帮扶毕节试验区大方县为例》，并得到《贵州社会主义学院学报》“毕节试验区建立30周年”论文集主动约稿。三是积极完善多种宣传手段，努力提升宣传力度。市委会注意采取多种形式，及时、准确、深入地做好宣传工作，充分利用中央、省、市三级媒体，通报工作动态、交流工作经验、发表学习心得、宣传先进事迹，在工作中真正做到了电视上有图像、广播上有声音、报刊上有文章，扩大了社会影响力，树立了良好形象。共编发开展“不忘合作初心、继续携手前进”主题教育活动简报105篇，在中央、省、市三级媒体（农工党中央网站、农工党省委《贵州农工》杂志、农工党省委网站、金黔在线、《贵州政协报》《毕节日报》等）发表宣传信息报道60余篇。为庆祝农工党遵义市委会成立30周年，拍摄祝贺短视频。与毕节日报社联合筹备毕节市网络健康大讲堂，实施方案已完成，正在送审中。四是开展好“不忘合作初心，继续携手前进”专题教育活动。将专题教育活动作为坚持和发展中国特色社会主义学习实践活动的重要内容和载体，紧密结合学习习近平总书记系列重要讲话精神、学习多党合作历史和农工党党史，进一步巩固团结奋斗的共同思想政治基础。市委会下发了《农工党毕节市委开展“不忘合作初心，继续携手前进”主题教育活动方案》《农工党毕节市委开展“不忘合作初心，继续携手前进”暨毕节试验区建立30周年征文活动的通知》。4月25日，在市政协二楼会议室开展纪念中共中央“五一口号”发布70周年暨“不忘合作初心，继续携手前进”主题教育活动，辜康乐主委上了党课带领党员共同学习农工党党史党章；10月26日，农工党毕节市委“不忘合作初心，继续携手前进”主题教育活动——“送温暖、送党章、送手册”活动启动仪式召开，辜康乐主委领学了《中华人民共和国宪法》。

【加强组织建设，夯实基层基础。】　一是加强市委会领导班子能力建设。认真贯彻落实《各民主党派中央关于加强地方组织领导班子建设座谈会纪要》精神，不断加强学习和实践，进一步提高领导班子成员的政治把握能力、参政议政能力、组织领导能力、合作共事能力、解决自身问题能力。二是加强基层组织建设。严格按照中共毕节市委统战部对民主党派基层组织建设的布局、规定和程序，认真做好基层支部的建设工作。按照农工省委的安排部署，在各支部开展了“支部达标争优”活动，进行了组织指导、督促检查、汇总呈报工作，促进了基层支部的建设。参加了农工党贵州省委会“全省组织工作”会议、2018年党务工作会议、2018年度基层组织“达标争优”活动研讨会。参加了农工党贵州省县级组织工作交流暨项目推介会，大方县工委作了交流发言。三是做好组织发展工作。严格按照《中国农工民主党章程》的要求，坚持“三为主”原则，严把政治质量关，拓宽发展渠道，积极物色、遴选和吸收具有代表性的人员加入本党组织。主委辜康乐亲自赴市一医开展基层组织建设调研。全年，共发展党员21名。四是积极实施“人才强党”战略。着力加强后备干部队伍建设，对后备干部实行动态管理。加强干部的教育培训、实践锻炼和推荐使用。做好代表人士发展、培训、推荐、人才库建设等工作。开展了2018年新党员培训。五是加强党员的党性教育。适时选派党员参加各级培训班的学习，努力提高党员的政治理论和业务水平，以适应新时期履行参政党职能的要求。共选派10名党员参加省社会主义学院培训；主委辜康乐参加了市政协在全国政协培训中心举办的培训班学习；专职副主委刘发志参加了市委组织部举办的全市市管干部学习贯彻习近平新时代中国特色社会主义思想研讨班、新任县处级领导干部综合能力提升（广州）专题培训班、中共毕节市委党校2018年秋季主体班——县处级干部进修班学习；机关干部高萍参加了农工党中央举办的全国社会服务工作骨干培训班学习；机关干部高新岑参加了农工党四省（区）脱贫攻坚民主监督培训班学习。六是强化专委会的工作。积极探索和研究专委会工作机制，进一步明确专委会工作职责，充分发挥专委会的职能作用，组织各专委会开展形式多样的活动。4个专委会分别召开工作会议，拟定了专委会调研课题。七是积极开展对外交流。5月21日，市委会与农工党泸州市委会在毕节市七星关区同心大厦4楼举行缔结友好市委会签约仪式并召开交流合作座谈会。八是积极开展关爱老党员活动。10月17日，市委会组织离退休老党员在金海湖新区开展了“感受新区　情满重阳”为主题的重阳节主题活动，带领老党员们领略了金海湖新区社会经济的高速发展。

截至2018年12月底，共有党员372人。其中，有19位党员分别在政协、政府部门、党派机关、事业单位和高等院校担任厅、处级实职，有51位党员分别担任省、市、县三级人大代表和政协委员。

【加强制度建设，建立长效机制。】 市委会着力加强制度建设，树立规范化管理、精细化运作的思想，把加强制度建设作为一项重要工作来抓，不断建立健全和完善各项规章制度。一是执行党章规定的组织制度，推进党内民主集中制建设，健全领导班子集体领导和个人分工相结合的领导体制和工作机制。二是按照《中国农工民主党中央监督委员会工作条例》，进一步完善党内监督机制，自觉接受农工党贵州省委监督委员会的监督，自觉接受党员同志们的监督。三是坚持会议议事制度。截至12月底，共召开4次全委（扩大）会议，学习党和国家重大方针政策，学习市委、市政府重要会议精神，审议年度工作计划；共召开6次主委会议，对重大事项和重大党务工作进行研究，做出安排部署；每月定期召开一次主委办公会议，安排部署市委会及机关当月的主要工作。

【加强机关建设，提升服务能力】 一是加强机关工作人员的思想作风建设，进一步完善机关内部的各项规章制度，做好日常工作。根据公务员管理的有关规定，切实做好个人讲评、考核工作。二是进一步开展理论学习、培训工作，提高机关工作人员的个人文化修养和政治理论水平。三是提升机关工作人员的服务意识，更好地为市委会领导班子、基层支部和党员做好服务工作。充分发挥“上情下达，下情上传”的桥梁纽带作用，做好各项工作的组织协调及参谋助手作用。

【政治协商有新提高】 一年来，市委会领导班子成员、省市人大代表、政协委员和特约人员积极参加市委、市人大、市政府、市政协、市纪委、市“法检”两院、相关县区及有关部门召开的协商会、情况通报会、征求意见会、党外人士座谈会等会议，围绕市委、市政府中心工作和全市经济、政治、文化和社会发展的重大问题、重要事项开展政治协商，提出意见和建议。

【民主监督有新贡献】 一年来，市委会充分发挥人大和政协的平台作用，通过党员中的各级人大代表、政协委员、特约人员及代表性成员的工作，切实履行好民主监督职能。党员中的市人民检察院特约检察员、特聘咨询鉴定委员会专家积极参加市人民检察院的专题座谈会和相关视察活动。党员中的人大代表、政协委员分别参加了市人大、市政协组织的视察调研及省、市、县三级公务员及相关事业单位笔试、面试招考的监督巡视工作。

脱贫攻坚民主监督开展情况：一是成立工作领导小组，加强组织领导，攻坚责任压紧压实；二是制定工作实施方案，确定对口联系点（大方县羊场镇、织金县板桥镇），强化政策措施，扶贫机制逐步健全；三是选派特邀民主监督员36名，并确定监督员相关职责；四是开展前期相关工作调研，对羊场镇、板桥镇脱贫攻坚情况摸清底数；工作开展以来，赴羊场镇调研12次，赴板桥镇调研8次；五是在脱贫攻坚民主监督对口联系点挂公示牌和信箱，并收到群众反馈意见；六是联系协调农工党中央、农工党贵州省委赴大方县羊场镇开展脱贫攻坚民主监督调研并确定拢公村和新田村为帮扶点；七是协助农工党中央完成《关于贵州省大方县脱贫攻坚督促检查的调研报告》；八是在联系点开展“环境与健康知识系列讲座”走进讲习所活动，目前在羊场镇开展11次，板桥镇开展6次；九是形成调研报告2篇，并得到大方县人民政府、织金县板桥镇人民政府整改落实反馈；十是协调引进北京潮星集团捐资400余万元新建大方县羊场镇拢公村小学，联系协调山东明日之星教育基金会为羊场镇、板桥镇两所小学捐赠班班通平板电脑100台。

【参政议政有新作为】 市委会定期召开年度参政议政调研工作会议，建立参政议政情况通报制度，做到年初有计划、年中有检查、年末有总结。一是以专委会为主体，市委会密切配合，发动支部力量和党员的智慧，拟定专题调研课题，开展专题调研和重点课题调研工作。6月22日，就相关调研课题，市委会召集了专委会成员及部分市直、七星关区直部门召开了调研座谈会；8—11月期间，市委会及各专委会相继开展了“毕节市城市环境空气质量现状及建议”“毕节市农村污水治理现状及建议”“大力发展远程医疗，提升基层医疗服务能力”“社会主义核心价值观融入中小学教育的对策及建议”“我市民族文化助力乡村振兴的对策及建议”等调研。二是发挥全体党员的智慧，调动党员的积极性，撰写社情民意，截至12月底共提交社情民意21篇。专职副主委刘发志、党员罗斌、高新岑荣获农工党贵州省委会2017—2018年度社情民意先进个人。三是充分发挥人大代表、政协委员的参政职责，积极撰写建议案和提案，在质量和数量上都有新的突破。2018年省、市、县三级人大代表、政协委员共计提交提案、议案63件；市委会提交党派提案5件，界别联名提案2件。其中，《关于加强全市县级以上集中式饮用水源保护区环境整治的提案》获得市政协主席会议督办；《关于我市医联体建设工作情况的建议》获市政协副主席督办；《关于发展我省特殊教育的建议》获得农工省委采纳，作为农工省委党派提案在省两会上提交。四是配合农工党省委开展好专题调研。1月23日，协助农工党贵州省委会在毕节市开展了医疗控费工作调研；5月7—8日，配合农工党省委农业农村工作专委会在大方县就经果林不挂果问题进行专项调研；5月14—15日，配合农工党省委开展“黔货出山”调研。同时，市委会以对口联系工作为平台，搭建起市委会与政府部门沟通和联系的桥梁，使民主党派更好地知情明政，积极建言献策，为党委、政府科学决策提供了参考。

【社会服务有新成效】 市委会积极发挥人才荟萃和智力密集的优势，积极开拓工作思路，创新活动方式，社会服务特色明显。一是积极参与“同心品牌”“同心工程”的打造。配合有关方面参与接待来自全国部分省市农工党组织、统一战线考察调研团30余次，扎实做好联系接待、陪同服务、宣传毕节和联络联系工作。二是积极开展“中国环境与健康宣传周”活动。市委会制定了活动方案，组织七星关区支部、市一医支部、市中医院支部、市直综合支部在“6·5”世界环境日当天，联合市环保局及相关单位在七星关区人民公园开展义诊咨询活动；大方县工委、织金县支部、纳雍县支部、金海湖新区支部分别与相关县区环保局在6月5日至11日“中国环境与健康宣传周”之间联合开展活动；贵州工程应用技术学院支部、毕节职业技术学院支部、毕节医学高等专科学校支部分别在本校开展相关主题专题讲座。三是积极开展医疗健康扶贫。组织农工党医疗专家开展“送医送药”下乡义诊活动，走遍大方县28个乡镇；联系协调上海女医师协会赴纳雍县、威宁县开展巡回义诊4次；联系协调美国南佛罗里达大学医学院神经外科中心赴毕节市开展神经外科显微技术培训，培训医技人员100人；组织党员中医疗专家赴七星关区鸭池镇开展卒中、胸痛病人宣教筛查；继续与徐州医科大学、徐州恩华制药对接联系，为毕节市“渐冻人”病患治疗提供技术和药品支撑，获赠价值15万元药品；协调引进湖北黄冈医院在大方县建设精神病院；组织党员中的医疗专家配合中共毕节市委统战部机关支部赴七星关区市西街道天河社区、金钟社区开展相关活动。四是积极开展教育扶贫。协调引进北京潮星集团捐资400余万元新建大方县羊场镇拢公村小学；联系山东明日之星教育基金会为毕节试验区12所学校捐赠班班通平板电脑600台；赴金海湖新区一小开展2018年扶贫日捐赠活动，向贫困学生捐赠助学金2500元。五是积极开展春节慰问活动及消费扶贫。春节前夕，分别赴七星关区麻园街道双树社区，大方县羊场镇拢公村、新田村，赫章县结构乡毛姑村开展春节慰问活动，发放慰问金及物资价值3万余元；积极开展消费扶贫，组织动员全市农工党党员购买大方县农特产品，价值1万余元。六是积极响应毕节市政协脱贫攻坚“百千万行动”。号召党员中的市、县政协委员结对帮扶贫困户50余户。其中，市政协副主席、主委辜康乐对口帮扶威宁县玉龙镇，大方县政协副主席李启英对口帮扶大方县对江镇，织金县政协副主席胡常艳对口帮扶织金县板桥镇，纳雍县政协副主席陈仕才对口帮扶纳雍县骔岭镇，市政协委员、毕节燕氏骨科医院院长燕翠萍帮扶七星关区碧阳街道大兰村和七星关区阿市乡；联系毕节工职院专家赴纳雍县库东关镇为樱桃种植农户提供樱桃保鲜技术支撑。七是积极参与打造“大统战推动大扶贫结构示范”与统战“五员”进社区工作。赴赫章县结构乡毛姑村和七星关区麻园街道双树社区开展各类活动8次，受益群众200余人次；协调市三医免费救治双树社区重病患者，减免各类费用10余万元；协调市瑜伽协会赴社区开展文艺活动；与社区联合开展清明节文明祭祀宣讲活动、南京大屠杀公祭日红色主题教育活动。八是积极打造“环境与健康知识系列讲座”走进新时代农民讲习所品牌活动。一年来，共计在大方县、织金县、赫章县19个村开展活动，邀请党员中的医疗卫生人口环境教育等方面专家以及市疾控中心、市环保局相关专家开展专题讲座，得到了当地群众一致好评，受益群众达2000余人。

【着力在助推试验区经济社会发展上贯彻新发展理念、助力脱贫攻坚】 市委会积极参与、精心配合、全力协助农工党中央、省委、东部十省市和部分省外农工党组织在毕节市、大方县开展的帮扶项目的落实，努力做好协调联系、跟踪服务、调查研究、资料汇总、方案制定、承担教学、宣传报道等工作，在打造“同心助医工程”的升级版、促进农村基层卫生事业的改革与发展、推动试验区食品药品产业园区建设、促进农业产业结构调整、助推职业教育发展、招商引资、智力帮扶等方面做了大量富有成效的工作。

（一）同心助医工程：1月15日，“微笑行动组织（美国）云南代表处”总裁王晓卫一行赴毕节市黔西县，就相关工作进行调研；4月12日，经农工党中央联系“爱心传水西·微笑钟山行”2018年黔西县唇腭裂免费救治手术公益活动在钟山镇卫生院启动，为202名唇腭裂儿童作免费救治；5月27日，中央科技委委员、温州康宁医院股份有限公司董事长管伟立率农工党中央科技工作委员会调研组赴大方县开展精神卫生防治情况调研并召开座谈会；12月6日，农工党贵州省委专职副主委黄惠玲赴大方县对江镇调研健康扶贫工作并召开座谈会。

（二）精准扶贫：1月14日至15日，全国政协委员、农工党中央副主席兼秘书长曲凤宏一行赴大方县就精准扶贫工作开展调研。农工党中央组织部副部长邓蓉玲陪同调研；3月14日至15日，农工党中央社会服务部副部长张庆伟一行赴大方县对同心圆“博爱家园”精准扶贫项目进行调研，并召开大方县“博爱家园”精准扶贫项目专题会议；4月13日至15日，农工党中央副主席于文明一行赴大方县对定点帮扶工作进行考察调研；4月13日至14日，农工党中央邀请中药产业知名专家到县举办中药材种植技能培训班，培训人员300余人；4月16日至17日，农工党湖北省委会赴大方县考察调研并召开座谈会；4月15日至17日，全国政协副主席、农工党中央常务副主席何维率领农工党中央调研组在毕节市就“深入开展精准健康扶贫　助力实施乡村振兴战略”开展调研；5月25日，农工党中央联络委主任黄泰康率考察组到大方考察调研并召开座谈会；5月25日至26日，农工党中央社会服务部副部长张庆伟率考察团赴贵州省毕节市大方县，对定点帮扶的有关工作进展和落实情况开展调研；7月28日，农工党全国省级组织助推毕节试验区大方县贯彻新发展理念座谈会在大方县召开；8月8日至10日，安徽省政协副主席、农工党安徽省委会主委牛立文率队赴大方县对定点扶贫工作进行调研并召开座谈会；8月23日至8月25日，农工党吉林省委会专职副主委、省政府参事李其春一行赴大方县就大方县脱贫攻坚、诚信教育、中药材产业发展、医疗卫生事业等工作进行考察调研并召开座谈会；8月29日至9月1日，海南省人大常委、农工党海南省委会专职副主委毕华率队赴大方县开展考察调研活动并召开座谈会；9月4日，农工党中央专职副主席、农工党中央精准扶贫精准脱贫工作领导小组副组长龚建明一行赴县开展定点扶贫督促检查工作调研；9月8日至9日，农工党中央委员、农工党中央妇女工作委员会主任、内蒙古区委副主委、内蒙古自治区政协民族和宗教委员会副主任闫敏一行赴大方县开展调研活动并召开座谈会，向羊场镇陇公村希望小学捐赠了价值12万元的电脑及学习用品；9月8日至9日，农工党中央到大方县举办中药材产业适宜技术培训；10月1日，农工党中央副主席、海南省人民政府副省长、农工党海南省委会主委王路，海南省人大常委、农工党海南省委会专职副主委毕华率调研组到大方县开展扶贫调研并举行捐赠仪式；10月10日至12日，农工党中央精准帮扶大方县座谈会暨全国15个副省级城市组织助力大方县脱贫攻坚工作会在贵州省毕节市大方县召开。全国政协副秘书长，农工党中央专职副主席兼秘书长曲凤宏出席会议并讲话；10月22日至24日，农工党湖南省委会专职副主委蒋秋桃带队赴大方县开展定点扶贫督促检查工作，捐赠价值5.56万元药品；10月24日，农工党江西省委会主委、江西省科协主席史可率调研组到大方县开展扶贫督促检查工作；10月29日至30日，河南省政协副主席、农工党河南省委会主委高体健率队赴大方县开展定点帮扶及扶贫督促检查调研，黄河交通学院与同心农工中等职业学校签订了下一阶段帮扶协议；10月29日至31日，国家中医药管理局规划财务司司长、农工党中央科技委主任苏钢强带领农工党中央科技委一行赴贵州省大方县开展中药材产业扶贫调研，并在大方县羊场镇陇公村开展定点扶贫督促检查工作，捐赠了价值5万余元的物资和慰问金；10月31日至11月1日，农工党内蒙古区委会主委云治厚率工作组赴大方县开展定点扶贫督促检查工作；11月10日至11日，湖南省政协副主席、农工党湖南省委会主委张灼华赴贵州省大方县开展定点扶贫督促检查和帮扶工作，并向雨冲乡捐赠12万元的助学资金和价值12.1万元的药品；11月19日，农工党吉林省委会专职副主委、机关巡视员李其春一行赴大方县八堡乡开展调研及“精准扶贫·爱心捐赠”活动，捐赠价值12万元物资；11月22日至23日农工党中央第三期中药材适宜技术培训会在大方县羊场镇召开，100余人参加培训；11月21日至22日，安徽省政协副秘书长、农工党安徽省委专职副主委余成林率队赴大方县开展考察调研和精准帮扶活动，向星宿乡捐赠10万元现金。

（三）东部十省市农工党组织帮扶：3月9日，农工党辽宁省委会专职副主委兼秘书长朱航率企业家赴大方县考察调研；3月20日至21日，农工党上海市委社会服务部调研员倪煊标率企业家赴大方县考察调研中药材产业；3月21日至3月22日，农工党天津市委会副主委乔佑杰率天津市知名教师赴大方县开展精准扶贫“同心助学”带教讲学活动，并召开座谈会；4月8日至10日，农工党河北省委会专职副主委经顺波一行赴大方县开展教育医疗帮扶调研，并召开座谈会；4月12日至14日，江苏省政协副主席、农工党江苏省委会主委周健民率队赴大方县开展帮扶调研，并召开座谈会，向黄泥塘镇一小捐赠价值23万元的图书，向黄泥塘镇眉井村同心圆博爱家园精准扶贫项目捐赠现金28万元；4月19日至21日，农工党浙江省委会组织浙江大学农业技术推广中心药用兰科植物研究课题组组长、浙江圣兰生物科技有限公司董事长总经理周建华等部分中医药企业家赴大方县考察调研，大方县与西拓控股集团签署了中药材康养特色小镇建设投资合作意向协议；5月17日，辽宁省人大常委会副主任、农工党辽宁省委会主委、辽宁中医药大学校长杨关林率队赴大方县考察并召开座谈会，辽宁中金欧亚珠宝集团有限公司和毕节同心农工中等职业学校签订合作办学协议，抚顺市洪熙科技有限公司为毕节同心农工中等职业学校捐赠了10万元“上善奖学金”；5月25日至26日，天津市政协常委兼副秘书长、农工党天津市委会专职副主委兼秘书长、青年工作委员会主任王毅斋率队赴大方县考察并召开座谈会，农工党天津市西青区工委与大方县教育局签订“同心助学”协议，天津市人民医院与大方县人民医院、县中医院分别签订帮扶协议，农工党天津市委会向大方县大山乡卫生院捐赠了医疗器械；6月8日，经农工党江苏省委牵线搭桥，香港爱国慈善家何崇本教授、加拿大籍华人何崇源先生、韩良英女士一行赴大方县开展教育帮扶调研；7月11日，农工党浙江省委会副主委、杭州市政协副主席周智林率队赴大方县开展教育帮扶活动，为理化乡优秀贫困生捐赠4万元；7月20日，农工党东部十省（市）等地省级组织定点帮扶大方县工作研讨会在大方县召开；7月19日至21日期间，全国人大代表、福建省政协副主席、农工党福建省委会主委刘献祥一行赴大方县开展精准扶贫工作，农工党福建省委会、福建朝日环保开发有限公司向绿塘乡捐赠了10万元教育扶贫资金，大方县九龙天麻开发有限公司与福建康达健康管理集团有限公司签订了药材经销协议；7月26日至27日，农工党河北省委会副巡视员张峻率队到大方县开展中草药产业发展调研活动；8月26日，北京市政协副主席、农工党北京市委会主委于鲁明率北京市医疗部门相关负责人、企业家代表等一行赴大方县开展定点扶贫考察调研，向对江镇捐赠资金13万余元；9月9日至11日，农工党中央副主席、上海市人大常委会副主任、农工党上海市委主委蔡威一行赴大方县开展定点扶贫督查调研及精准扶贫工作，农工党上海市委社会向大方县捐赠了“同心圆博爱家园”精准扶贫项目资金60万元。农工党上海市委会、上海科普教育发展基金会、上海大慈公益基金会向大方县捐赠了价值46万元的流动科技馆；10月8日至11日，农工党浙江省委会主委、农工党中央经济工作委员会主任、浙江大学副校长罗建红率调研组到大方县考察调研，向大方县理化乡捐赠“同心圆博爱家园”项目建设资金20万元；10月29日—11月1日，农工党山东省委会组织农工党济南市委会、青岛市委会的医疗专家、教育专家及部分企业家，由农工党山东省委会主委段青英带队，赴大方县马场镇、长石镇开展对口帮扶和督促检查活动，捐赠价值49.94万元的药品和价值24.87万元的医疗器械，捐赠助学金1万元，捐赠价值20.5万元的学习资料；12月13日，农工党沈阳市委会主委、沈阳市第七人民医院院长李铁男，农工党沈阳市委会专职副主委兼秘书长王莉，农工党中国医科大学附属第一医院支部主委、中国医科大学附属第一医院普外科教授、博士生导师葛春林及医疗专家义诊团队一行到三元乡开展对口帮扶活动，向三元乡卫生院捐赠了价值5万元的医疗设备及物资。

（四）贯彻新发展理念：1. 贯彻落实习近平总书记重要指示和统一战线参与毕节试验区建设座谈会精神。一是配合农工党中央在大方县选定一个乡镇作为试点，在助推建设贯彻新发展理念示范区上做一些有益的探索，在大方县部分乡镇、村（如达溪镇冷底村等）开展了调研工作，为农工党中央选定试点做好前期准备和本地支撑；二是配合农工党23个省级组织、15个副省级组织、中央12个专委会做好对大方县28各乡镇，12个县直单位的定点对口帮扶工作；三是选取了纳雍县化作乡益新村作为农工党贵州省委会、毕节市委会贯彻新发展理念省市共建基地，开展调研4次，引进大方百里花食品有限公司赴益新村种植魔芋；四是开展了“打赢攻坚战建设示范区，毕节怎么干”为主题的大讨论活动推进会，并对全市农工党组织如何深入贯彻落实重要指示、重要会议精神进行了安排部署。2. 实施“同心圆·博爱家园”精准扶贫项目，农工党中央联合中国红十字会在大方县45个深度贫困村实施“同心圆·博爱家园”精准扶贫项目，投入资金1854万元。安排45名农工党党员深入45个村，对该项目的实施进行督促指导。

【着力在立足本职作贡献上服务改革发展】 2018年，广大党员坚定政治信念不动摇，坚持自我教育不间断，坚守岗位职责不懈怠，兢兢业业，勤奋学习，努力工作，在本职岗位上做出了优异成绩，成为本单位骨干力量，得到了各级党组织的好评。其中，副主委李舒波《基于教师教育课程标准的教师教育课程改革与实践》获得贵州省第九届高等教育教学成果二等奖，并获得贵州工程应用技术学院“教学名师”荣誉称号；副主委庞小林担任毕节市骨科协会主任委员职务，协调省骨科学会支持毕节市开展骨科学术活动；副主委徐全华获得贵州省政府特殊津贴并当选为毕节市科协兼职副主席；市委委员甘明静当选为毕节市科协兼职副主席；市委委员高新岑当选为农工党贵州省委会青年工作委员会委员；市委委员胡卫国、胡常艳、陈仕才、毛素丹、陈道忠、陈一川、范立红、陈忠英、卢萍、肖洁、吕贵荣、周登印、李军等都在各自的岗位上做出了突出贡献并承担各种社会职务，促进了试验区各项事业的发展；刘发志、高守军、唐鹏程三位市管干部2017年度考评为“优秀”等次。

2018年，市委会在2017年度毕节市市直目标考核中被评为一等奖。经农工党贵州省委考核，大方县工委、纳雍县支部被授予2017年度“支部达标争优”活动“示范性支部称号”，市第一人民医院支部、市中医院支部、市直综合支部、贵州工程应用技术学院支部、毕节职业技术学院支部、毕节医学高等专科学校支部、七星关区支部、织金县支部、金海湖新区支部被授予2017年度“支部达标争优”活动优秀基层支部。党员王若鹏获得农工党中央2018年定点扶贫大方县先进个人称号。

（撰稿：高新岑）

中国致公党毕节市工作委员会

【概述】 2018年度，是改革开放40周年，是毕节试验区成立30周年，也是迎接中华人民共和国成立70周年的应考之年。中国致公党毕节市工作委员会始终坚持“致力为公、侨海报国”理念，把助推改革发展作为第一要务，把围绕中心、服务大局作为履职立足点和切入点，在思想意识上树立“识大局、明大势、顾大体”，紧紧围绕市委、市政府中心工作，聚焦人民群众关心的热点难点问题，时时关注大局，处处服务大局，发挥党派优势，自觉地把市工委的工作放在全市改革发展全局中去部署和推进，积极参政议政、勤谨履职、真情帮扶、服务发展。

【思想建设】 2018年，致公党毕节市工委始终高举社会主义伟大旗帜，树立党的领导核心意识，坚持中国共产党的领导，自觉维护以习近平为核心的中共中央权威，同中共中央保持政治上思想上行动上的高度一致。

致公党毕节市工委认真组织党员学习领会习近平总书记对毕节试验区的重要批示精神，贯彻落实《致公党扶贫开发纲要（2016—2020年）》文件精神及致公党中央、致公党贵州省委有关会议精神，按照“按时打赢脱贫攻坚战、努力把毕节试验区建设成为贯彻新发展理念示范区”要求，认真强化思想意识、大局意识，做到始终和党委、政府“同频共振、共谋发展”，为全面打赢“113攻坚战”实现经济繁荣、民族团结、环境优美、人民富裕，与全国同步建成全面小康社会目标提供有力的思想保证。同时组织广大党员认真学习宪法法律及《关于加强社会主义协商民主建设的意见》《中共中央统一战线工作条例》等文件精神，积极引导广大党员牢固树立政治意识、大局意识、核心意识、看齐意识，坚定中国特色社会主义道路自信、理论自信、制度自信、文化自信，不断提高致公党党员的政治觉悟，提升建言履职思想意识，坚定理想信念，严守政治纪律，主动参政议政。

一年来，致公党毕节市工委着力构建学习型组织，注重开展党员思想政治教育活动，组织党员通过集中学习和自主学习相结合的方式开展学习活动，营造常态化学习氛围。积极组织党员学习了党的十九大精神、习近平总书记在贵州省代表团重要讲话精神、习近平总书记在庆祝中国人民政治协商会议成立65周年大会的讲话等系列重要讲话精神、省第十二次党代会及省委十二届二次全会精神；认真学习讨论了中共中央印发《中国共产党统一战线工作条例（试行）》、致公党中央、致公党贵州省委有关会议精神等，进一步提升了党员知情明政能力，促进党员用新思想武装头脑、指导实践，为助推改革发展注入思想动力。创新学习模式，在中共毕节市委和中共毕节市委统战部的大力支持下，积极组织优秀党员参加全省党派基层骨干服务改革发展研讨班2人；参加致公党省委开展的各地组织参政议政骨干培训13人；参加致公党省委举办纪念“五一口号”发布七十周年专题讲座18人，参加2018年全年新党员培训13人。同时市工委积极组织党员骨干集中观看中央电视台播出的《厉害了，我的国》《将改革进行到底》《大国外交》《永远在路上》等系列专题片，开展致公党党史党章学习专题活动，不断提升党员队伍思想政治素质，让学习成果内化于心、外化于行。

【组织建设】 2018年，致公党毕节市工委注重发挥党员的基础性作用，着力建立健全党员管理制度和党员工作机制，在组织建设上抓基层、打基础、牢根基。致公党毕节市工委注重党员综合素质，优化党员队伍，市工委注重党员的吸收培养工作，注重优化党员队伍建设，本年度全市现有党员数量192人，新发展党员12人，较上年度有所提升，壮大了党员队伍，党员队伍文化层次较高，充分体现了凝聚共识、智力汇聚优势，为致公党市工委发展增添了发展活力。注重发展党政领导岗位锻炼过的无党派干部和部分政协委员加入组织，优化党内参政议政队伍，截至年底，全市已发展致公党员中，在市县各级政府部门中担任过行政正职的干部有4名、行政副职的有7名。积极争取市县统战部支持，推荐优秀致公党员担任省、市、县政协委员，目前全市致公党员有市政协委员26名、县政协委员10余名。另外，致公党市工委强化支部建设，共设立党支部8个，其中市直综合支部1个、县区支部5个（七星关、大方、金沙、纳雍、金海湖新区支部）、学院支部2个（贵州工程应用技术学院、毕节职业技术学院）。加强支部主委队伍建设，选择一部分优秀的党员干部担任支部主委，定目标、定任务，进一步明确和细化支部主委的职责任务，发挥带头人的重要作用，夯实工作的基础和根基。

【制度建设】 2018年，致公党毕节市工委强化制度建设，建立健全办公室管理制度和党员管理制度，相继出台《致公党毕节市工委会议制度》《致公党毕节市工委学习制度》《致公党毕节市工委财务管理办法》《致公党毕节市工委财务管理公开办法》和《致公党毕节市工委领导工作职责》《党员发展制度流程》等，促进市工委工作规范有序高效开展。同时，市工委为保证参政履职效果，强化委员管理，对政协第二届毕节市委员会中是致公党党员的25名市政协委员实行精细化服务和管理，建立委员履职情况跟踪制度，采取定期和不定期方式，以信息、电话、约谈等形式开展资政工作，组织是致公党员的政协委员积极开展调查研究、撰写提案和社情民意信息。

【政治协商】 2018年，致公党毕节市工委认真落实政治协商年度计划，探索“月月有协商”的工作模式，市工委领导班子成员及政协委员，通过参加市政府、市政协、市直相关职能部门召开的专题协商会议、座谈会议等，开展各类协商活动5次，围绕紧紧围绕全市政治、经济、政治、文化、生态建设等方面提出意见建议。

【民主监督】 2018年，致公党毕节市工委注重发挥职能作用，积极组织全市致公党员和是政协委员的党员同志撰写社情民意信息，全年共提交社情民意信息7件，采纳编发2件，其中以党派名义提交社情民意信息5件，以政协委员个人名义提交2件，已编发社情民意信息《关于强化贫困户内生动力和精神塑造的建议》和《关于加强对餐饮行业“偷税漏税”管理的建议》，已转相关部门进行办理。同时注重促进提案工作有实效，市工委和25名市政协委员通过政协毕节市委员会第二届二次全体会议，积极提交政协委员提案30件，其中党派提案《关于科学合理规划并稳妥推进我市农业产业结构调整工作的提案》《关于解决基药采购问题的提案》《关于房地产开发企业与房屋买受人矛盾纠纷的起因及解决的提案》《关于提高七星关区棚户区改造拆迁补偿标准，推动城镇化的提案》4件，个人提案《关于加强征地拆迁工作法制化、规范化的提案》《关于加强水果、蔬菜生产质量安全监管的提案》《关于规范毕节飞雄机场码头出租车揽客行为的提案》等14件，联名提案《关于加强物业管理的提案》《关于加快建设毕节市全民健身活动中心的提案》《关于加快“五城同创”创建，建设文明和谐试验区》等12件，政协委员提案内容围绕“决战贫困、提速赶超、同步小康”主基调，涵盖了毕节市深化改革、转变发展方式和社会热点难点问题，涉及经济发展、交通运输、城市建设、教育文化、医疗卫生、社会保障、环境保护、生态建设、旅游开发等各方面，年底提案已全部办理结束，促成问题的解决。

【参政议政】 2018年，致公党毕节市工委注重开展调查研究，多措并举兴调查研究之风，沉下基层倾听百姓声音，建言献策促进议政实效。组织参与市直统一战线赴赫章县结构乡开展专题调研、赴岔河镇开展脱贫攻坚民主监督调研等。按照年初申报课题内容，进一步做好《加强农产品质量安全追溯体系建设，打造贵州绿色农产品整体品牌》《突出市场导向着力打造生产加工销售一体化扶贫产业》《关于制定实施儿童早期教育服务发展规划的建议》专题的调查研究。积极参与中央和省调研任务。致公党毕节市工委积极发挥参政议政联系点的作用，先后参与了致公党中央赴七星关区调研精准扶贫工作；参与致公党省委赴七星关区茅坪村开展帮扶调研活动和助力茅坪脱贫攻坚推进会；先后完成了致公党中央关于房地产问题调研和农村社会治理素材收集等工作。积极参与市政协组织主席会议调研，针对“乡镇卫生院医疗服务能力建设”工作进行情况深入县区、乡镇实地调查研究；参与市政协常委会议视察“易地扶贫搬迁安置入住”情况，丰富了市工委参政议政的内容和形式。

【社会服务】 2018年，致公党毕节市工委坚持围绕脱贫攻坚大局，在社会服务上下功夫。在致公党中央、致公贵州省委的推动下，积极参与协调大连工业大学光子学研究所与贵州致福光谷产业园、贵州工程应用技术学院开展共建交流，促成致公党大连工业大学支部与七星关区工委共同签署了《致公党基层组织结对共建协议书》，开展合作共建。积极参与“大统战”推动“大扶贫”行动，深入赫章县结构乡开展调研并组织企业开展养殖项目帮扶，组织新进牧业公司深入考察，制定夜郎黄金猪养殖项目产业帮扶方案，预计一期带动大寨村100余户农户合作实施养殖；组织企业家对大寨食品厂、拉秋苗家跑山鸡养殖项目、组织水产专家对冷水鱼养殖项目进行了考察。开展致福送诊活动，争取到致公党中央相继组织医疗专家28批375人次赴毕开展致福送诊活动，累计参加示教查房诊查病人7803人次，培训医务人员7762人次，开展技术指导1070人次，手术示教69例、病例讨论1373例，建立“致福医疗图书室”1个。争取致公党中央“精准扶贫工作交流会”在毕召开，捐建科普中心4个，为毕节市七星关区杨家湾镇1所中心小学、13所乡村小学捐赠球衣、球袜各492套、球鞋246双、足球78个，组建了14支以“致福·名健”命名的乡村小学足球队。参与致公党贵州省委动员党员企业家向茅坪村小学捐建投资38万元的“致公卓杨楼”一栋及教学的设施设备。致福光谷项目稳步推进，积极参与促成致福光谷产业园与光子学研究所签署了联合共建“大连工业大学照明工程实践中心”合作协议，成立贵州省光技术联合创新与服务中心项目。项目设计总投资4050万元，建筑面积1600平方米，中心建成后，光子学研究所将提供技术指导工作，在光子学研究所设立致福光谷人才培训基地。

（撰稿：孙　澂）

九三学社毕节市委员会

【概述】　2018年，在九三学社贵州省委和中共毕节市委的领导下，在市委统战部的关心支持和指导下，九三学社毕节市委以习近平新时代中国特色社会主义思想和对毕节试验区所作的“5·15”“7·18”重要指示批示精神为行动指南，坚决维护习近平总书记的核心地位，坚决维护中共中央权威和集中统一领导，深入贯彻落实中共十九大和九三学社十一大精神，围绕中共毕节市委“113攻坚战”，团结全体社员，统一思想认识，切实加强自身建设，认真履行参政党职能，开展卓有成效的社会服务，圆满完成年初确定的各项目标任务。

【加强政治学习，政治站位再提升】　一年来，社市委组织领导班子成员和全体社员、机关人员，通过多形式、多层次开展的政治学习和社史教育，学习中共中央习近平总书记对毕节试验区作出的“7·18”重要指示和统一战线参与毕节试验区建设座谈会精神，学习全国“两会”、九三学社十一大精神，学习省委、省政府在毕节召开的“支持毕节试验区按时打赢脱贫攻坚战建设贯彻新发展理念示范区推进大会”精神，增强“四个意识”，坚定“四个自信”，践行“两个维护”。通过开展社员座谈会和基层组织活动，邀请医专支社赵永作《纪念“五一口号”发布70周年》主题报告，加深对社史的了解，增强社员的使命感和责任感。通过号召全市社员参加社中央主办的社章社史知识竞赛活动，加深对中国共产党领导的多党合作和政治协商制度的认识，进一步增强了基层社组织的凝聚力。积极组织社员参与社省委、市政协及市委统战部的理论研究活动，赵祖禹撰写的《努力践行新思想　展现政协新作为》在社省委组织的学习宣传贯彻党的十九大精神征文活动中荣获一等奖。

【加强机关建设，服务效能再提升】　一年来，社市委继续加强机关建设工作，结合社中央对地市级组织机关正规化建设工作的要求，结合实际补齐短板，通过强化认识、改善设施、完善机制、加强管理、规范运行等措施，被社省委评为“2018年度机关建设工作先进集体”。一是完善各项制度，不断加强领导班子建设，严格按规定开展工作，2018年共组织召开6次主委（扩大）会和4次全委会，参加市委、市政府、市政协和市委统战部召开的各种重要工作会议。健全档案管理制度和保密制度，建立公文处理机制，进一步提升机关工作能力和服务水平。二是规范发文处理，在起草过程中力求每份文稿精益求精，努力做到符合时代、紧扣法规、主题鲜明、内容清楚、表述精炼，公文签发逐级把关，排版和印制力求规范、符合标准。三是规范机关运转，经费管理方面严格按照市财政的有关规定和软件进行经费编制预算和决算，经费使用做到开支合理、符合规定，按聘请财政公司要求做到财务会计票证存档规范。坚持收文登记制度，做到收发有痕，即时处理。坚持公文批转和传阅制度。议事会议由综合办公室做好纪录和印发会议纪要。四是规范档案管理，对机关文书档案和社员档案进行整理、分类和编号，做到记录清楚、摆放整齐、管理有序，现已规范整理社员档案256卷，文书、会计、实物档案296卷。五是注重用语规范，社毕节市委在草拟文稿、印发公文、撰写领导讲话稿和网站、微信公众平台公开的信息时，注重行文细节，正确使用社的各级组织全称与简称。

【加强联络联系，社会服务再提升】 2018年，社市委加强与社中央、社省委和东部十省市社组织联络联系工作，主动争取社省委领导带队对东部“六省市”社组织进行回访和座谈，顺利争取了教育、医疗等多方面项目支持，协助上海等九个省级社组织扶贫调研、教育医疗培训和捐资助医助学，组合实际开展助力脱贫攻坚工作。2018年的社会服务工作成绩突出，被社省委评为“2018年度社会服务工作先进集体”。一是争取并成功完成好九三学社中央武维华主席、赵雯副主席赴毕节市、威宁县的调研指导工作。7月19日，武维华主席在参加统一战线参与毕节试验区建设工作会议之后赴威宁县调研了草海环境治理、雪榕生物科技有限公司发展等情况，5月4日，赵雯副主席赴毕节参加了社市委的基层组织生活会，并考察了毕节医学高等专科学校。二是积极配合做好省内外组织各级领导19批156人次赴毕节开展帮扶调研活动接待、联络联系、后勤服务等相关工作。协调推动上海、广东、河北、江苏、福建、浙江、天津、安徽、四川等社组织赴毕节开展了扶贫调研、教育医疗培训、捐资助医、助学活动，贵州工程应用技术学院派出3名高校教师赴上海华东师范大学等3所高校进修，在威宁开展教师及足球教练培训课50余节，帮助27所中小学培训紧缺专业中小学教师2000余名、中小学校长500名，开展座谈54场、发放问卷3600份、访谈396人，开展医学讲座5场，培训医务人员近900人次，分批赴上海进修医生20人次。通过“九三牵线”，率威宁县职业技术学校有关负责同志赴福建与福建中华技师学院开展职业教育合作对接调研。

【加强参政议政，履职能力再提升】 社市委不定期召开参政议政调研工作会议，做到年初有计划，年中有调度，年末有总结。一是发挥基层支社的主体作用，社市委做好服务和配合，积极发动支社力量和社员智慧，拟定调研课题，开展专题调研和重点课题调研工作。二是以基层组织活动为依托，调动社员积极性，发挥社员智慧撰写社情民意。三是发挥社员中的人大代表、政协委员作用，多次召集代表委员开展课题讨论、组织撰写，议案和提案的数量和质量得到突破。2018年在市政协二届二次全体会议上，提交大会发言2件、党派提案5件、个人提案33件，其中党派提案1件获市政协优秀提案，反映社情民意信息11条，其中：2条获得市委书记周建琨签批，1条分别获得市长张集智和市委常委、宣传部部长何云江签批。2018年宋毅副主委牵头开展的《关于农业产业结构调整问题分析——以赫章县结构乡沙坝村为例》的课题被九三学社贵州省委列为省级课题。

【加强组织工作，自身建设再提升】 一是树立“为社聚才”的责任意识，做好组织发展工作。继续深入贯彻“人才兴社、人才强社”战略，认真抓好组织建设，社员结构不断改善，组织活力不断增强，2018年共发展了6名社员。二是社市委领导积极参与并指导各基层支社组织的活动。三是分别于11月26日和12月14日完成毕节医专和贵工程两个支社的换届工作，选举产生新一届委员会。四是注重队伍建设和后备干部培训，先后指派6名社员和干部到社中央、省委党校、省社会主义学院和市委党校参加脱产学习。

【加强媒体宣传，党派形象再提升】 2018年完成《简报》31期，各类工作动态及简讯12期，及时向中共毕节市委统战部、九三学社贵州省委以及九三学社毕节市委全体社员报告了社市委各项工作进展情况，信息宣传工作发挥作用明显。

除了做好内部的信息宣传外，还充分通过政协、统战系统和其他媒体，努力向社会宣传我们的工作、活动、优秀人物。在九三学社中央网站、《贵州省政协报》、贵州省委统战部网站、九三学社贵州省委网站、《毕节日报》、九三黔讯、毕节市政府网站等登载宣传报道、理论文章32篇。相关会议、活动被地区电视台、县区市级电视台报道5次。通过微信公众平台发送信息36篇，阅读量3000余次，制作完成宣传社员典型事迹的微故事视频在微信公众平台和网站上滚动播出。

（供稿：九三学社）

工商业联合会

【概述】 2018年以来，市工商联紧紧围绕中心、服务大局，牢牢把握“两个健康”工作主题，坚持“政治建会、团结立会、服务兴会、改革强会”的工作方针，积极履职尽责，对上争取、对外联引、对内激活，突出重点、全面推进、打造品牌、扩大影响，有力助推全市民营经济高质量发展，为全市按时打赢脱贫攻坚战，建设贯彻新发展理念示范区贡献了工商联力量。

【讲政治，强力抓好意识形态领域工作】 按照政治建会、团结立会、服务兴会、改革强会工作方针，市工商联通过召开党组中心组学习会、干部职工会、“主题党日”活动、个人自学与集中讨论、走访调研等多种形式，及时传达学习中央、省、市委重要会议及文件精神，持续深入学习宣传贯彻习近平新时代中国特色社会主义思想、党的十九大、省委十二届三次全会和市委二届三次全会精神，特别是习近平总书记对毕节试验区工作的重要指示和在民营企业座谈会上的讲话及统一战线参与毕节试验区建设座谈会精神。同时组织到直属商（协）会、会员企业、扶贫联系点开展集中宣讲，到扶贫联系点开展“走进深度贫困地区、与贫困群众共度扶贫日”活动，在工商联系统开展“打赢攻坚战 建设示范区 工商联怎么干”大讨论活动，切实引领全市工商联系统干部职工和广大非公经济人士进一步提高政治站位和政治觉悟，牢固树立“四个意识”，坚定“四个自信”，切实做到“两个维护”，真正在思想上、政治上、行动上同以习近平为核心的党中央保持高度一致，坚定自信做习近平新时代中国特色社会主义思想的积极践行者。

【抓联引，聚力非公力量助推脱贫攻坚】 一是按照“域内发动、商会联引、东部支持、广州深圳等帮助”要求，以产业扶贫大招商行动为契机，进一步发动组织商协会、企业家参与“千企帮千村”脱贫攻坚行动，积极推进“千企帮千村”助力脱贫攻坚工作提质增效。截至年底，全市816家民企积极参与“千企帮千村”脱贫攻坚行动，帮扶941个村，实施帮扶项目1565个，累计投入资金60.86亿余元，帮扶贫困人口22.86万余人。二是组织各县（区）80余家企业代表参加全国“万企帮万村”消费扶贫东西部协作支持贵州发展现场会，共签署达成1100多万元的订单意向性合作协议。三是积极配合省工商联、市委统战部开展“规模以上民营企业”“建立党委政府与商会组织、民营企业沟通协商制度”“民营经济发展情况”“经济统战工作”等专题调研，积极参与做好全国工商联调研组赴毕开展乡村振兴战略专题调研活动，与全国工商联调研组第4小组到五个县（区）商会、企业宣讲调研，促成了贵州兴伟集团与毕节民营企业达成了“大手牵小手、小手牵群众”合作发展意向，并开展了合作对接。四是积极做好广州·毕节东西部协作帮扶衔接对接工作。根据广州对口帮扶毕节相关会议精神，按照职责分工，主动加强与广州市工商联沟通对接，与其签署战略合作协议，同时帮助协调广州市工商联赴织金县自强乡捐赠500万元用于8个村微工厂建设和1个村产业发展项目建设工作。五是扎实开展“万百千”产业大招商夏秋攻势行动，充分发挥工商联资源优势，以拜访商会、邀请考察、以商招商、实地对接等形式开展招商引资。截至年底，已引进签约毕节林翁生物科技发展有限公司、贵州宁商生物科技发展有限公司在赫章县结构乡投资覆盆子种植项目，签约资金达0.8亿元；上海一梵环保科技有限公司林业碳汇资源开发项目、广西桂林中车资阳机车有限公司固体垃圾处理建设项目和上海杭信服饰有限公司服装产业基地正在对接洽谈中。六是主动参与扶贫联系点工作。积极联引企业在安乐溪乡发展蜜蜂养殖项目带动贫困户发展，此项工作经前期考察及洽谈，已促成企业与安乐溪乡签订养殖协议，拟投入160万元养殖蜜蜂1600箱，并与贫困户建立利益联结机制。当年将先期实施800箱，在安乐溪乡丰岩村等贫困村试点基础上全乡铺开。此外，组织扶贫联系点驻村干部与部分群众代表到高原村调研考察贵州军辉生物工程有限公司杂交构树项目种植，拟准备将此项目复制到帮扶村。

【强服务，着力开展活动服务“两个健康”】 与市人民检察院建立依法保护企业家合法权益营造企业家健康发展法治环境专项工作衔接机制，并与检察院到毕节市铜仁商会开展“检企共建 推进依法治企”主题法治宣讲活动，切实为民营企业营造良好法治环境；与市投促局共同收集毕节籍在外创业成功人士信息，切实加强与毕节籍在外创业成功人士联络；与市人社局联合开展“失业保险惠企政策进民企”专项宣传活动，力争达到民营企业普遍知晓失业保险政策。开展组织非公有制经济代表人士参加省工商联举办的“省工商联新任人大代表、政协委员、非公有制经济人士学习中共十九大精神暨习近平新时代中国特色社会主义思想专题研讨班”“贵州省年轻一代贵商重走长征路培训”“贵州省工商联骨干企业家（一期、二期）培训班”等活动。积极配合市发改委开展社会信用体系建设，积极搭建驻村帮扶、法律维权、教育培训、用工服务、银企合作、政企合作等平台，突出引领企业家运用法律维护自身合法权益、维护企业健康发展、积极承担社会责任的社会效应。积极推动构建亲清新型政商关系，着力打造市工商联“廉政文化园”建设，积极开展推荐评选“全国‘万企帮万村’精准扶贫行动先进民营企业”“‘庆祝改革开放40周年·成长在贵州’优秀企业和企业家”“优秀企业家和企业家精神典型”等活动，积极组织参加“唱响新时代，放歌新未来”2018多彩贵州歌唱活动，有效引导广大非公经济人士自觉做爱国敬业、守法经营、创业创新、回报社会的表率和践行亲清新型政商关系的典范。

【重商建，激发内生动力共促长远发展】 按照全国工商联、省工商联改革强会要求，加强指导商会组织建设工作，充分夯实基层组织队伍。截至年底，除威宁县外，7县（区）工商联被全国工商联确认为“五好”县级工商联。按照班子建设好、团结教育好、服务发展好、自律规范好“四好”创建标准，创建示范商会30余个。全市已建商协会343家，其中：市直属23家，县区313家，已建海口、宁波、深圳等异地毕节商会7家，积极指导筹备成立苏州毕节商会、福建毕节商会、毕节河南商会，积极指导毕节江西商会、毕节湖南商会、毕节市汽车商会等开展换届工作。截至年底，市工商联已有会员22019名，其中：企业会员7672名，团体会员335名，个人会员14012名。同时加强商会交流与合作，对接河北省工商联、重庆市九龙坡区工商联、山东省临沂市工商联、贵州重庆商会、云南省昭通市工商联、广州市工商联、广东饶平商会赴毕投资考察交流，并与九龙坡区工商联、临沂市工商联缔结为友好工商联，与广州市工商联签署战略合作框架协议等，进一步加强信息交流，共享招商优惠政策，拓宽对外合作途径，更好宣传推广毕节，有力助推毕节经济社会发展。

【转作风，营造风清气正良好政治生态】 一是全面落实从严治党“两个责任”。认真组织学习习近平总书记关于进一步纠正“四风”加强作风建设的重要指示精神，学习贯彻省委十二届三次全会和市委二届二次、三次全会，市纪委二届三次全会精神，组织学习新修订的《中国共产党纪律处分条例》。及时召开了党风廉政建设工作会议，全面部署工作任务，对党风廉政建设工作进行责任分解，明确了党支部领导班子加强组织领导、加强作风建设等集体责任。认真组织签订党风廉政建设承诺书，强化“一岗双责”意识，建立健全《市工商联（商会）考勤管理制度》《市工商联（商会）执行工作纪律责任追究制度》《市工商联干部“十条禁令”》等工作制度，做到党风廉政与业务工作同部署、同落实、同检查、同考核。对单位上班情况不正常的两位同志进行约谈，并在市纪委第二纪工委指导下进行整改处理；认真清理党员领导干部在社会组织团体兼职现象；严肃对单位“茅台酒乱象”进行自查，未发现存在“茅台酒乱象”情况。二是严格贯彻执行中央“八项规定”和省、市“十项规定”。严肃执行上下班考勤制度，制定《毕节市工商联党组关于全面贯彻落实市委〈全面贯彻落实中央八项规定和省委十项规定精神切实加强作风建设的实施办法〉精神的八条措施》，规范本单位公文办理、公务接待、物资采购、车辆管理、请销假工作制度，落实“三重一大”报备工作制度，落实党务、政务公开。进一步规范做好党员发展、干部管理、基层党建、财政预算、差旅费管理、公务接待、公务用车、会议活动等工作，严格控制办公用品采购，减少一次性办公用品使用，积极践行“六小节约行动”，从未违规发放各类补助补贴。三是扎实开展“作风整改年”活动。按照市委开展“三个大兴”活动要求，制定《市工商联关于开展“大兴调查研究之风、大兴真抓实干之风、大兴勤俭节约之风”活动的工作方案》《毕节市工商联党组机关2018年“作风整改年”活动实施方案》《毕节市工商联调研工作制度》等相关制度文件，领导干部真正下基层、进商会、访企业，7月份与贵州重庆商会党支部在林口镇“鸡鸣三省”会议会址联合举办“走进革命圣地 坚定脱贫信心”的主题党日活动；11月份组织工商联支部党员，到党建集团帮扶同步小康驻村帮扶点开展主题为“宣讲新思想、建设示范区、丰岩怎么干”的党日活动。截至目前，市工商联领导干部分赴基层、商会及企业调研共计43次，到村调研52天，走访党员75人，走访群众468人。扎实开展警示教育，与市人民检察院联合开展“检企共建，推进依法治企”主题宣传活动，认真组织参加“学好监察法·践行十九大”在线学习答题活动和2018年贵州党风廉政建设社会民意抽样调查。

（供稿：毕节市工商联合会）

中国共产党
毕节市纪律检查委员会
毕节市监察委员会

【概述】 2018年，在省纪委、省监委和市委的坚强领导下，全市各级纪检监察机关忠实履行党章和宪法赋予的职责，坚持稳中求进、强化责任担当，推动纪检监察工作取得新成效。省民调显示，毕节市党风廉政建设社会民意抽样调查六项核心指标大幅上升，综合分值85.19分，比2017年净增9.11分。

【始终把政治建设摆在首位，坚决扛起“两个维护”重大政治责任】 市纪委、市监委召开19次市纪委常委会暨市监察委员会、4次理论学习中心组集中学习会，深入学习贯彻习近平新时代中国特色社会主义思想、党的十九大精神和习近平总书记对贵州对毕节工作重要指示批示精神。组织14批2227人次党员干部参加省委“新时代学习大讲堂”、市委“周末学习大讲堂”学习，推动广大党员干部强化政治理论修养，切实提高政治站位。开展党的十八大以来习近平总书记对贵州对毕节工作重要指示批示精神贯彻落实情况“回头看”，聚焦贯彻新发展理念、打好“三大攻坚战”、实施“三大战略行动”、巡视巡察反馈问题整改等情况强化监督检查，高效办结中央、省委环保督察和国务院大督查等反馈的问题线索，严肃问责124人。高度警惕“七个有之”，坚持把政治纪律、政治规矩挺在前面，立案查处违反政治纪律行为53件69人。完善党风廉政建设“一票否决”等办法，严肃追究管党治党失责问题617个，问责61个党组织、777名领导干部，党纪处分90人。市委召开政治生态建设领导小组会议，研究建立政治生态分析研判成果运用长效机制，部署市直部门政治生态分析研判工作。市纪委、市监委建立市管干部廉洁档案1200余份，按程序回复党风廉政意见 1275 人次，把好选人用人政治关、廉洁关、形象关。

【扎实推动中央巡视、省委巡视反馈问题整改工作，坚决整治领导干部利用茅台酒谋取私利问题】 按照市委分工安排，牵头推进党风廉政建设和巡视巡察整改、茅台酒清理整治两个专班的整改任务，自我加压成立作风建设、监督检查两个专班，推动自身整改与监督整改相统一、巡视反馈问题整改与作风突出问题整治相结合，实现整改综合成效最大化。把办理巡视移交问题线索作为重要政治任务，成立巡视移交问题线索处置工作小组，强化跟踪调度，高效办结问题线索 1671 件，损害群众切身利益的一批突出问题得到及时有效解决。协助市委开展领导干部违规插手参与茅台酒经营问题自查清理和抽查核实，严明清理整治纪律要求。全市 20 余万名干部职工参与自查清理，8 人如实报告本人或亲属参与茅台酒经营行为。市纪委、市监委班子带头深入自查，全市 1888 名纪检监察干部自查清理全覆盖，并实现“零报告”。深入开展问题线索大起底，查结违规收送茅台酒问题线索 14 起，党纪政务处分 12 人。两次对封存酒类资产进行核实统计并全部处置，回收资金全部用于脱贫攻坚专项支出。

【着力深化纪检监察体制改革，有效构建集中统一、权威高效的监察体系】 坚持在市委组织领导下，按规定完成市县两级监委选举任命、组建挂牌、编制划转、人员转隶、内设机构设置等 37 项改革任务，划转编制 174 名，转隶干部 136 名。全面贯彻纪委监委合署办公要求，认真落实集中办公场所，加强转隶干部教育培训，推动思想、理念、感情、人员、工作深度融合。落实派驻纪检监察组组长不担任监督部门党组（党委）成员的要求。市县两级组建派驻纪检监察组 79 个，落实编制 438 名，实现对 598 家党和国家机关监督全覆盖。制定派驻纪检监察组管理、监督办法，推动线索处置、执纪审查、监督检查有效协作，实现派的权威、驻的优势高效统一。制定《毕节市推进监察体制改革向乡（镇、街道）延伸的实施方案（试行）》，明确县（区）监委统一向乡（镇、街道）派出监察室，每个监察室核定至少 3 名行政编制，授予 5 项工作职责、3 项监察权限，打通监察全覆盖“最后一公里”。省监委先后 3 次赴毕节调研，夏红民予以批示肯定。市委出台《关于进一步加强村务（民生）监督委员会建设的实施意见》，推动建立村务（民生）监督委员会，形成村支部委员会、村委会、村务（民生）监督委员会“三委”班子协调运行格局，有效夯实末梢监督网底。

【坚定不移深化政治巡察，充分彰显巡察利剑作用】 市委书记亲自担任巡察工作领导小组组长，推动县（区）党委（党工委）书记担任巡察工作领导小组组长全覆盖。市委召开 10 次市委常委会议、3 次市委书记专题会议、4 次市委巡察工作领导小组会议、5 次动员部署会议研究部署巡察工作。修订市委巡察工作五年规划。市县两级全面建立巡察机构，落实编制 197 名，配强巡察干部 145 人。把监督落实“两个维护”作为巡察工作根本政治任务，深入查找政治“偏差”“温差”“落差”，完成二届市委第三、四轮对 46 个党组织常规巡察，实现对 20 个极贫乡镇和县级经济开发区（产业园区）以及市属医疗、教育等各机构类别的巡察全覆盖。紧盯脱贫攻坚、扫黑除恶等工作，灵活运用专项巡察、机动巡察、交叉巡察等方式开展巡察。市县两级共巡察 318 个单位、1032 个村（社区），发现问题 7315 个，移交问题线索 2169 条，立案 270 件，党纪政务处分 309 人。协同省委巡视组建立省市县巡视巡察上下联动机制，先后对 11 个乡镇、22 个村开展联动巡视巡察，形成统一谋划部署、统一组织实施、统一成果运用的“毕节经验”。夏红民作出批示肯定。“毕节市‘三聚焦’推动精准巡察”作为2018年优秀案例参与“2018年度贵州省全面深化改革优秀案例”网络评选，同时获全市“改革创新奖”。

【锲而不舍纠正“四风”，推动党风政风民风持续向好】 把执行省委“禁酒令”作为强化政治纪律政治规矩意识教育的重要内容、作为深化作风建设的重要抓手，对有令不行、有禁不止的，从严查处曝光，形成震慑。全市严肃查处公务接待中违规饮酒问题12起，处分23人。依托新媒体创建毕节市干部纪律作风扫码评价平台，开展行业单位作风大整治，实现作风监督全天候、“零距离”。近2万个单位的科室（窗口）接受群众扫码评价，收到评价意见19万余条，梳理整改问题1102个，处理949人。坚持在常和长、严和实、深和细上下功夫，严肃查处违反中央“八项规定”精神问题190起，党纪政务处分203人，通报典型案例60批次200起。狠抓领导干部办公用房专项清理，发现问题1052个，处理167人。深入整治形式主义、官僚主义突出问题55起，党纪政务处分67人。

【全面加强纪律建设，真正让监督强起来】 定期梳理、综合分析信访举报事项，强化问题线索分办处置集体研判和集中管控。受理各类信访举报3327件次，集中处置问题线索8184件，运用谈话函询处置799件，分别同比增长6.1%、97.3%、151%。运用“四种形态”处理党员干部8435人次，占比分别为62.6%、33%、3%、1.4%，第一种形态同比增长283.7%。树牢坦白从宽抗拒从严、尽职免责失职追责政策导向，14名党员干部主动向纪检监察机关投案，221名党员干部主动交代违规违纪问题。编印《执纪监督和审查调查简明读本》，组织10.3万余名党员干部及国家公职人员参与“学好监察法·践行十九大”微信在线学习答题活动。充分发挥门户网站、廉政微信、手机短信覆盖广受众多的优势，推出党纪党规、法律法规学习主题13个，通报曝光典型案例67个，编发廉政短信覆盖9.5万余人次。大力推进“纪检监察云”项目建设，建成社会监督查询、权力运行监督、巡察监督、“两个责任”监督、正风肃纪监督5个子系统，汇聚共享数据6095类、1.36亿条，有效形成跨部门协作、跨层级共享的信息监督体系。

【持续深化标本兼治，取得反腐败斗争压倒性胜利】 以鲜明态度和坚定决心严惩腐败，重点查处党的十八大以来不收敛不收手，问题线索反映集中、群众反映强烈，政治问题和经济问题相互交织的腐败问题，立案审查调查县处级干部42人、乡科级干部579人，分别同比增长16.7%、33.4%。配合省纪委、省监委查办大方县委原书记张某某案。严肃查处市公共资源交易中心原副主任蒋某、市交建集团党委原副书记周某、市工投公司原副总经理张某等严重违纪违法案件。全市纪检监察机关立案2908件，党纪政务处分3109人，分别同比增长8.1%、6.2%。市委召开党风廉政警示教育视频大会，带动各级党委（党组）层层开展警示教育。市纪委、市监委对纳雍县原县长郑某、市公共资源交易中心原副主任蒋某等典型案件督促开展“一案一整改”。全市各级纪检监察机关督促开展“一案一整改”187场次，对500余名违纪违法党员干部现场宣布处分决定并同步开展警示教育，督促撰写忏悔书214份。用好纪律检查、监察建议，督促整改问题405个，切实发挥查办案件治本功能。

【聚焦脱贫攻坚战略，深入整治扶贫领域腐败和作风问题】 制定《关于为全市尽锐出战务求精准按时打赢脱贫攻坚战建设贯彻新发展理念示范区提供坚强纪律保障的实施意见》等系列制度，突出重点监督内容，完善审查调查机制，构建市县联动、部门联合监督体系。健全督查督办机制，挂牌督办中央纪委、国家监委，省纪委、省监委领导交办件以及省委、省政府扶贫专线转办问题线索20件。围绕东西部扶贫协作及统一战线帮扶政策措施落实情况加强监督检查，与广州市纪委监委建立扶贫领域监督执纪问责协同机制，推动常态开展信息沟通、线索移交、调研监督等工作。坚持把脱贫攻坚与正风肃纪结合起来，采取专项监察、重点整治、常态化“访村寨、重监督、助攻坚”等方式，用好约谈、问责、查处等手段，全面整治农村“组组通”公路项目建设、农村贫困人口大病专项救治、城乡医疗救助资金管理使用等方面的突出问题。查处扶贫领域案件1535件，党纪政务处分1437人，涉案金额4173.7万元，问责787人。与政法、公安部门建立涉黑涉恶腐败问题双向信息反馈、快查快处联动机制，采取调研督导、拉网式明察、点穴式暗访、随机抽查、入户访查等方式，广泛收集涉黑涉恶腐败问题线索，查处涉黑涉恶腐败和“保护伞”问题14件23人，党纪政务处分21人，移送司法机关7人。

【切实加强自身建设，打造忠诚干净担当的纪检监察铁军】 市纪委常委会严格执行省纪委、省监委、市委关于加强和维护党中央集中统一领导的制度规定，督促各级纪委监委班子成员及广大纪检监察干部旗帜鲜明讲政治，重大事项、重要工作及时请示报告。持续深化“两学一做”学习教育，召开机关党建工作推进会，建立季度讲习报告会制度，大力开展机关党支部标准化建设，推动党建工作各项任务有效落实。认真开展“干部教育培训年”活动，通过选派调训、自办培训等方式，培训纪检监察干部3500余人次。建成“智慧纪检”办公系统，切实提高纪检监察工作信息化、科学化、精准化水平。选优配强县（区）纪委监委班子、市纪委、市监委机关内设机构负责人及市属国有企事业单位、市管大中专院校（高级中学）纪委书记（副书记）。注重优化干部队伍梯次结构，多渠道遴选培养年轻干部。围绕健全内控机制，制定《毕节市纪委市监委工作规范》《毕节市纪检监察干部“十条禁令”》等系列制度，强化内部自我监督，切实纠正和防止“灯下黑”。

（供稿：毕节纪检监察办公室）

社会团体

工　会

【概述】　2018年以来，在市委和省总工会的坚强领导下，在市政府的大力支持下，全市各级工会组织全面贯彻落实习近平新时代中国特色社会主义思想和党的十九大精神，深刻领会习近平总书记对毕节试验区工作的重要指示和“按时打赢脱贫攻坚战”的基本要求、“努力建设贯彻新发展理念示范区”的战略定位，坚持新发展理念，按照中央、省委、市委重大决策部署，以全面推进工会改革为主线，立足主责主业，在服务大局、服务职工、深化改革、自身建设等方面下功夫，各项工作有序推进、各项活动有效开展、各项目标圆满完成。在2018年度市直单位目标考核中，市总工会荣获群团组织一等奖第一名；在全省业务目标考核中荣获市（州）总工会第二名。毕节千名工匠培育选树工作得到省总工会主要领导批示肯定。

【以维护核心为根本，坚持用习近平新时代中国特色社会主义思想统揽工会工作全局】　一是坚持抓好理论武装。切实发挥新时代工人（职工）讲习所阵地作用，深化“感恩奋进·走在前列——党的十九大精神进企业”主题宣传教育活动，把学习贯彻习近平新时代中国特色社会主义思想与深入学习贯彻习近平总书记关于工人阶级和工会工作重要论述结合起来；与中国工会十七大、贵州省工会十四大精神结合起来；与省委十二届三次全会精神、市委二届三次全会精神结合起来，切实在思想上政治上行动上同以习近平为核心的党中央保持高度一致。全市共开展讲习活动600余场次，“劳模上讲堂”活动150余场次。二是继续抓好宣传教育活动。深化“中国梦·劳动美”“明礼知耻·崇德向善在企业”“文明在行动·满意在毕节”“五城同创”、职工网络文化等主题实践活动；组织开展了“网聚职工正能量·争做新时代贵州好网民”活动。做实工会意识形态工作，把握主旋律、弘扬正能量，把社会主义核心价值观转化为职工群众的情感认同和行为习惯，更好地承担起团结引导广大职工坚定不移跟党走的政治责任。大力弘扬劳模精神、劳动精神、工匠精神，发挥工人阶级主力军作用，积极投身大众创业、万众创新的时代洪流，筛选了10名有代表性的先进模范在毕节试验区杂志、试验区网站、《毕节日报》等媒体上开设专栏进行宣传报道，引导广大职工增强新时代工人阶级的自豪感和使命感，大力营造劳动光荣的社会风尚和精益求精的敬业风气。三是加强调查研究和工运理论研究。大兴调查研究之风，把握新时代社会主要矛盾的变化，分析不平衡不充分发展在毕节市职工队伍、劳动关系和工会工作中的特征表现，掌握新形势下职工权益现实状况，开展了增强工会政治性、先进性、群众性的课题研究，不断推进工会理论创新。领导干部认真践行“五步工作法”“四到工作制”，围绕“大党建”“大扶贫”、工会经费使用管理、普惠服务、职工医疗互助等主题开展调研及督查。县级干部调研95次，科级干部调研27次，共形成有针对性的调研报告11篇。

【以服务大局为重点，坚持团结动员广大职工在决战脱贫攻坚、决胜同步小康实践中建功立业】

一是深化拓展服务脱贫攻坚路径。深入贯彻落实省、市全会精神，深入开展了“打赢攻坚战、建设示范区、毕节怎么干”大讨论，提升行动自觉，主动融入全市脱贫攻坚工作大局。聚焦易地扶贫搬迁集中安置点困难群众，以“服务困难职工群众、助力决战脱贫攻坚”为主题，紧扣打赢脱贫攻坚“四场硬仗”，主动融入乡村振兴战略，深化拓展工会助力脱贫攻坚十条路径，不断把“拔穷根·助圆梦”“建工会·促就业”“雁归圆梦”行动和“护工就业行动”引向深入，开展“惠工贷”扶持示范企业、选树“创业之星”、培育“农民工匠”，推进农民工就地就业、返乡创业，促进搬迁群众“搬得出、稳得住、能致富”。全市有易地扶贫搬迁集中安置点127个，实际搬入30351户，迁入人口113023人（其中劳动力人口43129人），127个易地移民搬迁集中安置点共建工会84个，工会会员15598人。全市工会主办协办的护工培训班6期，共计520名学员在培训中顺利毕业并获得人力资源和社会保障局颁发资格证书。抓好城镇困难职工脱贫解困工作，对已纳入全国总工会帮扶管理系统的城镇困难职工4894户实行分类帮扶，明确解困脱困责任和期限，创新帮困解困方法，引入社会资源为职工提供有针对性的生活保障服务，推动实现全市25%左右的困难职工解困脱困。用心用情抓好驻村帮建工作。积极协助所联系的赫章县铁匠乡，走访贫困户，深入易地扶贫搬迁对象家中开展政策宣传和搬迁动员，为精准脱贫出点子、想办法，因地制宜精准落实帮扶工作的各项措施。积极争取政策支持，加大对返乡农民工创业的支持力度，积极争取相关单位做好扶持，帮助群众发展经济，增收致富，结合本单位特点和工作实际，发挥自身优势，积极组织协调，千方百计为群众办实事，办好事，为群众排忧解难，努力营造和谐的党群干群关系。投入20万元扶持资金帮助铁匠社区林下养殖种植合作社产业发展及处卓村蔬菜种植专业合作社产业发展，助推农业产业结构调整步伐，提高农户特别是贫困户收入水平。帮助铁匠乡符合条件的32名贫困大学生每人申请了3000元的助学金。二是抓实劳动和技能竞赛。围绕市委、市政府主基调、主战略，广泛深入地开展各种形式、各个层次的“践行新理念、建功十三五”劳动竞赛和职业技能竞赛，激励职工爱岗敬业、创先争优。各级工会联合有关单位和部门，在烟草、电力、医药卫生、农业、水利水电、交通运输等行业，以及重点工程建设项目和窗口事业单位，开展区域性劳动竞赛和重点工程、重点行业劳动竞赛，积极探索开展劳动竞赛的新途径，不断推动劳动竞赛向非公有制企业拓展，不断扩大覆盖面。开展劳动竞赛企事业单位3577个，覆盖面达61%，参赛职工199753人，参与率达71%；其中非公企业2494个，参赛职工96636人，参与率分别达51%和52%。全市建立职工绿色环保义务监督站122个，聘请职工绿色环保义务监督员239名。三是厚植工匠文化。开展挖掘、培育、选树千名“毕节工匠”活动，助力精准脱贫，积极营造劳动光荣的社会风尚和精益求精的敬业风气，帮助1000余名贫困群众就业、带动3000余名群众脱贫。选树“金牌工人（首席员工）”，推荐上报了292名“能工巧匠”。创建了劳模创新工作室17家，其中3家荣获“贵州省劳模创新工作室”荣誉称号。积极参与全省工会经济技术创新成果展示会，毕节复烤厂劳模创新工作室荣获优秀奖、毕节卷烟厂QC小组荣获优胜奖。全市共获表彰“全国五一劳动奖章”1名，全国工人先锋号1个，贵州省“五一劳动奖状”2个，贵州省“五一劳动奖章”7名，贵州省工人先锋号8个。向劳模、先进工作者发放慰问金、劳模专项补助资金、生活困难补助资金57.71万元。全市评选表彰了30个“工人先锋号”，40个“五一巾帼标兵岗”，60名“五一巾帼标兵”。

【以服务职工为关键，坚持把满足职工对美好生活的需要作为工会工作的出发点和落脚点】 一是进一步完善服务职工新模式。依托“新长征·贵州工会云”上线运行和工会服务职工中心转型升级，进一步健全完善服务职工新模式。积极配合省总工会“工会云”建设，进一步建立完善会员实名制和普惠服务网络，畅通线上线下服务职工平台。常态化开展“春送岗位、夏送清凉、金秋助学、冬送温暖”活动，在女职工就业保护、母婴温馨小屋建设、家政培训等方面持续发力。“两节”期间，全市共筹集慰问金445.48万元，慰问困难企业67家、一线职工3645人、困难家庭6776户；在“金秋助学”活动中，全市共筹集帮扶资金346.4万元，资助984名困难职工和农民工子女入学，覆盖范围广、活动声势大、社会反响好。推进完善职工普惠服务，全市已发行工会普惠卡178825张，特约商户达68家，进一步增加了服务项目、充实了服务内容，惠及了广大职工。二是不断丰富维权服务内容。积极参与涉及职工切身利益的法律法规及政策的制定，密切关注国企改革及供给侧结构性改革中职工权益保障情况，重点关注转岗安置职工、城镇困难职工、农民工等重点群体，进一步加强劳动人事争议的职工法律援助工作，健全完善职工维权体系，全市已建职工法律援助工作站10家。积极配合有关部门做好农民工工资清欠工作，保障农民工合法权益。三是深入推广职工医疗互助活动。扶危济困，增强广大职工抵御风险的能力，让会员群众真正感受到工会是“职工之家”，是“娘家人”。根据对毕节市职工患病和报销情况的调研分析，进一步规范和完善互助活动细节，并根据调研情况新增加了12种可报销病种，以高度的责任感把好事做好，把实事做实，把善事做到位。年底，参加医疗互助活动的单位共计857家，涉及职工人数为107722人，筹集资金523余万元、已报销金额为354余万元、惠及职工307人次。四是着力构建和谐稳定的劳动关系。围绕“法治毕节”深入推进，坚持完善以职代会为基本形式的民主管理制度。深化工资集体协商工作，突出抓好行业集体协商，加强专职指导员队伍建设。加强机关、企事业单位民主管理制度化规范化建设，提升职工（代表）大会、厂务公开建制率。全市已建工会的国有企业、国有独资企业、股份有限公司中的国有控股公司175个，厂务公开建制率100%；集体企业33个，厂务公开33个建制率100%；非公企业基层工会2634个，厂务公开建制率96%。毕节市燃气有限责任公司和毕节市第一人民医院2家单位获命名为省级示范单位。申报了11家省级模范职工之家和10家职工小家。五是在烟草、供电、运输等行业深入开展“安康杯”竞赛活动。加强职业病防治，努力保障职工群众生命安全和健康权益。全市共有1568个企事业单位、5060个班组、133347人次参加“安康杯”竞赛活动。评选推荐贵州中烟工业有限责任公司毕节卷烟厂参与全国优胜单位评比，评选推荐贵州省大方发电有限公司——运行发电部一值参与全国优胜班组评比。认真组织“安全生产月”宣传咨询日活动、开展“安全生产月”和“安全生产毕节行”等系列活动。六是积极开展职工文体活动。“五一”期间，与市体育局、市文联在黔西县联合举办“中国梦·劳动美——庆‘五一’”2018年毕节市职工系列文体活动，为全市广大职工提供一个“增强沟通，展示风采”的平台。开展了第三届“五一杯”暨“贵州银行杯”职工周末篮球联赛；第二届职工象棋、围棋比赛；第三届职工书法、摄影展等，展出了一大批歌颂伟大时代、描画家乡美丽图景的好作品，极大丰富了职工精神文化生活，增强了工会的影响力。开展“书香三八”读书征文活动，推动家风建设。加强职工书屋建设与管理，获省总工会批复18家省级职工书屋示范点，推荐上报了全国职工书屋示范点1家。七是做好职工信访维稳工作。及时有效排查化解劳动关系矛盾，严密防范抵御各类渗透破坏活动，维护社会和谐稳定。

【以深化改革为动力，坚持增强工会组织政治性、先进性、群众性】 一是深入推进改革工作。对已推出的改革举措加强跟踪问效，对深化改革过程中遇到的新情况新问题认真研究解决。市总工会指导县级总工会实施好改革方案。二是着力扩大工会组织覆盖面。加大非公经济组织、社会组织建会力度，加强乡镇（街道）、村（社区）、开发区（工业园区）工会建设，全市有基层工会组织7580个，工会会员1242605人，其中农民工有958568人。加强企业工会依法建会。区域内国有及控股企业工会组建率已达100%；25人以上企业建会1215家，建会率达91%，25人以下企业建联合工会158个，覆盖企业4452家，单独建会1457家，建会率达88%。着力推进货车司机等“八大群体”入会集中行动，全市234个“八大员”行业单位，建有工会组织42个，工会组建率18%，符合入会条件从业人员4839人，已入会从业人员3465人，从业人员入会率71.6%。三是加强基层工会规范化建设。资源力量向基层倾斜，实现基层工会组建规范化率、“六有标准”达标率均达到80%以上。全市已全部完成227个乡镇（街道、社区）、5个经济开发区、1个农业示范园区、1个旅游景区的工会规范化建设示范点工作。

【以全面从严治党为保证，坚持深入推进全市工会系统党的建设】 深入推进“两学一做”学习教育常态化制度化，落实管党治党政治责任，抓住主体责任这个“牛鼻子”，坚持“一岗双责”，自觉尊崇党章、执行党章。对照中央、省委、市委巡视整改反馈意见，认真查找“四风”突出问题特别是形式主义、官僚主义的新表现，采取过硬措施加以整改。坚持“三会一课”制度，用好组织生活这个经常性手段以及批评和自我批评这个利器，营造风清气正的良好政治生态。

（撰稿：祖维燕）

共青团

【概述】 2018年以来，共青团毕节市委领导班子在市委、市政府的坚强领导下，高举习近平新时代中国特色社会主义思想伟大旗帜，深入学习贯彻党的十九大精神、习近平总书记在贵州省代表团讨论时的重要讲话精神、习近平总书记同新一届团中央领导班子成员集体谈话时的重要讲话精神及习近平总书记对毕节试验区工作重要指示精神，深入学习贯彻团十八大精神，按照市委二届二次、三次全会精神和团省十四大安排部署，团结带领全体干部职工扎实苦干，创造性地开展工作，圆满完成了目标任务。

【提高政治站位，用新思想武装新时代青年，深化青少年思想引领】 强化青年大学习。围绕党的十九大精神、习近平总书记“7·2”讲话精神、团的十八大精神以及市委二届二次、三次全会精神和团省十四大精神，组织发动全市团干部开展“青年大学习”活动。团市委党组中心组集中学习研讨4次，召开党组（扩大）集中学习30多次，深入基层宣讲20人次。举办学习习近平总书记“7·2”重要讲话精神专题学习班和“打赢攻坚战　建设示范区，毕节青年怎么干”集中学习研讨、演讲比赛、知识抢答赛、征文比赛，并围绕共青团基层组织建设专题，组织召开团市委常委扩大会，开展“打赢攻坚战　建设示范区，毕节共青团怎么干”大讨论活动。强化节庆主题活动。雷锋月期间，开展丰富多彩的志愿服务活动1000余次；五四期间，开展纪念五四运动99周年文艺会演、学习交流等活动100余场次；“六一”期间，开展“你好，新时代”主题队日活动450场次，覆盖少先队员21.6万人；“十一”期间，组织团员青年参与“我和国旗合个影”作品征集、网络主题团日活动。同时，组织开展烈士纪念日、国家公祭日、国际志愿者日、“一二·九运动”纪念日、宪法日等主题活动。强化先进典型选树。全市相继开展了“两红两优”“优秀学生干部”“优秀少先队员”、等评选活动。涌现出“全国五四红旗团支部”绿化乡易地搬迁团支部和“全国优秀共青团员”谢相雪。烟草、公路、税务、银行、通信、医疗等系统共24家单位参与毕节市2017—2018年度毕节市青年文明号创建活动。强化网络宣传引领。承办全省网络评论员培训班，推选组建了20余人的毕节市共青团系统网宣员队伍，在重大节庆日广泛组织全市各级团组织集中宣传，特别是针对D&G辱华事件，团市委微博、微信实时转发推送图文信息发声。推进团属新媒体矩阵，毕节共青团微信累计推送249期300多条图文信息。微博发布讯息1200条，影响青年20万人。

【聚焦脱贫攻坚，充分发挥共青团优势，积极投身“大扶贫”】 青年创业就业助推大扶贫。充分发挥毕节市创业导师、青年致富带头人协会的带动作用，抓住东西部扶贫协作的契机，开展专业技能提升培训和创业辅导培训10余次，共培训农村青年致富带头人200余人。面向基层选拔10名优秀农村青年致富带头人参加广州团市委“2018领头雁”培训班，组织80人参加团省委“青春闪光”——乡村振兴青年理想信念培训班。积极引导青年致富带头人创建创业示范基地3个、见习基地3个，发挥示范引领作用，带动3000余名农村青年就业创业。

春晖行动助推“大扶贫”。一是实施春晖爱心水窖100楼，补助资金50万元。二是开展春晖行动千人健步行活动，帮助26名家庭贫困的骨科患者解决手术费用19万元。三是整合资金50万元，实施市级春晖家园项目5个。

希望工程助推“大扶贫”。一是开展“习酒·我的大学”“国酒茅台·国之栋梁——公益助学活动”等公益助学活动，资助贫困大学生1582名，发放助学金791万元；联系长江商学院青年企业家赴毕节市资助慰问60名贫困、留守儿童共计20万元。二是开展“爱心毕节——爱佑童心”救助活动，义诊583余名患儿。

驻村帮扶助推“大扶贫”。一是团市委机关

到驻村帮扶联系点赫章县铁匠乡中井村走访慰问贫困群众、老党员、留守儿童20余人次，涉及资金1万元；暑假期间，组织联系点留守儿童赴贵阳参加夏令营活动；同时，划拨12万元修建春晖文化广场；争取爱心企业捐助5万元资助中井村10名困难学生并资助今年中井村二本以上4名贫困大学生圆梦大学。二是驻村干部召开党员大会、群众大会10余次，宣传党的路线方针及惠农政策。三是完善《中井村种养殖基础设施建设项目库》，制定《中井村中草药种植五年计划》等相关发展规划。

生态文明助推"大扶贫"。一是开展贵州生态日志愿活动。在2018年"贵州生态日"毕节志愿者集中宣传活动期间，成立毕节市生态环保志愿服务队，组织团员青年、志愿者1.2万余人次广泛开展生态环保宣传、清洁河道、低碳出行、节水节电等主题实践活动300余次。二是积极参与农村卫生专项整治三年行动。印发《共青团毕节市委农村卫生专项整治三年行动志愿服务方案》，向全市团员青少年发出倡议书，并在各村组建"乡村振兴·青春闪光·亮丽家园"志愿服务队，深入村寨发放卫生宣传资料3万余册，开展环境卫生集中整治志愿服务上千次。

智力帮扶助推大扶贫。一是深化东西部协作。开展穗毕合作助力脱贫攻坚行动、开展"情系远山"双师课堂走进毕节公益教育帮扶行动、"穗毕同心"青年创业就业公益帮扶行动、"花城有爱　守护未来"未成年人保护公益行动、团干部公益培训行动、"健康直通车"志愿服务等六大公益帮扶行动，覆盖人数600余人。二是实施"千人计划"。2018年毕节市面向全国招募500名大学生志愿者从事脱贫攻坚工作，其中60%的岗位优先面向符合条件的市内建档立卡贫困家庭高校毕业生招募，解决了部分贫困家庭的就业问题。

【聚焦青年成长，坚持全方位关爱青少年，积极投身"大安全"】　注重阵地建设。加强青年之家维权阵地建设，全市共建成市级青年之家1个，县（区）级9个，乡镇（街道）级148个；各级青年之家根据城市和农村青少年在困难、需求等方面的差异，因地制宜地开展亲情连线、四点半学校、课外兴趣班、周末故事会、创业分享、摄影大家谈等活动。

加强平台建设。加强各级"12355"青少年服务台建设，发挥"12355"平台心理咨询和法律援助核心功能，组织专家及志愿者进校园、进社区，开展专场心理讲座、心理辅导等多种形式的青少年权益保护活动100多场次。

加强试点建设。开展双零社区创建，纳雍县作为全国"双零"社区建设试点，在社区青少年权益保护、思想引领方面取得明显成效，并获团中央试点建设费用。

加强服务载体建设。依托全市各县区、各学校以及脱贫攻坚青年工作站开展"花季护航——法治精神进校园""青少年禁毒预防教育"等活动100余次。10月9日，共青团中央权益工作交流座谈会在上海召开，黔西县作为唯一县级团委代表在会上做青少年权益保护工作交流发言。

【围绕党政要求，整合资源力量，积极投身"大发展"】　积极参与"五城同创"。积极开展创建文明城市、创建卫生城市、创建双拥模范城等工作，共报送85篇简报。在毕节市2018年全国文明城市测评网上申报工作中，共上报115张实景照片，16个说明报告。积极参与"厕所革命"。全力推进"厕所开放联盟"，助推文明城市创建，网络发布"厕所开放联盟"倡议书；全市参与"厕所开放联盟"的企事业单位、商户、餐馆等共计2000个。积极开展文明志愿服务。深化"文明交通周周行"志愿服务活动，组织各县区每个月开展至少一次文明交通志愿服务。截至年底，共开展36次文明交通志愿服务，400名志愿者参与其中。

【坚持党的领导，推进共青团改革和从严治团，以大党建”统领“大团建”】 夯实基础，推进基层团组织建设。一是夯实团的组织建设。通过联合建、挂靠建，全市新建街道团工委、机关企业团组织、驻外团组织、“两新”团组织共137个，联系青年社会组织247个。目前，全市乡镇、村居团组织1797个。二是充实团的工作力量。采取“专职、挂职、兼职”相结合的方式，推动配强县、乡、村三级团委班子成员。全市各级团组织共配备了专职613名；挂职19名；兼职2586名。三是筑实团的工作阵地。团市委以志愿服务工作为依托，在易地扶贫搬迁社区建立市级脱贫攻坚工作站10个，投入资金30万元。目前全市脱贫攻坚青年工作站147个，其中易地扶贫搬迁工作站43个。9月27日，全省易地扶贫搬迁安置点团建工作推进会在毕节市黔西召开。

对标对表，推进从严治团。一是从严发展团员。按照《关于做好2018年全市发展团员调控工作的通知》要求，严格入团程序标准，提高团员发展质量，严格执行发展团员编号制度，截至11月底共发展团员2.66万名。二是从严管理团的组织，推动落实和执行“三会两制一课”制度，按要求推动召开团支部大会、团支部委员会，团干部带头上团课300余次，召开组织生活会的团支部5397个，参与团员14.8万人，规范录入团中央“智慧团建系统”。三是从严管理团干部。举办青年马克思主义者培训班、市委党校主题班，培训团干部280人次。组织开展团干部基层大调研活动，团市委机关干部走访基层10余次，访谈青年350余人，解决实际困难12个。

统筹兼顾，推进共青团改革再出发。一是完成市县团委改革方案出台。《毕节共青团改革方案》印发后，及时召开共青团毕节市第二次代表大会。同时，将毕节共青团改革实施方案的落实情况纳入对各县（区）共青团目标考核。全市9个县区已全部出台了共青团改革方案。二是着力推进中学共青团改革工作。以学校党建带动团建，把团委建设成为团学组织的中心和枢纽，把学生会建设成为学生自我教育、自我管理、自我服务、自我监督的学生组织。中学共青团改革工作已基本完成。三是全面推进全市少先队改革。推动团教协作，团委、教育明确专人负责联系学校少先队工作，完善辅导员、总辅导员聘任制度，规范少代会召开程序，落实少先队辅导员待遇。同时，举办毕节市少先队辅导员示范培训班，全市共培训800余人；举办全市少先队辅导员风采大赛。四是着力推进青联换届工作。12月底筹备完成毕节市青年联合会换届工作。

（撰稿　张般培）

妇　联

【概述】 2018年，毕节市妇联以省委提出的坚持“三大主题”、建设“四个高地”、打造试验区改革发展升级版为统领，围绕市委“113攻坚战”战略部署，严格按照省妇联目标任务要求，全面深化妇联组织和妇联工作改革创新，团结并带领全市广大妇女积极投身试验区建设，求真务实、锐意进取，为试验区决胜脱贫攻坚、同步全面小康做出了积极贡献。

【以“大党建”统领全局，不断加强党的建设】 市妇联始终坚持把抓好“大党建”作为第一责任，齐心合力推进党的建设。一是深入学习党的十九大精神。市妇联认真组织学习党的十九大精神，深刻领会习近平新时代中国特色社会主义思想和习近平总书记在贵州代表团重要讲话精神以及对毕节试验区的重要批示指示精神。邀请党的十九大代表邓迎香对中共十九大精神进行宣讲；邀请市委党校曾美海讲师作《践行新思想　谱写新时代篇章》专题讲座；组织78名科级干部参加妇女干部培训班学习；将党的十九大精神作为党组中心组学习内容，按月召开党组中心组专题研讨会。二是持续开展“两学一做”学习教育。市妇联全面开展“两学一做”学习教育，通过收看电视直播党课、班子成员讲党课、专题学习、印发学习资料等形式，确保“两学一做”不走过场。组织干部职工认真学习习近平新时代中国特色社会主义思想，党的十九大精神、全国、全省“两会”精神等内容。市妇联开展专题学习13次，领导干部下基层讲党课1次；认真落实“三会一课”制度，按月开展“主题党日”活动。三是深入开展党风廉政建设。制定下发《毕节市妇联2018年党风廉政建设和反腐败工作要点》，组织干部职工开展常态化党风党纪教育，学习《中国共产党章程》《中国共产党党内监督条例》等相关政策法规，及时传达学习中国共产党第十九届中央纪律检查委员会第二次全体会议和二届市纪委三次全会精神。通过把反腐倡廉教育与家庭美德建设和未成年人思想道德建设结合起来，将反腐倡廉纳入家庭美德建设中，提高家庭成员拒腐防变意识，努力营造反腐倡廉的良好家庭氛围和社会环境。同时通过二届中共毕节市委第四轮第二巡察组进驻市妇联开展巡察工作，以及组织全体干部职工参观警示教育基地夯实廉政风险意识。四是贯彻落实中国妇女第十二次全国代表大会精神。精心组织全体干部职工学习贯彻中国妇女第十二次全国代表大会精神，通过妇女脱贫攻坚讲习所、妇女之家、娘子军宣讲团等载体，组织各县区妇联主席、乡镇妇联主席、机关妇委会等传达学习2800人次，在全市各级妇联组织和广大妇女中掀起学习贯彻中国妇女第十二次全国代表大会精神的热潮。

【加强思想引领、牢固树立四个意识】 （一）深入开展“明礼知耻·崇德向善在家庭”暨寻找“最美家庭”主题实践活动，注重家庭美德建设。一是建设好家庭。制定并下发《关于开展2018年“明礼知耻·崇德向善在家庭”主题实践活动的通知》，充分利用妇联微信公众平台、各类报纸、电视等媒体开展宣传活动。按规定推荐2户家庭为第十一届全国五好家庭；推荐2户家庭为全国“最美家庭”。推荐4户家庭申报省级“五好家庭”，4户家庭申报省级“最美家庭”，2户家庭申报“绿色环保最美家庭”。2018年评选出毕节市“最美家庭”20户，“五好家庭”26户，“家庭美德之星”9人。二是树立好家教。开展《贵州省未成年人家庭教育促进条例》宣传活动，组织基层妇联以脱贫攻坚为契机，进村入户向群众发放《贵州省未成年人家庭教育促进条例》、“好家风、好家训”等宣传资料8500份，弘扬全市良好家庭氛围。三是培育好家风。在全市开展“家书传家风·笺书寄初心”家书征集展示活动，征集选送20封家书推荐省妇联参加评选。四是推进家庭教育。挂牌成立毕节市家庭教育教育指导中心。

（二）深入开展“三个大兴”活动，切实提升工作实效。按照市委的安排部署，制定了《关于开展“大兴调查研究之风、大兴真抓实干之风、大兴勤俭节约之风”活动实施方案》。一是大兴调查研究之风。制定《毕节市妇联领导干部“大走访”暨扶贫慰问调研工作方案》，成立市妇联领导干部“大走访”暨扶贫慰问调研工作组。二是大兴真抓实干之风。制定《毕节市妇联“马上就办、真抓实干”专项整治活动实施方案》，成立市妇联“马上就办、真抓实干”领导小组，要求干部职工必须对照方案进行自查，推进机关作风转变，让真抓实干成为全体妇联干部的一种常态和责任。三是大兴勤俭节约之风。市妇联严格按照“四个更加”的要求，即各类会议活动更加简朴、公务接待更加规范、“三公”经费更加缩减、廉洁自律防线更加牢固。

（三）加强新闻宣传工作、提升妇联工作影响力。一是市妇联充分利用《毕节日报》、毕节电视台等媒体广泛宣传妇女典型和妇女工作。向贵州妇女网、毕节市人民政府网、《毕节日报》、毕节文明网、毕节电视台等媒体上传、投送稿件100余篇，编发妇女工作简报73期。完成毕节市妇女网站改版工作，建立网上妇女之家，有效拓宽了妇女网上反映诉求的渠道，各县区信息能够及时进行发布，截至目前共发布信息425条，市妇联微信关注人数达到1687人。二是严格按照中央、省、市文件要求，将意识形态工作纳入妇联工作要点和计划，要求全体党员领导干部严格按照“一岗双责”的要求抓好妇联系统意识形态工作，成立毕节市妇联系统意识形态工作领导小组，制定《毕节市妇联党组意识形态工作责任制的实施细则》。市妇联评选出2017年度毕节市“三八红旗手”135名，“三八红旗集体”20个。组织全市妇女干部撰写征文15篇参加市委宣传部开展的征文大赛。

（四）深入开展“五城同创”工作，推动改善全市人居环境。一是认真做好双拥工作。成立毕节市妇联双拥工作领导小组，完成年度工作计划，季度工作计划和小结，按时报送旬报。二是扎实开展创文工作。制定下发《毕节市妇联关于印发〈毕节市妇联“五城同创”工作方案〉的通知》（毕市妇通〔2018〕28号），深化文明家庭创建活动，推进领导干部廉洁家庭建设，要求有机构承担婚姻家庭辅导服务和妇女儿童权益保障工作，认真做好“创文”工作网上申报相关事宜。三是深入搞好创卫工作。将创卫工作重点任务分解落实到各部室，明确工作任务和目标。利用健康教育宣传栏等多种载体，广泛宣传创卫的重要作用，提高干部职工的知晓率和认可率。严格对单位办公区域内外环境卫生进行督查，发现问题及时进行处理，实现生活垃圾日产日清，无卫生死角。

（五）开展“打赢攻坚战、建设示范区，妇联怎么干”大讨论活动。制定下发了《毕节市妇联“打赢攻坚战、建设示范区，毕节怎么干”大讨论活动实施方案》（毕市妇通〔2018〕42号），成立市妇联大讨论活动工作领导小组。一是召开毕节市妇联“打赢攻坚战、建设示范区，妇女怎么干”大讨论活动暨启动会。二是开展党组理论学习中心组学习、专题讨论以及党支部主题党日活动。三是开展“打赢攻坚战、建设示范区，妇联怎么干”演讲比赛和征文活动。围绕如何带领广大妇女积极投身脱贫攻坚、投身建设贯彻新发展理念示范区开展大讨论。

【助力脱贫攻坚、促进创业就业】　（一）大力实施锦绣计划、提升锦绣计划品牌，促进妇女手工发展。一是开展妇女特色手工产业锦绣计划调研。毕节市妇联组建调研组，采取全面调研和重点调研相结合的方式，对县（区）妇女特色手工产业发展现状进行调研并形成调研报告1篇，领导干部撰写调研报告2篇。二是组织申报2018年省级锦绣计划项目。纳雍县猪场乡丽多姿民族蜡染刺绣部成功申报省级锦绣计划巧手脱贫基地，争取省妇联锦绣计划项目培训资金共计28万元。三是开展“五个一万”调查摸底，积极对接依文集团，制定《毕节市绣娘摸底情况统计表》进行统计。四是探索“互联网+妇女手工”的营销模式，协调中国妇女发展基金会携手唯品会，在织金县成立3个“唯爱·妈妈制造织金苗绣和蜡染合作社”。5月，唯品会与织金县签订年度蜡染1032.1万元的生产订单。五是探索“公司+基地+妇女”的发展模式，以织金县为创新工作模式试点，促进了妇女手工产业整寨、整村、整乡推进，集中连片进入市场。年底，织金县有贵州莫熙蜡染刺绣有限公司、贵州鸿达苗族蜡染刺绣公司、织金县官寨乡蔡群苗族蜡染刺绣有限公司等手工企业。

（二）深入开展“三女培训”，提升妇女就业技能水平，拓宽就业渠道。认真落实省扶贫办、省人社厅、省妇联《关于联合开展“三女培育”助推脱贫攻坚三年行动计划（2018—2020年）的实施意见》（黔扶办〔2018〕6号）要求，完成毕节市4900人的年度培训计划，努力培养一批农村妇女创业骨干、能手，让广大农村妇女学习有课堂、就业有技能、致富有门路，为实施“乡村振兴巾帼行动”打下坚实的人才基础。截至年底，各县区已完成培训人数共计2685人。

（三）迎战脱贫攻坚，提升巾帼示范基地创建水平。加强巾帼示范基地创建工作，组织申报全国、省级巾帼示范基地。百里杜鹃移山湖种养殖专业合作参加全国巾帼示范基地的评选。七星关区青场镇初都茶场等7家基地进行省级巾帼示范基地的申报。其中七星关区青场镇初都茶场、大方县群利益丰种植专业合作社、金沙县黔金源生态农业专业合作社三家基地荣获省级巾帼示范基地称号，每个县各获省级扶持资金3万元。

（四）组织开展岗位建新功活动，激励妇女争创一流业绩。深入开展巾帼文明岗创建活动，选树、宣传城乡妇女岗位建功的先进典型，开展2018年度贵州省城乡妇女岗位建功先进集体（个人）评选推荐工作。七星关区财政局债务股、大方县整治创建工作领导小组办公室等7个岗位荣获贵州省巾帼文明岗称号；刘淑芳、陈静等6人荣获贵州省巾帼建功标兵称号，大方县星宿乡妇联、织金县人民法院等5家单位荣获贵州省巾帼建功先进集体称号。做好省妇联“巾帼心向党 建功新时代”优秀女企业家和爱心企业推荐工作。毕节市推荐的卯昌书、吴祖仙等被评选为贵州省优秀女企业家、江苏省证券业协会被评选为关爱贵州妇女儿童十大爱心企业。

（五）实施“乡村振兴巾帼行动”，助力全市脱贫攻坚工作。在全市各级妇联系统中开展“乡村振兴巾帼行动”，制定下发《毕节市妇联开展“乡村振兴巾帼行动”实施方案》（毕市妇通〔2018〕16号）。通过举行庆“三八”暨“乡村振兴巾帼行动”“脱贫攻坚春风行动”启动仪式、组织召开“乡村振兴巾帼行动”暨“脱贫攻坚春风行动”工作推进会、扎实开展“三活动一评比”活动，组织动员广大农村妇女积极参与农村卫生整治、组织召开“乡村振兴巾帼行动”暨农村卫生整治工作推进会等系列活动推动工作落实。

（六）积极对接争取，做好广州对口帮扶工作。一是做好广州市妇联赴毕节调研工作。与广州市妇联开展扶贫对接工作，邀请广州妇联先后到七星关区长春堡镇清塘社区“春苗乐园”“心晴家园”，织金官寨乡妥裸村“唯爱工坊－妈妈制作”蔡群蜡染合作社实地调研。二是签订广州毕节两地妇联帮扶协议。广州市妇联、毕节市妇联共同签订了《广州市妇女联合会 毕节市妇女联合会 扶贫协作和对口帮扶合作框架协议》，双方就妇女就业创业、干部教育培训、儿童关爱保护、脱贫攻坚项目支持等方面的达成一致协议，加强两地妇女工作的交流与合作，助推毕节脱贫攻坚同步小康。三是开展“亲情相约·圆梦广州”关爱留守流动儿童夏令营活动。选派赫章县20名留守儿童和3名指导教师参加了广州市文明办、广州市妇联主办，广州市儿童活动中心承办的“亲情相约 圆梦广州”2018年第五期关爱留守流动儿童夏令营活动。

【抓好规划实施、加强妇女儿童维权】 （一）贯彻落实“两纲两规”工作。扎实推进《毕节市妇女发展规划（2016—2020年）》和《毕节市儿童发展规划（2016—2020年）》实施，完成2016—2017年分年度妇女儿童规划实施情况监测评报告和中期评估报告，确保各单位2018年妇女儿童规划各项目标任务有序推进。市妇儿工委办主动对接市考核办，争取市考核办指导和支持，向妇儿工委成员单位印发了《关于做好2018年毕节市妇女儿童规划目标任务的通知》《毕节市妇女儿童工作委员会办公室关于做好2016—2017年毕节市妇女儿童规划监测指标数据收集报送工作的通知》，收集整理妇女儿童规划监测指标数据，并报市统计局。并完成对各县（自治县、区）新一轮“两规”进行全覆盖专项督查。

（二）推进“平安家庭”创建工作。市妇联

下发《关于转发省妇联〈关于进一步加强“平安家庭”创建工作的通知〉的通知》及“平安家庭”创建考核评价标准，指导县（区）提升“平安家庭”创建工作水平，制定《毕节市妇联2018年联系乡（镇）综治及平安建设工作方案》，加强市妇联综治联系点工作督促指导，扎实有序推进联系乡（镇）综治及平安建设工作。

（三）深化“建设法治毕节·巾帼在行动”——维权服务进社区、进家庭、到身边“三八”维权活动。联合七星关区妇联，组织市、区妇女维权联席会议成员单位，在毕节市科技文化中心广场开展“建设法治毕节·巾帼在行动”2018年“三八”妇女维权周集中宣传活动，宣传男女平等基本国策、维护妇女儿童合法权益的法律法规和健康知识，为妇女提供法律咨询和健康义诊。全市共有29家单位和部门参加了宣传活动，活动共发放宣传资料2万余份，提供法律咨询30余人次。

（四）做好信访信息分析工作。毕节市妇联系统接待受理群众来电、来信、来访案件共计313件，处理313件，处理率达100%。同时，联合市司法局下发《关于转发〈关于联合开展贵州省法援在身边·巾帼在行动妇女法律援助行动的通知〉的通知》，做好妇女法援案例收集等工作。

【抓好妇联改革、夯实基层基础】 按照市委出台的《毕节市妇联改革工作方案》，加强市妇联改革，壮大妇联组织队伍，更好的服务广大妇女儿童。一是构架“区域视角”，织密妇联组织网络。全面完成3640个村（社区）“会改联”改建工作，每村选举1名主席2名副主席，执委15人左右，村（居）“两委”班子中的女性成员担任村（社区）妇联主席，把各行业女骨干、女能人、女带头人、女先进典型选进基层妇联组织，担任村（社区）妇联兼职副主席或执委。二是核定“改革标准”，壮大妇联基层力量。以省妇联改革方案和“三项任务”中有关精神为重点目标任务，以“五个百分之百”为要求，基层妇联改革达到“四个落实”，每个乡镇选举1名专职副主席，落实正股级待遇，进村“两委”的村（社区）妇联主席落实工资报酬，享受村干部副职待遇。三是激发“内生动力”，转变妇联工作方式。发挥妇联改革后各级执委、常委的作用，建立常委、执委联系贫困群众“四个一”（1名常委或执委要联系1名留守儿童、1名留守妇女、1户贫困家庭、办1件好事实事）制度和“四必访”（困难家庭必访、有矛盾家庭必访、鳏寡孤独必访、有外来家庭必访）制度，真正变“上面千条线、下面一根针”为“上面千条线、下面一张网、身边一个家”。

【关注民生实事、关爱妇女儿童】 （一）积极争取项目支持，凝聚力量助力脱贫攻坚。整合社会资源，争取243万元资金或物资为妇女儿童解决实际困难。一是实施农村妇女“两癌”救助项目，发放救助款195万元。二是争取“音乐之声”助学项目，资助黔西县400名留守儿童学生，三年共计发放48万元生活补助。三是争取“母亲水窖校园安全饮水”项目，分别是纳雍县2个，七星关区1个。四是在黔西县、纳雍县、威宁县、赫章县相继启动“儿童保护公益讲座课程开发项目”，开展“花蕾护航·女童保护”公益讲座活动，3000余名学生接受保护自己的防性侵教育。五是积极组织申报农村妇女“两癌”救助项目，全市共117人申报救助，审核符合条件的有109人。

（二）深入开展关爱活动，营造儿童成长良好氛围。一是开展“蒲公英行动——‘爱心妈妈（家长）’关爱留守儿童”活动。通过招募“三八红旗手”、十佳“贤妻”、十佳“慈母”、十佳“孝女”、女企业家等加入“爱心妈妈（家长）”队伍，采取“一对一”的形式开展帮扶活动。目前，全市“爱心妈妈（家长）”通过深入到帮扶点小学陪留守儿童过节，帮助孩子们解决学习、思想、身体及生活上的困难，让孩子们感受到“心有人爱、身有人护、难有人帮”。二是开展“六一”慰问活动。市妇儿工委办下发了《关于组织开展2018年“六一”儿童节庆祝活动的通知》，毕节市委、市政府、市政协领导分别赴纳雍县昆寨乡建新河小学、毕节五小、海子街小学、大方县东关乡恒大五小、威宁县玉龙镇玉龙小学慰问少年儿童。此次慰问活动，市妇儿工委办共提供价值10万余元的慰问金、书包和图书等学习用品，积极营造关注儿童发展的良好社会氛围。三是关爱困境儿童。市妇联建立维权解困资金，以多种形式关爱关注农村留守流动儿童、流浪儿童、重残重病儿童、孤儿及贫困家庭儿童等特殊困境儿童群体。2018年，慰问困境儿童7名，慰问金18000元。四是积极向贵州德馨关爱妇女儿童服务中心争取项目支持。中央财政支持社会组织项目——贵州德馨关爱妇女儿童服务中心社区留守儿童保护示范项目实施计划于9月7日、10月26日，在七星关区长春小学开展针对学生的儿童保护知识分享，家长及老师的儿童心理、卫生、法律、家教、亲子等保护知识讲座以及亲子阅读活动，并送去价值3万余元的书包、图书、防性侵手册等学习用品。参加学生及家长人数有1080人。

（三）深入联系点开展工作。一是认真开展党组织帮建社区和在职党员服务社区工作。春节期间到兰苑社区走访慰问困难群众10户，发放慰问物资价值3000余元；救助兰苑社区患病女学生安会荣5000元、复退军人井胜利5000元；“六一”期间看望慰问兰苑社区困难学生，发放慰问金2100元。二是有效推进驻村帮扶工作。按照规定选派干部到河山村驻村，多次深入河山村走访调研，详细了解河山村产业发展思路，实地查看该村水源分布、地理环境等，2018年划拨经费10万元，帮助河山村建立蔬菜基地1个，有效助力该村经济发展。资助3名建档立卡户考取二本的女大学生9000元。

（供稿：毕节市妇联）

残疾人事业

【概述】 2018年，市残联牢记嘱托、感恩奋进，坚持新发展理念、落实高质量发展要求，敢作敢为、善为善成，用残疾人事业的跨越式发展为打赢攻坚战、建设示范区作贡献。

【政治建设】 坚持全面从严治党，切实加强党对残联组织和残疾人工作的领导，严格落实第一责任人责任和“一岗双责”，引领干部职工旗帜鲜明讲政治，深化落实政治巡察新要求，以高度负责的态度、务实过硬的措施抓好市委第四轮巡察整改工作，以巡察整改为契机，进一步树牢“四个意识”、坚定“四个自信”，自觉把巡察整改作为践行“两个维护”的具体行动。

【思想建设】 坚决以习近平新时代中国特色社会主义思想为立身之本和行动指南，掀起学习贯彻中共十九大精神、新思想的热潮，多形式、全方位接受思想洗礼，在思想武装、盯紧导向、突出重点、改进作风、完善方法、能力提升、严守底线和氛围营造等八个方面抓落实作示范，巩固提升了政治意识和履职意识。

【组织建设】 6月25日至26日，召开毕节市残疾人联合会第二次代表大会，选举原毕节市人民政府副秘书长张春任市残联第二届主席团执行理事会理事长，上任理事长张永达改任市残联正县级干部。各县（区）残联换届选举于2018年5月完毕，金沙、纳雍两县残联理事长进行了调整。

【纪律作风建设】 严格履行党风廉政建设主体责任，坚持用好执纪监督“四种形态”，抓紧抓好关键岗位和重点人员，全力打造不想腐、不敢腐、不能腐的风清气正政治生态环境。坚持抓好作风建设，坚决反对形式主义、官僚主义，严格执行中央“八项规定”及其实施细则，严格落实整治利用茅台酒谋取私利工作要求，严管厚爱干部职工，全力营造同心同向干事创业的良好氛围。

【残疾人优惠政策体系建设】 9月3日，与市民政局和市卫生计生委员会联合印发《关于进一步加强全市残疾人证办理和管理使用工作的实施意见》（毕残联通〔2018〕17号），至年底，全市残疾人证办证率提升至71.4%，稳居全省第一。9月17日，与中国联合网络通信有限公司毕节市分公司联合印发《毕节市残疾人通信优惠实施方案》（毕残联通〔2018〕19号），开展“心手相牵，与沃同行”扶残助残信息消费优惠关爱行动，截至年底，为残疾人办理主卡9673张，副卡29282张，绝对数量位居全省第一，惠及近万户残疾家庭38955名残疾人及残疾人家属，每月可为其减少通信支出近80万元。2018年，还商请市人社、卫计等部门将“康复综合评定”等19项残疾人康复项目纳入基本医疗保险基金支付范围和新农合医疗保障范围。

【残疾人脱贫攻坚工作】 9月30日，在大方县召开全市按时打赢残疾人脱贫攻坚冲刺行动现场推进会，邀请自强残疾人代表、基层残疾人工作者和残疾人创业就业带头人参加并讲述励志创业事迹，请市扶贫、民政等部门解读残疾人扶贫政策，号召各级残工委立即发起残疾人脱贫攻坚冲刺行动，千斤重担大家挑，人人肩上有指标，切实做好残疾人脱贫的“火车头”。10月18日，印发《毕节市人民政府残疾人工作委员会关于印发〈关于按时打赢残疾人脱贫攻坚战冲刺行动的实施意见〉的通知》（毕残工委通〔2018〕7号），要求市政府残工委各成员单位认真落实政策兜底落实行动、创业就业扶贫行动、扶残助残行动、精准康复扶贫行动、教育培训行动、服务提升行动、住房改造扶贫行动和产业收益扶贫行动等八项行动。2018年全国扶贫日当天，市委、市政府举办“邀请您：为贫困家庭残疾人儿童捐出一份爱心，奉献一片真情”募捐活动，市四大班子带头，市直行政和企事业单位、中央和省驻毕有关单位、驻毕部队、市国有企业、金融系统、民营企业、社会组织等参加，市四大班子领导亲自带头捐赠，全市共为残疾儿童捐赠资金1600余万元。成功争取到广州市政府帮扶毕节贫困残疾人资金600万元，其中315万元用于帮助4500户残疾人家庭进行无障碍改造；220万元用于帮助110名残疾儿童进行康复训练，65万元用于帮助金海湖新区诚信家具藤艺厂建设可安置80名残疾人就业的贫困残疾人扶贫车间，并与广州市残联建立了联络机制，签订了对口帮扶框架协议，共同推动对口帮扶不断深化。各项举措的落实，帮助全市20379名贫困残疾人顺利脱贫。因残疾人脱贫攻坚成效显著，中国残联特别选定毕节市残联承办全国第二期残疾人脱贫攻坚工作培训班。培训班上，市残联二届主席团执行理事会向中国残联扶贫办领导和来自22个省，以及“三州三区”的110多名残联理事长介绍了毕节残疾朋友攻坚克难、脱贫致富的心得体会。

【残疾人社会保障】 2018年，全市成年重度残疾人全部纳入最低生活保障；发放困难残疾人生活补贴56158人，发放资金5228万元，重度残疾人护理补贴61176人，发放资金3240.14万元；困难残疾人社会保险个人缴费资助全面落实。市特殊教育学校在建，义务教育阶段残疾学生保障经费到位，残疾人或残疾人家庭子女大学新生资助最高达每生1万元。残疾人创业免税、残疾人创业就业示范点补助、盲人按摩院规范化建设、残疾人实用技术培训严格按规定执行。发放残疾人机动轮椅车燃油补贴917人，发放资金23.842万元。

【残疾人创业就业】 扶持创建残疾人创业就业示范点26个，扶持贫困家庭残疾人创业319户、扶持盲人按摩机构规范化建设50个，培训残疾人1629名，新增各类残疾人就业1480名。

【残疾人公共服务】 完成年度残疾人基本需求和服务状况动态更新工作，精准掌握36万余名残疾人现状和需求。32411名残疾人享受精准康复服务，精准康复服务率达78.92%，其中：为340名残疾儿童实施了听力、智力等康复训练，基本辅助器具适配率达79.6%。残疾人基本辅助器具配率达65.7%；19项残疾人康复项目纳入医疗报销范围。为4755户残疾人实施家庭无障碍改造。市级残疾人康复中心和托养中心初步验收，运营模式已探索出初步成果，各县残疾人托养中心已陆续竣工，康复中心正在争取立项。成功申报市一医、市三医作为残疾人驾驶定点体检机构，协调社会力量投资，在毕节平安驾校组建残疾人汽车驾训技术培训中心。

【残疾人文化体育】 10月30日，承办了中国残疾人艺术团“脱贫攻坚·共享芬芳”百县百场公益巡演走进毕节演出，残疾人艺术家们为毕节市人民表演了《千手观音》《化蝶》等曾为100多个国家和地区领导人表演过的精彩节目。组建代表团参加贵州省第六届残疾人运动会，获18金24银12铜，名列全省第五，比上一届残运会进步1名。组建代表团参加第六届贵州省残疾人职业技能竞赛，荣获3个第一名（文本处理、钩针编织和刺绣项目），1个第二名（盲人电脑操作项目），4个第三名（美发、蛋糕装饰、钩针编织和剪纸项目），以及2个第四名、2个第五名。其中，金牌总数获全省第二，奖牌总数和团体总分获全省第四。

【残疾人基层组织建设】 全市227个乡（镇、街道）3029个村（社区）已成立残联组织，配备乡镇残联专职委员221名，村（社区）残协专职委员2555名，并按乡（镇、街道）专职委员每月1470 ~2400元、村（社区）专职委员每月50 ~600元全部落实待遇。征收残保金8737.7069万元。政务中心残联窗口服务残疾人19472人次。

（供稿：毕节市残疾人联合会）

社科联

【概述】 2018年，毕节市社科联认真贯彻落实党的十九大及各级宣传部长会议精神，以习近平新时代中国特色社会主义思想为指导，紧紧围绕改革开放四十周年、毕节试验区成立三十周年及市委、市政府工作重点，组织和动员全市广大社科工作者，广泛开展社科理论研究和宣传普及工作，取得了明显成效，2018年度目标考核工作荣获一等奖。

【社科理论研究】 围绕中心，突出重点，理论研究取得新成效。一是组织开展2018年度社科理论课题征集，征集125项，立项60项，通过验收56项，在应用性研究方面有了新突破。二是开展“全市社科联系统纪念改革开放40周年及毕节试验区成立30周年理论研讨征文”活动，收到论文46篇，评出优秀论文17篇，提升了全市社科工作者参与社科理论研究的热情。三是积极践行“调查研究之风”，历时2个多月，深入全市10个县（区）的近70个乡镇120个村（社区）开展调研，完成《毕节市农业园区建设存在问题及对策》《毕节市城市养老机构建设调研报告》《毕节市乡镇干部思想现状调查》《毕节市社科事业发展30年的实践与探索》4篇调研报告，受到社会各界的好评。四是与贵州工程应用技术学院、毕节职业技术学院开展联合课题研究，立项23项，协助两校完成联合课题结题验收。五是向省社科联推荐招标课题和联合课题，立项1项，在参与省社科联课题研究中不缺位。六是召开“全市社科联系统学习习近平总书记‘7·18’重要指示精神暨深入实施‘文军扶贫’脱贫攻坚三年行动动员大会”，把全市社科联系统思想和行动统一到习近平总书记重要指示精神上来，坚决扛起“文军扶贫”的社科责任、全面凝聚“文军扶贫”的社科力量。七是组织开展“全市社科界‘打赢攻坚战、建设示范区，毕节怎么干’专题大讨论”，将社科理论工作者发言登载在《乌蒙论坛》、“毕节社会科学网”上。八是与毕节职业技术学院联合举办“第三届哲学社会科学智库名家·贵州学术年会暨教育扶贫论坛”，邀请智库专家围绕“教育与扶贫”作主旨演讲，从不同的视角探讨了教育与扶贫的关系、教育在扶贫中存在的问题、教育扶贫的路径选择。

【社科理论宣传】 与时俱进，注重特色，社科理论宣传得到新巩固。一是《乌蒙论坛》按时完成6期的编印、分发工作，共登载文章102篇，约计96万字；其中，结合改革开放40周年、毕节试验区成立30周年纪念活动推出了1期纪念特刊；在四封开设图片专栏，展示毕节试验区的建设成就及旅游资源。二是“毕节社会科学网”及时将《乌蒙论坛》所登文章和社科工作动态上传，收到了较好的传播作用。三是安排全市社科系统开展“万名干部下基层、十九大精神进万家”活动，上下联动，形成合力，宣讲党的十九大精神、全国两会精神、省委十二届三次全会精神和市委二届三次全会精神，全市社科联系统共宣讲近50场次，直接听众约6000人次，向干部群众宣传党的方针政策、解惑释疑。四是开展“乌蒙讲坛”“毕节市2018年社科宣传普及周”活动，组织社科专家围绕毕节试验区知识、农业产业结构调整、乡村振兴战略、依法行政等内容，深入贵州工程应用技术学院、七星关区德溪街道办事处、纳雍县羊场乡、织金县大平乡、金海湖新区双山镇、纳雍县猪场乡开展社科宣传普及活动。五是动员组织全市社科工作者加强对习近平总书记致2018中国国际大数据产业博览会贺信精神的理论研究，为实施大扶贫、大数据、大生态三大战略行动，决战脱贫攻坚、决胜同步小康提供理论支持。六是开展人文社科示范基地创建活动，授予织金县大平乡“乌江源苗族刺绣蜡染工作室”市级“人文社科示范基地”称号；积极向省社科联推荐省级人文社科示范基地，贵州工程应用技术学院荣获省级“人文社科示范基地”称号。

【社科成果转化】 发挥优势，集思广益，社科成果转化取得新收获。一是搭建社科专家直通市领导的沟通平台《决策参考》，将社科专家、学者撰写的《毕节试验区旅游业发展存在问题及对策建议》《毕节市限额以下工程项目存在问题及对策建议》《毕节市实体经济发展存在问题及对策建议》等文章编印9期，呈送市四大班子领导参阅，张集智市长对其中2期分别作了签批肯定。二是组织社科专家深入金海湖新区双山镇开展专题咨询活动，撰写了《双山镇木格社区乡村振兴咨询报告》，为全市实施乡村振兴战略解剖麻雀、探索试验。三是起草《新时代视域下毕节试验区发展管见》，分别参加试验区专家顾问组5月12日在北京召开的理论研讨会及省社科联、市委宣传部组织的征文活动，起到了较好的资政作用。四是编印社科读物《调研毕节——2018年毕节市社科理论研究课题选编》，分送各县（区）及市直各单位参考。

【社科学会管理】 加强协调，改进服务，学会工作取得新进步。一是在省社科联的支持下，毕节幼儿师范高等专科学校社科联挂牌成立，高校社科联工作又有新进展。二是会同省社科联深入贵州工程应用技术学院、毕节医学高等专科学校、毕节幼儿师范高等专科学校、毕节职业技术学院、大方县、纳雍县，就社科工作开展调研，为下一步开展好社科宣传研究工作理清了思路、找到了方向和结合点。三是加强与直属学会的联系和沟通，进一步摸清底数、掌握实情，协商指导市艺术摄影协会启动党支部建设工作。四是与市艺术摄影协会联合开展“摄影大讲堂”活动，通过“印象毕节”等微信平台，推介织金大平、纳雍羊场等乡镇的自然资源、风土人情、发展新貌，收到良好宣传效果，有效发挥了“文军扶贫”的独特作用。

【意识形态工作】 提高站位，履职尽责，意识形态工作得到新强化。根据各级党委关于加强意识形态工作的部署和要求，及时调整了意识形态工作领导小组，印发了年度工作计划，召开党组会进行专题研究，规范了有关工作；按规定在民主生活会对照检查材料、述职述廉报告等材料中重点反映意识形态工作，及时向市委宣传部报送半年、全年工作情况，使此项工作与其他工作同部署、同安排、同落实、同检查、同考核、同总结，真正做到思想上重视、行动上落实、措施上加强、效果上明显。

【其他工作】 统筹兼顾，团结协作，各项工作得到新加强。一是积极配合二届市委第四轮巡察第四巡察组对社科联开展的巡察工作。二是党风廉政建设工作按部就班、有序开展，“三重一大”及时研究报备，未发生违纪违规的人和事。三是“五城同创”工作有声有色，“创文”“创卫”有效推进，考核成绩稳中有升。四是驻村工作扎实推进，按要求选派驻村干部，力所能及帮助村解决一些困难和问题，开展“4321”联系户慰问、政策讲习等工作。五是“法治毕节”“平安毕节”建设、档案、机要、保密等工作有条不紊地开展。六是党支部进行了改选，夯实了力量，党支部工作有了新起色。社科联各项工作全面推进。

（供稿：毕节市社科联）

文 联

【概述】 2018年，在市委、市政府的坚强领导下，毕节市文联以习近平新时代中国特色社会主义思想为指导，深入学习贯彻党的十九大精神、省委十二届三次全会和市委二届二次三次全会精神，牢记文艺以人民为中心的宗旨，围绕中心、服务大局，为推动全市文艺事业发展作出了积极贡献。

【深入开展新思想学习教育】 毕节市文联将深入学习贯彻习近平新时代中国特色社会主义思想作为首要政治任务，举办了全市文联系统、市文联党支部专题培训班，深入学习领会习近平新时代中国特色社会主义思想、习近平文艺思想和习近平总书记对毕节试验区的重要批示精神，2次培训全市文联系统的文艺工作者代表及党员干部70余人次。市文联还积极选派党员干部、文艺家代表参加由中央、省、市主办的习近平新时代中国特色社会主义思想学习班，并把学习党章党规和中央、省、市重要文件、会议精神作为干部职工例会、党员活动的重要内容常抓不懈。通过学习，加强党对全市广大文艺工作者的政治思想引领，牢固树立以人民为中心的文艺观，进一步坚定“四个自信”、强化“四个意识”、坚定“两个维护”，团结带领广大文艺工作者积极践行社会主义核心价值观。

【全面加强社会组织党的建设】 认真贯彻落实《中共毕节市委组织部印发〈关于全市性行业协会商会与行政机关脱钩后党建工作管理体制调整的实施办法（试行）〉的通知（毕组通〔2018〕18号）》部署要求，把落实社会组织党建工作作为重要政治任务，以最坚决的态度、最有力的举措加强党对文艺工作的领导。在市直机关工委的指导下，成立了市文联联合党委，按照有关程序选举产生了第一届联合党委领导班子，由一名文联党组成员兼任党委书记，加强对协会党建工作的领导。同时，由联合党委批复成立了戏剧和曲艺家协会等4个单建和联建党支部，明确了支部书记，充实了党员人数，安排了党建工作计划，实现了文联下属社会组织党建工作的全覆盖。

【积极开展主题文艺创作】 2月至6月，举办了毕节试验区30年生态建设摄影采风创作活动，组织号召全市400余名摄影艺术家将镜头对准试验区的“青山绿水”，创作了摄影作品2236件，并运用活动成果，编辑出版了摄影画册《绿染黔西北》，为全市对外宣传展示工作提供优质文艺素材。6月至11月，举办了2018年“聚焦脱贫攻坚·共建美好家园”主题摄影创作采风活动，组织创作摄影作品523件，精选部分作品制作了11块展板送展全省“聚焦脱贫攻坚·共建美好家园”主题摄影展，展板数量、质量居全省第一，工作受到省文联、省摄协肯定。4月9日至10日，配合省文联在黔西县举办多彩贵州脱贫攻坚“春风行动”书画采风创作活动，邀请了来自中国书法家协会、中国美术家协会的12位文艺名家与80余名贵州文艺家共同深入基层进行采风创作，活动期间举办了三场书法培训教学活动、两场美术培训教学活动和三场创作采风活动。继续组织开展重大题材歌曲创作活动，完成歌词创作28首，完成谱曲21首，完成伴奏、小样制作18首，其中精心制作了《感恩歌》《索玛花开向太阳》《阳光雨露送春来》《拔出穷根栽富树》《海雀故事》《海雀走上幸福路》《十月阳光暖洋洋》7首站位准、水平高、能传唱的歌曲作品。市文联在组织实施重大题材歌曲创作时务实高效的工作作风，还获得了省文联主席欧阳黔森的签批表扬：“毕节文联实施迅速，值得称赞。对毕节文联的工作成效表示感谢！”

【开展“文军”扶贫帮建工作】 一是开展工作调研。结合全市“三个大兴”活动的部署安排，市文联党组班子带头，深入基层一线，先后56次到帮建点赫章安乐溪，赫章平山、织金县以及威宁县等地全面了解文化事业发展情况、“四在农家·美丽乡村”建设、意识形态工作、农村思想教育等工作情况，与当地干部群众共同谋划、出言献策。二是开展政策宣讲。党组班子成员亲自到驻村帮扶点花秋村，向帮扶对象宣讲中央、省、市重要会议精神，以及精准扶贫等方面的相关政策，鼓励他们树立信心，自力更生，大力发展产业，依靠自己的双手勤劳致富，争取早日脱贫。三是进行走访慰问。市文联积极制定了机关干部职工帮扶联系村、帮扶联系社区“4321”入户结对帮扶措施，明确由党组领导班子每人负责结对帮扶3户贫困户，各部室、中心负责人负责结对帮扶2户贫困户，一般干部职工每人负责结对帮扶1户贫困户。市文联12名干部职工共结对帮扶20户贫困户，并在节庆日期间进村入户，走访慰问贫困户，发放慰问金以及油、米等慰问品，为他们送去党的关心和温暖。四是强化帮扶措施。市文联作为群团组织，力所能及地帮助扶贫联系点花秋村解决问题，2018年，为村“两委”提供了1万元办公经费，为村贫困人员136人购买农村小额扶贫保险12240元。

【持久开展“深入生活、扎根人民”活动】 积极开展文艺惠民，推动“深入生活·扎根人民”主题实践活动常态化开展。元旦、春节期间，组织开展了2018年“我们的中国梦”——送文化进万家文艺惠民活动，系列活动共开展送春联活动5场，义写春联万余幅，送全家福活动2场，为老百姓拍摄照片60余张，受到了群众的一致好评。1月26日至28日，配合中国作协、省作协举办“到人民中去”红色文学轻骑兵活动，邀请中国作协高洪波副主席等一行三人深入省深度贫困县赫章县，为当地的百余名文学爱好者上了一堂别开生面的文学讲座。6月9日至11日，

“寻觅真经”公益书学堂走进毕节试验区活动，邀请到中国书法家协会会员、中国书协西部书界新秀系列书法研修班负责人张国朝到毕节，为毕节140名书法爱好者义务提供高水平的书法教学活动，活动反响强烈。9月19日，配合市委宣传部、市文明办在七星关区南山社区广场举办“我们的节日·中秋”集中示范活动，10月17日与市委宣传部、市文明办在七星关区南山社区广场共同举办“我们的节日·重阳”集中示范活动，参加活动的市民超过800人次，通过挖掘展示传统节日，内涵弘扬中华优秀传统文化，激发广大群众的爱国情怀，提高“创文”工作知晓率，为毕节市创建全国文明城市营造浓厚氛围。同时，不断加强文艺志愿服务机制建设，创新形式和内容，开展形式多样、内容丰富的文艺志愿服务项目，为文艺志愿服务常态化、制度化开展打下坚实基础。组织文艺志愿者在元旦、春节、中秋、重阳等节庆日到贫困村、社区、学校开展送春联、送全家福、文艺培训等文艺惠民活动59次，受到社会各界一致好评。

【精品力作不断涌现】 始终把文艺精品创作生产作为核心任务来抓，以举办征稿活动、展览、演出等艺术活动作为载体和手段，组织和带动全市艺术家及文艺工作者开展文艺作品创作生产。2018年，10月12日至15日在织金县组织举办了2018年全市小说创作研讨会，特邀《四川文学》副主编杨献平、《滇池》杂志副主编包倬和《山花》杂志编辑部主任李晁为全市50余名小说创作爱好者进行了小说创作培训。10月至12月举办毕节市第五届“弘扬我们的价值观·家家户户贴春联”原创征稿评选活动，利用春联这一有效载体宣传社会主义核心价值观，推进社会主义核心价值观进村入户、入脑入心，面向全市征集评选出了金榜春联10幅，银榜春联20幅，铜榜春联30幅，优秀春联50幅。9月至11月举办“图说我们的价值观”美术作品征集活动，征集评选出了优秀作品12件报送省文明办。5月至10月举办“祖国好·家乡美”中小学生书画主题创作活动，面向全市中小学生征集并评选出了书法优秀作品62件、美术优秀作品64件，引导中小学生热爱中华优秀传统文化，提高文化修养和审美能力，增强对核心价值观的认同度。2月至10月举办“奢香杯”系列文艺创作大赛，面向全国征集评选出了一批书法、摄影、音乐、美术、文学优秀作品，用于对外宣传展示大方县脱贫攻坚决胜全面小康、毕节试验区成立三十周年来取得的辉煌成就以及充分展示大方民族风情、人文景观。

积极引导全市艺术家及文艺工作者创作为人民抒情，为时代放歌，创作有筋骨、有道德、有温度、体现毕节精神、凝聚毕节力量的优秀作品，把最好的精神食粮奉献给广大人民群众，推动毕节试验区文艺事业繁荣发展。其中，由市文联党组书记、主席刘群峰担任总编剧，毕节市委宣传部、赫章县委宣传部与中国文联出版社合作筹拍，历时三年精心创作的电影《文朝荣》于7月28日正式全国上映，生动还原了贵州省毕节市赫章县海雀村党支部书记文朝荣的感人事迹，由国家一级导演张中伟担任导演，著名演员王洛勇出演男主人公文朝荣。电影上映后好评如潮，是毕节市文化事业发展中一项全新的、成功的实践成果，更为全国各地开展“不忘初心、牢记使命”学习教育活动提供了最生动、最有说服力的案例和教材。配合有关部门完成了以红军长征到毕节的主旋律电影《极度危机》拍摄和片头、片尾歌曲的创作制作，取得了良好效果。为宣传毕节市“五城同创”工作精心打造的童谣作品《十里青山入画来》，在全市中小学校推广传唱。曹永、岳红霞、舒泽林等人作品分别荣获第七届贵州省文艺奖各专业门类奖项，雷俊芝、陆远江分别荣获第五届“恒安杯”篆书隶书篆刻艺术大奖二等奖、三等奖，徐源作品荣获第二届“万年浦江·千年月泉”全球华语诗歌大赛金奖。

（撰稿：谢　欢）

科 协

【概述】 2018年，毕节市科协在市委、市政府的坚强领导和省科协的指导下，以习近平新时代中国特色社会主义思想为指导，深入学习贯彻落实党的十九大精神和习近平总书记对毕节试验区重要指示批示精神、毕节试验区建立三十周年座谈会精神、省委十二届三次全会、市委二届三次全会精神，紧紧围绕市委、市政府工作中心、服务大局，不忘初心、感恩奋进，勇于担当、主动作为，全面深化科协改革，努力做好服务科技工作者、服务创新驱动发展、服务公民科学素质提升、服务党委政府科学决策工作，全面加强科协组织建设，扎实推进科协各项工作开展。

【扎实推动全民科学素质纲要实施】 切实履行市《纲要》办和责任部门双重职责。认真组织实施《毕节市全民科学素质行动计划纲要实施方案(2016—2020年)》。及时安排部署工作。组织召开了毕节市全民科学素质工作领导小组第六次会议和领导小组成员单位联络员会议，冉霞副市长出席会议并讲话，对2017年工作进行了总结，对2018年工作进行了安排。完善科普基础设施。积极支持县（区）建设科技馆，黔西县科技馆已建成，即将投入使用；鼓励建设学校科技馆、科学工作室、青少年活动中心等科普活动阵地，目前已建成近200个并投入使用；创建并命名市级科普示范基地30个、科普教育基地23个、科普示范村11个、科普示范社区9个、科技教育特色学校15个。推进重点人群科学素质提升。组织科协干部对初任公务员开展提升公民科学素质专题培训3次，600余人参加了学习；以毕节市科技馆为阵地，开展“走进科技馆体验科学魅力”系列科普活动。拓展科技馆参观内容，增加了主题科普活动、科学小实验、科普剧表演、科普讲座、征文竞赛等活动，全年参加活动人数3万余人次，受益人数4000余人。组织参加全民科学素质网络知识竞赛。积极宣传动员群众参与，全市组织公众号参与竞赛人数19003人，APP参与竞赛人数430人，排名全省第二。“百万公众网络学习工程”活动成效明显。全市组织公众参加“百万公众网络学习工程”活动电脑端测试人数达70.7万人，名列全省第二，超额完成指标数17.6万人，测试次数达177万人次，名列全省第一。

【全力开展科普工作】 围绕毕节市经济社会发展新常态的需求，大力开展科普宣传、科普信息化、青少年科技教育等工作。科普宣传活动形式多样。以“三下乡”“科技活动周”、全国科技工作者日、全国科普日等重点科普活动为载体，组织开展科普宣传活动50余场，发放科普图书资料5万余本（册），展出科普展板450余块次，出动科普大篷车30余次，放映科普宣传片20余场，举办科普知识讲座（培训）30余场。组织“中国流动科技馆”在纳雍、织金、赫章三站点巡展，接待观众10万余人次。创新驱动助力工程（含双创）全面开展。制定了《毕节市科协创新驱动助力工程工作实施方案》，召开了市科协工作推进会安排部署工作。制作双创典型科技人物展板，进行巡展。全市科协系统组织开展活动20场次，2.7万余人次参加了活动。科普信息化建设多管齐下。大力推进“互联网+科普”，落实科普中国·百城千校万村行动，加强与媒体合作推进科普信息化建设。与毕节电视台联合开办《科普视窗》栏目，全年播放144期次；在《毕节日报》开设“创新发展·科普惠民”科普专栏，全年登载48期；与毕节新媒体中心合作注册“科普毕节”微信公众号，全年推送432条科普图文信息；在七星关区广播电台开办《科普毕节》栏目，全年播出96期，举办12期专家解读科学节目；运用抖音等新媒体向公众发布科普知识。新建“科普e站”59个，全市共建设“科普e站”162个，其中农村e站115个、社区e站19个、校园e站28个。举办了科普中国e站落地应用培训班1期，115人参加了培训，加强“科普e站”使用管理和成效跟踪。积极推动V视快递应用，推广运用科普中国平台资源，开展百城千校万村行动，组织科技人员和广大群众加入科普中国APP，获取科普中国知识和信息。青少年科普工作亮点纷呈。组织青少年参加全省青少年科技创新大赛，获各类参赛项目一等奖17项、二等奖62项、三等奖149项，优秀组织奖1项。组织12项作品参加全国青少年科技创新大赛，获三等奖3项、优秀创意奖6项，市科协获基层赛事优秀组织奖。组织参加省青少年机器人竞赛，获一等奖4个、二等奖5个、三等奖6个。参加全省、全国青少年科学影像节评选，获省级一等奖5项，二等奖4项，三等奖2项，获全国一等奖1项、二等奖1项、科学万花筒最佳作品奖1项、科学万花筒最佳单项奖1项。推选30名高中学生参加全国青少年高校科学营活动。组织开展2018年青少年科学调查体验活动，承办了“2018年贵州省青少年科学调查体验活动启动仪式暨骨干教师培训班”，来自全省各市（州）的100余名科技辅导员骨干教师参加了培训。征集42篇论文参加省青少年科技辅导员论文评选活动，获一等奖6篇、二等奖12篇、三等奖6篇。指导创作科普剧2个，参加贵州省第十一届“贵青杯”表演大赛获二等奖1个、三等奖1个、优秀组织奖1个。组织举办毕节市第六届青少年科技创新大赛。收到参赛作品877件，评选出各类参赛作品一等奖72项、二等奖107项、三等奖171项，优秀组织奖10个，优秀科技辅导员25名。反邪防邪工作持续推进。积极推动各县（区）成立反邪教协会，组织开展反邪防邪科普宣传30余场，发放宣传资料1.5万本（册）、物品2万个；邀请省反邪教协会专家赴毕开展反邪防邪知识专题讲座5场，近500人参加了学习；承办2018年贵州省反邪教协会秘书长培训班，来自全省各市（州）100余人参加了学习。

【科普基础建设进一步坚实】 强化基层科普组织和科普设施建设，夯实基层科普基础。积极组织申报实施科普项目。向中国科协申报实施“基层科普行动计划”项目14个，获资金210万元。向省科协申报实施科技致富“二传手”培训项目4个，获资金13万元。组织市级实施科技致富“二传手”培训项目6个，资助经费6万元。印发了《毕节市科协重点科学技术普及项目资助管理办法》和《毕节市科协重点学会学术建设项目资助管理办法》，组织实施市级科普项目56个，补助资金53万元；重点学会学术项目11个，资助经费10万元。加强基层科普组织和设施建设。制定了《毕节市2018年高校科协工作计划》，召开了毕节市高校科协建设推进会，指导成立毕节幼专科协，全市高校科协覆盖率达到了80%。指导成立了贵州七星关经济开发区科协，指导成立了贵州致福光谷投资管理公司、贵州德邦能源科技有限公司、贵州华凯农业科技有限公司等6家企业科协。积极推进科普教育（示范）体系建设，指导建设科普教育基地10个、科普示范基地10个。用好科技馆免费开放资金。合理安排争取到的中央财政免费开放资金150万元和财政配套资金25万元的使用，采购展品10件，配置安检、监控设施设备各1套，更新了4D影院技术设备。向空军总装备部争取到一架退役“强—5”强击机用于开展爱国主义和国防教育。农技协组织逐步建设壮大。积极推动基层农技协组织建设，实施科技致富“二传手”培训工程，向省科协申报实施科技致富“二传手”培训项目4个，获资助经费13万元。市科协组织实施科技致富“二传手”培训项目6个，资助经费6万元；组织开展银会合作项目，召开了工作推进会，与中国邮政储蓄银行毕节市分行签订了合作协议，推进银会合作项目实施。加强市级重点学会学术建设项目实施的指导工作。指导成立了毕节普通外科学分会、肿瘤学分会、胸痛中心联盟等6个学会，指导市反邪教协会召开理事会；举办了毕节普外科学分会学术交流会、消化和消化内镜学术交流会，在毕节胸痛中心联盟交流会上，中国胸痛中心认证工作委员会执行主任方唯一教授出席并作学术报告；指导成立了毕节市第一人民医院和贵州工程应用技术学院等2个院士专家工作站。

【宣传和信息工作扎实推进】 加强与媒体合作。共出资43万元与市有关新闻媒体合作，大力推广科普知识，宣传科协工作。利用多种方式开展宣传。邀请市内主要媒体和利用毕节市科协网站、《毕节科普》等对毕节市内有重要科研成果的10余名科技工作者的先进事迹进行宣传报道。制作毕节市创新创业典型事迹展板70余块，在青少年科技创新大赛，科普进农村、进校园、进社区等活动中进行巡展，全年巡展50余场。大力宣传科技助力精准扶贫工作。多次深入基层调研指导，开展走访调研、宣讲、讲习等30余场。组织召开2018年全国科技助力精准扶贫工作先进团队、先进个人评审推荐会，评选出先进团队2个和先进个人6名。加强信息报送。全市科协系统向省科协报送信息298条，获省科协网站采用128条，多彩贵州网采用2条。毕节市科协及威宁、大方、黔西、金沙、纳雍等5个县科协获省科协表彰为2018年度信息工作先进单位，王立、罗烨2人获省科协表彰为先进个人。

【积极为科技工作者服务】 在“全国科技工作者日”期间，组织召开了科技工作者座谈会，学习了省科协九大精神，征求了科技工作者意见建议，向全市科技工作者参与脱贫攻坚工作发出了倡议；组织人员陪同贵州电视台记者深入到威宁县科普示范基地对威宁县马铃薯研究团队采访；组织推荐参加科技助力精准扶贫先进团队和先进个人全国评选，获表彰先进团队1个、先进个人5名；组织推荐2人参加贵州省优秀科技工作者评选表彰；组织推荐参加贵州省科普工作先进集体和先进个人评选表彰，获先进集体4个，先进个人9名。

【服务基层发展提升】 认真开展科技助力精准扶贫工作。在抓好科协精准扶贫工作的基础上，重点为驻村帮扶联系点威宁县大街乡嘎基村协调争取扶贫项目9个，资金289.6万元，切实解决了群众出行难、饮水难、看病难、产业发展资金短缺等问题；帮助村支两委改善办公设备不足条件，为群众办事提供了便利。大力支持社区建设和“五城同创”工作。积极响应市委、市政府号召，大力支持城市社区建设和“五城同创”工作。向洪山街道桂花社区、市西街道松山社区、市东街道龙山社区资助7万元，支持发展建设。无偿为桂花社区提供700余平方米场地作为办公场所，资助科普示范社区项目1个（10万元），社区e站1个（1.5万元）。组织党员干部职工90多人次深入联系点开展志愿服务、“五城同创”、科普宣传等30余次。

【强化自身建设】 扎实推进毕节市科协系统深化改革工作。及时出台《毕节市科协系统深化改革实施方案》。2018年7月，市委办印发《毕节市科协系统深化改革实施方案》（毕委办字〔2018〕40号）。为落实好《方案》，12月组织召开了毕节市科学技术协会第一次代表大会。省科协党组书记、副主席张美圣，市委副书记张翊皓，市委常委、市委组织部部长石永忠，市委常委、市委宣传部部长何云江，市委常委、副市长王光友，市委常委、常务副市长吴东来，市委常委、副市长王鹏朝，市人大常委会党组副书记、副主任王炳荣，市人大常委会副主任杨海琰，市政府副市长王泉松，市政协副主席秦天志，省科协组织人事部部长田祖良等领导出席了会议，张美圣、张翊皓两位领导作讲话。会议选举产生毕节市科协第一届委员会、毕节市科协第一届常务委员会，选举了主席1名、副主席14名（专职2名、挂职2名、兼职10名）。

【表彰奖励情况】 2018年，毕节市科协工作得到了上级有关部门的肯定和表彰，获表彰为“第33届全国青少年科技创新大赛基层赛事”优秀组织奖、2018年全国科普日优秀组织单位、2018年全国科技助力精准扶贫工作先进团队、“第33届贵州省青少年科技创新大赛”优秀组织奖、“第二届‘科技馆杯’表演大赛”优秀组织奖、第十一届“贵青杯”优秀组织奖、贵州省科协系统2018年度信息工作先进单位、2018年度市（州）科协目标绩效考评一等奖、2018年毕节市绩效目标考评一等奖。《毕节市科协“五位一体”推进科普信息化建设》获省科协党组书记、副主席张美圣签字肯定。全国科普日期间与毕节医专联合开展的科普宣传活动荣获“2018年全国科普日优秀活动”表扬。

（撰稿：王立）

红十字会

【概述】 2018年，市红十字会以市委“113攻坚战”为统领，弘扬“人道、博爱、奉献”红十字精神，着力加强“基本、基层、基础”“廉洁自律能力、社会认知能力、社会公信能力、社会活动能力”三基四力建设，团结带领全市广大会员、志愿者聚力量、作贡献、留足迹，以苦干实干的精神状态，全面完成各项目标任务。

【募捐筹资】 在助力扶贫攻坚方面，充分发挥红十字会民间外交职责作用，利用感情筹资、关系筹资、项目筹资、网络筹资等形式募集善款。2018年全年募集款物1913.6728万元（其中获捐款1482.7011万元、捐物430.9717万元），使用94.35%款物（1805.5503万元）救助救治贫困群众，超额完成年初省会下达的目标任务，打破历史纪录，有力支持了精准扶贫工作，充分发挥了政府人道工作领域的助手作用。

【“博爱家园”项目建设】 积极向上级业务主管部门申报“博爱家园”建设项目，彰显红十字会政府人道领域的助手作用。2018年共争取“博爱家园”建设项目49个，其中：全国人大常委会副委员长、中国红十字会会长陈竺筹资2100余万元在大方县极贫村建设“同心博爱家园”的45个，贵州省红十字会拨款建设“博爱家园”项目4个（大方县羊场镇陇公村、黔西县林泉镇海子村、金沙县柳塘镇流塘村、织金县马场镇陈家寨村），通过省市县乡四级积极配合，圆满完成项目建设任务。大方在贫困村建设“博爱家园”项目，为“博爱家园”项目建设探索出符合地方实际的路子，为助力扶贫攻坚添砖加瓦。

【对外联络】 为拓展发展空间、拓宽工作范畴，助力精准扶贫，充分发挥红十字民间交流作用，积极促进爱心人士、爱心企业家捐赠款物救助贫困群众，促成广州、深圳红十字会和上海大丰基金会的主要领导赴毕捐款捐物。广州红十字会春节期间捐赠物资31.4117万元，设立“珠江缘”助学行动计划捐赠88.2万元，帮助115名困难学子就学；深圳红十字会捐款15万元救助贫困受灾群众和救治脑瘫患儿；与上海大丰基金会签署合作协议，以每年不少于117万元资金投入毕节市教育卫生事业发展，在未来3～6年内每年拟对毕节市贫困学生开展“珠江缘”助学行动、拟建“博爱校医室”5个、“未来教室”5个共计60个；联系深圳市宝瑞医疗器械有限公司捐赠市一医价值44万元的急性透析和体外血液治疗机投入重症医疗科使用。

【社会救助】 2018年筹集款物232.5334万元（接受捐款144.12万元，接受捐物88.4134万元），开展“春节博爱送万家”活动、慰问贫困家庭2480户，开展贫困助学活动、救助贫困学生433名，救助大病患者69名，救助遭受洪涝冰雹灾害的贫困群众910户。认真做好“小天使”基金、“爱爱”基金等专项救助工作，登记上报小天使、天使阳光基金申请16人份，8名患儿获得救助，获得救助金共计25万元；审批发放“爱爱”基金26.15万元救助大病患者60名，通过政府网站公示，接受社会监督。

【救护培训】 以“5·8”“5·12”“6·14”等重大节假日为载体，在街道、学校、乡村、社区开展公益性救护知识培训；联合市安监局、教育局、市委党校等单位，将公益性救护培训工作推向学校、社区、工矿企业，要求各县（区）主动联系相关部门积极开展救护培训工作，并派出毕节市红十字会应急救护师资12人前往广州市红十字会培训。全年共举办救护知识讲座培训32期、培训人数16766人，开展应急救护知识宣传活动13场次，宣传普及8930人次；举办防灾避险宣传活动9场次、防灾避险知识竞赛12场次、防灾避险演练3场次，参与人数7230人。

【救灾备灾】 根据《贵州省红十字会应急救援预案》适时修订本级预案，启动应急预案，积极投入抗洪救灾工作，按时上报灾情。加强应急值班，实行节假日24小时值班制度，及时有效上报灾情。依法依规做好应急准备和救援工作。及时清理暂存仓库的救灾备灾物资。积极建言献策，通过市政协向市委、市政府提出《关于加强全民应急救护知识普及培训的提案》，受到市政府高度重视，责成有关部门对该提案认真研究落实。在黔西县组织的全市应急救护、防灾避险演练观摩会得到市政府应急办的充分肯定，也为各县（区）开展此项工作做出了示范。

【无偿献血】 借助重大节日庆典这个载体，制作宣传专栏、宣传资料组织会员和志愿者进学校、社区、乡村和学校积极依法开展宣传发放宣传；主动与宣传部门联系，将红十字核心业务纳入“送文化下乡百场演艺”活动进行宣传，全年共计发宣传资料2万余份，招募无偿献血志愿者25563余人，献血量高达7694700毫升，为全市实现临床用血100%来自无偿献血的目标做出了贡献。

【造血干细胞和人体器官遗体捐献】 召开2018年业务培训专题工作会议，学习《贵州省器官捐献管理条例》及造血干细胞志愿捐献的相关知识，安排部署2018年干细胞及器官遗体捐献工作。通过制作宣传展板、播放公益宣传片等，充分利用新闻媒体大力宣传红十字“人道、博爱、奉献”的精神和造血干细胞相关知识，组织志愿者走进大中职院校、社区农村举办造血干细胞相关知识讲座。特别是联合市老干局及毕节的各种新闻媒体对老干部秦芝玲器官捐献事迹进行追踪报道，将老干部秦芝玲的高尚善举向社会各界传播，受到广大人民群众的广泛关注和赞扬，也宣传了“三救三献”工作和红十字精神，提升了红十字会的知名度。2018年开展造血干细胞知识宣传11场次，募造血干细胞捐献志愿者326人，静思期回访后最终合格录入系统志愿者315人，把好捐献工作源头，要求对血液标本严格保存运送，保证标本质量。开展人体器官捐献宣传活动10余场次，动员系统报名登记器官捐献志愿者182人。

【红十字宣传】 宣传工作是红十字会核心业务工作之一，宣传“人道、博爱、奉献”的红十字精神、传递社会正能量是市红十字会职责所在。一是坚持在每年“5·8”世界红十字日期间，开展了丰富多彩的纪念活动，发放《中华人民共和国红十字会法》和《中华人民共和国红十字标志使用办法》《中国红十字会章程》读本及传染病预防、抗洪救灾、抗震救灾的避险知识1万余份。累计书写大幅标语20幅，宣传展板5个，出动宣传车辆10余台次，100余名医师开展了义诊，就诊人数1830人。二是世界献血日、预防艾滋病日等节日，组织志愿者在辖区主要街头设立宣传咨询点，举办防艾知识抢答赛，向过往群众宣传《中华人民共和国献血法》及捐献造血干细胞科普知识、预防艾滋病等知识的宣传，邀请了市县广播电视台进行现场采访和报道。累计发放宣传资料1万余份，免费诊治5000余人次，义务咨询3000余人。其中，七星关区在超市、机场、车站设置募捐箱，既在公共场所提升红十字的知名度，又给创建文明城市增光添彩。

【组织建设】 与教育部门联合在中学以上建立红十字会基层组织，有效延伸红十字会组织链。2018年新建红十字基层组织146个，发展团体会员单位17个，招募红十字会会员12415名，红十字志愿者2158名。借助卫生服务中心站所建立红十字社区服务站，搭建红十字社区服务平台。在养老院、福利院建立志愿服务基地，为红十字志愿提供服务场所。

【红十字青少年】 配合各学校认真地开展宣传国际人道法和红十字运动基本知识，进行“人道、博爱、奉献”的红十字精神教育和健康教育的红十字活动。认真贯彻落实《中国红十字会关于贯彻学校红十字工作规则的实施意见》文件精神，结合素质教育，大力宣传《中华人民共和国红十字会法》，传播红十字运动基本原则和人道主义。组织大中专、中学生进入社区、学校、农村针对留守儿童开展谈心、辅导、做游戏等，帮助引导留守摆脱孤独不合群的坏习惯。带领青少年学生进入养老院和福利院，帮助老人和孤残儿童清洗衣物，培养青少年树立人道、博爱、奉献的善良之心，为社会传递正能量。

【加强党的领导，完善组织机构】 结合省委、市委要求和党风廉政、从严治党等工作主动开展了“强化工作作风、提升精气神”的主题活动，整治“庸、懒、散、慢”现象，遏制形式主义、官僚主义、不严不实、弄虚作假、怠慢轻视不敢担当、不敢作为的行为，收到一定效果。在市委、市政府的关心支持下，省红十字会倾力帮助下，市委组织部组成由组织部、纪检监察委和毕节市红十字会的干部考察组，对两名副科级干部按照规定程序进行考察，提拔任用为正科级干部。同时，为加强党的领导和组织建设工作，市委常委会研究决定成立市红十字会党组，完善了市红十字会组织机构，为促进红十字事业的健康发展提供了组织保障。

（撰稿：李洪龙）

军事

毕节军分区

【**概述**】 2018年，毕节军分区全面深入学习贯彻党的十九大精神，以习近平新时代中国特色社会主义思想和习近平强军思想为指导，按照省军区党委首长部署要求、毕节市委指示安排和军分区党委“举旗铸魂讲政治、聚焦主业抓备战、创新驱动谋发展、依法从严打基础”的工作思路，突出在“深”“实”“稳”上下功夫，团结带领全区官兵、文职人员、职工和民兵奋力拼搏、锐意进取，开拓创新、务实工作，军分区部队和国防后备力量建设创新发展、科学发展，全面建设持续进步。

【**始终围绕学习贯彻中共十九大精神这条主线，牢牢把住部队建设的政治方向不偏移**】 一是看齐追随正方向。按照“兴起热潮，走在前列”的要求，认真组织四个季度党委机关理论学习和党课教育，原原本本学习党的十九大精神、习近平新时代中国特色社会主义思想和习近平强军思想，认真研学习主席在党的十九届一中、二中、三中全会、全国人大军队代表团座谈会、中央军委党的建设会议、政策制度改革工作会议、庆祝改革开放40周年大会等所作的系列重要讲话，把学习活动与彻底肃清郭、徐、房、张流毒影响结合起来，组织开展全区纪律专题教育，准确理解《中国共产党章程》《准则》《条例》等精髓要义，严肃党内政治生活，深入开展思想和组织清理，推动痼疾隐患起底根除。二是铸魂育人聚心气。认真开展“不忘初心、牢记使命”和“传承红色基因、担当强军重任”两项重大教育，拍摄红色故事短片《同行》，支持出版红色故事小说《磅礴乌蒙》《转战乌蒙》，到“鸡鸣三省”会议会址开展“听红色故事、传承红军精神、投身强军实践”主题活动，组织学习“时代楷模”王继才、“红军传人”井冈山人武部等先进典型，利用国庆节升国旗、清明节祭扫、烈士纪念日纪念活动进行仪式教育。常委带头上党课，每人每月到党小组过组织生活均在2次以上，带头思考研究现实问题，各级在各类报刊媒体发表政研文章63篇，战区以上新闻媒体用稿30篇，通讯《别有一番幸福在心头》被军报采用。三是紧贴形势抓管控。广泛开展“做时代新人、当强军先锋”群众主体实践活动，结合纪念改革开放40周年和毕节试验区建立30周年，组织官兵参观毕节试验区成就展，深入学习习近平总书记对贵州、对毕节重要指示批示，积极投身“打赢攻坚战、建设示范区”实践活动。认真组织中央军委军事政策制度改革专题教育和文职人员政策教育，加强互联网舆情管控，确保官兵政治坚定、思想稳定，“四个意识”不断强化，“两个维护”更加坚定。

【始终突出军事斗争准备这个核心，聚力夯实备战打仗的建设基础不动摇】 一是战备基础不断夯实。深入贯彻《战备工作条例》，常态化开展战备值班培训和督导检查，持续规范战备工作秩序，深入开展备战打仗专题调查研究和纠治和平积弊专题教育，及时修订军分区本级作战方案、非战争军事行动预案，组织全区预案集中会审，同步参加省军区战役集训。军分区坚持每半年组织一次军地情报信息分析研判，师团两级坚持每季度组织一次战备演练。着力规范“三室两库”建设，投入经费完成作战室改造，充实各类战备物资器材，统筹推进市县两级军事训练基地建设，基本解决军事训练基础性保障问题，初步探索军事训练监管系统试点和应急指挥通信建设，新建30米×2蛇形跑训练场、采购军事体育训练智能考核系统。持续抓好机要密码通信、密码装备管理和信息化密码保障，常态化组织视频会议系统、北斗手持机、无线电台等试线互通，始终确保军令政令高效畅通；加强要讯编撰工作，全年在省军区要讯上稿56篇。二是军事训练成效明显。坚决贯彻习近平主席号令，严格落实党委议战议训各项制度，坚持班子成员带头参训、首长机关军事训练每月一考。在全省率先组织教学骨干集训，编制教案30余份，着力解决组训骨干缺乏难题。突出“体能、技能”重点，认真组织首长机关基础体能、基础理论、识图用图、想定作业、轻武器操作与使用等训练，参训率达90%以上。突出民兵应急力量训练、统筹工程抢修等专业力量训练、兼顾情报信息网特殊力量训练，保质保量完成民兵军事训练任务。按照“训全对象、练全内容、比全课目”的要求，从7月初至11月上旬，历时4个月，分层分级组织新时代群众性练兵比武活动，持续兴起大抓军事训练热潮。突出全区军训骨干资质认证、教育管理和预编储备，合理错峰组织、全程跟踪督导，规范完成全市9.29万名学生军训任务。三是民兵调整改革推进有力。适应民兵调整改革新形势，充分借鉴省军区铜仁试点成果，突出“七率”标准和“八项重点工作”规范狠抓民兵调整改革，主动协调市委、市政府联合部署本级任务，隆重举行市民兵应急营集中点验暨授旗授牌仪式。集中组织整组业务培训和数据会审，常委分片包干，组成联合工作组按比例对8个人武部、42个乡镇基层武装部进行检查验收，并以迎接上级检查考评为契机，对照检查标准，逐项查缺补漏、逐点整改提高，高标准完成民兵调整改革检查考评任务，得到省军区工作组充分肯定。目前，全市基干民兵集中点验到点率85%以上，党员占比32.96%；营（连）党组织和各级干部均建立健全。

【始终聚焦国防动员建设这项主业，持续推进国

防建设的源头工程不放松】 一是强化动员机制抓指导。及时调整健全市国动委各专业办公室人员，组织学习贯彻《贵州省国防动员建设“十三五”规划》，制定印发了《毕节市国防动员规划(2018—2020)》。按时完成全市国防动员潜力调查，摸清了全市动员潜力现状，完善了国防动员数据库。二是突出阵地建设打基础。针对基层武装部和专武干部队伍建设现实短板，制定“普遍打基础、集中抓重点、针对性提高”的基层武装工作指导思路和“分片集训、定期轮训、个别专训”的专武干部组训方式。指导威宁县人武部在海边街道办事处开展了基层人民武装部规范化建设试点工作。上、下半年两次组织共126名新任职专武部长参加省级和本级集训，较好解决了基层专武干部“认识不够、业务不熟、能力不足”等问题，专武干部履职能力有效提升。组织编印下发《国防动员理论及法规》《专武干部法规文件汇编》《民兵组织整顿工作手册》《兵役登记工作的组织与实施》等一系列法规文件和学习资料，让基层专武干部学有教材、干有依据。三是围绕“五率”指标抓征兵。坚决落实“一季征兵，四季准备”要求，狠抓平时征兵准备，广泛开展征兵宣传进高校和广场征兵宣传活动，认真开展征兵业务培训，按要求抓实征兵体检站设置和信息化体检管理系统使用，贯穿全年落实廉洁征兵“零报告”和廉洁征兵监督员巡查等制度。及时调整征兵工作领导小组，将市督办督查局纳入领导小组成员单位，投入20余万元整合新兴媒体和传统手段开展精准推送和全覆盖宣传，督导5所高校落实大学生征集主体责任，采取签订责任书、全员体检复查、新兵役前训练等方式狠抓征集全过程管控，有效提升了兵员征集的质量，受到省征办领导的高度好评，实现了“五率”考评总评优秀的预期目标。

【始终突出集约高效保障打赢这个“目标”，紧紧扭住后装综合保障质效提升不松劲】 着眼军队改革新要求，在保障打赢、推动转型、规范秩序上持续用力。一是扎实搞好服务保障。修订完善各类后装战备方案预案，及时补充后勤战备物资器材。围绕备战打仗科学编制年度经费预算，完善财务管理规定，规范公务接待管理，集中财力保障战备训练落实。严格落实党委理财和财务集中办公制度，坚持每季度组织一次全区财务集中办公和业务培训，逐一对8个人武部开展财务执法检查。二是严格规范保障秩序。统筹抓好武器装备管理，严格落实住库值班、警戒巡逻、维护保养等制度，推进武器装备仓库综合整治；按计划圆满完成年度报废弹药调运工作。完成全区车辆装备安全环保检测和驾驶员年度审验及驾驶证换发，集中组织全区官兵和非现役人员健康体检。三是狠抓重点问题整改。积极接受中央军委审计署驻南部战区审计局对军分区党委班子成员经济责任审计回访，扎实开展生活费审计问题整改工作，完成第二代军人保障卡换发工作。持续推进师职以下干部住房超面积清理整治，对10户重点清理对象采取点对点入户宣传，分类分组进行重点攻关；认真开展全区公寓住房核查摸底和停止有偿服务工作“回头看”，组织对停偿收回门面房进行清理整治。厉行勤俭节约，因地制宜组织官兵职工有效搞好农副业生产，完成营院安保、卫生绿化等物业服务外包工作。

【始终突出全面从严治党这个主责，着力营造风清气正的政治生态不失位】 一是坚持把纪律规矩挺在前。始终把肃清郭、徐流毒影响作为落实全军古田政工会“下篇文章”的重要抓手，作为党委的重大政治责任。利用主题教育、理论学习、组织生活等时机，深入推进十九届三中全会、中纪委十九届二次全会、军纪委扩大会议和军委党的建设会议精神的学习贯彻，扎实开展以张阳、房峰辉为反面教材专题教育活动，组织党员干部认真学习党章党纪党规，利用上级通报的典型案例借锤敲钟，强力推进思想清理组织清理，推动痼疾隐患起底根除。二是坚持把为官理政记心上。面对过去遗留的历史问题、不合时宜的陈旧习气，始终坚持新官理旧账，坚持党委敢为、领导有为、主官亲为，深入开展纠正“形式主义、官僚主义”问题清单，盯住一个个具体问题，以钉钉子的精神，一锤接着一锤敲，一环扣着一环抓。军分区本级对外有偿服务项目关停、地方领导借住公寓房、超面积经适房清理整治等工作正有力有序推进。三是坚持把责任压力传导到底。领导干部坚持上党课，认真落实党的纪律教育，压紧压实“两个责任”。从主要领导做起，常委带头，严格按标准退回违规发放的通信费、粮差补助等款项，向部队和官兵传递了正风肃纪、从严执纪的正能量。认真贯彻落实民主集中制原则，组织师团两级党委召开民主生活会，采取“个人讲、大家评、逐个过”的办法，扎实开展批评与自我批评，党委民主生活会开出了党味、开出了辣味，开出了新认识、开出了凝聚力、开出了精气神。

【始终坚持全面依法治军这条准则，坚决守住安全稳定的高压底线不松懈】 一是着眼开局之年抓统揽。专题召开会议学习习主席、军委首长关于抓好安全稳定的指示要求和军委国防动员部、省军区安全形势分析会议精神，党委常委集中议训议管，坚持每季度召开一次安全稳定电视会议讲评部署安全工作，切实把各级思想和行动统一到上级决策部署上来，及时调整成立领导小组，层层定人定岗定责，压茬推进安全稳定工作落实，以严格管理促进任务完成。二是紧贴形势任务抓排查。团以上单位党委、基层分队专题召开安全形势分析会议，分析官兵思想“困惑点”、安全稳定“矛盾点”、大项任务“风险点”，梳理形成思想行为稳控、车辆使用管理、仓库安全整治、手机网络管理、军营管理秩序、刚性制度落实等需重点关注的6类问题倾向，准确定位安全工作的薄弱点和发力点。围绕省军区明确的8个风险要点，结合军分区形势任务，分类量化规范评估要素和流程，按照“摸底数、系统评、集中审、综合治”的步骤，逐级拉单列表，确立27个风险隐患点，及时制定整改措施，确保点准要害、归零隐患。以军委国防动员部《安全工作检查考评暂行细则》为基本依据，突出民兵武器装备仓库管理、军事训练安全、大项任务安全、车辆管理等9个方面重点，分片包干负责，一线督导落实。三是扭住要点关节固根基。扎实开展“贯彻落实新条令、塑造军队好样子”活动，编印《习主席关于依法治军从严治军重要论述摘编》《条令法规知识题库》，组织开展全区条令知识大赛，教知会、强意识、增素质、严作风。认真落实“三个一线”集训精神，研究制定一个规划、一个手册、两个规范，从一日生活、值班执勤、办公保密等方面着手，严格规范运行秩序和日常养成。组织开展“百日安全活动”，突出个别人排查和重要岗位政治考核规范等关键要素，突出军事训练评比性考核、报废弹药调运销毁等大项任务动态安全监管，突出八小时以外和春节、两会、国庆等重点时节，建立视频抽查、机关督查、明察暗访“三位一体”检查制度，采取不打招呼、直指末端、回头问效的方式，对条令末端执行情况进行检查通报，促进管理工作目标化、责任化、制度化。

【始终牢记全心全意为人民服务这个宗旨，积极投身支援地方经济社会建设不含糊】 一是精准实施脱贫攻坚。按照帮扶一个乡（镇）、脱贫一个村（组）、带动一片农户、不掉一名群众的既定目标，扎实抓好“12345”工程的末端精准落实。全区各级累计投入、协调扶贫款项6000余万元开展定点帮扶，确定的帮扶联系点（18个贫困村、9个乡镇卫生院、9所学校、12个帮扶项目）各项工作成效明显，已脱贫5个村，年底前将再实现2个村脱贫，5个重点帮扶项目全部通过验收，黔西县人武部帮扶的定新乡顺利通过国务院指定的第三方检查评估。二是精细开展讲习活动。依托、借助、融入新时代农民（市民）讲习所这个主阵地，深入开展“百团万人”、新时代“富国强军”讲习，全区9个宣讲团宣讲近千场次，直接受众10万余人，自购、编印下发《习近平谈治国理政》《习近平新时代中国特色社会主义思想数字小读本》等图书资料2万余册，纳雍县人武部的“云上讲习”微信公众平台、“百首民族民间山歌”宣讲等做法被《中国国防报》头版头条刊载，金沙县人武部党委被贵州省委表彰为全省脱贫攻坚先进党组织。三是完善培塑双拥机制。以“五城同创”为载体，拉单列项，统筹推进参建参治各项工作落实落地，争创全国双拥模范城各项指标连续四个季度考核满分；以“让军人成为全社会尊崇的职业”为契机，协调军地推动各种拥军优属政策落实，鼓励复退军人成为就业创业带头人，带动贫困群众脱贫致富，培塑了大方县退役军人杨华、赫章县退役军人村支书文长江等一批脱贫致富带头人。四是开发利用红色资源。积极协调市政府对红色资源进行梳理核实、挖掘保护，重点组织参与鸡鸣三省会议旧址、枪杆岩红色旅游区、哲庄坝红军战斗遗址等保护开发。抓好以成建制组织民兵植树造林为重点的“四项工作”，积极支援地方经济社会建设。五是协助地方排忧解难。开展“清网”专项行动和营区周边治安环境综合整治，打击涉军造假违法犯罪专项行动，深入推进平安毕节创建活动，稳妥处理接访和上级转办的信访事件10起。积极参与地方森林灭火、抗凝防冻、联防联治、安保执勤、警卫看守等应急任务65次，累计出动民兵预备役人员18745人次、车辆（装备）112辆（台、套）次。

（撰稿：汤　伟）

武警毕节市支队

【概述】　2018年，支队紧紧围绕学习贯彻中共十九大精神这条主线，坚持以习近平主席训词训令为指引，认真把握总队党委“五四三二一”抓建体系，全面培育“务实创业、求实创新、严实创优”团队作风，推动思维观念更新转变，确保了任务圆满完成，厚实了基层基础底蕴，实现了内部高度稳定，促进了全面建设稳中有进。

【政治引领】　支队始终以强军思想建队育人作为新时代部队建设的主题，持续贯彻，推动践行。一是在强军思想学习上求深。围绕总队“主席的话儿记心上”活动，积极探索政治教育日“三分制”，运用党委中心组带头、理论小骨干解读、党员微课堂深化、群众互助组促进，坚持把理论武装融入党委学习、融入政治教育、融入组织生活、融入文化活动，促进学习强军思想形成机制、形成常态、形成氛围。突出把书记带头领学、加强班子组学、牵引官兵群学作为重要环节，自主研发理论学习手机APP软件，开设系列讲话、学思践悟、网上史馆、红色文化、训练要点等板块专栏，通过定期组织网上征文、开展理论闯关排名、动态更新讲话、借助新兴网络媒介等形式，积极推进理论学习大众化普及化。二是在抓好主题教育上求实。认真落实总队“1+6”月课教育体系，定期组织政工例会、指导员之家、“四会”教员评比，采取“支队大课强化、中队小课细化、班排讨论消化、配合活动深化、岗位实践转化”五步法，既安排领导干部、优秀教员授课，又安排中队长、班排长、士兵理论骨干走上讲台，体系化教育格局逐步形成。配合开展“读红色书籍、看红色影视、上红色网站、唱红色歌曲、做红色传人”五红活动，活用“讲好红色故事”载体，采取“请进来讲、走出去看”的方式，组织官兵到驻地战斗遗址、纪念场馆参观感悟，不断深化教育实效。三是在丰富文化生活上求新。围绕打造具有支队特色的强军文化，抓实文化活动“四有”传承，投入100余万元分批推进机关、基层政治文化环境建设，改造基层游艺室、健身房，充分用好军营小广播，探索组建“宣讲队、精武队、形象队、小乐队、小球队”五个小队，丰富基层文化生活，努力把官兵从手机游戏、快餐文化中解脱出来，主动参与健康文体活动。注重提升文化感召力，为连续9次以上参加“魔鬼周”集训的特战队员举办“勇士荣光”专题晚会，为官兵举行“集体婚礼”，严密组织“家属进军营”等系列活动，受到官兵一致好评。在参加总队文艺创演中荣获三等奖，在参加“多彩贵州”贵州总队赛区选拔赛中2人荣获二等奖、2人荣获三等奖。四是在贯彻执行政令军令上求严。坚决把贯彻军委主席负责制作为最高政治任务来落实、最高政治要求来遵循、最高政治纪律来严守，以《军委主席负责制学习读本》为基本教材，通过参加总队专题讲座、支队领导解读、组织生活讨论等形式，深入领会军委主席负责制重大意义和现实要求。严格落实部队调整改革一系列决策部署，深入查纠思维理念、习惯做法、工作机制等方面的问题，确保改革落底见效。把畅通政令军令作为抓落实的关键，做到上级有部署安排、本级就有落实行动，保证上级指示命令一贯到底。

【练兵备战】 深入领会习主席训词训令精神，立足于毕节既是政治高地，也是风险高地的特殊形势，积极锤炼提升部队遂行任务能力，有效履行武警部队新时代使命任务。一是坚决立起实战实训根本标准。扎实抓好新《大纲》学习贯彻，严密组织参加武警部队和总队集训观摩，采取专题领学、对口专学、部队普学等方法，促进各级深化理解、掌握标准、规范训练，不断提升部队按纲施训质量。突出首长机关训练，坚持首长首训、常委常训、领导领训，硬化首长机关周训练日和季度集中驻训制度，以练指挥、练谋略、练战术为重点，抓实战术（勤务）作业、要素演练、指挥所演习和实兵拉动等训练，首长机关谋划决策和组织指挥能力明显提升，支队军事训练综合考评成绩名列总队第三，2名党委常委在总队两期指挥员比武中分获第一。紧抓执勤力量训练，围绕“五防”要求，常态组织“三员一兵一组一班”联动演练、执勤方案实案化训练和一哨一策、一岗一策、一情一策情况处置训练，部队执勤能力不断提高。二是持续推动正规执勤确保安全。认真贯彻“十六字”执勤思路，转化运用总队执勤工作现场会精神成果，持续推动“五防一体化”建设治理，高标准完成武警部队执勤工作专项检查，得到工作组领导高度肯定。落实值班执勤制度，坚持每日值勤首长随机查、战备督查席全时查，每天下发执勤通报，每周交班集中讲评，不打招呼组织实地检查，值班执勤秩序不断正规。着眼执勤目标设施陈旧、普遍超量关押的实际情况，积极争取目标单位支持和自筹经费，投入120余万元狠抓隐患治理，改善执勤设施。积极加强与公安局、目标单位沟通协调，常态开展“三共”活动，定期召开联席会议，共同解决执勤工作中的矛盾问题。临时勤务完成圆满，出色完成党和国家领导人到毕视察期间警卫安保、春运执勤、武装押解、武装巡逻、扫黑除恶，以及“国际杜鹃花节”驻训防控等各类临时勤务。部队自1983年重新组建以来，连续35年执勤无事故。三是紧贴任务常态备战快速高效。着眼武警部队领导指挥体制调整，特别是兵力使用发生的重大变革，坚决贯彻“一个决定两个规定一个办法”，协调召集市县（区）党委政府召开专题联席会议，落实军地用兵对接机制，严格按权限规范兵力调动，确保了既严守政策规定，又高效稳妥处置各类突发情况。贯彻《武警部队战备工作规定》，聚焦打赢“三场维稳战役”，强化作战勤务高效运行、战备值班高度戒备，抓好情报收集研判、预案方案修订、抽组投送优化、指挥协同演练。加强“3＋1”战备力量体系建设，严格落实编携配装，扎实推进“一室两站”“一室三库”建设和基层值班室升级改造，深化“一句话命令加补充指示”实践运用，全面摔打部队，提高战备水平。近3年来，支队先后第一时间参与织金“6·28”抗洪抢险、大方“7·01”滑坡搜救、纳雍“8·28”山体崩塌救援、扑灭山林火灾，以及威宁“9·14”“5·26”维稳备勤等各类急难险重任务，支队从中得到了有效摔打磨炼。

【基础建设】 认真领会依法从严治军新要求，积极推动“三个根本性转变”，全面提升部队建设层次。一是在深入贯彻新条令中促进正规。扎实开展“条令年”和“学守用”法规活动，严密组织参加总队新条令集训，采取动员教育、系统学习、自查自纠、整改提高、考核验收等方法，通过开展新条令知识竞赛、军容风纪检查和队列会操等，全面强化官兵对新条令的学习理解和掌握，大力纠法治观念缺、法纪意识淡、依法抓建弱等问题。针对机关编制小、人手紧等实际情况，探索实行训练检查、行政督查、风气监察，常态开展检查督导；层层开展“工作标准”大讨论，部队正规化管理水平进一步提升。牢固树立安全靠建的思想，用好“靠制度载体抓安、靠联动治理固安、靠务实作风创安、靠安全文化促安”基本方法，以安全大检查和“百日安全竞赛”活动为抓手，深入开展“思想大清查、隐患大排查”和“安全过中队”等群众性创安活动，过细排查隐患、逐个破解问题、稳控安全风险，固牢安全底基，支队连续3年被武警部队表彰为安全工作先进单位和“百日安全竞赛”活动优胜单位。二是在精准帮建基层中固牢底基。结合新体制新编制调整，选准配强基层干部，把有活力、能干事、敢担当、想作为的年轻干部放在主官岗位，遵照“总队集训、支队常训、个人自训”的路子，严密组织支部正副书记、党小组长、群团组织培训，培养了一批“明白人”“实干家”。坚持重点帮、对口带、精准建，制定支队精准帮建计划，支队主官带头到重点帮扶的中队蹲点，2017年纳雍、威宁、黔西、机动中队被总队表彰为基层建设先进单位，执勤二中队连续10年被总队树为标兵中队，全部队没有连续5年以上的后进单位。三是在传承优良传统中厚实底蕴。注重挖掘支队红色根源和红色血脉，用好驻地红色资源，提炼形成“忠诚纯朴、英勇制胜、守纪自律、实干奋进、同心攻坚”五种优良传统，结合主题教育开展，通过梳理红色家谱、领导专题讲授、遂行任务培育、工作实践历练，使这一特色优良传统基本定型，在激励官兵、约束行为中发挥积极作用。注重传承支队在不同历史阶段形成的“老老实实、踏踏实实、扎扎实实”“苦干、实干、会干”等好家风，围绕总队党委首长殷切期望，结合新时代部队建设的崭新要求，把握“三严三实”精神要义，全面培育“务实创业、求实创新、严实创优”新作风，推行季度、年度晒“成绩单”和定期讲评，在引领官兵投身强军大业、更新思维观念、加快建设发展上形成有力促进。注重传承人民军队宗旨本色，立足毕节脱贫攻坚任务繁重艰巨实际，积极投入驻地“五城同创”，持续帮扶大方县猫场镇联合村、七星关区林口镇新庄村，在七星关林口镇举行“助力脱贫攻坚产业结构调整暨教育扶贫启动仪式”，与市烟办共同捐资19万元，打通出行难的“最后一公里”，捐资10万元为新庄村新桥小学改善住学条件，捐资5万元援建新庄村203亩玛瑙红樱桃经果林，“五个一”扶贫格局（一条致富路、一片产业园、一所共建校、一条产销链、一个生态村）逐步形成，进一步树立了武警部队良好形象。

【综合保障】 摆正备战打仗的中心位置，坚持各项工作往备战打仗聚焦，向备战打仗服务。一是积极发挥政治工作服务功能。修订完善支队《党委（支部）议训规则》，提升各级党委（支部）议战议训质量。坚持把“一树两增三严”作为练兵备战的基本抓手（“一树”就是树立鲜明导向；“两增”就是增强党委统训，增强机关导训；“三严”就是严控干扰挤占，严抓干部队伍，严格奖惩问责)，制定支队《军事训练“考比拉”奖惩措施》，把军事训练与干部任用、评功评奖、士官选改、双争评比等严格挂钩，立起“训练有功、训练有为、训练有位”的鲜明导向。探索建立“精武强能”排行榜、颁发“精武尖兵”荣誉章、评选“精武拳头”应急班、召开“练兵比武”表彰会等做法，激发了官兵参训热情，浓厚了部队训练氛围。组织训练中政治工作示范观摩，推广管用实用的小方法，较好释放官兵负面情绪、锤炼心理意志，有效促进训练质量提升。二是突出锤炼前勤力量支撑。积极建设能打仗的后勤，坚持走好军民融合发展路子，健全军地物资代储、运力征用、装备修理、医疗卫生等军地联保协作机制，不断规范“一组五队”编携配装，严密组织各类专业兵集训，常态组织战备拉动训练，应急保障能力逐步提升，在遂行“魔鬼周”集训、卫士演习、抢险救援等多样化任务中经受了检验。保障大队组建后，支队多次进行专题研究，促进理清关系、明确责任、顺畅运行，部队遂行保障能力明显加强。三是突出训练场地建设保障。着力补齐训练场地短板，升级改建支队综合训练场和黔西、金沙、纳雍、威宁等中队训练场；针对基层单位训练设施老旧问题，为基层定制配发沙盘、补充更新训练器材、搭建攀登架，满足日常训练需求。逐步形成以支队综合训练场为主体、野外训练基地和东西片区、各中队训练场地为支点的训练场地保障体系。

【集体领导】 落实全面从严治党要求，深入贯彻全军政治工作、党的建设会议精神，持续巩固转化党的“群众路线”“三严三实”“两学一做”教育成果，着力打造风清气正的政治生态。一是坚持建强党委班子自身。坚决把提升政治能力作为首要，通过理论武装强化、重大任务锤炼等训练手段，全面加强政治能力训练。落实《团以上单位党委班子民主生活会暂行规定》，抓好民主集中制学习贯彻，班子集体宣扬正能量，凝心聚力干事业，在积极研究破解支队建设的各种现实矛盾问题上用心用力。按照“六个肃清”部署要求多轮次推进全面彻底肃清郭徐流毒工作，严格执行“六大纪律”和根除宴酒等禁令，积极整改军委巡视组指出的问题，各级公道用权、依法办事、谨慎花钱的行为自觉得到进一步强化，牵引了部队建设健康向上发展。二是突出严肃党内政治生活。紧盯双重组织生活、党员汇报思想、开展批评与自我批评等重点，扭住“三会一课”落实，规范基层党日活动，严禁随意挤占，党委常委带头上党课、交党费、过组织生活。严密召开“三对照三查纠”“提振精气神、聚力迎大考”“六个必须”党委民主生活会，并针对“张房案”专题召开组织生活会，人人查短板、亮态度、做承诺。围绕武警部队、总队首长党课辅导，组织参观毕节市廉政教育基地，督促各级讨论辨析、反思自查、实践感悟，持续推动政治生活由“宽松软”向“严紧硬”转变。三是着力纠治基层“微腐败”。基层支部班子示范带头集体领导，公开公平公正处理热点敏感问题，严格按原则标准程序工作办事，营造了和谐干净的官兵关系。对照“形式主义、官僚主义”新表现，着力纠治能为不想为、能干不想干、能担不想担的行为旧习，督导各级在职责范围内的事主动抓，能够自己解决的问题不上交，确保上级党委指示要求在各级得到有力执行。强化监督执纪，选准用好基层风气监督员，重点查处侵占伙食费、参与借贷赌博、打骂体罚、处事不公等问题，杜绝基层不正之风。

【重大安保】 2018年1月2日至7日，圆满完成毕节市“两会”安保；1月3日至8日，圆满完成毕节市敏感期武装巡逻任务；3月20日至5月5日，圆满完成毕节市国际杜鹃花节期间安保任务；7月16日至19日，圆满完成毕节市

"A8101"国家领导人到毕参加警卫安保任务。

【抢险救灾】 2018年2月17日，完成赫章县城关镇后河村后河山和平山森林公园龙场坝、庙场、龙会和后山等地重大山林火灾扑救；3月3日，完成纳雍县居仁街道办事处大坪坝茶场和七星关区长春堡镇清丰村、宋官村、下伍村、下官村等多地特大森林火灾扑救。

【双拥共建】 2018年9月30日，毕节支队组织官兵前往七星关区安家井社区，看望困难群众，共建卫生医疗，整治街道卫生；2月24日，毕节支队官兵帮助七星关区田坎彝族乡，抢抓春耕生产，帮助当地老百姓种植马铃薯近200亩、种植700余亩15000余株柑橘苗，参与植树造林80余亩；7月11日，毕节支队持续深入开展"军营开放日"活动，为毕节市实验小学500余名师生开展国防教育活动；7月31日上午，毕节市委书记周建琨、市长张集智、市政协主席宫晓农、市委副书记张翊皓、副市长王泉松、区委书记崔英魁、区长胡敬斌、市民政局局长熊灿平和军分区政委张平等慰问团亲临支队慰问全体官兵；8月15日，毕节支队帮助七星关区田坎彝族乡收购滞销成熟辣椒8429公斤；8月17日中国工商银行毕节分行到支队开展"金融知识进军营"活动；9月30日，毕节支队与驻地社区干部深入困难群众家中望慰问困难群众；12月12日，百里杜鹃管理委员会主任张东一行看望慰问在百里杜鹃开展"魔鬼周"极限训练的总队特战分队官兵，并赠送慰问品。

【军营文化活动】 2018年8月1日，支队举行"共庆建军节·同圆强军梦"家属进军营和"首届"军营集体婚礼主题活动；12月28日举办首届支队文化艺术节系列活动。

【国防教育】 为毕节职业技术学院、毕节一中、毕节市民族中学、毕节市实验高级中学和毕节市第四实验高级中学等学校军训学生8148人，对毕节市政府办、毕节市民政局、毕节职业技术学院、毕节财贸学校、毕节市工会和市人民检察院等单位进行国防教育。

【脱贫攻坚】 2018年支队投入15万元为七星关区林口镇新庄村捐赠10000株价值5万元玛瑙红樱桃苗，种植面积约203亩；捐资10万元援建新庄村新桥小学，其中9万元用于帮助维修校舍、添置桌椅、改善教学条件等，1万元用于购置捐赠文体器材。

【"魔鬼周"极限训练】 12月12日至17日，支队圆满完成总队毕节片区第四季度"魔鬼周"极限训练承训任务。

【英模单位表彰】 2018年，支队连续25年实现"三无"，被武警部队表彰为安全工作先进单位，被武警贵州总队表彰为基层建设先进单位。执勤二中队被总队记集体二等功，织金、纳雍中队分别记三等功，50余人受到三等功以上奖励。支队参谋部作战训练股、政治工作处组织纪检股和保障处后勤保障股被总队评为年度先进股室。执勤二中队连续10年被总队表彰为基层建设标兵单位，纳雍、威宁、黔西和机动中队被总队评为基层建设先进中队。

【英模个人表彰】 赵子玉，2018年被总队记二等功。任武警毕节支队执勤一大队执勤二中队政治指导员。他所带的中队连续四年被评为标兵中队，其本人也因工作突出荣立个人三等功一次，2014年参加总队三级主官集训得到政治教员第三名的成绩，2015年至2018年三次参加总队"四会"政治教员比武，两次取得第一名的优异成绩。他坚持把职务当责任担，把工作当事业干，视工作如生活，融生活于工作，乐此不疲。但与此同时，他也深感责任重大、如履薄冰，生怕能力不及，有失本职，愧对组织培养和官兵期望。在平时的工作当中主动思考作为一名指导员的本职工作。特别是在当前互联网技术飞速发展的大背景下，他着力对新形势下思想政治教育工作时代性的研究，在课堂上创新手段引入新媒体，提升了教育的时效性，在不断的摸索中自己的能力素质也得到了提高，连续四年参加总队组织的“四会”政治教员竞赛，并多次取得第一名的优异成绩。在各项工作中，他坚持凡事干部带头，用干部的实际行动在战士中树立威信，带动和影响战士。特别是2017年以来由于身体原因，体能素质下降比较明显，但是考虑到身处标兵中队不能拖中队军事成绩的后腿，他每天坚持给自己加“小操”，以实际行动教育引导战士在工作生活中培养克服困难努力拼搏的精神。在他的带领下中队开展大力开展兴趣小组文化活动，丰富官兵的业余文化生活，坚持开展拥政爱民活动，带领中队官兵连续多年帮扶周边困难群众，树立了中队文明之师的良好形象。

黄夷，2018年被总队记三等功，任武警毕节支队政治委员。他在任现职以来，始终意志坚定、团结班子、勤勉做事、严于律己，各项任务完成出色。积极做强军思想的“践行者”，坚持用习近平强军思想灌注部队，创新开展“学思践行”活动，建立政治教育“三分制”“五步法”基本机制，推广运用理论学习APP，先后10余次为部队作辅导授课，其所著的《坚持学思践行，确保习近平强军思想融入官兵血脉》理论文章，在《武警政工》刊载，被总队表彰为理论学习先进个人。积极做爱岗敬业的“实干家”，始终以队为家、恪尽职守、兢兢业业，即使单位离家仅一个半小时的车程，尽管父母年迈、孩子年幼，但为了部队建设，他一心扑在工作上，具有极强的责任担当和高尚的职业操守。积极做开拓创新的“领路人”，紧跟新时代部队建设新形势，紧贴支队实际，全面培育新“三实”作风，研究提出“四新”工作指导方式，归纳提炼“五种”优良传统，牵引带动部队全面发展进步，支队连续2年被总队表彰为基层建设先进支队。积极做能打胜仗的“指挥员”，坚持把学军事、练指挥作为备战打仗必修课，在任务面前精确指挥、果断决策，先后带领官兵圆满完成织金犯罪嫌疑人搜捕、纳雍“8·28”山体崩塌抢险救援、6起森林火灾扑救以及党和国家领导人到毕视察警卫安保等急难险重任务，有效应对各种复杂情况和实战环境考验。积极做廉洁自律的“示范镜”。自觉执行“六大纪律”，主动维护和巩固班子团结，认真贯彻民主集中制原则，在工程建设、物资采购、敏感事务上不插手不谋私，不触红线不越底线，给官兵作了表率、当了榜样、立了标杆，受到各级一致好评。

凌吉，2018年被总队记三等功。任武警毕节支队参谋部作训股股长。入伍18年，1次被表彰为优秀共产党员，2次荣立三等功，多次受到嘉奖。凌吉任现职以来，努力学习政治理论和业务知识，积极适应了改革后作训工作面临的新形势和新情况。2018年筹划组织部队新军事训练大纲贯彻落实、群众性岗位“大练兵、大比武”、执勤隐患排查治理整顿、“卫士－18”演习等大项活动都严谨有序，效果明显；自觉克服家庭困难，2017年家属意外流产，2018年家属二胎分娩，因工作需要都能坚守岗位。他坚决践行强军思想，以备战打仗为己任，任作训股股长以来，始终恪尽职守、履职尽责，争当强军先锋。两年来股室承办临时勤务百余起，参与纳雍“8·28”山体崩塌抢险救援、赫章国家森林公园灭火抢险救援、担负“A8101”“A8207”警卫安保勤务等重大临时勤务多起，都圆满完成了任务。他平时严格要求，严格执行条令条例和规章制度，努力服务基层、帮助官兵排忧解难。特别是在股室经费使用、军事训练考评考核等敏感问题上，坚守各项纪律，坚持工作原则，自觉维护党委、首长的威信。

其他：支队执勤一大队机动中队中队长赵云斌和执勤一大队赫章中队应急班班长韦学佳被总队评为基层建设标兵个人；支队参谋部作战训练股股长凌吉、政治工作处组织纪检股股长张甫和保障处后勤保障股股长周信华被总队评为优秀机关干部；支队参谋长廖君荣获总队嘉奖。

【总部领导调研】 2018 年 4 月，武警部队于建华副司令员率工作组莅临毕节支队考察指导，详细了解部队建设情况，看望基层一线官兵。

（供稿：武警毕节市支队）

公安消防支队

【概述】 2018 年，毕节市消防支队在中共毕节市委、毕节市人民政府以及省消防总队的坚强领导下，认真学习贯彻党的十九大和习近平总书记系列重要讲话精神，深入学习宣贯习近平总书记重要训词，抢抓机遇、求实创新、锐意进取，扎实推进消防工作和队伍建设，不断提升服务经济社会发展能力。市委书记周建琨、市长张集智以及市领导张翊皓、吴东来、丁雄军（时任）、王治军、彭容江（时任）等先后听取消防工作汇报，率队开展慰问、检查和调研，出席消防会议活动，对消防工作高度肯定。省消防总队吴瑞山政委、蔡卫国总队长等先后到消防支队指导工作。全年共有 1 个单位被公安部记集体二等功，22 名同志荣记三等功，支队荣获省级精神文明建设工作先进单位、全省消防救援队伍安全工作先进单位，13 个集体、60 余名个人获其他各类表彰。

【党建工作】 支队严格落实“党委一线工作法”，扎实开展“建过硬班子、带过硬队伍、创过硬业绩”活动，加强党委班子“四力”建设，支队党委每月议管议训议教议廉；举办基层党组织书记培训班，召开基层党组织评估及规范化建设现场观摩会。加强对意识形态工作的领导，每月专题研究分析，强化意识形态管理和引导工作。支队党委为基层办实事 9 件，协调 15 个交通站点、23 家医院、11 个旅游景区、42 家银行网点落实优先优待政策，为全体指战员制作发放军旅纪念品。开展党支部评估工作，“一支部一对策”帮建 6 个支部。开展党员“三亮一评”，成立重大安保任务党员先锋队 9 支、“两红”便民雷锋示范岗 12 个。举办入党积极分子培训班 1 期，吸收 31 人入党，31 名预备党员转正，30 人入团。

【消防责任落实】 提请市政府召开消防安全会议 8 次、联席会 4 次，开展督导考核 3 次，市督办督查局下发消防专题督办 2 次，市、县、乡签订消防工作目标责任书 450 余份，市政府、市安委会、市消安委下发文件 20 余份，市安委会将消防安全纳入每季度安全生产大检查督查内容。市政府集中约谈县（区）政府、行业部门、重点单位 2 次，对达到条件的 3 起火灾事故全部进行问责。住建、商务、教育、卫计、民政、文物等部门将消防工作纳入行业检查内容，每月开展不少于 1 次消防安全检查，结合实际开展本行业系统消防安全治理和标准化建设。

【队伍正规化建设】 支队深入推进正规化建设，营房功能性改造全部达标；坚持落实“四查四强化”、反映问题 8 小时答复、查铺查哨等制度，深化“预警、整理、杀毒、升级、纠错”安全工作机制，扎实开展安全“五无”创建，每月发布安全风险预测提示，消防员手机全部安装 MDM 监控软件，开展微信、QQ 等社交账户清理和实名制登记，整治双手机、涉贷、涉赌、涉黄、涉毒等问题，开展常态化督查，纠治整改隐患 120 余处，全年“零事故、零违纪、零投诉、零舆情”。深化士官长“三三二一”机制，任职士官长参与值班 60 余次，承办请销假 120 余次，组训400余次，充分发挥了重要骨干作用。

【科学练兵备战】 支队认真贯彻落实习近平主席全军开训动员令要求，严格执行“3321”和“3+9+9”练兵模式，落实《关于强化全市练兵工作的意见》，严格奖惩，对2个单位黄牌警告、1个单位红牌警告，6名干部推迟晋职、4名消防员不予选改晋级。投入3.8万元购置了电子计数设备，通过训练软件、微信群、视频监控等督促训练，每日上传训练数据，每月开展“普考”，每季度举行比武竞赛，承办全省黔西片区比武竞赛并获得团体第一名，获得全省2017年度冬训比武第二名。建成高层建筑、大跨度大空间、石油化工、地质灾害等专业队，组织开展抗洪抢险综合演练和跨区域地震救援拉动演练，大、中队开展实战演练800余次，修订数字化预案900余份。全市建成政府专职队48支、企业专职队5支、微型站1495个，招收驻勤民兵152人，常态开展专职队、微型站联勤联训联调。

【高效指挥调度】 支队深化毕节市应急救援调度系统应用，完善应急联动机制，修订更新《毕节市重大灾害事故处置应急联动方案》，将专职队、微型站纳入调度范围，不定时开展应急联动单位、专职队、微型站值班值守抽查。支队全勤指挥部和各中队配备1架无人机，全市对讲机实现互通，配备12个布控球，所有中队营区高清监控无死角全覆盖。强化应急通信训练演练，举办集中培训，制作指导视频下发，每月开展直调直报拉动考核，完成多起灭火救援和演练通信保障任务，5次接受部消防局单兵点名并受到表扬。强化安全保密教育培训，开展网络安全排查，落实24小时舆情监控，修订《毕节市信息通信指导手册》，未发生网络安全事件。

【消防基层基础】 是年，全市新建消火栓350个，新增安装独立式感烟报警探测器3939个，安装智慧用电管理系统7套，推广安装简易喷淋和消防卷盘各120余套，24个小区安装电动自行车智能充电桩，6个二类村寨全部完成消防水改和微型消防站建设，新建小型消防站2个。开展“无火灾村寨”和“消防安全平安社区”创建活动，完成208个平安社区达标验收。深化消防安全“网格化”管理，市安委会将消防安全纳入安全生产网格化监管内容，建立乡镇（街道）、社区（村）、小区（组）的大、中、小三级消防网格38751个，有效缓解了基层监管力量薄弱的问题。

【火灾隐患治理】 全面开展消防安全高风险源调查评估，加强四类“防大火”重点和两类“控小火”重点常态监管。落实“巡逻检查、高点瞭望、驻点执勤、一线监护”措施，实行“433”工作方法（捆绑式监督管理、交叉式检查执法、归零式清剿隐患、零距离式宣传教育培训四项机制，每日一查、每周宣传培训、力量下沉三项制度，系统录入核查、监督执法倒查、宣传资料核查三项措施），开展了高层建筑、商业综合体、电气火灾、取暖安全、危险化学品等专项治理，提请三级政府挂牌督办9家重大火灾隐患并全部督促整改销案，通过互联网公布消防安全不良行为75起。全年共检查单位16403家次，发现火灾隐患或违法行为29124处，督促整改29065处，责令“三停”单位181家，临时查封177家，罚款413万元；发生火灾565起，死亡5人，受伤0人，直接财产损失709万元。

【监督执法服务】 深化消防“放管服”改革，全面落实便民利民措施，支队所有行政审批由政务中心窗口统一受理、统一分配、统一出窗，严格实行首问责任制、首次免罚制、过错责任追究制。各级消防部门推行清单式工作制，实行审批提速和联合会商机制，重点工程、民生工程和“投转固”等项目至少提前3个工作日完成消防设计审查和实地验收，公众聚集场所至少提前3个工作日完成实地检查；不合格工程项目列出问题清单，组织会商制定解决方案，对审批时限内问题隐患整改完毕的出具审批合格文书。聘请20名由人大代表、政协委员、企业代表及人民群众组成的行风监督员，定期走访企业，进行回访复核。“96119”火灾隐患举报投诉热线增加消防咨询服务功能，更加便捷帮助业主解疑释惑，严格落实过渡期消防执法规定，开展“阳光119”行动，推行“六步工作法”，开通重点工程、“投转固”项目消防审批“绿色通道”，每季度召开执法服务座谈会。全年办理消防设计审核和验收审批项目830件，备案项目971件，开展上门服务指导1500余次，接受各类业务咨询3000余次。

【消防宣传培训】 积极宣贯《消防安全责任制实施办法》，发放《〈消防安全责任制实施办法〉释义与解读》3390余本，建成消防安全示范场馆1个、社区体验中心8个、农村固定宣传栏3660处。开展消防宣传月、安全生产月、学生安全教育月、防灾减灾周等主题宣传活动，市委副书记、市人民政府市长张集智在《毕节日报》头版发表“119消防宣传日”署名文章，各县、区政府领导积极刊发署名文章、发表电视讲话。积极建设“新时代消防讲习所”，开展了“快递公益使者”、社区消防宣传大使评选，拍摄发布“全民消防我代言”海报及视频，举办中小学生网络消防安全知识竞赛、儿童消防绘画作文大赛等活动，培育各类消防安全“明白人”1万余人。

【思想政治工作】 深入开展中共十九大精神学习，举办全员专题轮训班2期，邀请市委党校专家授课，开展专题研讨，到鸡鸣三省村开展主题党日活动。扎实开展“不忘初心再出发、投身改革谱新篇”主题教育，举行拥护支持投身改革宣誓仪式，举办“铭记军旅路·扬帆再起航”联欢会，开展宣誓、誓师，撰写倡议书、决心书、请战书600余份。深入开展思想大摸底全员大谈话隐患大排查活动，党委常委8次到基层开展思想摸底、调研帮扶，谈心谈话2000余人次，收集调查问卷900余份，实行“三级网格分包联系制”，每月开展心理健康教育疏导。开展“牢记总书记训词、建设过硬队伍”专题教育和集中教育整训，所有营区、会议室全部悬挂“四句话方针”标牌，制作专题展板28块，发放口袋书360余册，开展“训词大背诵、心得大讨论”活动25次，大力宣讲《组建国家综合性消防救援队伍框架方案》和《中华人民共和国消防救援衔条例》。持续开展“孝道文化”专题教育，大力培树“感恩向善，回报社会”典型，寄存孝心金200余万元；开展“打赢攻坚战　建设示范区　消防怎么干”大讨论，依托“两红行动”“学雷锋活动”等载体，主动融入地方助力脱贫攻坚和文明城市创建。

【党风廉政建设】 严格落实党风廉政建设“两个责任”，邀请市纪委监委专家开展《中华人民共和国监察法》和廉政专题讲座，举办“坚定信念迎改革　初心不改写忠诚”书法绘画摄影作品创作，开展廉政专题教育12次，观看《警惕“网络陷阱”》《作风建设永远在路上》等教育片4次，开展案例剖析2次，发送廉政短信2000余条，参观革命遗址3次；与检察院、看守所签订警示教育协议，参观廉政教育基地场所37次，组织服刑人员以身说法10次。在全省创新开展装备物资招标采购回访，全年回访25次，满意率100%。每月开展执法回访，全年回访单位2631家次，满意率99%。每季度开展专项督查，节假日和重点时段开展针对性督查，实地全覆盖督查8次。严格落实应急管理部“八个带头”“八个必须”、部局“六项纪律”和总队“四个严禁”，开展网络赌博、借贷等专项整治，填写签订《个人涉赌涉贷报告表》《拒绝网络赌博承诺书》各400余份。

【营房装备建设】 支队围绕实战需要，优化车辆装备结构，提升装备标准化、通用化水平，完成2017年度31辆消防车、1台灭火机器人、6493件（套）装备采购验收配备，共计投入经费3487万元；制定了2018年装备购置计划并按程序推进采购工作，共投入3295万元购置消防车17辆、灭火机器人1台、器材装备6741件(套)。开展装备实力会审清查1次、车辆装备巡检4次，检查车辆107台次、器材装备200余件(套)，解决问题100余处，培训装备管理人员180余人次。

【战勤保障工作】 增配宿营车、生活保障车等特种车辆，依托培训基地建立战勤保障仓库，健全完善组织机构、人员编配、储备充足应急装备物资。与12家企业签订联勤保障协议，开展战勤保障演练3次。协调将全市224名消防员及家属纳入地方医保，建成星级卫生室12个，及时更新配备常用药品，指战员、专职消防员、消防文员100%建立健康档案，联合毕节市第一人民医院医护人员组成专家组开展医疗卫生巡检1次。严格落实伙食管理五项制度，扎实开展伙食费专项治理，科学调剂膳食，全部落实夜餐制，基层伙食管理实现从“单一型”向“多样型”“温饱型”向“营养健康型”转变。支队训练基地、金海湖大中队、百里杜鹃消防站、纳雍二中队等营房建设有序推进。

【灭火救援统计】 2018年，全市消防救援队伍共接警出动1591起，出动车辆1853辆次，出动警力11796人次，抢救被困人员470人，疏散被困人员2471人，抢救财产价值2466.4万元。圆满完成了“1·26”鸭池河大桥多车连撞、“8·15”威宁县地震、“9·16”七星关液化天然气罐车追尾泄漏等救援和统一战线参与毕节试验区建设座谈会等消防安保任务。

（供稿：毕节市消防支队）

人民防空

【概述】 2018年，市人民防空办公室在市委、市政府、毕节军分区及省人防办的领导下，坚持以习近平新时代中国特色社会主义思想为指导，全面落实中央、省委、市委各项决策部署，强化创新理论武装，树牢“四个意识”，坚定“四个自信”，坚决做到“两个维护”，全力打好三大攻坚战，认真落实“五步工作法”，扎实推进“113攻坚战”。自觉适应国防和军队改革的形势，坚持推进打造适应毕节市新形式的山地特色人民防空建设。着力深化拓展人防军事斗争准备，为助推毕节人防发展打牢坚实基础。

【人防工作督促检查】 深入贯彻落实第七次全国人民防空会议精神、中发〔2014〕15号、黔党发〔2016〕36号、毕党发〔2017〕36号、全市人民防空（交通战备）工作会议的部署要求。2018年6月19日，毕节市人防办、市督办督查局、毕节市军分区联合对各县（区、自治县、管委会）人防工作开展情况进行督查，切实做到以评促备、以评促建。

【人防工程建设】 坚持“应建必建，能建则建，应缴必缴”的原则，把“结建”工作作为人防工程建设重中之重的任务，严格执行民用建筑修建防空地下室审批程序，对新建的防空地下室进行认真审核，严格把关，杜绝一切违规行为的发生。加强对人民防空设施工程监管，确保工程稳步推进，不断提高城市综合防护能力。一是对接南京设计公司，完成《毕节市中心城区人防工程建设规划》前期编制工作。二是年内竣工验收1个，收缴异地建设费2850.52万元。三是在原有基础上进一步加强在建人防工程汛期、重大节假日等重点时段的安全检查。

【人防执法】 以“法治毕节”为抓手，建设“法治人防”，严格落实行政执法水平和网上并联行政审批，缩减审批环节，加大指导县（区）人防办的行政执法和行政审批工作力度，规范执法行为。在行政执法工作中，坚持公开、公平、公正的原则，严格按照执法程序办事。全年共检查在建人防工程建设项目工地43次。项目建设工作中，针对省人防质监站检查出应整改的工程环节，积极督促整改到位。进一步加大了执法力度，推进人防工作不断向前迈进。

【人防基本指挥所和地面应急指挥中心选址】 毕节市启动市级基本指挥所和地面应急指挥中心项目建设前期工作，4月2日经省人防办批复后同意建设，5月29日、11月1日市政府专题会明确，由市人民防空办公室牵头，市城乡规划局、市国土资源局、七星关区配合，将原选址七星关区甘堰塘和观音桥选址进行比对，及时提出选址意见。

【机动指挥所相关工作及联动拉练】 毕节市人防机动指挥所于2018年上半年已完成最后的设备检修和相关手续，并成功完成与北斗卫星对接，与省及各市（州）互联互通已10余次。8月27日—8月31日期间，联合六盘水市人防办赴重庆江北区、内江市、成都市、泸州市开展为期5天的拉动训练，进一步筑牢毕节市人防机动信息化水平。

【人防知识宣传】 以“9·18”人防音响警报试鸣演练等活动为契机，鸣响率达95%，音响覆盖率达90%以上。活动现场免费向社会群众发放了宣传手册800余册。

【人防宣传教育】 以“5·12”“9·18”人防音响警报试鸣演练等活动为契机，严格按照规定鸣放警报，鸣响率达95%，音响覆盖率达90%以上。并在人民公园开展防空防灾宣传活动，活动现场免费向社会群众发放了宣传手册800余册、悬挂宣传标语2条。并借助人防宣传栏、人防网站、《毕节日报》、毕节电视台、移动手机短信、毕节市政府网站等多种形式进行宣传，取得了良好的宣传效果。

【人防惠民运用平台建设】 根据《贵州省人民防空办公室关于加强省人防大数据应用平台建设的通知》（黔人防通〔2017〕13号）文件精神，要求以“黔人防云”建设为基础框架，构建全省各市（州）人防惠民运用平台，于2018年年底完成该平台的建设。

【人防音响警报器安装建设】 截至年底，全市共安装人防音响警报器共109台，结合城市扩容及周边人口规模，将分批次、分任务完善全市人防警报器建设，使人防警报器覆盖率达95%以上。

【扎实推进交通战备工作】 对全市交通战备通道、机动道路及相关设施设备基本状况进行全面调查摸底，按照省交战办要求，与市交通运输局、市公路局、市高速公路管理处等共同开展战备勘察工作。

【认真抓好党建扶贫工作】 一是坚持党组中心组学习制度，以学习贯彻落实新修订的《中华人民共和国宪法》和《中华人民共和国监察法》为契机，把纪律挺在前面，深入学习贯彻习近平总书记系列重要讲话，认真抓好作风建设和反腐倡廉建设，扎实推进惩治和预防腐败体系建设，严格执行党风廉政建设主体责任制和“一岗双责”等各项规定。二是组织参加市2018年社会科学理论研究课题征集，3月初，已组织草拟《基于民族地区乡村价值精准扶贫的研究——以威宁自治县新发乡三合村为例》调研文章，完成撰写工作。

三是落实市委、市政府“决战贫困、提速赶超、同步小康”的扶贫攻坚战略。帮扶威宁县新发乡三合村，为进一步加大扶贫力度，共派出2名干部驻扶贫点，副调研员罗云川任村第一书记，抓扶贫建设，并从单位办公经费中抽出7万元，作为驻村工作经费。认真践行“四到工作制”开展调研，积极深入群众寻找脱贫的新路子。

【抓业务建设管理】 一是档案管理上，认真整理工程等各类档案，编制案卷目录，进入微机管理；二是在工程报审、备案、审批等业务工作上，更是高标准，严要求，把握环节，注重细节，精细化管理；三是做好相关办公室各项常规工作，使各项工作紧密衔接，全力推动了人防各项工作的有序运行。

（撰稿：冉　涛）

国防教育

【概述】 2018年，全市国防教育工作在市委、市政府和毕节军分区的正确领导下，在省国教办的精心指导下，紧紧围绕中共十九大和习近平总书记系列重要讲话精神，依据《中华人民共和国国防教育法》《贵州省国防教育条例》及相关法规文件，按照《贵州省2018年全民国防教育工作要点》（黔府办函〔2018〕43号）要求，以弘扬爱国主义为核心，以改革为动力，以发挥社会力量为依托，以重大活动、专项工作为抓手，整合资源，创新方法，突出重点，努力实现教育对象、地域、时间、要素和手段的全覆盖，切实推进毕节市全民国防教育普及深入，取得一定成效。

【深入推进“两学一做”学习教育常态化制度化，增强党员干部职工做好国防教育的信心和决心】 市、县（区）国防教育部门采取召开“两学一做”学习教育专题组织生活会和民主评议党员，推进“两学一做”学习教育常态化制度化，坚持党支部“三会一课”制度，每月召开工作例会和组织专题学习等形式，组织党员干部职工认真学习贯彻习近平新时代中国特色社会主义思想、中共十九大和习近平总书记历次视察部队和会见军队代表的重要讲话精神。进一步增强了广大干部职工做好国防教育工作的信心和决心，锻造一支政治强、业务精、敢担当、善协调、作风实、形象好的全民国防教育干部队伍，推动国防教育各项任务落实。

【开展“缅怀革命先烈·弘扬民族精神”活动】 组织干部职工到烈士陵园开展清明扫墓活动，开展关注“铭记·2018清明祭英烈”主题宣传平台，线上和线下相结合开展主题系列活动，增强国防教育的效果。2018年来，全市120余万人参加了该项活动。4月4日，市人大班子成员、离退休老干部、市直单位等在毕节烈士陵园开展了烈士公祭活动。6月22日，毕节军分区组织官兵和市国教办干部职工到鸡鸣三省红色文化遗址进行野外训练并接受革命传统教育。织金县共计160余家机关、事业单位、学校、企业2300余人次开展革命烈士陵园祭扫活动。大方县干部职工900余人到大海坝烈士陵园开展祭扫活动，全县参加清明祭扫瞻仰学习活动累计达1.5万余人。百里杜鹃管理区组织领导干部100余人参加了“缅怀革命先烈　继承优良传统”暨“文明祭祀　绿色清明”主题实践活动，到百里杜鹃管理区红军广场瞻仰参观人员达200余万人。

【开展国防教育“六进”工作】 认真抓好国防教育进机关、进军营、进学校、进农村、进社区、进企业等“六进”工作，引导广大干部群众关心支持国防和军队建设，增强国防意识。

开展国防教育进机关活动。把国防教育纳入各级党委（党组）中心组学习计划，开展各级干部国防教育。市国教办在市委党校开展了“国防知识”“贯彻十九大强军精神”和“以‘双拥’创建促国防建设”等三次专题讲座，党校培训班学员近1000人次。各县区结合“两学一做”学习教育常态化制度化，将国防教育纳入党委（党组）中心组学习和干部职工学习计划，通过开展集中学习、参观国防教育基地（爱国主义教育基地）、观看国防教育影片等方式，组织领导干部职工学习。大方县委组织部与县委党校分三期为1200多名乡科级领导干部参加学习贯彻党的十九大精神和习近平总书记在贵州代表团重要讲话精神集中轮训班，邀请市委党校教授结合党的十九大报告中关于国防和军队建设的重要论述进行深入解读。组织动员领导干部直接参与实施抗灾救灾、抢险救灾、维护社会稳定等非战争军事行动，增强履行国防职责的素质和本领。百里杜鹃管理区举行了一次防灾减灾应急演练。

开展国防教育进军营活动。6月22日，毕节实验小学四年级师生550人参加军营开放日活动；8月1日在武警毕节支队新机关开展“家属进军营·共庆建军节”活动；9月15日，由共青团毕节市委、毕节军分区、市国教办联合开展了“传承红色基因、汇聚强军力量”第18个全民国防教育日系列活动。

开展国防教育进学校活动。将国防教育纳入学校教学计划，推动国防教育进学校、进教案、进课堂、进学生头脑。武警毕节支队为市职业技术学院、毕节一中等五所学校开展军训活动5场，共计受训人数11000人。贵州工程应用技术学院开展了纪念五四运动99周年主题系列活动，活动内容有驻黔部队优秀大学生先进事迹报告宣讲活动、观看习总书记系列重要讲话视频、军训教官团·易班“纪念五四座谈会”、“五四”主题团日活动暨学生干部“青蓝”工程素质拓展、“不忘初心跟党走”主题团日活动，并邀请七星关区人武部政委陈佶猛到学院开展国防教育相关主题的讲座。金沙县第一中学举行了5000余名学生参加的国防知识竞赛活动，职业技术学校组织学生开展了1000余名学生听讲的国防知识讲座，全县各中、小学组织开展了国旗下的讲话38场、国防教育黑板报（手抄报）40期、国防教育主题班会35场。大方县把国防教育纳入学校教学计划，制定了《学校国防教育实施方案》。织金县组织师生观看电影《厉害了，我的国》《战狼2》《红海行动》等爱国主义、国防教育题材影视，开展“爱祖国·爱家乡”艺术节活动、国防教育主题书画大赛、宣传爱国主义教育器乐大赛和“爱我祖国”征文比赛。

开展国防教育进农村活动。市国教办每周到七星关区德溪街道烂泥社区开展网格化工作，积极宣传国防教育知识，并给烂泥村1万元作为国防教育宣传经费。纳雍县与县武警中队签订《军民共建协议书》，组织全县担任村干部及涉农企业带头人的退伍军人过“军事日”活动。黔西县利用开展脱贫攻坚工作等时机发放国防教育宣传资料，向群众宣传党和国家的有关政策。金海湖新区利用横幅、宣传标语，广泛宣传国防知识。威宁县整合该县每日新闻、威宁电视台、政府门户网站、微信平台等各类媒体资源，进一步加大国防教育宣传力度。百里杜鹃管理区向各村、社区发放国防宣传手册1000余份。赫章县向各乡镇、县直各单位发放《国防教育读本》100余本。

开展国防教育进社区活动。认真落实拥军优抚安置政策，切实为官兵解难题、办实事。春节前夕，市国教办、七星关区国教办等单位领导到七星关区人武部看望慰问民兵预备役部队官兵和退伍军人，加强了群众与驻毕部队的联系，巩固民拥军、军拥民实效。市人社局发放271名退休企业军转干部2018年1月至10月生活困难补贴346.88万元，开展2018春节走访慰问活动，共为273名企业军转干部发放了19.52万元慰问金。

开展国防教育进企业活动。到江天水泥厂等企业开展国防教育宣传活动。

【开展征兵宣传和创建全国双拥模范城市活动，积极参与“五城同创”工作】 把国防教育工作与创建全国双拥模范城工作有机结合起来，履职尽责、开拓创新，营造创建全国双拥模范城良好氛围，推进毕节试验区双拥工作跨越发展。毕节军分区、市国教办完善国防文化墙建设，张贴国防教育宣传图片资料154幅，起到了积极宣传作用。七星关区将城区拥军路命名为“双拥一条街”，在街道旁建立了双拥文化墙，张贴国防教育宣传图片资料等，营造国防教育良好气氛。7月26日，由毕节军分区、市国教办和七星关区国教办三家单位联合在市人民公园举办国防教育暨征兵宣传活动，活动现场前来了解应征内容和政策达3000多人次。各县区积极开展征兵宣传工作，共计开展征兵活动300场次。纳雍县积极开展征兵宣传工作，在县城、通往各乡镇（办事处）路段醒目位置，悬挂征兵宣传标语进行宣传，激励优秀大学生、适龄青年参军报国热情。威宁县制作完成了《威宁自治县创建双拥模范县工作纪实》专题宣传片，将人民公园命名为“军民共建广场”，在“军民共建广场”的长廊设置“双拥文化苑”，将向阳路命名为“拥军一条街”，在民政项目园内光荣院围墙制作“双拥文化墙”，为全县5588名优抚对象发放抚恤和生活补助资金743.29万元。

毕节军分区、市国教办、七星关区武装部、国教办在人民公园联合开展一场国防教育及征兵宣传活动。市国教办组织了红都艺术团军乐团演奏军乐，在现场演奏了分列、整合等表演，把现场的气氛推向高潮，观看的行人络绎不绝。现场一共发放宣传资料5000余份。

【国防教育日活动】 毕节军分区、毕节市团委、毕节市国教办组织了民中、优秀团员开展了一次军营开放日活动。80余人的参观队伍在毕节军分区大门集合完毕，列队进入军营，在篮球场，大家零距离接触了手枪、微冲、冲锋枪、重机枪，了解了简单的枪械知识。

参观团又参观了军分区军事陈列馆，到会议室听了由政治工作处主任王华国作的精彩的国防教育、双拥讲座。

【国防教育】 结合毕节市国防教育工作实际建立国防教育工作考评体系，开展对市直各单位、各县区国防教育工作情况的目标绩效管理，建立了国防教育工作检查通报制度，促进国防教育工作落到实处。2018年来，市国教办领导五次率队到各县区督查国防教育工作开展情况。

各县区按照市全民国防教育工作要点要求，统筹利用现有资源（城市绿地、城市公园、广场等）将国防教育场所建设纳入城乡规划，积极打造综合效能高的国防教育场所。七星关区“鸡鸣三省红色文化”旅游景区，总投资23.58亿元，规划面积5430亩，分为四大板块25个重点项目，规划年游客接待量为330万人。为弘扬和传承红军长征精神，促进毕节市红色文化发展，建在七星关区城区内的贵州抗日救国军与周素园陈列馆已开馆，陈列馆以更加丰富、翔实的陈列资料展现七星关区当时的爱国战士参与抗日革命活动的内容，充分发挥国防教育基地作用。各县区完成国防教育主题公园初级建设。如金沙县国防教育主题公园建设得到了社会的广泛好评。

按照省国教办的要求，加强国防教育队伍自身建设，努力打造一支“忠诚、干净、担当”的队伍，为开展国防教育提供有力支撑。市国教办调整充实市全民国防教育讲师团成员，成员人数达24名，并于8月30日在毕节军分区会议室召开讲师团联席会议，拟制定相关推动国防教育宣讲工作的规范性制度。市国防教育讲师团为28个市直单位、5所高级中学、1个中直企业以及市委党校、毕节军分区、部分县区武装部应征入伍青年中，开展了41场国防教育专题讲座，2万余人次参加听取了讲座。各县区也积极建立国防教育讲师团，并积极开展国防教育专题讲座。

（撰稿：聂　星）

法 治

政法委及综治

【概述】 2018年，毕节市政法工作坚持以习近平新时代中国特色社会主义思想为指导，深入学习贯彻党的十九大和十九届二中、三中全会以及中央、省委政法工作会议精神，增强“四个意识”，坚定“四个自信”，坚决做到“两个维护”，坚持党对政法工作的绝对领导，坚持以人民为中心的发展思想，认真履行维护国家政治安全、确保社会大局稳定、促进社会公平正义、保障人民安居乐业的主要职责，为全面打赢“脱贫攻坚战”保驾护航，为建设贯彻新发展理念示范区创造良好的法治环境。

【切实防控各类风险，确保社会大局稳定】 一是切实维护政治安全。做好毕节试验区建设座谈会等会议、全国人大常委会等中央领导到毕节视察期间维稳工作，确保党的十九届三中全会和全国、全省“两会”期间无非正常上访、零事故。开展涉稳风险排查防范稳控化解专项行动，重点加强涉军等特殊利益诉求群体的稳定工作，多次化解各类利益诉求群体的聚集活动。二是切实防范邪教问题。完成金沙县省级“无邪教创建”和大方县、金海湖新区以及织金县5个乡镇的市级“无邪教创建”工作，运用“345”工作法推进基层反邪防邪常态化开展的经验，得到省委防范办总结提炼并向全省推广。组织对“法轮功”邪教组织的摸底排查，将诬告滥诉人员重新纳入教育转化对象，核查七星关区、大方县、黔西县、百里杜鹃等地涉及“全能神”人员，对因邪致贫人员开展帮扶转化工作，全市没有发生邪教人员滋扰案（事）件。开展防范邪教宣传活动，发放3000本工作记事本和2900份宣传画册。三是切实化解突出矛盾。坚持重大节点、敏感时期维稳信息“四级联动、每日排查”工作制度，建立重大不稳定问题清单，落实化解稳控责任，全面开展信访维稳“百日攻坚战”，排查化解重大突出不稳定问题6件。依托公安机关“四中心一体化”平台，畅通信息渠道，定期召开情报信息综合收集研判会议，集中研判不稳定因素，掌握维稳主动权。建立社会稳定风险评估工作报告制度，探索重大决策社会稳定风险评估第三方评估机制，运用“贵州省投资项目（社会稳定风险评估）在线审批（备案）平台”甄别投资项目1707件，甄别率94%，完成重大社会稳定风险评估报备事项50个。

【扎实推进平安建设，社会治安平稳可控】 一是深入开展扫黑除恶专项斗争。成立党委、政府主要领导同时担任组长的扫黑除恶专项斗争领导小组，抽调公、检、法、司办案人员集中办公，推进扫黑除恶办公室实体化建设、实战化运行。全市上下形成了党政领导、政法牵头、公安主抓、部门配合、社会力量支持的扫黑除恶新常态。破九类恶势力犯罪案件431起，侦办恶势力犯罪集团15个，检察机关提起公诉26件，法院一审判决19件，敦促83名犯罪嫌疑人主动到公安机关投案自首。建立涉黑涉恶腐败问题线索与黑恶势力违法犯罪线索双向移送机制和信息反馈联动工作机制，对涉黑涉恶犯罪案件，严格落实“两个一律”和“一案三查”。立案查处涉黑恶腐败和“保护伞”问题15件24人，给予党纪政务处分20人，移送司法机关7人。持续开展“村霸”问题专项整治，组织全市224个后进村党组织查找存在问题433个，制定落实整顿措施732条。审查清理不符合任职条件的村支“两委”人员170人，刑拘29人，对14人作出纪律处分，同步补齐配强村干部63人。建立“双线督导”、疑难案件会商、重案挂牌督办、线索双向移送等工作机制，挂牌督办案情复杂、影响重大的涉黑涉恶犯罪案件17起，会商疑难涉黑案件1起。集中力量开展以扫黑除恶专项斗争为牵引的“秋季严打”行动，依法打击一批涉黑涉恶刑事犯罪、惩治一批违法犯罪分子、整治一批治安混乱地区。二是严厉打击各类违法犯罪活动。持续开展严打犯罪活动，公安机关共立刑事案件10521起，同比下降14.91%。开展以打击农村流动野外赌博、城郊区域聚众赌博、城镇电子动漫赌博为重点的综合治理攻坚行动，侦破涉黄涉赌刑事案件131起，同比上升26%。建立矛盾纠纷排查化解机制，加强农村法治宣传教育，完善预防命案“绿色通道”，有效防范各类民转刑命案的发生。突出抓好毒情重点县（区）、重点部位、重点领域及跨区域贩毒等专项治理。开展打击非法集资专项行动和“打传销反欺诈保平安”集中整治行动，坚决打击网络诈骗违法犯罪，遏制涉众型经济犯罪高发势头。三是切实加强社会治安综合治理。以30个乡（镇、街道）综治中心实体化运行试点为引领，搭建综治中心工作平台，有效整合公安、司法、民政、人社、卫计等基层服务管理资源入驻集中办公，提高综合服务管理水平。将网格化服务管理工作站、三级联动视频接访中心、便民利民服务中心等进行联合组建，加强各部门之间工作联动、信息互通、并行联动、相互支撑。加强特殊人群服务管理，多元化解矛盾纠纷，逐步实现基层平安联创、矛盾纠纷联调、突出问题联治、社会治安联防、重点人群联管、重点工作联动，形成了大综治工作格局。2018年，全市排查调处矛盾纠纷18062件，调解成功17448件，调解成功率96.60%。在毕节广播电视台、《毕节日报》、七星关FM91.2调频广播以及“三微一端”新媒体开辟平安建设栏目，在楼群院落、公共场所张贴“温馨提示”，组织移动、联通、电信三大运营商发送短信，通过LED滚动屏幕、宣传栏、标语、高杆广告牌等开展平安建设宣传，全市发展环卫工人、出租车驾驶员、村居群众等平安建设志愿者30万人，通过微信群、朋友圈等形式，以“万名干部进万家”和学校主题班会、“大手牵小手”等活动，全面引导群众参与平安建设。坚持“三个全覆盖”（入户走访全覆盖、电话预测全覆盖、群众会议全覆盖），全面了解社情民意，查找存在问题，解决群众合理诉求。加强街面巡逻防控，提高群众见警率，营造平安氛围。集中开展犯罪嫌疑人指认现场、返还赃款赃物等活动，震慑违法犯罪分子。深化乌蒙云平台建设，建成“天网工程”前端监控点18617个、治安卡口600个，整合社会资源2282路。全面实施“雪亮工程”，完成监控点位建设9143个。

【全面创建法治毕节，增强服务群众能力】 一是持续开展法治惠民服务。推广使用交管12123、贵州交警手机APP及“互联网交通安全综合服务平台”，推动交管业务办理模式由实体窗口8小时办理模式向互联网线上24小时受理模式转变，实现了“让数据多跑路、让群众少跑腿”，推动基层派出所户籍窗口进驻政务中心，顺应新时期广大人民群众的新期盼、新需求。逐步实行律师代理申诉制度，建立了毕节市特殊群体法律援助联席会议制度、毕节市刑事法律援助工作联席会议制度。全市设立法律援助工作站263个、联络点3029个，在残联、监狱、社保等部门建立专门法律援助站73个，共办理法律援助2607件。探索诉调对接、人民调解司法确认、家事审判、公益诉讼等司法便民措施，市县两级法院加强诉讼服务中心建设，最大限度减少群众诉累。全市现有267名党员律师，已经建立毕节市律师行业党委，律师万人比从2017年的0.58%提升到0.63%。全市律师参加刑事辩护案件817件，代理民商事案件2260件，代理行政案件31件，代理非诉事务102件。公证事项深入社会生活，全市共办理公证3027件。实行“一村一法律顾问”制度，全市2973个村（居、社区）签订合同聘任了法律顾问。健全完善留守儿童困境儿童信息数据库，强化安全管理，全市农村留守儿童减少28977名，形成的“3444”工作经验在全国农村留守儿童关爱保护和困境儿童保障专题研究班上作交流。二是持续提升公正司法水平。市中级人民法院落实院、庭长审判权和监督管理权，建立院庭长办案台账和办案情况统计通报制度。市人民检察院探索制定员额制检察官、检察辅助人员、司法行政人员三类人员绩效考核机制。市中级人民法院与多家机构和部门建立执行协作机制，利用最高人民法院“总对总”网络查控系统与相关机构联网，在执行案件立案后即快速将被执行人银行存款、机动车辆、证券、工商信息实行“一网打尽”。集中开展“猎赖利剑行动”和“雷霆风暴”行动，罚款64人，拘留748人。全市法院庭审网络直播社会关注案件共计12597件，点击观看量达1005万次；生效裁判文书上网公开24417件，案件流程信息公开27700件。三是持续加强法治宣传教育。抓住领导干部这个“关键少数”，健全完善党委（党组）中心组学习、法治培训、依法决策制度，推动领导干部宪法学习宣传教育工作深入开展。组织全市133178名公职人员参加宪法知识竞答活动，参赛人数在全省排名第一，竞答成绩名列全省前茅。从学校教育、家庭教育、社会教育等不同途径，全员、全程、全方位开展青少年宪法教育。组织开展“尊崇宪法·学习宪法”主题宣传活动3500余场次，发放宪法文本60余万册。充分利用“新时代农民（市民）讲习所”等阵地，因地制宜开展宪法进基层活动，使宪法走进日常生活，走进人民群众。建立普法责任清单制度，确保“谁执法谁普法”工作责任制落实到位。把普法纳入执法过程，以普法促进执法，以执法深化普法。推动开展全程说理式执法，建立“谁执法谁普法”工作示范点，推动各行政执法部门开展法治文化阵地建设。坚持系统内普法与社会普法相结合，各系统深入开展法治宣传教育和党内法规教育，增强执法者或服务工作者法治观念，提高法治素养和依法办事能力。利用重大热点案事件开展普法，把热点案事件依法处理的过程变成全民普法公开课。拓展渠道做好法治宣传工作，营造良好的法治舆论环境，各类媒体刊发法治稿件860多条（篇），“法治毕节”宣传取得良好效果。围绕扫黑除恶专项斗争，开展扫黑除恶法治宣传教育活动6800余场，开展安全生产“七进”法治宣传教育活动1300余场，利用“3·8”妇女节、“3·15”消费者权益保护日、“4·15”国家安全日等开展法治宣传教育活动。完善村居法律顾问微信群，为村民解答法律咨询，开展微信普法。结合“法律六进”“法治村村通”创建，开展“法律扶贫”法治宣传教育活4000余场。发挥讲习所作用，举办夜校6.8万场次开展法治宣传，受教育群众达258万人次。

【深化司法体制改革，提高依法治理水平】 一是持续推进司法体制改革。认真落实司法责任制，建立员额法官、审判长、团队负责人的权力清单，改革裁判文书签发制度，取消不符合审判权力运行规律的请示、汇报和裁判文书签发方式，明确院长、庭长不再签发其未直接参加审理案件的裁判文书，彻底还权于法官、还权于合议庭。明确检察官职责权限，建立检察官联席会议制度，完善监督制约机制等措施，推动检察官办案主体地位更加显现。组建高效运行办案团队，全市员额法官全部配置到刑事、民商事、行政、诉讼服务、执行等审判执行工作团队，员额检察官严格按照“确保85%检察人员向办案一线倾斜”的要求全部充实到办案岗位。全面启动内设机构改革，审判机关组建以合议庭或员额法官为中心的审判单元办案模式，多项质效指标稳中有升。二是全面强化执法监督工作。加大执法监督力度，落实执法办案“五严禁”，持续抓好“三个规定”的贯彻落实。对领导干部过问案件情况、司法内部人员过问案件情况，以及司法人员与当事人、律师、特殊关系人、中介组织接触交往等情况进行全面监督检查，预防司法腐败问题。支持法院、检察院独立行使审判权和检察权。扎实开展案件评查，健全完善案件评查工作机制，切实解决案件存在的问题。市中级人民法院评查案件1785件，全市检察机关评查案件2100余件。强化法治监督检查。集中开展规范司法行为专项整治工作，并立行立改、限期整治司法不规范问题8类125个。三是扎实化解涉法涉诉问题。开展涉法涉诉信访积案化解集中攻坚行动，对全市涉法涉诉信访案件进行梳理落实。依法处置信访问题，在全市开展严厉打击违法缠访、闹访专项行动。落实国家司法救助，将国家司法救助融入脱贫攻坚，全市共拨付国家司法救助资金790.8036万元，救助98案241人。其中，市级拨付国家司法救助资金276.5万元，救助49案62人，为历年救助之最。

【强化党管政法工作，铸造过硬政法队伍】 一是强化思想作风建设。坚持党对政法工作的绝对领导，强化党管政法工作，采取集中学习、座谈讨论及观看电教片等形式组织党员、政法干警学习，把“党性教育”贯穿政法干警思想教育始终，加强党性修养，坚定理想信念，增强宗旨意识。学习贯彻党的十九大精神和习近平新时代中国特色社会主义思想，深入贯彻落实十九届三中全会、省委十二届二次全会精神，深化“两学一做”常态化学习教育和市委“三个大兴”活动，全面加强政法干警政治理论学习。开展政法干警违法违纪警示教育，以案促教、以案促改，常态化开展通报典型案例、党风廉政警示教育、庭审旁听、参观警示教育基地等活动，引导广大政法干警树立正确的人生观、价值观、权力观，从根本上筑牢广大政法干警拒腐防变的思想防线。二是强化干部队伍建设。加强政法干部管理。抓好政法干部队伍的调研、考察工作，做好政法干部协管工作，回复干部任免函24件。做好县级干部个人事项报告工作。三是抓好政法干部培训。市委政法委举办扫黑除恶业务培训班，参训人员170余人；举办“无邪教创建”活动业务知识培训班，参训人员60人；组织政法干警参加“大讲堂”培训20余期，参训150余人次。贯彻落实市委《关于进一步加强政法队伍建设的实施意见》，健全职业保障体系，健全依法履职保护机制，坚持以制度管人，提升政法队伍履职能力，激发全市政法干部干事创业的热情。

（撰稿：李慧芳）

法治政府建设

【概述】 2018年，在省委、省政府的坚强领导下，毕节市认真贯彻党的十九大、十九届二中、三中全会精神和习近平总书记在贵州省代表团重要讲话精神及对毕节试验区工作作出的重要指示精神，认真贯彻落实《法治政府建设实施纲要（2015—2020年）》《贵州省法治政府建设实施方案（2017—2020年）》关于推进法治政府建设的要求，继续抓好“法治政府建设工程”59项任务指标的常态化管理和行政执法“三项制度”的巩固提高工作，取得了新的成效。

【主要工作】 （一）切实加强党的统一领导，推动组织保障落实。一是狠抓组织保障。为全面推进“法治毕节”创建，加强依法执政、依法行政和依法治市一体建设，在市委法治毕节创建领导小组及其办公室统筹领导下，市政府法治政府建设专项工程领导小组和全面推进依法行政工作领导小组积极推进依法行政、法治政府建设各项工作贯彻落实。二是落实工作职责。2018年年初，市政府向省政府、市委、市人大常委会和市政协全面报告了2017年毕节市法治政府建设情况及2018年工作打算，制发了《毕节市2018年度法治政府建设工作要点》，明确了工作任务的各单位职责；市委深改会、市委常委会、市政府常务会专题研究法治政府建设工作中的重点、难点问题。三是狠抓法治教育培训。毕节市积极创新工作方法，依托“党校专题讲座”“脱贫攻坚大讲习”“毕节市新时代微讲堂”、落实五步工作法干部培训计划等工作机制，日常与集中相结合，为全市各级领导干部学法提供了更好的载体，市委组织部专门在贵州大学举办了一期“法治政府建设”专题培训班，市委党校、市行政学院把宪法、行政法等法律列为干部教育的必修课，有力推动领导干部的法律素养和法治思维得到不断提升。四是推行任前法律知识测试。根据《毕节市人民代表大会常务委员会人事任免暂行办法》，对市人大常委会任命的有关领导干部进行法律知识考察和法治能力测试。积极推行公务员晋升依法行政考核制度，并以考核结果作为是否决定晋升的重要依据。

（二）注重增强地方政府立法，护航经济社会发展。一是完善政府立法机制。根据《中华人民共和国立法法》《规章制定程序条例》，制定《毕节市人民政府起草地方性法规草案和制定市政府规章程序办法》，为规范毕节市政府规章制定工作提供了机制保障。二是配合做好立法征求意见工作。对上级拟制定的21件法规规章草案按要求提出修改建议和意见60余条。对《毕节市百里杜鹃风景名胜区条例（草案）》《毕节市城乡规划条例（草案）》积极做好修改、论证工作。《毕节市百里杜鹃风景名胜区条例》已经市人大常委会审议通过，2018年9月20日，经省十三届人大常委会第五次会议批准，已于12月1日正式实施；《毕节市城乡规划条例》已经市人大常委会第三次审议，正按程序报请省人大常委会批准中。三是做好政府规章制定工作。安排部署毕节市2019年立法项目征集工作，对市住建局、市林业局等部门上报的立法项目进行前期论证，待论证通过后将根据《贵州省政府立法第三方起草和评估办法》委托第三方进行起草和评估。

（三）认真执行决策程序规定，推进科学民主法治。一是加强行政决策合法性审查。根据《毕节市人民政府重大行政决策程序规定（试行）》，对市政府41件重大行政决策进行了合法性审查，有力推动了政府决策的法治化。二是加强规范性文件监督管理。认真贯彻落实《国务院办公厅关于加强行政规范性文件制定和监督管理工作的通知》（国办发〔2018〕37号）和《国务院办公厅关于全面推行行政规范性文件合法性审核机制的指导意见》（国办发〔2018〕115号），严格实行规范性文件“三统一”制度。2018年，市级共审查规范性文件草案95件次，正式印发后向省政府报送规范性文件备案29件，备案率、及时率均为100%。同时，在市政府门户网站专门开辟规范性文件专栏，对规范性文件立改废情况及时向社会公布。落实规范性文件清理制度，2018年对涉及证明事项、著名商标、军民融合、知识产权保护、生态环境保护等7个方面文件进行了专项清理工作。三是加强公平竞争审查。严格落实公平竞争审查制度，2018年市级开展公平竞争审查共18件。四是畅通公众参与决策渠道。依托市政府门户网站，切实加强行政决策公众参与力度，有关重大决策均在市政府门户网站公开征询公众意见，有力推动了决策的民主化。五是完善决策专家咨询机制。成立党委、政府重大决策咨询论证专家库，现有专家库成员48名，并按照行业领域设置了工业化咨询组、城镇化咨询组、农业现代化咨询组和社会事业咨询组等。对专业性、技术性较强的决策事项、红头文件，均须组织专家或委托专业机构进行论证，确保科学性和合理性。六是完善决策风险评估机制。市委、市政府分别制定了重大决策风险评估相关制度，对风险评估的主体、范围、程序及评估结果运用等进行了全面规范，确立了部门组织、委托第三方、专家咨询论证、公众参与等多种评估形式。凡未经评估或经评估认为风险较大且不可控的，一律终止决策。在此基础上，2018年9月制发《毕节市人民政府办公室关于进一步落实重大行政决策风险评估规定的通知》（毕府办发〔2018〕42号），进一步强调重大行政决策风险评估的重要性和操作规范，为毕节市重大决策风险评估工作有序推进提供了更加有力的保障。

（四）积极推行法律顾问制度，发挥参谋助手作用。一是完善法律顾问工作机制。根据中央、省有关规定，毕节市2017年制发了《毕节市推行法律顾问制度和公职律师公司律师制度办法（试行）》《毕节市公职律师管理制度（试行）》等制度，为全市党政机关、事业单位推行法律顾问工作机制提供了制度保障；2018年，制定了《毕节市人民政府法律顾问室外聘常驻法律顾问管理暂行办法》。二是强化法律顾问队伍建设。市级政府继续按照“律师事务所+法律顾问专家库”模式，除外聘的4名常驻律师外，还聘了法律顾问专家库成员20名；市政府各工作部门和直属单位也均聘用或明确了本单位法律顾问，其中聘用的共44名；各县（区）政府（管委会）及其所属部门共聘任了327名法律顾问；全市264个乡镇街道共聘任了法律顾问284名。三是发挥法律顾问参谋作用。2018年，全市政府聘任法律顾问共完成法律审查2992件，代理案件794件，办理培训、合同谈判、矛盾纠纷化解等专项法律服务1430余件，各级财政共支付法律服务费用1218.42万元。

（五）严格管理行政执法资格，执行法律规范公正。一是推动综合执法改革。根据中央和省要求，2018年3月，毕节市正式设立毕节市综合行政执法局，负责承担全市综合行政执法工作，并完成毕节市人口计生执法支队、毕节市医疗待遇稽查支队、毕节市农机安全监理所、毕节市植保植检等执法机构职责、编制和人员等的调整，推进部门内综合执法改革，指导和督促县（区）

完成综合执法体制改革方案的编制和实施。二是严格执法资格管理。依托省行政执法学习考试网络系统和制证系统，组织全市行政执法人员进行远程网络学习、考试，在线申领、换发行政执法证和行政执法监督证。与此同时，将全市行政执法人员信息录入毕节市行政执法“三项制度”试点工作信息平台，以供社会公众查询监督，全面落实持证上岗相关规定。截至年末，毕节市共有行政执法单位632个，行政执法人员13702名，行政执法监督人员52名。三是是创新执法监管方式。依托毕节市行政执法“三项制度”信息平台，全市各行政执法部门适时将行政执法情况录入信息平台，方便群众查询，公开接受社会监督，及时受理群众咨询投诉举报。认真贯彻落实《贵州省行政执法监督办法》（省政府令第179号），将行政执法责任制和行政执法过错责任追究落到实处，2018年共办理行政执法监督案件2件。四是加强执法保障。行政执法经费均按要求纳入财政预算，为各级行政执法部门配备必要的无人机、数据采集终端、执法记录仪、摄像机、录音笔等装备设备。如纳雍县配备了1200台执法记录仪和60台信息采集站及1个终端存储站，全覆盖配发给各乡镇（街道）和县直执法部门；赫章县配备执法记录仪1236台、无人机42架。执法设备的配置，为推进执法规范化建设提供了重要保障。

（六）强化复议应诉案件办理，有效化解行政争议。一是切实做到有错必纠。2018年，全市各级行政复议机关共收到行政复议案件588件，同比增加75件。依法纠正违法或不当的行政行为118件，同比增加60件，直接纠错率20.1%，切实化解了一批行政争议。二是依法出庭应诉。2018年全市各级行政机关办理一审行政应诉案件958件，同比减少42件。行政机关败诉130件、败诉率13.6%，低于年度指标控制线1.4个百分点，控制在规定指标范围内。行政机关负责人出庭应诉348件、出庭率36.3%，高出年度指标16.3个百分点，行政机关负责人出庭应诉率保持高位。三是建立联系制度，实现行政与司法良性互动。政府法制机构与地方法院建立了沟通联系制度，对行政复议、行政诉讼涉及的疑难问题进行沟通，在法律适用、证据标准等多个方面进行交流并达成共识。四是实行集中通报，严格规范行政行为。对行政案件情况进行分析，对行政败诉和推进行政机关负责人出庭应诉工作不力的进行季度通报，指出存在的问题和不足，要求责任单位限期整改。2018年，毕节市对行政案件情况进行了5期通报。五是健全行政纠纷化解机制。根据《毕节市深入推进信访工作规范化法治化建设实施意见》《毕节市依法分类处理信访诉求工作规则（试行）》等制度，毕节市进一步规范信访工作程序，严格实行诉访分类处理，从而完善信访依法终结制度。针对群众来访反映的涉法涉诉类事项，严格实行诉访分离，对来访反映的涉诉事项，依法不予受理，同步建立来访台账。

（七）强力保障简政放权落地，提升人民满意服务。一是落实简政放权，深化审批制度改革。2018年以来，毕节市依法取消行政许可4项，承接省下放的行政许可18项。完成行政审批“六个一”改革事项清单的编制和实施，其中网上办理清单141项、当场办理清单190项、承诺办理清单34项、限时办理清单235项、便民化服务清单36项、从严监管清单2045项。积极推进许可事项管理、许可流程管理、许可监管评价等标准化建设工作。二是加强清单管理，厘清政府部门权责。全面完成市、县、乡三级政府权责清单清理编制公布工作，并率先在全省实现权责清单动态管理。其中市级清单共涉及35家市直部门，共计3459项行政权力，精减了41.9%；各县（区）也对权责清单进行了相应的动态调整；2018年12月印发了《毕节市行政审批制度改革工作领导小组关于第二批清理规范15项市政府部门行政审批中介服务事项的公告》（毕审改公告2018-2号），动态调整清理规范了15项市政府部门行政审批中介服务事项，市政府部门行政审批必要条件的中介服务事项由44项调整为29项。中介服务收费已全部实行市场调节，将中介服务收费监管由事前向事中、事后转变。三是强化市场主导，加强行业领域监管。开展市场准入负面清单制度改革，严格市场调节机制，严控政府干预市场。依托省监管平台推行“双随机一公开”工作，截至2018年12月31日，毕节市进入贵州省“双随机一公开”监管平台的314家单位（含威宁县）“一单两库”已全部建立，录入权责清单62037项，抽查事项清单22072项，执法人员9913人，检查对象847238户，实施细则362个；共开展随机抽查活动2874次，随机抽查对象47417户，随机抽查事项7660项，随机选派执法人员13177人次。向社会公开抽查结果47417条，其中存在违法违规，依法责令改正2298户，转案件处理程序案件66件。四是深入推进改革，提升政务服务质效。2018年，毕节市与全省同步实施“三十四证合一”改革。启动企业登记全程电子化改革，逐步实现全程电子化营业执照。开展证明事项清理，对毕节市自行设定的22项证明事项全部取消。开展政务实体大厅建设，县级以上政务大厅面积增至51930平方米；市级进驻大厅部门46个，进驻率100%；进驻事项490项，进驻率96.84%。积极推行“六大便民服务”措施，确保群众办事“只进一扇门”。五是强化信用监管，推进社会信用建设。对机关企事业单位实行统一的社会信用代码，为完善信用体系奠定有力基础。依托国家企业信息信用公示系统，推动信用信息共享。扎实推进企业经营异常名录建设。截至2018年12月底，全市列入经营异常名录的市场主体共29290户，移出经营异常名录的市场主体达到5985户。积极推进严重违法失信企业名单管理，截至2018年12月底，全市共有1089户企业被列入严重失信名单管理。切实做好信息归集共享和失信联合惩戒。截至2018年12月底，各级各部门通过国家企业信息信用公示系统（贵州）推送市场主体登记备案信息388981条，适用工商法律法规办理的行政处罚信息1200条，经营异常状态信息29474条。其他部门行政许可信息2433条，行政处罚信息1361条，实现了多部门之间的信息交换，在各级政府部门之间建立了信息沟通交流渠道，使企业的诚信状况一目了然。

（八）建立健全权力监督机制，努力形成制约体系。一是强化权力运行制约。编制完成2018版市、县、乡三级政府部门行政权力运行流程图，严格规范作出各类行政行为的主体、权限、方式、步骤和时限。二是自觉接受监督。严格执行领导干部过问案件情况跟踪管理制度，严禁行政机关或者个人干预司法活动，依法执行人民法院生效裁判，自觉接受司法监督。适时向政协通报有关依法行政工作情况，主动接受民主监督。全面落实廉政建设任务，自觉接受纪委监委监督。三是加强政府内部监督。建立重大工程和重点项目招标投标活动进行随机抽查机制，并认真贯彻落实，确保招投标活动依法依规。严格执行政府采购法定程序，加强政府采购监管。不断完善公共资源交易系统和互联互通平台，推动交易服务标准化建设，健全电子化招标机制，确保政府采购“阳光”监管。构建常态化审计监督机制，审计机关依法独立行使审计监督权，2018年共完成审计项目14个。四是全面推进政务公开。依托省政务服务网，实现“进一张网，办所有事”，强化依申请信息公开工作，确保申请渠道畅通、按时回复。2018年全市受理依申请信息公开事项292件，已全部办结，办结率100%。建立突发事件信息报告工作机制，进一步完善政府信息发布制度。五是强化考核评价监督。将依法行政工作纳入全市“法治毕节”创建工作目标考核中，与各县区和市直相关部门签订目标责任书。2018年对全市各县区、市直相关部门开展“法治毕节”创建的工作情况进行了考核，并及时通报考核结果。

【工作成效】 （一）狠抓“放管服”改革，解决“最后一公里”问题，推动实现“最多跑一次”。一是落实“分分钟办理”，服务好群众。在全省同行业中率先推行第二类医疗器械经营企业申请备案事项全程网上办理，从在线注册、递交资料到完成备案只需“网上点手指、五分钟办结”，真正实现群众办事像“网购”一样方便。通过信息共享，取消“奇葩证明”，消除企业办事“证明难、证明多”的堵点，实行备案证书信息化传递，让“企业少跑腿”“数据多跑路”。毕节市食药监窗口因工作方式创新、成效明显，得到群众一致好评，《中国医药报》、省人民政府网站、多彩贵州网等媒体均进行了相关报道。二是推出“集成套餐”，服务好企业。起源于毕节市金沙县三大“保姆式”（企业开办、畜牧养殖、民爆物品购运）的集成套餐服务，在 2018 年 8 月 3 日，国务院办公厅通过国办函〔2018〕46 号文件对贵州省该项工作通报给予肯定。三是“一键直达”，解决政务顽疾。推进“无纸化”电子营业执照办理，通过推出自助服务，办理时限缩短为 2 个工作日。工商登记注册实现网上申请、网上受理、网上审查决定、网上颁证等全程网办，“无纸化、零跑腿”办理工商登记注册成为现实。截至 2019 年 1 月底，通过“无纸化”（全程电子化）办理市场主体设立登记业务 3233 件、变更登记业务 617 件，注销登记业务 92 件，企业满意率 100%。优化办事流程，辖区内食品生产许可、药品经营质量管理规范认证、医疗器械经营许可等行政许可类事项实现“零跑腿办理”“不见面审批”，让申请人“一次都不跑”就可以办结前述行政审批事项，相关行政审批时限缩短了 50% 以上。

（二）政务公开出新招，信息公开更有力。一是创新推出黔西县“互联网+”社会治理信息平台，构建二维码“智慧门牌”让公众更易获取政务信息，有效提高群众对政务公开工作的监督，受到广大媒体的关注，中央电视台将其作为政务公开的典型案例在“为十九大献礼”政论专题片《法治中国》中报道。二是构建七星关区“一网三平台”将政务公开工作延伸到基层，如长春堡镇将政务公开延伸到村组，解决了政务公开工作的“最后一公里”问题。

（三）政府法律顾问探索新机制。2018 年，为进一步健全和强化市政府法律顾问队伍建设，毕节市在全市政府法律顾问制度全覆盖的基础上，在市级层面继续探索创新，建立了坐班律师工作制度。2018 年 3 月，市政府与本市规模较大的 4 家律师事务所签订协议，作为市政府常驻法律顾问，4 家律师事务所各派驻 1 名律师到市政府坐班开展工作，充分发挥了法律顾问在法治政府建设的参谋助手作用。

（四）权责清单编制工作全省领先。2018 年，毕节市在市级政府部门权责清单（模板）及市政府部门权责清单（2018 版）编制工作中，率先在全省市级政府部门权责清单编制中推行权力编码管理，有力推动毕节市权责清单管理科学化、规范化和制度化。与此同时，毕节市抓住被列为全省市级政府部门权责清单（模板）编制单位之一的机会，组织市直相关单位编制完成了《全省市级政府部门权责清单（模板）》，报经省审改办审核通过后正式印发实施。

（撰稿：汤云普）

公 安

【概述】 2018 年，在市委、市政府和省公安厅党委的坚强领导下，毕节市公安局党委团结带领全市各级公安机关坚持以习近平新时代中国特色社会主义思想为指导，深入学习贯彻党的十九大精神和习近平总书记对毕节试验区重要指示精神，增强“四个意识”、坚定“四个自信”，坚决做到“两个维护”，忠实践行“四句话，十六字”总要求，聚焦主责主业，全警锐意进取，忠诚履职尽责。通过全市各级公安机关和广大公安民警、辅警积极努力工作，全市刑事发案持续下降，破案率持续提升，积案存量明显下降，现行命案连续三年全部破获，追逃工作连续八年名列全省前茅，重大治安案件持续下降，较大以上事故得到有效遏制，单起缴毒量创两年来新高，外流贩毒形势持续改善，2018 年省测安全感 97.98%，同比提升 2.4 个百分点。公安工作和队伍建设取得了新的成效和进步，有力维护了全市社会治安大局稳定，为全市经济社会发展创造了良好的社会环境。

【思想政治工作】 紧扣全省公安机关党的建设年主题，将党建工作贯穿于公安工作全过程，涵盖公安队伍建设各方面，持续补钙壮骨、立根固本，始终保持对党绝对忠诚的政治本色。纳雍创新基层党建工作模式，形成组织设置、制度建设、工作流程、活动阵地、责任落实、考核管理“六个规范”抓党建，亮身份承诺、亮成绩、亮不足“三亮工程”管党员的工作格局，强化组织领导，丰富党建活动，落实党建扶贫，推广智慧党建，成效明显。七星关牢牢把握“人”这个关键因素，强化思想建设，推行“七个一”民警思想动态分析制度，全年收集 8000 余份《民警思想动态登记表》，及时对民警思想问诊把脉，纠偏正向。市局机关强化党建阵地建设，打造党建文化长廊，为 373 名党员规范 20 个“党员活动之家”。全局狠抓“双文明”创建，塑造省级、市级“文明示范窗口”，培育“文明服务标兵”。开展习近平新时代中国特色社会主义思想“全警考核”，组织“政治理论知识竞答赛”，全体民警“四个意识”更加牢固，“四个自信”更加坚定。1 个单位和 5 名个人荣立集体二等功，13 个单位荣立集体三等功，127 名个人荣立三等功，41 个单位和 444 名个人受到集体嘉奖，404 名警务辅助人员受到表彰。

【维护稳定】 政治安全持续稳定。坚持提高政治站位、加强主动进攻、预知预警确保重大活动和敏感节点政治安全。扎实有效做好信访维稳工作。全市公安机关共接待人民群众来信来访 1705 件次，其中来访件 1280 次，来信件 470 次；受理登记信访事项 942 件次。评查信访案件 393 件，发现问题案件 122 件，整改问题 55 件，通过评查化解案件 109 件。积极开展律师参与接访群众 330 件次，化解信访积案 18 件。为信访人申请司法救助金 175.98 万元，救助了 38 件信访案件，42 名信访人，成功化解了公安部集中交办张雪瑶涉香港信访积案等一大批疑难复杂信访案件。化解涉法涉诉信访积案 254 件、化解 221 件，其中公安部交办 1 件，化解 1 件；省委政法委交办 14 件，化解 14 件；省信访联席办交办 2 件，化解 2 件；省公安厅交办 5 件，化解 4 件；市信访联席办交办 6 件，化解 4 件；市公安局交办 225 件，化解 195 件。劝返进京非访 90 人，打击信访违法犯罪 88 件 100 人，有效遏制非访势头。加强网络安全。上报专项情报信息 17629 条，被公安部采用 92 条，公安部十一局采用 5528 条，公安部积累采用 1664 条。依托 415 机制，依法打击网络政治谣言，共上报政治谣言信息 18136 条，落地查处 21 个传播政治谣言的网民。毕节市支撑点账号被公安部十一局评为二级支撑点（全国共 60 个，全省共 3 个），并获部局、省厅通报表扬。侦办各类涉网违法犯罪案件 673 起，抓获违法犯罪嫌疑人 819 名，抓获 CCIC 网上逃犯 342 名。在“净网 2018”专项行动中，通过网络深挖线索，循线追踪、缜密侦查，破获了织金“5·21”网络赌博案、金沙王某某组织网络赌博案等一批有影响力的案件，抓获涉赌人员 13 人，刑事拘留 2 人，查获手机 2 部、平板电脑 1 部、银行卡 12 张，该案作为采编素材在贵州 5 频道以题为《神秘的微信群》报道。认真开展涉网犯罪情报线索摸排，编报各类案件情报线索 320 余期，转化指导侦破案件 300 余起。在

“129专项追逃”中，利用网安大数据平台系统资源，抓获逃犯193名，位居全省第二。管控网络重点群组289个，成功处置涉毕敏感舆情信息6871条。

【惩治犯罪】 按照公安部和省公安厅的统一部署，开展了全市“破命案现案、攻命案积案、追命案逃犯、防命案发案”专项行动“打击拐卖犯罪专项行动”“打击电信网络诈骗犯罪专项行动”“打击传统‘盗抢骗’犯罪专项行动”“打击整治涉枪违法犯罪专项行动” “打击文物犯罪”“中国越南缅甸老挝柬埔寨泰国六国联合打击拐卖人口行动”“打击盗抢机动车燃油犯罪专项行动”等专项行动，有力有效地打击、震慑各类刑事犯罪活动，全市刑事案件发案持续下降。全市共立全部刑事案件10523起，同比下降19.31%，破刑事案件4573起，同比下降34.10%，破案率43.46%，同比下降9.39个百分点。其中，全市立现行刑事案件9363起，同比下降16.08%，破现行刑事案件3529起，同比下降20.16%，破案率37.70%，同比下降2.13个百分点；全市共刑事拘留4546人，同比下降9.62%，提请批准逮捕2759名，同比下降25.33%。共立现行八类刑事案件941起，同比下降16.28%，破获607起，同比下降9.67%，破案率64.51%，同比上升了4.72个百分点；共立现行“两抢一盗一骗”多发性侵财案件6563起，同比下降19.38%，破获1519起，同比下降32.70%，破案率23.14%，同比下降4.60个百分点。

坚持扫黑除恶，除恶务尽。为深入推进扫黑除恶斗争，从全市公安机关抽调50名政治可靠、业务精通民警组建扫黑除恶专班，坚持“有黑扫黑、无黑除恶、无恶治乱”方针，遵循“打早打小、露头就打”原则，按照“建机制、广宣传、勤防范、重打击”工作思路，采用异地用警、上提一级方式，排除干扰，直接领办全市重大、疑难黑恶案件，强力助推扫黑除恶工作。通过专项行动，全市公安机关共摸排黑恶线索420条，立案侦办各类黑恶案件396起，打掉涉黑犯罪组织4个68人，恶势力犯罪团伙28个。打掉涉恶团伙28个，刑拘涉恶嫌疑人1323名，打掉“保护伞”4名，判决生效544名，刑事追究村支两委人员32人。排查全市村支两委人员14897名，掌握前科劣迹人员384名，调整或免职177人，打击处理36人（刑事追究32人，行政处罚4人）、打掉黑恶势力“保护伞”4人、涉嫌在侦3人均排全省前列。集中破获纳雍县龙氏家族恶势力案（该案被中央政法委作为典型案例进行宣传）、黔西县杜某某黑社会性质组织案等一批涉黑涉恶案件。纳雍在全市率先成立“双组长”制，纵深推进专案攻坚，打掉涉恶团伙17个，破案66起，抓获犯罪嫌疑人253人，移送起诉234人。特别是打掉厍东关乡大坡村原党支部书记龙某某家族恶势力团伙，打响毕节“扫黑除恶”第一枪，引起强烈反响。

命案发案持续下降，破案率保持100%。全市公安机关始终坚持“命案必破”方向不动摇，共发66起现行命案全部破获，破案率为100%，发案同比下降25%；全力开展命案积案攻坚行动，全市共侦破命案积案18起，抓获命案逃犯53名。

打击“盗抢骗”犯罪专项行动成效明显。全市刑侦部门始终以“打团伙、打流窜、打累犯、打惯犯、破串案”为指导方针，周密部署、扎实推进，层层传导压力、层层压实责任，结合自身实际，创新打法，严厉打击“盗抢骗”多发性侵财案件，有效遏制了多发性侵财案件高发势头，切实维护了毕节市治安大局稳定。全市共发“盗抢骗”多发性侵财案件6563起，同比下降19.38%，破获1519起，同比下降32.70%，破案率23.14%，抓获侵财类犯罪嫌疑人2229名，同比下降3.46%，共打掉跨省“盗抢骗”团伙46个，起诉35个跨区域团伙，起诉99人，起诉本地案件226起，外省案件186起，外省起诉本地案件16起。

严厉打击经济犯罪，维护市场经济秩序。全年受理经济犯罪案件283起，立案203起，破案107起，涉案总金额34213.63万元，挽回经济损失9229万元，打击处理犯罪嫌疑人150人。其中，涉众型经济犯罪共立案30起（非法集资案件10起、传销案件20起），破获7起（非法集资案件4起、传销案件3起）；金融诈骗类犯罪案件共受理20起，立案18起，破获10起；打假类案件立案36起，破获12起。全国集群发起目标任务完成11起。接收集群打击任务115条，已完成110条，立案83起，抓获61人。在网络制售假茅台酒专项行动、打击假药犯罪“云鹊”收网行动中分别获公安部贺电和省公安厅经侦总队通报表扬，反假币工作获国务院反假币工作联席会议通报表扬。

打击盗抢机动车燃油犯罪专项行动取得明显成效。认真抓好落实国务院大督察交办单（第三期）工作事项，结合毕节市盗抢机动车燃油的实际情况，联合开展了盗抢机动车燃油专项行动整治工作。通过四个月来卓有成效的工作，取得了阶段性的工作成果。专项行动以来，全市共发盗窃机动车燃油案件52起，同比下降35.57%，破获本地及外市州盗窃机动车燃油案件153起，同比上升30.18%；抓获犯罪嫌疑人26名，同比上升63.15%，捣毁柴油窝点1个，扣押车辆7台，缴获柴油10余吨。实现了“发案数大幅下降、破案数明显上升、抓获嫌疑人数上升”的目标。9月16日以来，毕节市高速路已连续实现100余天盗油零发案的目标。

打击防范电信网络诈骗犯罪能力稳步提升。全市各级公安机关积极开展打击治理电信网络违法犯罪工作，取得了明显成效。一是破案数、抓获数同比上升。全市共立电信诈骗案件1164起，同比上升35.67%；造成群众经济损失2792万元，同比上升29.92%；全市共破获电信诈骗案件230起，同比上升63.12%；抓获嫌疑人150名，同比上升248.84%。二是积极止付、挽回损失。全市成功止付553起，止付金额437万余元；冻结485起，冻结金额472万余元，返还冻结及涉案资金120万余元。一定程度上为群众挽回了部分损失。三是落实部署、积极开展协查。全市共收到协查通知120份，涉案案件线索1284条，核实并取证案件199起。四是主动作为、积极预警。反诈中心积极与全国各地刑侦部门反诈中心协同配合，进行信息共享，截至目前，全市利用“安巽莫邪系统”“反诈利器”“公安部电信诈骗案件侦办平台”，以及全国电信诈骗协作微信群开展防范电信诈骗预警阻骗工作，共成功预警阻骗2800余起。为降低全市电信诈骗发案、减少人民群众经济损失起到了重要作用。五是加大宣传、防范力度。市反诈中心利用微信公众号每天向群众推送2 ~3篇防范电信诈骗宣传文章，联系报社、电台开展系列专题宣传。各县区主动作为，采用多种形式的宣传方式，通过进校园、进单位、进社区、进农村，广泛发放宣传手册、宣传海报、播放宣传短片，进一步扩大了反电信诈骗宣传工作的深度和广度，为减少和防止电信诈骗案件的发生起到了重要作用。

打击拐卖妇女儿童犯罪，全力维护妇女儿童合法权益。运用失踪儿童信息紧急发布平台，快速找回失踪被拐儿童。强化积案攻坚，正视毕节市拐卖犯罪不容乐观的现实情况，认真梳理、研判未破案件，从中发现线索，组织力量深挖。全市破获拐卖案件21起，解救被拐妇女儿童23名，共起诉拐卖嫌疑人30名，找回失踪妇女儿童70余名。全市共打掉4个拐卖团伙。其中，织金县打掉1个拐卖团伙，抓获嫌疑人5名，破获拐卖案件4起，解救妇女儿童4名。七星关区1个打掉跨国拐卖团伙，抓获嫌疑人4名，目前，破获跨国拐卖妇女案件2起，解救缅甸籍妇女2名。赫章县打掉1个拐卖团伙，抓获嫌疑人3名，破获拐卖案件1起，解救妇女1名；黔西县打掉1个拐卖团伙，抓获嫌疑人6名，破获拐卖案件1起，解救妇女1名。组织全市各县区分别于“3·8”妇女节和“6·1”儿童节开展了反拐宣传活动，进一步提高了人民群众的反拐、防拐意识。

深入开展打击整治枪支爆炸物品违法犯罪专项行动。共办理涉枪涉爆案件148起，比2017年61起增加87起，其中涉爆刑事案件6起，比2017年7起减少1起，涉枪刑事案件41起，比2017年20起增加21起，涉爆治安案件48起，比2017年16起增加32起，涉枪治安案件53起，比2017年18起增加35起，打击处理违法犯罪人员158人，比2017年61人增加97人；收缴销毁炸药13010公斤、雷管15295枚、各类枪支992支、子弹1381发、黑火药25公斤，导火索900米，各类战争遗留物351枚，管制刀具1963把。

深入开展打击黄赌违法犯罪“断链”专项行动。共侦破涉黄涉赌刑事案件131起，比2017年上升26%，刑事拘留258人，比2017年上升20%，移送起诉176人，比2017年上升3%，查处涉黄涉赌行政案件628起，比上年下降40%，行政拘留1225人，比上年下降42%，捣毁涉黄涉赌犯罪团伙28个，侦破网络涉黄涉赌刑事案件41起，收缴赌资800万余元，收缴各类赌博机126台。侦破部督案件一起（织金县曹先华开设赌场案）、厅督办案件三起（七星关孔某等人强迫卖淫案、杨某某等人网络赌球案，赫章县付某某等人开设赌场案，金沙县庞某网络赌博案），全面净化社会风气，坚决守住了“防止黄赌反弹”底线。

深入开展打击“食药环”违法犯罪专项行动。配合食药监、工商、盐务、环保、水务、渔政等部门开展检查140余次，检查药店、超市、餐馆、酒店、长江流域周边企业、工厂、矿厂、码头等660余家次，协查公安部集群战役线索380余条，侦办食药类刑事案件46起，比上年上升130%，采取刑事强制措施62人，比上年上升82%，侦办环境类刑事案件86起，比上年上升146%，采取刑事强制措施96人，比上年上升269%，共捣毁制假、售假窝点6个，收缴各类假劣食药产品5吨。其中黔西县公安局侦办的陈伟等人生产、销售假冒伪劣产品案，七星关分局侦办的顾某某涉嫌销售假药案被公安部列为督办案件，威宁县公安局侦办的海边街道车某某涉嫌销售伪劣产品案、纳雍县公安局侦办的比德煤矿污染环境案等6起案件被公安厅列为督办案件。

严厉打击拒不支付劳动报酬违法犯罪。配合相关部门深入走访200余家工矿企业、用工单位，排查因拖欠农民工工资可能引发的不稳定因素和群体索要工资的情况动态，及时发现“拖欠农民工工资”隐患线索12条，共侦办拒不支付劳动报酬刑事案件33起，比上年上升200%，采取刑事强制措施25人，比上年上升66%，追回被拖欠工资7000万余元、涉及农民工1500余人，全力维护和保障农民工等群体的合法权益，确保社会稳定。

【治安防控】 全力抓好危爆物品安全监管。开展好市级每季度、县级每月、派出所每半月一次的日常安全检查工作，持续开展好“两节两会”“五一”、国庆、中秋等重大节假日、重大活动及重要时段期间危爆物品安全隐患排查整治工作，先后开展专项排查检查整治行动27次，检查涉爆单位3427家次，重大施工项目259家次，发现隐患2646处，立即整改隐患2544处，下达期限整改通知书102份；行政处罚违规爆破作业单位59家，罚款242万元。强化旅馆业、歌舞娱乐场所治安管理。督促旅馆业落实“四实”登记管理和歌舞娱乐场所备案；严打无证经营行为，严密流动人口落脚点阵地控制，增强发现、控制和抓获违法犯罪分子的能力。2018年以来，检查旅馆业6241家次，歌舞娱乐场所758家次，发现并整改隐患1425处，取缔无证经营的黑旅馆18家，处罚18人，处罚违规旅馆422家次。加强对党政机关、银行业金融网点等重要单位的安全指导。充分运用“钉钉平台”，督促指导各县区在“两节两会”、中秋、国庆等重大节日、重大活动期间组织对市直党政机关、企业、大型超市、重点工程等重点单位要害部位开展日常检查、专项检查、交叉检查29次，检查党政机关、企业315家次，医院326家次，水厂66家次，水电站15家次，通信部门37家次，供气公司15家次，大型商场超市79家次，银行业金融网点487家次，保安押运公司58家次，督促落实安防措施788个，健全完善安全管理制度1010个，立即整改隐患2424处，限期整改隐患131处。加强公交、客运、加油站安全保卫工作，配合加强散装汽油安全监管。突出以人民为中心，督促各县区公安局加强公交客运安保工作，开展一案一警示教育，增强主体责任意识。12月12日组织召开七星关区“11·28”公交车案件警示教育会议，对加强公交安保工作进行安排部署。督促公交公司安装GPS车载摄像头604个、配备安全锤2416个、灭火器1208个、配备兼职安全员704名；督促指导七星关区、织金县、金沙县、赫章县先后成立公交专业应急处突队伍，其余县区成立兼职处突队伍，共有应急处突人员126人，初步建立起以专（兼）职处突人员为主要力量的公交车安保队伍，切实加强公交车重要站点的巡逻安保工作，大幅提升群众安全感和满意度。加强景区景点安全保卫工作。市局旅游警察支队，负责督导全市景区景点安全保卫工作，组织开展专项检查16次，检查景区212家次，发现整改隐患242处，督促增配安保人员105名，增设修缮安全设施34处，安装或升级改造安检门3处，增设紧急报警设备13个、视频监控等技防设施32个；整治旅游治安乱点16处，查处涉及景区及游客类行政案件8起，治安处罚12人，侦办景区内环境污染案件1起，刑事拘留2人。加强学校、幼儿园安全保卫工作。先后下发《毕节市公安局学校幼儿园及周边治安秩序专项整治工作方案》等方案，强化校园安全保卫工作，深入开展校园周边治安秩序专项整治，配合教育部门和学校开展“开学安全第一课”“安全防范进校园”“做自己的首席安全——平安校园行”等主题活动，进校园开展法治安全教育2810场次，指导学校开展治安突发事件处置演练1820次；督促指导全市3364所学校设立校园警务室2186个、治安岗亭827个、“护校岗”924个、配备专职保安员6450人、配备防护装备2.5万件、安装视频监控设备2890套；排查化解涉校矛盾纠纷213起，及时制止可能伤害学生幼儿案事件苗头8起，妥善处置因涉校矛盾纠纷引发的不稳定事端15起，查处涉校治安案件15起，破获涉校刑事案件4起，抓获违法犯罪嫌疑人20人。深入开展“扫黄打非”专项行动。组织检查出版物市场200余家次，清查印刷、复制等企业150余家次；破获、查处制作贩卖、传播淫秽物品刑事案件2件，和上年持平，刑事拘留2人，查处行政案件3件，行政处罚3人，收缴淫秽光盘、图书200余（张、册）。加强保安队伍规范化建设。指导3128人保安员考试，制发保安员证2601个，指导演练培训96次；清理自招保安单位1380家，检查保安公司、保安公司驻勤点和自招保安单位169家次，发现整改隐患101条，办理保安行政处罚案件101件。督促指导娱乐场所、机关企事业单位、重点单位要害部位、物业小区增配安保人员1220人，清退不合格保安员76人；积极推进“地网工程”建设和试点工作，发展视频联网报警用户489户，推动“地网工程”和公安“天网工程”的连接和融合，进一步筑牢社会治安防控网。圆满完成各项大型活动安保任务。加强与各警种各部门配合协作，全力做好政府部门组织的各项大型活动及重大会议等安保工作，圆满完成了全国、省、市“两会”、生态文明贵阳国际论坛2018年年会、2018中国·国际杜鹃花节系列活动、全省2018年就业扶贫工作现场观摩会、乌蒙山片区区域发展与脱贫攻坚部际联系会等89项大型安保任务；配合完成各级警卫任务5次，确保了安全。

【公安改革】 放管服”改革成效初显。下放行政审批服务事项清单24项，进驻市政务服务中心行政审批服务事项清单36项，行政审批服务事项“六个一”改革清单30项，改革便民利民事项清单62项。将权限内爆破作业单位许可等9项办结时限共计减少79天，民爆物品服务管理利用手机APP上传数据130多万条，收到预警信息5000多条。黔西推行“钉钉”审批为涉爆单位减少费用20多万元。取消设立保安服务公司及培训机构初审两项注册资本证明材料，为企业减少费用1万余元。交管局办理免复印拓印业务60万余笔，为群众节约费用150多万元，在互联网平台为群众提供各类车驾管服务和车检预约服务370多万笔，流动车管所下乡进村服务50多次1000多笔。出入境办理护照、港澳台通行证签发工作日由9日调整为7日以及异地办证30日调整为20日，减免部分出入境证件收费220多万元，免费为申请群众代办港澳台签注业务500多笔，工作时间调整为周一至周六上午9时至下午17时，全市公安机关“放管服”工作取得了良好效果，群众幸福感、获得感和满意度普遍增强。服务为民，公安改革稳步推进。稳妥推进“大部门、大警种制”改革，纳雍率先出台“1+2”改革方案，成立“六部一中心”和5个片区联勤指挥部，制定“12345”工作思路进行勤务模式调整，全县刑事发案持续下降，改革经验被省委改革办《贵州改革工作动态》采用推广。治安部门强力推进以“人”为核心的户籍制度改革工作，与广州协商达成框架警务合作机制，组织毕节籍务工人员落户意愿调研，开展移民搬迁、举家进城务工人员等主要群体落户城镇，促进城乡人口合理流动和民生改善，推进城乡一体化进程，全市户籍人口城镇化率35.27%，较2017年上升了2.26个百分点，超额完成34.86%的目标。交警部门仅用三个月时间完成了“放管服”改革各项前期准备工作，全市“放管服”20大项72小项措施与全国同步全面推开，“申请资料四个减免”“普通业务一窗通办”“18类简单业务一证即办”“车辆登记通道式办理”全面实现，服务触角进一步向企业、向乡镇、向网络延伸，人民群众和社会各界整体反响良好。优化流程缩短办理时限。坚持在流程优化上下功夫，全面清理办理交管业务的各种证明凭证，升级改造业务大厅，联合税务、保险、商务、医院等部门推进信息共享网络核验，全面实现“申请资料四个减免”、“普通业务一窗通办”“18类简单业务一证即办”“车辆登记通道式办理”，年内共办理免复印身份证明、免填申请表格、免费拓印车辆识别代号，累计为群众节约费用190余万元。交警各业务窗口配齐配备智能化POS机，实现缴费支付电子化，电子化支付业务量占总业务量的99%以上，极大缩短了业务办理和群众等待的时间。延伸服务拓宽业务触角。积极将不需要进行车辆查验的业务悉数进驻政务大厅；加强警企、警保、警邮、警医合作，大力推行“就近办、便捷办”，主动推进交管业务向企业、向基层、向网络延伸，全市建立服务站24家，警邮合作代办网点14家，警保邮合作代办网点5家，警医邮合作服务网点14家，进一步拓宽了车管服务渠道。进一步尝试将摩托车业务、六年免检、补换证等简单业务下放到乡镇综治中心或乡镇交警中队办理，推动“放管服”及车管业务进村入户。建立警保联动机制，全面开通公安交管“12123”交通事故快处快赔系统，完成财产损失交通事故在线快处3534起；推行除大型客车、校车、危险货物运输车外的其他汽车异地检验，年内办理跨省异地检验。推进车检程序优化，开通互联网及语音电话等“点对点”车检预约服务，申领免检标志业务实现网上申请、邮寄送达。百里杜鹃、金海湖“三台合一”报警服务平台正式开通，成功打通群众报警服务最后一公里，结束辖区多年没有110的历史。黔西率先在全市利用钉钉软件开展民爆物品监管审批及试行户籍业务审批，完成城区户籍业务及民爆、特行、异地证进政务中心工作，极大方便了办事群众。赫章推出“七大举措”（大排查、大整治、大走访、大巡防、大宣传、大服务、大教育），组建全方位微信管理群实行“指尖警务”，成效明显，全县安全感满意度98.88%，同比上升2.97个百分点，全省排名29位，同比上升34位，全市排名第2位。

【公共安全】 公共安全形势平稳。全市共发生一般程序处理交通事故3817起，死亡500人、受伤5396人，与2017年同期相比，事故数减少45起，下降1.17%，死亡人数减少14人，下降2.72%，受伤人数减少172人，下降3.09%，其中较大以上道路交通事故2起，死亡6人、受伤10人，同比事故减少1起、死亡减少3人，道路交通事故各项指数稳中有降，较大以上事故再创历年新低。全年共查处各类交通违法174.16万起，其中无证驾驶8110起、饮酒驾驶2264起、醉酒驾驶131起，超速行驶34.38万起、客车超员70起，货车超载2099起，有效净化了道路交通环境。新开通高速公路226公里，组建高速五大队、一大队五中队、三大队五中队，加强对新开通高速公路管理。排查治理道路隐患189处，圆满完成“春运”交通安保任务。查处酒驾醉驾、无证驾驶、超速行驶、违法停车等严重交通违法174.16万起，开展“七进”宣传教育活动1181次，受教育群众19.89万人；开展季度执法质量考评刑事案件115件，行政拘留案件137件，考评秩序一般程序道路交通违法案件560件，机动车、驾驶人档案各900件。

火灾事故共发617起，同比增加18.8%，整改火灾隐患3.03万处，行政处罚单位590家，责令“三停”190家，拘留64人。查处危爆品安全隐患2646处，行政处罚违规爆破作业单位59家。查处烟花爆竹、银行业金融网点、寄递物流、加油站、旅店等行业违规违法案件493起。整改校园安全隐患6514处，化解校园矛盾纠纷213起，查处涉校案件19起，打击处理20人。警卫安保万无一失。坚持以习近平总书记对警卫工作提出的“必须做到绝对忠诚、必须做到万无一失、必须做到业务过硬、必须做到严格自律”的重要指示精神为指导，以信息化建设、警务机制创新为重点，着力改进警卫形式，完善安保格局，形成系统化、机制化、专业化、信息化、规范化的新型警卫模式，本着“全面部署、重点加强、点面结合、以面保点、强化措施”的原则，超前筹划，精心组织，全警动员，全力以赴，圆满完成各项警卫任务，确保了绝对安全。全年完成重要安保和警卫任务76起，排全省第二，出动警力9900余人次，执勤车辆1100余台次。在“统一战线参与毕节试验区建设座谈会”警卫安保中，得到市委书记、市人大常委会主任周建琨批示“肯定成绩，永不懈怠”的表扬。

【执法规范化建设】 执法办案更加规范。全市完成智能化执法办案中心建设1个、在建7个。审核各类刑事案件6681件8063人，刑拘5783人，提请批准逮捕3986件5227人，批准逮捕2996件4006人，其中刑拘3599人，移送起诉3580件4363人；审核行政案件16787件20035人，作出处罚决定19224人，其中行政拘留15323人，罚款3772人，警告129人；审核强制戒毒案件3504件3581人，决定强制隔离戒毒3564人；通过全省公安机关“受立案监督平台”受理10328件。共办理行政复议案件159件，办结121件；行政应诉案件63件。其中，市局法制支队办理行政复议案件63件，办结58件，5件待结；办理刑事复核案件15件，维持11件，撤销2件，2件待结；办理信访案件5件；办理国家赔偿复议案件2件；审核指定管辖案件40件。七星关充分借鉴北京海淀区公安局办案场所的先进做法，投入1200余万元，历时4个月，在全市率先建成智能化执法办案中心，于2018

年1月15日正式投入使用，共接纳违法犯罪嫌疑人5290名，实现了执法办案过程中更加规范、高效。组织了52个考场、1550名民警参加的基本级执法资格考试，同时派出3人到遵义、派出1人到安徽合肥参加全国、全省高级执法资格考试的监考工作。毕节交警“教科书式”执法视频走红网络，央广、央视、《人民日报》等主流媒体分别作了刊播和点评，得到广大网民和社会公众的纷纷点赞和认可。全市督察部门共利用网督系统发现问题1042个，全部得到整改落实，有效提升了执法办案水平。

【基层基础建设】 基层基础逐步夯实。市公安局业务技术用房土建部分由业务技术用房、应急处突演练场及地下车库、刑事技术及侦察用房合建而成。总投资12405.76万元（其中业务技术用房7581万元；应急处突演练场及地下车库2412.76万元；刑事技术及侦察用房2412万元），累计完成投资14200万元，目前该项目进行收尾工作，各项验收工作有序进行。警犬基地前期工作有序进行中，2018年动工建设，总建筑面积11111.11平方米，总投资7317.7万元；该建设项目资金由市交建集团有限公司先行垫资、目前已完成征地工作、可研报告及批复、用地预审意见、选址意见书、环评备案、勘察设计施工招标，合同正在签订中、监理招标、用地规划许可证办理、规划设计方案已经上会原则通过，土石方场平工作已经完成40%，产值约400万元。市公安局警务技能训练基地总建筑面积28211.51平方米，总投资18900万元，该建设项目资金由市交建集团有限公司先行垫资，目前资金到位2000万元，该建设项目目前已完成设计、地勘、施工（EPC）模式招投标工作，监理招标已完成，场平工作及桩孔开挖浇筑工作已完成。毕节市强制隔离戒毒所属于国家“十三五”规划项目。目前业务用房、矫治中心、劳动用房、一号康复楼、二号康复楼主体已全部完工，已进入内部安装阶段。毕节市看守所建设项目，目前场平已完成。先后3次召开专题会全力推进新时代公安派出所建设，对全市28个一级公安派出所、58个二级公安派出所开展检查复核，拟创建的4个一级公安派出所和33个二级公安派出所全部通过省厅检查验收。95个拟创建三级公安派出所验收合格82个，合格率86.3%。完成全市266个公安派出所备勤用房食堂及配套基础设施建设，全部录入全国公安基本建设管理信息系统并通过省厅审核。全面推进“一标三实”基础信息采集工作，录入标准地址2475364条，实有人口7508885条，实有房屋2461712条，实有单位12621条，得分79.599，排名全省第二。

【队伍建设】 坚持队伍管理和公安业务两手抓。深入学习贯彻习近平新时代中国特色社会主义思想和党的十九大、全国两会精神，始终牢记习近平总书记“对党忠诚、服务人民、执法公正、纪律严明”四句话、十六字总要求。经党委理论学习中心组组织6次专题学习讨论会，带动全局各党支部全面加强政治理论学习，筑牢广大民警思想基础，确保忠诚为民，促进各项公安工作顺利进行。加强党风廉政建设和从严治警《毕节市公安局队伍管理规定》，制定《毕节市公安机关警务辅助人员管理实施细则（试行）》及《毕节市公安机关2018年度党风廉政建设责任状》，签订责任状94份。选拔储备19名优秀干部担任科级职务，选派18名优秀年轻干部到省厅、县区公安局挂职锻炼，选派14名同志到铁道警院、山东、四川省公安机关跟班学习。面向公安院校、社会招录专业人才共计99名。举办各类培训班超过27期3992人次，4508人参加“三能”达标测试1023人达标。为65名困难民警、因公牺牲民警家属等申报发放各类救助资金102.5万元。走访慰问革命烈士家属、因公牺牲民警家属等，送去慰问金73万元，慰问离退休老干部800余人，为7名退休民警举办光荣退休仪式，公安队伍整体活力持续增强，素质持续强化，能力持续提高。利用网督系统发现问题1042个，发现的问题全部通过现场电话通知纠正或整改以及下发整改通知书限期整改的方式，督促发现的问题全部得到整改和落实。受理各类案件线索103条。其中，“12389”举报投诉电话共受理案件线索21条，省厅和上级部门及领导转办的案件共71件，群众来访的11件，办结案件99件。完成各类审计及审计调查项目183项，审计总金额28035.44万元，发现违规违纪资金58.15万元，促进增收节支1234.27万元。各县区公安局共对28个基层科所队长进行经济责任审计，审计金额2872.29万元，发现问题43个，审计提出意见和建议39条。

【数据警务】 建成“天网工程”前端监控点16063个，“雪亮工程”前端监控点8192个，“天网、雪亮工程”建设考核排名全省第四，同比上升5个位次。建成治安车辆卡口430套，人脸识别220路，地网信息基站2556个，整合社会视频资源超过18361路，完成全市350M集群系统数字化升级，三级网络、天网、视频专网带宽扩容至500M，机动车、驾驶员、治安人员、国内旅客等16类数据资源已接入“乌蒙云”大数据中心，《毕节市“乌蒙云”平台创新社会治理》获全省迎国务院大督查典型经验材料。建成“大数据人员管控平台”，实时管控各类重点对象3500余名。利用“反诈利器”“公安部电信诈骗案件侦办平台”成功预警阻骗2800余起，紧急止付553起437万余元，冻结485起472万余元，返还冻结及涉案资金120万余元。通过情报红色预警抓获366人，抓获率83.9%。利用DNA数据、人像信息、指纹信息比对抓逃1343人，同比上升8.65%，信息化追逃战果名列全省前茅。

主动适应大数据、信息化、智能化等新一轮以“数据”为核心的科技变革，着力织牢社会面警务联控、单位行业场所管控、信息技术防控、虚拟社会防控和情报搜集研判“五张网”为核心的“多元化”采集体系，形成集智能感知、指挥调度、情报研判、基层基础工作及社会服务管理五大应用为一体的警务大数据资源池，目前累计汇聚各类数据资源68亿余条。针对毕节市毒情形势严峻和偷牛盗马多发实际，技侦部门自主研发“毒品过境分析”和“偷牛盗马”实战模型。主动发现毒品线索50余条，破获运输毒品案件8起，缴获毒品海洛因4.7公斤，抓获嫌疑人18人。发现偷牛盗马线索20条，破案6起，抓获嫌疑人9人，追回被盗耕牛14头，有效防止群众因案致贫。刑侦部门自主研发建设人员流、物品流、信息流、资金流网上查控研判新模型、新战法，打掉跨省“盗抢骗”团伙46个，起诉跨区域团伙35个99人。开展技术破案会战，指纹比中破案并抓获嫌疑人141名，DNA比中破案并抓获嫌疑人269名，人脸图像比中破案并抓获嫌疑人838名。治安部门全面推广手机APP上传住宿人员信息工作，共安装应用手机APP有偿留宿场所691家，上传信息132982条，安装使用量和信息上传量排名全省第二。网安部门开通网络大数据平台人员培训，提升网警实战能力，在“129专项追逃”中，抓获逃犯193名，位居全省第二。禁毒部门通过DIAS系统输出情报线索156条，协助外地公安机关抓获毒品犯罪嫌疑人396人，缴获各类毒品14.3公斤，外流贩毒突出问题得到有效遏制。国保部门运用各类系统平台关联、分析、预警成功处置案例50余起，通过国保涉稳平台关联查询，成功处置深圳石门坎教育公益基金会到石门乡开展“重走柏格理之路”活动，受到谌贻琴省长、郭瑞民副省长批示肯定。七星关在全市率先建成新合成作战指挥大厅，支撑破获刑事案件320余起，稳控重点人员450余人，抓获网上逃犯45名，信息化、智能化、立体化治安防控体系格局逐步形成。

【刑事技术】 刑事技术更加完善。建成4000余平方米刑事技术专业实验室并通过省级资质认定，扩增电子证据检验鉴定项目；鉴定中心DNA实验室和理化实验室通过全国公安机关重点司法鉴定专业实验室现场评审；与公安部物证鉴定中心签订“战略合作框架协议”，申请到开放性课题科研项目1项，参与公安部物证鉴定中心研究科研项目1项；开展DNA规模化建库和男性家族排查系统建设工作，共采集血样645982份，超额完成全年50万份目标数，排查家系数435739个5008910人，采集样本169541份；痕迹、法医、理化、文检、电子物证实验室共受理各类检验鉴定案件3193起，接收检材13298余份（个），出具各类检验鉴定文书2361份；完成全国公安机关能力验证工作，12个项目均获“满意”。刑侦信息手段应用进一步加强。大力拓展信息化追逃工作。巩固传统追逃手段，创新运用科技信息化追逃技术。把科技追逃、信息化追逃转化为追逃工作战斗力。全年共抓获1343名逃犯，同比上升8.65%，抓获历年逃犯522名，2018年抓获毕节籍逃犯1185名，本地户籍地逃犯到案率为73.21%，追逃工作全省名列前茅。充分利用刑事技术网上作战平台、DNA数据库、足迹系统、人像系统、实验室管理系统、鞋印花纹库、案件视频库，实现自动碰撞、自动比对、自动关联。通过指纹比中破案并抓获嫌疑人141名，DNA比中破案并抓获嫌疑人269名，人脸图像比中破案并抓获嫌疑人838名。加强刑侦部门大数据深度应用。积极开发建设人员流、物品流、信息流、资金流网上查控研判的新模型、新战法。打掉跨省“盗抢骗”团伙46个，起诉35个跨区域团伙，起诉99人，起诉本地案件226起，外省案件186起，外省起诉本地案件16起。刑事技术建设稳步提升。派员142余人次出勘（复勘）各类重特大刑事案件、疑难案（事）件及交通案件现场70余起，指导、参与侦破多宗重特大刑事案件，各实验室共受理各类检验鉴定案件3193起，接收检材13298余份（个），出具各类检验鉴定文书2361份。完成了2018年由中国合格评定国家认可委员会和公安部刑事侦查局组织开展的全国公安机关能力验证工作，十二个项目均获得“满意”，刑事技术“三项破案会战”成绩名列全省前茅。警犬技术不断加强。按照省厅警犬技术装备配发工作要求，全市8各县区分别开展警犬装备配发工作，并完成培训投入使用，全市共有警犬127头，其中，血迹搜索犬9头、物证搜索犬9头、追踪犬15头、山地搜捕犬3头，搜爆犬21头，搜毒犬2头、治安防范犬69头。使用警犬4900余次，分别在开展巡逻、安保、刑侦用犬、安检及各级警卫任务中出色完成任务。

【脱贫攻坚】 脱贫攻坚深入推进。紧紧围绕市委、市政府关于脱贫攻坚结对帮扶部署要求，局党委两次召开专题会研究部署，全市各级公安机关共协调经费135万余元帮扶1814户6310余人助推脱贫攻坚工作。市局机关专门选派3名科级干部驻扎到帮扶点赫章县德卓乡开展结对帮扶工作，为直接帮扶村胜营、元角两村协调办公经费4万元、为坝塘村协调解决“法治毕节”创建资金3万元，出资17万元为胜营村购置灌溉用具，解决了半夏种植灌溉难问题，半夏每亩增产100余公斤、增收3400余元，全村半夏种植共计增收136万元，拨付资金10万元加强德卓镇综治中心建设。各级公安机关进驻帮扶点深挖扫黑除恶线索，侦办各类案件64起，打击处理87人。

【机制创新】 机制创新，打防管控提质增效。针对毕节公安基层警力不足、体制机制滞后、打击成效不高的短板，创新提出情报研判、所队协作、双逢双查、“两会”机制、专项打击、进攻性巡逻盘查、风险评估、案后研判和重点整治等多项警务机制建设，构建统一指挥、反应灵敏、协调有序、运转高效的实战化警务模式。禁毒部门以双逢双查机制为突破口，抓住信息化和合成战两个关键，突出起诉、打团伙和大收戒三个重点，连续破获两起省级毒品目标案件，一周累计缴获毒品海洛因39.11公斤，抓获犯罪嫌疑人12人，单起缴毒量创两年来新高。经侦部门创新警务模式，打数据战、情报战、合成战，首建精英研判团队，在集群战役、传销组织犯罪上持续发力，成功发起全国集群战役11起，同比上升10倍。成功打掉“贵州七福宝特大网络传销组织案”，该传销组织吸纳会员涉及21个省（区）16000多人，注册账号52508个注册资金1.48亿元，传销层级多达72级，实现了对嫌疑人员实施全链条、全范围、全网络打击，对涉案资金100%冻结。情报部门按照治军副市长“情报服务实战”的指示，紧盯警情、警种联动，与技侦、威宁破获系列盗窃案件35起，打掉跨省盗窃团伙两个，抓获团伙成员14人。基层派出所收集意见建议1524条，举报线索218条，化解矛盾纠纷3763起，排查列管重点人2418人，排查管控精神病人568人，为无户口人员登记户口2719人，接待咨询群众5790人，机制引领实战效能初显。

【辅警管理】 针对毕节市警务辅助人员基数庞大，管理制度建设滞后，辅警法律地位不明、职责权限不清、职业保障偏低、管理使用不规范，代替民警执法等问题。在深入调研基础上，依据国务院办公厅2016年3月下发的关于辅警管理的规范性指导意见和2017年3月贵州省人民政府办公厅印发的《贵州省公安机关警务辅助人员管理办法（试行)》，按照“理顺体制、放管结合、问题导向、规范管理”原则，以“一明五建”（即明确辅警定位、建立完善辅警管理体制和组织机构、建立完善辅警队伍管理和教育训练机制、建立完善辅警招录机制、建立辅警人员经费保障制度以及建立转编制度打开警辅通道）为构架，积极争取党委、政府和各级编制、人事、财政等相关部门支持，于2018年12月研究制定《毕节市公安机关警务辅助人员管理实施细则（试行)》，并已经毕节市人民政府办公室印发施行。结合辅警工作特点，培训学校举办了2期320名辅警培训，计划5年内完成对全市11080名辅警（9278名公安招聘、1802名政府招聘）首次采用集中培训制培训，着力提升辅警队伍规范化建设管理水平，激活队伍活力。

（供稿：市公安局办公室）

检 察

【概述】 2018年以来，在省人民检察院党组和市委的领导下，在人大、政府、政协及社会各界的有力监督、支持下，市院党组团结带领全市检察机关全面贯彻党的十九大、十九届二中、三中全会精神，深入学习习近平总书记系列重要讲话精神，忠实履行宪法和法律赋予的职责，为试验区“打赢113攻坚战”提供坚强有力的司法保障。

【着眼平安毕节建设，全力维护社会和谐稳定】 紧紧抓住影响国家安全和社会稳定的突出问题，始终把人民群众安居乐业作为检察工作首要任务，认真履行批捕、起诉等职能。是年，批准逮捕刑事犯罪嫌疑人2360件3333人，同比分别下降9.7%、6.4%；提起公诉2293件3204人，同比分别下降11.4%、10.1%。一是始终保持严打高压态势不动摇。积极融入严打整治斗争，坚持“打防并举、以打开路，重点整治、以治促稳”方针，严厉打击严重暴力犯罪、毒品犯罪、多发性侵财犯罪、涉众型经济犯罪等影响社会稳定和人民群众安全感的严重刑事犯罪，确保公共安全和社会治安大局稳定。批准逮捕“两抢一盗”犯罪嫌疑人882人，办理故意杀人、故意伤害、绑架、强奸等严重暴力犯罪案件786件930人，起诉抢劫、盗窃、抢夺等多发性侵财犯罪案件695件1003人，起诉毒品犯罪案件420件470人。突出办理了韩某某、马某某贩卖毒品案、任某某故意杀人、侮辱尸体案等一批有重大社会影响的案件。同时，继续深入开展打击治理电信网络诈骗新型违法犯罪专项活动和打击破坏市场经济秩序犯罪，起诉利用电信、网络实施犯罪26件45人，办理破坏社会主义市场经济秩序犯罪案件64件119人，突出办理刘某某合同诈骗案、杨某某、郑某某等五人涉嫌非法吸收公众存款案、张某某集资诈骗案等一批扰乱社会公共秩序、经济秩序案件。二是始终保持矛盾纠纷化解力度不减弱。与侦查机关建立社会危险性证明和双向说理机制，完善听取辩护律师意见制度。认真执行宽严相济刑事司法政策，对犯罪情节轻微的初犯、偶犯、过失犯采用引导自诉、和解等方法依法实行轻缓处理，主动做好释法说理、定纷止争、理顺情绪工作，全力做到“案结、事了、人和”。坚持打击犯罪和保障人权并重，坚持无罪推定，坚持证据裁判，坚持少捕慎捕，坚持宽严适度、打击少数、教育大多数，对无逮捕必要的犯罪嫌疑人依法不批准逮捕1732人，决定相对不起诉681人，引导当事人刑事和解400件501人，最大限度减少社会对抗。三是始终保持未成年人合法权益保护不放松。积极参与对青少年的教育保护，加强少年司法，改进未成年人犯罪检察工作，完善适合未成年人身心特点的办案方式及制度，对涉罪未成年人坚持教育、挽救与感化相结合的方针，促进对犯罪未成年人等特殊人群的管理。受理审查逮捕未成年人案件328件516人，批准逮捕211件322人，不捕115件190人，不诉58件81人。切实关爱留守儿童，深入开展以案释法，会同公安、法院联合开展打击监护人不履责行为专项行动，对不履责情形恶劣、造成严重后果的监护人提起公诉。同时，以法治教育基地建设为平台，有效开展未成年人预防犯罪警示教育，市人民检察院结合“法治毕节”创建，推动将“毕节市反腐倡廉预防职务犯罪警示教育基地”改版为“毕节市‘法治毕节’创建宣传警示教育基地”，下设“青少年法治教育实践厅”；纳雍县检察院与纳雍县团县委合作，建成毕节最大的未成年人犯罪预防平台——纳雍县青少年法治教育综合教育基地；黔西县人民检察院设立的青少年法治教育基地，成为首批省人民检察院授牌的教育基地。

【全力维护社会公平正义】 紧紧围绕人民群众反映强烈的执法不严、司法不公等问题，充分发挥法律监督职能，不断拓宽监督渠道，强化监督质效，提升监督水平，切实维护社会公平正义。一是强化诉讼法律监督工作。以“冤假错案零发生”为目标，依法监督刑事立案、侦查活动。监督侦查机关立案104件、撤案54件，追加逮捕247人，追加起诉345人，开展羁押必要性审查773件，对执法活动违法情形提出纠正意见98件次，对认为确有错误的刑事裁判提出抗诉18件。受理民事行政裁判、调解、裁定监督案件345件，办结287件。办理减刑、假释、暂予监外执行案件2855件，开展羁押必要性审查1250件，对刑事执行违法、不当情况书面提出纠正180件，办理被监管人死亡案件12人，办理收监执行案件19件，办理服刑罪犯又犯罪案件2件，办理申诉案件15件。二是强化检察公益诉讼工作。积极探索公益诉讼，深入煤矿、小流域污染、废旧塑料加工厂等领域摸排公益诉讼线索，并利用诉前程序督促相关部门履职。严格落实省人民检察院一体化办案机制、毕节检察机关联动办案机制，履行公益诉讼诉前程序483件，呈报省人民检察院审批5件，获得省人民检察院批复起诉3件，收到法院生效判决3件，法院均判决胜诉。三是强化涉检信访工作。落实涉法涉诉信访机制改革，坚持诉访分离，引导群众理性、合法表达诉求。开展律师参与化解和代理涉法涉诉信访案件工作，实现律师与检察机关优势互补、良性互动。受理来信来访450件，办理刑事申诉案件 29 件；律师到院参与接待 31 天，参与接访审查信访材料 86 件，参与化解案件 3 件，参加公开审查案件 2 件；办理国家司法救助案件 32 件，救助 80 人，发放救助金 26.89 万元；办理国家赔偿案件 1 件，办理阻碍辩护人、诉讼代理人行使诉讼权利控告案件 2 件，办理检察人员办案违法控告申诉案件 3 件。

【全力服务经济社会发展大局】 把检察工作放在经济社会发展全局中谋划和推进，积极配合国家监察体制改革，紧紧围绕试验区生态环境保护，扎实开展保护企业家合法权益、扫黑除恶等专项工作。一是开展扫黑除恶专项斗争。认真贯彻中央、省、市关于扫黑除恶斗争工作安排部署，建立健全横纵工作对接机制、与侦查机关、审判机关多层次联络机制及内部纵向信息报送工作机制，开通群众举报热线，广辟涉黑涉恶案件犯罪线索，拓展犯罪线索发现渠道。是年，全市检察机关提前介入涉黑涉恶案件 10 件 74 人，纠正遗漏同案犯 2 人，纠正遗漏事实 1 桩，受理批准逮捕涉黑涉恶案件 26 件 69 人，逮捕 61 人，不捕 8 人；受理审查起诉涉恶案件 22 件 105 人，提起公诉 12 件 68 人。二是保护企业家合法权益。充分发挥检察职能作用，将保护企业家合法权益专项工作作为服务试验区脱贫攻坚、生态建设和乡村振兴的切入点和有力抓手，依法正确处理一批涉企业、企业家案件，帮助一批企业、企业家提高规范经营、抵御风险的能力。主动向党委、人大、政府、政协和政法委等汇报保护企业家合法权益专项工作开展情况 65 次，得到肯定性批示 33 次；走访调研律师事务所、企业 259 家，回访企业案件 509 件，为企业提供意见建议 341 条，会同律师参与化解涉企案件 189 件。年底，全市检察机关批准逮捕侵犯企业或企业家人身权、财产权等合法权益犯罪 322 件 508 人，提起公诉 146 件 228 人；监督公安机关立案 29 件 31 人，监督纠正侦查活动违法 25 件；对涉嫌犯罪企业家不批准逮捕 121 人，作出不起诉决定 37 人，对涉嫌犯罪企业家开展羁押必要性审查 486 人，依法建议变更为取保候审强制措施 41 人；受理涉企控告案件 200 件 228 人，办理涉企民事、行政案件 306 件 343 人，为企业挽回经济损失 43967 万元。在检察服务大厅增设涉企案件“绿色通道”，得到省人民检察院通报表扬，毕节检察机关开展涉企专项工作的探索实践，在全省检察工作座谈会进行了书面交流，工作成效得到了省检察院充分肯定。三是配合国家监察体制改革。以提升司法理念为引领，以司法办案为中心，以改革创新为动力，积极配合和支持国家监察体制改革工作顺利实施，促进监察调查与刑事司法的有效衔接。毕节检察机关 136 名检察人员已转隶到市县两级监察委员会，用实际行动支持、配合国家监察体制改革；受邀提前介入监察机关审查案件 52 件 58 人，其中 50 件 54 人达到审查起诉条件，已正式受理并及时进行审查起诉，目前暂无退查或不起诉案件；已提起公诉 27 件 38 人，法院开庭审理 22 件 26 人，判决 11 件 13 人。从提起公诉的 27 件 38 人来看，从案件受理到起诉，平均办案时长不到 15 天。四是保护试验区生态环境。深入开展生态环境保护检察工作，加大对严重污染水源、大气、土壤等犯罪的打击力度，加强对资源环境监管执法活动的监督。是年，批准逮捕生态领域职务犯罪案件 7 件 7 人，提起公诉 9 件 9 人；批准逮捕破坏环境资源犯罪案件 18 件 21 人，提起公诉 35 件 39 人；监督生态领域立案 26 件；向有关部门发出督促履职检察建议并被采纳 300 件；落实生态修复检察建议 327 件，落实补植树木、草地 4400 余亩，58 万余株，增殖放流 3.3 万尾鱼苗；提起生态领域公益诉讼 4 件，收到法院生效判决 3 件；发放宣传资料 10000 余份；立足检察职能，积极推进“六个严禁”专项工作及“清废行动 2018”交办问题的整改落实。

【着眼固本强基，全力夯实检察工作基石】 顺应发展需求，将司法体制改革、信息化建设、队伍建设、外部监督作为推动检察工作科学发展的基础工程抓紧、抓好、抓实，不断夯实检察工作发展基石。一是深化信息化建设。以“大数据”应用为抓手，以“智慧检务”建设为突破口，推进现代科技与检察工作深度融合，不断提高信息化保障能力和服务能力，完成信息技术办案332件。加快统一业务应用系统管理，开展流程监控1201次，公开法律文书1795份。开通官方微博、微信和“今日头条”新闻客户端，在“两微一端”上发布各类信息4900余条，阅读人数达25余万人次。深入推进电子卷宗工作，拓展统一业务系统深度应用，制作电子卷宗2386件4830册，为办案便利化和律师电子阅卷提供保证。二是过硬检察队伍建设。认真组织推进员额制检察官遴选工作，组织全市19名申请入额检察干警进行了考核，通过考核、考试、答辩等相关程序，遴选5名员额制检察官；完成高检院调训30人次，省级调训241人次，市委调训91人次，检察网院培训任务158人次；完成全市检察系统政法干警、事业编制、临聘人员969人次为期五天以上的中共十九大专题培训，参训率达100%；与国家检察官学院贵州分院建立合作机制，分批次开展脱产培训98人次；采取系统操作、案件质量评查、文书质量评比等方式开展岗位练兵业务竞赛活动，提升办案人员实战技能；招录公务员14名，向组织部门提拔副县级干部1名。坚持从严治党、从严治检不放松，坚持从严管理干部，对威宁县检察院6名干警违反会风会纪问题进行通报曝光，起到了“问责一人，教育一片”的效果。三是党风廉政建设。市院党组牢固树立不抓党风廉政建设就是严重失职的观念，始终把党风廉政建设工作作为一项事关检察工作科学发展、事关检察队伍根本的基础性工程来抓。市院党组书记、检察长与各县（区）院检察长、百里杜鹃检察室主任、市院各党组成员，市院各党组成员与分管部门负责人，部门负责人与一般干警层层签订党风廉政建设责任书；党组成员和各内设机构负责人按照“一岗双责”要求，坚持业务工作和党风廉政建设及反腐败工作同安排、同部署。纪检监察认真履行监督职责，综合运用检务督察、明察暗访等方式，加大对执法办案环节和重点岗位人员遵守执法办案“五严禁”等纪律条规情况的监督检查，及时受理、及时调查、及时处理检察人员违纪违法举报线索，开展预防提醒谈话214人次，受理中央第四巡视组、省委第五巡视组、省检察院、市纪委等交办、转办管辖范围内检察人员涉嫌违纪违法问题线索11件，初核后以举报失实作了结处理9件，正在调查处理2件。2018年，市人民检察院机关党委被省直机关工委评为“市直脱贫攻坚先进基层党组织”。四是深化外部监督。坚持把主动接受人大权力监督、政协民主监督作为加强和改进检察工作的重要内容来抓，邀请人大代表、政协委员及人民监督员、特约检察员、专家咨询委员等定期视察检察工作、参与座谈、监督案件、参与检察开放日等重大活动，主动向代表、委员报告、通报司法办案中遇到的问题，积极寻求代表、委员理解和支持，帮助呼吁和解决检察工作面临的困难。是年，走访人大代表、政协委员86人次，邀请代表、委员、“三员”视察检察工作、参加庭审、参与座谈等重大活动64次，送阅《检察信息》《毕节检察》专刊683份。

（撰稿：姚　艳）

法　院

【概述】 2018年，全市法院坚持以习近平新时代中国特色社会主义思想为指导，深入学习贯彻习近平总书记对贵州对毕节的重要批示指示精神，紧紧围绕“113攻坚战”和“全面实施思想铸剑、政治安全、风险防控、强基固本、法治创建和满意提升”六大工程，全力抓好法院各项工作，全力以赴为新时代全面小康美丽毕节提供有力司法保障。特别是7月18日习近平总书记对毕节试验区工作作出重要指示后，全市法院感恩奋进、苦干实干，克服案件持续大幅增长的压力，顺利完成了各项目标任务。全年共受理各类案件74729件，结案71209件，同比分别上升18.21%和18.57%，结案率95.29%，同比上升0.29个百分点。其中，市中院共受理各类案件8721件，结案8355件，同比分别上升4.24%和4.92%，结案率95.8%。

【聚焦群众安全感，更加主动维护社会平安稳定】

全市法院坚决贯彻落实市委“大安全”决策部署，全力维护国家政治安全和社会大局稳定。一是深入开展扫黑除恶专项斗争。市中院召开推进会加强调度，组织业务培训强化指导，迅速形成“扫黑除恶”高压态势。共审结此类案件7件，判处64人，依法审判了杜某某等17名被告人、龙某某等12名被告人涉黑涉恶犯罪案件。二是严惩影响人民群众安全感的刑事犯罪。共受理刑事一审案件3046件，审结2948件，收、结案同比下降8.75%和9.43%。依法严惩侵害人民群众人身安全犯罪，审结故意杀人、故意伤害、绑架、非法拘禁等案件794件，判处942人。依法严惩侵害人民群众财产安全犯罪，审结“两抢一盗”、诈骗、敲诈勒索等案件869件，判处1265人。依法严惩“黄赌毒”犯罪，审结此类案件620件，判处780人。三是加强人权司法保障。严格落实宽严相济刑事政策，判处缓刑、管制、单处罚金等非监禁刑469人，免予刑事处罚32人。通知法律援助机构为被告人指定律师出庭辩护，实现刑事案件律师辩护全覆盖。四是着力促进社会和谐。共受理民商事一审案件45090件，审结43753件，收、结案同比上升15.52%和15.21%，其中，以调解方式结案13714件。全面推行家事审判改革，妥善审结婚姻家庭纠纷案件13822件。加强人民调解工作的指导，在597个行政村设立“诉调对接工作站”，对845件人民调解协议予以司法确认，最大限度做到案结事了人和。

【聚焦脱贫攻坚战，更加主动做好服务保障】

全市法院坚决贯彻落实市委“大扶贫”决策部署，充分发挥审判职能为打赢脱贫攻坚战提供有力司法保障。一是依法严惩各类经济职务犯罪。依法惩治金融诈骗犯罪和扰乱市场秩序犯罪，防止人民群众财产遭受重大损失。审结非法吸收公众存款、集资诈骗等犯罪案件18件，判处27人；审结组织、领导传销活动、合同诈骗、非法经营等犯罪案件24件，判处48人。积极做好全面推开国家监察体制改革的衔接配套工作，持续巩固反腐败斗争压倒性态势，审结职务犯罪案件68件，判处82人，依法审判了原双山新区党工委书记邓某某、管委会主任赵某某等一批职务犯罪案件。二是依法审判涉民生领域案件。妥善处理移民搬迁、劳动争议、医疗、教育、人身伤害等民事纠纷，审结此类案件6202件。依法严惩危害人民群众健康权犯罪，审结生产、销售有毒有害食品犯罪案件3件，判处4人。依法保护劳动者合法权益，审结追索劳动报酬纠纷案件509件，为农民工追回欠薪1491万元。三是提升司法救助实效。开通涉贫案件在立、审、执环节的“绿色通道”，对贫困当事人提起的诉讼，诉讼费实行“先受理、后缴纳”机制，确保各类涉贫案件得以快立快审快执。为贫困当事人发放司法救助金314.5万元，缓、减、免交诉讼费106万元。四是努力解决偏远地区群众诉讼不便问题。市中院积极落实人大代表、政协委员意见建议，向省法院报告优化人民法庭设置方案，以乡镇所在地名称命名人民法庭增强辨识度，人民法庭数量从现有63个增设为81个。省法院院长韩德洋批示“毕节中院的做法很好，真正体现了人民法院司法为民的观念，把满足人民的司法需要、便民利民，真正落实在行动、落实在基层，应予充分肯定”。

【聚焦高质量发展，更加主动参与建设示范区】

全市法院坚决贯彻落实市委“大发展”决策部署，切实找准法院工作贯彻新发展理念的切入点、着力点。一是依法保护创新创业。制定25条措施保护企业家合法权益。依法保护投资者合法权益，审结股权纠纷案件67件，涉及股金5331万元。依法保护产权，审结所有权纠纷案件1925件，涉及金额7106万元。二是切实维护市场交易安全。依法平等保护市场主体，审结买卖、借款、融资、租赁、建设工程、保险等合同纠纷案件12619件，为合同纠纷案件中胜诉当事人执行到位金额18.7亿元。三是加强生态环境资源保护。调整充实环境资源审判力量，严厉打击污染环境、破坏生态犯罪，审结盗伐、滥伐林木、非法捕捞水产品等犯罪案件33件，判处45人。依法审理检察机关提起的公益诉讼类案件7件。四是助推法治政府建设。共受理行政一审案件1288件，审结1245件，同比分别上升10.56%和11.96%。针对征地拆迁、棚户区改造以及行政处罚等引发行政诉讼案件较多的实际，发布《行政审判司法审查情况分析报告》白皮书，分析成因并提出依法行政建议，将司法功能从单一的事后监督拓展到源头预防，被省法院《行政审判通讯》转发其他市州法院学习参考。

【聚焦攻坚执行难，更加主动推进诚信社会建设】

全市法院坚决贯彻落实最高人民法院“基本解决执行难”决策部署，前所未有加大执行力度。一是紧紧依靠党委领导构建综合治理大格局。市委组织召开推进会，凝聚市直44家单位力量。市中院先后与民政、住建、国土、公安、组织、发改、教育、工商、不动产登记、保险、住房公积金管理等机构和部门建立执行协作机制，通过网络查控系统与相关机构联网，在执行案件立案后即快速查控被执行人银行存款、不动产、证券、机动车辆，实现“一网打尽”。二是压实责任抓攻坚。市中院实行“一把手抓、抓一把手”，落实院领导包片督导连带责任。全市法院尽锐出战，成立攻坚专班，设立“作战室”，明确时间表、路线图，做到挂图作战、销号管理，实现有财产可供执行案件法定期限内实际执结率达到94.06%。三是刀刃向内抓规范。完善内部监管和问责机制，坚决消除消极执行、选择性执行、乱执行等现象。全市法院规范执行财产处置，开展网络司法拍卖3220次，成交金额3.7亿元，网拍率为100%，网拍环节实现零投诉。执行案款全部纳入“一案一账号”，案款从审批到发放至申请人账户只需数小时，切实保障胜诉当事人权益及时实现。四是用足措施强惩戒。敢于向难执行的事、难执行的人、难执行的领域和部门亮剑，纳入失信被执行人名单7443人，限制高消费11416人，限制出境177人。先后集中开展“猎赖利剑行动”和“雷霆风暴”行动，罚款64人，拘留748人，以雷霆万钧之势打击失信行为。一年来，两级法院迎难而上、全力攻坚，“基本解决执行难”取得重大成效和突破进展。共受理执行案件17082件，执结15226件，同比分别上升38.69%和46.4%，执行到位金额33.77亿元。

【聚焦司法责任制，更加主动深化司法体制改革】

全市法院坚决贯彻落实中央全面深化司法体制改革决策部署，更加注重各项改革举措的协同性、联动性和配套性。一是实行员额法官动态管理。落实“能进能退”的工作机制，对因任职回避等不适宜继续担任员额法官的4人退出员额。充分借助省委、省政府支持毕节试验区建设的政策倾斜，积极向省法院报告增补员额法官53名，全市员额法官数量达到387名。加强法官职业保障，择优选升三级高级法官27名，四级高级法官36名。二是完善司法权力运行机制。进一步理顺庭长、副庭长权责关系，强化案件质量监督。突出院庭长办案示范指导作用，两级法院院长、庭长共办结案件46609件，占结案总数的65.45%。其中，院长、副院长共办结3756件。三是加强审判流程监督管理。升级案件管理系统，对立案、庭审、合议、宣判、送达、归档等办案流程节点全程监督，严格落实审限管理，实现司法活动全程留痕。推进执行工作信息化，强化保全、查控、查封、评估、拍卖等关键节点管控，通过执行系统办结督办事项592件。四是大力推进司法公开。制定实施意见深化庭审公开，让人民群众足不出户就能有效监督司法。全市法院庭审直播12763次，点播人数突破1014万人次。在2018年上半年全省法院庭审直播数量考核中，黔西县法院名列第一，织金、金沙、纳雍县法院均进入前十。织金县人民法院在最高人民法院委托第三方评估庭审直播工作中获全国基层法院第九名。

【聚焦人民为中心，更加主动改进法院工作】 全市法院坚决贯彻落实以人民为中心的发展思想，把接受人民监督作为提升司法能力、树立司法公信的重要保证。一是主动报告工作情况。凡涉及法院重要工作举措、重点改革任务，均主动向市人大、市政协报告，听取意见建议。全市法院在“两会”之外共向人大常委会、政协常委会议报告专项工作15次。市中院向市人大常委会作了《毕节市中级人民法院全面深化司法体制改革工作情况报告》，获全票通过。会后，市中院认真抓好审议意见的落实，专题向市人大常委会报告落实情况。二是畅通监督联络渠道。坚持“走出去”主动联络代表委员，全市法院通过电话、致函、走访等方式联络各级人大代表、政协委员1116人次。坚持“请进来”让代表委员了解法院工作，邀请各级代表委员旁听庭审、见证执行行动、见证法官宣誓、参观法院建设等527人次。三是积极展示法院工作。创作微电影、专题片、公益广告等，以人民群众喜闻乐见的方式生动开展普法宣传，两级法院创作8部微电影、2部微视频参加全国法院第五届微电影奖评比，其中1部荣获执行单元十佳奖，4部荣获优秀奖。市中院“宪法在我心”微视频在贵州省首届“我与宪法”微视频展播中，点赞超过10万人次，排名全省法院系统第一。四是认真落实意见建议。两级法院共办理代表书面建议和委员书面提案6件，建议人（提案人）对法院办复结果均表示满意。市中院党组专题研究“两会”期间市人大代表、市政协委员提出的25条意见建议，制定具体措施部署两级法院抓落实，并将落实意见建议情况向市人大常委会、市政协专题报告。

【聚焦创一流法院，更加主动强化队伍建设】 全市法院坚决贯彻落实市委书记周建琨对毕节法院提出“建设人民满意一流的法院”的要求，不断提升队伍能力素质。一是坚持党建统领。始终把政治建设摆在首要位置，切实提高政治站位。充分发挥基层党建在队伍建设中的重要作用，制定党建工作责任清单，构建责任清晰、目标明确、层层落实的党建工作格局。制定党员发展规划，两级法院发展党员43名。二是强化纪律作风建设。以落实巡视反馈意见整改为契机，在全市法院集中开展为期3个月的司法作风专项治理，促进干警讲规矩、守纪律。深入开展司法巡查和司法作风专项督察，自查自纠问题5类24项。对违纪违规行为抓早抓小，全市法院通报批评、诫勉谈话15人。三是深入开展司法为民大调研。大兴调查研究之风，围绕司法便民利民、审判执行、司法改革、队伍建设等内容确定重点调研课题40个，形成了“优化人民法庭设置、化解涉诉信访、提升民商事审判质效、创新执行财产调查”等一批高质量的调研成果，成功将调研成果转化为推进工作的新思路和新举措。四是全面开展岗位大练兵。分类细化“庭审驾驭、裁判文书制作、专业知识掌握、信息化应用、警务技能展示”等岗位练兵内容，以集中竞赛形式检验和巩固两级法院工作成效。2018 年，全市法院涌现出全国先进集体 2 个、先进个人 2 名，省级先进集体 5 个、先进个人 11 名，市级先进集体 56 个、先进个人 137 名。

（撰稿：朱微伟　罗培栋）

交通警察

【概述】 2018 年，全市各级公安交管部门坚持以党的十九大精神、习近平总书记会见贵州省代表团时重要讲话精神以及对毕节试验区的重要指示精神为指引，围绕服务保障“113 攻坚战”中心任务，立足职能，锐意进取、奋发作为，全面加强道路交通安全管理，在“保安全、保畅通、保民生”等各项工作中取得了积极成效，

【交通安全综合治理】 一是排查治理道路隐患。通过省、市、县级挂牌督办治理公路安全隐患理共 189 处，排查出高速、国省干道长下坡路段 39 处、事故多发路段 50 处，全部移交相关部门落实治理。二是动态防控农村交通事故。以农村监管云平台为抓手，联合农村地区“两站两员”、乡村干部累计开展农村地区跟场管理 2.96 万次，红白事打招呼 2.09 万次，宣传工作 5.39 万次，日常管理 104.35 万次。三是开展交通安全综合督查。牵头组成全市道路交通安全督导组深入各县乡党委政府、各职能部门、各重点企业开展工作督查 47 次，覆盖全市 10 个县区中 61 个乡镇和所有“两客一危”重点企业，排查出各类隐患 800 余条，督促相关部门解聘驾驶员 6 人、停运车辆 41 辆次、约谈企业负责人 4 次。

【道路交通环境整治】 一是强化春运交通管理。提前 10 天启动春运道各项安保措施，深入客运企业检查 6 批次，约谈重点运输企业 122 家。启动 8 个执法站和 34 个固定春运执勤点，对七座以上公路客运车辆“逢车必查”，密集开展“夜查”行动、酒驾整治、摩托车专项整治、客车超员专项统一行动及“铁壁合围 2018”全市集中统一行动，联合运管等部门查获并处罚非法营运车辆 23 辆，查处各类交通违法行为 25.7 万起。出动警力 4.4 万人次投入抗凝保畅工作，协助撒盐 3700 余吨，警车带道 376 批次，护送车辆 3.4 万辆，救助群众 1925 人。二是开展交通违法整治。开展“今冬明春严打整治行动”“百日攻坚”行动、“百日安全行动”，部署开展了全市摩托车面包车专项整治、重型货车集中整治、电动自行车专项整治等系列集中统一行动，严查酒驾醉驾毒驾等严重交通违法行为。组织市县两级“执法小分队”深入各地城区、乡镇、农村集中整治，全年共查处各类交通违法 174.16 万起，同比查处总量上升 6.39%。三是完成重大节日安保。深入分析研判，加强与“一路三方”、气象、旅游等部门的配合协作，强化重点管控和应急处置，圆满完成了 7 个法定假日和 10 余个重大活动期间交通安全保卫工作。

【城市文明畅通提升工程】 联合文明办印发了《毕节市城市文明畅通提升工程实施方案》和《考核方案》，参与毕节市中心城区双修规划等 110 个方案设计评审，牵头完成《七星关—金海湖—大方交通管理同城化发展规划》编制。组织召开 7 次交通影响评价专题会议，完成了 21 个项目的交评评审。推进交通标志标线及交通信号灯“两化”工作，新施划道路交通标线 6 万余平方米、新增道路交通标牌 709 块、整改标线标牌 127 处、交通信号灯控制路口 58 处，七星关、黔西、织金县交通信号灯联网控制率达到了 100%。加强城市交通违法整治，查处城市道路交通违法 96.48 万起。

【交通安全宣传教育】 一是加强新闻媒体宣传。

搭建媒体宣传平台、邀请记者随警作战，在省级以上电视、报刊新闻媒体宣传报道总计 377 条。利用今日头条发文 1254 条、累计阅读量达 268.4 万，通过蓝鲸直播平台开展执勤执法网络直播 10 场次，累计观看量达 35.2 万人次。二是强化阵地宣传教育。完成了 11669 名驾驶人的满分教育、139124 名驾驶人的审验教育。开展“七进”宣传教育活动 1181 次，受教育群众 19.89 万人次。三是深化交通违法曝光。不间断广泛开展“大警示”“大提示”活动，累计发布典型案例、提示和服务内信息微博 2450 余条、微信 1600 余条。深入开展典型宣传，毕节公安交警扶危助困、服务群众的事迹在新华社、中央电视台以及省市级媒体上均有报道。

【交管“放管服”改革】 一是优化办事流程。全面清理办理交管业务的各种证明凭证，升级改造业务大厅，联合税务、保险、商务、医院等部门推进信息共享网络核验，全面实现“申请资料四个减免”“普通业务一窗通办”“18 类简单业务一证即办”“车辆登记通道式办理”，年内共办理免复印身份证明 29.29 万笔、免填申请表格 33.86 万笔、免费拓印车辆识别代号 6.06 万笔。二是延伸服务触角。将不需要进行车辆查验的业务悉数进驻政务大厅，日均业务量达到 144 笔；加强警企、警保、警邮、警医合作，大力推行“就近办、便捷办”，主动推进交管业务向企业、向基层、向网络延伸，全市建立服务站 24 家，警邮合作代办网点 14 家，警保邮合作代办网点 5 家，警医邮合作服务网点 14 家。推动“放管服”及车管业务进村入户，年内进村服务共计达 58 次。三是创新服务方式。建立警保联动机制，全面开通公安交管“12123”交通事故快处快赔系统，完成财产损失交通事故在线快处 3534 起；推行除大型客车、校车、危险货物运输车外的其他汽车异地检验，年内办理跨省异地检验 9.27 万笔。推进车检程序优化，开通互联网及语音电话等“点对点”车检预约服务，年内办理预约检车业务 1297 笔，申领免检标志业务实现网上申请、邮寄送达。

【执法规范化建设】 重新修订《执法质量考评细则》，制定下发了《2018 年执法质量考评方案》，开展季度执法质量考评 4 次，采取网上复核工作方式进行事故案件复核，全年举行复核 27 次，接收当事人（及家属、委托代理人）道路交通事故复核申请 175 份，涉及案件 166 件，维持 60 件，撤销 76 件，终止 7 件，当事人自行撤回 5 件，撤销率为 51.35%。

【队伍建设管理】 一是加强思想政治学习。围绕党的十九大精神、习近平总书记系列讲话和省市系列会议精神，中央、省、市纪委会议精神，开展各类集中学习达 40 次，党委中心组学习 12 次，开展各种警示教育 30 余次，使用“阳光警务”“数据党建”板块认真学习各类文章 36000 余次。特邀毕节市委党校教育长赵德虎主讲习近平总书记对毕节试验区工作作出的重要指示精神讲座。二是开展队伍教育培训。组织民警分期分批参加全市公安机关体能、智能、技能测试及训练，组织 123 名民警进行事故资格专业培训，12 名辅警参加全市公安辅警大培训；组织“教育训练日”“三能”培训 9 次，356 人次民警参加达标培训，全部达标人数为 56 人；派出民警 32 人次到广州、杭州、上海、北京等地参加业务学习培训，26 人分期分批到延安参加学习教育培训。三是强化党风廉政建设。全面安排部署党风廉政建设、队伍纪律作风、基层党建工作。加强纪律作风监察管理。全年共接待群众来访来电投诉案件 85 件，同比下降 43.3%。开展专题明察暗访 20 次，发现整改问题 40 余起，配合上级部门违法违纪立案调查 3 起，已处理党员民警 2 人，开除辞退协勤 15 人。全力配合市委巡察及巡察整改工作，成立巡察反馈整改专班，积极开展巡察反馈整改工作。

【驻村帮扶工作】 安排两名民警专职驻村帮扶，为法窝村新办公场所建设赠送3万元的办公设备，在纳雍县羊场乡建设辣椒示范基地160亩，村里在基地务工的40多名村民人均年收入增加超过8000元，发动机关干部职工开展结对帮扶，集资6万余元帮扶资金，以支部为单位分批走访调研和慰问。

（撰稿：文江）

司法行政

【概述】 2018年，在市委、市政府的坚强领导下，全市司法行政系统以习近平新时代中国特色社会主义思想为指导，全面贯彻党的十九大精神和习近平总书记对毕节试验区工作的重要指示精神，以助推打赢脱贫攻坚战、建设示范区为目标，充分发挥法治宣传、法律服务、法律保障等职能作用，各项工作有序推进，较好地完成了既定的工作任务。

【普法依法治理工作】 一是以全民守法宣教工程为载体、以领导干部和青少年为重点对象、以国家机关“谁执法谁普法”“谁主管法谁普法”为责任的普法工作，组织国家公职人员学法用法网络考试、强化党内法规宣传等工作。二是不断加强法治文化阵地建设，按照中央、省、开展第四批省级“民主法治示范村（社区）”创建活动，全力打造金海湖新区常丰村、黔西县杜鹃街道大兴社区法治文化广场、织金县地税局法治文化大院、威宁县石门乡年丰村法治文化公园。

【律师公证工作】 一是律师职能作用充分发挥。2018年以来，全市律师参加刑事辩护案件1687件，代理民商事案件2085件，代理行政案件216件，代理非诉事务102件。二是律师执业环境得到进一步改善，全市司法行政机关出台了一系列保障律师执业权利的政策措施，建立律师联席会议制度，全市司法行政机关对国资所中不符合执业条件的人员进行了清理，律师执业环境进一步得到改善。三是做好律师事务所、公证处、公证员年度检查考核工作。

【法律援助工作】 在全市所辖区域内的乡镇（办事处）设立法律援助工作站263个，在村居（社区）设立法律援助联络点3029个，还在残联、监狱、社保等部门建立专门法律援助站73个，基本建成城市“半小时”、农村“一小时”的法律援助服务圈，共办理法律援助3343件，援助农民工讨薪案件1063件，其中，七星关区、大方县、织金县法律援助机构及人员，多次获得司法部、中华妇女联合会等部门表彰。

【基层司法行政建设】 一是全面提升规范化司法所功能和作用，进一步抓好待达标司法所的建设工作。二是加强基层法律服务规范化管理。三是全市通过年检注册的基层法律服务所57个，基层法律服务工作者341人。

【司鉴司考工作】 一是加强司法鉴定行业资质管理，对毕节全市6个司法鉴定机构、45名司法鉴定执业人进行监督评查管理。二是确保了法律执业资格考试的成功进行，2018年是国家统一法律职业资格证考试的改革之年，认真贯彻落实司法部关于法律职业资格证考试相关要求，形成了“统一指挥、条块结合、分工明确、多方联动、协同作战”的工作机制，圆满完成了698名考生的报名和考试组织工作。

【社区矫正工作】 全市司法行政机关按照“衔接好、监管好、引导好”的工作思路，“抓好四个强化，完善三个制度，落实二个建设，强调一个重管”开展社区矫正工作，切实加强对社区服刑人员的服务管理工作，推动全市社区矫正工作依法规范深入开展。

【人民调解工作】 一是做好规范化人民调解委员会创建工作。全市按照《关于加强全市人民调解委员会规范化建设的实施意见》（毕市司通〔2015〕9号）文件要求，在“组织建设规范、队伍建设规范、调解场所规范、工作制度规范、业务活动规范”五个方面切实做好规范化人民调解委员会创建工作。2018年建立一批规范化村（居）人民调解委员会示范点。全市各县（区）按村（居）调委会总数5%的目标完成规范化建设，共创建208个规范化村（居）人民调解委员会。二是充分发挥人民调解在社会矛盾纠纷调解机制中的基础性作用，深入贯彻人民调解法，进一步完善乡镇（街道）、村（社区）、组、中心户长“四位一体”人民调解网络，建立矛盾纠纷定期排查调处制度、重大社情报告制度、群体性事件快速反应机制，大力加强矛盾纠纷排查化解工作，坚持抓早、抓小、抓苗头，使矛盾纠纷早预防、早发现、早解决，减少“民转刑”案件和群体性上访事件的发生。三是进一步加强行业性、专业性人民调解工作，积极与有关行业管理部门、社会团体组织沟通联系，在矛盾纠纷多发、适合人民调解方式的领域建立行业性专业性人民调解组织，不断拓展人民调解工作领域。

【强制戒毒工作】 指导强制隔离戒毒所认真学习党的十九大和习近平总书记系列重要讲话议精神，坚决贯彻落实全国、全省、全市政法工作会议及司法行政工作会议精神，指导其认真开展政治理论、业务知识学习，督促其以场所安全稳定为中心，筑牢底线安全意识，以实现场所“六无”为目标任务，抓好强制隔离戒毒工作。

【安置帮教工作】 一是做好刑满释放人员衔接管控工作制度。按照上级部门要求，对刑满释放人员的信息做好衔接核实及回执工作，确保衔接有序。二是加强做好过渡性安置帮教基地建设，积极配合民政、扶贫等部门对刑满释放人员进行重点帮教扶持，努力实现社会管理效益的最大化。三是做好刑满释放人员的帮扶力度，司法行政部门具体管理，公安、民政、财政、人力资源和社会保障、税务、工商行政管理、人民银行、共青团、妇联等部门各司其职、密切配合、齐抓共管，共同做好刑满释放人员的服务管理工作，做到社会有人帮、就业有人管，有效预防刑满释放人员重新违法犯罪，切实提高安置帮教工作质量，促进刑满释放人员改过自新。

【党风廉政建设】 一是突出定责明责，全面推动主体责任落实，层层签订党风廉政建设责任书，落实“一岗双责”，完善党风廉政建设责任制和廉政监督长效机制，落实意识形态工作主体责任。二是突出学习教育，筑牢崇廉拒腐思想防线，提高勤政廉政意识，强化队伍建设，打造忠诚担当司法行政队伍，制定措施办法，促进党风廉政建设工作有序开展。三是突出正风肃纪，巩固作风建设成果，认真贯彻落实各级指示精神和纪律规定，防患于未然，加强司法行政工作监管，严防微腐败问题发生。

（供稿：市司法局办公室）

强制隔离戒毒

【概述】 2018年，在省戒毒局和市司法局领导下，毕节强制隔离戒毒所全体民警、职工，坚持以马克思列宁主义、毛泽东思想、邓小平理论、“三个代表”重要思想、科学发展观、习近平新时代中国特色社会主义思想为统领，认真学习党的十九大和习近平总书记系列重要讲话议精神，坚决贯彻落实全国、全省、全市政法工作会议及司法行政工作会议精神，认真开展政治理论、业务知识学习和实践，以支部为单位开展“安全隐患清零专项行动”“大学习　大练兵”和纪律作风整顿活动，以场所安全稳定为中心，筑牢底线安全意识，以实现场所“六无”为目标任务，以从严治警和推进规范化建设为抓手，精心研究谋划、及时安排部署、狠抓工作落实，全面推进新所建设，较好地完成了全年工作任务，取得了一定成绩。

【开展的工作和取得的成绩】　（一）党建工作实现新提高。提高政治站位，狠抓政治理论学习，强化党建工作和队伍建设。通过学习贯彻十九大精神和习近平新时代中国特色社会主义思想，按照围绕主题、把握灵魂、狠抓落实和抓住精髓、掌握实质、注重实效的要求，在深入人心上下功夫，在开拓创新上下功夫，在力求实效上下功夫，把全所民警（职工）的思想和行动统一到党的十九大精神上来，统一到习近平新时代中国特色社会主义思想上来。

一是广泛开展党的十九大精神教育活动，认真落实党委中心组理论学习、支部“三会一课”制度，通过行政例会、支部组织生活集中学习、个人自学等多种学习形式，做到学以致用。在学习中，要求各班子成员学习的同时，认真细致地进行总结、提炼、深入挂包基层单位调研，切实做好班子成员个人能力提升，以达到提高工作水平和领导能力，全面提高个人素质和履职能力，认真践行习近平新时代中国特色社会主义思想，牢固树立“四个意识”，坚定“四个自信”，自觉做到“四个服从”，切实提高确保场所安全稳定就是司法行政戒毒警察讲政治的思想认识。

二是强化所党委班子建设，凝心聚力，高效推进全面工作。2018 年上半年，毕节强制隔离戒毒所在所党委班子不健全的情况下，所党委带领全体民警、职工奋力拼搏，确保场所持续安全稳定，实现半年“六无”。下半年以来，在毕节市委、市政府的关心和帮助下，配齐、配强毕节强制隔离戒毒所党委领导班子。在新任所党委领导下，班子建设进一步加强，队伍建设和管理等全面工作进一步规范，工作制度进一步严格，纪律作风进一步转变，队伍士气进一步提振，整体工作取得明显进步和提高。

三是以“大学习　大练兵”活动和纪律作风整顿为抓手，切实提高队伍整体素质。自 2018 年 8 月以来，通过队列训练、基层基础业务学习培训和警示教育活动及党风廉政警示教育专题讲座等活动，不断提高队伍业务素质、履职能力和廉洁自律的自觉性。

（二）场所安全稳定工作取得新成绩。围绕《关于印发〈贵州省戒毒管理局贯彻落实全国司法厅（局长）会议精神的实施意见〉的通知》（黔戒毒发〔2018〕1 号）七项重点工作任务、重大活动开展和司法戒毒创新发展，以场所安全稳定为中心，以实现场所“六无”为目标，全力确保年度工作目标任务的顺利完成，在连续七年“六无”的基础上，实现第八年“六无”。

一是坚决执行部局依法依规应收尽收决策部署。全年新收戒毒人员 211 人，解除强制隔离戒毒 328 人，转社区戒毒 8 人，探视 10 人（含奖励性探视 1 人）。全年累计收治病残戒毒人员 42 人，异所管理 1 人。截至 2018 年 10 月 25 日，在册戒毒人员 397 人，在所 393 人。

二是坚决贯彻执行《全国司法行政强制隔离戒毒场所依法依规应收尽收专项工作方案》〔（2018）司戒毒字 21 号〕、《强制隔离戒毒所收戒病残吸毒人员标准》〔（2018）司戒毒字 20 号〕、贵州省戒毒管理局《关于进一步做好病残吸毒人员收治工作的实施意见》〔黔戒毒发（2018）4 号〕等场所安全稳定工作系列文件，为落实依法依规做好病残吸毒人员的收治工作，结合单位实际，拟定了病残戒毒人员收治工作实施方案，积极创造条件做好收治工作。收治病残戒毒人员以来，无一例缓收和拒收情况发生。

三是牢固树立安全稳定首位意识，广泛深入开展“安全隐患清零行动”，切实采取有效措施，确保场所持续安全稳定。遵照司法部“4·15”电视电话会议精神，切实开展场所“安全隐患清零”专项行动。通过加强宣传动员，组织开展“三学三查三提高”为主要内容的学习教育，全面提升民警政治站位，安全意识、责任意识和对各类安全制度的掌握运用。在专项行动开展中，对照刘志强副部长提出的“七个必须”说明，认真梳理近三年以来上级检查和自查发现的问题和隐患，集中开展自查评估和整治工作。进一步规范物资入所检查管理制度，加强场所安全稳定形势分析研判，提高场所安全稳定工作质量。10月8日，“安全隐患清零行动”工作顺利通过省局复查验收。

四是严格落实离所就医联勤管理规定。随着病残吸毒人员收治人员大幅增加，场所医疗有限，外出就诊住院治疗戒毒人员增多，外出就诊戒毒人员58人次，转诊住院23人次，为确保押解和就诊期间的安全，在严格落实审批前提下，各大队克服警力不足现状，确保足够警力押解并保证了安全。由于病患处置及时，未发生所内病亡事件。

五是根据贵州省戒毒管理局《关于开展扫黑除恶专项斗争实施方案的通知》（黔戒毒通〔2018〕56号）文件精神，制定了实施方案，设置举报箱，加强在办公区、管教区、探访窗口等设置宣传专栏、标语等形式，积极动员民警职工和戒毒人员及其亲属检举揭发涉黑涉恶线索。专项行动开展以来，累计摸排2名涉黑涉恶经历戒毒人员，均纳入重点管控，未收到涉黑涉恶线索。

六是依法履行法定职责。严格执法审批工作，对执法审批材料依法公示公开，未收到投诉和反映材料，依法办理的1名奖励性探视和9名因直系亲属病危和死亡外出探视戒毒人员均按时回所。大中队严格执法、文明执法，未发生打骂、虐待戒毒人员事件，未收到戒毒人员关于民警执法问题的反映。

七是完成枪弹库改造工作。根据省局和公安机关要求，购置了枪弹柜、配置了安全管理系统，有效确保了枪支弹药的管理安全。10月10日，省司法厅专项检查中，未发现枪弹管理隐患。

八是认真落实戒毒人员信息采集和无缝对接工作。全国司法行政戒毒信息采集系统启用后，及时组织各大中队完善信息采集并上传，得到了省局的肯定。按照省局、市政法委的有关要求，严格落实戒毒人员必接必送的无缝对接工作。

（三）教育戒治工作取得新突破。一是围绕省局关于推行“三四五一”戒治模式的工作安排部署，结合所情，认真思考和谋划，制定工作实施方案，修订完善了各项管理制度，为平稳顺利衔接“三四五一”戒治模式奠定了坚实基础。根据省戒毒管理局黔戒毒发（2018）6号文件，关于《贵州省戒毒管理局落实〈司法部关于建立全国统一的司法行政戒毒工作基本模式的意见〉的实施意见》的通知要求和所领导安排，结合四期四区、五大中心设置的相关要求和场所实际，抓紧思考谋划下一步推进思路，初步规划区域，力争在11月底前完成相关准备工作，2019年1月顺利实施基本模式。

二是认真贯彻落实《司法行政机关强制隔离戒毒所教育矫治工作考核办法》和《司法行政机关强制隔离戒毒所教育矫治工作考核标准》，结合全所正在开展的规范化管理工作，进一步规范教育矫治工作，促进教育矫治工作规范化、科学化、标准化发展。年内教育转化重点人员9人，总结个案9个；建立戒毒人员身体康复训练档案，制定针对性的训练计划。期内训练362人，接受训练率92.1%，入所体质测定211人，达标160人，达标率75.8%，出所体质测定315人，达标315人，达标率100%；完成心理测试495人次，个体咨询132人，个体咨询263人次，团体辅导30次，团体辅导920人次。完成微电影

《回家的路》的拍摄工作。组织戒毒人员走进校园开展禁毒宣传活动共4次，参加师生共计6976人。戒毒人员以自身惨痛经历告诫学生们要“珍惜生命，远离毒品”，活动取得了良好效果。毕节市电视台《平安毕节》栏目组进行了相关报道。共计报送各类戒毒案例9篇，其中被司法部12348中国法网选登一篇。深入开展“亲情帮扶·助力扶贫”活动。

（四）生活保障和医疗康复工作发生新变化。一是为妥善解决病残戒毒人员的医疗康复工作，在继续加强与毕节市第三人民医院和省强制隔离戒毒康复医院合作的基础上，重点增加了与七星关区关爱医院的合作，确保“绿色通道”的畅通，落实上级要求的新收入所“五项”（肺结核、甲肝、乙肝、丙肝、梅毒）的检查，年内共检测211人。截至2018年10月16日，共送诊42人次，使病情较重的戒毒人员能及时住院治疗，确保场所安全稳定。

二是根据省局生活卫生达标工作有关文件要求，重新更换了戒毒人员床单、被套、枕套，戒毒人员服装统一，季节变换时统一更换适合季节的服装；对戒毒人员食堂、卫生间进行了维修改造；采取竞争性谈判方式确定服务部物资供应商，规范服务部物资进货渠道。服务部销售物资符合管理规定，销售商品无玻璃制品、无易拉罐、无带有绳索的物品、无“三无”产品，能保证戒毒人员正常购物需要，截至2018年10月16日，批零价差共计23.0379万元。进一步改善生活卫生工作环境，提高生活卫生工作质量，呈请省局达标验收。

（五）项目建设工作取得新进步。一是重新调整和加强了新所建设领导小组，进一步明确职责分工，加强了新所建设的领导和督促工作。二是在2017年的基础上，加快了新所建设项目管理区主体及附属工程和人防工程的招标进度，2018年11月完成招标工作。三是督促项目代建单位及施工单位，加快戒毒管理区主体及附属工程施工进度，确保年底完工。四是依法依规管理和使用好项目建设资金，累计完成项目产值8000余万元，占项目总投资的39%；累计拨付工程进度款4321万元，占到账资金的23%。

（供稿：毕节市强制隔离戒毒所）

经济管理与监督

宏观经济管理

【概述】 2018年，是深入实施“十三五”规划的重要之年，面对错综复杂的宏观经济形势和繁重艰巨的发展改革工作任务，毕节市发展和改革委员会在市委、市政府的坚强领导下，坚持以习近平新时代中国特色社会主义思想为指导，深入贯彻党的十九大精神和习近平总书记系列重要讲话精神，特别是“7·18”重要指示精神，牢固树立“四个意识”，坚定“四个自信”，坚决做到“两个维护”，主动适应新形势，积极应对新变化，上下联动，攻坚克难，统筹推进稳增长、促改革、调结构、惠民生、防风险各项工作，为促进全市经济社会持续健康发展作出了积极贡献。全市实现地区生产总值同比增长10.2%，其中第一产业增加值同比增长6.9%，第二产业增加值同比增长9.3%，第三产业增加值同比增长12.5%；固定资产投资同比增长12%；规模以上工业增加值同比增长10.5%；一般公共预算收入同比增长5.1%；社会消费品零售总额同比增长8.5%；金融机构人民币存贷款余额同比增长8.74%；城镇常住居民人均可支配收入29888元、同比增长9.4%；农村常住居民人均可支配收入9354元、同比增长10.4%。

【经济运行分析监测】 毕节市发展和改革委员会不断加强经济运行分析监测，准确把握经济运行形势。按照年初市委、市政府确定的各项目标任务，将经济发展综合测评、GDP核算、国民经济和社会发展计划等56项指标整合为经济工作稳中求进指标体系，形成月监测通报、季度分级督办调度机制，强化对经济运行涉及的所有指标及时监测和精准调度。每月向市政府常务会、每季向市委常委会专题汇报，分析经济运行中出现的问题，提出解决对策和措施，顺利实现“开门红”“双过半”等各阶段性目标任务。

【规划编制工作】 毕节市发展和改革委员会不断加强协调，科学编制发展规划。牵头编制《毕节试验区一二三产融合发展规划》《毕节市玫瑰＋大健康产业发展规划》《毕节市乡村振兴战略规划》《毕节市煤层气开发利用规划》等系列重大发展规划。草拟印发《2018年国民经济和社会发展计划》《毕节市农村人居环境整治三年行动方案》《毕节市发展“一县一业”推动产业脱贫攻坚三年行动实施方案（2017—2019年）》等系列计划方案，为促进毕节市全面协调可持续发展提供了有力支撑。

【固定资产投资及重大项目建设】 毕节市发展和改革委员会始终把项目带动作为加快发展的支撑点和第一抓手，把项目建设作为坚持发展要务、增强发展后劲、发挥发改职能的核心工作来落实，充分发挥投资在稳增长上的关键作用。一是项目争取力度大。累计获得国家和省资金支持86.89亿元，争取中央预算内投资项目200个，获批资金42.34亿元，其中19.4亿元支持贫困县“教育、医疗、保障性住房配套基础设施”等项目建设、4.22亿元支持易地扶贫搬迁工程、3.5亿元支持“三农”建设、2.24亿元改善生态环境。争取省级预算内项目56个，获批资金9254万元，资金争取额度为历年最高。追加“十三五”电网建设投资计划43.62亿元，全省排名第一。华电毕节热电二期2×400兆瓦煤改煤层气热电联产项目纳入黔党发〔2018〕23号文件重点支持项目，威赫电厂660兆瓦清洁高效超超临界循环流化床机组工程项目纳入国家电力示范项目。二是项目谋划成效好。创新建立“一个专班、一个标准、一张总表、一个目录”的项目谋划管理机制，按照“干今年、看明年、谋五年”的工作思路，建立了市县乡三级综合项目库和行业项目库，坚持每月调度、动态管理、适时更新，超前谋划各类项目。全市综合项目库谋划储备项目达9235个，总投资达3.94万亿元。充分利用市工程咨询中心等技术力量，切实加大项目谋划业务指导，组织开展市县两级培训10余次，培训各级干部8000余人次。三是项目推进速度快。776个省市重大工程和重点项目新开工324个，建成183个，完成年度投资目标的101.8%，为全市固定资产投资增长提供有力支撑。累计完成“投转固”项目5209个，转固投资326.85亿元，推进建成项目更好发挥投资效益，有效盘活资产。新增高速公路通车里程222公里，成贵铁路、叙毕铁路建设有序推进，成贵高铁预计2019年底可望建成通车，毕节铁路东站正式开通运营，飞雄机场一期改扩建工程建成投运，威宁机场开工建设。夹岩水利枢纽工程累计完成总投资的61.3%，七星关双河口、大方野螺沟等7座水库建成完工，31.3万人建档立卡贫困人口的农村饮水安全巩固提升工程有序实施。新增核准建设电网工程项目18个。“气化毕节”工程取得重大进展，七星关中心城区实现通气目标。

【产业结构调整工作】 毕节市发展和改革委员会始终将推进产业结构优化调整作为提高经济发展质量和效益的核心工作，不断培育增长新力量。一是大力推动农业转型升级。全市完成玉米调减面积183.5万亩，粮经比增加2个百分点，农业产业结构更加优化。强化产销对接，在广州、重庆、长沙、北京、河口等市外五大营销联盟共设毕节农产品销售点806个，实现农产品销量7.76万吨，销售额4.69亿元。积极配合推进全市326个省市县乡农业园区建设，不断探索推进农产品加工业、休闲旅游农业发展，农产品加工转化率达到43.8%，推动农业园区成为农业转型升级的样板区。争取到2.94亿元中央资金支持石漠化、千亿斤粮食等项目建设，推动农村基础设施持续完善。二是大力推动工业加快发展。传统产业稳步提升，实现原煤产量4200万吨；发电量445亿千瓦时，同比增长10.6%；卷烟产值59.67亿元，同比增长7.1%；白酒产值5.5亿元，同比增长8.5%；生产水泥1334.9万吨，同比增长10.1%；生产汽车6.2万辆，同比增长1.4%。重大项目取得突破，黔希30万吨/年煤制乙二醇项目建成试产，生产乙二醇7万吨以上、实现产值约5亿元；织金60万吨/年煤制烯烃项目取得突破性进展；力帆多用途货车技改项目等重大项目前期工作有序推进。三是大力推动服务业逐步壮大。支持传统批零住餐等服务业做大做强，以推动服务业集聚区发展为工作抓手，引导新兴服务业的健康发展。大力发展中药材加工、生物制药、健康养生、新医药等大健康产业，纳入省大健康“6个50”重点工程项目45项，2018年完成投资44.09亿元。编制《大健康产业招商引资项目表》，谋划招商引资项目21个，总投资85.19亿元。以筹办第十四届全省旅游产业发展大会为重要抓手，突出国家全域旅游示范区创建，不断推动“国际知名山地康养度假旅游目的地”建设，推动旅游业持续快速发展，实现旅游总收入851.16亿元，同比增长32.6%，接待游客突破1亿人次，同比增长31%。四是大力推动新兴产业加速发展。大数据电子信息、大健康医药、装备制造、新型建材等新兴产业实现产值240亿元，占工业总产值比重达24%。新建成威宁象鼻岭二期、赫章文渊和兴发一期光伏电站等3个光伏发电项目，新增光伏发电装机9万千瓦；威宁法地、小海、雪山等风电项目部分机组建成投运，新增风电装机达7万千瓦。新能源装机共205万千瓦，占全市电力装机的15%。

【生态文明建设工作】 毕节市发展和改革委员会深入落实习近平生态文明思想，以生态环境高质量为导向，切实抓好生态文明建设工作。一是能力建设与制度创新并进。组织筹备了全市生态环境保护大会，制定了全市生态文明建设目标评价考核细则、工作调度办法，将生态文明建设工作列入对县（区）、市直部门的考核体系中，建立领导干部任期生态文明建设责任制，生态文明建设体制机制不断完善，全市在年度省生态文明建设评价考核排名中较上年度实现进位。二是源头治理与集中攻坚并重。全市城镇污水处理项目建成20个，新增生活污水处理能力3.1万吨/日，县城污水提标改造项目全部完工；生活垃圾收运系统全面建立，覆盖242个乡（镇、办事处）；餐厨废弃物资源化利用和无害化处理项目顺利完工，新增处理能力100吨/日；医疗废物处置实现全覆盖，城乡医疗废物处置率达99.6%；全市4个垃圾焚烧发电项目全面开工。三是污染防治与生态修复并举。顺利完成中央环保督察以及“回头看”反馈问题整改任务；协同推进污染防治攻坚战、“三线一单”、国家储备林建设等工作；七星关、大方等7个县区获得省级森林城市称号，毕节国家森林公园获“中国绿色生态景区”称号；积极开展长江经济带试点示范城市建设；百里杜鹃管理区自然资源统一登记确权试点工作顺利完成；全市节能“双控”指标均控制在省下达的指标范围内，在全省评价考核结果中排名第一，获全省通报表扬。

【价格监测调控工作】 全市居民消费价格指数累计涨幅2.8%，控制在国家和省规定的范围内。及时启动社会救助和保障标准与物价上涨挂钩联动机制，为全市低收入群体发放了价格临时补贴资金。在“非洲猪瘟”疫情期间，迅速启动一级应急措施，对全市主要食品市场价格实施日报制度，密切关注疫情期间与人民群众生产生活密切相关的商品价格动态。降低6个国有景区门票价格，每年减少游客支出约6120万元。出台毕节市住宅小区机动车停车服务收费管理实施细则，规范机动车停放服务收费制度，获社会广泛好评。农产品成本调查及价格认证工作分别受到国家发改委表彰。

【深化改革工作】 深入推进供给侧结构性改革，紧盯“三去一降一补”，从降低企业用能、融资、税费、物流、人工成本等7个方面明确48项具体措施，全市降低各类成本22亿元以上。扎实推进其他重点领域改革，推进开放型经济和内贸流通改革，从提升投资贸易便利化水平、发展现代产业、推进开放式扶贫建设、营造良好的营商环境4个方面共明确52项任务；推进公务用车制度改革，《毕节市事业单位公务用车制度改革工作方案》印发实施，完成全市地方党政机关公务用车考核评估；推进“放管服”改革，全面推行“双随机一公开”，全市进入贵州省“双随机一公开”监管平台单位共314家，共开展随机抽查活动2874次，随机抽查对象47417户，随机抽查事项7660项，随机选派执法人员13177人次。

【民生工作】 毕节市发展和改革委员会不断推进重大民生工程、民生项目，持续增进人民福祉。一是突出打好精准脱贫攻坚战。深入开展“春风行动”“夏秋攻势”，扶贫产业覆盖贫困人口65.7万人。绿色产业扶贫投资基金已投放56个项目，投放资金53.67亿元，使用资金29.39亿元，使用额度占投放金额比例54.76%。帮助纳威赫三县实施好“一县一业”产业扶贫项目，扎实抓好对口帮扶赫章县安乐溪乡各项工作，助推安乐溪乡如期脱贫。二是突出补齐民生事业短板。建成“组组通”公路9632公里，7303个村民组通硬化路，占总计划的77.6%。易地扶贫搬迁2017年易地扶贫搬迁47个安置点、搬迁安置2.95万户13.46万人，已于2018年全部搬迁入住，搬迁入住率100%；2018年易地扶贫搬迁项目共12个安置点，搬迁安置1.97万户9.06万人，完成安置住房建设2.11万套。三是突出抓好省市民生工程建设。2018年全市涉及省“1+7”民生工程完成投资327.94亿元，占计划的103.27%，退耕还林、易地扶贫搬迁安置区卫生室建设全覆盖、深度贫困村卫生室规范化建设全覆盖等73项已完成目标任务。全市十件民生实事完成投资212.73亿元，占计划的101.77%，农村中小学校“薄改”工程、职业技能培训、硬化通组路等21项已全面完成目标任务。

（供稿：毕节市发展和改革委员会）

国土资源管理

【概述】 2018年，全市国土资源系统紧紧围绕市委、市政府打赢“113攻坚战”目标，贯彻落实省国土资源厅工作部署，围绕中心、服务大局，坚持主基调、主战略，尽职履职，切实提升国土资源保障能力和服务水平，为试验区科学发展提供了强有力的国土资源保障。

【耕地保护】 按照省级下达的土地利用总体规划调整完善指标，核减耕地保有量121万亩，永久基本农田保护面积33万亩，调整后全市永久基本农田保护面积为1136万亩，实际划定永久基本农田划定面积为1136.69万亩，超任务划定6900亩，核减后耕地保有量为1368万亩，实际耕地面积为1483.98万亩。完成重大建设项目用地占用永久基本农田的补划、踏勘工作。

【资源保障】 共受理和上报用地预审项目50宗，面积1592.54公顷。受理并上报用地报件49宗（件），面积2456.11公顷。获批各类建设用地项目47宗（件），面积1535.43公顷。共供应土地590宗，面积1725.52公顷，出让土地409宗，面积800.9399公顷（包含威宁），出让价款104.15亿元。组织出让矿业权9宗，成交金额

0.13亿元。完成砂石土矿山整合后变更换证8宗，征收采矿权价款0.03亿元。威宁—赫章地区能源资源调查开局良好，新发现超大型稀土矿1处，大型稀土矿1处，累计资源量达93万吨。赫章猪拱塘地区找到超大型铅锌矿床，金属量达275万吨，实现贵州超大型铅锌矿床“零”的突破。

【民生维护】 取消交易确认告知书等无法律法规依据的“奇葩证明”。推动与金融系统的“不见面审批服务”。推进问题楼盘处置和不动产登记，共发现历史遗留问题161宗，已解决89宗，其中市本级56个问题楼盘，有18个批复了处置方案，开展了不动产登记。持续抓好地灾防治，共组织地质灾害紧急避让或临时撤离避险32处261户948人，避免经济损失0.06亿元，全年未发生因地质灾害造成的人员伤亡事故。

【脱贫攻坚】 推进“村民自建”和极贫乡（镇）整乡推进土地整治项目建设。完成就地脱贫人口每人整治1亩优质农田“村民自建”项目95个。推进城乡建设用地增减挂钩，获403.4公顷（含威宁）跨省流转指标，占全省30%，指标实现跨省流转后，将获18.15亿元的流转收益。推进乌蒙山区域“兴地惠民”土地整治，4个“兴地惠民”土地整治重大工程获自然资源部批复，建设总规模7906.66公顷，投入资金4.49亿元，由中央财政资金和省级新增费配套解决，已下拨1.46亿元。探索矿区贫困群众参与矿产开发试点，已有12个矿山与当地村委会签订了矿产资源开发、村集体参与入股分红协议书。配强驻村干部，把能力最强、作风最实、最能打硬仗的6名干部选派到脱贫攻坚一线，确保尽锐出战。

【地籍基础】 积极推进农村“房地一体”不动产权籍调查试点工作，累计投入资金1366.98万元，集体建设用地“房地一体”确权158宗，农村宅基地确权68372宗，颁发证书55137本。开展毕节市牧垦场确权调查工作。落实不动产登记“一窗式”服务，提速效果初显，实行“一窗式”后，市本级“不动产权证书”月发证量从753本增加到2271本。累计颁发不动产权证书42933本，不动产登记证明75665本。全面启动第三次全国国土调查，共计落实经费0.42亿元。

【生态修复】 加快绿色矿山建设和矿山环境恢复治理工程。开展95个生产及关闭矿山恢复治理工作，投入金额700余万元，共计恢复60.13公顷。专项推进148个历史遗留矿山地质环境恢复治理工作。22150公顷的矿区范围目前已恢复21920公顷平方公里，完成率98.9%。；积极申报山水林田湖草生态修复项目，申报项目5大项28个，投资估算49.74亿元，成功入围国家第三批试点项目，省已下达毕节市首批中央补助项目资金7.5亿元。

【执法监察】 完成2017年度土地矿产卫片执法监督检查工作，共收到土地卫片图斑6398个，确定违法图斑163个，全市违法占耕比例5.8%；立案查处126件，结案122件，其中，土地案件107件，矿产案件15件，结案率96.83%，落实罚款金额0.05亿元，追究责任24人，其中，行政处分6人，党纪处分18人。

【改革创新】 在全省率先启动煤矿矿山复绿治理项目，打造金沙县化竹煤矿复绿治理试点新模式，初步探索出矿山地质环境治理“三变”；完成百里杜鹃管理区自然资源统一确权登记省级试点，实现跨区域登记制度创新相关试点做法和经验在《中国自然资源报》头版报道；七星关区以创新引领土地节约集约利用的做法获国务院办公厅通报表扬。

（供稿：毕节市自然资源和规划局办公室）

工商行政管理

【概述】 2018年，市工商局深入学习践行习近平新时代中国特色社会主义思想和对毕节试验区的指示精神，贯彻新发展理念示范区推进大会、市委二届三次全会精神，聚焦脱贫攻坚同步小康，着力营造宽松平等的准入环境、和谐诚信的信用环境、公平竞争的市场环境、安全放心的消费环境，服务试验区经济社会发展取得成效。

【商事登记制度改革深化】 在推行注册资本金制度、先照后证、电子营业执照、企业简易退出、“多证合一、一照一码”、县域通办制等商事制度改革的基础上，2018年6月实施“三十四证合一”改革；7月份启动企业登记无纸全程电子化改革试点，7月18日颁发首张全程电子化电子营业执照；11月贯彻落实《毕节市进一步压缩企业开办时间实施方案》，将企业开办时间压缩至5天；11月10日根据国务院要求与全国同步推行“证照分离”改革。简化外资受理程序，推进工商登记“一口办理”。截至2018年12月31日，全市新设立市场主体7.99万户，市场主体总量达到38.89万户。

【强化事中事后监管】 抓好涉企信息归集，实现市县两级218个部门信息资源互联共享，推送市场主体登记备案信息377436条，行政许可信息2381条，行政处罚信息1331条。督促企业年报，企业年报率91.2%，农专社年报率87.32%，个体户年报率87.55%。强化企业信用约束，列入经营异常名录企业（含农专）29607户，5985户企业通过改正违法行为修复信用移出，构建“一处违法、处处受限”的联合惩戒机制和信用监管格局。深化“双随机、一公开”监管，随机抽查市场主体4803户，列入经营异常名录437户，责令76户企业现场整改，立案查处1户。加强“守合同重信用”工作宣传，大力弘扬诚信经营的理念，共申报复核“守合同重信用”企业651户，其中：省级复核211户，市级复核440户（含省级211户）。

【微型企业蓬勃发展】 围绕示范带动抓创新，推进“微企助农、创业增收”工程、“两园一街一村”创建，做实微型企业示范引领、农村实体经济壮大、乡村特色产业集聚的三个平台。“黄泥塘镇返乡农民工创业园区”荣获省级微型企业成长示范基地认定，目前创建省级示范基地2个，建成微型企业示范园12个。落实好“3个15万元”优惠政策，针对各县（区）拖欠财政补助资金及税收激励资金的情况向市委、市政府专题报告，按照市委书记周建琨批示，认真抓好督办。2018年完成扶持微型企业1744户的目标任务数，拉动民间投资11.53亿元；带动创业就业9154人（建档立卡贫困户806人）。

【市场秩序日趋规范】 加强部门协同监管，建立市场监管及网络市场监管联席会议制度，发挥打击传销工作领导小组及整治虚假违法广告联席会议制度等协调机制作用，聚合监管合力。突出重点领域，开展打击传销、不正当竞争、虚假违法广告、商标侵权、不合格成品油、网剑行动、“地条钢”、校园周边环境、网络市场等专项整治，积极营造公平竞争的市场秩序。截至2018年12月，全市工商（市场监管）部门查办各类案件240件，案值110.9万元，罚没款173.37万元。

【商标培育任务超额完成】 以地理标志商标和农产品商标注册为抓手，将商标品牌战略向着农村纵深推进。2018年全市新增注册商标1908件，完成全年目标数600件的318%；培育地理标志商标14件，其中“纳雍玛瑙红樱桃”“金沙贡茶”已获注册证，“纳雍高山茶”已获公告，已提前完成全年目标数；培育推荐“大方天麻”申报认定驰名商标，正在认定中。2018年全市新增商标1908件，较2017年同期（821件）增长132%，2018年累计商标总量9057件，较2017年同期商标总量累计数6587件增长37%，商标总量全省排位第三。

【广告市场监管取得新进展】 提升广告监管的政治敏锐性，推进社会共治，确保全市无重大不良影响广告事件发生。5月3日，召开部门、新闻媒体、广告经营等68家机构参加的毕节市2018年广告监管联席会议，推进社会共治。印制《毕节市2018年整治虚假违法广告工作方案》，组织开展户外广告、传统媒体广告、互联网金融广告、食品、药品、保健食品类市场专项整治、专项整治等63次。全市查办广告案件13件，罚款38.68万元。发布广告监管通报11期，监测各类广告20784条次。组织召开全市文化产业统计工作调度会，核定广告企业名录库617户，个体630户。文化产业较上年同期增长49%，

【创新营造放心消费】 联合网易新闻与广东、重庆等9省8家媒体开展“3·15”微信直播打造立体宣传平台。在商业企业推行小额消费纠纷快速解决暨无障碍退换货机制，解决消费纠纷3885件，为消费者挽回直接经济损失29.1万元；在全市62家企业推行消费环节经营者首问和赔付先行制度，企业启动先付赔偿29件，赔付金4.69万元；在597户经营户建立了重要商品索证索票和进销货台账制度。加强流通领域商品质量监管，抽检735个批次，检出不合格商品213个批次，正依法查处之中。畅通投诉举报渠道，解答咨询9134件，受理投诉1109件，处理1088件，举报141件，处理131件，为消费者挽回经济损失227.79万元。积极推进“一会两站”规范化建设，建立健全消费维权社会监督体系；截至目前，已建立消费者消协分会184个，建立消费者投诉站和12315联络站1507个。

【求真务实助推脱贫攻坚】 聚焦“113”攻坚战，发挥工商职能作用助力脱贫攻坚。新设立农民专业合作社1488户；办理涉农动产抵押登记10件、融资金额18748万元；指导签订土地流转合同4519份、各类订单合同50331份；立案查处侵害农民权益案件194件，罚没款107.44万元；开展化肥抽检200批次，查处案件10件，罚款19.93万元；受理涉农投诉376件，处理341件，为消费者挽回经济损失67.3万元。从有限办公经费中挤出80余万元，用于赫章县铁匠乡高原村、联盟村、联合村、威宁县黑土河镇，及派出机构帮扶点脱贫攻坚。与毕节市土老哥食品有限公司合作，帮助铁匠乡三个村发展700亩的辣椒种植，带动群众增收脱贫。

【“五城同创”共建美丽毕节】 制定毕节市工商局五城同创工作方案，健全组织机构，签订工作目标责任书；抓好文明城市、卫生城市、环境保护模范城市、双拥模范城等创建活动。利用各种媒体、单位LED显示屏播放“五城同创”宣传标语705条次、制作宣传栏10期。指导城区临街商户利用门头LED显示屏播放“创卫”宣传标语17845条次。划拨2万元工作经费支持兰苑社区“五城同创”工作，组织机关干部职工到兰苑社区宣传五城同创工作。截至目前，走访住户205户，张贴“文明宣传通知单”70余份，发放《市民文明手册》200余份，收集社区居民反馈意见11个。

【提升社会治理能力】 积极参与社会治理，维护和谐稳定。开展元旦、春节市场整治。检查超市、集贸市场、食品（含酒类）药品经营户、化妆品经营户、网吧、高速公路服务区、洗浴中心（温泉度假中心）、电器产品经营户等经营户2万

户次。没收（下架）超薄塑料袋8800余个。检查旅游景区、宾馆酒店、农家乐、客运站、娱乐场所、餐饮服务店、旅游客运车船公司、旅游购物场所、旅行社等1万家次。加强危爆物品安全监督管理，严把市场主体准入关，检查加油站、液化气充装站、液化石油气经营户、烟花爆竹经营户等900户次。加强交通运输安全监督管理。检查汽车、摩托车及配件经营户、交通安全防护用品经营户7575户次。开展无证无照经营综合治理整治工作。检查各类经营户13296户次，实施行政指导538户次。查处无照经营案件41件、罚没款7.75万元。加强第八届酒博会市场整治。检查商场（超市）481户次，集贸（农贸）市场96个次，个体经营户1246户次，酒类专卖店238户次。实施行政指导33户。查处无照经营案件13件、罚没款2.3万元；

抓好信访预防与处置工作，将不稳定因素解决在基层，解决在萌芽状态，办理信访案件31件（其中网上投诉举报咨询26件）。

【基础建设扎实有效】 加强党风廉政建设。运用监督执纪“四种形态”抓个别谈话、集体谈话，由班子成员牵头进行纪律作风督查。扎实推进“两学一做”学习教育常态化制度化，严肃党内政治生活，强化党内监督，召开2018年党员领导干部巡视整改专题民主生活会，对照检查查摆、整改问题23个。组织干部职工集中学习33次，中心组学习10次（其中专题讨论8次），开展“新时代干部职工讲习所”专题知识讲座8次，各支部组织党员学习18次，党小组学习24次，开展主题党日活动30次。三公经费支出和2017年相比下降13.4%。加强队伍建设。制定训工作计划，加强干部教育培训。开展队伍作风教育大整顿活动，围绕职能职责，对标查找“四个意识”、工作作风、体制机制、干部教育管理方面存在的问题，查找出问题177条，并提出了整改措施。通过学习教育整顿，提升了干部职工驾驭工作的能力和水平，激发了干事创业、服务发展的热情。加强法治工商建设。按照行政执法“三项制度”改革的总体要求，加大行政执法信息公示力度，落实好行政执法全过程记录制度，实现行政执法专业化。以“3·15”消费者权益保护日、“6·26”国际禁毒日等时间节点为契机，结合“法律六进”活动采用发放资料、悬挂横幅、播放视频等方式大力开展法律法规宣传，开展大型微信直播“消费维权　我有话说”宣传活动，观看人数达321889人；开展消费维权有奖抢答，参加人数2000余人；制作“我与宪法”微视频，在毕节市电视台滚动播出一周进行宪法知识宣传；开展6期法制讲座、2次网络《中华人民共和国宪法》知识竞赛；评查案卷5993件，其中处罚1043件，许可4950件；梳理、公示行政许可事项及权力清单、责任清单256项。

【获奖纪述】 2018年毕节市工商局工作亮点纷呈，成绩显著。2018年4月毕节市深化商事制度改革落实事中事后监管工作获国务院办公厅“2017年落实有关重大政策措施真抓实干成效明显地方予以督查激励”通报表彰；2018年3月公用企业专项整治营造良好经营环境工作得到国家市场监管总局通报表彰。2018年5月被国家市场监管总局“商事制度改革信息化建设表现突出单位”通报表扬。2018年4月竞争执法工作被省市场监管局通报表扬。2018年11月毕节市扶持微型企业发展提前完成发展目标任务获省政府微企办通报表扬。同时，周建琨书记对上半年工作予以肯定，批示：“充分肯定上半年的工作，望持续努力，再创好经验。”张集智市长也对商事登记制度改革及事中事后监管工作、国庆期间市场监管工作予以批示。

（撰稿：潘红鹰）

质量技术监督

【概述】 2018年，毕节市质监系统在市委、市政府的坚强领导下，在省质监局的关心帮助下，坚持以习近平新时代中国特色社会主义思想以及党的十九大精神为指导，深入学习十九大期间习近平总书记在贵州省代表团重要讲话精神、习近平总书记对毕节试验区重要指示精神，按照统一战线参与毕节试验区建设座谈会、省委、省政府支持毕节试验区按时打赢脱贫攻坚战建设贯彻新发展理念示范区推进大会、2018年全市“两会”、全市经济工作会议以及全省质监工作会议的各项安排部署，继续推动全市质监系统“12345”工作思路的落实。

【标准化建设】 《冬荪标准化栽培技术规程》市级地方标准获立项制定；大方冬荪标准体系通过专家评审，待修改后发布实施；织金竹荪标准体系初稿已完成；纳雍土鸡、赫章芸豆标准体系正在制定中。对已立项农业标准化项目开展年度考核工作。经考核，大方冬荪种植农业标准化示范项目考核结果为优秀；织金竹荪农业标准化示范项目考核结果为良好；赫章芸豆农业标准化示范项目考核结果为良好；纳雍土鸡养殖农业标准化示范项目考核结果为合格。

百里杜鹃国家级服务业标准化试点项目已申请验收；国家级党建标准化项目建设已完成，于2019年度申报项目验收；大方油杉河、赫章韭菜坪索道2项省级服务业标准化项目服务标准体系初稿已完成；织金洞服务标准体系正在制定中。

省质监局批准省级地方标准项目立项2项；协调省质监局发布DB52/T 1306－2018《烤烟品种 毕纳1号》、DB52/T 1314－2018《烤烟品种　毕纳1号烘烤技术规程》、DB52/T 1326－2018《生物质锅炉经济运行管理规程》省级地方标准3项。

全市325家企业在“企业标准信息公共服务平台”上向社会公示执行标准544项，涵盖628种产品，名牌申报企业执行标准公示率达到100%。

【品牌建设】 出台《中共毕节市委　毕节市人民政府关于加快推进全市品牌建设的意见》（毕党发〔2018〕3号）文件；制定《毕节市品牌建设2018年行动计划》（毕质量发展〔2018〕4号）；制定“一品一策”“一企一策”品牌培育方案。清池茶、威宁苹果、威宁白萝卜、大方豆干（大方手撕豆腐）4个地理标志产品获国家总局公告保护，赫章红花山茶油地理标志产品通过国家总局专家组评审，毕节白萝卜、赫章黑马羊地理标志产品申报材料已报省质监局初审。

【认证认可】 共32家企业通过“贵州绿色农产品”评价，有效证书32张；推荐410家企业的1900个产品入驻“贵州绿色农产品”网，完成省质监局下达任务数的173%，位列全省第二位。

纳雍国家有机产品认证示范创建区、金沙贵州省有机产品认证示范创建区建设工作已通过省质监局验收，金沙国家有机产品认证示范区创建已通过国家市场监管总局组织的现场答辩，大方县申报“贵州省有机产品认证示范区”，已获省质监局批准建设。通过示范引领，全市有机产业得到了较大发展，新增有机产品认证证书22张，证书达127张，有机认证面积25.4万亩，较2017年的22.3万亩增长了13.9%，有机认证面积位列全省第二位。

【特种设备】 全市有在册特种设备16761台［其中电梯7599台、锅炉769台、压力容器4179台、压力管道210条、起重机械3270台、场（厂）内机动车辆631台、客运索道2条］。全市检查特种设备800余家次，检查设备5000余台次，开展重要接待特种设备安全保障服务28次，淘汰燃煤锅炉19台次，完成气瓶充装系统信息化改造60套，投保电梯2100台，全年无特种设备安全事故发生，电梯管理综合排位在全省排名第一；特种设备隐患率0.43%；检验率99.6%，在全省排前三名。

【计量监管】 完善辖区245家加油站、1834枪加油机计量动态监管档案，检查大中型超市33家、加油站247家、煤矿企业105家、加油机1509枪。制定"一器三源"（出租车计价器、医用计量器具）专项计量整治工作方案，检查计量器具3913台，责令108家计量器具使用单位对使用未经检定计量器具的行为限期整改，积极探索出租车计价器便携式检定装置应用手段，完成出租车计价器检定设备升级改造。

抽查11家液化气充装站瓶装液化气14批次，净含量标注合格率为92.9%，净含量检测合格率为64.3%。抽查58家企业109批次定量包装商品，其中商品净含量检验合格105批次，合格率为96.3%；商品净含量标注合格109批次，合格率为100%。毕节市净含量总体合格率82.9%，抽检结果排位居全省第二位。

3家企业新通过测量管理体系认证，全市获证企业数累计达到20家。毕节市2018年新获证企业数和累计获证数均排名全省第二位。

新增社会公用计量标准6项，全市目前有效期内社会公用计量标准共计106项，有效保障辖区计量器具量传溯源工作，市、县两级检定机构2018年共检定计量器具35908台（件）。

【政策法规】 出台《中共毕节市委 毕节市人民政府关于加快推进全市品牌建设的意见》（毕党发〔2018〕3号）。出台《毕节市人民政府办公室关于加强电梯质量安全工作的实施意见》（毕府办发〔2018〕56号）。

（撰稿：陈怀功）

食品药品监督管理

【概述】 2018年，全市食品药品监管系统全面贯彻党的十九大精神和习近平总书记对贵州对毕节的重要指示批示精神，认真落实"四个最严"和"四有两责"要求，按照市委、市政府和省食品药品监督管理局的决策部署，坚持以人民为中心，坚持稳中求进总基调，贯彻落实"食品安全战略"，不断健全食品药品安全全程监管体系，促进食品药品高质量发展，努力保障人民群众饮食用药安全。

【食品安全综合协调】 一是加强组织协调。充分发挥市政府食安办食品安全工作抓手职能，协助分管副市长主持召开食品安全工作专题会议，并将食品安全相关工作纳入目标考核，以政府层面与各县（区）政府签订了目标责任书，做到一级抓一级，层层抓落实，确保全市食品安全监管工作有序推进。二是落实日常工作。以市政府食安办的名义组织开展了"两节两会"期间食品安全监管、春季校园及其周边食品安全督导、"五一"期间食品安全专项督查、高考期间食品安全监管等工作。通过细化工作目标，将工作任务分解落实到人，强化食品安全责任制和责任追究制，严格落实监管责任，切实抓好特殊时段各环节食品安全监管。三是开展省级食品安全示范城市创建。市政府分管领导多次对示范创建工作进行调研，了解示范创建工作的重点难点问题，针对示范创建中的一票否决项、关键项等重点难点问题召开专题会议进行调度。市食安办根据创建标准，认真对照验收细则，加强与各县（区）及各成员单位的沟通协调，逐项完善相关工作与资料，确保顺利通过省级食品安全示范市（县、乡镇）验收。9月18日至20日，以贵州省食品药品监督管理局党组成员、食品安全总监舒勇为组长的考评验收组对毕节市创建省级食品安全示范城市进行考评验收，毕节市最后以96分通过了省考评验收组的检查考核。四是强化监督抽检。2018年，全市食品及食用农产品抽检经费累计671.1万元，共抽检监测食用农产品2525批次，抽检结果全部在政府网站、部门网站、公示栏等进行公示。五是加强宣传教育。以食品安全示范城市创建为抓手，以食品安全宣传周为平台，以主题宣传活动为载体，制定出台食品安全宣传总体方案，采取多种形式、利用多种渠道，广泛宣传食品安全知识和法律法规。开通了毕节市食品药品监管微信公众号，与腾讯公司合作，以毕节市食品药品监管微信公众号为主要媒介，在毕节市微信朋友圈推送食品安全示范创建广告40万次；在市、区电视台和《毕节日报》均开设了食品安全专题（栏）；通过印制7万份食品安全示范创建海报张贴在辖区食品生产经营场所，以确保食品安全示范创建知晓率和参与度。

【食品生产监管】 一是依法实施食品生产许可。2018年，全市共办理食品生产许可52件，开展食品生产日常监督检查1200余家次，发现问题305条，均进行了督促整改；对食品小作坊开展日常检查2400余家次，发现问题503条，督促整改500条。二是对辖区饮料、调味品、肉制品、茶叶、油辣椒、蒸煮类糕点、月饼等食品生产企业开展专项检查，共检查食品加工企业270余户，重点对原材料进货查验、生产控制、出厂检验、卫生管理等进行了专项治理，取得明显成效。三是加强对食品生产从业人员的培训，年内累计培训相关人员400余人次。

【食品流通监管】 一是依法实施食品经营许可。2018年，全市食品药品监管部门受理并办理食品经营许可15655户。二是加强日常监管。认真贯彻落实《食品生产经营日常监督检查管理办法》，加大日常监督检查力度，从严落实食品经营者的法定责任和义务，努力杜绝不合格食品流入和流通。三是强化专项整治。组织开展了元旦、春节市场专项整治、旅游景区及周边食品安全、校园及周边“五毛食品”、保健食品专项整治、畜禽屠宰“联打行动”和冷冻肉品专项检查等，有效解决了部分突出问题。四是强化检验检测。全市完成流通环节食品抽检1370批次，合格率达100%。为切实加强对婴幼儿配方食品的监管，制定了《毕节市2018年婴幼儿配方食品专项抽检方案》，共投入43万元，抽检婴幼儿配方食品108批次。同时，在全市范围内专项抽检食盐40批次。五是开展食品安全示范创建。制定了《毕节市2018年流通环节食品安全示范店（超市、市场）创建工作方案》，明确在全市创建省级食品安全示范店（超市、市场）7家，创建市级示范市场7家、示范超市和示范店各9家。

【餐饮服务监管】 一是加强对重点时段、重点部位的监管。在国家、省市重要活动期间以及元旦、春节、“五一”等重要节庆时段，对学校、敬老院食堂及周边、旅游景区及周边、公路服务区、铁汽运车站周边等重点区域进行拉网式巡查。累计出动执法人员11812人次，检查餐饮单位7731户次，责令整改484户次，立案9起，罚款2.6万元，约谈企业113户次。二是以学校、幼儿园及其周边为重点区域，以学校食堂及校园周边的餐饮单位、食品销售单位为重点，以资质、主体责任落实情况、学校食品安全管理责任落实情况、加工经营行为规范情况为重点内容，集中力量开展春秋季校园及其周边食品安全专项检查。共出动执法人员3824人次、执法车辆763台次，检查学校（含幼儿园）食堂3302户次、校园周边食品经营户4118户、流动摊贩31个，责令整改463户次，立案4起，罚款1万元。三是组织开展春秋季食品安全督导。对学校、敬老院、旅游景区食品安全、县（区）监管部门履职等情况进行重点督查，共随机抽查学校（幼儿园）食堂40个、敬老院食堂10个、餐饮单位21家、其他食品生产经营单位28个，对检查中发现的问题现场责令改正或移交县（区）督促整改。四是加强旅游景区食品安全监管。共检查食品生产经营户1309户次，下发整改通知93份，旅游景区食品安全总体态势平稳。五是开展餐饮环节食用油、打击非法添加罂粟壳等非食用物质专项抽检，共抽检61批次，合格60批次，合格率98.36%。

【药品注册和生产监管】 一是加大监管力度，促进药品生产企业规范生产，保证药品质量。严格按照《药品生产质量管理规范》和《医疗机构制剂配制质量管理规范》对辖区药品生产企业、医疗机构制剂室开展日常监督检查和专项检查，排除安全隐患，确保药品质量安全。年内，各县（区）共检查药品生产企业15家次，市级检查药品生产企业13家次。另外，还完成了药品生产质量保证能力、GMP初审、药品生产安全、GMP跟踪检查等专项检查。二是积极提供药品注册生产的相关法律和政策服务，大力支持毕节市医药大健康产业发展。做好新开办药品生产企业筹建申请材料的初审工作，配合省食品药品监督管理局对贵州贵金药业有限公司和贵州黔草堂中药有限公司进行GMP认证，对大方县九龙天麻开发有限公司新建药品生产线筹建申请及时出具初审意见，完成贵州省大方药业有限公司生产负责人变更备案等工作。

【药品流通监管】 一是全市新开办药品零售企业90家，全部通过认证检查并已公示、发证。二是跟踪检查药品批发企业（含零售连锁公司）15家。三是组织开展了疫苗专项检查、GSP跟踪检查、流通领域特殊药品及含特殊药品复方制剂监督检查、药品“净网2018”专项行动等，同时，还对春季药品安全进行了督导检查。通过开展专项检查和督导检查，未发现特殊药品流弊现象，全市也未发生药品安全事故。

【医疗器械监管】 一是做好医疗器械行政许可和备案管理工作。2018年，全市共受理医疗器械经营企业新申办、换发、变更、注销“医疗器械经营企业许可证”49件，其中审核通过发证21件、注销9件、变更10件；受理第二类医疗器械经营备案（变更、标注）190件，其中新备案145件、标注2件、变更32件。二是采取多种形式开展医疗器械监管知识培训。对医疗器械监管人员200余人次进行了培训，同时，采取分片区集中培训的方式，对全市医疗器械经营企业和使用单位相关人员1300余人次进行了培训。三是加强对医疗器械经营使用质量的专项整治。开展了打击非法经营装饰性彩色平光隐形眼镜、助听器及以体验方式销售医疗器械专项整治工作。共检查经营企业、游商小贩347家，责令整改企业16家，责令停业2家。四是开展无菌和植入性等医疗器械监督检查。共对37家医疗器械经营企业、343家使用单位进行了初查和督查，责令整改9家。五是开展医疗器械经营使用质量专项整治“回头看”。进一步落实《医疗器械经营质量管理规范》和《医疗器械使用质量监督管理办法》，对未严格执行《医疗器械经营质量管理规范》的95家企业下达了责令整改通知书。组织医疗器械使用单位对照《医疗器械使用质量监督管理办法》全面开展自查，并进行抽查和落实整改。辖区内开展自查的二级以上医疗机构38家，抽查29家，责令整改13家；乡镇卫生院（社区服务中心）应开展自查832家，抽查430家，责令整改46家。立案8件，均已办结，罚款14.8万元。

【化妆品安全监管】 一是开展化妆品抽检。2018年，共完成化妆品监督抽检58批次，实现100%全覆盖监管区域。二是对不合格化妆品进行核查。按照法律法规及相关规定，对5批次不合格化妆品开展了核查处置。同时，对在抽检过程中发现的违法行为，责令经营单位立即整改。并根据国家食品药品监管总局公布的不合格化妆品信息，组织各县（区）开展了相关核查处置工作。三是开展美容美发场所化妆品专项整治。共出动执法人员832人次，检查染发化妆品经营使用单位972户，责令限期整改313户，查扣（封）违法违规化妆品65盒，实施行政处罚5起，罚款4859元。四是加强对国产非特殊用途化妆品的备案信息管理。对贵州利亚日化品有限公司等三家单位申请的71个国产非特殊用途化妆品进行备案。

【政策法规工作】 一是认真履行对行政处罚案件的审理、复核工作。组织召开重大案件审理委员会会议4次，处理重大行政处罚案件11起。二是积极开展“双随机一公开”工作。共组织双随机抽查6批次，随机抽取行政执法人员42人次，随机检查食品药品监管对象19家，对检查结果进行了录入登记和公示。三是开展行政执法三项制度改革工作。出台了《毕节市食品药品监督管理局推行行政执法公示制度执法全过程记录制度重大执法决定制度审核试点工作方案》和相关配套制度，通过网站公示了权力责任清单、执法依据、执法人员信息，以及所作出的行政许可事项和行政处罚事项。加强对行政执法全过程记录工作的推进，规范了行政执法文书，使文字记录和音像记录充分结合，做到执法全过程的可记录、可追溯。

【稽查执法工作】 一是查处食品药品违法案件282件，涉案金额45.95万元，罚没合计173.82万元。其中，查处食品违法案件192件，涉案金额8.05万元，罚没合计132.52万元；查处药品违法案件69件，涉案金额9.54万元，罚没合计25.96万元；查处医疗器械违法案件12件，涉案金额28.47万元，罚没合计16.40万元；查处化妆品违法案件9件，涉案金额0.49万元，罚没合计1.20万元。二是进一步规范食品药品投诉举报核查工作。2018年，共受理并转办食品药品投诉举报85件。

【药品不良反应监测与评价】 积极推进监测上报与评价工作。全市共上报与评价药品不良反应报告6252份，报告数达到940.2份/百万人口；共上报与评价医疗器械不良反应/事件报告1600份，报告数达到每百万人口240.6份；共上报与评价化妆品不良反应报告258份；上报药物滥用调查表3282份，完成年度任务量的273.5%。

（撰稿：方　蓓）

安全生产监督管理

【概述】 2018年，毕节市安全生产监督管理局（毕节市安全生产委员会办公室）在市委、市政府的坚强领导下，在上级管理部门的关心指导下，坚持以习近平新时代中国特色社会主义思想为指导，认真贯彻落实党的十九大精神，弘扬新时代贵州精神，以推进安全生产领域改革发展为抓手，以“杜绝重大及以上生产安全事故，遏制较大生产安全事故，减少一般生产安全事故，防范群体性职业病危害及造成重大社会影响的事件”为目标，坚持标本兼治、综合治理，抢机遇、补短板，抓重点，紧紧围绕“113攻坚战”，以“大安全”为统领，大力弘扬生命至上、安全第一思想，强化责任落实；坚持统筹兼顾和强基固本，进一步紧盯重点行业领域，切实创新工作机制，大力开展安全隐患排查治理，狠抓生产安全事故防控；坚持依法监督管理，加强源头整治和风险防控，深化安全教育培训，推进应急救援能力建设，进一步夯实安全生产基层基础，持续推进安全生产各项工作；坚持改革创新，不断提升全市安全生产工作水平，有效维护人民群众生命财产安全，持续推进全市安全生产形式平稳向好。

【工作成效】　圆满完成2018年度安全生产各项工作目标任务，一年来，全市上下认真贯彻落实习近平总书记、李克强总理关于安全生产工作的重要批示指示精神，按照党中央、国务院和省委、省政府重大决策部署，深入落实市委“大安全”工作要求，切实提升安全生产水平，安全生产形势稳定向好，实现了“三个双降”：一是事故总量实现“双降”。全市共发生各类生产安全事故119起、死亡122人，分别下降37.4%和29.9%，降幅全省最大。二是较大以上事故实现“双降”。发生较大事故1起、死亡3人，分别下降75%和76.9%。未发生重大及以上事故。三是重点行业领域事故实现“双降”。发生道路运输事故101起、死亡99人，分别下降43.3%和31.3%，煤矿行业未发生较大及以上事故，危险化学品、烟花爆竹、水上交通、农业机械、渔业船舶等领域保持“零死亡”记录。在2018年度省安委会年度考核评定中被评为优秀等次。

【责任落实】　一是强化党政领导责任。认真学习贯彻习近平总书记关于安全生产工作重要指示精神，根据党中央、国务院出台的《地方党政领导干部安全生产责任制规定》及贵州省的《实施细则》，及时研究部署贯彻落实措施，制定了《毕节市党政领导干部安全生产责任制实施办法》。把安全生产列为市委、市政府“大安全”的重要内容，作为经济社会发展重要指标。加大考核督办力度，采取“日调度”“月督查”“季考核”“年评定”等方式，推进工作有效落实。推行“清单式管理、台账式跟踪”，全面落实党政领导干部安全生产责任制。市委书记担任市安全生产工作领导小组组长，市长担任市安委会主任，明确“常务”分管安全生产工作。市委常委会、市政府常务会经常研究部署安全生产工作。市委、市政府领导经常带队督查检查。安全生产“党政同责、一岗双责”“三个必须”的工作格局基本形成。二是强化部门责任。结合实际研究制定了落实责任的相关规定、制度、办法、措施，细化了安全生产权责清单，明确和落实了地方党委、政府及部门的安全职责任务，安全生产“党政同责、一岗双责”“三个必须”“齐抓共管”的工作格局基本形成。三是强化企业主体责任。严格依法监管，开展了以风险分级管控和隐患排查治理双重预防体系建设为主抓手的系列工作，扎实推动企业全员安全生产责任落实，企业法治观念、自律意识、主责意识、管理水平不断提升。

【依法治理】　把依法治安纳入法治毕节创建的重要内容认真推进，认真落实推行随机抽取规范事中事后监管的有关部署和要求，完善“一单两库”（权力责任清单和抽查事项清单、检查对象名录库、执法人员名录库）管理，依法有序开展安全执法检查。在认真贯彻执行上级法规、制度的基础上，结合实际研究制定《年度安全生产工作考核奖惩办法》《煤矿安全生产举报奖励办法》《学校及学校周边安全工作制度》等制度、办法，规范管理、有效监督。将441座在籍非煤矿山、385处在籍煤矿逐一明确落实监管主体，严格实施分级监管。负有监管职责的部门认真制定了年度监督检查计划并超额完成了任务数。认真开展“双随机、一公开”监管检查。不断加强安全生产执法队伍建设，严格教育管理，为安全生产依法履职提供强有力的保障，“严格执法、廉洁执法、文明执法”已成为常态化监管模式。依法依规查处了“7·2”较大建筑施工安全事故，按时批复结案，3名领导干部（其中1名县处级）被诫勉谈话、6人被政纪处分、8人被依法追究刑事责任。督办了2起典型一般事故。对2017年2起较大道路运输事故责任落实情况和整改措施落实情况进行评估。

【基础建设】 实施安全生产风险分级管控和隐患排查治理“双控”体系建设，在大方、黔西两县召开现场会议重点推进，基层网格化管理试点成效明显，基本实现了对平时“无人问津”的小企业、小作坊安全管理“全覆盖”。各相关部门全面推进“交通安全综合监控云平台”“农村交通安全云平台”“燃气场站远程监控平台”“住建云智慧工地管理平台”“煤矿安全监控平台”等科技手段的管理和运用，信息化管理水平不断提升。借助外力强化煤矿监管服务，引进多家煤矿科研机构在各县区搭建服务平台，帮助解决煤矿生产和安全中的技术难题。推进“机械化换人、自动化减人”的煤矿“两化”改造，加快推进新技术运用与安全监管高度融合发展，23 个煤矿完成综合机械化改造、37 个煤矿完成生产辅助系统智能化改造；非煤矿山 100% 实现了机械化作业；7 家爆竹企业全面实现机械装混药。同时，积极引进煤矿千米钻机、两堵一注封孔工艺等，安全基础不断夯实。

【考核管理】 市委、市政府把安全生产列为经济社会发展的重要考核指标，加大考核权重并严格执行“一票否决”规定。市安委会采取季度考核、年终评定考核方式，加大过程管控力度，严格落实对 10 个县（自治县、区）、24 个市安委会成员单位年度安全生产工作目标考核管理。

【风险防控】 认真落实打好防范化解重大风险攻坚战“1 + 8”工作机制，结合季节时段特点，组织排查区域内安全风险点、危险源，认真排查、科学研判，按照“红、橙、黄”的分级管理规定，落实管控措施，狠抓安全风险防控，落实整改、整治和防控、防范措施，切实抓好安全生产风险防范化解工作。

【宣传教育】 精心组织开展 2018 年“安全生产月”和“安全生产毕节行”活动，通过《毕节日报》、毕节电视台、毕节试验区杂志、毕节安全微信公共号等媒体广泛宣传，加强安全宣传教育。认真组织开展安全生产进企业、进学校、进机关、进社区、进农村、进家庭、进公共场所“七进”活动，强化社会宣传教育。组织开展《中华人民共和国安全生产法》实施周年、《中华人民共和国职业病防治法》宣传周、安康杯竞赛、《贵州省安全生产条例》宣贯等活动，成效明显。

【社会监督】 在毕节市隐患排查治理中心（毕节市煤矿瓦斯监控中心）设立安全生产公共管理服务平台，开通了安全生产专线并 24 小时值班接听，建立台账和举报分类处置工作机制，制定《毕节市安全生产举报奖励办法》，畅通安全生产投诉、举报、咨询和建议渠道，强化社会监督，不断健全群防群治的工作机制。

【应急管理】 建成毕节市安全生产应急救援指挥中心并投入使用，配齐 6 名工作人员。市、县均建立健全安全生产应急救援管理工作制度，明确相应的应急救援管理机构。

【专项治理】 认真组织实施“九项专项治理”工程，圆满完成重点行业领域工作任务。煤矿方面：对全市 173 个正常生产建设煤矿开展了“全覆盖”的“雨季三防”和水害防治专项整治。成立了 26 个检查组，认真组织开展煤矿安全生产大检查，对标对表、系统检查煤矿 129 处。完成关闭煤矿 15 个，淘汰落后产能 243 万吨/年。申报煤矿一级标准化矿井 5 处（已验收 4 处，待验收 1 处），完成二级达标 87 处，其余正常生产矿井全部达三级标准。完成瓦斯抽采 8.31 亿立方米。176 个煤矿实现三级联网。道路交通方面：认真组织开展“两客一危”“平安交通”专项行动。治理国省道、县乡道安全隐患路段 1754 公里，完成“组组通”公路生命防护工程 652 公里。人员密集场所消防安全方面：认真组织开展大型商业综合体、电动自行车、电气火灾、今冬明春火灾防控等专项整治行动，全年累计排查单位场所16193家次，督促整改火灾隐患28711条。危爆物品安全方面：深化危险化学品综合治理，有序推动人口密集区的4家化工企业实施搬迁技改或转产关闭。依法报请注销5家危化企业安全生产许可证。组织开展天然气管道和城镇燃气管网排查整治。加大“打非”力度，查处非法渠道危险化学品16.96吨、烟花爆竹4161件，取缔烟花爆竹零售网点2636家。金属非金属矿山安全方面：完成各项专项治理工作目标任务，取得了全年生产安全事故“零死亡”的好成绩。认真落实职业健康执法年活动，精心组织开展职业危害专项治理。在建筑施工、水库大坝、涉爆粉尘、有限空间、金属冶炼、水上交通、铁路、渔业船舶、农业机械、民爆物品、电力、特种设备、防雷等重点行业领域认真组织开展安全专项整治，深入开展“平安渔业”“平安农机”活动，实施安全素质提升工程，统筹做好城乡安全保障。认真执行大型群众性活动安全管理制度，强化大型群众性活动的安全预警，切实采取措施加强安全监管，全市安全生产工作不断进步。

（撰稿：彭定龙）

煤矿安全监察

【概述】 2018年，毕节煤监分局在贵州煤监局党组的坚强领导和市委、市政府的关怀指导下，以习近平新时代中国特色社会主义思想为指导，牢固树立红线意识、底线思维，紧密围绕国家局、省局和市委、市政府工作部署，充分结合监察区域内煤矿点多面广、灾害严重、基础条件差等特点，进一步强化安全生产责任制落实，全力以赴防范较大以上煤矿事故发生，推动区域煤炭产业安全健康发展。

【建设忠诚干净担当干部队伍】 以党建成效提升执法服务质量，引领党员干部真诚热心服务企业。以“一戴双亮”和党员示范岗为载体，教育引导党员干部严格执法、规范执法、文明执法，不断化解监察员落实联系制度的畏难情绪。2018年分局创建了两个省直级荣誉，展现干部奋发有为精气神。年初成功创建了学习型、奉献型、服务型、廉洁型省直级青年文明号，向社会传递一张靓丽的煤监系统“青年名片”。年底再接再厉、持续发力，成功创建了省直级文明单位。

【加大执法力度，提高执法效能】 监察计划完成情况：2018年，分局全年监察计划435矿次，其中计划监察正常生产建设煤矿280矿次。分局以五个专项监察和安全大检查为工作主线，统筹开展各项监察执法任务，实际开展监察执法440矿次，完成全年计划的101%，其中对正常生产建设煤矿监察执法318矿次（包括省局协调力量帮助完成的工作量），完成全年正常生产建设煤矿监察计划的113.6%；检查25家煤矿上级集团公司；巡查97处停产停建煤矿。隐患查处情况：查处各类隐患4638条，其中重大隐患7条，下达各类监察执法文书1478份，实施行政处罚124次，责令98个采掘工作面停止作业，停止使用相关设施设备48台，责令停产停业整顿4矿次，暂扣安全生产许可证22矿次，罚款次数97次，与往年执法情况相对比，各项执法指标实现了较大提升。事故查处情况：2018年，毕节监察区域内发生生产安全事故10起，死亡12人。分局认真履职，本着科学严谨、依法依规、实事求是、注重实效的原则，对事故进行了严肃认真的调查，对有关责任人和责任单位进行了调查处理，让漠视安全的企业和责任人付出代价，警醒行业相关人员重视安全发展。

【多举并措，切实保证安全生产】 一是落实“五必查五严防”措施，持续保持严格执法态势。

聚焦煤矿事故致因特点，紧盯关键环节管控，分局年初制定了“五必查五严防”工作措施，即：必查先探后掘、有疑必探落实情况，严防透水事故和误揭煤层引发突出事故；必查采掘部署、劳动组织落实情况，严防隐蔽作业和非法劳务转包；必查瓦斯管理制度落实情况，严防瓦斯爆炸事故；必查瓦斯治理措施落实情况，严防煤与瓦斯突出事故；必查安全生产责任制建立和落实情况，严防安全措施现场不兑现。二是强化对“人”的监察，督促企业落实隐患倒查追责。按照国家局和省局抓“两个关键事”及“两个关键人”的工作思路，分局在执法过程中狠抓违法行为责任追究，运用行政执法手段，在法律法规赋予的权限内对煤矿企业和煤矿管理人员实施行政处罚，倾向对煤矿矿级领导给予处罚，将行政处罚落实到人到岗。同时，督促煤矿企业开展隐患倒查追责并提交追责报告，对隐患负有责任而运用法律法规无法追究责任的人员，要求煤矿企业逐级逐人逐条根据隐患倒查追责，对责任人员采取经济处罚、岗位调整、降职开除等措施，逐步形成了隐患倒查追责机制，倒逼安全责任层层落实。三是开展执法文书现状描述，促进严密执法和严格执法。以安全大检查工作为契机探索性开展执法文书安全现状描述工作，在现场检查笔录煤矿概况部分增加采掘布置、通风系统、瓦斯抽采系统、排水系统、监测监控系统、提升运输系统、防灭火系统等方面的现状概况描述，包含各个系统的设备型号参数及运行状况。做到有问题描述问题、无问题描述现状，实现监察执法不漏项，使监察执法更加严密严格，促进监察人员履职尽责。

【完善各类制度，提升行政服务能力】 一是建立和完善制度体系，织密织牢制度笼子。持续推动标准化分局创建工作，围绕党的建设、行政执法、内务管理开展制度立、改、废工作，修编或新增制度54项、岗位责任制25项，汇编成册挂墙，对应制度上墙，形成分局成立以来较为完善的制度体系。二是全面实行工作责任清单管理，提升干部履职尽责能力水平。制定印发了《关于全面实行工作责任清单管理提升干部履职尽责能力水平的通知》，指导督促梳理构建科室日常固定工作责任清单和阶段重点工作责任清单，实行清单全程动态管理，做到“年初建账、及时更新、月度报账、季度查账、年底交账”。按照谁分管谁督办、谁安排谁督办、重点工作重点督办、日常工作定期督办原则，逐步形成分局主要领导季抽查、责任领导月检查、科室负责人周自查的常态督察督办机制，推动各项工作任务落实地见实效。

（撰稿：杨　彬）

公共资源交易

【概述】 2018 年，毕节市公共资源交易中心深入贯彻落实国家、省和市“放管服”有关精神，在市委、市政府的正确领导下，以国家发改委、财政部等 14 部委 39 号令为交易中心工作规范，以公共资源交易改革为工作抓手，不断优化交易流程和交易系统，进一步提高电子化交易水平和平台服务效率，各项工作顺利推进，发挥了交易平台在服务社会经济发展中的积极作用，取得了较好的政治经济效益和社会效益，有效推动了毕节试验区的发展。

【2018 年交易基本情况】 2018 年，中心共完成交易项目 1397 宗，同比增长 45.98%；交易金额 1045.3113 亿元，同比下降 12.77%；节约增值 12.9591 亿元，同比增长 263.27%。其中，建设工程交易项目 577 宗，交易额 298.3821 亿元，节约资金 9.2863 亿元；政府采购项目 474 宗，交易额 664.6601 亿元，节约资金 1.1228 亿元；产权交易项目 152 宗，交易额 2856 万元，增值资金

823万元；土地矿权交易项目194宗，交易额81.9835亿元，增值资金2.4677万元。

【公共资源交易平台定位更加清晰准确】 2018年，市公共资源交易中心坚持需求导向和问题导向，立足平台公共服务职能定位，坚持电子化平台的发展方向，遵循开放透明、资源共享、高效便捷、守法诚信的运行服务原则，利用信息网络推进电子化，实现全流程透明化管理。现已实现工程建设、政府采购、产权交易、土地及矿业权招拍挂四大类别项目全流程全电子化运行。

【以群众需求为导向，完善流程，制定内控制度】 2018年，中心积极更新岗位职责，制定完善一系列内控制度及服务流程，将项目受理、场地预约、交易证明书起草等服务事项统一集中流转至项目承办人办理，项目从进场到出场，业主、中介、专家等交易各方均可直接通过业务系统、QQ业务群等进行网上处理，促使项目承办人更好地做好项目场内交易及时跟踪服务，极大地减少推诿扯皮事情的发生。

【简化项目受理要件，开通网上受理通道，提高服务质量】 2018年，中心积极完善优化流程，招标人（采购人、出让人）或招标代理机构无须到达中心现场受理，足不出户即可受理进场交易项目或办理保证金收退，尽可能地方便招标人、招标代理机构开展招投标业务。如政府采购项目受理只需财政部门批复和业主委托代理合同即可进场受理，原所需资料在项目公告发布时作为附件同时上传，实现了中心项目编号与政府采购网统一，极大地方便了中介代理机构工作，缩短了项目组织开展的时间周期。

【全面取消交易服务费，减轻相关交易主体负担】 中心经请示，自2018年9月18日起，取消各类交易服务费。仅2018年9月前，中心收取各类交易服务费5000余万元。交易服务费取消后，极大地减轻相关交易主体的负担。

【完善匿名报名系统，推动远程异地评标】 2018年，中心针对招投标市场围标串标现象，通过积极完善匿名报名系统，延迟中心工作人员数据获取时间，招标文件免费向市场公开，投标人自行踏勘施工现场等手段，一定程度上阻止投标人与投标人之间、投标人与代理机构之间、投标人与招标人之间围标串标情况的发生。针对市场反映强烈的本地专家少、“常委专家”等突出问题，中心积极推动远程异地评标，2018年共计开展了161宗远程异地评标项目。

【积极建设政府采购评审专家库，降低泄密风险】 2018年，中心通过和市财政部门积极沟通，获得财政部门大力支持，全市政府采购类交易项目先由全省统一的评审专家库内随机抽取，当无法抽取出符合条件的评审专家时再由市财政部门抽取。在一定程度上杜绝了原来人工抽取信息泄露事件的发生，促进交易更加公平公正。

（撰稿：王　宇）

财政·税务

财　政

【概述】　2018年，在市委、市政府的正确领导下，全市财政干部职工围绕打赢攻坚战、建设示范区新的历史使命，聚焦“113攻坚战”决策部署，紧盯目标任务，团结进取、苦干实干，较好地完成各项工作任务，共有6项工作在全省考核中排名前三，市财政局机关党委被授予全省、全市脱贫攻坚先进党组织。全市财政工作取得新成效。

【全市财政运行平稳】　全市一般公共预算收入完成130.11亿元、增长5.06%，圆满完成年度目标任务。税收收入占一般公共预算收入的75.05%，收入质量进一步提高。全市一般公共预算支出完成578.34亿元、增长9.59%，八项支出完成430.83亿元、增长14.83%，民生类重点支出完成447.99亿元、增长6.48%，财政保障能力显著增强。

【脱贫攻坚保障有力】　坚持把脱贫攻坚摆在财政支出优先保障地位，全市市县区财政安排用于扶贫产业发展、教育医疗、农村危房改造及农村饮水安全等大扶贫方面资金36.45亿元。全市整合涉农资金49.6亿元，支出40.55亿元。全市脱贫攻坚投资基金投放项目56个，投放资金53.67亿元。全市“四在农家·美丽乡村”小康寨行动计划完成投资6.1亿元。财政专项扶贫资金监管机制更加完善，资金闲置问题得到切实解决。扶贫资金动态监控平台全面上线运行，各级各类扶贫资金全部纳入平台管理。

【政府债务管控有效】 建立政府债务管理长效机制，成立11个化债专班。落实政府债务监管责任，组成检查组对各级各部门落实“七严禁”情况进行专项检查。完善考核机制，将综合债务率、政府债务风险防范化解等纳入各县区年度目标考核。制定政府债务风险评估报告和化解方案，组织对隐性债务和潜在债务风险进行全面排查，并分“红、黄、橙”三级进行预警。建立债务风险防控资金池，着力防范化解隐性债务风险。管好用好置换债券资金，全部完成政府债券置换。

【国库集中支付改革深入推进】 持续深化国库集中支付电子化管理改革，在全省率先实现国库集中支付电子化管理全覆盖，全市覆盖预算单位1300余个，预算一体化管理在全省走在前列。全面推进预算执行动态监控，全市纳入监控单位1640余个，实现对资金划转、现金支付、“三公”经费、会议费、培训费、公务卡等支出的动态监控。

【国有资产管理迈上新台阶】 加快创新政府性资源配置改革，按照是否可变现、经营、抵押、收益、创新配置等类别，完成政府性资产分类。认真选取具有旅游价值和水资源生态价值的资源资产进行评估，积极探索资源资产适当计价方法。全面规范市级行政事业单位资产配置，加强经营性资产管理，确保国有资产保值增值。拟定市级国有企业工资总额预算、人事、资本收益收取等管理制度，支持国有企业实体化转型。全面完成行政事业单位国有资产年度报告、经营性资产和自然资源资产报表编制、行业协会商会脱钩资产清查和国有企业职工家属区“三供一业”分离移交摸底等工作。

【农业综合开发工作取得新进展】 全市完成土地治理项目12个，投入资金1.18亿元，治理土地2.25万亩，新增和改善灌溉面积1.01万亩、除涝面积0.62万亩、节水灌溉面积0.77万亩、机耕面积0.76万亩，控制水土流失面积1.5平方公里。扶持产业化发展项目16个，投入资金4417万元，新增总产值6262万元、增加值4410.41万元、税收2148.18万元，受益农户2490余户8980余人。全市规划田园综合体选点10个，总面积约210平方公里，总投资约46.66亿元，整合落实建设资金6.06亿元。

【财政改革全面深化】 代市政府拟定加强中小企业财务会计管理促进中小企业发展的实施方案，全市共举办5期培训班，培训中小企业2000余户、企业法人和财务人员2900余名，印发政策汇编4000册，大力支持中小企业发展。草拟预算绩效管理改革实施意见和预算绩效管理暂行办法及预算绩效目标管理、预算绩效运行跟踪管理、预算绩效评价、预算绩效评价结果应用实施细则等“1+5”预算绩效管理制度，预算绩效管理改革深入推进。

【政府与社会资本合作成效明显】 全市录入财政部PPP综合信息平台项目221个、总投资1877.38亿元，其中进入管理库项目52个、总投资628.32亿元。全市现有国家示范项目6个、总投资54.4亿元，省级示范项目18个、总投资130.02亿元，其中进入采购及执行阶段项目16个。

【财政管理全面加强】 建设透明财政，据清华大学发布的《2018年中国市级政府财政透明度研究报告》显示，在全国295个地级及地级以上城市中，毕节财政透明度位居第80位，全省排第一位。加强财政监管，组织对“三公”经费使用、差旅费和公务接待费报销、公职人员借款、非税收入收缴等情况进行专项检查。强化内控管理，全市财政系统共制定基本内控制度90余个、专项内控制度50余个。严格管理“三公”经费支出。全面规范政府采购管理，实现采购专家电子化抽取。加强财政投资评审管理。圆满完成会计专业职称考试，扎实推进政府会计准则制度实施。

【管党治党从严从实】 深学笃用习近平新时代中国特色社会主义思想和习近平总书记对贵州对毕节系列重要指示批示精神，全市财政干部“四个意识”树得更牢，“四个自信”更加坚定，坚决做到“两个维护”。严守党的政治纪律和政治规矩，大兴“三风”、整治“四风”、改进作风，认真完成相关部门违规报销差旅费、违规公务接待巡视反馈问题整改，深入开展利用茅台酒谋取私利、不担当不作为、违规兼职等问题专项整治。围绕纪念建党97周年、试验区建立30周年，认真开展表彰、演讲等活动。

（供稿：毕节市财政局办公室）

税　务

【概述】 2018年，国家税务总局毕节市税务局全面贯彻落实国税地税征管体制改革各项工作要求，紧紧围绕“两不误、两促进、两提高”，突出特色亮点，狠抓工作落实，较好地完成了各项工作任务。

【组织收入】 2018年，累计组织各项税费收入227.81亿元，同比增长10.97%，增收22.52亿元。其中，组织税收收入219.38亿元，同比增长10.55%，增收20.93亿元，税收收入首次突破200亿元大关。组织入库一般公共预算收入103.68亿元，同口径增长8.41%，增收8.04亿元。

【服务大局】 针对税制改革和税收管理中出现的新情况、新问题，深入研究，建言献策，当好党委政府的参谋助手。立项课题10个，并进行深入调研，其中《贵州实体经济的供给侧结构性改革研究——以毕节试验区为例》获2018年度毕节市社科理论研究课题良好等次，《税收视角下毕节经济高质量发展研究》通过2018年度毕节市社科理论研究课题结题验收。

【国税地税征管体制改革】 一是全市税务机构顺利挂牌。7月5日，国家税务总局毕节市税务局正式挂牌；7月20日，全市10个县（区）税务局及69个税务分局统一对外挂牌，县乡级国税地税机构正式合并。二是市县“三定”规定平稳落地。9月25日，市税务局机关27个科室负责人到位，各项工作正常开展。10月25日，全市同步举行县级税务局“三定”宣布仪式，县乡局（所）“三定”平稳落地。12月25日前，所有税务分局实现属地办公。三是党对改革工作的领导全面加强。合并前，市局及时组建联合党委会；9月30日前，市税务局和10个县级税务局全部改设党委。积极推进机关党组织和群团组织设立工作，加快构建“纵合横通强党建”的机制体系，适应国税地税征管体制改革新形势新要求。四是社保费和非税收入职责划转平稳有序。成立全市社会保险费及非税收入征管职责划转工作领导小组以及工作督查、政策制度、业务调研等9个专项工作组，组织人员到重庆铜梁、云南镇雄考察学习原地税社保费及非税收入征管经验，与市财政局、市人力资源和社会保障局等部门建立了联席会议机制，明确了继续保持“政府主导，乡镇、村寨（社区）两委统一收缴社保费后划缴入库”的征收模式。全市社保费和非税收入职责划转各项工作及时准备到位。

【征管改革】 一是深化增值税改革顺利推进。制定方案、明确责任，把握改革节点，做实培训，广泛宣传，深入辅导，确保减税率、转登记、留抵退税三项改革稳步实施。全市享受降税率纳税人6976户，减税2.19亿元，全市转登记纳税人698户，已为符合条件的19户企业办理增值税留抵税额退税8598.23万元。推行增值税发票管理新系统41958户，推行电子发票62户，发放电子发票99.5万份。二是环境保护税顺利开征。加强组织领导，做好摸底调查，如期实现环保税顺利开征，同时研发了全省税务系统“环保税税源采集分析与监控平台”。2018年，全市税务系统共征收入库环境保护税12836.23万元。三是个人所得税改革顺利开展。2018年11—12月，共入库个人所得税15732.38万元，同比减收3191.03万元，减少16.86%。

【优化营商环境】 2018年全市优化营商环境上半年考核中，毕节市税务局排名市直单位第一；全国税务系统纳税人满意度调查中，毕节市税务局得分为85.86分，高出全国平均分1.42分，高出全省其他市州局1.23分，在全省排名第一。一是服务纳税人渠道多维拓宽。通过新媒体、短信、热线、纳税人学堂等多种方式加大网上办税和预约办税的宣传力度。加大全市范围内自助办税终端配备力度，引导纳税人多走“网路”，少走“马路”，拓展PC端、手机端、充自助端办税渠道，实现税费业务“一网通办”。二是办税服务厅建设全面夯实。优化办税服务厅窗口设置，实现办税事项的合理分流和窗口办税效率的提升。落实好“最多跑一次”“导税台”“套餐式”“一窗通办”等纳税服务措施，实现50%以上涉税事项一次性办结。三是办税流程持续优化完善。落实一次性告知制、首问责任制，对非即办事项情况进行实时监控，全面抓好非即办事项办理，精简纳税人资料报送。四是部门协同事项升级扩容。规范实名信息采集标准，实现信息共享共用，推进诚信联合激励。加强“税邮”合作，全力做好“双代”工作和“线上申请、线下配送”发票工作。完成纳税信用等级评价，联合银行对3199户纳税信用好的企业发放“银税贷”贷款12.23亿元。

【依法治税建设】 一是坚持普法宣传先行。围绕“坚持依法行政，推进依法治税”，全面落实“谁执法谁普法”责任制，开展形式多样的税法宣传活动，拍摄税收公益广告3部，其中《您的需求，我们能办到》获全国税收公益广告动漫类优秀作品入围奖。建成省级税务法治示范基地2个，全省税收普法教育基地2个。二是坚持制度建设为本。及时研究制定《国家税务总局毕节市税务局过渡期征管业务操作规程》，编写《国家税务总局毕节市税务局房地产行业税收管理工作指引》等13个税收管理工作指引。严格执行税收规范性文件，认真做好税务行政审批事项的取消下放工作。三是坚持规范执法为要。开展国标行业代码转换核实校验专项督察工作，明确专项督察的工作任务，分解细化督察内容，同时要求全市税务系统全面开展自查工作。从严追究税收执法过错责任，形成了税收执法过错责任追究高压态势，有效促进了税收执法规范化建设。

【全面推进从严治党】 一是强化政治责任，增强担当意识。党委带头履责，以“一落实一明确三强化”层层压实主体责任，专题听取党建工作和党风廉政建设工作情况汇报10余次。强化监督考核，及时研究解决监督执纪中遇到的重大问题和困难，鼎力支持纪检监察“三转”工作。班子自身廉洁自律，发挥表率作用，带头落实党风廉政建设责任制。二是坚持问题导向，推进责任落实。强化警示教育，开展“讲忠诚、立政德、严纪律、铸铁军”等警示教育活动，增强震慑力，打好“预防针”。坚决查纠四风，贯彻落实中央“八项规定”等规定，完善车辆管理、财务管理、公务接待等制度。对各县（区）局落实中央八项规定、查纠四风、窗口服务等进行专项检查。优化选人用人环境，干部配备、提拔、转正等工作均未出现信访反映等情况。三是对标“严紧硬”，持之以恒正风肃纪。加强信访举报管理，落实纪检组信访举报集体分析研判制度和查审分离制度，确保程序合规合法，加强问题线索管理的保密工作，接办和转办信访举报案件16件，开展稽查案件“一案双查”5件。正确运用监督执纪“四种形态”开展追责问责，切实做到抓早抓小，防微杜渐，始终把纪律规矩挺在前面。四是夯实基层基础，提升党建工作水平。完善制度机制，及时制定《党委工作规则》《党委中心组学习制度》等党委、基层党组织制度，印发贯彻落实建立“条主责　块双重”工作机制，制定班子成员调查研究和联系基层制度，扎实开展好党建工作示范点工作。开展好“三个一”专项活动，以“践行中国税务精神　争做时代党员先锋”为主题，以实施“党员先锋工程”创建为载体，开展“党员先锋工程”建设和“最美税务人”评选活动。组织观看电影《文朝荣》《邹碧华》，开展“纪念中国共产党成立97周年”、纪念抗日战争胜利73周年主题活动。助力脱贫攻坚，全市税务系统共有88名税务干部投入到脱贫攻坚一线，着力解决帮扶联系点困难群众生产和生活问题。全市投入扶贫资金323.47万元，其中市局投入32万元，帮助帮扶联系点强化基层党组织建设、党支部建设、产业发展等。全系统1人被表彰为“全省脱贫攻坚优秀党组织书记”、1人被表彰为“全省脱贫攻坚优秀第一书记”，2个基层党组织、5名党员分获市委及市直机关工委表彰。

（供稿：国家税务总局毕节市税务局办公室）

统计·审计

统 计

【概述】 2018年，是统计工作任务繁重、压力巨大、困难重重的一年，也是全市统计系统克难而进、载誉而归、收获满满的一年。在市委、市政府坚强领导下，在各兄弟单位的大力支持和帮助下，坚持以习近平新时代中国特色社会主义思想为指导，全面贯彻落实中央、省、市各项决策部署，奋力推动经济社会迈向高质量发展，全市统计工作成绩显著，经济综合排位彻底撕掉了在全省挂末的标签。据统计，完成地区生产总值1921.43亿元、增长2%，一般公共预算收入130.11亿元、增长5.1%，固定资产投资增长12%，规模以上工业增加值增长10.5%，社会消费品零售总额384.58亿元、增长8.5%；金融机构人民币存款余额1911.69亿元、贷款余额1581.43亿元，存贷款余额增长6.8%；城镇常住居民人均可支配收入29888元、增长9.4%，农村常住居民人均可支配收入9354元、增长10.4%。

【工作亮点】 一是以巡视整改为契机，乘势而为，全面推进依法统计依法治统。深入贯彻落实中央、省文件精神，扎实做好巡视整改工作，不折不扣抓好中央巡视和全国人大常委会统计法执法检查反馈问题整改，认真开展“双随机”统计执法检查，坚决查处统计违纪违法行为，严肃问责追责，依法统计依法治统开创新局面。二是以改革创新为动力，勇于担当，加快构建新时代现代化统计监测体系。扎实推进三大核算改革，深入开展农业产业革命、大扶贫、大生态等重点领域统计监测，主动服务供给侧结构性改革，服务“三大变革”，服务“三大攻坚战”，统计改革创新实现新突破。三是以单位清查为重点，善作善成，扎实开展第四次全国经济普查。认真执行普查方案，抽调精兵强将组建普查机构，从人、财、物各方面强化工作保障，形式多样地抓好宣传动员，深入开展普查单位比对清查，全力抓好入户登记，普查工作迈出新步伐。四是以质量提升为目标，主动作为，着力夯实统计基层基础。全面落实数据质量管控“三机制”，深入开展数据质量提升“三行动”，严格执行数据质量评估“三审制”，统计工作基层基础进一步夯实，部门合作更加紧密，统计数据质量得到新提升。五是以数库智库为抓手，开拓进取，切实提升统计服务能力和水平。加快统计与现代信息技术深度融合，推进部门数据资源整合共享，着力打造新时代统计“数库”；加强经济运行预测预判预警，强化数据解读，引导经济运行预期，着力打造新时代统计“智库”，统计服务水平再上新台阶。

【依法统计，严防严惩统计造假弄虚作假】 一是扎实抓好“两巡视、一检查”整改落实。认真对照中央第三巡视组巡视国家统计局、中央第四巡视组巡视贵州、全国人大常委会统计法执法检查反馈意见，制定方案、组建专班，强化措施、细化责任，兼顾当前整改与长效机制建立，注重纵向联动和横向合作，从讲政治的高度全力抓好整改落实，整改工作取得了实在成效。二是建立健全统计违纪违法责任追究机制。建立违规干预统计工作记录制度，对领导干部违规干预统计工作的行为实行全面记录、全程留痕，保留完整档案。市委办、市政府办联合印发《关于深入贯彻执行〈贵州省统计工作问责暂行办法〉的通知》，进一步加强统计造假弄虚作假责任追究力度和领导干部统计工作考核管理力度。开展“依法统计、诚信统计”主题活动，全市统计系统人员全部签署依法统计诚信统计承诺书。三是广泛开展统计普法宣传教育。开展统计“七五”普法中期督导，强化直接面向统计人员的法治培训，集中开展统计普法宣传活动。积极推动市、县两级党校将统计法律法规列入培训学习课程，邀请省统计局专家开展统计法治专题讲座，培训人数近2万人次。四是持续加大统计执法检查力度。充分运用“双随机一公开”监管平台，依法开展执法检查32次、检查单位257个，立案查处统计违法案件22件，依法严肃处理违法企业和责任单位、责任人员，充分发挥了统计法纪的“利剑”作用。

【精心组织，抓牢抓实统计普查调查】 一是扎实开展第四次全国经济普查。根据国务院经普办和省经普办统一部署，市、县、乡三级全部成立普查领导机构及内设工作组，构建了覆盖全市、分工明确、协调顺畅的普查组织体系。根据各阶段工作进度要求，严格落实经费、调配PDA设备，积极开展“两员”选聘及培训，深入开展宣传动员，建立月报、旬报、周报等不同时间节点的调度制度，制定普查数据采集期间24小时值班制度和应急预案，统一指挥调度普查工作进度。高度重视单位对比清查，核查法人单位5.79万户、产业活动单位7.03万户、个体经营户23.31万户，单位清查圆满收官。提前部署、超前安排，入户登记有序推进。同时，圆满完成三农普主要工作任务，扎实抓好资料开发应用，农业数据得到进一步修正。二是认真做好重大专项调查。圆满完成投入产出调查、新经济调查、大数据产业调查、大扶贫监测、政府性资产清查、1‰人口抽样调查等重点调查工作，获得大量翔实的统计数据，为党委、政府科学决策提供了重要参考，在全省1‰人口抽样调查综合考评中获得优秀等次。三是积极开展社情民意调查。成功完成“毕节市群众安全感调查”“市直领导班子和领导干部群众满意度调查”“毕节市公共文化服务体系示范区满意度调查”“环境满意度调查”等重大项目调查，广泛收集社会动态、舆情信息以及人民群众对重大决策的意见建议。

【围绕中心，强化措施做优统计服务】 一是强化统计信息服务。一年来，为市委、市政府及市直有关部门整理、加工数据资料200余次，为市领导提供专题统计信息服务30余次，为群众提供统计信息服务400余次。编发《统计服务》31期、《统计专报》14期、《统计速报》52期；精心编印《数字三十年》，全面展示试验区30周年辉煌成绩。按季召开经济运行新闻发布会，围绕社会公众关注的热点问题，积极正面解读统计数据，合理引导社会发展预期。二是深化统计分析服务。紧紧围绕全市工作重点、难点、热点，深入开展调查研究，着力提供深度分析服务。向市委、市政府报送了《以建设示范区为引领　推进农业产业结构调整——毕节市农业产业结构调整深度分析调研报告》《关于我市规上工业销售额纳入商贸统计相关问题的调研报告》《沧桑巨变四十载　乌蒙腾飞正当时——毕节试验区改革开放40周年发展报告》《全市投资项目资金保障情况调研报告》《关于我市文化产业相关情况的调研报告》《关于全力做好群众服务工作切实提升社情民意调查满意度的调研报告》等统计分析和专题调研报告40余篇、30余万字，得到市领导批示10余次。三是优化县域统计监测。市统计局设立全面小康统计监测科，从制度完善、业务规范、结果客观等方面，进一步加强以县为单位全面建设小康社会统计监测、同步小康创建达标县巩固提升统计监测、县域经济发展监测分析等工作。

【开拓创新，狠抓统计重点领域改革】 一是扎实推进三大核算改革。密切跟进国家和省地区生产总值统一核算改革方向，积极推进全市改革工作。圆满完成全市自然资源资产负债表（实物量表）试编工作，主动探索选取黔西县、金沙县和威宁自治县作为县级试点开展编制工作。积极参与《贵州省地方资产负债表改革工作方案》研究起草，着力推动地方资产负债表改革。强化调查成果运用，努力打造政府性资产统计调查升级版。二是圆满完成局队业务分工调整。按照国家统计局和省统计局的统一部署，统筹协调、精心组织，制定业务分工调整方案和实施细则，顺利完成八大调查任务的调整移交和资料交接，有序推进调整后各项业务的统计调查。三是积极开展统计“服务千企”行动。认真落实《贵州省统计“服务千企”实施方案》，深入企业开展实地调研，主动上门服务，工业、投资、贸经、服务业等专业全年共服务企业175家，全力提升统计调查对象统计业务水平和对统计工作的支持力度，巩固数据质量基础。

【夯实基础，扎实提升统计数据质量】 一是扎实落实数据质量管控“三机制”。落实全流程、全方位数据质量管控机制，严把“入库、核查、评审”三道关口，将执法检查结果运用于评估专业统计数据。强化数据质量部门沟通协作机制，加强与发改、工能、住建等部门的联系协调，促进数据资源共享。落实社会监督与执法并举的惩戒机制，开展“以数谋私、数字腐败”全面排查和专项整治工作。二是全面实施数据质量提升“三行动”。开展统计基层基础能力提升专项行动，进一步强化统计机构职能，优化统计人员结构，严格执行各项统计制度，加强县区统计工作目标考核。开展统计业务培训专项行动，着力提升统计队伍工作能力和水平。开展利用部门资料清理比对基本单位名录库专项行动，完善与工商、税务、人社等部门的数据交换与共享机制，动态维护统计基本单位名录库。三是严格执行数据质量评估“三审制”。修订完成《县区统计数据评审工作实施办法》，对县区数据评审实行初审、复审、终审“三审”制度，监督力度不断加强，指标匹配不断优化，数据质量不断提升。

【尽锐出战，精准推进驻村帮扶工作】 一是尽全力加大资金帮扶力度。从单位紧张的办公经费中节约调剂27.5万元帮扶资金，用于支持帮扶点修复受损路基及河堤、购置垃圾收储设备、改善村级办公条件。协调有关部门解决经费94万元，修建2座桥梁，受益群众1万余人，被当地群众誉为“民心桥”。二是尽全力加大指导帮扶力度。严格落实“4321”结对帮扶制度，全体在岗干部职工结对帮扶103户394人；切实履行“四到工作制”，结合“大讨论”“大走访”“冬季充电”活动，局领导班子先后30余次带队到帮扶点调研走访，帮助群众理清发展思路，找准脱贫路径，制定脱贫举措。三是尽全力加大党建帮扶力度。按照尽锐出战要求，挑选精兵强将开展帮扶工作。选派一名副县级干部到脱贫攻坚指挥部工作，选派一名优秀科级干部挂任双坪乡党委副书记，选派三名优秀科级或科级后备干部到赫章县双坪乡，分别担任联丰村、大石村、儿马冲村第一书记。选派干部真蹲真驻、真帮真扶、用心用情，切实帮助群众解决实际困难。驻村工作队队长兼联丰村第一书记龙艳，在同步小康驻村工作督查中群众知晓率、满意度均达100%，获得全市通报表扬，市、县宣传部门和有关媒体宣传报道了该同志的先进事迹。

【团结协作，全力构建“大统计”工作格局】 一是加强上下联动。全市统计系统牢固树立“一盘棋”理念，各专业积极沟通、密切合作，高标准高质量高效率完成了各项统计调查、普查调查、年报定报工作任务。二是加强局队协作。市、县两级统计局与调查队注重沟通、相互配合，共同发布统计数据，共同编辑主要统计资料，共同完成统计调查任务，着力构建统计调查“和谐大家庭”。三是加强部门合作。与市商务局共同完成电子商务监测统计，与市文改文产办共同完成文化产业统计调查，与市农委、市扶贫办等涉农部门共同完成农业产业革命统计监测，与市发改委、市工能委、市住建局等部门共同推进建筑领域入库统计工作，配合市实绩考核办制定了县区经济社会发展目标考核办法，配合市发改委制定了国民经济发展计划，配合市财政局、人行毕节中心支行、市邮政管理局等部门为国民经济核算提供了大量翔实的数据资料。

【从严管理，抓紧抓实党风廉政建设】 一是持续深化政治建设。坚持把对党忠诚、政治坚定作为立身之本，牢牢把握正确的政治方向，坚决抓好意识形态工作责任制落实，牢牢把握意识形态工作的领导权、管理权、话语权，坚定不移将思想政治建设与统计业务相结合，注重政治理论学习和宣讲，引导教育全局干部职工牢固树立“四个意识”，切实增强“四个自信”，坚决践行“两个维护”。2018年，开展局党组中心组学习5次、碰头会议学习16次、干部集中学习20次、党员集中学习40余次，学习重要讲话、重要会议、重要文件近200项。二是着力加强内部监管。制定出台《毕节市统计局“争先创优量化测评”考核实施方案（试行）》，对日常考核、年终考核实行量化测评，引入正负面清单管理模式，推动形成了争相干事、奋发有为的良好风貌。修订完善《公务用车管理制度》《出差审批制度》《统计数据和统计信息发布制度》等制度，从严从实加强内部管理。严格遵守“三重一大”问题决策各项规定，开展“三重一大”权力清单运行备案69件，其中重大决策32件、重要人事任免21件、大额度资金运作16件。严格落实干部约谈常态化工作，切实推动“两个责任”落地落实，进行预防提醒约谈124人次。三是扎实开展主题党日教育活动。组织全体党员到七星关区鸡鸣三省村、遵义苟坝会议会址、遵义娄山关革命遗址开展红色教育活动，重温入党誓词，重申艰苦奋斗、自力更生精神。坚持“三会一课”制度，每季度召开一次党员大会，每月召开一次支委会，每季度上一次党课。评选出“优秀共产党员”9名，予以表彰奖励。围绕“打赢攻坚战、建设示范区，毕节怎么干”，开展集中大讨论3次、党组理论学习中心组专题学习讨论1次、党支部专题学习讨论2次、互动大讨论6次。

（撰稿：王　煜）

国家统计局毕节调查队

【概述】 2018年，毕节调查队在总队党组的正确领导下，在市委、市政府的亲切关心下，坚持以习近平新时代中国特色社会主义思想为指导，深入学习贯彻党的十九大精神和总书记对毕节试验区的重要批示、指示精神，不忘初心、牢记使命，增强“四个意识”，坚定“四个自信”。围绕毕节三大战略，聚焦毕节“113攻坚战”，主动靠前服务，固优势、找短板、提干劲，以“六气同聚”为魂，以“奋力打造阳光调查队”为目标，全面完成了各项工作目标任务，工作中呈现出多点出击、全面开花的良好态势。

【把党的政治建设摆在首位，深入学习贯彻党的十九大精神和总书记对毕节试验区的指示精神】

毕节调查队紧紧围绕坚持和加强党的全面领导，把深入学习贯彻习近平新时代中国特色社会主义思想和党的十九大精神、总书记对毕节试验区的指示精神作为首要政治任务，运用理想信念和党性教育固本培元、补钙壮骨，采取集中学习和个人自学相结合的方式，组织班子成员、干部职工认真学、反复学，切实做到内化于心、外化于形，坚决维护习近平总书记党中央的核心、全党的核心地位，坚决维护党中央权威和集中统一领导，切实把思想和行动统一到党的十九大精神上来。把政治理论学习和经常性测试当作常态化管理的手段，比如在总队提供题库的基础上专门汇编了一套党的十九大精神及统计法律法规知识测试题，组织毕节调查系统干部职工60人参与答题，测试成绩优秀率达100%。随后又组织全队干部职工开展2018年政府工作报告专题学习及答题活动，参与答题人数20人，参与率100%。7月26日，毕节调查队党组组织干部职工深入学习习近平总书记对毕节试验区重要指示精神，主动寻标对标，紧紧围绕习总书记提出的新期望，在把握新定位、完成新使命上敢于担当，在落实新要求、实现新目标上勇于作为。

【严明政治纪律和政治规矩，坚决维护以习近平为核心的党中央权威和集中统一领导】

（一）推动从严治队向纵深发展。毕节调查队认真贯彻落实中共中央政治局八项规定实施细则精神，根据《中共国家统计局党组关于深入贯彻执行中央八项规定实施细则的实施办法》、中共贵州省委常委会贯彻落实中央八项规定精神实施办法、《中共国家统计局贵州调查总队党组关于深入贯彻执行中央八项规定实施细则的实施办法》等要求，持续推动毕节调查队全面从严治党、从严治队向纵深发展，制定了《中共国家统计局毕节调查队党组关于深入贯彻执行中央八项规定实施细则的实施办法》，并进行责任分解，具体到科室、到人员，层层压实责任，切实把《细则》作为工作中的“体温计”“风向标”“指示器”，从严、从细、从实把中央“八项规定”精神转化为思想自觉和实际行动。通过制定《毕节队2018年党风廉政建设工作要点及任务分解》，以同分管领导、科室负责人签订廉洁承诺书等措施，切实增强党内政治生活的政治性、时代性、原则性、战斗性。以不断扎牢制度的笼子，以制度为约束，坚决清除对党不忠诚不老实、阳奉阴违的两面人、两面派，绝不允许搞小山头、小团伙、小圈子，坚决同危害党中央权威和集中统一领导的行为作斗争。9月3日，毕节调查队党支部组织召开支部扩大会，队领导领学领讲《中国共产党纪律处分条例》，队长杨伟要求每一个党员要知敬畏、明底线，通过新的《条例》学习，增强党员意识、角色意识、宗旨意识、纪律意识。党员领导干部更要带头执行，绝不允许恣意妄为、率性而为、天马行空、我行我素、自行其是；绝不能把个人凌驾于组织之上、游离于纪律之外。只要是党员，都要以党章为根本遵循，让纪律成为带电的高压线，在加强自律的同时，自觉接受组织和群众的监督，习惯于带着“紧箍咒”工作和生活。

（二）强化意识形态领域的管控。一是同频共振，加强领导。毕节调查队坚决把意识形态工作摆上党组中心工作和党建工作重要议事日程，从讲政治的高度深刻领会习近平总书记关于“经济建设是党的中心工作，意识形态工作是党的一项极端重要的工作”的重要思想内涵，严格落实党组领导班子对意识形态工作的主体责任，进一步加强领导班子研究意识形态领域新情况新问题，增强领导班子的政治敏锐性和鉴别力，切实加强对意识形态工作的领导、引领和管理。通过廉政党课教育和党建知识测试等，不断运用马克思主义历史观和辩证法，提高分析和解决问题的能力，号召全队上下自觉涵养“功成不必在我”的精神境界，扛起“建功必须有我”的使命担当。

二是坚持学习，加强引领。坚持把马克思主义理论作为思想建党的必修课，巩固马克思主义在意识形态领域的指导地位，不断增强党员干部的道路自信、理论自信、制度自信、文化自信；始终把学习贯彻习近平总书记系列重要讲话精神和党中央治国理政新理念新思想新战略作为理论武装的重要任务，切实增强党员干部“四个意识”特别是核心意识和看齐意识；结合推进“两学一做”学习教育常态化制度化，引导党员干部自觉遵守党章、贯彻党章、维护党章，在思想上、政治上、行动上始终同党中央保持高度一致。在“打赢攻坚战、建设示范区、毕节怎么干”大讨论中，将毕节队党的建设作为大讨论的一项重要内容，引导干部职工特别是党员干部坚定“两个维护”，强化“四个意识”。3月23日，毕节调查队党组成员、副队长王桂林赴纳雍调查队以“树立底线思维，提升毕节调查系统作风纪律建设”为题给辖区各调查队班子成员及住户工作业务人员上廉政党课。5月7日，毕节调查队组织全体干部职工学习习近平总书记在马克思诞辰200周年纪念大会上的讲话精神，队长杨伟和大家分享自己的学习体会并就毕节调查队落实讲话精神提出了“从崇高的思想中汲取信仰的力量；潜心学经典、悟原理；善于将理论与实践相结合”三点意见。

三是依托阵地，加强管理。在党组的坚强领导下，积极营造导向鲜明的舆论氛围，巩固思想理论阵地，发动全体党员干部积极参与，擦亮眼睛，保持清醒的政治头脑、敏锐的政治观察力和鉴别力、坚定正确的政治立场、坚守共产主义信念，把思想真正统一到习近平总书记系列重要讲话精神上来，在大是大非问题上敢于发声，在思想交锋中敢于亮剑，决不含糊其词，更不退避三舍。严密防范网上意识形态渗透。按照市委安排，将意识形态工作纳入队领导班子民主生活会和领导干部述职述廉事项，让意识形态工作在全员、全程、全时得到有效落实。同时通过毕节调查队微信公众号，宣传党的好声音和改革开放40年毕节经济社会所取得的巨大成就。2018年还以建立党支部微信群为阵地，抢占意识形态高地，主动发声，积极宣传党和国家方针政策，巩固马克思主义在意识形态领域的指导地位，不断增强党员干部的道路自信、理论自信、制度自信、文化自信，把学习贯彻习近平总书记系列重要讲话精神和党中央治国理政新理念新思想新战略作为理论武装的重要任务，充分发挥党务知识宣传的舆论引导作用和信息传播效应，同时通过以党支部微信群为平台依托，进一步密切退休党员与党组织的联系，强化党员之间的互动交流，进一步巩固维护毕节调查队良好政治生态。

（三）积极配合总队党组第一巡察组巡察工作，认真落实巡察整改任务。按照国家统计局贵州调查总队党组关于巡察工作的统一部署和政治巡察要求，总队党组2018年第二轮巡察第一巡察组于2018年8月6日至10日对毕节调查队进行了巡察，10月29日反馈了巡察意见。为扎实抓好巡察反馈意见的整改落实，确保措施到位、责任到位、效果到位，切实把思想和行动统一到党中央的决策部署上来，总队制定了《中共国家统计局毕节调查队党组关于落实中共贵州调查总队党组第一巡察组反馈意见的整改方案》，通过以此次整改为契机，坚持以习近平新时代中国特色社会主义思想为指导，全面深入学习贯彻党的十九大精神和习近平总书记在贵州代表团的讲话精神，紧紧围绕在以习近平为核心的党中央周围，不忘初心，牢记使命，增强“四个意识”，坚定“四个自信”，继续以党的政治建设为统领，全面推进党的各项建设，持之以恒，正风肃纪，努力营造风清气正的良好政治生态，强化自我监督、自觉接受监督，努力打造一支忠诚、干净、担当的调查队伍。

【围绕大局，在“数库”和“智库”做好双向服务双向保障工作】 （一）立足调查工作实际，积极参与建言献策。毕节调查队以“双向服务、双重保障”的思路，主动服务政治大局，为助推毕节试验区经济社会发展积极提供统计决策参考。针对农业农村部发布的非洲猪瘟疫情，毕节调查队应急而动、迅速响应，结合市委、市政府安排部署，第一时间组织开展非洲猪瘟事件对生猪交易市场和价格市场的影响情况的调查，同时与发改部门密切加强信息沟通。各县区队也积极响应参与，充分发挥调查队轻骑兵优势，于26日—28日分别开展“非洲猪瘟”舆情调研，搜集“非洲猪瘟”疫情舆情，分析研判，及时撰写《毕节市“非洲猪瘟”舆情调研报告及猪肉价格走势对群众生活的影响分析》要情专报报市委市政府，为地方党委政府决策提供参考。11月28日，由毕节市发改委组织，市商务局、人社局、民政局、农委、畜牧局、毕节调查队8家单位召开对当前毕节市物价情况进行讨论分析的座谈会。毕节调查队结合近10个月来毕节物价指数的走势、在全省的排位情况、未来指数走势预测等方面，向与会成员单位详细介绍了当前毕节物价指数的具体情况，帮助与会成员单位更好地开展讨论分析。毕节队梳理出“深入推进菜篮子工程建设；在落实新《中华人民共和国环保法》，加大环保督查力度的同时，加快相关企业、养殖场的整改进度，确保相关产品的供给；加强小吃文化建设，规范小吃餐饮行业发展”三点具体建议报市发改委，为市委、市政府更好地开展工作提供优质的统计服务。3月，市委常委、常务副市长丁雄军对《毕节调查队工作情况报告》作出批示：“毕节调查队在杨伟带领下政治站位高、业务能力强、队伍建设好、实现了争比进位。2018年六个方面的安排部署有力有序，得当得法。希望全队更加锐意进取、更加开拓创新，以优异成绩迎接毕节试验区建立30周年。”

（二）身到心至，大兴调查研究之风。2018年以来，毕节调查队积极发挥快速反应、贴近民生的优势，紧盯党委政府和人民群众的关注点，特别是毕节全市的精准扶贫“四场硬仗”、深度贫困地区民生改善、农业结构调整、乡村振兴等，找准符合调查工作实际的切入点，身到心至地开展大调研。毕节调查队组织设计全市7个县17个极贫乡镇20个深度贫困村的精准扶贫调研问卷，并由队领导分别率队赴深度贫困村开展调研，共形成精准扶贫调研报告13篇，并汇编成书分发相关部门。全年，毕节调查队完成28篇统计调查分析报告，《贵州省大方县凤山乡脱贫攻坚专题调研报告》《毕节试验区30年开发扶贫生态建设成效显著》等10篇分析报告被国家统计局采用，实现了毕节调查队有史以来的多项第一和毕节调查系统统计分析领域的整体突破。其中两篇调研报告（《毕节：脱贫攻坚主战场驻村帮扶成效显著》《把好脉开好方，全力助推脱贫攻坚——以新法村为例分析黔西县精准扶贫提升路径》）得到市委书记周建琨肯定性批示，两篇调研报告（《7月份毕节市CPI临近3%的控涨线》《把好脉开好方，全力助推脱贫攻坚——以新法村为例分析黔西县精准扶贫提升路径》）得到市委副书记、市长张集智的批示，《“离土不离乡”成为毕节农民工市民化进程中不容忽视的问题》等4篇分析报告得到常务副市长丁雄军批示，《毕节高校毕业生就业面临诸多问题　就业形势严峻》等4篇调研报告分别获副市长李玉平、彭荣江、王泉松批示。同时，毕节调查队推荐的《“大党建”统领“大扶贫”乡村振兴见成效——贵州省大方县凤山乡脱贫攻坚专题调研报告》和《以习近平新时代扶贫开发重大战略思想　打好脱贫攻坚主战场精准扶贫战役》两篇文章在中共毕节市委宣传部和中共毕节市委讲师团共同举办的“学习宣传贯彻党的十九大精神”征文活动中，毕节调查队推荐的两篇文章分获一、二等奖，这是毕节调查队首次在市级征文活动中获此殊荣。为配合宣传改革开放40年和试验区成立30年毕节的巨大发展成就，先后组织完成了《砥砺前行四十载　含苞待放吐芳华——改革开放四十年毕节物价变化深刻影响人民生活》、《撕下贫困标签　昂首迈向小康——改革开放40年毕节人民生活日新月异》等系列统计分析报告，进一步讴歌新时代、宣传大毕节。

（三）开展大讨论活动，践行好“五步工作法”。通过大讨论活动，毕节调查系统上下干事创业的精气神正积蓄迸发，前进的方向越来越明，各项工作措施也越来越细，进一步锤炼精准务实的作风、培育敢打硬仗的意志、增强后发赶超的信心。根据市委《关于开展“打赢攻坚战、建设示范区，毕节怎么干”大讨论活动的实施方案》要求，8月21日，毕节调查队党支部开展以“打赢攻坚战、建设示范区，毕节怎么干”为主题的党日活动。活动上参会党员畅所欲言，围绕毕节试验区30年取得的成绩、毕节试验区脱贫攻坚的成效、试验区“三大主题”、建设新发展理念示范区的思考等方面进行了交流讨论。10月12日，开展“打赢脱贫攻坚、建设示范区，毕节怎么干”第二次大讨论，队领导，各科室积极踊跃地从多个角度围绕“乡村振兴”看问题、谈感受。

【发挥工匠精神，做好各项专业工作】

（一）住户工作。一是表彰优秀，提高住户调查工作人员积极性。为发扬毕节住户调查工作抢先争优、苦干实干的精神，毕节队于1月25日召开了全市住户调查工作表彰会。表彰住户调查优秀集体2个，住户调查优秀个人3名，住户调查优秀包点人员9名，提高住户调查工作人员的积极性。

二是排查整改，提高数据质量。为进一步夯实新一轮住户调查数据质量，要求各县“带着问题找错误”，事先制作自查汇总表格，按照“广而全、细而严”的要求，对上一轮样本106个调查点1068户，新一轮样本103个调查点1030户记账户进行了自查，并上报了自查表和自查报告。各县针对自查出的问题，认真进行整改，同时加强对辅调员和调查户的培训，确保问卷信息真实有效，从源头提高数据质量。

三是克服困难，推进电子记账工作。针对年初全市仅有纳雍县24家电子记账户的滞后状况，由队长带队赴各县强推，随后又组织召开全市住户调查电子记账推进会，要求各县区本着成熟一户发展一户的原则积极主动全力推进电子记账，鼓励大家抓住战机，顺时而为。会后，各县区高度重视，努力克服各种困难，在认真摸底的基础上，纷纷采取强化培训、加强宣传、提高补贴、示范引领、注重交流等多种措施全力推进电子记账，取得明显成效。

四是以“口述记账户家庭情况”全域测试全面提升数据质量。毕节调查队以“包点人员口述记账户家庭况”为“毕节经验”在辖区各县进行强力推广，要求各队局每季度组织开展调查户基本情况口述测试，并将此作为基础工作评分的重要依据。8月31日，毕节市委常委、常务副市长丁雄军对毕节调查队《毕节队以“口述记账户家庭基本情况”全域测试全面提升数据质量》作出肯定性批示。为确保“包点人员口述记账户家庭情况”常态化、制度化，全面提升住户调查数据质量，毕节调查队于10月12日在全市范围内首次组织开展了2018年度口述包点情况“大比武”活动。“比武”通过试卷作答、现场对答、现场pk的方式进行，并表彰了3个集体奖和5名个人奖。各队包点人员认真负责的态度充分体现了县级调查队直接调查的鲜明特色和对市队党组有关“调查要接地气、管数要有底气”要求的生动实践。

（二）价格调查工作。一是以“起步就是冲刺”的姿态精心部署生产投资价格调查。1月16日，毕节队召集全市36家调查企业的统计人员开展生产投资价格调查业务培训，迅速传达学习全省价格统计调查工作会议精神，以问题为索引点评上年度生产投资价格调查中出现的问题、取得的经验，全面安排部署2018年生产投资价格调查工作，要求以“起步就是冲刺”的姿态高质量、高效率做好全市生产投资价格调查工作。

二是准确把脉经济运行着力提升价格调查快速反应能力。充分运用价格指数“晴雨表”的监测功能，为党委、政府宏观决策提供真实、准确、完整、及时的CPI信息服务。2月份毕节市居民消费价格同比指数涨幅超标，毕节队主要领导、分管领导组织价格科开展深入研究，以问题为导向，就CPI“八大类”各类指数变动情况进行细致分析，切实找准推动当月CPI指数上涨的根本原因，提出观点鲜明的决策建议；同时，根据调研讨论情况，迅速形成相关分析材料，在总队数据反馈后第一时间上报市委、市政府。该报告上报后迅速引起市政府领导和相关部门高度关注。由毕节队参与，多家相关单位连同发布《关于启动毕节市社会救助和保障标准与物价上涨挂钩联动机制的报告》，确保困难群众基本生活水平不因物价上涨而受影响。

三是查谈训审，提高工业生产者价格调查数据质量。3月底，毕节队组织力量深入大方煤业有限公司、黔西中水发电有限公司及贵州金沙窖酒酒业有限公司等企业进行实地走访，采取“查台账价格是否与原始凭证相符，与企业领导、统计人员进行交谈，现场答疑和培训，严格审核每月报表”的方式，从调查源头着力提升工业生产者价格调查数据质量。

四是“实于数据、敢于发声、善于宣传”强化CPI数据解读能力。通过“微七星关”微信公众号发布平台的有力宣传向社会各界正确解读今年上半年物价变动情况，实现了毕节调查工作对外宣传的新突破。充分运用大数据、新媒体和互联网等信息平台，唱出统计调查好声音。大数据时代的到来对统计人提出了新的挑战和机遇，必须加快转变工作思路，充分发挥专业素质能力，以专业的姿态着力提升数据分析能力，同时，以新媒体和互联网为平台，实于数据、敢于发声、善于宣传，正确引导舆论，激发社会各界参与和了解统计的兴趣和热情。

五是“五点发力”推动生产投资价格调查水平不断提升。为高质量做好生产投资价格调查工作，毕节调查队认真总结经验，在人员培训、数据评审、企业走访、价格把控、执法检查等五个方面进行工作强化，通过“加强业务培训，提高业务能力；严格数据评审，提升数据质量精度；重视企业走访，提升企业配合度；把控价格走势，确保上报数据真实准确；加强统计法规宣传，深入推进执法检查工作”五点发力推动生产投资价格调查水平不断提升。

（三）“四下”企业工作顺利交接。按照

《国家统计局关于印发〈地方统计局与国家调查队业务分工调整优化方案〉的通知》以及省统计局、贵州总队关于《贵州省统计调查部分业务分工的调整优化工作实施方案》的有关工作安排，1月16日下午，毕节调查队与市统计局共同召集辖区局队主要领导和相关业务人员召开专门会议，研究部署局队“四下”企业调查工作分工调整优化交接工作。局队双方共同承担主体责任，相互支持配合，从“交接不清不放手、指导不到位不放手、衔接不顺畅不放手”三个不放手和“各县级统计调查机构尽快完善相关办法，层层压实责任，有序推进、强化监督，紧密协作、各司其职”四个方面确保工作交接不乱、不散、不断，确保交接手续清楚、明晰、完整，经得起历史的检验。通过前期工作准备，利用一季度规下服务业开网直报，毕节调查队与市统计局的相关人员共同完成了2018年一季度规模以下服务业统计调查工作。

（四）统计法规。认真组织学习统计法系列法规，重点学习和执行《统计责任人违纪违法处分处理办法》《防范和惩治统计造假、弄虚作假督察工作规定》，严格规范各类统计行为，切实加强工作督查，真正把《统计法实施条例》的各项要求落实到统计调查业务中，融会到岗位职责里，贯穿于日常工作中。5月25日，为做好全国人大统计执法检查组赴毕节检查统计执法工作的各项准备，毕节队领导组织七星关队就迎检工作进行全面摸排，并到调查点实地走访，最终获得了检查组良好的评价。根据《国家统计局贵州调查总队开展“以数谋私、数字腐败”全面排查专项整治工作方案》要求，按照“细查深剖立改”的原则，研究制定本单位的全面排查专项整治工作方案，毕节调查队于8月9日下午召开队党组扩大会对近期总队下发的有关文件进行再学习，并研究部署本队“以数谋私、数字腐败”专项整治排查工作。把思想统一到习近平总书记重要指示批示和中央有关重要文件精神上来，并且再学习再领会再统一再落实，做到“温故而知新”，让“‘贪’字近乎‘贫’，‘婪’字近乎‘焚’”的道理烙印在每位干部职工心中，层层传导压力、压实捍卫统计调查数据真实性的主体责任，铲除“以数谋私、数字腐败”的思想土壤；将坚决惩治和杜绝“以数谋私、数字腐败”排查工作作为全面落实国家统计局贵州调查总队巡视整改工作领导小组各项工作部署的第一要务和任务。增强社会的统计法律意识，营造良好的依法统计氛围。12月4日，毕节调查队联合威宁调查队开展“全面弘扬宪法精神　奋力推进依法治统”为主题的宪法、统计法宣传日活动。

（五）办公室工作。毕节队把做好办公室工作作为推动各项业务上水平的重要基础，以风险排查责任分解提升办公室整体水平，对照《贵州调查队系统办公室综合考核办法》和《贵州调查队系统办公室工作考核评分标准》，逐项明确责任、时限和完成质量，并印发《毕节调查队办公室工作风险点及防范措施》。队领导明确办公室人员在增强服务意识、转变工作作风、提高服务质量、树立良好形象上做出表率，全面推进办公室的工作整体上台阶、上水平，从“增强责任感和使命感，督办、廉政上排查风险，有具体防范的措施”三个方面确保毕节调查工作正常高效运转。

此外，档案管理、保密安全、老干服务、工会工作、青年工作、“五城同创”等方面工作也循序渐进地按要求开展。

（供稿：国家统计局毕节调查队）

审　计

2018年，全市审计机关在市委、市政府和省审计厅的坚强领导下，紧紧围绕全市经济社会发展大局和中心工作，认真履行审计监督职能。在机关党建、推动政策落实、促进重大项目建设、规范资金使用、防范经济风险、强化依法行政和反腐倡廉建设等方面做了大量卓有成效的工作，较好地发挥了审计保障经济社会健康运行免疫系统的功能，为全市经济社会平稳较快发展作出了积极贡献。省审计厅和市目标办2018年度目标绩效考核中，我局均荣获一等奖。

【概述】 2018年，全市审计机关完成审计项目106个。查出主要问题金额4281854万元，其中违规金额175846万元、损失浪费金额222万元、管理不规范金额4105785万元；审计发现非金额计量问题236个；损益（收支）不实金额959559万元；出具审计报告和专项审计调查报告108篇，被批示、采用105篇次。审计处理处罚金额450558万元，其中应上缴财政154674万元、应减少财政拨款或补贴1007万元、应归还原渠道资金208118万元、应缴纳其他资金23726万元、应调账处理金额63030万元；移送司法机关、纪检监察机关和有关部门处理事项47件，移送处理人员37人，移送处理金额200941万元。审计促进整改落实有关问题资金489180万元；审计促进拨付资金到位37100万元；审计后挽回（避免）损失184万元；核减投资额2545万元；移送处理落实事项1件。审计提出建议254条，被采纳202条；推动被审计单位制定整改措施20项；提交审计信息272篇，被批示、采用122篇次。向社会公告审计结果和整改报告各1篇。

大方县党政主要领导干部经济责任审计项目和黔西县金兰镇党政主要领导干部经济责任审计项目被评为贵州省审计厅2018年度的表彰审计项目。

【重大政策措施落实情况跟踪审计】 根据上级审计机关安排，持续开展重大政策措施落实情况，在所有审计项目中，都将贯彻落实重大政策措施情况纳入审计重点内容予以审计。主要对易地扶贫搬迁资金、财政扶贫资金、减负降税、地方债务管控情况等进行了审计。按照省审计厅的工作部署，毕节市共投入70名审计人员参加了2017年度易地扶贫搬迁资金审计，重点审计易地扶贫搬迁工程项目的政策落实情况、资金筹集管理分配情况和使用情况等事项，揭示问题，深入分析原因，提出完善制度建设意见，进一步促进了政策落地落实和资金规范使用。同时对审计署昆明特派办对贵州省重大政策措施落实情况审计涉及毕节市存在的问题的整改落实情况进行督促检查

【持续深化财政预算执行情况审计】 全市审计机关对财政地税金库等30个部门进行了审计。重点检查年度预算执行的总体情况，检查贯彻落实积极财政政策措施情况及财政在支持产业结构调整和经济增长，支持保障和改善民生等方面采取的措施及取得的成效，重点关注财政资金统筹使用和绩效情况、三公经费及会议费等管理使用情况，促进厉行节约和财政资金高效使用。审计发现的主要问题：未收回以前年度预算安排形成的结转结余资金，非税收入未及时缴入国库，因管理缺失导致国有资产损失，将不符合税收减免的企业纳入减免对象等。并对2017年审计发现的问题进行督查整改。市本级预算执行和其他财政收支审计工作得到了市人大常委会充分肯定。

【积极开展部门预算执行情况审计】 全市审计机关以促进规范部门预算编报和管理，盘活财政资金存量，优化财政资金增量，调整财政支出结构，提高财政资金使用绩效和揭露重大违法违纪问题为主要目标，对23个同级部门预算执行情况进行了审计。重点检查部门预算编制和执行情况、财政资金支出绩效情况，落实中央“八项规定”及实施细则、省委和市委“十项规定”、厉行节约反对浪费。审计发现的主要问题：未将上年结转结余资金纳入部门年度预算安排、专项经费“以拨作支”、超预算列支职工伙食补助经费、

未及时上缴非税收入、未认真执行“三重一大”事项监督、违规借用企业车辆、违规购买香烟、白酒等问题。

【公共资金投资审计】 2018年，全市审计机关共完成年度计划投资审计项目19个，同时对部分备案审计项目进行抽查。重点关注工程造价的真实性、严防高估冒算的问题。围绕加强和改进政府投资建设项目管理，促进资金安全有效使用的目标，逐步改变凡投必审、以审代结的思路，逐步形成投资审计法治化和规范化，以降低审计质量风险。市局组织对毕节市梨寨路道路工程（官归路）结算审计和毕节一中宿舍楼工程竣工决算审计，送审金额52611.67万元，审减12105.23万元，审减率23%。

【领导干部经济责任审计】 根据各级组织部门委托，全市共完成领导干部任中、离任审计44人，重点关注执行中央、省、市重大决策部署、重大改革任务推进、遵守有关法律法规、重大经济决策、预算执行和其他财政财务收支、内部管理和对所属单位监管、履行有关党风廉政建设第一责任人职责等。审计共查出违规违纪金额7161.51万元，管理不规范金额61128.64万元；移送纪检监察机关及主管部门的问题线索30件，涉及问题金额9848.53万元。审计发现违规公务接待、未及时上缴非税收入、违规领取兼职报酬、公款私存、固定资产未入账、超预算支出财政资金等问题。根据省审计厅授权，毕节市审计局实施对贵州工程应用技术学院党政领导干部任期经济责任审计。审计发现的主要问题：违规出售公有住房，违规举债，资产闲置，部分资产未集中统一采购，违背捐赠人意愿改变捐赠项目用途，违规处置停车费收入，违规私设“小金库”，虚报冒领财政资金，违规发放津补贴，非税收入未按规定上缴国库，违规报销科研经费，内部控制制度不健全，超职数配备干部等等问题。市审计局对市司法局主要领导同志的经济责任审计报告得到了毕节市人民政府市长张集智的批示。

【自然资源离任（任中）审计】 根据省审计厅统一部署，统一调配审计人员，实施对黔西县、纳雍县领导干部自然资源资产离任（任中）审计，出具了2份审计意见，提出审计建议12条，移送有关部门线索1件。同时两位副局长担任审计组组长，分别带队到遵义市仁怀市和铜仁市印江县开展主要领导干部自然资源资产任中审计，积累了宝贵经验，取得明显成效。

【扶贫资金审计】 全市审计工作紧扣脱贫攻坚大局，重点对纳雍、威宁、赫章三县共20个省级和市级极贫乡镇扶贫政策落实、项目实施和资金使用管理情况实施了审计；共移送纪检监察机关案件线索4件，涉及金额1172.59万元。扎实开展对口帮扶资金审计调查，在对大方县等7个县区广州市2017年对口帮扶支援资金审计调查中，以资金为主线，以项目为载体，以绩效为目标，以问题为导向，加大审计监督力度，有效揭露了问题。调查报告得到了市委书记周建琨的批示。

【保障性安居工程跟踪审计】 根据省审计厅统一安排，全市共抽调55名审计人员到黔西南州开展保障性安居工程跟踪审计，重点审计政策措施贯彻落实、保障和改善民生绩效、资金筹集管理使用、工程建设管理和住房分配等情况，共移问题线索送17件。审计发现的主要问题：未按规定兑现危房改造补助资金、违规审批认定危房改造对象、违规出借中央保障性安居工程专项资金、部分工程存在影响使用功能的质量缺陷、未按协议支付工程款、违规改变安居工程贷款用途用于道路扩建项目、以前年度审计发现问题未整改等。同时，根据交叉审计情况，积极督促相关部门对审计发现问题进行整改。

【财务收支审计】 2018年，组织实施了对黔西县和纳雍县的产业园区审计，重点检查财务收支的真实性、完整性、合法性，重点审计财务收支及相关经济活动合法性，重大经济决策和内部控制制度建立和执行情况，统筹盘活财政专项资金情况，资产负债情况，财务制度的建立和执行情况，从体制机制制度层面分析原因，并提出审计建议。审计发现的主要问题：未及时清理收回财政资金借款，未及时追缴土地出让价款，未及时按时收回代缴纳税费及资金，未及时支付征地拆迁补助款和个人借款，固定资产未按规定入账，公款私存，违规采购固定资产，违规多报差旅费、未严格执行公务接待程序、“三公”经费报销手续不完整等问题。

【政治建设】 全市审计机关始终坚定正确的政治立场，坚决维护党中央权威和集中统一领导，自觉在思想上政治上行动上同以习近平为核心的党中央保持高度一致，坚决做到对党忠诚、对组织忠诚、对事业忠诚、对人民忠诚。一是持之以恒加强理论武装头脑。通过真学真懂真信真用习近平新时代中国特色社会主义思想，坚定信仰马克思主义，凝心聚力坚持和发展新时代中国特色社会主义。二是坚持不懈加强政治建设。把坚持正确政治方向贯彻到制定学习计划、研究方针政策、部署重要任务、推进重大工作的实践之中，经常与党中央对表对标，及时校准偏差。三是坚定不移贯彻党中央的各项决策部署。党中央提倡的坚决响应，党中央决定的坚决照办，党中央禁止的坚决杜绝。紧密结合审计工作实际，把精力和心思用在推动审计事业发展上，用在主动破解难题、敢于攻关克难、着力解决人民群众最关心最现实的利益问题上。

【党的建设】 局党组积极贯彻落实新时代党的建设总要求，认真落实全面从严管党治党主体责任，切实增强党在审计事业发展中把方向、谋大局、定政策、促改革的能力和定力。一是突出党组政治功能，认真执行党组工作制度，把党组会议作为研究重大问题的前置程序，做到决策民主化、科学化。二是严肃机关党内政治生活，发挥组织生活制度对改进班子作风、营造从严治党氛围的重要效果。三是引领干部职工把握毕节市意识形态工作的新形势、新任务、新挑战，加强意识形态阵地建设与管理，深化理想信念教育，确保意识形态安全。四是认真践行省委“五步工作法”和市委“三个大兴”工作要求，深入帮扶联系点、党建联系点、法治创建联系点开展调研，讲政策、促交流、解难题，讲述审计好故事，唱响审计好声音。五是组织开展“打赢攻坚战、建设示范区，毕节怎么干”大讨论活动，进一步凝聚审计干部的智慧和力量，为实现试验区审计工作新跨越出谋划策。六是创新“审计组＋临时党支部”模式，使党的建设覆盖到审计工作各个环节，注重评价临时党支部和党员干部在优质高效完成审计项目中发挥的重要作用，并作为评选年度优秀党员、优秀党务工作者以及优秀公务员的重要依据。

【审计队伍建设】 坚持以品德为核心、作风为基础、能力为重点、业绩为导向，着力打造一支政治强、业务精、作风优、纪律严的审计铁军。一是扎实开展经常性学习教育。认真组织学习了党的十九大会议精神、习近平总书记在贵州省代表团重要讲话精神和对毕节试验区的重要指示精神、中央审计委员会第一次会议精神、《全国宣传思想工作会议精神》等，进一步提高干部职工政治站位，强化思想武装，增强使命感和责任感。二是持续推动党风廉政宣传教育。认真抓好党性党风党纪教育和警示教育，不断提高全体干部职工廉洁自律意识，切实筑牢拒腐防变的思想防线。以审计署组织的全国审计系统纪律作风专项整治月活动和集中整训活动为契机，认真抓好学习教育、查找问题、问题整改等工作，干部职工纪律作风专项整改行动取得明显实效。三是始终坚持正确的选人用人导向。以审计职业化建设为引领，以强化党组把关为前提，以突出能力和责任担当为重点，在选拔任用干部工作中严格按相关条例规定进行，形成优势互补、结构优化、梯次合理的审计干部队伍。四是加强审计信息化建设。坚持科技强审战略，认真分析大数据审计面临的新形势新任务新要求，积极探索信息化审计方法，进一步强化大数据审计的思维，努力推动新时代审计工作实现新作为。如，市局以投资审计为试点，利用自身力量开发和运行了跟踪审计驻现场人员考勤系统和投资审计网上备案系统，提高了投资审计信息化管理水平。

【法制建设】 始终重视“法治毕节”“法治部门”建设。一是坚持将谁执法谁普法责任制贯穿于审计实施过程。审计组外出审计时主动向被审计单位宣传审计法律法规，坚持依法审计、文明审计，共同提升全市审计法治宣传教育水平。二是聘请资深法律顾问，参与研究审计工作中的一些疑难杂症；并相继在全市举办“尊崇宪法 学习宪法”“行政诉讼法的理念变革实践”等法治专题讲座，提升干部职工的法律素养以及运用法治思维和法治手段解决问题的能力。三是成立审计质量专项检查组，对全市审计项目质量深入开展检查，并将检查结果纳入年终考核。对审计质量中存在的问题通过现场沟通、督促整改，切实提升基层审计机关的审计质量。四是研究制定《毕节市审计局审计项目质量控制审理工作制度》等，严格对所有实施的审计项目进行审理，对规避审计风险，规范审计项目基础质量和审计报告质量起到了积极作用。组织全市相关审理人员或业务骨干开展了2018年度优秀审计项目评选工作，共评选出3个全市优秀项目；向省审计厅推荐了2个审计项目参加全省优秀项目评比，均获得表彰。五是在依法审计的同时，坚持把落实“三个区分开来”要求和推动制度改革结合起来，把揭露问题和促进解决问题结合起来，把强化管理与促进建章立制结合起来，最大限度地发挥审计效能。如，与市委巡察工作领导小组办公室共同研究制定了《关于巡察与审计工作协调机制的实施意见》，着力从制度上建立协调机制，扩大巡察审计覆盖面，提升巡察审计成果运用层次，在全市法治建设、维护民生、推动改革、促进发展中发挥了积极作用。

（撰稿：蒋　贤）

金 融

中国人民银行毕节市中心支行

【概述】 2018年，中国人民银行毕节市中心支行在人民银行上级行党委和毕节市委、市政府的关心和领导下，深入贯彻习近平新时代中国特色社会主义思想和中共十九大精神，以“守住底线、稳中求进、创先争优”为目标，保持货币政策稳健中性，着力提升金融管理与服务水平，切实防范系统性金融风险，推动金融服务实体经济。同时，深入推进全面从严治党，加强系统党的建设和内部管理，扎实开展党风廉政建设和反腐败工作，履职能力和工作水平进一步提高，有力促进毕节试验区经济金融持续健康发展。

截至2018年年末，全市金融机构各项存款余额1911.68亿元，较年初减少78.69亿元；各项贷款余额1581.43亿元，较年初增加260.15亿元，同比增长19.69%。其中，全市小微企业贷款余额397.74亿元，较年初增加149.12亿元，同比增幅59.98%，高于全市各项贷款增速40.29个百分点。

【贯彻执行好稳健中性货币政策，引导货币信贷平稳适度增长】 （一）落实宏观审慎管理要求，引导信贷平稳适度增长。强化政策传导，引导金融机构贯彻落实稳健中性货币政策，持续改进“三农”、小微企业金融服务水平。强化调控管理，制定宏观调控实施方案和操作细则，规范调控行为，引导地方法人机构信贷平稳适度投放，提升“三农”、精准扶贫等领域金融服务。

（二）加强再贷款管理，优化提升货币政策

工具效应。持续推进管理方式创新，研发再贷款到期提醒程序，避免非客观因素逾期发生。指导县支行规范管理“户贷企用”再贷款资金，截至2018年年末，全市再贷款总额45.65亿元。其中，向金融机构发放“两建两优”扶贫再贷款5.37亿元，支持了3500余家新型农业经营主体，带动8646户贫困户就业发展；累计发放“一县一业”深扶贷8398万元，带动贫困人口414人就业增收。

（三）完善利率管理，推进跨境人民币业务稳步发展。指导大方农商行在全市首次办理同业业务，成功办理首笔同业投资1亿元、同业存单500万元与大额存单3000万元。创新设立监督委员单位，务实推动成立毕节市市场利率定价自律机制，规范利率市场竞争行为。强化宣传与监测分析，多渠道广角度开展跨境人民币业务宣传活动。2018年，全市累计发生跨境业务2.9亿元，同比增速达607.3%。

（四）大力支持民营小微企业发展，发放全省首笔支小再贷款。持续扩大扶贫再贷款“两建两优”管理模式成效，为带动贫困户就业增收的民营、小微企业提供资金支持。全省首笔7000万元“信贷资产质押”支小再贷款落地毕节。截至2018年年末，全市小微企业贷款余额397.74亿元，较年初增加149.12亿元，同比增幅59.98%，高于全市各项贷款增速40.29个百分点。

【精准构建支持体系，深入有效推进金融精准扶贫】 （一）抓住深度贫困地区和产业扶贫两个重点，提升金融扶贫有效性。联合金融办、扶贫办印发《金融支持深度贫困地区脱贫攻坚行动计划》，指导金融机构制定实施方案，聚焦深度贫困地区，建立财税、货币政策联动机制。引导金融机构聚焦各县“一县一业”，着力破解金融支持脱贫攻坚纵深推进难题。截至2018年年末，全市产业金融精准扶贫贷款余额23.01亿元，同比增速83.2%。3个深度贫困县金融精准扶贫贷款余额6.4亿元，同比增长217.3%。

（二）多层次开展金融助推脱贫攻坚劳动竞赛。联合毕节市总工会、扶贫办印发《毕节市金融助推脱贫攻坚劳动与技能竞赛实施方案》，指导各县支行依托金融工会平台，开展金融助推脱贫攻坚系列活动。开展金融助推脱贫攻坚课题调研竞赛，促使金融机构以问题为导向推动金融扶贫政策有效落实，营造比学赶超的良好氛围。

（三）深化金融精准扶贫示范县创建工作，拓展创建成效。指导大方县和威宁县围绕“六个有”的创建标准，继续深化金融精准扶贫示范县创建，对标对表打造“社会资本+金融资本”助推“黔货出山”和金融支持山地高效生态农业示范县，推进信贷产品与服务模式创新，强化对创建工作成效的总结、提炼和宣传，持续扩大创建成果。

（四）持续推进金沙县农房抵押贷款试点。探索“基金代偿+收储返租”的抵押物处置机制，成功办理3笔30万元农房抵押贷款前置处置。引导金融紧机构用好、用活扶贫再贷款，进一步降低贷款成本。截至2018年年末，累计发放农房抵押贷款4030笔金额4.03亿元，余额2.62亿元。

【深化金融改革和金融管理，切实维护辖区金融稳定】 （一）切实维护辖区金融稳定。无差错完成全市地方法人金融机构存款账户统计、保费交纳及核算工作。进一步规范开业管理，落实重大事项报告制度，落实银行业金融机构重大事项“零报告”机制，确保实时掌握辖区金融机构动态。落实央行评级制度，认真做好地方法人银行业金融机构日常监测。目前，全辖法人银行业金融机构资产质量保持平稳，不良贷款率等负面指标低于全省平均水平；银行业金融机构经营稳健，风险可控。

（二）务实高效促进外汇履职再上新台阶。

以强化主体监管为支撑，通过新政培训、窗口辅导、风险提示、约见谈话，业务核查和专项检查等方式，加强对外汇指定银行监管，有力促进了毕节市开放型经济持续健康稳定发展，中小企业稳外贸、稳外资工作成效凸显。截至2018年12月末，全市涉外收支总额12609.48万美元，同比增长23%；结售汇8736万美元，同比下降15%；进出口总额21236.37万美元，同比增长61%。

（三）反洗钱监管工作扎实有效开展。将非现场监管与现场核对纸质资料、查看反洗钱系统等现场评级相结合，对全市16家法人金融机构和35家、共140个银证保非法人分支机构进行分类评级和考核评级。引入第三方机构开展反洗钱审计实现村镇银行全覆盖。率先健全“三反工作”多项机制，联合市公检法部门制定《关于加强毕节市预防和惩处洗钱犯罪工作的指导意见》。规范接收和开展分析，全力配合公安部门开展多起涉嫌犯罪案件的侦查工作，首次实现移送重点可疑交易线索破案零突破。

（四）推动法治央行建设向纵深发展。制定《人民银行毕节市中心支行依法行政工作指引》，进一步规范行政裁量权，约束权力运行，防范法律风险。规范开展行政执法检查，依法实施行政处罚。辖内未发生行政复议和行政诉讼案件。深入开展金融法治宣传，将金融法治宣传融于业务宣传之中，取得了良好的社会效果。

【加强金融服务基础建设，提升金融服务质量和效率】 （一）金融统计和研究工作扎实开展，有效提升服务决策能力。切实做好金融数据统计和经济金融形势的监测分析与趋势判断，推广运用核数效验程序，实现统计数据“零差错”。夯实内部研究基础，找准经济金融热点难点开展调查研究；建立与政府部门常态化数据信息共享机制，加强与金融机构的联动，拓展研究渠道，为上级行提供有价值的决策参考。其中，对毕节市金融运行分析报告获市长批示。

（二）进一步推进征信管理工作。优化征信服务，全辖12个代理网点已全部正式对外服务。推动中小微企业和农村信用体系建设，截至12月末，已评定信用乡镇148个，信用村2897个，信用组22383个。金融生态环境建设与测评取得明显进步，将其纳入2018年市委全面深化改革任务之一。成功打造120所大中专院校及中小学为诚信文化教育基地；全市27家银行业金融机构分别与全市2682所大中专院校和中小学结对开展诚信文化宣传教育，覆盖率达100%。

（三）深入推动支付体系建设。优化支付环境建设，提升会计核算水平，辖内ACS业务差错率大幅下降。移动便民支付示范工程推广初显成效，全市累计有效卡数28万余张，列全省市州第二；累计交易笔数29万余笔，列全省第三。制定《优化企业开户服务督导工作实施方案》，务实抓好宣传培训，严格规范工作程序。创新影像资料传输核准方式，开通边远网点绿色审核通道，进一步提高审核效率。

（四）国库管理与服务水平进一步提升。以资金安全为核心，强化国库业务监督管理。督促做好全辖国库集中支付无纸化管理工作；配合税务部门完成税收征管体制改革后的系统制度完善实施工作，降低纳税人纳税成本，保证缴税渠道通畅，2018年毕节市电子缴税率达98.6%。实行巡查联动制度，加大国债宣传力度，做好国债发行兑付管理工作。2018年，全市累计销售国债9693.3万元，到期兑付储蓄国债2685.14万元

（五）货币金银服务更加完善。实时监测全辖发行库库容，落实“以需定调”，合理投放。截至2018年年末，全辖共投放发行基金195.65亿元，同比增长2.33%；回笼发行基金135.98亿元，同比增长14.92%。深化货币金银转型发展，强化发行库安全管理。进一步规范发行会计核算，发行会计核算继续保持“零差错”。推动反假货币信息化建设，加强银政、警银合作，推

进源头打击。全市累计收缴假币 113.99 万元，创历史新高。建立普通纪念币发行后质量跟踪工作机制，严肃发行纪律，落实箱号登记制度。

（六）切实筑牢信息安全底线。强化重要信息安全设备管理，切实做好中支供配电、网络、业务系统等基础设施管理工作。以“贵州省再贷款监测分析系统”和“双随机抽查系统”试点建设为抓手，为贵阳中支大数据应用创新工作提供支持。加强辖内金融业信息安全协调机制建设，完成 2018 年辖内金融机构信息管理系统信息验证和抽查工作；组织开展国家网络安全宣传周活动和全省“普及金融标准，提升服务质量”主题活动。

（七）金融知识宣传助力普惠金融持续发展。组织开展“百场讲座进校园”活动，覆盖师生 5 万余人；采取拍摄微电影、开设网络公益话题等多元化宣传形式，全方位传播金融知识。网络专栏话题成为新浪微博热点公益话题，获人民银行总行肯定；拍摄 5 部系列微电影在网络平台浏览量超 230 万次；“快问快答”微视频，被总行团委《央行，我想对你说》采用。

【加强制度和执行力建设，强化内部管理】

（一）全面开展“规范管理年”工作。印发《2018 年全市人民银行系统“规范管理年”实施方案》，指导各部门认真梳理查找工作中存在的突出问题、薄弱环节和风险隐患，以扎实有力的措施抓好规范管理、强化落实等环节的各项工作，切实做到思想不松懈、标准不降低、力度不减弱，稳步推进“规范管理年”各项工作。同时，注重加强对县支行工作的督促检查，指导各县支行抓好落实，与中支开展进度保持同步，在全辖人民银行系统内形成了以上带下、整体联动、协调推进的良好局面。

（二）加强内部管理，提高工作质效。

1. 加大统筹协调服务力度，充分发挥好参谋助手作用。提升主动服务意识，加强对全行重点工作、重大事项的统筹协调，严格执行督查督办工作制度，推动上级行重大政策措施和本级行重要决策部署得到有效落实。进一步增强政务信息服务决策的有效性，扎实开展舆情监测和引导工作，加强新闻宣传组织策划，通过《金融时报》《毕节日报》等媒体刊载宣传稿，积极展示履职成效。进一步完善公开工作制度，认真做好“双公示”工作。加强涉密文件和密码设备的管理，切实防范失泄密事件发生。强化政务值班、应急值守、公文、会议、档案、印章管理等基础工作，不断提升办公效率。

2. 坚持标准，打造高素质专业化干部人才队伍。加强干部梯队建设和优秀年轻干部培养，通过创办“笃行讲堂”、新行员导师制、写作培训班、定期业务竞赛、干部教育培训制度等载体，逐步形成“五位一体”干部培养体系。

3. 认真夯实会计财务基础工作。积极强化内控建设，加强财务预算管理，提高预算支出规范化、标准化、科学化水平，进一步提高预算资金的使用效率。从严控制“三公”经费开支，全面加强财务监督管理。

4. 强化内审监督机制建设。坚持风险导向和问题导向，发挥内审在促进人民银行依法履职和规范管理中的作用，以提高履职水平为重点，以跟踪问题整改为切入点，以控制业务风险为目标，深入开展各类专项审计。

5. 安全保卫工作有序开展，确保安全无事故。全面推进守卫值班室标准化建设，全辖守卫值班室“七有”建设达 100%。进一步提升保卫人员专业技能水平，确保落实全年无事故、无案件、无重大差错的“三无”责任目标。

6. 完善后勤保障，推进节能减排见实效。切实加强公务用车管理，提高车辆运行效率。大力推进节能减排工作，印发《辖区人民银行系统 2018—2020 年既有建筑绿色改造规划》，组织开展节约能源资源业务培训，多形式开展以“节能降耗、保卫蓝天”为主题的节能宣传活动。

7. 加强工会工作，推进职工民主管理。创新业务竞赛模式，组织开展全辖“制度执行力”专项业务竞赛，为推动履职发挥了积极的促进作用。组织开展主题活动，增强干部职工的凝聚力。规范工会财务管理，完成全辖工会经费收支管理情况的集中检查与督促整改。积极推进职工民主管理，召开系统职代会，切实解决广大职工所关心的切身实际问题。2018 年，毕节中支工会被毕节市总工会评为“毕节市先进工会组织”。

【加强政治建设，夯实思想基础，推进全面从严治党向纵深发展】 （一）提高政治站位，增强政治自觉。把加强政治建设作为首要政治任务，带头落实党中央和上级行党委的决策部署，坚持“严”字当头，强化班子成员从严治党、从严治行的意识。重视和加强党对金融工作的领导，有效发挥党建在全行工作中的引领作用。通过班子成员参加集中轮训、选派党务干部外出集中培训、普通党员集中学习讨论等形式，多层次，分步骤推进学习培训全覆盖，教育引导各级党组织和广大党员切实增强“四个意识”、坚定“四个自信”，坚决做到“两个维护”，把牢政治方向、站稳政治立场、坚定政治道路。

（二）强化理论学习，增强思想自觉。深入推进“两学一做”学习教育常态化制度化，以中心组学习为抓手，深入学习习近平新时代中国特色社会主义思想、党的十九大精神、全面从严治党的新要求新举措。将党的重要思想及各类政治理论热点纳入政治理论学习；以红色革命文化教育为主线，不断深化学习效果，推进各支部联学共建。创办《乌蒙党建》专刊，进一步强化理论学习阵地建设，促进中支向学习型、创新型、服务型基层党组织建设迈出坚实步伐。

（三）加强党内监督，增强行动自觉。探索同级监督新模式，加强党建工作检查考核，创新工作方式方法，按季对各党支部党务工作开展情况进行督导，对支部组织生活进行检查考核，结合支部自查、机关党委实时检查、党委班子成员协助督查的“三查”机制，通过分解任务、实时跟踪，使支部日常工作更加扎实。

（四）加强党支部建设，强化规范管理。按照“支部抓、抓支部”的思路着力强化支部规范化建设，修订《基层党支部工作标准》，下发《党支部工作手册》，对支部工作进行适时全流程记录，使支部的日常工作扎实规范。找准党建与业务工作的切入点，实施“支部书记品牌”工程，以创建工作促进提升履职水平。以庆祝建党97 周年为契机，在辖区开展主题党日活动、召开表彰大会等“七个一”系列活动，进一步引导党员干部站稳政治立场，坚定政治方向。

（五）扎实做好意识形态领域工作。将意识形态工作纳入党建工作重要内容进行安排部署，建立管理台账，强化阵地管控。召开文明单位创建工作动员会和推进会，开展文明创建工作培训，赴修文和清镇支行开展现场学习交流，加强氛围渲染，施行文化上墙，积极推动辖区新一轮创建工作。2018 年，辖内纳雍县支行获成都分行2015—2017 年度文明单位，大方县支行获毕节市文明单位荣誉称号。

【强化监督执纪，有效落实党风廉政建设责任制】 （一）定期召开党委专题会议，强化风险防控。中支党委按季召开党委专题会议，研究党风廉政建设和反腐败工作，解决重要事项和重大问题。督促履行“一岗双责”，强化班子成员对分管部门落实党风廉政建设情况的监督检查，督促问题整改落实。

（二）积极践行监督执纪“四种形态”。为压实全面从严治党主体责任，加强对干部职工的日常管理和教育，制定《毕节中支谈话提醒实施办法》，让谈话提醒覆盖全辖干部职工，运用监督执纪“四种形态”的第一种形态，让咬耳扯袖、红脸出汗成为常态。

（三）加强反腐倡廉教育。以知识测试促教

育，先后两次组织辖区中层干部百余人次开展中共十九大精神应知应会和党建知识测试，营造“学比赶超”良好氛围，达到“以测促学、以学促知、以知促行”的目的。以廉政党课促教育，中支“一把手”给全体党员讲授廉政教育党课，要求抓好理论武装和政治建设，着力强化基层党组织功能，持之以恒落实“八项规定”精神，营造良好的作风氛围。以案例促教育，召开警示教育大会，扎实推进典型案例剖析、“以案促改”工作，让干部职工知敬畏、存戒惧、守底线，释放强烈信号，坚持正风肃纪。以廉政文化促教育，加强阵地建设，深入推进廉政文化建设，营造风清气正的履职环境和政治生态，构筑不想腐的思想道德防线。

（供稿：中国人民银行毕节市中心支行）

毕节银保监分局

【概述】 2018 年，毕节银保监分局以党的十九大精神和习近平新时代中国特色社会主义思想为指导，坚持党对金融工作的集中统一领导，认真落实银保监会、原贵州银监局决策部署和毕节市委市政府重点工作任务，积极防范化解金融风险，维护地方金融体系稳定，不断深化改革深入推进银行业改革发展，提升金融服务实体经济质效，为毕节试验区按时打赢脱贫攻坚战、努力建设贯彻新发展理念示范区积极贡献力量。

【着力提升金融服务实体质效，助推地方社会经济发展】 一是经营运行总体健康稳健。2018 年年末全市银行业资产总计 2247.85 亿元，较年初增长 1.28%；负债总计 2159.84 亿元，较年初增长 0.44%；各项存款余额 1898.84 亿元，较年初下降 3.16%；各项贷款余额 1581.44 亿元，较年初增长 19.69%；不良贷款余额 27.02 亿元，较年初减少 1.71 亿元；不良率 1.71%，较年初下降 0.47 个百分点；实现净利润 42.25 亿元，同比增长 41.49%。其中，各项贷款增速排名全省第三，不良率全省第二低。实现保费收入 31.8 亿元，同比增长 15.63%，高于全国 11.71 个百分点，高于全省 0.63 个百分点。二是金融助力脱贫攻坚力度持续加大。引导银行业金融机构积极向总行及上级行争取差别化政策、加大扶贫领域信贷投入。支持银行业把易地扶贫搬迁作为脱贫攻坚的重中之重，加大对产业扶贫、生态扶贫项目贷款的支持力度。年末，全市贫困地区贷款余额 1463.03 亿元，较年初增长 20.52%；扶贫开发项目贷款余额 500.46 亿元，较年初增长 24.28%；易地扶贫搬迁贷款余额 18.96 亿元，较年初增长 41.49%；扶贫小额信贷余额 46.23 亿元，惠及 12.09 万户建档立卡贫困户。农发行总行、农总行、建总行和邮总行先后出台差别化政策，建行贵州省分行对口帮扶威宁。积极完善农业保险工作机制进程，扩大农业保险覆盖面，及时对非洲猪瘟期间受损的投保农户开展理赔。三是持续加强和改进小微金融、消费金融、绿色金融等领域服务。年末，全市涉农贷款余额 1020.48 亿元，同比增长 19.41%。小微企业贷款余额 473.94 亿元，同比增长 55.78%，户数 43520 户，高于上年同期 13118 户，完成“两增”目标和“全口径小微企业贷款不良率不超过各项贷款不良率 2 个百分点”的目标，28 家银行机构中有 21 家实现小微利率较一季度下降。62 个绿色环保项目获得约 87.53 亿元信贷支持，余额同比增长 93.99%。大病保险为 13.24 万人次支付补偿金 2.08 亿元。四是加强消费者权益保护。督促银行机构积极处理投诉与信访案件，办结率均为 100%；对辖内 14 家银行机构开展消费者权益保护考核评价；及时叫停黔西农商行强制将保险与“特惠贷”产品捆绑销售的行为；组织开展内容涵盖非法集资、校园贷、电信网络诈骗、保险等内容金融知识宣传；积极推进保险纠纷“诉调对接”“仲调对接”机制建设，妥善处理保险纠纷案件。全年分局接待处理金融消费者投诉50余件。

【着力整治银行业市场乱象，推动机构依法合规经营】 一是组织保障先行。成立进一步深化整治市场乱象工作领导小组，多次召开专题会、座谈会，对整治乱象工作统筹调度，及时把握整治工作节奏。建立整治乱象工作信息旬报制度，明确专人负责，及时报告重大风险和重大问题。二是重拳出击治乱象。通过组织银行机构自查发现问题、分局开展现场督导纠正问题、召开会议对取得成效、存在问题进行总结通报、督促银行机构加强问题整改及问责力度等方式，深入推进银行业乱象整治工作。三是监管发力不手软。全年推动银行机构制度“废、改、立”共675项，机构内部问责3536人次，经济处罚296.76万元，其中问责人次为2017年的5倍；监管检查对2家银行机构罚款共计80万元，对两名高管处罚各5万元，责成机构问责226人次，经济处罚25.96万元。通过系列专项治理和监管问责，银行业合规意识有所增强、内控水平有所提升、风险管控能力有所提高；资金脱实向虚势头得到初步遏制，表外业务增速较上年同期下降26.57个百分点。

【着力防范化解金融风险，维护地方金融体系稳定】 一是紧盯重点领域风险隐患。建立新增不良贷款监测机制，开展不良贷款专项检查，督导银行机构强化不良贷款真实认定，年末逾期90天以上贷款与不良贷款比例降至77.33%，全年综合运用贷款核销、现金清收、批量转让等手段处置不良贷款21.59亿元。督促指导辖内法人银行机构落实《商业银行流动性风险管理办法》，提高流动性风险管理水平。按季监测平台贷款情况，密切关注财政部关于地方政府举债融资新规的影响，督促银行分类妥善处置，防范银行债权悬空。以深化“合规管理年”和“案件风险防控治理年”为契机，保持案防高压态势，全年未有案件发生。二是严防重点机构风险。加强法人银行机构监管，及时向原贵州银监局报送辖内法人银行机构2017年度监管情况。对信用风险突出、风险隐患较大的4家农合机构、2家村镇银行实行重点盯防。目前，2家联社已初步脱离高风险机构，1家村镇银行指标恶化趋势得到有效控制。三是严肃查处各类违规房地产融资行为，重点整治消费贷转化为购房贷和“首付贷”，有效抑制居民杠杆率。严厉打击挪用消费贷款、违规透支信用卡等行为，严控个人贷款违规流入股市和房市。四是主动配合地方政府整顿隐性债务。严肃查处违法违规向政府提供融资行为，督促银行机构依法合规展业、加强贷后管理、积极争取地方政府发债置换银行贷款。五是密切防范社会金融风险传导，开展防范非法集资专项排查及P2P专项治理，配合清理整顿农村消费合作社，防范社会金融风险向银行传导。配合做好新一轮打击治理电信网络新型违法犯罪及扫黑除恶专项斗争有关工作，督促金融机构采取有效措施，限制和切断网络诈骗及黑恶势力资金支付和流通渠道。

【着力深化金融改革，推动机构向高质量发展】 一是推动法人银行机构治理体系升级。督促辖内14家法人银行机构把加强党的领导写入章程，推动落实好党组织把方向、管大局、促落实的核心作用。开展“强化公司治理年”活动及中小法人机构股东和股权管理专项排查整治。二是持续完善银行业金融机构体系。积极推动“引银入毕”，光大银行毕节分行开业，兴业银行、华夏银行就设立分支机构赴毕考察。稳步推进农村信用社改制，赫章农商行于2018年5月开业，威宁联社改制筹建整改材料、纳雍联社改制筹建材料已上报原贵州银监局，对金沙联社开展改制筹建验收。三是持续推进普惠金融服务。五家国有商业银行已设立普惠金融事业部，法人银行机构董事会均下设三农委员会，其他银行机构不断完善普惠金融服务机制。“村村通”、便民取款服务点、助农脱贫流动服务站等数量不断增大、覆盖面不断扩大。

【着力提升监管能力建设，打造政治业务过硬的监管铁军】 一是持续提升监管人员综合素质。通过组织参加监管知识大讲堂、专题分析交流会议等，强化干部职工业务知识技能培训，打造一支懂理论、会写，懂政策、会说，懂业务、会干的监管铁军。充分发挥评先创优示范和激励作用，分局团委荣获“贵州银监局系统五四红旗团委”称号，一人荣获银监会系统“舆情工作先进个人”称号。二是持续推动 EAST 系统应用向纵深发展。不定期开展 EAST 运用交流，在整治市场乱象、非现场监管、市场准入中加大 EAST 系统应用，提升监管质效。2018 年以来现场检查应用 EAST 系统发现疑点问题金额 22.36 亿元，核实问题金额 7.84 亿元，疑点核实率较上年上升 26.48 个百分点。积极参加省局 EAST 系统应用劳动竞赛，获“应用分析先进团队”称号。三是持续完善依法行政能力建设。推进非现场监管事项质询制度，针对 1104 数据异常情况，及时下发非现场监管事项质询单。实时监测辖内银行业业务经营、风险防范情况，按月形成监测月报，按季形成系统性区域性风险分析报告。创新客户风险审核方式，自主编写审核校验程序，实现从人工审核到系统自动审核，审核质效大幅提升，2018 年客户风险审核零差错。四是健全监管联动机制。加强市场准入与非现场监管、现场检查联动，非现场监管牵头部门与机构监管部门联动，研究解决监管工作中遇到的新情况、新问题。

【着力加强内部管理，推动机关规范高效运行】 一是扎实做好机构改革的落地实施。及时学习传达银保监会关于做好机构改革工作有关要求，严明改革期间各项纪律，切实做到“传达精神、沟通交流、纪律约束”三到位，确保队伍稳定，人员思想稳定，工作推进稳定。梳理修订财务管理制度、严格报销管理、规范固定资产和政府采购管理，切实做好机构过渡期财会工作。统一对外称谓，统一文件出入口，统一日常运转联络、政务值班和重大突发事件报告。2018 年 12 月 26 日，毕节银保监分局顺利挂牌。二是优化干部管理。制定印发《毕节银监分局 2018 年干部试用期满考核工作实施方案》，做好选人用人“一报告两评议”工作。坚持“抓早抓小、注重预防”导向，加大干部日常管理监督力度。积极配合省局做好 2018 年领导干部个人有关事项报告的填报工作，积极完善并推进请休假制度、因私出国（境）等制度落实。三是丰富监管文化建设。举办春节职工联谊会、“三八”节登山比赛、派员参加银行业徒步比赛，营造分局奋发向上、拼搏进取的良好氛围。开展毕节金融系统“打赢攻坚战、建设示范区，毕节怎么干”主题演讲比赛，引领金融系统增强金融助力试验区脱贫攻坚的使命感。成立评先创优活动领导小组，严格评选先进典型并向省局推荐，有效发挥示范和激励作用。2018 年，分局集体、部门及个人分获原贵州银监局多项荣誉称号。

【着力加强党的建设，推进全面从严治党层层传导】 一是积极推动党的十九大精神及习近平总书记对毕节试验区重要指示精神在分局及银行业落地生根。通过专题学习、党委成员上党课、举行“不忘初心，牢记使命”主题演讲比赛、召开银行业学习宣传贯彻习近平重要指示精神座谈会、参与“打赢攻坚战、建设示范区，毕节怎么干”大讨论等方式，推动学习贯彻活动往深里走、往实里走、往心里走。二是层层压实党建工作责任。突出“制度全”，加强党的组织建设。印发党建工作要点，细化分解任务，将党建和监管工作同部署、同落实、同考核。定期召开党委会，研究安排部署党建工作。认真落实“三会一课”、组织生活会、民主评议党员等制度，有效提升党的组织生活质量。突出“基础强”，夯实党的基层建设。党委班子成员定期对联系点开展调查研究，指导工作；开展交心谈心、廉政谈话，及时了解掌握干部职工思想动态。突出“落地实”，使成效更显著。通过建立台账、加强信息反馈、开展党建督查等措施，确保党建工作按计划开展、落实到位。三是持续强化党风廉政建设。认真贯彻落实十九届中央纪委二次全会、银保监会、贵州银保监局纪检监察工作会议精神，用铁的纪律保障各项工作的落实。做好非公务交往报告制度试点工作，严格落实“零物质往来”铁律。持续保持对“四风”问题的高压态势，扎实开展形式主义、官僚主义集中整治工作。通过“召开一次座谈会、发放一份倡议书、签订一份承诺书”的方式，探索开展家庭助廉活动。持续抓好违规违纪和廉政风险排查工作，对全体干部职工违规入股、违规贷款等情况进行全面排查。做好原贵州银监局党委巡视反馈问题的整改工作，成立巡视整改领导小组，建立整改巡视清单，明确整改部门和整改时限，按旬召开巡视整改督促会议，逐项开展整改。已全部完成整改并将整改情况报送贵州银保监局。

（供稿：毕节银保监分局）

中国建设银行股份有限公司毕节市分行

【概述】 2018 年，建行毕节市分行党委团结带领全行员工，深入贯彻党的十九大精神和习近平总书记对毕节试验区工作的重要批示精神，主动承担建设银行作为国有大型商业银行的社会责任，全行紧跟总行、省分行战略导向，以党的十九大精神为统领，以“巩固一流银行地位，早日成为当地最佳银行”为目标，牢记使命，感恩奋进，用新时代新作为积极推动“三大战略”落地，各项经营业绩继续保持快速发展势头，内控管理基础得到强化，作风建设持续加强，实现了各项工作的新突破。

【竞争力持续提升】 一是“三大战略”系统排名靠前。住房租赁方面，实现全省第一批多城市版本上线，在全省住房租赁 2018 年 KPI 考核中二级行排名第一；金融科技方面，在全省金融科技 KPI 考核中系统内排名第二；重大平台获客系统内排名第二；新一代成果应用考核系统内排名第一，其中公益教育平台系统内排名第一，企业共享平台系统排名第三。普惠金融方面，“8 +1”贷款余额居全省二级分行第二名；实现了“黔烟通”成功上线和“农富贷”批量式投放。

二是存贷中账共同发力。一般性存款余额 222.53 亿元，其中：个人存款余额 99.03 亿元，对公存款余额 123.50 亿元；各项贷款余额 128.35 亿元，较年初增加 23.10 亿元，其中：对公贷款 60.40 元；个人贷款 67.95 亿元，较年初增加 9.44 亿元。单位人民币结算账户 15115 户，新增 2232 户。

三是资产质量稳中向好。不良资产余额 5234 万元，比年初下降 2104 万元，不良率 0.41%，比年初下降 0.29%。黔西中医院、金沙台金农业、金沙新宇电器不良贷款成功清零。

【荣誉墙上硕果累累】 一是第一次一并拿下了全省 KPI、等级行及领导班子考核的三个“第一”。2018 年，尽管面临着经济下行、监管严厉、转型发展压力巨大、市场蛋糕逐渐被瓜分等严峻考验，分行领导班子仍齐心协力，全体毕节建行人仍精诚努力，紧跟总行、省分行战略步伐，拿出我们的“亮剑”精神、“钉钉子”精神和“工匠”精神，一年 365 天坚持奋战在营销客户的路上，奋战在不舍昼夜的工作中，最终实现了毕节分行发展史上最新的突破：在全省各级领导班子考核中，毕节分行领导班子综合考核排名第一；在全省各二级分支行 2018 年度等级行评定和 KPI

考核中，毕节分行被评定为A类行，KPI考核在市州分行排名第一，这是全行连续3年在KPI考核中荣获第一，更是唯一一个连续五年被省分行评定为A类行的二级行。

二是合规工作成绩优异。在全行的共同努力下，我们实现了全年“零案件、零重大违规事件、零违规导致的财产损失、零违规导致的声誉损失、零监管处罚”的合规管理工作目标。其中，稽核监测综合问题评价市州分行排名第一；总行核对类问题评价市州分行排名第一；内控合规（案件防控）工作考核在二级行中排名第三，合规工作评价在二级行中排名第二。法律工作考核被评为法律工作A类行，且全省仅有三家被评为A类行。合规管理工作得到了省分行及监管部门的充分认可，更为提出的构建“合规天眼”工作奠定了坚实基础！

三是金融扶贫工作推动有力，荣获政府表彰，并收到了地方政府致建行的感谢信。2018年，以支持地方脱贫攻坚为己任，派驻驻村干部全力支持扶贫点脱贫，同时加大对金融扶贫、产业扶贫、党建扶贫、公益扶贫及电商扶贫的投入。由于支持地方脱贫攻坚及经济建设成效显著，毕节分行主要负责人被贵州省委、省政府评为“全省脱贫攻坚优秀党组织书记”，两名驻村干部被评为优秀驻村干部。除此之外，继2018年得到地方政府对支持地方脱贫攻坚有力的通报表扬之后，2019年年初，还收到了当地政府给建行的感谢信。

四是支行及部门拿下总行级多项荣誉。市分行工会被评为全国金融系统职代会制度示范单位；公司部全年“1+7”机构部综合考评2018年全年综合考核评价第一；房金部住房租赁KPI考核第一；赫章、黔西莲城、实验区支行在总行“拓客户　扩引擎　提质量　强品牌”专项活动中荣获“先进集体”；桂花支行在“平安建行”创建活动基层营业机构中荣获“先进集体”、在网点落实“三大战略”直通展评中获优秀奖；迎宾支行被评为随付贷营销百家网点。一批优秀干部和员工被评为总行级“先进个人”。

【三大战略稳步推进】　（一）大力推动住房租赁业务发展。一是全行联动推动住房租赁业务，从部门到支行层层联动，实现多项指标排名前列；二是需求交易支付实现新突破，将平台推向有需求的客户，让客户将住房租赁系统实实在在的用起来，实现系统交易131笔，同时通过住房租赁系统营销代发工资客户1户，代发量120余笔；三是打通住公租房通道，实现全省第一家多城市版本上线，打通三个区域公租房系统建设，实现房源上线5996套。

（二）大力推动普惠金融发展。一是对毕节卷烟零售户进行快贷授信的报批，在省分行的大力支持下，“黔烟通”授信成功实现。二是积极走进七星关区及各县，进行“农富贷”开办条件的摸底和调查，并与政府部门进行多次沟通，成功实现了农富贷批量式投放，共计投放2000万元，涉及建档立卡贫困农户400户。

（三）大力推动金融科技发展，先后实现了社保农民工监管平台、烟草“黔烟通”平台、住建资金监管平台以及5个二级以上公立医院、百余家教育机构的合作，实现资金圈存10.5亿元；14个金融科技平台获客排名系统第一。

【账户贷款实现突破】　一是在总分行给予毕节分行优惠政策、省分行与毕节市政府签订了全面战略合作协议的红利背景下，全行实现了七星关区、大方、纳雍、威宁、赫章等贫困县资产业务覆盖，全年信贷净新增13.34亿元，有效拉动重点价值客户账户近20个。县支行核心竞争力迅速提升；与国开行深入推进棚改代理及银团合作项目，取得26亿元代理资格，为公私联动找到源头活水；以项目为抓手大力推进“大资产、大负债”经营，集中力量打赢资产业务攻坚战，有效带动负债及其他业务的跨越式发展。

二是不断加快圈群拓展速度，实现场景获客和借记卡跨越式发展。紧跟市场，重点选择交通出行、零售商业、县域等几个方向进行圈群打造。全年个人全量客户较年初新增114317户，增幅11.47%；累计拓展慧兜圈商户1080个，裕农通服务点净新增160户，时点存款2426万元，签约农户2222户，优质服务点7个，双达标点6个，全省排名均第一。持续拓展代发业务，重点走访“双500”、疑似流失、重点代发单位，全年新增代工人数7268人，全省排名第4位。

【金融扶贫成效显著】 一是信贷投入持续加大。涉农资金整合贷款实现投放7.26亿元，覆盖七星关、纳雍县、威宁县，惠及48184户贫困户，有效改善了贫困地区贫困农户的居住环境，同时在威宁、金沙积极推进农房抵押贷款，实现两笔贷款的发放，金额共计10万元。二是对口帮扶有声有色。联合爱心企业爱心企业自愿捐款5.4万元，资助威宁县板底乡新华村2018年考上二本以上的9名贫困大学生，助他们圆了大学梦；牵手贵阳市城北支行结对的方式，共筹集10万元资金，用于威宁县板底乡新华村小学基础设施改善。三是延伸服务渠道，积极拓展贫困地区乡镇以下农村服务点应用功能，累计投放百商银通助农POS机具1200台，增加207个“裕农通”服务点，全部正式签约并投入使用，为乡镇村民提供更便捷、更优质的金融服务，为扶贫打通“最后一公里”。四是推动“毕货上线、毕货出山”。实现善融商城平台毕节“水果萝卜”单日销售4000公斤的销售量，两天的时间实现威宁马铃薯线上销售10547.5公斤，惠及的农户库存全空。

【内控管理基础不断夯实】 通过实施合规责任共同体，深入开展银行业乱象治理、反洗钱工作、平安建行创建、屡查屡犯工作治理、柜面优质服务，进一步夯实内控管理基础。一是强化“合规责任共同体”，以制度执行、关键内部控制点及合规重点工作的落地为抓手，推动合规同级主体责任的落实。二是认真组织开展“反洗钱”“银行业市场乱象整治”等重点工作，围绕合规管理的“八个闭环”，不断夯实合规基础管理。三是持续推进“平安建行”活动，抓好安全生产、安全管理、风险防范、治安保卫等工作，为全行的各项业务健康发展提供强有力的安全保障。四是认真开展屡查屡犯专项治理工作，制定合规检查工作计划，以综合检查、突击检查等方式开展合规检查，确保检查实现全方位、全覆盖。五是强化柜面优质服务，不断提升网点整体服务水平和综合竞争能力，树立服务标杆和服务品牌，达到以优引存的目的。六是成功处置全省金额最大的一笔小微企业不良贷款——贵州台金农业技术开发有限责任公司2000万元不良贷款，并成功将金沙台金农业、新宇电器不良贷款清零。

【队伍建设不断加强】 一是强化管党治党的政治责任，落实管党治党要求，推进落实全面从严治党主体责任，加强党委和所辖党支部主体责任监督，严格督促同级分管领导和所属机构负责人落实“一岗双责”，抓好基层机构党建工作，全面提升基础工作管理水平。二是选优配强班子，强化干部监督。严格执行干部选拔任用条例，做到凡提必审、凡提必听、凡提必核、凡提必查。2018年共考察提任八、九、十职等干部27人次，平级调整干部3人次。三是干部队伍能上能下常态化。管理岗位的转为非管理岗位5人，补充年轻干部11人到干部队伍中，充实干部队伍力量，保持队伍活力。四是重视人才储备，加速干部培养。按照省分行统一安排更新“213”、“220”人才工程库，储备中坚、骨干人才，为推荐、选拔、使用优秀人才提供支持保障。五是干部轮岗制度化。有计划、有步骤组织实施干部、员工轮岗交流，达到多岗位历练，重点解决了部分干部长期未轮岗问题，实施离岗检查3人次。

（撰稿：肖雪君）

中国银行股份有限公司毕节分行

【概述】 2018年，毕节分行紧紧围绕总行“以习近平新时代中国特色社会主义思想为指导，建设新时代全球一流银行”的战略目标，坚持科技引领、创新驱动、转型求实、变革图强，按照“三比三看三提高”的工作方法，落实省行“拓存款、增收入、保平安”工作要求，找差距、补不足、强基础，真抓实干，千方百计完成各项工作目标。

【以绩效为导向，全力完成年度预算目标】

（一）存贷款业务稳步增长，市场份额提升。加强信息捕捉和营销跟踪，把行政事业存款作为重中之重，着力做好财政资金、存量客户等公司重点客户存款的挖潜增存工作，特别是社保等部门资金归集时期加大吸存力度，提高市场份额，加强产品组合，积极拓展上下游客户，使资金在体系内流转。个人存款方面由单一存款拓展向全量资金拓展转变，狠抓中高端客户群、代发薪客户群，以产品支持和带动金融资产的增长，做实做好公司、个金的业务联动发展。9月末，全行人民币时点存款全口径（2.93%）、四行（7.94%）市场份额分别较年初提升了0.25%和0.92%。积极调整优化授信结构，加强项目库清单梳理，完善服务方案，促进业务落地，努力提高个贷产品的占比，精选优质客户，积极续做低资本占用的个贷业务，做好2018年末至2018年初国开行让代理的棚改项目储备。10月末，人民币贷款较上年增长8%。9月末，个贷全口径（2.37%）和四行（9.14%）市场份额分别较年初上升0.16%和0.79%。

（二）经营效益持续向好，成本费用、资产质量管控良好。10月末营业收入、中间业务收入、拨备前利润、净利润等效益指标均超过时间进度，分别完成年度计划的84%、86%、88%和112%，收入结构进一步优化，经济利润明显提升，特别是9月份收回470多万元已核呆账后，EVA同比增长了73%。同时，在依法合规的前提下，加强费用的开支管理，注重节约经营成本，费用额度控制在省行预算之内。资产质量管控良好，不良余额和不良率继续保持“双降”。

（三）绩效考核表现突出，二级分行排名第一。绩效考核争先进位，连续在第二、第三季度绩效考核二级分行中排名第一，三季度得分率82.78%，比二级分行平均分高8.85分。

【积极优化业务结构，突出价值创造理念】

（一）重点加大个贷业务的投放力度，努力增加EVA。加强与各大房开商的合作，积极向省行申请规模，优先选择资本占用较小的项目。

（二）加快中间业务发展，促进非利息收入持续增长。大力开展银行卡分期业务、代理保险、贴现业务；贸易结算业务、代签银行承兑汇票、代理国际结算等纯代理业务，实现中间业务收入增长22%的快速发展。

（三）积极推进公司重点项目，适当增加票据业务。在贷款规模十分紧张的情况下，积极向省行争取，支持煤电行业实体经济及医疗教育发展。2018年来累计为织金电厂、黔西电厂流动资金贷款、毕节热电、毕节市第一人民医院以及为贵州工程技术应用学院发放贷款，为火电行业和煤炭行业办理银行承兑汇票贴现，并正为毕节市第一人民医院贷款申请流动资金贷款，用于支持医院分院的日常资金周转。

【以平安为根基，确保全行合规运营】 严格落实监管要求，依法合规经营。积极响应中央“严监管”号召，深化整治银行业市场乱象。一是做好银监专项整治行动的整改工作。全行认真学习领会、全面贯彻落实一系列监管要求，以问题为导向，做好银监会在“三三四十”系列专项整治行动中发现问题的整改工作。同时也以监管检查为契机，认真开展自查和备查工作，及时识别违规行为、风险隐患和管理漏洞，狠抓整改落实，全面提高风险内控水平。坚持举一反三，标本兼治，提升管理水平，做到依法合规经营，为全行的高质量发展保驾护航。二是加强条线指导。加强条线部门对基层业务合规性的指导把关。三是强化主动管理。切实履行好内控管理和员工管理的主体责任，突出对重点机构、重点人员和重点环节的管控，加强员工异常行为排查，严格落实内控规定动作，打牢风险管理和内控合规基础，严密防范各类案件和风险事件。四是切实做好反洗钱工作。加强制裁合规机制建设，提高反洗钱、制裁合规控制能力，强化检查监督，时刻坚守合规和反洗钱的底线，其中，客户信息治理是重中之重。五是保平安。强化安全管理，高度重视消防、用水用电安全，加强行政值班管理，保证人员、财产安全，完成全辖网点的穿管进线、部分区域墙体、窗户加固防护工作，保证营业场所以及全行运行安全。

【以风控为底线，严守资产质量水平】 一是要确保投放质量。要坚持业务发展与风险控制两手抓、两手都要硬，确保新增投放的质量与合规底线。风险控制要从业务发起端开始着手，审批要提前介入、平行操作，要压实业务一线的发起责任与贷后管理责任，做到全流程风险管理。二是加强关注类贷款的主动管理。制定切实有效的管控措施，做到早发现、早预防、早部署、早处置。三是加大清收力度。认真落实好省行“统筹谋划、分类管理、三化并举、多措并用”的工作要求，进一步加大不良处置力度，向不良化解要效益、要利润。目前，不良贷款余额和不良率实现双降，其中，公司贷款没有出现不良。

做实全面风险管理三道防线。压实一道防线的风险管理主体职责，强化二道防线对风险的统筹管理以及对业务发展的专业指导和支持，突出三道防线对风险管理充分性、有效性问题的揭示。建立一、二道防线检查队伍，强化业务自查和监督检查职能。加强对中小企业、银行卡、个人贷款的风险管理，不留死角。

【以人才为根本，加强五支队伍建设】 一是优化人员配置，加快推进专业资格管理体系建设，加大员工交流培养力度，提高员工队伍素质，鼓励全行员工考取银行类职业资格证书，岗位持证率大幅上升。二是改进绩效考核机制，进一步突出战略导向，优化指标体系，及时按季兑现奖励。三是制定全行教育培训规划，创新培训模式，帮助青年员工快速成长，加快对年轻干部的培养，综合运用面授、轮岗交流、跟岗实践等多种培养方式完成分层分类的员工培训体系。四是进一步做好员工关怀与人才留用工作，创新完善人才留用工作措施，重视人才，爱惜人才，提升专业化队伍岗位级别，做好青年工作，留住关键人才。五是加强并充实干部队伍后备库，持续做好网点负责人后备队伍的培养与储备，为业务的可持续发展打好人才培养基础。

【以渠道建设为依托，提升对外服务能力】 通过改造、更换、维修等方式提升网点形象和服务能力，进一步完善业务功能，通过打造网点软实力来提升网点服务口碑和市场攻击力。9 月初，完成了清南支行的智能化装修及对外营业工作，三季度，完成了全辖年久失修网点及自助银行门头、LED、VI 标识的维修更换；10 月初，分行营业部、二楼公司业务部和个人金融部装修已正式进场，力争在年前投入使用；2018 年新增、更换网点废旧 ATM 机 4 台。

【以党建为引领，实现与业务融合发展】 不断加强党的建设工作，将党建工作融入业务、融入基层、融入人心。坚持用经营业绩来检验党组织的战斗力，来检验党建工作的成效，通过一些具体的活动和载体真正把党建融入到经营发展中去，利用党建平台创造业务机会，利用党建凝聚人心、带好队伍。将党建工作的内容要求要传导到基层，以最适合基层的方式方法开展党建工作。坚持以人为本，创新党建工作方式方法，创新开展学习培训，大力培养、挖掘党团先进典型，加大宣传力度，发挥榜样的力量。毕节分行坚持“从严治党”，突出“三个融入”，按照《中国银行贵州省分行2018年党务工作要点》要求，切实拟定2018年工作措施，结合实际，团结带领广大党员，以基层组织建设为根基、以党建共建为抓手、以“三会一课”为着力点、以党日主题活动为依托、以党务公开为新起点、以“党建带团建”为动力、以“党员先行”微信平台为载体，确保分行党建工作各项考核指标全面达到省分行工作要求，党建与业务融合发展取得“双丰收”。

（供稿：中国银行股份有限公司毕节分行）

中国农业银行股份有限公司毕节分行

【概述】 2018年，农行毕节分行认真贯彻落实全市工作会议精神和试验区脱贫攻坚工作要求，紧紧围绕毕节试验区经济发展大局，加大信贷支持力度，加快金融精准扶贫工作进程，加强金融消费者权益保护，全力为试验区经济社会发展和脱贫攻坚提供金融服务。截至2018年12月31日，全行下设9个一级支行，内设15个部门，辖35个营业网点，在职员工724人；各项存款余额189.47亿元，各项贷款余额214.78亿元；全年累放信贷资金40.28亿元，存贷比高达113.36%。

【产业扶持助力脱贫攻坚】 一是支持地方交通、电力、医疗卫生建设。投放9.46亿元支持黄织铁路，投放7.96亿元支持纳雍、黔西电厂，投放0.23亿元支持威宁县医院、赫章华康医院。二是加大深度贫困县信贷支持力度。投放4.23亿元支持纳雍、威宁、赫章易地扶贫搬迁、安置房、棚户区改造项目。三是支持城乡居民住房升级。2018年累计发放个人住房贷款10亿元，个人住房贷款增量从2017年年末四大行末位上升到首位，助力城市房地产去库存和城乡居民购房。四是支持小微企业发展。小微法人贷款较年初增加17户、1798.28万元，2018年累计发放2658.7万元；成功发放全省农行首笔税银通小微企业贷款和全市金融机构首笔4321担保机制下小微企业贷款，为支持小微企业发展铺出新路。

【“三农”服务助力乡村振兴】 一是互联网金融渠道建设不断完善。惠农e通平台净增3549户，全年平台交易发生额15144.72万元。其中专业市场版净增2608户，全年累计交易240254笔；农户版APP新增15888户。二是“惠农通”服务点质效不断提升。3376个“惠农通”服务点、3626台电子机具为农村居民持续提供金融服务，2018年服务点互联网化升级1368个，实现金融性交易190万笔、金额6.79亿元；发放“惠农通商户e贷”161户855万元，支持“惠农通”商户发展生产，更好地提升“惠农通”代办点服务水平。三是“三农”金融服务不断加强。累放农户小额贷款5.21亿元；新发放专业大户（家庭农场）贷款1496户，累放贷款9650万元；精准扶贫贷款余额30.32亿元、增加3.65亿元，增速13.69%，累计投放5.32亿元，带动建档立卡贫困人口2894人。四是“三农”金融创新实现突破。增信机制下，累计发放美丽乡村惠农贷448户4031万元；与市农担公司合作实现首笔小微企业农担担保贷款业务的突破；与市、县烟草公司合作，累计向2341户烟农、烟商发放e贷1.61亿元，支持“两烟”产业发展。

【加强管理夯实案防基础】 一是严控案件和操作风险。认真落实和开展“合规管理年”“双基管理深化年”活动及案防相关活动，组织员工深入学习各项法律法规、监管政策和内部规章制度，牢牢守住案件和风险底线，保持案防高压态势，促进业务稳健发展。二是全面推进案防体系建设。层层签订738份《2018年度案件防控目标责任书》，进一步落实行领导、机关案防领导小组成员单位、各支行以及全体干部员工应承担的案防工作责任，按季常态化滚动开展市场乱象全面排查整治，抽查各类业务10421笔、金额182亿元。三是强化执纪问责。对全行各类检查发现问题共处理责任人497人次，其中纪律处分（警告）1人，通报批评22人次，通报27人，诫勉1人次，批评教育10人，经济处理436人次。四是加强合规廉政文化建设。组织员工开展“学守则、抄罚则”活动，开展大讨论和全员写心得，积极培育“合规创造价值”“合规促进发展”“合规成就幸福”“合规构筑梦想”的合规文化理念；组织员工参观毕节市廉政警示教育基地和试验区廉政教育图片展，警示员工依法合规履行职责，加强廉洁自律，洁身自好，远离职务犯罪。

【履行义务维护金融稳定】 一是加大金融知识普及工作力度。组织开展“金融知识万里行”“金融知识进万家”“金融知识普及月”等宣传服务活动，35个营业网点全部参与，将消费者权益保护、征信等相关金融知识全方位、多角度进行宣传，更好地保护了金融消费者权益。二是着力提升服务质量。加强柜员人员素质和技能建设，及时妥善处理各种渠道投诉，提升综合服务水平，有效投诉进一步减少；其中纳雍县支行及时为客户兑换残币，受到当地人行发文通报表扬；织金县支行及时为客户追回误转资金，获客户赠送感谢锦旗。三是加强反洗钱合规管理。定期开展反洗钱培训，全年参训人数达700余人次，全行员工反洗钱合规意识持续提升；积极开展反洗钱宣传，累计开展宣传活动16次，发放宣传资料12000余份，解答现场业务咨询2000余人次，张贴《洗钱风险提示》600余张。四是开展扫黑除恶和电信网络诈骗专项治理。统一安排部署治理工作，各机构、网点100%参与宣传，通过LED显示屏滚动播放、开展集中宣传等方式，落实扫黑除恶工作要求，不断加强防范和打击电信网络诈骗、非法集资等违法行为。

【强化党建引领业务发展】 一是持续推进员工行为网格化管理。召开“三线一网格”管理模式启动会、动员会及座谈会，加强动员和培训，在全辖推进“三线一网格”管理模式；加强系统运用监测，落实工作责任，建好网格关系，着力探索“三线一网格+”模式，从员工意识形态、案防风控、思想政治建设等方面寻找创新的亮点，以“网格化”管理推动业务持续稳健发展。二是深入推进“两学一做”学习教育。扎实推进思想政治建设，党员干部带头践行“两学一做”，认真对照“两学一做”常态化制度化要求，抓“学”与“做”的充分结合，融入日常、重在经常，有效推动落实，发挥党建引领业务发展的作用。三是狠抓党风廉政建设责任落实。落实党委主体责任，压实纪委监督责任，制定党风廉政建设责任实施方案，进一步充实细化“两个责任”的具体任务和工作重点，将责任分解到岗、细化到人，促使干部员工树立规矩、纪律意识，坚守责任担当。

【比学赶超推动文化建设】 一是坚定理想信念。开展理想信念教育、社会主义核心价值观教育、法律法规教育和警示教育，引领广大职工崇德向善、敬业诚信、遵纪守法，全面提升员工整体素质。二是深入开展“比学赶超”。紧密结合农行企业文化建设、“比学赶超”等活动，树立了一批先进典型，通过广泛宣传，弘扬正能量，提升员工凝聚力。三是加强职工之家建设。做好做实人文关怀“六件实事”，持续完善“五小建设”，确保建家工作健康、有序、长效发展，通过加强健康保健、创造和谐人文环境、开展文体活动等，构建职工健康管理体系，提升员工幸福感。

（供稿：中国农业银行股份有限公司毕节分行）

贵州省农村信用社联合社毕节审计中心

【概述】 2018年，毕节市农信社8家法人机构（3家县联社、5家农商银行，以下简称各行社）紧紧围绕县域经济社会发展和脱贫攻坚大局开展工作，各项业务总体保持平稳向好态势，服务区域经济社会能力不断增强。

【业务发展】 截至2018年年末，各项存款余额576.06亿元，较年初增加22.19亿元，增速4.01%，高于全省农信系统平均增速3个百分点，市场份额30.32%，较年初上升2.08个百分点。各项贷款余额425.66亿元，较年初增加40.22亿元，增速10.43%，全年累计发放贷款374.23亿元。全年缴纳各类税金3.88亿元，同比增加1.32亿元。在全省农信系统2018年度综合考核评比中荣获第2名。

【支农支小】 坚定“精品社区银行”发展方向，专注三农、小微、家庭金融服务，努力在细分领域精耕细作，着力打造细分领域金融服务领先者。一是持续做实做细农村信用工程。充分运用市委、市政府推进信用体系建设的契机，建立起市、县、乡镇三级联动机制，扎实推进信用户、信用村组、信用乡镇、信用单位等创建。共评定信用农户139.27万户，授信总额781.82亿元，较年初增加21.63亿元，户均授信较年初增加0.5万元，新评定信用农户3.98万户，新创建信用组1752个、信用村189个，信用乡镇总数达148个。涉农贷款余额365.38亿元，较年初新增31.1亿元，占全部贷款新增额的85.84%，全年累放小额农贷266.75亿元，占全年贷款累放额的71.28%。二是稳步提升小微金融服务水平。以小微企业“两增两控”为目标，以城区、集镇为重点，通过商会、协会、社区、核心企业等多种渠道拓展小微客户，至12月末小微企业贷款余额73.29亿元，较年初增加2.33亿元；发放“4321”政银担风险分担贷款0.25亿元，余额0.35亿元。三是积极探索外出就业创业人员金融服务。推广“两地一中心”“农信微喇叭”等服务模式，各行社组织人员赴农民工服务中心，现场采集外出就业创业人员信息，提供金融服务；建立“农信微喇叭”群3753个，群成员达27.03万人，实现行政村全覆盖。四是积极拓展个人消费金融业务。以消费金融为核心，以单位、以社区为依托拓展个人、家庭金融业务，单位职工贷款较年初增加16.13亿元，个体工商户贷款较年初增加8.06亿元。

【改革转型】 一是调整经营管理架构。各行社大额贷款集中经营管控框架建立，回归农信社零售、社区银行模式，保持支农支小架构。二是丰富业务种类。在威宁联社推进社保卡代理试点工作并逐步推开，3家行社进入制卡阶段，2家行社开始信息采集；8家行社申请获得开办代理贵金属业务，累计代销额198.82万元；4家行社加入同业拆借市场，2家行社加入债券市场，4家行社申请开办代销理财业务，大方农商行成功发行3000万元首支大额存单，主动负债业务取得新突破。三是稳妥推进改制工作。金沙、纳雍、威宁3家改制联社对照工作标准，积极推进清产核资确权、小股金清理、征集发起人及监管指标提升等工作，赫章农商银行于5月29日挂牌开业，纳雍、威宁联社相关筹建资料已报省银监局审核。四是推进服务标准化建设。按季对全辖营业网点文明规范服务进行考核，对96个网点进行现场检查，推动文明规范服务措施落地，畅通消费者维权渠道，营造和谐金融消费环境。

【基础服务】 加快推进物理渠道建设，8家行社总部大楼已入住或正在建设中，基层网点三年达标规划基本完成，网点形象、服务功能进一步提升。大力推进网络渠道建设，布设“信合村村通”3683台，设立助农脱贫流动服务站206个，新发放信合卡67.8万张，新增手机银行27.06万户，签约“黔农e贷”17.12万户、发放贷款172.51亿元，拓展“黔农e付”商户3.56万户，电子渠道业务替代率81.26%，高于全省系统平均水平1.26个百分点。

【金融扶贫】 紧密结合毕节市打赢113脱贫攻坚战规划，积极主动服务，全力提供金融服务。一是推广用好“特惠贷”。准确宣传“特惠贷”政策，对符合条件的贫困户随到随贷、应贷尽贷，帮助贫困户脱贫。至12月末，累计发放“特惠贷”80.47亿元，惠及贫困户17.39万户，现有贷款余额47.35亿元，获得“特惠贷”支持的8.93万户贫困户43.18万人脱贫摘帽。二是推进产业扶贫。向16个项目业主投放扶贫产业子基金8.67亿元，已使用基金6.08亿元，向404户企业、专业合作社、种养大户投放一县一业“深扶贷”8439万元，有效带动贫困户创业就业。三是争取央行货币政策支持。央行共计提供扶贫再贷款37.4亿元，助力各县区开展金融扶贫，支持威宁、大方金融扶贫示范县建设。四是持续实施公益扶贫。毕节圆梦儿童关爱公益基金会持续实施“极贫孤儿救助活动”“六一慰问活动”等系列公益项目，资助贫困儿童2951人次，资助金额59.04万元，各行社与贫困村结成帮扶对子、爱心“1+1”帮扶等，在基础设施建设、子女入学等方面给予帮扶，帮扶资金106.92万元。五是推进智力扶贫。以“金融夜校”“农民致富学校”等载体，宣讲金融扶贫政策、普及金融知识、培训发展技能、提供创业就业信息，共举办“金融夜校”50364场次，参训120.23万人次，开办农民致富学校642期，培训5.6万人次。六是持续做好结对帮扶。审计中心、各行社与贫困村结成帮扶对子，开展定点帮扶，审计中心向帮扶点纳雍县羊场乡新联村捐赠资金52万元，审计中心及各行社员工与贫困户结成帮扶对子499对，开展帮扶1658次，帮扶金额34.59万元。七是开展就业扶贫。公开招聘贫困户家庭子女54人就业，帮助贫困户长远脱贫。

（供稿：农信社办公室）

中国邮政储蓄银行毕节市分行

【概述】 2018年，邮储银行毕节市分行以习近平新时代中国特色社会主义思想和党的十九大精神为指引，坚持“稳中求进、提质增效、着眼长远、合规发展”总基调，坚持“发展为了员工，发展就是政治，发展就是文化，转型才能发展”的发展理念，坚持“以全面从严治党统领全面从严治行，以高质量发展确保高速度增长”，发扬“团结奋进、拼搏创新、苦干实干、后发赶超”的新时代贵州精神，以党建统领发展保障企业行稳致远，以合规引领发展深化企业内控管理，以服务推动发展促进转型发展，以效益提升发展增强持续发展能力，各项工作稳步推进，为毕节试验区脱贫攻坚工作和建设贯彻新发展理念示范区做出了积极贡献。2018全行业务持续发展，较好完成了目标任务。

【党建引领发展】 深入贯彻习近平新时代中国特色社会主义思想和党的十九大精神，坚持党对一切工作的领导，落实全面从严治党要求，将党建贯穿全行经营管理、风险管控、文化建设中，坚持以正确的政治方向指引企业发展航向，确保党和国家方针政策、上级行的决策部署在分行得到贯彻执行。一是全面加强党的建设，推动全面从严治党落到实处。把政治建设摆在首位，树牢“四个意识”，坚定“四个自信”，坚决做到“两个维护”，认真落实“三个第一时间”学习机制，全年党委中心组集中学习21次，深入学习贯彻习近平新时代中国特色社会主义思想和党的十九大精神，以政治建设为统领，加强思想、组织、作风、纪律建设，把制度建设贯穿始终。二是强化理论武装，持续深入推进“两学一做”学习教育常态化制度化，认真开展了“不忘初心、牢记使命”“听党话、跟党走”等主题教育活动，积极推进“强基固本”工程建设常态化制度化，严肃党内政治生活。三是加强基层党组织建设，开展基层党组织建设达标工程和创先争优活动，实现所有县支行设立独立党支部，支行无党员空白点，党的工作实现全覆盖。四是贯彻落实全面从严治党要求，按照“以全面从严治党统领全面从严治行，以高质量发展确保高速度增长”的总体要求，切实履行党建工作第一责任人责任和“一岗双责”职责，不断提高攻坚克难精神，在市场乱象整治工作、扶贫工作、资产管控等工作中发挥“头雁”效应，提高解决改革转型发展问题的能力。五是层层压实责任，切实履行党内监督。按要求签订了《落实全面从严治党要求2018年度主体责任书》及廉洁承诺书，召开党建暨纪检监察工作会议，明确各部门支行落实全面从严治党主体责任，强化考核和责任追究。

【创新思维搭建平台，助力脱贫攻坚工作】 一是开展金融助力脱贫攻坚春风行动、脱贫攻坚业务竞赛、金融助推脱贫攻坚夏秋攻势行动，制定了《助推打赢脱贫攻坚战三年行动发起总攻夺取全胜的行动方案》《金融扶贫领域作风问题专项治理工作方案》等系列制度和方案，开展金融精准扶贫贷款专项检查。二是探索“地方政府+龙头企业+合作社+贫困户+金融机构”金融精准扶贫模式，立足特色优势产业，提高金融支持精准度，明确利益联结机制，将政策优惠与带动贫困户数量挂钩。建立市县联动，探索银政、银企、银协、银担、银保等良好合作渠道，以“医院贷”“学校贷”“贵园信贷通”“排污贷”“税贷通”“快捷贷”等产品为抓手，重点支持符合产业政策的项目。三是创新创业扶贫贷款产品模式，将创业扶贫贷款切入地方田园综合体改革试点工作，截至年底已通过该项目发放创业扶贫贷款334笔3340万元，累计支持了132户易地扶贫搬迁贫困户通过创业扶贫贷款发展生产，稳妥支持易地扶贫搬迁点贫困户“搬得出，稳得住，能致富”。四是完成2004个驻村第一书记的走访，与市政府金融办、财政局、扶贫办、农委、畜牧水产局联合发文做好驻村第一书记精准扶贫小额贷款，坚定不移地实施乡村振兴战略。五是加强扶贫部门合作，通过发放扶贫小额信贷（惠农易贷），支持建档立卡贫困人口通过扶贫小额信贷发展生产实现脱贫。六是加大重点领域支持力度，支持农业发展提质增效。七是开办创业扶贫担保贷款，加大对建档立卡贫困户、返乡农民工、就业困难人员等群体就业创业支持力度。

【加强绿色银行建设，助力打好污染防治攻坚战】 紧抓绿色发展市场机遇，大力发展绿色金融，提升环境和社会风险管理能力。截至2018年年末，绿色信贷余额1900万元。对涉及落后产能且尚未完成淘汰的企业信贷零投放；严格控制“两高一剩”领域信贷投放并逐步压缩退出；持续推进电子渠道建设，着力发展手机银行和线上业务，2018年新增手机银行注册客户16820户，新增激活客户17245户，手机银行客户结存10.85万户，电子银行交易替代率达到95.39%，网点智能设备新增布放和更换21台，持续推进信用卡电子渠道进件，信用卡电子账单替代率99.92%。

【风险案防工作成效显著】 坚持深化转型，从

"除顽疾、控风险、严问责、共联动、促转型、提能力"六个方面完善规章制度，提高风险合规在经营绩效考核中的比重，扎实开展案件防控工作，案防体系建设逐步完善，实现了"零案件"目标。一是持续开展"合规管理年"和"内控提升年"活动，系列整治"回头看"活动，案件防控形成严防死守的良好格局。通过网点"接管式"检查、突击检查等形式，规范业务操作。二是强化代理营业机构管理，强化代理营业机构负责人任职资格审核，邮银协同共同开展检查，进一步提升了代理营业机构的风险防范能力。三是反洗钱、消保等工作持续向好推进，强化法律法规制度的学习，紧盯关键时间、关键节点开展金融知识宣传活动等，2018 年度市分行消保工作考评被人民银行毕节市中心支行评估为 A 级。四是加强信用风险监测，做好资产分类管理，狠抓资产保全，严控信贷资产质量，确保资产质量可控。认真履行审计监督职能，做好不良贷款责任认定、业务审计、人员审计等工作。五是坚持从人防、物防、技防等方面入手筑牢安全保卫工作基础，全年未发生安全事故。

【加大精神文明建设，企业文化建设成果明显】 加大"职工小家"建设投入力度，促进"职工小家"建设提档升级。积极组织各类业务竞赛，奖励先进，鞭策后进，充分调动员工为企业奉献的工作积极性和创造性。积极组织春节、元宵、"三八"节等系列活动，营造和谐银行氛围。做好推先选优，赫章县支行"金融扶贫知识进新时代农民讲习所"项目荣获全国"银团合作工作优秀项目"，赫章县支行团支部荣获 2017 年度贵州省金融系统五四红旗团支部；织金县支行荣获 2018 年省直级青年文明号；七星关区支行党支部书记、行长徐军获得 2014—2017 年度"中国邮政储蓄银行先进个人"荣誉称号。

【切实履行企业社会责任】 组织全行员工参与"益行家"健步走、"邮爱公益一起捐"等公益活动。其中，"邮爱公益一起捐"活动中工会组织 139 人次募捐资金 4252.89 元，全国排名 48 位，荣获总行"友爱公益团队"称号。定点帮扶大方县八堡乡八一村，捐赠扶贫专用资金 10000 元、教育资金 62500 元。大方县支行参与当地募捐资金 13280 元，支持当地脱贫攻坚。结对帮扶五里坪社区，开展物资捐赠慰问等活动。

（供稿：中国邮政储蓄银行毕节市分行）

农发行毕节市分行

【概述】 2018 年，农发行毕节市分行党委牢牢把握高质量发展总要求，以推动"管理强行三年行动"为抓手，紧密结合毕节试验区脱贫攻坚、乡村振兴战略实际，抢抓机遇、攻坚克难，存贷款业务均处于增长态势，全行各项工作取得新成效。2018 年年末，全行累计投放信贷资金 74.47 亿元，各项贷款余额 216.70 亿元，同比增长 24.08 亿元，增幅 12.5%，各项存款余额 104.3 亿元，比年初增长 6.23 亿元，增幅 6.35%。全年累计向申省分行贷款项目 42 个，拟申请款贷金额为 223.88 亿元，审批落地项目 20 个，批复金额 127.37 亿元，正在流程中贷款项目 20 个，金额 75.71 亿元。项目申报创历史新高，存款和利润增长居全省首位。

【发挥优势、突出特色、业务发展有效提升】 2018 年来，农发行毕节市分行坚持以服务脱贫攻坚为统揽，紧密结合毕节试验区实情，聚焦精准支持基础设施扶贫、教育健康扶贫和旅游扶贫等重点领域，持续加大对毕节市政策性支农扶贫信贷投入。因此获得毕节市政府书面通报表扬，获得省分行脱贫攻坚奖，辖内共 11 次获得省、市、县政府相关部门脱贫攻坚表彰奖励。其中林星亮获得贵州省委表彰的"脱贫攻坚优秀村第一书记”；万永刚荣获贵州省金融助推脱贫攻坚劳动竞赛先进个人。

（一）扎实开展传统粮油业务，加强粮棉油精品行建设。

积极配合地方政府，参与地方储备增储计划的制定和下达，大力支持各级粮食储备轮换、新增的信贷资金需要。全年审批粮油贷款44617万元，展期29079万元，累计发放粮油贷款29286万元，同比增加5835万元，增幅为24.88%，余额为55362万元，同比增加9203万元，增幅为19.94%。

充分发挥政策性银行职能性作用，发展特色，积极支持地方订单高粱产业发展。截至12月末，累计向金沙县光明粮油储备管理有限公司发放地方调控粮收购贷款22467万元，用于收购高粱2841万公斤。涉及收购人次为18181人，其中建档立卡贫困户603户，约1423人，人均收入约11798元。通过支持光明公司向农户按保护价收购定向销售“红粮”，实现了贫困农户、银政企多赢。

（二）项目储备有效开展，贷款营销稳步推进。

以“春风行动”为契机，结合毕节试验区资源禀赋，抢抓发展机遇，扎实开展项目营销工作。充分认识项目培育和储备重要性，时刻保持忧患意识，研判今后内外部政策变化对项目推动的影响，集中储备项目59个，拟融资金额286.54亿元。涉及贷款品种有棚改、公路、旅游、水利、土地整治、改善农村人居环境、扶贫批发、教育医疗等。

持续深化政银企合作机制，充分发挥棚改贷款“压舱石”作用，全力做好市住建局与行联合开展2018年棚改项目融资工作培训，全面推动毕节市棚户区改造项目早谋划、早安排、早动工。通过顶层设计、高层互动、相互协作，与市交通局开展“建养一体化”融资培训，为全市公路项目融资工作打下坚实基础。开展政银企座谈，以涉农资金为切入点，为毕节试验区脱贫攻坚融资融智，培育一批专项扶贫项目。

全力以赴做好棚改项目申报工作。紧紧围绕毕节试验区2018年44617户棚改目标任务，以城中村改造为精准发力点，充分发挥棚改贷款业务主办行作用。以棚改“春风行动”为重要抓手，抢抓发展机遇，积极面对政策调整，调动全辖一切力量，择优选派业务骨干到省分行前、中台开展棚改评估审查。全年累计申报棚改项目33个，金额205.36亿元；累计获批棚改项目19个，金额125.55亿元。

（三）破冰行动初见成效，存款提升效果显现。

自一季度开展“精细管理、创新发展——破冰行动”存款组织活动以来，为稳步提升存款组织管理水平，使存款发展取得实效，结合上年度存款余额及时点存贷比，以及本年度已批待放信贷资源和项目储备情况，制定了存款目标任务，采取区别对待的方式积极营销。在一季度存款组织“破冰行动”考核中，取得了全省系统第一。同时，在存款“夏季攻势”组织活动中持续发力，截至年末存款余额位列全省系统第二。

【深化改革，夯实基础，内部管理有效提升】

（一）多措并举强化内部管理，扎实开展管理强行三年行动。

通过加快实施“六个提升工程”，有效提高员工办贷管贷能力，进一步夯实前中后台管理工作基础，促进全行业务持续、健康、有效发展。结合实际制定了管理强行三年行动实施方案及细则，将管理强行“六大提升工程”细化到部室，对全行人才培养进行了细致的规划部署。组织市县行围绕“六个提升工程”，坚持问题导向，开展管理强行三年行动大学习大讨论。梳理工作重点，明确岗位职责，层层签订岗位责任书。完善考核激励约束机制，按月将考核“良好”级次人员进行张榜公布，有效激发员工积极性和提高工作效率。加强专业条线学习培训教育。制定了培训计划、培训内容，并按计划组织实施。全年组织职工例会学习38次，业务条线培训20余次，参加人员达570人次。

（二）加强合规管理，着力防范操作风险。以合规文化建设、案件风险防控、员工管理和异常行为排查为重点，贯彻落实“合规管理年”活动精神，制定“合规管理年”活动实施方案并组织实施，确保全行员工贯彻执行各项法律法规、监管政策和内部规章制度，提升全行案件防控管理水平。建立合规督查机制，进一步加强操作风险管理，强化合规积分运用。强化员工行为管理，提升合规经营水平，严肃追责问责。

（三）强化专业基础工作管理。强化贷后管理。继续开展信贷“三管一服务”，以风险防控作为底线目标，扎实夯实信贷基础管理，规范信贷操作，提升信贷管理能力，有效防控信贷风险，有序推进全面风险管理体系建设。全年累收各项贷款50.42亿元，比上年多收5.28亿元，累计收回利息10.85亿元，综合收息率达100%。

切实加强会计基础工作。稳步推进全面预算管理，提高精细化管理水平，强化看齐意识，严格规范柜面操作。认真贯彻中央“八项规定”精神，从严从紧控制“三公”经费，规范合理开支财务费用。

切实加大宣传力度。充分发挥舆论引导作用，积极在各级媒体反映其党建工作、业务发展、内部管理、企业文化建设等方面好做法、新成效，对外宣传取得明显成效。全年对外刊稿件达690篇，其中中央主流媒体272篇，全国专业性报刊14篇，省级党报党网58篇，地市级媒体319篇，总行网站及微信公众号3篇，省分行微信公众号24篇，刊稿数量创分行之最，位列全省系统第一。

全面强化后勤保障工作。加强资金计划管理，坚持以精准扶贫为重点，优化信贷资源配置，提升信贷计划执行效率。加强统计工作，强化信息科技支撑。加强组织办公、强化服务保障职能。加强安全保卫工作，3月我行获得了毕节银监分局颁发的“毕节市银行业安全评估先进集体”荣誉称号。

【坚持党要管党、从严治党，党建工作有效提升】

农发行毕节市分行认真落实党建工作责任制，坚持把党建工作与管理发展中心工作摆在同等位置，同步谋划、同向推进、同步考核，党的建设、风险管控、内控管理、创新发展、运转效率和队伍建设等各项工作取得了一定的成效，通过“两优一先”的推荐，纳雍县支行被总行评为“先进基层党组织”；刘强建被省分行评为“优秀共产党员”。

（一）认真学习宣传贯彻党的十九大精神。继续扎实推进“两学一做”学习教育常态化制度化，积极开展主题党日活动，全年组织党委中心组学习13次；组织市分行机关业务副经理以上、支行副主管以上党员干部45人举办学习贯彻中共十九大精神培训班；组织党员干部积极撰写调研报告6篇、学习心得体会16篇。

（二）全面推进党支部标准化建设。加强党员活动场所标准化，加强“规范动作”。组织各支部按照“有规划、有检查、有督促”的要求，制定全年工作计划，按季召开党建工作分析会及检查督促，年末开展支部量化检查考核，促进基础工作不断规范。支部强化党员日常行为管理，按季对党员开展日常行为积分考核。抓好党员发展工作。继续落实“双培养”工作机制，注重在业务骨干中发展党员，完成3名预备党员的转正，发展党员4名。

（三）以人才培养为重点，队伍建设初见成效。围绕省分行提出“531”“1321”人才培养计划及“系统操作两个100%提升计划”，立足当前人力资源状况，制定覆盖所有岗位的人才培养计划，采取轮岗、跟班、借用等不同形式，培养多专业、多条线、多岗位复合型人才。建立人才库，通过对员工思想、特点特长及能力摸底，结合经营管理需求，为每位员工量身制定培养培训计划，明确具体培养目标、步骤、措施、责任部室和责任人，制定时间表路线图。

坚持党管干部的原则，鼓励干部担当实干，注重对年轻干部的培养锻炼和选拔任用，全年提拔正副科级管理岗位各1名；调整了4名副科级管理岗位及4名正科级管理岗；不间断抽调10人到市分行相关业务部室跟班锻炼；不间断抽调10人到省分行跟班锻炼；开展了机关各党支部委员会换届选举，进一步配强了干部队伍。

（四）切实履行“一岗双责”，严格执行党风廉政建设责任制。

把党风廉政建设和纠风工作纳入全行的整体工作之中，把党风廉政建设工作任务分解落实，把工作抓出实效。深入推进银政企廉政共建工作，构建“亲”“清”关系，规范银政企交往行为，建立既亲近又清白良性的互动关系长效机制，邀请市纪委金融办、人行、银监、毕节市级贷款客户、七星关区贷款客户相关负责人召开银政企廉政共建座谈会。

（撰稿：陈　艳）

中国人寿保险股份有限公司毕节分公司

【概述】　2018年中国人寿毕节分公司认真学习贯彻党的十九大精神，以习近平新时代中国特色社会主义思想为指引，深入贯彻落实集团、股份及省分公司工作会议精神，牢牢把握稳中求进总基调，全面加强党的建设，深入实施创新驱动发展战略，遵循“重价值、强队伍、优结构、稳增长、防风险”总体经营方针，紧紧围绕省公司“以个险为龙头”“以团险/健康险和银保为两翼”开展工作，以增强“三感”为契机，以“三全”“三要”为根本，以“科学、公正的全预算思维”为前提，自觉树立服务意识，增强工作主动性和积极性，确保公司资源投向的精准和效果。以“队伍驱动业务发展策略”为核心，坚定不移推动转型升级，全面加快公司向高质量发展转变，奋力谱写毕节国寿新篇章。

【业务发展取得一定增长】　2018年，全市系统实现总保费收入72303.21万元（其中政策性健康险保费34185.76万元），同比增长36.5%，规模保费全省排名第四位；长期险首年期缴保费8985.88万元，预算完成率100.20%，全省排名第四位；长期险首年标准保费3257.18万元，预算完成率85.56%；10年期及以上首年期交保费2630.78万元，预算完成率47.14%；短期险保费3874.72万元，预算完成率72.26%，全省排名第八位；保障型产品2088.73万元，预算完成率108.79%。

【队伍建设取得一定成效】　全市系统大力推动队伍驱动业务发展战略深耕落地，队伍建设去虚向实，进一步夯实渠道基础管理。截至2018年底，全渠道实现销售人力1815人。大病医保条线现有人力50人，其中员工3人，劳务派遣人员47人。队伍建设工作取得一定成效，销售队伍质态有所好转。

【发展意识得到进一步增强】　2018年是贯彻党的十九大精神的开局之年，坚持以集团公司“稳中求进、服务大局、转型升级、协同发展、防控风险”工作方针为指引，按照高质量发展要求，在全系统逐步推动质量变革、效益变革、动力变革，加快实现由销售主导向服务主导转变。全市系统强化学习力和执行力建设，倡导科学严谨、精益求精的工作态度，用政策引导人，用效益激励人，用创造性思维鼓舞人，将各项工作进一步做强做好做实。围绕实现稳定增长的业务月平台目标，通过大量人参与、大量人活动、大量人持续活动三大核心，把握平台考核、追踪督办、节点检析的精准要求，把责任感和危机感转化为实际行动，弘扬后发赶超、奋勇争先的精神，干部员工的自主发展意识得到进一步增强。

【后援服务水平进一步提升】 后援部门主动作为、勇于担当，为公司业务跨越发展提供了有力支持。

（一）科技服务在2018年广泛推广运用。国寿E宝、国寿E店、云助理、E柜、E点通等软件的推广和运用，给销售人员和客户带来了方便、快捷的服务体验，同时也提高了柜面的离柜率。契约、保全、理赔、收付费、核保五大板块业务较前几年发生了较大变化。2018年全流程无纸化推广取得突破，无纸化替换率达到了60.48%；新单微回执微回访率超过了85%；保全E化推广率达到了79.2%，较上年提升了13个百分点，高于全省平均水平；理赔E化推广率超过了90%，全省排名第二；国寿E宝注册完成量10589条，超额完成省公司下达的目标任务。

（二）基础业务进一步优化02018年随着理赔E化的推广，自动化理算功能的上线，以及3000元以下理赔金额实时支付功能的开通，理赔服务时效得以大幅提升，公司平均理赔服务时效由原来的5天下降到目前的1.28天。保全E化项目由原来的6项扩大到现在的11项，客户日常需要处理的保全业务基本上可以在手机上自主操作完成。核保相关功能已嵌入到云助理、E店系统中，销售人员可以通过该系统来测算客户的风险保额、查询核保意见、上传核保资料、完成核保回执核销等等。

（三）开展“防范化解重大风险攻坚战”专项理赔自查工作。对2157条赔案的相关操作指引、操作规范、理赔服务时效等进行了排查整改。针对监管单位对赫章支公司反洗钱检查工作中暴露出的问题，全市柜面对1528条新单数据、1018条保全数据、780条理赔数据、12111条短期险数据的进行了自查整改。及时规范业务处理流程，避免在今后工作中出现同样的错误，有效控制问题的再次发生。

【思想文化建设有效开展】 贯彻落实总、省公司“文化强则公司强、文化兴则公司兴”为引领作用，在全市系统开展思想文化建设活动，倡导员工增强“三感”，做到“三要”，践行“三全”，在做好业务发展和队伍建设的同时，积极参加省、市有关寿险文化建设活动，一是积极组织员工参加全国、全省微党课大赛、“金点子”演讲比赛等活动。二是参加省公司组织的《请给我结果》《把信送给加西亚》《任正非的哲学》等读书活动和全员大讨论活动，在活动中全市共收集到干部员工读书心得58篇，向省公司推荐优秀读书心得5篇，获奖5篇，在干部员工中形成了良好学习氛围，精气神得到较大提升。三是参加毕节市金融办组织的“打赢攻坚战、建设示范区、毕节怎么干”主题演讲比赛，并获得较好成绩，为毕节保险业、为公司赢得了荣誉。

【风险管控进一步加强】 按照监管要求，全市各级管理干部加强自身建设，主动学习，讲政治、顾大局、防风险意识进一步强化，坚持事前防范，守住底线，服务发展，的风险管理理念已成为共识。各部门及条线广泛开展声誉风险管理培训，培育浓厚的合规氛围，坚守风险底线不动摇。以开展学习中央“八项规定”、反“四风”宣传教育，以党的十九大精神为指导，切实抓紧抓好落实“加快发展、合规经营”两大主题。各级公司深入开展“学制度、懂制度、守制度”的教育活动，强化制度执行意识，牢固树立讲规范、重服务、守信用的经营理念，确保经营行为的规范到位，防范化解经营风险。组织开展内控评估工作，评估测试基层内控风险管控情况，深入开展关键岗位检查和岗位轮换，防范关键岗位风险；加强反洗钱检查力度、打牢反洗钱工作基础；扎实推进风险管理工作，进一步加强满期给付和非正常退保的应对工作，加强客户信息的准确性和完整性，有效预防媒体危机及群体性事件的发生，守住不发生区域性、系统性风险的底线。

【保险助推脱贫攻坚工作效果明显】 中国人寿毕节分公司认真贯彻落实总、省公司保险助推脱贫攻坚工作部署，立足行业特点，积极发挥保险优势，认真履行社会责任，多措并举开展党建扶贫、保险扶贫、电商扶贫、就业扶贫等工作。2018年大病医保合同共承保754.22万人，赔付31.84万人次，总赔付金额达2.89亿元。在全市105万贫困人口中，公司承保扶贫小额人身保险15.57万人，计生夫妇保险3.4万人，大病医疗保险174万人（包含脱贫人口三年内继续享受贫困人口大病保险扶持政策人员），购买电商扶贫产品3.65万元，助力政府扶贫工作，切实帮助困难群众实现脱贫致富。体现了中国人寿作为国企央企的责任担当，树立了良好的社会形象。

【合规经营意识进一步提高】 加强风险排查和风险管控，健全风险评估预警机制，加大问责追责力度。认真执行反洗钱一法三规的要求，定期梳理反洗钱工作中存在的问题，加强对反洗钱可疑交易的识别和报送工作、客户风险等级划分工作两项制度的学习和落实。加强非法集资、销售误导等风险的防控，持续开展关键岗位的检查和轮岗工作，防微杜渐，警钟长鸣。牢固树立合规经营意识，打造诚信行业标杆。加大对销售人员风险预警和风险排查，持续开展“治理销售乱象，打击非法经营”活动。完善信访投诉和营销员信用评估体系，准确监测全市系统销售风险，及时消除风险隐患。持续开展销售误导治理，规范销售行为，确保不发生系统性、区域性风险。严守依法合规经营底线，持续开展风险管理自我评估工作和风险排查。完善惩治与预防机制，强化案件查处和责任追究力度，提高各机构防范化解经营风险的能力和水平，确保公司经营风险可控。

【加强党建促推公司全面发展】 深入学习贯彻党的十九大精神，以习近平新时代中国特色社会主义思想为指引，把加强党的建设贯穿到公司经营管理的全过程，增强“四个意识”、坚定“四个自信”、坚决做到“两个维护”，正确处理党建工作与业务发展的关系，积极推进党建、业务同部署同安排。坚定不移全面从严治党，着力提高党建工作质量，切实发挥各级党组织和党员在业务发展与公司经营中的战斗堡垒作用和先锋模范带头作用，促进公司转型突破。狠抓党风廉政建设，落实“两个责任”，坚持纠治“四风”，扎实开展“三会一课”，以抓党建引领公司全面发展。增强自主学习能力，深入学习新修订的《中国共产党纪律处分条例》，始终把纪律挺在前面，遵纪守法，依规办事，强化执行，使党风廉政建设责任制得到真正有效的落实。

（撰稿：马德坤）

中国太平洋财产保险股份有限公司毕节中心支公司

【概述】 2018年，太平洋财产保险毕节中心支公司，在毕节市委、市政府各级职能部门的支持和帮助下，按照上级公司的总体经营思路，紧紧围绕全年的预算目标，把业务发展、提高客户满意度、支持地方经济发展作为全年重点工作。全辖干部员工团结一心，辛勤努力、积极配合、克服困难、努力拼搏，采取积极进取的市场策略，努力开拓市场，不断提升市场份额，全年入账保费2.97亿元，并实现了双优双对标的好成绩。

年度内完成了赫章支公司的成立（2018年12月12日批准成立），实现涵盖黔西、金沙、大方、威宁、织金、纳雍、赫章等7家支公司的全市服务网络，更好地发挥保险的经济补偿职能，为毕节试验区应对灾害事故风险、保障人民生命财产安全、促进经济社会发展做出了积极努力。

【经营班子调整】 2018 年 8 月，经中国太平洋财产保险股份有限公司贵州分公司研究决定，并报贵州保监局批准，聘任徐奎为中国太平洋财产保险股份有限公司毕节中心支公司总经理助理，分管公司车险业务工作；新一届领导班子即为：尹刚（党委书记、总经理）、徐奎（党委委员、总经理助理），刘一鸣（党委委员、工会主席）。

【经营险种介绍】 可承保的险种包括：企业财产损失保险、家庭财产损失保险、建筑工程保险、安装工程保险、货物运输保险、机动车辆保险、船舶保险、能源保险、一般责任保险、保证保险、信用保险（出口信用保险除外）、短期健康险、意外伤害保险，中国保监会批准的其他财产保险业务。兼业代理长期寿险、健康险、人身意外险。

【业务指标完成情况】 2018 年实现保费收入 29727.93 万元，再创历史新高，同比增幅 22.1%，市场份额 16.32%，上缴各项税收 2005.87 万元，代收车船税 2105.48 万元。其中：机动车辆保险承保数量：157605 件，保费收入 24569.99 万元，同比增加 3152.46 万元，增幅 14.72%，保险金额：6605018.43 万元，车险份额：17.02%。其中：交强险承保数量 96520 件，保费收入 6936.52 万元，市场份额 16.08%。其中：电销承保数量 116 件，保费收入 14.77 万元，市场份额 7.12%；网销承保数量 65 件，保费收入 8.26 万。农险 1713.68 万元，非车险 3444.25 万元：其中：企业财产保险 28.54 万元，货物运输保险 5.98 万元，家财险 1.24 万元，工程险 471.98 万元，责任险 802.89 万元，意外险 956.34 万元，健康险 428.45 万元，保证险 747.5 万元，其他财产保险 1.33 万元。

【全年赔款情况】 按照理赔服务宗旨：以“为投保人转移和分散风险”为目标，挽回客户经济损失，充分发挥和谐社会“稳定器”与经济建设“助推器”的作用。

2018 年全年案件数为 23677 件，赔款支出 18670.53 万元，机动车辆保险赔款 22255 件，赔款金额 13766.22 万元，其中交强险 8061 件，赔款金额 2608.87 万元，电销 553 件，赔款金额 365.08 万元，网销 37 件，赔款金额 26.69 万元，企业财产保险 15 件，赔款金额 91.16 万元，家庭财产保险 1 件，赔款金额 2.06 万元，工程险 4 件，赔款金额 5.75 万元，责任险 329 件，赔款金额 470.6 万元，意外险 16 件，赔款金额 316.24 万元，健康险 87 件，赔款金额 40.02 万元，农业险 969 件，赔款金额 3978.28 万元。

【充分发挥社会“稳定器”与经济建设“助推器”的作用】 2018 年累计承保各类财产保险金额超过 1493 亿元，2018 年共为毕节客户处理各类赔案 2.37 万件，提供各类保险赔款保障：1.86 亿元。特别是近年开办农险业务以来，坚持聚焦中央政策性业务、与政府职能部门积极沟通，农险工作取得了较大进展。2018 年毕节频繁受极端气候影响，金沙县先后遭遇特大风雹（2018 年 4 月）和干旱灾害天气（2018 年 7 月），投保农户损失严重，2018 年度赔款达：3978.28 万元，全司在两次重大灾害中主动作为，从人员、车辆、设备等方面快速开展灾后理赔工作提供有力支撑，积极应对，加强与政府的沟通配合，快速开展理赔工作，及时支付赔款，帮助农户恢复生产，特别是帮助贫困户不再因重大灾害重新返贫，在扶贫攻坚工作中起到了稳定脱贫攻坚的重要推动作用。

【成立警保合作联合打击保险诈骗办公室】 为严厉打击保险诈骗犯罪行为，切实防范和化解保险杂牌风险，保护保险消费者的合法权益，毕节市公安局经侦支队和太平洋财产保险公司毕节中心支公司联合成立打击保险诈骗犯罪办公室，于2018年9月13日在太平洋保险公司举行揭牌仪式。揭牌仪式上，双方就建立常态化机制、疑似案件系统数据的实时交互、信息共享等内容签订合作备忘录，共同搭建反欺诈信息库，建立短期重点整治与长期震慑打击并重的机制，实现警保信息共享。

随着保险业的发展，保险诈骗案件数量也呈上升的趋势，为确保资金的安全，全司利用“打假通”“天眼”反欺诈系统，对可疑案件进行分析排查，及时将掌握的线索移交公安机关。今年来，先后在金沙、纳雍、赫章侦办保险欺诈案件数起。下一步将提高打假通、防渗漏系统、天眼系统的利用，优化工具配置，利用科技的力量检查出高风险案件。同时用好外部调查公司资源，受限于可追偿案件复杂程度，同时全司追偿人员无执法权，利用外部调查公司，公安部门等加大追偿力度。

（撰稿：王　霞）

毕节市泰信融资担保（集团）有限公司

【概述】 2018年，在市委、市政府的正确领导下，毕节担保集团紧紧抓住供给侧结构性改革的关键环节，严格按照“政治上坚定、理论功底深，工作上敏行、业务效率高，作风上正派、群众口碑好”的总体要求，创新担保举措，提供丰富金融产品，全面提升服务水平；坚持“支小支农”、支持实体经济发展的核心理念，充分发挥普惠金融服务职能，推进高质量发展，切实发挥好区域经济“助推器”作用，为打赢攻坚战建设示范区做出担保贡献。2018年3月，在全体干部职工的共同努力下，实现担保责余额首次突破亿元大关，全年营业收入497万元，利润总额12.27万元，超额完成放大倍数、政策性担保额目标。

【加强理论学习，筑劳政治思想之根基】 毕节担保集团坚持以习近平新时代中国特色社会主义思想武装头脑、指导实践，牢固树立“四个意识”，坚定“四个自信”，坚决做到“两个维护”，以解决思想和工作中存在的实际问题为着力点，以改进思想作风和学风为落脚点，在真学、真懂、真用上下功夫，通过组织座谈、在线教育、集中学习、听党课、谈体会、观看廉政教育片、走访红色文化教育基地等形式，进一步提高公司干部员工政治素养和党性修养，不断坚定理想信念。

【集众智创龙头，顺利完成集团组建】 为适应地区经济快速发展，提升全市担保机构信用能力，增强担保实力，加快全市政策性担保体系建设步伐，历经一年多时间，2018年12月3日，毕节市泰信融资担保（集团）有限公司正式挂牌成立，标志着毕节担保集团从此踏上新时代，开启市级担保集团的龙头带动、集合增信、融资担保新局面，更好为政府重大民生项目、实体经济和全市中小微企业、“三农”提供优质融资担保服务，最大限度发挥担保公司应有的作用，助力中小微企业迅速发展壮大。

【点燃创新引擎，推出“担保+”模式】 一是因地制宜探索创新，以毕节试验区发展实际为聚焦点，深化市情认识，找准业务发展方向，与市农委、中国邮政储蓄银行毕节分行创新推出“农保贷”产品，担保+政府+银行联合服务市内的农业产业化发展和新型农业经营主体（包括家庭农场、专业大户、农民专业合作社及农业龙头企业），助力规模特色农业产业成长，拉动全市普惠金融发展。全年累计完成项目20个，担保贷款金额4011万元。二是充分发挥政策效应，以加大扶持全民创业促就业为切入点，与市人社局、中国邮政储蓄银行毕节分行创新推出“创业担保贷款”产品，担保+政府+银行联合服务全市怀有创业就业梦想人群，使毕节市“大众创业，万众创新”工作保持良好的发展势头。全年为881户创业担保贷款扶持对象提供服务，担保额达8778万元，带动就业创业人数2260人，为全市促进就业再就业工作发挥了积极作用。

【加强外部联动，深化政银担合作】 为有效防范金融风险，实现公司可持续发展，公司积极对接各大合作银行，全面开展“4321”业务工作，公司业务从传统合作模式向“4321”风险分摊模式全面转变。年末“4321”业务融资担保责任余额完成10428万元，比上年同期增长163.93%。

【坚持发展导向，助推实体经济发展】 作为政策性担保公司，毕节担保集团始终坚持准公共产品属性功能定位，不以营利为目的，以积极的工作态度、扎实的工作作风，切实发挥小微企业、“三农”与银行之间桥梁和纽带作用，缓解小微企业和“三农”融资难融资贵的问题，推动实现全市经济结构优化和高质量发展。全年新增中小微企业和“三农”担保业务916笔，占集团本部总业务笔数的99.89%，担保金额17613万元，占集团本部总业务额的97.84%。

【坚持创新竞进，展示企业文化新形象】 2018年，公司积极开展“我为公司发展献计献策‘金点子’活动”，鼓励员工用发现的眼光寻找创造人生价值的契机，激发员工爱岗敬业的工作热情，培育员工“主人公”精神，公司制定下发了《我为公司发展献计献策“金点子”活动实施方案》，向公司全体员工征集好点子、好建议、好办法、好措施，主要用于促进公司业务创新、财务管理、工作流程、综合管理、制度建设、风险防范等方面工作中，推动企业管理工作不断创新、不断规范、不断完善。

【聚焦脱贫攻坚，唱响扶贫主旋律】 2018年，毕节担保集团积极参与全市“113”扶贫攻坚战和“决胜贫困，同步小康”的伟大事业，扛起国有企业责任担当，做好精准扶贫工作，重点支持易地扶贫搬迁、建档立卡贫困户创业就业，实现搬得出、稳得住、有事做、能致富，确保搬迁对象、建卡立档贫困户尽快脱贫，全年为101户有创业意向、创业能力的贫困户提供创业贷款担保支持，担保额达1010万元，最大限度地发挥创业担保贷款的政策扶持功能，全力助推全市精确脱贫事业，为“打赢攻坚战，建设示范区”提供担保支持。

【坚持党建引领，树立廉政建设新形象】 一是加强作风建设，改进工作方法，转变工作态度，积极倡导为民、务实、清廉，忠诚、敬业、奉献的优良作风，大力弘扬艰苦奋斗、锐意进取、乐于奉献的精神，始终保持奋发进取的精神状态和知难而进、迎难而上的勇气，工作紧扣中心，决策贴近实际，协调体现重点，服务面向基层。二是严肃党内政治生活，坚持科学民主决策机制，牢固树立民主意识，确保重大问题由集团充分讨论和决定，严格落实“三会一课”、民主生活会、谈心谈话、民主评议党员等制度，让领导班子成为团结群众的核心、攻坚克难的堡垒。三是抓好廉政建设，严格落实“一岗双责”职责，把党风廉政建设责任制的具体工作和要求细化到领导班子成员及分管部门，明确任务，落实责任，当好党风廉政建设的“明白人”“责任人”和“带头人”，切实做到反对“四风”，努力推动廉政建设深入开展。切实做好廉政文化建设和党风廉政建设专题学习教育，坚持用好党内监督这个“法宝”，严格落实“党务公开”制度，抓好重点领域和关键环节正风肃纪工作，强化纪检监察监督，营造毕节担保集团风清气正的政治生态。

（供稿：毕节市泰信融资担保有限公司）

▲ 在贵州草海国家级自然保护区的晨光中集体迁徙的黑颈鹤　（罗喜贵　摄）

▲ 百里杜鹃大草原　（代永平　摄）

印象毕节

YINXIANGBIJIE

▲ 碧阳湖畔美丽多姿　　（邓杰　尚宇杰　陈再雄　摄）

▲ 大方美食　　（吴学毅　摄）

▲ 大方县城杜鹃大道（王文琳　摄）

▲ 百里杜鹃普底景区　　　　（曾杰　摄）

▲ 大方县城夜景　　　　（王文琳　摄）

▲ 金海湖公园 （金海湖新区　提供）

印象毕节

YINXIANGBIJIE

▲ 同心公园 （王纯亮　摄）

▲ 国家级非物质文化遗产"箐苗服饰"
（纳雍县史志办　提供）

▲ 金海湖新区小坝镇莺歌岩千年银杏　（王纯亮　摄）

▲ 金沙县高坪镇红枫基地与苗家山歌奏出和谐音符　（陈世海　摄）

▲ 金沙县岩孔街道玉簪花基地　（陈世海　摄）

印象毕节

YINXIANGBIJIE

▲ 威宁草海 （王纯亮　摄）

▲ 乌蒙霞光美，纳雍万峰林 （潘中泽　摄）

▲ 织金瀑布　　（织金县史志办　提供）

▲ 织金县官寨乡麻窝村万株樱桃花竞相绽放，美不胜收的景象吸引了不少游客纷至沓来，“惹火”了当地的乡村旅游。洁白的花丛中、林间便道上，前来游玩的客人都被眼前的美景所吸引，俨然一幅人花相辉映的美丽画卷　　（织金县史志办　提供）

▲ 织金绣娘　　（织金县史志办　提供）

印象毕节

YINXIANGBIJIE

▲ 总溪河畔万亩樱桃园　　（纳雍县史志办　提供）

农 业

农业综合管理

【概述】 2018年，毕节市农业委员会以习近平总书记对毕节试验区工作作出重要指示、统一战线参与试验区建设座谈会议和省委、省政府支持毕节试验区按时打赢脱贫攻坚战建设贯彻新发展理念示范区推进大会等精神为引领，以乡村振兴战略为总抓手，深入贯彻新发展理念，深入实施农业供给侧结构性改革，大力开展农业产业结构调整，精准发力产业扶贫，纵深推进农村综合改革，全市各项农业农村工作取得了明显成效。

【乡村振兴战略稳步推进】 深入贯彻落实中共十九大关于实施乡村振兴战略精神和习近平总书记“努力把毕节试验区建设成为贯彻新发展理念的示范区”批示精神，全力推进乡村振兴战略实施，编制《中共毕节市委　毕节市人民政府关于全面推进乡村振兴战略的实施意见》（毕党发〔2018〕1号），制定《毕节市“十乡百村”乡村振兴实施方案》，切实围绕“产业、人才、文化、生态、组织”五个方面，推动农业农村经济和社会事业全面发展，促进脱贫攻坚与乡村振兴有机衔接。全市农村居民人均可支配收入实现9371元、增长10.5%。全市粮食总播面积1091.09万亩，全年粮食总产220.63万吨，完成年初目标任务200万吨的110.3%。全市烤烟收购烟叶132.85万担，占计划的110.71%，担烟均价达1347.6元，支付烟农收购资金17.91亿元；与上年相比，完成计划任务比例增加20.16个百分点，担烟均价提高121.58元，支付烟农收购资金增加3.92亿元。

【农业产业结构调整成效显著】 全市完成调减传统低效玉米种植面积183.45万亩，占全省调减面积785万亩的23.4%，占省下达调减任务165万亩的111.2%，改种蔬菜27.46万亩、食用菌2.27万亩、特色经果林81.35万亩、茶叶10.8万亩、中药材18.56万亩、人工种草13.52万亩，其他29.49万亩。全市10个县（区）共落实39个县级领导示范点，完成种植面积21.61万亩；建设乡级领导示范点990个，完成种植面积108.61万亩。一批特色产业基地逐步成型，初步实现了农业生产的规模化、特色化。在七星关成功打造了茶叶、中药材产业示范带，在大方成功打造了猕猴桃、辣椒产业示范带，在黔西成功打造了香葱、大葱产业示范带，在金沙成功打造了茶叶、香葱产业示范带，在织金成功打造了皂角、李子产业示范带，在纳雍成功打造了辣椒、蔬菜产业示范带，在威宁成功打造了苹果、蔬菜产业示范带，在百里杜鹃成功打造了茶叶产业示范带，在金海湖成功打造了玫瑰花产业示范带。

【产业扶贫造血功能逐步增强】 深入开展了“春风行动”和“夏秋攻势”行动，全年全市发展蔬菜种植369.04万亩、食用菌7.49万亩、中药材75.03万亩、水果果园面积115.40万亩、投产茶园28.18万亩，产业扶贫带动65.7万贫困人口，占计划的122.85%。

【新型农业经营主体蓬勃发展】 按照“强龙头、建基地、创品牌、带农户”的思路，大力扶持和培育新型农业经营主体。2018年新增市级重点龙头企业40家，省级重点龙头企业27家，全市市级以上龙头企业达370家。其中：国级省1家、省级重点龙头企业108家，涉及全市蔬菜，茶叶加工，马铃薯种植及加工，核桃种植及加工，中药材种植及加工等产业，企业资产总额达104.83亿元，直接带动农户28.67万户，龙头企业引领、带动作用显著加强。全市农民合作社共计15597家，家庭农场专业大户759家，其中贫困村建立合作社6406个，深度贫困村建立合作社1703个，贫困村合作社覆盖率达100%，深度贫困村合作社覆盖率达100%，农业组织化、规模化和标准化水平得到进一步提升。

【农村综合改革工作有序推进】 一是农村集体产权制度改革工作有序推进。全市10县（区）已完成清产核资村3649个，占比99.78%，农村集体资产清产核资系统上报村2839个，占比77.63%。县、乡共开展业务培训1596次共计培训6.9万人次，发放宣传资料82.9万份。二是农村土地确权登记颁证基本完成。全市基本完成261个乡镇3544个村163.9万户农户1495万亩承包土地的确权登记颁证工作，颁证率达98.1%。三是“塘约经验”试点逐步扩大。全市已建立“塘约经验”试点示范村350个，评选出10个市级优秀“塘约经验”改革试点村，建立村社一体合作社2452个，带动农户6.8万户30万人，带动茶叶、经果林、蔬菜、中药材等特色产业发展，产业总收入达20.26亿元。四是“三变”改革深入推进。全市259个乡镇、1290个村开展“三变”改革，带动37.8万农民变股东，增加收益5.32亿元，盘活14.3万亩耕地，2.55亿元村集体经营性资产、9617万元村集体其他资源作价入股，7.5亿元财政资金量化形成股金。五是农村厕所革命稳步推进。2018年全市共完成村级公共卫生厕所828个，占省级建设任务数的109.67%（其中，威宁完成了140个，占任务的100%），完成农村户用卫生厕所16.4313万户，占省级建设任务数104.72%（其中，威宁完成了4.0015万户，占任务的100.04%），完成投资6.4亿元，实现了预期目标。

【农业园区推进产业融合发展】 2018年，全市成功申报5个省级农业园区，省级农业园区总数达65个，全市326个农业园区建设全面推进，已建成产业基地183.95万亩，占年度计划102.14%，带动贫困人数5.55万人。70家农业园区经营主体进入毕节农业大数据中心开发的APP平台，20家农业园区纳入大数据中心物联网对接名单，11家企业入选全省“万企融合”大行动推进大数据与实体经济融合发展示范及标杆项目。“农业园区化、园区景区化”有力推动了农村一、二、三产业融合发展，为产业兴旺做出了示范。

【农业机械化水平稳步提升】 截至12月底，完成机械耕整地面积629.5万亩（含威宁县），超计划任务4.91%，完成机械播种面积15.59万亩，超计划任务3.93%，完成机收面积129.27万亩，超计划任务7.72%，投入各类农机具10.109万台（套），培训各类农机技术人员5.54万人次，检修各类农机具10.31万台次，主要粮食作物农机化耕种收的综合机械化率达到25.4%。全市农机总动力达593.01万千瓦，新增加54.59万千瓦。

（撰稿：王玉琴）

扶贫开发

【概述】 2018年，全市深入践行习近平总书记对毕节试验区作出的重要批示指示精神，突出推进“四场硬仗”“五个专项治理”“四个聚焦”和“一场振兴农村经济的深刻的产业革命”等重大脱贫攻坚工程，减贫成效良好。2017年度拟脱贫摘帽的黔西县按照国定标准实现“脱贫摘帽”，2018年度拟脱贫摘帽的大方县达到脱贫摘帽标准，全年实现601个贫困村出列、36.9万贫困人口脱贫，贫困发生率下降到5.45%，农村居民人均可支配收入达到9371元，圆满完成脱贫攻坚年度目标任务。

【责任落实】 2018年7月18日，习近平总书记再次对毕节试验区工作作出重要指示，充分肯定毕节试验区建设30年来取得的成绩，将毕节试验区开发扶贫实践总结为“贫困落后地区一个脱贫攻坚的生动典型”，同时要求毕节试验区“按时打赢脱贫攻坚战，努力建设贯彻新发展理念示范区”。市委、市政府及时对贯彻落实“7·18”重要指示精神作出安排，召开市委常委（扩大）会、市委中心组学习会、市政府常务会等进行学习，要求将习近平总书记对毕节试验区寄予的使命和希望作为推进各项工作的行动指南和根本遵循。进一步凝聚脱贫攻坚力量，统筹安排40名市级领导、232名县级干部、110个市直单位和765个县（区）直部门帮扶173个贫困乡镇，专门明确20名市级领导定点帮扶20个脱贫攻坚任务较重乡镇（含3个省级极贫乡镇）。抽调10313名干部组建2044个驻村工作组，选派2004名党员干部担任村“第一书记”，529个深度贫困村全部实现科级及以上干部挂帮。充分激发干部群众参与脱贫攻坚激情，通过入户访谈、集中宣讲等形式，累计开展各类政策宣讲10.8万场次，受益干部群众412万人次，有效激发了干部群众内生动力。

【资金整合】 2018年度毕节市共获得财政专项扶贫资金11.3亿元，财政专项扶贫资金使用效率达99.88%。市级投入脱贫攻坚资金14.04亿元，其中财政专项扶贫资金1.5亿元、“十大员”开发投入1.5亿元、易地扶贫搬迁投入4.4亿元、安全饮水工程投入5.7亿元、危房改造投入0.94亿元。进一步规范金融扶贫。2018年发放扶贫小额信贷17.02亿元，累计发放扶贫小额信贷达到69.00亿元；2018年获得扶贫小额信贷贷款贫困户43690户，累计获得扶贫小额信贷贫困户共147059户；2018年实际贴息1.72亿元，累计实际贴息3.62亿元。充分争取各类基金投入。17.2亿元浦发基金项目全面推进，有效推动农村基础设施建设和农村人居环境综合整治。全市绿色产业扶贫投资基金投放项目56个，投放资金53.67亿元。不断完善项目库建设。截至2018年年底，全市入库脱贫攻坚项目共计37373个，涉及资金544.95亿元。

【四场硬仗】 一是着力打好产业扶贫硬仗。调减低效玉米种植183万亩，突出发展生态种植业、养殖业等特色优势扶贫产业，完成蔬菜种植361.57万亩、食用菌种植7.36万亩、中药材种植75.03万亩，新增茶叶种植16.75万亩、刺梨种植4.72万亩；全市猪、牛、羊、禽存栏量分别达476.25万头、141.09万头、139.63万只、2689.97万羽；猪、牛、羊、禽出栏量分别达538.35万头、40.66万头、90.74万只、3181.83万羽；肉、蛋产量分别达64.73万吨、10.61万吨；产业扶贫带动65.7万贫困人口。二是着力打好基础设施建设硬仗。全市农村“组组通”公路计划建设规模15085公里，通畅30户及以上自然村寨9409个，新增通畅村民组4660个，覆盖160万人（其中贫困人口28.6万人），预计年底前累计建成农村“组组通”公路13449公里，新增通畅村民组6737个；计划覆盖106.7万人的饮水安全项目全面启动实施，到年底247个农村饮水安全巩固提升工程全部建设完成，覆盖31.3万建档立卡贫困人口。三是着力打好易地扶贫搬迁硬仗。扎实推进“十三五”期间32.48万人搬迁任务，2018年度完成搬迁入住3万户13.5万人，同时统筹解决搬出贫困人口就业、就学和就医等问题，切实解决搬迁群众长远生计，确保稳定脱贫。四是着力打好教育医疗住房“三保障”硬仗。教育保障上，2017至2018学年，资助高中（中职）及以上建档立卡贫困学生73981人，发放资助资金18017.96万元，2018至2019学年下达了第一批精准扶贫资助金9990.32万元；医疗保障上，建档立卡贫困人口参保实现全覆盖，住院费用实报比达92.59%；住房保障上，对59250户（其中4类重点对象21052户，其他危房户38198户）农村危房户进行改造并同步实施“三改”。同时，全面推进生态扶贫和综合保障扶贫。全面落实生态扶贫政策，大力发展林下经济150万亩，产值50亿元，特色经果林517万亩，产值75亿元，聘用10906名建档立卡贫困人口担任生态护林员，带动贫困农户10906户约45800人。全面落实就业扶贫政策，完成农村劳动力培训10.6万人（其中建档立卡贫困劳动力10.46万人），促进13.07万名贫困劳动力、5.27万名易地扶贫搬迁劳动力稳定就业，累计开发“十大员”就业扶贫公益专岗6.87万个。全面落实兜底政策，将2.19万易地扶贫搬迁困难群众纳入城乡低保范围，实现58.97万农村低保对象应保尽保；实施医疗救助73万人次、临时救助18万人次。

【问题治理】 一是深入开展“五个专项治理”。制定了“1+15”问题整改方案，创新建立了“村级自查、乡镇干部包片查、乡镇间交叉查、县领导包乡查、县区间交叉查、市级抽查”的脱贫攻坚问题整改“六查”机制，确保整改工作落到实处。通过漏评、错评和错退两个专项治理，进一步摸清贫困底数，全市贫困人口为81.82万人。2017年省危改办通报河镇乡等危房改造存在的148个问题已经全部整改完毕。扶贫资金使用不规范治理中，国家反馈的4个问题全部整改完成；省反馈问题22个全部整改完成。切实加强扶贫领域作风问题治理，全市全年扶贫领域发现问题3003个，立案1426件1635人，党纪政务处分1292人，移送司法机关5人，涉及金额3591.5万元，因履行“两个责任”不力问责753人。二是有效整改中央巡视、省委巡视反馈问题。中央巡视反馈贵州省4类20个共性问题，涉及毕节市纳雍县、赫章县、百里杜鹃管理区4

个个性问题，已全部整改完毕，共性问题持续整改、效果突出。10月18日和11月28日，十二届省委第三轮巡视组分两次反馈了毕节市32个问题全部整改完成，共性问题持续整改之中。三是全面整改2017年国家和省对毕节市扶贫开发成效考核反馈问题。2017年，国家和省对毕节市开展脱贫攻坚成效考核后，共反馈存在问题136个，其中国家反馈问题17个、省反馈问题119个，已全部整改完成。省交叉验收组反馈毕节市"五个专项治理"存在问题共六个方面46个问题，已全部改完成。

【四个聚焦】 一是扶贫资金方面。投入3个深度贫困县中央和省级财政扶贫资金5.09亿元，首批浦发基金项目总投资17.2亿元全部划拨20个极贫乡镇，世行贷款项目投入3县资金2.24亿元。二是东西部扶贫协作方面。3个深度贫困县共获广州帮扶资金1.98亿元，恒大集团新增帮扶毕节市整市脱贫的80亿元资金中有37亿元用于支持3县。三是基础设施建设方面。3个深度贫困县新建通组路6900公里，占全市总任务的53.1%；实施农村危房改造4.23万户，占全市总任务的71.3%；计划搬迁81912人，占全市总任务的62.9%。四是帮扶力量方面。全面实行深度贫困地区脱贫攻坚指挥长制和联席会议制度，将市级18个深度贫困乡镇和省级3个深度贫困乡镇（赫章县河镇乡同为省市极贫乡镇）共同管理，对应成立20个脱贫攻坚定点帮扶指挥部，由20名市级领导任指挥长定点帮扶。

【东西扶贫协作】 2018年，广州市对口帮扶工作取得突破性进展，两地召开联席会议3次，毕节市党委政府主要负责同志赴广州对接工作2次，召开专题会议研究东西扶贫协作工作3次，互选互派干部及专业技术人才交流挂职458人。广州市将财政帮扶资金从每县1000万元提高到每县4500万元，共计2.9亿元，实施帮扶项目共95个。合作共建"毕节·广州产业园"，累计引导45家企业到毕节实施产业扶贫项目，实际投资12.73亿元；积极推动旅游协作，共接待广东籍过夜游客52837人次，同比增幅31.26%。积极开展就业合作，举办劳务培训班219期培训52112人次，举办招聘会20场向贫困户提供65202个就业岗位。全面启动"携手奔小康"行动，促进深度贫困村提速发展，两市共完成镇镇结对帮扶关系33个，村村结对44个，村企结对442个。

【社会扶贫】 充分发挥统一战线支持试验区改革发展的优势，将帮扶资源转化为脱贫攻坚的重要力量。恒大集团无偿投入110亿元资金实行整市帮扶，目前到位资金60亿元，其中帮扶大方县2018年整县脱贫的30亿元帮扶资金全部到位。金元集团对口帮扶纳雍、盘江集团对口帮扶赫章、中国建设银行贵州分行对口帮扶威宁，实现深度贫困县社会帮扶全覆盖。"千企帮千村"有序开展，全市已有843家企业结对帮扶963个贫困村，实施项目1616个。世行贷款项目"农发项目"20个合作社已组建完成，审批资金2088.9万元，覆盖农户社员2054户，其中覆盖贫困户1298户；世行贷款项目"六期项目"已组建合作社9个，审批资金1799.93万元，覆盖农户社员986户，其中覆盖贫困户625户。有效组织开展"10·17"社会扶贫日活动，募捐资金达到1950万元。

（撰稿：夏炅阳）

烤烟生产

【概述】 2018年省下达毕节市烤烟生产收购任务为指导性计划种植面积4万公顷，指令性计划收购烟叶6万吨。实际种植烤烟面积4.04万公顷，种烟乡（镇）147个（种植666.67公顷以上乡镇36个）、种烟村1055个（种植66.66公顷以上村127个）、种烟农户2.74万户，户均种植面积1.7公顷；收购烟叶总量达6.64万吨，同比增加0.94万吨；全等级均价每50公斤1347.60元，同比增加121.58元；上等烟比例63.56%，同比增加7.14个百分点；中等烟比例33.43%，同比增加1.64个百分点；支付烟农收购资金17.9亿元（不含补贴），烟农收入同比增加3.92亿元，户均收入6.56万元（不含补贴），同比增加1.63万元；实现烤烟特产税3.94亿元，同比增加8600万元。上等烟比例63.56%，同比增加7.41个百分点；中等烟比例33.43%，同比降低1.64个百分点。

【烤烟生产】 全市按照工业企业需求，在品种布局方面，继续以云烟87为主栽品种，配套种植韭菜坪2号和毕纳1号地方特色品种，云烟87品种比例占76.6%。重点打造东部“杜鹃蜜甜香”和西部“乌蒙清甜香”两大香型特色烟叶品牌，在金沙县种植蜜甜香有机烟叶1006.67公顷、收购烟叶1660吨，威宁县种植清甜香有机烟叶333公顷、收购烟叶550吨。落实土壤保育各项措施，提高土壤质量和产出能力，实现烟地100%深翻炕冬，100%施用酒糟（碳基）有机肥，油菜绿肥压青1.42万公顷，酒糟（碳基）有机肥工厂化生产达3.72万吨；推广水溶根施肥推广0.74万公顷，碳基有机肥推广0.73万公顷；100%推广蚜茧蜂防治病虫害，大农业蚜茧蜂放蜂2万公顷以上。安装杀虫灯745盏覆盖0.25万公顷，诱杀小地老虎、棉铃虫、斜纹夜蛾等害虫的诱芯120.91万个覆盖3.2万公顷；推广使用新能源烤房3270座，其中空气能热泵烤房2250座、生物质能烤房720座；开展烟田废弃物资源化利用，全市利用上年度回收的废弃烟秆，共生产碳基有机肥8900吨，推广0.73万公顷；开展地膜回收，回收烟地残膜2091.13吨。

【保护基本烟田】 为切实保障烤烟生产土地供给，确保烤烟产业持续、稳定、健康发展，《毕节市人民政府办公室关于做好基本烟田保护的通知》（毕府办函〔2017〕158号）要求，全市根据三年轮作的烤烟用地需求，按年均3.33万公顷种植面积，规划烤烟生产基本用地10万公顷。在划定的基本烟田保护区内，优化烟田利用结构，提高土地生产能力，把基本烟田建设纳入基本农田建设，建立有效的基本烟田保护制度，严格按相关规定保护基本烟田。

【烤烟保险赔付】 2018年全市10个县区共计投保烤烟种植面积3.37万公顷，投保金额1999.8万元，受灾面积0.26万公顷，保险赔付1208.28万元。七星关区（含金海湖新区）2177户烟农投保面积2906公顷、保费172.84万元，受灾面积186.67公顷，保险赔付86.51万元；大方县（含百里杜鹃管理委员会）3410户烟农投保面积4946.67公顷、保费293.83万元，受灾面积280公顷，保险赔付125.4万元；黔西县2426户烟农投保面积2620公顷、保费155.56万元，受灾面积66.67公顷，保险赔付59.08万元；金沙县1032户烟农投保面积2180公顷、保费129.63万元，受灾面积706.67公顷，保险赔付399.81万元；织金县860户烟农投保面积1773.33公顷、保费105.44万元，受灾面积106.67公顷，保险赔付81.71万元；纳雍县897户烟农投保面积1773.33公顷、保费105.44万元，受灾面积66.67公顷，保险赔付59.52万元；威宁县14122户烟农投保面积14546.67公顷、保费864.22万元，受灾面积1020公顷，保险赔付306.44万元；赫章县2516户烟农投保面积2906.67公顷、保费172.84万元，受灾面积186.67公顷，保险赔付86.51万元。

【抓好收购环节工作】 成立由省人力资源和社会保障厅评审通过的省级技能大师工作室，以“传帮带”的形式开展烟叶评级技能培训，对专业分级散叶精准收购、高级工复核选拔、强化鉴定等技能进行培训；制作样品统一等级尺度。全市新烟烟叶仿制样品下、中、上部各200套。制作送国家局基准样品、省局公司评级培训样品、市公司烟叶评级技能培训、烟叶技能培训鉴定样品、提供有关工业厂家培训样品200多套，6000多把烟叶，片烟3000多片；抓好烤前烘烤技术培训。开展培训3000多人次，选拔专业培训烘师1800名；为提高分级和评级准确率，确保收购眼光平稳和包内纯度，各分级点实行“以户制样分级”、评级点实行“排筐对样评级”、成包点实行“逐筐比对成包”，对烟叶包装实行二维码标记，写入基地单元名称、网格、施肥、移栽、数量、等级等生产收购各环节质量数据，并与烟草供销信息系统对接，实现烟叶质量可追溯。

【合作社建设】　全市现有烟草合作社21个，社员39753人，服务涉及29个基地单元，合作社专业化服务环节达到8个以上，包括育苗、翻犁（含合作社统一组织社会农机服务）、起垄（含合作社统一组织社会农机服务）、打孔移栽、施肥、植保、烘烤、分级。服务完成比例分别为100%、80%、80%、60%、60%、60%、70%、100%。

【烤房建设】　全市新建烤房1500余座，其中烟农自建600余座；落实改建新能源烤房共计1096座，其中新建生物质内置式燃烧烤房20座，国家局生物质外置式颗粒燃烧烤房287座，BOT合作社改建生物质烤房704座，空气源热泵烤房85座；对3000座老烤房进行维修修复。

【烟水配套工程后续管护】　是年，全市根据各县（区）烟叶特产税5%的比例，提取烤烟生产基础设施管护资金1538.7万元。同年划拨各县（区）烟水配套工程管护人员劳务、提水灌溉电费、零星工程维修补贴923.21万元，管护工作经费301万元（毕财农〔2018〕30号、31号文），维修资金30.02万元，用于纳雍县库东关白泥片区管引工程维修。

根据《毕节市烟叶生产基础设施运行管护专项资金管理规定（试行）部分条款进行补充的通知》（毕财农〔2018〕36号），将2009年来累计提取到市级财政的烟叶生产基础设施管护结余资金1940万元划拨到各县（区）财政，用于补助新建烤房1352座和补贴新建烤房附属设施及维修维护费。

【援建工程建设】　百里杜鹃米底河水库工程总体形象进度达99.5%以上，等待竣工验收；威宁县雪山水库扩建工程总体形象进度达45%；黔西县仙人洞水库总体形象进度达32%

【承办会议】　全国烘烤技能实操技术培训会8月份在金沙县召开。

（撰稿：何　英）

农业区划

【概述】　2018来，在市委、市政府的领导下，在市农委的直接指导下，各项工作进展顺利，特别是绿色食品、有机食品认证工作有了一定的发展，“三品一标”创建工作取得一定的成绩。有4家企业申报绿色食品认证，10个产品通过农业农村部绿色食品发展中心绿色食品认证，获得绿色食品标志使用权。14家企业、24个产品申报有机农产品认证，21个产品通过有关认证机构的认证，获有机转换认证证书13张、有机产品认证证书5张。共协调相关有机认证获证企业及经济组织按时换证92张，有效证书110张，涉及全市有机农产品认证企业29家，产品和生产基地103个、基地面积18.62万亩。招商引资工作取得实效，全年签约项目4个，签约资金14.8亿元。签约项目实际到位资金3.99亿元。

【绿色食品、有机农产品认证工作】 一是开展宣传引导。组织全市绿色食品生产企业参加省农委举办的“春风万里 绿食有你——绿色食品宣传”活动，通过宣传进一步扩大绿色食品的市场影响力，提升绿色食品的知名度和美誉度。二是开展督查检查。对全市绿色食品、有机农产品开展质量风险排查工作，重点对违禁使用投入品、产品超范围用标等企业不诚信行为进行排查，同时对自身审核工作进行自查，并及时将排查情况上报省绿色食品发展中心。三是开展获证企业年度检查。按照省绿色食品发展中心的安排，对全市绿色食品获证企业开展年度检查。四是开展业务培训。第一派单位绿色食品检查员参加省绿办举办的“绿色食品检查员资料会审会”，进一步提高绿色食品检查员的业务水平，提升对绿色食品标志使用许可申请材料审查和现场检查报告的撰写能力。第二组织毕节市大方县和金沙县相关工作负责人参加贵州省绿色食品发展中心举办的“绿色食品、有机农产品原料标准化基地创建培训班”的学习，为下一步绿色食品、有机农产品基地创建做好前期准备工作。第三为进一步加强毕节市绿色食品检查员监管员的队伍建设，选派三名业务人员参加贵州省绿色食品检查员监管员培训班学习，提升检查监管水平。第四组织开展绿色有机认证知识培训。2018 年开展了绿色食品企业内部检查员和有机农产品认证知识的培训，参训人员来自各县区农牧局负责农产品质量安全的工作人员，各县区农产品生产和加工企业的负责人或生产管理人员共 50 余人，通过培训，提高了相关人员对绿色食品有机农产品的认识，将进一步推动绿色食品、有机农产品的申报认证。五是开展申报认证。第一指导企业申报绿色食品、有机农产品认证和续展，2018 年毕节市家乡美农业综合开发有限公司的绿色食品续展成功；贵州新中一种业股份有限公司（大米）、黔西县林泉镇兴黔盛源种植农民专业合作社（猕猴桃）、贵州芦丁食品开发有限公司（威宁荞酥）、七星关区碧秀佳蔬菜种植专业合作社（白萝卜、南瓜、西红柿、奶青菜、四季豆、辣椒、大白菜）4 家企业 10 个产品申报认证绿色食品并且通过农业部绿色食品发展中心的认证，获得绿色食品证书。第二指导相关企业申报有机农产品认证，七星关区碧秀佳蔬菜种植专业合作社（土豆、大豆、萝卜）、贵州三丈水生态发展有限公司（鲜茶叶、绿茶）、威宁大生高原生态农业有限公司（威宁苹果）、威宁县哈喇河乡大黄梨种植专业合作社（哈喇河大黄梨）、纳雍县田野原生态拖歪米种养殖基地（稻谷）、纳雍县茗生茶叶有限责任公司（红茶、绿茶、鲜茶叶）、纳雍县红阳林禾绿园有限责任公司（猕猴桃）、纳雍县九阳农业综合开发有限公司（绿茶、红茶、鲜茶叶）、贵州圣昌耀生态农业综合开发有限责任公司（梅花鹿）、纳雍县万年水茶业有限公司（绿茶、红茶、鲜茶叶）、纳雍县泓霖农业综合开发有限公司（茶、绿茶）、纳雍县创钰茶业有限责任公司（鲜茶叶）14 家企业、24 个产品申报有机农产品认证，目前通过有关认证机构认证的有 21 个产品，获有机转换认证证书 13 张、有机产品认证证书 5 张。

【招商引资工作】 一是领导重视招商引资工作。按照市农委领导的安排，市农业区划中心承担了 2018 年市农委的招商引资工作任务。单位领导结合区划中心的实际，明确 3 人专门从事招商引资工作，其余人员根据工作的需要，随时配合完成相关的工作任务。二是按照市农委领导的安排，区划中心拟定了《毕节市农业委员会 2018 年招商引资工作安排意见》，并下发各县区农牧局或农办及委属各相关部门执行。三是搞好服务，为企业排忧解难。对已签约项目，积极开展跟踪、调研，及时帮助解决项目实施过程中产生的一些实际问题，如贵州沣稷生物科技有限公司，调研中发现项目实施前期工作中水电未通，通过协调相关部门，该问题已得到圆满解决；对有意向性投资的项目，积极对接，及时加强信息沟通，提供相关政策咨询服务，尽量争取落地。四是加强调度，及时报送相关信息，确保任务按时完成。对涉及目标任务的相关单位进行跟踪调度，掌握相关工作进展情况，确保招商引资工作按时推进。同时按照有关部门要求报送招商引资工作的相关统计报表及资料。五是招商引资工作成效。通过各方的共同努力，有签约项目4个，签约资金14.8亿元，签约项目实际到位资金可达3.99亿元左右。

【按时完成各项中心工作】 一是积极抽派干部职工参加产业结构督查工作。根据市农委领导的安排，市农业区划中心临时抽派三位同志参加农业产业结构调整第八督察组到威宁县开展督查工作，并按时完成了相关工作任务。二是积极抽派干部职工参加脱贫攻坚督查工作。根据市农委领导的安排，市农业区划中心抽派1位同志参加第八督察组到黔西县甘棠镇和仁和乡开展脱贫攻坚督查工作，通过走村串户，实地核查，按时完成了相关督查工作。三是积极抽派干部职工参加贵州省湄潭茶博会、广州博览会和六盘水农产品交易会的联系联络工作。按照市农委领导的安排，为配合市农委组织好贵州省湄潭茶博会、广州博览会和六盘水农产品交易会毕节参展企业的组织协调和联系联络工作，市农业区划中心分别选派了3名具有丰富工作经验的同志参加市农委的组织协调工作并按时完成了各项工作任务。

【继续开展“两学一做”专题教育】 进一步加强“两学一做”学习教育，不断加强党员思想政治建设，促使党员进一步坚定理想信念，提高党性觉悟；进一步增强政治意识、大局意识、核心意识、看齐意识，坚定“道路自信、制度自信、理论自信和文化自信”做到“两个维护”。进一步推进“两学一做”学习教育活动的深入开展，使学习教育常态化制度化。进一步强化宗旨观念、勇于担当行为，在生活、工作、学习和社会生活中起先锋模范作用。

【扶贫帮扶】 一是在新春到来之际，对结对帮扶的10户困难户进行了走访慰问，给每户农户送去慰问金300元，鼓励他们搞好生产生活。二是按照市委组织部的要求，选派一名干部到帮扶点威宁龙场镇颜租块村开展驻村帮扶工作。同时按照组织部门的要求为驻村干部提供后勤保障服务，解决驻村干部的后顾之忧，确保住得下去，安得下心，认真开展帮扶工作。

【认真开展“三个大兴”活动】 按照市农委2018年党建工作要点，紧紧围绕“113”攻坚战发展战略，以开展“三个大兴”活动为载体，积极组织党员、干部职工到威宁县龙场镇颜租块开展走访贫困户和产业扶贫调研活动，为该村开展脱贫攻坚献言献策。同时根据市农委《毕节市农委关于开展“新时代农技干部讲习所”助推脱贫攻坚同步小康的工作方案》要求，利用每月主题党日活动，市农业区划中心党支部积极参加市农委组织的“新时代农技干部讲习所”活动，并选派了一名讲习员进行现场讲习，通过讲习活动，提升了干部职工的综合素质。

【综治、维稳、党建工作】 抓好社会治安综合治理工作、安全维稳和机关党建工作。市农业区划中心高度重视社会治安综合治理、安全维稳和机关党建等工作，多次召开干部职工会议，研究、安排、部署和落实相关工作，采取扎实有效的措施，将单位与有关部门签订的目标责任书层层分解到科室、到职工。做到人人有责任，相互监督，相互促进。确保单位社会治安综合治理、安全维稳和机关党建等工作有序开展，取得实效，按时完成各项工作任务。

（供稿：农业区划中心）

畜牧渔业

【概述】 2018年，毕节市紧紧围绕113扶贫攻坚战略部署、畜牧业供给侧结构改革、贵州绿色农产品“泉涌”行动和生态保护等目标，采取积极有效措施，努力推进畜牧渔业各项工作，使全市畜牧渔业保持了持续、健康发展的良好势头。

【畜牧渔业持续稳定发展】 2018年，全市猪、牛、羊、禽存栏分别达344.96万头、105.87万头、79.24万只、1843.85万羽，同比增长2.34%、7.66%、11.93%、12.97%；出栏分别为400.91万头、32.88万头、58.01万只、2087.14万羽，同比增长9.23%、9.02%、9.84%、6.27%。肉、蛋、水产品总产量分别为45.03万吨、7.69万吨和1.22万吨，同比增长10.83%、161.7%和5%。

【规模养殖比重不断提升】 2018年，全市通过项目支持、招商引资等手段，采取政府引导、部门支持、农民自筹相结合和“以奖代补”“先建后补”等方式，积极整合畜牧、扶贫、发改等涉牧资金，扶持畜牧养殖企业、村社一体合作社、家庭牧场等扩建圈舍、增添设施、扩群补栏，推进标准化规模养殖场和合作社建设。依托恒大集团、正大集团、柳江集团、贵州圣迪乐村生态食品公司、正邦集团、双胞胚集团等引进企业和市内源生牧业、金源牧业、茂源牧业、康泰达牧业等龙头企业，按“生产适度规模化、布局区域化、经营集约化、服务社会化、产销一体化、产品标准化”要求，采取“企业+合作社+贫困农户”等形式，按照圈舍、品种、防控、饲管、销售“五个统一”，集中建设畜禽规模化生产基地，努力促进优势产品向优势产区集中。据统计，全年全市新增规模养殖场235个，累计规模养殖场达2058个，养殖大户2.67万余户，规模养殖比重达28.23%。为促进优势产品向优势产区集中，提升产业化经营能力不断夯实基础。

【生猪产业稳步推进】 全市依托金沙正大、新希望六合、正邦集团、仁达公司、康泰达牧业公司等积极发展生猪产业。新希望六合集团公司在纳雍带动贫困户领养，基础设施由恒大集团进行援建，计划投入资金1亿元以上，新建3000头规模种猪场1个和年饲养生猪4800头的商品猪场15个；已在昆寨乡建成标准化商品猪场1个并投入生产，其他猪场正在有续建设中；正邦集团在织金上坪寨的15万头生猪产业发展基地已投入建设资金5000多万元，建成标准化猪舍2栋共20000多平方米，预计2019年上半年可投产。金沙正大集团投入资金3.8亿余元，全面完成了1个种猪场〔2400头（个）〕和24个商品猪场〔3300头（个）〕建设任务并顺利投产，目前年可出栏商品猪20余万头。仁达公司计划投入资金1.5亿元，一是在兴发乡建集生态放养、科研、体验、办公为一体的优溪谷生态产业园1个，现已完成600头规模的原种猪场基础设施建设，预计2019年一季度可投入生产，其他内容正在陆续建设中；二是在六曲河投入资金0.6亿元，建成存栏种猪700头、饲养生态可乐猪6000头的生态农业示范园1个。纳雍康泰达牧业公司投入资金0.6亿元，在董地乡金山村、玉龙村、新华村和沙乐村新建康泰达糯谷猪产业园1个，计划饲养生态糯谷猪10000头以上，现已投入资金0.1亿余元，在金山和新华两个村建成圈舍5000多平方米，饲养纳雍糯谷猪4000多头，其他两个村预计2019年建成。

【肉牛产业发展势头强劲】 全市依托恒大肉牛产业扶贫项目和中禾恒瑞、贵州润泰牧业公司、中润牧业公司、金沙旺龙牧业、黔西金源牧业等一大批肉牛养殖企业，充分利用和整合资源优势，大力发展乌蒙肉牛产业，力争到2020年，全市牛存栏达145万头以上、出栏达45万头以上，建成肉牛繁育场和育肥场500个，规模养牛达20万头，围绕把“毕节建成全国最大的安格斯牛繁育基地和高档牛肉生产基地”目标，全产业链打造肉牛产业，不断提高养殖效益，助农增收。金沙旺农公司采取农户小型家庭牧场养殖模式，带动当地农民（每户10~30头）大力发展肉牛养殖，现基地存栏牛6500头以上，年育肥出栏250头以上。恒大集团积极推行“企业+贫困农户”全产业链模式和“肉牛育肥、加工与餐饮无缝直销模式”，贵州润泰牧业公司、中禾恒瑞、中润牧业公司采取“以场带户”的贫困户利益联结模式，大力推进肉牛产业发展，现已发展代养企业20家，代养母牛35000头。培育发展了纳雍县神仙坡养牛农民专业合作社、黔西县金源牧业公司等30余家本地养牛企业，通过以贩促养、养贩结合和“公司+牛场+农户”模式，积极发展肉牛产业，年出栏优质肉牛20000多头，不断带动当地农户养牛致富。

【肉羊产业持续向好】 全市依托威宁种羊场、贵州省威宁高原草地试验站、威宁芦虹养殖场、威宁艾家坪生态种养殖专业合作社和毕节市牧垦场、贵州新乌蒙公司、赫章县兴发乡农业综合专业合作社、大方县羊场镇深林生态养殖专业合作社、金沙惠民黑山羊养殖专业合作社等一大批肉羊养殖企业，大力发展优质肉羊产业，先后建成大方凤山、七星关野角和赫章兴发、古达、威奢等一大批肉羊养殖基地，推广优质肉羊23000多只。同时，引进贵州恒丰新时代农业开发有限公司与黔西县政府签订了黔西县永燊万只高效有机肉羊生态循环产业园建设项目，计划投入资金3亿元，建成有机肉羊美食文化广场和集肉羊屠宰加工、培训、研发为一体的产业园。

【家禽产业快速发展】 全市依托柳江集团、四川圣迪乐、茂源牧业和源生牧业等家禽养殖企业，按照全省大力发展优质两鸡两蛋的规划，强力推进家禽产业发展。先后建成纳雍乐治、赫章水塘、金沙禹漠等一大批肉鸡和蛋鸡养殖基地。2018年，全市生态家禽出栏3181.83万羽，禽蛋产量10.61万吨，同比分别增长37.06%和17.13%，实现产值34.15亿元。共发展生态家禽养殖企业（合作社）580个，家庭牧场658个，新建或改扩建种禽场3个、扩繁场3个。发展带动农户22.62万人，其中建档立卡贫困户6.12万人。全市以龙头企业引领、合作社示范带动、家庭牧场和专业大户为支撑的家禽产业经营体系正在逐步形成。

【饲草饲料产业不断向前迈进】 2018年，全市共完成人工种草103.54万亩，其中粮改饲8.52万亩，收贮青贮25.55万吨。建成秸秆加工示范点202个，加工处理秸秆147.58万吨，秸秆饲料化利用率达29%；生产工业饲料1.5万吨，推广优质工业饲料18.64万吨。同时，还积极开展青贮玉米品种筛选试验和草地资源清查与监测等工作，先后在百管委、金海湖以外的8县（区）开展了20个青贮玉米品种筛选试验，筛选出适合不同海拔、不同区域青贮玉米品种26个；全面完成草地自然资源资产负债表编制工作，共清查草地资源样地265个共795个样方15.98万公顷（239.72万亩）。

【品种改良工作成效明显】 2018年，全市累计设牛冻配改良点374个，输配能繁母牛16.08万头（产杂交犊牛5.38万头）；设羊改点282个，杂交改良羊6.49万只；设猪改点1242个，输配发情母猪27.88万头；推广杂交猪365万头（其中三元杂交猪255万头）；推广良种禽670万羽，推广意蜂10060群。恒大引进进口冻精27.63万支，发放32.59万支，全市有289个牛改点、49个恒大援建牛场使用进口冻精，累计输配发情母牛11.77万头，产犊1.18万头。通过品种改良，杂交猪饲养周期比本地猪少60天以上，杂交牛羊个体产肉量分别比本地品种增重50公斤和10公斤以上。

【渔业养殖与安全生产不断迈出新步伐】 一是完成了市级养殖水域滩涂规划编制、论证工作，待市政府审定后发布；二是制定了毕节市生态渔业三年发展实施方案，明确了目标任务，确保渔业提质增效和渔民增收；三是指导七星关区沔鱼河生态养殖专业合作社建成冷水流水池6口共300余平方米的鲟鱼、裂腹鱼等冷水鱼养殖场1个和在毕节市鑫有农业综合开发有限责任公司七星关分公司发展池塘内循环养殖技术；四是裂腹鱼受精率、孵化率等逐年提高，人工繁殖技术越来越成熟完善，全年共繁殖裂腹鱼50余万尾；五是认真制定《渔业安全生产隐患排查方案》《渔业安全生产监督检查清单》《毕节市"渔业安全生产月"和"安全生产毕节行"活动方案》等，对全市渔业安全生产工作进行全面排查与整治；六是强化禁渔、渔业安全生产、水产品质量安全监管等工作督察。全年全市共出动人员158人次，开展渔业安全生产督查53次，深入支嘎阿鲁湖、乌江库区、东风湖等水域检查渔船95艘次，排除一般渔业安全生产隐患24起，整改24起。全年全市未发生渔业船舶等安全生产事故。

【畜牧渔业污染治理工作扎实推进】 2018年，全市计划完成246个畜禽规模养殖场粪污资源化利用设施设备建设提升行动、67个畜禽规模养殖场粪污治理工作及19个畜禽规模养殖场标准化示范创建工作，受理中央环保"回头看"和省委环保督查粪污投诉举报案件共38件（其中"回头看"投诉举报17件）。通过全市上下共同努力，全面完成了246个畜禽规模养殖场粪污资源化利用设施设备提升行动、67个畜禽规模养殖场粪污治理任务和19个省级畜禽规模养殖场标准化示范场创建工作，全面办结21件省环保督查投诉举报案件，中央环保"回头看"投诉举报件17件，已办结4件，其余正按整改方案进行整改。同时，拆除渔业网箱10000多个共25万平方米。全市畜牧渔业养殖污染得到了进一步有效治理。

【动物防疫检疫工作成效显著】 2018年，全市春秋两季重大动物疫病集中免疫共接种畜禽4210.32万头只羽，其中高致病性禽流感2969.85万羽、牲畜口蹄疫695万头只、小反刍兽疫82.6万只。春秋两季重大动物疫病集中免疫密度均达应免数100%，市级层面开展免疫抗体检测3346份次，合格3119份次，平均合格率为93.22%，符合抗体检测合格率须达70%以上标准。采取常规监测、集中监测、专项监测和飞行检测等形式开展动物疫病监测，共检测血清学及病原学样品41895份次，其中，血清学免疫抗体检测21655份次，平均合格率达92.02%。完成9县（区）、187个镇（乡）散养户及672个规模养殖场常规流行病学调查。加强疫情应急处置管理，督促指导七星关、大方、织金、纳雍、赫章、威宁、金海湖等县（区）规范处置疑似口蹄疫、动物布病监测阳性等应急处置，确保疫情不蔓延。同时，在市重大动物疫情应急指挥部的有力领导下，全市10县（区）齐抓共管、全力防控，在成功处置赫章哲庄坝和七星关区青场镇两起非洲猪瘟疫情的基础上，有效防制了非洲猪瘟疫情的漫延和扩散。

【畜牧综合执法工作不断加强】 全市共设动物检疫申报点229个，规模养殖场（小区）和以行政村为单位的散养户产地检疫率均达100%，共检疫猪牛羊78.36万头只，禽513.51万羽，检出并无害化处理畜禽349头羽；全市屠宰场（点）屠宰检疫率达100%，检疫畜54.38万头只，无害化处理病害猪899头。检查养殖场所、屠宰场、牲畜交易市场2722个次，查处违反《中华人民共和国动物防疫法》案件118起，处罚金额3.98万元。开展农资打假宣传活动98次，在追溯体系上传数据24.08万条，办理涉牧违法案件113起。定点屠宰抽检“瘦肉精”16463份（全部阴性）。私屠滥宰专项整治接报12起，查实7起，立案查处3起，罚没金额0.52万元，关闭不合格屠宰场点2个，捣毁私屠滥宰窝点8个，无害化处理病害猪566头。规范处置杨家湾镇猪贩子购进问题猪、何官屯镇尹贵平猪场疑似口蹄疫疫情等问题。

（撰稿：阮世影）

林 业

【概述】 2018年，在市委、市政府的坚强领导下，市林业局坚决执行市委、市政府的战略部署，深入贯彻落实党的十九大精神，以习近平新时代中国特色社会主义思想为指导，紧紧围绕试验区主题，牢固树立“创新、协调、绿色、开放、共享”五大发展理念，坚持“既要金山银山，也要绿水青山”的绿色发展战略，坚守生态和发展“两条底线”，围绕打赢“113攻坚战”总目标，以试验区建立30周年为契机，大力弘扬试验区精神，全面加快生态建设，着力深化林业改革，大力发展林业产业，强化森林资源保护，扎实推进林业现代化，取得了较好成效。全市森林覆盖率预计达到56.13%，森林面积2261万亩，森林蓄积5540万立方米。

【称号荣誉】 金沙、织金、大方、黔西、纳雍、赫章六县获“贵州省森林城市”荣誉称号。“绿色发展·美丽中国”典范城镇与景区高峰论坛授予毕节国家森林公园“中国绿色生态景区”称号。贵州百里杜鹃旅游开发投资公司、毕节禹垚园林绿化有限公司等10家毕节企业获得“省级林业龙头企业”称号。赫章县被中国果品协会、中国果品之乡暨果品产业先进典型评选组委会评定为“中国樱桃之乡”。中国国土经济学会授予大方县“2018百佳深呼吸小城”称号。中国林场协会授予织金县国有桂花林场“全国十佳林场”称号。毕节市华凯农业科技开发有限责任公司和大方县金维宝生物科技有限公司被授予“国家森林生态标志产品建设试点单位”。七星关区拱拢坪国有林场和赫章水塘国有林场获第二批省级森林康养试点基地建设名单。赫章县林管员王春荣获全省生态文明建设先进个人“十大生态护林员”荣誉称号。黔西县红林苗族乡雷响孔村被中国生态文化协会授予“全国生态文化村”称号。七星关区柏山国家森林康养基地入选第四批全国森林康养基地试点建设单位。以生态建设为主题的电影《文朝荣》上映。展现试验区生态建设成效的《绿染黔西北——毕节试验区30年生态建设掠影》《生态建设实践——毕节试验区30年林业发展纪实》出版发行。

【绿色毕节】 实施新一轮退耕还林、石漠化综合治理、植被恢复费造林、封山育林等生态修复工程，广泛开展全民义务植树活动，大力建设绿色家园，森林面积不断扩大。一是持续推进绿色毕节行动。完成造林绿化128.79万亩，占总任务128.79万亩的100%（其中，完成退耕还林82.66万亩，占总任务82.66万亩的100%）。二是石漠化综合治理任务全面完成。完成治理石漠化面积160.22平方公里，占总任务160.22平方公里的100%，治理岩溶面积348平方公里，完成率100%，完成投资9405万元。三是种苗需求得到有效保障。全市育苗面积23744.5亩，产合格苗木23545.3万株，新建成“贵农5号”刺梨良种基地和“玛瑙红”樱桃良种基地各1个。四是全民参与义务植树。2月23日，全市同步启动市、县、乡、村四级义务植树活动，全市共设置

263个植树点，4.3万干部群众参加活动，植树9300亩70余万株。3月12日，与全省同步启动“美丽中国·e绿黔行，互联网+全民义务植树”活动，组织发动个人、企业和社会团体，以网上购苗、植树、抚育、管护等方式参与全民义务植树活动，完成义务植树1120万株，占计划960万株的116.7%，义务植树尽责率达85%以上。五是序时推进创园、创森工作。启动城市遥感调查，黔西县、金沙县城市遥感调查已通过省住房城乡建设厅评审；黔西县通过“省级园林县城”核查验收；着力提升城市建成区绿地率、绿化覆盖率，已建成城市园林绿化项目10个，完成投资9.06亿元，在建园林绿化项目43个，完成投资47.5亿元，投资完成率41%；在建公园项目21个，完成投资29.6亿元，投资完成率42.5%。全市除威宁县外，其余建制县区均被授予“贵州省森林城市”称号，共27个乡镇、73个村寨、438户人家被授予“森林乡镇、森林村寨、森林人家”称号；《贵州省毕节市国家森林城市建设总体规划（2018—2030年》通过国家级评审。

【林业生态】 牢固树立生态优先绿色发展的理念，把生态优势转化为发展优势、经济优势。着力构建以特色经果林、森林旅游、林下经济为“三大支撑”的林业生态产业发展新格局，全市林业产值突破300亿元。一是抓示范基地建设。坚持把造林绿化与扶贫开发、农业产业结构调整紧密结合，着力践行“塘约经验”，创新林业发展模式，印发《毕节市十大林业产业基地实施意见》，重点打造以核桃、刺梨、苹果和其他精品果业为主的“十大林业产业基地”，建设市、县、乡三级林业产业示范基地173个，面积33.7万亩。二是抓特色经果林建设。新造经果林面积69.03万亩，占任务60万亩的115.05%，全市特色经果林面积达517.34万亩，其中连片种植核桃244.11万亩，年产量10.66万吨、产值33.16亿元。三是抓林下经济发展。按照市委改革办印发《毕节市支持新型林业经营主体发展实施方案》，坚持落实产业扶持，财政支持林下经济发展政策。累计发展林下经济300万亩，实现产值50亿元。四是抓森林生态旅游。依托毕节市森林公园、湿地公园，加快基础设施建设，全面加快森林生态旅游与康养基地建设，接待游客1000万人次，森林生态旅游收入101亿元。五是抓刺梨皂角产业。提请市委、市政府印发了《毕节市刺梨产业发展三年行动方案（2018—2020年）》《毕节市发展皂角产业助力脱贫攻坚三年（2018—2020年）行动方案》，强化组织保障，明确时间节点，未来三年，全市将完成刺梨种植100万亩、皂角种植100万亩。

【林业产业】 林业工程是试验区生态建设的重要支撑，项目库建设是林业工程的基础性工作，招商引资是引进社会资本实现项目落地的关键环节。一是建林业项目库。围绕林业产业化发展、基础设施建设和森林生态旅游等，商发改部门，主动谋划和储备项目，重点围绕核桃、樱桃、刺梨、油用牡丹和森林旅游等优势产业和国家储备林项目，谋划林业项目200余个，项目投资估算1500多亿元。二是抓招商引资。出台《毕节市2018年林业产业大招商突破年行动方案》，利用试验区先行先试的政策优势、生态优势和区位优势，吸引客商投资林业发展项目。引进北京强佑集团落地金沙县，拟投资30亿元，建油用牡丹“种植+研发+加工+销售+旅游”综合基地，是年已完成厂房建设、相关设备已到位；贵州毕节乌蒙富民菌业发展有限公司在黔西县投资食用菌项目，拟投资10亿元，已完成厂房建设、部分设备已到位；北京农优谷营销有限公司在赫章县投资生态循环产业园，拟投资0.6亿元，已完成前期基础设施建设工作。正在与广药集团洽谈，力争达成合作协议，引进广药集团把毕节市刺梨打造成全国知名品牌。三是抓林业投融资平台建设。向市政府上报了《毕节市林投公司组建必要性分析报告》《毕节市林投公司组建方案（送审稿）》；所有县区均完成了林投公司或子公司组建工作，并在项目谋划、融资包装、森林资源资产变现等方面开展实质性工作。四是启动国家储备林项目建设。拟建国家储备林生产基地434.26万亩，投资341.59亿元（其中，向国开行、农发行贷款273.27亿元，自筹68.32亿元）。目前，项目建设方案已通过省级评审，并按评审意见修改完善，可行性研究报告和PPP项目"一方案两评估"按市政府常务会议要求正在推进中。五是完成《中德财政合作项目期终报告》，中德财政合作森林可持续经营项目顺利通过国际专家验收。

【资源保护】 一是开展森林保护"六个严禁"专项行动。截至2018年12月底，全市2018年案件线索核实率100%，刑事案件移送率100%，行政案件查结率98.77%。二是推进中央环保督察涉林问题整改。全市中央环保督察涉林整改事项130项（起），其中：中央反馈共性问题2项，报送完成整改1项；中央反馈个性问题5项，全部报送整改完成；中央交办信访件41起，全部报送整改完成；省委督察组反馈问题5项，全部报送整改完成；省督察组交办信访件10起，全部报送整改完成；中央环保督察"回头看"交办涉林信访件67起，已报涉林办结44起。三是加强森林火灾防控。严格执行《毕节市森林防火层级管理责任追究办法》，加强宣传培训、严格火源管控、强化预警防范、畅通信息渠道、强化值班备勤，确保全市森林资源安全。全市发生森林火灾6起，过火面积9.73公顷，受害森林面积2.74公顷，森林火灾受害率0.0026‰，远远低于省规定0.8‰的控制指标。四是强化林政资源管理。审核审批使用林地项目157起，占用林地面积930.42公顷，收缴植被恢复费1.4亿元；办理林木采伐许可证519份，采伐面积4026.45公顷，采伐蓄积42351.33立方米，占毕节市年森林采伐限额的6.98%；办理木材运输证1016份，运输木材10448.86立方米；办理林木采伐许可证519份，采伐面积4026.45公顷，采伐蓄积42351.33立方米，占毕节市年森林采伐限额的6.98%；办理木材运输证1016份，运输木材10448.86立方米。五是落实资源管护。聘用护林员12115名，其中聘用建档立卡贫困人口生态护林员10906名，全面完成上级下达任务，森林管护实现100%覆盖；兑现国家级公益林补偿资金8150.58万元，兑现率93.47%，兑现地方公益林补偿资金3069.91万元，兑现率89.13%。六是抓实有害生物防治。发生林业有害生物98.37万亩，无公害防治面积91.82万亩，无公害防治率93.34%；开展跨省联合检疫执法1次、跨市联合检疫执法4次；成灾率、无公害防治率、测报准确率均优于或好于省级控制指标。

【林权改革】 深入推进"国家集体林业综合改革试验示范区"建设，深化林权制度改革，完善森林保险制度，做到产权明晰、管护到位，进一步激发群众参与生态建设的积极性，使林农获得更多的政策红利。全市新增林权抵押贷款300万元，流转林地面积2.44万亩，森林保险投保面积1260万亩；累计成立新兴林业经营主体859个，其中，农民林业专业合作社594个，专业大户108个，林业企业135个，家庭林场22个，加入合作社的农户4万户，合作社经营林地面积42万亩。以七星关区清水铺镇、野角乡为试点，探索林业资源变资产、资金变股金、农民变股东"三变"改革。国有林场改革工作顺利通过省级验收。

【科技推广】 组织实施推广《毕林核1号、2号繁育及丰产栽培技术推广示范》《观赏月季高效栽培技术推广与示范》《独角莲（七叶一枝花）育苗及防野生环境栽培技术与研究》等国家、省、市课题16项。组织申报中央、省级科研项目《红心猕猴桃生态栽培技术推广示范》《毕节市野生乡土绿化观赏树种资源调查及培育驯化研究》《贵州省纳雍县大坪箐野生食用菌驯化培育研究》等24项。完成核桃高枝嫁接17.049万亩。获第一批省级林业科技示范县2个、林业科技示范园6个、林业科技示范点6个；获省级林业科技“百千万人才”首席专家1人、“百千万人才”优秀青年科技人才1人。持续开展市、县、乡三级特色经果林经营管理技术培训，完成培训5万人次，巩固实现每县（区）有特色经果林管理技术骨干100人以上，每乡（镇、街道）有技术骨干5人以上，每村有技术辅导员2人以上。

【机关建设】 坚持以党建引领林业生态建设，深入学习贯彻党的十九大精神、习近平新时代中国特色社会主义思想和省委、市委重要会议精神。强化党建责任落实，召开党建工作会议，层层签订责任书，全面强化落实“一岗双责”“两个责任”“四个一”机制，对照“责任清单”，认真履职。深入实施“三个大兴之风”活动，深入基层调研94人次，发现并解决问题21个，形成调研报告9篇；健全完善《毕节市林业局考勤管理规定》《毕节市林业局借款管理办法》和《毕节市林业局机关食堂管理办法》等规章制度，用制度全面规范机关管理；精文简会同比下降20.7%、37.5%，三公经费同比下降34.4%；开展脱贫攻坚结对帮扶，89名干部职工结对帮扶139户贫困户。坚持抓林业服务“三农”工作，1人到大方县恒大集团挂职，4人到重点贫困乡镇挂职，12人入驻极贫乡镇贫困村工作。弘扬新时代林业正能量、好声音，广泛向社会传递尊重自然、爱护环境的生态文明理念和行业先进典型，中央、省、市主流媒体和政府信息宣传机构采用林业信息1131条次。

（撰稿：林全志　李　正）

水利建设

【概述】 2018年，毕节市水务工作以党的十九大、十九届二中、三中全会精神和习近平新时代中国特色社会主义思想为指导，按照中央、省委、省政府和市委、市政府决战贫困、同步小康的总体部署，围绕市委、市政府打赢攻坚战、建设示范区的工作目标，聚焦打好“基础设施建设硬仗”中的水利建设任务，以党的政治建设为统领，强化工作措施，狠抓工作落实，有序推进水利各项工作任务的顺利开展。全年共完成固定资产投资65亿元，与上年同期相比增长了3.17%，全面完成2018年度各项工作目标，助推水利事业全面发展。

【夹岩水利枢纽】 全力配合贵州省水投公司加快夹岩水利枢纽工程建设。大坝枢纽工程、毕大供水工程、总干渠工程、北干渠工程建设顺利推进，年度完成投资33.49亿元，累计完成投资116.28亿元，占工程总投资的62.36%。

【骨干水源工程】 2018年新开工建设纳雍得勒科、赫章平顶等10座中小型水库；建成织金白泥坡、铁厂坝、赫章海雀等7座中小型水库，新增总库容3985万立方米，新增年供水量2751万立方米；累计完成投资11.63亿元。是年全市在建水库工程共33座。

【民生水利项目】 基本完工247个涉及31.3万人建档立卡贫困人口的中央投资农村饮水安全巩固提升工程项目。全面开工建设741个解决农村106.74万人的农村饮水安全攻坚决战行动项目。发展农村耕地灌溉面积12.84万亩，占年度计划的100.15%。完成毕节武家寨、赫章白水2座电站增效扩容改造和威宁关口农村水电装机0.94

万千瓦扶贫工程。

【水生态文明建设】 一是水土保持。共完成总投资6100万元，治理水土流失面积90.8平方公里，占年度治理目标的100.89%。二是严格水资源保护。完成2018年最严格水资源管理制度控制目标，建成七星关区省级节水城市及节水型社会。三是全面推进“河长制”工作。完成市级21条河流“一河一策”方案编制工作，草海省级湖泊划界工作；开展省、市、县、乡、村五级河长巡河活动，长江经济带固体废物点位排查，河湖“清四乱”等工作。四是城乡供排水项目。完成县城以上污水处理厂提标升级改造；新开工236个（城镇污水处理项目74个）污水处理项目，建成污水处理厂180个（城镇污水处理项目21个）污水处理项目，全市新增污水处理能力4.94万吨/日。

【其他水利项目建设】 一是中小河流治理项目。启动实施11个中小河流治理项目（威宁自治县2个、大方县3个、赫章县1个、纳雍县2个、百里杜鹃管理区1个、七星关区1个、金海湖新区1个），完成项目总投资80%的目标任务。二是病险水库除险加固工程。完成赫章尖山、大坝塘等5座病险水库除险加固。三是防汛抗旱。建成防汛抗旱指挥系统改造示范项目并投入使用；开展超标准洪水防洪抢险应急演练，加强夹岩水利枢工程安全度汛工作；完成山洪灾害非工程措施59个雨水情站点升级改造建设和13处抗旱应急水源工程验收。

【水利行政管理】 一是水行政管理体制改革。完善规范7项行政许可事项办事指南进驻市政务中心窗口，清理规范权责清单及运行流程99项，累计受理行政审批101件，其中网上办件42件；水务窗口两个季度被评为文明窗口，工作人员连续四个季度被评为文明标兵。二是依法治水管水能力不断增强。强化执法巡查检查，共巡查河道80余公里，巡查监管对象50余个，查处各类水事违法案件51件，全市征收水资源费617.23万元；实行最严格水土保持监管制度，对重点案件进行督察督办，全市征收水土保持补偿费2264.14万元。三是水利工程质量和安全生产监管水平不断提升。抓好在建水利工程全过程、全方位的质量监督，紧盯重点领域和重点项目、薄弱环节及隐患排查整改，开展现场监督检查100余人次，检查项目41个次，全年未发生质量和安全事故。

（撰稿：鲍超、鲁丽霞）

水库和生态移民

【概述】 2018年，在市委、市政府的领导下，在省移民局的指导下，深入贯彻落实省委主基调主战略和三大战略行动，切实坚持“113攻坚战”要求，认真践行“五步工作法”，统筹谋划，精心部署，团结协作，真抓实干，全力推进“两个移民”各项工作，切实打好防范化解重大风险和精准脱贫攻坚战，着力加强和改善民生，全面完成了年度易地扶贫搬迁工作和水库移民安置各项目标任务。

【围绕“六个坚持”，强力推进易地扶贫搬迁工程】 “十三五”期间全市共计实施易地扶贫搬迁71142户324806人（建档立卡贫困人口56689户261185人）。其中，省下达62146户284806人（建档立卡贫困人口52579户242172人），分2016年、2017年、2018年三个年度组织实施；恒大集团于2018年新增帮扶援建、代建威宁自治县、七星关区8996户40000人（其中：初步统计建档立卡贫困人口4110户19013人）。截至2018年12月底，2016年易地扶贫搬迁项目79个安置点12903户59576人（其中建档立卡贫困户

11590户53474人）已全部搬迁入住，落实搬迁户有劳动力家庭1户1人以上稳定就业；除无法拆除的连体房、自然保护村落不拆除旧房及无房户455户外，应拆除旧房12500户，已拆除12500户，旧房拆除率100%。2017年易地扶贫搬迁项目47个安置点29501户134629人（其中建档立卡贫困户27962户127505人），已于2018年10月底前全部搬迁入住、搬迁入住率100%，并落实搬迁户有劳动力家庭1户1人以上稳定就业。2018年易地扶贫搬迁项目12个安置点19739户90601人（其中建档立卡贫困户13024户61193人），计划建安置住房21125套，已完成住房主体建设21125套，完成率100%。2018年新增易地扶贫搬迁项目3个安置点8996户40000人（七星关区17000人、金海湖新区3000人、威宁县20000人），项目前期工程手续基本完成，已全部启动建设。

【拟建水库移民前期工作取得实效】 按照水利水电工程建设征地移民安置相关规程规范，认真配合业主单位、设计部门开展了拟建水库实物指标调查、移民安置规划大纲和移民安置规划报告编制工作，把拟建水库移民前期工作做深、做实、做细，着力夯实移民搬迁安置阶段的工作基础。一是完成大方县纸厂、织金县拉路河、威宁县清河3座中小型水库实物调查细则审查核准工作；二是完成百里杜鹃竹家寨、纳雍县得勒科、大方县龙井沟、七星关区狗跳岩、赫章县平顶、纳雍县马场、七星关区林口、赫章县和平8座小型水库移民安置规划审查核准工作；三是完成纳雍县金珠、环城和坪山3座中型水库移民安置规划报告初步审查（金珠水库转报省移民局审查、其余两座正在修改完善）；四是指导各有关县区完成中小型水库实物调查分解工作。

【夹岩水利枢纽工程移民工作阶段性任务全面完成】 全年共完成征地3981.03亩，拆除房屋140229.95平方米；签订移民搬迁安置协议926户4733人（累计签订4647户22473人，占任务数的97.67%）；搬迁移民2041户9349人，占任务数9271人的100.84%（累计搬迁安置移民3188户14898人，占任务数的64.75%）；金海湖新区双山安置点第一期步梯建设任务已完成，已有4503人搬迁入住，第二期64栋步梯房正在进行地基处理32栋、已开工建设32栋，配套商业设施（商铺及摊位）已启动建设，电梯房正在进行基础施工；七星关区阴底乡金家老包、田坝、马场和纳雍县维新镇总溪大道、姑开乡集镇、姑开乡高山田村、羊场乡集镇等七个安置点已划分宅基地426户1911人，已启动建房335户1501人，已搬迁入住124户556人。完成移民投资47868.24万元。

【中小型水库建设征地及移民工作全面推进】 与市水投公司签订大方箐口水库、黔西凹水河水库建设征地移民安置协议，启动征地移民工作；加强在建的七星关区龙官桥、大方县野螺沟、织金县白泥坡等30座中小型水库移民搬迁安置任务的督促和指导；完成中小型水库移民搬迁安置1880人，完成移民投资2.79亿元，满足了工程建设需要。

【已建大型水库移民工作统筹开展】 一是黔中水利枢纽工程移民遗留问题处理工作有序推进。及时启动黔中水利枢纽工程调概资金兑现工作，协调处理跨市外迁安置移民急需解决的未划分宅基地、户籍迁移、子女入学等问题。二是洪家渡水电站移民建设征地补偿投资概算清理工作基本完成。聘请中介审计机构四川科达信会计师事务所对洪家渡水电站移民建设征地补偿投资进行全面清理，目前大方、黔西、织金、纳雍四县资金清理工作基本完成，正在编制清理报告。三是索风营水电站移民项目和资金清理报告编制和评审工作有序开展。四是毕节市倒天河水库移民安置市级初验工作顺利完成。

【水库移民后期扶持工作有序实施】 共兑现2018年第一季度至第四季度直补到人资金5193.4064万元，兑现率100%；第一批避险解困计划任务499户1995人已全部完成；第二批避险解困计划任务2467户9568人，已完成2411户9375人（因客观原因剩余的56户193人将督促织金县于2019年第一季度完成）；计划实施年度项目132个1.09亿元，已完工项目86个0.65亿元，在建项目46个0.44亿元；应完成素质提升工程计划任务1500人，实际完成1621人，完成率108.07%；夹岩水利枢纽后期扶持人口调查工作基本完成。

【移民信访维稳总体稳定】 共接访移民35批次55人次；接待移民来信来访105件（其中省移民局转办信访积案13件，市信访局转办信访积案29件，转办移民信访案件到各县区28件）。所有来信来访均严格按照国家《信访条例》的要求，在规定时限内向转办单位回复报告或对信访人进行了书面答复，全年无10人以上移民进京重大移民群体性事件发生。

【移民资金管理规范】 始终强化对移民项目资金管理，通过财务内审自查的方式，切实开展了全市易地扶贫搬迁资金使用跟踪检查、洪家渡水库移民投资概算清理、夹岩水利枢纽工程移民资金兑现、全市水库移民资金往来款项清理、新开工建设中型水库移民资金管理、黔中水库移民投资清理等重点工作，同步抓好移民资金财务报表编报、会计基础核算、财务档案健全、固定资产管理等常规工作，并主动接受纪检、审计、财政等部门的巡察、审计、监督，全市易地扶贫搬迁和水库移民安置资金管理使用规范、安全，没有截留、挪用、挤占、贪污移民资金的现象发生。

【党的建设和廉政建设工作规范有效】 一是深入开展“三个大兴”活动。党组高度重视，及时召开专题会议，结合实际成立领导小组，制定工作方案，确保“三个大兴”活动顺利开展、落到实处、取得实效。二是全力实施精准扶贫工作。局党组高度重视，积极加强与同步小康帮扶联系村——七星关区放珠镇永安村的联系、沟通，选派一名熟悉七星关区工作情况、具有基层工作经历的副科级干部驻村，严格按要求发放生活补助、报销交通费、购买人身意外保险，先后两次共拨付驻村帮扶工作经费和“法治毕节”创建工作经费7万元，局领导多次带队到永安村调研并走访结对帮扶对象，积极为帮扶对象发展经济出主意、想办法，力所能及帮助帮扶对象解决困难和问题，帮助完成易地扶贫搬迁9户50人，投入项目发展资金40.7万元实施灌溉管网铺设，协调爱心企业向永安村在校学生捐赠羽绒服216件，折合资金6万余元。同时，积极开展在职党员报到服务工作，局领导班子成员多次带队到联系帮扶的兰苑社区进行调研，帮助解决“创文”活动经费2万元；按要求组织在职党员进社区开展志愿服务工作；组织12名科级以上干部与社区12户贫困对象结成帮扶对子并开展走访工作；于“六一”期间发动结对帮扶干部人均捐款200元购物对帮扶对象进行慰问，并于5月30日组织到社区与结对帮扶儿童共同庆祝儿童节，于重阳节组织参加社区敬老活动。三是扎实推进党风廉政建设。认真落实“两个责任”，成立“党风廉政建设暨‘两个责任’落实工作领导小组”，制定下发《2018年党风廉政建设暨“两个责任”落实工作实施意见》，签订《党风廉政建设及反腐败工作责任书》，主要领导带头履行党风廉政建设“两个责任”纪实管理制度，多次主持召开会议研究部署党风廉政建设和反腐败相关工作，认真签批党风廉政建设相关文件，在节假日前亲自编发微信提醒告诫干部职工认真遵守中央“八项规定”、省市“十项规定”。切实抓好干部廉政教育和廉政文化建设，制定下发《干部反腐倡廉教育培训计划》，以廉政党课、中心组、党小组专题学习等方式为抓手，扎实推进干部廉政教育工作。不断强化权力运行监督，严格执行“三重一大”决策制度，认真做好“三公经费”公开及报送工作，有效利用互联网、短信平台、微信平台等媒介，进一步深化政务、党务公开工作。已在毕节市水库移民局门户网站发布政务信息167条，在微信平台发布动态信息24条。不断加强民生领域监督管理，多次对易地扶贫搬迁工程项目进行督查，按规定程序委托有资质的会计师事务所对洪家渡水库移民资金进行了清理，组织对水库移民资金往来款项进行了检查。扎实开展“五讲·走前列”作风整治行动，认真贯彻落实中央、省委、市委关于加强作风建设的规定和要求，扎实开展“五讲·走前列”作风整治行动，切实增强“四个意识”，努力实现“文件零积压、受理零推诿、服务零距离、工作零差错”的目标。四是规范建设党的基层组织。深入推进“两学一做”学习教育常态化制度化，切实开展“三会一课”和主题党日活动，党组定期听取党组织工作汇报，全年共召开党员大会5次、支部委员会议12次、党小组会议12次，上主题党课4次，开展主题党日活动12次，党组听取党组织工作汇报2次，党组理论学习中心组集中学习15次、专题研讨4次。

（撰稿：焦　军）

水文水资源

【概述】　2018年以来，市水文局在中共毕节市委、市人民政府的关心支持下，在省水利厅、省水文水资源局的坚强领导下，紧紧围绕服务支撑经济社会发展和水文巡测改革工作中心，认真学习贯彻习近平总书记对毕节试验区的重要指示精神，以习近平新时代中国特色社会主义思想为指引，强化思想认识提升，不断推进水文巡测工作，抢抓水文发展新机遇，稳步提升水文的社会服务能力，努力为示范区经济社会发展和建设提供了水文基础支撑。

【基础设施建设】　2018年，扎实推进水文基础设施建设，严格工程管理，全面完成年度建设目标任务。一是完成赤水河流域、乌江流域生态补偿断面水量监测项目、大江大河（一期）建设工程验收。二是完成开展纳雍水文站建设并投入运行。三是完成国家水资源监控能力建设项目水位流量关系曲线率定工作。四是完成夹岩水利枢纽及黔西北供水工程七星关水文站复建项目总溪河水文站建设。五是积极配合省水文局开展贵州省国家地下水监测项目建设，完成《国家地下水控制点水准测量成果》编制。

【测洪报汛】　2018年度，不断提升水文测报能力，加强组织领导，层层落实工作责任制，全力做好测报预报工作。认真组织开展中长期趋势分析预测、旱墒情监测及旱情趋势预测预报工作。及时根据雨情组织开展会商，及时服务试验区民生水利发展。汛期做到24小时值班值守，严密监视雨水情，全年发布基本站点洪水预报24站次、中小河流洪水预报21站次，报送水情信息330余万条，编写《水情简报》15期、《水情快报》13期、《旱情简报》5期，为防汛决策提供了及时准确的信息服务。2018年，毕节市野马川发生暴雨洪水，认真组织开展暴雨洪水分析计算，组织编写分析报告，为洪水暴雨分析提供技术支撑。

【水文巡测管理】　一是全面完成辖区内11个基本水文（位）站、68个基本降水量站、3个生态补偿水量监测断面及6个市州界考核断面的水文测验工作站点水文测验工作，根据安排完成水文比测工作任务。开展水准测量70次，水尺测量

99 次，断面测量 96 次，施测水文流量 991 次，基本站测流水位变幅占年水位变幅的 80% 以上。二是依托七星关、黔西等 4 各水文中心站及时开展水文巡测维护工作，确保仪器设备正常运行。全年巡测维护里程 13 余万公里，水文巡测维护 1000 余次。三是完成 2017 年度基本站、中小河流站、生态站等水文资料整编及成果审查，并参加复审汇编工作，按相关规范完成 2018 年各站点“四随”测验工作。四是完成国控能力建设（二期）4 站水位流量关系曲线定线。五是完成中小河流水位流量关系曲线定线审查工作，中小河流水文站定线率达 100%，超出省局要求的 20 余个百分点。

【水资源管理】 抢抓国家加强对水资源管理、水环境保护和水生态建设重大机遇，积极开展服务水资源管理考核等相关工作，进一步发挥水文在水资源管理工作中的基础支撑。一是不断凸显水文在最严格水资源管理制度实施中的基础地位，对毕节市水资源状况进行调查分析和评价，为实施水资源统一管理提供基础依据，积极配合完成最严格的水资源管理制度考核工作。参与并完成省人民政府对毕节市 2017 年最严格的水资源管理考核及市政府对各县区的考核。二是加大水环境监测力度。全年共完成毕节市长江、珠江流域重点水功能区、省界监测断面 16 个站，县级以上城市重要供水水源地 15 个监测点的监测任务，积极开展毕节市水功能区标志牌（碑）巡查等工作，充分发挥水文在水环境保护中的基础作用。水功能区、省界水体、市（州）界和集中式供水水源地等共计 57 个点的水质监测工作，完成各县供水水源地、水功能区水质达标综合评价，以及环保督查污染源调查相关工作，参与纳雍县乌江六盘水过渡区水功能区水污染调查等工作，完成毕节市伍佐河流域水资源、水环境、水污染、水利工程及经济指标等调查研究，为实施“河长制”管理提供基础支撑。三是着力提升水生态监测管理能力，积极践行大水文发展观，建设完成威宁草海水质在线监测系统，完善水生态监测管理平台相关工作，组织完成威宁草海高原湿地水生态监测站点资料收集整理，为毕节市水生态监测工作探索新路子。

【水土保持监测】 一是按照要求完成赤水河水土保持监测卡口站 2018 年度水土保持监测和资料收集整理，完成年度监测任务。二是根据长江科学院三峡库区水土流失监测需要，组织开展赤水河坡面径流观测小区 2018 年度水土流失观测，按时提交年度监测资料成果。三是完成黔西雨明水土保持监测日常监测工作，抓好黔西中心站水土保持监测资料收集。四是完成阳长、七星关、赤水河、洪家渡、石板塘等 5 个水文站泥沙项目监测工作，在石板塘水文站开展泥沙自动监测新探索。

【安全生产】 一是切实加强领导，认真贯彻落实上级各项安全生产精神，成立安全生产工作领导小组，主要领导任组长指导安全工作，定期研究相关工作，确保安全生产工作与水文业务工作同部署、同开展、同推进。二是层层分解落实签订《安全生产责任书》，将安全责任纳入绩效目标考核，全面落实安全生产主体责任和监管职责。三是加强安全生产宣传教育。以“强化安全基础、推动安全发展”为主题，坚持“三贴近”，通过组织职工观看水利安全生产警示片、对职工进行消防培训及安全生产应急演练等方式，对全局干部职工进行了安全生产宣传教育，增强职工自防自救能力以及发生安全事故的处置力。四是加强安全生产隐患排查。各部门每月进行安全生产排查，每年开展年度安全生产大检查，对存在的安全隐患及时发现及时处置，投入资金 4.8 万元，对相关安全隐患及时进行整改。在加强对各水文中心站、局机关各项安全生产排查的基础上，着力抓好可能受自然灾害影响区域的排查，消除存在的安全隐患，确保全年不出现任何安全责任事故。五是加强办公环境安全防护，抓好办公楼监控、消防等设施管理维护，加强局机关及中心站值班值守，强化剧毒药品及单位用水用电等管理，认真抓好风险隐患防控和网络安全防护等，确保全年无安全生产责任事故发生。

【党的建设】 一是坚定不移抓好党的组织建设。注重发挥好党工委的核心领导作用，深入推进“两学一做”学习教育，坚持每月一次党员学习交流，认真组织开展好支部组织生活会和民主评议党员等活动，认真抓好党工委中心组集中学习，认真组织开好民主生活会，着力抓好“三重一大”制度决策落实，认真落实好“三会一课”制度执行落实，加强对离退休党支部党的组织建设，切实推进党支部标准化建设相关工作。二是抓好组织学习。认真开展“不忘初心、牢记使命”主题教育活动，认真开展省委十二届三次全会宣讲和“打赢攻坚战、建设示范区、毕节怎么干”专题大讨论，认真学习贯彻习近平总书记系列重要指示，以及中央、省委和市委相关会议精神等。认真抓好党员干部教育培训和素质能力提升，切实抓好新修订《中国共产党纪律处分条例》学习贯彻。以“六个一”为主题开展了建党97周年系列活动，组织在职党员重温入党誓词，观看红色电影，走访慰问扶贫联系点困难群众，组织离退休支部赴苟坝会议会址开展了爱国主义教育活动，有效提升党组织的凝聚力和战斗力。三是严肃执行党的纪律。认真贯彻执行《党风廉政建设主体责任和监督责任清单》，不断压紧压实两个责任。着力抓好警示教育工作，组织观看警示教育片，召开党风廉政建设警示教育会议，在开展预防提醒谈话的同时，针对存在的问题及时开展专项提醒约谈，及时对新提拔干部、新进人员等进行岗前廉政谈话，推进干部约谈制度化常态化。严格执行中央“八项规定”和省市十项规定，深入开展干部不担当不作为突出问题专项整治。深入开展“四风”问题专项整治，认真执行权力清单运行备案制度，认真开展茅台酒问题专项清查等，认真抓好宗教领域相关学习教育和清理排查。严格水文建设项目监督管理，坚持集体研究决策，解决落实工程建设各种问题，严格按照程序开展项目相关招投标，严格工程建设管理，确保工程质量符合要求、资金支付使用安全。大力推进党务政务公开，严格按照要求每季度对“三公”经费进行公开，自觉接受干部职工监督。四是认真抓好意识形态工作落实。认真落实党管意识形态工作原则，充分发挥意识形态工作的引领作用，强化思想导向和宣传引导，积极弘扬社会主义核心价值观，印发《意识形态工作责任制实施办法》，继续加强对意识形态工作的考核管理，牢牢把握正确的政治方向，坚决维护党中央权威和集中统一领导，确保干部职工在思想上、政治上、行动上同以习近平总书记为核心的党中央保持高度一致，全面提升意识形态工作能力和水平。

【脱贫攻坚帮扶】 继续抓好金海湖新区响水乡新基村脱贫攻坚帮扶相关工作，根据需要及时对驻村第一书记进行了调整，拟定方案组织开展了领导干部大走访暨扶贫慰问调研、与贫困群众共度扶贫日等活动，组织班子成员多次到帮扶村开展帮扶指导和调研，从办公经费中挤出经费9.35万元，帮助新基村落实了村委会新建办公楼挡土墙堡坎砌筑、文化广场硬化美化综合整治等工作。同时，联系响水乡开展“法治毕节”创建帮扶，深入调查、研究，配合响水乡人民政府，开展了法治教育、宣传等工作。

（撰稿人：张　畅）

水土保持

【概述】 2018年，全市水土保持工作紧密围绕

“生态文明建设”“113 攻坚战”的目标，坚持生态保护和恢复重建协调发展，全面完成年度各项水土保持工作任务。

【生态建设】 2018 年，省水利厅下达毕节市治理水土流失面积91.84 平方公里，总投资6400 万元，累计到位资金 6400 万元。其中，坡耕地水土流失综合治理工程治理任务 3.84 平方公里，涉及织金、威宁两县，总投资 2000 万元，资金全部到位；国家水土保持重点工程治理任务 88 平方公里，涉及七星关、大方、金沙、威宁、赫章等县区，总投资 4400 万元，资金全部到位。2018 年共完成治理水土流失面积 90.8 平方公里，占计划的 98.87%；完成总投资 6100 万元，占计划的 95.31%，超额完成本年度目标责任考核任务。2018 年，按照《省水利厅、省发改委关于进一步加强 2011—2015 年中央预算内投资水土流失重点治理工程验收工作的通知》（黔水保〔2016〕34 号）和 2018 年全省水土保持工作会议提出的“2018 年完成应当验收项目的一半以上、2019 年完成 90% 以上，三年内全部完成所有项目验收”的要求，毕节市制定 2013 年至 2017 年间实施的 40 条小流域重点治理工程竣工验收计划，组织各县区减增量去库存，分类施策，制定计划，倒排工期，重点突出治理小流域竣工验收工作，加快项目竣工验收进度。全年完成竣工验收 12 条；已验收未出具验收意见 3 条；达到验收条件提交验收申请 14 条；未开展竣工验收 11 条，其中七星关区、大方县、黔西县、纳雍县各 2 条，金沙县、威宁自治县、赫章县各 1 条。11 月下旬，省水利厅组织召开 2019 年国家水土保持重点工程竞争立项会，经过紧张角逐，毕节市七星关区、大方县、金沙县、威宁自治县、赫章县取得 2019 年国家水土保持重点工程实施资格，争取治理水土流失计划 88.32 平方公里，总投资 4416 万元。组织黔西、织金、纳雍、威宁等县编制完成 2019 年坡耕地水土流失综合治理工程实施方案，为参加省级竞争立项做好项目储备。

【监督执法】 认真落实省水利厅挂牌督办毕节市 2017 年度 5 个生产建设项目违反水土保持“三同时”制度整改工作，向涉及项目业主送达挂牌督办通知，并联合相关部门跟踪督办，取得较为明显的进展。对生态环境部挂牌督办的赫章县平山乡中寨村“夹岩水利枢纽工程”非法弃渣进行督查督办，督促项目建设单位按整改要求实行倒排工期、每天一报制度，向相关部门报送整改进度，确保按规定整改时限整改落实到位。同时，按照水土保持法相关规定，由赫章县水务局对中国水利第八工程局有限公司处以 79.9248 万元罚款的行政处罚，并责令将非法弃渣转运至合法渣场进行堆放和处理，7 月底整改落实到位。此次行政处罚是毕节市有史以来处罚金额最大的水土保持违法案件。2018 年，全市共审批 371 个水保方案（市级 43 个），验收 45 个水土保持设施（市级 11 个），检查 1086 个生产建设项目（市级 61 个），征收 173 个项目水土保持补偿费共计 2137.9 万元（市级 26 个，837.54 万元），全面完成监督检查任务。完成毕节市市级生产建设项目水土保持方案审批专家增补推荐工作，增补了 12 名水工等专业的专家。基本完成对毕节市管辖范围内 1629 个疑似图斑进行合规性复核，其中七星关区 264 个、大方县 141 个、黔西县 162 个、金沙县 246 个、织金县 169 个、纳雍县 121 个、威宁自治县 191 个、赫章县 191 个、百里杜鹃管理区 56 个、金海湖新区 88 个，对复核中发现存在问题的生产建设项目，督促其依法依规按照相关程序完善水土保持相关手续。

【水土保持监测】 2018 年，毕节丁家寨水土保持监测站建设实施取得突破。及时处理施工过程中基础换填、场地内沥青硬化、观测用房简易装修、土石方外运等方案变更问题；协调七星关区用2018年国家水土保持重点工程资金配套监测站200米排洪沟治理及围墙外绿化等工作；争取省级资金投入，实施径流小区的自动化监测。年底前，工程已完工，进入竣工验收等相关工作。8月15日，省水土保持监测站领导检查站点建设进展时，评价为“新时代水土保持监测站点建设的典型”。理顺黔西县雨明水土保持监测站管理运行机制，制定出台《毕节市水土保持监测点月考核评分办法》。

【《毕节市水土保持规划》编制工作】 11月6日，毕节市人民政府正式批复《毕节市水土保持规划》（2016—2030年），标志着毕节第一个全市性水土保持综合规划正式实施，批复要求各级各有关部门按照《规划》确定的目标任务，加强组织领导，落实责任分工，完善政策措施，加大工作力度，切实推进本区域的水土保持工作；抓紧建立《规划》实施监督检查和评估制度，实施最严格水土保持监督管理制度，严肃查处“未批先建”“未验先投”的水土保持违法行为；积极开展水土保持动态监测，定期发布水土保持公告，为建设毕节生态文明示范区提供坚实的基础保障。

【信息化工作】 2018年，基本完成2011—2017年各类国家水土保持重点工程相关历史数据录入，为开展重点工程图斑精细化管理创造条件。开展对本年度重点工程投资计划下达、实施方案等数据录入及审核工作。按照省水利厅的统一安排，毕节市10县区全部纳入2017年生产建设项目水土保持“天地一体化”监管县，全市信息系统基础数据2011—2018年录入工作已基本完成。信息化建设启动实施，将逐步实现毕节市生产建设项目的水土保持动态监管。

（供稿：毕节市水土保持办公室）

气　象

【概述】 2018年，毕节市气象局牢固树立“防灾减灾　气象先行”服务理念，认真贯彻落实中共十九大精神、省委十二届三次全会精神和市委二届三次全会精神，紧紧围绕习近平总书记对毕节试验区的批示指示精神，按照“大党建”统领“大安全”“大发展”思路，紧紧围绕“大扶贫、大数据、大旅游、大健康”四大战略行动，为毕节试验区经济社会发展提供气象保障服务。

【气候概况】 2018年度，毕节市年平均气温为14.0℃，比多年同期平均值偏高0.6℃，年平均降水量为1108.1毫米，比历史同期偏多8.4%；年平均日照时数为1206.2小时，比历史同期偏少3.3%。

【主要气象灾害】 2018年，毕节市各地先后遭受了低温雨雪凝冻、暴雨洪涝、冰雹、雷电、倒春寒和春旱等气象灾害，其中冰雹、低温雨雪凝冻天气偏重，暴雨洪涝灾害偏轻，夏季降雨量偏少，温度偏高，市的中部以东、以北大部地方达轻至重旱。

【气象基础业务】 国家级自动站数据传输率为99.90%，国家级自动站设备可用性为100%；农气质量错情率为0.0‰，酸雨质量错情率为0.0‰，高空质量探测综合指数评分100%，公众（城镇）天气预报资料传输率为100%，酸雨资料传输率为100%，区域自动站资料传输率为98.10%，自动土壤水分观测数据传输率为98.00%，GPS/MET数据传输率为99%，闪电定位仪探测数据传输率为99%，毕节新一代天气雷达业务可用性为99.20%。

【预测预报及决策气象服务】 2018年，市气象台共计制作发布决策服务材料521期，发布预警信息1500余条，强降水天气开展“三个叫应”8000余人次。全市气象部门召开多部门会商29次；遇重大天气及时向党委、政府领导汇报，各级党政领导到业务平台指挥调度24次，参与多部门应急演练12次，为春节、春运、清明节、“五一”节、国庆节、中考、高考、研究生考试、百里杜鹃旅游等重大活动提供气象服务保障。

【气象工作法治化】 全市气象部门切实履行防雷减灾、施放气球活动管理等社会管理职能，多渠道发布《关于提醒做好2018年防雷安全工作的公告》，完成全市493家易燃易爆场所和1185所幼儿园、中小学防雷设施普查工作；按照“双随机一公开”要求，开展4次随机抽查工作，在重大节日及特殊时期开展4次防雷专项检查；在毕节政府网上公布首批次82家气象灾害防御重点单位；与市安委办联合印发《关于加强防雷安全监督管理的通知》；推进气象探测环境保护法治化，威宁县政府批复气象探测环境保护专项规划。

【人工影响天气】 2018年全市气象部门共计出炮102门，火箭53套，开展人工增雨防雹作业1015站次，发射人雨弹30512发、火箭弹1214枚，增雨防雹作业有效保护了223.9万亩农经作物；配合贵州省人工影响天气办公室推进威宁冰雹防控外场试验示范基地建设，完成双偏振雷达、科研平台建设并投入业务使用，同时以威宁为试点，利用雷达远程控制指挥建成“人工影响天气监测监控指挥管理应用系统”。

【脱贫攻坚】 积极协调解决帮扶点干堰村办公经费8.55万元，在端午节、春节等节假日为贫困户送去慰问金7.55万元；12次组织干部职工到干堰村帮助贫困群众解决生产生活困难，建立“走进深度贫困地区、与贫困群众共度扶贫日”问题整改台账。

选派1名党建扶贫驻村干部和1名农特产业科技带头人，协调投入70余万元资金帮助贫困村食用菌种植基地及大棚蔬菜基地，两个合作社已正式投入生产；全年累计开展10次讲习，宣传国家大政方针及惠民政策，普及种养殖技术，同时对贫困户进行回访、慰问。

【创新项目】 建立以“大雷达预警，小雷达指挥”的基层人工影响天气科学作业模式——“威宁模式”，此项工作获中国气象局局长刘雅鸣和副局长余勇批示，中国气象局减灾司行文在全国推广。

【表彰奖励】 毕节市气象局获毕节市市直部门2018年度目标考核二等奖，获全省气象部门2018年度综合考评“优秀达标单位”第一名，“省市县联动协作创新凝练人影‘威宁模式’”获省气象局一类创新项目；威宁县气象局获“2018年全省重大气象服务先进集体”；市人影办获贵州省人工影响天气安全管理及综合技能培训考核团体一等奖；市气象台获贵州省第九届天气预报技能竞赛团体第二名（市州级第一名）；市气象台、赫章县气象局、纳雍县气象局、威宁县气象局获全省汛期气象服务先进集体；王璇、燕鹤获得“2018年全省重大气象服务先进个人”。

（撰稿人：张　伟）

工 业

工业和能源

【概述】 2018 年，全市工业能源系统深入学习贯彻党的十九大精神特别是习近平总书记对毕节试验区重要指示精神，全面落实中央、省、市经济工作会议精神，按照高质量发展总体要求，以供给侧结构性改革为主线，深入实施工业强市战略，创新机制，精准发力，尽锐出战，攻坚克难，牢牢守住生态和发展“两条底线”，全力推动工业能源经济平稳健康发展，全市工业能源经济呈现“稳中有进，转型升级，效益提升”的态势，较好完成了全年目标任务，为全市打赢“113 攻坚战”提供了有力支撑。

【工业经济稳中有进】 2018 年，全市规模工业增加值增速 10.5%，高于全省 1.5 个百分点，排名全省第四位，同比提升 1 位；工业投资增速 12.2%，排名全省第五位；全年新上规入统工业企业 103 户，其中新增型 44 户，成长型 59 户，规模以上工业企业达到 593 户。全年完成工业用电量 41.11 亿千瓦时（供电局抄表数），同比增长 9.37%。完成工业税收 90.75 亿元，同比增长 8.79%，其中，煤炭产业完成 34.42 亿元、占工业税收的 38%，电力产业完成 9.02 亿元、同比增长 13.75%，卷烟产业完成 36.9 亿元、同比增长 15.6%，建材产业完成 7.03 亿元、同比增长 64.25%。

【传统产业转型升级】 一是工业结构不断优化。煤、电、烟等传统产业产值占规模工业比重由 2017 年的 56.63% 下降到 55.96%；高端装备制造、新型能源化工、新型建材、电子信息、医药等新兴产业业占规模工业比重由19.13%提升到20.53%；高技术制造业增加值占比由2%提升到2.44%。二是“两化”改造成效明显。2018年，全省首家印发了《推进煤矿机械化智能化改造建设三年攻坚行动方案（2018—2020年)》。完成28个煤矿综合机械化改造，综合机械化率达到71.98%，采煤机械化率达到80.76%，排名全省第一；完成55个煤矿生产辅助系统智能化改造，实现了安全生产和经营管理有关信息采集、分析和处理功能，排名全省第一；争取省级煤矿“两化”奖补资金2.45亿元，全省占比达35.91%。三是电煤供应贡献突出。通过煤矿兼并重组整合技改开工建设矿井24个，新建成投产及联合试运转煤矿8个，新增产能420万吨。2018年，全市煤炭产量4226.9万吨，同比增长9.59%，占全省煤炭产量的36.83%。全市供应电煤2771.45万吨（其中市内2299.8万吨、市外471.65万吨)，供煤总量居全省第一。四是电力产业稳中有进。全市电力装机达到1342万千瓦，其中新能源发电装机达170万千瓦。累计发电420亿千瓦时，同比增长4.79%。其中：火电392.67亿千瓦时，同比增长9.21%。五是烟酒产业持续增长。卷烟产值59.67亿元、同比增长7.1%，白酒产值5.5亿元、同比增长8.5%。

【新兴产业发展壮大】 积极培育产业新动能，加大对新兴产业智能化、信息化改造力度，全力推动新兴产业高端化，培育打造新型煤化工、装备制造、电子信息、新型建材、大健康医药产业等产业集群。毕节经济开发区立足自身资源优势和产业基础，围绕主导产业、新兴产业推动产业项目建设，电子信息产业链初步形成；力帆铂骏零部件产业联盟毕节产业园依托现有铂骏零部件产业联盟基础与资源条件，构建毕节百亿级汽车零部件产业核心聚集区。已吸引8个零部件厂商实现就地配套，提升了力帆汽车零部件就地配套能力；黔西县黔希煤化工项目稳定达产后将带动下游配套的聚酯、聚. 乙二醇、乙二醛乙醇酸甲酯等精细化工产业发展，为拉动区域经济增长、促进产业协同发展提供有力支撑。大数据电子信息、大健康医药、装备制造、新型建筑建材等产业实现产值240亿元。

【“千企改造”深入推进】 围绕示范带动，更加突出“高端化、绿色化、集约化”主攻方向。一是推进制造业高质量发展。围绕高端装备制造、电子信息、煤化工、建材等重点领域推进智能制造示范项目，力帆时骏振兴集团采用了ERP、SCADA等管理系统和DCS设备生产控制系统；黔希煤化工年产30万吨煤制乙二醇项目采用航天炉粉煤加压气化工艺和日本宇部煤制乙二醇技术。二是推动绿色发展。制定实施《毕节市绿色制造三年行动实施方案》，按照“产业生态化、生态产业化”要求，围绕绿色经济“四型”产业，综合运用环保、安监、质监等政策措施，倒逼企业实施绿色化改造。黔西中水发电有限公司节水综合治理项目、金沙县贵奇酒厂污水处理建设项目、纳雍发电一厂烟气超低排放项目等绿色化改造项目建成运行。三是推动集约发展。2018年，全市纳入省级龙头企业7户、高成长企业8户，作为行业标杆进行扶持打造，省级7户龙头企业实施改造的8个项目建成投产5个；8户高成长企业实施改造的8个项目建成投产6个。全市纳入“千企改造”工程企业109户项目128个，转型升级方案制定完成率99.1%，全年完成投资200.8亿元，红林煤矿90万吨/年技改项目、贵源煤矿2号井智能化改造、龙宫煤矿智能化升级改造项目、贵航新能源锂电池等101个项目建成投产。

【重大项目建设取得突破】 2018年6月，黔希30万吨/年煤制乙二醇项目建成试生产，截至2018年年底，共生产乙二醇7.58万吨、实现产值4.62亿元，成为全省规模最大的新型煤化工项目；织金60万吨/年煤制聚烯烃项目已获得省发改委核准批复并完成地质详勘工作，配套矿井肥田煤矿一采区2019年5月份前可建成试运转、戴家田煤矿产能置换手续办理有序推进；纳雍200万吨/年煤制清洁燃料项目前期支撑性要件已基本审批完成。龙场风电场、兴豪华电子科技智能终端产业园建设项目等86个项目新开工建设；大方县大营煤矿机械化智能化升级改造项目、织金县少普乡岩脚煤矿采面智能化改造项目等130个项目建成投产。

【大数据产业加快发展】 一是主体产业稳步增长。2018年，电子信息制造业累计完成产值75亿元，同比增长66.83%；工业增加值累计完成17.3亿元，同比增长62.27%；软件和信息技术服务累计收入5.29亿元，同比增长32%；网络零售额累计完成3.8亿元，同比增长65%；电信业务总量，同比增长177.7%。二是大数据与实体经济深度融合。全市完成8个融合标杆项目，61个融合示范项目建设（其中：农业融合项目9个、工业智能化融合项目47个、旅游融合项目5个）。在省政府实施的大数据与实体经济融合评估工作中，融合指数为32.8，排名全省第四。三是信息基础设施建设加快。全市累计建成开通移动网络信号补盲基站1993个，完成30个高速公路隧道室分系统电力改造、大方油杉河景区信号补盲、黔西林泉镇通信网迁改、韭菜坪景区信号补盲等工作；完成1336个电信普遍服务试点行政村光纤宽带建设；推进小康讯建设，完成个1280个30户以上自然村4G网络覆盖建设任务。

【园区平台提质增效】 2018年，全市召开产业园区发展现场推进会3次，对各园区的经济指标进行考核排位通报，促进产业园区提质增效。指导产业园区进一步明晰主导产业，提高产出效益。全市产业园区完成规模工业产值776亿元，同比增长18%；实现规模工业增加值273亿元，同比增长25.8%；园区完成工业投资275.5亿元，完成税收58.4亿元，同比增长16.1%；完成进出口贸易额4.2亿美元；新开工产业项目134个，招商引资到位资金104.6亿元，同比增长13.6%；污水处理在线监测系统全部联网并投入运行，处理能力达5.87万吨/天。

【民营经济活力增强】 开展《中华人民共和国中小企业促进法》宣贯实施；印发《毕节市拖欠民营企业中小企业账款实施办法》，启动实施针对拖欠民营企业中小企业账款的专项行动；成立“毕节市服务民营企业省长直通车平台”，共受理转办事项14个，切实解决民营企业、中小企业发展难点问题；根据省工信厅委托第三方调查机构调查数据显示，从民营经济发展环境、创业环境、市场食品环境等9个方面来看，全市民营经济发展综合排名全省第二积极组织企业参加第十届APEC中小企业交流展销会、“6·27中小微企业宣传日”、广州中博会、省民博会、香港创智营商博览会等各类展销活动，帮助企业开拓国际、国内市场。积极组织民营中小企业相关人员参加省“星光培训”及省、市相关部门举办的企业管理、创业创新发展、项目资金申报、财务管理等各类培训，共举办培训班6期，培训1200余人次；建立了覆盖全市的中小企业服务机构，63家中小企业进入省“专精特新”培育名单。全市民营经济市场主体达38.18万户，实现民营经济增加值1286亿元，占GDP比重达59%，超过全省平均水平。

【工业绿色发展成效明显】 工业固体废物综合利用率达到73.5%，同比提高1.5个百分点，煤矸石综合利用率达到73.07%，瓦斯利用率达到44.97%，水力、风力、太阳能等清洁能源共计发电47.82亿千瓦时、同比增长29.31%。

【扶贫攻坚推进有力】 一是组建垚润公司推动扶贫开发。经市政府批准，从市级工业发展结余资金中借资200万元，支持锅圈岩乡组建垚润扶贫开发投资有限公司，推动该乡扶贫项目建设、产业结构调整、产业扶贫等工作。充分发挥广泛联系企业的部门优势，积极引进爱心企业合力助推脱贫攻坚。二是倡导成立“众一金彩黔教育助学基金”。倡导众一金彩黔集团、大西南公司、飞尚集团等爱心企业筹集资金130万元，成立了“众一金彩黔教育基金”，进一步增强锅圈岩乡教育事业发展帮扶力量。三是倡导重点企业和干部职工积极参加“扶贫日”活动。积极倡导组织市内14家重点企业参加全市“扶贫日”现场募捐活动，共计捐款200万元，全委干部职工自发捐献爱心款4.7万余元。四是组织大型工业企业积极开展“泉涌”行动。为积极拓展市内农特产品销售渠道，规范企业食堂生鲜食材及大宗物资采购行为，助推全市脱贫攻坚，组织全市120余家大型工业企业与市商投公司对接，要求各企业食堂与当地基地、农户、贫困户签订食材采购合同，建立利益联结机制，切实助力农民增收。五是协调水泥企业保障“组组通”水泥供应。督促水泥企业与县区签订水泥供应协议，积极协调赛德水泥厂、市水泥厂江天水泥厂等水泥企业增加供应量、稳定水泥价格并实行跨县供应，为全市实施“组组通”奠定了坚实基础。六是组织农村劳动力到产业园区就近就业。就地就近安排建档立卡贫困劳动力就业，全市产业园区招聘了284个建档立卡贫困劳动力到园区公益性专岗工作。

【党建工作抓牢抓实】 坚持以习近平新时代中国特色社会主义思想为指导，深入学习贯彻党的十九大精神、习近平总书记在贵州省代表团重要讲话精神和对贵州对毕节重要批示指示精神、十九届中纪委二次、三次全会精神以及十二届省委、省纪委历次全会和二届市委、市纪委历次全会精神，局党组认真履行主体责任，聚焦新形势新任务，全面加强党的思想政治建设和纪律作风建设，持续深入推进全面从严治党，领导干部作风进一步改进，全体党员领导干部牢固树立‘四个意识”，坚定“四个自信”，坚决做到“两个维护”。一是强化理论学习，深入开展讲习。按照“两学一做”学习教育常态化制度化部署要求利用局党组（扩大）会议、主任办公会议，组织局领导班子、局机关科室和下属事业单位负责人深入学习、积极运用党的理论指导推进工作开展。领导班子率先带头，积极深入各产业园区、重点企业和脱贫攻坚帮扶联系点、部门联系帮扶社区等基层一线开展讲习活动，广泛宣讲习近平新时代中国特色社会主义思想、党的十九大精神等。二是强化作风纪律建设，全面落实管党治党主体责任。认真履行全面从严治党主体责任，认真制定完善部门相关工作制度，切实加强管理，把党风廉政建设工作纳入全局重要工作内容，紧密结合行业工作实际进行全面安排部署。局党组主要负责同志认真履行“第一责任人”责任，切实抓好班子、带好队伍、管好自己，对全局党风廉政建设坚持做到重要工作亲自部署、重大问题亲自过问、重点环节亲自协调、重大事件亲自督办。班子成员、县级分管干部认真履行党风廉政建设“一岗双责”，深入开展作风专项整顿。三是深入开展“三个大兴”活动。局领导班子共计深入产业园区、重点企业、脱贫攻坚联系点和帮扶社区等基层一线开展调研400余天，完成专题调研报告8份。其中，《全市产业园区建设发展中存在的问题及对策建议》《煤炭产业转型发展思考与对策》的课题调研成果经市政府研究批准，印发了相关文件。四是严守政治纪律、政治规矩。对重大事项决策、重要人事任免、重要项目安排和大额资金使用，按照集体领导、民主集中、个别酝酿、会议决定的要求，组织召开党组会议进行认真研究，坚持科学民主决策，做到源头把控，按程序进行备案监督。强化廉政教育，严格执行报告制度，局副县级以上领导干部每年认真如实填报《领导干部个人有关事项报告表》，对个人房产、出国境、持有股票基金以及家庭成员就业等相关情况如实向组织作出汇报，将个人本年度内的重大事项、廉洁自律情况如实向纪检部门报告，是认真抓好巡视巡察问题整改，加强日常作风纪律监管。

（供稿：工业和信息化局办公室）

供电事业

【概述】 2018年，毕节供电局以习近平新时代中国特色社会主义思想为指导，全面贯彻党的十九大精神，认真落实习总书记对毕节试验区重要指示精神及贵州电网公司、毕节市委市政府工作部署，全力保障电力供应，努力服务地方经济社会发展。全年安全形势总体平稳，未发生二级及以上突破全年安全目标的人身、设备、电力安全事件；完成固定资产投资22.78亿元，同比增长80.31%；售电量首次突破90亿大关达91.04亿千瓦时，同比增长13.47%，连续3年保持两位数增长；客户平均停电时间23.39小时/户，同比减少0.99小时/户；第三方客户满意度74分，同比提升3分。综合线损率完成7.87%，综合电压合格率98.9%；全面启动500千伏威宁输变电及3座220千伏高铁牵引变线路接入工程；电网规划建设工作得到市县两级党委、政府书面嘉奖累计16次；完成99万块智能电表、176万户低压集抄安装，实现毕节网区智能电表、低压集抄全覆盖，营销运营管理由粗放型向集约化、科技化转型。

【电网发展质量持续优化】 “十三五”期间毕节电网主配网规划总投资80.9亿元，35千伏及以上变电站将增至194座。2018年完成电网建设投资18.56亿元，完成率101.08%，全省排名第二；农网投资13.43亿元，新建及改造10千伏及以下线路9658千米，配变4726台，完成18.75亿元中低压配电网项目储备，大力补齐农村电网短板。建成投运220千伏奢驮II回、柳塘变电站2号主变，完善了毕节220千伏网架结构，提高了黔西、金沙片区供电可靠性；建成投运110千伏城南变电站，极大程度缓解了毕节城区供电“卡脖子”问题。电网、小型基建、科技项目及生产技改共计817个项目转固率100%。威宁500千伏输变电工程提前5个月开工建设，归化220千伏输变电工程和成贵高铁大方牵、黔西牵、德厚牵等3个牵引变接入系统工程，均提前于进度计划实施。积极参与增量配电业务改革，对国家第二批试点纳雍经开区电网进行规划，于7月通过省发改委专家组评审。

【安全生产管理水平不断提升】 制定41项行动计划和实施方案，狠抓乡镇供电所防范人身事故专项治理，实现内部及社会人员全口径零伤亡。严格落实安全生产责任制，签订安全生产目标责任书4497份。完成毕节试验区建立30周年、全国“两会”等重要保供电任务181次。试点实施配电生产运维集约化管理，建成8个配电管理所。专项改造处理过载配变495台，增容改造及负荷割接10千伏线路17条，改造低压线路卡脖子台区8个，持续提升供电质量。生产应急项目投入1.1亿元整治低电压台区449个。成立带电作业中心，完成带电作业654次500千伏奢香变和220千伏柳塘变集中监控正式运行，毕节电网110千伏及以上变电站实现100%。集中监控，推进调控一体化建设。配调集约化建设完成市郊、大方23个变电站信号清理整改，绘制306张配网单线图、联络图，并完成“图实一致”核实。绘制49座变电站电力监控网络一站一册，完善省地网络边界防护体系、终端安全管理体系，加强网络安全管理。

【营销管理转型基础进一步夯实】 夯实线损管

理，核查29.93万户系统无电量用户，核实系统台区档案23557个，核查双电源供电台区1540台，营销系统、计量自动化系统贴标签准确率100%。关注客户体验，提升客户服务能力。客户诉求1995件倒查传递、“提级”管理，493件客户服务风险预警100070处理0700个客户服务微信群、1418名客户经理网格化服务全覆盖3604个村寨和595个社区。修编158户重要用户“一户一册”档案，微信应用等用电宣传服务66.04万人次。年度客户投诉同比下降52.38%，统一服务平台关注量18.1万户。业扩工程延伸绿色通道解决金沙循环园区等20个项目用电问题，客户远程报装率达86.78%，大用户直接交易电量11.86亿千瓦时。当年期电费连续三年100%回收。持续增供扩销，与贵州黔能公司签订综合能源市场联合开发合作协议，结成战略合作伙伴关系，逐步进入充电设施投资建设、电动车推广、用户能源系统托管、能效服务等领域。

【内控管理稳步推进】 完成局本部及8家县级供电企业机构优化调整，8个县局全部按期完成党委设置及党政一肩挑工作，选优配齐各县局纪委书记。全面推行精益管理理念，编制下发《毕节供电局精益管理综合标杆2018—2020三年提升规划》。依法从严治企，制定社会人员触电事件法律风险管控方案，审核603份经济合同，办理109幢房屋产权证明、88宗土地不动产权证明。加强经营管控。以瘦身健体提质增效为主线，以划小核算单位为抓手，落实经济运行监测要求，全面完成经营目标，内部利润比目标减亏1.02亿元，带息负债率70.8%，输配电收入增幅1.22亿元。

【全面从严治党纵深推进】 强化思想政治教育。把贯彻落实习近平新时代中国特色社会主义思想和党的十九大精神作为首要政治任务，持续推进“两学一做”学习教育常态化制度化，严格执行“三会一课”制度。以“电亮先锋·党员攻坚”行动为实施载体，建立“三大工程攻坚战”临时党支部9个。建设高素质专业化干部人才队伍。选拔任用科级管理人员32人，全局80后干部占比44.3%。选聘续聘了24名技术技能专家，在科技项目、重点工作中发挥重要作用。落实全面从严治党。监督执纪“四种形态”规范化试点全覆盖，制定《2018—2020年整治基层及群众身边不正之风和腐败问题“扫雷”行动实施方案》，“机动式”巡视反馈意见整改销号率100%，查摆形式主义、官僚主义相关问题并全部整改完成。深化党建带工建带团建。以局党委党建工作实例讲述国有企业党建工作微课《激活红色“细胞”提升组织活力》，获网公司推荐参与第二届中央企业“联盟杯”微课大赛评选；陈水波、宋健两位同志分别获南方电网公司组织“精益杯”乡镇供电所安全生产技术比武配电运检专业个人一等奖、三等奖；1名团员当选团的十八大代表（贵州电网公司首次有团员当选团代会代表，网公司系统共3名）。加强新闻宣传及舆论引导，在省级及以上主流媒体上稿2109篇。

【脱贫攻坚凸显行业担当】 以满足脱贫攻坚电力需求为切入点，切实解决农村电网供电质量问题，满足易地扶贫搬迁、扶贫产业项目等电力需求。投资4.21亿元，切实提升3个深度贫困县的供电能力和供电质量。投资3.58亿元，解决529个深度贫困村的低电压和供电能力不足等问题。投资1151万元，解决七星关区、纳雍县、威宁县、织金县、赫章县6个易地扶贫搬迁点用电问题。业扩延伸投资2121万元，解决各县11个产业扶贫项目用电问题。投资3.29亿元完成黔西“小康电”示范县建设，黔西县电网8大指标均满足国家要求。选派21名优秀同志驻点驻村，帮扶“四乡两镇十七村两社区”，2018年捐赠108万元，帮助扶贫点基础设施建设及种养殖业发展。电力扶贫建设工作多次得到各级政府的肯定。

（撰稿：王捷）

招商引资

投资促进

【概述】 2018年，全市投资促进工作在市委、市政府的正确领导下，以开展“2018产业大招商突破年行动和优化营商环境集中整治行动”为抓手，紧紧围绕“产业招商引资成效、营商环境指数”提升，精心部署，创新举措，真抓实干，全面完成各项目标任务。招商引资指数排名从全省第四前移至全省第三；营商环境评价指数排名从全省排名第八跃升至全省第二。

【产业大招商项目引进】 全市完成省认定招商引资到位资金1270.65亿元；新引进项目1035个，投资总额1793.92亿元；开工1035个，开工率100%；投产800个，投产率77.29%。其中，引进“先进制造业、大数据电子信息产业、大健康医药产业、现代山地特色高效农业、山地旅游业”等五大产业项目846个，增速84.72%。“千企引进”企业304家，高新企业29个。

【党政主要领导招商】 市、县（区）党政领导赴省外开展招商引资175次，引进项目115个，实现到位资金145.70亿元，市委、市政府主要领导带头赴广东、北京、重庆、云南等地开展招商引资活动12次，成功引进广州奥园集团、广州君华集团、云南铂骏产业集团在毕节投资。

【项目策划编制】 围绕29条产业链和18个重点突破优势产业谋划编制招商推介项目共778个，投资总额2836.4亿元。省纳入对外发布项目150个，分8批次面向全球对外发布；优选32个项目编印成《毕节重点招商引资项目》。

【500强企业引进】 对接洽谈500强企业37家，新引进500强企业10家，投资项目15个，投资金额104.23亿元，均已全部开工建设。其中，引进广州奥园集团、君华集团首次入黔500强企业2家。

【市直部门（单位）招商】 43个市直部门（单位）共实现到位资金78.73亿元，占年度目标任务44.5亿元的176.92%，其中：新签约项目99个，签约资金424.51亿元，产生到位资金68.81亿元；续建项目12个，产生到位资金9.91亿元；共报送有效项目信息370条，其中：在谈项目信息200条，对接项目信息71条，签约项目信息99条，投资总额304.41亿元。

【驻外招商分局招商】 12个招商分局共报送招商引资有效项目信息723条，引进落地项目64个（其中：500强企业项目2个，行业龙头企业项目7个），实现到位资金57.2亿元。

【项目代办服务】 全市共代办项目1349个。其中：全市新录入省级平台项目1035个已全部代办，代办率100%。申请代办事项3593项，办结3593项，办结率100%，上门服务3081次，通信服务5312次。

【2018产业大招商突破年行动】 市委、市政府统筹安排部署。印发《毕节市2018产业大招商突破年行动方案》《毕节市大力优化营商环境集中整治行动方案》，召开毕节市2018产业大招商突破年行动暨全市投资促进工作会议，专题研究部署“两大行动”工作。明确重点突破优势产业。开展经济开发区（产业园区）优势主导产业摸底调研，每个县区、经济开发区（产业园区）分别明确1 ~2个优势主导产业，围绕锂电池、食用菌、轻纺服装、特色食品等18个优势突破产业开展招商。完善工作推进机制，明确由市委常委负责指导、督导所联系县区招商工作，按要求定期到县区调研、组织外出开展招商工作；对应已确定的主导产业，成立六大产业攻坚专班，具体推进产业招商工作。

【优化营商环境集中整治行动】 全省率先开展招商引资项目“大排查、大整改、大促进”专项行动，共排查招商引资项目3163个，其他类项目584个；排查出890个问题项目已全部整改结束，有效防范化解招商引资项目存在风险。全面开展营商环境集中整治，市县两级均制定优化营商环境集中整治方案和相关子方案，同时建立市县优化营商环境集中整治行动工作专班，开展问题集中整治；开通营商环境集中整治专线，共接到省投资促进局交办、投诉事项、反映事项和电话回访43件，交办43件；完成对各县（自治县、区）2次专项督查，1次半年考核，形成考核情况通报1期；针对“三大行动”“放管服”工作先后开展3次暗查专访，对4个不实不力突出问题进行通报并限期整改，对4起营商环境典型案例进行通报并要求问责处理。在金沙县召开优化营商环境提升企业开办效率现场推进会，以“企业开办”指标为突破口，示范推进全市营商环境建设。建立营商环境监督员制度，聘请营商环境义务监督员60名，发挥营商环境义务监督员监督作用，邀请监督员参与暗访、问题线索收集和督促问题整改等工作。深化营商环境指数测评培训工作，邀请厦门大学营商环境研究中心赴毕对营商环境测评世界银行指标进行解读，组织市直相关部门到贵阳、沈阳等地考察学习营商环境建设先进经验做法。在全省率先制定出台《毕节市优化营商环境动态跟踪考核办法》，按季度进行考核通报。创新外来投资服务方式，拓宽代办服务范围，对外来投资客商子女入学、房屋租住、出行购票等生活方面提供8小时之外“保姆式”服务。

【创新招商引资方式】 实施产业链招商。按照“四个一”（一条产业链规划、一套优惠政策、一个工作专班、一批承接厂房）工作机制，绘制区域重点优势产业、优强企业、上下游企业、知名商（协）会地图，建立企业尤其是毕节籍企业家投资信息库，主动出击，紧盯产业上下游开展园区产业链招商，在锂电池、五金电镀电子电声、冶炼铸造等主导产业发展上取得突破性进展。建立合作招商机制，与广州帮扶组、广州商务委建立对口帮扶合作招商机制，梳理广州产业转移意向企业，建立目标企业库，合作编制《毕节市2018产业大招商突破年面向珠三角产业转移招商指南》，与广州市商务委签订《广州市商务委与毕节市投资促进局结对帮扶框架协议》（2018—2020年），通过互派干部挂职、邀请客商考察等方式开展合作招商；建立统一战线帮助招商机制，借力全国工商联、各民主党派中央帮扶毕节机遇，开展资源招商；建立商协会合作招商机制，与恒大集团、千喜鹤集团建立合作招商机制，与广东省饶平商会、深圳锂电池协会等商协会签订合作框架协议，利用商协会优势资源开展招商。实施党政领导带头招商、小分队招商、产业攻坚专班招商、分局驻点招商、市直部门及国有企业参与招商。举办2018“贵洽会”新能源（锂电池）产业发展研讨会、长江商学院总裁班赴毕考察招商推介会、毕节籍在外创业人士座谈会、毕节市农业产业链专题招商洽谈会等有一定规模的招商推介活动，到东莞、深圳等地举办电子电声电镀五金、锂电池产业专题招商推介会。扎实开展省市重大招商引资活动拟签约项目事前评估工作，实现项目评估全覆盖，严把项目准入质量关，提高签约项目履约率，参加或举办省市重大招商签约活动5次，签约项目57个，签约金额192.25亿元。

【建立完善招商引资制度机制】 建立督查督办机制，定期开展招商引资项目和营商环境督查，确保招商引资项目快速健康推进和营商环境持续优化。建立“毕节市引资调度一张表”、园区“四个一”和《投资促进信息专报》调度机制，实行重点项目周调度、招商信息旬调度、指数指标月调度。编印《投资促进信息专报》34期，共收集有效信息2904条（含500强企业信息67条）。建立市县联系机制，明确市投资促进局县级领导分别联系县区、驻外招商分局工作，定期到县区调研、指导投资促进工作。完善考评激励机制，制定下发对各县（区）、市直部门、驻外招商分局招商引资工作专项考核方案，强调过程管理考核。

【农业“招大引强”助推脱贫攻坚】 制定印发《毕节市2018农业产业“招大引强”实施方案》，以产业园区、农业园区为载体，明确10个农业重点产业招商方向，围绕茶叶、食用菌、蔬菜、马铃薯、中药材、玫瑰、菌草、苹果、核桃、畜禽等十个重点产业组建市、县（区）农业产业招商工作专班。邀请贵州省金黔草农业有限公司等30余家国家级、省级农业产业化龙头企业赴毕考察，引进千喜鹤集团、湖南利亚集团、露笑集团、江苏高策农牧科技有限公司、湖北裕国菇业股份有限公司等农业产业项目392个，投资金额280.61亿元。

【党建工作】 认真贯彻学习党的十九大精神，落实中央、省委、市委党的建设各项部署，强化党组对业务工作的领导，坚持重大事项重点工作集体研究决策，党组书记带头落实党风廉政建设责任制，切实履行党风廉政建设第一责任人职责，局领导班子成员认真履行“一岗双责”，全局干部职工无人因违纪问题受到问责和处分。切实加强机关党组织建设，认真按照“三个规范”要求推进党支部规范化建设。严格落实“三个大兴”活动安排。县级干部深入各县（区）、经济开发区、帮扶联系点、社区开展走访调研共358次；选派2名干部开展驻村帮扶工作，累计投入帮扶资金11万元，帮助帮扶联系点黔西县永燊乡复兴村、黑磨村改善办公环境、扩大蜜蜂养殖产业发展规模、修建村文化墙等；发挥部门职能优势，引进优质肉羊养殖项目落地帮扶点，助推群众脱贫致富；组织开展党员进社区活动，解决帮扶资金1.5万元。注重干部能力提升。利用新时代干部职工讲习所、全省投资促进视频会议系统、在线学习等多形式多渠道培训投资促进系统干部，举办招商引资实务视频培训会5期。认真开展“打赢攻坚战、建设示范区、毕节怎么干”大讨论活动。按市委要求组织开展“开放发展”专题讨论，自行谋划并组织开展解放思想转变作风、推动绿色产业发展、推动各方资源向毕节聚焦、优化营商环境、党建工作专题大讨论活动。

（供稿：毕节市投资促进局）

经济开发区·产业园区

七星关经济开发区

【概述】 2018年，经开区始终以加强基础设施建设、提高服务质量、全力推进项目发展、做好要素保障为工作重点，积极承接东部产业转移，大力发展服装纺织、新型环保建材、光电电子等产业，加快工业结构调整，促进产业转型升级。

【经济增长显活力】 完成固定资产投资34.24亿元，其中：基础设施投资10.90亿元，产业项目投资23.34亿元；完成工业总产值49.12亿元，工业增加值14.3亿元。新建标准厂房13.1万平方米，入驻企业76家，入统规模以上企业37家，新增规上企业5家；解决就业9000余人。通过“贵园信贷通”帮助10余家企业贷款1560万元，工业公司完成融资2.9亿元。

【完善设施】 切实以标准厂房建设作为产业集聚发展的重要载体，围绕开发区提档升级，狠抓服务配套，不断完善基础设施条件，建成标准厂房61.35万平方米，已入驻企业76家，厂房使用率94.29%。标准厂房三期项目完成投资约8000万元，建成标准厂房4.4万平方米；开发区小微创业园项目已完工交付使用，完成投资3760万元，建成标准厂房1.8万平方米；朱昌特色食品产业园已完工交付使用，完成投资约6000万元，建成标准厂房3万平方米；长春小微企业创业园已完工交付使用，完成投资约5000万元，建成标准厂房3.5万平方米；林口和何官屯创业园正在开展前期工作；启动总投资16.17亿元总建筑面积约47.02万平方米的标准厂房四期项目、35千伏安变电站、染整行业污水处理厂等项目，不断完善配套设施。

【招商提质】 发挥七星关区资源禀赋，加大面向京津冀、长三角、珠三角等地区的精准招商，重点围绕纺纱、辅料生产、面料加工、成衣加工等服装纺织产业链；灯丝、球泡、支架等LED产业链；半导体、集成电路、电容、电线等电子产业链，开展招商引资工作。积极走出去、请进来，2018年共计开展招商引资洽谈企业数70个，签约项目48个，签约资金40.993亿元。其中，省外企业16个，签约资金33.26亿元。

【项目建设】 一是深入实施项目招引，对在谈项目进行对接洽谈，重点跟踪深圳康诚达电子、东莞慧勤光电、惠州恒丰制衣、华宇毛纺、深圳市艾丰服饰、联尚科技二期、LEDG9成品、LED灯丝支架等8个项目，康诚达电子、华宇毛纺项目已签约，联尚科技二期、LEDG9成品、LED灯丝支架项目已启动建设。二是狠抓项目落地转化，帮助项目加快立项、规划、用地、环评等手续办理，切实解决建设和生产运营过程中的用电、用水、用气、用工等问题，为项目发展出主意、想办法，推进项目快速发展。奥丽依内衣项目、新时代家用纺织项目、至尊鸟制衣项目等项目建成投产；投资8亿元的华亨麻纺织项目完成基建工程90%，水、电、路、气等配套设施安装到位，生产设备安装85%，预计12月20日实现试生产。德帮电子项目新增全自动生产线1条，贴片、注塑、线材生产线全线投产。京福服饰项目采用“1+N”模式将生产车间建到人口聚集的村、镇，在长春镇、撒拉溪镇、杨家湾镇建立的生产车间已投入生产，就地就近解决就业200人。

【狠抓服务促发展】 创新“党建+模式”，为企业派驻党建指导员，以招商引资项目“大排查、大整改、大促进”工作为抓手，主动靠前服务，既指导企业党建工作又帮助企业解决存在问题。通过深入走进企业，摸清企业存在的问题，建立问题台账，分解任务落实到企业服务人员，切实解决企业存在的问题，实现“闭合”管理，促进企业健康发展。认真贯彻落实省、市招商引资优惠政策，针对产业项目发展规划定位、投资前景和带动效应等重点因素，根据实际分类制定、兑现招商引资优惠政策，累计兑现各类补贴5000余万元，支持企业发展壮大。

【腾笼换鸟挖潜力】 引导停产或半停产企业在产业转型、产品开发、技术改造、市场开拓等方面不断求“变”，谋求新出路。解决了原中民康项目、原涵文印务项目遗留问题，收回厂房，入驻了总投资8亿元、年产3万锭亚麻湿纺及半湿纺纱锭的亚麻纺织项目、海绵生产项目。排查僵尸企业5个，多占少用企业1个（名宇内衣项目），制定了一企一策工作方案，明确专人牵头开展清理、处理工作，共腾退厂房26861.08平方米，在谈两个项目准备入驻，发挥厂房效益。

（供稿：七星关经济开发区）

大方经济开发区

【概述】 大方经济开发区是2012年8月由贵州省人民政府正式批准成立的省级经济开发区，规划总面积60.06平方公里，由原大方县循环经济产业园区、毕节试验区大方药品食品产业园区和大方县金门陶瓷工业园区组成，建成核心区面积13平方公里，以能源、新型材料、药品食品为主导产业。截至2018年年底，入驻企业107户，其中建成投产企业62户，在建企业34户，停产停建企业11户。大方经济开发区管理机构为贵州大方经济开发区管理委员会，与中共贵州大方经济开发区工作委员会实行一个机构、两块牌子管理，为中共毕节市委、毕节市人民政府派出的正县级机构，其编制由毕节市编委管理（股级机构编制由大方县编委管理），人事、经费、资产委托大方县委、县政府管理。管委会下设党政办公室、规划建设与管理局、财政局（下设副科级单位会计核算中心）、投资促进局、房屋征收与补偿局、利用外资和招商引资项目代办服务中心、安全生产监督管理局、大方县陶瓷产业发展服务中心（2017 年 4 月，大方县机构编制委员会以方机编〔2017〕4 号文件将大方县金门陶瓷工业园区管理委员会更名为大方县陶瓷产业发展服务中心，并由中共大方县委、大方县人民政府派出的正科级机构调整为贵州大方经济开发区管理委员会所属财政全额预算管理的正科级公益一类事业单位）共 8 个正科级机构。大方经济开发区管委会实有在编人员 58 人，其中工勤人员身份 8 人。设有党工委书记 1 名，党工委副书记 1 名，党工委专职副书记 1 名，管委会主任 1 名、管委会副主任 2 名，正科级 3 名，副科级 18 名。2018 年，大方经济开发区围绕年度目标任务，按照市县经济工作会议的安排部署，着实抓住招商引资、基础设施建设、项目建设、服务企业、厂房清理、党的建设等重点工作，推进园区建设再上新台阶。

【目标任务完成情况】 2018 年，完成工业投资（含基础设施）22.85 亿元，占全年目标任务 25 亿元的 91.4%；完成工业增加值 23.36 亿元，占全年目标任务 28 亿元的 83.43%；招商引资到位资金 10.7 亿元，占全年目标任务 10 亿元的 107%；完成税收 7.26 亿元，占全年目标任务 7 亿元的 103.71%；完成工业用电量 3.3 亿千瓦时，占全年目标任务 3.2 亿千瓦时的 103.12%；新增规模以上工业企业 6 户，占全年目标任务 5 户的 120%；新开工产业项目 13 个，占全年目标任务 10 个的 130%；完成进出口贸易额 0.29 亿美元，占全年目标任务 0.02 亿美元的 1450%。

【招商引资】 采取多种措施抓好招商引资。一是成立招商引资专班，由经开区党工委专职副书记任班长、管委会副主任任副班长，经开区各局、办、中心相关部门主要负责人为成员，负责具体产业研究、招商方案制定、引资引产、协调推进招商项目落地建设及企业服务工作。二是制定工作方案。紧紧围绕全市 2018 年产业大招商突破年行动暨投资促进工作电视电话会议精神，以产业大招商和营商环境大整治为工作目标，以发展园区主导产业为导向，结合实际制定《贵州大方经济开发区 2018 年产业链招商工作方案》。三是根据招商工作方案精心绘制产业链图谱。结合自身资源优势和产业发展情况，围绕陶瓷产业、天麻产业、电暖炉产业绘制产业链图谱，精准定位产业链中的重点招商企业。四是“走出去”与“请进来”外出招商。招商专班赴广州、重庆、深圳、浙江、福建等发达地区招商，引进符合产业定位的招商项目。2018 年，招商专班外出招商 15 次，对接企业 25 家，对接项目 26 个，引进生物糖暨水剂生物农药、五金和电子产品、工艺玻璃、发热管制造、中药材加工等项目 15 个，合计签约资金 12.99 亿元，到位资金 10.7 亿元。

【基础设施】 一是完成园区绿化美化。为了营造园区欣欣向荣的自然环境，在园区种植了桂花树、竹柳等绿化树种，清理了杂草、杂树、杂物，打造园区绿化美化升级版。二是完成循环经济园区 360 套公租房简装，装修内容主要包括室内电线、插座、电灯、墙面刮瓷粉、门、床铺、卫生间等。三是完成循环园区公租房 10 千伏临时电源线路安装工程。四是完成陶瓷园区安华线搭接到海美斯的供电工程、金沙安洛变电站到园区万象公司输电线工程、配水管网工程并投入使用。五是完成循环园区盈田标准化厂房 15 号、16 号楼电梯安装主体工程。六是严格按照中央、省、市、县环保督察要求，认真整改污水处理厂及配套管网存在问题，完成污水处理厂曝气管维修工作，确保污水处理厂正常运行。

【厂房清理】 由经开区党工委专职副书记任组长、经开区党工委委员、管委会副主任任副组长，联系包保企业科级干部和一般干部为成员组成工作组，结合项目协议，企业签约面积、使用面积等实际情况，对长期停产停建占用标准厂房的僵尸企业进行全面清理。2018年累计清退玖荣春晖、大不同沙发厂、鼎坚塑胶厂、明鑫塑业、宏阳面业等僵尸企业10家，清理标准厂房57745平方米，其中38942平方米已入驻9家新企业，剩余闲置厂房等待企业入驻，让厂房得到有效利用。

【项目建设】 坚持收尾项目抓竣工，在建项目抓进度，新建项目抓落地开工，按照“五个一”项目推进机制，即“一个项目、一名领导、一个班子、一套方案、一抓到底”和“特事特办、急事急办”的要求，全力推进经开区项目建设。2018年完成产业项目投资18亿元，新开工产业项目13个，新建成投产项目6个。截至2018年12月，经开区入驻企业107家，其中建成投产企业62家，在建企业45家。

【服务企业】 经开区企业的联系服务任务分解到经开区管委会各局、办、中心，每家企业明确一名科级领导和一至两名工作员进行挂牌服务。2018年服务企业方面做了以下主要工作。一是帮助企业协调办理各种手续114件，协调解决水、电、路、通信、气、劳资纠纷等困难问题87件。二是为新入驻企业互联安防科技有限公司、贵州丰稷生物科技有限公司、广东科彩玻璃项目安装变压器，解决了公司项目用电问题。三是对富筑电器公司所用厂房11号、13号、15号、16号、钢结构10号五栋厂房一至四楼均地坪进行美化处理。四是对贵州大兴旺新材料有限公司实施供水安装工程。五是为百里花食品、琼芳食品、灿宏塑料制品等17家企业申报“贵园信贷通”融资贷款2405.5万元，解决企业资金周转困难。

【党的建设】 按照大方县党建工作会议精神，着力抓好经开区党的建设工作。党工委成立了党建工作领导小组，由分管党政办的党工委领导任组长，切实履行党建工作“第一责任人”职责，并建立由党政办牵头抓总，各局、中心等部门共同参与的基层党建工作联席会议制度。一是非公企业党建工作。通过“抓入驻企业登记，促进党组织的组建；抓党建工作联席会议制度的创建，促进企业主要负责人对党建工作的认识；抓全程跟踪管理服务，促进企业开展党建工作；抓党建知识业务培训，提高党员干部抓党建工作水平，促进非公企业党建工作不断发展”“四抓四促”工作法做好非公企业党建工作。建立非公企业党组织8个，其中：党总支2个，党支部7个，党员总数59人（其中预备党员12人），企业中副总经理以上职务人员5人为中共党员。二是党员发展工作。2018年培养积极分子23名，发展党员15名。三是党风廉政建设工作。经开区领导班子切实履行党风廉政“第一责任人”的责任，带头履行“一岗双责”，把意识形态工作纳入党风廉政建设，重视、支持党风廉政建设和反腐败工作。2018年共组织干部职工集中参观警示教育展4次，传达学习中央、省、市、县有关违法违纪案件通报共26件次，切实做到以身边的事教育身边的人。四是做好工青妇工作，接受工会标准化建设省总工会复查验收。

【脱贫攻坚】 按照大方县委、县政府的统一部署，全力打好脱贫攻坚战。一是共下派26名干部驻村开展脱贫攻坚工作（其中7名同志担任同步小康驻村第一书记），为8个村解决10.5万元的驻村工作经费，为所有驻村人员购买保额50

万元的人身意外保险，解决好驻村干部生活补助。二是做好联系帮扶东关乡精准扶贫工作。为东关乡解决购置脱贫攻坚政策宣传大喇叭补助经费2万元，协调园区企业贵州富筑科技有限公司和广东科彩玻璃有限公司为东关乡贫困户捐赠价值8万元的电暖炉100台。对单位联系的6个村，每村安排2名干部进行包保帮扶，帮扶干部进村入户核查贫困户信息，宣传脱贫政策，协调解决脱贫攻坚工作中遇到的困难问题。三是继续做好“54321”结对帮扶工作，对所包保的贫困户实行一包到底。四是帮助贫困户解决就业问题。组织东关乡贫困群众到有用工需求的企业进行面对面洽谈，帮助贫困户实现就近就业，增加收入。

【安全生产】 2018年，累计监督检查企业单位和场所185家次，共为企业检查出各类一般安全隐患293条，已经督促落实整改293条，整改率为100%。实现安全生产工作“全覆盖，零容忍，重实效，严执法”的目标。

【信访维稳】 共接待来访者100余人次，协调处理信访案件3件，帮助协调解决企业拖欠民工工资，征地拆迁纠纷等500余人次，处置堵工、堵路事件5起，组织抓好各重大节日和重要活动节点稳控工作，确保经开区和谐稳定，未发生一起群体上访和越级上访事件，为入驻企业营造稳定、和谐的建设环境。

（供稿：大方经济开发区办公室）

贵州黔西经济开发区

【概述】 2018年以来，黔西经开区在市委、市政府、县委、政府的坚强领导下，在各部门的大力支持配合下，强力推进开发区各项建设，园区改革创新和转型升级发展步伐不断加快。

【经济指标完成情况】 2018年，开发区完成工业总产值77.87亿元，占目标任务数85亿元的91.61%；完成工业投资18.30亿元，占目标任务数28亿元的65.36%；完成税收8.07亿元，占目标任务数8亿元的100.88%；完成新增规上企业5个，占目标任务数5个的100%；招商引资到位资金13.56亿元，占目标任务数8亿元的169.5%。完成工业用电量6.39亿千瓦时，占目标任务数2.46亿千瓦时的259.76%；新增就业人员763人，占目标任务数500个的152.6%，区内就业人员达8278人。

【项目建设有序推进】 2018年，年产30万吨煤制乙二醇项目在市、县的大力支持下，2018年5月31日投产以来生产优质乙二醇7.58万吨、实现产值约4.62亿元，完成税收约0.57亿元，解决就业1000余人；东莞炬凯、健群两家鞋业公司年产140万双女鞋项目一期6月建成投产，已完成投资2000万元；美斯乐制鞋产业园项目今年9月开工建设，已投资482万元完成岔白园区孵化园2栋标准厂房装修、设备购置等前期工作；黔西县中药材种植加工销售项目2018年9月开工建设，现已完成投资10313万元；玉贵光学元件加工项目已于今年9月建成投产，现已投资150万元；红木家具4个项目已于今年10月建成投产，现已投资1000万元；煤化工乙二醇装置工艺升级、环保装置综合升级改造、40万吨/年灰渣综合利用等三个项目2019年1月开工建设，预计2019年10月建成；永润天泽第三条生产线500吨酰基氧化膦系列精细化工产品已基本建成，力争尽快投产。

【环保等基础设施建设不断加强】 一是抓规划引领。目前园区总体规划已完成，控制性详规已报县政府批复，产业发展规划已送市工能委批复，总规环评于7月获省环保厅批复。二是完善园区排水系统。煤化工排水项目下段贯通满足其排水需要，完成甘棠片区排水工程二期和岔白至县城排污管线可研、初设、预算前期工作，今年力争尽早启动岔白至县城排污管道，解决岔白排污问题。三是建成甘棠园区日处理3000吨污水处理厂，目前已投入运行并实现在线监测数据上传，Ⅰ级B、Ⅰ级A通过验收。四是完成岔白孵化园制鞋产业园项目的厂房装修维护及环氧树脂砂浆地坪建设工作。

【招商引资成果明显】 先后前往成都、厦门和广州等地考察、推介项目，引进了红木家具项目4个（佛山市有木有余家具有限公司、发顺红木古典家具厂、亚南居古典家具厂、壹佰年红木古典家具厂）；制鞋项目3个（东莞市健群鞋业有限公司、炬凯鞋业有限公司、建鑫实业有限公司）；制衣项目2个（中山市开克尔服饰有限公司、思美服饰）；玉贵光学元件加工、节能环保孵化园、电厂烟气脱硫石膏资源综合利用、黔西县中药材种植加工销售等一批企业落户经开区，大力整治营商环境，对园区项目分类进行“大排查、大整改、大促进”，排查项目53家，对涉及的6个问题项目梳理上报并提出整改方案，协调推进问题项目的整改。

【房征、国土等工作稳步推进】 一是未建安置房的292户已有232户（含涉及县法院判决书反映出问题的25户）自愿改签货币化安置协议，已兑现发放其中207户38948.2平方米安置房的补偿资金共计99857138.94元。二是完成甘棠片区二期排水、樱桃坪水库管线延伸工程、红木家具等项目351.81亩征地工作，共计兑现约512万元的征地补偿款。三是完成煤化工、永润天泽化工安全范围内住户房屋及土地等征地拆迁实物指标测算工作。四是制定了《贵州黔西经济开发区房屋征收补偿安置方案》报县政府审批，统一了项目建设房屋征收补偿标准。为进一步提升土地供给质量，推动经济高质量发展，充分发挥节约集约用地评价考核机制的导向作用，提高开发区土地利用质量和效益，编制完成了《开发区发展方向区划定实施方案》和《2018年度开发区土地集约利用评价报告》。

【服务企业工作有效开展】 一是加强干部联系企业工作。重新调整干部联系企业工作，从安全生产、环保达标、党建指导等方面压实责任，切实帮助企业解决生产生活中遇到的实际困难和问题；二是强化代办服务工作。帮助企业解决立项、证照、土地、水电、融资、招工等方面存在的困难和问题。2018年以来，为企业协调解决用水、用电、互联网等问题38起，协助炬凯鞋业、制衣、永贵机修、煤化工、通威饲料等企业招工21次300余人，为企业办理贷款729.34万元；三是强化跟踪服务。对签约项目一个项目一个专班，明确专人做好无缝对接，确保项目落地投产。

【安全生产和信访维稳形势稳定】 持续开展安全生产事故隐患排查治理，做好重要会议、节假日、重要活动期间安全生产巡查检查工作，建立完善企业安全生产台账，2018年共开展安全生产检查26次，排查问题隐患13次，督促整改13起，安全形势稳定。加大信访维稳力度，2018年来办理省、市、县转办信访件25件，化解信访积案11件，接待来访19次，涉及农民工工资14次，环保问题3次，解决处理8件，对接环保处理3件，3件正在协调处理中，5件系涉法涉诉引导走司法程序。扎实做好重点管控，确保了10月全省第二次项目建设现场观摩点煤化工年产30万吨煤制乙二醇项目和电厂二期现场观摩的顺利完成。

【脱贫攻坚成效明显】 一是举全区之力参加全县脱贫攻坚大决战，管委会班子分别担任莲城办事处、中建乡、观音洞镇脱贫攻坚指挥长和县委第三督查组组长，直接选派3名正科级干部担任帮扶村的“第一书记”，49名园区干部与甘棠镇大营村、大关镇民权村、洪水镇龙营村117户贫困户（463人）按“1234”的标准结队帮扶，组织25名干部组成脱贫攻坚第三督查组，负责督查花溪、中建、文峰等10个乡镇（办事处）脱贫攻坚，发现问题20余起，督促整改20余起；二是先后划拨84万余元为观音洞、中建乡、莲城办事处等乡镇（办事处）补短板，组织园区企业捐款156万元、捐赠有机肥220吨帮助贫困户发展产业。三是发动园区两家蔬菜配送企业订购帮扶点贫困户种植的蔬菜，为贫困户解决销路问题，黔春毅力食品有限公司专门收购绿化乡所辖7个村贫困户种植的300亩辣椒，带动了该乡200户贫困户脱贫，发动企业帮助贫困户就业50余人。

【党建工作不断深化】 一是狠抓意识形态工作。党工委将意识形态工作与园区建设工作同部署、同落实、同检查、同考核，以中心组学习、“两学一做”专题活动等为载体，通过领导干部上党课，警示教育等方式，不断加强干部思想建设工作力度，努力建设一支严守政治纪律和政治规矩，严守组织纪律和宣传纪律的干部队伍。全年园区未出现一例意识形态领域问题。二是全力刹风整纪，对照中央“八项规定”、省委、市委、县委相关规定开展自查自纠，按照市第九纪检监察组要求，加强党风廉政建设相关工作。抓好市委巡察和中央巡视整改工作，市委巡察的6个方面30个问题，市纪委监委派驻第九监察组反馈的3个方面6个问题、中央巡视提出的园区存在的6个形式主义问题全部整改完成。三是加强组织建设。党工委始终把党建工作当做促进园区发展的重要抓手，机关支部严格落实“三会一课”制度，确保“两学一做”学习教育活动常态化。同时，充分发挥经开区党工委的统领作用，成立非公企业党总支，下设6个支部，派出党建指导员13名，指导非公企业党建工作开展。2018年以来，机关支部发展入党积极分子3人，非公企业党支部发展入党积极分子10人。

（供稿：贵州黔西经济开发区）

金沙经济开发区

【概述】 金沙经济开发区前身为金沙县产业园区，规划面积24.99平方公里，规划主体框架为“一区多园”（一区即整体形成集文化、娱乐、工业、科研、商贸、物流于一体的核心区；多园为电子信息产业园、装备制造园、有机食品工业园、新型建材园等）。全区自建设以来，从无到有、快速发展。2018年累计完成投资453.99亿元；工业产值从2011年的50.90亿元增加到2018年的162.12亿元，累计实现工业总产值862.18亿元；建成标准厂房102万平方米；园区建成面积15.68平方公里；入园产业项目127个；累计解决就业人数32446人；累计实现进出口总额4.95亿美元。

【主要经济指标完成情况】 （一）规模工业产值及工业增加值：规模工业产值完成162.11亿元，为目标任务数的101.32%；实现工业增加值（2000万元口径）58.42亿元，为目标任务数的121.08%；（二）上规入统：规上企业数（2000万元口径）为58家。新增6家，为目标任务数的100%。（三）工业投资：实现500万元口径工业投资36.1亿元，为目标任务数的106.17%；（四）招商引资：签约项目27个。为目标任务数的128.57%。签约资金52.95亿元，为目标任务数的165.47%，到位资金13.5亿元，为目标任务数135%。（五）税收收入：年税收入库总额为6.17亿元，为目标任务数的102.8%；（六）高新企业占比：4.4%；（七）新增就业：新增就业人数2811人，为目标任务数的104.11%。

(八) 工业用电量：工业用电量37696万千瓦时，为目标任务数的123.2%；(九) 固定资产投资：完成投资9.88亿元。(十) 外贸指标：完成外贸出口9208.38万美元，为目标任务数的122.49%；新增对外贸易备案登记企业14家。辖区内已有实绩进出口的企业12家。先后被省经信委、省商务厅、省发改委认定为全省511民营经济示范园区、省级新型工业化示范基地、省级综合外贸转型升级示范基地、省级现代服务业集聚区、省级“大众创业、万众创新”示范园区，走出了一条“开放带动、转型发展”的路子，被省委、省政府评为全省10个样板示范园区之一。

【夯实党建统领发展】 不断加强党建工作，为进一步扩大全县非公企业和社会组织党建工作“两个覆盖”成果，实现有形覆盖向有效覆盖转变，着力提升企业党组织政治引领功能、组织服务功能和助力脱贫功能，重新改选开发区机关支部，开发区非公企业支部，完成园区13个非公企业党支部建设工作，通过加强非公党建工作，进一步提升与企业的凝聚力，同时从县直有关单位选派24名政治思想素质好、业务能力强、具有一定政策理论水平的优秀党员干部到企业中担任党建特派员，并将开发区党员干部下派到各企业担任企业党建指导员，保证各非公支部党建工作的正常开展。

【搭建平台助脱贫】 一是构建人力资源服务平台，帮助企业招工稳工，助推企业发展。出资30余万元开发人力资源数据管理平台，接入金沙籍人力资源信息34万余条、完成企业职工信息录入3950余条，数据平台被85家企业使用。搭建手机APP、微信公众号、开发区网站等平台。实现了“数据分析自动化”“广告发布一键化”“岗位推荐智能化”的三化服务。二是扩展就业渠道，搭建就业咨询平台。结合开发区招工服务开展情况，在开发区A、B、C三区建设开发区就业咨询点，为求职者提供就业咨询、登记、推荐服务，同时在金沙县西部乡镇建设人力资源公司就业咨询点50余个，为来访寻求工作的群众提供就业岗位推荐，就业咨询讲解，为乡镇群众提供家门口的就业服务站。三是携手企业扶贫，搭建扶贫车间。坚持“政府推动，市场运作，聚焦扶贫，注重实效”的原则，采取“企业+车间+贫困户”等方式，积极引导企业创建“厂房式、家居式”就业扶贫车间。已成功申报贵州兴豪华科技有限公司、贵州翔通实业有限公司等8家企就业扶贫车间试验点，吸纳贫困劳动到开发区就业。

【多措并举助脱贫】 (一) 产业扶贫。一是将产粮奖励资金300万元，分别量化给平坝镇庆祝村、朝阳村入股给贵州新中一种业股份有限公司建设农产品加工厂，按照“先建后补”的模式，由实施单位先行垫资建设，待项目验收合格后拨付补助资金。资金拨付后，贵州新中一种业股份有限公司按年化率8%分红，分红期5年，其中：庆祝村集体经济股份合作社150万元，联结30户贫困户，年分红12万元；朝阳村集体经济股份合作社150万元，联结30户贫困户，年分红12万元。二是根据对贫困户家庭情况统计分析，对有能力的贫困户进行养殖帮扶，由开发区管委会牵头，贵州皇冠建材有限公司出资赞助购买猪仔助力脱贫攻坚，共同为朝阳村和庆祝村22户贫困户发放猪仔共计41头。(二) 基础设施及就业帮扶。一是为庆祝村办公室附近安装太阳能路灯，已投入使用。二是贵州裕华隆电子科技有限公司向金沙县慈善会定性捐赠30000元给金沙县平坝中学，用于该校教学经费。三是开发区企业响应政府号召，针对贫困户设置岗位需求，今年已吸纳221名贫困人口到区内企业就业，以就业扶贫助推脱贫。(三) 爱心助资。一是贵州兴豪华电子有限公司董事长陈俊豪一同走访朝阳村和平庄社区贫困户，对3家贫困户子女进行助学资助，每人1000元。二是贵州裕华隆电子科技有限公司向金沙县三锅村坪上组一户村民捐赠改厨改厕资金17000元。三是积极协调和发动社会力量，向部分贫困群众捐赠过冬物资，棉被13套，棉衣12件。三是根据季节性及节假性具体情况，对贫困户给予生活物资补助（大米152袋，食用菜油135桶）。四是开展冬季送温暖活动为朝阳村大赛小学送去学习用具和体育用品，为大赛小学14个学生送去了过冬棉鞋，给学校服务人员送去了军大衣和过冬棉衣，并给朝阳村、庆祝村、八一村的贫困户家中18岁以下儿童送去过冬棉鞋共计70多双。五是起飞服饰有限公司9月份开始对金沙县岩孔街道上山小学村10名贫困学生进行教育资助，每人每月300元，持续时间为2年。

【产业大招商】 一是紧紧围绕电子信息、五金制造等主导产业开展招商，着力引进电镀五金、电子电声、智能制造、智能终端以及高载能、高效益等产业；坚持走出去、请进来招商，成立驻深圳招商引资工作专班，抓住沿海地区产业转移的有利时机，在深圳开展定点招商，通过联系商会、驻外办事处、登门拜访名企、发掘地缘人脉等方式，积极开发请进来、走出去招商。二是加强对重点项目进行动态管理，建立一个项目一个档案，实行一周一调度机制，全面掌握项目的建设情况，切实解决项目建设过程中存在的困难和问题，扎实有序地推进项目建设。华资自建产业园建设项目已完成5栋厂房建设，总建筑面积约6万多平方米；奇力电子信息产业园于4月初进场开工建设，完成总建筑面积约4万平方米，其中7、8号厂房主体已完成，其墙体装修完成2万平方米，6号楼第二层主体已完成，1、2、4号厂房孔桩基础已完成；台州阀门产业园正在进行正在进行场地平整；宝华表面处理项目已安装两条生产线；恒伟玻璃制品生产项目综合楼主体已完成，2栋生产车间及1栋成品堆放车间已建成并开始试运行；业盛钢结构产品生产项目正在进行场地平整。

（供稿：金沙经济开发区办公室）

织金经济开发区

【概述】 2018年，贵州织金经济开发区党工委、管委会紧紧依靠市委、市政府和县委、县政府的正确领导，团结带领干部职工，以习近平新时代中国特色社会主义思想为指导，深入学习贯彻党的十九大和习近平总书记在贵州省代表团重要讲话、全国、省、市、县“两会”精神，认真贯彻落实中央、省、市各项重大决策部署，以全面深入开展“三个大兴”之风活动为载体，以转变工作作风为着力点，紧紧抓住巡察工作反馈意见整改这个重头戏，不断完善内部管理机制，促进干部真抓实干，攻坚克难，确保党的建设、产业项目、基础设施、招商引资、环境保护等各项重点工作取得显著成绩，扎实推进开发区经济社会健康发展。

【主要经济指标完成情况】 全年完成投资35.92亿元，占全年目标任务34亿元的105.64%；完成工业总产值57.37亿元，占全年目标任务50亿元的114.74%，完成工业增加值18.9亿元，占全年目标任务15亿元的126%；完成工业用电量5.1万千瓦时，占全年目标任务2.55亿千瓦时的198.77%；完成税收5.43亿元，占全年目标任务5亿元的108.54%；招商引资到位资金7.21亿元，占全年目标任务1亿元的721%；新增规模以上工业企业2户，占全年目标任务2户的100%；完成进出口贸易额0.19亿美元，占全年目标任务0.13亿美元的146.15%；新开工产业项目5个，已完成全年5个项目开工目标任务。

【巡视巡察整改工作推动有力】 一是针对市委巡察办反馈的整改问题，党工委高度重视，深刻反思反省，认真组织力量，建立整改台账，制定整改措施，明确整改任务、整改时限、责任人员等加以整改。制定出台37个制度，建立按制度议事和用制度管理干部的长效机制。部分问题整改已得到落实，部分问题整改工作正在有效推进。二是针对工业园区建设形式主义问题整改工作，开发区党工委已制定整改工作专班，下设整改工作办公室，结合省、市整改方案制定整改工作台账，明确整改任务、整改时限、责任领导、责任单位及责任人。在省、市、县巡视整改工作督查组的领导下，已全面完成整改问题9个，完成整改率为100%。

【产业项目建设取得重大突破】 一是国电织金发电有限公司4×660兆瓦织金电厂新建项目正常运行。织金电厂一期新建工程截至2018年12月底累计发电143.3亿千瓦时，其中，2018年1—12月累计发电53.3亿千瓦时。二是中国石化长城能源化工（贵州）有限公司60万吨/年聚烯烃项目实质性开工建设取得突破。继2017年2月8日环保部以环审〔2017〕22号文正式批复项目环评报告书后，2018年7月获得贵州省发展改革委核准批复（黔发改工业〔2018〕882号）；2018年11月，中国石化股份有限公司正式批复中国石化长城能化（贵州）有限公司60万吨煤制烯烃项目可研报告，同意启动实施贵州织金煤化工项目。项目建设合法合规的要件已全部审批结束；已完成项目选址区用地范围内6600亩、搬迁1342户5100多人征地搬迁工作，已满足项目进场施工的“毛净地”条件，项目地质详勘工作已结束，进入场地平整设计招标工作。三是煤炭基地建设项目有序推进。贵州文家坝矿业有限公司文家坝一矿一期工程已建成投产，二矿一期工程建设稳步推进；肥田煤矿一期即11采区和21采区（设计产能210万吨/年），现已完成90%的井巷工程量，相关设备正在安装。

【基础设施建设稳步推进】 一是金洪大道项目已达到通车目标。金洪大道起于织金县绮陌街道中营村，终于织金县茶店乡洪家渡水库大道，全长25.1公里，总投资20.78亿元。项目建设已基本完工，大道已实现通车目标。二是煤化工大道前期工作正在有序开展。该项目起于织金县茶店乡西北部边缘平山寨接金洪大道处，终于中石化煤化工聚烯烃项目边界，是为中石化煤化工项目大件运输而修建的城市二级次干道，全长3.5公里，总投资3.37亿元。项目可研已获县发改局批复，项目初步设计已编制完成。三是中石化煤化工八步安置点项目建设进度加快。该项目规划总用地1026亩，安置3275户，总投资29133.94万元。累计完成投资10700万元，累计完成六条主干道（碧云大道、水西大道、碧云一路、水西一路、水西二路、云水路）及区块内道路（2、3、4、5、6、7、9、10号地块）路基填筑土石方314200立方米；场平工程土方工程511500立方米；雨水管道6480米，污水管道安装6140米；电力管网6350米，综通管网6400米；给水管网6000米；石墙砌筑9800立方米；级配碎石铺筑71000平方米；水稳摊铺71000平方米，安装路缘石22000米，人行道砖铺设6000平方米。部分地块已达到化地安置条件。四是开发区污水处理厂及配套管网工程前期工作已基本完成。经过多次沟通协调，已置换债券资金7亿元保障项目建设，现招投标工作已完成，八步、茶店工业污水处理厂以及应急事故处理池项目选址已确定，正在积极督促中标单位贵阳电建院出具八步、茶店工业污水处理厂及应急事故处理池相关设计、工程预算，待走完建设手续后立即组织施工。

【招商引资工作成效显著】 累计完成签约项目12个，占省下达任务3个的400%；完成项目签约资金21.04亿元，新开工建设产业项目5个，占市下达任务2个的250%；完成项目库项目编制20个，占县下达任务20个的100%；完成精包装项目5个，占县下达任务10个的50%。一是腾笼换鸟，平台招商。以中央、省、市巡视巡察整改作为规范开发区入驻企业管理的重要机遇，认真贯彻落实开发区发展质量转型升级的政策措施，把长期“占而不用”“圈而不建”的“僵尸企业”作为清理整顿重点目标，腾出厂房，围绕主导产业引进投资实力强、市场前景好的企业入驻。开发区累计清退“僵尸企业”8户，腾出厂房1.7万平方米，新引进5户企业入驻，入驻企业投资达12.43亿元。二是穿针引线，借力招商。把全国工商联、贵州省工商联、广州市花都区、贵阳市商会联系帮扶织金作为开发区招商引资的重要平台，加强联络对接，争取工商联、花都区组织到织金考察的每一批企业都到开发区实地了解情况。开发区抓住机遇，大力宣传推介，争取入织考察企业落户开发区投资建设项目。三是龙头带动，链条招商。围绕开发区已建成或即将落地开工的大项目，围绕上下游产业制定产业链图谱，并把龙头企业的长期合作企业作为招商引资重点目标企业，以龙头企业动员联系、开发区上门对接的方式开展招商引资。

【碧云公司实体化运作初显成效】 一是推动肥田煤矿重启建设。完成了水矿集团在中城能源公司51%股比的接盘工作，积极筹措资金并推动肥田煤矿重启矿井建设工作。二是参股金碧配售电公司并实现公司运营。积极谋划破解招商引资工作困难瓶颈，采取了加大公司之间的投资合作力度，经过多次的对接沟通，与具有专业资质的国家电投集团贵州金元配售电有限公司投资合作成立了织金金碧公司，主要从事增量配电网投资及运营、购售电、煤炭贸易、输配电设施安装、检修及运营管理等业务。三是做好项目代建工作。纳入公司代建的项目是八步安置点、煤化工大道、污水处理厂等，总投资超10亿元。四是做好项目融资工作。与工商银行织金支行合作，以中城能源公司股权并购资金融资4.3亿元，市行已初审通过报省行，省行正在报总行申请行业准入；与织金惠民村镇银行合作，以中城能源公司股权并购资金融资2亿元，资料已报贵阳分行审查；与贵州银行织金支行合作，以中城能源公司股权并购资金融资3.6亿元和经开区污水处理厂建设项目融资5.6亿元，已报请贵州银行总部作贷款主体信用等级评定。

【园区遗留问题有序开展】 一是东伟服装项目。东伟服装项目护坡工程已按程序选择有质量检测资质的中介机构进行质量抽样检测；已按程序选择有资质的审计结算单位对项目进行结算审计，完成了中行世融公司承建工程资结算审计。二是绮陌标准化厂房项目。完成了项目消防工程验收、节能验收，完成项目验收，争取完成审计结算工作。三是绮陌公租房项目。项目已基本完工，完成消防验收准备工作，项目跟踪审计工作也在同步开展中。四是三甲园区遗留问题的处理。完成三甲园区中空玻璃项目、三甲重工项目、华风储选厂、编织袋厂、金三甲玻璃钢厂、华彩汽车城项目等企业已清理出园区。五是绮陌标房的清退工作。依法清退入驻绮陌标房“僵尸企业”金丰鞋业、冠博电子、宫保食品、百信纸厂、天虹竹荪、织金衣裳服饰、竹影纸业、兴贵床上用品等8家企业。同时引进了大直制衣、远力鞋业、加顺制衣、杨迪电子等6家企业入驻，实现标房饱和率。

【确保环保工作取得实效】 一是全力以赴抓好中央环保督察有关问题整改落实。已全面完成八步城镇综合污水处理厂在线监控系统的整改工作，在线监控系统已安装调试结束并获得县环保局的备案验收，在线监测数据已实现与上级环保部门进行联网，联网MN号为：07602294310000，若污染物排放超标，国家、省、市、县环保部门均可在第一时间知悉并进行有关处理。二是基地污水处理厂未建问题，开发区环保局经过多方协调和努力通过请示（织府呈〔2018〕48号）征得市政府暂缓建设织金经济开发区污水处理厂的同意，已提请省产业园区环保督查整改工作领导小组同意暂缓建设织金经济开发区污水处理厂（毕府呈〔2018〕9号）。三是切实做好织金新型能源化工基地基础设施项目前期工作。积极配合中国电建贵阳院对基地污水处理厂及配套管网工程、事故应急水池工程等项目进行选址、踏勘等前期基础工作。已完成基地污水处理厂的可研编制并获得批复（织发改产业〔2018〕13号）。

【安全生产工作有效开展】 一是明确目标，切实履行安全生产主体责任。与开发区各部门及辖区内各重点企业、重大项目施工单位签订安全生产责任书，明确安全生产企业主体责任以及内设各部门"一岗双责"责任。明确人员具体负责事务与责任，确保安监工作的正常推进。二是完善制度，切实推进安监工作内部管理。不断完善各项工作制度，制定《安全生产监督检查制度》《安全生产责任制度》《安全生产检查清册》等工作制度与方案，编制《安全生产制度汇编》，让制度规范行为，使方案明确思路，严格按照制度规范开展各项安全生产工作，确保工作任务的及时、保质、保量地完成。三是强化监管，切实加强园区企业隐患排查。根据年初制定工作计划，组织人员对辖区内企业开展安全生产监督检查和隐患排查工作，对辖区内织金电厂、金洪大道建设项目、宏瑞建材厂、东伟服装厂、广成家具、中小企业创业园等企业组织开展了60余次安全生产监督检查，人员120人次，检查企业100家，未发现重大安全隐患，发现一般安全隐患52条，督促企业及时完成整改52条，达到100%整改完成率，全年未发生一起安全生产事故。

【推动重大项目落地建设】 园区领导多次亲自率队进京赴省、适时召开重大项目工作推进会，安排专人具体负责，积极对接联系省、市相关领导及有关部门，通过高位推动，促进了中石化织金60万吨/年聚烯烃项目于2018年7月获得省发改委核准批复；2018年9月项目正式落地开展地质详勘工作。

【优化服务助力脱贫攻坚】 一是成立服务协调工作组，优化服务质量。两园合并后，开发区成立遗留问题处理领导小组，采取有力措施对入驻企业进行了清理整顿，依法清退"僵尸企业"，并围绕主导产业引进投资实力强、市场前景好的大直制衣、顺加制衣等企业入驻，提升了标准厂房的入驻率和产出率，促进了开发区的良性发展。二是找准工作切入点，积极引导贫困户进行就业技能培训。充分利用园区标房，积极落实恒大在园区内培训的契机，引进"管家帮"落户园区标房开展就业技能培训。恒大集团在园区标房内共计组织培训28期，培训贫困人员达1.1万余人；"管家帮"累计培训4期，培训人员达500余人。三是吸纳贫困人员就业，助力全县打赢脱贫攻坚战。充分依托标房入驻企业，吸纳了贫困人员560余人，其中，建档立卡贫困户39人，切实采取措施保障了贫困人员务工收入，确保贫困人员收入稳定，不再返贫。

【基础设施建设取得重大突破】 一是金洪大道的通车运行，开发区与县城一脉相承，里程从70余公里缩短为30公里，耗时从1.5小时缩短为0.5小时。金洪大道还实现了与夏蓉、赤望两条高速公路的连接贯通，从开发区上高速，最近距离程耗时不超过5分钟，最远里程耗时不超过半小时。为开发区引得进、留得住企业创造了良好的交通环境。二是八步安置点的推进速度加快，部分地块已达到化地安置条件，为中石化织金60万吨/年聚烯烃项目建设提供了强有力保障。三是投资7.5亿元开发区污水处理厂已完成EPC总承包招投标工作，相关设计正在积极开展。为今后入驻企业提供了良好的污水处理保障。

【不断提高机关行政效能】 一是不断提高政治站位。开发区始终坚持学习常态化，以召开全体干部职工大会、党工委中心学习组专题学习研讨、党支部及党小组讨论学习、利用宣传栏和宣传标语等多种学习方式，始终把学习贯彻习近平新时代中国特色社会主义思想、党的十九大精神、在贵州省代表团重要讲话精神、对毕节试验区工作的重要指示精神以及关于巡视工作的重要论述精神，认真贯彻落实中央、省、市各项重大决策部署，切实提高政治站位。二是积极推动“三个大兴”活动落细落实。根据市、县开展“三个大兴”活动的要求，迅速组织召开党工委委员会议和全体干部职工会议，对开展“三个大兴”活动进行研究部署，将开展“三个大兴”活动列入2018年重点工作计划，落实工作重点和推进时间节点，确保工作稳步有序推进。三是落实党风廉政建设和反腐败工作责任制。组织召开2018年党风廉政工作大会，层层签订党风廉政建设责任书，此外全体干部职工还签署了廉洁从政、滥办酒席和殡葬改革承诺书，打好干部职工的预防针。组织全体干部职工观看《坍塌的堡垒》等警示教育片，联系市县纪（监）委到开发区为干部职工开展《中华人民共和国监察法》宣讲和《预防职务犯罪》的专题讲座。四是切实有效抓好省、市、县“五步工作法”的安排部署。加大干部职工教育培训力度，强化长效机制、激发干事热情、推进作风建设、提高开发区工作效率，5月28日至6月1日，组织开发区全体干部职工80余人开展了为期五天的学习培训。五是积极推动脱贫攻坚工作落到实处。选派了9名优秀干部到织金县贫困村任第一书记，并切实负担起脱贫攻坚工作重任；开发区制定出台了《贵州织金经济开发区深入开展2018年脱贫攻坚结对帮扶工作方案》，明确帮扶责任，细化帮扶任务，落实帮扶措施，扎实做好脱贫攻坚推动落实相关工作；并充分整合优势，在原产业园区开展恒大扶贫培训和“管家帮”工作，恒大扶贫培训自2017年7月开始累计培训1.1万人，其中2018年上半年累计培训5500余人。

（撰稿：董克明）

纳雍经济开发区

【指标进位工作】 紧紧围绕省、市下达的年度目标任务，结合园区实际，草拟《贵州纳雍经济开发区（纳雍县产业园区）2018年各项经济指标进行责任分解》，并报经县委常委会讨论研究同意后以纳党发〔2018〕21号文件印发，进一步加强领导，细化指标，明确责任，得到县各相关部门、乡镇（街道）和各企业的支持配合。2018年，经开区着力强化经济运行调度，做到依法统计、科学统计、应统尽统。截至12月31日，完成固定资产投资36.78亿元（其中：产业项目投资13.24亿元，基础设施投资23.53亿元），占年度目标任务23亿元的160%；实现工业总产值131.38亿元，占年度目标任务100亿元的131%；完成增加值45.57亿元，占年度目标任务32亿元的142%；新增就业人员780人，占年度目标任务600人的130%；完成税收5.16亿元，占年度目标任务4亿元的129%；新增开工产业项目12个，占全年目标任务8个的150%；签约项目到位资金5亿元，占全年目标任务2亿元的250%；进出口额贸易达到310.14万美元，占年度目标任务200万美元的155%；用电量达到22852万千瓦时，占年度目标任务13300万千瓦时的171%；厂房利用率及解决贫困人口就业等各项指标均取得明显成绩，确保完成2018年目标任务，在全市产业园区各项经济指标考核综合排名第四位。

【招商引资工作】 一是强化领导带队招商。成立产业链招商工作专班，由党工委书记、管委会主任任双组长，领导小组下设新能源新材料产业、制鞋产业两个招商专班。2018年年初，开发区领导班子亲自率队到云南、广州、深圳、北京、新疆、重庆、福建、贵阳等多地开展招商引资工作15次，与14家企业签订投资合同，签约资金达12.36亿元，开工项目14个。二是强化政策和产业链招商。制定产业链招商图谱，围绕新能源新材料、制鞋等主导产业，充分利用民革中央、广州天河区、贵阳国家高新区帮扶纳雍的人脉资源优势，搭建招商平台，切实开展招商活动。截至2018年年底，围绕重点产业，精准策划编制项目15个，精包装项目5个，编制项目招商专案1份。2018年，经开区先后赴广州、深圳、惠州、东莞、厦门、北京等地开展产业链招商活动，与20余家锂电新能源及制鞋企业进行对接、洽谈。目前，已与苏州市恒顺信进出口贸易有限公司、浙江省台州市黄岩童虎鞋业有限公司等4家制鞋企业签订项目投资合同；与惠州市伟江锂能科技有限责任公司、惠州宏圣达新能源有限公等2家锂电新能源企业初步达成合作意向，预计2019年年初可签订项目投资合同。

【服务功能工作】 一是创新设立"中小企业管理及服务中心"，整合开发区投资促进局、县代办服务中心6名工作人员入驻中心，完善项目跟踪督办制、项目陪同办理制、项目预约办理制等相关制度。2018年，服务部中小企业管理服务中心共接待来访企业人员及提供咨询服务100余人次，受理区内代办企业17家，代办事项116项，办结116项，办结率100%；走访服务企业1200余人次，在走访服务过程中共收集企业存在的问题和困难15条，服务中心解决了7条，协调有关部门解决8条；为解决入驻企业招工问题，服务部中小企业管理服务中心组织开发区内企业参与各类就业招聘活动5场次，组织用工难企业分赴各乡镇街道开展企业用工招聘活动15余场次，联合县人社局以"携手易地搬迁、推进就业扶贫"为主题组织易地扶贫搬迁户300余人到开发区企业进行就业选岗，有效解决区内企业用工难和贫困劳动力求职难问题。二是成立金熙物业管理公司，加强对厂区、员工食堂及员工宿舍的物业管理。三是成立园区警务大队，做好保驾护航工作，加强治安管控、保障公共安全，为投资者及企业员工打造一流的生产生活环境。四是提升管理能力，大力优化资源配置。通过部门联动加强对企业动态监测，加大"僵尸企业"及企业"占多用少"的清理处置力度，2018年清退两家"僵尸企业"、清理4家"占多用少"企业，收回厂房面积约16000平方米，确保资源利用最大化。五是改变物流运输运作模式，减少政府投入，降低企业物流成本。根据物流运输现状，研究制定了物流运营方案，大大节约了物流运输成本。2018年1月至10月30日，金熙物流公司为企业运输重货745.86吨，轻货1861.65立方米，设备105.4吨、966.82立方米，金熙公司补助1045964.5万元，实行社会化运营，社会化物流公司服务周到、时效保证、灵活多变，加上政府给予补贴，降低了企业的物流成本，深得企业的认可。

【机制创新工作】 一是创新大部门合署办公改革，整合现有8个部门一个公司人员，成立"三部一公司"，明确各部门领导工作分工及部门人员职责，全面激发干部职工积极性、主动性和创造性。二是强化内部管理，制定开发区绩效考核管理办法，完善考勤管理、财务管理、车辆管理等相关制度，全面转变工作作风，有效推进各项工作取得实质性成效。三是狠抓规范化管理，规范办文办会。2018年，综合部严格按照相关程序和要求，加强学习，超前谋划，提前准备，上下配合，通力合作，切实抓好来文来电处理、各类会议安排布置和相关材料的拟写上报。2018年，处理来文1187份，来电300余次，安排协调布置大小会议60余次，下发文件133份，拟写上报各类材料200余次，报送信息31条，被县人民政府网、珙桐纳雍、毕节市政府网等新闻媒体及网站采用26条。

【园区形象工作】 一是贵州纳雍经济开发区污水接入纳雍县县城污水处理二期工程实施完毕，环境污染得到有效治理。二是5.1级风灾灾后重建工作全面落实，D区二期标准厂房和E区标准厂房建设项目得到有序推进，绿化亮化得到进一步完善，园区形象得到有效提升。三是完成经开区D区厂房绿化工程、经开区办公大楼绿化工程、发展大道与连接线丁字路口景观工程设计工作。四是完成D区二期标准厂房和E区标准厂房建设项目地勘工作，设计已完成40%，投入资金约350万元。

【改革活力工作】 一是相关规划修编工作正常推进。完成经开区阳长煤电工业园区1:500地形图测绘工作，完成《经开区阳长煤电工业园区总体规划》资料收集、编制及初审工作，同心产业园区规划修编工作正式启动，煤化工产业园年产200万吨煤制油项目进展良好，国家增量配电改革业务试点工作稳步推进，协助供电公司完成经开区辖区内双回路电网改造。二是园区环保管理工作取得实质性突破。污水总管道接入纳雍县县城污水处理厂二期工程全面完工，在线监测并与环保部门联网，解决经开区污水处理问题，入园企业环评验收工作得到正常推进，建立了与县环保部门的常态化管理机制，改革创新活力逐步凸显。

【公产管理架构建立工作】 制定出台《贵州纳雍经济开发区国有资产（厂房、员工宿舍和办公用房）管理暂行规定》，成立金熙物业管理有限公司，制定《纳雍县金熙物业有限公司关于贵州纳雍经济开发区A区、B区标准厂房及办公楼收取租金的方案》《纳雍县金熙物业有限公司管理制度》，园区厂房公房得到规范化管理，标房、宿舍楼利用率得到提高。

【党建工作】 切实加强市委巡察和园区建设存在形式主义的整改工作，制定和完善党工委、管委会议事决策制度、中心组学习制度以及车辆管理、财务管理等相关内部管理制度，优化机关支部和非公企业支部建设，加强了开发区党的领导、党的建设和全面从严治党工作，有效解决基层党组织建设弱化、非公党支部设置不合理等问题。

【巡视整改工作】 根据巡视整改时限要求，立足纳雍经济开发区（产业园区）实际，对照整改方案，扎实开展工作，截至年底，涉及六个方面的17项问题，已整改完成。

【园区安全生产工作】 2018年，对所有企业生产现场进行检查386人次，查出隐患298条，整改销号286条，整改率95.9%。积极配合市安监局检查3次、市工能委检查1次、市商务局检查1次、市消防支队检查1次、县安监局检查10余次、县消防大队4次。通过检查发现问题来推动企业建立健全隐患排查治理制度，大力开展安全生产标准化建设，建立完善全员全过程安全管理制度。将安全隐患处理在萌芽状态，实现开发区安全生产“零”事故的目标。

【投融资工作】 2018年中国企业的负债率过高，企业债务风险加大，企业融资难度加大。由于政策导向，2018年上半年金熙开发投资有限公司未融到资金。2018年下半年，经与中核二三公司合作，拟融资7亿元，用于建设D区二期和E区标准厂房，目前审计已进场，待完善土地划拨后出具审计报告。

【脱贫攻坚帮扶与抽派相关工作】 2018年，经开区全体干部职工积极进村入户开展驻村帮扶。一是开展“集中大走访”活动，按照县委、县政府关于脱贫攻坚走访贫困村贫困户的要求，开发区定期组织干部职工对联系帮扶村贫困户进行走访，解读、宣传扶贫政策。二是集中精力帮扶贫困户在产业发展、转移就业上下功夫，解决贫困户实际困难，积极帮助贫困户联系经开区企业提供就业岗位，积极协调县直相关部门帮助解决产业发展问题。

（供稿：纳雍经济开发区）

贵州威宁经济开发区

【概述】 贵州威宁经济开发区（以下简称经开区）前身为威宁县产业园区，2010年11月成立，2011年7月，贵州省人民政府正式批准设立省级经济开发区。经开区成立以来，按照“和谐建区、产城互动、体制创新”三大战略，按照“产业聚集区、经济增长极、城市副中心、创新示范点”的定位和“依城建园、以园兴城、产城融合、城园互动”的思路，健康有序推进。2018年，经开区坚持以习近平新时代中国特色社会主义思想为指导，增强“四个意识”，坚定“四个自信”，做到“两个维护”，牢记嘱托，感恩奋进，凝聚各方力量，完成规模以上工业总产值80亿元，同比增长10.1%；完成规模以上工业增加值23亿元，同比增长6.4%；完成固定资产投资28亿元，占目标任务34亿元的82%，其中产业项目完成13亿元，基础设施投资完成7.5亿元，房地产项目投资完成7.5亿元。产业项目在库13个，5000万元以上10个、5000万元以下3个；房地产项目在库2个，基础设施项目在库12个，5000万元以上3个、5000万元以下9个。新增规模以上工业企业7个，累计规模企业52户，在毕节市各县区新增规模企业个数中排列第一。整个园区入驻企业累计达95户，其中投产企业79户，在建企业16户。投产企业中，正常生产64户、季节性生产3户、停产12户；在家企业中，正常建设11户，停建5户。

【重点项目建设】 2018年，贵州威宁经济开发区在建重点项目14个，建成投产的有戴利、金叶丰、创博、骏周延、闪闪兔、欧致6个，正在有序推进建设的有奥博二期、气调库、马铃薯深加工项目、宏华、太给、润兴玻璃、荞源农业、绍芬火腿8个。奥博皮具产业园二期自建项目完成567号研发楼主体工程，正在进行装修，1～4号厂房正在进行厂房主体工程，8号厂房进行地下室施工；威宁县苹果气调库及分选包装线建设项目，办公楼消防管道安装完成，冷库钢结构完工，设备安装完成95%，分选车间钢结构完成80%，室外道路基平整完成90%；马铃薯深加工基地建设项目正在进行全粉车间内部装修，净菜车间钢结构建设，净菜车间部分设备进场安装完成；宏华现代化生猪生态养殖产业扶贫示范园区项目饲料厂办公楼、宿舍楼主体完成进行封顶。

【基础设施建设】 完成工业13路道路工程、生态排水渠、环城路延伸段A标段沥青加铺工程和边坡治理工程、凤山路至景观大道连接线支线及边坡治理工程、奥博产业园西南侧边坡加固工程、戴利服装场平工程和威宁创博新型建材有限公司强夯工程建设，启动102省道改造工程一期并完成102省道改造工程阳光大道至烟叶仓库段900米水稳层铺设，完成环城路延伸段B标段和威宁县润兴新型建材有限公司场地强夯工程，完成精神病医院、戒毒所、十中、十一中、同发、西南商混、汽车内饰产业园、2018年易地扶贫搬迁新增2万人、屠宰产业园等30余个项目的选址及规划红线工作，完成江楠安置区、北港兴城、鼎越商贸城、精神病医院、太给等30余个项目的规划方案审查工作。

【招商引资】 经开区始终坚持"抓大不放小"思路，进一步完善招商引资政策措施，采取领导带队招商、以商招商等招商方式大力招商引资。2018年，先后前往广东、浙江、安徽等地考察、推介项目，引进讴致汽车用品生产项目、皮具箱包生产项目、室内拖鞋项目等一批优强企业落户园区。全年联系洽谈项目50余个，签订项目投资协议21个，占年初目标任务20个的105%；完成签约资金37.13亿元，占年初目标任务18亿元的206%；新增入园项目16个，占年初目标任务15个的106.6%；产业项目建设完成实际到位资金15.015亿元，占全年目标任务15亿元的100.1%。

【融资工作】 2018年，经开区组织企业申报贵州绿色产业扶贫投资基金项目16个，总计拟申报金额17.51亿元。已获得脱贫攻坚投资基金8.55亿元，帮助企业获得融资贷款1.52亿元。其中依托"贵园信贷通"及威宁县惠民发展信用担保有限责任公司等融资平台，进一步强化"政、银、企"铁三角关系，"贵园信贷通"帮助卓源、开富科技向邮储银行完成融资贷款800万元，依托"中小企业非标集合债"帮助科能塑编、修进汽贸等企业完成融资转贷1.87亿元。融资过程中，制定《经开区融资工作座谈会联席会议制度》，定期组织召开融资工作座谈会，加强政府部门、金融机构和企业之间的沟通与合作，促进经开区经济金融良性互动、和谐发展。根据《威宁自治县人民政府进一步支持贵州威宁经济开发区企业加快发展的实施办法（试行）的通知》以及《投资协议》等相关文件要求，兑现企业优惠政策补助款8022万元。

【国土资源管理】 2018年，经开区完成五里岗街道棚户区改造房屋测量653户，签订协议623户；完成项目征地5593.0367亩，房屋拆迁252栋、359户，其中住房47405.9856平方米，附属房15276.07平方米。开展地灾隐患巡查95次，对地质灾害隐患点GPS坐标定位4个；开展国土资源宣传、巡查95次，查处抢修抢建地上建筑物、构筑物6户，将土地监管及地质灾害防治纳入巡查范畴，推进依法行政，履行国土资源监管职责。配合县国土资源执法监察大队完成卫片执法5宗，使辖区内乱占滥用耕地、违法违章抢修建房的现象得到有效遏制。

【环境保护】 2018年，按照威宁自治县环境保护督查整改领导小组的有关要求，积极制定整改方案，按时完成中央环保督察反馈的产业园区规划环评执行不到位、企业整体污染治理水平低问题和中央环保督察"回头看"工作。实地查看企业环保设施落实情况，督促19家企业进一步做好"回头看"工作，确保中央环保督察反馈整改问题不反弹。督促威宁雪格生物科技有限公司、贵州创博新型建材有限公司2家扬尘污染大的企业进行整改，企业已完成对原料堆场、锅炉房及公司空地等裸露场所加盖防尘网，有效治理了扬尘污染，完成扬尘治理工作。经发局、规划建设局、社事中心等部门联合，对小微创业园、孵化园、五里岗大道、工业四路等区域内的企业进行排查，对存在雨污混排的企业下达整改通知书10余份，督促雨污管网错接企业强化整改，实现雨污分流，完成雨污混排整改工作。

【为园区企业提供优质服务】 一是坚持代办服务。主动开展一站式、保姆式服务，帮助企业解决各方面存在的实际困难和问题，受理代办事项102件，办结102件，办结率100%，解答业务咨询服务176件。二是强化招工服务。积极与威宁县就业局、威宁职校等部门进行对接，多渠道、多形式解决企业招工难问题；带领相关企业赴各乡镇、车站等人员密集场所召开现场招聘会30余场次，发放招聘简章3万余份，推荐就业人数1300余人；与恒大集团对接，开展创业就业技能培训36期，培训学员13400余人，推荐就业10735人次，帮助易地扶贫搬迁对象实现就业。三是积极帮助化解纠纷。经开区不断强化对各用人单位监管力度，大力排查和帮助企业化解“劳资纠纷”，为企业分忧、为职工解难，维护和谐稳定，受理和排查拖欠农民工纠纷30余起，兑现拖欠工资1500余万元，协调相关部门处理群众上访12起。

【打造稳定和谐美丽园区】 按照“平安经开区”建设要求，积极引导，强化处置，加强巡逻防控，开展严打整治，全力查处治安案件，维护辖区社会稳定。2018年立刑事案件14起，破获5起，抓获犯罪嫌疑人5人。协助威宁县公安局刑侦大队成功侦破命案2起，协助治安大队破获王某恶意欠薪案件。抓获网上逃犯1名，受理治安案件10起、办结10起，行政拘留24人。按照“一企一民警”原则，对重大项目、重点企业逐个明确责任领导和民警，建立定向联系机制，搭建“警企共建、平安创建”两个平台，维护企业发展环境。安全生产。结合经开区实际，拟定元旦、春节等重要节点时段安全大检查工作方案，开展安全生产大检查，排查一般隐患和问题89条，已整改89条，整改率100%。积极开展全国第十七个“安全生产月”系列活动，在经开区便民服务中心广场、重点企业及安置小区设置宣传横幅、摆放宣传展板、设立咨询台、分发宣传材料等形式开展宣传，活动期间共摆放安全生产宣传展板20余块、安全生产宣传横幅3条、发放宣传资料3500余份，宣传物品1500余件。美化园区环境。积极开展环境卫生综合整治，实行以路段定人、以质量定人工作模式，确保园区环境卫生管理全覆盖，营造园区干净、整洁、有序的生活环境。查处乱倒、乱运、带泥上路、沿途抛洒车辆80余起；清除“牛皮癣”小广告500余张；配合公安分局整治辖区车辆乱停乱放30余次；修复辖区损毁路灯、雨污井盖、雨篦、人行道砖等市政设施；完成辖区道路安全扶栏的建设。

【强化组织保障，助力脱贫攻坚】 强化干部培训，选派10名科级干部参与中共十九大精神及脱贫攻坚专题培训班培训。开展精准扶贫结对帮扶，报送干部职工41名参与“4321”结对帮扶，向结对帮扶贫困户发放帮扶资金6万余元。鼓励企业积极参与脱贫攻坚帮扶工作，戴利服装有限公司等积极发挥社会作用，到雪山、么站、迤那、炉山、金钟、羊街、中水等乡镇走访慰问贫困户307户，发放帮扶物资折合人民币10万余元。

（供稿：贵州威宁县经济开发区）

赫章县产业园区

【概述】 赫章县产业园区管理委员会由贵州省毕节地区（现毕节市）机构编制委员会于2010年11月24日批准成立，为中共赫章县委、赫章县人民政府派出的副县级机构，与赫章县产业园区党的工作委员会实行一个机构两块牌子的管理体制，设党工委书记1名，管委会主任1名，副主任2名，总工程师1名；内设办公室、财务科、规划管理科、投资促进科、项目管理科等5个副科级机构及5名副科级领导职数；同时设立野马川特色农产品加工园区管理处、珠市生铁铸造工业园区管理处、妈姑有色金属工业园区管理处，赫章县产业园区安全生产监督管理站，4个副科级机构及4名副科级领导职数。2018年，赫章产业园区共有在职在编人员32名，其中党工委书记1名、管委会主任1名、副主任1名、总工程师1名，科室、园区管理处、安监站负责人（副科级）7名，副科级干部5名，一般工作员14名，工勤人员2名；中共党员20名，群众12名；研究生2名，本科文化19名，专科文化10

名，中专文化1名。2018年，赫章县产业园区在县委、县政府的正确领导下，紧紧围绕全县中心工作及各项目标任务，大力推进园区建设和发展，各项工作取得良好成效。2018年完成工业产值60.34亿元，占市目标任务50亿元的120.6%；完成产业项目投资10.6亿元，占市目标任务9亿元的117.7%；完成基础设施建设投资10.44亿元，占市目标任务3亿元的348%；新开工产业项目19个，占市目标任务8个的237.5%；新增2000万元规模以上企业4家，占市目标任务4家的100%；完成工业用电28010万千瓦时，占目标任务18300万千瓦时的153.06%；完成税收2.91亿元，占市目标任务1亿元的291%；进出口贸易额完成737.3万美元，占市目标任务200万美元的368.5%。

【突出主导产业，狠抓招商引资】 2018年，在充分调研、考察观摩、市场分析、政策解读基础上，明确以“铸造产业”为主导产业进行全面打造升级，着力打造燃气灶炉头、地弹簧、锁体三个产业链，围绕铸造主导产业链的建链补链、强链扩链，通过领导带头招商、部门责任招商、优惠政策招商等方式，赴浙江、上海、山西、山东、广东等地开展招商活动，签约项目15个，落地项目13个。一是先后引进三联、力盛、月凯、睿博、林月等著名燃气灶品牌核心部件的供应商入驻园区，入驻企业与“美的”“老板”“华帝”等知名企业保持长期合作的伙伴关系，建成庞大的燃气灶炉头生产基地，所生产的燃气灶炉头已占全国销售市场的40%左右份额。二是积极助推生产地弹簧的泉盛公司，从当前的生产天轴（锁芯）、缸套等部件到下一步上缸盖生产线，完成整套的弹簧成品的加工，建成年产1000万只地弹簧缸体铸造项目，占到全国弹簧缸体生产市场35%的份额。三是引进了浙江省浦江县引进一批客商在赫章县发展挂锁产业，注册成立了皓天锁业、耀辉锁业、聚百川、汇铸等5家企业来投资生产成品锁，完成年产10亿把锁生产加工、2200万把挂锁组装等项目的签约落地，力争将赫章县妈姑园区、野马川园区建成锁体产品加工基地。

【统筹推进，狠抓项目建设】 园区始终坚持实行“一个项目、一套班子、一支队伍、一名服务人员”的“四个一”制度，强力推进项目建设。2018年完成野马川园区健身广场及绿化建设；完成野马川326国道改扩建及野马川园区大佛寺安置小区路网等项目的验收工程；完成铁匠建材园区厂房、职工宿舍设计及施工图审查；完成珠市园区新引进4家炉灶头铸造企业硬化工程、供电工程、行车采购安装、厂房维修、防护栏安装工程；完成妈姑园区3万吨铸铁锁体项目场地硬化工程、供电工程的设计。

【腾笼换鸟，全面清理“僵尸企业”】 通过深入对园区内企业的占用厂房情况、用工情况、生产经营情况、财务指标、报税情况、产能利用率、银行欠款、用电情况等进行认真核查，建立园区“僵尸企业”台账。并在领导小组的指导下，严格按照《赫章县人民政府办公室关于印发赫章县产业园区“僵尸企业”清理工作方案的通知》（赫府办发电〔2016〕174号）文件精神组织开展“僵尸企业”清退工作。2018年，共清退贵州金腾食品厂、贵州腾胜食品公司、贵州鸿誉能源开发有限公司、贵州嘉奇机械有限公司4家企业，腾出厂房6栋21600平方米，为新引进的企业提供了有力的生产用房保障。

【加强服务，着力优化营商环境】 一是由县人社局督促指导，园区管委会牵头，企业全力配合落实企业规范招工、用工行为。二是加大宣传力度，搭建园区就业平台，及时准确发布园区用工信息。三是引导农民或外出务工人员回乡到园区就近就地就业创业。四是帮助开展招工宣传。

2018年园区配合企业开展用工宣传10次，招进工人400余人，切实解决企业用工问题。

【结对帮扶，助力全县脱贫攻坚】 2018年共选派4名干部脱钩到园区联系的野马川镇寨子村、古达乡观音村和珠市乡以那村开展扶贫帮扶工作。组织干部职工与野马川镇寨子村19户贫困户、古达乡观音村24户贫困户、珠市乡以那村10户贫困户形成结对帮扶对子，每月走访慰问贫困户，结合帮扶对象实际，提出脱贫措施，协调解决实际困难。2018年为野马川镇寨子村解决办公经费10000元，为古达乡观音村解决办公经费55000元。在走访贫困户的过程中，引导53个有劳动力的贫困户家庭到园区企业务工，实行保底2000元+计件工资制，并提供中餐、住房，为助推贫困户早日脱贫作出应有的贡献。

【因地制宜，推进园区转型升级】 一是积极组织做好迎接全市2018年全市产业园区发展现场推进会议的筹备工作，于11月30日顺利召开。二是以中央巡视整改为契机，以提高园区发展质量为中心，以改革创新为动力，积极准备申报省级经济开发区的相关工作，重点打造“短流程铸造”、农特产品加工主导产业，全面带动采矿、冶炼、铸造、种养殖等产业的发展，促进园区在规划利用，产业升级、服务功能等方面提质增效，推进园区转型升级。

【党建引领，夯实园区组织保障】 一是实行园区非公企业选派党建指导员工作模式，强化非公企业党建指导。2018年，园区领导干部到各企业开展调研及指导党建工作共80余人次，为企业提出有效工作建议和意见32条。按照新时代党的建设总要求，全面加强非公企业党建工作，推动基层党组织“建得起，稳得住、干得好、管得活”，实现有形覆盖向有效覆盖转变，充分发挥党组织在非公企业发展中的引领作用。二是认真开展党员组织关系排查工作，加强入党积极分子的培养，着力为党支部输送“新鲜血液”，确保园区党员示范带动作用得到进一步提升。2018年培养入党积极分子4名，联合组建2个非公企业党支部（即中共赫章县珠市工业园区铸造产业党支部、中共赫章县鲁赫现代食品有限公司党支部）。三是认真抓好党组织生活的开展。2018年，园区党工委班子共开展了12次集中学习，严格按照要求分别召开了园区民主生活会、专题组织生活会巡视整改专题民主生活会，并做好迎接中央第五巡视组巡察贵州提出的“工业园区形式主义依然存在”的问题整改工作，积极向巡视组提供资料，配合巡察。四是以落实“两个主体”责任、狠抓作风建设为重点，扎实有效地推进党风廉政建设和反腐败工作。讨论出台了干部约谈、意识形态工作责任制、开展“三个大兴”之风、“新时代农民讲习所”建设等实施方案。对党工委领导班子成员及各科室、管理处负责人进行约谈共16人次，对约谈对象分别提出有效工作建议和意见共20条。通过约谈，促进党员干部廉洁自律，营造风清气正的政治生态和发展环境。

【一岗双责，压实安全监管责任】 一是认真制定各时间节点安全生产大检查工作方案并按方案抓好落实，确保园区安全生产工作扎实有序开展。二是出台园区管理处值班值守制度，明确值班值守人员，确保信息及时报送。三是强化园区、企业一岗双责落实率，加强安全隐患排查治理，确保园区全年无安全事故发生、无非法生产违法产品的情况。

（撰稿：陶永才）

城建·环保

住房与城乡建设

【概述】 2018年，市住房城乡建设局紧紧围绕“打赢攻坚战，建设示范区”这一主题，坚持新发展理念，抢抓机遇，拼搏奋进，按照高质量高标准发展要求，以供给侧结构性改革为主线，以各项重点工程建设为抓手，全面加强跟踪调度，强化分类研判指导，全市常住人口城镇化率提升到43.07%，提高2.41个百分点。

【城市建设稳步推进】 全年开工建设城市市政基础设施类、公共服务设施类、其他城市建设类等各类城市建设项目305个，完成投资246.79亿元。建设完成停车位3827个，建成公共厕所107座，共开工建设地下综合管廊12.392公里，新增城市道路176公里，城市建成区面积达185平方公里。全市各县（区）均已开工建设一个以上海绵城市建设项目，共计开工建设13个项目，完成投资10.3亿元。

【集镇特色更加彰显】 全市特色小城镇完成项目投资154.35亿元，新增城镇人口37021人，新增城镇就业人口30976人。16个省列示范小城镇镇村联动建设点共计189个，均建成了一批小康水、电、路等基础设施项目，省列示范小城镇镇村联动覆盖率达到85%以上。七星关区、金沙县两个整县推进小城镇建设试点县分别建成了一批污水、垃圾处理设施和部分“8+X”项目。全市城镇发展暨项目观摩会顺利召开，组织开展了全市小城镇绩效考评工作。七星关区整县推进小城镇建设试点中垃圾处理设施建设圆满完成，在第七届全省小城镇建设发展大会上得到省住房城乡建设厅的通报表扬。黔西县林泉镇借力大数据推进智慧小镇建设走在全省前列。大方县黄泥塘镇背座村、雨冲乡油杉河村入选全国第五批传统村落名单。

【房地产业健康发展】 全省启用了首批上线运行的住房租赁监管服务平台，正式推出对应的手机 APP。全市完成房地产开发投资 179.77 亿元，投资总额全省排名第四；商品房销售面积 556.62 万平方米，同比增长 23.47%，增速全省排名第二。商品房销售均价 4586 元/平方米，同比增长 11%，增速环比下降 0.2 个百分点。商品房库存 735.35 万平方米，库存去化期 14.26 个月，其中商品房住宅库存 405.28 万平方米，去化期 9.36 个月。

【住房保障成效显著】 全年累计发放租赁补贴 5935 户，发放率 130.32%；全市棚户区改造任务开工 46917 户，开工率 105.15%，基本建成 47195 套，占任务数的 208.12%，城镇保障性安居工程考核全省排名第三，获 2000 万元奖励。农村危房改造“危改”“三改”任务开工 64498 户、开工率 108.86%，竣工 59323 户、竣工率 100.12%，累计完成投资 18.8 亿元，投资完成率 104.44%。小康房建设开工 2700 户、竣工 2700 户，开工率、竣工率均为 100%，完成投资 1.51 亿元，完成总投资率 129.73%。

【建筑市场规范有序】 全年完成建筑业总产值 103.44 亿元，同比增长 30.4%，上规入统企业增加至 139 家。核发建筑工程施工许可证 230 个，受理二级建造师注册业务 1213 件次，三类人员业务 1615 件次，培训考核三类人员 2560 人，特种作业人员 3258 人。开展执法检查 2128 人次，下发整改通知单 865 份，停工通知单 157 份。对存在违法违规行为的 210 家企业、39 名责任人行政处罚 1245.92 万元。把全市 392 个在建项目中的 146 个作为首批推进工程质量管理标准化试点项目，全市工程质量管理标准化推广率达 37.24%，圆满完成省厅下达的 30% 目标。在全省范围内率先打造“住建云智慧工地平台”和推广 PM2.5、PM10 智能化空气监测系统。创省级安全文明样板工地 9 个、省级优质主体结构工程 16 个，数量和水平均创同期新高。

【垃圾处理稳中提质】 投资 7.2 亿元建成 10 个县（区）垃圾收运系统，242 个乡镇垃圾转运站配备相应的转运车辆，乡镇垃圾收运设施实现全域覆盖、城乡一体化，提前 2 年实现农村垃圾集中处理目标，新增垃圾收运能力 4800 吨/日。4 个垃圾焚烧发电项目建设正常推进，累计完成投资 3.89 亿元。建成偏远乡镇 11 个小型垃圾无害化处理设施，新增处理能力 260 吨/日，逐步破解偏远乡镇垃圾处理难题。

【景区建设加快推进】 风景名胜区总体规划实现全覆盖，位列全省第一，并在全省风景名胜区规划经验交流会上作了交流发言。《九洞天风景名胜区梯子岩层峦叠嶂景区和云洞天开景区详细规划》《织金洞风景名胜区详细规划——下红岩服务区》获国家林草局批复实施。《百里杜鹃风景名胜区详细规划》通过省住建厅批复实施，所有符合《百里杜鹃风景名胜区详细规划》的建设项目即可实施推进。

【党建融合引领发展】 按照市委书记周建琨关于党支部建设的相关要求，在龙山社区积极探索了党支部建在楼宇的社区基层党建工作新模式，开创了抓基层党建促社区和谐的良好局面。拟定《2018 年住房城乡建设机关党建工作实施方案》《2018 年度三会一课工作计划》等，组织机关党委完成了换届工作，新选出 9 名机关党委委员，为局“大党建”引领“大发展”奠定了基础。领导班子集中为党员讲授专题党课8次，组织机关所属党支部开展主题党日各12次，开展“不忘初心，牢记使命”“学先进、比先进、赶先进”“打赢攻坚战、建设示范区，毕节怎么干”等专题研讨10余次，组织开展集中学习20余次。深入赫章县德卓乡开展“三个大兴”调研扶贫慰问活动3次，慰问困难群众50余人；组织党员干部开展“4321”结对帮扶1次，慰问贫困群众100余人。协调投入赫章县德卓乡沙泥、田坝、大营等三个村帮扶资金15.46万元。组织党员到杨家塘社区开展活动3次，慰问贫困党员和困难群众20人，发放慰问金1万元，协调划拨帮扶资金3万元。

（撰稿：燕谱豪）

城乡规划

【概况】 毕节市城乡规划局于2007年12月成立，是毕节市人民政府工作部门（正县级单位），主要负责全市城乡规划编制、实施和管理工作。下属毕节市规划建筑设计研究院、毕节市城乡规划建设管理委员会办公室、毕节市城乡规划执法支队、毕节市规划测绘院、毕节市规划技术审查中心5个事业单位。现有在编人员65人（局机关14人，事业单位51人）。其中，注册规划师3人，高级工程师7人，工程师24人。

2018年，市城乡规划局在市委、市政府的坚强领导下，充分发挥了城乡规划的引领作用，着力提高规划编制、实施、管理和服务水平，为打赢“113攻坚战”提供坚实的规划保障。

【完善城乡规划体系】 一是围绕全面提升城市发展的高度、服务的厚度、文化的温度、平台的广度、产业的兴度、统筹的力度，加快推进《毕节市城市总体规划（2010—2030）》（2017年修订）编制工作，已上报省政府。二是组织编制毕节市中心城区控制性详细规划、地下综合管廊建设规划、教育服务设施专项规划、医疗服务设施专项规划、绿地系统规划、公园规划、七星关区5个片区城市设计等一批事关全局发展的重要规划。三是完成了跨行政区域的羊街镇铁匠乡总体规划编制。四是根据省、市关于脱贫攻坚村庄规划大会战工作安排，推进完成全市2828个村庄规划编制任务，村庄规划批复率为100%。

【深入开展城市双修】 一是将“城市双修”（生态修复城市修补）作为推动供给侧结构性改革的重要任务，着力改善生态环境质量、补足城市基础设施短板、提高公共服务水平。二是“四个一”推进“19456工程”项目建设。编制一批规划。组织编制倒天河景观设计方案等一批规划，确保各项规划指标符合“五城同创”工作要求。梳理一批项目。对接“五城同创”“全面小康社会”“贵州省城市基础设施建设‘十三五’规划”等标准和指标，筛选了其中47项作为“双修”主要修补内容，确定50个重点项目予以实施。叫停一批项目。取消位于重要城市节点38个房开项目，收回土地约1100亩，用于城市公园、广场绿地、公共停车场、环卫设施等项目建设。实施一批工程。纳入“19456工程”统计的子项目共计107个。截至2018年12月底，已完成103个子项目的设计工作，项目累计完成投资84.5亿元。三是开展老旧小区微改造。制定《关于推进毕节市城乡老旧社区微改造工作的实施方案》，选定了七星关区安家井片区、黔西县观农台片区等作为改造试点，分年度、分步骤、分类型的开展实施改造。指导《林泉镇微改造规划设计方案》落地，建立了“微改造”项目库。2018年8月23日，毕节市城市双修工作获《贵州日报》在第4版、第5版进行报道。

【着力提升管理水平】 一是健全依法决策机制。

坚持“政府组织、专家领衔、部门合作、公众参与、科学决策”的原则，把专家论证、听取公众意见、合法性审查作为决策的必要程序。市县两级均成立了城乡规划管理委员会，建立了规委会审议和专家咨询制度。全市各乡镇已设立乡（镇）规划执行委员会并开展相关工作。二是创新规划管理机制。围绕“互联网＋政务服务”，建设城乡规划“一站式”管理服务平台，力争让服务对象“只进一扇门”“最多跑一次”。建立全省第二家地理信息管理系统。运用三维模型辅助建设项目规划方案审查，确保建设项目的高度、体量、色彩与周围建筑和环境协调，不遮山，不挡水，进一步提高项目方案审查质量。

【认真开展专项督察】 为加强城乡规划行政监督，切实维护城乡规划的科学性、权威性和严肃性，保障城乡规划的实施，于2018年6月和11月分别开展了规划督察，围绕“一法一条例”等法律法规及《毕节市健全完善城乡规划管理体制机制的实施方案》精神，重点督察各县（区）规划编制、审批及实施情况，规划执法程序及文书、机构设置、队伍建设等情况。对存在问题的县（区）下发12份工作提示单，有效发挥了城乡规划实施层级监督的作用。

【切实推动项目建设】 组织召开76次专家评审会议，评审100余个项目。按照市城规委工作安排，组织召开16次市城规委副主任例会和2次主任例会，审查《毕节市（县城）通信基础设施专项规划》等一批重大项目。2018年共办理各类规划许可261件，其中：选址意见书90份，建设用地规划许可100件，建设工程规划许可61件，竣工规划认可证10份。共批复建设项目方案62个，其中，房地产开发项目16个，规模为246.7万平方米，其他项目46个，规模为204.78万平方米。

【加大批后管理和规划执法力度】 一是积极履行职责，大力开展规划执法专项整治工作。继续开展设市城市建成区违法建设专项治理工作。2018年以来七星关区和金海湖新区共查处新增违法建设5.315万平方米。二是开展中心城区范围内（除大方县外）已批项目违法违规问题专项清理整治行动。共清理项目290个，同时建立分类台账，对具备办证条件的项目进行提醒催告。三是强化规划实施监督管理，落实规划核实制度。受理转办各县（区）违法违章建筑举报40余起，开展巡查80余次，下达责令停止违法行为通知书13份，组织对违法建设单位的项目负责人进行约谈16次。立案查处违法建设1件，结案1件。加强项目批后管理，核发验线合格通知书6份，下达竣工验收整改通知书17份。

【深化脱贫攻坚驻村帮扶】 选派优秀干部到帮扶点纳雍县猪场乡驻村，协调企业和爱心人士向猪场乡中学、自新小学、中心幼儿园、黄泥坡幼儿园及该乡困难学生捐资捐物达15批次73.6万元。划拨5万元工作经费帮助大多拱村开展村级活动阵地建设。同时还为猪场乡集镇人行道等项目规划建设提供技术服务。

（撰稿：唐　璇）

住房公积金

【概述】 2018年，在市委、市政府的坚强领导下，在省住建厅监管处的具体指导下，按照市住房公积金管理委员会的决策部署和工作要求，市住房公积金管理中心坚持以习近平新时代中国特色社会主义思想为指导，深入贯彻党的十九大精神，坚定不移地把满足人民住有所居的向往作为奋斗目标，带领全体干部职工紧密围绕全市打赢“113攻坚战”主线和中心全年目标任务，奋发努力、勤勉作为，信息化程度不断加深，制度保障范围不断扩大，风险防控体系不断健全，对外服务形象不断提升，基层党建工作不断加强，各项工作取得了显著成效。

【业务目标完成情况】 全市共归集住房公积金29.98亿元，同比增长22.07%，完成年度目标任务的127.57%；全市共提取住房公积金21.74亿元，同比增长51.91%，完成年度目标任务的181.19%；全市共发放住房公积金贷款29亿元，同比增长55.12%，完成年度目标任务的144.99%；回收住房公积金贷款16.16亿元，同比增长57.66%，完成年度目标任务的161.64%；全市住房公积金个贷率为97.13%，完成年度目标任务达到90%以上的要求；全市住房公积金贷款逾期率为0.131‰，低于年度目标任务1.87个千分点；全市实现住房公积金增值收益1.24亿元，同比增长23.60%，完成年度目标任务的112.66%；全市实现住房公积金增值收益率达14.61‰，同比增长10.25%，完成年度目标任务的121.75%；全市按规定提取风险准备金852.81万元；中心根据毕节市住房公积金管理委员会2018年度全体会议的审议意见，在2017年产生的增值收益中提取中心管理费用和贷款风险准备金后，按国家有关规定将剩余的资金全部划入各级财政专户，专项用于城市廉租房补充资金。2018年，上缴廉租住房补充资金8078.72万元，目前已累计上缴廉租住房补充资金37980.86万元；全市累计发放住房公积金贴息贷款2759户，资金69747.6万元，累计贴息2905.49万元；全市住房公积金资金运用率为97.13%，完成年度目标任务达到95%以上的要求。

【强化党的建设】 （一）提前谋划，制定实施意见。年初，制定了《中心党组关于进一步加强全市公积金系统党的基层组织建设的意见》，全面推进党的政治建设、思想建设、组织建设、作风建设，把制度建设贯穿其中，不断提高党的建设质量，为全市住房公积金各项事业发展提供组织保障。（二）落实党组主体责任。定期听取和研究部署党风廉政建设工作，年初签订《党风廉政建设目标责任书》，层层分解党风廉政建设工作任务，党组书记对班子成员、班子成员对分管科室（管理部）负责人提醒约谈，严格执行三会一课、民主生活会、组织生活会、谈心谈话等制度。（三）强化党风廉政建设，严格执行财经纪律。开展利用茅台酒谋取私利专项清理工作，做到“零库存”和“零使用”。建立健全中心三重一大决策制度，凡属单项金额1000元以上的填报《固定资产采购审批表》，严格管理使用三公经费，严禁公务接待用烟用酒。（四）开展廉政警示教育和革命传统教育。开展《中华人民共和国监察法》专题宣讲，学习《中国共产党纪律处分条例》等党内法规，组织全系统干部职工到市住建局参观全省住建系统党风廉政建设警示教育图片巡展，到市人民检察院参观反腐倡廉预防职务犯罪警示教育基地，到七星关区烈士陵园和大方县将军山之役纪念碑进行革命传统红色教育，就赫章县管理部违反工作纪律问题在全系统进行通报批评。（五）做好党员发展工作。2018年，全系统共确定入党积极分子13名，其中中心机关2名、各管理部11名。大方县、黔西县、织金县、威宁县管理部已组建党支部，赫章县、金沙县管理部2019年可望建立党支部，为2019年中心组建党总支奠定了坚实基础。（六）开展专项治理。扎实开展“马上就办、真抓实干”专项行动和不担当不作为突出问题专项治理，均取得了显著成效。

【落实“放管服”改革】 中心认真落实国务院“简政放权、放管结合、优化服务”改革要求，推进服务型中心建设，不断优化政务服务，各项便民工作取得实效。中心在实行一站式服务、一窗办结、业务办理“最多跑一次”、落实“让百姓少跑腿，让数据多跑路”等做法得到国务院第二十四督查组组长、自然资源部副部长库热西·

买合苏提的肯定，中心“放管服”成果还得到市内外多家媒体多次报道。（一）营造良好的服务环境。在全市每个县区均设置了业务服务网点，方便广大缴存职工就近办理住房公积金业务，做到各类物品摆放整齐有序，标志张贴规范，营造了整洁美观、秩序良好、设施齐全的一站式服务环境。2018 年以来，市直、七星关区、金沙县、威宁县和百里杜鹃管理部已相继进驻当地政务服务大厅，明年底前，其他管理部将陆续进驻当地政务服务大厅。（二）不断优化业务流程。精简审批事项。公布行政权力清单、责任清单和权力运行流程图，全面接受社会监督，对照权责清单和公共服务事项清单完善贵州省网上办事大厅办事指南，现有审批事项为 3 项，即为单位职工办理住房公积金缴存、提取、贷款审批事项；缩短审批时间。住房公积金缴存由 1 个工作日缩短至资料齐全当即办理，提取由 1 个工作日缩短至资料齐全当即办理，贷款由 15 个工作日缩短至 3 个工作日作出准予或不准予贷款的答复；优化服务事项。大力开展“减证便民”专项行动和证明事项清理行动，取消证明事项 3 项，取消职工提供身份证明材料（身份证、户口簿、户籍证明等）复印件。（三）出台便民服务新举措。出台公积金新政。为维护广大干部职工的切身利益，今年以来，相继出台了《关于在内地（大陆）就业的港澳台同胞缴存使用住房公积金的实施办法》《毕节市灵活就业人员建立住房公积金制度暂行办法》，让港澳台同胞和进城务工等灵活就业人员同享住房公积金贷款优惠政策；开展特色业务。全面开展住房公积金补息贷款、异地贷款、提取“秒级”到账、提取“同城通办”、租房提取、大病提取、提前部分或全部还贷、“按月冲还贷”业务，实现新业务系统自动按月使用住房公积金余额冲还住房公积金贷款本息，减轻了贷款职工的还款负担，最大限度满足了职工购房贷款的资金需求。（四）实现全市业务全覆盖。自 2012 年百里杜鹃管理部组建以来，仅开展住房公积金缴存和提取业务，涉及住房公积金贷款业务须到大方县和黔西县管理部申请办理，给贷款职工带来了不便影响。随着百里杜鹃房地产市场的发展，在中心业务科室的指导下，百里杜鹃管理部正式开展了住房公积金贷款业务，实现了全市住房公积金贷款业务全覆盖。随着百里杜鹃管理部正式进驻当地政务服务大厅，结束了多年来全系统租房办公的历史，每年为财政节约房租支持近 20 万元。（五）推行窗口综合柜员制。为节省办理业务时间、优化窗口人员配置，强化职工综合技能，“管办分离”后，在市直管理部试点成功的基础上，在全市各管理部推行住房公积金窗口综合柜员制，威宁县管理部成效明显。（六）银行入驻住房公积金大厅“一站式”服务。为体现“缴存者至上”的服务理念，给缴存职工提供优质服务，经过积极沟通协调配合，与中心开展合作的工行、建行、农行等受托银行已正式入驻所在地住房公积金大厅，为缴存职工提供“一站式”服务。

【推进信息化建设】 中心继续按照住建部及省住建厅统一部署要求，积极适应信息技术发展的日新月异，实现公积金业务信息化的突飞猛进，不断加强“互联网＋公积金”服务创新，实现了“数据多跑路，群众少跑腿”的目标，推动全市“智慧公积金”建设不断深入。（一）核心业务系统建设不断完善。核心业务系统是中心正常开展业务，提高服务水平的重要前提和保障，中心深入落实“五步工作法”，定期召集信息科、会计科等相关科室，主动联系对接软件公司，通过“日排查、周调度、月汇总、季分析”的工作模式，多次征求各管理部、各科室的意见和建议，不断推动各项问题的解决，逐步修改完善功能模块，为实现核心业务系统的安全、稳定、高效运行不断努力。（二）综合服务平台建设率先上线。根据住建部建设综合服务平台的要求，中心多形式、全方位开通服务渠道，目前已完成了集中心门户网站、网上业务大厅、“12329”服务热线、短信、微信、手机APP、终端查询七大功能为一体的服务渠道，实现服务事项“应上尽上、线上线下”，满足了缴存单位和职工多元化、个性化服务需求，中心综合服务平台在全省率先上线运行。9月12日至29日中心在全市各县区管理部分别开展了10个期次专题业务培训，各缴存单住房公积金经办人员、房开企业住房公积金业务人员、公积金中心干部职工共2100余人参加了培训。自上线以来缴存单位及房开企业开通数字证书一千多家，网上业务量达到一万多笔，提前实现中心既定的年内“成千上万”目标。（三）落实中心三大系统建设。建立完善视频会议系统、视频监控系统、政务办公系统。为厉行勤俭节约，降低行政运行成本，提升信息化办公水平，中心相继投入10多万元采购视频会议系统、视频监控系统和政务办公系统所需的硬件和软件，进一步提升中心工作效率，实现视频会议直接召开到县，窗口服务情况实时监控，中心智慧程度大力提升。（四）探索部门间数据直联共享。与市中级人民法院加强联合信用惩戒合作。实现双方数据对接共享，市中院及时向中心推送失信被执行人名单，中心限制其办理住房公积金提取、贷款等业务。与多家银行等实现数据共享，进一步提升缴存职工办理相关业务的便捷度。（五）谋划信息安全等级保护。强化信息基础设施安全保护，筑牢网络安全屏障，安排预算资金近100万元，为下步实现中心数据系统达到国家信息安全等级保护三级的要求，解决市网信办、公安局专项检查中提出的信息安全突出问题。

【强化逾期贷款治理】 一是层层压实责任。中心领导组织召开全市逾期贷款催收动员视频会议，将全市逾期贷款层层分解到各管理部，作为中心主要工作狠抓落实，各管理部切实履行逾期贷款催收的主体责任。二是加强督查指导。针对部分县区管理部逾期贷款率居高不下，中心班子成员分别率领有关科室人员和委托银行工作人员先后到赫章县、纳雍县、大方县管理部进行专项督查指导，坚持十天一调度、一月一通报。三是协调法院起诉。对于恶意拖欠住房公积金贷款，长期不履行还款义务的贷款人，中心按照程序对贷款逾期者依法提起诉讼。四是加强制度建设。为加强个人住房公积金逾期贷款管理，防范和控制贷款风险，降低贷款逾期率，研究制定《毕节市住房公积金管理中心逾期贷款管理办法（暂行）》。五是取得有效成果。截至年底，全市住房公积金贷款逾期额由5月底的710.31万元下降到12月底的107.7万元，贷款逾期率由5月底0.99‰下降到12月底的1.131‰。

【防范打击违规提取】 一是收紧租房提取政策。为遏制租房提取中骗提套取行为，中心收紧了住房公积金租房提取的有关政策规定，将原来统一的城乡1.5万元下调为乡镇0.6万元、城区1.2万元，并要求凭租房发票提取。二是防范和打击骗提行为。为切实保障缴存职工的合法权益，有效防范资金风险，中心研究制定出台了《关于进一步防范和打击骗提住房公积金行为的通知》，对参与、协助职工骗提套取住房公积金的房地产开发企业和缴存职工进行相应处罚，凡存在骗提套取住房公积金行为的，一律将违法违纪事实通报其工作单位，并上报同级纪委监委部门，在市住房公积金管理中心门户网站公示，纳入“黑名单”。三是开展扫黑除恶专项工作。根据《省住房城乡建设厅关于开展住房城乡建设领域扫黑除恶专项督查的通知》要求，认真开展打击骗提住房公积金行为专项行动，取得了阶段性成效。四是防范化解重大风险。根据《省住建厅关于开展住房公积金政策执行情况检查及风险隐患排查的通知》（黔建房资监字〔2018〕392号）要求，中心领导高度重视，明确由会计科牵头，将检查出来的每一个问题整改职责分解落实到相关科室、管理部，对整改情况进行跟踪督查，在规定时间内完成整改落实。

【抓好脱贫攻坚工作】 一是精准选派驻村干部。按照市委统一安排部署，经中心党组研究，选派综合科科长罗运超和威宁县管理部科员曾翰韬赴结构乡多魁村和中山村开展脱贫攻坚驻村工作。驻村以来，驻村干部认真履行“一宣六帮”工作职责，深入谋划、积极协调，扎实开展各项工作，有效推动各项工作任务落实，得到了各级领导和群众好评。因工作出色，罗运超挂任结构乡党委副书记，原驻村干部李海波被市直机关工委授予“脱贫攻坚优秀共产党员”荣誉称号。二是大力实施项目建设。投入20多万元帮助多魁村建设以岔沟组小广场建设、“夜郎黄金猪”配套发展和农村环境卫生综合整治，投入7万元帮助中山村建设猕猴桃基地、通组路清理疏通。同时，按照“一达标、两不愁、三保障”的要求，与市委组织部、市委统战部一道，不断调整农业产业结构，大力发展优势产业，加强基础设施建设，扎实推进异地扶贫搬迁等工作，确保结构乡与全国、全省、全市同步实现小康。三是开展结对帮建社区和在职党员服务社区工作。中心党支部与洪山街道桂花社区建立结对帮建机制，明确中心科级以上领导干部结对帮扶该社区特殊困难家庭7户。组织在职党员、入党积极分子同社区到烈士陵园开展清明祭英烈、“五城同创”创建等活动。继根据市委组织部召集结对帮扶桂花社区联席会议精神，中心帮助解决帮建资金5万元。今年，又帮助解决“五城同创”创建资金3万元。

【开展“三个大兴”与“大讨论”活动】 一是强化组织领导。传达学习到位。组织召开主任办公会，认真传达学习全市“大兴调查研究之风、大兴真抓实干之风、大兴勤俭节约之风”启动会议和全市“打赢攻坚战、建设示范区，毕节怎么干”大讨论活动动员大会精神。制定方案到位。结合全市住房公积金工作实际，研究制定了“三个大兴”和大讨论活动实施方案，对活动的总体要求、活动目标、主要措施、保障措施等方面作出了规定，将活动目标一一分解到各管理部、中心各科室。组织领导到位。研究成立中心党组书记任组长，中心党组成员任副组长，各管理部、中心各科室负责人为成员的“三个大兴”和大讨论活动领导小组，领导小组下设办公室在综合科，形成了主要领导亲自抓、负总责，分管领导具体抓，业务科室贯彻落实，一级抓一级，层层抓落实的工作格局。二是抓好干部教育培训。坚持“请上来、请进来、走下去、走出去”相结合的思路，多层次、立体式抓好全系统干部教育培训。请上来。请中心驻村干部、黔西县管理部、会计科、综合科分别就脱贫攻坚、中心历史沿革、《中华人民共和国监察法》等作专题报告，开展全市缴存单位基本全覆盖的住房公积金综合服务平台专题培训12场、2200人；请进来。请贵州工程应用技术学院的老师就公积金服务礼仪作专题培训，红色教育专家李东升作专题辅导讲座；走下去。按照“市级领导到乡镇、县级领导到村、乡镇领导到组、村干部到户”的“四到工作制”要求，中心三名县级领导干部定期不定期深入驻村联系点——赫章县结构乡中山村、多魁村走访调研详细了解驻村干部工作、生活情况，帮扶的种养殖项目建设情况，解决驻村干部的实际困难和问题。组织团队到黔西县就新市民住房问题开展专项调研，形成专题调研报告1篇，如期完成住房城乡建设部和省住房和城乡建设厅的调研任务；走出去。组织20余人次参加由省住建厅、市委组织部举办的省内外党校主体班次和业务专题培训，组织两批次30多人到泸州、宜宾、黔南、黔西南学习考察。三是抓好专题大讨论。各管理部、中心各科室根据职能职责和业务工作特点，紧扣“按时打赢脱贫攻坚战，建设贯彻新发展理念示范区”主题，分别围绕业务规范化标准化建设、信息化建设等两个专题开展大讨论。

【抓好意识形态工作】 一是狠抓政治理论学习。充分利用职工会、党组会、“三会一课”、中心组学习会等多种形式，深入学习宣传党的十九大、习近平总书记在贵州省代表团时的重要讲话精神，习近平总书记对贵州对毕节试验区工作的重要指示批示、统一战线参与毕节试验区建设座谈会、支持毕节试验区按时打赢脱贫攻坚战建设贯彻新发展理念示范区推进大会精神，习近平总书记在全国宗教、组织、宣传思想、网络安全和信息化工作会议上的重要讲话精神，开展“共产党员不能信教”专题研讨。同时，将意识形态工作责任制落实情况纳入民主生活会、组织生活会、述职述廉报告的内容。二是加强先进典型学习。2017 年 12 月，七星关区管理部主任吴军被住建部、人社部授予全国住房城乡建设系统先进工作者荣誉称号。为用身边的典型教育身边的人，使全体干部学有榜样、赶有方向，把学习模范人物和先进典型活动，转化为创先争优的实际行动。年初，中心党支部在全系统组织召开吴军先进事迹报告会，迅速掀起了“远学文朝荣、近学吴军”的热潮。同时，组织党员、入党积极分子集中观看《邹碧华》《文朝荣》等影片。三是做好信访回复办理工作。及时做好市信访局转办的 10 多条信访事项回复，市政协二届二次会议第 341 号提案的回复，省住建厅转办住建部关于落实处理国务院大督查网民留言材料的核查处理。四是加强网站正面宣传。坚持正确政治方向、舆论方向、价值取向，深化习近平新时代中国特色社会主义思想、毕节试验区成立 30 周年网上宣传，加强“微七星关”“云上七星”微信平台和毕节市、七星关区电视台的住房公积金宣传，加强社会主义核心价值观传播，在中心会议室张贴宣传标语弘扬社会主义核心价值观。以点带面、以上促下，抓好市直、七星关区管理部文明行业先进单位和文明示范窗口创建工作。五是做好“一集一展”编辑策划工作。将当年各项工作中涌现出的亮点汇编成《毕节市住房公积金管理中心 2018 年文集》发送全系统职工和有关单位，汇编图片展板，在政务大厅公开展出。

（供稿：公积金管理中心办公室）

环境保护

【概述】 2018 年，在市委、市政府的正确领导下，在省环保厅的精心指导下，全市各级环保部门认真学习贯彻习近平新时代中国特色社会主义思想和党的十九大精神，以改善生态环境质量为核心，以解决突出生态环境问题为重点，加强综合协调，统筹推进全市生态环境保护工作。

2018 年，全市环境空气质量总体保持稳定，中心城区空气质量优良天数比例为 96.7%，PM10 平均浓度 52 微克/立方米，PM2.5 平均浓度 31 微克/立方米，除纳雍县优良天数比例为 94.5% 外，其余县城均达 96% 以上。全市 52 个河流监测断面优良水质比例为 98.08%（其中：3 个国控、16 个省控断面优良水质比例均为 100%），15 个县级及以上、260 个千人以上集中式饮用水源地水质达标率均为 100%。

【强化政治意识，坚决整改环保督察反馈问题】 市委、市政府高度重视环保督察问题整改，先后召开 6 次全市性会议、7 次市委常委会、18 次市政府常务会议、41 次专题会议对全市环保问题整改工作进行安排部署。市环保局充分发挥环保督察整改领导小组办公室的作用，加强督促调度，扎实推进问题整改。截至 12 月底，2017 年中央环保督察反馈意见涉及毕节市的 28 个问题、交办的 287 件信访件已办结销号；2018 年省委环保督察交办的 371 件信访件申报办结 363 件，交办 56 个问题完成整改 45 个；中央生态环保督察“回头看”交办毕节市的 360 件信访件办结 314 件。

【强化资金投入，扎实推进环境基础设施建设】

建成10个县（区）城乡垃圾收运系统，开工建设中心城区、织金县、威宁县、金沙县生活垃圾焚烧发电项目；新开工建设污水处理项目236个、建成180个，累计建成城镇污水处理厂73个。完成15个县城污水处理厂提标改造任务，完成杨湾桥水库一级保护区内居民搬迁，实施十大行业治污减排达标排放整治。累计建成5家医疗废物处置中心，日处理能力达31吨/日。投资2531万元累计建成15个县级以上饮用水源地水质自动监测站，在全省率先实现县城以上饮用水源自动监测站全覆盖。

【强化执法监管，切实维护生态环境安全】 2018年，市县两级环保部门共审批项目708个，完成登记表备案1361个，依法否决穿越自然保护区核心区的S211公路建设项目。及时启动毕节市“三线一单”（生态保护红线、环境质量底线、资源利用上线，生态环境准入清单）编制工作，划定生态保护红线5710.14平方公里。全市共立案查处环境违法案件388件，罚款3007.01万元，其中：移送公安行政拘留26件、停产整治10件、查封扣押8件、申请法院强制执行3件、移送公安立刑事案件1件、关闭取缔1件。组织开展长江经济带固体废物大排查工作，对排查出的473个问题全部整改销号。2018年，全市环境安全形势总体稳定，未发生较大以上突发环境事件。

【强化机制创新，奋力打响污染防治攻坚战】 构建“1+1+3+N”污染防治攻坚体系，印发实施《毕节市关于坚决打好污染防治攻坚战夯实贯彻新发展理念示范区建设基础的实施意见》《毕节市关于坚决打好污染防治攻坚战的实施意见》。大气污染防治方面：淘汰10蒸吨及以下燃煤锅炉64台，整治餐饮企业近1000家，取缔燃煤炉灶220余户，关闭黏土砖瓦厂26家，完成清洁生产审核31家，督促施工工地严格落实“六个100%”的扬尘污染防治措施。水污染防治方面：争取中央和省专项资金2.14亿元实施赤水河、洪家渡流域污染治理；围绕“划、立、治、管”等重点环节加强饮用水源地保护，完成县城饮用水源地专项整治，得到生态环境部的正面宣传报道，获贵州省生态环境厅通报表扬。土壤污染防治方面：完成13540个农用地土壤污染状况、1774个农用地土壤背景值调查和118个农产品协同监测；建立涉重全口径清单43家，涉镉企业清单28家、区域6个；完成58家工业渣场环境隐患摸底排查；完成355个重点工业企业用地土壤污染状况详查信息录入工作，完成5个疑似污染地块初步调查和7家土壤重点监管企业自行监测。完成赫章县1440万元、1100万元和威宁县5000万元的治理项目，区域废渣治理率达80%以上，基本消除历史遗留废渣治理堆存带来的环境风险，获贵州省生态环境厅通报表扬。

【其他工作统筹推进】 完成第二次全国污染源普查清查建库和入户调查工作，入户调查污染源5654个，完成第二次污染源普查数据质量审核、成果运用及发布等工作。启动毕节市环保云平台项目建设，实现中心城区及各县（区）未来7天环境空气质量预警预报。积极推进环境污染强制责任保险试点工作，全市符合参保条件的22家企业共有16家完成系统注册及资料提交工作，完成率达73%，是试点地区中完成率最高的单位，获贵州省生态环境厅通报表扬。

（撰稿　胡　青）

旅　游

旅　游

【概述】　2018年以来，毕节市旅游发展委员会在市委、市政府的坚强领导下，在省文化和旅游厅的有力指导下，深入学习贯彻党的十九大精神特别是习近平总书记对毕节试验区重要批示精神，全市旅游行业紧紧围绕创建国家全域旅游示范区为目标，以打赢“113攻坚战”为统领，持续推进旅游供给侧改革动力，积极筹办全省、全市旅发大会，高度聚焦“花海毕节”形象品牌，大力构建“旅游产品、旅游营销、旅游融资、旅游监管、旅游服务”五大体系，持续推动旅游业高速发展。全市共接待游客总量达1.0445亿人次，同比增幅达34.94%，实现旅游收入931.12亿元，同比增幅46.03%。

【产品旅游业态更加丰富】　2018年，全市涉旅在建项目共101个，同比增长30.6%，预计完成旅游项目投资160亿元，同比增长80.1%。精品景区中的百里杜鹃景区、织金洞旅游景区、慕俄格古彝文化旅游景区、拱拢坪旅游景区、阿西里西·韭菜坪旅游景区不断提质升级，完成项目总投资16.9亿元，新兴景区建设力度不断加大，黔西中果河旅游景区通过国家AAAA级旅游景区景观质量评审、大方奢香古镇景区成功创建国家AAAA级旅游景区，新增黔西灵博山象祠景区、大方凤山玫瑰谷旅游景区、金海湖湿地公园等AAA级景区17家；6月9日、七星关区鸡鸣三省红色旅游景区正式运营，6月30日、赫章九股水温泉景区盛大开园，两个景区的相继运营，强力补足了毕节市红色旅游和冬季旅游短板，延伸了旅游产业链。百里杜鹃彝山花谷景区、大方古彝族村寨核桃乡木寨村、金沙三丈水国家森林公园、织金营上古寨、溶谷苗寨等新业态新产品相继投入市场，特别是成功推出了百里奢香军营山地公园、黔西中果河景区、七星关拱拢坪森林公园等18个集赏花、观景、漂流、研学、乡愁、养生为一体的旅游休闲度假产品，初步构建和丰富了全域旅游的供给格局，实现了毕节市旅游从季节性观光型产品向全季性度假型产品转变。

【“花海毕节”旅游品牌更加响亮】 投放2906万元，在中央电视台综合频道新闻30分黄金广告时段投放10秒“洞天福地·花海毕节”形象宣传片；与腾讯合作开展了“2018互联网+毕节全域旅游”宣传活动，全年推广“向黔一公里”“音乐大咖行”等16项主题活动；分时段在贵州广电网络开机画面平台投放“花海毕节”旅游广告；“毕节避暑旅游”入选2018年高考全国卷文综试卷试题，引起全国50余家媒体实地探访关注，各大网站相继转发、频上热搜；出版了3万册《国家地理杂志毕节专刊》（已随刊发行2.4万册），实现旅游精准营销。毕节旅游宣传引发了互联网传播热潮，同时开展杜鹃花节、溶洞文化节、观鸟节、“花海毕节·月月旅游”等各类活动，得到了《人民日报》、中央电视台、贵州电视台、新华网、网易、凤凰网等各级各类新闻媒体高密度、高频率宣传报道，形成了强大的事件营销效应，构建了全媒体营销大格局。

【配套服务设施更加完善】 制定下发了《毕节市厕所革命三年行动工作实施方案（2018—2020年）》，全市共投入约6000万元资金建成158座旅游厕所并投入使用；有序推进全市2018年98343座厕所建设工作（旅游景区厕所158座，城区厕所115座，交通沿线厕所131座，乡镇厕所154座，村庄厕所912座，各级党政机关、事业单位厕所320座，企业单位厕所405座，农村厕所96149座），“厕所革命”正从旅游领域向社会全域推开。探索建立“厕所开放联盟”，动员和倡议全市各类厕所免费对市民和游客开放，获农业农村部特邀，代表贵州省参加在山东省淄博市举办的全国农村卫生厕所交流会活动，介绍毕节开放联盟经验。2018年，全市住宿业运行良好，入统公安住宿系统旅游共2753家，床位数为75598张，比2017年年底增长27832张。2018年毕节市共评定50个乡村旅游品牌，其中，甲级乡村旅游村寨8家，五星级农家乐1家，精品级客栈4家，促进全市乡村旅游接待服务设施向品牌化、精品化发展。

【旅游行业监管取得实效】 制定印发《关于进一步加强全市旅游市场综合整治的实施意见》，通过加快建立权责明确、执法有力、行为规范、保障有效的旅游市场综合监管机制，进一步解决全市旅游业发展中扰乱旅游市场秩序、侵害旅游者和守法旅游企业合法权益等突出问题，确保全市旅游市场更加规范、有序、健康。着力开展旅游市场“不合理低价游”行动及旅游市场整治“铁拳行动”，做好旅游市场秩序整治工作，在黄金周、小长假、旅游节庆活动等重大节假日及第十一届毕节旅游产业发展大会前开展旅游安全生产检查与市场规范检查工作。积极开展“文明在行动·满意在毕节”“多彩贵州满意旅游痛客行”“五城同创”等各项活动。2月22日，百里杜鹃管理区成功入选第四批全国旅游标准化试点。牵头成立毕节市酒店行业协会。组织全市80余家旅游饭店（酒店），召开毕节市酒店行业协会成立大会，促进全市旅游饭店（酒店）行业的规范快速发展；组织举办了旅游行政执法人员、旅游统计、旅游投融资、导游词撰写、旅游项目前期工作培训班和导游人员（景区讲解员）、乡村旅游从业人员服务技能培训班，共培训了旅游行政管理人员和行业服务人员3000余人次。

【成功举办全市旅发大会】 经过精心筹备，8月20日，以“发展全域旅游·助推脱贫攻坚”为工作主题的第十一届市旅游产业发展大会在大方县顺利举行。本届旅发大会与全市旅游项目建设观摩会合并举办，成功推出了一个古镇（奢香古镇）、一颗古树（古银杏树）、一条峡谷（油杉河景区）、一片花海（旅游公路沿线花海）、一个美丽乡村旅游（核桃乡木寨村）、一桌美食（毕节名宴）、一台剧目（歌舞剧：奢香夫人）“七个产品”，得到市场一致认可好评。

【全力筹办全省旅发大会】 拟定并出台了毕节市承办第十四届贵州旅游产业发展大会总体工作方案，按照工作方案的相关要求，市旅游发展委员会及时成立了推进工作调度专班，扎实推进省旅发大会筹备工作，大力推动省旅发大会织金洞、九洞天等景区及酒店、旅游公路、城乡风貌提升等8个核心项目、17个重点项目和36个带动性项目的建设，明确了建设时序、责任领导、责任单位和责任人，实行清单化管理、台账化调度，实现了“挂帅领战、挂图作战、挂牌督战”。

【旅游招商引资成效明显】 抢抓“全省2018年产业大招商突破年”的机遇，通过开展专题旅游招商等方式，旅游招商引资签约项目18个，招商引资金额达45.6亿元，同比增长47.9%，其中招商引资到位资金15.73亿元，同比增32%。今年毕节市积极与广州雪松集团洽谈对接，投资项目为毕节市乌江源文化旅游小镇项目，目前，在毕节市人民政府与广州雪松文化旅游投资有限公司签订的《贵州省毕节市旅游项目投资开发合作框架协议》基础上，已于8月31日在织金县正式签订30亿元合同，分两期，第一期10亿元，第二期20亿元。引进北京东方园林公司投资9.2亿元开发油杉河景区，从根本上打开了毕节市旅游招商引资工作局面，同时积极与四川恒正投资集团有限公司磋商投资开发双山大峡谷，有力撬动社会各类资本参与毕节市旅游大发展。

【旅游精准扶贫扎实有力】 。组织实施毕节市旅游扶贫“1+9”系列工作方案，将全市1033个村纳入贵州旅游精准扶贫云系统，旅游业带动7.02万贫困人口受益，超额完成任务1.52万人；同时，强化同步小康驻村扶贫工作力度，调剂60万元帮扶专项经费，在产业扶持、教育培训、危房改造、易地扶贫搬迁、基础设施建设、法治创建等方面扎实开展帮扶，并争取“乡村旅游示范点”省级补助资金465万元，促进了乡村旅游示范点的基础设施建设上台阶，有效提高了乡村旅游示范点接待服务能力

【不断深化旅游综合改革】 在深入推进全市旅游供给侧结构性改革“1+4”政策文件落地实施的同时，通过深入调研，研究起草了《加快旅游服务体系建设的实施意见》“1+5”系列文件，对加快建设完善全市服务业体系、夯实全市旅游产业转型升级发展的基础作了全面部署。全市旅游行业紧密配合相关行业部门，以问题为导向、以游客需求为目标，着力破解全市酒店住宿业、餐饮业供给总量不足、结构不优的问题，不断夯实和提升旅游客运、旅行社、导游讲解人才队伍、旅游道路交通标志标牌服务体系等旅游公共服务基础能力水平。

（撰稿：范　凯）

织金洞风景名胜区管理局

【概述】 2018年，织金洞管理局以习近平新时代中国特色社会主义思想为指导，认真贯彻落实党的十九大、十九届二中、三中全会精神、习近平总书记在贵州省代表团重要讲话精神、对毕节试验区重要指示精神和省委十二届三次全会、市委二届三次全会会议精神，紧紧围绕世界地质公

园保护、建设、管理和创建国家AAAA级旅游景区的工作目标，着力抓好“100个景区建设”和旅游扶贫工作，提升景区服务质量，各项工作取得显著成效。

【全面加强党的建设】 坚持以习近平新时代中国特色社会主义思想为指导，坚决维护以习近平为核心的党中央权威和集中统一领导，始终在思想上政治上行动上同以习近平为核心的党中央保持高度一致，全面加强党的领导，发挥党委统揽全局、协调各方的领导核心作用，推动织金洞景区各项工作向实向好发展。一是抓政治理论学习，锤炼理想信念。始终把学懂弄通做实习近平新时代中国特色社会主义思想作为首要政治任务，牢固树立“四个意识”，坚定“四个自信”，坚决做到“两个维护”。深入学习习近平新时代中国特色社会主义思想、党的十九大精神、习近平总书记在贵州省代表团重要讲话精神和对毕节试验区重要指示精神，深刻领会统一战线参与毕节试验区建设座谈会和支持毕节试验区按时打赢脱贫攻坚战建设贯彻新发展理念示范区推进大会精神，自觉运用习近平新时代中国特色社会主义思想武装头脑、指导实践、推动工作，切实做到学思践悟、知行合一。截至2018年12月，先后组织10次中心组理论学习，召开31次党委会，召开干部职工大会16次，组织全局干部职工认真深入学习、深刻领会中央、省和市各项决策部署精神，确保在织金洞景区落地生根、开花结果。二是抓基层党建工作，夯实战斗堡垒。坚持基层党组织党的领导核心地位不动摇，制定《织金洞管理局2018年党建工作要点》，层层签订《党建工作目标责任书》，认真推进“两学一做”学习教育常态化制度化，落实“三会一课”制度，组织开展党员教育培训、组织生活会和党员民主评议等工作，每月28日定期举行主题党日和大讲堂活动，推行党员领导干部上讲台、讲党课，以上率下夯实政治责任，强化政治意识，履行政治担当。2018年吸收2名入党积极分子为预备党员。三是抓干部队伍建设，培育坚实力量。严格遵守组织人事工作纪律，认真组织开展“三超两乱”、违规兼职、“买官卖官”、档案造假、“裸官”等突出问题专项整治工作，对本单位执行规范津补贴各项政策认真开展清理和自查，均未存在问题。1名副局长获提拔交流到正县级领导岗位，完成了织金洞管理局和旅游服务中心第一聘期岗位设置聘用工作，参聘人员97人。将织金洞旅游服务中心干部职工全部安排到相应议事协调机构办公室岗位，从织金洞旅游服务中心考察16名同志分别担任各议事协调机构领导小组办公室副主任，确保人员有岗位、工作有任务、干事有激情。四是抓党风廉政建设，强化作风保障。制定《2018年党风廉政建设和反腐败工作安排意见》和《织金洞管理局党委会议事决策规则》《织金洞管理局重大事项民主决策制度》等制度，认真贯彻执行中央“八项规定”和省、市十项规定，认真开展“三个大兴”活动，召开党风廉政建设大会，层层签订党风廉政建设目标责任书，开展党风廉政建设警示教育约谈2次，及时召开巡视整改专题民主生活会，认真开展茅台酒专项清查工作，认真配合二届中共毕节市委第四轮巡察第一巡察组完成对织金洞管理局的巡察工作，针对巡察反馈问题照单全收、认真研究、逐项落实整改。五是抓意识形态工作，主动占领精神高地。坚决贯彻和落实意识形态工作责任制，按照“守土有责、守土负责、守土尽责”的要求，种好“责任田”，坚守“主阵地”，着力加强宣传思想阵地建设与管理，认真组织传达学习全国、全省、全市宣传思想工作会议精神，制定《关于落实意识形态工作责任制实施方案》《织金洞管理局意识形态工作联席会议制度（试行）》，召开织金洞管理局意识形态工作会议，将习近平总书记关于意识形态工作重要论述纳入党委中心组必学科目，大力宣传景区建设发展的好声音、好故事。六是抓机制体制改革，增强景区发展活力。按照《中共毕节市委办公室　毕节市人民政府办公室关于印发〈毕节旅游集团组建方案〉的通知》（毕委办字〔2016〕50号）精神，加快景区事企体制改革步伐，进一步完善和优化织金洞旅游开发有限责任公司股权结构，根据市委、市政府统一部署安排，顺利将织金洞管理局代表市政府出资组建的织金洞旅游公司全部股权划转给贵州毕节旅游开发有限公司。通过与织金洞旅游公司签订《织金洞景区项目特许经营协议书》《织金洞风景名胜区管理局购买社会组织公共服务项目合同书》《贵州织金洞旅游开发有限责任公司整体划转协议》，妥善处理好股权划转过程中所涉及的债权债务、职工安置、门票出售、景区经营等事宜，顺利实现了事企分开，激活景区发展活力。

【加快景区项目建设步伐，提升景区景观质量等级】　以迎接省第十四届旅发大会为契机，围绕世界地质公园中评估、创建国家AAAA级旅游景区及“100个旅游景区建设”目标，积极筹措资金，抓规划、上项目、突进度、保质量、求高效，景区配套服务设施建设突飞猛进，服务水平显著提升。先后完成《织金洞风景名胜区详细规划——游客中心及官寨老街》和《织金洞风景名胜区详细规划——下红岩服务区》修建性详细规划，并上报国家林业和草原局审查。现《织金洞风景名胜区详细规划——下红岩服务区》国家林业和草原局已批复，《织金洞风景名胜区详细规划——游客中心及官寨老街》国家林业和草原局即将批复。《织金洞风景名胜区详细规划——三甲入口服务区》《织金洞风景名胜区详细规划——白马入口服务区》《织金洞风景名胜区详细规划——中心景区》3个控制性详细规划文本已完成初稿编制。启动实施下红岩旅游扶贫小镇、游客服务中心、洞前广场、观光车道等景区项目建设，天峰景区科考步行道第一期工程已完成并初步验收，下红岩公路改造项目启动实施，投资390多万元，完成了石漠化治理工程施工及初步验收工作，绿化面积达492亩，种植树木37968株，增种草花面积140226平方米。

【加强资源监管，守牢发展两条底线】　坚守生态与发展两条底线，加大景区森林防火工作，投入资金69553.4元在规划范围内，组织相关人员对有人员进、出的各主要干道沿线的杂草、枯枝落叶进行全面的清割整治工作，总长度11410米，总面积84280平方米。认真执行《风景名胜区条例》《贵州省风景名胜区管理条例》《织金洞风景名胜区总体规划（2017—2030)》，开展监察巡察220次，对52户违建户下达《责令停止违法行为通知》《责令拆除违法建筑通知》，配合县和乡等有关部门拆除违法建筑11户，两次清理整顿拆除下红岩小河边、停车场、码头沿线违法乱搭乱建9处，拆除各种不规范广告牌5处，制止处理开山采石、破坏风景资源、污染环境4处，制止在规划内安葬修坟1处。

【强化品牌宣传，实现景区旅游井喷】　投入资金228万元，与北京巅峰智业旅游文化创意股份有限公司合作，双方签订《织金洞创建AAAAA级旅游景区提升规划及全程咨询服务》，开展全程AAAAA创建咨询服务。已完成5A申报视频、汇报文本、PPT演示文稿制作。充分利用电视、报刊、网络等媒介大力宣传推介织金洞，深化“六心”行动，加强旅游市场秩序综合整治，认真落实旅游安全监督责任，跟踪特许经营效能管理，及时处理旅游“痛点”中接到的各类游客投诉，全年对景区市场秩序督促检查共计62次，对旅游经营企业要求限期整改7次，督办通报3次，有效地提升了景区工作效率，创造景区良好环境。暑期期间对十省区市实行景区门票5折优惠政策。全年共接待游客882525人，收入70338421元。同比接待游客人数增长6.7%。

【认真筹备再评估工作，不断提升世界地质公园品牌】 为认真做好2019年6月至8月联合国教科文组织专家对织金洞世界地质公园进行再评估考核工作，及时成立织金洞世界地质公园迎接联合国教科文组织中期评估工作领导小组，制定《织金洞世界地质公园中评估筹备工作方案》，组建办公室，面向社会公开招聘1名英语专业人员负责外语翻译等中评估工作。组建考察组到广东丹霞山、浙江雁荡山进行考察学习，选派人员到意大利阿达梅洛—布伦塔世界地质公园参加第八届联合国教科文组织世界地质公园大会，与新疆可可托海世界地质公园缔结为姊妹公园。认真按照《世界地质公园操作指南》的要求，对教科文组织批准织金洞加入世界地质公园复函信件中指出的“织金洞世界地质公园的边界划定存在人为因素，要求进行边界调整”进行整改，对公园进行调界，并以市人民政府名义发函《织金洞世界地质公园边界调整报告》到国家林草局。先后完善1页总结、完成A、B表自查自评填报、撰写了再评估进展报告，并及时进行提交，收集前期中评估相关资料。

【聚焦脱贫攻坚，推动景区旅游扶贫发展】 把景区发展与景区贫困群众脱贫有机联系起来，通过实施省第十四届旅发大会景区核心项目建设，加快推动景区发展步伐，带动地方经济发展，让景区旅游发展成果普惠景区广大群众，为全市、全县如期打赢脱贫攻坚贡献景区智慧和力量。协调解决官寨乡官寨村织金丫口组通组公路建设缺口资金，并及时启动实施，先后选派8名干部职工参加全县万名干部下基层脱贫攻坚行动，为官寨乡化窝村解决1万元村级办公经费，直接划拨资金5万余元用于补齐化窝村脱贫攻坚短板，开展计生“三结合”慰问活动，为24户计生户每户送去1000元慰问金。配合做好向阳组109户，293人的安全过渡费补助工作。

（撰稿：董克明）

毕节市九洞天国家重点风景名胜区管理局

【概述】 继2017年毕节市被确定为2019年贵州省第十四届旅游发展产业大会承办方，九洞天国家级风景名胜区被确定为2019年全省第十四届旅游产业发展大会的分会场，九洞天景区获得发展机遇。2018年年初以来，市旅发委和毕节旅游开发（集团）有限公司将九洞天景区作为全市重点开发建设景区之一，毕节旅游开发（集团）有限公司在九洞天景区各项基础设施薄弱，开发建设任务重、工期紧的情况下及时注册贵州九洞天文化旅游发展有限公司（属毕节旅游开发集团有限公司子公司），对九洞天景区进行规划设计、开发建设和经营管理，各项工作扎实有序推进。

【公司变更注册】 根据市人民政府要求，自2017年7月九洞天管理局配合市旅发委将九洞天管理局于2013年10月组建贵州省九洞天旅游开发有限公司注册变更为毕节市旅游开发（集团）有限公司，并于2017年7月25日注册登记子公司——贵州九洞天文化旅游发展有限公司以来，该公司负责对九洞天进行开发和经营管理。将原贵州省九洞天旅游开发有限公司资产核算移交给毕节旅游开发（集团）有限公司，该公司依法依规授权贵州九洞天文化旅游发展有限公司对九洞天景区进行开发建设，实现管建分离、政企分开。

【规划编制工作】 毕节市九洞天国家重点风景名胜区管理局于2014年4月委托南通市规划设计院有限公司对九洞天风景名胜区总体规划进行编制，《九洞天风景名胜区总体规划（2017—2030年）》（以下简称《总规》）编制完成上报国务院，于2017年1月17日经国务院同意批复［住房和城乡建设部关于九洞天风景名胜区总体规划的函（建城函〔2017〕14 号）〕。规划总面积为 145 平方公里，其中核心景区面积为 43.8 平方公里。毕节市九洞天管理局根据市政府要求，将详规委托给贵州九洞天文化旅游发展有限公司组织编制，公司委托北京绿维创景规划设计院进行规划设计，九洞天景区详规已于 2018 年 11 月 20 日得到国家林草局批准。

【景区经营权收回】 对大方县九洞天资源开发有限公司旅游资产接转诉讼事宜。该公司不服终审判决，申述到最高院。最高院第五巡回法庭 2017 年 6 月深入景区调查，裁定由省高院启动再审程序，至 2018 年年底还未审理判决。

【景区经营权特许】 根据《风景名胜区管理条例》《贵州省风景名胜区管理条例》等有关政策规定和毕节市委、市政府的有关文件精神，毕节市九洞天管理局与毕节旅游开发（集团）有限公司经协商达成一致意见，于 2017 年 11 月 30 日签订《九洞天景区内项目特许经营合同》，该公司依法取得九洞天景区特许经营权。

【景区建设】 1. 项目前期工作办理：一是编制项目可研，经审核完成即可进行办理立项手续；二是贵州九洞天文化旅游发展有限公司委托贵州交通科院研究院编制环评报告；委托有资质的单位对项目进行压覆矿及地灾调查；完成先行开工的九洞天风景名胜区龙井边服务点改扩建工程和九洞天风景名胜区洞内步道、行船隧道改扩建工程的项目立项备案手续。2. 开展征地及用地手续办理工作，完成一期项目用地红线进行勘界和编制勘界报告，已委托中介机构编制用地预审的相关材料；划定项目征地范围红线，完成预征地丈量、实物核实。与大方县、纳雍县国土部门对接，核实土地性质，争取建设用地，委托有资质单位编制土地预审报件。3. 对不涉及用地的部分改扩建项目提前动工，抢抓工期。为了保证洞内项目在 2019 年 6 月份建设完成实现对外开放，贵州九洞天文化旅游发展有限公司招标贵州建工、陕西古建、广州励丰等具有知名实力的建设单位，对景区游客服务中心、洞内游步道、游船隧道、灯光项目进行勘察、设计和施工，至 2018 年年底已完成项目总施工量约 60%，龙井游客服务区改扩建工程基本结束。4. 完成景区标界立桩第一期工程项目验收工作。5. 2018 年度总投入约 2 亿元资金。

【景区保护】 九洞天管理局协调大方县、纳雍县相关部门，对破坏景区环境、森林植被、开山采石等违法行为进行查处，全年查处案件 5 件，刑拘 1 人。加强法律法规和《总规》宣传，送达并协调景区涉及的有关乡镇和部门加大对景区内违章建筑进行严格管控力度，进一步控制核心景区内违法违章建筑行为发生。

【景区安全】 九洞天管理局根据年初制定的安全责任书，做好景区各项安全防护措施，加强平时安全巡查、加大隐患排查整改力度，加强督促检查力度确保景区安全生产。适时做好景区防洪防汛、森林防火等工作。全年无安全事故发生。

【景区资源调查】 九洞天管理局支持配合中国地质研究所岩溶研究院对九洞天景区资源地质进行调查研究，历时半年多完成了相关调查工作。

【门票收入】 因景区建设需要，于 2017 年 9 月 1 日停止对外营业，景区进入封闭施工时期，2018 年 1 月 1 日—12 月 31 日未对外营业，因此本年度景区无门票收入。

【党风廉政建设】 九洞天管理局在市纪委第六纪工委及市五纪检组指导下，抓好党风廉政建设工作，年初召开专题会议研究部署，成立党风廉政建设和反腐败工作领导小组，主要领导作为第一责任人亲自抓，落实“一岗双责”。层层签订目标责任书压实责任。建立健全“三重一大”民主决策机制，坚持民主集中制原则，确保决策过程公开，决策前按照要求上报六纪工委备案权力运行清单共5次，“三重一大”上报二纪检组备案3次。按照要求执行好请示报告制度。开展“四风”突出问题专项整治工作。机关作风进一步巩固，“三公”经费大幅度压缩，全年开支31556.57元。

【“两学一做”及开展“三个大兴”活动】 深入开展“两学一做”学习教育常态化工作及“三个大兴”活动。按照中央、省委、市委的统一安排部署，扎实抓好“两学一做”常态化工作及“三个大兴”活动的开展。认真执行好“三会一课”制度和党委中心组学习计划，集中学习25次，领导讲党课3次，认真召开九洞天管理局党员领导干部专题民主生活会及局机关党支部组织生活会。

（撰稿：杨 伟）

赫章县阿西里西风景名胜区管理处

【概述】 赫章县阿西里西风景名胜区管理处成立于2010年12月，内设5个副科级机构即办公室、规划建设科、景区管理科、市场开发科、旅游管理科；5个管理中心即大韭菜坪风景名胜区管理中心、小韭菜坪风景名胜区管理中心、水塘森林公园管理中心、平山森林公园管理中心、二台坡风景区管理中心；赫章县旅游咨询服务中心(股级)。

【景区建设情况】 2018年赫章县旅游投资额达25.5亿元，其中政府投资达21亿元，占投资额的82.4%，招商引资4.5亿元，占投资额的17.6%，强化了老景区提升和新景区开发建设。景区建设主要体现在以下方面：一是阿西里西大草原片区启动建设环草原公路、观光火车、自驾车营地、游客服务中心、停车场等服务设施。二是可乐国家考古遗址公园按规划进行风情小镇和遗址公园基础设施建设。三是九股水温泉旅游度假区按照省旅发委关于全省100个旅游景区规划要求进行开发建设，水上乐园已对外开放，温泉大棚和温泉酒店等服务设施建设有序推进。四是同步推进全域旅游规划，加快石板河景区、夜郎主题文化公园、松林杜鹃花区、天上石林景区、雉街彝族文化小镇、韭菜坪滑雪场等景区景点规划设计、建设等工作，为全面推进项目建设奠定坚实基础。五是以阿西里西·韭菜坪景区为依托，重点打造兴发等7个乡镇14000亩万寿菊种植，丰富了景区景点旅游产品，满足游客需求。

【旅游收入及安全检查情况】 2018年预计累计完成旅游综合收入85.12亿元，同比增幅43.13%，接待旅游人次884.67万人次，同比增幅40.81%。全年共开展旅游行业常规安全检查36次，开展联合执法13次。切实对服务行业设施设备、服务质量、商品价格“不合理低价游”、环境卫生等进行严密细致的检查，确保了游客的生命财产安全和在建项目的实施。

【旅游融合发展情况】 一是乡村旅游发展强劲。截至年底，全县共有1个甲级旅游村寨，农家乐、客栈62户，其中精品级客栈2家，三星级以上农家乐14家，正在申报三星及以上农家乐22家。现有1家三星级宾馆，2家二星级宾馆，2家旅行社。二是特色旅游商品丰富。特色旅游商品如核桃乳、可乐猪、苦荞糊、竹编、刺绣、蜡染、银饰等各种绿色保健食品、手工艺品等琳琅满目，在县城、景区旅游特产商店均有销售。三是体旅融合发展迅猛。成功举办了“阿西里西风·彝山同筑梦”2018年赫章县彝族火把节、苗族花山节、“阿西里西音乐狂欢节”“夜郎故里·

赫章2018国际高原山地穿越挑战赛”“聆听·毕节花开的声音”知名音乐人花海毕节采风等赛事活动，助推了赫章县文化旅游产业发展。

【旅游培训及助推脱贫攻坚、“厕所革命”推进情况】 举办赫章县“2018年旅游行业培训暨春晖助力乡村振兴”活动，开展旅游行业从业人员培训，参加培训人员306人次，有效提升了赫章县旅游景区景点、酒店、农家乐、民宿及乡村旅游从业人员和旅游管理人员素质；赫章县目前旅游开发主要涉及9个乡镇、46个村、4160户、贫困人口15113人，全县旅游业从业人员总数为12000人，其中贫困人口为5200人，旅游业从业人员中贫困人口比例为34%，同时直接或间接带动25个乡镇2768户建档立卡贫困户11070人实现增收。同时，加快“厕所革命”推进工作，一是建设旅游厕所36座，其中新建33座，改扩建3座；二是其他类厕所新建4389座、改建1687座。截至2018年年底，加入厕所开放联盟的机关事业单位共20个。

（撰稿：陶永才）

油杉河风景区

【概述】 2018年，在县委、县政府的坚强领导下，在省市县有关部门的大力支持和帮助下，油杉河管委会按照年初工作要点及目标任务，以大党建为统领，坚守发展和生态两条底线，以实现“条件大改善、产品大提升、景点大串连、旅游大循环”为目标，围绕“创AAAA”任务，聚焦“迎接全市旅发大会和脱贫攻坚”两个重点，扎实抓好景区策划规划、项目建设、市场营销、生态保护、安全生产、脱贫攻坚等工作。

【景区规划】 一是完成景区土地红线勘界报告编制，编制报送景区生态红线调整、节点修建性详规、安置点规划，并经县城规委会议评审通过。二是协调推进环评手续、水保手续办理。三是严格监督项目监理、跟踪审计人员到岗到位，加强在建项目监管。四是协调省林业厅、林科院将景区未来拟建项目纳入《森林公园总体规划》，经省林业局组织评审通过，已上报国家林业局待批。

【项目建设】 1. 倾力抓好旅发大会项目。采取“挂图作战、专班推进、清单管理、限时办结”措施，实行科级干部驻点，协调服务企业、服务项目，落实“日报告、周会商、旬调度、月通报”等机制，全力推动景区项目建设，完成招商引资9.2044亿元，累计完成投资77700万元，成功迎接了第十一届毕节市旅发大会项目观摩，得到省市县参会领导和嘉宾的一致认可和好评，为大方获市政府奖励3000万元助了一臂之力。一是完成景区6条共48.5公里的旅游公路铺油通车，累计完成投资50000万元；二是实施龙山综合服务区项目、仙宇屯茶禅小镇项目、银杏树田园康养项目，累计完成投资19000万元；三是实施仙宇屯玻璃栈道、索道、崔苏坝休闲运动露营基地、雨冲河桃花源避暑休闲等项目，累计完成投资8700万元。2. 清理遗留项目。对接清理遗留项目21个，其中已完成决算审计并出审计报告的10个，其余11个项目正在协调审计中。

【市场营销】 一是完善景区解说词，在第十一届毕节市旅发大会解说接待中用心用情用力，使景区解说工作得到各级领导及嘉宾的认可和好评。二是积极参与市旅委组织的“炎炎夏日哪里去·花海毕节好避暑”“洞天福地·花海毕节”等避暑主题宣传推介活动3次；参加毕节市第十一届旅发大会推介会1次，发放画册、折页4000余份；各级媒体报道油杉河景区相关新闻信息共68条次。三是与星宿乡政府、县文旅投公司等单位联合，在崔苏坝大草原举办了“中国·大方第一届民俗风筝节”活动，来自全国风筝爱好者上千人参加了活动；在全市旅发大会期间，引进北京露营之家成功举办了“第一届山地马拉松比赛”及自行车骑行赛等系列活动，来自全国各地的300余名运动员参加活动，吸引北京、重庆、四川、湖北等上万人游客前来参观。四是到外面学习先进经验，安排工作人员到重庆、湖南两地培训2次，学习A级景区创建解说技巧和国家森林公园绿色康养项目建设等内容，提升了干部服务景区项目建设的能力。2018年接待全国网红、大V等30多家媒体100余人到景区集中采风，接待各级专家及学者50余人次，接待游客51万多人次，旅游综合收入达2.4亿余元。实现景区游客“零投诉”。

【生态保护】 一是下发景区森林保护文件，做好督查检查，向施工企业下发森林资源保护通知文件6份，确保景区项目建设不违规使用和破坏林地，确保了森林资源安全。二是在景区悬挂珍稀林木及古树保护宣传牌20幅，文明旅游、生态环境保护、预防森林火灾等温馨提示标语30幅，提高公众、游客对环境保护的意识。三是狠抓景区绿化美化，在龙山景点、仙宇屯景点、古银杏景点绿化种植绿茶、朴树、皂角、红豆杉、银杏等树种，面积达400余亩，提高了森林覆盖率。四是对古银杏树开展病虫害防治2次，病虫危害得到了有效治疗；按照原生态环保的方法对古银杏树进行根系保护。五是开展“文明在行动·满意在景区”活动，对景区卫生、摆摊设点秩序进行大排查整治20次，规范了景区占道经营行为，确保景区环境干净整洁有序。六是协调对接省市县林业部门完善森林公园总体规划，已报国家林业局待审批。

【安全生产】 一是层层签订责任书，层层压实责任，落实安全主体责任，开展安全应急演练，定期不定期对企业进行安全排查，发现一般安全隐患38处，并下达整改通知书，责令整改38处，消除了安全隐患；二是狠抓项目安全监管，悬挂各类安全标语60多幅，要求企业做到每天开展“班前安全培训”，每周开展安全总结；三是协调雨冲市场监管分局对景区开展综合执法，对周边农家乐的食品安全卫生进行检查15次，确保食品安全；四是加强安全宣传，在“七进”“安全月”等活动中，发放宣传折页200余份，进企业宣传5次，接受群众咨询30余人次。实现了景区安全生产“零事故”。

【脱贫攻坚】 一是精准选派干部驻村。按照县委、县政府相关文件要求，选派9名思想素质过硬、工作作风过硬的干部参加雨冲乡、星宿乡、猫场镇脱贫攻坚驻村工作。要求驻村干部紧紧围绕“五个一批”，按照“一达标，两不愁，三保障、四有五覆盖、五通四有”，开展扶贫攻坚工作。二是开展“54321”结对帮扶。第一批选派4名干部驻村后，剩余15名领导及干部严格按照“54321”结对帮扶工作要求，做好2018年4月至10月以来联系帮扶雨冲乡油杉河村27户贫困户帮扶工作。11月份调整到猫场镇，主要领导亲自任猫场镇脱贫攻坚指挥长，带领管委会干部吃住在村，剩余9名领导及干部全力做好猫场镇箐口村15户贫困户帮扶工作，每月对帮扶贫困户走访2次。截至12月份以来，帮扶干部通过深入到村、到组、到户宣讲扶贫相关政策，开展走访420人次。三是落实经费到位。在办公经费中划拨脱贫攻坚专项经费共6万元给所帮扶的雨冲乡、星宿乡、猫场镇。为猫场镇贫困户购买床上用品100套、春节楹联100幅、食用油30桶，给贫困群众送温暖，增加群众满意度，同时对下派驻村干部分别购买了50万元人生意外保险，按程序报销驻村干部往返交通补贴费。四是积极参加脱贫攻坚“春风行动”“夏秋攻势”“百日攻坚战”“五个专项治理”等，圆满完成了脱贫攻坚任务。

（撰稿：秦黔南）

贵州草海国家级自然保护区

【概述】 草海位于威宁县城西南面，因水草丰茂而得名。草海保护区面积120平方公里，原最大水域面积46.5平方公里，现水域面积近30平方公里，平均水深不足2米。草海是一个完整、典型的高原湿地生态系统，生物资源丰富，是我国特有的高原鹤类——黑颈鹤的主要越冬地和全国著名的三大高原淡水湖泊（草海、青海湖、滇池）之一，素有“高原明珠”“鸟的天堂”“水下森林”“物种基因库”和“露天博物馆”之称，被誉为“贵州旅游皇冠上的一块蓝宝石”，还被美国国家地理杂志评选为世界上最受欢迎的旅游胜地，是国家AAAA级旅游景区和世界十大观鸟基地。1985年2月，经贵州省人民政府批复，成立了草海省级自然保护区；1992年10月，经国务院批复设立了草海国家级自然保护区。2015年1月，中国野生动物保护协会新命名威宁为“中国黑颈鹤之乡”。同年5月，中共贵州省委办公厅、贵州省人民政府办公厅和贵州省机构编制委员会办公室行文在贵州草海国家级自然保护区管理局基础上设立了贵州草海国家级自然保护区管理委员会（中共贵州草海国家级自然保护区工作委员会），管理体制由“厅市共管”调整为省人民政府授权毕节市管理，为毕节市委、市人民政府派出机构，按照属地管理原则，委托威宁自治县委、县人民政府管理。2015年11月23日，国家发改委行文批复了《贵州草海高原喀斯特湖泊生态保护与综合治理规划》，规划且涉及8个方面43个项目，总投资107.9亿元。自此，草海生态保护与综合治理在贵州威宁这片土地上掀开了崭新的历史篇章。

2018年，草海管委会在省委、省政府和省直有关部门的关心支持下，在市、县党委政府的坚强领导下，认真学习贯彻落实党的十九大和全国生态环境保护大会精神，以习近平新时代生态文明思想为指导，坚守发展和生态两条底线，坚持用最严格制度最严密法治保护生态环境，扎实推进草海综合治理，不断提升监测能力，全面加强保护监管，全面落实中央环保督察问题整改，围绕“退城还湖、退村还湖、退耕还湖、治污净湖、造林涵湖”，按照《贵州草海高原喀斯特湖泊生态保护与综合治理规划》（以下简称《规划》）明确的8大类43项已启动7大类27项，实施工程项目39个，启动项目到位资金62.11亿元，完成投资66.5亿元。

【草海综合治理项目谋划与统筹调度】 项目谋划申报。以《规划》为指导，对符合国家投资投向的项目进行筛选和谋划。将退耕还湿、草海实验区生态保护工程等4个项目纳入贵州省乌蒙山区山水林田湖生态保护修复项目库，将贵州草海湿地保护工程二期建设项目、贵州草海鸭子塘高原湿地生态恢复试验示范区建设项目等5个项目纳入《贵州省林业投资项目储备库》，将杨湾桥水源地水污染防治工程、杨湾桥水库恢复增效工程及调水补水工程等14个项目纳入《牛栏江—横江流域生态环境保护总体实施方案》，将草海出水闸建设工程、草海高原湿地生态科普馆建设项目等15个项目纳入《贵州省2018—2022年拟实施重大项目储备库》。项目统筹调度。按照“周调度、月报告”模式，通过电话、微信、现场、专题会议等方式对在建项目进行全面调度，及时协调相关部门共同解决发现问题，推进项目发挥最大资金效益、社会效益。

【草海综合治理取得阶段性成效】 《规划》明确的8大类43项已启动7大类27项，实施工程项目39个，启动项目到位资金62.11亿元，完成投资66.5亿元。①退城还湖，拓宽保护区域。废止与保护区重叠区域县城总体规划，完成保护区范围确界立标，腾退原城市规划用地22652

亩。收回保护区内原出让开发建设用地2182.5亩，用于植被修复，拓展了生态空间。②退村还湖，减少人为影响。草海周边14个村（社区）6151户房屋拆迁完成测量6151户，签订协议6151户，拆除房屋5940户，拆除面积约68万平方米，涉及人口2.36万人，其余有序推进。③退耕还湖，建设鸟类家园。完成6万亩退耕还湿土地征收，正在开展少部分征地补偿款的筹措和土地确权及插牌定界，修复黑颈鹤栖息地1000余亩，种植鸟类喜食植物3000余亩，有效解决“人鸟争地”矛盾，为下一步水域面积逐步恢复后为鸟类觅食栖息提供足够空间。④造林涵湖，减少水土流失。完成草海流域造林绿化43500亩，其中石漠化治理21000亩、重点区域大苗绿化2000亩、低效林改造10500亩、退耕还林4000亩、水源涵养林4000亩、北坡面山植被恢复大苗造林2000亩。⑤治污净湖，控制源头污染。老城区污水收集管网工程建成投运，建成管网34.32公里，疏通改造原有管道3.25公里。草海1万吨污水处理厂、环草海19个分散式污水处理站、西海码头水质净化试点工程建成投运。调水补水工程完工补水。大中河、东山河、白马河入湖河口湿地工程完工，万下河入湖河口湿地恢复工程正在建设。通过以上措施，草海污染负荷大幅削减，直排草海生活污水得到有效收集处理。水质呈向好趋势变化，上游重度污染区黑臭现象已消除，高锰酸盐、氨氮、总氮和总磷等主要指标逐步接近2020年《规划》水质目标：水土流失得到有效遏制，水土流失治理面积占总治理面积的83.2%，年泥沙少64.29%～72.22%，森林覆盖率显著提高，综合治理区森林覆盖率从14.68%提高到27.28%，接近2030年《规划》目标：生态环境逐步改善，外来入侵得到有效控制，鸟类栖息地生境得到改善，保护区记录鸟类种类由228种增至246种，鸟类保护取得明显成效。

【草海监测能力不断提升】 一是环境监测得到有效提升。扎实推进草海云大数据管理系统建设，完成草海云大数据监测管理中心装修和设备安装，野外光缆、电缆及硬件设施建设已完成总工程量的68%，数据收集和软件开发工作基本完成。完成草海环境监测中心实验室改造、仪器耗材采购、监测人员培训等工作，监测中心实验室已投入试运行。完成1—12月草海水体7个断面、5条入湖河流断面水样采集及检测分析工作，每月提交水质监测月报，每周提交水质周报。增设1个空气自动监测站，实时监测空气质量。二是草海科研工作不断加强。扎实推进贵州省重大科技专项草海流域生态保护与治理工程支撑技术集成示范项目，省科技厅到草海座谈1次，开展实地研究工作4次，完成课题研究示范部分实施方案专家论证会，示范部分研究已签约并开展前期工作。加快推进综合科学考察，新记录地衣12种，大型真菌229种，土壤动物12纲20余类。同上一次科考相比，植物物种记录新增197种，动物物种记录新增385种，共记录到生物物种2600余种。协助省环科院开展鸟类粪便对水质影响的基础研究工作，完成每月水质样品采集送检工作。完成“贵州草海湿地保护与修复国家长期科研基地”申报资料编写并报省林业厅。完成《贵州草海国家级自然保护区总体规划修编》实地调查、资料收集等工作，已完成修编送审稿。三是生物多样性得到有效保护。解决越冬期鸟类觅食困难，组织开展冬季破冰和人工投食，完成2017—2018年鸟类越冬期人工投食玉米30吨。完成土豆、胡萝卜、水莎草等觅食地种植6000余亩，为黑颈鹤等越冬候鸟准备充足的食物。开展入湖垃圾清运2000余吨，有效保护草海生态环境。四是生态环境得到有效管控。组建7个巡查小组，强化入湖污染源常态化、全覆盖人工巡查，实时掌握污染排放情况，处理问题40余次。加强与自治县动物疫病预防控制中心的协作，形成群防群控的格局。完成草海周边家禽血清抽样检测300余份、鸟类粪便检测500余份。完成越冬期鹤类及大型水禽同步调查2次、水鸟调查1次。将120平方公里保护区域划分为160个巡查监管片区，由生态公安、执法人员、巡护员等76人组建四个网格管理组，责任到人，形成全方位、无死角的网格化的管理格局，有效保护草海生态环境。五是公民环境意识明显提高。联合县教育局，在威宁一小、四小及海边街道中心幼儿园将《草海的故事》《家在威宁草海》两本乡土教材纳入教学计划。开展“六五”世界环境日、世界湿地日宣传活动和“草海生态公民培育”系列项目，发放法律法规宣传资料8000多份，评选首批100名草海生态公民，积极宣传湿地保护、鸟类保护的重要性，提升了公民环境保护、爱鸟护鸟的意识，传播了生态文明理念，推动了草海生态文明建设。联合威宁县第四小学、海边街道中心幼儿园开展“跨越时空，陪黑颈鹤回家”“走进神秘草海，争当环保小卫士”等系列环境教育活动。进村入户发放《草海保护区社区公民生活行为准则（简版）》1000余份、湿地及草海相关知识宣传手册2000余份、《中华人民共和国野生动物保护条例》《中华人民共和国湿地保护条例》《威宁彝族回族苗族自治县草海保护条例》等相关法律法规3000余份。

【强化巡查监管，提升人类活动监管水平】 建立健全保护区人类活动巡查监管机制，采取点面结合方式，对湿地及周边全天候、无死角进行巡护，常态化综合执法。明确42名巡护员的巡护范围、责任，建立“网格化”巡查监管机制，对草海保护区存在的违法建设问题，制定《草海保护区人类活动摸底排查实施方案》和《草海保护区人类活动巡查监管实施方案》，积极开展摸底排查和巡查监管工作，向违法建设对象发放责令停止违法建设行为告知书45份，向自治县人民政府报告5次，配合县直部门开展相关违法行为整改工作。联合环境监测处完成草海保护区人口基本情况、养殖、放牧、垃圾摸底排查工作。

【强化资源保护，严格区域保护和生态执法】 加强学习培训，提高执法人员工作能力，新增30人取得了行政执法资格，同时转变草海公安分局职能，打造专业生态执法队伍，完善监督管理体系，为生态执法打好基础。持续开展辖区内“六个严禁”执法专项行动，协调县林业局对2018年53个疑似图斑进行核查。制定禁渔方案，发布禁渔期公告，召开专题会议，在禁渔期联合县渔政管理站、草海公安分局依法开展集中联合执法行动25次，依法没收违法非法买卖鱼获物500余公斤，缴获非法渔网4万余米，并依法全部销毁。联合县水务局、草海公安分局制止非法打井取水行为25起、清离25起，联合草海公安分局制止非法开挖海土违法行为5处并进行湿地恢复。对在草海保护区3家石材加工工厂发放违法行为告知书，限期搬离保护区。协调县规划局、环保局等县直有关部门对非法排污、违法建设行为进行查处。

【强化区域管控，加强草海周边秩序整治】 对非法进入草海保护区核心区、缓冲区行为进行依法处置，严格查处在草海保护区实验区内追车拉客、非法划船、乱捕乱猎、电捕鱼、摆摊设点等各类违法违规行为。采取陆上劝阻、拦截、水上合围打击等手段措施，劝说8000多人次不非法进入草海保护区，依法销毁船只25艘。加强安全生产监管，对草海保护区安全隐患进行排查，做好节假日安全巡护及海上应急救援工作。制发《关于加强全县天然水域禁渔期管理的通告》《关于严禁在草海自然保护区违法取水的通告》《关于加强草海国家级自然保护区管理的通告》《关于严禁破坏草海保护区公共设施的通告》1.2万余份，在生态敏感区悬挂宣传标语、制作宣传横幅、制作墙体广告及永久性宣传牌。同时，出动宣传车围绕草海周边不间断宣传，环草海周边群众生态保护意识得到进一步增强。

【中央环保督查问题整改】　威宁自治县和草海管委会坚决扛起草海自然保护区生态保护的政治责任，对中央环保督察反馈存在的问题，研究制定整改方案，逐一明确责任部门、责任人、整改时限和整改措施，扎实抓好环保督察问题整改。关于县城总规用地突破保护区红线范围问题。废止重叠区域县城总体规划，启动《威宁自治县县城总体规划（2018—2035）》编制，修编基本完成。关于新城区重叠范围256亩用于商住建设问题。对256亩商住用地涉及项目下达停建通知，禁止新增违法行为。位于草海保护区内的金岭蓝湾房地产开发项目11号、12号、14号、15号、16号楼已拆除并复绿。关于中国草海国际养生基地房地产开发项目问题。该项目位于草海保护区内已出让未建设土地全部收回并复绿，已建成的3号公寓楼、一期4号和7号楼、三期7号楼已拆除并复绿。关于资源三号测绘卫星遥感影像变化图斑核查问题。卫星遥感影像图斑显示需要整改的4个驾校、7个砖厂已拆除并复绿，养殖场、电杆厂、石材加工厂、汽车修理厂、高速公路十三标项目部、中医院综合楼、前进商贸城、民房等已全部拆除，职校、殡仪馆等公益类项目已办理完善手续或写出说明。对相关人员的责任追究工作已完成。关于第一批上报环保部需要整改拆除的17个违法建设项目。阳关山码头已自然恢复，民族村水土流失地貌已复绿，5个砖厂、4个驾校、2个砂厂已拆除并复绿，江家湾彩虹桥旅游设施、养生基地2处工棚、熊永珍和赵德斌2户民房已拆除。关于草海水体环境受到严重污染的问题。正按照国家发展改革委批复的《贵州草海高原喀斯特湖泊生态保护与综合治理规划》开展综合治理，上游重度污染区黑臭现象已消除，水质恶化趋势得到遏制，规划水质指标呈向好趋势变化。关于水源涵养能力低下，草海流域水土流失突出问题。完成6个片区造林绿化面积23.36平方公里，水土流失治理面积12.83平方公里。关于草海流域铅锌冶炼废渣堆存问题。成立整改专班、倒排工期、挂图作战。六桥街道鸭子塘社区历史遗留重金属污染治理项目完工，赵山村、新坪村4420余吨废渣全部清运至金钟渣库处置，对相关人员的责任追究已完成。

【积极参与脱贫攻坚】　组织干部职工深入联系帮扶的猴场镇、海边街道、六桥街道、双龙镇农户家中开展精准扶贫4次，解决帮扶资金5万元。选派优秀干部到大街乡脱贫攻坚指挥部，积极参与该乡脱贫攻坚工作，统筹推进上海浦东银行开发资金项目。由该乡实施的30个极贫乡镇贫困村出列人居环境建设项目全部启动，2017年度市级领导110万元帮扶项目，兴隆村土鸡养殖、蔬菜种植、通组路建设、灌溉水利项目已完，营中村安全饮水、村集体发展项目正在有序推进。2018年市级领导100万元帮扶项目，正在研究安排。邀请省社科院相关专家帮助该乡坪上村编制乡村振兴规划，已完成产业发展规划初稿。同时，帮助坪上村解决基础设施建设经费和驻村工作经费各3万元。

（撰稿：杨选福　陈诚）

大方县慕俄格古城管理处

【概述】　慕俄格是彝语，意为天下君王居住的地方，后逐渐演变为地名，即今大方县城所在地。慕俄格古城始建于蜀汉时期，是古罗甸王国的首府，罗甸国作为一个地方君长王国，从蜀汉时起与朝廷保持着松散的羁縻关系。唐时修建了宏伟的九重宫殿，宋时改封为罗施国，元置顺元宣慰司，明置贵州宣慰使，从此分封王国的历史结束，君王地位演变为土司职位，王宫变成了宣慰使府衙，九重宫殿改称为九层衙。历史上几经战乱焚毁，唐朝与明朝曾进行过修复，明天启四年（1624），贵州巡抚王三善率军征讨奢崇明、安邦彦起义军，进军大方，因难以抵挡起义军的反击，撤军时便纵火“尽焚庐舍而东”，整个慕俄格古城和贵州宣慰府毁于兵燹。为弘扬民族特色文化，打造文化旅游品牌。2008年，经中共大方县委、县人民政府申报，贵州省委、省政府和毕节地委、行署批准，再次恢复重建慕俄格古城。古城选址于大方县城东北部，迭建在原慕俄格城堡遗址之上。

大方县慕俄格古城管理处成立于2010年11月，是县人民政府管理的副县级全额拨款事业单位，设处办公室、人事宣传科、市场开发科、财务基建科、宣慰府管理办公室、水西文化研究中心，核编45人，在编40人，在职38人。主要承担古城规划、保护、招商、建设、景区管理、市场开发、商业运营、广告发布、旅游推介宣传及民族文化研发、传承等工作。慕俄格古城景区2016年被评为国家AAAA级景区。

2018年慕俄格古城管理处加大慕俄格景区旅游开发力度，推进景区基础设施建设，提高旅游服务质量和服务水平，打造毕节大方古彝文化产业园，推进“5个100”景区建设，2018年景区解说接待1500余场，接待游客2044166人次，旅游综合收入约114473万元，完成招商引资项目3个，完成投资5.22亿元，全年完成固定资产投资6.82亿元。

【项目建设】 2018年景区在建项目共计16个，其中涉旅项目6个，政府投资项目7个，企业投资建设（含代建）3个。一是涉旅项目快速推进。贵州宣慰府葫芦广场改造项目已建设完成；慕俄格古城北城门（拱宸门）游客服务中心项目完成工程形象进度10%；水西向天坟项目已按有关专家意见修改完善项目实施方案，拟报城规委办公室审核报政府批复后，即开展项目施工招标工作和启动项目建设；云龙大道二期道路建设项目由贵州石中玉投资集团发展有限责任公司投资代建，完成工程形象进度70%；慕俄格古城景区三条道路项目属古城PPP项目建设内容之一，三条道路分别为宣慰府至九层衙、铜门至棋盘石、棋盘石至斗姆阁，已完成该工程50%的毛路平整及贯通；贵州宣慰府、奢香博物馆布展及解说词提升项目，解说词已编撰完成。二是政府投资项目稳步推进。政府投资在建设项目中，已完工已验收的有4个，分别为慕俄格古城铜门—罗施塘大坝拆迁亮化工程、贵州宣慰府景观项目（古井）工程、贵州宣慰府景观项目（旅游公厕）工程、奢香古镇绿化景观工程项目；已完成待验收的有1个，济火与诸葛亮雕塑工程；正在实施和即将实施的有2个，分别为“宣慰府停车场”和“云龙停车场”。“宣慰府停车场”已开工建设，已完成该工程形象进度的30%；“云龙停车场”现已发布征地拆迁公告，力争年内动工。以上两个停车场计划2019年上半年竣工并投入使用。三是企业投资项目全面提速。企业投资建设项目共3个，分别为三公桥安置小区建设项目、古城三期建设项目、顺德广场综合体建设项目。三公桥安置小区建设项目由云南建投集团旗下地产公司在大方县成立的奢香投资置业有限公司投资建设，项目总投资约3亿元，已完成投资8005万元，完成地勘62%，正在开挖土石方；古城三期建设项目由贵州石中玉投资集团发展有限责任公司投资建设，总投资约10亿元，包含少儿文体活动中心项目、温泉旅游康养中心项目、半山温泉小镇一期项目，已完成投资约4.7亿元；顺德广场综合体建设项目由大方水西投资置业有限公司投资建设（公建部分由该公司投资代建），总投资约3.1亿元，该项目A区、C区、D区已建设完成，已投入使用，正在修建B区三号楼、四号楼。

【宣传推介】 一是整合互联网和传统媒体形成宣传合力，推广“慕俄格古城”微信公众号和微博，与慕俄格文化传媒公司的“贵州宣慰府”和奢香投资置业有限公司的“贵州大方奢香慕俄格古城”公众号进行互动宣传，2018年发布信息稿件524篇。二是参加旅游推介会、洽谈会等各种活动，利用旅游推介方式，通过发放宣传折页、播放宣传影像资料、现场人工宣传以及歌舞演出等方式，进行多次旅游宣传推介，累计赴重庆、安徽、江苏、扬州、芜湖、广州、泸州等地开展旅游推介50余场次。三是对开展的各项工作和活动通过主流媒体进行宣传报道，在省内各大高速站点设立古城宣传高杆广告牌，并形成常态化，制作慕俄格古城旅游宣传片3部，通过新媒体进行宣传推广。

【文化活动】　一是收集彝族原生态歌曲72首，通过二度创作，发行《慕俄格民歌》专辑，整理印刷《火塘故事》书籍2000余册。二是主办或协助举办多次彝博会、奢香文化艺术节、祭水节、彝族年、火把节等大型文化活动。三是继拍摄电视剧《奢香夫人》之后，成功引进剧组拍摄大型彝族历史史诗电视连续剧《南诏王》、电影《一代人师严修》、纪录片《土司遗城·海龙屯》等影视作品。四是秉承“以文化指导建设，以建设承载文化”的理念，从规划层面将景区及周边建筑风貌统一为彝族风格，着力彰显彝族文化魅力。五是组织到威宁等地开展向天坟文化的考察与调研，做好出版《火塘故事二》书籍的前期筹备工作，对贵州宣慰府解说词进行了提升编撰。

【同步小康精准扶贫】　一是根据县相关文件精神，派出20名驻村干部和1名村第一书记到4个乡镇（办事处）的13个村开展脱贫攻坚驻村工作。二是解决好有钱做脱贫攻坚的问题。从办公经费中挤出10万元拨付给慕俄格街道办事处和4个乡镇的10个村（居）委会，用于脱贫攻坚专项工作经费。三是解决好有物支持脱贫攻坚工作的问题。给对江镇的3个村送去了电脑和打印机，给15名驻村干部购买床、被褥、炊具等基本生活用具，为脱贫攻坚工作做好保障。四是按照“54321”模式，全处32名干部共对43户贫困户进行帮扶，开展同步小康驻村工作。五是组织全体干部职工到慕俄格古城街道办事处开展帮扶工作。

（撰稿：陈　丽）

交通·邮电

交　通

【概述】　2018年全市交通运输系统紧盯年初确定的目标任务，聚力攻坚克难，矢志追赶超越，妥善化解重大难题、重大挑战、重大风险，圆满完成全年各项目标任务，推动交通新发展理念示范市建设取得良好开局。

【交通基础设施建设】　充分发挥投资的关键性作用，全年交通基础设施建设完成固定资产投资245亿元，超额完成年度投资任务，为全市稳增长作出积极贡献。高速公路建设取得重大突破。织金至普定、六盘水至威宁、黔西至大方东关至清丰段3条高速公路共222公里建成通车，创年建成通车里程之最，占全省新增高速公路通车里程617公里的36%，全市高速公路通车里程达979公里；威宁至围杖高速公路开工建设，镇雄至赫章、赫章至六盘水在建高速公路项目加快建设。普通国省道加快升级改造。启动普通国省道建设项目36个共1101公里，建成304公里，高速公路连接乡镇、产业园区、旅游景点道路损毁严重、通行困难的状况逐步改善。农村公路网络不断完善。加快建设县乡道、撤并建制村公路等项目建设，完成新改建农村公路557公里，完成投资11.6亿元；累计建成“组组通”公路1.35万公里，实现7303个村民组通硬化路，圆满完成省委、省政府脱贫攻坚“夏秋攻势”明确的1.2万公里和市委、市政府要求的1.3万公里目标任务，成为建设进度最快、群众满意度最高的民生项目之一。同时，持续强化公路养护管理，农村公路优良中等路率达65.1%。场站和水运建设齐头并进。建成毕节、毕节东等中心城区周边4个高速公路收费站；毕节高铁客运枢纽中心加快建设，累计完成投资5亿元；赫章客运站完成工程形象进度85%，建成乡镇客运站7个。水运基础设施建设完成投资2058万元，开工建设停靠点3个，完成渡口维修建设1个。

【交通扶贫】 一是扶贫举措精准有力。继续加大对贫困地区交通建设投入倾斜力度，优先为3个深度贫困县安排车购税资金7.2亿元用于交通扶贫农村公路建设，为赫章县结构乡、双坪乡等乡镇筹集帮扶资金790万元。助力黔西县精彩出列，加快推进大方县交通扶贫补短板，加快推进S214大方县城至木空河公路、县乡道改造等项目建设；超前谋划推进七星关区、织金县交通扶贫工作。二是扶贫模式不断拓展。建成一批产业路、旅游路，“交通+特色产业”“交通+生态旅游”等扶贫模式迅速发展，交通扶贫攻坚先行引领作用进一步凸显；积极探索交通助推就业扶贫新路子，吸纳贫困群众5100余名参与农村公路养护管理，每个岗位每年为贫困群众增收约6000元。三是联系帮扶工作深入开展。扎实推进扶贫联系点赫章县德卓镇脱贫攻坚，解决基础设施建设资金226.5万元，中营村、马路村如期实现脱贫出列；组织全局广大党员干部积极开展“321”结对帮扶，局机关共结对帮扶贫困户43户。

【行业管理】 坚持以优服务作为重要任务，交通行业管理工作不断加强。一是运输服务水平加快提高。全市开通道路客运班线1258条、营运客车3423辆，营运货车2693辆，运输量保持高位运行；全市水运企业17家，营运船舶135艘，水路货运量达10.5万吨、货物周转量达1243.6万吨公里；巩固提升村村通客运工程，群众出行更便捷；城市公共客运交通行业管理不断强化，积极推进公交优先发展，报请市政府制定印发了《毕节市人民政府关于城市优先发展公共交通的实施意见》，全市公交运营线路达68条，运营线路里程达1577.7公里，运营车辆达762辆，年公交出行量达10143.92万人次；积极深化出租汽车行业改革，报请市政府制定印发了《毕节市关于深化出租汽车行业改革的实施意见》和《毕节市网络预约出租汽车经营服务管理实施细则（试行）》。二是道路运输信息化建设加快推进。通过贵州好行、毕节好行等网络购票数量达48.1万张，是上年同期的1.9倍；积极推进“通村村”APP农村出行服务平台推广应用，通过了省交通运输厅考核。三是加强和规范路政、运政执法。积极开展“打非治违”专项行动、城市公共客运市场秩序专项整治行动，共出动执法人员7.2万人次，检查车辆9.4万辆次，依法查处违规经营行为2700起。进一步加强货车非法改装和超限超载治理工作，规范货车装载和运输行为，有效遏制农村公路超限超载，农村公路超限运输率控制在2%以内。

【党建工作】 坚持抓党建强保障，行业凝聚力战斗力大幅提升。一是旗帜鲜明讲政治。坚持以“大党建”为统领，把政治纪律和政治规矩挺在前面，不断增强党内政治生活的政治性、时代性、原则性、战斗性，引导党员干部切实增强“四个意识”、坚定“四个自信”，坚决做到“两个维护”。全面落实意识形态工作责任制，始终坚持正确的政治方向、舆论导向、价值取向，发挥思想引领、舆论推动、精神激励的重要作用，不断完善落实加强意识形态建设措施，牢牢把握意识形态工作主动权和主导权。二是基层组织建设坚强有力。持续推进“两学一做”学习教育常态化制度化，严格规范组织管理，严格执行“三会一课”、组织生活会、民主评议党员等党的组织生活基本制度，充分发挥基层党组织战斗堡垒作用和党员先锋模范作用。三是干部队伍展现新面貌。完成了原市运管处27名干部职工划转到市道路运输局工作，并对划转后的新班子进行了组建；完成11名干部选拔任用及岗位调整工作。引进2名高层次人才到市公路处和市质监站工作，争取1名副营职军转干部到局机关工作。加强干部教育培训，组织局机关及局属单位102人次参加各类干部理论学习1215次，参训学时达23849，参训率达100%。完成市公路处等3个局属单位岗位设置和实施，职业资格工作持续改进和提升。四是正风肃纪成效显著。严格落实全面从严治党“两个责任”，严格落实中央“八项规定”精神和省委、市委十项规定，驰而不息整治“四风”，严格执行全省公务活动全面禁酒规定，开展节假日打招呼提醒谈话，严防节日期间“四风”问题反弹回潮。组织召开全系统党风廉政警示教育大会。深入开展“三个大兴”活动和“打赢攻坚战、建设示范区，毕节怎么干”大讨论活动。制定了《毕节市交通民生项目监督农村“组组通”公路建设问题治理专项方案》，持续开展“组组通”公路建设问题专项治理取得实效。五是巡视巡察问题立行立改。坚决抓实中央、省委巡视和市委巡察发现问题整改这一重大政治任务，坚持“整改不落实，就是对党不忠诚”的政治标准，坚决以高度的政治自觉和思想觉悟抓好整改落实，切实做好巡视巡察“后半篇文章”，共整改完成中央巡视反馈问题2个、省委巡视反馈问题4个、市委巡察反馈问题7个。离退休干部工作不断加强，工青妇工作有序开展，凝聚起推动事业发展的强大合力。

（撰稿：杨　健）

公路管理

【概述】 2018年，毕节公路管理局围绕“抓项目、补短板、强服务”工作主旋律，聚焦“扶贫脱贫、防范化解重大风险、污染防治、路网建设、绿色公路建设和三大变革”六项攻坚战，紧盯年度“四个一”目标，凝心聚力、真抓实干，有序推进行业改革，有效破解发展难题，公路养护“十转型、十提升”“坚持发展新理念、提升公路新品质”和路政管理“一段一路”“阳光路政品牌”经验获省公路局领导肯定并刊发推广学习，交通强国西部试点省省级示范市、贯彻新发展理念示范区干线公路建设取得重要突破，为毕节试验区决胜脱贫攻坚、开启新时代全面小康美丽毕节新征程贡献了公路力量。

一、坚持以政治建设为统领，坚定不移将上级党组织决策部署落到实处。

一是旗帜鲜明讲政治，不断深入学习党的十九大精神、习近平新时代中国特色社会主义思想，增强“四个意识”，坚定“四个自信”，践行“两个维护”。

二是着力发挥核心领导作用，坚持党委总揽全局、协调各方，抓大事、谋大事，有力推进脱贫攻坚、支部标准化建设、巡视巡察反馈问题整改、三个大兴、行业体制改革和固定资产盘点等主要工作。

三是聚焦脱贫攻坚重点难点，选派10名优秀干部参加省厅、省局、毕节市委和各县区分配的驻村帮扶工作，投入实兴乡新场村排水工程、贫困户房屋整修等单项扶贫资金80万元，领导干部到帮扶点、扶贫公路蹲点500余人次。

四是持续塑造毕节公路文明形象，持续传递毕节公路好形象，毕节国省干线30年发展成就在中央、省级电视台播报30余次，在《中国交通报》《中国公路》等媒体发表稿件30余篇，被《当代贵州》表彰为新闻宣传先进集体，微视频《有一种爱，叫带着妈妈去上班》被央视深度采访，“贯彻新发展理念示范区干线公路建设”理论成果在《当代贵州》刊载。

二、坚持以服务人民为中心，坚定不移践行当好先行的公路人使命担当。

一是聚力项目建设，公路服务脱贫攻坚取得新突破。威宁中石高等级公路建设项目完成投资

2亿元，累计完成投资15亿元，总体形象进度80%，建成路基20公里，路面10公里；G246七星关至纳雍等9个纳入考核管理的公路改扩建项目完成投资12.16亿元，建成总里程130公里，超省公路局下达建设目标33公里；S106毕赤线等未纳入考核的3个项目完成投资3.54亿元，公路建设对脱贫攻坚辐射带动作用初步显现。

二是聚力服务提质，公路通行能力实现新突破。全年管养公路考核路段优良率达91.01%，超省公路局下达目标13.41个百分点，次差路率为2.18%，较省公路局下达目标少1.73个百分点。完成G321广成线六广河至大方沙子坡95.2公里“畅安舒美”养护示范工程，完成投资1.71亿元。完成大修工程总里程11.9公里，提前实施中修工程16.94公里，完成投资1570.6万元。投入688.97万元实施预防性养护工程，完成专项工程28.6公里、路基1511.3米、路面工程102.71公里，处治桥涵166座，路面预防性养护里程占比7.4%。全年完成水毁恢复投资649.29万元、危桥加固和改造工程投资842万元，四类危桥维修加固有序推进，危桥处治率100%。完成2017年第一、二批灾毁恢复项目投资6855万元，有序推进2018年灾毁恢复项目实施。

三是聚力综合治理，路产路权维护实现新突破。全年查处路面、路基及附属设施损害300处、边沟损害1025米、公路污染141处10500平方米、路面堆积物740处7450立方米，制止违法建筑75处2152平方米，拆除违法建筑32处816平方米。全年办理路政许可案件263件，公路赔补偿案件27件，行政处罚案件3件，路政案件结案率为100%。启动文明示范路创建工作，打造“一段一路”示范路段8条共165公里。联合市交通运输局、市公安局制定执法常态化制度化实施方案，安装超限检测站电子抓拍系统，全年检测车辆547316辆，卸载车辆835辆，卸载超限货物5060吨。

四是聚力管理升级，公路行业治理能力实现新突破。投入1700余人次开展安全生产检查，整治一般隐患296处、地质不良隐患13处、监控监测地质不良路段23处。新增波形护栏7.14万米、钢筋混凝土护栏3.42万米，新增标志标牌172块，清理行道树866棵，整改完成17处市级挂牌督办点，安防工程投入资金4000万余元，创历年之最。开展在建项目进度、质量、安全综合检查4次，在建项目施工安全风险评估工作全部完成。建立局系统风险辨识及控制清单，明确重大风险点97处、危险源101处。深入开展道路巡查工作，夏季水毁、冬季凝冻、春运、各级“两会”以及节庆等重要时段无安全事故，道路通行状况良好。国省干线废旧沥青路面材料回收率达96%、循环利用率达75%以上。设备微改造、工艺微改进、工法微改良等“三微”创新行动在中石项目应用取得显著效果，上报技术研究课题5项，通过4项，通过率达80%。

（供稿：毕节公路管理局）

毕节机场

【概述】 2018年，毕节机场已开通北京、上海、广州、深圳、杭州、厦门等20个城市航线。完成旅客吞吐量121.7万人次，同比增长9.54%；安全保障航班起降1.36万架次，同比增长0.63%；货物运输量为835.1吨，同比增长20.17%。通航以来，已累计运输旅客超过450万人次。在原有4个停机位的基础上，新增了4个停机位，并建成投入使用，完善了对基础设施的建设，极大地提升了试验区的城市形象，提振了示范区的发展信心，服务了全国各地前往毕节市的公商务旅客，助推了毕节市的全域旅游发展，为毕节市的经济社会发展和扶贫攻坚构筑了快捷的空中网络，让全市人民共享了改革开放的发展成果。

【安全管理】 2018年，实现安全运行零事故，未发生三类及以上安全、服务差错，未接到三类及以上有效投诉。完成机场使用许可证换证工作；开展监管模式调整后的法定自查工作。修订了《机场使用手册》《航空安全保卫方案》《控制区通行证管理规定》《旅客意外伤害及突发疾病事件处置规定》等规章制度；开展安全教育培训和作风宣讲活动。强化“三基”“四个到班组”建设工作，全面提升机场整体安全和服务管理水平。

【服务品质提升】 2018年，进一步规范了各项服务标准，着力提高员工服务意识，定期、有针对性地开展服务意识、服务用语和语言仪表的教育培训；对头等舱休息室、要客室和廊桥等进行提质改造，在航站楼设置了网络及充电自主使用区，切实提升了旅客的舒适体验感；开展了机场综合专项治理行动，对机场内车辆停放、行人秩序和出租车候客秩序等进行全面整顿，有效提升了机场窗口形象；圆满完成了民航机场协会、民航消费者事务中心和中国民航报社联合针对全国32家百万级运输机场开展的服务质量评价工作，获得一致好评。

【企业文化建设】 2018年，修订完善月度明星员工和月度明星班组评选方案；开展劳动技能大赛和安全知识抢答赛等活动，促进了员工之间交流合作的良好工作氛围；开展了机场通航五周年征文、书画摄影展等纪念活动，拍摄制作了公司形象宣传片，扩大了机场宣传和影响力；成立了毕节机场志愿者服务队，增强了机场青年员工的服务意识和社会责任感。

（供稿：毕节机场）

邮政管理

【概况】 毕节市邮政管理局成立于2012年11月21日，按照机构“三定方案”规定，毕节市邮政管理局接受省邮政管理局和毕节市人民政府双重领导，编制10人，全部到岗。单位内设机构3个，分别为综合办公室、普遍服务（机要通信）科，市场监管科。局领导班子2人，其中：党组书记、局长1名；党组成员、纪检组长、副局长1名。主要负责：（一）贯彻执行国家邮政法律法规、方针政策和邮政服务标准；（二）研究拟订本地区邮政发展规划；（三）监督管理本地区邮政市场及邮政普遍服务和机要通信等特殊服务的实施；（四）负责行业安全生产监管、统计等工作；（五）保障邮政通信与信息安全；（六）承办上级邮政管理部门和市人民政府交办的其他事项。

行业发展，2018年全市邮政业务总量累计完成5.23亿元，同比增长26.23%，增速居全省第一。邮政行业业务收入累计完成5.5亿元，同比增长23.61%；其中快递业务量累计完成1378.5万件，同比增长39.81%；业务收入累计完成2.44亿元，同比增长42.93%。

全市邮政企业+民营快递各类网点总数达1027个、邮政企业共有259个网点，包括乡镇网点237个，城区网点17个，校园网点3个，村级网点2个；快递网点768个，其中城区网点188个，乡镇网点580个，包括顺丰、中通、圆通、申通、韵达、百世、天天、品骏、京东、优速、宅急送、德邦、东骏等13个品牌，许可企业47个，分支机构386个、快递末端网点335个。

【党建工作】 2018年，毕节市邮政管理局以习近平新时代中国特色社会主义思想为指导，深入学习贯彻党的十九大和十九届中央纪委二次全会精神，坚持全面从严治党，增强“四个意识”，坚定“四个自信”，坚决做到“两个维护”，以党的建设为统领，以“两个责任”为抓手，全面加强纪律建设，扎实推动各项工作开展。一是加强学习，抓好党的建设。每月组织以习近平总书记讲话为主题的党组中心组学习活动，统一思想。先后印发了《中共毕节市邮政管理局党组中心组2018年度学习计划》《毕节市邮政管理局党组意识形态工作责任制实施细则》《2018年党风廉政建设工作要点》《党支部2018年工作要点》《党支部2018年度理论学习计划》等系列文件。坚持以党的建设为统领，以“三会一课”制度为支撑，切实推进“两学一做”学习教育制度化常态化建设，扎实开展“不忘初心、牢记使命”主题教育。进一步增强党组织的凝聚力和战斗力，激发广大党员干部干事创业的工作热情。二是落实两个责任、一岗双责，开展党风廉政教育。党组主要负责人和各部门负责人签订《党风廉政建设工作目标责任书》；认真学习《中国共产党章程》《党内政治生活的若干准则》《廉洁自律准则》《问责条例》《纪律处分条例》和《党内监督条例》等党的规章制度，切实开展大兴调查研究、制定调查研究方案，领导带头调研；组织开展“打赢攻坚战、建设示范区、邮政业怎么干”大讨论活动。开展廉政提醒谈话。规范“权力清单运行监督”管理。加强廉政文化建设，开展主题警示教育活动，提升党员干部廉洁自律意识。认真抓好九个专项检查，严格执行中央八项规定及实施细则精神，持之以恒纠正四风，严肃党的各项纪律，正行风。

【依法行政】 2018年共计开展各类执法检查596人次，检查快递企业网点146个，普遍服务营业场所99个，邮政分拣处理中心9个。针对检查中发现的问题：下达整改通报1份，整改通知书29份，行政约谈1份，行政处罚决定9份。一是开展快递市场清理整顿。印发《毕节市快递市场清理整顿专项行动实施方案》，开展末端网点备案工作，严格按照《快递暂行条例》等法律法规开展市场清理整顿专项检查。二是持续开展机要通信监督检查。2018年，对辖区8个邮政机要通信网点、8个转运交接场所开展专项监督检查。开展机要通信监督检查回头看，保障机要通信安全畅通。三是持续开展全市邮政业“扫黄打非”“行业禁毒”工作。切实抓好毕节市邮政业“扫黄打非”工作，杜绝反动、淫秽宣传载体通过寄递渠道传播。四是持续开展寄递渠道涉枪涉爆隐患集中整治专项行动。印发《毕节市寄递渠道涉枪涉爆隐患集中整治专项行动的工作实施方案》，要求企业严格落实寄递渠道安全管理“三项制度”，强化落实寄递企业安全主体责任。五是持续开展联合执法。同公安、工商、烟草等部门就违法寄递、禁毒、反恐等开展对邮政、快递企业的联合执法检查。六是及时有效处理消费者诉求。对消费者投诉情况，及时联系企业与用户进行处理，处理满意率达到100%。

【寄递渠道安全保障】 一是抓重大活动、重点时间节点寄递渠道安全保障。对“两会”“上合组织峰会”“中非合作论坛”“上海国际进博会”期间对寄往重点地区的邮件严格执行“三项制度”，要求各企业签订安全服务保障承诺书，确保重大活动地区寄递安全保障工作。二是抓宣传培训。组织开展《快递暂行条例》宣贯培训会和上合峰会寄递渠道安全服务保障培训会，联合市委国家安全领导小组办公室开展为期一个月的“全民国家安全教育日”主题宣传活动，联合消防部门开展消防安全培训，开展全市邮政机要通讯安全培训，组织召开全市邮政业旺季安全保障培训和应急演练培训会，组织开展“邮政日”宣传活动，发放宣传手册，介绍寄递行业法律法规，引导市民主动配合开箱验视和实名收寄工作，强化安全意识，保障行业平稳畅通。三是抓寄递渠道“非洲猪瘟”防控工作。印发《毕节市邮政管理局关于做好全市寄递渠道“非洲猪瘟”防控工作的通知》《毕节市邮政管理局关于进一步强化“非洲猪瘟”防控工作的通知》，要求邮政、快递企业要严格落实好主体责任，健全防疫制度，严格落实收寄验视、实名收寄、过机安检等寄递安全管理“三项制度”，一律不得收寄活猪和未经检疫的猪肉制品。坚决将可能造成疫情扩散的食物和物品堵截在寄递渠道之外。四是加强信息化建设，推进行业诚信体系建设。2018 年全面实现实名收寄率达 98%，发布行业违法惩戒信息。

【邮政业基础设施建设】 一是全力推进建制村直接通邮工作，提升普遍服务能力。2018 年，全市 2267 个建制村全部完成直接通邮，助力地方脱贫攻坚与乡村振兴战略。二是大力推进“快递下乡”工程。引导企业乡镇设点，提高覆盖率，服务民生，加强实地核查，现场指导，确保网点规范化、安全化。2018 年全市乡镇实现快递网点覆盖，快递品牌服务乡镇备案率 94.2%，覆盖率达 100%。三是中央投资项目。2018 年毕节市邮政普遍服务基础设施建设项目翻建网点 4 个，总投资 316 万元。四是持续推进“三向”“三进”重点工程。积极引导寄递企业布放智能快件箱，毕节市辖区内已布放智能快件箱 12 组。毕节市高校寄递服务规范化，5 所高校均设置标准化规范化快递网点。

【争取政策】 5 月 12 日，市政府办印发出台《毕节市电子商务助推精准扶贫工作方案》，将“建制村直接通邮”“快递下乡”“黔邮乡情”“邮政电子商务扶贫站”、快递园区（分拨中心）建设等各项工作纳入助推精准扶贫工作措施，给予相应政策支持和工作肯定。根据省、市交通文明畅通行动工作部署，为解决行业配送车辆通行与停靠难等问题，积极推动快递服务车辆通行政策出台。

【推进“毕货出山”】 2018 年，全市新增邮政电商扶贫站 70 个。寄递农特产品进城 60 余万件，销售额达 180 余万元，带动贫困人口 88 人。持续依托毕节市交通路网的大发展及“快递＋”商业平台模式，结合本市农特产品实际，积极引导各快递企业助力“毕货出山”，助推地方经济发展。引导邮政快递企业开展了以大方六龙豆干和赫章水塘野生松子、威宁苹果等本地优质农特产品的网上销售；毕节中通快递与贫困户签订订单式销售协议，利用中通快递销售当地李子，采用“快递＋合作社＋农户”模式成为助力脱贫攻坚典型；纳雍圆通快递利用自建电商平台，网上销售菊花茶、布朗李、苞谷等当地土特产，助力精准扶贫。

【提升党报党刊见报率】 在实现县域当日见报的基础上推动毕节市乡镇所在地当日见报率，做好党报党刊发行和投递服务工作，督促邮政企业提升服务质量，努力推动乡镇党报党刊当日见报。2018 年 6 月，省委孙志刚书记在毕节调研期间，全省最边远的石门乡实现党报党刊当日送达。毕节市邮政管理局将以此为起点，推动邮政企业优化邮路，提质增效，提升服务能力，不断增强政治意识，提高乡镇党报党刊见报率，传递党的声音，服务三农，服务乡村振兴战略，服务脱贫攻坚。

（供稿：毕节市邮政管理局办公室）

无线电管理

【概述】 2018 年，市无线电管理局在省经信委、省无线电管理局及毕节市委、市政府的正确领导下，继续深入学习宣传贯彻党的十九大精神，以习近平新时代中国特色社会主义思想为指导，紧紧围绕“三管理、三服务、一突出”的工作原则，以“世界无线电日”“第九个无线电管理宣传月”、无线电频谱使用评价专项活动、打击非法设台等工作为主要抓手，精心组织、强化措施、真抓实干、开拓进取，较好地完成了各项工作任务。

【加强频率台站管理，坚持依法行政】 一是认真开展无线电频谱使用评价专项活动。为开展好无线电频谱使用评价专项活动，由局监测站牵头，按照国家和省的通知要求，成立了专项活动领导小组，制定了《毕节分局无线电频谱使用评价专项活动实施方案》。在专项活动中，共走访核查广播电视、通信运营商等40余个台站；移动监测10余天，分2个小组6人轮流排班监测，完成了毕节8个区县的路测，行程约940公里，监测时长50小时，监测数据2.68GB；启用8个固定站进行了固定监测，监测时间约4800小时，监测数据25.8GB；路测和固定测试共发现，800M集群不明信号1个，接力系统（798－806 MHz）不明信号4个，RFID通信系统（840－845 MHz）不明信号1个，无线数传（866－870）不明信号2个，未发现黑广播频率。经实地对信号核实，其中赫章出现的2个接力系统不明信号为农商行叫号机发出，已对相关负责人提出了整改要求。七星关区出现的包括800M集群、RFID通信系统、无线数传不明信号均是由于电信800M基站设备故障产生，由电信公司修复后，信号均消失。此次频率使用评价从时域、频谱和空域多维度收集了频段数据，掌握了频谱占用情况，为频率台站管理、频率规划提供了技术支撑。二是加强对新设台站的行政许可及管理。共受理新设台站行政审批14件，办结14件，指配频率14组，核发台站执照1307个，收缴频率占用费52100元。三是做好民航和广播电视无线电频率台站核查工作。从3月份开始对民航系统及广电部门使用和设置的台站进行了核查比对，将设台走访与“双随机一公开”结合起来，共走访民政、移动等7家单位，核查台站42个，建立了稳定的联系机制，取得了很好的效果。四是加强移动通信干扰器的管理。根据《毕节市人民政府办公室关于印发全市信息基础设施建设重点问题责任分解清单的通知》（毕府办发电〔2018〕6号）要求，联合市保密局、大数据办、公安局、教育局制定下发了《毕节市学校使用移动通信干扰器规范》，进一步规范了移动通信干扰器的使用。五是引导业余无线电爱好者规范有序开展活动。为更好地服务广大无线电爱好者，根据省局统一安排部署，8月25日组织了毕节市业余无线电（A类）操作证考试，共有22人报名参加考试，并及时向考试合格人员发放了业余无线电台操作证。全年年审业余无线电台执照34份，发放业余无线电台执照及操作证12份。

【维护空中电波秩序，确保无线电安全】 一是多方协调联动，打击非法设台取得实效。在市公安（反诈骗中心）、广电、通信等部门密切配合下，积极开展打击“伪基站”“黑广播”、非法设台等活动，共受理干扰投诉3起，查处3起，查处黑广播12起、“伪基站”1起、移动干扰器2起，移动通信信号放大器1起，共抓获嫌疑人5人、设备16套，查处率100%，并出具《无线电发射设备鉴定报告》2份。二是加强无线电监测，确保无线电安全。在春节、“两会”和国庆等重要时期，严格实行领导带班、监测人员24小时值班制度，启用无线电监测设备9座，监测时间1032小时，出动车辆10辆次，参与值班43人次，实现了零干扰、零投诉的无线电安全保障目标。对重要频段实行每月每频段不少于72小时的监测，累计监测2.6万余小时，按时报送监测月报。按照市政府的要求，及时对七星关区参战老兵使用对讲机频率的情况进行监测监听，监测期间未发现非法使用对讲机的情况。三是加大对航空频段的监测保护力度。定期核查走访毕节机场，完善航空频率保障长效机制，同时规范机场周边无线电台站的设置使用。利用无线电监测站对航空专用频率进行保护性监测，及时消除无线电干扰隐患，为民航安全保驾护航。四是加强无线电监测基础设施建设和维护。完成七星关固定监测站航空子系统的安装、调试和试运行工作；完成灵峰寺固定站改造的前期准备工作；完成无线电监测设施设备的维护保养。五是加大对无线电发射设备销售市场的监管力度。每季度定期对毕节市无线电发射设备销售商进行走访，及时对销售情况和物业、酒店使用无线电发射设备情况进行核查登记和备案。9月13日联合工商、质监等部门开展了一次有力度、有影响、有成效的联合市场检查，对毕节市七星关城区销售无线电发射设备的十余家商户进行了突击检查，对3户违规销售商户下达了责令整改通知书，下架无型号核准代码的无线电发射设备40余台。六是做好无线电安全保障。共参与了全国卫生、公务员、高考等重要考试期间无线电考试保障19次，派出人员195人次，启用设备193台（套）、动用车辆37辆次，发现作弊信号2起，成功阻断2起，查获作弊设备1套，抓获涉案人员2人，维护了考试的公平、公正。保障国际杜鹃花节开幕式期间的无线电安全。为做好开幕式期间的无线电安全保障工作，超前谋划，主动对接，制定保障方案，摸清情况，及时排查干扰隐患。开幕式当天，派出5人组成保障组，出动移动监测车1辆、便携式监测设备3套、压制设备1套，对安保、指挥调度、应急通信、通用航空等20余个频率进行监测保障，实现了零干扰、零投诉、零事故的目标，圆满完成了此次活动的无线电安全保障任务。

【积极开展无线电宣传，提升社会认知率】 一是认真开展无线电宣传工作。制定了《2018年无线电管理宣传工作实施方案》，对宣传工作进行提前谋划，及时部署。深入学习《中华人民共和国无线电管理条例》的修订亮点、重要意义、释义内容，以及配套无线电管理法律法规解读和相关执法宣传等。按照“主动请进来、积极走出去”的工作思路，组织设台单位对《条例》进行学习，对毕节飞雄机场、八二七台、移动毕节分公司及下属县区公司等单位认真开展走访调研和《条例》宣传解读。二是以“世界无线电日”和“无线电管理宣传月”为契机，开展形式多样的宣传活动。在毕节市政府门户网站和微信公众号上进行宣传。在《毕节日报》上刊登宣传内容。在七星关综合广播FM91.2介绍“世界无线电日”的由来。在毕节机场摆放展板、发放宣传资料、现场讲解等形式进行宣传，摆放展板10余张、发放《无线电管理条例》200余册。通过图片展览、现场宣讲和发放资料等形式向市民宣传无线电基本知识和法律法规。协调电信、移动、联通公司进行手机短信宣传，累计向手机用户发送宣传短信1万余条。三是积极报送信息。积极向上级部门报送信息，全年报送简报41期。

【服务重大项目建设，推动地方经济发展】 一是完成威宁、赫章、纳雍机场的电磁环境测试工作。为加快推进毕节机场建设，按照毕节市委、市政府的统一安排部署，充分发挥技术优势，根据《民航机场与地面航空无线电台（站）电磁环境测试规范》有关要求，组织10人次携带专业测试设备参加了威宁、赫章、纳雍4个预选站址的电磁环境测试工作，出具科学翔实的电磁环境测试报告4份，为推动毕节市机场建设提供了技术支撑。二是按照相关技术标准和要求，及时对金海湖新区220千伏金华1回线迁改项目、毕节市中心城区生活垃圾焚烧发电项目的建设是否对毕节机场无线电导航设施造成影响进行监测和评估，为毕节机场净空区电磁环境的安全和重点项目的顺利实施提供保障。

【以党建工作为主线，加强干部队伍建设】 一是继续深入学习宣传贯彻党的十九大精神。局党支部高度重视中共十九大精神的学习宣传贯彻工作，通过精心组织、周密部署，把思想和行动统一到深化学习宣传贯彻党的十九大精神上来，确保将十九大精神内化于心、外化于形，应知应会、融会贯通，切实让十九大精神落地开花、结出硕果。认真组织党员干部职工深入学习党的十九大精神。开展重温入党誓词，征订辅导学习资料、深入党建扶贫联系点宣讲、撰写心得体会等活动将学习宣传贯彻党的十九大精神落到实处。做好学习宣传贯彻十九大精神的信息报送。深学笃用，以十九大精神推动无线电管理工作健康发展。按照市委要求，认真开展“三个大兴”活动”，处级干部到基层调研7次，科级干部15次。二是高度重视党务工作。按照市委和省局的要求，结合实际，制定了《深化两学一做学习教育活动方案》，积极开展单位主要领导上党课、党员进社区等学习教育活动，深入推进两学一做学习教育常态化、制度化。召开专题会议安排部署党建工作，制定《2018年党建工作要点》和《2018年党风廉政建设和反腐败工作要点》，与全体干部职工签订了党风廉政建设责任书。三是加强政治理论学习。制定《党支部学习计划》《党支部理论学习安排表》《干部职工理论学习计划》并认真组织实施，共组织主题党日活动10次，支部学习10次，干部职工学习10次，出专刊2期，确保“人员、时间、内容、效果”得到落实。四是加强组织建设。加强党的基础组织建设，对局党支部进行了换届选举，更好地发挥出党支部的战斗堡垒作用。五是加强队伍建设。严格执行各项规章制度，进一步明确全体干部职工职责分工，做到按时上下班、外出办事告知、有事请假。对上班迟到、早退、中途离岗、旷工等行为做出了规定，严格执行钉钉打卡、请假登记、外勤登记、平时考核等工作，严肃工作纪律，使机关内部管理逐步走向规范化、制度化。加强制度建设，制定了《考勤管理补充规定》《工作例会制度》和《二级目标绩效考评方案》等一系列制度，对《学习制度》《AB角岗位工作制度》《值班管理规定》进行了修改完善，用制度管人、管事、管财、管物得到很好的落实，为工作再上新台阶提供了制度保障。加强党风廉政教育，开展廉政文化进单位活动，出廉政专刊1期，开展警示教育活动2次。六是认真开展党建帮扶。一是按照市委要求，选派驻村工作队员进驻党建扶贫联系点威宁县海拉镇新村村，以“4332”帮扶措施为抓手，精准高效助推脱贫攻坚，扎实开展驻村帮扶工作，局主要领导及分管领导先后6次深入该村进行调研，在省无线电管理局的大力协调支持下，引入资金16.8万元在海拉镇新村小学建成该镇首个多媒体电教室。认真组织“打赢攻坚战、建设示范区，毕节怎么干”大讨论活动，共深入基层调研2次，到党建帮扶联系点威宁县海拉镇新村村开展“与贫困群众共度扶贫日”活动1次，共记录问题10件，协调解决5件，做好解释工作3件，建立工作台账2件。帮扶成功丰硕，新村村2018年完成脱贫任务61户301人，计划于年底实现从贫困村出列。选派担任新村村第一书记开展驻村工作的吴杰被威宁县组织部评为“威宁县2017年脱贫攻坚优秀共产党员”。在春节期间，分别对帮扶点新村村5位贫困党员和单位3位退休党员进行了慰问，并发放了慰问金。认真做好社区帮扶，组织全体党员走进社区开展帮扶活动，共参与了“学雷锋”“全国文明城市创建”“脱贫攻坚问卷调查”等工作。

（撰稿：廖满坤）

电信

【概述】 2018年，中国电信毕节分公司紧紧围绕全市经济工作部署和省电信公司的工作安排，坚持以习近平新时代中国特色社会主义思想为指导，深入学习贯彻党的十九大精神，以按时打赢脱贫攻坚战，努力把毕节试验区建设成为贯彻新发展理念的示范区的战略部署为重要目标，以党建统领生产经营，认真履行电信基础服务职能。大力建设4G网络、全面提升光宽带覆盖率，百兆乡村建设、奠基本地大数据服务、“互联网+”服务；全面实施“提速降费”战略；实施政府普遍服务，着力解决农村上网问题；实施天翼惠民活动，持续提升用户服务满意度。

【落实党建工作要求，强化党建统领作用】 中国电信毕节分公司全面贯彻落实全国国有企业党的建设工作会议和集团公司、省公司党建工作部署会精神，牢牢把握新时代党的建设总要求，坚持和加强党对国有企业的全面领导，以党的政治建设为统领，以思想建设为基础，以集团公司“党建质量提升年”各项标准和省公司党建工作提升会议的具体要求为抓手，不断提升党建工作水平。健全党委议事决策机制，形成大党建工作格局，制定毕节分公司党委研究决策“三重一大”事项清单。全年共召开党委会议63次，对生产经营的重大事项等实行党委会前置，研究解决生产经营中的重大问题，严格落实“三重一大”集体决策制度。推进基层党支部标准化建设，提升支部组织战斗力、凝聚力。成立党委办公室，明确工作职责，选优配齐支部班子，建立党支部书记工作例会制度，全面推行支部书记工作周报制度，将党建与生产经营工作同汇报。成立党员先锋队，积极组织开展活动，践行宗旨，全力以赴，有力推进企业各项工作健康持续发展。

中国电信毕节分公司严格按照党风廉政建设工作“工作部署、合力构建、能力提升、监督检查、追责问责”的五步工作法，全面推进“教育预防、制度监督、惩治问责、巡视巡察、容错纠错”五大工作机制在毕节分公司的学习宣贯、落地执行、融合完善。签订《2018年度党风廉政建设责任书》31份，确保党风廉政暨惩防体系责任落实到位；签订《2018年度毕节分公司纪检委员监督责任书》26份，明确了纪检委员的工作职责及考核追究方式，促进了纪检委员对本单位党风廉政建设监督责任的有效履行。开展“遵规守纪 我是行动者”党风廉政建设宣传季活动，逐一开展主题签名、签订助廉倡议书、廉洁阵地宣传、廉洁风险点梳理、网大廉洁测试、巡回宣讲、廉洁约谈、廉洁知识竞赛、廉洁警示教育等活动，起到了全体干部员工提升规矩意识、提升廉洁从业意识、积极创造诚实守信的企业发展环境的成效。

【加大网络建设投入，提升网络服务能力】 中国电信毕节分公司积极响应网络扶贫的号召，开展30户以上自然村寨的4G无线网络覆盖和百兆乡村项目；加大建设投资，不断提升网络规模，积极开展4G网络动态扩容和优化，提升网络覆盖质量。截至2018年12月，城市光宽覆盖率达98%以上，行政村通光纤比例达到75%。完成234个行政村网络百兆乡村改造和新建，农村宽带接入能力普遍达到100Mbps以上接入能力，同时为农村地区提供优质高效的ITV业务。完成110个贫困村和655个30户以上自然村寨4G网络覆盖。开展4G网络动态扩容和优化，以广覆盖、接入性能好的4G网络，实现高速公路、隧道、高速铁路、城市快速道沿线，油杉河景区的移动网络信号全覆盖。截至2018年12月，完成170个800M和54个1.8G 4G基站的建设；完成860个小区4G网络动态扩容；共建设光纤宽带端口15万余个。建设跟踪信息技术潮流，加快网络技术革新，探索5G网络建设。

【大力开展扶贫工作，履行企业社会责任】 中国电信毕节分公司成立扶贫工作机构，由党委书记、总经理任组长，党委委员任副组长的扶贫工作领导小组，统筹全市扶贫工作，领导小组下设扶贫工作办公室，扶贫办各成员单位由公司党群工作部、纪委监察部、财务部、市场部、人力资源部、网络发展部、审计室、工会、政企客户部和办公室构成，并明确各部门工作职责。

公司对威宁新炉村、赫章碗厂村、黔西县新丰村和织金绕堕村进行定点帮扶，派出驻村干部有4个（黔西公司何振中、织金公司卯忠、威宁公司杜照峰和赫章公司王珂）。

（一）毕节农村“百兆乡村”示范建设情况

开展毕节试验区农村“百兆乡村”建设，提升行政村百兆光纤宽带接入能力。根据《2018年发改委百兆乡村项目区域清单》，电信毕节分公司积极开展毕节试验区254个行政村“百兆乡村”建设，争取“百兆乡村”建设投资2809万元，现已完成234个行政村“百兆乡村”建设。

（二）30户以上自然村4G网络覆盖情况

目前到位资金6557万元开展30户以上自然村4G网络覆盖，补齐自然村信号盲区，截至12月31日已完成655个自然村4G网络覆盖。

（三）重点区域网络覆盖情况

毕节电信公司对重点区域共补盲站184个，其中针对厦蓉和杭瑞高速公路补盲站80个，油沙河景区补盲站12个、政府扶贫站点大方补盲站3个、七星关补盲站3个、威宁新发乡补盲站6个，工业园区等重点区域补盲站32个和中心城区补盲站48个。对860个高忙小区基站实施了扩容工作，同时为了盘活资源，通过调整资源增新农村覆盖站点92个，投资近9300万元。

（四）普遍服务光宽建设情况

截至12月31日，电信普遍服务光宽建设的行政村723个，其中新建290个村、升级433个村，建成后上网速率可达20M以上，项目总投资2.27亿元，其中电信公司投资1.23亿元，中央财政补助资金1.04亿元。所有项目已于2017年12月15日通过工信部、财政部、省通管局验收并交付使用，到2018年年底，已决算项目33个，决算金额2042.84万元，剩余36个项目在2019年6月前全部决算。在电信普遍服务维护方面，毕节分公司现已投入了2300多万元的费用，用于普遍服务维护工作。

（五）其他方面扶贫

1. 已发生的项目数量共256个（其中通信扶贫251个），已完成的扶贫资金691.78万元。其中定点扶贫威宁新炉村、赫章碗厂村、黔西县新丰村和织金绕堕村各10000元共4万元；捐赠22.68万元（结对帮建的杨家湾镇捐赠3万元、大方果瓦乡5.11万元、大兰社区贫困户0.48万元、安乐溪乡碗厂小学捐赠桌椅3.5万元、安乐溪乡碗厂购买保险5.913万元、安乐溪乡资助大学生0.5万元、第五个扶贫日员工捐款给毕节慈善总会1.13万元、集团公益性扶贫项目捐款3.05万元）；信息化扶贫为贫困地区留守儿童解决通信事宜，为贫困乡镇异地扶贫搬迁解决宽带通信问题共投资664万元。

2. 针对织金县珠藏镇饶堕村交通不便，信息闭塞的情况，公司快速启动网络建设流程，光网和无线基站同步进行，仅半个月就让饶堕村的40户村民用上了宽带，为该村搭建精准扶贫信息平台也打开了村里与外界连接的窗口。

3. 职工食堂共向贫困地区采购各类食品36429.02公斤、金额418550.53元。

【积极响应信息需求，精准助力移民搬迁】 中国电信毕节分公司加强与各县级政府及相关部门交流沟通，积极主动的向县委、县政府领导汇报电信信息化建设及普遍服务等工作，展示电信在普遍服务及扶贫攻坚工作中的网络优势、服务优势，表明毕节电信参与并助力打赢扶贫攻坚战的决心和信心，得到了县委、县政府的一致好评。按照政府脱贫攻坚战“五通四有”“四有五覆盖”的总要求，已经根据织金、纳雍、威宁县异地移民搬迁信息需求，向省公司申请了专项优惠政策，统一部署，紧抓落实，实现了1万余移民搬迁户通信网络全覆盖。

【积极响应国家政策，提速降费惠民】 持续推进企业转型，积极响应国家提速降费政策。推出40G大流量套餐，流量低至0.0049元/M，流量资费降幅达到90%，截至2018年12月，出账用户数达到367108户；另外通过十全十美融合套餐提升宽带速率至100M及以上，实现百兆起步、光纤到户；对20M以下宽带进行提速整改，经过2018年11月20日—12月10日集中提速，共计提速7637户。

【多举措开展服务工作，持续提升服务能力和客户感知】 中国电信毕节分公司围绕企业生产经营做优做好2018年客户服务工作，提升客户感知，进一步查找企业内部存在的服务风险，夯实基础管理，强化用户信息安全风险管控，快速响/应。客户诉求，不断改善客户感知，持续促进企业整体服务能力的提升。将服务等级“脱C”列为全年奋斗目标，多管齐下奋发赶超，一是强化互联网化服务能力，组织开展微信客服绑定冲刺活动，截至12月底微信客户绑定新增15万户，并获得全省公司微信客服绑定二等奖。二是开展2018年服务等级评定本地竞赛活动，全市服务工作形成比学赶超的氛围。三是按省公司要求开展政企客户贯标的规范落实，并按期开展执行情况检查、整改通报，获得全省政企客户服务标准达标竞赛活动二等奖。四是积极开展高端客户俱乐部活动，特邀中国人民解放军少将、全军英模代表、战略学博士生导师金一南将军作题为《新挑战 新机遇 新举措 国家安全形势及筹划》的专题讲座，与广大军事爱好者共话国家安全形势。并持续组织星级客户观影活动等，以“客户至上，用心服务”为理念，以“知识、分享、价值”为核心诉求，以精选优质的服务来回报广大客户对中国电信的支持与厚爱。在省公司2018年企业年度服务质量等级评定中获得了最高等级A级评定。

【落实依法治企要求，为构建和谐社会不遗余力】 按月梳理制定企业法治建设推进计划表，有计划、有部署、有落实；对县区分公司法治建设工作全面检查并督促整改；公司外聘律师每周四到公司实行坐班制支撑处理法律相关事务；组织召开法律顾问联席会，邀请公司法律顾问对公司中层干部和相关人员进行法律知识及诉讼实务培训8次（宪法、合同法、监察法、公司法、保密法和反垄断法等）；加强合同、规章制度合法性审核工作，对重要文件和重大合同增加法律顾问事前审核环节，确保合法性。通过明确各级管理责任，防范和控制各类法律风险，增强了企业员工学法用法守法意识，提升了企业依法治企的能力，为构建和谐社会而不断努力。

【持续推进划小承包，强化倒三角支撑体系】 2018年，根据公司转型3.0及优化运营体系要求，按照“专业主建、属地主战”的专业化运营思路，完成了综合化维护划小承包和政企渠道行商校划小承包，实现城市、农村、政企和网络运营维护的全渠道划小承包，创新了激励机制，激发了内生动力。同时从工单处理支撑效能、处理及时性、满意度指标等维度修订倒三角支撑管理办法，以开展员工岗位写实为抓手，快速高效支撑一线，更好发挥倒三角支撑效能，各项运营指标持续向好。实现支撑有效、基层满意、业绩提升，助推企业的高质量发展。

（撰稿：赵 昕）

移动公司

【概述】 2018年，在市委、市政府正确领导和深切关怀下，中国移动毕节分公司结合地方经济和电信行业的实际发展情况，深入贯彻习近平新时代中国特色社会主义思想和党的十九大精神，围绕政府关注点、客户需求点、社会热点，不断提升精细化管理水平、夯实通信基础建设、狠抓服务质量、推进信息化社会进程，寻求企业发展的新突破，倾力打造企业核心竞争力，致力于提供优质通信服务，全力推动地方经济发展。

2018年毕节移动公司认真贯彻市委、市政府发展规划和工作部署，统筹兼顾保增长，开创企业科学发展新局面，积极融入地方经济建设大局，确保各项运营指标均衡发展，运营收入同比增长14.33%，达到27亿元，移动用户达到410万户，移动手机普及率62.19%；收入市场份额达到72%，用户市场份额78%。

【全面深化党的建设及党风廉政建设】 党的建设全面加强。一是持续深入学习贯彻习近平新时代中国特色社会主义思想和党的十九大精神，党委中心组集中学习8次，各基层党组织集中学习（研讨）93次。二是持续推动“两学一做”学习教育常态化制度化，把“两学一做”学习纳入管党治党责任清单，作为支部书记党建述职考核评议的重要内容和三级经理党建工作测评的重要依据。三是推进“双培养”工作，将3名骨干员工发展为党员，7名党员培养为骨干员工；推进创建“党员先锋岗”21个、“党员突击队”13支，在应急抢险和市场营销等生产活动中，成为攻坚克难的主要力量，开展党员突击队活动60余次。四是表彰先进树立模范，4个集体分别获集团、省、市公司“先进基层党组织”称号，25名个人分别获得“优秀党务工作者”“优秀共产党员”“脱贫攻坚优秀共产党员”“最美移动人”等荣誉称号。

党风廉政建设扎实推进。一是聚焦“两个责任”，逐项落实责任清单，签订党风廉政建设主体责任书22份，监督责任书13份，按照监督责任清单对各基层单位的落实情况进行了通报并督促整改落实；建立领导班子“廉政活页档案卡”，按规定落实请假报备制度，以自律和制度落实廉洁从业。二是强化教育先行，通过党委中心组扩大会、纪委会、支委会等形式不断深化学习研讨，党风廉政建设专项学习全员覆盖，廉洁从业承诺书签订率100%，节假日廉洁信息发送达4787条。三是强化制度约束，以推进嵌入式廉洁风险防控建设为抓手，让制度更具有规范性、操作性和约束性，建立嵌入式廉洁风险防控体系18个，风险点238个。强化监督检查，建立问责管理台账，收集清单209份，发出预警通知书3份。

【大力推进通信基础设施建设，助力打赢网络扶贫攻坚战】 毕节移动公司始终将“网络扶贫”攻坚工程作为“一把手”工程，连年持续加大对基础网络建设的投资，快速布局、规模发展，着力提升4G网络覆盖的深度和广度，致力于打造精品通信网络。2018年，共计投入了3.92亿元用于通信基础建设，建设基站2900余个，新增4G站点近2000个，4G基站达7400余个，建设规模排名全省第三，主要以三个“优先”工作思路推进通信网络建设：优先保障重要区域网络覆盖。对已建高速公路、旅游景点重点实施移动信号覆盖工作，毕节境内已经建设的10条高速公路（厦蓉、杭瑞、黔大、贵黔、白黔、息黔、黔织、毕威、毕镇、织普）均已实现2G和4G信号全程覆盖。优先解决贫困地区网络覆盖。在政府“网络扶贫”攻坚工程和小康讯行动工作指导下，完成208个30户以上自然村通4G网覆盖，共涉及大方、金沙、纳雍、七星关、织金5个区县共18个乡镇，共在上述18个乡镇建成4G基站265个，共覆盖贫困村184个、深度贫困村24个，同时对行政村网络质量进行了查缺补漏和重点优化，较好地解决了贫困乡村基础通信问题，为地方的扶贫攻坚增加了助燃剂。优先建设电普项目助力农村信息脱贫。2017年至今，毕节移动投入9300余万元用于电信普遍服务项目，启动1338个行政村的有线宽带建设工作，实现毕节市全部行政村100%完成光纤宽带覆盖，宽带速率高于12M，覆盖用户数95381户，全面完成行政村通光纤建设任务，推动农村宽带接入能力升级，将网络脱困帮贫落到实处。

【推动信息化教育，助力地方精准扶贫】 在全市贫困人口众多、外出务工人口众多的现状下，毕节移动公司在留守儿童、教育资源贫乏等问题上攻坚克难，加快教育信息化建设步伐，落实教育精准扶贫。智能电话手表，“留守儿童”变“阳光儿童”。毕节市启动“大数据+精准关爱留守儿童”项目，为全市小学阶段约10万名农村留守儿童学生免费配发安全电话手表。毕节移动积极响应政府号召，协助民政和公安开展精准关爱留守儿童项目，为65088名留守儿童提供4G智能电话手表及通信服务，通过手表电话精准定位服务，解决留守儿童安全问题。智慧平安校园项目，实现教育信息对称。为解决毕节市教育资源匮乏，城乡严重不均衡，留守儿童获得教育资源以及教育机会少的问题，毕节移动与黔西县第六中学合作建设智慧平安校园，在本校实现校内出入校门翼闸考勤系统、访客登记系统、停车场管理系统、亲情电话的智慧校园一卡通；与结对帮扶的黔西县野坝中学通过录播教室实现双师同步课堂，让乡镇学校同步享受县城学校的优质课程的，促进区域教育均衡化发展。

【聚焦客户关注热点，全面提升客户感知】 多年来，毕节移动始终秉承“客户为根，服务为本”服务理念，围绕“为民服务创先争优”服务主题，坚持把客户是否满意放在服务与经营工作的首位。

打造“透明消费”模式，提升客户满意度。公司从投诉管理入手，建立客户投诉快速响应机制，缩短处理时限，加强投诉信息分析，认真对待每一起投诉，实现投诉处理及时率达100%，投诉处理客户满意度达99.96%。重拳出击垃圾短信，营造绿色通信环境。针对当前客户关注的垃圾信息和骚扰电话的敏感问题，出台详细具体的专项整治举措，从源头、渠道和管理各方面入手，把控“事前、事中、事后”各个环节，综合治理，加强10086端口信息集中群发的审核和管理，对垃圾信息、诈骗信息、商业广告骚扰电话进行专项治理，建立端口清查常态化机制。积极配合执法部门，严厉打击治理伪基站。利用自主研发的伪基站监测系统，建立长效打击机制，联动市无线电管理委员会和市公安局，持续开展“常态化”伪基站清扫工作，18年协助破伪基站案件*起，严厉打击了犯罪分子违法犯罪活动，保护了广大用户的合法权益。

从2011年至2018年，毕节移动公司客户满意度连续七年保持贵州省第一。

【致力服务地方，彰显企业社会责任】 毕节移动牢固树立大局意识、责任意识，在推动自身发展的同时，主动履行社会责任，为地方经济发展、民生改善作出积极贡献。积极解决就业岗位。从2006年至2018年，毕节移动社会渠道合作商户从不足300家发展至1900余家，创造和提供就业岗位从300多个提升至5000多个。

积极提供通信保障。建立“红、橙、黄、蓝”四级应急指挥预案”，成立应急通信保障队伍，满足各类大型的公益活动及突发性事件的应急通信保障，助力政府管理公共事务、指挥调度突发事件。2018年汛期和凝冻期以来，为做好自然灾害期间通信保障工作，公司动员各级社会力量，包含区县施工队，铁塔施工队，市场渠道人员等。共计保障31次，累计出动抢修人员约4000人次，抢修车辆约100辆次，油机约2000台次。

积极参与志愿服务。组织青年志愿者开展了学雷锋义务植树劳动、尊老敬老、帮困助贫、关爱农民工子女等形式多样的志愿者活动62次，参与人数达807人。

（供稿：移动公司）

联通公司

【概述】 2018年，毕节联通紧扣试验区“三大主题”“两新使命”及围绕打赢“113攻坚战”，贯彻新发展理念，深化实施聚焦创新合作战略，积极推进平台化、互联网化运营，落实“五新”联通建设要求，凝聚和激励公司干部员工奋发赶超，推进规模效益发展，实现了发展质量和效益的双提升，合项工作取得新成效。实现了混改承诺首年收入目标，收入增长21.6%，列全省分公司第一位；经营效益持续改善，扭专职为盈；用户突破百万户；份额跃居市内行业第二位。开创了“毕节联通速度”，实现了自身经营发展的历史性突破，也为推动行业进步、加快毕节住处化发展发挥了主力军作用。

【狠抓党建质量，取得新成效】 坚持党建引领。深入学习贯彻习近平新时代中国特色社会主义思想和党的十九大精神，牢固树立“四个意识”，坚定“四个自信”，做到“两个维护”，加强党对意识形态和统战工作的领导，推进基层支部规范化建设，提升基层组织力，发挥战斗堡垒作用。坚持党建融入。召开党建及党风廉政建设工作会议，将党建及党风廉政建设与中心工作同部署、同落实、同检查、同考核；开展“心系基层·结对帮扶”“攻坚克难·沃是先锋”等主题党日活动，以支部为单位推进任务攻坚，实现了项目创收，有效防止了两张皮。坚持正风肃纪。抓好“两个责任”落实，推进党建及党风廉政建设“责任清单”落地，强化廉治风险防控工作。加强纪律教育，开展“警钟长鸣·筑牢底线”主题教育，党委书记谦政党课教育、宣传栏阵地教育、常态化每周日常警示提醒，重要节假日严明纪律要求、专题及案例教育、党纪企规知识学习考试教育等，各级领导干部和基层员工的责任意识、廉洁意识、纪律观念明显提升。强化作风建设，开展形式主义、官僚主义问题查摆、整治。落实巡察整改，认真落实省分公司党委巡察反馈问题整改工作，建立了长效机制，厘清责任、严肃问责。强化监督执纪，落实对“光改”“三合一”“扶贫领域”“2014年前零”等专项检查问题整治，对违纪违规人员严肃处理，形成震慑。坚持文化兴企。开展“中国联通好员工”“十佳黔沃先锋”“贵州联通十大企业文化大使”榜样荣誉选树，选树宣传榜样3人次，开展“两优一先”评选宣传，大力弘扬先进典型。开展企业文化宣传进大楼、进班组、进基层责任单位，倡导践行企业核心价值理念和经营理念，传唱司歌，企业文化入脑入心，凝聚企业发展正能量。

【提升网络能力，取得新进展】 网络规模持续提升。全年完成投资1.76亿元用于网络建设。优化建成4G小区3051个（软件扩容424个小区），进一步提升城区、景区及重点区域的浓度覆盖，完善新开通高速的覆盖和农村广覆盖，无线通信网实现城区覆盖99.9%，高速公路覆盖率96.28%，景区覆盖率94.98%，行政村覆盖率90.27%；宽带数据网实现城区及849个乡镇、行政村覆盖。支撑保障持续加强。加强应急处置和重要通信保障，顺利完成“毕节试验区30周年”“第十一届毕节市旅游产业发展大会”等5次重保任务。倒三角支撑有力保障。围绕“三个一切”，建立综合服务、业务、网络、投诉支撑的“倒三角”集约服务支撑体系。

【提升服务质量，跃上新台阶】 秉承“一切为了客户”的服务初心，坚持客户感知提升高目标牵引原则，深入推进大服务机制提升，完善服务质量监督体系，专项治理服务短板，开展全员服务在行动，用我的“百倍用心”、换客户“10分满意”，开展“网络找差”“服务找茬”行动，强化全员服务意识、统一服务标准、传递服务文化，实现用户口碑满意度持续提升。

【夯实基础管理，展示新风貌】 推进企业法治建设。落实企业主要负责人履行推进法治建设第一责任人职责，建立法治建设责任机制，建立重大决策和重要文件合法合规性审查机制。组织宪法知识在线竞答、“七五”普法法治宣传教育，促进全员“遵、学、守、用”。严控财务风险。强化应收账款、资金支付、经营效率监督，严防经营风险。防范采购风险。持续完善各类采购制度，规范采购管理，公开招标率列全省分公司第一位。行政流程互联网化，用车申请、会议申报、用印审批等方面均实现互联网化审批，差旅报账通过沃钱包的线上方式实现。做好网络与信息安全、安全生产、维稳和保密工作，有效杜绝了责任安全事故、群体性事件和失泄密事件发生。

【推进机制改革，实现新突破】 推进全生产场景划小改革，通过建立增量效益分享机制，实现了划小单元的自主经营、自主管理，经营效益普遍提升。推进创新体制机制变革，落实创新领域“418”人才工程，实施与传统领域有所区隔的薪酬激励分配办法。加强队伍建设激发活力。坚持党管干部。深化战略人才队伍建设，遴选各类战略人才17人。深化人力资源改革，劳动生产率同比增长17.9%。落实效益分享，员工获得感大幅提升，有效激发队伍活力。

【落实央企责任，取得新成就】 认真落实“提速降费”要求。在网络速率大幅提升的同时，移动流量资费平均单价较2017年年底下降63.6%，家庭宽带资费下降34.6%，并于7月1日正式取消流量漫游费，惠及近百万用户；在中小企业市场，互联网专线提速164家、普通宽带提速21家，均达到单位带宽年度降幅10%的核心目标。坚持贯彻中央、集团公司和省委、省政府及市委、市政府脱贫攻坚决策部署。完善组织领导，出台专项制度保障扶贫攻坚工作有序开展。派驻一名脱产扶贫干部到金海湖新区梨树镇堡河村任驻村第一书记，组建了一支30人的扶贫志愿者队伍。落实1万元扶贫专项资金。落实3000元慰问保河村贫困户、干部员工“扶贫日”捐款5890元、采购集团对口帮扶册亨县产品总金额26651.3元。把网络建设、提供住处服务优惠政策与脱贫攻坚有机结合，农村4G村覆盖率提升到64%，推出扶贫卡、残联卡等专属优惠卡，惠及改善民生。认真落实国务院大督查专项治理工作。开展“大反思、大检查、大整治”，推动了服务民生工作的落地。进一步做好实名制管控工作，严防违规行为发生。

（供稿：中国联通毕节市分公司）

贵州省毕节高速公路管理处

【概述】 2018年，贵州省毕节高速公路管理处（贵州省毕节高速公路路政执法支队）管辖高速公路里程为955.8公里，其中新开通的赤望高速（S55）织普段、东清高速（S05）、都香高速（G7611）六威段里程共为224.3公里。

【机构及领导成员】 贵州省毕节高速公路管理处（贵州省毕节高速公路路政执法支队）下辖12个路政执法大队和1个超限超载检测站：金沙路政执法大队、七星关路政执法一大队、七星关路政执法二大队、赫章路政执法大队、黔西路政执法大队、海子街路政执法大队、大方路政执法大队、织金路政执法大队、纳雍路政执法大队、九洞天路政执法大队、甘棠路政执法大队、威宁路政执法大队、生机超限超载检测站；处机关内设党委办公室、办公室、计划财务科、路政管理科、安全质监科、收费稽查科、宣传教育科7个科室。2018年年末干部职工总数为295人。

贵州省毕节高速公路管理处（贵州省毕节高速公路路政执法支队）受贵州省交通运输厅的委托主要履行以下职责：承担所辖高速公路路政管理行政执法、路产保护和路权维护、超限运输治理；承担高速公路营运通行费稽查和涉及联网收费管理的有关工作；承担对所辖高速安全生产、路况考核评定的行业管理；承担对所辖高速公路服务区（含加油站）等的行业管理；承担所辖高速公路应急处理、交通战备、交通量观测等行业统计、节能减排工作。

2018年领导成员：处党委书记：彭杰；处党委副书记、处长：刘有林；处党委委员、副处长、工会主席、纪检监察员：周茂国。

【路政管理行政执法】 行政许可。做好Ⅱ类、Ⅲ类涉路工程施工行政许可办理，配合做好Ⅰ类涉路工程施工行政许可手续办理，以及涉路工程施工进出场登记，办理涉路施工许可15件。

大件运输联网许可。2018年9月，启动了生机超限超载检测站24小时工作制，设立大件运输审批便民点。配合贵州省高速公路管理局受理大件运输申请2007台次，其中，跨省联网审批504台次，占受理总量的25.1%，省内审批1503台次，占受理总量的74.9%，市辖区审批74台次，占受理总量的3.7%。大件运输联网审批时间大大缩短、时效大大提升，为群众提供了方便，服务群众效率进一步提升。

“三项制度”建设。深入推进“三项制度”（行政执法公示制度、执法全过程记录制度、重大执法决定法制审核制度）建设，制发了“三项制度”系列实施方案及流程等，通过贵州省毕节高速公路管理处门户网站、毕节市行政执法三项制度工作平台、贵州省网上办事大厅“双公示”专栏和固定公示栏公开行政执法主体、人员、权责清单、救济渠道等信息。通过毕节市行政执法三项制度工作平台实现了行政执法事前公示、事中监管、事后公示。

“三基三化”建设。深入推进基层执法队伍职业化、基层执法站所标准化、基础管理制度规范化的“三基三化”建设工作。

“四统一”建设。认真做好执法标志、执法证件、执法服装、执法场所外观的“四统一”建设。

【路产保护和路权维护】 依法查处破坏路产、侵害路权等违法行为，2018年，查处路赔案件1086起，拆除非法构筑物8处，成功控制新增非法建筑物17处；拆除违法广告牌14块、成功控制新增非法广告3块；拆除布标横幅105块；取缔摆摊设点35起，教育制止62起；开展“打非治违”专项治理行动11次。

【超限运输治理】 出动治超执法人员7600人次，出动执法车辆2400台次，检查货运车辆8500余台；联合多部门开展治超专项稽查290次，查处超限运输车辆202台，责令120余台超限车辆停驶卸货整改。

【入口治超】 2018年4月16日，毕节辖区正式启动第一批22个高速公路收费站入口治超点，2018年年末，毕节辖区已建成入口治超站点35个。全年累计入口检测车辆149.46万台次，未超限车辆147.08万台次，超限车辆23780台次全部劝返。

【通行费稽查及联网收费管理】 查处违法违规行为查处违法违规行为2437起，其中查处不符合规定“绿色通道”运输车辆2377辆、假冒“绿色通道”优惠车辆1辆、其他偷逃通行费车辆59辆。

督促落实惠民政策。督促毕节辖区各高速公路经营单位严格落实国家相关惠民政策，免费放行合法“绿色通道”运输车辆32.59万台次，免收通行费1.23亿元；春节、清明、“五一”和国庆期间，免费放行7座及以下小型客车281.92万台次，免收通行费1.54亿元。抓好“多彩贵州寻亲之旅”2018年江苏安徽旅游精准营销活动，“山地公园省・多彩贵州风”2018避暑度假主题营销活动等期间相关地域车辆优惠通行高速公路的相关工作。

异常通行车辆信息管理。拟制了异常车辆信

息管理相关制度。开展异常通行信息录入专项检查3次，检查出不规范录入数据495条。加强“有进无出”车辆数据分析，对接周边经营单位查找“有进无出”车辆去处，将符合录入条件的车辆录入异常通行车辆信息管理系统。通过异常通行车辆信息管理系统审核录入异常通行信息133起，撤销因套牌等误录入异常信息11起，对产生违法行为接受行政处罚后的23起异常通行信息进行了撤销。

【准军事化管理】 各路政执法大队、超限超载检测站每周开展不少于2次的准军事化训练。甘棠路政执法大队准军事化管理受到交通运输部法规司司长王海峰的高度肯定和赞许，他说“这是我看到过的最优秀，最规范的交通行政执法队伍”。2018年，贵州省毕节高速公路管理处组织开展了为期50天的岗位练兵集训和2018年新进人员岗前培训，圆满完成了队列、业务知识技能等培训，并取得了良好效果。

【党风廉政建设】 党建工作落实“一岗双责”制，认真贯彻落实中央、省委、省交通运输厅和省高管局系列党风廉政建设规定。严肃财经纪律，开展“两学一做”教育常态化制度化。抓好“四型”机关建设、党建“十百千工程”创建，九洞天路政执法大队被评为2018年度省交通运输厅“文明窗口”。开展道德讲堂40余期，明察暗访3次，警示教育100余人次，预防性提醒谈话114人次，约谈7人次，诫勉谈话9人次。积极宣传党的十九大精神，认真开展党的十九大知识竞赛，在参加省交通运输厅组织的十九大知识竞赛中获得第一名的好成绩。做好党风廉政建设落实情况的督查督办，进一步促进了路政管理各项工作的依法依规开展。

脱贫攻坚帮扶。做好对加勉乡别鸠村5户贫困人员的帮扶工作，2018年实地回访7次，电话回访27次，及时跟进帮扶对象生活现状及需求。帮扶坚持扶志与扶智相结合，变“输血式”帮扶为“造血式”帮扶，坚持“一人打工，全家脱贫”的思路，鼓励更多人外出务工就业，确保就业增收。及时回购了贫困户喂养的香猪，帮扶的5户贫困户已脱贫出列。

支部标准化建设。指导处属各单位完成支委改选、补选，按省高管局党支部标准化建设实施方案做好支部党建，处达标支部12个，其中优秀党支部3个。认真开展支部标准化建设交叉检查。

【行业管理】 安全生产。每月定期开展安全养护检查，每季度开展一次安全生产专项整治行动，对辖区3家高速公路经营单位进行了4次安全养护综合检查，发现14处安全隐患已全部完成整改。督促经营单位严格执行养护备案制度，经营单位全年养护备案103处。扎实开展“平安交通百日行动”“安全生产月”“安全生产毕节行”等安全专项工作。督促完成辖区178个隧道入口优化整治。排查出标志缺损错误10处、标线缺损78处，已全部整改完毕。

“多彩贵州·最美高速”创建。对辖区高速公路路域环境、服务区、停车区、收费站等加强日常监督检查，全年发现1112项问题，已督促经营单位整改1087项问题，整改率为98%。排查出指示不清、容易误导的指示标牌25块，已督促经营单位完成整改。组织辖区高速公路经营单位各服务区、收费站工作人员开展“微笑·文明礼仪”服务培训5次，提升从业人员文明服务意识和服务质量。加强服务区食品卫生安全督查，邀请毕节市食品药品监督管理局对辖区服务区食品安全进行专项检查，确保司乘人员“食之放心”。加强涉路施工监管，创建高速公路“平安工地”。积极开展“扫黑除恶”专项工作宣传。每月对高速公路服务区环境卫生进行考核，每季度对服务区、收费站服务质量和路容路貌进行考核，加大元旦、春节、“五一”、中秋、国庆等节前节中暗访，辖区乌木铺、七星河、后寨、三岔河马场、百里杜鹃五对停车区“厕所革命”改造施工按时完成，辖区高速公路服务水平和服务质量得以提升。协助市 19456 工程实施毕节城区周边的毕节、毕节西、毕节东、毕节北四个收费站改扩建，提升了收费站整体形象。创建省级优秀服务区 2 对（黔西服务区、柳塘服务区），省级示范收费站 3 个（黔西东收费站、金沙南收费站、毕节收费站），省级优秀收费站 4 个（大方收费站、金沙收费站、协和收费站、杨家湾收费站）。九洞天路政执法大队被评为省新时代“多彩贵州·最美高速”先进单位。

【应急处理】 认真做好汛期安全生产大检查及地质灾害专项治理。加强应急值守，强化贵州省公路水路安全畅通与应急处置平台的应用。抓好节假日、特殊时段的安全管理，制定相应的安全保畅方案及应急预案，落实好全国两会、春运、重大节假日、抗凝冻等重要时期重点时段高速公路服务保畅、应急处置等工作。积极配合地方政府及有关部门，做好全省高速公路非洲猪瘟检测点设置检查等工作。

（撰稿：梁道军　谭玉吉）

贸易

商贸

【概述】 2018年，全市商务系统全面贯彻党的十九大、习近平总书记系列重要讲话及中央、省、市经济工作会议，全国、全省商务、粮食工作会议精神，以打赢“113攻坚战”为统领，深化改革、锐意进取，抢抓新机遇，开启新征程，以农产品“泉涌”行动助推脱贫攻坚为要务，以“聚焦四大指标、保障粮食安全”为重点，以实施“十百千”工程为载体，建立协作联动工作机制，构建了大商务工作格局。

【社消零指标实现了增比进位】 2018年，按照“五步工作法”的要求，制定了促进社会消费的方案，强化组织实施和工作督查，取得了显著成效，社会消费品零售总额实现了新的突破。一是培育社会消费新的增长点。大力培育限上商贸流通企业，全力推进全市加油加气站点、农贸市场等建设，督促二手车市场向销售公司转型，并及时将相关企业及大个体纳入统计范畴；同时，积极协同工商、统计等部门将辖区内符合条件的企业及时纳入限上统计范围。二是开展各类消费促进活动。按照“月月有促销”的工作思路，重点围绕元旦、春节、端午、“五一”、中秋、国庆等节假日消费旺季，开展了全市“百企千店”大促销等促销费活动，努力扩大消费规模，进一步繁荣城乡消费市场。2018年，开展各类促销活动累计参与企业2000家，实现销售额超26亿元。全市社会消费品零售总额完成384.58亿元，同比增长8.5%，增速排名全省第3，相比2017年上升了1位。全市批发业销售额完成432.23亿元，同比增长9.8%；零售业销售额预计完成595.22亿元，同比增长13.8%；住宿业营业额预计完成9.58亿元，同比增长8.1%；餐饮业营业额预计完成70.16亿元，同比增长17.5%。

【外贸进口实现了新跨越】 2018年全年累计完成外贸进出口2.17亿美元，超额完成省目标任务进度166.92%，总额排名全省第5位，相比上年上升了2位。全市累计登记备案进出口企业600家，比上年年底增加90家。其中，全年累计进口额进口1.6万美元，实现了新的跨越，涌现了一批新的进口企业，如：大方县中禾恒瑞（贵州）有限公司开展进口种牛（纯种安格斯牛）业务，全年实现进口额3500万美元。

【网络零售额翻番增长】 2018年全年实现网络零售额4.83亿元，比上年同期增长了104.7%，实现了翻番增长，增速跃居全省第3位，比上年上升了1位；总量排全省第8位，比上年上升了1位。

【限上企业实现了数量倍增】 自2017年年初实施限上企业倍增计划以来，全市限上企业及大个体增长迅速。截至12月底，全市限上企业达到550家，比上年底新增169家；大个体达到180家，比上年底新增59家。相比2017年年初的280家及98家实现了倍增。

【“示范县”实现了“双覆盖”】 新增获批建设七星关区、大方县、赫章县、织金县4个国家级电子商务进农村综合示范县，新增获批建设大方县、黔西县、织金县、赫章县、纳雍县5个农商互联示范县，首次实现了电子商务进农村综合示范县和农商互联示范县全覆盖和整市推进。截至2018年年底，全市累计建成1个市级（市区共建）电商产业园区和5个县级电商产业园区，累计入驻企业138家，累计解决就业人数2297人；累计建成村级电商服务站点2131个，比2017年年底新增了500个，全市行政村电商服务站点覆盖率达58.58%；累计打造农村电商精准运营中心458个，带动建档立卡贫困户就业1141人。同时，争取获批了全国供应链创新与应用试点城市等补短板项目，全年获批上级财政补贴资金1.3亿元以上。

【县域冷库实现了全覆盖】 充分发挥省扶贫产业子基金带动作用，构建“1+10+1000+N”的“冷藏、运输、加工、销售”一体化冷链物流体系。2018年年底，全市冷库库容达到16万吨以上，冷藏车达到170台以上，实现冷链物流扶贫产业基地全覆盖的目标，全市冷库已建和在建项目共计136个，容量15万吨。全市各县（区）均有已建成冷库项目，已提前实现县域冷库全覆盖。

【开放平台取得了新突破】 经过商务系统多年来的积极争取和努力，2018年12月14日，为进一步促进毕节市外向型经济可持续发展，经中编办核准，海关总署同意在毕节市正式设立毕节海关（正处级隶属海关），核定行政人员编制10名。

【物流发展开创了新局面】 积极跟进、协调、监督、反馈东站建设情况，在多方努力下，毕节铁路东站已于9月11日正式宣布开通运营，让物流需求企业享受到毕节铁路东站开通运行后所带来的物流成本下降红利。

【“泉涌”工作创建了新模式】 结合市场需求及营销重点，围绕市内市外两个市场，着力构建了“5+5=1”的毕节绿色农产品生产营销流通联盟组织体系。即市内建立蔬菜、茶蛋、肉禽、鲜干果、食用菌五个生产营销联盟+市外建立毕节绿色农产品广州（华南地区）、长沙（华中地区）、重庆（西南地区）、北京（华东地区）、河口（东南亚国家）五个营销联盟=毕节市绿色农产品生产流通总联盟。在组织化的营销模式下农产品泉涌取得了明显成效，全市销售农产品145.2万吨，累计销售金额117.28亿元。

【“粮安工程”取得了新进展】 十年磨一剑，经过近十年来的不断努力，总投资3亿元的市级粮食仓储物流产业园于2018年8月实现正式开工建设，并争取到2018年度中央预算内投资资金3274万元，截至2018年年底，项目累计实现项目总投资2808万元，“三通一平”工作已基本完成，并开始启动主体建设。

【市场体系逐步完善】 2018年，以“十百千”市场工程为抓手，充分调动社会力量，大力推动社会投资，在政府未投入一分钱的情况下，市场建设取得了质的飞越。其中，10个公司化运营的批发市场建设情况：完成建设6个，总投资16.45亿元。100个农贸市场建设情况：完成的有31个，共计投资13607万元。100个惠民生鲜超市建设情况：已建设完成的有78个，共计投资11232万元。1000个惠民生鲜超市建设情况：已建设完成的有867个，共计投资12738.7万元。

【强力推进外资外贸工作】 一是优化外商投资环境。积极指导全市开发区开展开发区产业发展规划编制评审工作，共上报了产业发展规划报告7个，获得评审通过3个，获得工作经费65万元。积极组织开发区梳理、编制招商引资重点项目，经省专家组评审、筛选，每个开发区确定2个重点项目。2018年，全市外资投资实际到位资金达3313.23万美元。二是激活对外贸易企业活力。积极开拓国际市场，全年共组织企业参加各类国际展会近30展次；支持中小企业申报外经贸发展专项资金积极开拓国内国际市场，全年共获批中小企业国际市场开拓资金30.61万元；积极做好首届进口博览会参展工作，共组织20家行政、企事业单位观展、洽谈采购。培育新的出口增长点，积极协调七星关经开区京福服装等4家出口企业逐步将外贸业务纳入毕节公司开展，通过毕节开展出口业务共计376万美元。

【构建商务“大党建”格局】 一是认真落实全面从严治党责任。切实履行党组抓党建工作主体责任，党组主要负责人认真履行第一责任人责任亲自抓落实，全年召开党组（扩大）会议、双周工作例会等会议30余次。研究实行“三个大兴”督查长效机制，深入各基层单位开展日常督查检查1次，开展预防提醒谈话6次，约谈重点岗位人员10余人次。二是持续推进人才队伍建设。严格程序，不断强化商务干部队伍建设，全年共引进1名选调生，接收了2名军转干，采取竞聘上岗的方式临聘了4名优秀大学生，充实了商务人才队伍。加强商务人才的培养，全年组织干部职工参加脱贫攻坚大讲习大培训专题讲座近20期。三是着力打造商务驻村帮扶典范。开展“轮值支书”驻村工作行动，2018年，局党组班子成员带队深入3个帮扶村蹲点调研及协调驻村帮扶相关事宜20余人次，轮值支书（主任）驻村工作组入村蹲点开展帮扶工作40余人次。深入开展领导干部大走访暨扶贫慰问活动，走访慰问3个帮扶村贫困户100户、留守儿童57人、困难党员16人，发放大米200袋、食用油100桶、保暖内衣57套，折合资金约2.6万元；发放慰问金8000元。

（供稿：市商务局）

供销合作

【概述】 2018年，是毕节试验区建立30周年，习近平总书记对毕节试验区工作作出重要指示，要求“确保毕节试验区按时打赢脱贫攻坚战，努力把毕节试验区建设成为贯彻新发展理念的示范区”为毕节市发展提供了根本遵循。一年来，在市委、市政府的坚强领导和省供销社的业务指导下，坚持以习近平新时代中国特色社会主义思想为指导，坚持新发展理念，认真落实“五步工作法”，以打赢“113 攻坚战”为统领，全市供销社系统呈现“稳中有进、转型加快、质量提升”的良好态势。

【机构编制情况】 市供销社属财政全额拨款的参公事业单位，为市人民政府的其他机构，社机关核定编制 23 名，其中参公编制 19 名，工勤编制 4 名，现有职工 19 人（缺编 4 人），其中参公身份 15 人（正县级领导 1 人，副县级领导 3 人，正科级干部 3 人，科员 7 人，工勤人员 4 人）。离休干部 4 人，退休干部职工 25 人，内设办公室、合作指导科、经济发展科、企业管理科、人事教育科、财务审计科、社员股金监管科等 7 个科室。

市社直属市资产管理运营有限责任公司，在职 104 人（其中上班 26 人，停薪留职自谋职业的 78 人），已退休进入社保管理的 122 人，下辖 8 个县区都有供销社，其中威宁县供销社属省直管，金海湖新区和百里杜鹃管委会供销社职能由区农委或经能局代行。

【受表彰情况】 一是 2018 年 2 月 26 日，获得省供销社“2018 年度全省供销合作社系统综合业绩考核市（州）级优胜单位”二等奖，排名比 2017 年上升两名。二是 2018 年 7 月，织金县猫场供销社、纳雍县玉龙坝供销社和赫章县平山供销社获评 2018 年度省级“三位一体”新型基层供销社示范社。

【认真贯彻落实“五步工作法”】 深入贯彻落实“五步工作法”，在精减会议和文件的前提下，将中央、省、市相关政策及时传到各县（区）社，并采取以会代训等形式加强培训，通过电话、短信、微信或深入县（区）调研座谈等方式提醒，各项政策措施切实落实到位，织金县供销社成功实施学生营养餐配送项目，金沙县供销社葡萄产业园喜获丰收，全市供销社系统实现汇总利润 3.6 亿元，所有者权益达到 19.8 亿元，全面完成年度目标任务；资产总额达到 35.4 亿元，全面完成年度目标任务；完成销售总额 112.9 亿元，销售农资 33.5 万吨，完成农村电商销售 6.2 亿元，农副产品购进额达到 22.9 亿元；各项主要经济指标稳步增长。

【扎实做好市委巡察整改工作】 根据市委统一部署，3 月 23 日至 6 月 20 日，市委第四巡察组对市供销社工作进行了巡察，并于 8 月 31 日向社党组反馈了巡察意见，社党组照单全收、高度重视、立即成立整改工作领导小组、制定整改工作方案、建立整改工作台账，对照巡察组反馈问题逐项逐条进行整改，根据要求将巡察组反馈意见和整改工作进度等分别向党内和社会公开，接受各方监督，按照时间节点完成整改，并将整改情况向市委巡察办报告。通过整改，无论是党的政治建设、思想建设、组织建设、作风建设、纪律建设、反腐败斗争压倒性胜利等方面工作都得到有力提升，特别是对直属企业的薪酬发放、财务管理和违规发放津补贴等进行规范和认真清理，使其管理更加规范。

【积极推进“三位一体”新型基层社建设】 2018 年，全市供销社系统积极推进基层供销社恢复重建工作，建成“供销合作 + 信用合作 + 生产合作”的“三位一体”新型基层社 36 个，新领办农民专业合作社 64 个，新建农民专业合作社联合社 11 个，织金县猫场供销社、纳雍县玉龙坝供销社和赫章县平山供销社获评 2018 年度省级“三位一体”新型基层供销社示范社。

【稳步推进社员股金服务和风险防控工作】 2018年，全市供销社系统社员股金服务机构达到（含网点）87个，登记注册资金4.25亿元，累计调剂社员股金总额13.55亿元，所调剂资金大部分用于农业产业发展，其中针对农户及农业产业调剂股金9.77亿元、调剂股金使用13218户。运行风险日益显现，加强风险防控显得尤为重要，根据市风险防控办安排，将社员股金风险防控列入重点工作之一，认真学习贯彻落实省政府领导对农村合作金融的批示精神，并将贯彻落实情况报送市政府有关部门。制定《毕节市供销社系统社员股金服务机构管理暂行办法》下发各县（区）社执行。召集公安、金融办、银监、人民银行、市场监管等部门对社员股金运行风险进行研判、评估。根据国家审计署驻昆明特派办审计整改意见，对社员股金服务中存在的问题进行全面、严肃、认真整改。积极配合市处非办加强对供销社社员股金服务机构风险的防控，扎实推进供销社社员股金行业协会筹建工作。中国供销合作网、省供销合作网和《毕节日报》等媒体对社员股金服务风险防控工作做法进行了宣传报道。

【努力完成供销社农村电商工作】 充分发挥供销社系统自身优势，突出运用功能，积极发展农村电商助推乡村振兴，创新“互联网+电商”等模式，金沙县、黔西县供销社电商运营中心正式投入运营，积极推进电商冷链物流项目，各县（区）社以基层供销社组织为抓手，加大村级电商服务网点建设，全市供销社系统建成74个农村电商扶贫站点，促进线上线下融合发展，实现“农产品进城、工业品下乡”，拓宽农民增收渠道，增加农民致富路子。

【大力实施乡村振兴战略】 市供销社积极拟定《贯彻落实乡村振兴战略规划的实施方案》，经市政府领导审核批准后印发各县（区）社执行，各县（区）供销社结合自身实际，积极实施乡村振兴战略，并取得一定成效。金沙县供销社积极承担县政府辣椒产业专班工作任务，落实10万亩辣椒种植、辣椒种植农用物资供应等工作，供应农膜207.52吨、复合肥1584.7525吨、缓释肥2107.25吨到23乡（镇、街道），依托遵义真辣食品公司及千禧鹤公司等销售辣椒3.2万吨，实现产值1.92亿元。1000亩葡萄基地进入丰产期，2018年产量达50多万公斤，为当地农户提供2万人次的季节性务工，实现务工收入160万元；为20户贫困户提供20人长期务工，每年每户实现务工收入24000元。织金县供销社与湖北裕国菇业公司共同出资组建贵州裕丰盛现代农业科技有限公司，依托其技术优势和裕国商城销售平台实施食用菌（香菇）扶贫产业项目。

【扎实开展毕节农产品进广州工作】 根据2017年市供销社与广州市供销社达成的《广州市供销社系统帮扶毕节市供销社系统框架协议》。2018年各县（区）供销社积极与广州市供销社对接，促进毕节市农产品纷纷进入广州市农产品市场。金沙县清池供销社的清池茶系列产品在广州市番禺区供销社超市专柜销售；响水供销社与深圳市沃尔玛超市和广州市宝伦超市达成供货协议。织金县供销社与广州市花都区供销社形成产、供、销融为一体的对口帮扶体系，广泛开展蔬菜产业或基地项目建设合作，在具备冷链物流设施的基础上，与广州市掌鲜电子商务有限责任公司合作，收集、整理、加工织金县农特优产品，通过该公司的“掌鲜宝”窗口进入花都区市场。织金县土豆通过供销社平台进入广州市场，大幅提升产品价值和价格；各县（区）供销社和广州市供销社签订20万元以上的农产品购销订单。

【积极实施学生营养餐配送项目】 各县（区）供销社结合自身实际，积极开展农产品产销、承担学生营养餐配送工作。织金县供销社争取到县域内营养餐食材配送项目，就近就地采购本地合作社或贫困户种植的农产品，实现贫困户利益联结全覆盖，促进学校营养餐食材供应与产业化、精准扶贫的有机结合，签订合作协议 18 份，供应蔬菜 16.5 万公斤、肉类 2.25 万公斤、覆盖 15 个乡镇、解决 130 多所中小学 4.5 万名学生营养餐的食材供应、惠及贫困户 412 户 1275 人。实现本地农产品产销对接达到 50% 以上，切实做到本地种养本地销售，做到“农民管种、公司管送、学生管吃”。金沙县供销社联合 8 家公司向贫困村村社一体合作社采购各类农产品 213.05 万公斤，即购即付采购金额达 1614.05 万元；向全县学校和机关企事业单位配送蔬菜、肉类、鸡蛋及粮油各类农副产品 769.21 万公斤，实现销售金额 4980.52 万元。

【积极参与全市脱贫攻坚中心工作】 根据市委、市政府工作安排，承担派出一个脱贫攻坚督查小组的任务，积极抽调 4 名同志参与全市农业产业结构调整和脱贫攻坚、夏秋攻势督查工作，按照市委、市政府统一部署深入七星关、大方、金沙、黔西、百里杜鹃、赫章、威宁等县（区）乡镇对其农业产业结构调整情况进行督查。

【深入贯彻落实全面从严治党工作】 一是始终把从严治党作为不可推卸的主体责任和政治责任，列入重要的议事日程、摆在首要位置来抓。二是制定党风廉政建设工作要点、层层签订工作责任书。三是扎实推进“两学一做”学习教育活动，把学习中央、省委、市委有关会议、文件精神贯穿于党建工作始终，通过警示教育筑牢干部职工思想防线。四是坚持不懈地抓好中央“八项规定”和省市十项规定精神的贯彻落实，积极开展领导干部办公用房清理工作。五是建立健全全面从严治党制度，坚持制度管人。六是坚持“三重一大”制度和主要领导末位发言制。七是深入开展慰问老干部、贫困职工、军转干、老战士、贫困群众、困难党员、困难学生和计生“两户”等工作，共计发放慰问金 16900 元。八是深入开展社区帮扶工作，专门挤出 1 万元专项经费用于改善社区办公环境。九是完成党员管理“党建云”系统的录入管理工作。十是选举产生了市社新一届机关党委领导班子。

【积极开展意识形态工作】 将意识形态工作与业务工作同部署、同考核，纳入党建工作责任制和领导班子述职评议内容，纳入干部考核和执行党的政治纪律、政治规矩监督检查范围，认真学习贯彻中央、省委和市委关于意识形态工作的会议及相关文件精神，将“社会主义核心价值观”、习近平总书记对毕节试验区重要批示等意识形态工作内容制作成写真广告牌在单位所在楼道等处张贴、悬挂，营造良好的意识形态氛围，制定政府信息发布审查制度，通过电子邮件、政府门户网站供销社频道和电子政务门户网站等共计发布信息 370 条以上，其中市政府门户网站、《毕节日报》、省供销合作网、全国供销合作网等采用 30 多条，切实弘扬爱国热情，歌颂党的伟大成就，坚持弘扬主旋律，传播正能量。

【扎实开展调查研究工作】 领导班子成员深入威宁、赫章 40 多个乡镇，100 多个村组开展调查研究及工作督查，并形成了《赫章县农业产业结构调整推进情况及意见》报告等调研资料；机关全体干部职工深入基层社、企业、党建帮扶点调研，形成调研文章 13 篇。

【大兴真抓实干之风】 进一步建立健全监管体系，强化考核奖惩，切实解决“慢作为”的问题；围绕“九个不作为”问题，切实加强思想教育，着力抓好问题查摆，全面落实建章立制，努力建造能者上、平者让、庸者下的良好干事氛围。

【大兴勤俭节约之风】 根据“三个大兴”工作

总要求，切实做到能不发的文件坚决不发，能不开的会议坚决不开。会议总数比上年下降18%以上，全市供销社系统工作会规模从2017年的74人缩减到2018年的33人，会议时间从2017年的1天半缩减为2018年的半天，无论是会议规模还是会议时间都大幅下降，会议经费随之下降；“三公经费”大幅降低，其中公务接待不到2万元，严格控制办公用品采购，全面推进电子政务，所有文件、简报、报表等，基本采用电子文档传送，减少纸质文件印刷。

（撰稿：熊　鑫）

烟草专卖

【概述】 贵州省毕节市烟草专卖局、贵州省烟草公司毕节市公司成立于1983年，下辖毕节市七星关区、大方县、黔西县、金沙县、织金县、纳雍县6个县级烟草专卖局（分公司）、高原烟海管理、威宁彝族回族自治县和赫章县烟草专卖局、烟叶营销中心、卷烟物流配送中心、卷烟营销中心共12个直属基层单位；机关内设17个职能科室。主要业务是烟叶生产、收购，烟叶、卷烟销售和专卖行政管理。

2018年，全市烟草商业共有3447名在岗职工，生产收购烟叶132.85万担，实现烟农种收入近20亿元，户均收入达6.5万元；销售卷烟23.15万箱。实现主营业务收入86.65亿元，实现毛利29.20亿元，综合毛利率33.69%，实现税利24.5亿元，企业总体保持稳健良好运行态势。

【聚焦“量”和“质”，烟叶工作保持良好态势】 一是烟叶发展信心进一步增强。市委、市政府把烤烟作为全市脱贫攻坚、产业结构调整特色优势产业，把基本烟田纳入规划保护，为烟叶产业发展提供有力保障。全市共收购烟叶132.85万担，担烟均价1348元，实现烟农种收入近20亿元，户均收入达6.5万元，烟叶等级、烟农户均收入均创历史最高水平。二是等级质量进一步提升。上等烟结构比例达63.58%，同比提升了7.9个百分点，有效满足了工业企业等级结构比例需求。三是技术推广进一步落地。全力推动深沟高垄、井窖深栽、控氮增密、成熟采收等栽培调制技术落地，为烟叶质量整体水平提高提供了技术保障。四是助农增收进一步优化。综合利用烟叶生产基础设施和基本烟田等资源，优化助农增收产品，实现多元经营产值1.85亿元，实现烟农增收3900余万元。五是基础设施进一步夯实。突出抓好烤房修复和新能源烤房建设工作，完成了3000座常规密集烤房修复，新建新能源烤房526座。协调市政府划拨了管护资金1940万元新建、维修烤房等设施，全市补贴新建密集烤房1325座。扎实抓好水源性工程建设督查。全力抓好烟草扶贫新村建设，投资2000万元，建设烟草扶贫新村10个。

【聚焦“稳”和“价”，卷烟营销保持良好态势】 一是销量稳定增长。累计销售卷烟23.15万箱，同比增加735.3箱，增量排全省前列。销售收入70.3亿元，同比增加3.7亿元，实现销售毛利20亿元，同比增加0.6亿元。二是结构大幅提升。全市卷烟单箱均价达30360元，同比增加1519元，单箱增幅排全省前列。重点品牌销售16.46万箱，同比增加12678箱。三是市场深挖有力。实施差异化服务和货源分类投放，五大市场卷烟销量均有提升，其中旅游、交通和休闲娱乐业态市场挖潜效果明显，分别增长29.06%、94.5%、49.95%。四是市场监测精准。围绕零售价格、社会库存、社会存销比等核心指标，分区域、分品牌、分档位精准调控。2018年市场信息采集工作得到国家局充分认可，代表全国两家先进地市级公司，在国家局作交流发言。五是物流运行精益。持续推进“准时制”配送服务，提高配送流程运转效率。卷烟单箱物流费用 261.2 元，降本 134.27 万元。

【聚焦“管”和“打”，专卖管理保持良好态势】

一是全力打假打私。加强与公安等执法部门协作配合，保持打假打私高压态势。查获涉烟案件 759 起，其中 5 万元以下案件 106 起，同比增加 22 起；互联网涉烟案件 356 起，同比增加 245 起；5 万元以上互联网案件 15 起，同比增加 7 起；查获烟叶案件 24 起，卷烟案件 82 起。七星关区“12·27”、金沙县“4·19”、威宁县“4·14”三个案件荣获国家局打假打私重大案件表彰。二是严格内部监管。开展“大户治理”等专项整治行动，严查真品卷烟非法流通。全年查办不规范生产经营案件 29 起，查获真烟非法流通“双 30”案 10 起，查扣真烟 728.9 万支，取缔违法卖烟大户 4 户。三是严格执法规范。创新行政执法调查取证方式，推进执法全过程记录，建成全省烟草商业首家专卖案件调查系统。联合工商行政管理部门开展无证经营专项治理，清理休眠户 271 户、人证不符户 693 户，查处取缔无证经营户 96 户。

【聚焦“绩”和“效”，创新管理保持良好态势】

一是创新型企业建设稳步推进。出台了《毕节市烟草商业创新型企业建设实施方案》，建立了创新型烟草商业评价体系，全员创新氛围进一步增强。二是科技成果显著。行业生物炭基肥工程研究中心正式在毕节挂牌运行，启动了 7 个炭基肥研究专项，建立了两个长期定位试验点。开展 47 项科技项目。申报科技成果 6 项，发布贵州省地方标准《烤烟品种毕纳 1 号》。获得授权专利 22 件、发表论文 37 篇。三是适用技术推广明显。加大土壤保育、绿色防控、清洁生产等关键技术应用转化，全市生产酒糟（碳基）有机肥 3.72 万吨，实现施用全覆盖。碳基有机肥在全省推广应用面积 14.9 万亩。种植绿肥和油菜压青 24.64 万亩，推广水溶肥面积 11.17 万亩，蚜茧蜂放蜂面积 90 万亩，其中大农业 30 万亩。

【聚焦“严”和“紧”，党的建设保持良好态势】

一是政治引领效果好。把政治建设摆在首位，把坚持党对一切工作的领导贯穿企业工作各方面和全过程，牢固树立“四个意识”，坚定“四个自信”，做到“两个维护”。严肃党内政治生活，严守政治纪律和政治规矩，坚决落实全面从严治党主体责任，全面落实“一岗双责”。二是意识形态阵地牢。建立完善意识形态思想政治、宣传教育及阵地管理制度，管好用好毕节烟草网站、微信公众号、《毕节烟草》等各类媒体和宣传载体，推动意识形态阵地管理制度化、规范化。三是组织建设成效显。持续强化“六有四型五力”基层党组织建设，不断完善基层组织阵地建设。持续推动支部联建，深入开展“打赢攻坚战、建设示范区，毕节烟草怎么干”大讨论。七星关区局“52345”基层组织建设案例入选行业《基层党建工作 100 例》，威宁专销党支部等 3 个基层党组织荣获省局（公司）党组和毕节市直机关工委“先进基层党组织”荣誉。四是政治纪律要求严。狠抓“四风”整治，严防“四风”回潮和隐形变异。抓好巡视整改及“回头看”反馈意见整改落实，举一反三、吸取教训成效显著。五是工作作风转变大。制定了“大兴调查研究、大兴苦干实干、大兴求真务实、大兴勤俭节约”“四个大兴”活动方案，持续推进作风转变。启动扶贫领域作风问题专项整治。

（撰稿：周进江）

盐 业

【概 述】 2018 年，是国家盐业体制改革正式实施年，同时也是自成立集团以来盐行业形势最严峻、困难最突出、经营最艰难、效率最低下的一年。一年内，毕节公司党委、公司在集团党委、董事会的领导下，紧扣集团工作主题、工作重点和目标任务，全面加强党的建设，推行内部改革，强化食盐安全宣传，转变经营管理方式，大力提升配送服务，加大形势任务教育，维护企业和谐稳定。各项工作稳步得以推进。全年销售小袋盐10369吨，完成94.3%（其中：品种盐销售1353吨，占小袋盐销售总量的13.05%，品种盐所占比重全省第一）；营业收入2782.12万元；实现利润276.76万元，超额完成272.76万元；缴纳税利172.71万元。

【坚持抓好政治理论学习】 2018年，公司党委高度重视“学习宣传贯彻十九大精神”“省委十二届三次、四次全会精神”和“两学一做”学习教育常态化制度化工作，研究制定专门工作方案。组织全体党员深入学习党章党规，学习习近平总书记系列重要讲话精神。充分发挥基层党组织的战斗堡垒作用，以党员大会、党支部委员会、讲党课和支部主题党日等形式，组织党员干部集中学习研讨交流，进一步统一党员干部的思想和行动。全面落实了党建工作各项任务。围绕企业的改革、转型和2018年中心工作，主动担当作为，切实履职尽责，全面加强党的建设，始终坚持以“党要管党、从严治党”为主线，使党建理论学习教育常态化，全市党员干部牢固树立“四个意识”，坚定“四个自信”，将“一岗双责”落实到实际工作中去。努力提升党员干部的大局意识、核心意识，为具体工作的开展营造良好的外部氛围。一是组织纪律规范化。公司党委注重“三重一大”决策事项中民主作用发挥，以党建为基础，做好与具体业务的结合。研究部署党建工作思路和举措，切实将党建工作与经营工作同谋划、同部署、同考核；对重大人事任免、党风廉政建设、重点任务和重大事项落实等进行了专题部署。结合单位人事变动情况，及时调整了工作领导小组成员。同时结合业务工作，调整了业务分工，落实了主体责任。签订《年度目标责任书》《党风廉政责任书》《安全生产责任书》，自上而下形成严格的组织管理体系，有效确保公司党建及党风廉政建设目标的实现。二是抓好党建基层工作，监督考核制度化。公司党委健全和完善了各项监督机制和考核制度，健全完善并全面落实“三会一课”、组织生活会、民主生活会、民主评议党员、谈心谈话、主题党日、党费收缴管理等制度。严格落实党员领导干部组织生活制度和党员领导干部带头讲党课制度，建立健全组织生活登记备案制度和报告制度。公司党委书记到所属县公司支部开展全省国有企业和高等院校党的建设工作推进会精神贯彻落实进行宣讲。督促市、县两级党组织严格按照集团《党支部标准手册》做好党建基础工作，规范“四簿六册”，保障基层党组织工作正常运转。党的组织和工作实现“两个全覆盖”。三是强化从严建党责任，推进党风廉政建设。公司党委以“两个责任”的落实为抓手，严格按廉政目标责任书的要求夯实责任落实的根基，使每名党员、干部筑牢拒腐防变底线，并在实际工作中使党建工作与具体业务结合起来，不忘初心、忠诚履职。特别是加大“四风”整顿，以中央八项规定为重点，杜绝各类铺张浪费、慵懒散慢、不作为等行为和作风。

【立足实际，确保公司经营稳定】 1. 转变工作态度，坚持送货上门，保障客户要盐计划及时配送到位，树立国有企业诚实守信良好形象。增加上门访销的次数，加大在店主面前的出现频率，加强客情维护，建立良好关系。及时解决客户合理诉求。每个配送小组做到一店一铺访销，配送服务明显提升。2. 市机制改革稳步推进。2018年，全市所属县公司先后推行了内部改革工作，按照《毕节盐行业内部改革方案》《2018年工资改革方案》和《2018年员工个人业绩考核管理实施方案》执行，从而彻底打破“大锅饭”。实现按劳分配，以贡献大小论薪酬。同时对在岗干部员工实施量化考核，大量人员充实到一线，有效地激发了全员的工作热情和积极性，在组织、人员等多方面实现了公司的稳步发展。充分体现了合理、公平的劳动报酬，合理拉开了收入差距。提高了职工的积极性、主动性。3. 加强食盐、工业盐储备，保障全市食用盐、化雪用盐供应。毕节市 2018 年食盐储备目标值为 2000 吨，公司提前计划、认真落实，圆满完成食盐储备数量，确保食盐稳定供应。为应对雨雪冰冻天气可能带来的道路封堵、交通不便、地面结冰等隐患与不便，融雪盐的供应成为重中之重。为确保融雪盐的生产供应，市公司领导班子提前准备，到各产区多方筹措协调，积极组织货源，全力抢运充实各地库存。确保融雪盐的供应到位。4. 抓好品牌宣传，确保城乡覆盖。2018 年，市公司、各县将宣传工作列为工作重点。成立以后勤职工为主的宣传组，向城乡学校、超市、菜市、餐馆、酒店、政府机关食堂进行送达宣传。在全年的品牌宣传中将“碧源”品牌盐品作为宣传的重点。从上到下实现宣传、推广工作的认真落实，除了与各大、中型超市联合外，还积极推广自主拥有的专柜和品牌展示柜，实现城市、乡村双结合，实现宣传与推广的全方位拓展。5. 监管职能顺利移交，盐政执法人员妥善安置，全市符合招录条件的 6 名盐政执法人员已到了新的工作岗位。全市所属五个独立核算单位“食盐批发许可证”的申报审核换发工作顺利完成。6. 抓好企业安全工作。进一步加强对车辆、水电、租赁物、办公场所及职工宿舍的安全监管，每逢节假日都开展安全大检查，尤其是每年的“两节”和“两会”期间都加强安全置守，确保全年未出现安全事故。

（撰稿：盐业公司办公司）

教 育

教育事业

【概述】 2018年，全市教育系统以习近平新时代中国特色社会主义思想为指导，深入贯彻落实党的十九大精神和习近平总书记对毕节试验区的重要指示批示精神，围绕市委、市政府的中心工作及市教育局年初制定的工作目标，按照“巩固中间、拓展两头、夯实基础、提升质量、改革创新、协调发展”的教育改革发展思路，凝心聚力，攻坚克难，开拓进取，努力办好人民满意的教育。

【基本情况】 全市现有各级各类学校4242所（含威宁县）。其中：幼儿园2085所，小学1660所，初级中学295所，九年一贯制学校82所，完全中学31所，高级中学48所，十二年一贯制学校8所，中等职业学校15所，特殊教育学校9所，专门学校3所，高等院校6所。

各级各类学校在校生1858003人。其中：在园幼儿300757人，小学在校生823226人，初中在校生431262人，普通高中在校生210415人，中等职业学校在校生52422人（全日制50638人、非全日制1784人），特教学校在校生1865人，专门学校在校生169人，市属高等院校在校（籍）学生37887人（贵州工程应用技术学院11571人、毕节职业技术学院9845人、毕节医学高等专科学校8628人、毕节幼儿师范高等专科学校2458人、毕节工业职业技术学院197人、贵州工贸职业技术学院2599人、毕节广播电视大学2589人）。

各级各类学校专任教师101302人。其中：幼儿教师14260人，小学教师42041人，初中教师27254人，普通高中教师12225人，中职教师2799人，特教学校教师304人，专门学校教师42人，高校教师2377人。

各级各类学校校舍建筑面积共计1522.1万平方米。其中：幼儿园148万平方米、小学552.7万平方米、初中323.3万平方米、九年一贯制61.7万平方米、完中120.6万平方米、高级中学130.8万平方米、中职62.3万平方米、特校4.9万平方米、高等院校117.8万平方米。

全市有民办中小学（幼儿园）570所，其中：幼儿园474所，中小学94所，中等职业学校2所。在校生176984人。有独立设置的少数民族学校19所，其中小学10所、中学9所。少数民族在校生526501人，占学生总数的29.75%。义务教育在校留守儿童122995人，在校随迁子女20819人。小学寄宿生141339人，寄宿率达17.17%；初中寄宿生251868人，寄宿率达58.4%。有中小学幼儿园安全保卫人员7536人、心理健康教育教师2754人。中小学接入互联网学校2071所、图书4342.3万册。

学前教育三年毛入园（班）率88.12%，小学适龄儿童入学率99.89%，初中阶段毛入学率达101.74%，九年义务教育巩固率达89.51%，“三残”儿童少年毛入学率达92.7%，小学辍学率为0.078%，初中辍学率为0.795%，高中阶段教育毛入学率达88.7%，高等教育毛入学率达44.17%。人均受教育年限达8.9年。

【党建工作】 深入学习贯彻党的十九大精神和习近平总书记对毕节试验区的重要指示批示精神，学习贯彻省委十二届二次全会和市委二届三次全会精神，出台了《中共毕节市委教育工委关于贯彻落实〈党委（党组）意识形态工作责任制实施细则〉的若干意见》，印发《领导干部联系县（区）及市属学校党建和党风廉政建设工作的通知》等文件，建立班子成员联系指导基层党建工作制度。在威宁县中水中学召开全市教育系统党风廉政建设警示教育大会。在毕节医专召开全市高校党建工作和意识形态工作现场会。推动教育系统意识形态领域突出问题治理，开展宗教领域问题自查整改工作。

【全面发展】 开展“践行社会主义核心价值观·扣好人生第一粒纽扣”“新时代好少年”“书香校园”“经典诵读”等主题实践活动。评选上报中小学德育工作品牌，毕节民中《让唯美的心灵之花绽开在活动的高岗上》、毕节市第二实验学校《开发校本课程展现育人魅力》入选全国中小学德育工作经验。邀请广州市体育学院赴毕开展足球教练员培训，两期共培训349人，组织足球教师30人赴广州培训，组队参加全省中小学生足球赛获得较好成绩。

【学前教育】 全市有幼儿园2085所。在园幼儿300757人，完成学前教育招生17.13万人，三年毛入园（班）率达88.12%，普惠性幼儿园覆盖率达82%。大方县中心幼儿园成功创建省级示范园。

【义务教育】 全市有小学1660所，初级中学295所，九年一贯制学校82所。小学一年级招生13.65万人，适龄儿童入学率99.89%，初中一年级招生14.53万人，初中毛入学率101.74%，义务教育巩固率89.51%。落实控辍保学“双线”“七长”责任制，小学辍学率0.078%、初中辍学率0.795%，均控制在省规定的范围内。促进义务教育基本均衡发展，七星关、织金、纳雍、赫章、威宁等5个县（区）通过国家评估认定。

【高中教育】 全市有完全中学31所，高级中学48所，十二年一贯制学校8所，完成普通高中招生任务 7.07 万人，高中阶段教育毛入学率达 88.5%。推动普通高中学生综合素质评价改革，在6所普通高中学校开展省级试点工作。

【职业教育】 完成中职招生7.92万人，中等职业学校在校生52422人（全日制50638人、非全日制1784人），组织12所职业院校参加2018年贵州省职业院校师生省级技能大赛，毕节市获一等奖23个、二等奖51个、三等奖77个，23名师生参加全国的大赛，毕节职业技术学院荣获三等奖2个，毕节市“国赛”获奖实现“零”突破。

【高等教育】 全市高等院校所。毕节工校成功创建毕节工业职业技术学院，大方恒大职业技术学院移交毕节医专托管。2018年高等教育在校（籍）学生总规模达24.65万人，毛入学率达44.17%。

【民办教育】 引进四川绵阳东辰教育集团等优质教育集团投资办学。建立社会力量办学机构“黑白名单”公示制度，开展社会力量办学机构大排查大整治专项行动，整治非法办学机构505所。民办中小学（幼儿园）570所，其中：幼儿园474所，中小学94所，中等职业学校2所。在校生176984人。

【教育扶贫】 全年下达各类资助资金8.36亿元，完成生源地助学贷款8.32亿元，资助各类学生51万人。营养改善计划覆盖义务教育学校2615所、学前教育机构2220个，受益学生123.75万人。完成职教精准脱贫招生924人、贫困劳动力培训9.11万人，促进就业创业脱贫4.88万人。脱盲再教育培训青壮年2.14万人次。

【队伍建设】 召开师德师风建设座谈会和现场会。开展师德师风大排查大整治活动，建立师德师风“周自查月小结季通报”和领导干部包片月暗访督查机制。招聘“特岗教师”2504人，培训教师校长15197人次。召开2018年教师节表彰大会，表彰优秀教师90名、教育工作先进个人10名、“均瑶育人奖”优秀教师799名。

【办学条件】 推进教育工程建设。2018年实施“全面改薄”等各类教育工程项目单体项目805个，前期手续及场平单体项目10个，在建单体项目361个，完工单体项目434个。切实化解“大班额”。全市化解大班额3470个，其中小学1016个、初中2454个，化解超大班额2198个，其中小学641个、初中1557个。

【安全工作】 督促3636所学校安装升级视频监控，新增监控探头8227个。对248所学校进行安全工作督导检查，培训学校安保人员1.35万人次，组织128万名学生及家长参加“贵州省中小学生安全知识网络竞赛”。

【教研工作】 完成高三年级诊考4次。评选市级优质教学资源63件、市级优课147节。视导高中学校51所，听评课283节。开展新课改新课标和课题研究及教学成果申报等培训20场近3000人。聘任兼职教研员64名。

【教育信息化】 开通单位及学校网站2322个、班级空间2.6万个、教师空间5万个、学生空间110万个。毕节教育云建设成果在全国基础教育信息化应用展会上展出。

【深化改革】 出台了《毕节市深化体制机制改革，提高高中教育质量的实施意见》，毕节市率先在全省建立高中出入口评价机制。召开教育改革“回头看”现场会，获得市委主要领导充分肯定。

【对外交流】 推动穗毕教育对口帮扶行动。穗毕两地结对帮扶学校102所，广州帮助毕节培训校长教师6500余人次，帮扶资金及物资折合人民币670余万元。

（撰稿：邱世海）

贵州工程应用技术学院

【概述】 2018年，学校坚持创新、协调、绿色、开放、共享的发展理念，坚持目标导向和问题导向，深入学习贯彻落实党的十九大精神，继续学深、悟透习近平新时代中国特色社会主义思想，以党的十九大精神和习近平新时代中国特色社会主义思想为根本遵循，以抓好巡视整改为首要政治任务，按照年初制定的开展“一项活动”、深化“两个试点”、推进“七项工作”的计划，有序推进学校各项工作的开展，使学校建设发展取得新的成效。

【学习宣传贯彻落实新思想】 学校党委通过召开党委会、党委中心组学习会、党委班子专题民主生活会及各党总支、党支部召开专题学习会、专题民主生活会或专题组织生活会等形式，深入学习、深刻认识习近平新时代中国特色社会主义思想及党的十九大精神的重大意义和精神实质。全年召开党委中心组学习会10次。

邀请了中共毕节市委书记、市人大常委会主任周建琨到学校向师生代表作形势政策报告；学校认真制定并深入落实《中共贵州工程应用技术学院委员会学习习近平新时代中国特色社会主义思想2018年度工作计划》，开展了学校领导干部学习“习近平新时代中国特色社会主义思想”集中培训，共举办了15场次培训，组织全校性的报告会40余场，党委书记及班子成员带头宣讲，学院、部门宣讲报告会近百场，参与的师生上万人次。同时，学校还开展了贵工程“学习新思想千万师生同上一堂课活动”，主动将活动延伸至各学院，共开展了15场专题学习。7月以来，学校还开展了全校广大师生特别是共产党员学习全省脱贫攻坚优秀村第一书记陶兴华（选派驻村第一书记）先进事迹系列活动。

通过学习，全校师生深受鼓舞，掀起了学先进、赶先进，争做优秀党员的热潮，进一步提升了用理论武装头脑、指导实践的能力，切实增强“两个维护”和“四个意识”、坚定“四个自信”、做到“四个服从”，并积极投身到学校的改革发展中。

【扎实推进巡视整改，整改工作见实效】 学校党委按照省委巡视组的要求，精心组织领导，切实担负起整改主体责任。成立了由党委书记任组长，其他校领导任副组长，各学院党总支书记、各有关职能部门负责人为成员的巡视整改工作领导小组，负责对学校巡视整改工作的安排部署、督促指导。

为使整改工作规范、有序、有效推进，落到实处，学校党委多次召开会议，认真学习省委巡视组的反馈意见，紧扣反馈意见中指出的问题，逐条梳理分析，制定了《中共贵州工程应用技术学院委员会关于落实省委第二巡视组反馈意见整改方案》。学校党委先后召开25次党委会及16次巡视整改工作专题会、推进会，研究部署巡视整改工作，并及时解决了整改工作中的83个具体问题。

经过整改，学校党员领导干部的政治站位得到进一步提高，更加自觉地把思想和行动统一到习近平总书记对高校巡视整改的具体要求上来，统一到中央和省委加强和改进高校党建和思想政治工作的决策部署上来。

经过整改，学校党委管党治党主体责任意识得到提高，责任体系更加完备，领导核心地位更加突显，党委领导下的校长负责制得到更好的体现，领导班子的凝聚力战斗力得到增强，班子及其成员主动接受监督、自觉维护班子团结的意识也进一步增强。

经过整改，学校党员干部和教职工纪律规矩意识极大提升，特别是通过积极运用“四种形态”，加大执纪问责力度，对有关人员和部门进行严厉问责追究，并在全校点名道姓通报曝光，强化了教育警示，形成了震慑。

经过整改，学校管理规范化程度大大提升，工作运行机制进一步健全，基层组织建设更加落实，严肃了党内政治生活，“三会一课”制度得到较好的执行，加强党员的教育管理已成为常态。

【强化落实意识形态工作责任制，立德树人根本任务落到实处】 一是根据中央第四巡视组和省委第二巡视组反馈的意见，认真组织学习，切实提高政治站位，强化对意识形态工作的认识。二是出台《中共贵州工程应用技术学院委员会意识形态工作责任制贯彻落实办法》，成立了意识形态工作领导小组，明确意识形态工作的目标任务，厘清意识形态工作的责任，加强意识形态工作责任制的贯彻落实。三是以制度建设为抓手，健全学校意识形态工作的体制机制。四是学用结合，全面推进意识形态工作。学校党委加强对宗教工作的领导，坚决抵御和防范宗教渗透。同时，进一步强化监督执纪问责，将意识形态工作的纪律和规矩挺起来、严起来。五是进一步完善学校思想政治工作机制，深入贯彻落实全国、全省高校思想政治工作会议精神。在制定思政工作相关制度的同时，进一步抓好思政工作队伍建设。拟定了《贵工程辅导员工作室建设方案》，建成了辅导员工作室“员员港湾”和团干部工作室“团团之家”。组织开展了贵州工程应用技术学院第五次辅导员网络培训等。

【强化党的建设，全面深化从严治党】 一是增强党章意识、纪律意识和规矩意识。学校下发《中国共产党章程》《党纪》并组织全校党员、全体教职员工收看全省“新时代学习大讲堂”第一期、二期、十期时代前沿知识专题讲座等。二是提高执行高校党的基层组织建设有关规定的力度，严肃党内政治生活。定期召开专题民主生活会开展批评与自我批评。优化基层组织设置，并完成党总支、党支部换届工作。加强党建工作的督查力度，对全校各基层党组织党的建设工作情况进行明察暗访，及时发现问题，持续推进整改。同时，加强党建带团建的工作，完成了团委换届工作，选举产生了共青团新一届委员会。三是不断加强党风廉政建设，全面深化从严治党。2018 年年初，学校安排部署全年的党风廉政建设和反腐败工作，进一步强化落实党风廉政建设“两个责任”“一岗双责”，加大党风廉政建设责任制落实力度。同时，学校强化措施办法，扎实开展“三个大兴”活动、作风专项政治活动等。四是扎实推进党建扶贫工作。开展驻村干部轮换工作，确保驻村干部扎根基层、真蹲实驻、真抓实干、真帮实促、带领广大贫困群众干事创业，脱贫致富。通过提供农业科技服务，建立农特产品校园临时销售点，引进食堂供应商流转蔬菜大棚等，探索“校农结合”工作新模式。除此之外，深入开展青年志愿者活动和师生“三下乡”社会实践活动，大力开展支农、支教等服务农村产业革命工作。提出了“一院一项目”的具体帮扶和服务措施。这些项目的逐步实施，对贫困村的脱贫摘帽起到积极推进作用。

【积极争取支持，推进学校“双一流”建设】 市委、市政府出台了《关于支持贵州工程应用技术学院区域一流大学和一流学科建设的意见》，成立了由市委常委、市委宣传部部长、市委教育工委书记何云江任组长的领导小组，大力支持学校区域一流学科、一流大学项目建设步伐。同时，学校与七星关区人民政府签订了战略合作协议，各项建设特别是校园建设得到区政府的有力支持。

按照学校转型发展试点方案工作安排，根据“系统谋划、分步推进、重点突出、特色打造”的发展思路和“地方性、应用型”的办学定位，围绕建设特色鲜明高水平应用型大学的奋斗目标，在创新应用型人才培养模式，不断深化产教融合、校企合作、强化“双师双能型”队伍建设等方面作了大量的工作，顺利通过了省教育厅首批转型发展试点高校中期评估并获得好评。

一是学科建设取得成效。生态学被遴选为贵州省区域内一流建设培育学科立项建设；省级重点学科特殊教育学、省级重点支持学科化学工程与技术接受省学位办组织的中期检查，组织专家对省级重点学科应用化学、生态学和计算机科学与技术建设任务进行终期检查等。二是专业建设稳步推进。新增“数据科学与大数据技术”“广播电视编导”“环境设计”3 个本科专业。

【不断强化顶层设计，推动硕士点建设】 结合学校实际，修订完善并发布《贵州工程应用技术学院新增硕士学位授予单位建设实施方案》，积极争取对口支援高校对学校硕士点建设工作的指导，拟定学校申报硕士学位授予单位专家咨询委员会委员名单，邀请西南大学研究生院常务副院长李洪军教授等 6 人到校开展学科建设、研究生管理工作等方面的专题培训。同时，按照省学位办的要求，完成并报送省学位办硕士学位授予立项建设单位中期检查材料并顺利通过中期评估，并完成硕士点建设经费使用情况的摸底调查。

【深化教学改革，提高人才培养质量】 一是修订人才培养方案，提高人才培养质量。2018 年年初，学校启动了新一轮本科人才培养方案的修订工作。方案中融入了“学生中心、产出导向、持续发展”的理念，引入了 OBE 教学模式（基于学习产出的教育模式）改革，明确了专业发展方向，首次提出课程支撑专业的矩阵。二是教改项目再获佳绩。2018 年，学校获得“教育部新工科建设项目”1 项，是全省唯一获此殊荣的市州高校；获批省级教改项目 5 项、省级教育规划课题 3 项、省级教学成果奖励二等奖 2 项及三等奖 1 项。三是学科竞赛喜讯频传。2018 年度参与创新创业训练项目全日制本科在校学生人数为 706 人，大学生创新创业训练计划项目获国家级立项 49 项、省级立项 119 项，校级 142 项，创历史新高。四是有序推进 OBE 改革。按照教育部“以本为本”的质量文化建设思路和“四个回归”的指导意见，紧密有序推进了基于 OBE 人才培养模式改革。

【引培并举，加强教师队伍建设】 2018 年，按照“人才强校战略”发展要求，加大了对高层次人才引进和培养力度。2018 年共引进博士毕业研究生 7 名，硕士毕业研究生 10 名。大力支持教师学历提升和职称晋升。2018 年，推荐教师考取对口支援高校博士研究生 11 名，其他国内高校定向培养博士研究生 4 名，定向培养硕士研究生 1 名；2018 年学校共推荐出各类各级专业技术职务任职资格评审正高级 11 人、副高级 14 人、中级 15 名、初级 1 人。彝学研究院院长王明贵研究员成功当选贵州省第二届高校哲学社会科学黔灵学者，提升了学校影响力。

【强化科研意识，提升服务地方能力】 2018 年学校科学研究项目、平台及成果取得了新进展。共获得各级各类项目 70 项（国家社科基金项目 1 项，省部级项目 21 项，地厅级项目 42 项，横向项目 8 项），立项经费达 1098.13 多万元。获立“贵州工程应用技术学院院士工作站”“人文社科示范基地”及“毕节市中药材产业化工程研究中心”3 个平台项目。2018 年获省哲学社会科学成果奖 4 项，其中二等奖 1 项，三等奖 2 项，优秀奖 1 项；第七届贵州省文艺奖 4 项；获毕节市哲学社会科学成果奖 5 项，其中二等奖 1 项，三等奖 2 项，优秀奖 2 项。

结合学校转型发展需要，学校及时加强科技服务地方力量的投入，完成了重大科研基础设施与大型科研仪器共享工作；积极组织教职工申报贵州省科技厅，毕节市科技局科技特派员工作，加大对“三区”科技服务工作的人才投入，广泛扩展签订服务地方的科技项目。2018 年，全校教职工在发表学术论文、出版专著、教材和成果获奖方面也取得了较大进步，获国家发明专利 3 项，实用新型专利 94 项。

【以生为本，提高管理服务水平】 2018 年，录取新生 3633 名，其中本科 2994 名（含预科直升 318 名），少数民族预科 300 名，专升本考生 339 名。本科报到率为 97.19%。2018 届毕业生就业率达到 95.47%。

学校实施全方位资助育人工作。严格按照相关文件和省政府“精准强化教育扶贫”要求，对所有建档立卡贫困学生和办理生源地信用助学贷款的学生一律免交学费先入学，切实减轻贫困家庭负担。2018 年，共有 2223 名新生通过“绿色通道”入学，对 140 余名孤残等特殊困难学生实施书学费减免、困难补助、住宿费补助等临时困难救助；完成了 2018 年国家奖学金（18 人）、国家励志奖学金（375 人）、光华奖学金（100 人）、兴华奖学金（75 人）和学院奖学金（539 人）的评审工作；组织 169 名获奖助学金学生在暑期进行资助政策宣传；开展诚信教育活动，共有 6663 名学生办理生源地助学贷款，真正做到“应助尽助”。

【完善基础设施建设，进一步改善办学条件】 一是已完成学生公寓 DG3、DG4 栋及教学楼 DJ2 工程建设，学生已入住学生公寓 DG3、DG4 栋。二是工程实训中心项目已完成挡土墙、土石方工程，主体结构施工进展顺利。三是加快教学康复实验楼建设。与施工单位贵州建工集团第六建筑工程有限公司签订了 DJ3 栋施工补充合同，已完成基坑开挖，部分主体材料已进场。四是高层次人才住房项目已按行政主管部门及学校要求完成场地硬化和办公用房搭建工作及施工图送审、土石方开挖施工许可证办理工作等，正在进行土石方挖运工作。

除此外，校园环境维护改造工程有序推进。2018 年，完成了弘毅楼修缮项目，流仓路至体育馆侧门道路及管网工程改造，东校区二期校园道路管网已通过竞争性谈判选择了道路管网可行性研究报告编制单位，可行性研究报告已经七星关区发展和改革局组织专家评审。学校教学生活环境进一步得到了改善，充分发挥了学校环境育人的作用。

【校园文化活动丰富多彩】 一是科学制定了校园文化活动实施方案，开展思想教育类、学风建设类、文艺体育类、素质拓展类等一系列有教育意义、有自身特色、丰富多彩的校园文化活动共计 67 项，形成了第四届“金色流沧”大学生艺术节、迎新杯篮球、贵工程大学生足球联赛、流沧三部曲等校级品牌特色活动，大力丰富和完善了学生的精神文化生活，提升了学生的综合素质。二是积极组织学生参加全省第十三届“多彩校园·闪亮青春”校园文化活动月活动两个批次共计十八项活动，首次申办了“创意贵州·最美校园”手绘地图大赛，通过各方协作，赛事获得圆满成功。全省共有 52 个高校参与，在各项赛事中，我校获得优异的成绩，如手绘地图获得 3 个一等奖，健身操比赛获得一等奖，家乡的节日获得三等奖，纪念改革开放四十周年歌舞大赛获得 1 个二等奖，2 个三等奖，原创戏曲获得优秀奖，心理健康知识竞赛获得优秀组织奖，礼仪大赛获得优秀奖等。三是成功申办了高雅艺术进校园活动，这是学校第三次获得此项活动举办权，通过举办此次活动，大力推动了学校美育教育工作。

【开放办学，加强对外合作交流】 2018 年学校共接收5个国家7名留学生，截至年底，在校的8名留学生中有7名为语言生，1名为专业生。学校成功承办了“中国—东盟特殊教育发展交流与合作”会议，来自马来西亚、菲律宾、缅甸、老挝、印度、美国、日本、韩国以及中国港台地区和内地的150余名专家和代表参加了会议，学校以此次会议为契机，广开言路、共享知识、分享经验，开展了高水平、深层次、全方位的交流互动，加深了友谊，深化了合作，与菲律宾聋校、缅甸民事授权谈判组织、印度言语与听觉研究所等国外研究机构签订了合作备忘录，达成了合作意向。2018年共派出19名学生赴马来西亚马来亚大学、北方大学、理工大学、沙巴大学进行中长短期学习，落实第24批美中友好志愿者教师职前来访，发布了《关于征集第二十四批美中友好志愿者美籍教师接待家庭的通知》，完成了接待家庭安排、美中友好志愿者的解续聘相关手续办理和日常服务保障及管理工作。

2018年，在各二级部门、学院积极行动、主动对接，对口支援工作机制日趋完善，形成新的标志性成果。支援高校、受援高校领导、二级院（部）间互访交流9次。科研合作取得新进展。在中国矿业大学（北京）的大力支持下，省科技厅、省委组织部、省科协批准建立毕节首个院士工作站——贵州工程应用技术学院院士工作站。干部挂职、教师进修工作有序推进。2018年，分别选派了2名和1名处级干部赴西南大学、广州大学挂职锻炼。西南大学选派了1人到校挂职。还选派了部分教师赴广州大学、中国矿业大学（北京）进行学习进修。

【认真落实学校章程，确保学校各项工作有序推进】 为更好地落实学校章程，发布了《关于进一步学习落实〈贵州工程应用技术学院章程〉等重要文件精神的通知》，要求各学院、各部门进一步加强对学校章程的学习和落实。同时根据学校章程，进一步修订完善并发布了《中共贵州工程应用技术学院委员会贵州工程应用技术学院关于贯彻执行党委领导下的校长负责制的实施细则（修订）》《贵州工程应用技术学院落实“三重一大”决策制度实施办法》《贵州工程应用技术学院“三重一大”决策、工程建设、物资采购、科研经费管理监督检查暂行办法》《贵州工程应用技术学院学术委员会章程》《贵州工程应用技术学院教授委员会章程》及《贵州工程应用技术学院学生会章程》等有关规章制度，进一步规范学校各项工作，确保学校建设发展有序推进。

2018年，学校围绕“127”工作思路，顺利完成了学校建校80周年系列纪念活动及深化两个试点工作等各项工作。同时，学校还在抓好校园安全稳定、国防教育、财务管理、食品安全、国资管理等方面下大功夫，有力确保了全校各项工作的正常推进。

（撰稿：马利飞）

毕节职业技术学院

【概述】 2018年，在市委、市政府的坚强领导下，在省教育厅和市有关部门的指导和关心支持下，我院以习近平新时代中国特色社会主义思想为指导，认真贯彻落实党的十九大精神、习近平总书记在贵州省代表团重要讲话精神和对毕节试验区重要指示批示精神，加强党的领导，全面从严治党，紧紧围绕“113攻坚战”和建设省级优质院校目标，突出人才培养质量、学校治理水平两大提升，强化基础设施、师资队伍、专业体系三大建设，深化改革，统筹协调，学校各项工作持续健康发展。

【基础设施建设不断推进】 一是二期校舍续建工程和职业技能公共实训基地工程已完成进度投资约1.18亿元。二是国家级、省级高技能人才培训基地顺利通过验收，完成电子商务实训室、计算机综合实训室实训、园林工程技术专业实训室、酒店实训室、语音实训室的新建、改造等工作，为实训教学提供了良好平台。

【专业建设及技能大赛成绩喜人】 一是省高职教育质量提升工程获批“省级职教名师”2名、“省级骨干专业”1个、“省级精品在线开放课程”1个、“省级重点专业群”1个、“省级大师工作室”1个、“省级开放实训基地”1个、“省级协同创新中心”1个、“省级现代学徒制试点”1个。二是在职业院校技能大赛中，获市级技能大赛获一等奖11个、二等奖14个、三等奖24个，省级技能大赛获一等奖2个、二等奖10个、三等奖12个，国家级技能大赛分别获中职沙盘模拟企业经营和高职市场营销技能项目三等奖，共2项。在全省第一届技工院校教师职业能力大赛，获二等奖1项，三等奖1项，优秀奖2项。在2018年贵州省职业院校技能大赛教学能力比赛，获二等奖1项，三等奖3项。

【招生就业工作扎实有序】 一是2018年招生计划4500人，完成录取4455人，报到3360人，报到率为75.42%。二是2018年招收精准扶贫学生973人，其中高职875人，中职、中技招生98人，占全年招生总数的25.72%，东西部协作的“广州港集团班”2018年实现招生46名，其中精准贫困学生21人，深度贫困地区学生10人。三是2018年毕业生3211名，涉及7个教学系26个专业，初次就业率90.69%，年终就业率94.15%。建档立卡贫困毕业生665人，665人就业，就业率达100%。

【科研工作有序推进】 一是组织教师申报各类科研项目，获毕节市社科项目立项研究三项，毕节职业技术学院和毕节市科技局科研项目立项联合项目5项，文化和旅游部项目2项。二是完成院级学术交流5次，组织开展学术讲座和学术交流活动10余次，完成编辑和出版《学术交流》4期。

【队伍建设不断加强】 一是按程序引进硕士研究生8名，招聘编外合同制人员14名。二是按照《党政领导干部选拔任用工作条例》有关规定，开展中层干部选任工作，对5名拟提拔对象进行考察，8名正科级干部进行试用期考察以及任用。

【学生管理工作富有成效】 一是充分利用思政理论课堂、班会、团会、校园广播、校园网、黑板报等，开展社会主义核心价值体系教育。二是全面推进和完善校园半封闭管理，试行院系对学生早操晚自习自主管理方式。三是促进学生自主管理，自律委员会参与文明食堂建设、整顿宿舍生活区以及宿舍卫生、维护校园秩序等方面发挥积极作用。四是发放精准扶贫专项助学金、奖学金、免除学费等资金1700余万元。五是完成3200余人新生军训工作，创建教育部国防教育特色学校通过初选立项和省教育厅专家组实地考察。

【校园文化氛围积极健康】 一是积极组织“多彩校园·闪亮青春”第十三届全省大学生校园文化活动月、第三届“缤纷社团·活力校园”学生社团科技文化节、第四届“铸梦乌蒙·绽放青春”艺术节、戏曲进校园、第六届运动会文艺演出、建院10周年优秀文艺作品展演等大型校园文化活动。二是在“多彩校园·闪亮青春”第十三届全省高校校园文化活动已公布结果的比赛中，获一等奖1项，二等奖1项，三等奖1项，优秀奖4项；在全国第五届大学生艺术展演活动中，获高等学校优秀组织奖（全省高职高专组唯一上榜单位），并获二等奖1项，三等奖1项；交响乐团承办毕节市文化惠民进万家黔西县专场音乐会，师生在省市级演出交流5次，年度培养艺术人才100余人次，获毕节市第六届文化艺术系列（器乐）大赛西洋乐器合奏金奖。2018年第七届全国全民健身操舞大赛全国总决赛《2016民族健身操规定动作》之傣族和民族轻器械健身操（舞）比赛中分别获普通院校组全国一等奖。三是开展“弘扬中华优秀传统文化——我爱阅读”系列活动，丰富了校园文化，营造了浓浓的书香氛围。

【社会服务工作持续向好】 一是完成河南农业大学成教学生面授教学工作及2018级新生报到入学工作。二是开展农药经营人员培训和2018年传统美食技艺等培训共计1300余人，世行贷款大方县产业扶贫试点示范培训农民专业合作社干部培训125人、社员培训1026人。三是完成各类技能鉴定共2000余人。2018年11月，贵州日报以“山村走出脱贫‘土’专家”为题宣传报道了非物质文化遗产传承人群培训工作。

【五园同创工作成果显著】 一是结合“文明在行动·满意在校园”活动，通过“多彩校园·闪亮青春”、学习雷锋活动月等活动的开展，巩固文明校园创建工作。二是强化宣传教育，狠抓环境卫生，打造良好环境，卫生校园创建效果更加明显。三是出台《毕节职业技术学院2018年创建园林校园工作方案》，绿化美化校园。四是创建“公共机构能效领跑者”通过国家机关事务管理局验收，2018年11月获国家机关事务管理局、国家发改委、财政部共同颁发“公共机构能效领跑者”奖牌与证书，环保校园创建取得新突破。五是加强校园日常安保和周边综合治理以及安全隐患和矛盾纠纷的排查化解，未发生重大安全事故；2018年2月获省综治办、省公安厅、省教育厅颁发的“贵州省安全文明校园”称号，平安校园创建成果显著。

【聚焦教育脱贫攻坚战 助推全面同步小康】 一是按照《关于实施贵州省教育精准脱贫“1+N”计划的通知》（黔教规划发〔2018〕103号）等文件要求，制定了《服务农村产业革命工作实施方案》《2018年脱贫攻坚“夏秋攻势”行动方案》《关于做好2018级精准脱贫专班学生教育管理工作方案》等一系列工作方案，成立了扶贫工作机构，每年设立100万元专项扶贫基金，明确了工作目标、重点工作和保障措施。二是扎实推进“校农结合”工作。2018年食堂已向帮扶点、贫困乡村以及农业合作社累计采购农副产品金额共计140多万元，采购的农产品比例约占院食堂采购总量的47%。三是服务农村产业革命，开展人才扶贫工作。选派3名农学、畜牧学专业副高级职称教师到威宁县担任科技副职。选派多名教师参加毕节市人才办组织的服务专家团，对毕节市农业产业革命和产业发展开展技术咨询、现场指导、技术培训等工作。四是开展对口帮扶，助力精准扶贫。深入金海湖新区双山镇木格村、松树村等帮扶帮促帮建工作联系点，着力开展驻村帮扶、精准扶贫、“四在农家·美丽乡村”等工作，积极开展首访、回访、遍访、慰问和督促检查工作，帮助帮扶点联系精准扶贫、基础设施建设和改善生态环境。解决扶持资金近6.5万余元，协调市水务局和金海湖新区农委统筹资金176.14万元帮助帮扶点建设安全饮水巩固提升工程，协调开展捐赠学习用品、义诊免费发药、路面硬化、免费办理电话卡等涉及金额近12万元。五是根据省教育厅、毕节市教育局《关于做好2018年“扶贫日”活动方案》的通知要求，积极组织全院师生员工开展扶贫捐赠活动，共捐赠资金近12.20万元。

【巡视巡察整改工作初显成效】 以高度的政治自觉，接受上级的巡视、巡察，认真做好巡视巡察整改工作，整改工作已取得初步成效。一是持续推进市委第一巡察组巡察反馈问题整改工作。2017年10月9日—25日，受省委委托，毕节市委第一巡察组对院开展政治巡察。学院党委高度重视市委巡察整改工作，26 项整改反馈问题销号 23 个，剩余 3 个问题整改落实情况报告已报市委巡察工作领导小组办公室。二是迅速落实省委第五巡视组巡视反馈问题整改工作。自 2018 年 7 月 6 日收到毕节市委转《省委第五巡视组反馈问题整改事项交办清单》，随即开展相关工作并于 2018 年 8 月 10 日完成两个交办问题的整改工作。三是选择一个教学系、一个部门作为 2018 年学院内部巡察试点，已完成巡察工作。

【大力推进省级优质院校创建申报】 在市委、市政府的坚强领导和大力支持下，围绕新时代毕节试验区“坚决打赢脱贫攻坚战、乡村振兴和建成贯彻新发展理念示范区”三大任务和“绿色发展、人力资源开发、体制机制创新”三大主题，积极主动开展省级优质高职院校的申报工作，着力实施“重点领域改革提升工程、专业建设能力提升工程、师资队伍建设提升工程、社会服务能力提升工程、特色项目建设提升工程”五大工程以及与之相配套的 20 个项目，提升“院校治理能力、复合型人才培养能力和优质社会服务能力”三大能力，努力培养知行合一、自信创新的高素质技术技能人才，把学院建设成为以职教精准扶贫为特色的省级优质高等职业院校。申报创建优质校工作得到了贵州省教育厅和毕节市委、市政府的大力支持。

【意识形态工作不断加强和改进】 一是根据上级有关文件精神，修改完善《中共毕节职业技术学院委员会贯彻落实中央、省委、市委意识形态工作责任制的实施细则》。制定了《中共毕节职业技术学院委员会关于进一步加强和改进意识形态工作实施方案》。二是出台《关于举办哲学社会科学、自然科学学术科研和教研教改报告会、研讨会、讲座、论坛活动管理办法（试行）》，不断加强对哲学社会科学、自然科学学术科研和教研教改报告会、研讨会、讲座、论坛的管理，严格一事一报制度。三是加强课堂教学管理，严格课堂讲授纪律，确保课堂意识形态阵地安全。四是严格学院微信平台的信息发布和信息推送，营造良好的舆论氛围。五是组织全院教职员工开展言论行为自查，全院教职员工没有发现存在不当言论的情况。

【加强党对宗教工作全面领导】 一是成立了宗教工作领导小组、教育与宗教相分离工作领导小组，与二级机构签订了抵御和防范宗教渗透责任书。二是严把报告会、研讨会、学术交流会、讲座、社团活动等审批程序，严把人才、项目、捐赠等准入关口。三是多形式开展抵御和防范宗教渗透宣传教育。四是将抵御和防范宗教渗透工作纳入校园及周边治安综合治理工作要点，绝不允许校园内从事宗教活动、发展教徒及设立宗教活动场所。五是组织开展两次宗教信仰排查，学院 391 名教职员工中无信仰宗教人员，1 名中美友好志愿者教师无信仰宗教；9504 名学生中无信仰宗教人员。

【党建工作成效明显】 一是深入学习贯彻习近平新时代中国特色社会主义思想、中共十九大精神和习近平总书记在贵州省代表团重要讲话精神以及省第十二次党代会、省委十二届三次、四次全会精神，树牢“四个意识”，坚定“四个自信”，践行“两个维护”，全面贯彻执行党的理论和路线方针政策，形成“你追我赶”的干事创业局面。二是坚持“三会一课”报备督查制度，配齐配强基层支部工作班子，持续推进“两学一做”学习教育常态化制度化。三是巩固拓展落实中央“八项规定”及实施细则和省委“十项规定”精神成果，继续整治“四风”问题，班子成员以及党员领导干部自觉执行公务接待、公务用车、公费出国和清退超标办公用房的相关规定，公务费用明显减少。四是按照中央、省委、市委关于高校党建工作及中组部、教育部高校党建重点工作20项任务的要求，按规定全面完成阶段性工作。五是根据《省委教育工委　省教育厅关于修订〈贵州省普通高等学校思想政治教育工作检查指标体系及标准〉（试行）的通知》［黔教（委）社发〔2017〕13号］文件精神，顺利通过检查。六是发展党员3名，发展对象22名，培养入党积极分子5名。七是通过举办廉政专题讲座、开展警示教育、上廉洁主题公开课、党员干部"不忘初心·牢记使命"朗诵比赛等活动，巩固了"干部廉洁从政，教师廉洁从教，学生敬廉勤学"的良好校园氛围。

（撰稿：钟雪梅）

毕节医学高等专科学校

【概述】　毕节医学高等专科学校于2014年3月经教育部批准设立，是毕节市人民政府主办、贵州省教育厅主管的地方政府公办全日制医学类高等专科学校，建校基础是有60年历史的毕节市卫生学校。学校是贵州省护理专业紧缺人才培训基地、国家统一战线"同心·智力支持工程"项目实施学校、"养老服务人才培养示范基地"。

学校主校区位于毕节市金海湖新区职教城，现有金海湖和大方县两个校区，占地面积628亩，建筑面积近20万平方米；拥有标准化足球场和室内体育馆各1个；校内实训基地7个，实验室208间，建筑面积3.91万平方米，拥有设备仪器4285台（套），总值4237.4万元。拥有校外实习实训基地68家。现有教职员工442人，其中专任教师383人。

设有7个教学系，开设全日制高职专业20个，截至2018年7月有全日制高职在校生7311人；全日制中职学生6587人（含集团办学点3763人）；成人教育在籍学生780余人；年度完成技能培训和鉴定6600人/日。

学校招生范围已扩大到省内地（州）市及四川、云南、重庆、广西、湖南、甘肃等省（自治区、直辖市），扩大招生规模，增强学校影响力。同时，学校与省内外医疗机构和大健康产业机构合作，开发出较高水平的、较稳定的、涵盖大健康产业所需的各专业教学医院（包括北京中康医院、广东中医院和深圳中医院等）等63家实习实训基地。医疗器械维护与管理专业与上海健康学院、北京卓然医疗器械培训学校合作建设。康复技术专业与中国康复研究所、北京景鸿投资公司合作共建。药学专业与云南鸿翔一心堂药业、北京百灵药业合作共建。

【党风廉政】　2018年，党委班子高度重视党建工作，年初就召开2018年度学校党的建设工作部署会，对学校党建工作做了全面部署。召开了2018年度基层党建工作推进会、落实高校党建工作重点任务推进会、党务干部专题培训会、学习全省高等院校党的建设工作专题研讨班会议精神专题培训会等，举办第二期党的建设及管理能力专题培训班，组织参加全省教育系统2018年全面从严治党工作视频会议，传达学习中央、省委、市委关于党建工作的相关文件。制定了《关于进一步规范和加强学校党建工作的整改方案》、《2018年度开展党支部"主题党日"活动工作方案》、《关于印发〈高校党建工作重点任务责任分解方案〉的通知》。同时对师生党建工作严格把关，举办第12期业余党校，对2018年度学校重点发展对象60余人进行专题培训工作。学校党委狠抓落实中组部高校党建工作重点20条，在2018年全省高校党建工作督察中，是少数未被通报的学校之一。

【承办全市高校党建工作现场推进会】　12月12日，全市高校党建暨意识形态工作推进会在学校隆重召开。市委常委、市委宣传部部长、市委市教育工委书记何云江出席会议并讲话。市委党建办副主任张猛，市委市教育工委、市教育局其他领导班子成员，全市各高校党委书记、副书记、党委组织部部长、党委宣传部部长，各高校二级院系党总支书记参加会议。与会领导一起观摩了思政教研室谭会老师主讲的思政理论课“三段式”教学《长征》，参观了党建墙、党建思政工作宣传展板及中医中药系党总支、行政第一党支部党员活动阵地等。市教育工委对党建工作给予充分肯定和高度评价

【思政工作】 持续深入贯彻全国、全省高校思想政治工作会议以及习近平总书记在全国高校思想政治工作会议上的讲话精神，贯彻落实教育部《高校思想政治工作质量提升工程实施纲要》精神，继续推动完善学校“三全育人”工作机制，夯实学校思政教师队伍建设，加大思政课“三段式”改革步伐。召开思政迎评工作督促会议、思政评估迎检工作动员大会、思政工作评估迎检工作推进会，按照《中共中央关于做好意识形态领域工作的实施方案》及省教育厅关于思想政治工作评估培训会议精神的要求，拟定学校迎接教育厅思政检查工作实施方案。

2018年5月22日，全省思想政治教育工作检查第十一专家组莅临学校开展高校大学生思想政治教育工作检查，获得专家组较高评价，学校思政工作被评定为“优秀”等次。另外，学校党委高度重视关工委工作，在市关工委的指导下，充分发挥学校“五老”作用，帮助关心青年学生成长，成效显著。

【承办全省职业院校关工委工作推进会】 继2017全市职业院校关工委工作现场观摩会在学校召开后，又于2018年11月迎来了全省职业院校关工委工作经验交流暨工作推进会在学校召开。同时，省教育厅关工委将关工委推荐作为教育部关工委联系点，促进了学校思想政治教育工作的全面发展。

【脱贫攻坚】 开通“绿色通道”，保证所有建档立卡家庭贫困学生实现无障碍入学；在春节期间校领导带队走访看望学校部分建档立卡贫困学生家庭；为确保贫困学生身心健康发展，召开了专业思想教育暨学习动员大会。继续办好职业教育精准脱贫班，实施精准培养，实现精准就业。3月份召开2018年脱贫攻坚“春风行动”专题会议，对2018年教育扶贫工作进行安排部署。2018年招收护理专业精准扶贫班98人，学校除按政策免除精准扶贫班学生的学费、发放国家助学金外，学校党委还对精准贫困学生实施困难学生补助金发放、住宿等杂费减免、选优配强教师及辅导员、精准就业指导等进行帮扶，以强有力的举措发挥职教脱贫的作用。

学校领导到学校精准扶贫点——七星关区普宜镇道角村开展春节走访慰问活动。为道角村21户贫困户每户发放慰问金、食用油、大米、床被等，总价值3万余元。新选派两位驻村干部到学校扶贫联系点七星关区普宜镇道角村、冷水村开展驻村帮扶工作，向冷水村丫口小学捐赠图书2000册，二手电脑18台。拨付专门帮扶资金7万元，正式启动帮扶七星关区普宜镇道角村调整产业结构“黄豆种植项目”。前往帮扶联系点七星关区德溪街道甲秀社区调研指导“五城同创”、脱贫攻坚等工作。

强力推进“校农结合”：学校党委班子成员轮流到学校扶贫帮扶点七星关区普宜镇开展助推农村产业革命及“校农结合”工作调研；与大方县长吉种植养殖专业合作社签订长期供货协议。召开“校农结合”工作推进会，传达学习贵州省教育厅《全省高校助推农村产业革命的工作方案》，出台学校《助推农村产业革命实施方案》。开展了“爱心枇杷”进校园认购活动，共购买“爱心枇杷”2000余公斤，为七星关区普宜镇道角村带来经济收入17500余元，全年学校各食堂向金海湖新区和学校党建扶贫点贫困乡镇、贫困户采购农产品占食堂采购总量的40%以上。

【队伍建设】　学校派出教师分别赴广州医科大学、上海健康医学院、贵州医科大学、广东省中医院、天津市口腔医院、贵阳中医一附院、深圳市金悠然、贵州益佰、北京卓然等医学院校、医院及企业开展培训学习活动达121人次。通过亚行贷款师资培训项目于2018年1月在广州医科大第二附院举办第二期临床医学专业教师师资培训项班，来自全省50名临床医学教师参加培训。“中华口腔医学技术高校联盟第六次会议暨第五次师资培训”在学校举行，共计有21家口腔医学技术专业教学及行业机构培训专业技术人员42人参加培训。通过参加第六届中国贵州人才博览会人才引进、公开招考等形式，全年共招聘硕士研生5名，本科5名。学历提升硕士研究生1人，博士研究生1人。

【教育教学】　2018年，护理、助产专业学生护士执业资料考试合格率为97.77%，护考合格率名列全国、全省前茅。通过积极探索教育教学改革和人才培养模式，学校《护理专业人才培养模式改革实践研究》《医学类高职高专传统文化教育实践研究》和《任务驱动型教材：人体解剖学与组织胚胎学》获贵州省2018年职业教育省级教育成果“二等奖”表彰。

学校将创建优质学校纳入“十三五”发展规划，并于2018年拟定创建优质校项目申报书和项目建设方案报省教育厅审核，以创建优质校为契机，加快学校内涵建设，提高人才培养质量，提升学校综合实力。

【质量提升工程】　2018年，通过学校申报，省教育厅评审，学校获“省级职教名师”立项建设2项（刘勇、张兴萍）；获“省级精品课程”立项建设2项（《基础护理学》《药用植物学》）；获“省级重点专业群”立项建设1项（护理与保健专业群）；获“大师工作室”立项建设1项（李珍武大师工作室）。口腔医学技术省级现代学徒制试点、药学服务省级协同创新中心和临床医学省级开放实训基地三个项目建设立项。

【社会合作】　加强校企合作，深化产教融合。贵州利美康外科医院股份有限公司捐助30万元对学校128名贫困及学业优秀学生进行奖励资助。成功与深圳市金悠然科技有限公司成功达成校企合作协议，共同开办口腔医学技术专业现代学徒制订单班。成功与毕节市中医院校企合作签约，并聘任院方李珍武作为大师工作室项目主持人。与北京电子科技职业学院对口支持帮扶签约、与天津市口腔医院签订了院校教育对口帮扶协议书。与凯泰呵护健康产业有限公司签署产教融合、校企合作框架协议。接待台湾凯比吉健康事业及宏科医院等台湾医疗界代表到学校考察调研；接待天津医学高等专科、贵阳爱尔眼科医院院、贵州利美康外科医院股份有限公司、重庆医专、中国医药科技出版社、广西医科大学高等职业技术学院等学校（企业）赴学校交流合作；接待华厦眼科医院集团副总裁张昊志、华厦眼科医院集团眼科学院总监唐坤松、毕节阳明眼科医院院长郝建到学校考察；接待深圳现代牙科集团高级校务专员廖小芳老师一行到学校考察口腔医学技术专业办学情况；接待北京大学医学出版社顾问（原社长）陆银道、教育出版社中心主任韩忠刚一行赴学校开展社校合作、医学教材建设调研。

【科研工作】　提升教科研能力，深化教学管理与改革。召开2018年科研工作调研座谈会。邀请贵州工程应用技术学院李舒波教授到校开展“高职院校教师如何做科研”为主题的学术讲座。召开学校教学工作调研会，促进学校内涵建设。公共基础课分科目举行教学改革师生座谈会；进一步推进完善思政课“三段式”教学改革。分管校长带队开展实验室学习交流活动，促进校内实训基地建设。由名誉校长王斌教授开展题为《决定教学质量的五要素》的专题讲座。2018年，共组织申报科研课题共46项，其中，省级课题立项2项，市级课题立项13项，校级课题立项9项，使学校科研能力和水平再上新台阶。

【招生就业】 顺利完成招生工作，全力保障学生就业。圆满完成2018级成人教育本、专科新生共371人报到入学工作。2018年大专新生共录取3697人，实际报到新生人数为3151人，报到率达到85.23%，圆满完成2018期大专新生报到工作。拟定《毕节医学高等专科学校毕业生就业创业质量提升工作方案》，举办了“2018年毕业生校园招聘会”，2018年毕业生就业率达92.43%，高于全省平均水平。

【技能比赛】 在“2018全国中医大学生临床能力大赛”中荣获“国赛”团体二等奖；在2018年贵州省职业院校师生技能大赛中药传统技能赛暨全国职业院校技能大赛选拔赛中荣获一等奖，并取得“国赛”入场券；在2018年全国职业院校检验技能大赛中荣获高职组三等奖1个，荣获高职组优胜奖2个，荣获中职组优胜奖3个，中高职组均获团体优胜奖；在贵州省职业院校英语口语技能大赛中荣获三等奖；三位老师获得市“基层护理优秀工作者”表彰；在贵州省第四届高校青年教师教学竞赛中，葛邵飞老师获高职高专理科组三等奖，谭会老师获本专科思想政治专项组三等奖，何紫逸老师获本专科文科组优秀奖，廖晓锋老师获高职高专工科组优秀奖；在“新华医疗杯”第四届全国职业院校医学影像技术专业实践技能大赛中，荣获CT检查技术竞赛项目二等奖1个、荣获医学影像诊断竞赛项目三等奖1个；在2018年第二届全国职业院校临床医学专业技能大赛中，获一等奖1个、获三等奖1个，获优秀指导教师奖1个。

【学生工作】 各教学系分别举行专业思想教育暨学习动员大会；第十一期入党积极分子暨第三期“青马工程”学员培训顺利举行；邀请毕节市委党校教育长赵德虎作《学习习近平新时代中国特色社会主义思想，全面建设现代化强国》专题讲座；邀请贵州工程应用技术学院明兰教授为学生做心理健康讲座；邀请贵州工程应用技术学院生态工程学院院长冯图博士，为学校师生作“节能降耗、保卫蓝天”和“提升气候变化意识、强化低碳行动力度”知识讲座。认真落实“党政同责、一岗双责、齐抓共管、失职追责”的安全工作责任制度，开展了学生宿舍防范地质灾害应急演练，学校无上访、零事故。

【安全固校】 加强校园安全管理认真落实“党政同责、一岗双责、失职追责”的安全工作责任制。校领导带头长期坚持校级领导24小时值班制度，筑牢学校安全防范体系，通过开展定期巡逻、检查学校食堂食品卫生安全、消防安全、应急疏散演练、管制刀具收缴、实验室危化药品清理以及校园及周边治安综合治理和安全隐患排查，全年学校未发生重大安全事故。通过开展安全文明创建活动，学校荣获全省“安全文明校园”称号。

【校园文化】 举办系列活动，丰富校园文化。举行了“巾帼心向党·建功新时代”演讲活动、“3·8”拔河比赛、第23个“世界防治结核病日”系列宣传活动、“清明追思，缅怀先烈”祭奠活动、节能环保勤俭节约共建节能型和谐校园暨第四届寝室文化节、毕节医学高等专科学校第三届电子商务“三创”挑战赛暨省赛选拔赛、“禁毒是阳光的爱”主题道德讲堂活动、“不忘初心促健康，点燃希望传递爱”为主题纪念“5·12”国际护士节暨授帽仪式、2018年校园文化活动月、“贵州利美康”杯校歌红歌传唱大赛、品读《道德经》、2018年“科技活动周”“新时代·新青年——奋斗的青春最美丽”主题道德讲堂、“校庆杯”乒乓球赛、以“传承祖国医学，普及中华文化”为主题的手拉手面对面系列活动。由贵州工程应用技术学院团委、毕节职业技术学院团委以及学校团委联合主办的毕节高校2018年度“戏曲进校园”专场演出在学校隆重上演。

毕节医学高等专科学校美丽的校园

在毕节市七星关区特殊教育学校举行了志愿服务基地授牌仪式，本基地是学校建立的第三个志愿服务基地，标志着志愿文化又迈向了一个新台阶。到金海湖新区双山镇敬老院开展义诊活动；开展了“口腔及皮肤义诊”主题社会服务活动；开展“科学矫正近视·关注孩子眼健康”主题爱眼、护眼的眼科义诊活动；开展“以技之长服务师生回馈社会”为主题的服务师生超声检查活动；2018年暑假，共组建8支队伍进行“三下乡”活动，对当地老百姓开展医疗保健、健康体检、预防疾病、健康普查；关爱留守儿童和慰问空巢老人，调查留守儿童身心健康成长情况，对留守儿童进行心理问题疏导，为留守儿童传播知识；开展“五城同创”主题宣讲防艾、禁毒、安全、抗洪救灾、节能环保等科普知识宣传。联手贵州百灵集团开展送医疗服务培训下乡公益事业活动。

（撰稿：马　鑫）

毕节广播电视大学

【概述】　2018年，毕节广播电视大学坚持以习近平新时代中国特色社会主义思想为指导，认真贯彻落实党的十九大精神和习近平总书记对贵州对毕节工作的重要指示批示精神，坚持党的教育方针和社会主义办学方向，落实立德树人根本任务，深入实施教育“奋进之笔”，抓招生、强教学、促管理，党的政治建设、党风廉政建设、师德师风建设扎实深入，年度目标任务全面完成。

【招生办学成亮点，规模发展实现新突破】　是年，共完成学历教育招生2589人，超计划828人（省电大下达年度招生计划1761人），其中：开放教育2145人（本科423人、专科1722人），奥鹏教育（本专科）444人。毕业生1756人（开放教育本科501人、专科1171人，成人教育专科4人，奥鹏教育本专科80人）。非学历教育培训2014人次。截至年底共有学历教育在校生7984人，其中开放教育6932人（本科1509人、专科5330人、一村一名大学生计划93人），奥鹏教育本专科1052人。招生数、在校生数均创下历史新高。

【教学管理更深入，质量发展实现新提升】　开放教育方面。一是强化教学管理。完成20个班级21门课程面授教学任务、20门重点课程资源建设和BBS讨论；完善《毕节电大入学须知》编制，有效指导新生网上学习；开展班主任网上导学专题培训；向工作站和学员提供省电大36

门微课学习资源、指导学员使用“同学 APP”进行自主学习；对工作站开展业务培训；指导学生考前复习，《计算机应用基础》《大学英语 B》两门网络统考课程到课率、网考通过率大幅提高。强化课改工作，筛选中开课 122 门、省开课 127 门实施课程考试改革试点，课改评阅正确率 100%。强化实践教学，组织完成本科毕业论文答辩 164 名（春 52 名、秋 112 名），针对性聘请高资质教师指导会计学等本科专业毕业实践，论文及格率不断提高。健全毕业论文评审指导机构，加大工作指导监督力度。完成论文本科 476 份（春 235 份、秋 241 份）、专科 1344 份（春 793 份、秋 551 份），社会实践本科 407 份（春 267 份、秋 206 份）、专科 1252 份（春 796 份、秋 456 份）。强化教务管理，完成学生选课 16737 科次（春 7567 科次、秋 9170 科次），完成 30 余个专业开课表填制上报，完成网考免考办理 128 科次（春 86 科次、秋 42 科次）、课程免考 23 科次（春 13 科次、秋 10 科次）。强化考试管理，完成教育部网络教育基础课 2 批次 2362 科次（4 月 773 科次、9 月 1589 科次）上机考试、期末纸笔考试 53372 科次（是年 7 月 25662 科次、2019 年 1 月 27710 科次）、17 门省开课考试出题、《计算机应用基础》课程 371 人次上机考试、省电大课改终结性考试 1256 人次，及时纠正工作站选课、订卷错误，有效防止涉及 1400 余名学生因不能参学、参考群体性的事件。二是强化教材管理。完成教材资料订购发放 39112 册，其中教材 35070 册（春 15415、秋 19655 册）、作业 4042 册（春 2709 册、秋 1333 册），管理工作无错漏。三是强化师资队伍建设。注重师德师风教育引导，多形式开展政治业务学习，组织《新时代高校教师职业行为十项准则》《高校教师师德失范行为处理指导意见》等专题学习，教师全员签订《师德师风建设责任书》；开展校内专题培训 2 次，外派学习 6 人次。四是强化教科研工作。拟定毕节电大《教科研工作量化考核办法》《科研经费管理办法》《教研工作计划表》，每月组织教研活动 1 次；学校教师主持的《毕节市社区老年教育体系建设研究》《新时代毕节试验区“生态建设”主题内涵发展新要求思考》两项课题获市年度社科课题结题通过；组织教师参加中国大学慕课平台继续教育，每师每学期至少完成 1 门课程学习任务并取得合格证书；组织青年教师参加全省电大教案写作、教学技能比赛，获三等奖 2 个、优秀奖 2 个。五是强化教学检查评估。完成 2017—2018 学年度教学考核资料准备、自查、报告等工作。奥鹏教育方面。完成东北大学、中国农业大学、大连理工大学、中国医科大学、东北师范大学等 6 所联办高校 710 名（春 266 名、秋 444 名）新生入学培训；完成 842 名学员导学、选课、预约考试；完成所有联办高校 997 人次期末考试及毕业清考；进一步规范了毕业生毕业证书和档案发放管理。

【学籍管理更规范，精细发展实现新提高】 学籍管理方面。认真办理学籍异动手续，完成开放教育学生学籍异动 272 人，其中：休学 224 人（本科 16 人、专科 208 人）、复学 34 人（本科 2 人、专科 32 人）、转专业 14 人（本科 6 人、专科 8 人）。认真开展学生学籍数据统计报告管理，各类数据系统完整、精准有效。至是年底，有开放教育在籍生 6932 人，其中：本科 1509 人、专科 5330 人、一村一 93 人。各县工作站有在籍生：大方 912 人、黔西 597 人、金沙 128 人、纳雍 28 人、威宁 2253 人、赫章 1065 人、毕节 1922 人、其他 27 人。有毕业生 1676 人，其中：春 871 人、秋 805 人，本科 501 人、专科 1171 人、成人专科 4 人。证书档案管理方面。严格执行“站点申报→财务审核→缴费通知→领导审批→部门发证”毕业生毕业证书、学籍档案发放管理运行制度机制，严格证书档案管理程序。证书档案管理严格规范，财、证对接衔接密切严谨，全年证书档案无遗失、信息数据无缺失。学生图像采集管理方面。全面推行实施毕业生图像自行采集工作；全面完成学生学信网图像收集处理，共上传处理毕业生照片1712张。学生评先选优方面。加强学生评先选优工作管理，严格执行省优、国优推选政策标准，严格遵循“国优必须在省优基础上进行评选”原则实施评选。全年共完成评选国优19人、省优45人。

【社区教育更稳健，转型发展实现新推进】 认真贯彻落实教育部等九部委、教育厅等九厅局关于社区教育和市委、市政府社区建设有关精神，立足实际组建机构、落实人员、明确职责，整合资源，开展活动，各项工作扎实稳步推进。注重人员培训，努力增强办好社区教育的信心能力。组织参加各类培训30人次，其中：校领导外出参加专题培训2人次；骨干教师培训5人次；组织教师进行校内培训23人次。通过培训，教职工开阔了视野，提高了认识，增强了做好社教工作的信心能力。积极开展试点申报。指导威宁、纳雍、赫章3县申报社区教育第三批省级试点单位，完成申报材料代拟和修订，威宁、纳雍获批为省级社区教育试点单位。精心部署落实迎评工作。紧扣《贵州省社区教育试点单位工作评估指标体系》4个一级指标、15个二级指标和57个三级指标，统筹学校力量全面进行任务分解、明确责任人员、落实工作任务及任务完成时间表、路线图，试点工作得到评估组专家肯定。扎实开展培训活动。为全市中小企业管理和技术人员开展《商务礼仪》《创新管理》《市场营销》培训，为七星关双树社区、桂花社区、农村社区工作者、居民开展《习近平总书记对毕节试验区重要指示精神解读》《崇尚科学 破除迷信》等主题和专题培训，参训人员1000余人次。扎实推进基础设施建设。严格按相关规定编制项目建设计划和方案，认真做好设备采购工作，购置戴尔电脑26台，推进社区教育第二批省级试点单位建设。积极开展科研与宣传。完成社区教育市级研究课题1项。每月编发社区教育工作简报1期，共发简报14期。制作送省参展社区教育展板一块。

【党建、党风廉政建设扎实推进】 全面加强党的政治建设。校党委、支部组织党员干部深入学习习近平新时代中国特色社会主义思想和党的十九大精神，按照中央、省委、市委安排部署开展“不忘初心、牢记使命”主题教育，制定校党委《2018年工作要点》；坚持党建理论学习常态化、长效化；落实党建工作责任制；落实市委《关于加强和改进新形势下机关党的建设的意见》和高校思想政治工作部署要求；全面执行“三会一课”“主题党日”、党员学习、党员思想工作汇报、党委专题民主生活会、支部组织生活会、民主评议党员、党员领导干部参与双重组织生活、党委（支部）书记述职述廉、谈心谈话、党费收缴使用管理等制度；加强干部队伍建设，选派干部参加“一月一专题”等各类培训，按要求完成干部调训任务；认真落实党内激励关怀制度，春节、“七一”等时节走访慰问老党员、困难党员，对在学校招生、教学、管理、科研、改革等工作中表现优异、成绩突出的党员进行表彰奖励；持之以恒正风肃纪。全面落实主体责任，扎实推进党风廉政建设。及时传达贯彻中央、省、市纪委全会精神，落实《党风廉政建设主体责任和监督责任清单（试行）》要求，分级分类层层签订党风廉政建设责任书；狠抓党员干部队伍思想建设、组织建设、作风建设，组织教职工到“鸡鸣三省”开展警示教育活动；认真履行党风廉政建设“两个责任”和“一岗双责”；认真开展“三个大兴”活动；认真执行津补贴管理有关规定；及时开展党务、校务公开；严格重点岗位、重要环节、大额度资金使用管理监督，持续收紧“三公经费”支出；制定实施毕节电大《“三重一大”集体决策办法》《经费支出管理办法》《公务接待管理办法（修订）》。

【精准助力脱贫攻坚】　校领导率教职工多次到高山村开展脱贫攻坚调研，参与干部职工24人次，领导干部“大走访”暨春节慰问扶贫困户40户，发放慰问金8200元；“七一”慰问贫困党员，发放慰问金2000元；开展“走进深度贫困地区、与贫困群众共度扶贫日”活动，为15户结对帮扶人员发放慰问金3000元；为村委提供1万元办公经费。驻村干部每月驻村工作20天以上，扎实开展“一宣六帮”工作。组织校内外教师为威宁县黑土河镇机关、村两委和致富能人开展《政务礼仪》《科学养牛》《果树周年管理》专题培训，助力精准扶贫。建档立卡贫困人口由2017年年底的94户、450人、贫困发生率44.7%降至61户、263人、贫困发生率24.9%。

【“五城同创”“平安毕节”“法治毕节”创建等统筹推进】　制定工作方案，成立领导小组，细化工作目标，落实工作任务；及时组织召开会议学习传达贯彻精神，及时研究解决工作突出问题，对查找问题进行有效整改，建立常态化工作信息报送机制，及时报告工作进展和完成情况。

（撰稿：魏胜学）

工业学校

【概述】　2018年，在市委、市政府的坚强领导和省、市教育工委、教育行政部门的正确指导下，学校紧紧围绕市委、市政府中心工作任务，坚持以脱贫攻坚统揽经济社会发展全局，聚力打好打赢“113攻坚战”的工作目标，围绕“以大党建为统领，着力构建八大新体系”的“非常1+8”工作目标任务，全面贯彻党的教育方针政策，全面推进学校转型发展和现代化建设。2018年在校生3358人，其中大专生190人，中专生3268人。2018年完成中专招生2017人，大专招生190人。在职教师225人，其中研究生学历6人，本科学历160人，大专及以下47人。学校占地面积400余亩，办公楼1栋，教学楼2栋，实训楼6栋，宿舍6栋，体育馆1个，足球场1个，篮球场15个，网球场2个，羽毛球场9个，排球场2个。共计占地面积33535平方米，建筑面积115483平方米。

【师德师风建设】　学校坚持每周一次的政治业务学习制度，以学习习近平新时代中国特色社会主义思想和党的十九大精神活动为契机，组织开展师德师风教育活动周系列活动；组织学习习近平总书记在贵州省代表团重要讲话精神、对贵州对毕节重要指示批示精神、学习《中华人民共和国宪法》《中华人民共和国教师法》《中华人民共和国教育法》等；开展教职工信用体系建设学习活动，开展“打赢攻坚战、建设示范区、毕节工校怎么干”专题大讨论活动。

【师资队伍素质培训】　学校邀请贵阳中建培训学校对10余名教师进行为期6周的工程造价培训，组织3名教师到春满人间毕节分公司进行为期2个月的建筑装饰设计培训，选派4名教师到广州市轻工职业学校进行电梯安装与维修、机器人应用与维护培训，选派1名教师到贵州轻工职业技术学院进行数控加工技术培训，选派2名教师到广州工程技术职业学院进行CRP数字校园管理培训，选派2名教师到杭州新华三集团进行为期十天的大数据专业技术能力培训，选派2名教师到贵州大学参加大数据培训，选派2名教师到温州亚龙工业园区进行虚拟仪器培训。

【加强学习考察力度】　2018年4月，学校党委副书记付善华带领16名中层干部及部分教师到铜仁职业技术学院等5所高职高专院校进行为期5天的考察学习，学习高职教务教学管理机制、高职系部管理、专业建设、课程设置及教学中的党建工作等方面的内容。学校领导及教师多次去武汉、长沙等地进行实地考察，在传统校企合作模式的基础上探索基于专业建设的灵活多样的校企合作模式。

【实训建设及技能大赛获奖情况】 学校强化实验实训基地、实训场馆建设，投资47万元建设建筑野外实训场。在技能大赛中，获省级奖项5个，其中工程测量团体项目二等奖1个，建筑CAD团队项目三等奖1个，“硬件检测与数据恢复”项目一等奖1个，信息类三等奖1个，“全省技工院校优质课大赛”获优胜奖1个。获市级奖项个7个，其中工程测量项目二等奖1个、三等奖1个，建筑CAD二等奖1个，“硬件检测与数据恢复”项目二等奖1个，“电子商务运营”项目三等奖1个，获汽车拆装一等奖和三等奖各1个。

【毕节工业职业技术学院创建工作】 2018年初，学校通过了省教育厅现场调研和集中评审，贵州省人民政府于2018年1月26日以黔府函〔2018〕16号文批准建立毕节工业职业技术学院。教育部于2018年5月10日以教发厅函〔2018〕73号文件对新设立毕节工业职业技术学院进行备案。围绕学院建设，学校提出了“1+8”工作思路并认真组织实施，抓紧进行二期工程建设。学校在一期工程建成125196.5平方米的基础上，启动二期工程建设，建筑面积73043平方米。学校也积极采取“走出去”“请进来”的方式，组织骨干教师及管理人员队伍到先进职业院校交流学习。

【强化学校内涵建设】 2018年学校紧扣内涵建设与外延发展并举的战略部署，以内涵建设十大项目申报为抓手，进一步促进学校快速转型跨越发展。信息技术系成功申报《Flash动画制作》省级精品课程、省级示范性数字校园建设项目，与贵州昊恩文化发展有限公司进行校企合作，共同建设平面设计与制作校内实训基地。工矿建筑系完成“建筑工程测量”省级精品课程申报项目。学前教育系开展开设“面试培训”课程，学生面试合格率均为100%，顺利组织2015级学生参加考试，166人参加两次考试，合格学生为65人。2名教师取得“省级普通话测试员资格”。基础教学部完成“毕节棋院”的申报工作，承办了“毕节市第四届青少年围棋比赛”。

【培训工作成绩显著】 学校开启“送教下企业”培训模式，对贵州大西南矿业有限公司金沙县腾龙煤矿、毕节火电厂、大方水泥厂等进行培训。选派7名教师参加华北科技学院在西安和贵阳举办的煤矿安全培训师资培训班。培训煤矿主要负责人134人，煤矿管理人员528人、特种作业人员2445人，非煤特种作业人员1488人，煤矿职业卫生安全管理人员、检测人员430人，2018年共培训5025人。

【招生就业工作】 学校完成毕节工业职业技术学院专业和计划申报、招生、高校注册信息报表及学籍注册等相关工作。大专网上录取341人，注册学籍190人，其中建筑工程技术70人，大数据技术与应用96人，汽车运用与维修技术24人。中专招收学生2017人，其中校办专业招收1627人，联办学前教育招收390人。2018届毕业生高考报名及考试204名。办理大中专毕业证共633人，其中中专毕业生556人，函授大专毕业生64人。

【学生德育工作】 推荐及评选59名学生获得“2018年赢未来奖学金”。完成秋季学期大中专新生学生军训及考核、学生教室、宿舍卫生监督检查工作。举办了秋季学期迎新晚会、迎新暨表彰大会、纪律教育学生大会、“大学生思想政治工作座谈会”等会议及活动。组织学生参与“贵州省艾滋病防治电视竞赛”“梦想未来演讲比赛”

"全市群众安全感满意度测评""五城同创"、禁毒书画摄影比赛等比赛及活动。

【行政工作高效有序】 制定教职工政治业务学习计划及每周政治业务学习制度，对30余名中层干部和专职党支部书记开展为期一周学习习近平总书记新时代中国特色社会主义思想培训，开展师德教育周活动，引进研究生8名，完成人事档案专项审核206卷，协调完善补充资料500余份，拟写正式文稿150件，各种文稿24万余字。

【总务后勤工作高效】 积极做好学校二期工程建设工作，学校二期工程累计投资4300余万元。协调解决施工方拖欠的农民工工资1170万元。完成学校礼堂720余万元资金的装饰装修、学生宿舍及教学楼9万余元资金的墙面维修工程、工矿建筑系野外实训场工程的建设、培训考试机房100万元的建设、停车场监控设备及九楼会议室LED显示屏的安装及特种作业考试设备的安装等工作。开展28万元校园太阳能景观灯的建设、新一轮校园物业管理服务采购项目的报批及招标方案、投资5万元采购卫生设施等工作。全年共完成物资采购任务1450余万元。

【推进广州与毕节对口帮扶工作】 2018年3月初，市教育局领导带队，学校校长胡忠健到广州工程职业技术学院等院校考察学习，对接广州工程职业技术学院对口帮扶毕节工业职业技术学院工作，达成4点帮扶框架协议：一是把毕节工业职业技术学院纳入广州工程职业技术学院教育集团，共享资源；二是帮助毕节工业职业技术学院建立该院先进的CRP管理系统；三是互派人员交流学习；四是安排合作化项目，列入其教育集团指标申报。2018年4月11日，学校校长胡忠健、副校长漆顺刚、招就处处长黄明等一行到广州工程职业技术学院等院校考察学习，进一步对接广州工程职业技术学院对口帮扶毕节工业职业技术学院工作。2018年5月初，选派了2名教师到广州工程职业技术学院交流学习该院先进的CRP管理系统。2018年4月10日，学校校长胡忠健、副校长漆顺刚、招就处处长黄明等一行到广州市轻工职业学校进行交流学习，双方就学校专业建设、师资准备、电梯实训基地建设与规划展开了深入交流与合作探讨，签订了《非遗传承教育扶贫项目合作协议》四方协议。

【宣传有力，创造良好社会舆论环境】 更新维护学校官网信息，更新校园动态、系部建设、党建信息、校园文化等信息100余篇。编辑撰写教育信息67篇、党建信息45篇。组织全校师生在线学法竞答3次，组织上报征文4篇，学习中共十九大知识竞答2次，参加市教育工委组织的演讲比赛1次，荣获个人三等奖1名。创建"法治毕节"工作信息上报2条，开展城市社区创建活动3次，参加学校党建扶贫工作活动4次，撰写调研报告4篇，上报活动信息5条。

【党建工作】 学校党委坚持党要管党、从严治党的方针，以深入学习贯彻中共十九大精神及习近平新时代中国特色社会主义思想为重点，以"服务中心，建设队伍"为核心，开展"两学一做"专题教育常态化制度化为契机，强化意识形态领域工作，不断加强学校党的思想、组织、作风、制度和反腐倡廉建设，不断开创学校党建工作的新局面。学校党委对原4个党支部改选重组为行政、教学两个党支部，新的支部委员会配齐配强了书记、专职副书记和委员，支部制定完善了支部工作制度和计划，规范化建设取得成效。积极推进"两学一做"常态化制度化和"三会一课""主题党日"制度的落实，进一步抓好党员教育管理和作风建设。举行了"学习贯彻十九大，谱写职教新篇章"的知识竞答赛活动，开展全校党员"重温入党誓词""相约五月　乐享健康"凝聚力、"在职党员进社区"等活动，开展

“打攻坚战、建设试验区、毕节工校怎么干”党建工作大讨论活动。开展专项整治工作及干部不担当不作为突出问题工作。2018 年共有 12 人提交入党申请书，9 人列为入党积极分子进行培养考察。

【精准扶贫工作】 学校加强扶贫队伍建设，2018 年年初更换责任心强、工作能力强的 3 名中层干部（均为党员）驻村工作，担任赫章县瓦窑村、营上村、青山村第一书记。替换原来的 3 名驻村干部，学校认真抓好“大走访暨扶贫调研工作”。组织学校领导及中层干部按要求完成了赫章县安乐溪乡瓦窑村、营上村、青山村走访贫困户暨调研工作，走访人户 110 余户，走访 1300 余人次，学校领导坚持至少每季度到赫章县安乐溪乡瓦窑村、营上村、青山村开展调研和对接脱贫攻坚工作。2018 年学校捐助了安乐溪乡营上村丁木组修建便民桥，沙泥组、营上组饮水工程及瓦窑、青山、营上 3 个村办公经费共计 14 万余元，为 3 个村建档立卡贫困户购买兜底保险 9 万元；驻村干部联系了陕西西安华侨慈善基金会温州分会为贫困留守儿童捐赠了价值 2 万元的衣物、雨伞。2018 年，学校深入驻村联系点赫章县安乐溪乡开展了慰问活动，慰问了 40 名小学贫困留守儿童学生，慰问生活及学习用品合计 6000 余元。选派高技能人才担任赫章县双坪乡科技副乡长，捐助机械设备为该乡建立了机械加工厂。

【群团工作】 开展节假日送温暖活动，为敬老院老人送去 2300 余元的生活物资，为学校退休老同志老送去节日慰问物品及购物券。开展了“六一”儿童节慰问、“三八”健康绿色低碳环保徒步、“激情五月，同心筑梦”、“书香三八”读书系列等活动。组织 16 名教职工参加全省职工首届“工运动　我健康”万人健步走活动。组织开展“激情五月，同心筑梦”为主题的系列活动。开展“一学一做”（学系列讲话，做合格团员）、“戏曲进校园”活动。2018 年开办业余团校 2 期，团员培训 4 期，团干培训 3 期，发展团员 255 人。积极落实“工匠进校园”系列活动，筹备开展学生第二课堂，丰富社团和技能培训活动。学习和宣传《中华人民共和国妇女权益保障法》《贵州省妇女权益保障法实施办法》等各类法律法规。

（撰稿：王加春）

毕节市第一中学

【概述】 2018 年，毕节市第一中学在校生共计 9000 余人，其中初中部现有 52 个教学班，2700 余人；高中部有 115 个教学班，6300 余人。全校在职教职工 613 人，其中研究生 79 人，正高级教师 7 人，副高级教师 118 人，特级教师 8 人，省级名师 6 人、省级乡村名师培养对象 2 人、市管专家 2 人、省级骨干教师 21 人、市级名师 14 人、市级骨干教师 72 人。是年，学校坚持以科学发展观为指导，以立德树人为根本，以队伍建设为关键，以改革创新为动力，以转变作风为保证，全面实施素质教育，全面提升学校教育教学质量，被评为“第三十二届全国青少年科技创新大赛科技教育创新学校”“贵州省绿色学校”“贵州省学生资助工作先进单位”“毕节市五四红旗团委”“贵州省十运会毕节代表团突出贡献集体”，获“贵州省高中器乐展演一等奖”“第五届毕节市青少年科技创新大赛优秀组织奖”。以 98.88 分的高分通过省文明办、省教育厅对毕节一中全国文明校园的检查测评。毕节市委组织部组织的民意电话录音测评抽样满意度为 98.88%。

【党建工作】 学校建有 6 个党支部，并健全完善了离退休支部。一直以来，学校积极推进党建工作，抓学习促党建，持续深入学习贯彻党的十九大报告精神，学校党委中心组、党支部通过

"三会一课"学习贯彻中共十九大精神，并于1月组织全校教职工参加党的十九大精神知识竞赛，努力提高党员干部和广大教师的政治素质。抓制度促党建，推进党建工作的全面落实，并根据上级相关文件精神，结合学校实际，健全完善"三会一课"制度、民主评议党员制度等党内生活制度，从而推进学校各项工作全面发展。抓活动促党建，组织开展"调研走访察民情，传递党声送关怀"的慰问、党委到帮扶点进行实地走访调研、举行庆祝中国共产党建党97周年暨"七一"表彰大会等系列活动，丰富提升了党建工作的内涵。扎实推进党风廉政建设，印发《毕节市第一中学2018年党的建设和党风廉政建设安排意见》，定期或不定期开展执行中央"八项规定"及实施细则情况监督检查，对学校"三重一大"事项进行备案监督，积极开展普纪教育，办理信访问题7件。

【教师培训】 2018年，先后派出350余人次教师外出到北京、上海、广州、河北衡水、南充、昆明、贵阳、遵义等地参加教育教学交流和培训活动。其中，参加"国培计划"的有41人次，参加"省级新课标培训"的有11人。党委书记覃珍贵、校长屈小锋等10余人参加了河北衡水中学德育工作现场观摩会暨全国中学班主任年会，校长屈小锋参加全国华东师大广东校长2018年学术年会、中国教育学会第三十一次学术年会，派出副校长黄河、谢军到广州大学附中、广州广雅中学挂职一年、半年，派出中层干部到广大附中轮流跟岗学习，初中部孙天琼等4人、高中部韩甲明等5人到广州大学附中跟岗学习1周。学校教务主任、教师发展中心主任、教科处主任到遵义四中、四川南充和云南等学校参加四省八校教学科研活动。选派20位数理化生信息技术近20位教师参加湖南师范大学奥林匹克竞赛教练员培训、机器人教练员培训。选派教师参加省市优质课、连片教学教研和教学观摩活动、多彩贵州好教育联盟同课异构比赛活动。教师在外出学习期间，明确学习目的，带着问题去学习和交流，积极参与讨论。及时书写学习总结和交流材料，把新的教育教学理念带回来，促进个人教育教学管理和推动学校整体教育教学工作的整体提升。

【德育工作】 2018年，学校制定了全年的德育工作计划，调整了德育工作领导小组，书记、校长直接担任组长，全员覆盖，充分发挥关工委的作用，形成学校、家长、社会三结合的德育工作网络；聘请了2位法制副校长，并请了学校兼职律师。增选一位德育处副主任并兼任团委副书记和一位团委副书记加强学校的德育工作，成立了少先大队。召开了新生家长大会，选举产生新一届家长委会主任及家长学校副校长3人，家委会秘书长1人，初高中家委会委员三个年级共计24人。本着"求真崇善、笃学尚美、创新弘毅、兼容明德"的育人目标，用《中学生守则》和《中小学生日常行为规范》要求学生，要求学生遵守学校制定的《毕节一中学生奖惩条例》《毕节一中学生一日一常规》，遵守《毕节一中学生寝室管理规定》，继续实施《毕节一中班级量化考核方案》。

学校倡导人人都德育教师、个个都是德育工作者的理念，强化管理育人、教书育人、服务育人的观点，要求学科教学要渗透德育工作，将德育工作常态化。重视班主任工作，抓好德育骨干教师队伍，是年，学校由书记和校长亲自带队，带领10名班主任、校级名班主任工作室主持人、年级部德育副部长赴衡水中学参加全国德育工作现场会。2018年根据班主任量化考核结果，4位优秀德育工作者；2018年教师节表彰大会，表彰优秀德育工作者2人。学校同时加强了毕业班的德育工作，在高初中毕业班工作计划中，适当调整了毕业班的教师配备，强化毕业班学生的德育教育。何敏老师主持的《高中生物教学中渗透德育教育的探究》获省级课题结题。

学校用立德树人的育人观加强学生德育工作，重视学生心理健康和励志教育、加强学生的生命感和责任感的教育，形成了一套行之有效的德育体系。

【教研工作】 在强化集体备课基础上，加强教研教改，确保学、思、行、悟教学理念引领下实施有效教学，高效课堂。高中每周星期二下午、初中每周星期一下午安排年级学科教研组进行集体备课和开展教研活动，统一教学计划、教学进度，按照学校集体备课的要求，各年级学科组长组织全体教师提前一周讨论下一周上课的内容、重点、难点和教法与学习方法，学校安排学习的中央、省、市相关文件和学习教育教学理论，对外出学习培训提高的教师回学校进行汇报学习。教研组集体就被推荐参加市省优质课教师进行反复磨课。

积极组织申报“贵州教育学会2018年教育教学教研论文、教学（活动）设计征集活动”，共报送27个作品参加省级评选，26篇论文分获得省级一、二、三等奖。

【特色教育】 学校坚持以信息技术、综合实践课程和通用技术课程为载体，以培养学生的信息技术素养、研究能力、实践能力和创新能力为目的“科教引领、实践创新”的办学特色，

1. 综合实践课程。完成学生课题研究作品276个、学生项目设计作品59个，完善综合实践活动校本教材。承办了贵州省2018年青少年科学调查体验活动和全省骨干教师培训工作，在全省骨干教师培训中，吴维波老师担任培训主讲，活动取得圆满成功。10月，承办毕节市科普日分会场活动，举行了科普大篷车进校园、科普讲座等一系列科普活动。被评为“2018年青少年科学调查体验活动全国示范学校”。

2. 信息技术课程。师生在青少年科技创新大赛、全国信息技术创新大赛、全国信息学奥赛中屡创佳绩。2018年在全国信息技术创新大赛技术发明创新项目中共获得全国一等奖3人次，获得全国二等奖8人次，全国三等奖5人次；参加贵州省青少年科技创新大赛一等奖3人次，二等奖16人次，三等奖12人次；参加全国科学影像节活动获得全国一等奖1人次，二等奖1人次，三等奖11人次；参加贵青杯贵州省科学影像节活动获得贵州省一等奖3人次，二等奖8人次，三等奖4人次；参加毕节市青少年科技创新大赛获得一等奖4人次，二等奖8人次，三等奖8人次。参加全国信息学奥林匹克联赛1人获得一等奖，2人获得二等奖，4人获得三等奖。此外，发明创新获得重大突破，高三（25）班马超获得六项国家专利。

3. 通用技术课程。学生参加贵州省机器人比赛，获得省级一等奖1项、二等奖1项。在2018年贵州省通用技术研讨会活动中，吴传富老师做培训主讲，杜晖老师上省级示范课，获得好评。

【高考佳绩】 2018年高考再创辉煌，高考600分以上204人，总数及百分比均居全市第一。一本上线人数1290人、上线率72.23%；二本以上上线人数1750人，上线率97.42%（不含艺体生），上线人数和上线率均居全市第一。应届毕业生张汇泉同学以裸分687分的优异成绩荣获毕节市理科第一，被清华大学录取。学校获毕节市教育质量贡献奖第一名，其中英语学科获提高奖，数学、英语、理科综合、文科综合平均分获第一名，语文平均分获第二名，在全市教师节大会上受到市委市政府的表彰。

【社团活动】 学校学生自主管理不断增强，社团活动丰富多彩。2018年共有53个学生社团，每年5月份为社团活动月，每年11月、12月份举办校园文化艺术节共开展大小活动30余次。管乐团参加贵州省第七届高中生交响乐（器乐）

展演活动荣获一等奖。初中部选派的明诗皓荣获贵州省十运会男子乙组200米个人混合泳冠军，勇夺四金一银一铜，获得贵州省体育厅颁发的“运动员体育道德风尚奖”。棋奕社舒航荣获“首届金海湖之夏，青年艺术节”少年组象棋比赛一等奖。高中部时空美术社王圆圆选送的绘画作品《金海湖一角》荣获“首届金海湖之夏，青年艺术节”少年组绘画比赛一等奖。张妍参加“健康人生，绿色无毒”贵州省禁毒演讲比赛，获得二等奖。

【综治维稳】 始终坚持“安全第一、预防为主”这一安全目标，加强“三防”建设，重视安全教育和隐患排查。做好涉教信访维稳工作，践行与落实“党政同责，一岗双责，失职追责”的责任追究机制。通过不断加强师生安全、法治教育及校园安全维稳工作的强化管理，营造了良好的教育教学秩序。规章制度健全，坚持预防为主，强化安全意识，加强宣传教育，培养学生法制意识，安防措施有力，促进校园稳定。全年未发生重大安全事故和群死群伤事故。

强化网络意识形态工作，做好全校计算机网络系统信息安全工作。结合学校实际，补充修订完善学校网络与信息安全系列工作制度，建立学校网络综合治理体系，牢牢掌握网络意识形态主导权。加强对官网、官微、官博、教职工QQ群的安全监督和管理，对安全漏洞进行不定期检查和修复，提升密码级别，同时参加了毕节市网络空间“清朗行动”。

强化学校食堂监督管理工作。老校区食堂由膳食科直接负责管理。新校区两家食堂由膳食科进行监管，全年组织食堂主管及员工召开工作会议20次。对学校食堂食品卫生安全、对超市是否存在“三无产品”销售等情况进行督查10次。配合金海湖新区食药监局检查新校区食堂10次。监督食堂处理违反食堂相关管理规定工作人员2名，强化安全意识、法律意识，食堂员工没有发生违法事件。督促协调新校区食堂落实农产品进校园工作和解决当地建档立卡贫困劳动力就业助力脱贫攻坚工作。

顺利完成第一批高三年级毕业生离校工作。针对考前学生心理辅导，考试期间的安全、卫生、就寝，考后学生心理安抚、文明庆祝、安全离校、财产验收、押金清退等制定一系列专项制度和应急处理机制。确保整个高三年级毕业离校期间无一列违纪事件和安全事故发生，圆满完成2018届高三学生毕业离校服务工作，也为以后的毕业班宿管工作积累了宝贵的经验。

同时，工会组织教职工代表、学生会组织学生代表参与对食堂的监督考核，今年共对新校区食堂测评10次，学生食堂平均满意率83%，教职工平均满意率85%。

【协同共进】 学校工会、妇委会、团委等联动协调，各项工作有序推进。工会完成了第九届工会换届选举，组织召开第九届工会委员会第一次全体委员会议，及工会委员会第九届第一次教职工大会，审议通过《毕节市第一中学2017年学校财务工作报告》《毕节市第一中学物资采购、工作建设工作报告》《毕节一中会考、高考奖励办法（讨论稿）》《毕节市第一中学学科竞赛工作方案（讨论稿）》，推荐选举2018年毕节市五一巾帼标兵；坚持校务公开，全面贯彻、执行教育工会关于“校务公开”的意见精神，使学校人事、培训、评先选优、工程招标采购验收等工作均面向全体教职工进行公示；组织各种形式多样的职工活动，春节期间走访、慰问老干部、军属、遗属、残疾人员、孤寡老人共计42人，发放慰问金12600元。妇委会完成换届选举，建立健全妇委会工作机构，开展“三八”妇女节、“六一”儿童节系列活动，举行“三八”妇女节表彰大会及“三八”妇女节维权徒步活动、儿童节亲子活动，上报市教育工会“书香三八”征文活动中汪雪等八位老师的诗歌朗诵节目获得表演类一等奖。团委在“五四”青年节进行了五四表彰及“成人礼”活动，共表彰优秀学生、三好学生、优秀学生干部、十佳学生、优秀共青团员、德馨少年等优秀学生高中2000余人次、初中900余人次。每个学期组织各班进行文明学生评选，学校有80%的学生都评上了文明学生。学校高中部同学1人获市优秀团干部、2人获全市优秀团员、3人荣获全市三好学生，学校团委荣获“五四红旗团委”，受到团市委表彰，初中部吴雷同学被市教育局、毕节市关心下一代协会授予“美德少年”。

（供稿：毕节市一中办公室）

毕节市民族中学

【概述】　2018年，毕节市民族中学有49个教学班，学生人数3500多人，教职工人数205人，专任教师178人，学历达标100%，中高级职称教师占68.36%，研究生10人，正高级教师3人，省级名师名校长工作室8个。2018年学校德育经验入围全国中小学德育工作典型经验名单、荣获2018年全国民族团结进步创建示范单位、全省首批精神文明建设“文明校园”、贵州省第六届科普工作先进集体、贵州省校本研修示范校、毕节市2018年高中学校教育质量综合评价考核一等奖、毕节市第六届青少年科技创新大赛优秀组织奖、2018年7月获毕节市2017年度教育信息宣传工作先进集体，学校“微课心智互动”教学法获得贵州省教学成果二等奖。

【党的建设】　（一）加强理论学习，提高政治站位。学校领导班子严格遵守党的政治纪律和政治规矩，牢固树立“四个意识”，坚定“四个自信”，做到“四个服从”，坚定不移地做到“两个维护”，坚定不移地贯彻落实党的教育方针和民族政策，自觉把落实上级的决策部署体现到具体工作中。如将《关于深化新时代教师队伍建设改革的意见》《中小学德育指南》作为学习十九大精神的主要抓手，做到真学真学真用，坚持学以致用，用以指导实践，推动学校教育教学改革发展工作。

（二）加强党对学校工作的全面领导。1. 重视党的建设和党风廉政建设，通过党委会议研判学校党风廉政建设和反腐败工作形势，布置有关任务，提出工作要求和措施，作风建设警钟长鸣。学校适时开展警示教育，组织全体教职工观看《被玷污的教育净土》警示教育片，让领导干部和教职员工践行《新时代中小学教师职业行为十项准则》。

2. 学校党委适时召开党委会议研究学校意识形态工作，对政治、历史、地理、语文等学科教师加强意识形态教育，牢牢把握主动权，严防宗教思想在校园内渗透，营造安全便捷的网络舆论环境。

3. 加强师德师风建设。一是深入学习习近平总书记关于教育的讲话精神，以“四有”“三者”好老师为标杆，开展师德教育活动，引导广大教师践行社会主义核心价值观。二是建立健全了师德教育长效机制。组织教师学习并认真落实，学校在评优选先、评职晋级和名师、骨干教师的推荐评审中采用了“师德师风”一票否决制，实现师德师风建设的制度化和长效化。

【立德树人是根本】　学校牢固树立“没有活动就没有德育”的理念，以“和雅博序”为引领，“方正有为”为目标，推动德育工作迈上新台阶。3月开展学雷锋活动，4月组织开展毕节市民族中学2018年春季运动会和清明节烈士墓扫墓活动，5月组织成人仪式，6月结合“6·26”世界禁毒日开展禁毒宣传活动，7月至8月借助假期组织学生参加拥军社区为敬老院献爱心、送温暖活动，9月组织2018级入学新生军训活动，10月开展爱国教育主题活动，10月中旬到11月下旬组织开展毕节市民族中学第27届“民族团结进步活动月”活动，12月组织开展高三学生60华里“远足”及“12·9”系列活动。

【安全工作是底线】 学校牢固树立安全工作是底线的意识。把安全工作放在首位，把安全管理职责落实到学校教育教学工作的每一个岗位、每一个时段、每一个环节，注意消灭死角，不留漏洞，对检查中发现的问题实行责任追究制并立即整改。加强学生安全教育，使学生学会自救、互救的常识和技能。

【教师队伍是基础】 学校致力于培养造就一支师德高尚、业务精湛、结构合理、充满活力的高素质专业化教师队伍。2018年来，邱国援被评为正高级教师；邱国援和杨勋被评为特级教师；杨勋被评为省级名师；曹静彧、周文祥、周备、黄中健4人被评为省级骨干教师；周文祥被评为省级乡村名师和教育家培养对象；赵奇志、周文祥两位教师被评为贵州省民族教育名师培养对象；杨永忠获省政策特殊津贴和市管专家。组织和指导教师申报“十三五”第三批市级骨干教师培养对象考核合格10人。通过名优工程，提高学校优秀教师的社会知名度，加快教师的专业化发展。

【教育质量是生命线】 作为民族中学，提升教学质量，掀起“课堂革命”，那就是把目标放在内涵建设和质量提升上，聚焦中心抓教学。一是重视学科发展规划建设，将学科发展落实在课堂效率的提升上；二是重视年级学年规划，科学谋划各年级教学任务、目标、考试等，每月召开一次年级工作专题会议，听取年级部工作汇报，切实解决存在的问题；三是重视质量评价，运用大数据分析学科和学生成绩，立足实际，早发现、早解决，补短板、扬长板。2018年高考二本上线率96.34%，一本上线率56.9%。

【教育科研促发展】 学校始终坚持以“课题研究”为抓手，促进学校教育科研工作向纵深推进。一年来，校本课题申报9项，经评审，立项校级9个，立项市级课题3项。立项的课题均按学校校本课题管理办法开展研究工作，取得预期成果，年底申请结题8项，申报市级课题4人。2018年市级课题结1个。《“微课·心智·互动”教学法》获省教学成果二等奖；《“六个一”教学策略在学科教学中实践探索》获市优秀教育成果奖一等奖；《“小组合作学习”在学科教学中的实践探究》和《“个性化学习”在学科教学中的实践探究》获市优秀教育成果奖二等奖。

【民族民间文化是特色】 学校不断推进民族民间文化进校园，少数民族体育、民族艺术教育等工作成绩突出。2018年8—11月，学校承担了组建毕节市射弩队和毕节市民族健身操队参加贵州省第九届少数民族传统体育运动会的工作任务，并在比赛中获得了1金13银9铜共23枚奖牌的成绩，圆满完成了工作任务。

【信息宣传正能量】 一方面，充分利用各类媒体对学校进行宣传，弘扬教育正能量。据不完全统计，《贵州民族报》采用3篇，《毕节日报》6篇，《毕节晚报》3篇，《毕节试验区》杂志采用1篇，《毕节教育简报》采用2篇，毕节市人民政府网采用6篇，毕节试验区网采用11篇，毕节教育云网站采用2篇，毕节试验区教育微信公众号采用3篇。另一方面，建立了学校教育信息宣传工作管理制度，对学校的“两报两刊两微”进行统筹管理，积极推进学校教育信息宣传工作，弘扬正能量。

【助力脱贫攻坚，抓好教育帮扶】 （一）强化同步小康驻村工作。学校派出朱萌、吴飞涛2人到威宁县草海镇石龙村、吕家河村驻村，落实了每村驻村工作经费，办好了安全饮水工程、组组通工程、村卫生室建设、贫困户联户路院坝硬化工程等实事。（二）帮扶薄弱学校方面，2018年新增帮扶农村学校3所，分别为威宁县龙场中学、龙场二中、黔西县红林中学。2018年3月1日市教育局批复兼支教17人，学校教师周廷云被安排到七星关区朱昌二中全职支教。特别是做好纳雍五中的帮扶工作，目前贵州省高中邱国援名校长工作室在纳雍县第五中学设立了工作站，并安排张文明负责纳雍五中帮扶工作，切实做到周周有帮扶，周周有总结，力争一年出成效，三年出成果。

（撰稿：张崇龙）

毕节市实验高级中学

【概述】 2018年，毕节市实验高级中学有教学班级51个，学生3500余人。教职工222人，其中专任教师197人，教师学历合格率99%。有高级教师56人，中级教师87人。学校现有特级教师2人，市管专家2人，市级名校长1人，市级名师4人，省级骨干教师6人，市级骨干教师45人，研究生学历6人。教师学历合格率达标，职称结构符合比例，学科配备合理，师资队伍整体水平较高。是年，学校被授予“毕节市安全文明校园”“毕节市‘一评三管好’先进集体”等荣誉称号。

【党建工作】 2018年，毕节市实验高级中学认真按照上级精神，认真贯彻落实《关于加强中小学党的建设工作的意见》《党委（党组）意识形态工作责任制实施办法》，制定中共毕节市实验高级中学委员会《关于贯彻落实〈党委（党组）意识形态工作责任制实施办法〉工作方案》，并认真落实。全面深入推进“两学一做”学习教育活动常态化制度化，明确各科室和党支部工作职责，要求各党支部书记切实履行好第一责任人的职责。按照《毕节市实验高级中学“两学一做”常态化制度化学习教育实施方案》，认真开展好党员大会、支部委员会和上好党课。并督促各党支部落实好“三会一课”制度，将学习教育、查摆对照和整改提升贯穿党员队伍素质提升全过程。采取集体学习、自学等方式，深入学习党章党规和习近平总书记系列讲话重要内容，认真学习宣传贯彻党的十九大精神、习近平总书记在贵州省代表团重要讲话精神、省十二次党代会精神、省委十二届二次全会精神、市二次党代会和市委二届二次全会精神。截至年底，学校党委开展了18次专题学习和中心组学习，各科室、各党支部共开展集体学习10余次。学校着力打造一支优秀的党员队伍。加强政治理论学习，提高党员政治思想素质，树立正确的世界观、人生观、价值观。认真做好预备党员、发展对象、入党积极分子的培养、教育、考核工作，正确地引导广大员工积极地靠近党组织。是年，学校积极开展纪念建党97周年系列活动。第一，学校党委书记为全体党员上了一堂精彩的党课，引导党员认真学习党章，明确党员的职责；第二，评选表彰15名优秀共产党员、优秀党务工作者；第三，开展党章党规知识竞赛；第四，到红色基地“鸡鸣三省”进行“不忘初心，牢记使命”教育活动。

【党风廉政建设】 2018年，毕节市实验高级中学加强党风廉政建设，认真贯彻落实市委《党风廉政建设主体责任和监督责任清单（试行）》，切实履行“一岗双责”。认真落实党风廉政建设责任制，强化党风廉政建设主体责任和监督责任，抓好学校领导班子、中层部门以及各年级部党风廉政建设责任制落实，按要求签订好党风廉政建设责任书。认真执行中央“八项规定”和省委、市委“十项规定”，推行权力清单运行备案制度，严格落实“三重一大”备案制度和校务公开等制度，落实好党务督查、纪务巡查、财务检查“三务三查”制度，严格执行《党政机关厉行节约反对浪费条例》《党政机关国内公务接待管理规定》和省市配套规定，严格控制资金使用。重点抓好干部职工思想作风、工作作风、生活作风建设，监督干部职工严格遵守中央“八项规定”、省委市委十项规定和学校纪律作风建设“十严禁”规定，坚决落实好省委“禁酒令”新规。密切关注“四风”新动向新表现新形态，紧盯年节假期等节点，早打招呼、及时提醒。严格执行《党政机关国内公务接待管理规定》坚决杜绝食堂相互吃请、超标接待、喝高档酒和党员干部出入隐蔽场所违规吃喝、不吃公款吃老板，转嫁或套取差旅补助、手机打麻将、私车公养、公车私用，“化整为零”违规操办婚丧嫁娶、违规收送礼品礼金、虚列名目冲抵违规开支、违规发放津补贴等问题。一年来，及时传达学习有关违反中央“八项规定”和省委市委十项规定的典型案例近10次，就有关纪律作风建设在学校党委会、党政联席会、中层干部会和教职工大会上提醒打招呼10余次，备案监督教职工婚丧事宜3人次。是年，学校干部职工无违反党的纪律、中央“八项规定”和省市十项规定的行为。

【师德师风建设】 2018年，毕节市实验高级中学严格执行教育部颁布的《中小学教师职业道德规范》《中小学教师违反职业道德行为处理办法》。坚持开展“师德教育周”集中教育活动，将社会主义核心价值观融入课堂教育教学，紧密联系师生思想道德建设实际，深入实效地开展师风师德建设实践活动，做到人人皆知、入脑入心。进一步加强教师队伍师德师风建设，着力打造务实高效，开拓进取，敬业奉献，廉洁奉公的教师队伍，塑造和谐教育的良好形象，为学校教育科学发展提供有力的人才支撑和智力保障。根据毕节市教育局安排，2018年8月21日，学校召开了本年度师德师风活动周启动大会，开展了为期一周的师德师风教育活动，并在全校教职工中开展师德师风专项整治行动工作。学校专门成立了以学校党委书记为组长，其他班子成员为副组长的工作领导小组。通过师德师风教育活动，提高了广大教职员工师德意识和遵纪守法意识。是年，学校没有教职员工违反师德师风和法律法规的事件。

【教育教学管理】 2018年，毕节市实验高级中学深入贯彻落实习近平关于发同志展教育的系列重要讲话精神，以党的十九大精神为引领，坚持以学生为本，认真贯彻执行党的教育方针，以深化课堂教学改革为突破口，全面实施素质教育，促进学生全面发展，自觉遵守和履行“十个不”的承诺和“三个践行”。学校以教学工作为中心，制定了《毕节市实验高级中学教学常规管理办法》，规定了教师的备课、上课、作业布置与批改、辅导、监测与评价等。学校实行行政值班制度，每天安排由一名校领导带班的三人值班小组，负责督促和检查教学常规工作开展情况，教务科还不定期检查有关工作落实情况，严格规范教学常规管理。学校还建立集体教研备课制度，各教研组、备课组要定期开展教研和集体备课制度，教学常规管理呈科学化、制度化、规范化、常态化。学校根据新课程标准和课程改革的要求，大力推进课堂教学改革，形成了良好的课改氛围，课堂教学中体现新课程改革的新理念和新要求，转变了广大教师的教学方式和学生的学习方式，课堂教学效率和质量稳步提高。通过学校教职工的努力，教育教学质量稳步提高。是年，高考重点本科上线人数194人，上线率26.72%，普通本科上线人数624人，上线率85.95%，在全市73所高中排名第八位。

【教师队伍建设】 2018年，毕节市实验高级中学把教师队伍的专业化发展作为学校工作重点之一。一是加大教师队伍继续教育力度，全年度教师队接受各种方式的继续教育，覆盖率达90%以上。二是加强教育科研管理，通过校本教研、省、市课题申报等方式增强教师队伍教育科研意识，提升教师教育科研能力。三是引进专家对本校教师队伍进行培训。是年，学校教师队伍建设成效显著，增加特级教师 1 名，副高级教师 3 人；2 人获“均瑶”奖，1 人获市委、市政府表彰；教师各类学科竞赛分获省市表彰 50 余项；申报成功省级课题 2 项，市级课题 5 项，已经结题 1 项。教师专业化发展正起步扬帆，蔚然成风。

【教研科研工作】 2018 年，毕节市实验高级中学按照“科研兴校，教改促教”的原则，以教研教改作为推动学校生存和发展的内在动力，把教研教改作为教学的主要课题。一是按照市政府和教育局的文件，联合相同基础相同起点的学校，建立“实验高中”教育联盟，共谋教育发展提升新方向。结对帮扶百纳民族中学、威宁二中等薄弱学校。二是充分发挥“以校为本”教研制度的作用。学校组织教师积极地、主动地开展校本教研，充分发挥个人的能动作用，促进教师之间、学科之间、学科内教师之间的团结协作，深层次研究教学内容、方法、手段，调动骨干教师的作用。与时俱进，全面提高教学质量。三是建立健全组织，加强教研教改的管理。学校由分管教学的校级领导负责，科研科科长主抓，强化教研教改的制度化、科学化，教务科组织，教研组实施，实行学科组备课制，充分发挥教师的群体作用和智慧，保证教研活动的正常开展。四是激励激活教研教改，保证针对性、实效性。学校科研科制定了《毕节市实验高级中学校级课题实施方案》《毕节市实验高级中学教学科研成果奖励办法》《毕节市实验高级中学教学科研实施方案》《毕节市实验高级中学课题经费使用管理办法实施方案（试行）》，激励教师教育、教研教改的积极性和热情。深化教研教改的方法形式和内容，使教研教改更有针对性和实效性. 促进教学质量的全面提高。五是强化课题研究，规范课题管理，课题研究促进课堂教学和学校管理改革。是年，英语组肖英老师的《高中英语语篇分析教学对学生思维品质培养的实验研究》、历史组邱长龙老师的《黔西北红色文化在中学历史教学中的应用路径探究》两项省级规划课题得到立项；英语组吴勇老师的 2018 年中小学教师课题式研修省级专项课题《基于核心素养培育的高中英语语篇写作教学研究》得到立项；由赵英才校长主持的市级课题《围绕社会主义核心价值观构建高中学校德育工作平台初探——以毕节市实验高级中学为例》得到到立项并于结题；是年，学校 14 个分布各个学科的课题得到立项，各个课题组积极地开展课题研究工作，并取得初步成效。学校强化对专门课题研究的领导，教研教改已成为主旋律，提高了教师研究的能力。

【艺体学科建设】 2018 年，毕节市实验高级中学认真贯彻体育、艺术学科工作条例，开齐开足相关课程。体育设备基本满足教学需要。艺术教育设施设备较齐全，有艺术楼一座，内设教师书法教室一个，学生书法教室，绘画教室，音乐教室，舞蹈教室，综合教室，管乐队训练教室。是年，学校举办体育运动会、京剧进校园等大型活动。学校艺术及社团活动形式灵活多样，内容丰富多彩。学校实施了“社团工程”，尽量让每一名学子都有进一步提升综合素质、展现才华的舞台。根据学生的兴趣爱好、天赋特长、发展潜力从整体上规划了“社团工程”建设。全校范围内成立了科技类、文体类、社会实践类共三大类近 20 多个社团，各个社团呈现出“百花齐放”的局面。许多学生参加各级各类竞赛展演活动，取得了较好成绩。是年，攀岩活动小组、足球活动小组取得了优异的成绩。

【安全维稳工作】 2018 年，毕节市实验高级中学严格落实“党政同责、一岗双责”安全维稳工作责任制，同全体教职员工签订了“一岗双责”目标责任书。推进学校安全工作法治化建设。学校年初制定了学校法治教育工作计划，开展形式多样的法治教育，推进学校安全工作法治化建设。学校安全维稳工作在做好节假日及特殊时期值班安排，强化门卫值班职责，严格执行出入人员及车辆登记制度，及时上报校园安全信息等常规管理工作的同时，积极开展多种形式的安全教育，确保学生生命财产安全，学校保卫、宿管、后勤、学生科等部门密切配合，加大校园安全隐患的排查和整改，及时查处学生中发生的矛盾和纠纷，杜绝事态发展。在住校生中不定期开展管制刀具的清缴。继续强化保卫科值班巡逻制度。加强校园及周边治安环境整治，周边环境有了明显的好转，维护了校园的和谐稳定。是年，学校被授予“毕节市安全文明校园”。

【基础设施建设】 2018 年，围绕 2019 年申办省级示范性高中的目标，毕节市实验高级中学基础设施建设发展取得了一定成绩。一是科技实验大楼建设项目竣工，完成投资约 1200 万元，现进入验收阶段，防雷、消防验收已完成，施工方正在进行竣工结算资料整理等相关工作。二是深入贯彻市委〔2018〕65 号文件精神，完成把毕节市实验高级中学 176 户校园住户列入七星关区 2018 年棚户改造项目的目标，该项目现已进入全面实施阶段。三是完成校园道路改造工程（二期）的设计、预算及施工工作。工程于是年 6 月竣工并经验收合格。原来破旧不堪的道路变得宽敞整洁，进一步提升了学校形象。

（撰稿：张忠举）

科 技

科学技术（知识产权）

【概述】 2018年，市科技局深入践行“两新使命”，深化“三大主题”，建设“四个高地”，全力打造毕节试验区改革发展升级版，以打赢“113攻坚战”为统领，认真树立和落实“创新发展”理念，全面落实省委主基调主战略和两大战略行动，按照市委、市政府的工作安排和部署，积极开展各项工作，为助推全市科技进步和经济社会的发展发挥了积极的作用。是年，毕节市科技管理机构共11个，其中市级1个，县级10个。

【科技计划项目申报】 积极组织各科研院所、市内高校和各类企业开展省级科技项目申报，共有32个项目获得省级科技计划项目立项支持，获得省级科技资金4861万元。其中两个煤矿技术榜单项目《煤矿井下无人少人采掘系统研发与应用示范》《薄煤层机械化开采技术装备研制与应用示范》得到贵州省2018年第一批重大科技专项资金支持，获科技资金2959万元，创下市工业领域获省级重大科技专项资金数和项目数新高。

【人才及平台建设】 截至2018年12月，共选派五批市级科技特派员284人次，36支科技特派员团队；获得“三区”人才支持计划756人次，其中科技部支持688人次，省科技厅支持68人次。已建成省级工程技术研究中心3家，培育建设5家市级工程技术研究中心、2家市级重点实验室；国家级农业科技园区1个、省级农业科技园区8个；国家级农业星创天地5个，省级农业星创天地3个；建成省级众创空间3个，省级科技企业孵化器1个，市级众创空间6个。2018年3月，由贵州工程应用技术学院、毕节市第一人民医院申报的两个省级院士工作站获省科技厅批准建设，成为毕节市首次获批建设的院士工作站，实现了我市院士工作站“零”的突破。

【科技型企业培育】 截至12月31日，全市科技型企业备案数增至1057家，新增572家，新增数量位列全省第二；高新技术企业增至18家；科技型企业成长梯队增至12家。

【技术转移转化】 利用创新券政策优势，市科技局在各县区大力推进技术转移对接服务，2018年组织和指导20余家企业申报创新券，4批共获创新券资助20项340.5万元，组织13家已获创新券支持的企业进行创新券兑现，兑现金额141万元；组织开展“技术合同认定登记培训班”，指导各县区挖掘、搜集技术合同进行认定。认定登记技术合同共181份，合同交易总额15.095亿元，其中，技术交易额9.65亿元。

【中药研究】 主持完成的国家科技支撑计划课题“特色优势中药材保种扩繁及质量标准与质量控制研究”（执行期2015年4至2017年12月），于2018年11月通过科技部专家验收。配合市农委牵头负责的全市中药材产业发展工作，2018年全市完成新增中药材种植面积75.03万亩。

【科技进步统计监测】 2018年，毕节市综合科技进步水平指数达50.5%，位居全省第八位，超过六盘水市3.4个百分点，与全省第七铜仁市的差距缩小到0.9个百分点，摆脱了近年来一直挂末的局面，该指标较上年度的42.3%增加了8.2个百分点，同比增长13.39%，增幅位居全省第一位。

（供稿：毕节市科技局）

农业科研

【概述】 2018年，在市委、市政府和上级主管部门的领导下，在有关部门的关心支持下，农科所以党的十九大精神、习近平总书记系列重要讲话精神为指导，按照市委脱贫攻坚、农业产业结构调整的战略部署，坚持“科研立所、开发强所、人才兴所”的工作思路，以“出人才、出成果、出效益”为工作目标，在全所干部职工的共同努力下，较好完成了2018年年度工作目标任务：承担国家、省（部）、市（厅）级科研项目33项，其中国家级项目2项、省（部）级项目14项、市（厅）级项目17项；育成2个农作物新品种通过省级审定；发表科研论文14篇；主持完成7项科研项目通过验收；申报科研项目27项，获准立项10项；获国家发明专利1项。

【科研工作稳步推进】 2018年共承担国家级农作物品种区域试验3组：国家青贮玉米区试、西南青贮玉米区试、国家冬小麦长江上游组区试。承担国家食用豆体系安排的芸豆新品种生产试验、小豆新品种生产试验、豌豆联合鉴定试验、蚕豆联合鉴定试验和豌豆抗白粉病资源田间评价试验。承担省级农作物品种区域试验9组：贵州省杂交玉米品种区域试验F组、G组、H组、J组，贵州省鲜食（糯）玉米杂交种区域试验N1组、N2组，贵州省粳稻品种（组合）区域试验、贵州省小麦新品种（系）区域试验（普通组）及贵州省大豆品种区域试验。承担贵州省粳稻品种（组合）生产试验、贵州省大豆品种生产试验、贵州省水稻区试品种耐冷性鉴定试验、贵州省粳稻区试品种稻瘟病抗性鉴定试验、贵州省玉米区试品种灰斑病抗性鉴定试验。提供了BY2015－1参加国家食用豆体系安排的芸豆新品种生产试验；BSL171参加贵州省高山组玉米新品种区域试验，新中玉 1601 参加贵州省西部组玉米新品种区域试验，毕粳优 6 号（续试）、毕粳优 7 号、毕粳 1708 参加贵州省粳稻品种（组合）区域试验，毕糯 1701 参加贵州省糯稻、特色稻品种区域试验；BSL171 参加贵州省高山组玉米新品种生产试验、新中玉 1601 参加贵州省西部组玉米新品种生产试验。育成毕粳优 5 号、黔粳优 2 号通过贵州省品种审定。在《江苏农业科学》《时珍国医国药》等刊物发表科研论文 14 篇。完成《一种水稻高氮利用效率基因的分子标记鉴定方法》（专利号：ZL201510436292.8）获国家发明专利。

【科研项目申报和立项】 2018 年共向国家、省、市申报科研项目 27 项。获准立项 10 项："马铃薯油菜素内酯信号激酶基因 StBSKs 抗旱性的调控机制研究"获省科技厅基础研究计划资助；"蚕豆新品种及配套技术示范推广""优质杂交粳稻新品种配套技术集成与产业化开发"获省科技厅科技成果应用及产业化计划资助；"贵州省食用豆工程技术研究中心"获省科技厅科技平台及人才团队计划资助；"黔西北地方'奶奶青菜'种质资源挖掘利用与品质分析研究""黔西北地方包包青菜种质创新与品种选育""威宁地方紫胡萝卜提纯复壮及创新利用"获省科技厅科技支撑计划资助；"新品种区域试验基地建设项目"获省农委贵州现代农作物种业发展专项资金资助；"经果林种植管理及农村电商科普培训"被列为市科协科学技术普及重点项目；"'食用豆+N（经果林、皂角、茶叶）高效种植技术'科技扶贫示范学术交流会"被列为市科协学会学术建设重点项目。

【项目验收情况】 承担完成《马铃薯新品种毕薯 4 号配套栽培技术研究与示范》《黔西北特色稻大方五里香的提纯复壮及杂交改良研究》《脱毒马铃薯原原种高效低成本多层结薯控制技术研究》《毕粳系列粳稻新品种示范应用》《彩色马铃薯资源收集和筛选》《高海拔地区灵芝生产关键技术研究与示范》《毕节市七星关区马铃薯科技基地建设》等 7 个项目通过验收。

【科技开发】 所属科技型企业毕节市泰丰科技实业有限公司共生产马铃薯组培苗 248350 瓶。其中，威芋 5 号 100460 瓶，青薯 9 号 122646 瓶，威芋 3 号 12308 瓶，费乌瑞它 12936 瓶；移栽大棚面积 13320 平方米，其中威芋 5 号 5270 平方米，青薯 9 号 5726 平方米，威芋 3 号 1248 平方米，费乌瑞它 1076 平方米。生产原原种 250 万粒。销售 2017 年生产的马铃薯原原种 314.5 万粒，实现销售收入 94.35 万元。

【科企合作】 积极应对贵州省关于玉米产业调整相关精神，探索科企合作资本连接方式，进一步推动企业商业化育种，加速科研成果转化，促进企业发展，实现双方共赢，实现优势互补、携手发展，共同构建布局合理、资源共享、运转高效的科研体系，实现科技创新、成果孵化、人才培养、资源聚集的多重功能，开创种业科企联合的新路径，与贵州新中一种业公司明确了联合申报重大项目、杂交玉米新品种选育、优质米开发、农特产品加工、人才交流培养等合作重点。

【现代农业科技示范园建设】 按照"园区景区化、农旅一体化"的思路，规划建成了七星关区现代高效农业示范园，先后迎接国家领导人张德江、汪洋、俞正声以及云南、湖南、河北、广西、西藏等省自治区有关领导亲临园区考察指导工作，对毕节市现代农业发展起到了积极的推动作用。结合全市农业产业结构调整和产业发展政策导向，积极开展脱毒马铃薯、蔬菜（食用菌）、中药材、茶叶、特色杂粮等新品种展示以及优质高效集成技术的研究与示范，充分发挥专业技术优势，大力开展农业技术培训，累计承接、举办各类农业技术观摩、培训60余期，6000余人次。通过项目的形式建成了毕节市“古茶树产业化平台”，通过与泰丰合作举办了星创天地创新创业大赛活动并建成了星创天地创新创业平台，通过数据云平台推进了大数据与园区建设的融合发展，申报了青年农场主培训资质并获批复，建成了食用菌研发中心，为建设智慧园区奠定了坚实的基础。

【科研平台建设】 完成中央补助地方科技基础条件专项资金项目《毕节试验区特色优势作物资源研发平台》仪器设备采购及安装，市科技计划项目《毕节试验区特色农产品加工研发平台》，开展了灵芝挂面、蔬菜面条、玫瑰糖和菊花干等特色农产品的研制。建成九三学社中国农科院委员会专家工作站，利用九三学社中国农科院委员会人才资源和科技创新资源等优势，围绕毕节市农业产业发展的科技创新需求，开展学术交流、人才培养，联合申报和实施科技项目等方式，推动毕节市科技创新工作和科技人才成长，充分运用中国农科院的成果转化，更好地为毕节市农业产业发展、科技创新和精准扶贫工作服务。

【科技助力脱贫攻坚】 坚持以科技助力脱贫攻坚为重点工作，2名领导带队，10名技术骨干参与脱贫攻坚和农业产业结构调整督查，5名技术骨干到边远贫困乡镇、恒大扶贫公司挂职，3名技术骨干到深度贫困村任驻村第一书记，41名省级科技特派员（“三区”科技人才）、23名农业辅导员参与“万名农业专家服务‘三农’行动”，7名市级讲习员定期或不定期深入农村开展讲习培训，12名专业技术人员领办创办山地生态高效农业发展项目。2018年累计推广农作物新品种、新技术50余项，为全市脱贫攻坚和产业结构调整工作作出了重要贡献。由于业绩突出，被中国科协授予了全国“助力脱贫攻坚先进团队”荣誉称号。

（撰稿；余本勋）

畜牧兽医科研

【概述】 2018年，毕节市牧科所重点围绕国家肉牛牦牛产业技术体系毕节综合试验站、国家绒毛用羊产业技术体系毕节半细毛羊综合试验站和贵州省生态家禽技术体系毕节综合试验站3个项目，着力开展地方畜禽品种选育、新品系培育及高效健康关键技术的研究与示范应用，推进畜牧养殖科研示范基地建设、研发能力建设、学科建设和人才队伍建设，加大科技成果转化效应，加强对外科技合作与交流，不断提升自主创新能力。开展“贵州省万名农业专家服务‘三农’行动”暨国家“三区”人才支持计划科技人员专项计划，为毕节市畜牧产业助推脱贫攻坚作出了积极的贡献。

【养牛研究】 2018年由国家肉牛牦牛产业技术体系主办，体系毕节综合试验站、恒大大方扶贫管理有限公司、毕节市肉牛产业协会承办，中禾恒瑞（贵州）有限公司、贵州润泰牧业有限责任公司、贵州中润发展有限公司协办的“乌蒙山片区肉牛养殖技术研讨暨肉牛全产业链发展推进会”于9月15—18日在毕节隆重召开，会议以推进肉牛全产业链发展，促进肉牛产业提质增收为主题。参加会议的有国家肉牛牦牛产业技术体系专家、站长，全国肉牛骨干企业代表、乌蒙山片区相关领导，贵州省农委领导和贵州大学、贵州省草业所、贵州省畜牧兽医研究所等科研院所领导专家，毕节市市县区相关领导、骨干企业代表共140多人。首席科学家、中国农业大学教授曹兵海、体系专家等参会人员深入贵州中润公司威宁黄牛保种繁育场、中禾恒瑞公司安格斯牛第一育种场、中禾恒瑞公司第一育肥场和贵州润泰牧业公司六龙育种场等养牛场考察，专家们充分肯定恒大集团帮扶毕节市肉牛产业在毕节脱贫攻坚中发挥了重要作用，同时指出了毕节市在发展定位、养殖规模、场地选址和环境设计、保育繁殖、地方饲草资源开发利用、疫病防控体系及肉牛产销对接等方面存在的问题、不足和短板。与会专家同参会的企业进行了交流，共同探讨推进毕节肉牛全产业链盈利模式发展的机制办法，力争以肉牛产业发展带动经济发展，助推毕节按时打赢脱贫攻坚战。团队主要开展了新示范场的选择确认，选择了12个标准化程度较高的肉牛养殖场作为肉牛团队和毕节综合试验站示范场（基地），开展了非常规饲料资源的开发利用、高档肉牛生产、地方黄牛品种营养需要的研究和肉牛全产业链模式、肉牛产业扶贫模式探讨，示范养牛1108头。团队的帮扶工作，一是指导织金县大平乡建成农业产业园区，在园区内建成养牛场1个，养牛210头，指导养牛场种植青贮玉米、饲料作物140亩。二是增加纳雍县左鸠嘎乡坡其村为帮扶村，在该村建设示范基地1个，发展贫困示范户10户，饲养牛50头，指导和支持圈舍改建、粪污处理池建设、加强饲养管理等。三是在七星关区阴底乡建示范基地1个，养牛80头，带动5户贫困户脱贫。四是对大方县恒大产业扶贫进行技术指导，参加毕节市肉牛基因控制中心建设、安格斯牛纯种养殖场的建设和毕节市种公牛站建设。开展青贮玉米种植培训，将青贮玉米种植、全株玉米青贮技术与大方肉牛生产组装配套形成了大方县肉牛生产的轻简化技术。制定了肉牛养殖场的疾病控制免疫程序、制定了肉牛恢复期饲养管理与疾病防疫手册，技术服务组参与治疗病牛1000头次，先后在大方开展肉牛养殖技术培训5期，培训农户800余人次，科技二传手10人。团队成员主笔和参与编制畜牧业发展规划2个，肉牛发展方案4个，发表科技论文25篇。

【养羊研究】 在赫章县贵州新乌蒙公司羊场、威宁县板底芦虹养殖场开展了贵州半细毛羊、威宁绵羊、贵州黑山羊的选育与新品系培育研究，选育半细毛羊500只、威宁绵羊50只、贵州黑山羊400只，培育杂交F1代绵羊200只、黑山羊100只；推进贵州半细毛羊通过国家品种审定，采集毛样送检350只1050份，屠宰测定38只，开展生产性能鉴定580只，完成品种审定前的基础工作；推进贵州半细毛羊地方品种标准的制定，为肉羊生产及销售提供依据；开展羊布病、口蹄疫等传染病的防控监测，监测羊只1000余只次，指导养殖户搞好羊痘、羊传染性胸膜肺炎、小反刍兽疫的防控；开展人工种草与天然草地改良示范，在黑麦草、高羊茅、鸭茅、白三叶、紫花苜蓿等种子选择、组合比例、播种时间、播种方式及施肥技术上总结经验，得出一套适宜高寒山区的人工种草与天然草地改良技术模式。推进肉羊养殖示范基地建设，接管了赫章县阿西里西种羊场，与威宁芦虹养殖场合作建立努比亚山羊扩繁及贵州黑山羊新品系培育基地1个，推进贵州恒沣公司黔西万只优质肉羊基地建设，已在黔西永燊乡落地，正在流转土地。参与“三区”科技特派员、万名农业专家服务基层等活动，服务赫章、威宁、织金、纳雍24个村，累计开展技术培训、咨询指导1000余人次，解决养殖技术问题20余个。积极开展招商引资工作，联络对接引进习水嘉荣牧业到赫章考察黑山羊养殖，继续对接联络毕节市畜牧水产局会同赫章县政府、赫章县招商局、农牧局等有关单位共15人赴习水县嘉荣牧业有限公司进行考察，对接江苏邳州市小河科技发展有限公司到赫章考察黑山羊养殖。加大了学术交流与合作，新疆畜牧科学院陶卫东老师到毕节指导开展半细毛羊生产性能测定，邀请国家绒毛用羊产业技术体系营养代谢岗位科学家马利青老师到毕节职业技术学院作专题讲座，并指导威宁芦虹养殖场山羊的疫病防治，与泰国素林皇家大学签订了贵州省国际科技项目框架合作协议。

【养鸡研究】 根据《贵州省发展生态家禽产业

助推脱贫攻坚三年行动方案（2017—2019年）》，团队开展毕节市家禽品种资源调查，重点对乌蒙乌骨鸡、威宁鸡、织金白鹅的数量、分布及种质特性及其与自然、生态、市场需求的关系进行了研究，立足毕节市地方特色家禽种质资源，加强对威宁鸡、乌蒙乌骨鸡品种资源保护与开发，大力实施品种优化、品质提升、品牌创建的“三品”战略，建立健全了威宁鸡、乌蒙乌骨鸡原种鸡场、扩繁场、商品场等配套的生态家禽良种繁育体系，选育出了威宁鸡黄羽、黑羽、麻羽三个品系，乌蒙乌骨鸡黄羽、黑羽、麻羽、绿壳蛋用系四个品系，为纳雍县发展生态家禽产业助推脱贫攻坚奠定了坚实的种源基础。紧扣家禽产业脱贫攻坚的目标定位，立项申请了贵州省质量技术监督局纳雍土鸡养殖标准化示范区，并通过现场巡查指导，开展纳雍乌蒙土鸡标准化管理研究及有关资质认证，获得国家森林食品认证，有机食品认证。开展乌蒙土鸡适度规模生态放养模式研究，制订了《乌蒙乌骨鸡地方标准》《威宁鸡地方标准》，并通过贵州省质监局发布实施；制订了《乌蒙土鸡原种场标准化生产管理及操作规程》《乌蒙土鸡生态养殖技术规程》，通过省级专家评审验收，并应用于纳雍乌蒙土鸡标准化生产，健全纳雍生态家禽产业技术标准体系。加强乌蒙土鸡疫病防控体系建设，指导纳雍县农牧局建立了投资500万元的动物疫病检测实验室，提高兽医实验室的装备能力水平，完善检验检测设施设备。指导纳雍生态土鸡规模化标准化养殖场（小区）建设，积极推广“五统一分”（统一品牌、统一品种、统一提供生产资料、统一生产技术标准、统一产品加工销售、分合作社饲养，农户参与）、“公司+基地+农户”的养殖模式，在纳雍县建立乌蒙土鸡生态养殖示范基地88个，育雏半育成场26个，2016年来累计出栏商品鸡183万羽，优质生态蛋820吨。

【领办创办山地高效生态农业发展项目】 有5人领办创办山地高效生态农业发展项目，共带动投入项目资金2.3亿元，解决就业人数280人，带动贫困人数700余人。毕节金海湖新区公鸡山农业专业合作社：存栏母猪76头、母牛70头；纳雍县畜禽科技发展有限公司和贵州纳雍源生牧业股份有限公司：养鸡团队4人通过领办企业，发展纳雍土鸡产业，育种扩繁存栏土鸡种鸡6万只，育成商品鸡10万只，项目在纳雍县26个乡镇展开，计划在2019年达到年出栏纳雍土鸡3000万只。

【科技服务】 积极开展“贵州省万名农业专家服务‘三农’行动”暨国家“三区”人才支持计划科技人员专项计划，12人参加科技派服务“三区”、5人挂科技副职、3人参加圆梦小康专家行动，共开展技术培训10000余人次，指导培育养殖企业（合作社）15个、养殖示范点19个，带动农户增收约200户。

【团队建设与人才培养】 获毕节市人才工作领导小组命名为“毕节试验区肉羊产业发展研究人才团队”和“毕节市肉牛产业技术创新人才团队”；获贵州省科技创新人才团队建设项目“贵州省乌蒙山区肉羊新品系（种）培育科技创新人才团队”；2018年获得省委组织部项目“贵州省草食家畜高效养殖人才基地”。单位晋升高级畜牧师5名，帮助县、乡级晋升高级畜牧师2名。

（撰稿：彭　华）

食品药品检验

【概述】 2018年度，在市食品药品监督管理局的领导下，全所以学习贯彻党的十九大精神和习近平总书记在贵州省代表团重要讲话精神，深入贯彻落实习近平总书记对毕节试验区的重要指示精神为指引，严格围绕“科学公正，优质高效”的质量方针，以提高检验检测质量和能力为核心，促进食品药品检验符合资质认定为要求，全所上下紧扣业务工作中心，加强各项制度建设，确保检验检测工作质量，充分发挥技术支撑作用，较好地完成了各项工作任务。

【按时完成检验任务】 全年检验检测药品793批次，其中省级抽验计划药品600批次，市级抽验计划药品121批次，贵阳市送检药品70批次，委托检验2批次。在省级抽验计划600批次药品中，合格598批次，合格率99.67%；市级抽验计划121批次药品中，合格120批次，合格率99.17%。

【认真抓好作风建设】 严格按照“一岗双责”的要求，在抓好业务工作的同时，认真落实党风廉政建设主体责任。一是逐级签订廉党风政建设责任书，做到一级抓一级，层层抓落实。二是针对节假日活动、婚丧嫁娶、孩子出生、子女升学等纪律规定，适时对全所职工进行提醒谈话。三是积极市局组织的警示教育活动，通过对相关典型案例的剖析提高职工廉洁从政的自觉性。四是认真执行重大事项请示报告制度，所内“三重一大”事项均按程序报请市局党组会议研究同意后组织实施。

【做好意识形态工作】 一是坚持政治理论学习，加强教育、监督和管理，引导全所职工牢固树立“四个意识”，坚决做到“两个维护”，在政治上、思想上和行动上始终同党中央保持高度一致。二是坚持每月1次的职工讲习制度和党支部“三会一课”制度，教育广大党员干部坚定理想信念，加强道德修养，自觉抵制拜金主义、享乐主义和极端个人主义。三是深入推进社会主义核心价值观教育，组织学习优秀共产党员先进事迹，弘扬主旋律，凝聚正能量。四是组织全所职工到鸡鸣三省开展革命传统教育，缅怀革命先辈丰功伟绩，汲取砥砺前行的磅礴力量。

【加强队伍能力建设】 一是为了提高职工队伍综合素质，采取集中学习和个人自学相结合，组织职工学习党的路线方针政策以及食品药品安全相关法律法规。二是在严格遵守各项规定的前提下，全年选派业务人员外出参加各类培训学习87人次，并注重学用结合，努力提高学习的实用性，引导职工切实将所学知识及时转化为检验检测能力。三是积极鼓励专业技术人员立足本职岗位开展自学，撰写论文，开展课题研究。截至年底，雷公藤、万年青、小玉竹、獐牙菜等10个品种药材及饮片质量标准研究工作已基本完成，正在整理资料，上报成果。四是积极参加比对试验，全年累计参加中国食品药品检定研究院等机构组织的能力验证试验5项，已收到2项比对结果均为满意。五是不断完善质量管理体系文件、支部工作制度及行政管理工作制度，所内质量管理、行政管理及党建工作进一步规范化、制度化。

【认真做好党建工作】 一是严格按照市委党建办的要求，向驻村联系点威宁县海拉镇文炉村拨付10000元补助资金，及时为驻村干部购买了50万元的人身意外伤害保险和5万元的附加意外伤害医疗保险。二是经常深入驻村联系点走访调研，所领导先后五次率队到威宁县海拉镇，开展走访调研、联系爱心企业捐资助学、慰问贫困家庭儿童、慰问贫困党员、慰问“五保户”及特困户等活动。三是在市局机关党委的统一领导下，积极开展支部党员进社区工作。

【积极支持市局工作】 一是继续抽派专人到市局参加食品安全检（监）测能力建设项目工作。二是选派专业技术人员配合市局开展药品生产质量管理规范（GMP）跟踪检查。三是协助市局项目办做好食品安全检（监）测能力建设项目仪器设备招标及实验室装修设计等工作。四是按时完成上级部门交办的其他临时性任务。

（撰稿：黄　睿）

文化·体育

文化广电新闻出版

【概述】 2018年，在市委、市政府的正确领导和上级业务主管部门精心指导下，以习近平新时代中国特色社会主义思想为指导，全面贯彻党的十九大精神和习近平总书记对毕节试验区工作的重要指示精神，认真落实市委二届二次、三次全会、全市经济工作会、全市宣传工作会精神，围绕打赢“113”攻坚战目标和“五城同创”中心任务，以创建国家公区文化服务体系示范区为抓手，加强文化阵地和设施建设，筑牢意识形态工作基础，积极稳妥推进文化事业持续发展。

【国家公共文化服务体系示范区创建】 开展3次全面督查，组织市级预验收工作，全面进行查缺补漏，落实整改工作责任。召开示范区创建工作协调领导小组会议、示范区创建迎检现场观摩会暨动员部署会，完成省文化厅对毕节市示范区创建预验收工作。新建黔西县图书馆、文化馆投入使用；对纳雍、织金、威宁文图“两馆”进行整合、提升改造使用；新建59个乡（镇、街道）综合文化站，整合资源设立一批村（社区）综合文化服务中心，村（社区）综合文化服务中心总量达3648个。乡（镇、街道）综合文化站、村（社区）综合文化服务中心实现全覆盖。整合乡镇综合文化站、村级综合文化服务中心、非物质文化遗产传习所等场所资源，在各地分设“新时代农民（市民）讲习所”，全市798名乡镇文化工作者和3600余名村级文化管理员成为讲习员或联络员，120名市、县（区）文化系统干部被遴选为文化讲习员，基层公共文化阵地的利用率得到显著提高，文化“扶志”“扶智”的效能有效彰显。推动公共文化服务数字化建设，建成毕节市虚拟博物馆并正式上线，市图书馆建成4个特色数字资源库，市文化馆建成3个特色数字资源库，“毕节文化云”平台建设于2018年7月上线运行。受邀参加重庆江津区和浙江台州市在北京海淀举办的国家公共文化示范区创建区域文化联动经验交流会，毕节市在文化阵地开办讲习所、推行区域性文化馆图书馆总分馆制建设、招募村级文化志愿者、推进文化广电云建设、实施“文体工程全覆盖”、整合各部门资源夯实基层公共文化建设基础六项做法作了经验交流，得到国家公共文化服务体系专家委员会专家的普遍认可，《人民日报》《中国文化报》《文化月刊》、新华社、光明网、中新网等主流媒体对毕节市创建国家公共文化服务体系示范区的经验做了转载或报道。国家公共文化服务体系示范区创建顺利通过文化和旅游部实地检查验收和集中评审，创建成绩良好等次。

【群众文化】 实施“送文化下乡百场演艺工程”，完成全年演出任务100场，新创节目音舞快板《我们的十九大》、月琴弹唱《赞新时代农民讲习所》、小品《我要脱贫》《双喜临门》《请客》舞蹈《乌蒙山人》《勿忘我》等节目深受群众的欢迎。组织开展元旦、春节系列文化惠民活动，实施文艺下基层、进军营、进社区、进学校等，举办毕节市第四届春节联欢晚会、第二届少儿春晚、第一届元宵晚会，群众的关注度、参与度大幅提升。广泛开展全民阅读活动，举办“读书与音乐”公益讲座、“文化助残·共享书香”为主题的阅读推广，组织服务队分赴鸡鸣三省、放珠镇、杨家湾镇、撒拉溪镇、长春镇开展图书馆基层流动服务和图书馆基层阅读推广活动，扩大全民阅读活动覆盖面。2018年市图书馆总流通人次47.5565万人次，图书流通19.2235万册次。继续实施多彩贵州“广电云”户户用工程，完成投资54643万元，新建光缆17315公里，新增用户254156户，建成43个乡镇广播影视综合服务站。持续推进农村电影公益放映，应用农村电影GPS（GPRS）信息管理平台对放映场次实施监督、管理、调度，全年完成农村电影公益放映28076场。

【文化艺术产品创作生产】 举办毕节市乌蒙文化节·第六届文化艺术系列（戏剧小品和器乐）大赛，对比赛项目进行了调整和优化，通过各县（区）海选，57个小品、157个器乐表演节目进入市级半决赛。毕节乌蒙演艺集团创排完成大型脱贫攻坚题材情景剧《荞麦花开》，于7月10日在大剧院进行首场试演；花灯小戏《绿水青山·金山银山》被文化和旅游部艺术司选派代表贵州省参加2018年“茶香中国”首届全国采茶戏会演；扶贫题材小品《爱满“潘”桃园》受中央广播电视总台邀请赴北京进行录制，并在综艺频道《我爱满堂彩》栏目播出。推荐剪纸作品参加贵州省第二届“群文杯”剪纸艺术大赛，荣获一等奖1名、二等奖1名、三等奖2名、优秀奖4名；推荐4个节目参加全国广场舞展演活动贵州省级展演，全部获优秀展演奖，选送的赫章夜郎广场舞队代表贵州参加全国展演，获优秀组织奖；舞蹈《盛世欢歌》获贵州省“群星奖”舞蹈类二等奖，戏剧《重点和迷糊》获贵州省“群星奖”戏剧类三等奖；《2017年毕节市春节联欢晚会》被评为贵州省广播电视节目二等奖，《2017年毕节市首届少儿春晚》被评为贵州省广播电视节目三等奖；大方县、金沙县后山镇、金沙县长坝镇、赫章县珠市彝族乡、威宁县板底乡获2018—2020年度“贵州民间文化艺术之乡”称号。

【文化市场管理和“扫黄打非”】 强化文化市场日常监管，深入推进“双随机一公开”工作，抽取执法人员62人次，检查对象141家次；持续推进“扫黄打非”工作，组织开展“净网”“固边”“清源”“秋风”“护苗”等专项行动，坚决封堵和查缴政治性非法出版物，坚决扫除淫秽色情、暴力恐怖、邪教类、宗教类等非法有害出版物，严查侵权盗版出版物，封堵和查处互联网有害信息及侵权盗版作品，有效防止网上有害消息的传播，全市共出动11537人次，检查经营单位4203家次，当场处罚99家次，立案调查37件，警告89家次，责令整改23家次，责令停业6家次，取缔7家次，共收缴非法出版物47470件，删除淫秽信息12281条。组织开展保护知识产权集中销毁活动，“4·26”期间全市共发放宣传手册2000余份，共销毁侵权盗版制品及各类非法出版物1626724册（件）。

【文化交流】 联系广州市文广新局对口帮扶，选派广州芭蕾舞团剧目《中外芭蕾精品》到毕节开展惠民演出，出资购买毕节彝族风情舞剧《坪上花开》参加广州艺术节演出，获优秀剧目展演奖；对毕节开展芭蕾舞、舞蹈、舞台灯光音响技术、图书馆业务、文化执法等领域培训，培训人员143人次。通过省文化和旅游厅引进“多彩贵州大舞台展演”重点剧目遵义演艺集团情景剧《大国酒魂》、大型黔剧《湄水长歌》、吉林省安图县大型原创歌舞剧《长白山阿里郎》到毕演出。与陕西省渭南市相互开展交流演出活动，引进大河风·黄土情——渭南非遗精品专场到毕开展演出，选调毕节乌蒙演艺集团的彝族古剧《撮泰吉》赴渭南市进行展演。毕节乌蒙演艺集团“多彩贵州·魅力毕节”专场文艺节目受山西卫视邀请，参加《歌从黄河来》“纪念改革开放四十周年特别节目—全国优秀艺术团体节目展演”，展示毕节文化和形象；组织合唱团赴宜宾市参加“唱响主旋律·讴歌新时代”宜宾市第六届合唱节展演活动，获优秀奖。

【广播电视宣传】 《毕节新闻联播》开办《感恩奋进三十年 喜看毕节谱新篇》专栏，全方位、高密度回顾毕节试验区三十年历史进程，展示经济社会发展成就，总结改革创新经验，弘扬试验区精神。《直通百姓》栏目继续强化民生新闻主题策划力度，开展“五城同创”、社会热点报道，增设社区新闻板块，强化科普视窗的报道力度，策划实施20集恒大扶贫队员的微纪录片系列报道：七十二行之扶贫路上恒大人。广播节目启动节目改版方案，重点打造美食、健康、旅游等4档精品节目。《平安毕节》栏目结合“扫黑除恶”主题，策划采访一批案例报道。创拍微电影《迷境》。加大自采和通联工作力度，完成省台约稿任务，共向中央台、省台供稿1100多条；遴选作品参加省级好新闻评选，50件获贵州广播影视节目奖和贵州新闻奖。

【文化遗产保护】 实施文物保护重点工程建设，金沙清池万寿宫、罗马街盐号、黔西观音洞遗址文物保护基础建设工程，威宁六洞长提、大方甘棠古道维修工程，市博物馆、大方奢香博物馆智慧博物馆建设、大方川滇黔省革命委员会旧址陈列展览提升改造等项目获国家文物局、省文物批准实施；完成黔西武庙、威宁石门坎光华学校旧址、威宁勺乐多游击团旧址、黔西大关盐号、织金文昌阁、文昌宫、七星关水淹区文物等文物单位的保护修缮工作；与中国科学院古脊椎动物与古人类研究所、中国古动物馆在北京古动物馆联合举办《洞悉毕节——毕节近年古人类考古成果展览》；邀请中国科学院古脊椎动物与古人类研究所专家赴毕开展全市史前文化保护培训班及自然科学讲座；在全市范围组织红色文化专题巡回展览；启动重要革命文物保护利用工作，成立工作专班，编制工作方案，上报市政府公布了第二批市级文物保护单位10处、市级非物质文化遗产保护名录26个；举办“毕节传统美食大方专班”培训班、非物质文化遗产织金水八碗制作技艺培训班，培训学员100人；招收贫困学生14名入学广州轻工学校非遗产品制作——广彩专业培训班，争取广州解决学生在广州期间学费和必要生活费用60万元，培训结束就业后将会直接带动14户贫困户40余人脱贫。

（供稿：毕节市文化广电新闻出版局）

体　育

【概述】　2018年毕节市体育局带领全市体育工作者以习近平新时代中国特色社会主义思想为指导，在市委、市政府的高度重视和关心下，毕节市体育局围绕市委、市政府中心工作大局，不忘初心，牢记嘱托，感恩奋进，贯彻落实《毕节市全民健身实施计划（2016—2020）》，注重群众体育、竞技体育与体育产业协调发展，争取中央、省各类资金2000余万元，省十运成绩创历史新高，荣获省体育局、省人社厅表彰，市人民政府表扬，圆满完成了各项目标任务，为毕节市经济社会发展做出积极贡献。

【群众体育】　2018年群众体育蓬勃发展，全民健身公共服务体系建设逐步完善，全民健身的春风吹进千家万户，更多的人加入到健身队伍中来。高频率地开展形式多样、参与性高、群众喜爱的各类群体赛事活动：元旦、春节“迎新春体育惠民系列活动”，第二届中国·源村2018“山水田园杯”全国象棋公开赛，“8·8”全民健身日展示活动，全国百城千村健身气功系列交流展示活动，“首届百里杜鹃杯‘武林盛典’武术文化节”武术比赛，第四届“愚公杯”乒乓球比赛，“茅台王子杯”毕节赛区广场舞大赛半决赛，第十三届云贵川友邻市州篮球联赛，2018年全国徒步大会（黔西站），毕节城区老年人健步走大联动活动，老年人气排球、柔力球、门球、持杖操、钓鱼等比赛；与市总工会联合举办毕节市第三届“五一杯”职工周末篮球联赛，第二届职工象棋、围棋比赛。积极参加省级及以上赛事活动，并取得优异成绩。组队参加贵州省第十届运动会，参赛15个大项，获金牌4枚、银牌10枚、铜牌15枚；与市残联联合组队参加贵州省第六届残疾人运动会，共参赛8个项目，获金牌20枚、银牌24枚、铜牌12枚；与市民宗委联合组队参加省第九届少数民族传统体育运动会，共参赛7个项目，获一等奖1个、二等奖25个、三等奖19个。

选派赫章县广场舞《阿西里西》参加《庆祝改革开放40周年全国广场舞展演活动》获得“优秀组织奖”，参加2018年“舞动中国”全国排舞锦标赛，《舞动阿西里西》和《多彩贵州》均获特等奖，参加贵州省首届太极拳公开赛，获6金3银3铜，赴黔南州都匀市参加省体育局举办的《国家体育锻炼标准》达标赛。积极推进体育协会规范化管理，指导市级武术、跆拳道、游泳等协会进行换届选举工作；起草《毕节市体育协会管理办法》，根据《毕节市民政局关于开展社会组织监督管理专项检查工作的通知》，对在市民政部门依法登记的市级体育协会组织开展全面监督检查工作。充实了社会体育指导员的队伍，培养了300余名的二级社会体育指导员及190名一级社会体育指导员。

【竞技体育】　竞技体育成绩显著，后备人才储备逐见成效。竞技项目在第十八届雅加达亚运会上取得一金一铜，亚洲赛艇锦标赛获一金，世界射击锦标赛获一铜，亚洲气枪锦标赛获两银。在全国赛上，共获得全国冠军27个、亚军27个、季军19个。贵州省第十届运动会上，竞技体育部分共450余人组团参加田径、游泳、赛艇、皮划艇（静水）、皮划艇（激流回旋）、足球、篮球、射击、射箭、乒乓球、羽毛球、拳击、跆拳道、举重、攀岩等15个大项319个小项的角逐，最终取得获金牌58枚、银牌44枚、铜牌71枚，共获得奖牌173枚，名列全省第三，同时，毕节市代表团获得体育道德风尚奖。成功举办全市第一届高原对抗赛，与团市委联合举办全市第一届校园攀岩比赛。出台《毕节市青少年体育俱乐部管理办法》，经过全市各俱乐部申报，市体育局审查，授予泰丰水晶游泳馆等十家单位为毕节市第一批青少年体育俱乐部，全年开展全市范围内跨项跨季跨界选材4次，共有10余人入选国家级、省级后备人才名单。举办田径、篮球、足球、乒乓球、羽毛球等项目10余次裁判员培训班，共审批223名国家二级裁判员、857国家三级裁判员。全年共审批国家二级运动员30余人次。

【体育产业】 积极推进农民体育健身工程全覆盖：共投入1686万元购买了篮球架2936副、乒乓球台2936张，路径器材660件（共55套，一套12件），用于覆盖全市10个县（区）、55个乡镇、1413个村；根据实际需求，又投入168万元采购57套器材（一套含篮球架2副、乒乓球台1张、路径器材12件）用于完善全市全民健身场地配置。50公里绿色健身步道建设任务如期完成，其中包含有：百里杜鹃奢香军营山地公园步道和百里杜鹃彝山花谷景区步道各15公里，七星关区城区倒天河沿线步道10公里，金沙县大田乡新隆村—白泥村杜鹃花山步道和金海湖新区梨树镇上小河村步道各5公里。完成七星关区南山生态体育公园建设任务。积极探索体旅融合，在百里杜鹃启动体旅示范区规划编制前期工作，在支嘎阿鲁湖启动亚高原水上训练基地及水上娱乐中心体旅融合发展项目编制前期工作；在重点景区打造精品赛事，3月在百里杜鹃举办全国第六届“中信置业杯”女子围棋甲级联赛，央视体育频道等多家国内知名新闻媒体对赛况进行了报道，8月9日在赫章县举办“夜郎故里·赫章2018国际高原山地穿越挑战赛”，8月18日在金沙县岩孔街道办事处举办2018中国·贵州·金沙玉簪花杯全国溯溪越野挑战赛赛，9月21日至24日在金沙县后山镇举办2018中国·贵州·金沙中国天空跑国际挑战赛，9月22至23日在百里杜鹃举行2018年中国·百里杜鹃第二届越野跑挑战赛，四次赛事参赛中外籍选手总数达5100余人次，通过精品赛事的打造，提高了景区的美誉度和知名度，促进体旅融合发展。开展“挖掘与传承中国传统体育文化”排舞采风——走进多彩贵州活动，创作出《火把节》《舞动阿西里西》《多彩贵州》等原创曲目均在全国竞标赛中喜获佳绩。体育彩票发行量再创新高，2018年总销量达4.51亿元，此外，成功开展了“公益体彩　快乐操场”活动，彰显“中国体育彩票　国家公益彩票”的发行本质，在社会上引起广泛关注。

（供稿：市体育局办公室）

党史研究·地方志编纂

【概述】 2018 年毕节市史志办在市委、市政府的领导下，在省委党史研究室、省志办的指导下，围绕中心、服务大局，坚持“一突出、两跟进”要求，把存史、资政、育人作为根本任务，尽锐出战，按时完成史志征编、党史宣传教育、专题撰写、地方志编纂、史志信息化建设、地情资料开发利用、史志业务培训、意识形态工作、党风廉政工作及市委、市政府、省委党史研究室、省志办交办的各项工作，推进全市史志事业不断向前发展。

【党史征编研】 完成《贵州改革开放四十年(毕节卷)》课题的撰写、《乌蒙山上同心结——多党合作在贵州的深化实践》课题修改工作，完成《贵州脱贫攻坚战略行动实录（毕节卷)》专题，《贵州解放实录（毕节部分)》课题撰写工作，报省委党史研究室。根据省委党史研究室的统一安排，与市广播电视合作启动《中共抗日战争口述史料（毕节部分)》的采访、征集工作。完成《穿青人的历史文化初探》专题研究。根据市政协第二届第二次会议第 140 号《关于编辑出版周素园先生年谱的提案》要求，启动《周素园年谱》资料征集编撰工作。启动《毕节试验区脱贫攻坚战略行动实录》资料征集编撰工作。完成编辑《毕节党史研究》2 期，《毕节春秋》2 期出版任务。9 月，经请示省新闻出版广电局同意更名改版季刊《毕节党史研究》为双月刊《毕节春秋》。

【志鉴编纂】 《毕节地区通志》根据终审专家提出的修改意见，对志书进行了再修改打磨，2018年11月通过贵州省地方志编纂委员会的省级验收。《毕节地区通志》上限至事物发端，下限至2011年毕节撤地设市。志书全面客观翔实地记载了毕节政治社会变迁、经济状况、历史文化、自然风貌、科学教育、民族文化、宗教、气候、地质、物产、矿藏、风俗民情等方面发展的历史与现状，内容丰富，资料翔实，为毕节迄今最完整、最系统的地情百科全书。帮助市科协审改《毕节市科协志》，启动了《毕节市水利志》的编写。完成《贵州省志·名乡名镇》的资料补充，完成《中国革命纪念建筑物志·国家级烈士纪念设施卷》毕节篇的编纂工作。启动《贵州抗日战争志》毕节篇资料征集工作。完成《毕节年鉴》2018年卷组稿、编辑工作。该书汇辑了2017年全市各行各业的重要时事、文献和统计资料，发挥了存史资政的功能。完成《贵州年鉴》毕节市部分撰稿上报工作。

【史志宣传教育】 一是单位领导分别在贵州工程应用技术学院、市委组织部、铁塔毕节分公司、市工商局、市统计局、市委党校和鸡鸣三省等地等部门开展党史宣讲会和国防教育宣讲20余场次。二是为隆重纪念中国共产党成立97周年，经市委同意，市史志办举办主题为“不忘初心 继续前进”的“纪念中国共产党成立97周年党史知识展览”。展览用40个版面简明扼要地展示了中国共产党历次党代会的基本情况、中央红军、红二、红六军团长征经过毕节、中共毕节支部开展的革命活动、解放毕节简要情况，毕节党史人物林青、钱壮飞、周素园的主要事迹等内容。受到了广大机关单位和党员、群众、学生的赞誉，参观人数达2万余人，得到了中共贵州省委党史研究室主任杜丹的充分肯定。完成《毕节史志工作》月报12期编发任务，详细地记载、交流宣传了全年全市史志工作经验和大事要事。三是指导《毕节故事》微信公众号：宣传社会主义核心价值观，反对历史虚无主义，讲述毕节好故事，传播毕节好声音。受到广大读者的点赞。完成《毕节史志工作》月报12期编发任务，详细地记载、交流宣传了全年全市史志工作经验和大事要事。

【史志档案馆、信息化建设和地情资料开发利用】 在市史志办多年的努力下，在2018年年初召开的毕节市第二届人民代表大会第二次会议上，毕节市政府工作报告把修建毕节市史志档案馆列为十大实事之一。市史志办与市档案局密切配合启动市级史志档案馆筹建工作，赴遵义市、铜仁市考察档案（方志）馆建设与使用情况开展调研和完成选址报告。

强化史、志、鉴等地情资料利用的信息化建设，以地方党政网站为平台，开辟相关栏目，及时上传资料，以方便提供利用。在贵师大图书馆网、贵州数字网上制作地方志全文数据库提供查阅。与毕节市大数据办公室合作开通“毕节史志网”上线运行。是年，毕节史志网更新毕节大事记13个月（包括2017年11—12月），年鉴16部，红色文化文章5篇，地方志法规4个，史志工作11期，毕节人物5人，工作动态47条，扩大史志工作的宣传力度。不断加大读史用志力度，及时向市委、市政府主要领导，试验区专家顾问组等有关专家和国家，省、市有关部门，学校、图书馆、科研机构赠送党史、志书、年鉴等资料；为试验区交通、水利等基础设施建设、旅游资源开发与旅游规划修编、工业园区建设等工作提供志鉴资料以供借鉴参考。向《中国茶全书·贵州卷·毕节分卷》编纂组提供8部县志、51部毕节地区专志及旧志《毕节县志》《平远州志》等的资料。开展志鉴资料统计，并将数据报省志办。

【史志业务培训】 一是4月17日，对全市各县区史志办主要负责人、市史志办各科室负责人进行史志业务工作培训。二是组织人员参加省志办在上海交通大学举办的贵州省地方志业务能力提升培训班、中国地方志指导小组办公室在浙江嘉兴举办的全国地方志系统新任领导干部业务培训班、省委党史研究室主办的贵州省2018年党史干部抗日战争口述史业务培训班等。三是利用毕节史志网对全市史志从业人员进行网上培训，不断提高全市史志工作者做好新形势下党史工作的能力。

【意识形态工作】 深入学习贯彻习近平总书记关于意识形态工作的系列重要讲话精神，积极培育和践行社会主义核心价值观。始终把意识形态工作，作为一项长期重要政治任务来抓，与业务工作同部署、同落实、同检查、同督办。认真落实党组书记意识形态工作述职制度，实行“一把手”负总责，班子成员各负其责，党组会定期分析研判意识形态领域情况，辨析思想文化领域突出问题，分清主流支流，对重大事件、重要情况、重要社情民意中的苗头倾向性的问题，有针对性地进行引导，旗帜鲜明反对历史虚无主义。按时报送意识形态工作报告。

【抓好中央巡视组反馈问题整改】 按照省委党史研究室《关于在全省党史系统开展“重要革命遗址挖掘保护利用整改工作”的通知》和毕委〔2018〕46号《中共毕节市委印发〈关于中央巡视组反馈落实意识形态工作责任制存在问题整改方案〉的通知》要求，毕节市史志办积极与牵头单位市文化广电新闻出版局对接，认真整改，成立重要革命遗址挖掘保护利用工作小组，对全市革命遗址保护利用情况进行了再次排查核实，形成《毕节市史志办关于对重要革命遗址挖掘利用保护整改报告》，制定整改措施，与市文物局联合报送《毕节市关于开展消失革命遗址核查工作的情况汇报》到省委党史研究室。邀请党史专家组织调研督查组等赴七星关区、大方县、百里杜鹃管理区、金沙县等地开展支持发展红色旅游调研和对革命纪念场馆进行督查。调研督查中，调研组当场将发现的问题向当事主管部门作了详细反馈，并提出了整改提示。

【其他工作】 一是推进党建扶贫和“五城同创”工作。春节期间向市民政局争取米和食用油各80份慰问扶贫联系点困难群众。及时选派第一书记、驻村队员到扶贫联系点开展工作，并认真落实结对帮扶、帮建工作。积极参与脱贫攻坚春季攻势、夏秋攻势行动，进行大走访，政策大宣传措施大落实，驻村干部协助单位领导完成贫困户、脱贫户的回访工作。班子成员一行前往扶贫联系点黔西县红林乡箐河、漆树等村调研脱贫攻、农业结构调整工作和开展万名干部大调研活动、“法治毕节”宣传，宣讲党的十九大精神等相关工作。根据本办实际情况，帮扶扶贫联系点漆树村1万元。全面推进“五城同创”工作，到创建全国文明城市网格化管理联系点七星关区大新桥办事处大坡社区、殷官屯社区进行走访调研，实地研究帮扶措施，向大坡社区捐赠3万元创建经费。二是开展“打赢攻坚战、建设示范区，毕节怎么干”大讨论活动。根据《中共毕节市委印发〈关于开展“打赢攻坚战、建设示范区，毕节怎么干”大讨论活动的实施方案〉的通知》要求，市史志办制定了《“打赢攻坚战、建设示范区，史志办怎么干”大讨论活动方案》，准确落实各项工作任务，开展调研和讨论，提出史志工作要在学习宣传新发展理念上作示范，做好干部群众思想政治工作；在修志问道上作示范，秉笔直书，写好地方特色志；在科学资政上作示范，服务好市委、市政府中心工作；在传承优秀历史文化上作示范，增强文化自信；在挖掘研究发展利用革命遗址上作示范，做好意识形态宣讲工作，坚决反对历史虚无主义等5个方面做好示范。三是开展“三个大兴”活动。认真落实市委、市政府脱贫攻工作决策部署，积极开展“大兴调查研究之风、大兴真抓实干之风、大兴勤俭节约之风”活动。领导班子和干部职工认真落实“四到工作制”，带头深入单位扶贫联系点开展调查研究，扎实推进大兴调查研究之风落到实处。领导班子到乡镇调研时间每年不少于2个月，科级领导干部每年到村调研时间不少于2个月，在全面了解民情、体察民意、集中民力的基础上，结合工作实际提出可行的对策措施，推动调研成果转化为推进工作的新思路和新举措。大力整治作风纪律，突出整治“慢作为”“不作为”“乱作为”等问题，提高工作效率。厉行勤俭节约，反对铺张浪费，本着节约原则，简朴办好会议、从严控制公务接待、全面压缩“三公”经费，全面落实节俭措施、筑牢廉洁自律防线。

（撰稿：田　平）

档　案

【概述】　2018年，在市委、市政府的坚强领导下，在省档案局的精心指导下，毕节市档案局深入学习贯彻习近平新时代中国特色社会主义思想，深入学习贯彻党的十九大和十九届二中、三中全会精神，贯彻落实习近平总书记在贵州代表团重要讲话精神以及对毕节试验区的重要指示批示精神，贯彻落实全国档案局（馆）长会议、省委十二届二次全会、市委二届二次全会精神，在思想上政治上行动上同党中央保持高度一致，坚决维护以习近平为核心的党中央权威和集中统一领导，围绕中心、服务大局，全面强化档案资源体系、档案利用体系和档案安全体系建设，在档案接收、利用、数字化、农业农村档案等方面取得了新进展，推动全市档案事业持续健康发展。

【狠抓党建，推动档案系统全面从严治党】　加强政治理论学习，不断强化政治意识。把政治理论学习贯穿到日常工作的始终，每月至少一次组织中心组专题会议学习贯彻党的十九大精神、习近平新时代中国特色社会主义思想、十九届二中、三中全会精神、全国两会精神、中央纪委二次全会精神、党章党规党纪、《中华人民共和国监察法》《关于新形势下党内政治生活的若干准则》、习近平总书记在贵州代表团的讲话精神以及对毕节试验区的重要指示批示精神、省委十二届二次全会精神、省纪委二次全会精神、市委二届二次全会、市纪委三次全会精神，每次学习均要求党员干部做交流发言，确保学习不流于形式，内化于心、外化于形。

严格贯彻执行“三重一大”相关事项决策程序，强化权力监督。凡涉及重大事项决策、重要干部任免、重要项目安排、大额资金使用的“三重一大”事项一律通过党组会议集体研究决策，并按规定向纪检监察部门报备，邀请相关领导列席监督，并在网站进行公示，让公权力在阳光下运行。

狠抓党风廉政“两个责任”落实，强化干部约谈工作。进一步抓好干部约谈工作，通过谈话交心、与干部职工座谈交流等方式，尽可能全面了解他们的思想、现实表现情况，听取他们对组织的意见和要求，用实实在在的行动，真正把惩前毖后、治病救人的方针落细落实。

坚决贯彻落实中央“八项规定”、省委、市委十项规定及其实施细则精神。结合市委“三个大兴”活动开展，一是大力开展调查研究，撰写调研报告；二是深入践行真抓实干，局领导班子成员作为作风建设工作直接责任人，对全局作风整治工作进行指导，健全干部作风考核办法，将评价干部作风的“评判权”交给群众、服务对象；三是大力倡导勤俭节约，本着务实高效的原则，进一步健全完善办文办会审批制度，强化计划管理，从严控制各类会议，严肃会风会纪，精简文件简报，严格执行厉行节约有关规定，从严控制公务接待，全面压缩“三公”经费，坚决执行贵州省公务活动全面禁酒的规定。

【强基固本，奋力抓好档案基础业务工作】 强化档案收、管、用工作，完善档案资源体系建设。2018年，全市档案系统共接收3679盒4217卷92488件档案进馆。市档案局还征集到清代贵州籍著名书法家严寅亮书法作品、清末民初毕节教育家李学泮先生手稿、民国毕节籍书法家熊伯泉先生的书法作品等十余幅，填补了市档案馆无清代档案资料的空白。同时还征集了新中国成立以来党和国家领导人及各部委领导、省委、省政府主要领导视察毕节的照片6360张，汪洋等党和国家领导人出席在毕节召开的统一战线参与毕节试验区建设座谈会有关照片52张，百里杜鹃风景区6个亚属44个品种的杜鹃花照片档案427张，威宁草海风景区36种国家一二级保护鸟类照片档案82张，极大地丰富了馆藏档案内容及历史跨度。

一年来，全市档案部门接待档案利用3163人次，调取档案19511卷、26278件，资料849册（其中市档案局接待利用584人、调取档案1579卷、7985件，利用资料125册），强化了全市档案利用体系建设，为机关、企事业单位及广大干部群众在工作开展、工资调整、权属认定等方面提供了真实依据。

加强档案安全保管工作，按照“八防”要求，做好每日一次日常巡查、每季度一次安全大检查工作，在汛期，加密巡查频次，定期更换、维护消防设施，消除安全隐患，抓实消防安全工作，确保档案实体安全。

着力抓好档案业务指导和培训，提高档案业务水平。全市档案系统派出业务人员1144人次，指导了553个机关、企事业单位，指导档案工作人员2118人次（其中市档案局派出82人次，指导单位105个次，档案人员360人次）。全市开展档案业务培训63期次，2871人接受了档案业务知识培训（其中市档案局组织了4期培训，参训人员350人次）。

狠抓档案编研，强化档案工作成果转化。黔西县正在开展《民建在黔西》的专题资料收集、编撰工作，织金县编辑了《织金县党政主要领导政务新闻汇编》，威宁县编辑了《草海生态文明建设档案汇编》，加快了档案工作的成果转化运用。

加强档案宣传工作，提升公众档案意识。一是在全市开展“档案见证改革开放”为主题的2018年“国际档案日”宣传活动。市档案局制作专题展板八块，以走进社会、走进社区、走进帮扶点等形式到公园、社区、驻村联系点开展宣传，发放了《小红的兰台奇遇记》《中国的世界记忆遗产》宣传折页和书籍500余份。各县区均通过形式多样的宣传活动，展示档案工作成果，七星关区通过LED屏滚动播出宣传标语，发放档案漫画资料200余册，发送档案宣传手机短信100余条；织金县举办了主题展览，县四大班子分管领导均前往观展，录制档案文化宣传专题电视节目并在县电视台展播10次。二是结合档案工作，开展“我与宪法”微视频录制活动，并上报国家档案局进行投票评选。通过系列活动的开展，进一步提升了社会公众的档案意识。

抓好重点建设项目档案，服务经济社会发展。2018年，全市档案部门继续对重大建设项目档案工作进行指导，规范项目档案管理，共计指导项目单位232个。

“走出去”学习与“请进来”培训相结合，促进档案队伍业务素质提升。2018年，毕节市档案局与广州市档案局就对口帮扶工作达成了系列共识，制定了帮扶工作实施方案，根据方案安排，于3月、4月分两批派出业务骨干到广州市档案局相关处室跟班学习，七星关区档案局、织金县档案局、百里杜鹃管委会档案局负责人参加了跟班学习。为使帮扶活动更好地指导实际工作，根据“毕节所需、广州所有”的原则，于6月、11月分两批邀请广州市档案局专家学者赴毕讲学，就档案信息化、档案馆建设、档案资源体系建设等方面进行交流。通过“走出去”“请进来”相结合，有效提升了毕节市档案工作业务水平。

【服务大局，着力推动农业农村档案工作】 抓好土地确权及美丽乡村档案工作，服务乡村振兴战略。指导各县区开展土地确权及美丽乡村档案工作，并进行抽查，确保土地确权及美丽乡村档案应收尽收，规范管理。各县区档案部门深入乡镇、村、社区指导建档工作，2018年，有97个乡镇、757个村（社区）完成了土地确权档案整理归档，6个乡镇、57个村（社区）完成了美丽乡村档案整理归档。大方县土地确权档案（除全文扫描外）基本整理完成；黔西县土地确权档案完成综合类档案共68盒415件，确权类122062卷，纠纷调处类49卷，图纸1843张，照片986张；织金县年底颁证率95.2%，共指导整理档案49853卷；威宁县颁证工作基本完成，累计形成综合类档案4785件，汇总性文件2508件，一户一档185910卷，纠纷调处类档案507卷，特殊载体档案包括照片829张，光盘33张，图纸43890幅。

抓好精准扶贫及异地扶贫搬迁档案工作，服务“113”攻坚战。着力抓好精准扶贫及易地扶贫搬迁档案工作，市档案局到各县区调研指导，县区档案局对辖区内乡镇、村、社区进行指导，确保精准扶贫档案及异地扶贫搬迁档案工作规范化开展，服务市委、市政府“113攻坚战”。2018年，全市有22个乡镇、261个村（社区）完成了精准扶贫档案的归档整理，29个乡镇、215个村（社区）完成了异地扶贫搬迁档案的归档整理。

【着眼未来，持续加强档案信息化及重点档案抢救保护工作】 强力推进档案信息化。档案信息化是档案工作持续健康发展的必然要求，市档案局高度重视档案信息化工作，2018年投入经费61.8万余元，开展民国档案及高利用率全宗档案信息化工作，完成条目录入85966万余条，全文扫描49万余页。全市档案信息化工作持续加强、推动有力，市县两级档案部门档案条目录入突破100万条，完成档案全文扫描380余万页，全市档案部门馆藏档案数字化总量达到780万页。七星关区档案局档案数字化量占其馆藏总量的79%，数字档案馆建设已经入验收阶段。金沙、织金、威宁、赫章、百里杜鹃等县、区数字化率均达到45%以上。

全市档案部门共接收104个单位、29万页的电子档案进馆。其中，金沙县接收了25个乡镇、街道，71个县直单位的电子档案进馆，并挂接到档案管理系统，提供利用。

继续抓好重点档案抢救保护工作。积极申报省级国家重点档案抢救和保护项目并抓好落实，毕节市档案局获得项目资金15万元，对馆藏部分彝文档案进行抢救性修复，并开展数字化工作；织金县获得项目资金10万元，对营上古寨传统村落档案进行抢救保护；黔西县获得项目资金20万元，完成民国档案抢救保护1469卷19097页；七星关区自筹资金，完成45卷彝文档案的抢救保护。

【依法管档，继续推动档案法治化建设】 进一步抓好“法治政府”建设工作，依法行政工作有序开展。市档案局根据现行法律法规以及省政府安排部署，对权责清单内的事项进行了进一步梳理，为每项行政事项列明设定依据、申请条件、基本流程等，做到统一审批标准，简化审批手续，规范审批流程，并严格按照权力清单、责任清单、投资负面清单、财政专项资金管理清单、行政审批中介服务清单、公共服务事项清单分类要求，梳理编制直接面向公众提供的政务服务事项目录。根据编制的行政权力运行流程图，要求坚守办理时限承诺制度，简化优化服务事项网上申请、受理、审查、决定、送达等流程，将行政许可办理时限由法定的20天压缩到10天，最大限度降低群众办事成本，并及时在网上办事大厅向社会公开，让群众看得懂、办得到。

按照“双随机一公开”原则，组织开展档案行政执法检查工作。2018年，全市共开展执法检查15次，派出执法人员67人次，对103家市、县直机关、企事业单位进行了档案行政执法检查。其中，市档案局对市科协、市公安局等13家单位进行了档案行政执法检查并开展复查。

（撰稿：邓　位）

广播电视·新闻

广播电视

【概述】 2018年，毕节市广播电视台深入学习党的十九大精神和习近平新时代中国特色社会主义思想，牢固树立“四个意识”，牢牢坚持正确政治方向和宣传导向，宣传贯彻党和国家的路线、方针、政策，宣传贯彻贵州省委、省政府的决策部署，紧紧围绕市委、市政府的中心工作，狠抓节目质量提升，紧跟新时期、新阶段广播电视事业和产业的发展，为毕节试验区按时打赢脱贫攻坚战建设贯彻新发展理念示范区营造良好舆论氛围。

【增强政治意识，强化学习培训】 1. 学习习近平关于党的宣传工作的重要讲话精神，增强政治意识。组织干部职工学习《习近平新闻思想讲义》《广播电视宣传管理手册》《习近平谈治国理政》，习近平总书记在全国宣传思想工作会议上的重要讲话精神，认真学习贯彻党的十九大精神和习近平新时代中国特色社会主义思想，习近平总书记在贵州省代表团重要讲话精神和对毕节试验区的重要批示指示精神，学习贵州省委十二届二次全会、贵州省委十二届三次全会、市委二届二次全会、市委二届三次全会精神，在工作中认真践行，坚决贯彻党对宣传思想工作的要求。以马克思新闻观、习近平在党的新闻舆论座谈会上的重要讲话精神为统领，将意识形态工作与广播电视宣传管理工作紧密结合起来，努力提升舆论引导能力。全台上下始终绷紧导向这根弦，牢固树立政治意识、大局意识、核心意识、看齐意识，坚持团结稳定鼓劲、正面宣传为主的方针。增强政治敏锐性和政治鉴别力，强化社会责任感，严格宣传纪律。在重大问题、敏感问题、热点问题上把好关、把好度。向全台干部职工人手发放一本《习近平新闻思想讲义》。

2. 采取“送出去，请进来”的方式大力加强学习培训。台长李文均参加由中共毕节市委宣传部组织到遵义日报社、六盘水市广播电视台考察学习，其他台班子分别率队到北京、成都、青岛、长兴、广州等地进行考察学习。选派30余人次到昆明、深圳、重庆、郑州、苏州、贵阳等地进行学习培训。邀请贵州广播电视台新闻中心两位老师到毕节市广播电视台开展电视新闻、新媒体报道的交流培训，全体干部职工和县区台部分采编人员共150余人参加培训活动。同时，积极组织采编人员参加由国家广播电视总局、贵州省新闻出版广电局、中共毕节市委宣传部、毕节市文化广电新闻出版局组织的业务培训活动。

【努力提升节目质量】 为加强新闻立台、新闻强台，增强主流媒体核心竞争力，增强节目策划、制作水平，出台了《毕节市广播电视台关于对自办节目进行季度抽查评审的通知》，抽查评审采取自荐、抽查两种形式进行，由台编委会对自办节目进行审看、评审、点评并提出整改，确保自办栏目、节目的质量得到提升。每年省、市好新闻节目参评作品将重点从季度评审节目中选取报送，作为职称聘任、工资评级等重要参考依据。

由毕节市广播电视台报送，李德品、周若韵、张卫宏、王海军创作作品《喊歌》，荣获中国广播电视大奖广播电视节目奖电视专题提名奖。2018年上半年，毕节市广播电视台认真筹备并参加了2017年度省、市好新闻评选，推送的作品有25件作品荣获贵州新闻奖、贵州广播电视奖，29件作品荣获毕节市2017年度广播影视节目奖。2件作品荣获贵州省播音主持三等奖。

【加强基础设施建设】 完成交通音乐广播调频FM980在毕节市覆盖的基础性工作，进入设备调试阶段，扩大了交通音乐广播覆盖范围；完成了纱帽山新发射机房设备的搬迁和安装调试工作，纱帽山新机房和新发射塔正式启用；完成了纱帽山发射台中央广播电视节目地面数字覆盖的设备安装和开播工作；1288万元的高清电视转播车通过验收投入使用。2018年10月，毕节市广播电视台的高清制作网络通过验收，至此毕节市广播电视台的高清制播系统完成建设。

【举办文化品牌活动】 《乌蒙春潮——毕节市2018年春节联欢晚会》《2018年毕节市少儿春节联欢晚会》《2018年我最喜爱的春晚节目颁奖暨元宵晚会》《我是厨王》家庭厨艺大赛，毕节市广播电视台萌宝模特大赛，毕节市第三届少儿电视艺术节，2018毕节市房地产交易暨家装建材·汽车博览会，2018多彩贵州歌唱活动毕节赛区选拔赛，“打赢攻坚战、建设示范区，毕节怎么干”主题演讲比赛决赛，成功举办或承办的这一系列活动，受到各界一致好评。

毕节市广播电视台举行建台20周年暨《直通百姓》开播10周年庆祝活动。2018年，毕节市广播电视台建台20周年，民生新闻节目《直通百姓》开播10周年，毕节市广播电视台举行了庆祝活动。从1998年毕节电视台正式建台开播到2018年，20年来，毕节电视台坚持“节目立台、活动兴台、创收富台、人才强台、安全护台”的办台理念，全台事业、产业得到长足发展。

【强力推进融媒体发展】 不断打造微信公众号“云上毕节”品牌。月平均阅读量近百万，多条新闻阅读量突破10万+，其中新闻《今天傍晚，鸭池河大桥数十辆车连环追尾，现场触目惊心!》达50万+阅读量。

继续加大微信直播力度，“3·15”期间，

“云上毕节”首次进行异地微信直播，联手网易进行了一场全国性质的直播。正式进驻央视移动新闻网、广东触电新闻网，同时与全国多家党媒共同组建“全国党媒新媒体视听内容融合发展矩阵”，加大传统媒体和新媒体的融合之路。先后与广东触电新闻、央视移动新闻网、凤凰网等多家新闻媒体联动直播。6月，“云上毕节”首次在今日头条上进行直播，阅读量达170多万次，当周单条新闻直播在全国排名第六。

【着力抓好广播电视对内对外宣传】 1. 对内宣传。2018年，制作播出《毕节新闻联播》365期，总时长7500余分钟。浓墨重彩地完成了统一战线参与毕节试验区建设座谈会和支持毕节试验区按时打赢脱贫攻坚战建设贯彻新发展理念示范区推进大会的报道工作，持久深入地宣传贯彻习近平总书记对毕节试验区批示指示精神。开设专栏《感恩奋进三十年　喜看毕节谱新篇》，连续推出60多集有分量的主题报道；开设《壮阔东方潮　奋进新时代——庆祝改革开放40年》专栏，充分展现乌蒙大地改革开放40年发生的深刻变化、取得的辉煌成就和重要进展。开办《脱贫攻坚群英谱》《脱贫攻坚春风行动/夏秋攻势》等6个聚焦脱贫攻坚的宣传专栏。播出百集大型系列报道《脱贫攻坚　百村纪行》。《直通百姓》栏目继续抓好民生新闻报道及特色专栏《你忙我帮》《科普视窗》《阳光119》《毕节家园》《健康直通车》等，策划实施了《直通百姓》十周年特别报道。关注社会热点，推出大量民生报道。《平安毕节》栏目播出的“纠纷调解”系列报道，用毕节身边人、发生的身边事普及法律知识。交通音乐广播着力创新节目内容，新开设新闻、健康、美食新栏目板块。

2. 对外宣传。进一步加大自采和通联工作力度，圆满完成省台各类约稿任务。2018年在《贵州新闻联播》栏目上稿量在全省各市（州）排名第二，综合排名名列第三。

3. 直播活动。全年完成了现场电视直播、转播7台次，包括：《榜样3》《多彩贵州歌唱大赛颁奖晚会》、支持毕节试验区按时打赢脱贫攻坚战建设贯彻新发展理念示范区推进大会，毕节市人大、政协会议开幕式等。同时，圆满完成多场次的现场观摩会广播直播车的随车广播解说工作。

4. 公益广告。播放社会主义核心价值观、防灾减灾、禁毒、非法集资、“五城同创”、生态文明建设、安全生产、保护环境、创建国家公共文化示范区等方面的公益广告、公益宣传片，公益广告占所有广告的80%左右。

同时，积极做好周播少儿节目《七彩桥》、文化专题节目《文化星空》；制作《毕节古今》《寻找居住的地方》等专题片；完成媒资系统入库1000多条次。

（撰稿：张　瑰）

报　业

【概述】 2018年来，毕节日报社党组在市委、市政府的坚强领导下，在市委宣传部的关心指导下，围绕中心、服务大局，努力建设与试验区发展相适应的区域性重大影响力媒体矩阵，确保“分忧不添堵、出彩不出事”，以高度政治责任和使命担当全力做好新闻舆论工作，着力讲述毕节好故事、传递毕节好声音，为打赢“113攻坚战”和建设示范区营造了良好舆论氛围c一年来，在宣传党中央、省委、市委重大部署的宣传报道中，着力引导干部群众强化“四个意识”，坚定“四个自信”，切实践行“两个维护”，做到了步调一致、同频共振，一批典型宣传获得省、市主管部门及领导的充分肯定，有100余件作品先后在贵州新闻奖和中国地市报奖及全国少数民族报业评比中获奖，媒体融合步伐加快，各个新媒体平台点击量不断刷新，实现经营总收入完成总收入2847.3万元，2人被市直机关工委表彰优秀党务工作者和优秀党员，《毕节日报》被评为“全国最具发展活力”媒体。

【党组高度重视，对标对表抓宣传】 一年来，报社党组始终坚定不移贯彻落实党中央重大决策部署，坚持对标对表和步调一致，强化宣传引导，及时准确同步刊登党中央重大战略决策部署，圆满完成中共十九大、十九届三中全会、中央经济工作会、全国“两会”、全省“两会”和统一战线参与毕节试验区建设座谈会及省委、市委重大部署的宣传报道工作，引导干部群众强化“四个意识”，坚定“四个自信”，切实践行“两个维护”，做到了重大时政报道步调一致、同频共振。

【落实主体责任，履职尽责守阵地】 一是着力增强“四个意识”。党组始终把深学笃用习近平总书记系列重要讲话作为中心组的重要学习内容，全面增强党员领导干部用“四个意识”统领新闻舆论工作的自觉性和坚定性，牢牢把握好新闻宣传工作正确的政治方向、舆论导向和价值取向。二是掌握意识形态工作领导权。成立党管意识形态工作领导小组，落实党管意识形态责任制，党组专题研究部署，印发了《党管意识形态工作方案》，严格执行意识形态工作周报和发稿“三审三校”制度，各媒体平台实行每周意识形态工作安全报告，每周由考核办分析总结归纳形成月安全评估报告向党组报告，并与干部职工签订了意识形态工作责任状，牢牢把握党对意识形态工作的领导权、话语权，推动了习近平新时代中国特色社会主义思想深入人心，媒体的传播力、引导力、影响力、公信力明显增强。

【强化学习研讨，学深悟透补足“钙”】 制定了年度学习计划，党组中心组坚持把学习习近平总书记系列重要讲话作为首要政治任务，坚持把学党章党规作为经常性教育的重要内容，坚持读原著、学原文、悟原理，着力提升领导干部准确把握蕴含其中的治国理政新理念新思想新战略，先后组织学习习近平总书记对贵州对毕节的重要指示批示精神和到贵州代表团的讲话精神，学习了《中华人民共和国宪法》《中华人民共和国监察法》《中华人民共和国保密法》及《中国共产党纪律处分条例》等法律法规。还通过党组书记、党总支书记、党支部书记讲专题党课、中层干部或高级职称人员专题辅导等形式，重点学习了习近平总书记《谈治国理政》一书中的部分篇目，还结合工作深入学习了习近平总书记在党的新闻舆论工作座谈会上的重要讲话、在网络安全和信息化工作座谈会上的重要讲话、“11·7”讲话及在全国宣传思想工作会议精神，切实帮助党员干部牢固树立“四个意识”，坚定“四个自信”，进一步提升了理论素质，确保了党员领导干部用实际行动扎实推动习近平总书记的重要指示批示及系列重要讲话精神在毕节试验区全面贯彻落实。

【突出从严治党，筑牢底线防风险】 党组领导班子坚持“一岗双责”，切实推进党风廉政建设主体责任制落实，成立了领导机构，明确党组书记、社长张培立为党风廉政建设和反腐败工作第一责任人，层层签订了责任书，先后集中对习近平总书记的系列重要讲话和《中华人民共和国宪法》《中华人民共和国监察法》等。先后修改完善了《毕节日报社重大议事决策制度》《毕节日报社财务管理制度》《毕节日报社党务公开监督制度》《毕节日报社领导干部述职述廉制度》及物资采购、工作纪律等系列规章制度，坚持用制度管人、按制度办事。一年来，约谈干部124人次，全力培养打造一支政治强、业务精、作风正、守纪律的新闻舆论工作队伍。

【主题报道氛围浓】 围绕试验区成立30周年，

策划推出《感恩奋进 30 年　喜看毕节谱新篇》《4 个“30”》大型专题报道，立体展示试验区建立 30 年来取得的辉煌成就，其中，《图说试验区》《一颗红透半个中国的玛瑙红樱桃》等报道反响强烈。策划推出《在习近平新时代中国特色社会主义思想指引下——新时代新作为新篇章》《牢记嘱托　感恩奋进》《坚决打赢 113 攻坚战》《走进脱贫攻坚第一线》《深入开展“三个大兴”活动》系列报道等专栏，全面展示了试验区新形象。

【系列评论聚民心】　为深入贯彻落实习近平总书记“7·18”重要指示精神和省委、省政府支持毕节试验区按时打赢攻坚战、建设贯彻新发展理念示范区推进大会召开后，连续推出系列评论员文章共 18 篇，就“打赢攻坚战，建设示范区，毕节怎么干部”等全面系统进行阐释解读。特别是撰写的 10 篇系列评论受到读者好评，凝聚起全市干部群众确保按时打赢脱贫攻坚战、建设贯彻新发展理念示范区的强大合力。

【发力总攻助脱贫】　通过骨干记者一线见闻和后期编辑的精心编审，批报道如《2.6 万农户“洗脚上田”变股东》《从村村是“空壳”到组组有产业的嬗变》等集中展示了全市脱贫攻坚生动场景和感/人事例，开设《决战贫困进行时》《坚决打赢“113”攻坚战》《走进脱贫攻坚第一线》等栏目，生动全面地展示了全市决战脱贫攻坚，决胜同步小康火热场景，激发了干部群众内生动力。

【对外宣传影响大】　报社除做规定动作外，还注重引导记者将身边的好典型向全国媒体进行推送，如《走，搬出大山》《悬崖上的脱贫路》等新闻图片故事，被近百家纸质媒体和网络媒体转载。全力配合做好省记协及《泸州日报》赴毕节采访报道，圆满完成中国记协安排的接待韩国记协代表团赴毕考察任务，借势借力全面提升试验区知名度和美誉度。

【经验典型增信心】　报社策划采访了一批专家、学者、榜样模范和试验区发展的见证人. 用身边人讲身边事，让干部群众可学可做。推出一批改革试验典型报道，与政研室、党校联合组织 50 余篇理论研讨文章在《毕节日报》连续刊发，进一步坚定了群众打赢攻坚战、建设贯彻新发展理念示范区的信心。

【统筹讲述好故事】　各媒体平台根据全市阶段性或节点性主题活动灵活设计栏目和安排记者采访，刊发创建全国文明城市稿件 360 多篇，“五城同创”稿件 368 篇，培育和践行核心价值观稿件 200 余篇，刊登各类公益广告 100 余条，出刊“平安毕节”50 余个版面。文艺副刊围绕毕节人的生活和历史沿革、历史风物、物产资源和文化传统等，浓墨重彩地推出《马背驮来的城市》《那时明月人间天上》《城南，城北》等 150 余篇记录时代发展或富有思辨色彩的文章，在省内外掀起了一股关注毕节生态、旅游和地域文化热潮。其中，有 100 余篇稿件被新华网、人民网等多家媒体转载，做到了对全市重点工作进行全方位、多角度、大容量的鲜活呈现。

【媒体融合态势好】　目前，报社初步形成了依托传统媒体，面向互联网和移动终端拥有 23 个新媒体平台的全媒体矩阵。《毕节日报》被评为“全国最具发展活力”媒体。中央厨房的建成使用，形成了统一指挥调度平台，全媒同频共振的格局，全媒体矩阵用户覆盖超过 170 万人，各平台的知名度和影响力不断提升，在保障社会效益的前提下，实现经济效益有所提升。

【经济创收平稳】　一年来，闻达公司对商业广告实行目标经营承包制，责任具体到个人，同时积极拓展与潜力客户的深度合作，深挖做细发行和印刷业务，促进了经营业务的持续稳定，公司完成各项经营总收入2847.3万元。

【基础工作抓得实】 在开展“三个大兴”活动方面，市委开展“三个大兴”的方案下发后，社党组专题研究，起草下发了活动工作方案，对相关工作机构和人员作了明确，对《毕节日报社改进调查研究工作规定》进行修改完善，出台了毕节日报社《“马上就办、真抓实干”专项整治活动实施方案》。工作中，按照“四到工作制”，领导班子带头深入基层开展调研活动40余次。报纸设立“深入开展‘三个大兴’活动”栏目，刊载全市各县区部门深入一线开展活动稿件共计1500余篇；班子成员采写的调研生态产业、农产品找销路、养护员小马哥等20余篇报道得到市委领导肯定。另外，严格落实“坑口”责任。领导班子成员和中层干部，到部室、到车间、到各工作平台，参与到一线工作，指导选题策划，把关内容质量，坚持“坑口”作业，使“马上就办、真抓实干”成为领导干部作风转变的新动力，成为职工办事服务的新风尚。与此同时着力强化节约意识，大力建设节约文化，倡导节约文明，努力形成节约光荣、浪费可耻的良好风尚，“三公”经费支出与上年同期相比下降3.1万元。在开展主题大讨论活动方面，根据市委《关于开展“打赢攻坚战、建设示范区，毕节怎么干”大讨论活动的实施方案》下发后，报社及时启动了“打赢攻坚战、建设示范区，我们怎么干”大讨论活动和关于开展“打赢攻坚战、建设示范区，毕节怎么干”党建工作大讨论活动，两项活动均按要求成立了领导机构、下发了专门的方案，严格按方案组织实施，极大提升了干部职工思想认识，进一步形成了推动报社加快发展的强大动力。在开展驻村扶贫方面，报社班子成员经常到帮扶联系点纳雍县羊场乡走访调研，为联系村增强发展后劲出谋划策，进村入户座谈慰问困难群众，为贫困群众办实事12件，通过各种方式为曾底坝村、奢嘎村捐赠物资等共计折算资金12万多元。

【扎实抓好基层组织建设】 健全规范设置党总支、党支部，在各个党支部具体细分党小组，明确党小组组长，积极开展党组织的有关学习活动，保证党员学习和开展活动有阵地。同时，严格落实了党支部“三会一课”制度，规范专题生活会制度，并认真结合打赢“113攻坚战”对不同领域、不同类别党员的新要求，突出用制度建设加强党员日常管理，按照时间相对固定、方便党员活动的原则，以每月10日作为主题党日活动，启动了党员档案普查和建立党员电子身份信息工作，全体党员积极按时按标准交纳党费，党总支的政治核心作用进一步增强，2人被市直机关工委表彰优秀党务工作者和优秀党员，党总支部对4名优秀党务工作者和12名优秀共产党员进行表彰，对6名积极分子进行培养考察，党员的先锋模范作用得到有效发挥。

（撰稿：朱波江）

毕节试验区杂志

【概述】 2018年，毕节试验区杂志社紧紧围绕毕节市委、市政府的中心工作，增强“四个意识”、坚定“四个自信”、做到“两个维护”，深入贯彻落实习近平总书记对毕节试验区工作的重要指示精神和中央、省、市的重大决策部署，以毕节试验区建立30周年为契机，以办好《毕节试验区》杂志为方向，借力毕节试验区的政治、政策、资源等优势，充分发挥市委机关刊的舆论引导作用和“新闻集装箱”的优势，精心挖掘试验区“新闻富矿”，强力抓好新闻宣传报道、媒体融合发展、提质扩容、发行赠阅等工作，舆论宣传工作成绩斐然，为毕节试验区按时打赢脱贫攻坚战、建设贯彻新发展理念示范区营造良好的舆论氛围。全年编辑出版24期《毕节试验区》杂志、4期《毕节试验区·领导参阅》，圆满完成年度目标任务，各项工作成绩突出，受到各级领导的高度肯定和各界读者的一致好评。

【宣传毕节试验区建立30周年成效明显】 2018年，是毕节“开发扶贫、生态建设”试验区建立30周年。在党中央、国务院的亲切关怀和各民主党派中央、全国工商联、国家各部委等的大力支持帮助下，在贵州省委的坚强领导下，毕节市委、市政府带领广大干部群众艰苦奋斗，毕节试验区取得了经济社会发展和区域生态建设的光辉业绩。毕节试验区杂志社大力报道试验区的重要活动，宣传习近平总书记系列重要批示指示精神和中央、省的重大决策部署以及统一战线、多党合作的新成就，鼓舞干部群众的斗志，为毕节试验区的发展总结了许多新经验、新成就，成为全国各界人士了解毕节试验区改革发展的主要媒介。此外，还在《毕节试验区》杂志全方位、多角度、立体式展示毕节市在基础设施建设、产业发展、创业就业、品牌打造、精准扶贫、法治建设、民生改善等方面的重大发展成就，安排理论功底深、业务能力强、文字功底好的骨干记者为《人民日报》专版报道毕节进行撰稿，为毕节试验区建立30周年营造良好氛围。

【改版半月刊反响强烈】 2017年，在市委的高度重视下，《毕节试验区》改版半月刊，《毕节试验区》成为全国市（地）级内部党刊中第一家半月刊。2018年，改版后的半月刊，出刊更为及时有效、内容更有“刊”的特色、创意设计力度加大。《毕节试验区》成功改版半月刊，得到了省新闻出版广电局《贵州新闻出版广电管理与服务》刊文肯定，也得到了有关领导、专家学者和广大读者的高度赞扬。水利部水资源司副司长郭孟卓撰写《架起支持毕节试验区发展的彩虹》，民进中央办公厅副主任朱一多撰写《新年新期待》，毕节试验区专家顾问组总顾问常近时撰写《总结经验，迎接毕节试验区建立30周年》，新华社贵州分社原社长、高级记者刘子富撰写《〈毕节试验区〉：了解创新发展的窗口》，贵州省社会主义学院原巡视员吴愿学撰写《打造升级版，让〈毕节试验区〉承载更多使命》，农工党中央社会服务部原部长刘峻杰撰写《为〈毕节试验区〉杂志升级版点赞》等，为《毕节试验区》改版升级给予祝贺和寄予厚望。

【宣传习近平总书记“7·18”指示精神和开设“打赢攻坚战·建设示范区·毕节怎么干”征文专栏持续时间长】 在毕节试验区建立30周年之际，习近平总书记对毕节试验区工作作出重要指示，强调“把毕节试验区建设成为贯彻新发展理念的示范区”，为毕节试验区发展指明了方向、提出了更高要求，是新时代毕节试验区建设的行动指南和根本遵循。毕节试验区杂志社在宣传报道中，通过特别策划、领导访谈等形式，在《毕节试验区》上刊发通讯、消息、访谈、评论员文章等，真正让指示精神得到全面贯彻落实，让习近平总书记的重要指示精神成为试验区人感恩奋进的强大精神力量。全市上下掀起“建设示范区·毕节怎么干”大讨论活动的热潮，引导广大干群牢记嘱托、感恩奋进、砥砺前行，进一步推动毕节试验区各项事业高质量发展。毕节试验区杂志社开展“建设示范区·毕节怎么干”征文活动，全市各级领导干部、专家学者、各界人士以及各行各业工作者踊跃投稿，就建设以着力推动“绿色发展、人力资源开发、体制机制创新”三大任务为主要内容的“贯彻新发展理念示范区”等问题谈心得、谈感受，讲思路、献良策，畅所欲言，发表真知灼见。

【“五城同创”工作宣传扎实有效】 2018年，毕节试验区杂志社将“五城同创”宣传工作列为杂志社的一项重要工作来抓，在《毕节试验区》杂志、“试验区之窗”网站和“毕节试验区杂志”微信公众平台开设“聚焦五城同创·共建美丽毕节”、创建“全国文明城市”——我们在行动等专栏，在宣传毕节市“五城同创”、中共十九大等重大题材和重大部署方面，始终遵守中央、省、市的对外宣传要求，始终围绕市委、市政府的中心工作，切实讲好毕节故事、传播好毕节声音，树立毕节形象，为全市坚决“打赢攻坚战、建设示范区”做出了贡献。

此外，杂志社还组成宣传组走进七星关区多个社区，向市民发放印有“五城同创”宣传资料的杯子、纸巾、环保袋及《“五城同创”应知应会手册》《毕节市“五城同创”工作知识读本》《毕节试验区》杂志等，多形式开展“五城同创”知识宣传。

【发挥内参决策参考作用】 聚焦毕节试验区建设过程中各地的新探索、新举措、新思路，聚焦毕节试验区发展过程中存在的问题以及政治、经济、文化、社会等领域中的难点、热点、焦点和亟待破解的难题，依托全社资源、整合部室力量，办好《毕节试验区·领导参阅》，更好发挥决策参考作用。2018年，围绕创建全国文明城市、提高森林覆盖率、农村环境卫生整治、民营经济高质量发展等社会热点进行调查研究，刊发《毕节试验区·领导参阅》4期共41548字，《让农村更加美丽宜居——赫章县开展农村环境卫生整治工作扫描》获得市委常委、宣传部部长何云江的批示肯定。

【打造升级版的“读者之家”】 为了进一步扩大《毕节试验区》杂志的影响力，杂志社自筹经费创办“读者之家”，在有效服务读者、收集读者对办好党刊的意见和建议的同时，为城市公共文化阵地建设做出了积极的贡献，为城市文明形象的提升做出了积极的努力。

2013年10月，七星关区人民公园“读者之家”正式向广大读者免费开放。“读者之家”摆放有最新出刊的《毕节试验区》杂志，读者可在这里阅读，有需要的也可以带走。“读者之家”还备有自创刊以来的每一期《毕节试验区》杂志，读者可以根据需要前来查阅。“读者之家”始终践行着“进门一张笑脸相迎、入座一杯热茶相待、离别一声慢走相送”的工作原则，周一至周日、节假日期间免费为读者开放。在这里，时时处处浸透着文明的气息。“读者之家”为市民提供了一个阅读党刊的温馨家园，得到广大读者的一致好评。5年多来，公园“读者之家”共接待读者近18万人次，赠阅《毕节试验区》33万余份，成为传递和谐文明和正能量的一个重要平台和窗口。

2018年11月7日，毕节试验区杂志社举行纪念第十九个记者节暨《毕节试验区》公园“读者之家”创办五周年座谈会，与会人员分享办刊故事、聆听读者心声，积极为打造升级版的“读者之家”出谋划策，对“读者之家”的开放给予高度评价和赞扬。

【媒体融合发展步伐加快】 2018年，毕节试验区杂志社开拓创新，丰富宣传业态，推动媒体融合发展，在全媒体、自媒体多态化发展的时代背景下，积极探索“党刊+网站+微信公众号+社会公益性阅读阵地‘读者之家’”等“四位一体”的媒体融合发展新路子，推动传统纸质媒体转型发展升级，呈现出立体化、多样化发展的良好态势。实现“党刊+网站+微信公众号+‘读者之家’”融合互动。融合发展满足了读者不同的阅读需求，党刊阅读群体不断扩大，索阅人数大批量攀升；杂志社网站“试验区之窗”日点击量、总点击量稳步攀升，浏览群体变得广泛；“毕节试验区杂志”微信公众号持续创新，新媒体人员队伍不断壮大，不断加大原创稿件的采写力度，不断加码信息量，读者关注量连连飙升，实现了单条信息突破10万+阅读量，树立了党刊新媒体有责任、有担当的主流形象。入驻腾讯企鹅号，实现多渠道分发，传播毕节好声音。新媒体平台重点打造有品质、有温度、读者喜闻乐见的内容，与传统媒体形成强大合力，媒体的引导力持续提升。杂志社记者采写的一大批有温度、有深度、接地气的高质量稿件被《农民日报》、“中国之声”等国家级、省级报刊、广播、网站、新媒体及市内多家政务新媒体转载、转发。

【成功举办“感谢党·颂党恩”征文活动】 为深入贯彻落实习近平总书记关于老龄工作的系列重要讲话和指示、批示精神，全面贯彻实施《中华人民共和国老年人权益保障法》，大力弘扬敬老爱老助老社会风尚，同时充分发挥老年人在构建社会和谐、实现同步小康中的重要作用，为建国70周年营造良好氛围，毕节市老龄办、毕节市老年学学会、毕节试验区杂志社联合举办了“感谢党·颂党恩”主题征文活动。以“感谢党·颂党恩”为主题，热情讴歌毕节试验区建立30年来所取得的巨大成就，特别是党的十八大以来家乡的变化和发展，大力弘扬社会主义核心价值观和敬老爱老助老社会风尚，传递广大老年人向上向善的精神力量，深情展望毕节市改革发展给广大老年人所带来的幸福生活。经组委会组织专家进行评审，在公平公正、认真负责并严格保密的基础上，最终评选产生了一等奖1名、二等奖2名、三等奖5名、优秀奖8名。

【“书香三八——引领女性阅读·建设文明家庭”读书活动组织开展】 2018年，为深入学习贯彻党的十九大精神，引导广大女性培育和践行社会主义核心价值观，毕节市总工会、毕节试验区杂志社在全市女职工中开展了第六届“书香三八——引领女性阅读·建设文明家庭”读书活动。活动以“引领女性阅读·建设文明家庭”为主题，从3月1日开始持续到6月20日，旨在引领女性阅读、促进职工阅读、推动家庭阅读，使广大女职工在阅读中继承和弘扬中华民族传统美德，传播向上向善、孝老爱亲、忠于祖国、忠于人民、平等和谐、敬业诚信、绿色节俭等理念，充分发挥女性在家庭文明建设中的独特作用。

【“文军扶贫”成效明显】 在扶贫工作中找准媒体自身的优势，找准扶贫工作的切入点和着力点，精准发力，助推“文军扶贫”工作的开展，是毕节试验区杂志社开展扶贫工作的一条重要经验。毕节试验区杂志社在围绕全省、全市脱贫攻坚总体部署，推进“文军扶贫”工作的过程中，深入贯彻落实习近平总书记关于扶贫工作的系列重要讲话精神和省委要求，紧扣《贵州省舆论扶贫工作实施方案》《关于“文军”征战深度贫困地区助推脱贫攻坚的指导意见（2017—2020年）》《新闻媒体开展免费广告助推脱贫攻坚工作方案》等文件精神，重点在聚焦脱贫攻坚、推动舆论扶贫，宣传各单位、各领域脱贫攻坚工作和政策等方面开展工作，筹集经费组织编印了《按时打赢脱贫攻坚战工作手册》发放给脱贫攻坚一线干部，为打赢脱贫攻坚战打牢思想根基；以刊登免费公益广告、企业产品推介、新闻扶贫等方式，将毕节市决战脱贫攻坚、决胜同步小康和打赢“113攻坚战”的工作部署落实到毕节试验区杂志社工作的各项行动中，切实推动全市打赢“113攻坚战”、精准脱贫和同步小康建设工作的发展。

（撰稿：孙良贵）

卫 生

卫生和计划生育

【概述】 2018 年，毕节市共有各级各类医疗卫生机构 4920 个。其中，综合医院 229 个、中医院 14 个、专科医院 31 个，公共卫生机构 34 个（其中疾病预防控制中心 10 个、妇幼保健院 10 个、卫生监督所 10 个、采供血机构 3 个、急救中心 1 个）；基层医疗卫生机构 4612 个［其中社区卫生服务中心（站）45 个、乡镇卫生院 239 个、村卫生室 4051 个，其他诊所、卫生所、门诊部等 277 个］。有床位数 38104 张，以 2018 年常住人口 668.61 万人测算（下同），每千人床位数达到 5.70 张；共有卫生专业技术人员 32467 人，千人卫生技术人员为 4.85 人；执业（助理）医师 10311 人、千人执业（助理）医师 1.54 人，注册护士 15220 人、千人护士为 2.28 人。全市共有注册全科医师 812 名，每万常住人口拥有全科医生 1.21 人。全市常住人口 709.1 万人，人口出生率 13.81‰。人口自然增长率 6.55‰，政策外多孩率 8.45%。

【深化医药卫生体制改革】 一是全面开展公立医院综合改革。持续巩固取消药品加成实行零差率销售改革成果，认真执行城市公立医院医疗服务新调整价格，同步推进人事薪酬制度等综合改革。金沙县代表全省接受国务院医改办 2017 年公立医院综合改革效果评价考核国家复评。二是全面推进分级诊疗制度改革。全面深化多形式医疗联合体建设，市级建设医联体 2 个、专科联盟 8 个，各县级公立医院至少建成医共体 1 个。大方县医共体建设作为省级试点，成效显著，在全省医改推进会上作交流发言。三是大力推进药品改革。严格执行国家基本药物制度，全面推进公立医院药品采购“两票制”，实行“两票制”药品品规数达到84%。完成新一轮药品网上集中议价采购工作。全市挂网采购目录共11206个品种，其中基本药物4692个。启动短缺药品监控直报，建立完善药品供应保障机制。四是深化现代医院管理制度改革。组建毕节市公立医院管理委员会，明确医管委职责。建立健全公立医院全面预算、成本核算和信息公开制度，全面落实三级医院总会计师制度。全市19家县级以上公立医院、239个乡镇卫生院、18个社区卫生服务中心完成远程医疗服务体系建设，实现互联互通开展远程医疗服务。

【公共卫生】 疾病预防控制工作。全市无甲类传染病报告，共报告乙、丙类传染病25092例，报告发病率376.77/10万，死亡118例，发病率较上年度同比上升2.88/10万，全市传染病发病率持续稳定在较低水平，总体发病率明显低于全省500/10万的控制指标。免疫规划工作。推进规范化数字预防接种门诊建设，基本实现乡镇卫生院规范化数字预防接种门诊全覆盖的目标，以乡镇（街道、办事处）为单位接种率保持在95%以上水平，无流脑病例发生，麻疹发病率控制在1/100万以下，继续维持无脊髓灰质炎状态。结核病防控工作。出台《毕节市结核病防治“十三五”规划》，进一步加强结核病规范化管理力度，开展全市2012年至2017年发现的耐多药肺结核病人追踪管理。艾滋病防治有效开展。出台《毕节市遏制与防治艾滋病“十三五”行动计划》。2018年全市报告现存活艾滋病病毒感染者/病人4290例（其中艾滋病病人1403例），累计死亡2057例，累计报告艾滋病病毒感染者/病人6347例，全年新发现报告1160例。慢性病管理工作全面完成。积极推进慢病综合示范区建设，加强高血压、糖尿病、重性精神病等慢性病的筛查和登记管理。强化重点地方病、寄生虫病防控措施。开展碘缺乏病病情监测，完成8~10岁学生1400人甲状腺检查、2100份食盐碘含量检测、2100份尿碘检测。推进卫生应急工作规范化建设，印发《毕节市突发事件公共卫生风险评估机制》《毕节市突发公共卫生事件联防联控机制》等文件，开展各类突发事件紧急医学救援，有效处置突发公共卫生事件。全市报告突发公共卫生事件1起（食物中毒事件），发病93例，无死亡。积极参与全市非洲猪瘟疫情防控相关工作，承担紧急医学救援任务16起。

卫生监督工作。加强医疗卫生监督，继续推进“落实两个制度，自愿互信承诺”工作。全市共查办各类卫生违法案件2726件，罚款金额373万余元（其中结案2715件，实际履行罚款金额366万余元）。其中市卫生监督所直接立案查处各类卫生违法案件21件，结案8件，罚款金额约19万元。

采供血工作。采供血体系基本建成。全市共建有2个中心血站、1个中心血库、5个县级储血站。全市采集血液38095人次、63349单位，比2017年分别增长22.05%、33.49%，成分输血率99.9%，临床用血100%来自无偿献血。

【医政管理】 一是深化改善医疗服务行动计划。落实“进一步改善医疗服务行动计划”，全面实施预约诊疗服务，公立医院建立完善统一预约挂号平台。深化临床路径管理工作。2018年全市19家二级及以上医院开展临床路径管理，试点专业258个，进入路径病例数为172611例，入组率55.79%，变异31427例，退出13114例，平均住院日为7.5天，平均住院费用为3379.9元。大力推进远程医疗，让老百姓在家门口享受优质医疗资源。二是全面推进医疗机构、医师、护士电子证照工作。全市医师注册总数13563人，激活总数12924人，注册进度95.29%；全市护士注册总数24574人，激活总数23980人，注册进度97.58%；全市医疗机构总数6047个，电子化注册5958个，注册进度98.53%，达到国家要求。三是构建和谐医患关系。推进“平安医院”建设，开展严厉打击涉医违法犯罪专项行动，保持对涉医违法犯罪行为严厉打击的高压态势，保障医务人员人身安全，维护正常医疗秩序。完善医疗纠纷预防与处理法治建设，健全“三调解一保险”医疗纠纷处理制度及保障机制，建立与司法、保险中介机构工作沟通协调机制。

【基层卫生】 2018年，启动5个社区卫生服务中心标准化建设和10个社区卫生服务中心设备配置；为60%的村卫生室配置健康一体机。实现二级以上医疗机构对口帮扶乡镇卫生院229个；34个中心乡镇卫生院达一级甲等卫生院标准；建成乡镇卫生院特色专科169个。每个县区启动一家乡镇卫生院医共体建设。推进445个深度贫困村和47个易地扶贫搬迁村卫生室提质改造建设。基本公共卫生服务项目人均补助标准达到55元，各级财政合计投入33209万元。推进家庭医生签约服务。全市建档立卡贫困人口家庭医生签约服务实现全覆盖，已签约388800户；慢性病签约家庭72832户，签约人数89076人，服务次数503092次。

【妇幼保健】 2018年，全市住院分娩率98.95%，孕产妇死亡率27.76/10万，新生儿死亡率3.67‰，婴儿死亡率7.02‰，5岁以下儿童死亡率9.26‰。孕产妇系统管理率81.83%，0～6岁儿童健康管理率90.27%。成功创建市级1所、县级8所危重孕产妇和新生儿救治中心。推进妇幼健康生育全程服务优质示范县创建，黔西县成功评为省级妇幼健康优质示范县。加强出生缺陷防治。积极推进免费孕前优生健康检查，完成孕前优生检查17514对。大力开展新生儿疾病筛查，全市187家助产医疗机构继续开展TSH、PKU、G6PD、CAH四项遗传代谢病筛查。开展儿童先天性心脏病筛查，与上海交通大学附属新华医院建立异地医保直接报销绿色通道。

【爱国卫生】 下发《毕节市卫生计生委关于印发〈毕节市医疗机构厕所建设改造实施方案（2018—2020年）〉的通知》（毕卫计通〔2018〕103号），按照“因地制宜、分步实施、全面覆盖”的原则，以改善人居环境、以方便患者为出发点，不断加强医疗机构厕所建设和管理水平，提升医疗机构形象和服务水平。2018年10月，上报国家卫生乡镇9个。2018年11月考核上报省级卫生乡镇22个，省级卫生村49个，同时考核评审市级卫生乡镇33个，市级卫生村65个。

【中医药工作】 加强中医基础设施建设和中医药人才队伍建设，大力推广中医药适宜技术。2018年，全市有公立三甲中医院1家（毕节市中医院），二甲中医院5家，二乙中医院2家（威宁县、赫章县），提前实现全省提出的“市州有三甲中医院，县县有二级中医院”的“十三五”发展目标。全市共有261个乡镇卫生院和社区卫生服务中心，其中有74.4%的能提供中医药服务，基层医疗卫生机构目前已建中医综合诊疗区（中医馆）124个，在建38个。全市共有村卫生室3659个，其中65.7%的能提供中医药适宜技术服务。

【东西部协作对口帮扶工作】 4月10日，广州市毕节市医疗卫生对口帮扶工作座谈会在毕节洪山国际大酒店召开，广州市卫生计生委副主任欧阳资文，纪检组长谭冬文，广州市卫生计生委办公室主任（挂职）、市卫生计生委副主任路敏出席会议，副主任蒋志主持会议。2018年，两地卫生系统干部多次互派交流，广州市各帮扶单位组建帮扶团队深入受援单位实施驻点帮扶工作，广州市各支援单位累计向毕节市派出医疗专家268人，共主持教学查房2471次，手术示教827例，开展疑难病例讨论296次，指导建设重点学科8个，开展业务培训10000余人次。广州市帮扶毕节市住院医师规范化培训工作正式启动，拟于2018—2020年3年间投入6000余万元帮助规范化培训320名住院医师，第一批120名住院医师已经前往广州市各规培基地参加培训。

【计划生育】 人口出生情况。全市常住人口出生76096人，与上年同比减少8172人；流动人口出生9276人，同比增加2392人。奖励扶助政策。2018年，毕节市“四项制度”奖励扶助金共发放4860.34万元，受惠人群106527人次。其中，农村部分计划生育家庭奖励金发放4692人，金额570.42万元；计划生育家庭特别扶助制度（独生子女做伤残死亡家庭）发放578人，金额523.37万元；计划生育家庭特别扶助制度（其他人员）发放461人，金额133.93万元；计划生育节育奖发放46326人，金额2244.28万元；农村计划生育两户家庭新农保补贴个人账户参保金发放47564人，金额357.75万元；农村计划生育两户家庭新农保补贴基础养老金发放5200人，金额607.19万元；城镇纳入最低生活保障独生子女父母奖励金发放1616人，金额242.40万元；计划生育独生子女伤残死亡家庭一次性抚慰金发放90人，金额181.00万元。医养结合。出台《关于做好特困供养服务机构与医疗卫生机构签约合作工作的通知》，加强医疗卫生机构与养老机构的协作，全市80%以上养老机构能够为入住老年人提供医疗卫生服务。拱拢坪疗养中心、怡心苑养老院、市社会福利院三家省级医养结合试点单位积极开展医养结合示范创建。出台《关于切实做好“十三五”健康老龄化工作的实施意见》，整合统筹医疗卫生与养老资源，促进医疗卫生与养老服务融合发展。出生人口性别比。积极开展打击“两非”专项治理，全年完成“两非”案件20件，出生人口性别比趋于正常值。全面两孩政策。全市全面贯彻落实《中共中央国务院关于实施全面两孩政策改革完善计划生育服务管理的决定》和《贵州省贯彻落实〈中共中央国务院关于实施全面两孩政策改革完善计划生育服务管理的决定〉实施方案的通知》精神，以实施全面两孩政策为主线，突出“严格控制政策外多孩生育”的重点工作任务，落实计划生育各项服务管理措施。流动人口计划生育。办理“流动人口婚育证”3.8万本，“一孩生育服务证”1953本，发放宣传品9.1万份，免费“三查一治”19346人，为留守儿童健康体检13878人、留守儿童心理辅导8291人次、培训辅导留守儿童家长5168人次；慰问留守计生家庭2947户，发放慰问金152万元；全市共举办健康讲座571场次，开展义诊活动566场，发放健康包1.12万个，广播电视宣传295次，发放宣传资料13094份，网络宣传8312条，举行文艺会演2场。

【启动新一轮药品网上集中议价采购工作】 3月5日，市卫生计生委在市第一人民医院召开启动直接挂网采购目录药品议价采购工作暨培训会。抽调74名人员组成毕节市药品采购联合体议价专家组，审查确定毕节市16764个挂网采购品种。3月19日至4月2日，全面开展药品集中采购联合体议价工作。共议价成功11217个品种。

【召开“同心助医工程项目”“同心全科医生特岗人才计划”实施情况座谈会】 4月16日，“同心助医工程项目”“同心全科医生特岗人才计划”实施情况座谈会在大方县召开。全国政协副主席、农工党中央常务副主席何维出席会议并作讲话，农工党中央副主席、国家中医药管理局副局长于文明主持会议，省政协副主席张光奇，市委书记、市人大常委会主任周建琨，市政协主席宫晓农出席座谈会。大方县共有“同心全科特岗医师”23名（本科生18名，订单定向医学生5名），1名因家庭原因辞职，在岗22名，其中19

名已取得执业医师资格，4名正在报名参加2019年全科主治医师考试。实施同心全科特岗医生项目以来，同心全科特岗医生共接诊门诊343994人次，收治住院病人8431人次，随访病人16216人次，参与家庭医师签约服务11581人次。

【启动“毕节市2018年脱贫攻坚‘春风行动’医疗卫生健康扶贫大型义诊巡诊”】 4月17日，“毕节市2018年脱贫攻坚‘春风行动’医疗卫生健康扶贫大型义诊巡诊”启动仪式在纳雍县举行，市卫生计生委石承钧主任、蒋副主任志出席启动仪式并讲话。义诊活动期间，省、市、县142支义诊队伍深入公共场所、基层医疗机构、贫困乡村、军队、社区等地开展义诊活动，举办健康大讲堂。共义诊38341人，其中，农村建档立卡贫困人员8913人，农村特困供养人员及低保对象4014人；共举办健康讲堂79次，授课23656人次，发放宣传资料91802册；义诊中收入院3611人次，义诊手术8台次，减免医疗费用共计86121.52元。

【“民族记忆之旅——台湾医疗界精英赴毕交流”】 4月18日，由台湾凯比吉健康事业执行长、宏科医院副院长李正扬等台湾医疗界代表组成的“民族记忆之旅——台湾医疗界精英赴毕交流团”，台湾医疗界专家到毕节医学高等专科学校作学术交流讲座。

【王世杰副省长到毕节市调研基层医疗卫生服务能力三年提升计划实施及远程医疗服务体系建设情况】 5月15日至16日，副省长王世杰率队到毕节市就基层医疗卫生服务能力三年提升计划实施及远程医疗服务体系建设情况进行调研。副市长吴凡、市政协副主席、威宁县县长陈波、市政府副秘书长张春、市卫计委主任石承钧陪同调研。

【“十三五”健康老龄化工作】 5月30日，毕节市卫生和计划生育委员会等11个单位联合下发《关于切实做好“十三五”健康老龄化工作的实施意见》（毕卫计通〔2018〕82号），深入贯彻贯彻落实《贵州省“十三五”健康老龄化规划》（黔卫计发〔2017〕63号）精神，积极应对人口老龄化，推进毕节市健康老龄化工作。

【李奇勇到毕节调研健康扶贫工作】 6月8至9日，省卫计委党组书记、主任李奇勇到毕节市调研健康扶贫工作，市人民政府副市长冉霞，市卫计委主任石承钧陪同调研。李奇勇先后深入到黔西县林泉镇卫生院、林泉镇海子村卫生室、大方县东关乡卫生院、东关乡罗寨村，七星关区人民医院、市东社区卫生服务中心、市中医院、市第一人民医院调研，详细了解基层医疗卫生、群众健康扶贫满意度、“四重医疗保障”群众知晓率、远程医疗、城乡居民医保等相关情况。并深入到建档立卡贫困户家中，详细了解家庭医生签约服务工作以及健康扶贫工作推进情况，现场听取市、县相关工作情况汇报。

【贵州省创建国家卫生城市技术培训会在毕节市举行】 6月25日，贵州省创建国家卫生城市技术培训会在毕节市举行。国家卫生健康委疾控局监察专员常继乐、国家卫生健康委疾控局爱卫工作办处长李全乐、环境保护部评估中心研究员、中国城市建设研究院副总工程师郭祥信、天津市爱卫办处长刘晓梅、广州市爱卫办主任高峰、北京市疾病预防控制中心副主任曾晓芃、省卫计委疾控处处长童亦滨、省疾控中心副主任安东、毕节市人民政府副市长冉霞、吴凡、市卫计委主任石承钧出席开幕式，副市长吴凡主持开幕式。

【传达学习习近平总书记对毕节试验工作的重要指示精神，汪洋在统一战线参与毕节试验区建设座谈会上的重要讲话精神】 7月24日，市卫生计生委召开会议，传达学习习近平总书记对毕节试验工作的重要指示精神，汪洋在统一战线参与毕节试验区建设座谈会上的重要讲话精神和省委常委会、全市领导干部大会精神。市卫计委党组书记、主任石承钧主持会议并讲话。会议要求，全市卫生计生系统要把思想统一到党中央、国务院和省委、省政府、市委、市政府的决策部署上来，把学习贯彻习近平总书记对毕节试验工作的重要指示精神，汪洋在统一战线参与毕节试验区建设座谈会上的重要讲话精神作为当前最重要的政治任务，进一步提高政治站位，强化“四个意识”，坚决落实“两个拥护”，全力推动全市卫生计生工作迈上新台阶。

【与中华医学会签订医学人才能力提升计划框架协议书】 8月19日，《中华医学会与贵州省毕节市人民政府关于医学人才能力提升计划框架协议书》签约仪式在毕节市第一人民医院举行。中华医学会医学教育分会主任委员、中国医学科学院原党委书记、北京协和医学院原党委书记李立明教授，锦州医科大学副校长曲巍，毕节市人民政府副市长冉霞、吴凡、北京尤迈慈善基金会，中华医学会医学教育分会，毕节市人民政府法制办相关负责人、市卫生计生委副主任蒋志、市第一人民医院负责人出席签约仪式。第一期培训班共计培训1075人，分别在市一医、七星关区人民医院、市政务中心、贵州工程应用技术学院设立4个班，培训时间9天。培训对象中，共有496名通过医师资格考试，合格率达49.6%（全市平均水平为42.3%）。

【启动儿童“先心病”筛查救治公益项目】 8月26日，由上海市卫计委、上海奥盛基金会与毕节市卫计委携手合作的儿童“先心病”筛查救治公益项目启动仪式在毕节市第一人民医院举行。市委副书记、市长张集智，上海市卫计委党委书记、副主任黄红出席仪式并致辞。副市长冉霞主持启动仪式。副市长吴凡，上海奥盛慈善基金会创始人汤亮，上海交大医学院附属新华医院副院长潘曙明出席仪式。

【启动学生健康综合干预项目】 8月27日，由毕节市人民政府组织的贵州省毕节市学生健康综合干预项目启动仪式在赫章县古达乡中心小学举行。副市长吴凡出席会议并致欢迎辞，省疾控中心安冬副主任主持启动仪式。上海市疾控中心党委书记宋耀君，上海市疾控中心副主任郭常义，上海市东方肝胆医院副院长张建林，联合国儿童基金会官员常素英，四川旅游学院烹饪学院副院长、教授李想，浩泽集团上海润健科技股份有限公司董事长王峰等出席启动仪式并分别讲话或参加有关活动。

【贵州省“万医下基层”健康扶贫“夏秋攻势”大型义诊活动在威宁启动】 8月30日，贵州省“万医下基层”健康扶贫“夏秋攻势”大型义诊活动在威宁启动，省卫生计生委党组书记、主任李奇勇，副主任、省中医药管理局局长杨洪，毕节市人民政府副市长冉霞，市政协副主席、威宁县委副书记、县人民政府县长陈波，毕节市幼儿师范高等专科学校党委书记、市卫计委主任石承钧出席活动。义诊期间，各级医疗机构共抽调1771名医护人员组建医疗队深入各地开展义诊医疗服务。共义诊26643人，其中，农村建档立卡贫困人员6422人，农村特困供养人员及低保对象3508人；参加大讲堂人数4722人，授课23656人次，发放宣传资料39921册；义诊中收入院354人次，义诊手术2台次，减免医疗费用共计44919.7元。

【开展“打赢攻坚战、建设示范区，毕节怎么干”大讨论活动】 9月29日，毕节市卫生和计划生育委员会下发了《印发〈关于“打赢攻坚战、建设示范区，毕节怎么干”大讨论活动工作方案〉的通知》（毕卫计通〔2018〕152号），在全市卫生计生系统开展“打赢攻坚战、建设示范区，毕节怎么干”大讨论活动。通过开展大讨论，进一步将卫计系统干部职工的思想和行动统一到中央、省委的决策部署上来，把智慧和力量凝聚到落实省委十二届三次全会、支持毕节试验区按时打赢脱贫攻坚战建设贯彻新发展理念示范区推进大会和市委二届三次全会确定的目标任务上来，确保按时打赢脱贫攻坚战，努力建设贯彻新发展理念示范区。

【开展卫生计生“证照分离”改革】 11月16日毕节市卫生和计划生育委员会下发《关于落实〈贵州省卫生和计划生育委员会关于推进卫生计生“证照分离”改革的通知〉的通知》（毕卫计通〔2018〕192号），开展卫生计生“证照分离”改革。围绕公共场所卫生许可、营利性医疗机构设置审批、消毒产品生产企业卫生许可、医疗机构执业登记和医师执业注册等5个事项，按照推广网上办理、压缩审批时限、精简审批材料、优化审批条件、加强事中事后监管等五个方面要求制定配套改革措施。

【成立毕节市紧急医学救援基地】 12月6日，毕节市卫生和计划生育委员会下发《关于成立“毕节市紧急医学救援基地”的通知》，成立“毕节市紧急医学救援基地”。毕节市紧急医学救援基地按照平战结合的原则，加强建设和管理。“平时”做到组织架构健全、职责任务明确、人员分工科学、规章制度健全、预案体系完善、培训演练规范；“战时”做到应急响应迅速快捷、整体运行顺畅高效，紧急医学救援工作科学有序开展。同时在毕节市紧急救援中心加挂“毕节市紧急医学救援基地”“毕节市紧急医学救援指挥调度中心”两块牌子。毕节市紧急医学救援基地由市卫生计生委、市第一人民医院、市中医院、市疾病预防控制中心、市卫生监督所、市紧急救援中心、市中心血站组成，包括应急管理、专业处置、技术保障、后勤保障、新闻宣传等人员，共81人。其中综合保障类15人（由应急管理、综合保障、新闻宣传等人员组成）；专业处置类48人（含医疗专业、疾控专业、卫生计生监督专业，由内科、外科、急诊急救、重症、感染、妇儿、麻醉、检验、放射、药剂、护理、心理干预、传染病、流行病、媒介生物、食品与环境卫生、医学检验、健康教育等人员组成）；后勤保障类18人（由后勤保障、技术保障、血液保障等人员组成）。

【毕节市心血管专科联盟成立】 12月1日，毕节市心血管专科联盟成立大会在市第三人民医院举行。组织机构由市直属医疗单位、各县区人民医院、中医院、妇幼儿保健院为理事单位，各乡镇卫生院为成员单位的心血管专科联盟正式成立，这是毕节市首个心血管专科联盟。

【省卫生健康委出台《关于贯彻落实〈中共贵州省委贵州省人民政府关于支持毕节示范区按时打赢脱贫攻坚战夯实贯彻新发展理念示范区建设基础的意见〉的实施意见》】 12月18日，省卫生健康委出台《关于贯彻落实〈中共贵州省委贵州省人民政府关于支持毕节示范区按时打赢脱贫攻坚战夯实贯彻新发展理念示范区建设基础的意见〉的实施意见》（黔卫健发〔2018〕9号）。实施意见从指导做好卫生健康事业发展规划、加强医疗卫生服务体系建设、提高医疗卫生人才队伍建设、提升医疗卫生服务能力、抓实公共卫生服务、做好妇幼健康管理，促进人口均衡发展，提高人口素质，夯实组织保障等8个方面22项政策支持毕节市卫生健康事业发展，确保到2020年，毕节试验区医疗卫生服务达到全省平均水平。

（撰稿：邵中华）

疾病预防控制

【概述】 2018年，毕节市疾病预防控制中心遵循预防为主的卫生工作方针，应用预防医学理论与技术，以防范和应对处置急性传染病暴发流行等突发公共卫生事件为重点，组织开展预防和控制危害广大人民群众的疾病，传染病发病率持续稳定在较低水平。结核病、艾滋病等重大传染病、职业病防控、免疫规划、实验室检测、健康教育等工作成效明显。

【党建及党风廉政建设】 认真学习贯彻党的十九大精神和习近平总书记在贵州省代表团重要讲话精神和对贵州对毕节的重要指示批示精神，扎实开展“牢记嘱托、感恩奋进”学习教育实践活动，持续推进“两学一做”学习教育常态化、制度化。以巡察整改为契机，不断将作风建设和党风廉政建设引向深入。10月15日，成立中心党总支部，按照程序选举出新一届党总支书记、副书记和委员。扎实推进预防腐败工作，加强对招标采购、财务管理、公务用车等重点环节重点岗位的监管，从源头上遏制腐败问题的发生。

【能力建设】 实验室购置价值共计30万余元仪器设备和150万余元的检测试剂。健信科购置了5万余元消杀试剂（奋斗呐）。从中心选派4人参加广州市疾控中心5个月业务培训，抽派57人次参加省内外业务培训班。举办各种业务培训班11期，共计培训879人次。市领导冉霞、吴凡先后到市疾控中心调研指导工作，广州市疾控中心主任杨智聪一行赴毕节市就如何开展帮扶工作进行考察调研。

【驻村帮扶工作】 持续选派3名科级干部到威宁县龙场镇的3个村开展驻村帮扶，驻村人员驻村每月达20天以上。

多次召开脱贫攻坚帮扶工作专题会议，共向帮扶点划拨自筹资金42000元，在“帮扶日”期间发动干部职工捐款共计5400元，发动“4321”结对帮扶的干部职工共计捐款8450元。中心班子成员多次走访调研，并慰问贫困老党员和生活存在困难的老年群众，共发放慰问4100余元，组织干部职工到帮扶点开展“走进深度贫困地区、与贫困群众共度扶贫日”暨敬老月活动。发挥疾控特点，实施健康扶贫，为村民举行健康讲座，为群众开展医疗宣传和健康咨询。

【疫情信息管理】 全年无甲类传染病报告，共报告乙、丙类传染病25677例，报告发病率385.56/10万，死亡124例，发病率较上年度同比上升5.28/10万，全市传染病发病率持续稳定在较低水平，总体发病率明显低于全省500/10万的控制指标。

【传染病控制与突发公共卫生事件监测】 全面完成流感、H7N9禽流感、手足口病、布病、狂犬病、流行性出血热、登革热等重点传染病年度监测任务。坚持日监测、周分析、月分析、季分析制度，适时预警预报，及时处置散发疫情，严防暴发疫情发生。全市仅发生1起突发公共卫生事件即赫章县古达乡肠沙门菌食物中毒，已按要求进行了规范处置。

【实施AFP及AEFI监测】 AFP（急性迟缓性麻痹）监测系统报告AFP病例38例，报告发病率2.55/10万，报告发病率、48小时调查率、标本采集率、便标本7天送达率及75天随访表送达率均达到国家要求。全市上报AEFI（疑似预防接种异常反应）163例，48小时内报告及时率95.09%，协助赫章县、纳雍县、七星关区调查处置4例AEFI死亡病例调查工作。

【麻疹防控】 全市共报告麻疹疑似病例86例，确诊病例1例（为外地报威宁病例），48小时完整调查84例，完整调查率97.67%，血标本采集率为97.67%。全市排除病例报告发病率为1.25/10万，本地总共采送病原学标本20份，已达到总病例数10%的指标，麻疹发病率为0.15/100万，实现了1/100万的控制目标。

【免疫规划】 全力推进各县（区）规范化数字预防接种门诊建设，基本实现乡镇卫生院规范化数字预防接种门诊全覆盖，以乡镇（街道、办事处）为单位接种率保持在95%以上水平，全市继续维持无脊髓灰质炎状态。积极应对长春长生疫苗事件，指导各疫苗接种点设置狂犬疫苗接种咨询点，迅速安排后续补种工作，共补种741针次。开展了麻风疫苗查漏补种工作，共接种28818名儿童，全年分发配送300多万人份疫苗，为15岁以下儿童接种近280万针次。

【结核病防治】 积极开展对全市2012年至2017年发现的耐多药肺结核病人的追踪工作。进一步加强学校疫情监测，指导纳雍县开展学校结核病筛查工作，对黔西、金海湖2起学校结核疫情开展了现场处置工作。全市共报告肺结核患者8922例（含威宁县），报告发病率为133.97/10万。肺结核患者管理率为99.63%，各县区均达到95%指标要求；病原学阳性患者的密切接触者筛查率为99.6%，全市各县区均达到95%指标要求。

【艾滋病防治】 加强艾滋病防治，重点加强医疗机构住院病人筛查，加强感染者和病人抗病毒治疗督导。所有美沙酮门诊HIV、HCV、梅毒三项检测率均达标，具有筛查实验室的医疗机构已100%上报新发现的确认阳性者，初筛阳性者确证实验送检率基本达标。举办了“毕节市2018年青年学生艾滋病防治知识电视竞赛”活动，共50余人参加；在各高校内举办了防艾知识讲座，覆盖学生近两万人。会同有关单位在人民公园开展“12·1”“世界艾滋病日”宣传暨现场咨询检测活动，联合有关单位，在贵州工程应用技术学院正心礼堂举办“世界艾滋病日”宣传文艺晚会。

【基本公共卫生服务】 大力加强基本公共卫生服务工作督导，开展对金沙县慢病示范区市级评审验收工作，对七星关区慢病示范区进行了相关技术指导。完成严重精神障碍中央资金免费治疗项目督导以及全市基本公共卫生项目的季度报表审核、督导工作，同时加强对基层卫生人员进行现场培训，有效提高了全市基本公共卫生服务水平。完成了七星关、金沙肿瘤登记报告的网络上报审核工作。加强高血压、糖尿病、重性精神病等慢性病的筛查和登记管理，各项工作指标均达到国家要求。

【职业病防治】 对全市范围内重点职业病监测与职业健康风险评估项目工作进行督导，完成了2018年重点职业病监测与职业健康风险评估报告，对2018年度上报的“职业病与职业卫生信息监测系统”数据进行全面核查清理，开展职业病防治宣传周活动，完成监测点医院的放射设备性能检测和场所防护监测。

【实验室检测】 组织召开采样培训班一次，共完成361份食品中化学污染物及有害因素样品检测、160份食品微生物及致病因子样品检测、521份食品类样品的采样检测、60份环境土壤检测，省级下达任务完成率100%；同时，完成1040份流感、630份禽流感外环境、452份手足口病、20份重症肺炎、9份不明原因肺炎检测、6份麻疹、风疹及其他72份传染性疾病检测。组织实施全市饮用水监测工作，共完成样品检测1050份，省级下达任务完成率100%。完成HIV抗+

体确证样本1034份，VCT筛查样本20人次，CD4+T淋巴细胞检测437人次，病毒载量检测样本519人次及HIV急性期项目435份样品检测。全市21个初筛实验室完成省级能力验证，对全市200多个HIV检测点进行能力验证，完成全市21个初筛实验室现场督导。加强结核病实验室菌株的管理，实验室完成了1388人耐药监测工作。

【健康宣传工作】 利用各种节日组织开展了疾病预防控制科普知识宣传咨询15次，免费发放各种宣传资料15000份，接受健康咨询800人次。制作横幅宣传标语20条，展板15个，出宣传栏6期。完成了《禽流感防治》《校园结核防控主题》等公益广告在市电视台频道连续三个月播放。开展了毕节市2018年健康巡讲20次，覆盖人数5000多人。

【地方病防治】 组织全市开展并完成了碘缺乏病病情监测工作，全市共完成了8~10岁学生1400人甲状腺B超检查、2100份食盐碘含量检测、2100份尿碘检测。开展了“十三五”寄生虫病、地方病防治规划中期评估以及氟骨症现症病人启动培训及调查工作。中国疾病预防控制中心地方病控制中心主任孙殿军一行赴毕节市七星关区调研燃煤污染型氟中毒防治工作，充分肯定毕节市取得的成果，并对下步工作提出要求。

【疟疾项目防治】 制定了疟疾防控工作计划，安排了2018年疟疾防控工作。组织开展了疟疾镜检实验室一期5天培训，组织在金沙县召开了消除疟疾启动及培训会议，安排部署了消除疟疾评估准备工作。

（供稿：毕节市疾病预防控制中心）

毕节市中心血站

【概述】 2018年，在市委、市政府及市卫生计生委的正确领导下，以习近平新时代中国特色社会主义思想为指导，全面贯彻落实党的十九大精神及习近平总书记重要指示批示精神，严格执行党和国家卫生计生工作方针政策，加强内部管理、提升服务能力，全面完成全年各项工作任务。

【宣传招募工作】 充分利用主流媒体开展无偿献血宣传招募工作，《毕节日报》《毕节试验区杂志》登载无偿献血专题图文稿件21篇，毕节电视台和各县（区）电视台专题报道无偿献血工作23次；组织开展“5·8红十字日”“6·14世界献血者日大型无偿献血宣传活动；在各县（区）主要街道、大中专院校、医院通过LED显示屏、固定宣传展板、宣传橱窗等形式开展无偿献血科普宣传，不断扩大无偿献血的社会影响，使无偿献血工作逐步深入人心，全年医疗机构临床用血100%来自公民自愿无偿献血。

【无偿献血】 全年采集血液34443人次、57183单位，比2017年分别增长24.74%、37.71%；其中采集全血33846人次、56320.5单位，比2017年分别增长24.23%、37.43%，机采血小板597人次、862.5个治疗量，比2017年分别增长62.67%、59.13%；血站职工参加献血39人，采集全血67单位，血小板19个治疗量。

【血液质量管理】 认真贯彻执行《血站管理办法》《血站质量管理规范》《血站实验室质量管理规范》等法律法规政策，组织开展内部质量审核及质量体系评审工作，查找不符合或潜在不符合项，并认真分析原因，制定整改措施，持续改进血液质量管理工作。

【血液成分制备】 全年共制备各类血液制品129285单位，比上年增长47.81%；其中红细胞类56817单位、血浆类53211.5单位、冷沉淀凝血因子19034.5单位、去白全血44单位。

【血液检测】 全年酶免检测标本38100份，酶免双试剂检测有反应性标本194份、阳性率0.51%。核酸检测标本37906份，拆分54次，拆分阳性25例，核酸检测阳性率0.6‰。

【血液研究】 全年检测标本220例，其中临床疑难交叉配血33例、疑难血型鉴定2例、产前检测7例、抗体筛查7例，血站标本Rh阴性确认161例、血型确认3例、不规则抗体鉴定4例、临床回退血检测4例。

【临床供血】 临床用血118394.5单位，比2017年增长50.96%，其中去白全血8单位，去白悬浮红细胞54721.5单位、洗涤红细胞363单位、冻解红悬液10单位，病毒灭活血浆38007单位、新鲜冰冻血浆1785.5单位、普通冰浆5074.5单位，冷沉淀17513单位，血小板910单位，成分输血率99.99%。

【继续医学教育工作】 全年举办了“采供血机构内部管理培训班”“献血服务规范化培训”“毕节市二级及以上医院临床输血检验骨干培训班”“贵州省采供血机构业务管理培训班”“2018年全市采供血机构内部质量审核培训会议”，共计培训490人。站内集中培训30次、113.5学时，卫技人员学分达标率100%；选派业务骨干73人次外出参加各种讲座及跟班进修学习。

【党建工作】 切实抓好党建及党风廉政建设工作，年初与各科室签订了《毕节市中心血站2018年党风廉政建设责任书》，把党风廉政建设工作与采供血业务工作同安排、同考核；制定了《毕节市中心血站支部委员会关于推进“两学一做”学习教育常态化制度化工作方案》，组织全体党员学习《中国共产党章程》《中国共产党党务公开条例》《中国共产党问责条例》《新时代面对面》等党规党纪，组织中层干部和全体党员专题学习《习近平新时代中国特色社会主义思想》；认真落实“三会一课”制度，全年召开支委会12次，支部党员大会4次；开展纪念建党97周年等系列活动及党日主题活动。2018年，市卫计委机关党委授予叶荣“优秀党务工作者”称号，授予胡官林“优秀共产党员”称号。

【成绩荣誉】 2018年10月30日，国家卫生健康委、中国红十字会总会、中央军委后勤保障部卫生局联合下发《关于表彰2016—2017年度无偿献血奉献奖金奖等奖项获奖者的决定》，毕节市获得“2016—2017年度无偿献血先进城市奖”“毕节医学高等专科学校、毕节职业技术学院无偿献血促进奖”及无偿献血奉献奖472人，其中金奖21人、银奖71人、铜奖380人；2018年12月21日，国家卫生健康委办公厅、中国红十字会总会办公室、中央军委后勤保障部卫生局联合下发《关于通报表扬全国表现突出采血班组的通知》，毕节市中心血站综合业务科获得全国表现突出采血班组称号。

（供稿：市中心血站）

毕节市第三人民医院

【概况】 毕节市第三人民医院（毕节市传染病医院、毕节市骨科医院）是毕节市卫生计生委直属市级医疗卫生机构；是毕节市卫生和计划生育委员会下属大型综合性医院，是集医疗、教学、科研、保健、传染病防治为一体的公益性医院。现有床位400张，在编人员192人，编外聘用人员215人，其中卫生技术人员369人，含执业（助理）医师69人，注册护士149人。

【业务发展】 2018年，医院固定资产达5395万元，同比增长2871万元，截至12月17日，本年度门诊就诊人次60433人，入院人次8078人，出院人次7785人，完成体检15954人次，开展手术1811例，医院收入药占比为19%，卫生材料收入占比为18%，检查化验收入占比为30%。同时，医院本年度开展了心血管介入、骨关节镜、腹腔镜、纤维支气管镜及睡眠呼吸暂停综合征筛查等新技术，并落实γ-干扰素释放试验、CD3CD4CD8流式细胞检测等新项目前期准备工作。

【医药卫生体制改革】 1. 全面落实国家、省、市公立医院改革任务。控制医疗费用不合理增长。为参保患者提供自费项目医疗服务时取得患者知情同意，且按照省级标准严格控制自付比例，自付比例为21%，未达30%上限；医疗收入结构合理，2018年药品收入占比19%、卫生材料收入占比18%、检查化验收入占比30%，低于2017年平均水平。

2. 大力推进城市医联体建设，建立心血管专科联盟及呼吸专科联盟。

3. 深化现代医院管理制度改革。认真制定《医院章程》，并将党建工作要求写入章程，建立健全《毕节市第三人民医院医用耗材采购管理制度》《毕节市第三人民医院医保管理制度》《毕节市第三人民医院基本制度》等各项内部管理制度。

4. 按照相关文件要求，安排部署公立医院薪酬改革制度。

5. 按照市医改办要求，每月认真报送综合医院改革检测数据报表，认真落实医改各项决策部署。

【公共卫生】 1. 认真履行传染病医疗机构职能职责，开展传染病防控、报告、治疗、管理工作。邀请院内外专家进行培训，全年开展传染病培训共计12次，参加培训人员共计1000余人次；启用PCR实验室对结核杆菌进行基因检测及支气管镜检室，有力提升结核病病原学阳性诊断率，提高综合救治能力。

2. 建立和健全医院疫情报告制度，完善人感染H7N9禽流感、流感、艾滋病、肺结核、手足口病等重点、常见传染病应急预案，根据实际情况调整突发公共卫生事件应急指挥部、各传染病专科专家组、应急队伍成员，把责任落实到人。

3. 做好突发传染病救治及应急物资库内设备、药品、器械等的储备工作，做好传染病疫情应急救治工作准备。

4. 按照《贵州省新农合肺结核实施按病种付费试点工作方案（试行）》要求，对门诊治疗病人实行单病种包干免费治疗；治疗成功率94.5%；新登记涂阳肺结核病人密切接触者筛查（拍片）率达300%；结核病人筛查艾滋达100%；可随访艾滋病人中筛查结核达100%；咳嗽、咳痰≥2周查痰率达100%；痰涂片检查无高假阳和高假阴性痰片出现；继续开展耐药结核菌培养工作（符合条件纳入率达100%）；肺结核患者病原学阳性率达到47%，较上年提高3%，病原学阳性住院隔离治疗率为33.8%。

5. 做好市级艾滋病临床诊疗质控中心各项工作及其他公共卫生工作，开展市级HIV职业暴露处理，建立艾滋病门诊，开展并提供艾滋病主动监测咨询服务。住院病人艾滋病病毒抗体检测（感三科）比例达90%以上，传染病门诊病人检测比例达10.37%；艾滋病病毒抗体检测情况统计报表月报告率100%。治疗持续6个月的比例达到90%以上（感三科开业半年，目前无失访、停药病人）；正在接受抗病毒治疗病人完成病毒载量4%，和CD4检测的比例达到90%以上；符合治疗标准的病人服用预防机会性感染药物的比例达到90%以上。

6. 严格执行传染病管理制度。指定人员每日负责医院传染病报告卡的收集、审核、上报工作，定期检查和督促各科室做好传染病的报告工作；每月组织2至3次全院传染病报告自查工作，按季度组织对传染病报告管理工作进行督查，对查出的问题立即采取补救措施，并按照《传染病报告责任追究办法》进行通报处罚。做好传染病的诊断、报告及诊疗工作。2018年，网络直报工作有序开展，截至11月30日，共计报告传染病3817例，其中手足口病共1466例，肺结核未痰检共781例、涂阳439例，涂阴611例，结核性胸膜炎54例，甲肝2例，乙肝及乙肝携带者372例，丙肝17例，水痘60例，流行性腮腺炎3例，副伤寒1例，布病1例，法定传染病疫情报告率达100%、报告及时率达100%。

7. 及时开展急性弛缓性麻痹（AFP）病例工作主动筛查，本年度未发现AFP病例。

8. 认真履行肿瘤登记报告职责，报告率100%；对本院诊治的所有死亡个案进行死因登记报告，死亡病例网络直报报告率为92%，及时率达100%。

【医政管理】 1. 落实分级诊疗制度。严格按照上级规定执行，2018年上转379人，下转0人。

2. 强化医院感染管理。医院感染病例漏报率0，血管内导管相关血流感染发病率0，呼吸机相关肺炎发病率0，导尿管相关泌尿系感染发病率0。

3. 是加大抗菌药物使用专项整治。开展处方点评，监测抗菌药物使用强度，落实控制措施，抗菌药物使用率，门诊17.6%，住院58.3%；使用强度38.6DDD，均达到要求。

4. 大力推进临床路径管理工作。开展专业数10个，分别是感染科专业、呼吸内科专业、消化内科专业、心内科专业、内分泌科专业、肾病学专业、骨科专业、普外科专业、小儿外科专业、泌尿外科专业；开展病种数42个，医院收治应进入临床路径病例数3333例，进入临床路径病例2409例，入径率72.3%，医保单病种入径率100%。

5. 强化医疗纠纷防范，建立医疗纠纷应急预案，成立医疗纠纷处置领导小组及学术委员会。畅通投诉渠道，依法依规处置医患矛盾。

6. 进一步完善不良事件管理。基本完成“两品一械”监测任务。

7. 积极开展中医药工作。独立设置中医诊室、中药房，提供中医诊疗技术。开设中医名医馆，安排副高及以上职称中医师坐诊打造中医特色门诊；加强中西医正骨科和康复科建设，购买各种硬件设施，加强人才队伍建设，突出中医诊治手段，采用针灸、艾灸、拔罐、推拿、理疗、中药外敷等为患者进行治疗。完善中药房各种规章制度，把好药品质量关，设立了并进一步规范了中药和成药库房，不断扩大中药品种；引进了中药自动调配仪器，高中药调剂水平。

【扶贫攻坚】 1. 对口支援帮扶百管委人民医院，与百里杜鹃人民医院党支部结对共建，制订共建计划，签订共建协议，出资12万元为大水乡营山村危房户无房户修建住房，拨付20万元为百里杜鹃管理区大水乡营山村平和组通组路硬化经费。

2. 选派韩英杰驻威宁县龙场镇百花村任第一书记，开展了驻点帮扶工作，党支部书记、班子成员先后前往帮扶点开展深入调研，组建专家团队点巡诊、义诊，建立建档立卡贫困户健康档案，出资4万元帮助村民修窜寨路，1万元帮助村委解决办公经费；全院干部职工出资55600元向村民购农产品核桃及土豆；出资10万元为村民缓解饮水困难问题，垫资修建村卫生室，为卫生院培养村医1~2名到院进修学习。

3. 出资10万元帮助建设黔西县中坪镇良丰村卫生室。

4. 拨付50万元用于大方县鼎新乡风景村、绿塘村的基础设施设备建设及农作物种植。

5. 组织在职党员进社区报到服务，全年共开展2次进社区活动。

【学科专科建设】 1. 与圣大医师集团合作共建心血管专科联盟，与广州市第八人民医院合作共建呼吸专科联盟，与贵州医科大第三附属医院签订建立紧密医联体协议，与贵州省人民医院建立骨科专科联盟。

2. 努力申报科研课题，本年度申报市级新项目5个。

3. 继续加强结核病科建设，贯彻落实“引进来、送出去”战略，选送林丽娟、聂宗云、李美等多名医师到知名医院进修；选1人在广州南方医科大传染病专业就读硕士研究生，1人在贵州医科大口腔专业就读硕士研究生。引进妇产科专家成秀武和肾内科专家刘铧来帮助院妇产科和肾内科学科建设；引进广州市第一人民医院呼吸科博士李晓岩和广州市第八人民医院肝病科博士应若素到院挂职副院长。

4. 完善科室设置。新开设神经康复科、中医正骨科、心血管内科、CCU、感染三科（艾滋病区）、外四科。

【基础设施建设】 1. 完成了原毕节市公安培训中心装修改造为院内科综合楼工程，同时，改造原金盾修理厂外租洗车场为内科病区停车场。

2. 装修原网监支队办公楼，改造为医院行政楼及专家食堂。

3. 启用PCR实验室对结核杆菌进行基因检测及支气管镜检室。

4. 完成了医院门诊楼、食堂的房屋防水、发热门诊支气管镜检查室装修改造、发热门诊处检验科痰检室改造、检验科一楼新建临检室、柴油发电机组安装、变压器安装、内科综合楼防护窗安装、骨一、骨二、骨三科安装病房门套、手术室装修改造等工程及院内零星基础维修维护工程。

【工作亮点】 1. 2015年8月，毕节市委、市政府下大决心、大力气补齐医疗卫生短板，调整全市医疗卫生规划，明确院与毕节市公共卫生中心（市疾控中心、市卫生监督所、市中心血站、120急救中心）打捆建设，异地迁建毕节金海湖新区，按照发展规划，该项目2020年整体投入使用，在2025年医院要达到三甲水平并申请评审通过。

2. 新院建设项目被列为毕节市2017年“十大民生实事之一”。为避免国家医疗资源投入浪费，做好新院建成前人才储备工作，2017年，医院经研究决定向社会公开招聘150名以毕节籍为主的编外医生，经严格考核，根据择优录取原则，共录取89人。为落实其规培事宜，医院先后走访北京、重庆、深圳等地，获悉规培资格需经学员考核通过获得，并且仅能提供少量名额，面对这一情况，医院倍感压力，众多新进人员感到无所适从。院紧急向市卫计委汇报了情况，市卫计委石承钧主任为此亲自带队前往广州市卫计委与唐小平主任进行沟通，广州市卫计委对此高度重视，紧急向广东省卫计委报告，并先后多次召开会议商讨解决方案，关键时刻广州伸出了援助之手，从本土有限的规培名额中挤出300人名额，承担毕节市第二人民医院、市第三人民医院、市妇幼保健院3年共计300人的规培任务，考虑毕节市三家医院经济状况较差，仅能保证规培学员基本工资收入，难以维持学员规培期间的日常花销，为解决规培学员生活保障，由广州市卫计委提请，广东省卫计委同意按照广州标准给毕节市规培生发放生活补助，每人每年55000元，三年共承担4950万元。为保证规培质量，广州市卫计委先后两次到院组织规培生考核，在广八医的帮助下，院牵头成立了毕节驻广州住院医师规培化培训管理办公室。截至目前，毕节市三家医院共计116名规培学员（市第三人民医院78人、市第二人民医院23人、市妇幼保健院15人）已分别送往广州市第一人民医院、广州市医科大学附属第一人民医院、广州市医科大学附属第二人民医院、广州市中医院、广州市红十字医院、广州市妇儿中心等多家医院进行规培。为使规培工作落到实处，广州几家医院根据自身技术优势，结合规培学员实际情况，制定了专门的规培计划，确保所有规培学员真正学有所成。

【重大事件】 4月14日，院与圣大医生集团举行了毕节市第三人民医院心脏血管病专科联盟揭牌仪式。圣大医生集团是一支具有最先进设备和一流技术人才的团队，相信在双方的精诚合作下，一定能为诸多深受心脏血管病毒害的患者进行有效治疗，造福毕节一方百姓。

（供稿：毕节市第三人民医院）

社会生活

民 政

【概述】 2018年，全市民政工作坚持“以人民为中心”的发展思想和“民政为民、民政爱民”的工作理念，围绕全市中心工作，转变工作作风、创新工作思路、强化工作举措，真抓实干、攻坚克难、履职尽责，全面完成年度各项目标任务。获全市社会发展部门目标考核一等奖第二名；留守儿童关爱保护工作在全国性会议上作交流发言；3人获全省脱贫攻坚先进个人表彰；全省民政部门脱贫攻坚夏秋攻势动员部署暨民政兜底脱贫现场会议在黔西县召开；城市社区建设改革获“2017年贵州省全面深化改革专家特别推荐典型案例”；省内外先后有10余个单位前来参观、考察、学习毕节留守儿童、社会救助、社区建设等工作；市委、市政府和省民政厅主要领导多次给予肯定并作批示。

【社会救助兜底保障工作】 认真开展低保提标核查，积极开展农村低保专项治理和社会救助居民家庭经济状况信息核对工作，核定农村低保对象58.97万人、城市低保对象4.45万人，支出城乡低保金16.86亿元。全市城乡低保平均标准分别提高到583元/月、3888元/年，同比增长6.89%、9.68%；城乡低保补助水平分别达到358元/月、2640.48元/年，同比增长18.38%、15.08%。农村低保制度与扶贫开发政策衔接更加紧密，全市建档立卡贫困人口与农村低保对象重合率明显提升，部门协作更加有力，制度合力进一步显现。特困人员救助供养政策全面落实，特困供养人员平均基本生活标准达到758元/月，同比增长6.89%，全护理、半自理和集中供养全自理照料护理标准分别达每人每月1562元、937元和312元，累计为2.01万特困人员发放供养金2.35亿元，特困人员救助供养政策全面落实。深入开展敬老院服务质量建设，大力提升敬老院管理服务水平，失能、半失能特困人员集中供养率达到40.9%。全面开展重特大病医疗救助、农村贫困人口大病专项救治工作，全面实现医疗救助"一站式"即时结算，有效遏制因病致贫返贫。全市共对76.91万人次困难群众实施医疗救助，支出救助资金1.88亿元。充分发挥临时救助托底保障功能，全市共实施临时救助9.2万人次，支出救助资金1.25亿元。健全"救急难"长效机制，全市共实施急难救助508人次，人均救助1.46万元。加强临时救助制度与易地扶贫搬迁政策有效衔接，按照每人1500元的标准，为2.92万易地扶贫搬迁困难群众发放一次性临时救助金4383.3万元。启动社会救助和保障标准与物价上涨挂钩联动机制2次，及时为2月、3月在册享受国家定期抚恤补助的优抚对象、城乡低保对象、特困人员等三类人员发放临时价格补贴共计1562.93万元。

【防灾减灾救灾工作】 提请市政府办出台了《关于毕节市减轻自然灾害委员会更名为毕节市减灾委员会并调整成员的通知》（毕府办函〔2018〕71号），完成市、县减灾委员会调整升格，减灾委主任均由政府主要领导担任。全市共统计上报各类灾情15条，受灾人口115.43万人，因灾死亡1人、受伤7人，紧急转移安置2640人；农作物受灾面积6.94万公顷（其中：成灾面积4.76万公顷、绝收面积2.05万公顷）；倒塌房屋31户65间，严重损坏房屋214户587间，一般损坏房屋6348户15827间；造成直接经济损失8.93亿元。投入528.6万元开展汛期受灾群众救助，投入6733万元对16.94万户44.88万人次受灾困难群众实施冬春救助，投入482.07万元帮助132户受灾对象开展因灾倒损民房恢复重建，积极开展雪凝期间过境滞留人员救助，有效保障了受灾群众基本生活。投入1056.33万元将125.75万户农户纳入政策性农房灾害保险统保范围，全年理赔7520户1234.59万元。加快救灾物资储备库建设，及时采购相关救灾物资，灾害救助能力进一步提升。广泛开展防灾减灾宣传活动，发放宣传资料24万余份，有效提升公众防灾减灾意识和能力。

【留守儿童困境儿童关爱服务】 坚持留守儿童困境儿童安全目标，抓住关键环节健全完善工作机制，全市留守儿童下降到147585名，形成的"3444"工作模式在"全国农村留守儿童关爱保护和困境儿童保障专题研究班"培训作交流发言。持续推进"合力监护、相伴成长"专项行动和严打整治斗争工作，3月份和9月份集中开展风险评估，按照"一般对象月走访、重点对象周联系"开展走访关爱，重点管理留守儿童从年初3223名减至2330名。采取"四个一批"共劝返父母减少留守儿童37951万名，劝父母携带外出减少留守儿童4402名。统筹运用社会福利、社会救助保障政策加强救助保障，将17万名家庭困难儿童纳入最低生活保障，将403名困境儿童纳入特困救助供养，为10.25万名小学阶段农村留守儿童困境儿童发放电话手表。全面开展孤弃儿童养育情况大排查，市县乡三级走访散居孤儿3000余名。着力加快基层服务网络建设，建成村（居）儿童之家3804个，配备乡镇督导员319名、村（居）儿童主任3651名，儿童督导员和儿童主任实现乡村全覆盖。

【福利和慈善事业】 不断提高儿童福利保障水平，散居孤儿和集中养育孤儿月保障标准分别从600元增至800元、1000元增至1300元，为全市3639名孤儿发放基本生活费3806万元，为13939

名困境儿童发放生活补助3634万元。加快推动县（区）儿童福利机构建设管理，集中养育孤残儿童、困境儿童302名。加大孤儿大学生教育救助力度，筹资45.8万元资助138名孤儿接受高等教育。落实残疾人“两项补贴”制度，进一步规范困难残疾人生活补贴与重度残疾人护理补贴发放形式和程序，发放56158名困难残疾人生活补贴5228万元，发放61776名重度残疾人护理补贴3240.14万元。加强福彩公益金筹集和管理，全年销售福利彩票1.8亿元，市县两级筹集福彩公益金1700万元。加强慈善募捐力度，接受捐赠资金6860.3万元，支出3816.02万元，惠及上万名困难群众。

【养老服务业改革】 着力深化养老服务业改革发展，提请市委、市政府将推进养老服务业发展纳入深化改革课题，提起市政府出台了《关于深入推进养老服务业改革发展的实施意见》（毕府发〔2018〕21号）1+7改革文件，并成立以市长为组长的养老改革领导小组，及时召开改革政策解读新闻发布会。市政府将每个县（区）建设一个不少于500张床位的示范型养老服务机构纳入2018年《政府工作报告》10件民生实事之一。加强养老服务设施建设，建成200张以上床位的综合性示范型养老机构6个，在建2个；按标准建成城市老年人日间照料中心34个、农村互助幸福院38个。加强养老服务人才队伍建设，开展养老服务人才队伍培训，协调省民政厅培训养老护理员128人次。

【基层民主自治建设】 提请市委办、市政府办印发《关于加强乡镇政府服务能力建设的实施意见》，进一步夯实民政工作基础。印发《毕节市村务公开“五规范一满意”的实施方案》，推进村（居）务公开工作规范化、制度化和常态化发展。完成3657个村（居）民委员会赋码工作，发放“基层群众性自治组织特别法人统一社会信用代码证书”。开展村（居）民自治试点工作，完善村级治理机制，探索出“三化到户”“村委会+自管委（村民理事会）+十户一体”村级“三级自治”模式。指导易地扶贫搬迁安置点规范设置社区居民委员会31个，在移民安置点建有社区服务站（便民服务设施）56个。赫章县居务公开、和谐社区创建和大方县和谐社区创建通过省级评估验收，全市“城乡社区基层民主自治建设完善率”提升至97%。

【城市社区建设】 进一步深化城市社区建设“四有体系”经验，推进城市社区建设由硬件设施建设向提升管理服务水平发展。全市城乡社区服务站面积达到600平方米和400平方米以上的有159个和2167个。提请市委深改领导小组召开深化改革“回头看”会议，对全市城市社区建设工作进行再部署，有效促进城市社区硬件设施更完备、软件制度更健全、服务水平更优化。毕节市“四有”体系激发城市社区服务活力改革工作荣获20个“2017年度贵州省全面深化改革专家特别推荐典型案例”之一。

【社会组织管理】 完成2017年度789家社会组织年度检查。推行“双随机一公开”制度，随机抽取21家社会组织开展检查。加大社会组织执法工作力度，对连续2年未参加年检的社会组织予以撤销登记行政处罚。联合市公安局开展打击整治非法社会组织专项行动，针对排查出的170个非法社会组织根据不同性质进行分类处置。加强社会组织重大活动报告、自律承诺、联络员、“三同步”制度建设。持续推进社会组织管理工作改革，开展2家社会组织脱钩试点工作。引导社会组织投入近4500万元参与脱贫攻坚，开展近200场次公益慈善活动。

【社会工作和志愿服务】 加强社会工作宣传，组织开展宣传周活动，努力提高社会工作认知度。推进社会工作专业人才队伍建设，强化业务培训，联合市文明办组织举办志愿服务条例暨社会工作业务培训班；鼓励动员社会工作者参加全国社会工作职业水平考试，壮大专业人才队伍，全市备案的持证专业人才达到49人。积极申报并认真组织实施社会工作服务项目，引导参与脱贫攻坚。争取资金59万元在织金县、纳雍县、大方县实施“三区计划”“社工黔行”“牵手计划”社会工作服务项目4个，进一步推动社会工作职业化。认真贯彻落实《志愿服务条例》，强化民政部门志愿服务行政管理职能，联合市文明办、团市委下发《关于印发志愿服务注册登记等有关制度的通知》，建立志愿服务注册登记、关系转接、服务记录、褒奖激励等工作机制。强化措施推进志愿服务注册登记，全市注册志愿者达到47.68万人。

【社会事务管理服务】 加强殡葬政策宣传引导，开展殡葬领域突出问题专项整治行动，健全殡葬救助保障体系，积极稳妥推进殡葬改革工作。全市建成投入使用的殡仪馆8个、火化场6个、城市经营性公墓6个、农村公益性公墓1020个，共火化遗体1.4万具，火化率达41%，减免殡葬费用1500余万元，黔西县、金沙县、织金县、赫章县实现全域火化。加强婚姻和收养登记管理，加快推进婚姻登记历史数据补录，将婚姻登记严重失信人员纳入黑名单管理，积极推动部门信息共享。办理婚姻登记9.25万对，补录1994年以来的婚姻登记历史数据44万余条。加大流浪乞讨救助管理力度，开展“寒冬送温暖”“夏季送清凉”“送流浪孩子回家”“救助宣传月”、站外托养清理整治等救助专项行动或活动。全市共救助各类生活无着流浪乞讨人员2946人次，其中未成年人613人次、肢体残疾人163人次、疑似精神障碍患者677人次。

【区划地名工作】 全市第二次全国地名普查成果通过国家和省检查验收，圆满完成普查任务，进入成果转化运用阶段。积极探索行政区划调整助推脱贫攻坚，开展移民安置点设置街道调研，完成黔西县移民安置点设置锦绣街道的审核调研和上报工作。配合大方县开展撤县设区的前期准备工作，完成黔西县撤县设市的调研审核和上报工作。市、县两级建立地名工作联席会议制度，地名管理工作进入规范化、标准化、制度化建设。大部分县（区）完成了城镇和建制村（居）的地名标志设置，开展国家标准地名词典和国家地名志词目采集和编纂工作。顺利完成滇黔线第四轮联合检查，“平安边界”创建扎实开展，有效促进了边界地区的社会稳定。

【双拥优抚安置工作】 认真落实各项优抚政策，下拨优抚安置各项经费2.49亿元。及时将符合条件的复员退伍军人纳入城乡低保范围，积极实施医疗救助和临时救助。开展“关爱功臣·共建和谐”优抚对象短期疗养9期253人、巡回医疗活动18期584人。举行2018年烈士公祭活动，组织7.7万人参加线上线下“铭记·2018清明祭英烈”宣传教育活动。组织2.78万名复员退伍军人在辖区医疗机构免费体检并建立健康档案。完成毕节市退役军人和其他优抚对象信息采集第一阶段工作。认真做好退役士兵安置，接收退役士兵1469名，安置141人。组织开展退役士兵就业培训和退役军人保密教育培训，举办军休干部庆祝改革开放40周年系列主题活动。扎实开展双拥创建工作，春节、“八一”期间，全市走访慰问优抚对象65531人次、驻地部队113支次，发放慰问金及物资共1757.34万元，送达立功受奖喜报及慰问信5145户，挂光荣牌匾1169户，贴新春楹联年画977户。积极开展以市为单位创建全国双拥模范城工作，在《贵州日报》（第24401号）整版宣传报道全市创建全国双拥模范城工作成果。

【脱贫攻坚帮扶】 积极帮扶黔西县脱贫摘帽，

在加强业务指导的同时，投入资金30余万元开展项目帮扶，选派4名同志进驻黔西县观音洞镇开展同步小康驻村帮扶，组建脱贫攻坚专班到联系点上开展定点精准帮扶。在国务院扶贫开发领导小组组织第三方评估机构对黔西县脱贫摘帽评估验收检查中，民政兜底脱贫工作以“零问题”通过验收，省民政厅在黔西县召开全省民政部门2018年脱贫攻坚夏秋攻势动员部署会暨民政兜底脱贫现场会。认真谋划大方县脱贫帮扶工作，成立6个调研组，对大方县所有乡（镇、街道）社会救助兜底保障工作进行深入调研，调研成果得到市委、市政府和省民政厅主要领导的充分肯定。

【信息宣传】 全面推进政务信息工作，向省民政厅、市委办、市政府办报送《民政快报》266期280条，《毕节民政工作》55期。全面提升各级媒体载体上稿数量和质量，在国家级媒体及其载体发表的新闻稿件达到102篇，省部级发表280篇，市级发表340篇，《中国社会报》刊载采用毕节市稿件名列全省第一。召开养老服务业改革发展“1+7”政策解读新闻发布会，开展主题宣传活动37场次，开展专场宣传活动18场次。强化“双微一站”运行管理，全面应用推广省电子政务外网。

【法治建设】 推进民政领域标准化建设，出台贯彻执行贵州省《社区居家养老服务规范》实施意见、印发贯彻落实贵州省地方标准《社区公共服务规范》实施意见的通知，争取省市质监部门支持，《毕节市养老机构入住评估规范》《毕节市收养能力评估规范》等2个地方标准获得立项。修订权力清单和责任清单，取消行政确认权1项、行政奖励权1项、行政检查权2项。强化行政执法监督，开展行政执法“三项制度”改革，开展重大行政执法决定法制审核1件，落实法律顾问制度，加强行政执法队伍建设，8人取得行政执法（行政执法监督）资格，办理行政许可、行政检查、公共服务事项291件。

【项目建设】 认真谋划和申报民政建设项目，积极争取中央预算内资金和省级民生项目资金支持，加大项目督促力度，确保顺利推进。梳理谋划项目231个，计划总投资248.22亿元。获得2018年度中央预算内资金支持的4个项目全部开工建设，获得省级民生项目资金支持的67个项目全部投入使用，市本级6个建设项目全部以暂估值方式完成“投转固”。报请市政府研究建设毕节市老年养护院项目，项目建设床位1000张，计划总投资1.5亿元。

【安全稳定】 落实安全生产“一岗双责”责任制，开展“安全生产月”、“消防安全月”、“大排查大整治”等活动，召开全市民政系统安全生产和信访维稳工作培训会议，提高从业人员管理和服务能力，实现年内全系统零安全责任事故发生。落实信访维稳各项工作，完善服务阵地，在市（县）两级分别设置专门的信访接待室；创新开展“三访一研判”工作模式，得到省民政厅高度认可。牵头开展全市民生领域风险防范化解工作，召开2次20余家市直成员单位联席会议，全面开展风险排查，着力化解消除隐患，加强重大风险稳控，有力促进全市社会和谐稳定。

【工作作风】 将大学习、大走访、大调研、大落实“四大活动”和大兴调查研究之风、大兴真抓实干之风、大兴勤俭节约之风“三个大兴”活动有机结合，深入推进民政队伍自身建设，取得了较为明显成效，省民政厅主要领导高度评价并作批示要求全省借鉴学习。认真开展“无会期”调研活动，创新开展“三访一研判”和“深入基层察民情·调查研究抓落实”主题实践活动。持续做好干部约谈工作，约谈干部112人次。持续加强民生资金使用监督管理，预防职务犯罪。开展纪律作风明察暗访，开展廉政文化进机关及廉政文化进讲堂活动，驰而不息纠正“四风”，扎实营造了干事创业、风清气正的工作环境。

【机关党建】 加强政治建设，严肃党内政治生活，认真落实“三会一课”制度，定期召开支部委员会和支部党员大会，党员领导干部带头上党课。加强党员管理，严把党员发展关，扎实开展党务培训工作，严格规范党费缴纳、使用和公示。认真抓好意识形态工作，落实意识形态工作责任制，将意识形态工作纳入党组中心组的学习，及时贯彻党中央和上级党委关于意识形态工作的决策部署及指示精神。重点加强社会组织意识形态管理，严格要求思想文化类学会协会等社会团体贯彻执行重大事项报告制度，规范社会团体重大活动。认真抓好宗教工作，确保党员干部职工坚持正确信仰。

【党风廉政建设】 将党风廉政建设与民政业务同安排、同部署、同检查、同考核。制定党风廉政建设年度工作要点，层层签订党风廉政建设责任书。严格落实党风廉政建设责任制，按照中央、省、市纪委的要求，坚持“标本兼治、综合治理、惩防并举、注重预防”的方针，持续巩固党的群众路线教育实践活动、“三严三实”专题教育成果，深入推进“两学一做”学习教育常态化、制度化，着力在加强教育、完善制度、强化监督、从严纠风等方面下功夫。认真履行党风廉政建设主体责任，局党组听取党风廉政建设工作情况汇报4次，召开12次党组会议专题研究党风廉政建设工作。扎实开展省委巡视反馈问题和市委巡察反馈问题整改，不断强化对各类民政民生项目、资金的管理。不断规范权力运行，修订完善各项管理制度，加强源头管控，强化对重点领域、关键环节、重要岗位的监督检查和防控工作。持续抓好廉政风险防控工作，组织排查22个廉政风险点，并制定防控措施。注重权力运行，坚持“三重一大”、“权力清单运行备案”制度，全年报告“三重一大”事项95项。

（撰稿：陈　桥）

民族宗教

【概述】 2018年，毕节市民族宗教工作围绕学习贯彻党的十九大精神这一中心、突出坚决打赢“113攻坚战”这一主线、以创建民族团结进步繁荣发展示范区和宗教关系和谐示范区为抓手，真抓实干、攻坚克难，民族宗教各项工作有序推进。

【紧扣打赢脱贫攻坚这一中心，夯实民族地区经济社会发展基础】 用足用好少数民族发展资金。争取中央、省级少数民族发展资金5158万元，较2017年增加1828万元，实施项目235个，支持民族地区基础设施建设和发展特色产业；争取省级各类民族宗教经费400万元、下达市级各类民族宗教经费950万元，用于民族宗教工作、民族地区教育文化、宗教专项补助等。扎实推进财政专项扶贫资金“五个专项治理”工作。根据省委、省政府2018年脱贫攻坚的安排部署和夏秋攻势行动令的要求，制定下发《毕节市民宗委关于开展少数民族发展资金自查及存在问题整改方案》，安排部署涉及少数民族发展资金使用中资金闲置、资金项目不精准、资金报账率低等不规范问题整改。积极支持“黔系列”文化产业品牌打造。立足“品牌领先、龙头带动”，以“少数民族传统手工艺传习所”命名工作为载体，重点培育“大方漆器”“民族蜡染”“民族刺绣”等“黔系列”品牌，在省第一批、第二批命名的“少数民族传统手工艺传习所”中，2个“大方漆器”生产企业、21个“民族蜡染”“民族刺绣”企业获命名；12家企业获省第三批“少数民族传统手工艺传习所”命名。扎实做好少数民族特色村寨发展保护工作。制定《毕节市民宗委

2018年少数民族特色村镇保护发展工作方案》，完成深度贫困少数民族特色村情况调查；23个村寨获贵州省第三批少数民族特色村寨命名；加强部门协调，将少数民族特色村寨保护发展融入“四在农家·美丽乡村”和旅游发展项目建设，七星关区大屯三官村、黔西钟山乡猫山村等特色村寨列入市文化遗产保护利用规划，切实加强村寨文化遗产传承保护和利用。认真开展“双培”计划助推脱贫攻坚三年工作。争取市政府印发《毕节市“双培”计划助推脱贫攻坚三年工作方案》（毕府办函〔2018〕46号），各县（自治县、区）政府（管委会）相继出台了相应工作方案，明确“双培”计划的目标任务、工作重点、工作步骤、保障措施等；成立市人民政府分管副市长为组长，市人民政府分管副秘书长、市民宗委主要负责人为副组长，市直有关单位和各县（自治县、区）政府（管委会）分管负责人为成员的“双培”助推脱贫攻坚活动领导小组，夯实组织保障；开展横到边、纵到底的调研摸底，全市存在汉语言障碍少数民族群众约200个村（组）、11315人，主要为彝族和苗族同胞，培训需求主要为种植和养殖知识方面。全年市、县两级落实培训经费449万余元、培训8200余人次，培训内容涵盖汉语言、种植、养殖、民族文化、民族传统手工艺等方面，实施“双培”计划助推民族地区脱贫攻坚成效初步呈现。有序开展“四帮”服务推进“五共”社区建设工作。以“帮搬迁、帮融合、帮就业、帮解困”为切入点，选定金沙县阳灯社区、百里杜鹃鹏程管理区石牛安置点等10个少数民族比例高、服务需求大的易地扶贫生态移民安置点作为“四帮”服务推进“五共”社区建设的示范点，建立健全城市社区民族工作长效机制，积极建设“共居、共学、共事、共乐、共建”的“五共”社区，帮助安置点少数民族同胞尽快融入新环境、适应城市生活。

【紧扣唱响民族团结这一主旋律，夯实各民族交往交流基础】 不断推进民族团结进步示范创建工作。印发《毕节市2018年民族团结进步创建活动实施方案》，将民族团结示范创建融入全国文明城市创建和“开展四帮服务推进五共社区建设”工作；命名2017年度市级民族团结进步创建示范单位45家；5家单位获2018年省级创建示范单位命名；毕节市民族中学获国家民委“第六批全国民族团结进步创建活动示范区（单位）”命名；6个民族团结进步模范集体、14名模范个人获省委、省政府表彰。全力备战全省第九届民族运动会。成立市政府主要领导任组长，分管副市长任常务副组长，市政府分管副秘书长和牵头部门主要负责人任副组长，市直各职能部门和各县区政府分管负责人为成员市级备战工作领导小组，《毕节市备战贵州省第九届少数民族传统体育运动会工作方案》，落实备战经费195万元，选拔97名运动健儿参加运动会7个竞技项目和2个表演项目的角逐，共获得奖项47个，其中一等奖2个，二等奖25个，三等奖20个；毕节市代表团获优秀组织奖、体育道德风尚奖。选送的《彝山恋歌》《飞笙踏月》两个表演项目入选代表贵州省参加2019年第十一届全国少数民族传统体育运动会，备战全国民运会各项工作正有序开展。认真谋划民族服饰设计大赛参赛工作。多次牵头组织召开由旅游发展部门、服饰生产企业参加的协调会和座谈会，鼓励市内的民族服装生产企业积极参与，收集彝族、苗族、蒙古族、满族等展示类民族传统服饰20余套参加首届多彩贵州民族服饰设计大赛，获二等奖2个、三等奖1个、优秀奖3个。全面开展民族古籍普查。新普查民族古籍条目1859条，其中：彝族古籍条目1080条；苗族古籍条目596条；布依族古籍条目157条；仡佬族古籍条目13条；满族古籍条目12条，佤族古籍条目1条。

【紧扣维护和谐稳定这一主线，夯实宗教工作基层基础】 扎实推进宗教关系和谐示范区创建工作。2017年，161个宗教关系和谐示范单位获省委统战部、省民宗委正式命名［其中示范宗教团体7个、示范宗教活动场所81个、示范乡镇（社区）73个］；先后召开多次专题会，对2018年的218个创建任务进行安排和调度，于11月14日—16日顺利通过省民宗委的检查验收。深入开展宗教政策法规宣传培训。编印新修订《宗教事务条例》漫画读本3.62万册、印制新修订《宗教事务条例》墙挂1200幅免费发放给宗教活动场所。深入开展宗教政策法规培训，共举办各类培训34期，培训各级干部、宗教教职人员35276人次。积极引导宗教与社会主义社会相适应。争取省民宗委经费197万元、安排市级经费19万元，用于危旧宗教活动场所补助；在开放场所全面开展中华人民共和国国旗、宪法和法律法规、社会主义核心价值观、中华优秀传统文化进宗教场所“四进活动”。

（供稿：毕节市民族宗教事务局）

老龄工作

【概述】 2018年，毕节市老龄办认真学习贯彻党的十九大和习近平新时代中国特色社会主义思想，始终坚持党委领导、政府主导、社会参与、全民行动，按照市委“三个大兴”、全省民政系统“四大活动”和省老龄办工作要求，突出重点、统筹兼顾，扎实推进各项老龄工作开展。

【推进老年优待维权工作】 为认真贯彻落实《市委办、市政府办关于进一步做好老年人优待工作的通知》（毕委办字〔2016〕26号）和《市委办、市政府办关于对老年人优待工作进行责任分解的通知》（毕委办字〔2015〕11号）文件精神，各县区相继出台本地老年人优待政策。2018年，黔西县大幅提高高龄补贴标准，其中80~89周岁老人从原来的每人每月50元提高到100元，90~99周岁老人从原来的每人每月300元提高到600元，百岁老人从原来的每人每月600元提高到1000元。金沙县从2018年1月1日起，按照10%的比例提高80周岁以上老年人的高龄补贴标准。老年维权工作推进有力。联合有关部门开展老年人维权和“法治毕节”创建宣传活动，现场共发放《中华人民共和国老年人权益保障法》《贵州省老年人权益保障条例》《当代老人健康生活实用手册》等宣传资料2000余份。为进一步提高广大老年人识骗防骗能力，大方、赫章、金海湖等地结合实际，组织开展了老年人防范电信网络和金融诈骗宣传教育活动。黔西县人民法院、人民检察院、公安局、司法局联合发布了《关于敦促将被赡养人接入安全住房共同生活的通告》，依法维护老年人住房权益。认真做好老年人信访维稳工作。“敬老月”期间，市司法局多次组织开展大型法律咨询服务，为老年人答疑解难。结合“七五”普法和“法律进社区”等活动，印发了5万余份宣传资料发放给老年人学习，制作了大量的宣传图片张贴在各社区宣传栏，对老年人进行普法宣传。七星关区组织发放了法律知识宣传资料3000余份，开展老年法律援助和涉老政策、法律咨询活动4场，组织开展《中华人民共和国老年人权益保障法》知识讲座3场。大方县为群众发放法治宣传资料共5000份，为老年人办理法律援助5件、公证4件。纳雍县接待群众5000多人次，发放资料3500多份。威宁县六桥街道办通过阳光94.5广播播放《中华人民共和国老年人权益保障法》进行法律宣传。百里杜鹃管理区投入近万元印制《百里杜鹃管理区老年人法律保护宣传手册》8000册，并将宣传手册发放到9个乡（管理区）。

【推动“十三五”规划的落实】 市政府高度重视，以毕府办发〔2018〕11号文件印发了《毕节市老龄事业发展“十三五”规划》，对重点工作任务进行责任分解，对涉及的10个大项52小项任务，均明确了牵头单位和责任单位，确保目标任务落到实处。按照省老龄委的安排和市老龄委的工作计划，下发了《毕节市老龄工作委员会关于开展老龄事业“十三五”规划实施情况中期评估的通知》（毕市老龄委〔2018〕1号），对规划中期评估工作进行安排部署，同时，组织市县两级开展自查、自评工作，各县区老龄委、市老龄委成员单位及时上报了自查评估报告。10月18日，省政府参事、省老龄办原巡视员杨春兴带队到毕节，对规划执行情况进行全面检查评估，并先后实地检查了毕节市拱拢坪疗养中心医养结合工作、七星关区麻园办事处望城社区居家养老服务、七星关区市东办事处龙山社区老年日间照料中心建设情况和七星关区人社局养老保险服务窗口老年人优待情况。通过听取汇报、查阅资料、实地检查等，检查组对市规划执行情况给予充分肯定。

【参与养老服务体系建设】 配合民政部门，起草了《毕节市城市社区居家养老服务工作方案》，并列入市委深改课题。2018年6月，市政府印发了《毕节市人民政府关于深入推进养老服务业改革发展的实施意见》即“1+7”文件，内容涉及养老服务基础设施建设、城市社区居家养老服务、农村敬老院服务质量建设、农村留守老人关爱服务、养老服务人才队伍建设、智慧养老服务信息平台建设、鼓励和引导民间资本进入养老服务业等七个方面。扎实做好省政府民生实事。及时向省民政厅和省老龄办上报了35个省政府民生实事项目（农村互助幸福院），每个项目获得10万元经费补助，共争取到省级补助资金350万元。部分县区推进有力，落实县（区）级匹配资金89万元（其中，金沙县34万元、七星关区33万元、黔西县14万元、织金县6万元、百里杜鹃管理区2万元），确保按时保质保量完成省政府这一民生实事。与卫计委等部门联合下发了《关于切实做好“十三五”健康老龄化的实施意见》。认真开展为老服务机构安全管理工作，以传真的形式下发了《毕节市老龄办关于做好2018年元旦、春节期间居家养老服务站、农村幸福院和基层老年协会安全工作的通知》。编印了400本《毕节市2013—2016年农村互助幸福院建设工作资料汇编》。完成了七星关区麻园街道杨家塘社区老年人日间照料中心项目建设任务。对2016——2017年民办社区居家养老服务机构省级建设资助情况进行自查，并向省老龄办上报了自查报告和相关资料。

【开展“敬老月”活动】 印发了《毕节市老龄委关于深入开展2018年“敬老月”活动的通知》，精心组织开展系列敬老爱老活动、系列走访慰问活动、系列老年文化活动、系列老年维权活动、系列岗位敬老活动、系列老年人经验传承活动，取得了较好的效果。10月16日和15日，市委常委、组织部部长、老龄委主任石永忠和市政府副市长、市老龄委常务副主任王泉松分别到赫章县和纳雍县开展“老年节”走访慰问活动。根据全市统一安排，市老龄办还分别到黔西县观音洞镇青岩村、七星关区洪山办事处桂花社区和大方县3个乡镇走访慰问。七星关区四大班子领导带队到全区42个乡走访慰问，共送去慰问金18.8万元。大方县由每名县领导负责慰问1名百岁老人，共慰问了28个百岁老人。金沙县四大班子共组成25个慰问组，发放慰问资金10.55万元。据不完全统计，“敬老月”期间，全市共开展慰问活动200多场次，发放慰问金100多万元。10月14日和17日，市老龄办携手七星关区老龄办，走进熊头小区、桂花社区、双城社区，开展人口老龄化国情教育暨“党员进社区，重阳传美德”主题党日活动。“敬老月”期间，各地团组织、助老服务社会组织和志愿者们纷纷开展各种敬老、爱老、助老活动，据不完全统计，各地组织的为老志愿服务活动超过1万人次。各地纷纷组织开展丰富多彩的老年文化活动，为广大老年人营造了一个喜庆、热烈、欢乐的节日气氛。据不完全统计，“敬老月”活动期间，毕节市开展的各类老年体育文化活动200余场，直接参与演出的老年人超过3万人，观看演出活动的人员近百万。

【组织举办老年文体活动】 市老龄办联合市直老体协，在2018年元旦当天举办了“庆元旦·迎新春”中老年体育舞蹈展示活动。3月21日，毕节市老龄办、七星关区民族中学和毕节市熊头居家养老服务中心在毕节市社会福利院联合开展“学雷锋月·敬老孝亲”主题文艺演出活动。6月27日上午，市老龄办联合有关部门在熊头小区举办庆祝建党97周年老年文化活动。10月14日，联合有关部门举办了“重阳传美德，共创文明城”为主题的老年文艺活动。10月14日和10月17日，市老龄办联合有关部门，分别在熊头小区和双城社区举办人口老龄化国情教育暨2018年老年节文艺活动。2018年，相继举办了贵州省九市州五届三次老年书画联谊会（展）、“孝亲敬老”道德讲堂、2018年“敬老月”毕节城区秋季老年门球友谊赛、“致敬改革开放、唱响同步小康”——纪念改革开放40周年暨法治宣传文艺演出等活动。各县区也结合实际，组织了丰富多彩的老年文化活动。金沙县举办了“健康中国、舞动金沙”中老年人广场舞大赛。织金县桂果镇老年协会在东红村和岔河村举办“庆新春”联欢活动，活动内容包括拔河、唱山歌、篮球比赛等。元旦、春节和“敬老月”期间，七星关、黔西、纳雍、赫章等地的基层老年协会结合实际，精心组织开展了精彩的老年文化活动，进一步丰富老年人的晚年生活。

【做好老年社会组织工作】 开展基层老年协会风险点排查，强化风险管控，并按照要求上报了风险点及排查措施。以35个省民政民生实事的幸福院建设项目为硬件基础，按照“院会合一”的模式打造基层老年协会示范点。加大老年协会经费投入，市财政预算5万元老年协会专项经费，七星关区财政预算35.4万元、赫章县财政预算了4万元、百管委财政预算了0.5万元的经费，其他县区也通过财政、福彩金和捐赠等方式，积极筹措资金，切实加大基层老年协会的建设力度。按照《毕节市民政局关于开展社会组织监督管理专项检查工作的通知》（毕民通〔2018〕30号）精神，围绕社会组织安全管理、整治乱摊派乱收费行为、党风廉政建设等方面，认真组织市老年学学会、熊头居家养老服务中心、乐康居家养老服务中心开展自查，并向民政部门上报了有关材料。根据《中共贵州省委组织部关于规范退（离）休领导干部在社会团体兼职问题的通知》和《中共毕节市委组织部关于办理退（离）休省管干部在社团兼职辞职手续的通知》精神，指导市老年学学会召开相关会议，对学会中的理事进行了调整。加强社会组织党建工作，安排3名科级干部担任党建指导员，分别对接联系市老龄办主管的3家社会组织，并积极指导相关社会组织组建党组织。

【开展老龄调研和宣传】 会同市老年学学会下发了《关于认真开展2018年老龄调研工作的通知》，按照常规调研、健康与长寿调研、课题调研三个类别组织开展调研活动，共收集健康长寿调研文章13篇、常规调研文章31篇、课题调研文章7篇。向省老龄办上报调研文章37篇，并将37篇调研文章编辑成册。2018年，学会选送的10篇文章获得中国老年学和老年医学学会2018年度学术年会优秀论文，4篇获得省老年学学会2018年度学术年会优秀论文（其中二等奖2篇，三等奖2篇）。组织开展了“感谢党、颂党恩”征文活动，共评出一等奖1篇、二等奖2篇、三等奖5篇、优秀奖8篇。加大老龄工作宣传力度。贵州电视台将熊头居家养老服务中心、毕节怡心苑养老院先进事迹拍摄成专题片，并在贵州省九·九重阳敬老爱老电视宣传晚会上播放。贵州电视台二频道《百姓关注》栏目以《带着93岁的母亲去上班，贵州这个男子的举动让人感动……》为标题，用大篇幅专题报道吴天喜的感人故事。2018年，全国老龄办网站采用毕节市老龄工作信息18条，《贵州老年报》报道市老龄工作的信息近30条，市级媒体宣传老龄工作近100期次，市老龄办编发《老龄工作简报》38期、信息180余条。

【做好脱贫攻坚帮扶工作】 按照市委提出的“三个大兴”和全省民政系统提出的“大学习、大走访、大调研、大落实”的有关要求，5月23日，市老龄办深入到黔西县观音洞镇青岩村驻村帮扶联系点开展走访调研活动，为青岩村送去1万元的经费补助款，向市老龄办结对帮扶的9户贫困户送去了7900元的帮扶资金，资助他们购买猪崽、种子和修建圈舍。2月8日，到市老龄办驻村帮扶点黔西县观音洞镇青岩村走访慰问了杨秀英、罗登银等5户贫困户。2月9日，到七星关区洪山街道桂花社区帮扶点上走访慰问贫困老年人邱约绪、万昌珍，为两位老人送去春节慰问金。

【做好老龄统计工作】 据统计，2017年年底，全市60岁以上常住老年人口103.39万，其中，80~89岁高龄老人10.03万，90以上高龄老人10465人，高龄化趋势明显。城区老年人16.91万，农村老年人86.49万，农村老年人口占全部老年人口数的83%。2017年，全市10个县区中，人口最多的县区为七星关区，老年人口达17.35万，排名第二的威宁县达到15.92万，老年人口10万以上的县区有七星关区、大方县、黔西县、织金县、纳雍县、威宁县6个县区。据统计，2018年度，全市共有百岁老人255人（含威宁），百岁老人总人数连续7年持续增长。年龄最大的百岁老人117岁，111岁以上的百岁老人有4人，106~110岁的有28人，100~105岁的有223人；女性百岁老人193人，占百岁老人总数的75.69%，男性百岁老人62人，占百岁老人的24.31%。并按照省老龄办要求，上报了有关统计报表和百岁老人补贴审批材料。

【加强干部队伍自身建设】 按照市委、市政府和民政局党组要求，印发了《毕节市老龄办2018年党风廉政工作要点》和《毕节市老龄办2018年党建工作要点》。组织干部职工参加全省、全市民政系统党风廉政建设工作视频会议。认真落实“三重一大”事项报告制度，提前两天报送会议报告，及时报送权力清单运行备案台账、主任办公会议纪要、权力清单运行监督报告表等。扎实抓好“三个大兴”和“大学习、大走访、大调研、大落实”工作。按照市委、市民政局党组的要求，兴“三风”纠“四风”，大力开展“四个大活动”，努力营造积极向上、风清气正的老龄工作环境。认真组织召开党支部2017年度组织生活会，并开展民主评议党员工作。按照一月一主题、一月一创新的要求，共开展了12次“主题党日”活动。积极发展党员，对一名条件成熟的同志进行入党政治审查和培养。整治干部不担当不作为突出问题，对照市民政局提出的6个方面29种情形认真开展自查。组织干部职工参加市民政局举办的习近平新时代中国特色社会主义思想集中学习培训会，并按照要求组织干部职工撰写了心得体会。组织干部职工参加党的十九大知识竞赛，按照要求报送了有关竞赛资料。组织开展全市老龄系统信息宣传工作培训。

（撰稿：王　锋）

人力资源和社会保障

【概述】 2018年，在市委、市政府的坚强领导和省人社厅的关心指导下，在全市各级各有关部门的配合支持下，全市人社系统深入贯彻习近平新时代中国特色社会主义思想和习近平总书记对毕节试验区工作的重要指示批示精神，认真落实省、市一系列重要会议精神和重大决策部署，牢记嘱托、感恩奋进，全面推动全市人社事业改革发展取得明显成效。

【人社扶贫成效显著】 一是创新推进就业扶贫。创新开发“十大员”就业扶贫公益专岗6.86万个，精准招募5.78万名“三无两有”劳动力就业。成立10个国有公益性就业扶贫劳务公司、257个分公司（工作站）、3596个村级就业扶贫劳务合作社，进一步提升就业扶贫劳务组织化程度。建立就业扶贫车间58个，带动4060人就业。积极探索易地扶贫搬迁培训就业“一引领六覆盖”模式，在全市10个易地扶贫搬迁县城集中安置点建立了党组织体系、培训网点和就业服务网点，开展已搬迁未就业劳动力培训1.5万人，累计促进搬迁劳动力就业5.5万人，已搬迁劳动力家庭均实现“一户一人”以上就业。开发“十大员”就业扶贫公益专岗和组建就业扶贫劳务公司（合作社）得到了人社部、省委、省政府和省人社厅的充分肯定，成为全国20个人社领域精准扶贫典型案例之一，获毕节市2018年改革创新奖第一名。二是积极推进社保扶贫。促进71.31万名贫困人员参加城乡居民养老保险，各级财政为44.5万名困难群众代缴养老保险金3554万元，基础养老金提高至98元。为全市206户企业发放稳岗补贴1867万元。将6.5万名进城务工人员纳入建筑业工伤保险，受理工伤认定4652件，开展劳动能力鉴定3375人，有效防止务工人员因伤致贫、因伤返贫。三是深入推进人才扶贫。完成贫困劳动力全员培训10.71万人，促进就业6.87万人，初次就业率为64.2%。即评即聘3301名基层正、副高级专业技术人员。鼓励支持200名事业单位人员离岗创办176个项目。县、乡两级共招聘320名事业单位人员。通过“脱贫攻坚专项引才活动”和第六届人博会等平台引进各类人才349人。把在脱贫攻坚一线的业绩作为职称评聘的重要条件，全市共有657名基层专业技术人员取得副高级专业技术职务任职资格，为脱贫攻坚一线提供人才保障和智力支撑。

【就业局势稳中向好】 全市城镇新增就业上报数8.59万人，总量在全省排名第六，与上年同期相比实现了“保位”；增速全省第二，与上年同期相比上升了3位。失业人员再就业、就业困难人员就业、转移农村劳动力就业均超额完成年度目标任务，城镇登记失业率3.32%，发放创业担保贷款3.95亿元，扶持高校毕业生、农民工等6214人创业。在广州市组建11个劳务协作工作站，组织输出劳动力就业2589人。争取广州市对口帮扶资金6574万元，用于发放“十大员”就业扶贫公益专岗稳岗补贴和开展贫困劳动力技能提升培训。与广州港集团开展合作，在毕节职业技术学院开设2个精准扶贫班，共招收102名贫困家庭大学生就读。累计培育和创建省、市级创业孵化示范基地21个、返乡农民工创业示范园（点）46个。成功举办第二届全市“决战贫困·创赢毕节”全民创业大赛和“乡村厨师技能大比武”活动。通过“春暖乌蒙”“就业扶贫日”等大型公共就业服务活动，累计达成就业意向1.66万余人。召开返乡就业创业座谈会252场，促进返乡就业创业10.69万人。通过公益性岗位安置就业困难人员就业9439名，发放岗位补贴和社保补贴2亿元。

【社会保障水平大幅提升】 全市各项社会保险参保人数达526.3万人次，累计征缴社保基金68.13亿元，累计按时足额发放各项社会保险待遇65.14亿元。20.4万名机关事业单位工作人员参加了养老保险，4.3万人享受待遇。妥善解决全市“中人”养老金重算待遇差问题，受到省人社厅和省社保局的书面表扬。通过落实阶段性降低企业职工基本养老保险单位缴费费率、实施差别化工伤保险缴费费率、降低失业保险缴费费率、规范生育津贴发放等政策，为企业减负2.3亿元。调整9.16万名机关事业单位和企业退休人员基本养老金。失业人员失业保险待遇调增至每月1344元。与全国1.54万家医疗机构实现异地就医联网直接结算，发行社会保障卡341.65万张。实地稽核参保企业5405户次，追缴违规领取的社会保险费64万元，清理养老保险欠费2396万元，稽核“两定”协议管理机构436户。

【人力资源开发有序推进】 完成各类职业培训8.8万人、职业技能鉴定5230人。培训新录用公务员和市直事业单位新进人员1259人、年度考核不合格（不称职）人员204人，选派103人赴省外参加各类培训。共招录公务员600人，招募64名“三支一扶”人员到基层一线工作，组织812名高校毕业生开展见习。1.1万名专技人员通过社会化评审取得相应级别职称。接收安置军队转业干部73名。发放托管人员统筹外补贴66万元。圆满组织完成5万余人参加的各类人事考试工作。牵头完成人力资源开发专题大讨论活动，代市委草拟出台了《关于深化人才发展体制机制改革助推打赢“113攻坚战”的实施意见》。事业单位第三个聘期岗位设置和机关事业单位防治“吃空饷”工作有序推进。

【劳动者合法权益得到有效维护】 积极开展保障农民工工资专项督查检查，清欠农民工工资4.09亿元，涉及农民工2.83万人，拖欠农民工工资实现“动态清零”；将682个项目纳入实名制管理，存储工资保障金5.06亿元，建立应急周转金4800万元。劳动合同制度全面实行，集体协商稳妥推进，协调劳动关系三方机制逐步完善。稳步推进国有企业负责人薪酬制度改革和公立医院薪酬制度改革。完成了全市1860户企业集体合同的审查及19.8万人的劳动用工备案。全市仲裁机构受理劳动人事争议案件2862件，按期结案率100%。

【系统行风建设全面开展】 在全市人社系统开展了“行风建设人人谈暨建言献策”征文活动和“争创优质服务窗口、争当优秀服务之星”活动。通过明察暗访和组织开展典型案例学习会、集中约谈会、警示教育大会等形式，教育引导干部职工进一步增强服务意识。对全局101项权责清单、25项公共服务事项进行了全面清理，取消了5个地方政府规章、规范性文件设定的证明事项和11项职业资格管理。全面落实容缺受理制、服务承诺制、“马上就办”等工作要求，将社保局、劳动能力鉴定中心等服务企业服务群众的部门成建制进驻市政务服务中心大厅集中办理，办事企业和群众提供材料减少30%以上，市县级社会保险服务事项网上可办率达50%以上，法定审批时限缩减50%。全面取消省内异地就医备案登记和“社会保险登记证”核发和年检。在全市392个定点协议药店开通了社会保险待遇领取资格指静脉认证。人社对外形象不断提升，在2018年社会公认度评价中，市人社局排名市直社会管理部门中第一，市社保局获得贵州省“工人先锋号”和市“文明示范窗口”称号。

【全面从严治党纵深发展】 把加强党的建设、全面从严治党贯穿人社系统队伍建设全过程，逐级压紧压实党风廉政建设工作责任，常态化推进干部约谈工作和政治纪律规矩教育，从严管理干部队伍。局党组书记对中层以上干部进行了集中预防提醒谈话，局党组约谈县（区）人社局主要负责同志3人次、提醒约谈3名干部。认真完成省委第五巡视组巡视反馈有关单位违规发放津补贴整改相关工作。在全局推行“干部纪律作风扫码评价”，主动接受群众监督。推动“两学一做”学习教育制度化常态化，严格落实“三会一课”、主题党日等各项制度，组织开展了4次中心组集中学习研讨、22次干部职工集中学习和50余次支部学习。持续纠“四风”、兴“三风”，开展调研271次，撰写调研报告和统计分析报告共38篇，全局“三公”经费同比下降34%。深入开展党员干部违规插手参与茅台酒经营问题专项清理工作。把意识形态工作列为管党治党工作的重要内容，深入抓好正面宣传教育，全力营造人社系统风清气正的政治生态。

（供稿：毕节市人力资源和社会保障局）

企业之窗

贵州中烟工业有限责任公司毕节卷烟厂

【概述】 2018年，贵州中烟工业有限责任公司毕节卷烟厂（以下简称工厂）深入学习贯彻党的十九大及十九届二中、三中全会精神，以习近平新时代中国特色社会主义思想为指导，贯彻落实国家烟草专卖局、贵州中烟工业有限责任公司(以下简称公司)、毕节市委、市政府的各项决策部署。坚持以党建为统领，以创新为驱动，以“安全、质量、成本”为业务核心，全力推进“精造工程”，各项指标稳步提升，党的建设、精造工程、基础管理等方面均取得了新成效，持续推进了工厂更具质量内涵的发展。全年完成卷烟生产任务40.38万箱，同比减少1.12万箱，下降2.7%；实现产值59.65亿元，同比增加3.95亿元，增幅7.10%；上缴地方财政税收38.59亿元，同比增加5.6亿元，增幅16.93%。

【工艺质量管理】 全面开展工艺质量保障“一平台三系统”精造工程，以管理写实和工艺写实两项写实为抓手，对制丝、卷包、动力保障、原辅料、成品和放行检验6个环节进行全面写实。发现的问题经集中评审分类，制订改进计划，明确改进目标和时间节点，强化跟踪验证。全年共发现问题128个，下达整改任务128项，制修订标准38个。通过两项写实，一线员工对工艺质量保障的认识更加深刻，前期问题查找中技术问题多、管理问题少、系统思考少等现象得到改善，培养锻炼了人才。二季度以来，连续在公司精造工程评价中评分列第一位。“切片后烟块厚度不满足最新工艺要求”“薄板烘丝机入口端烟丝堆积”等问题改善方法在公司得到表扬及推广。

持续优化工艺质量管控模式，强化关键时段及环节工艺执行监督，工艺执行合格率达99.94%。将动力保障参数纳入工艺评价，实时监控动力保障信息，动力因素影响下降0.76%。深化工艺质量管理评价，完善管理标准，延伸管理内涵，全年工艺评价得分列公司第二位。抓实设备功能性验证，配合完成“贵烟（福）”工艺论证，保证卷烟产品的同质化。持续深化制丝工序工艺研究，降低烟支中丝团含量比例，制定膨胀烟丝风选最佳参数。卷包质量检测平均分99.38，烟支单支克重偏差5.76毫克/支，卷烟焦油盒标值与实测值偏差0.396毫克/支，合作品牌优质率99.61%，烘丝机出口水分偏差0.0066。

【安全生产保障】 执行行业和公司安全生产工作部署，坚持责任落实为前提，以安全风险分级管控和隐患排查治理双控体系、职业健康管理体系为着力点，提升安全管理现代化水平。层层签订安全责任书，实施安全生产事前问责，强化安全绩效考核，防范安全事故发生。围绕“将风险管控挺在隐患前面、把隐患排查治理挺在事故前面”这一原则，组织开展风险辨识，评出各类风险257个，制定较大风险管控方案11个；开展专项、节假日、季节性检查14次，排查出隐患（问题）127项；强化应急管理，开展消防安全检查8次。关注成品、原辅材料和专卖物资安全，加强门岗进出管理，对重要场所及重点部位实施全天监控。多形式开展安全教育培训，提升安全管理队伍素质。工厂获全国“安康杯”竞赛“优胜单位”荣誉称号。

【目标管理】 全面贯彻行业高质量发展的目标要求，围绕“深化提高—精准发力—提质增效”，将公司二级目标分解为63项厂级目标和221个部门目标。将目标管理与“精造工程”有机融合，新增7项质量指标，完善工厂目标体系。在月度分析的基础上，将目标分析从监管部门向责任部门延伸，运用精益管理分析工具，查找影响目标完成短板，制定改进措施，强化改进验证，提高目标完成效果。实行生产管理数据资源共享，打破“信息孤岛”和“数据烟囱”，发挥数据资源在“精造工程”、目标管理、创新管理中的作用。构建分层分类对标体系，突出过程督导和管控，提升对标水平，13项对标指标中6项指标优于行业平均值，对标指标提升率61.54%。

【降本增效】 完善生产运行管理制度，创新生产运行激励方式，探索多种生产组织模式，着力开班、收班特殊时段生产保障，确保精益理念贯穿生产制造全过程，提高生产运行效率。查找消耗管理的薄弱环节，针对重点指标进行消耗测试，加强异常指标跟踪分析，调度辅助设备启停模式，控制能源及原辅料消耗。推行“零基预算”，对预算项目实行类别划分，实现预算管控过程与成本费用管控的协调统一，单箱可控制造费用和单箱可控管理费用均控制在公司目标范围内。全年单箱烟叶消耗33.91千克，单箱嘴棒消耗12539.97支，消耗水平在公司排位第一，单箱卷纸、商标消耗水平在公司排位第二。

【全员创新】 坚持目标导向和问题导向，聚焦“安全、质量、成本”三大核心业务，完善创新机制。坚持实施创新“三级管控”工作思路，将“少投入、多产出”精益思想运用到各环节，眼睛向内、立足岗位对生产过程中重点、难点问题进行攻关。申报管理创新课题68个，其中6个项目在公司立项定级，24个纳入工厂管控；立项科技项目21个，其中5个在公司立项，16个在厂内立项，13个项目通过结题评审，3个项目分获公司D级、E级一等奖，1个获公司D级二等奖；组织发布QC成果30个，其中1个获烟草行业二等奖，2个分获公司二、三等奖。获得专利授权19件，发表论文30篇。

【设备保障】 修订完善设备管理制度，强化设备管理标准执行监督，以设备停机频次、关键点剔除量、物理指标数据统计分析为突破，利用运行数据指导生产管理。加强设备保养及预检修，立足于内部挖潜，将备品配件修复等纳入修旧利废管理，全年完成零散维修改造1010项，节约备品配件采购费约155万元。完成备品配件采购管理职能调整，按部门、类别进行分类整理，合理控制库存。卷接运行效率97.3%，包装运行效率93.17%，委外维修费用比例低于目标值0.83个百分点。

【就地技术改造】 完成就地技术改造项目整体竣工决算、结算审计报告、竣工验收报告，已报请公司同意，向国家烟草专卖局申请开展整体验收工作。

【人力资源管理】 严格选人用人专项检查及巡视整改，梳理和规范干部选拔任用工作流程，完善干部履历信息，推进干部选拔任用工作制度化和规范化。探索以“德、能、勤、绩、廉”为基本内容的干部考核评价体系，针对不同岗位类别，将月度工作业绩考核和年度民主评议相结合，促进干部履职。优化岗位设置，15个部门完成“三定”工作。围绕服务“精造工程”开展员工素质提升培训340期，组织完成2个国家级党建网络视频课程和公司10个专业技术类课程开发，40个单点课程通过评审，3个技师工作室完成组建，3人通过技师鉴定。2018年度教育培训及职业技能鉴定工作考核分别列公司第一位。

【党建工作】 工厂党委带头落实“三个表率、一个模范”要求，牢固树立“四个意识”，坚定“四个自信”，坚决做到“两个维护”。分解党委重点工作任务81条，明确党风廉政建设及纪检监察工作任务71条。组织签订全面从严治党目标责任366份，进一步构建全面从严治党责任体系。深入推进“两学一做”学习教育常态化制度化，全年召开党员大会80次、支委会145次、党小组会360次，支部上党课43场次，开展“主题党日活动”77场次，工厂领导上廉政党课10场次。

深入贯彻习近平总书记关于进一步纠正“四风”，加强作风建设的重要批示要求，不折不扣贯彻落实中央“八项规定”、国家局党组“九条要求”精神。完善干部中夜班走访巡查制度，严格执行采购管理规定，加强审计监督，强化选人用人和传统节日期间廉洁纪律执行监督，作风建设持续深化。全年开展明察暗访2次，监督检查4次，学习违规违纪典型案例24个。开展巡视整改“回头看”自查，形成3个自查报告，自查工作得到公司职能部门认可。落实集中整治形式主义、官僚主义工作部署，开展专项督导检查1次，拟定问题整改措施127条。

落实意识形态工作责任制，加强思想政治工作和文化宣传工作，开展企业文化建设，在各级媒体发表宣传作品700余篇（幅），组织撰写政研论文40篇。履行“党建带工建、带团建”职责，团结带领工会、女工委、青工委围绕中心工作共同努力。围绕“精造工程”积极开展岗位技能竞赛、自互检技能比武和“师带徒”活动，在全厂范围营造学工艺、重质量、守标准的良好氛围。积极开展帮扶慰问活动和女工工作，切实维护离退休职工队伍稳定。全面完成“三供一业”分离移交工作，妥善安置43名物业管理人员。

继续开展驻村帮扶，除纳雍县以扒村安排驻村人员外，新选派1名干部到晴隆县孟寨村任驻村第一书记。工厂党委班子成员深入帮扶点开展调研7次，落实资金30万元帮扶以扒村，帮助建立合作社和300头规模养猪场各1个，帮助推进农村“危改”和“三改”，助推帮扶点美丽乡村建设。1名驻村干部获全省扶贫攻坚优秀党员称号，以其事迹为蓝本制作的党员教育片获国家局第二届党员教育电视片二等奖。

（撰稿：赵　鹏）

贵州烟叶复烤有限责任公司毕节复烤厂

【概述】　2018年毕节复烤厂严格按照复烤公司“四精”的工作理念，紧紧围绕年度管理考核目标和对标指标，充分发挥和调动各岗位人员工作的积极性、主动性和创造性，齐心协力，认真开展和落实各项工作。全体员工紧紧围绕“提升产品质量、满足顾客需求”的管理理念，认真开展和落实各项生产工作，克服困难，努力完成公司下达的年度考核目标任务。

【生产加工完成及设备运行情况】　2018年毕节复烤厂先后为贵州中烟、湖南中烟、湖北中烟、江苏中烟、浙江中烟、山东中烟、深圳烟草、内蒙古昆明8家卷烟工业企业接收烟叶98.43万担、挑选烟叶27.69万担。网上签订合同111.49万担，执行打叶加工合同98.1万担。

本年度开机生产195天（比2017生产147天同比增加48天），年度复烤加工烟叶95.68万担（同比增加11.53万担），产出成品片烟31412.7483吨（同比增加3714.9816吨）、综合出片率65.67%（同比减少0.17个百分点），综合产品得率93.98%（同比增加0.16个百分点），时均加工量236.67担/小时（2017年244.1担/小时同比减少3.04%）。

年度综合出片率65.41%低于考核指标65.5%。主要是2018年下半年烤季烟叶生产出片率较低，烟叶品种原烟含梗率高、大方烟叶身份偏薄，原烟含梗率都在33%~35%，客户要求打叶指标叶中含梗率降低至≦1.5%等因素影响，造成2018年下半年烤季生产出片率为64.56%。

本周期接收片烟32008.2883吨、烟末150.145吨、长梗5239.355吨、短梗426.25吨、碎片157.7吨，共计37981.7383吨。发运片烟32557.596吨、烟末171.905吨、长梗5627.125吨、短梗702.82吨、碎片199.12吨，共计39258.566吨，发运量占本期库存量（期初库存+本期入库）的87.29%。2018年年初库存6991.4487吨。入库37981.7383吨，本期出库39258.566吨，库存量为5714.621吨。

【质量管理方面】　2018年烤季的均质化生产加工过程中，毕节复烤厂与工业企业共同制定现有条件下的均质化加工方案，确保可操作性和实用性，实现均质化加工优秀指标，在保证产品质量的同时，积极与湖南、湖北、贵州等工业企业共同开展打叶加工实验、QC项目等，共同探索和研究细支烟模块化配方；通过质量信息系统，实时、准确地将检测数据反馈到生产各个工段，便于生产操作人员及时调整，进一步提高均质化加工水平。本周期物理检测班组共完成在线检测241066次；成品化学检测2703次。

【2018年生产加工主要质量指标】　原烟情况：原烟水分适宜，范围在15.17%~16.03%，平均值15.44%；原烟梗叶比率略高，范围在26.26%~35.24%，平均值32.40%。

加工主要质量指标具体表现为：一是叶片结构各项指标之间互相兼顾，控制合理，叶片结构均匀性评价为好“a”；二是非烟物质得到有效控制，实现了控劣除杂的加工效果，具体表现为：一类杂物平均值为0，合格率为100%；二、三类杂物平均值为0.00034%；三是从检测数据看出，上等烟成品片烟平均水分为11.60%，中等烟为11.74%，下等烟为11.59%，均保持在客户要求的中下限范围，成品均匀性评价为好“a”。

【设备管理】 2018年，毕节复烤厂仅二车间生产线投入使用，为确保生产线设备稳定运行，紧紧围绕年度设备管理目标，结合公司设备信息管理系统，针对设备管理、使用过程中存在的不足，积极主动组织、参与设备全过程管理。

设备故障率：2018年设备故障率1.08%，同比下降0.31个百分点。

设备有效作业率：2018年设备有效作业率100.57%，同比下降3.63个百分点。

吨烟维修费：2018年全年设备外委维修费用合计为145.26万元（不含税）。2018年产出片烟31718.99吨，吨烟维修费：45.80元/吨，同比降低6.99%。

【安全生产管理】 一是落实安全生产责任制：全年安全生产投入84.99万元。全员签订安全目标责任书229份，同时分别由部门负责人和安委会主任签订安全承诺书，车间员工和行政员工与部门负责人签订安全承诺书229份。

二是专业队伍建设、注安师评聘：聘用注册安全工程师1人，安全科配备专职安全员4人，各部门设置了专兼职安全员并按要求履行安全职责。

三是安全风险辨识管控及隐患排查治理：全年认真开展节假日前、消防、库房等专项安全隐患排查，日安全检查，排查出各类隐患共计45项，已整改完毕。

四是安全管理信息化运行情况：充分利用“毕节市安全生产信息系统”和“贵州烟草安全管理”两个平台，对重大危险源、重点岗位等风险点实行在线监测和视频监控，实现省级公司范围内安全基础数据信息共享。

五是安全生产制度建立和执行情况：修订《安全管理考核办法》，细化考核内容，加大各层级失职追责的考核权重；深入梳理岗位安全责任比重和岗位作业风险，加强安全管理月和年度考核的过程管控，推进岗位安全风险价值系数评定，根据价值系数确定年度安全绩效考核。

六是岗位达标开展情况：结合工厂专业安全评估的相关内容，制定《安全生产网格化监管实施方案》，明确各岗位安全职责，查找岗位危险点和管理难点，建立岗位安全责任清单，有针对性地开展岗位达标工作。

七是“双控”体系建设情况：为实现安全风险动态分级管理，强化关口前移，深入源头管控，毕节复烤厂迅速行动、积极落实，将“双控”机制建设逐步推向深入，抓早抓好生产科、储运科和综合办三个重点部门，组织专家组集中力量进行帮扶、培育，探索出一套可学、可复制、可推广的做法，形成风险分级清单并制定有效管控措施。

八是相关方管理情况：加强对相关方履行安全管理职责、作业人员培训、作业前安全技术交底、防护设施配备和使用的管理，加大管理力度，相关方作业风险得到有效管控。

九是应急管理情况：建立志愿消防队并明确其职责，制定志愿消防队应急处置手册，组织应急救援演练，提高应急处置能力。开展“安全生产活动月”，组织开展“仓库火灾应急救援预案演练”，提升员工应急意识和自救、互救、抢险救援能力，职工安全意识、安全技能不断增强。

十是消防系统运行情况：强化各级消防设施管理使用人员的培训，提高技术能力和管理水平，强化了消防设施在日常安全管理过程中的应用，切实履行动火作业制度。

十一是机动车辆管理情况：强化驾驶员安全意识，加强培训教育，并严格车辆维修保养，用车审批以及出车前、中、后的安全检查，严格执行“两档两本”“三交一封”制度。全年无交通事故发生。

【项目管理投资】 资本性投资及外委维修项目

21项，其中资本性投资2项，基础设施维修8项，设备维修11项。项目执行率100%，合同履约率100%，预算执行力96.18%。

资本性投资项目：严格按公司项目管理及合同管理相关要求，完成所有工程内容，投入正常使用，完成验收决算。

基建维修项目：由复烤公司授权公开招标，完成所有工程内容，并投入正常使用，完成验收决算。

设备类维修项目：其中2项由复烤公司前期招标，确定中标单位后授权工厂实施后续工作，其余9项由复烤公司授权公开招标。按项目管理及合同管理相关要求，完成所有工程内容验收决算。

【企业管理工作开展情况】 一是在体系管理方面：体系运行正常，生产和服务过程得到了有效控制，满足顾客要求与法律法规的要求，产品质量稳定，顾客满意率高。结合对标、创优，组织体系类相关知识培训1次，培训225人次。在原来二层级文件基础上修改3个，废止1个，保留51个，增加文件3个，结合目前工作实际进一步梳理和优化业务流程，试运行《成品仓库设备设施管理制度》《仓储物流转运制度》。9月开展内部审核，中层干部参与率达到100%，共抽查审核事实290项，查出改进建议项38项，一般不符合项4项，已整改完毕；11月通过北京世标认证中心组织第三方认证监督审核工作（审核共开具一般不符合项1项，按要求整改完毕）。

二是降本增效方面：拟定年度降本增效及创新创效工作方案及计划。分解指标，制定降本增效及创新创效目标：降低116万元。重新梳理各用工环节，核定用工环节及人数，安全值班减少用工33人，复烤加工环节车间减少12人，备料、过磅环节减少10人、后勤4人，科学合理控制劳务用工规模。

三是整顿规范方面：加强对关键业务流程的监督管理，采取抽查、定期检查方式，组织对关键业务流程进行专项督查，确保不留死角，覆盖到位。全年整顿参与公开邀请招标现场监督36次，参与竞谈监督11次，参与询价监督25次，参与单一来源采购谈判监督7次，监督涉及总金额3436.69万元。充分利用现有“两项工作”运维平台，加强民主公开管理，对“三重一大”重要事项，重点经费开支，采购项目等关键环节及时公开。

四是对标工作：紧紧围绕年度重点认真分析、查找流程缺陷，寻找管理短板，本年结合管理创新课题确立的对标课题共4项，对标课题无论从经济效益上还是技术含量上，较往年有明显进步。

五是开展节能降耗工作：2018年生产能耗151.32千克标准煤/吨、吨烟综合能耗155.04千克标准煤/吨，同比上年吨烟综合能耗降低12.04%。针对上年能耗过高问题开展了多项改善：QC活动小组开展课题《降低吨片烟综合能耗》，寻找症结，分析原因，确定要因对症下药，改善了导致吨烟综合能耗过高的一系列设备问题和管理问题；积极沟通协调供给工厂蒸汽的贵州华电毕节热电公司，对蒸汽输送管道进行系统性检查，焊补泄漏的管道，处理地下输送管道涵洞积水并清淤；协调华电热电公司更改供热方案，由原来的三段抽气供热改为现在从高排母管供热，蒸汽压力、温度都得到一定提升，生产中的蒸汽消耗相对降低；进一步维护完善蒸汽动力能源系统优化项目，更换部分易泄漏的阀门，将原有第二组蒸汽供热的换热器改造，可利用凝结水回收后的闪蒸汽补充加热，在不额外消耗蒸汽的情况下，可将采暖循环水温度再次提升，满足冬季供热需求；利用淡季组织人员进行节能减排知识培训，提高全员在日常工作生活中的节能意识。各项工作的开展进一步将节能减排工作落到了实处。

六是法治工作方面：领导班子及成员充分发

挥表率和带头作用，注重对管理人员的普法教育工作。先后组织领导班子参与的全员法律法规培训2次共计464人次，组织法律培训考试场次2场，合格率100%，组织“6·29”及“12·4”法治宣传活动2次，展板4块，简报4篇，印发宣传材料。年度实施采购项目74项，参与法规经济合同审核数量65个（其余还未签订合同），经济合同涉及金额3308.28万元，提出合同审核法规意见30条；采购文件审核数量72项，项目预算金额4097.03万元，提出法规审核意见25条。

七是精益管理方面：征集合理化建议46条，自主改善22条，单点课程8项，精益稿件37篇，精益课题2个，创造精益效益约60余万元。组建精益内训师队伍11人，组织精益管理培训次数1次，参培人员180人次。

八是QC管理方面：全年共组织登记、开展QC课题10个。在公司组织的2017年度质量管理活动小组成果评审发布中，参评成果3个，其中1个课题获省局（公司）三等奖。

九是创新项目方面：参与6个科技创新项目，其中，与毕节市烟草公司技术中心合作的《毕节主栽烤烟品种打叶复烤工艺参数优化》已于2018年11月顺利通过省（局）公司验收结题，其余各项目均按照实施方案要求有序开展。

十是人事用工、分配、业务外包及培训：中层干部正、副职平级调整岗位各1人，开展员工双向选择岗位工作、续聘/聘用助理级技术岗位6人，实行“公平、公正、公开”、“重实绩、讲贡献”和“薪酬向一线员工倾斜”的绩效分配导向；重新对各业务流程及用工进行梳理，用工人数较上烤季减少59人，实现减员增效、控制成本的目的；年度内部培训计划15期，完成15期，共培训1498人次，学时学分均达到公司要求。当年技能鉴定员工16人，烟叶分级工合格率100%、烟机设备修理工合格率50%、打叶复烤工合格率100%。

十一是客户满意度调查：本周期发放17份顾客满意度调查表，综合评价优秀17份，平均得分为98分，优秀率100%。

十二是党风廉政建设责任制落实方面：切实履行责任，强化责任落实。5月份党委书记与班子成员签署《党风廉政建设责任状》5份，签订全面从严治党主体责任书15份；纪委书记签订《党风廉政建设责任书》《廉政勤政责任状》各15份，《中层以上党员干部廉洁自律承诺书》26份。全员签订《廉政勤政责任状》《廉洁自律承诺书》，做到党风廉政建设全覆盖。开展警示教育活动：4月，组织党员、入党积极分子观看大型纪录片《作风建设永远在路上》；5月，毕节市纪委监委第十三纪检监察组到工厂开展关键岗位廉政教育培训；“七一”前夕组织党员干部、入党积极分子到鸡鸣三省重温入党誓词，开展红色教育；8月，组织全体干部职工在星空影院观看电影《文朝荣》；10月，对全体党员学习新修订的《中国共产党纪律处分条例》进行一次书面测试，开展了形式多样的廉政文化活动；11月，5名领导班子成员上党课，参加人员共165人次。

加强党内监督，从源头上预防腐败。采用集体约谈和个人约谈相结合的方式共预防提醒中层及以上领导干部55人次。5月，对拟提拔人员从提议到上任各环节层层把关，严把“党风廉政建设意见回复关”；6月，组织部门员工对厂中层干部进行民主评议并约谈部分员工；7月，对烟叶、设备、安全、项目、生产类等技术岗位聘用过程进行监督；9月，通报《黔西南州兴仁县基层烟叶站违纪违法典型案例》《云南省烟草专卖局余云东案涉及工程项目有关问题的情况通报》；11月，组织党员、入党积极分子参观毕节市人民检察院反腐倡廉预防职务犯罪警示教育基地；组织关键岗位学习《岗位廉政风险防控文化手册》，邀请党校教授开展《习近平新时代中国特色社会主义思想》专题、《中国共产党纪律处分条例》《毕节市委二届三次全会精神》等专题培训。

十三是工会工作：完成工会会员换届，高效完成公司工会和省、市各级总工会安排的各项工作任务，开展送温暖、献爱心、慰问重病职工、安康杯活动、生日慰问、节日慰问等，按时报送信息和相关资料。连续四年获得全国安康杯优胜单位、“贵州省五一劳动奖状”等荣誉称号。

【党建工作】 以“三会一课”为载体，狠抓支部党员的政治理论学习，充分运用支部大会、支委会、党小组会、党课方式，组织支部党员认真反复学习中共十九大精神、习总书记系列重要讲话精神等国家方针、政策及党内法规；高质量开展支部“主题党日”活动，如：中共十九大精神进部门、进班组、支部书记上党课、十九大精神讨论、参观检察院廉政教育基地、“党建薪火传，安全进万家”猜谜、“七一”中共十九大精神知识竞赛、鸡鸣三省重温入党誓词等“主题党日”活动。起到了凝聚人心、党建工作融入中心工作、坚定党员理想信念的效果，确保支部党员在思想上同党中央保持高度一致，工作上向公司和厂的目标看齐。

全年完成中心组学习12次，领导班子及成员充分发挥表率和带头作用，注重对管理人员的普法教育工作。认真开展谈心交心活动，让党建工作深入人心；党员认真履行义务，及时缴纳党费；采用互联网+宣传+管理的方式，党建微平台和党建交流群推送文章，党建交流群对党员进行管理、对支部工作进行安排、开展问题讨论和党务公开等；加强党建工作宣传报道，以党建文化长廊、展板为载体深入贯彻中共十九大精神和习总书记系列重要讲话精神。完成支部换届选举，完成厂党委整建制转移工作。

【严格执行专卖内管制度】 严格按国家局、省局内部专卖管理监督有关制度、规定控制各个关键环节，狠抓规范管理，确保各项工作落到实处。严格准运证监督管理，坚持按合同加工，杜绝无合同和超合加工，有效监管烟叶的接收、储存保管、投料加工、成品调运、废弃物处置等环节流程。2018年共处置废弃物8805.7456吨，其中：运输废梗4750.56吨、运输废梗3041.1806吨、霉烂烟4.4606吨、粉尘865.08吨（黄果树金叶公司）、库存废沫148.925吨。全年未发生烟草专用机械购置、改造、大修、转移、销毁等相关业务。市局公司专卖内管办认为工厂专卖内管工作开展到位。

（撰稿：陈莉娜）

贵州华电毕节热电有限公司

【概述】 2018年，贵州华电毕节热电有限公司深入学习贯彻党的十九大精神，以习近平新时代中国特色社会主义思想为行动指南，把握新常态，解决新问题，全面落实上级公司工作会议的各项决策部署，落实华电集团公司“五个坚持、五个转型”发展思路和“两低一高”发展要求，落实乌江公司“三加强、五推进”工作思路，在提质增效、节能降耗、建设本安企业、开拓电力市场、资金管理、严控各项费用方面付出了艰苦的努力。

【年度业绩】 2018年，全年累计完成发电量17.55亿千瓦时，累计供热量24.32万吉焦，全年利用小时数为5848小时，市场占比、交易电价均高于“三同”标准。完成主营业务收入49851.22万元，完成综合供电煤耗364.46克/千瓦时，综合厂用电率7.19%，二氧化硫、氮氧化物、粉尘等排放指标均在考核范围内。

【党建工作】 2018年，毕节公司全面从严治党。一是持续加强政治建设。坚持党对一切工作的领导，前置研究讨论了87项“三重一大”事项。以建设“五严三责”长效机制为抓手，正风肃纪进一步深化，以“纪律（规矩）建设年”活动为载体，把纪律规矩挺在前面，从严监督执纪问责，推动公司党风廉政建设和反腐败工作形成全面从严从紧从硬的新常态，对违反制度规定踩“红线”、闯“雷区”的发现一起查处一起，使铁的纪律逐渐转化为党员干部的日常习惯和自觉遵循。整治“四风”，严格落实贵州省统一安排部署，完成公司全部库存接待用酒的处置工作，实现酒类“零库存”。二是切实加强思想建设。坚持党管宣传、党管意识形态，把统一思想、凝聚力量作为宣传思想工作的中心环节，组织开展党的十九大精神知识竞赛、“不忘初心·牢记使命”主题党日系列活动，开展“三个梦”座谈讨论、“大国顶梁”系列宣讲，“弘扬劳模精神·争做时代先锋”道德讲堂活动，运用媒体平台营造激情饱满的宣贯态势，开展有步骤、有声势、有特色、有成效的宣贯教育。开展“形势任务大宣讲”“中国梦·华电梦·我的梦”职工思想教育活动，积极宣贯中共十九大会议精神，推动党的建设具体任务生根落地。三是切实加强组织建设。开展了公司党委和纪委换届选举工作，新一届党委班子创造力、凝聚力和战斗力进一步增强。完善了基层党组织和党务工作机构，完成6人次支部支委调整改选。按程序发展1名预备党员，完成2名预备党员转正，持续深化党支部组织建设。对13人次中层管理人员交流任职，开展后备干部年度考评，民主推荐了21名后备干部，对9名青年后备人才挂职培养锻炼。四是切实加强工团工作。以党建带团建，加强工团工作，大力开展技术创新、技术比武和技能竞赛，开展公司首届劳模评选，选派青年员工到威宁县高坪小学支教，组织开展“走进新时代，共建绿色热电”植树活动，开展“悦读青春”读书演讲比赛，召开青年座谈会，关心关怀青年成长成才。

【生产管理】 2018年，一是加强设备管理。进一步规范设备缺陷管理，将设备缺陷发现、处理到验收全过程闭环管理，并建立激励机制，锅炉实现了长周期安全稳定运行（1号锅炉连续运行505天无爆管，2号机锅炉连续运行432天无爆管）。把“控异常”作为“降非停”的基础，加强以预防设备故障为核心的检修、运行、维护管理，对每一次机组停运、异常事件坚持“四不放过”的原则认真分析，制定控制措施，落实责任，严格闭环管理；将往年非停事件写入仿真机系统，结合公司人员结构实际，有针对性制定了“运行人员能力提升方案”及“仿真机培训方案”，做到培训不搞形式；充分利用仿真机系统平台，将培训的重点工作放在操作及事故处理上。二是加强指标管控。积极开展小指标竞赛，完善小指标竞赛中各个指标，充分调动各级生产人员参与指标竞赛，以小指标保证关键指标的完成，利用小时完成5848.72小时，比贵州区域火电机组平均利用小时3931小时多1917.72小时。3月13日2号炉冷态启动耗油3.52吨，创历史最低。三是加强技术监督。注重过程管控及计划项目完成的质量，修订完善公司技术监督管理办法及实施细则，加强设备检修、改造工作的技术监督。2018年重点解决了2号组自投产以来润滑油系统长期带水问题，有效地保证了机组的长周期高负荷运行，提升了设备的运行指标及机组运行效率。

【经营管理】 2018年，毕节公司一是优化资金配置。通过借款置换，银行存兑汇票合理支付，对资金需求进行削峰平谷，降低资金沉淀，减少资金成本，保障生产经营所需资金。抓好应收账款清理，严格控制存货，发电用煤库存、备品备件物资存货压到定额内。二是严控费用管理。严格执行八项规定，从源头控制，对各项费用下达预算目标，严格审批程序，在保障各项工作正常运行的同时做到成本控制，五项费用与预算相比降幅达5%以上。三是优化电煤采购。广拓煤源，保持合理库存，综合考虑供、需、耗、存、量、质、价、时之间关系，达到价格低、资金占用低、损耗低的相互平衡。对“入厂入炉标煤单价差、入炉煤水分、场损、入厂入炉标煤热值差、入炉煤标煤单价、燃煤进耗存、入炉煤硫分”等数据时时分析变化原因，严控管理性损失。加强燃料的掺配，进一步优化燃煤结构和大幅度降低脱硫剂的消耗，每日下发堆放及掺配方案，完成了灰渣掺配4.86万吨，同比增加了1.79万吨。

【项目发展】 2018年，毕节公司积极推动城市供热项目，毕节市中心城区集中供热项目可行性研究取得中国华电集团技经中心审查，与毕节市政府签订了项目投资框架协议。圆满完成万晟阳光城一期集中供暖示范试点项目第一个供暖季，成功启动了第二个供暖季，贵州工程应用技术学院供热改造项目管向获批。以“气化毕节”为依托，二期2×400兆瓦煤改煤层气热电联产项目取得项目规划论证意见，毕节市将该项目上报省能源局作为支持发展煤层气、页岩气等新型能源产业的重点项目。完成了毕节头步公司企业法人压减任务以及“三供一业”分离移交工作，助推公司轻松上阵，增添新动力，释放新活力。

（撰稿：王　涛）

黔北电厂

【概述】 2018年，黔北电厂励精图治、攻坚克难，以打造具有核心竞争力的综合能源供给型新黔北为中心任务，聚焦价值创造，稳步推进“一体两翼”发展战略，奋力寻求转型突破。全年完成发电量67.18亿千瓦时，同比增加8.49亿千瓦时；综合厂用电率完成7.95%；供电标煤耗328.97克/千瓦时；机组利用5598小时，同比增加708小时，在省内同等级火电机组排第一；采购电煤412万吨，库存26.3万吨；固废综合利用率达100%；“八项事故”为零，未发生人身轻伤及以上安全事故，累计安全长周期运行7000天。荣获贵州金元2018年度党建工作先进单位、贵州金元2018年度安全先进单位、集团公司2018年度安全生产先进集体。

【安全管理】 以高压态势持续开展反违章工作，反违章见成效。修订违章连带处罚机制，持续开展零违章班组评选和实施违章连带处罚机制。2018年总计发生违章37次，同比下降35.09%。（一）落实风险管控，强化作业现场监督管理。一是每天对重点工作危险点进行分析，生产早会上通报当日重点工作，明确班组、部门、厂级监护人；二是HSE部对生产区域分片区排班，每天轮流进行安全监督检查，不留死角；三是加强外包工程安全管理，安全交底视频化，监督管理常态化等同化。外包队伍未发生人身轻伤及以上事故。（二）认真开展隐患排查，积极落实整改，实现闭环管理。2018年开展13次安全专项检查，共查出整改项目218项，整改完成191项，整改完成率87.6%。同年开展两次安全大检查：防洪防汛安全大检查，共查出整改项目72项全部整改完成；秋冬季安全大检查，查出问题58项，其中整改完成53项。（三）持续推进安建环体系建设和HSE提升。上年3月份，厂安健环管理体系通过第二方评估，达到公司安建环体系建设3钻提升要求。依据集团公司下发的新的安建环体系建设实施指南，重新梳理体系建设管理标准，修编管理标准14个，对安建环资料文件收集归档重新进行梳理。同时将HSE管理25项工具全部固化到安健环管理标准中，修编管理标准19个，全面实现安健环体系建设与HSE管理工具的有机融合，落地生根，切实让HSE管理工具服务于安全生产管理，全面提升安全管理水平。

【经营管理】 以抓煤量提升、抢发电量为总体思路，黔北电厂超前思维、超前行动，在长协的基础上，在质价互补的思路指导下全力抢抓市场优质煤以弥补电煤量不足问题，确保完成全年生产经营任务、汛期抢抓电量和年度存煤三大目标任务。是年9月17日，金沙县政府开展“治超”整改工作，县内运力下降，黔北电厂日进煤量锐减至日均2000吨左右，一度造成燃煤供应非常吃紧，库存煤连续下降，严重威胁发电需求，厂里迅速派人参与县政府组织成立的4个电煤保障工作组开展县内煤炭产能、运力调研工作，积极与煤炭企业、运输公司以及煤车驾驶员沟通，促使县内运力得以逐渐恢复，并努力与县外运输公司联系，给运力不足的煤炭企业牵线搭桥，大力引进外来运力，弥补县内运力不足的问题，正确运用价格杠杆，赢得市场主动，扭转燃煤供应紧张局面，实现日均收煤车数由国庆前的500车次提升至900车次，日均收煤吨位由8000吨提高到16000吨。创下日收煤车数达1056车次、日收煤21197.6吨的近年来新高，既确保了后期的长协煤量按合同约定兑现，同时合理调整库存结构，保证全年生产用煤数量、质量和安全上的需要，又保证年初制定的燃煤成本控制目标，为全厂最终实现全年的内部利润目标和今冬明春的发电用煤打下坚实基础。同时紧紧围绕机组设备问题及经济指标问题，在火电机组发电能力及燃煤情况较为艰难的环境下，组织成立抢抓发电量攻关小组，充分发扬黔北电厂的“三千精神”，度电必争；力所能及抢占发电市场，加强与调度部门的协调、沟通，抓住高峰，紧盯低谷，不放过任何时机“抢”发电量。在指标对标综合分析方面，加强重要操作现场监护管理，全力做好精准配煤、科学掺烧工作，安装投运烟气CO检测装置，将CO控制在合理范围内，方便运行人员监视调整锅炉经济燃烧，实现入炉煤质同比上升3.63%的条件下，机组负荷率同比上升3.8%，发电量同比增加14.5%。因煤质原因造成的锅炉熄火0次，损失电量同比减少1479万千瓦时，减少41.8%；有效控制内部损失电量，杜绝因人为原因的设备损坏导致的电量损失。

【综合能源】 （一）加速推进房产处置进度。遵义两城区共有房产三十处，建筑面积11857.1平方米。通过在贵州阳光产权交易所四轮挂牌出售后，已销售一层单间门面18处，建筑面积1487.13平方米，但仅为总处置面积的12.54%，销售金额3311.11万元，高于评估价值计337.62万元。为提高下半年的销售量，已引入6家专业的房地产经纪公司，通过专业的房地产销售团队提高遵义房产的处置进度。（二）积极推动供汽项目进度。金沙供热工程从是年8月1日正式进场施工。初步估计2019年3月份实现电厂至金沙回沙酒厂线供热。工期滞后的主要原因：一是征地款未及时到位；二是设备到货晚；三是供热管道跨越道桥的景观设计方案受审批时间影响；四是供热管道为线性工程，村民阻工的情况频发。（三）开展招商引资工作。充分利用125兆瓦机组拆除的闲置空地，积极招商引资，盘活闲置资产。加强与政府的沟通协调，加大宣传力度，多次有企业进行现场勘察。因土地使用权问题、环保问题或能耗达不到电厂预期等因素，多数企业未能入驻。（四）拓展固废市场。全年完成粉煤灰、渣、脱硫石膏销售239.6万吨，销售总额为2182万元，在超限运输极其困难的情况下，多次协调承包公司稳定销量和价格，在较短的时间内恢复粉煤灰正常外销，缓解了灰场压力和满足了环保要求。（五）大力推进配售电业务。配合经开区申报第三批增量配电网建设，因来自电网阻力很大，未能申报成功。金沙经开区管委会启动编写增量配电网规划，由成都电力勘测设计院进行编写，已进入收资阶段，增量配电网的建成，为经开区招商引资、后期建设奠定坚实基础。

【节能管理】 全年检修工作安全基本完成，夯实设备健康基础。是年检修计划是1A+2C+3B+4C，由于发电任务重，取消了1A+3B的等级检修，只利用节假日和调停的机会对其他机组开展临修。#4机组停运开展#4炉空预器蓄热元件拆散清理积灰；#1机组停运开展锅炉防磨防爆检查，更换损坏的催化剂161立方米，降低氨耗2千克/万千瓦时，更换侧墙高温腐蚀减薄水冷壁管92根，修复脱落的炉膛卫燃带50平方米，空预器进行防堵风改造和高压水冲洗，解决硫酸氢氨堵塞蓄热元件的问题，恢复机组的基本性能；#2机组停运检修，开展锅炉防磨防爆检查，并更换损坏的防磨瓦，修复脱落卫燃带100平方米，空预器冷端蓄热元件更换、柔性密封改造、防堵风改造，解决空预器运行压差大、漏风率高的问题，对催化剂上层解体清灰，降低烟道阻力400pa，降低氨耗2千克/万千瓦时；#3机组停运，开展锅炉防磨防爆检查，并处理损坏的防磨瓦，脱硝催化剂清灰，更换催化剂75立方米，降低氨耗2千克/万千瓦时。利用机组停运机会，完成重大技改项目供热（厂内部分）#2、#4机组的接口工作，厂内供热管网已吹管结束。同时对汽轮机高压遮挡模块的电磁阀线路治理，并且将控制方式改为半压运行全压启动；1号启备变第二套保护装置新安装改造工作完成，满足220千伏电压等级系统保护装置必须双重化配置的要求；配合金沙县人民政府将小洋溪水库作为金沙集中式饮用水水源地的管网系统安装工作。

【党建及企业文化建设】 一是紧紧围绕企业中心工作，以党建创价值为目标，强化“一岗双责”责任，提高政治站位。用习近平新时代中国特色社会主义思想武装，全年持续开展中共十九大精神的宣贯学习6次，各党支部宣贯学习中共十九大精神累计30次；基层党支部“三会一课”、主题党日活动常态化开展，企业党建“三基”工作不断牢固。提升党员干部政治觉悟和思想政治工作能力，通过开展“我是党员我争先”主题征文活动，选树典型，激励先进，勉励后进，形成党员人人争先的良好氛围；开展“发扬优良作风，密切联系群众，凝心聚力创价值”主题实践活动，通过管理人员到班组和党员到井冈山红色主题教育等活动，统一党员思想，密切联系基层职工，寻求解决突出问题的办法，把全体职工凝聚在厂党委周围，把学习成果转化为坚决维护党的统一领导、转化为坚定的理想信念。成立“青年创客中心”，为青年职工将工作激情转化为创新成果提供平台；为实现企业“脱困攻坚”夯实基层，精心策划开展“大战60天、治理设备抢发电”和“揭榜攻关、脱困攻坚”主题实践活动，消除历史遗留缺陷230条，揭榜攻关31项重点难点项目，让党支部、党员、技术骨干充分施展拳脚，进一步强化党建对生产经营“推”的功能。二是4月中旬接受集团公司及贵州金元政治巡察，针对巡视巡察中存在的6项38个问题制定97项具体落实措施和清单，先后召开6次党委会专题研究巡察整改落实，全部整改完成。借助巡察政治“体检”，提升了企业自我净化、自我修复、自我革新的能力。三是坚持党建带工建、团建。关注青年员工的成长，搭建青年职工成长平台，将职工书屋与青年创客中心融合，营造职工技能竞赛平台。充分利用承办贵州省电力工会、贵州金元开展的职工职业技能大赛，完善电厂培训基地建设，增加设备设施和工器具，为职工技能培训和实操提供条件；完善职工文体健身活动场所、设施，引导各个文体协会积极开展各积极项活动，组织赛事，倡导健康生活娱乐方式；组织开展以“文明、卫生、安全、温馨”为主题的文明宿舍评比活动，增强职工的综合素质和“自我管理、自我教育、自我服务”的能力，为电厂扭亏脱困、凝心聚力、稳定队伍、转型突破发挥了积极作用。

（供稿：黔北电厂办公室）

贵州大方发电有限公司

【概述】 成立于2003年8月13日，由贵州乌江水电开发有限责任公司（以下简称“乌江公司”）（45%）、贵州中水能源股份有限公司（30%）、兖矿贵州能化有限公司（25%）共同出资建设。2017年6月1日，贵州中水能源股份有限公司将其持有大方发电公司的股权全部转让给贵州西电电力股份有限公司，至此，各股东占股比例为贵州乌江水电开发有限责任公司（45%）、贵州西电电力股份有限公司（30%）、兖矿贵州能化有限公司（25%）。大方发电公司一期4台30万千瓦时工程是贵州省“十五”规划的重点建设项目之一，项目于2007年11月全部建成投产。2018年，大方发电公司深入学习贯彻习近平新时代中国特色社会主义思想和党的十九大精神，积极应对燃料成本高企、融资难融资贵、市场竞争加剧等困难和挑战，以高质量发展为主题，以深化供给侧结构性改革为主线，以各类巡视整改为契机，紧紧围绕打好三大攻坚战和全年目标任务，强化安全环保，狠抓提质增效，加快转型升级，深化改革创新，加强党的建设，各项工作取得了积极成效。

【主要指标】 2018年，大方发电公司安全总体保持稳定，未发生较大及以上安全生产事故，未发生对大方发电公司稳定造成不利影响的事件；圆满完成春节、“两会”、国庆等重要节点保电任务，截至2018年12月1日，大方发电公司连续安全生产1598天；2018年大方发电公司完成发电量52.88亿千瓦时，同比增加0.35亿千瓦时；机组利用小时4407小时，在省内同类发电企业“三同”中排名第五，同比增加29小时，较全网平均高309小时；综合供电煤耗完成369.94克/千瓦时，同比增加0.25克/千瓦时；综合厂用电率完成9.24%，同比增加0.23%；全年完成发电耗油994.36吨，同比减少25.86吨；全年锅炉熄火16次，同比下降4次；机组非停3次，同比下降1次；全年利润亏损3.43亿元，较年度预算减亏0.41亿元，同比增加利润0.49亿元；大方发电公司继续保持中国华电集团有限公司（以下简称“集团公司”）文明单位称号，获得乌江公水电开发有限责任公司（中国华电集团有限公司贵州公司）（以下简称“乌江公司”）先进单位等荣誉称号。

【安全管控】 认真贯彻落实党中央、国务院决策部署和集团公司、乌江公司安全生产精神，坚持落实安全生产第一责任人要求，始终把保护员工生命安全健康作为最高职责，深化“安全责任、安全意识、安全基础、安全检查、安全机制、安全文化”体系建设，安全生产总体保持平稳。安全责任逐步落实。结合安全生产责任制修订和乌江公司《关于强化安全生产责任制落实的紧急通知》要求，不断健全完善及落实全员（含“两外”）安全生产责任制，营造安全氛围、狠抓整改闭环，实施危险区域（外委单位）责任分区，建立班组安全监控系统，运用“多媒体安全教育培训工具箱”等加强安全教育培训。安全意识逐步提升。通过组织岗位安全职责、十条安全禁令等知识测试，不断提升全员“安全规矩”意识。贯彻“违章就是事故”的问责要求，更换违章警示与曝光栏，重新与“两外”签订安全管理协议，营造从严治安氛围。增加氨区、油库、制氢站等区域安全风险告知牌，明确区域风险种类、级别和应急措施。安全基础逐步夯实。有序推进六大安全体系建设，全面开展本质安全型企业创建，牢固树立“培训不到位就是重大安全隐患”理念，修编完善73项规章制度，持续加强应急能力建设，不断规范“两票”和职业健康管理，圆满完成防洪度汛任务，构建了“两外”等同管理机制，持续夯实大方发电公司安全管理基础。安全检查扎实推进。结合本安五星企业创建，将炉内、输卸煤、脱硫、危化品、外包项目等领域作为安全隐患排查重点范围，年度排查隐患908项，整改806项，整改率88.8%。同时，严格执行重大隐患挂牌督办机制，将3号低旁三通、3号发电机励磁装置失电重启、2号机中主螺栓断裂、锅炉熄火后汽机温度低低保护等纳入厂级督办，重大隐患得到有效治理；积极推进净水站加固、灰场子坝及堆石棱体等工程项目。安全机制逐步健全。成立安全环保部，建立上下衔接更加顺畅的管理体制。制定《关于推进安全生产领域改革发展工作方案》，明确今后一段时期安全生产工作方向；建立大方发电公司领导每日值班、生产区域划区管理、安全“红袖章”、现场作业安全监护等机制，进一步规范安全管理工作；规范大方发电公司安全风险预警、重大隐患挂牌督办运转机制，逐步完善安全风险分级管控和隐患排查治理长效机制。安全文化逐步延伸。持续发挥全国安全文化示范企业的模范带头作用，逐步延伸具有方圆文化特色的“三位一体”安全文化体系建设（即：坚持“四个一”安全理念，深化“敬畏安全、关爱员工、自主安全”安全意识，严守生产现场“十条安全禁令”安全底线）。

【提质增效】 持续深化“一厂一策”重点工作落实，持续改善优化经济运行指标，严控成本，促提质增效，全力实现大方发电公司减亏控亏目标。破解难题强基固本。2018年，面对电煤供应严重刚性不足、煤价持续高位运行、融资工作阻力巨大、节能减排任务繁重等一系列挑战与难题，大方发电公司将对标一流的管理理念根植于生产经营的各个方面，通过抓安全、促生产，跑市场、争政策，内外“双向发力”为大方发电公司强基固本，所得税退税、土地出让金返还、电煤补贴等“十项措施”，为大方发电公司减亏控亏注入强劲动力。多措并举增收节支。持续加强外部协调，收回预缴税款3077万元，以电煤采购补贴方式收回土地出让金1373.9万元，收回排污权交易费818.05万元，在减少大方发电公司经营亏损的同时解决了相关历史遗留问题。深入研判政策，获得省经信委电煤采购远距离补贴及块、丁煤补贴790万元，省安全奖补240万元；全年累计增加营业外收入5982万元，增加现金流3317万元，保险索赔取得重大进展，2018年共向保险公司索赔344.89万元，在当前大方发电公司融资困难，资金紧张的情况下，为大方发电公司减亏控亏作出了巨大贡献。市场营销彰显成效。2018年，受全省电煤市场产能不足、煤质不佳影响，大方发电公司通过优化电量结构、调整发电计划、争取调峰电量等举措，完成发电量52.88亿千瓦时，利用小时4407小时，售电平均单价0.3308元/千瓦时（同比上升0.0019元/千瓦时），获得两个细则考核奖励收入132万元。按照“立足本地，拓展两区，外延三县”的采购思路，全年采购电煤343.15万吨，同比增加25.15万吨，超出年初预算14个百分点；完成不含税标煤单价632.64元/吨，为乌江公司系统内最低，同比上涨13.6元/吨；大方发电公司内部加强热值差和来煤验收及接卸管理，完成热值差0.14MJ/kg，同比下降0.38MJ/kg；查处分层装车190车，计扣不合格来煤2106吨，避免损失253万元。实现固废销售143.1万吨，同比增加41万吨；固废销售收入3097万元（不含税），同比增加484万元；固废综合利用率达到79.56%，同比上升18个百分点。成本费用有效控制。采取“以收定支”成本费用管控策略，刚性执行财务预算管理，严格执行资金计划。全年贷款存量资金70192万元，同比增加5592万元；资金综合成本控制在4.84%，同比上升0.04%；流动资产周转率完成232.39%，同比提高1.67%。严控三项费用成本，推行优化检修理念，把机组运行小时数作为是否检修的标准，合理延长检修间隔，严格控制检修费用；2018年完成检修费2249.53万元，计划完成率100%；材料费4647.14万元，计划完成率100%；委托运营费1682.28万元，计划完成率99.50%。

【生产运维】 全面贯彻落实生产管理、基础管理和创新职能重点工作计划，持续推进“保落实”工作落地，为“低能耗、低排放、高效率”的高质量发展提供基本保障。安全生产技术创新成效显著。通过开展合理化建议活动，集思广益降低运营成本，实施了低负荷增压风机停运技术方案，节约厂用电约50万千瓦时/月；推进脱硫净烟气多点测量改造，节约运营成本近10万元/月·台；完成凝结水泵加装密封水回收装置，节约除盐水27.77万元/月·台。以生产合理化建议为平台，积极开展专利申报，凝结水泵密封水回收系统、脱硫喷淋塔喷嘴改造及导流板安装两项已获专利受理，取得大方发电公司专利申报零的突破。积极推进设备安全隐患治理。及时发现并消除3号机组低旁三通裂纹的重大安全隐患，获得乌江公司安全绩效奖；开展其他机组同类部位和扩大范围的排查，更换3/4号机组低旁进口三通。完成2/3/4号炉的卫燃带调整，改善结焦；完成3号机组低旁三通、4台机组励磁系统、0.4千伏保安段电源开关保护模块、水冷壁排污管、中压联合主汽阀卡涩等重大隐患治理。持续推行“四权分立”模式的防磨防爆检查，全年完成炉内换管约600根、更换防磨瓦约2500余块，水冷壁补焊754根，严格落实水压试验，保障了机组稳定运行。继续夯实生产管理基础工作。修编《发电设备检修工艺纪律》等10个规章制度，完善《技术监督管理标准》，拟定14个专业的技术监督管理实施细则，制定《防止汽轮机超速的措施》《送风机动叶调节机构故障的防范及处理措施》等7项专题反事故措施；建立《精密点检简报》预警机制，对异常情况及时下达处理意见，做到早发现、早处理，避免设备异常扩大；治理了4号脱硫氧化风机B电机振动超限、3/4号炉仪用空压机E开关柜后触头等隐患；利用ERP系统，积极开展缺陷评价管理，实施缺陷管理月度简报制度。推进节能、环保技改前期工作。积极推进超低改造，委托华电电科院完成#2机组超低改造性能摸底试验和可研编制，正稳步推进可研评审事宜。有序与华电电科院对接，完成#3机2019年大修前性能试验（含通流改造摸底试验），组织编制#3机通流改造可行性研究报告，并积极争取集团公司技改立项。大力推进供热改造，2019年1月，顺利完成大方县政务中心移动供热改造项目和新兴砖厂供热管道改扩建工程，正加快推进大方农牧公司辣椒烘干项目。

【内控管理】　从检查整改、监察问责、制度建设等各环节入手，强化职能改革、风险防控、执纪监督，提升全员“依法治企、依规治企”意识，进一步夯实内控管理基础。职能建设逐步完善。大方发电公司根据八项职能管理界面，重点构建完善与大方发电公司管控体系和管理能力相适应的规章制度体系，进一步优化工作流程，进一步促进管控方式更加扁平化。健全与职能建设改革相配套的激励约束机制，深化各项职能执行的检查考评，建立执行情况反馈机制，健全完善部门、班组、岗位职能改革实施方案，促进大方发电公司内部管控规范化、高效率，有力激发大方发电公司高质量发展活力。每月组织月度工作任务校核，严格落实绩效考核评价与兑现。风险防范持续加强。制定大方发电公司2018—2020年扭亏脱困、污染防治、地方扶贫三年实施方案，着力防范化解企业重大风险；全年未发生重大污染环保事件，脱硫、脱硝、烟尘超排20小时（其中SO_2超排6小时，同比下降40%；NOx超排12小时，同比持平；烟尘超排2小时），同比下降97.06%。督促完成废旧物资处置和各堆场平整、覆膜和排放监控等工作。严格落实“三重一大”决策监督，全年按规定决策重大事项170项次，参加公开招标项目监督2项次，审核会签各类合同551份，完成总经理备查样监督504批次。通过法律维权，办结煤炭营销案件1项，收回煤炭预付款132万元。进一步完善大方发电公司内控机制，堵住管理漏洞，修编下发大方发电公司党委议事规则、全面风险管理、物资采购三级监督、燃料物资采购等重要规章制度。

审计整改抓铁有痕。狠抓审计、效能监察、“四项治理一清理”问题整改，完成2013年以来巡视、审计、效能监察问题整改71项，未完成9项，整改完成率88.75%。完成乌江公司2017年外委承包项目效能监察“回头看”检查问题整改15项；开展后勤物业部和特大技改项目管理效能监察2次，全面完成14项问题整改。按照乌江公司统一安排，完成财务管理、多经企业、工程建设、资产处置四项治理，发现问题81项，完成整改37项。对整改不力的部门和人员，运用监督执纪“第一种形态”，顶格问责、追责，开展谈话并给予经济处罚，全年开展常规谈话14人次，提醒谈话24人次，诫勉谈话1人次，党纪处分1人次，经济考核38人次，通报批评12人次，开展干部任职廉洁谈话12人次。定员用工迎来新机。按照“集团公司2018年版定员标准”规定，13部室设置和513人劳动定员已通过集团公司核定，同意列为集团公司市场化用工试点单位，完善相关程序后即可开展市场化用工、社会化招聘工作，大方发电公司组织机构将进一步精简、人力资源配置和劳动用工将得到优化和改善。推进职级职位评定工作，进一步拓宽员工职业成才通道。

【党的建设】 党的领导和党的建设同步加强，管党治党取得显著成效。深入学习贯彻习近平新时代中国特色社会主义思想和党的十九大精神，推动学习宣传工作“五个全覆盖”，切实在学懂弄通做实上下功夫。组织保障进一步健全。落实全国国有企业党的建设工作会议、全省国有企业和高等院校党的建设工作推进会精神及集团公司党组要求，加强和改进党的领导，调整交流中层干部6人。印发《贵州大方发电有限公司党委议事规则》，进一步规范大方发电公司党委议事决策行为，切实发挥党委领导作用。落实“四同步、四对接”要求，党组织覆盖率达100%，所属6个党支部均按规定配备了支部书记。积极开展“示范党支部”创建，完善6个支部阵地建设。正风肃纪进一步深化。以“五严三责”长效机制建设为抓手，破解大方发电公司管党治党、企业管理、干部管理方面存在的问题，有力推进大方发电公司管理向“严、紧、硬”转变。以“纪律（规矩）建设年”活动为载体，开展了对2013年以来违反中央“八项规定”精神和“四风”突出问题的专项检查工作，发现问题共计74项次，累计整改74项次，对12人次进行了问责处理；对违规公款吃喝、违规报销、违规领取薪酬等进行退赔，累计退赔2.5万余元，有效巩固了作风建设成果。严格落实贵州省统一安排部署，完成大方发电公司全部封存酒类处置工作，实现酒类“零库存”。思想工作进一步强化。旗帜鲜明坚持党管宣传、党管意识形态，把统一思想、凝聚力量作为宣传思想工作的中心环节，认真落实党委意识形态工作责任。积极参与上级单位组织的“中国梦·华电梦·我的梦”职工思想教育、庆祝改革开放40周年等系列活动。讲述方电好故事，传播方电好声音，全年大方发电公司网站发表宣传稿件800余篇，向上级公司投稿采编30余篇。工团工作进一步抓实。大方发电公司工会以加强工会组织建设为抓手，以推进厂务公开民主管理和提升班组建设标准化、规范化、科学化水平为目标，切实保障企业和员工合法权益，充分发挥工会组织的桥梁纽带作用，年内获全国“安康杯”竞赛优胜集体、2017—2019年贵州省诚信示范企业等多项殊荣。认真贯彻落实团的十八大精神，完成大方发电公司团委换届选举，通过开展“不忘初心、牢记使命，坚定不移听党话，跟党走”主题团日等活动，与青年员工谈心交心，引领青年建功新时代。社会责任进一步展现。坚决打好脱贫攻坚战，助力地方精准脱贫，在开展调研与论证的基础上，结合地方特点，投入40万元帮扶大方县小屯乡开展马铃薯种植项目，投入10万元帮扶大方县大山乡开展生猪养殖项目，积极开展地方脱贫帮扶工作。队伍建设进一步加强。切实抓好人才队伍建设，人才培养成绩可喜，2 人升任乌江公司系统副处级职务，2 人竞聘到乌江公司本部工作，3 人到乌江公司本部及系统单位挂职锻炼，5 人交流到系统单位工作。通过民主推荐与考察相结合，一批德才兼备的优秀员工进入大方发电公司后备干部队伍。加强人才队伍培训学习，提升党性综合素养。

（供稿：大方发电有限公司）

毕节市工业能源投资建设有限公司

【企业概况】 毕节市工业能源投资建设有限公司是经市人民政府批准，由毕节市洪欣城市建设有限公司转型组建的市属国有公司，注册资本 10 亿元，位于七星关区百里杜鹃路。是从事国有资产经营活动，承担国有资产保值增值责任并依法登记注册、独立承担民事责任的法人实体。公司主要致力于推动毕节新型工业化、信息化、城镇化进程，作为政府投资方代表，通过市场运作的方式，充分发挥国有资本的杠杆效应，引导更多社会资本参与全市工业能源产业全产业链、全生态链、全价值链开发，聚焦全市工业能源产业投资、建设和运营管理，推进全市工业能源经济的持续健康发展。

【项目建设】 公司组建以来，继续实施南部新区的行政办公中心、一院三馆、南部新区路网、安置房建设等有关工程。2018 年，公司通过创新工作体制、强化目标管理、建立长效机制，着力推动南部新区建设，全年完成项目建设投资 50812.35 万元，实现回迁安置 91 户 160 套，完成工程项目建设 13 个、工程结算审计 11 个，办结工程手续 9 项。

【产业发展】 为加快实体产业发展进程，公司进一步建立完善《项目投资工作规范（试行）》《项目投资论证决策实施方案》等多项制度，完善风险防控，投资决策坚决做到严肃、严谨、严密，持重、稳重、慎重，树牢责任意识，强化措施保障，推进项目建设。目前，“气化毕节”项目部分县区已实现试供气、行政办公中心 C 栋供暖改造项目已实现供暖、新能源汽车项目公司已组建、煤炭供应链体系建设项目前期市场调查及项目主体调研等工作已全面完成、行政办公中心东侧临时停车场升级改造、百里杜鹃路 49 号地康养公寓及城市新能源汽车体验展示中心项目设计方案已完成。

【企业管理】 一是加强制度建设，规范内部管理。2018 年以来，公司以制度建设为抓手，加强内部管理，夯实发展基础，在原有的制度基础上，找差距、立措施、抓落实，制定了新的人事管理、财务管理、用印管理和绩效考核等制度，着力推进各项工作顺利开展。二是完善治理结构，推动实体转型。通过不断完善公司治理结构，全面推进党建入章工作，明确党委在公司法人治理结构中的法定地位，把加强党的领导和完善公司治理统一起来，加强对国有资本投资、运营公司的领导，强化运营管理，快速推动公司转型升级。三是强化绩效管理，提高工作效能。为适应现代企业发展要求，公司不断创新绩效管理模式，建立效能管理调度评价制度，加强对目标任务和重点工作的绩效管理与效能监察，通过把工作完成情况晒一晒、看一看，总结经验、查找不足，最终达到促进工作提质增效的目的。

【文化建设】 公司根据企业发展目标和愿景，积极推进文化强企战略，筑牢企业发展基石。一是提炼总结出“三动四有五法”（动嘴、动手、动腿，有激情、有目标、有方法、有创新，落实政策设计、工作部署、干部培训、监督检查、追责问责），确保各项工作落细落小落实；二是开展“三查三批三树”（查斗志、查纪律、查作风，批骄奢、批懒惰、批散漫，树信心、树目标、树形象）专项整治活动，助推公司转型发展；三是成立“职工讲习所”“碧阳学院”，强化职工教育培训阵地，打造高素质人才队伍；四是紧扣基层党员学习教育实际，开展“听总书记讲故事，传老一辈好作风”系列主题党课教育活动，将党建工作融入经营决策、效能监察、产业项目发展、工程项目建设等方面，推动党建工作与企业经营“共发展”，实现“两不误、双提升”（公司开展的“听总书记讲故事，传老一辈好作风”系列主题党课教育活动被《毕节日报》、试验区网、新华网、贵州网等刊发转载）。

【党建工作】 （一）突出政治建设，做到“三个全面加强”。一是全面加强政治理论学习，以严标准、高要求绘就公司发展蓝图，驰而不息地推进党的建设；二是全面加强党内政治生活，认真组织开展谈心谈话活动，着力抓好整改措施落实；三是全面加强党的集中统一，完善领导班子工作制度，始终把党风廉政建设摆在重要位置来抓。

（二）夯实理论基础，紧盯“三个重点抓好”。一是重点抓好重要会议文件、讲话精神的贯彻落实，加强理论武装，努力提升全体干部职工的综合素质；二是重点抓好党委中心组学习，积极组织大讨论活动，累计开展党委学习活动5次；三是重点抓好意识形态和新闻宣传工作，把党的建设、企业文化建设、宗教理论政策宣传、职工教育培训等有机统一起来全面推进意识形态工作，把控舆情导向。

（三）健全制度体系，强化“六个不断提高”。一是不断提高“两个全覆盖”工作推进力度，规范组织生活，强化公司作风建设；二是不断提高支部标准化建设水平，配强支委，建立制度、规范活动，建强基层阵地；三是不断提高党建带群团工作力度，完成工会组建工作，开展多次活动；四是不断提高党员发展和教育管理工作水平，推进党员发展工作和规范党员档案管理；五是不断党建核心引领示范作用，开展党员示范区、示范岗工作，全面推进实施创建活动；六是不断提高政治站位，积极践行国企社会责任，主动将纳雍县锅图岩乡作为帮扶联系点，并投入扶持资金20万元，助力脱贫产业发展。

（供稿：毕节市工业能源建设投资有限公司）

毕节市水务投资集团有限责任公司

【概述】 毕节市水务投资有限责任公司于2016年3月组建，是毕节市委、市政府为加快毕节市水利建设，深化水利投融资体制改革，推进水务一体化经营管理而出资组建的市属国有独资企业，主要负责全市授权范围内的水利国有资产的运营管理，承担国有资产的保值、增值任务；出任市级大中型骨干水源工程、供排水工程等水务项目法人，负责全市重点水利水务建设项目的投资业务；负责全市重点水利水务基础设施项目及水利水电工程项目的投资、建设、经营及管理；从事区域性水资源综合开发、水利旅游、温泉开发、矿泉水生产、城乡给水排水、污水处理、中水利用、城市防洪、水环境治理与水土保持等项目的投资建设和经营管理以及水利水电工程勘测设计、咨询与代理、监理等中介服务。集团公司现有员工327人，其中集团公司本部29人（含领导班子成员7人），托管的水电物质站及水电预制厂在职职工44人及退休职工43人。公司下属有毕节市水电旅游开发公司、毕节水务有限责任公司、金海湖新区鸿远供水有限责任公司、毕节市沃特水利工程有限责任公司、毕节市煜锦房地产开发有限责任公司等五个全资子公司，其中毕节市水电旅游开发公司下属有金沙弘禹供水子公司、武家寨电站分公司、金沙温泉分公司。

公司成立以来，在市委、市政府的坚强领导

下，紧紧围绕毕节市水务发展“十三五”规划，按照“以中型水库、城镇供水、城镇污水处理、水电开发等为水务产业为主业，以水利旅游、土地开发等多元化业务为补充”的发展定位，大力实施“资源转资产做大公司，资产转资金做实公司，资金转项目做强公司，项目转产业做优公司，产业转资源做精公司”的“五转”发展思路，按照“以集团公司为龙头，1+n+m三级框架结构，采取全资、控股、参股、PPP等多种方式”完善集团公司构架，切实推进公益性、准公益性、经营性等水利水务项目的融资、建设和运营管理。

1. 2018年度完成中型骨干水源工程规定专题27个，附加专题24个；黔西县凹水河水库工程可行性研究报告已编制完成；完成大方县响水水库移民实物指标调查工作。

2. 2018年赫章县河口水库建设管理工作，完成土石方开挖24.38万立方米、砌体工程1.41万立方米。完成工程投资18200万元，工程累计完成投资31058万元。启动箐口、凹水河水库“三通一平”工作。

3. 环城水库启动“三通一平”准备工作。完成工程投资7031万元（含前期工作各项设计费）。

4. 2018年完成七星关区营盘山水厂三台水泵更换改造项目。

5. 投资5亿元的夹岩调水项目正开展可行性研究设计，项目建成后将确保城市发展供水保障，并解决倒天河河道生态用水问题。

6. 投资3973.89万元的金海湖新区双山组团应急供水项目已完成投资2500万元，完成形象进度63%。

7. 投资约5亿元的金海湖新区中远期发展供水项目可研已编制完成。

8. 完成武家寨电站增效扩容项目建设，通过改造，电站年增加发电量130万千瓦时，增加收入约30万元。

9. 积极开展慰问一线职工以及困难职工工作，发放慰问金及慰问物资共计5.31万元。

10. 公司下属子公司毕节水务公司、金海湖鸿远供水公司金沙弘禹供水相继开通“多彩宝”自来水缴费业务。

11. 以社会资本方潜在投资人方式积极参与金沙县、金海湖新区城镇污水处理PPP项目建设及运营管理；以EPC模式抓好双山组团（应急）工程的建设工作。

（供稿：毕节市水务投资集团有限责任公司）

县区概况

七星关区

【概述】 毕节市七星关区位于贵州省西北部，是云贵川三省地区区域中心城市和黔西北政治、经济、文化中心及交通枢纽，东与大方县相邻，南与纳雍县接壤，西与赫章县和云南省镇雄县毗邻，北与四川省叙永、古蔺县隔赤水河相望。全区总面积3412平方公里，辖42个镇乡办事处，全区人口165万。最高海拔2217米，最低海拔470.1米，平均海拔1511米。全区气候冬无严寒，夏无酷暑，年平均气温13.9摄氏度。七星关区属中山地貌类型，东北部山地与沟壑交错，地势陡峭；中部属中山山地和河谷平地；西部属中山和高中山及谷地。主要农作物为玉米、水稻、马铃薯、油菜、烤烟。盛产生漆、大蒜和天麻、杜仲、半夏、党参等名贵中药材。有得天独厚的自然条件，种类繁多的矿产资源，物种多样的生物资源，蓄势待发的旅游资源。矿产资源主要有煤、煤层气、泥炭、地热、铁、铜、铅锌、铝土矿、硫铁矿、水泥用灰岩、建筑用灰岩、饰面用灰岩、化肥用白云岩、水泥用砂岩和页岩、耐火黏土、高岭土、矿泉水、砖瓦用页岩矿产等19种，其中煤初步查明资源储量的有37个矿区(井田)，累计查明的资源储量11.4931亿吨，硫铁矿在全市境内分布面积约2000平方公里，预测资源储量19.2亿吨，查明9个硫铁矿矿区资源储量1791.65万吨。七星关区历史厚重、资源富集、区位优势明显。

【主要经济指标】 2018年，预计实现全区生产总值406亿元、增长11.5%；固定资产投资增长17.5%；规模工业增加值62.8亿元、增长9%；一般公共预算收入26.58亿元、增长4.23%；社会消费品零售总额129亿元、增长11%；城镇和农村常住居民人均可支配收入分别实现31584元、9481元，增长9.5%、10.5%。经济发展水平迈上了一个新台阶，高质量发展的基础进一步夯实。

【脱贫攻坚】 一是基础设施建设。东清高速建成通车，全区高速公路通车里程达209公里；海子街至小吉场、草堤至总溪河、大箐至二龙关、花牌坊至赤水河4条国省干道提级改造有序推进，大银至仁和、猫场至阴底县乡道改造全面完成，青场至大河、草堤至千溪等7条县乡道提级改造工程启动建设；赤水河沿河公路建设有序推进，列入省级重大项目库；建成通村路259.63公里、通组路453.53公里，“六级公路大会战”战果显著，实现了高速公路“大动脉”和通村通组路“毛细血管”的全方位联通。夹岩水库1265米水位线下移民搬迁安置及库底清理工作全面完成；双河口水库全面建成，龙官桥水库完成大坝封顶；野角水库、普宜水库、狗跳岩水库建设有序推进。农村饮水安全巩固提升工程2017年度112个项目全面完成、2018年度289个项目基本完成，12个集镇供水工程扎实推进。建成燕子口、野角35千伏变电站，安装变压器221台，实施10千伏及以下配电网项目79个，架设供电线路828千米，更换智能电表16.2万个。多彩贵州“广电云”户户用完成安装3.23万户。新建4G通信基站1526个，迁改传输线路2722公里，光缆总长达2.95万公里，行政村通光纤实现全覆盖，脱贫攻坚“五通”成果丰硕，群众出行难、吃水难、用电难等实际问题得到了有效解决。二是易地扶贫搬迁工作。完成2016年度827户搬迁群众旧房拆除和复垦复绿工作。2017年度4500户20521人全部搬迁入住。2018年度易地扶贫搬迁梨树安置点全面启动建设。柏杨林安置点配套建成盛丰农业科技示范园，4.6万平方米智能温室大棚、中药材组培中心、育苗中心、饲料加工厂建设加快推进，医疗、教育、就业等保障不断完善，实现有劳动力的搬迁家庭每户至少1人就业，有效解决了搬迁群众的后续发展问题，贫困群众“挪穷窝”“斩穷根”的效果逐步显现。三是产业就业扶贫。投入财政专项扶贫资金2.9亿元，实施到户产业项目2442个，惠及贫困群众1.73万户7.8万人。帮助2.35万户贫困群众申请特惠贷9.58亿元，政府贴息8653.86万元。投入扶贫产业子基金3.2亿元，启动建设恒大帮扶蔬菜产业、食品加工产业等5个项目，覆盖贫困群众1748户。建成蔬菜大棚5705个，覆盖贫困群众23287人。投入财政奖补资金6000万元，建设蔬菜基地6000亩、设施大棚14万平方米，奖励农业品牌企业22家。成功举办首届“农民丰收节”，表彰100名优秀农民代表、20家优秀农业企业和专业合作社代表。开展贫困劳动力培训1.56万人次，促进1.25万贫困劳动力就业创业。开发“10+N个一批”就业扶贫公益专岗1.13万个，解决贫困劳动力就业1.07万人。产业脱贫更加精准、就业脱贫更加稳定，脱贫效果更具有可持续性。四是教育医疗住房保障。发放助学贷款1.46亿元、教育补助资金6225.65万元，减免贫困高中学生学杂费235.43万元。营养改善计划覆盖学生19.72万人。新农合参保119.96万人，建档立卡贫困人口参保率、家庭医生签约履约服务率均达100%。全面推行健康扶贫医疗保障救助“一站式”结报，补助资金1.38亿元，惠及贫困群众4.02万人次。改造农村危房10333户，同步实施厨房、厕所、圈舍和环境卫生改造，群众居住环境和卫生健康条件明显改善。

【产业发展】 一是工业经济发展。预计实现工业总产值135.84亿元、增长14.11%，烟酒行业产值61.3亿元、增长6.79%，光电技术、纺织服装等产业产值26.47亿元、增长25.26%。纳入“千企改造”项目企业13家，新增规模以上企业12家。毕节热电厂发电17.55亿千瓦时，产值实现5.4亿元，热电联产项目获批并启动实施。经济开发区累计完成投资34.34亿元，实现产值45亿元，入驻企业75家，解决就业9000多人；新建标准厂房13.1万平方米，启动48万平方米标准厂房建设。大数据电商产业园、朱昌特色食品产业园、长春建材产业园建设步伐不断加快，何官屯、青场、清水铺等9个乡镇小微企业创业园建设有序推进，共建成厂房22.7万平方米、入驻企业137家、解决就业2771人，“一区十二园”产业布局初步形成。二是农业产业结构调整。大力推进农业供给侧结构性改革，调减玉米种植面积30.06万亩。种植蔬菜43万亩、茶叶1.5万亩、经果林13万亩、中药材2.9万亩，收购烟叶9万担。生猪存栏79万头、出栏86.7万头，牛存栏17.5万头、出栏4.79万头，羊存栏6.9万只、出栏4.6万只，家禽存栏308万羽、出栏334.98万羽。培育省级龙头企业10家、市级龙头企业39家，236个农产品入驻贵州省绿色农产品网；全国农产品质量安全县创建通过省级评估验收。成立农民专业合作社2170个，覆盖贫困群众7.8万人。预计实现农业总产值125.55亿元，非粮农业增加值占第一产业增加值比重达94.1%。主要农作物耕种收机械化率提高到19.3%，农业产业化和机械化水平稳步提升。三是服务业发展。建成农产品冷链物流集配中心、区级农村电商公共服务中心和486个村级电商综合服务站，快递物流区级分拨中心和5个乡镇二级分拨中心投入使用，农村电商公共服务、快递物流服务、乡村电商站点实现全覆盖，解决就业1765人，网络零售额达1.26亿元，增长31.3%；省级农商联动示范县、省级电子商务进农村综合示范县创建通过验收，国家级电子商务进农村综合示范县启动创建。建成碧海木材市场和毕节市商品综合批发市场二期，黔西北农产品物流园一期建成投用、二期有序推进。全域旅游战略发展规划初步编制完成，制定“一带百村”乡村振兴旅游发展方案。鸡鸣三省旅游景区一期建成试运营，七星古镇建设有序推进，砂锅寨、盛丰农业科技示范园被评为国家AAA级景区。预计实现旅游总收入113亿元，增长20%。

【城乡建设】 一是城市建设。七个卫星城镇总规和控规编制完成，“七星捧月”中心城市布局更加完善，30个乡镇342个村庄规划实现全覆盖。旧城改造和新区开发有序推进，完成棚户区改造12560户，塘坊·河畔、流仓二期等14个安置点项目启动建设；“19456”工程全面推进，倒天河两岸通畅整治和碧阳二道环境整治基本完成；提升改造城区道路15条31.7公里，新建城市道路17.8公里，城市建成区面积达54平方公里，常住人口城镇化率提高到49.5%。持续推进房开项目遗留问题解决，商品房销售面积达178万平方米，房地产业健康发展。二是城市管理。“五城同创”全面推进，获得全国文明城市提名资格，“文明在行动·满意在贵州”评比排名全省第五。强化智慧城管建设，城市管理精细化水平不断提高，城区生活垃圾无害化处理率达100%。新建公共停车位2500个、公厕11个，天河广场农贸市场、百花山农贸市场项目建设有序推进。建成同心林广场、南山公园、马鞍山公园、营盘山公园，新增公园绿地面积146万平方米，人均公园绿地面积达14.89平方米，园林胜景随处可见，城市内涵更加丰富，生态宜居的山水园林城市正在形成。三是农村面貌变化。225个小城镇项目启动建设，新增“8+X”项目44个。农村环境卫生专项整治三年行动深入推进，建成乡镇垃圾收运系统32个、农村环境综合整治污水处理项目136个、农村生活垃圾无害化处置项目3个，80%以上行政村生活垃圾得到有效治理，城乡垃圾无害化处理率达85.8%。

【污染防治】　一是环保督政工作。深入实施扬尘污染治理、大气污染防治、饮用水水源地保护、垃圾污染防治、农村面源污染治理等15项攻坚行动，污染防治“六大工程”持续推进。2017年中央环保督察交办96个信访件全部办结，22个反馈问题和自查自纠18个突出环境问题全部整改销号。2018年中央环保督察“回头看”交办82个信访件和省委环保督察交办189个信访件全部办结。二是环保工作。创建国家环境保护模范城市工作有序推进，建成城区中水回用项目和大新桥、八寨、林口、水箐、生机5个乡镇污水处理厂，铺设污水管网41公里，全年污水处理量达3700万立方米。大银、对坡等14个乡镇污水处理厂及配套管网启动建设，省级节水型社会创建顺利通过验收。“河长制”全面落实，赤水河、白甫河等重点流域环境综合整治深入推进。医疗废物处置二期项目和餐厨垃圾处理中心建成运营，处置医疗废物1440吨、餐厨垃圾1200吨。依法严厉打击各类环境违法行为，立案查处违法案件35起。三是生态环境建设。完成各类造林15.44万亩，森林覆盖率达56.2%。森林保护“六个严禁”执法专项行动深入开展，办理涉林案件123起。前所河柏杨林汇口段河道治理工程全面完成，观音河干沟段、桥头段河道治理工程有序推进，沔鱼河龙洞段、两岔河五十亩段河道治理工程启动建设。千人以上集中式饮用水水源地水质达标率100%，环境空气质量优良天数比达96.8%。

【经济社会发展】　一是各项改革工作。政府机构改革启动实施。“放管服”改革持续推进，“减证便民”行动深入开展，“集成套餐”政务服务改革扎实推进，政务服务智能化水平有效提升，行政许可办结时限缩减一半。区政府门户网站获全国政务网站领先奖。医药卫生体制改革和公立医院综合改革持续推进，全面取消药品加成，医联体建设不断强化。农村“三变”改革、财税体制改革不断深入，土地确权登记颁证通过市级核查。二是开放建设工作。飞雄机场旅客吞吐量突破120万人次；毕叙铁路、成贵铁路建设有序推进。产业大招商突破年行动深入开展，引进奥丽侬内衣、亚麻纺织等产业项目123个，实际到位资金104.67亿元。扎实推进招商引资项目“大排查、大整改、大促进”专项行动，营商环境持续优化，民营经济实现增加值157.95亿元，增长29.13%。进出口贸易额预计实现4600万美元，增长20%。三是创新工作。年度科技投入达2.57亿元，综合科技进步指数提高到88.1%。精工不锈钢制品公司、联尚科技公司获批贵州省高新技术企业，贵州致福光谷“半导体照明工程技术研究中心”被纳入市级科技创新平台建设项目。完成商标注册255件，申请专利703件、获授权325件，“碧秀佳”牌白萝卜等7个产品荣获贵州省名牌产品称号。创新推进城乡建设用地增减挂钩和高标准基本农田建设，国土资源管理水平不断提高，土地节约集约利用典型经验获国务院通报表扬。

【社会民生】　一是民生保障工作。坚持把保障和改善民生作为工作的出发点和落脚点，着力解决群众最急需、最迫切、最关心的现实问题，群众幸福指数不断提升。二是教育事业发展。教育攻坚三年行动计划取得明显成效，建成学生宿舍项目140个、教师周转房和公租房7504套；2017年及以前年度75个“改薄”项目全部完成，2018年度21个“改薄”项目实质性开工；毕节十五小、毕节二十一小、碧海阳光小学等城区义务教育阶段学校建设有序推进；新增学位1万个，“超大班额”问题全部解决，“大班额”问题有效化解；新增计算机7000台、“班班通”2000套，招聘引进教师291名，培训教师8.29万人次。学龄前儿童入园率达88%，小学、初中、高中入学率分别达99.96%、95.51%、91.63%，“三类残疾”儿童少年入学率达

92.54%。义务教育基本均衡发展成功通过国家评估认定，人民群众对教育公共服务的满意度大幅度提升。三是卫生健康事业。基层医疗卫生服务能力三年提升计划深入推进，区级远程医疗会诊中心建成投入使用，区第二人民医院、区肿瘤微创中心主体完工，区中医院、区疾控中心建设加快推进；建成乡镇卫生院中医馆7个，完成20个乡镇卫生院公租房附属设施建设，深度贫困村卫生室、农村中小学校医务室、易地扶贫搬迁安置点卫生室实现全覆盖。居民健康档案建档率达80.46%，孕产妇保健管理率达90.4%，儿童系统管理率达91.2%。公立医院分级诊疗制度建设不断完善，基层诊疗量达235万人次，增长6.5%。创建国家卫生城市工作扎实推进，病媒生物预防控制通过省级考核，慢性病综合防控示范区创建通过市级考核。四是社会保障工作。城乡居民社会养老保险参保任务完成率106%，城镇职工基本医疗保险参保任务完成率105%。发放城乡低保资金2.56亿元，8.41万困难群众生活得到有效保障。发放困难群体救助资金1.29亿元、优抚对象生活补助金3952.13万元、高龄老年人生活补贴1688万元、孤困儿童基本生活保障金635.57万元。留守儿童“合力监护·相伴成长”专项行动深入开展，“心晴家园”“春苗乐园”规范运行；流浪未成年人救助保护中心建成投用，建成农村幸福院9个、老年人日间照料中心5个、示范型城市社区居家养老服务站3个。城镇新增就业1.45万人，失业人员再就业2195人，城镇登记失业率控制在4.2%以内。基本建成保障性住房1655套，发放住房租赁补贴284.57万元。五是文体广电等事业。新建乡镇综合文化站10个、改造32个，建成农民健身工程458个，新建乡镇广播影视综合服务站3个，公共文化服务设施进一步完善，公共文化服务体系示范区创建通过国家验收。贵州抗日救国军司令部旧址被列为全国爱国主义教育基地，鸡鸣三省会议会址、城隍庙、麻窝口洞遗址、毕节卫城墙被列为省级文物保护单位。“微七星关”位居全省政务宣传类微信公众平台第一，七星关广播电视台被评为全国百佳县级广播电视台。融媒体中心建设稳步推进，主流舆论阵地进一步巩固，意识形态领域风险防控能力不断增强。宗教关系和谐示范区创建工作有序开展，宗教工作法治化、规范化、科学化水平不断提高。

全国“双拥”模范城市创建、精神文明建设、国防教育、人民防空、人民武装、民兵预备役、外事侨务、对台事务、气象、民族、邮政、工商联、供销、档案、史志、残疾人、红十字会、工会、共青团、妇女儿童等事业健康发展。

【社会综合治理】 一是群众工作。排查矛盾纠纷和信访问题2268件，全部录入“三个四级个案台账”。办理省、市交办案件1600件。开展“公道评说”20次，化解信访疑难积件121件。“三调解两中心”建设稳步推进，村（社区）公共法律服务点实现全覆盖。“12349”信访管理新模式深入实施，人民调解、行政调解、司法调解和群众工作、社会治安综合治理衔接机制进一步完善。麻园街道望城社区等7个村（社区）被评为“省级民主法治示范村”，长春堡镇清塘村人民调解委员会被评为“全省先进人民调解组织”。二是治安环境整治。“法治毕节”创建六大工程深入实施，扫黑除恶专项斗争深入推进，依法严厉打击恶势力犯罪集团8个、犯罪团伙11个，破获涉恶类案件46起。刑事案件下降13.8%，“两抢一盗”案件下降31.8%。“公安三所”主体完工，“雪亮工程”启动建设，新建人脸识别系统、“鹰眼”系统。“五位一体”特殊人群教育服务基地作用发挥更加明显。三是安全生产。地方党政领导干部安全生产责任制有关规定全面落实，安全生产大排查、大整治、大提升工作深入开展，整治煤矿、非煤矿山、道路交通、危险化学品、烟花爆竹、建筑工地等行业领域隐患4904个，安全生产事故总量和死亡人数同比实现双降。141处地灾隐患点防治成效明显。非洲猪瘟疫情防控取得阶段性成效。质量监督、食品药品监督工作进一步加强，朱昌镇荣获“贵州省食品安全示范镇”称号。

【政府自身建设】 牢固树立“四个意识”、坚定“四个自信”，坚决维护以习近平为核心的党中央权威和集中统一领导。全面从严治党“两个责任”有效落实，中央、省委、市委巡视巡察反馈问题整改深入推进。严格执行中央“八项规定”及实施细则和省委、市委、区委“十项规定”，持续整治“四风”。严格落实意识形态工作责任制，意识形态工作能力不断提高。主动接受人大、政协、司法和社会监督，区人大常委会、区政协领导同志列席政府常务会议更加制度化、规范化，政府决策更加民主、更加科学。办理人大代表建议101件、政协委员提案279件，办结率均为100%。严格实施政府权力清单和责任清单，狠抓重点领域和重点行业监管，全面推进依法治区。预决算公开全面落实，政府工作部门全部纳入公开范围。财政金融体制改革持续推进，防范化解风险综合能力明显提升。全面开展“作风扫码评价”，获市委市政府肯定，经验在全市推广。大力支持监察体制改革，廉政建设和反腐败工作扎实推进，党纪政务处分630人，移送司法机关11人。

（撰稿：徐延娇）

大方县

【概述】 大方县位于贵州省西北部，毕节市中部，乌江支流六冲河北岸，地处北纬26°50′02″~27°36′04″，东经105°15′47″~106°08′04″之间。东与黔西县毗邻，东北抵金沙县，南以六圭河与织金县为界，西南与纳雍县隔河相望，西部和西北部与七星关区、金海湖区接壤。全县总面积为3500.11平方千米（含托管乡镇面积），耕地面积10.08万公顷。辖16个乡（其中11个民族乡）、9个镇、3个街道、161个行政村、126个社区。2018年年末户籍总人口95.14万人，城镇人口32.44万人，乡村人口62.7万人。人口出生率12.77‰，自然增长率7.94‰。人口较多的少数民族有彝族、苗族、白族。主要矿藏有无烟煤、硫铁矿、铁矿、硅石、高岭土、大理石、石灰石、黏土等。森林覆盖率53%。

2018年生产总值192.12亿元，比上年增长10.1%；农业总产值71.88亿元，同比增长6.5%。规上工业总产值61.01亿元，同比增长20%。财政总收入294899万元，同比增长9.7%，其中一般公共预算收入62210万元，同比下降17.05%；一般公共财政预算支出509272万元，同比增长7.99%；年内500万元以上固定资产投资同比增长11.5%。社会消费品零售总额31.9亿元，同比增长10.7%。城镇常住居民人均可支配收入28800元，同比增长9.5%；农村常住居民人均可支配收入9469元，同比增长10.9%。

通信能力持续增强，完成468个4G基站扩建升级，实现100%行政村通宽带、自然村通电话、行政村4G信号全覆盖。启动“户户用”工程4.89万户，新增2.54万户。小城镇建设完成24个乡镇210个行政村村庄规划编制，建成凤山、雨冲、六龙、黄泥塘等小城镇“8+X”项目，新增达标省定小城镇“8+X”项目6个，完成投资13.63亿元。新增示范小城镇人口3084人。黄泥塘镇背座村、雨冲乡油杉河村入选全国第五批传统村落名单。启动13个“镇村联动”乡村项目建设。农村环境综合整治项目完成投资7.5亿元，农村面貌变化巨大。常住人口城镇化率达到42.81%。

【脱贫攻坚】 2018年，大方县脱贫攻坚工作通过省级、市级交叉考核，接受省级第三方评估验收，实现82个贫困村出列，减少贫困人口6.89万人，贫困发生率下降到1.82%。一是产业扶贫，突出发展种植业、养殖业等特色优势产业，完成蔬菜种植49.3万亩、食用菌种植2.45万亩、中药材种植14.9万亩，投产茶园0.53万亩。绿色产业扶贫投资基金投放项目10个，投放资金9.96亿元，使用资金5.58亿元，使用额度占投放金额比例61.44%。全县猪、牛、羊、禽存栏量分别达27.4万头、8.2万头、3.79万只、175万羽；出栏量分别达8.98万头、0.66万头、0.77万只、59.06万羽。肉、蛋产量分别达1.01万吨、0.08万吨。产业扶贫项目覆盖贫困人口5.24万户19.14万人。二是易地扶贫搬迁，安置贫困人口4677户2万人，搬迁入住率100%。三是通组公路，启动实施“组组通”公路1482公里，全面完工投入使用。四是教育医疗住房保障，教育保障办理助学金及免除学费4298万元，惠及学生3.5万人；兑现教育扶贫资助1594万元，惠及建档立卡学生7471人。医疗保障实现贫困人口新农合参保全覆盖，住院综合实际报销比例达94.12%；常住建档立卡贫困人口家庭医生签约全覆盖，健康扶贫医疗保障救助政策受益贫困人口达5.96万人次。住房保障完成农村“危改”“三改”9575户，老旧住房整治6846户，人均安全住房面积不足13平方米配建2389户。

【恒大结对帮扶大方县】 在全国政协的鼓励支持下，恒大集团从2015年12月1日开始结对帮扶贵州省毕节市大方县，无偿捐赠30亿元，派出287人的扶贫团队，通过一揽子综合措施，帮助大方县18万贫困人口实现脱贫。从2015年年底到2018年年底，贫困人口年人均可支配收入从1988元增加到6821元，全县贫困发生率从20.64%下降到1.82%。一是产业扶贫。投入15.7亿元，帮助大方县发展蔬菜、肉牛、中药材和经果林等产业。蔬菜产业建成10223栋蔬菜大棚、13万亩大田基地、22个育苗中心，引进地利集团等21家蔬菜上下游龙头企业，带动12855户、47992名贫困群众通过务工、分红和土地流转等，年人均增收3026元。肉牛产业建成335个肉牛基地，引调并繁育安格斯和西门塔尔优质母牛43006头，引进加拿大优质种牛冻精22万支，改良当地土牛3.3万头，引进中禾恒瑞等12家畜牧产业上下游龙头企业，带动19514户、65608名贫困群众通过务工、粮改饲、分红等，年人均增收2425元。中药材和经果林产业建成5.6万亩中药材基地和4.4万亩经果林基地，引进一力制药等10家中药材、经果林上下游龙头企业，带动1836户、6577名贫困群众通过务工、分红和土地流转等，年人均增收2153元。采取“龙头企业+合作社+贫困户+基地”的市场化运作模式，实现“供产销”一体化经营，解决贫困户“生产什么、怎么生产、生产多少、卖给谁”的根本性问题。通过产业帮扶，帮助大方县12.02万贫困群众实现脱贫。二是易地搬迁扶贫。投入7亿元，建成1个县城移民搬迁社区奢香古镇和50个幸福新村，把住在深山老林、基本丧失生产生活条件的5290户、2.09万贫困群众搬出大山，就近配建适宜贫困户务工的产业，配套教育、商业等设施，确保贫困群众“搬得出、稳得住、能脱贫、能致富”。至2018年年底，奢香古镇的搬迁户通过就地就业等，年人均增收6020元；50个幸福新村的搬迁群众每户配备两个产业项目，通过务工、分红等，年人均增收3721元。三是就业扶贫。组织大方县30141名贫困群众进行系统性职业技能培训，推荐20851人到恒大引进的上下游企业、恒大下属企业和战略合作伙伴企业就业，年人均收入4.2万元，实现“一人就业、全家脱贫”。四是教育扶贫。投入4.2亿元，新建11所小学、13所幼儿园、1所完全中学和1所职业学院并投入使用，解决13080名学生的“上学难”问题，一次性补齐大方县教育短板。同时，与清华大学合作，引进远程教学平台等优质教育资源。设立3000万元教育奖励基金，已奖励600名优秀教师、900名优秀贫困生。五是特困群体保障扶贫。投入3亿元，建成并投入使用1所敬老院、1所儿童福利院，建成并交付1所慈善医院。

【农业】 实施农业结构大调整，调减玉米种植面积20.2万亩，种植蔬菜49.3万亩、马铃薯59.1万亩、牧草14.4万亩、中药材14.9万亩。种植烤烟6.42万亩，收购13.02万担。完成10万亩猕猴桃产业发展规划。猪存栏27.4万头，牛存栏8.2万头，羊存栏3.79万头，家禽存栏175万羽。粮经比35∶65，实现农业产业总产值71.88亿元。

【工业】 2018年，全县规模工业增加值增速12.3%，高于全市0.3个百分点，规模工业增速稳中有进，工业经济运行保持在平稳区间。完成工业投资38.3亿元，占目标任务的85%。其中工业产业在库项目投资13.3亿元，园区基础设施投资25亿元。新入规工业企业9户。一是传统产业持续发力。全县2018年有正常生产矿井12个，产能537万吨/年。全市完成综合机械化改造煤矿数量20个，大方县5个，占比25%，全市完成辅助系统智能化改造煤矿数量30个，大方县7个，占比23.3%，星宿乡瑞丰煤矿在全省民营煤矿中建成首个“智能综采工作面”；全县原煤产量257.25万吨，同比增加9.7万吨，占市下达任务数400万吨的64.31%，供应大方火电厂电煤188.93万吨，同比增加13.93万吨，占原煤生产总量的73.44%，完成市下达任务220万吨的85.9%。电厂存煤33.5万吨，同比增加21万吨。大方火电厂发电52.87亿千瓦时，同比增长2%。全年生产水泥170万吨，同比增加30万吨。二是新兴产业强劲发展。培育产业新动能，加大对新兴产业智能化、信息化改造力度，推动新兴产业高端化，培育打造新型煤化工、装备制造、电子信息、新型建材、大健康医药产业等产业集群。2018年，全县新兴产业实现产值3.1亿，同比增长20%。三是园区管理取得实效。2018年清退“僵尸企业”10户，清理闲置标准厂房40314平方米，减免小微企业税收902.33万元，“营改增”总体税负下降1175.46万元。经济开发区累计完成投资25亿元，100%完成全年目标任务；完成工业增加值30亿元，工业用电量3.2亿千瓦时，超目标任务0.02亿千瓦时；完成税收7亿元，100%完成全年目标。四是民营经济健康发展。着力破解民营经济发展“七难”（准入难、融资难、政策落地难、审批难、盈利难、用工难、创业难）问题，持续优化民营企业发展环境，不断提高民营经济占比。2018年，全县新增民营经济市场主体5820户，新增就业人员8127人，民营经济增加值完成126.02亿元，同比增长18.88%，占全县GDP总额的56.7%。五是供给侧结构性改革取得成效。稳步推进煤矿企业兼并重组。全县2018年有煤矿34个，生产矿井12个，停产矿井5个，在建煤矿6个，停建8个，未开工建设3个，关闭煤矿4个，淘汰落后产能75万吨/年。全县纳入2018年“千企改造”工程企业12户项目13个，完成投资11.5亿元。六是大数据产业发展取得突破。完成贵州省第二批及第三批部分电信普遍服务试点项目建设。启动政府数据“聚通用”攻坚会战，完成县人民政府门户网站迁云，建成“云上贵州·大方平台”。强化大数据与实体经济深度融合发展，“大数据+农业”建成恒大帮扶蔬菜育苗培育中心，占地面积2.8万平方米，拥有智能化育苗大棚4个；“大数据+工业”完成8家规模以上煤矿企业智能化机械升级改造；“大数据+服务业”打造贵州宣慰府为全省数字经济示范景区。成功引进重庆猪八戒网络、贵州电商云等新兴产业领军企业。全县电子商务网络交易额达3.1亿元，同比增长21.3%。

【基础设施建设】 一是重大项目扎实推进。启动成贵铁路大方站交通枢纽项目，黔大东清高速建成通车。2018 年大方县省市重大项目 68 个项目总投资 446.7 亿元，其中新开工亿元项目 14 个，完成投资 134.4 亿元，占年目标任务的 110%。争取中央预算内项目 12 个，获批中央资金 2.41 亿元。二是道路交通建设不断完善。实施道路交通建设项目 109 个，总投资 10.21 亿元。启动 21 条主干公路大修、灾毁恢复及改造工程，总投资 3.2 亿元。建成进寨路 367 公里。脱贫攻坚“组组通”公路完成投资 2.3 亿元，全县交通运输全面畅通。三是水利工程进度加快。长征水库完成投资 1.34 亿元，大坝枢纽工程完工，下闸蓄水。野螺沟水库完成投资 1.5 亿元，大坝填筑到度汛高程。青山水库完成投资 0.5 亿元。修建小水池、小水窖 527 个。实施农村安全饮水巩固提升工程 37 处，完成投资 5.4 亿元。岔河水库向县城供水，县城二期供水工程投入试使用。大坡水厂完成投资 1200 万元，完成形象进度 75%。木子坑水厂开始征地，配套输水管网建成。四是电力电信设施不断完善。建成 110 千伏金龙变电站。启动建设威宁—大方 500 千伏输电线路工程、110 千伏瓢井输变电工程。实施新一轮农村电网改造项目，新建及改造配变 351 台，完成投资 1.18 亿元。完成 468 个 4G 基站扩建升级，实现 100% 行政村通宽带、自然村通电话、行政村 4G 信号全覆盖。启动“户户用”工程 4.89 万户，新增农村用户 2.54 万户。

【城市建设】 城市建设投资完成 18.11 亿元，城镇化率提高到 42.81%。500 万元以上规模城镇基础设施投资完成 16.10 亿元，新增城镇道路完成 12.1 公里，新增城镇人口完成 2.1 万人，新增城市建成区面积完成 2.13 平方公里，建设完成奢香古镇道路工程海绵城市建设项目，开工建设杜鹃大道至成贵铁路大方站道路工程海绵城市建设项目。完成城市总体规划、43 个修建性详规和 9 个专项规划编制。建成奢香古镇北路、东路、南路，启动同心大道 3 标、九驿大道增加段等项目建设。新增城市道路 12.1 公里、建成区 2.13 平方公里、城镇绿地 491.53 亩。棚户区改造开工率 102.1%。完成房地产开发投资 19.47 亿元，销售商品房 51.74 万平方米。

【小城镇建设】 小城镇建设项目完成投资 13.63 亿元，新增达标省定示范小城镇“8 + X”项目完成 6 个，示范小城镇新增城镇人口完成 3513 人，示范小城镇新增城镇就业人口完成 2551 人，小康房建设完成 310 户。完成 24 个乡镇 210 个行政村村庄规划编制。完成雨冲乡、凤山乡、六龙镇、黄泥塘镇等小城镇“8 + X”项目，新增达标省定小城镇“8 + X”项目 6 个，累计完成投资 13.63 亿元。启动马场镇市政道路建设。

【乡村建设】 一是农村“危改”“三改”“老旧房整治”。计划实施“危改”“三改”9383 户，开工 9383 户，竣工 8997 户，竣工率 95.89%。老旧住房整治 6075 户，开工 6075 户，竣工 6043 户，竣工率 99.47%。安全住房面积不足 13 平方米的 2312 户，开工 2312 户，竣工 2048 户，竣工率 88.58%。全县 2014 年以后建档立卡贫困户需出具房屋安全性评定结果共有 53629 户，完成评定工作。二是农村“厕所革命”。实施 59901 户，由于该项工程没有资金来源，于 9 月暂停实施。三是农村人居环境整治。全县农村环境整治工程项目（一期）总投资 11.11 亿元，完成投资 7.5 亿元。涉及“三改”及院落打造、卫生项目、绿化、其他公建项目等四大类。“三改”及院落打造完成工程量 85%。卫生项目工程包括：水冲式公厕、垃圾处理及垃圾设施。垃圾处理及垃圾设施完成工程量的 100%，水冲式公厕已完成工程量的 78%。绿化工程包括行道树及绿化，完成工程量的 98%。其他公建项目工程：乡村基础设施工程包括：村级文化活动阵地、连户路、村文化活动广场、亮化工程。其中村级文化活动阵地完成工程量的92%，连户路完成工程量的88%，村文化活动广场完成工程量65%，亮化（路灯）工程完成工程量98%。水利工程包括排污工程及河道治理工程，排污工程完成工程量85%，河道治理工程完成工程量75%。四是传统村落建设。黄泥塘镇背座村、雨冲乡油杉河村入选全国第五批传统村落名单。

【生态建设】 2018年，大方县坚持生态优先、绿色发展理念，建设生态文明先行示范区，生态环境持续改善。一是绿化大方成效显著。完成营造林29.78万亩，治理水土流失63平方公里，森林覆盖率达53%。政策性森林保险投保151.4万亩。创建省级森林城市通过核查验收。二是排污设施建设有力推进。建成赤水河流域生活垃圾收运系统并投入运行，完成县城污水处理厂一、二期提标改造工程，启动14个乡镇污水处理厂建设。县城生活垃圾填埋场投入使用，建成乡镇垃圾中转站11个、地埋式垃圾收运系统16个，城乡生活垃圾处理率达78.39%。三是污染防治取得成效。淘汰1吨及以下燃煤锅炉6台，整治餐饮企业20家，审核清洁生产2家。完成县城饮用水源地专项整治4处，采集542个农用地土壤详查、16家重点行业企业用地样品信息，建立16家涉重企业全口径清单，完善全县土壤污染防治基础数据。四是创园工作取得实效。全县已竣工园林绿化项目7个，新增绿地面积61.89公顷；在建园林绿化项目9个，新增绿地面积41.45公顷；在建公园项目3个，新增公园绿地面积29.12公顷。五是节能工作取得实效。推进重点节能企业能源在线系统建设，抓好重点行业节能监管，实现单位GDP能耗明显降低、能耗总量增长在上级下达目标范围内，全面完成能耗总量和强度“双控”目标。六是严厉打击环境违法行为。开展森林保护“六个严禁”和环境保护“六个一律”执法专项行动，侦破森林刑事案件10件，查处涉林行政案件53起。加大扬尘治理力度，新建项目环评执行率100%。严厉打击各类环境违法行为，立案查处责令整改环境违法企业13家。全年县城空气质量优良天数比例达98%，集中式饮用水源水质达标率达100%。

【招商引资】 2018年，大方县三举措抓好招商引资工作。一是推进产业招商。全县新增录入平台项目123个，投资总额217.29亿元，其中产业项目96个，现代山地特色高效农业产业项目43个，先进制造业项目22个，山地旅游业项目27个，新开工项目123个，开工率100%，新增投产项目102个，投产率77.91%，上报到位资金195.3亿元，其中新增项目到位资金141.27亿元，完成任务数的100.15%，入园项目115个，入园率93.5%。符合“千企引进”要求项目27个，引进高新技术企业4家。编制项目70个，其中主导产业链（天麻、多功能电暖家居）项目15个，围绕皱椒、安格斯牛、农特产品、陶瓷、旅游、大健康等特色产业链52个，其他产业3个。党政主要领导开展产业链调研58次，召开产业招商专题会议54次，外出招商25次，引进项目8个，总投资额38.31亿元，其中，县委书记外出招商13次，引进项目4个，总投资额6.01亿元；县长外出招商12次，引进项目4个，总投资额32.3亿元。党政主要领导引进项目开工率100%。二是整治营商环境。制定营商环境集中整治方案及三大专项行动方案，成立工作领导小组，组建工作专班，以“九个一”为抓手大力整治营商环境，按照部署、排查、整改、总结四个阶段实行台账式管理，销账式推进，全县排查项目440个，其中问题项目154个，整改项目154个，整改率100%。落实优惠政策兑现，按照“双承诺、双兑现”原则，兑现优惠政策2.66亿元。三是创新代办服务工作。在全县各乡（镇、街道办事处）设立招商引资项目代办服务中心，形成县、乡两级联动上门服务，走访企业134家，代办项目123个，代办事项293项，办结事项293项。平台项目责任分解率100%、跟踪落实率100%、覆盖率100%。

【改革创新】 一是关键领域环节改革深入推进。将3519项权力事项纳入清单管理，办理“多证合一、一照一码”企业1269户、专业合作社247户。持续开展“双随机一公开”，开展随机抽查520次，随机抽取执法人员2114人次，随机抽取检查对象8232家。开展“减政便民”行动，清理证明类材料62项，精简取消不合法不合理证明11项，保留51项。全年通过网上办事大厅和实体政务大厅累计受理办件18.31万件。2018年3月通过全省首批政务服务标准化建设示范县评估验收，10月被授予“全省政务服务标准化建设示范县”称号。二是重点领域改革持续发力。完善分税制财政管理体制，充分调动乡镇征税积极性。依托财税大数据平台对税源实行动态监管和精细管理，征收耕地占用税7502万元，追缴门面租赁税778万元。完成国有林场改革，通过省级验收。新增各类市场主体1.23万户，实现民营经济市场主体增加值126亿元。三是产权保护得以夯实。发明专利申请受理31件，“大方豆干”获评为国家地理标志保护产品，大方天麻农业科技示范园区项目通过省级中期验收。

【旅游事业】 全县涉旅在建项目39个，同比增长11.4%，完成旅游项目投资15.07亿元，同比增长25%。奢香古镇成功创建AAAA级景区，慕俄格古城、油杉河景区建设累计完成投资4.7亿元。新增酒店2家、床位205张。接待国内外游客增长30.54%，旅游综合收入增长31.08%。发展旅游带动脱贫4139人。协办中国·大方“奢香故里秘境之旅”油杉河万亩玫瑰园山地马拉松暨第二届中国国际露营大会系列活动。成功承办毕节市第十一届旅游产业发展大会，打造“花海毕节·美丽大方”旅游品牌。重点打造核桃乡木寨村乡村文化旅游助推脱贫攻坚示范点建设，有序推进凤山乡火封丫彝族文化、兴隆乡菱角苗族文化等示范点建设。利用民族节庆活动，大力开展奢香文化节、彝族文化节、彝族火把节、彝族过年节、端午中草药文化节、白族团圆节、中秋节等传统节日节庆活动，逐步形成大方独特的文化品牌。申报红二、红六军团将军山战斗遗址、瓢儿井红九军团政治部指挥所旧址、中国空军航空委员会第一航空发动机制造厂旧址、牛场周雨生墓为第六批省级文物保护单位，红二、红六军团将军山战斗遗址、大海坝烈士陵园、瓢儿井红九军团政治部指挥所旧址获市爱国主义教育基地，红二、红六军团将军山战斗遗址获省级爱国主义教育基地，成功向上级争取到重点文物保护单位甘棠古道维修资金965万元。2018年6月，大方县被贵州省文化厅命名为“2018—2020年度贵州民间文化艺术之乡”，10月，全市2018年文化产业项目观摩会在大方县召开，大方县在会上作经验交流发言。

【教育事业】 2018年，大方县有各级各类学校368所（民办26所），其中完全小学165所，教学点72个，初级中学29所，九年一贯制学校5所，高级中学4所，完全中学7所，十二年一贯制学校1所，幼儿园81所，特殊教育学校1所，育新学校1所，中等职业学校1所，高职院校1所；成立党组织的学校共168所；全县有在校生180245人，其中学前教育在园人数27901人，义务教育阶段有学生115956人，在读高中阶段（含中职）学生人数36388人；全县在编教职工8356人，教师队伍中共有正式党员2462名。学前三年毛入园率85%，义务教育巩固率91%，高中阶段适龄人口毛入学率89%。

学前教育：2018年，大方县幼儿园81所，其中县直及乡镇中心幼儿园35所、山村幼儿园32所、民办幼儿园14所；在编教师1786人；在园人数27901人，秋季学期招生15872人，学前三年毛入学率为88%；大方县中心幼儿园创建省级示范幼儿园工作通过复评验收。2018年实施幼儿园建设项目13所，全面改薄项目学校31所。

义务教育：义务教育阶段有学生115956人，其中小学77965人，初中37991人。小学辍学人数20人，辍学率0.025%，比上学年下降0.045个百分点；初中辍学人数180人，辍学率0.49%，比上学年下降0.1个百分点。九年义务教育巩固率为91%，同比上年持平。有7~15周岁三类残疾儿童少年409人，已入学三类残疾在校学生373人，三类残疾适龄儿童少年入学率为91.2%。进城务工人员随迁子女义务教育阶段在校总人数761人，在公办学校就读人数652人，公办学校就读比例为85.68%，同比提高5.85个百分点。

普高教育：2018届初三毕业生人数13715人，就读普通高中7552人，超额完成年初下达6400人的招生任务数。7573人参加高考（理科4575人、文科2998人），600分以上93人（理科43人、文科50人），一本上线人数786人（理科672人、文科114人），一本上线率10.38%（理科14.69%、文科3.8%）；二本以上上线人数3584人（理科2499人、文科1085），二本以上上线率47.32%（理科54.62%、文科36.19%）。

特殊教育：大方县特殊教育包括特教学校和育新学校（大方九中）。2018年有在册教师41人，学生271人，其中，特殊教育学校学生236人，育新学校学生35人。2018年，特殊教育学校创建省级示范性特殊教育学校通过初评。

民办教育：有民办学校26所（幼儿园14所、九年制学校4所、小学2所、中学6所），专任教师927人（幼儿园354人、小学93人、初中112人、高中368人），学生10477人。

【医疗卫生】 2018年全县各级各类注册医疗卫生机构508个，公立医院2个，民营医院37个，乡（镇、社区）卫生服务中心29个，村卫生室410个，个体诊所37个，医务室3个，专业公共卫生机构5个，编制床位4123张，实际开放床位3667张，每千人拥有床位数5.1张，有综合性二甲医院1家，二甲中医医院1家，全县有卫生技术人员4011人，每千人拥有卫生技术人员5.0人，有执业（助理）医师1471人，每千人拥有1.83人，有注册护士2530人，每千人拥有3.1人。在全市率先推行县域内医疗保障救助政策定点医疗机构“一站式”即时结报。健康扶贫医疗保障救助政策受益贫困人口5.96万人次。完成县级医院“5+2”重点学科建设13个，乡镇特色专科建设18个，远程医疗实现全覆盖。

【社会保障】 一是就业创业工作成效明显。2018年，完成城镇新增就业7295人，占年度目标任务的104.66%；失业人员再就业1997人，占年度目标任务的105.1%；困难人员实现就业1508人，占年度目标任务的105.45%；农村劳动力转移就业23508人，占年度目标任务的107.93%；城镇登记失业率3.31%，严格控制在省要求的4.2%以内；完成职业技能培训17208人，占年度目标任务的537.75%，占农村青壮年培训年度目标任务的204.86%；完成贫困劳动力全员培训16824人，占年度目标任务的201.24%；完成家政护工培训234人，占年度目标任务的180%。开发护河、护洁、护路等13类就业扶贫公益专岗，满足贫困劳动力多样化的就业需求，解决9387人就业。二是社会保障体系不断完善。完成城镇职工基本养老保险参保49876人，征缴养老保险费45800万元；完成城镇职工基本医疗保险参保34330人，征缴医疗保险费25900万元；完成生育保险参保24702人，征缴生育保险费499万元；完成失业保险参保23507人，征缴失业保险费1126万元；完成工伤保险参保46587人，征缴工伤保险费1445万元。

落实社会保险待遇，发放企业养老保险金59915人次1.3亿元，发放丧葬补助86人185万元，完成5056人2018年养老金调整。机关事业单位系统内退休人员4561人，发放养老金24242万元。医疗保险审核住院报销医疗费用6600人次，支付4376.9万元；审核报销特殊门诊病人6891人次，支付829.94万元；审核定点药店刷卡28.6万人次，支付4654万元；审核办理转院手续256人，直接登记转走192人次。生育保险审核生育待遇390人，报销108.2万元。审核失业保险待遇548人次，支付234万余元。办理转诊转院病人备案21人。审核工伤医疗费456人，报销469.2万元；审核工伤定期待遇62人，报销166余万元，一次性待遇418人，报销1099.36万元；审核工亡待遇6人，报销443.83万元。城乡保完成参保36.37万人，征缴参保资金1050万元。

【城乡居民医保】 2018年全县参保人数786259人，建档立卡贫困人口192803人，除死亡669人外，建档立卡贫困人口100%参保，总筹资47961万元。共计补偿金额38205.5万元，1350896人次受益。其中门诊补偿金额4906.8万元，一般诊疗费962.4万元，门诊1226581人次受益；住院补偿32336.3万元，124315人次受益。2018年1—12月支付大病补偿金额5219.4万元，54291人次受益。

【民生保障】 城乡低保工作规范运行。出台《大方县农村最低生活保障制度与扶贫开发政策有效衔接实施方案》《关于开展社会保障兜底推进精准扶贫的实施意见》《关于进一步加大临时救助政策执行力度的通知》等文件，进一步规范城乡低保、临时救助等政策执行，强化全县社会救助制度与脱贫攻坚政策的互联互补，夯实民政制度体系建设基础。2018年农村低保标准提高到3876元/年·人，城市低保提高到570元/月·人。6月底完成低保年度核查工作任务，农村低保为2.97万户5.67万人，月发放低保金1255.8万元，年人均综合补差2658.09元；城市低保为1419户2702人，月发放低保金91.84万元，月人均综合补差339.88元。12月份，全县农村低保对象为3.12万户6.14万人；城市低保为1436户2735人。全年累计发放农村低保66.22万人次，发放低保金1.39亿元；发放城市低保3.31万人次，发放低保金1087.28万元。农村低保季节性缺粮户1.26万户2.1万人（增发人口3467人），需发放救助粮605.03吨。临时救助工作全面推进，填补了社会救助体系“缺项”。全年累计对2065户困难群众实施临时救助，发放救助金308.18万元；发放易地扶贫搬迁农户一次性临时救助金203户739人110.85万元。其他社会救助工作有序开展。医疗救助共资助低保等困难群众5.51万人，缴纳度合医参保金315.12万元；重大疾病、门诊、住院医疗救助5.23万人次，发放救助金2407.43万元。2018年特困人员供养标准提高到741元/月·人，12月份，全县在册特困供养人员1884户1966人，全年累计发放农村特困供养资金1813.45万元，发放护理费529.55万元。2018年将26个乡镇敬老院提级改造工作纳入养老服务业改革发展规划，并于3月将马场镇敬老院作为提级改造示范点进行打造。通过整合资源，将恒大敬老院、大方县中心敬老院作为2018年市政府500张床位综合示范能敬老院项目建设。开展流浪乞讨人员救助工作，5月30日，救助管理站搬迁至顺德办事处白石村杜鹃大道北段。全年累计为302名（其中，未成年人56人；精神病人61人，残疾人21人）流浪乞讨和临时遇困人群提供救助服务，累计支出救助金88.26万元；为19名走失精神病人成功寻亲，通过全国救助寻亲网，将45名滞留的无名精神病人DNA数据采集信息录入数据库。救灾救济工作准备充分，防灾减灾救灾能力大幅提升。3—4月，大方县多个乡镇不同程度遭受风雹洪涝等自然灾害，部分乡镇重复受灾，给群众生产生活造成严重影响，县人民政府划拨救灾资金200万元用于受灾群众生产自救。5月19日，长石镇遭受严重风雹灾害，造成部分群众房屋受损，农作物大面积受灾，县民政部门转移安置群众17户34人，拨付救灾物资救助受灾群众，县人民政府划拨200万元救灾资金用于长石镇受灾群众生产自救。

【公共文化创建】　完成23个综合文化站提升改造，建成5个乡镇综合文化站、286个村级文化服务中心。建设5个图书分馆和10村级图书服务点。与28个乡（镇、街道）签订文化馆分馆制建设协议，建立网站平台，县乡村三级公共文化设施网络体系逐步完善。按照创建标准配齐乡镇综合文化站3名人员、整合村级劳动协管员配合村级开展免费开放服务。加强文化队伍建设，开展培训37次，提升基础文化阵地服务水平。采取电视、广播、宣传画、宣传广告、宣传标语、微信平台等多种方式，大力宣传创建成效、经验和做法，提升群众满意度和知晓率。组织召开5次推进会，完善文化阵地功能布局，规范验收资料。2018年8月，大方县创建国家公共文化服务体系示范区工作顺利通过文化和旅游部验收。

【文物保护与非物质文化遗产传承】　申报珠场解放军141团指挥部旧址、川主庙遗址等16处不可移动文物为第六批县级文物保护单位。申报将军山红军战斗遗址、瓢儿井红九军团政治部指挥所旧址、中国空军航空委员会第一航空发动机制造厂旧址、牛场周雨生墓为第六批省级文物保护单位。申报红二、红六军团将军山战斗遗址为省级爱国主义教育基地。争取获得国家级重点文物保护单位甘棠古道维修资金965万元，争取获得省拨川滇黔陈列布展改造资金148万元。完成国保茶马古道、甘棠古道和李春华之妻节孝坊保护项目方案的编制工作。完成省保中国空军航空委员会第一航空发动机制造厂旧址、县保七家田指挥所旧址、六龙同盟分会旧址等6个维修工程施工设计方案制作。申报古驿号子《崴崴伙》为第四批县级非物质文化遗产代表性保护名录。组织漆器工艺制品厂到深圳文博会、西安文博会、北京中国工艺美术双年展等参展8次。

【文艺创作】　开展“喜迎试验区三十周年·谱结对帮扶精彩故事”主题有奖征集活动，征集作品82件，评选出优秀现代诗12篇、古体诗10篇、小说8篇、散文20篇。开展“美翻了，我的春”网络文明转播活动图片征集，传播全县农村精神文明建设成果和人居环境改善的良好风貌。与省音乐家协会、省摄影家协会、省美术家协会、省书法家协会和市文联联合举办“奢香杯”文艺作品创作大赛，邀请省内外摄影、书法、绘画等专家、艺术家赴大方开展“奢香杯”文艺创作采风活动，评出获奖作品273件。2018年全县获得加入省有关协会资格的艺术家新增30余人。邀请云南省弥勒市摄影、书法、绘画等专家、艺术家赴大方开展文艺创作采风活动，联合主办改革开放40周年——弥勒市·大方县书画摄影展，推选出展书法、美术、摄影作品70幅开展联展。组建大方合唱团，参加“唱响新时代　放歌新未来”2018多彩贵州歌唱活动毕节赛区获“二等奖”，代表毕节参加全省合唱展演，获“优秀展演奖”，县委宣传部获“优秀组织奖”。首届“多彩贵州·舞比快乐”民族广场舞大赛顺利举办，编辑出版《大方文艺》5期，《扶风诗刊》2辑，《灯谜大方》2辑。郑吉平小说《十八师与杨六郎》《支教格格》《你在我的城市，我在你的家》分别获全国“志愿文学”征文活动一、二、三等奖。农民画《红红火火》《沐浴》入选第七届秀洲·农民画艺术节“乡村振兴·绘梦中国—2018中国现代民间绘画创作大赛”作品展，《杜鹃花开》获“2018陕西西安雩邑中国农民艺术节”全国农民画展入选奖。市第六届乌蒙文化艺术节·文化艺术系列（器乐和小品）大赛中，大方县选送作品共获16个奖项。

【思想宣传】 一是外宣工作成效显著。加强与中央主要新闻媒体的对接力度，推出系列深度报道，密集推出反映大方县改革发展、脱贫攻坚的深度稿件和综合稿件，展示发展成效。在《人民日报》、中央电视台等中央主流媒体刊播稿件90余条次，在《贵州日报》、贵州电视台等省级主流媒体刊发稿件100余条。二是内宣工作持续高效。充分利用传统媒体和新兴媒体、传统媒体和社会宣传多种宣传平台，推动报纸、刊物、电视台等传统媒体与“两微一端”等新媒体实现互通互联、融合发展，网上网下、电媒纸媒同频共振、联合发声。大方电视台播出《大方新闻》365期3169条，“大方发布”微信公众号发出353期2553条，“大方县云上讲习”微信公众号发出532条，编辑印发《大方报》145期，大方信息港运行正常。大年初一，《焦点访谈》春节特别节目以《希望的田野（一）我的村庄叫“幸福”》为题进行报道，中央新闻联播播出《大方水西》彝族迎新年。三是典型宣传取得实效。省市县三级媒体联动协作，形成全方位、立体式的融合宣传。组织媒体深入基层，挖掘先进事迹，大力宣传张凌、龙中海、姚芳、张家嵩、李淑彬等先进典型，为大方县决战脱贫攻坚，决胜全面小康提供强大精神动力。2018年大方县在中央、省、市各级主流媒体上推出张凌、龙中海等典型事迹报道40余条。四是新媒体取得新进展。在“大方发布”微信公众号推出“农业产业结构调整”“新时代农民（市民）讲习所”“脱贫攻坚夏秋攻势”“秋后喜算丰收账”“我脱贫了”“以人民为中心”“扶贫政策”等专栏60余个，加强微信公众发布。2018年，粉丝量5.47万人，总阅读量42.24万人次。

【社会治理】 深入开展扫黑除恶专项斗争，持续开展命案侦破、禁毒整治专项行动，群众安全感和满意度不断提升。严厉打击违法犯罪，破获各类刑事案件761件，查处各类治安案件1754起，行政拘留820人，打掉各类犯罪团伙16个。破获毒品刑事案件96件，缴获各类毒品6196克。认真做好群众来信来访，办理省委第五巡视组转办信访事项104件，接待群众来访3482人次，办结国家、省、市转办信访事项514件。成功调解民间纠纷1448件。坚守安全底线，各行业各领域安全生产大检查常态化开展，事故起数和死亡人数分别下降35.71%、53.66%，安全生产平衡态势持续向好。

（撰稿：王慧玲）

黔西县

【区域概况】 黔西县位于贵州省西北部，乌江上游鸭池河北岸，毕节市东面，耕地面积93474.51公顷。辖10个民族乡、15个镇、4个街道办事处，252个村民委员会、112个社区居民委员会。2018年年末户籍总人口96.49万人，城镇人口38.78万人，乡村人口57.71万人。人口出生率12.4‰，自然增长率7.13‰，人口较多的少数民族有彝族、苗族。

【概述】 2018年，是全县攻坚克难、成果丰硕的一年，是黔西发展实现历史性跨越的一年。一年来，在市委、市政府和县委的坚强领导下，在县人大、县政协的监督和支持下，深入学习贯彻党的十九大精神特别是习近平总书记对毕节试验区重要指示精神，全面落实中央、省、市的各项决策部署，以脱贫攻坚统揽经济社会发展全局，坚决打好三大攻坚战，认真落实“五步工作法”，深入推进“113攻坚战”，较好地完成了年初既定的各项目标任务，以教育、医疗、就业、住房等为重点的民生实事稳步推进。建设文明富庶、社会和谐、经济高质量发展的美丽黔西取得新的重要进展，站在了决胜全面建成小康社会新的历史起点上。

【经济持续稳步增长】 2018年预计完成生产总值233.55亿元，增长11.5%；一般公共财政预算收入9.02亿元；规模以上工业增加值增长12%；固定资产投资增长10%；社会消费品零售总额40.3亿元，增长12%；招商引资到位资金184.41亿元，增长9.8%；城镇、农村常住居民人均可支配收入分别为29226元、9464元，分别增长9%、10.5%；金融机构存贷款余额分别达215亿元、191亿元，分别增长10%、15%。经济运行稳中有进，发展态势良好。

【全力战贫困，脱贫攻坚精彩出列】 坚持把脱贫攻坚作为头等大事和第一民生工程，全力打好“四场硬仗”，脱贫攻坚取得决定性胜利。以精准施策取胜。紧盯“两不愁三保障”目标，按照“四个切实”“五个一批”“六个精准”要求，完成国家、省、市督查反馈问题整改1813条，贫困识别、帮扶、退出更加精准。2018年再减少贫困人口5926人，贫困发生率下降至0.95%，剩余的43个贫困村全部出列。以凝心聚力取胜。建立健全指挥、调度、督导三大攻坚体系，40名县级领导、6443名县乡干部结对帮扶贫困户，积极争取民建中央及民建东部十省市、广州市花都区、恒大集团等单位和企业帮扶，形成了党政抓统筹、干部齐上阵、社会广聚力的大扶贫格局。以真抓实干取胜。大力补齐产业发展、基础设施等短板，贫困群众持续稳定脱贫。6500头安格斯能繁母牛、1.22万栋蔬菜大棚、3.2万群中华蜂收益直接与贫困户联结，贫困群众增收更加有保障。贫困村通组路硬化达1016.79公里，10至30户自然村寨道路硬化达238.33公里。建成易地扶贫搬迁锦绣花都安置点，恒大集团捐赠家具、家电等生活用品，16852人完成大迁徙；完成2018年易地扶贫搬迁惠风花园安置点主体工程建设。围绕“五子行动”抓整治，农村贫困家庭人居环境卫生发生了深层次、全方位的改变。以开拓创新取胜。探索就业扶贫“10+N个一批”工程，开发公益专岗6203个，解决4477个农村贫困零就业家庭增收难题。充分利用514个新时代农民（市民）讲习所，开展各类讲习1.58万余场次，有效激发了群众内生动力，涌现出一批“我要脱贫”的生动典型。以政策落实取胜。健全学生资助体系，发放资金6305万元，惠及学生7.3万人次，建档立卡贫困学生资助实现全覆盖，学生资助“六位一体”做法在全国学生资助工作会议上作经验交流发言。完善“先诊疗后付费”和“一站式”即时结算机制，结算补偿8758.15万元，住院医疗费用实际报销比例达91.54%。完成农村危房改造、贫困户安全住房建设和旧房整治15743户，配套完成“三改”5162户，贫困群众实现住有所居、居有所安。

【着力调结构，质量效益同步提升】 深入推进产业结构调整，经济发展质量和效益持续提升。农业产业结构不断优化。按照农村产业革命“八要素”要求，调减玉米种植面积24.27万亩，重点培育经果林、牧草、蔬菜等高效益产业，经济作物种植占比65.15%。建成县乡示范样板点120个，示范面积13.6万亩。建成1000亩以上蔬菜标准化生产基地4个、300亩以上核心基地15个。收购烟叶10.18万担，牛存栏16万头，生猪存栏41万头，家禽存栏320.9万羽。工业经济乘势而上。工业增加值增速持续保持全市领先水平。黔希煤化工实现工业产值4.88亿元，提供就业岗位1000余个。洪水沟、鑫黔、大坝等16对煤矿复产复建，生产原煤501.76万吨。发电98.54亿千瓦时，增长40.29%。完成“千企改造”工程11个。成功引进黔西红木家具、制鞋产业园、节能环保产业孵化园等一批项目。全域旅游方兴未艾。实施“旅游品牌创建、旅游服务设施、旅游发展质量”三大提升工程，组建县文化旅游发展有限公司。中建营盘、大关丘林、锦星白泥、莲城坪子等乡村旅游项目有序推进。素朴象祠、林泉海子、洪水解放3个景点获批AAA级景区，中果河景点成功通过国家AAAA级景区质量景观评定。启动观音洞遗址建设，完成武庙和大关盐号修缮。成功举办全县第二届旅游产业发展大会。全年接待游客1230.8万人次，旅游综合收入117亿元。产销对接更加通畅。发展电商经营主体85家，打造185个乡村电商服务站，加快电商产业孵化园和95个村级电商精准扶贫运营中心建设，国家电子商务进农村示范县建设有序推进。成功引导广州和毕节60余家企业在黔西成立“广毕同心黔行产销扶贫联盟”。网络零售额6906.93万元，增速90%。

【极力促统筹，城乡面貌焕然一新】 坚持城市发展“六度”理念，城镇化水平持续提高，城市综合实力显著增强。城市建设加快推进。建成城市主干道7.06公里。改造公交车站台87套。改造阳光大道、同心大道、金黔大道路灯485盏。贵毕路加宽改造、站前大道建设加快。全力建设“城市绿肺”，湾角龙潭得到有效治理，观农台公园、龙山公园建设取得实质性进展。完成棚户区改造4253户。莲城金街、同心锦绣城等22个房地产项目加快推进。城镇化率达48.64%。乡村建设加快推进。建成中建营盘等乡村联动示范点50余个。建成城镇路网、污水处理厂、农贸市场、医院等“8+X”项目200余个。投入7.5亿元启动水务一体化PPP农村饮水安全巩固提升工程。国道212金沙五里坡至黔西大锡、大锡至甘棠公路建成通车；完成协和至太来、铁石至钟山、中坪至重新等6条县乡道改造。投入3.5亿元实施农村电网改造升级工程，新增变压器1250台。铺设通信光缆达7.42万公里，累计建设移动基站3262个，30户以上自然村4G网络覆盖率达90%。

【奋力优生态，人居环境明显改善】 坚持“生态立县”战略不动摇，建青山、护绿水、守净土，生态文明建设持续推进。强力推动环保督察问题整改。完成中央、省委环保督察反馈问题整改83个。完成贯城河整治，拆除沙坝河网箱，加强附廓水库饮用水源地保护区、凉风洞垃圾填埋场、甘棠垃圾填埋场等环境治理。投入2000余万元完成县城污水处理一期、二期提标改造工程，城区污水处理达到一级A标排放标准。污染防治攻坚战成效显著。大力改善大气环境，划分县城禁燃区、限燃区，城区空气质量优良天数比例98.2%。全面推行河长制，建立县乡村三级河长体系，15条河流实现挂牌管理；投入4785万元开展附廓水库集中式饮用水源地综合整治，集中式饮用水源水质达标率100%。投入6300万元建成城乡垃圾收运系统，新增城乡垃圾收运车辆98台，安装垃圾箱1300个，实现乡村生活垃圾集中处理。完成营造林建设7.5万亩，石漠化综合治理面积20平方公里，经果林面积新增10.83万亩。森林覆盖率达50.5%。建成区绿化覆盖总面积708.56公顷，“300米见绿、500米见园”的绿地系统初具雏形。创建“省级森林城市”顺利通过省级核查验收。红林乡雷响孔村成为毕节唯一入选的“全国生态文化村”。监管执法问责更加严格。深入开展“六个一律”“六个严禁”森林保护专项执法和“守护多彩贵州，严打环境犯罪”专项行动，出动执法人员1501人次，办理各类森林案件253起。

【强力促改革，发展活力不断释放】 “放管服”改革深入推进。大力推行“互联网+政务服务”，向社会“晒权责”，累计清理公布行政权力清单3730项，动态调整公布权责清单38项。通过贵州政务服务网黔西站，率先开展网上全程电子化业务，梳理全程网办事项和即办事项168项。县乡村三级8617个行政审批服务事项办事指南录入贵州政务服务网，16个部门、153项行政许可事项进驻县级实体政务大厅，数据“多跑路”、群众“少跑腿”改革加快。大力开展营商环境集中整治行动，着力解决了企业反映的一批突出问题。综合改革深入推进。全面取消“砂票”“调拨单”“建筑材料准运证”等事项，企业办理行政审批服务事项时间平均减少52%。组建村务（民生）监督委员会，优选1092名村务监督员充实监督队伍。完善建立农村土地承包经营权流转工作新机制，确权登记颁证农村承包地126.3万亩；强力推进113个“三变”试点村改革；全面推广“塘约经验”，金碧红寨、大关七里、林泉海子试点村改革成绩突出。科技创新成果显著。海悦科技、永润天泽化工获高新技术企业认定，高新技术企业实现零突破。高原蓝梦菇、飞乐云网络成功遴选为小巨人成长企业和科技型种子企业，新增科技型企业备案65家。

【聚力惠民生，社会事业全面进步】 坚持民生优先，人民群众获得感、幸福感和安全感不断增强。教育发展更加均衡。深化教育综合改革，全力促进教育优质均衡发展，教育教学质量全面提升。划分7个学区，成立22个教育集团，投入6000万元夯实“村校复兴”基础设施；新建中小学23所，建成幼儿园10所。学前教育普惠率达80%以上。城区超大班额全面消除。完成教育园区幼儿园和第一高中教学楼主体工程建设。高中学校“名校攻关”行动初见成效，高考本科综合上线率大幅提高。卫生服务水平不断提升。投入1743万元改善基层医疗条件，建成82个村级标准化卫生室、20个乡镇卫生院数字化预防接种门诊室，13个易地扶贫搬迁安置点卫生室全覆盖；开通省内跨市州异地就医及时结报。文体广电事业繁荣发展。建成国家公共文化服务体系示范区。新建9个乡镇综合文化站；文化馆、新图书馆、智慧图书馆投入使用。正式挂牌成为全省首家“中国合唱协会合唱基地”。以脱贫攻坚为题材的院线电影《村官不难当》在黔西实景拍摄。新建12个乡镇级、198个村级农民体育健身工程，实现农体工程全覆盖。广泛开展全民健身运动，承办“健康黔西·快乐行走”2018年全国徒步大会、“银河实业杯”全国象棋公开赛等体育活动。新增多彩贵州“广电云”户户用18849户。社会保障体系更加完善。新增城镇就业10741人，转移农村劳动力就业22105人。开展贫困劳动力全员培训6535人，安置就业5026人。城乡居民基本养老保险参保34.94万人，发放养老金7074万元。发放城乡低保金1.43亿元。“平安黔西”建设成效明显。深入开展扫黑除恶专项斗争，保持严打整治高压态势，刑事案件发案率下降19%。积极推进“法治黔西”创建工作，荣获第四批“全国法治县创建活动先进单位”、大兴社区荣获第七批“全国民主法治示范社区”称号。成功防范非洲猪瘟，疫情零发生。全年未发生较大及以上安全生产事故，安全形势持续平稳向好。

【大力转作风，政府自身建设不断加强】 认真贯彻新时代党的建设总要求，深化落实中央“八项规定”精神，弛而不息纠正“四风”，牢固树立“四个意识”，扎实推进“两学一做”学习教育常态化制度化。认真履行党风廉政“一岗双责”，始终保持务实高效的作风，强化责任担当，深入开展“三个大兴”活动。加强审计监督，深入推进反腐败斗争，廉洁自律防线更加牢固，政府公信力、行政效能不断提升。自觉接受县人大法律监督和县政协民主监督，办理人大代表建议160件、政协委员提案111件，办复率、满意率均为100%。

人武、消防、市场管理、供销、民族宗教、外事侨务等工作取得新成效，青年、妇女儿童、老龄、残疾人、气象、档案等事业取得新进步。

（撰稿：黔西史志办）

金沙县

【概况】 中国贡茶之乡——金沙，位于贵州省西北部，毕节市东部，地处贵阳、遵义、毕节、四川泸州四市交会处，地处黔北经济协作区、黔中经济区、成渝经济圈，是贵州省经济强县、中国西部百强县、中国最具投资潜力特色示范县之一。全县总面积2528平方公里，耕地面积8.52万公顷。辖14个镇、7个乡（其中6个民族乡）、4个街道，145个村、94个社区，有1个省级经济开发区和2个副县级管理区。2018年年末全县总人口70.75万人，其中乡村人口39.79人、城镇人口30.99万人，人口出生率11.51‰，自然增长率5.89‰。有汉、苗、彝等15个民族，人口较多的少数民族有彝族、苗族。主要矿藏有煤、铁、硫、磷、硅；森林覆盖率达57.93%。

2018年，金沙县统筹推进“五位一体”总体布局，协调推进“四个全面”战略布局，坚持稳中求进总基调，落实高质量发展要求，聚焦“百姓富、生态美”发展定位和三大战略行动，聚力打赢“113攻坚战”，坚持“全省增比进位、全市示范引领、全县提质增效”发展定位，奋力打造金沙之路升级版，全面建设幸福美丽新金沙。全县呈现出发展基础不断夯实、发展动力持续增强、发展质量日益提升的良好态势。2018年，全县完成地区生产总值262.2亿元，同比增长10.9%；农林牧渔业总产值37亿元，增长7.3%；工业增加值115.74亿元，同比增长11.6%；固定资产投资增长5.9%；财政总收入53.37亿元，增长4.5%，其中地方财政收入33.45亿元，增长4.9%，财政总支出60.8亿元，增长8.3%；税收36.14亿元，同比增长5.9%；城镇、农村居民人均收入31669元、10396元，同比分别增长9.0%、9.8%；社会消费品零售总额同比增长8.4%；金融机构存贷款余额增长7.4%；人均一般公共预算收入3563元；城镇新增就业人口10982人，同比增长1.2%；减少贫困人口15270人，贫困发生率下降到2.86%；在全省县域第一方阵综合排名从2017年的第15位跃升至第9位。

【巡视整改与巡察工作抓出成效】 一是始终坚持“巡视整改不落实，就是对党不忠诚”的政治标准，坚决把巡视整改作为贯彻落实中央、省委、市委重大决策部署的务实举措，坚决以高度的政治自觉和思想自觉抓好整改落实。召开县委巡视整改专题民主生活会，全面对照巡视反馈意见，主动认领责任、深刻对照检查、完善整改措施，真正做到全面整改、立行立改、真改实改，确保巡视“后半篇文章”见真章、出实效。中央巡视反馈意见的94个整改问题，已完成整改93个，完成率为98.94%；省委第三轮巡视第五巡视组巡视反馈意见的93个整改问题，已完成整改84个，完成率为90.32%；省委第四轮巡视第六巡视组反馈的5个方面9个立行立改问题，已全部完成整改；中央环保督察“回头看”交办的60个问题已全部办结。二是认真贯彻落实中央、省委和市委巡视巡察工作新部署新要求，突出政治巡察、强化制度建设、抓实巡察队伍，先后召开县委常委会7次研究部署巡察工作，召开全县巡察工作动员部署会4次，按照“六个围绕、一个加强”的要求，推进巡察工作不断向纵深发展。精准高效开展巡察工作，对巡察反馈问题整改工作滞后的3个乡镇党委主要领导进行了约谈；完成11个乡（镇、街道）103个行政村（社区）全面巡察工作，转纪律审查问题线索745条，立案98件，结案61件，党纪政务处分61人，收缴违纪资金111.64万元，现场清退违纪资金48.73万元。

【整体脱贫在精准施策中成效显现】 一是建立健全县乡村三级脱贫攻坚作战体系，扎实开展脱贫攻坚“春风行动”“夏秋攻势”“五个专项治理”等行动。组建25个由县级领导任队长的帮扶工作队，实现联系乡（镇、街道）全覆盖；选派525名干部驻村，实现87个贫困村驻村工作全覆盖；县乡村6217名干部与23198户贫困群众结成帮扶对子，实现贫困户结对帮扶全覆盖。二是狠抓基础设施建管。完成1352公里组组通硬化路建设，实现30户以上自然村寨通硬化路全覆盖。实施25个贫困村8349户31210人饮水安全巩固提升工程，实现出列贫困村全覆盖。新建10千伏线路52.5千米，低压线路235.7千米，新增配电变压器139台，实现贫困村通动力电全覆盖。进一步完善贫困村通信网络配套，贫困村村委会所在地及周边光纤网络、4G网络覆盖率达100%。三是狠抓产业扶贫。完成村集体“三资”量化1.24亿元，吸纳农户用耕地、林地加入村集体经济股份合作社，通过资源资产抵押贷款8600万元投入特色产业发展。面向贫困村采购各类农产品支付资金1456.57万元。进一步健全完善利益联结机制，90%以上贫困户通过土地流转租金、入股分红收益、劳动务工薪酬等多渠道增收。四是狠抓易地扶贫搬迁。1796户7476名贫困群众搬迁入住“光明小镇·幸福家园”安置点，旧房拆除复垦复绿工作同步推进。组织就业培训7期，促进就业5679人。新设立3个移民社区，零距离服务搬迁群众。五是狠抓教育医疗住房保障。全面实现教育资助应助尽助，完成学前教育、义务教育、高中阶段教育资助66893人次5593.94万元，受理生源地信用助学贷款6406人次4426.66万元。全面实现医疗保障应保尽保、应助尽助，资助319.22万元帮助贫困群众全部参保。全面落实贫困人口先诊疗后付费、住院就医补偿、14种大病救治、慢性病就医补偿等工作，支付就医补偿6295.77万元，惠及贫困群众24233人次，补偿比例超过90%。实施农村危改和“三改”5508户，完成农村老旧住房整治454户，统筹做好地质灾害防灾避险搬迁、无房户住房民政救助兜底等住房保障工程。六是狠抓“十大员”就业扶贫。开发就业扶贫公益专岗3440个，招募上岗3321人，促进人均增收5200元以上。七是狠抓对口帮扶和扶贫协作。民进中央及民进各级组织到金沙县开展帮扶活动17次，培训教师、医务人员3100余人次。“泛海助学”筹资25万元资助贫困学生50名。深化与广州市荔湾区东西部扶贫协作，选派干部和专技人员赴粤挂职和学习272人次，培训专技人员5258人次，推动村村结对、村企结对7对，实施扶贫项目16个，推动“金货入粤”销售3470万元。广州各界爱心捐赠314.16万元，帮助贫困学生110名，帮扶贫困群众1835人。恒大集团倾情帮扶金沙发展产业、开展就业培训、推进易地扶贫搬迁项目建设。深入开展“荣誉村主任”“百企帮百村”等工作，凝聚脱贫攻坚强大合力。

【风险防控在守土尽责中质效提升】 制定《金沙县地方性债务风险应急处置预案》等7个政策文件，采取盘活存量资产、存量资金、推进PPP模式转化存量债务等方式降低综合债务率。从严打击非法集资等违法活动，守住不发生系统性区域性金融风险底线。从严打击非法集资等违法活动，守住不发生系统性区域性金融风险底线。深入推进“平安金沙”建设，全力抓好安全生产、社会治安、信访维稳各项工作，事故起数和死亡人数分别下降59.3%、56%，排查化解矛盾纠纷1471起，万人刑事犯罪率同比下降2.4%，群众安全感满意度提升到98.27%。成立金沙县民意调查测评中心，汇聚民智助力发展。建成金黔食品检测中心，强化食品监控，金沙县荣获省级食品安全示范县称号。

【生态环境在建设保护中更加优美】 坚决打好污染防治攻坚战，厚植发展后劲。紧盯退耕还林、天然林保护、封山育林、植树造林、石漠化综合治理等生态工程，治理水土流失面积20平方公里，完成营造林14.97万亩，森林覆盖率达57.93%，成功创建省级森林城市。创新推进化竹等7个煤矿环境治理和生态修复工程，治理面积3449亩。建成环境大数据监控平台，持续加大环境监察执法力度。抓牢抓实县城集中式饮用水源地存在问题和中央环保督察“回头看”问题整改工作，60件交办案件全部上报办结。乌江库区及其他水域养殖网箱全部拆除，编制完成冷水河自然保护区功能区划分方案。提标改造县城一期、二期污水处理厂，完成沙土、安底、茶园污水处理厂技术改造和禹谟污水处理厂工程建设。强化空气污染源头管控，县城空气优良天数达96.1%。全面落实县乡村三级“河长制”，赤水河、偏岩河水质达到现状Ⅱ类，水边河、花滩河、金沙河水质达到现状Ⅲ类。扎实开展千人以上集中式饮用水源地整治，饮用水达标率达100%。城乡生活垃圾收运系统建成投用，城乡生活垃圾无害化处理率达85%，医疗废物处置率达100%。

【产业结构在转型升级中更加优化】 深入推进供给侧结构性改革，三次产业结构从12.2∶54.2∶33.6调整到11.4∶54.3∶34.3。一是加快农业产业结构调整。调减玉米种植16.2万亩，粮经比调整到30∶70。种植茶叶10.05万亩、辣椒10.04万亩、中药材1万亩、有机高粱12万亩、烤烟3.75万亩，实施高标准设施农业基地2.25万亩，绿壳蛋鸡存栏72.03万羽。建设县、乡领导示范点100个13.81万亩。累计培育市级以上农业龙头企业63家、新型农业经营主体2552个。持续强化品牌创建，积极推进国家有机认证示范区建设，荣获中国茶叶百强县称号，冷水河牌大米获第十九届中国食品博览会金奖。二是加快工业提质转型。工业用电量达6.55亿千瓦时，同比增长3.7%。大力实施“千企改造”“千企引进”工程，推动煤、电、酒、电子信息、五金制造等产业加快发展。完成煤矿机械化改造19家，机械化率达72.34%，完成智能化改造21家。产煤1602.54万吨，同比增长2.14%；发电130.56亿千瓦时，同比增长4.45%，原煤产量和发电量再创历史新高。生产成品酒769.7万升，同比增长20.21%。生产水泥303万吨，同比增长10.11%。三是加快经济开发区新兴产业集群发展。扎实抓好产业链招商和腾笼换鸟工作，不断夯实电子电声、电镀五金主导产业基础。清理占而未用标准厂房6万余平方米，清收土地294亩。华资、奇力自建产业园部分主体完工，恒伟玻璃制品项目建成投产。开发区完成规模工业产值164.65亿元、税收6亿元、进出口贸易额9200万美元，促进就业2811人。四是加快第三产业提速发展。先后举办杜鹃花节、牡丹花节、荷花节、玉簪花节等文化旅游推介活动，“锦绣西洛·梦幻田园”综合体被评为国家AAA级旅游景区，柳塘金新村荣获全省甲级旅游村寨称号。智慧金沙建设有序推进，新增电商企业25家、农村电商服务站100个，完成网络零售额8442.43万元，同比增长187.22%。扎实抓好贵园信贷通、就业贷、小微企业贷、工程贷、农担贷等金融惠民工作。发放扶贫小额信用贷款5631户2.81亿元，争取绿色产业扶贫投资基金9.3亿元。持续加大农业保险投入，赔付政策性农业保险4302万元，农房灾害保险740万元。商贸物流、批零住餐等行业稳步向前发展。五是大力支持民营经济发展壮大。持续优化营商环境，完善要素保障，兑现扶持微型企业资金1998万元。新增市场主体12420户，同比增长43%。完成民营经济增加值190.12亿元，占GDP的比重达67.9%。

【城乡面貌在加快建设中持续改观】 坚持规划引领，推动县城、小城镇、农村（社区）三级城镇化协同发展。新增城镇建成区面积1.5平方公里、城镇道路7.2公里、城镇人口15012人，城镇化率达46.49%。14条市政道路、箐河公园、紫金智能停车场等建设进展顺利。完成12698户棚改签约。枫格语林、开明同心城三期等房开项目加快建设，完成房地产开发144.2万平方米。深入开展整县推进小城镇建设试点工作，乡镇集镇道路、供水、环卫等配套设施进一步完善，打造完成沙土风貌一条街。深入推进美丽乡村人居环境综合整治，打造示范型村寨8个、提升型村寨10个、普及型村寨60个，受益农户14629户58802人。新建8个乡级、60个村级文体广场，完成239个村（社区）综合文化服务中心建设，实现乡村两级文体广场全覆盖。修金古高速公路（金沙段）前期工作进展顺利，夹岩水利枢纽工程金沙分干渠建设加快推进。基本完成212国道五里坡至黔西、208省道老木孔至岚头、740县道石场至清池等道路改扩建工程。完成油沙河水库和供水管网工程、小洋溪水库应急供水工程建设，关渔塘梯级水电站投入运营。实施35千伏后山变、35千伏清池变2号主变扩建，更换智能电表12万只，实现远程抄表和电子化结算。通信光纤网络覆盖所有行政村，新增4G基站332个，全县30户以上自然村寨4G移动信号覆盖率达88.97%。

【发展动能在改革开放中更加强劲】 深入推进“放管服”改革。调整县直部门、乡镇、街道“两单合一”目录3449项、89项、59项。将行政执法人员全部纳入动态管理平台，开展“双随机一公开”抽查337次4744户，抽查事项1302项，查处违法违规行为306起。县政务大厅进驻部门增加至40个、窗口增加至87个，进驻事项增加至583项，削减行政审批服务事项证明材料495个。积极落实“多证合一、一照一码”登记制度改革。创新城乡医保、民爆物品采购、企业开办等“集成套餐服务”，陆续推出企业开办、城乡医保等30类“集成套餐服务”“民爆物品购运套餐”获得国务院肯定，金沙荣获全省政务服务标准化建设示范县和全省服务业名牌称号。先后承办全省政务服务现场推进会、全市优化营商环境提升企业开办效率现场推进会。深入推进农民住房财产权抵押贷款工作，完成颁证43122份，累计贷款4202笔4.03亿元。深入推进社会信用体系建设，发布“七天双公示”信息56900条，春秋酒业公司被授予“毕节市诚信示范企业”。扎实推进产业大招商工作，党政主要领导带队深入京津冀、长三角、珠三角等地区精准招商，新引进项目156个。

【民生保障在持续改善中更加坚实】 坚持以人民为中心的发展思想，着力解决群众最关心最直接最现实的利益问题，持续提升群众获得感、幸福感、安全感。教育方面：实施各类教育工程26个，宏志中学一期完工投入使用。巩固提升“新两基”成果，学前三年毛入园率达89.39%，义务教育巩固率达88.2%，高中阶段毛入学率达90.65%，“三残”儿童少年入学率达95.23%，全面消除66人以上超大班额，普通高考二本以上综合上线率连续两年位列全市第一。第四批国家级职业教育成人教育示范县创建工作通过省级复评，县特殊教育学校成功创建为首批省级示范性特殊教育学校。全面开展师德师风专项治理，持续加强教师队伍建设，全面落实立德树人教育根本任务。医疗健康方面：扎实推进“基层医疗卫生服务能力三年提升计划”，全力推进“百院大战”，持续提升县乡村三级基层医疗卫生机构服务能力。加强县级医院提质达标建设，完成县人民医院、县中医院5+2重点学科建设。加强乡村医疗机构规范化建设，完成8个中心乡镇卫生院一级甲等创建，建成5个标准化卫生院、33个村卫生室、19家基层医疗机构中医馆。深入推进医联体建设和远程医疗、分级诊疗和家庭医生签约服务，不断满足群众卫生健康需求。文化体育方面：巩固提升中华诗词之乡创建成果，鼓场、清池创建为中华诗词之乡，县人民检察院、新化中学等10个单位荣获诗教先进单位称号，累计创建市级以上中华诗词之乡、诗词校园和诗教先进单位119个。着力弘扬红色文化，拍摄微电影《将军的抉择》，得到省、市史志部门的高度评价。持续加强民族民间文化保护传承，后山、长坝被命名为“省级民间艺术之乡”，公共文化服务体系示范区创建通过国家验收。新增文化类企业76家，新增广电云“户户用”22818户，放映农村公益电影1823场。连续承办全国溯溪越野挑战赛、天空跑国际山地竞速挑战赛、全国象棋公开赛等赛事。全民健身运动蓬勃发展，举办各类群众性体育赛事100余场。积极组团参加省市体育竞技比赛，在全省第十届体育运动会上，金沙运动员获得14枚金牌，金牌数位列全市第一。科技方面：科技投入占财政支出3%以上，新增2家高新技术企业，完成60家科技型企业备案，申报100件发明专利。人力资源开发方面：实现城镇新增就业11794人，城镇登记失业率3.4%。完成贫困劳动力全员培训3615人，促进贫困群众7132人就业。社会保障方面：完成城镇职工基本养老保险参保58768人，城乡居民养老保险参保32.13万人，社会保障卡持卡人数达24.31万人。民族宗教方面：建立县乡村三级联系服务指导宗教活动场所责任制，在21个开放宗教活动场所开展“国旗、宪法和法律法规、社会主义核心价值观、中华优秀传统文化”四进活动，推进宗教工作法治化、规范化、制度化。安洛乡木杉戛村、高坪镇金凤苗寨荣获第三批“贵州省少数民族特色村寨”，县民族中学获得“全省第三批民族教育双百工程民族特色示范建设学校”。民政事业方面：完成179名退役士兵、士官接收安置工作，累计发放各类优抚补助资金639万元、城乡低保金8389.26万元、特困供养金2073万元、农村低保季节性缺粮户救助粮31.7万公斤。医疗救助、临时救助等工作规范开展；留守儿童、残疾人、老年人关爱救助工作扎实推进。

【全面践行“五步工作法”落实落细上级决策部署】 一是紧扣“政策设计”制定“作战图”。坚持目标导向、问题导向、结果导向，统筹做好顶层设计和实施细则。先后出台《坚决打赢脱贫攻坚战三年行动的实施方案》《金沙县打好防范化解重大风险攻坚战的实施意见》《金沙县大力优化营商环境专项整治行动方案》等相关配套政策措施文件，盯紧盯实“全省增比进位、全市示范引领、全县提质增效”发展定位，聚焦打造开放带动、转型发展的“金沙之路”升级版，加快推进新型工业化、特色城镇化、农业现代化和旅游全域化，促进信息化与实体经济加快融合，推动经济社会平衡充分发展。二是紧扣“工作部署”吹响“冲锋号”。结合上级决策部署，召开启动大会、领导干部会议、推进会、专题会，对打好打赢“三大攻坚战”、智慧金沙、乡村振兴、民生改善等重点工作进行安排部署。重点围绕“春风行动”“夏秋攻势”“冬季充电”等重大行动，对标“四场硬仗”“五个专项治理”工作要求，将目标任务、工作措施等进行明确、分解，提出具有可操作性的实施方法和步骤，明确做什么、怎么做、达到什么效果，让县乡村各级干部心中有数，做到干有目标、干有方向，推动上级安排部署全面落地落实落细。三是紧扣“干群培训”建强“施工队”。举办各类干部培训307期4.5万人次，选派228名干部到上级党校、高等院校等参加研修培训，选派4778名干部到省内外参加各类专业培训。组织全县广大干部参加“新时代学习大讲堂”“时代前沿知识讲座”“脱贫攻坚大讲习大培训”等各类业务知识专题讲座158期培训13.2万人次。开展“十万农民技能大培训”，培训农民6.3万人，精准提升全县农民就业技能。开展乡土人才申报评审，1531人获乡土人才职称，全县乡土人才达8629人。实施农业专家精准服务脱贫攻坚，组建85人的产业扶贫技术专家组，将专家精准匹配到贫困村产业链上开展服务，有效推动贫困村产业发展。开展“脱贫攻坚专项引才”行动，聚焦“产业脱贫、教育脱贫、医疗脱贫”，面向社会简化程序公开引进高层次人才和急需紧缺人才37人。选派科技人才103人到乡工作，39人领办创办项目。1197名优秀乡土人才参与结对帮扶。238名在外人才返乡创业，投入资金1.36亿元，实施项目318个，带动贫困人口2287户6098人增收。四是紧扣“监督检查”念好“紧箍咒”。建立制度化、常态化的监督检查机制，加强督促检查指导，确保工作任务高效推进、圆满完成。紧紧盯住“领导干部”这个关键少数，压实责任，确保领导干部把责任拿在手上、扛在肩上、放在心上。成立县脱贫攻坚、产业结构调整5个专项督查组，负责各乡（镇、街道）和县直部门工作推进督促指导和督导检查。严格一周一调度、一月一督查一考核机制。发布督办督查专报143期，督查通报95期，通过“红旗推增比、黄牌促进位”的督查考核机制，授红旗60面，记黄牌41块，推动了各项工作的落实。五是紧扣“追责问责”用好“执纪棒”。坚持“大党建”统领，大兴调查研究之风、大兴真抓实干之风、大兴勤俭节约之风，深入推进脱贫攻坚作风建设年活动，以思想意识的大洗礼、理念思路的大更新、精神状态的大提升，为全县决战脱贫攻坚、决胜全面小康提供了坚强有力的保障。查处扶贫领域违反中央“八项规定”精神问题48起48人，通报曝光典型问题39起。深入整治形式主义、官僚主义突出问题，共查处形式主义、官僚主义问题18起，党纪政务处分13人，诫勉谈话5人。从严整治干部不担当不作为突出问题，对174名干部进行了组织处理，创新干部“召回管理”方式，将责任意识不强、工作作风不实、履职尽责不到位的29名干部“回炉淬火”，安排到深度贫困村所在乡镇和脱贫攻坚任务繁重的乡镇蹲点实训，以实绩表现检验召回成效。

【创新“集成套餐”优化政务服务】 金沙县积极推动行政审批股向政务大厅集中、部门行政许可职能向一个股室集中、审批事项向网上办事大厅集中，先后4次对政务大厅进行优化升级，将业务办理联系紧密的窗口进行分区，按照行业、区划、主题、部分、证照5个分类设置办事指南检索途径。在此基础上，积极探索“集成套餐”服务，创新推行企业开办、畜牧养殖、民爆物品审购运城乡医保等“集成套餐”服务，全面落实“综合窗口统一接件、后台分类审批、综合窗口统一出件”审批模式，较好地满足了企业和群众办事少跑路、省时间、减材料、降成本、提效率的需求。一是企业开办“集成套餐”促进产业“大招商”。为缩短企业开办“落地”周期，通过公安局审核引进备案公章雕刻企业，协调工商银行将企业对公账户开户业务纳入县政务大厅办理，与市场监管窗口、税务窗口集成办公，形成企业开办“集成套餐”窗口。企业开办包括整套设立、刻章、开户、核税流程，只需3个工作日即可办结，极大地缩短了企业开办时间。二是畜牧养殖“集成套餐”助推区域“大扶贫”。凡在金沙县发展畜牧养殖的企业，均可享受到从企业开办到农牧局检疫许可的“一条龙”服务。积极推行“前台综合受理、后台分类审批、统一窗口出件”，将申请材料从52个精简到32个。明确市场监管窗口为统一收件窗口，企业只需将一整套资料提交到收件窗口，然后在各有关部门窗口间流转审批，整个办理周期缩短到20个工作日。三是民爆物品购运“集成套餐”服务地方“大产业”。矿产企业是支撑金沙县经济体系的“命脉型”产业，各厂矿均需采购炸药进行爆破生产。为优化炸药审购运手续，金沙县将与民爆物品采购、运输有关的汇森公司和保安公司统一纳入到县大厅与治安窗口进行联合办公，设置民爆物品购运“集成套餐”窗口。矿产企业在治安窗口审批后，直接流转到汇森公司窗口购买炸材，然后流转到保安公司窗口安排运输，整个流程从10个工作日压缩到20分钟。四是城乡医保“集成套餐”服务“大健康”。将保险公司业务纳入大厅办理，明确由卫生计生局合医窗口统一接件，老百姓在合医窗口统一提交资料，合医报销后，如剩余自费部分超过4000元的，则自动流转到保险公司窗口进行“二次报销”。下一步，金沙县统筹政府资源和社会资源，积极推动有机融合，创新推进30类“集成套餐”服务落实落细，持续提升政务服务质量效益。

【强化舆论引导凝聚正能量】 策划开展“决战脱贫攻坚、决胜全面小康”“聚焦试验区30年”“六城同创”“三个大兴”“河长制河常治”“恒大帮扶在毕节”“易地扶贫搬迁进行时”“法治金沙”“聚焦生态文明”等全县重点工作的主题报道，在中央电视台播出新闻7条，省、市《新闻联播》播出新闻335条，在《人民日报》《光明日报》等中央级报纸上发表稿件10篇，省、市报刊上发表953篇，其中头版62篇，传递金沙好声音，不断凝聚广大党员和干部群众干事创业的正能量。

【积极探索党建工作新路】 优化设置建强组织。共成立党总支179个，设置党支部576个，在农民专业合作社（产业链）上建立党支部96个，形成从上到下推动工作落实的强大合力。严格管理强化激励。深入推进党员“双十分制”管理，激励全县广大党员在脱贫攻坚中展现风采、贡献力量。召开脱贫攻坚“七一”表彰大会，表彰脱贫攻坚优秀共产党员100名、脱贫攻坚先进基层党组织50个。统筹推进各领域基层党建。组建党组织320个，覆盖企业903家，覆盖率为92.24%，选派24名县直单位优秀党员到企业担任党建特派员、挂任企业管理岗位职务，实现党建引领企业发展与干部培养成长一体推进。在11个城市小区探索建立“8小时外”楼宇临时党支部，同步推进国有企业、中小学校、公立医院等领域党建工作，切实加强党的全面领导，不断提升基层党组织的组织力、凝聚力和战斗力。

【大力提升干部队伍整体素质】 选优配强乡（镇、街道）党政正职，共调整干部12人。围绕“113攻坚战”做好干部培训培育工作，持续办好“新时代学习大讲堂”和各类专题培训班。一年来，举办各类培训班270期42344人次，选派228名干部到上级党校、高等院校等参加研修培训，选派4529名干部到省内外参加各类培训。从严整治干部不担当不作为突出问题，对174名干部进行了组织处理，将29名干部“回炉淬火”召回安排到深度贫困村所在乡镇和脱贫攻坚任务繁重的乡镇蹲点实训，以实绩表现检验召回成效。大力实施人才强县战略，通过简化程序、公开招聘（招录）、柔性引进等方式，引进、招聘各类人才415名。

【持之以恒正风肃纪】 持续拓展巩固中央“八项规定”精神，不断厚植党执政基础，坚持以上率下、示范带动，坚决遏制隐形“四风”变异，大兴“三风”纠治“四风”。严字当头、抓铁有痕，以深入整治形式主义、官僚主义突出问题为重点，不断加强纪律作风建设。一年来，共查处违反中央“八项规定”精神问题48起，处理48人，查处形式主义、官僚主义突出问题18件，给予党纪政务处分13人，诫勉谈话5人。持续推进作风评价工作，对45次不满意评价进行分析研判，提醒谈话11人次。握紧监督执纪“四种形态”戒尺，运用第一种形态2502人次，运用第二、三、四种形态328人次。受理信访举报件309件，办结201件。保持反腐高压态势，立案297件，结案296件，处分320人。

【扎实推进矿山地质环境恢复和综合治理】 金沙县立足“以山治山”、建设“绿水青山”，实现“金山银山”，着力破解矿山环境污染、地灾治理、生态建设、产业发展、群众增收等问题。（一）统筹推进，解决好谁来治的问题。一是政府统筹推进。对标国家矿山地质环境恢复和综合治理文件要求，全面盘点矿山地质灾害治理区域，先后报请批准化竹、金凤等7个矿山地质环境保护与恢复治理项目，规划治理面积达6046亩。二是压实企业主体责任。按照“谁开发、谁治理”原则，落实落细“一矿一策”，紧盯山水林田湖草生态环境建设实施综合治理。三是强化部门监管。压紧压实县国土资源、林业和属地乡镇监管责任，挂图作战，加强服务指导，确保治理安全和质量效益。（二）开发治理，解决好怎么治的问题。一是盘活残留煤矿资源。对原采煤区地下开采残留煤炭，风氧化带、矿井建设和生产时期的各种保护煤柱，以及厚度低于0.8米的煤层等被列为不可开采资源进行评估，支持治理主体对废弃资源进行开发，有效解决治理资金问题。2018年，化竹煤矿等7个治理项目开发煤炭736.5万吨，供应电煤530万吨，产生经济效益24.51亿元，上缴税收5.76亿元。二是坚持科学治理。先后与贵州楠林科技有限公司、中国航天科工集团等科研机构达成合作协议，运用ETS土壤改良技术，让矿区土壤充分吸收外来“养分”，降低重金属含量，保证种植条件和绿色安全食用标准。对农业生产种植进行“大数据”管理监控，保证农产品质量“产得出、过得硬”。三是着眼长足发展。大力发展特色农业和第三产业，规划建设现代高效农业园，积极发展食用菌、经果林、中药材等产业。结合区域特点和地方特色，因地制宜打造公园景观，推动农旅、体旅、文旅融合发展。治理矿区种植经果林地512亩、中药材170亩，复植绿化2190.5亩，建成水体景观127亩。（三）共建共享，解决好谁受益的问题。一是保障群众收益。2018年，7个矿山复绿工程流转土地4580亩，支付群众流转费用1.99亿元。累计解决就业1255人，其中贫困劳动力156人。通过复绿区产业利益联结，推动贫困群众增收和村集体经济积累。二是推动企业转型。指导煤矿充分盘活现有资源，结合治理项目进行自主开发建设、自主经营管理，推动煤矿企业向农业、旅游等产业转型。三是助力地方经济社会发展。治理回收的煤炭有效缓解电厂阶段性电煤供应紧张问题；辖区住房拆除复垦新增耕地96亩，矿山原有的工矿废弃地可建成高标准农田2000亩，新增耕地500亩，耕地量化收益达1.192亿元。（撰稿：袁正毅）

织金县

【概述】 织金县位于贵州省中部偏西，乌江上游支流六冲河、三岔河交汇处的三角地带。县城东距省会贵阳86公里，南距安顺95公里，北距毕节144公里，全县东西长82.5公里，南北宽66公里，最高海拔2262米，最低海拔860米，年降水量1222毫米，年日照1162.3小时，年平均气温14.1℃，无霜期272天。全县总面积2868平方公里，耕地4.6万公顷。全县辖10个乡，16个镇，6个街道，249个居民委员会，325个村民委员会，4800个村民组。2018年年末，全县总人口123.6万人（男64.59万人，女58.58万人）。其中，少数民族人口56.15万人（含穿青人，按“六普”推算）。在总人口中，城镇人口50.09万人，乡村人口73.08万人。人口出生率9.69‰，自然增长率7.06‰。人口较多的少数民族有苗族、彝族、布依族、水族、回族、白族等。县内资源开发前景广阔，属著名织纳煤田的主体部分，素有“西南煤海”之称，无烟煤储量129亿吨，可开采量107亿吨；磷矿储量13.78亿吨，占全省储量的54.4%；重稀氧化钇储量144.6万吨，名列全国第二；其他重要矿产有重晶石、赤铁矿、硫铁矿、铝矾土、硅石、铅锌矿等。

2018年，全县坚持以习近平新时代中国特色社会主义思想为指导，认真贯彻党的十九大精神、习近平总书记在贵州省代表团重要讲话精神和对毕节试验区重要指示精神，树牢“四个意识”，坚定“四个自信”，坚决做到“两个维护”，认真贯彻新发展理念，落实高质量发展要求，坚持稳中求进工作总基调，着力打好“三大攻坚战”，认真落实“五步工作法”“四到工作机制”，坚决打好“113”攻坚战，加快“三大变革”，全县呈现“经济质量持续向好、综合实力显著提升、社会大局和谐稳定、执政水平明显提高”的良好态势。

2018年，地区生产总值达205.16亿元，同比增长10.4%；农业增加值40.65亿元，同比增长7.2%；规模以上工业增加值28.5亿元，同比增长13.3%；规模以上固定资产投资同比增长5%；社会消费品零售总额40.43亿元，同比增长10.5%；城镇常住居民人均可支配收入28749元，同比增长9%，农村常住居民人均可支配收入9388元，同比增长11%；财政总收入33.83亿元，同比增长41%；一般公共预算收入10.55亿元，同比增长21.9%；金融机构存款余额220亿元，同比增长0.96%，贷款余额200亿元，同比增长8.3%。

【脱贫攻坚成效明显】 强力推进脱贫攻坚“春风行动”“夏秋攻势”和“五个专项”治理，持续打好基础设施建设、易地搬迁扶贫、产业扶贫、教育医疗住房“三保障”四场硬仗，深入推进对口帮扶、协作扶贫工作，建立健全稳定脱贫、防止返贫长效机制，全县脱贫攻坚战阶段性胜利。实施通组路1158条1232.75公里，解决3万农村人口安全饮水问题，农村电网升级改造工程全面完成。实现易地扶贫搬迁安置5998户27260人。投入财政专项扶贫资金1.79亿元，实施产业扶贫项目475个，覆盖贫困人口15.96万人。教育扶贫资助学生89214人次。实现大病集中救治3386人，慢病签约服务救治19784人，重病兜底保障救治704人。完成农村“危改”“三改”3212户。扎实推进“百企帮百村”精准扶贫行动，协调224家企业投入资金9.44亿元实施帮扶项目329个。“扶贫车间”、板桥镇调温库、自强乡山口村乡村旅游等东西部协作项目加快实施。恒大集团帮扶的产业扶贫、易地搬迁、教育扶贫等项目全面推进。全年减贫7万人、出列106个贫困村、贫困发生率下降到7.31%，贫困村从333个减少到128个，贫困人口从6.82万户27.85万人，减少至2.2万户7.7万人。

【农业农村经济快速发展】 一是农业结构调整步伐加快。调减传统低效玉米种植面积22.06万亩，新增蔬菜46.9万亩、食用菌2.3万亩、牧草10.08万亩、茶叶1.5万亩、中药材1万亩，烤烟种植面积达4.1万亩，粮经比调整为40∶60。猪、牛、羊、禽存栏分别达36.46万头、13.83万头、4.29万只、286.54万羽，分别增长22.3%、26.34%、2.18%、20.86%；肉、蛋总产量分别为5.05万吨、0.38万吨，同比增长28.13%、169.86%。新增5家市级龙头企业和7家农产品加工企业。三品一标有效认证26个。二是农村经济发展动能加快培育。休闲农业和乡村旅游蓬勃发展，农产品电子商务发展迅速，荣获“首批国家级电子商务进农村综合示范县”称号。160名农技人员深入田间地头开展技术服务。深入实施农校、农企对接，农产品就地直供直销模式加快形成。大力实施订单农业，成功与勐海、乌蒙利民、九丰、慷骅、山花乳业、耀泓集团、河南柘城山里红等多家企业签订农产品生产订单，完成竹荪订单500吨、蔬菜5万吨、牧草3万吨、茶叶200吨。培育新型农业经营主体52个。农村集体产权制度改革稳步推进，完成农村承包土地确权实测面积142.63万亩。

【工业生产稳步增长】 新增完成6个矿井综合机械化和17个矿井生产辅助系统智能化改造任务，生产煤炭1213万吨，同比增长11.69%，供应电煤710万吨，完成供煤任务的104.41%。全年实现社会发电量60.46亿千瓦时，同比下降

0.75%，其中，火电发电量58.68亿千瓦时，风力发电量1.78亿千瓦时，大工业用电量9.96亿千瓦时。深入推进煤层气综合开发利用，全年实现瓦斯抽采量2.03亿立方米，实际利用瓦斯1.07亿立方米。HCC民用电子等装备制造项目开工建设，中国石化织金60万吨/年聚烯烃项目取得突破性进展，信息基础设施、大健康医药产业等项目顺利实施，新兴产业发展动能不断集聚。新增12户规上工业企业，全县上规入统企业达53户。

【旅游产业持续井喷】 全年接待游客1475.05万人次，旅游综合收入130.73亿元，同比分别增长32.06%、30.85%，其中，国内旅游总人数1473.81万人次，境外入境旅游人数12081人，同比增长3.82%，旅游综合评价指数为84.41，排全省第一方阵22县（市、特区）第三位。入境过夜游客达6497人次，同比增长205.7%。织金洞游客服务中心启动建设，官寨至下红岩旅游观光公路即将完工，织金古城（东片区）综合开发进度过半，古城风貌提升项目全面启动。织金洞休闲农业观光园即将完工。织金洞国家AAAAA级旅游景区创建工作积极推进。建成2个省级乡村旅游示范点，3个市级乡村旅游示范点。

【社会治理成效显著】 深入开展扫黑除恶专项斗争，涉黑恶犯罪立案侦办21件97人。刑事立案下降35%，命案下降46.67%。综治中心、“雪亮工程”建设全面铺开。排查各类矛盾纠纷3200件，调解成功3140件。外流贩毒被打击人数下降27.14%，吸毒人员动态管控率达98.08%，因毒致贫家庭795户1353人顺利脱贫。宗教领域督查反馈问题切实整改到位。成功抵御非洲猪瘟等重大动物疫情。

【交通体系日趋完善】 新增公路通车里程50.17公里，织普高速建成通车，金洪大道、S106三甲至官寨段、织重线改造等一批重大交通基础设施建设项目完工，全县高速公路出入口达10个。境内通车总里程达3165.85公里，其中，铁路为136.27公里。交通运输、仓储、邮电业实现增加值13.71亿元，同比增长15.1%。

【改革开放持续深化】 一是重点改革积极推进。“放管服”改革取得新成效，“多证合一”“证照分离”改革稳步实施，企业登记从法定20个工作日缩短至3个工作日内办结，行政审批涉及中介服务事项缩减到32项，项目联网并联审批全面铺开，启动政务大厅标准化建设，“双随机一公开”监管全面推行。“三去一降一补”持续推进，淘汰落后产能45万吨/年，房地产去库存取得实效，全年为市场主体减税4.6亿元，关键领域和薄弱环节补短板工作扎实推进。二是关键环节改革深入开展。建立“塘约经验”试点示范村32个，208个行政村“三变”改革加快推进。社会信用体系建设逐步完善。启动实施公平竞争审查制度。综合科技进步水平指数达70%，科技型企业备案、发明专利申请量、高新技术产业产值均排全市第一。三是区域合作力度加大。成功参与2018重庆·贵州招商引资推介会、绿色产业发展百人会、第八届国际酒类酒博会暨贵州内陆开放型经济试验区投资贸易洽谈会、全国民营500强峰会。协调引导唯品会、北京成龙慈善基金会、德国贵州商会、河南贵州商会入织考察调研并签订相关合作协议。成功举办全国工商联直属商会定点帮扶织金推介会。积极与广州花都区在资金、技术、管理、大数据、创新、市场、能源、文化、旅游等领域扩大合作空间，推动联动发展。紧盯国内优强企业投资动向，持续推动“千企引进”工程，实现招商引资到位资金215.82亿元，增长9%。稳步推进对外贸易发展，全年实现进出口交易额1600万美元。

【社会消费品零售总额稳步增长】 社会消费品

零售总额从2014年的22.9亿元上升到2018年的35.7亿元，同比增长8.4%，年均增长11.74%。

【通信行业平稳发展】 32个乡镇（街道）全部实现4G网络及光纤接入。光纤入户端口数占总端口数的40%，行政村通光缆312个，移动基站总数达3209个。邮政主营业务收入0.36亿元，同比增长43.5%；电信主营业务收入完成0.5亿元，同比增长14.73%；移动主营业务收入完成3.37亿元，同比增长13.11%，联通主营业务收入完成0.43亿元，同比增长20%。

【招商引资不断推进】 招商引资到位资金达215.82亿元，同比增长9%。深入推进“千企引进”工程，积极开展“产业大招商突破年”行动，新引进产业项目102个，“千企引进”项目70家，首次引进入黔500强企业1家，引进项目开工率达100%。

【教育事业全面发展】 投资6308万元实施全面改薄项目，涉及46所学校13.62万平方米。30个教师周转宿舍楼竣工。迁建第三小学、中心幼儿园，新建第八小学、官塘幼儿园、平远新城第一、二幼儿园、平远新城安置点小学（第十小学）。投资2556万元改（扩）建乡镇（街道）第二幼儿园1所，投资1640万元扩建高中2所。职业教育办学质量不断提升，校校合作、校企合作等多元化合作模式全面推广。农村学校营养餐管理不断规范，校园安全管理水平不断提升。各级各类学校信息化教学设备全覆盖。全县共有普通中学、小学和民办学校共318所，其中，普通中学45所，小学271所，民办学校2所。普通中学、小学和民办学校专任教师8872人，其中，普通中学专任教师4208人，小学专任教师4343人，民办学校专任教师321人。随着九年义务教育巩固力度不断加强，“9+3”教育计划精准实施，各级各类学校在校生人数年末达210125人。全县适龄儿童入学率9.66%，初中阶段毛入学率100.83%，高中阶段毛入学率9.55%。义务教育基本均衡发展顺利通过国家评估。

【项目建设加速推进】 中石化织金60万吨/年聚烯烃项目实质性动工。以织金经济开发区为龙头、乡镇产业园区为补充的工业经济发展平台实现产值80亿元。实施省、市、县重大工程和重点项目292个，完成投资190.68亿元。新争取中央预算内投资和省级投资项目21个，完成投资2.46亿元。

【综合科技进步水平有提高】 综合科技进步水平指数达66.8，科技型企业备案41家，发明专利申请113件。有效发明拥有量达83件。启动建设生产力促进中心1家、农村电商服务中心3家、工程技术研究中心3家，加快形成“研发—中试—产业化—技术服务”一条龙推进的科技创新服务体系。煤矿井下无人少人采掘统的研发与应用示范项目获省级工业技术榜单科技重大专项立项。

【文广产业稳定发展】 创建国家公共文化服务体系示范区顺利通过文化和旅游部验收。重大历史题材电视连续剧《丁宝桢》即将开机拍摄。县公共图书馆、文化馆提升改造完成。建成县级全民健身中心和32个乡镇（街道）综合文化站和文化信息资源共享工程服务点，公共文化服务场所全部免费开放，县图书馆新增图书3.18万册，562个农家书屋补充图书5.06万册。扎实开展“文艺讲习”“非遗品牌创建”“平安文化市场创建”和“扫黄打非进基层”活动，开展脱贫攻坚文化惠民活动70场次。启动国家级非遗品牌申报工作。“广电云”用户新增19035户。年末全县共有艺术表演场所3个、文化馆1个、公共图书馆1个。有线电视用户9.76万户，电视综合人口覆盖率达到96.46%，同比增加0.01个百分点；全年共播放公共节目时间880小时。图书馆藏书11.7万册，共有阅览室席位358个，总流通人次达31.08万人次，书刊文献外借28.67万人次，全年累计发放有效借书证2.5万张。

【城镇化水平不断提高】 以桂果绿色产业型和旅游景观型农旅示范小城镇为核心，以熊家场和马场特色小城镇建设为两翼，统筹推进珠藏、三塘、以那、鸡场、化起、龙场、牛场、板桥、金龙等13个特色小城镇建设，辐射、带动其余有条件的乡镇加快城镇化进程。桂果镇28个8+X项目达标20个，2018年达标3个，初步形成集休闲娱乐、旅游观光、现代高效绿色产业为一体的新型特色小镇；猫场镇28个8+X项目达标21个，2018年达标4个，镇域基础设施不断完善，有效带动镇域经济的发展。城镇化率从2014年的35.8%上升到2018年的45.91%，年均增加2.53个百分点。

【就业形势持续稳定】 重点群体就业保障和农民工劳动力就业转移培训等工作扎实推进，全年城镇新增就业8313人，城镇登记失业率控制在3.14%以内，完成贫困劳动力就业技能培训1.63万人。"10+N个一批"开发公益性岗位6140个，解决"三无两有"劳动力就业4974人。

【社会保障扎实推进】 纳入城低保对象4478户8727人、农低保对象43482户79038人，发放城乡低保金2.69亿元。临时救助、自然灾害救助、优待抚恤全面落实到位。城乡居民养老保险参保人数达46.3万人。4个社区老年人日间照料中心和4个农村幸福院投入使用。建成全市第一家规范性公建民营养老机构。城乡中心敬老院和7所乡镇敬老院提质改造完工。全县城镇基本医疗保险参保人数29425人，基本医疗保险基金收入1.28亿元，基本医疗保险基金支出1.16亿元；失业保险参保人数19105人，领取失业金人数149人，失业保险基金收入957.34万元；工伤保险参保人数35669人，工伤保险基金收入0.31亿元，支出0.57亿元；生育保险参保人数21538人，生育保险基金收入720.56万元，支出584.89万元。城乡居民基本养老保险参保人数达到45.29万人，基金收入2633.73万元，支出1.34亿元。全县机关事业单位养老保险参保单位208个，参保16200人。

【城镇居民人均可支配收入稳步增长】 城镇居民人均可支配收入达28854元，同比增加2479元，增长9.4%，城镇居民人均可支配收入从2014年的20498元增加到2018年的28854元，年均增长8.92%。

【在岗职工工资稳步增长】 在岗职工工资总额23.78亿元，同比增长10.09%，在岗职工年人均工资69043元，同比增长11.01%，其中，企业在岗职工年人均工资60667元，同比增长15.38%；事业在岗职工年人均工资72787元，同比增长10.12%；机关在岗职工年人均工资80648元，同比增长12.13%。

【农民收入不断增加】 农村居民人均可支配收入实现9371元，同比增加913元，增长10.8%，从2014年的5421元增加到2018年的9371元，年均增长14.66%。

【安全生产得到有力保障】 狠抓煤矿、非煤矿山企业复产复建验收，推进企业安全生产标准化建设，加大安全监管力度，深入开展重点行业和领域安全隐患大排查大整治等活动，强化安全生产宣传教育培训和应急救援工作，安全生产形势较为稳定，集中开展"六打六治"打非治违专项行动和除大隐患、防大事故安全生产大检查活动，严厉打击非法营运，加大安全生产管理，安全生产形势持续稳定好转。万人火灾事故死亡率

0人/万人，万人工伤事故死亡率0.016人/万人，万人交通事故死亡率0.43人/万人。

【生态环境有效改善】 坚决落实“既要金山银山，也要绿水青山”的绿色发展战略，持续打好碧水蓝天净土保卫战，全年森林覆盖率达56.99%，30个乡镇（街道）集中式饮用水源、4条地表水河流断面6项水质监测达到Ⅲ类标准，县城空气质量优良天数比例达97%以上，城乡生活垃圾无害化处理率达80.88%。

【风险防控稳妥推进】 出台《织金县化解地方债务风险实施方案》。规范有序推动政府与社会资本合作（PPP）模式，总投资103.3亿元的16个PPP项目进入省级PPP项目预备库，织金县生活垃圾收运系统、水环境综合治理项目（景观）工程一期2个PPP项目入选财政部第四批政府和社会资本合作示范项目。全面打好“扫黑除恶”专项斗争，综治、平安织金建设工作稳步推进，人民群众安全感大幅提升。深入开展安全生产隐患排查整治工作，全年未发生重大安全生产事故。非洲猪瘟重大疫情防控工作效果显著，全县未发生一例非洲猪瘟疫情。

【污染防治有序推进】 全面推进中央环保督察问题整改，20个共性问题、29件信访件和4个“清废行动”问题全面整改完成，整改率达100%。完成退耕还林13.93万亩、石漠化治理3万亩、农业综合开发项目0.25万亩、市县植被恢复项目0.13万亩、县级造林3.07万亩、天保工程封山育林1万亩。荣获“省级森林城市”称号、“中国煤炭城市可持续发展杰出贡献奖”。完成县城污水处理厂一、二期提标改造，建成桂果污水处理厂。完成大新桥和金鱼池饮用水水源地整治。完成织金河桂花村至花红村段两侧10万吨建筑垃圾、凤凰山片区煤矿废水工程治理项目污泥堆存场所、绮陌街道墨峰村1万吨商混废料、5万吨污泥整治。

【乡村振兴迈出重要步伐】 编制完成《织金县乡村振兴战略规划》和515个行政村村庄规划。织金营上古寨入选全国第五批传统村落。农村卫生专项整治成效凸显。

【小城镇建设水平实现新提升】 以“1+N”镇村联动为抓手，强化城乡基础设施和公共服务设施建设，新增省级示范小城镇“8+X”项目7个，小城镇建设完成投资17.54亿元。

【民营经济持续发展】 认真落实国家各项减税降费政策，切实降低生产成本、减轻民营企业负担，努力营造民营企业公平参与竞争的市场环境，民营经济经营主体达5.6万户，民营经济增加值达151亿元。

【狠抓干部培训】 将党性教育、政治理论、脱贫业务等作为培训内容，以新时代学习大讲堂为载体，培训党政领导干部、部门行业干部、扶贫系统干部、驻村干部和乡村干部7万余人次，组织干部到广州进行培训达900余名。

【作风建设扎实推进】 组织开展7轮明察暗访及督查，查处违反中央“八项规定”精神19件19人，党政纪处分16人，约谈72名党员领导干部，通报典型案例19起19人；查处形式主义官僚主义突出问题17个，党纪政务处分31人，通报典型案例12起28人。办公用房清理发现和督促整改问题107个，问责7名领导干部、党纪处分1人，重点查处了白泥镇党委书记陈波违规配备使用办公用房案例。“作风评价”处置负面评价221条，处置信访举报20件。治理城乡居民滥办大办酒席受理群众举报60余起，约谈4名党员领导干部，立案查处2件2人。深入开展茅台酒专项整治工作，开展2轮排查清理，1名退休工勤人员及其配偶报告了参与茅台酒经营情况，处置干部违规收送茅台酒问题线索3条。

【肃贪惩腐保持高压】 建立完善来信、来访、网络、电话、微信五位一体受理举报平台，抓实信访办理，强化办结率和落实率，受理和办结信访件648件（其中上级转办354件），均按干部管理权限和“分级负责，归口办理”的原则作了处理。采取交叉办案、上下联动集中办案，返聘专业技术人员参与办案，公、检、法等机关协作办案的办法，加大案件查办力度，查结案件225件，给予党政纪处分245人，移送司法机关5人。通过案件查办挽回经济损失5000余万元，收缴违纪违法资金2463.44万元。19名干部主动投案自首，争取了组织的宽大处理。共运用“四种形态”处置541人，依次为292人、196人、36人、17人，分别占比54%、36%、6%、3%，全县反腐败斗争压倒性胜利形势已经形成。特别是查办织金经开区原出纳王某某贪污挪用公款1500余万元典型案例，被省委常委、省纪委书记、省监委主任夏红民评价为全省“小官巨贪”的典型，《中国纪检监察报》3版头条、《贵州日报》6版整版作了报道，人民网、中央纪委国家监委网站作了转载。

【民生监督保障有力】 扎实开展扶贫领域作风问题专项整治及扫黑除恶等工作，大力开展纪检监察干部“访村寨、重监督、助攻坚”活动。积极开展“四要五严禁”宣传，督促开展农村“组组通”、农村贫困人口大病专项救治和城乡医疗救助专项监察工作、“三率”专项监察和2017年专项监察“回头看”工作，严查民生领域腐败行为。全县民生监督共发现问题229个，转立案162件，党政纪处分139件156人，涉及金额229.47万元，其中，返回群众10.3万元，返回财政219.5万元，通报曝光典型案例19起，起到了很好的震慑效果。建立571个村务民生监督委员会，选好配强村务（民生）监督员1744人，监督2545次，发现问题104个，办结97件，转立案2件。组建16个督查追责工作组对脱贫攻坚工作落实情况进行定期不定期督查，发现问题236个，督促整改223个，发出工作通报5期，约谈相关责任人100余人。投资200万元建设“县乡村”三级联动的民生扶贫监管大数据监督平台并安装投入使用。

【干部网络舆情处置力引导力得到提升】 对全县600余名领导干部开展网络舆论引导培训，选拔骨干网评员67人并进行专门培训，开展实战演习10次。

【审判工作扎实推进】 共受理各类刑事案件317件392人，审结309件374人，结案率为97.48%。依法严惩暴力犯罪，审结故意杀人等犯罪案件97件115人；严厉打击毒品犯罪，审结毒品犯罪案件97件102人；推进反腐败斗争，审结贪污贿赂案件6件6人；审结未成年人犯罪案件29件43人，审理中切实保护未成年人合法权益；审结被害人提起诉讼的附带民事案件24件。对卢某、王某某职务犯罪案件进行网络庭审直播，观看人数430余万人次，取得良好的警示教育效果。

【检察机关积极为企业服务】 积极开展依法保护企业家合法权益营造企业健康发展法治环境专项工作。共受理提请批准逮捕侵犯企业、企业家合法权益案件34件63人，批准逮捕25件36人；受理提请批准逮捕企业人员犯罪案件26件43人，批准逮捕16件22人，依法作出不批捕决定10件21人；受理移送审查起诉涉企案件23件49人，提起公诉9件11人，依法不起诉9件33人。深入商会、园区、企业开展“检企共建，推进依法治企”主题法治宣传活动，发放宣传手册、典型案例等宣传资料200余份，接受涉企法律咨询

40余人次。与织金经济开发区共同组织召开“依法保护企业家合法权益营造企业健康发展法治环境”座谈会；召开依法保护企业家合法权益新闻发布会，着力营造尊重和支持企业家干事创业、弘扬优秀企业家精神的良好社会氛围。

【政府采购成效明显】 全年共组织采购226批次，采购预算资金30398.6747万元，实际采购资金为28282.4257万元，节约资金2116.2490万元，资金节约率为6.96%。

【殡葬改革稳步推进】 全县规划建设的农村公益性公墓301个，已建成242个，县财政按每个公墓补助2万元标准给予补助。规划墓穴1460个的城市公益性公墓已建成并投入使用。火化遗体2131具，减免基本殡葬服务费227.95万元，惠及丧属1831户。

【抓好孤儿供养】 提高孤儿供养标准，集中供养标准提高到1300元/人·月、分散供养标准提高到800/人·月，全年发放孤儿基本生活费512.8万元，保障496名孤儿基本生活，还按照4000元/人的标准对9名考取大中专院校孤儿给予补助。儿童福利院基本具备孤弃儿童集中养育条件并投入使用。按照国家、省、市民政部门安排部署，启动开展孤弃儿童养育情况大排查工作。

【扎实抓好水库移民后期扶持工作】 2018年，共计兑现大中型水库移民后期扶持资金21826人，兑现资金1309.56万元；兑现移民素质提升和农机具补贴503人，兑现资金134.47万元；实施大中型水库后期扶持资金项目6个，投资8112.4万元（含东风水电站避险解困资金6081.5万元），完工验收3个，投资7402.4万元；结账2个，结账投资7267.93万元。

【加强物质文化遗产保护工作】 抓好县级三普文物点排查工作，制作设立63个文物点标志牌，完成全县文物保护单位“四有”和“五纳入”工作。加强非物质文化遗产保护传承工作，开展全县非物质文化遗产摸底排查统计，建立工作台账；收集大平群建村吊姑妈非遗名录资料，完成各级非物质文化遗产项目普查工作，在马场、实兴、官寨等乡镇建设布依文化展示馆、射弩传习基地、苗族蜡染刺绣传承基地和博物馆。积极开展非遗品牌名录创建助推脱贫攻坚工作，力争3年内申报3个国家级、6个省级、8个市级非遗名录，完成2个国家级、4个省级、4个市级非遗品牌名录资料收集、现场调研、申报书制作等工作，完善视频资料和申报必备要件，着力提升非遗名录经济社会价值。

【提升广播电视引领力】 坚持以习近平新时代中国特色社会主义思想为指导，以独特的视角，积极探索传统媒体与新媒体的融合途径，聚焦脱贫攻坚、产业发展、文化旅游、民生保障等领域，开设宣传专栏20余个，采编稿件1915余篇（条）、播出《织金新闻》219期、一周要闻41期。制作播出《织金百姓舞台》等电视专题栏目10期，全年中央台用稿14件、省台用稿23件、市台用稿293件，其中《毕节新闻联播》用稿202条、《直通百姓》用稿91条。年初毕节市对上年度广播影视节目奖评中，全县选送23件新闻作品参评，获一等奖4件、二等奖5件、三等奖7件，获历年最好成绩。

【强化文化市场综合执法，创建平安文化市场】 提升执法能力，组织文化市场综合执法大队人员参加省、市、县执法培训10人次，选派执法人员到广州、北京交流学习3人次；严格行政审批，全年共受理互联网上网服务营业场所行政审批事项8件、变更审批2件、注销13件，受理歌舞娱乐场所变更1件。严格依法行政，检查互联网上网服务营业场所230家次，查处26家次，警告14家次，发出整改通知书88份，检查歌舞娱乐场所59家次，检查出版物经营单位42家次，检查印刷企业12家次，检查非法卫星地面接收设施44家次，查处取缔黑网吧24家次；开展演出市场专项整治17场次，现场监管演出3场次，开通“12318”投诉电话及时受理群众举报；认真执行“双随机一公开”制度，联合公安、消防等部门开展重大节前安全大排查6次、夏季消防安全大检查3次、汛期安全大检查4次，发现安全隐患10处，责令限期整改10处；加强“扫黄打非”进基层，巩固提升32个乡镇（街道）“扫黄打非”工作站，建立574个村（社区）基层联络点，创建示范点120个；开展“扫黄打非”专项行动5次，收缴非法出版物、盗版图书1256册并按程序组织销毁，全年文化市场平安稳定，未发生一起安全生产责任事故。

【努力打造“法治织金”工作亮点】 一是突出重点，守住法治创建底线。围绕“三升四降五不出”工作目标，政法机关加大密切配合力度，严打各类违法犯罪，依法从快从重严惩黑恶犯罪。二是突出示范带动，精心培育法治亮点。出台了《织金县“十百千万”法治示范创建工作方案的通知》《织金县“十百千万”法治示范创建工作验收方案的通知》等系列文件，打造了一批法治亮点工程。如市场监督管理局诚信体系建设、法院“12345”便民诉讼服务中心、“1+3+5”诉调对接平台等亮点工程。三是开展创建帮扶，提高创建工作力度。主动汇报和对接，向省民政厅、省水利厅、省工会争取1096万元资金帮扶织金县提升法治创建，同时明确37个县直牵头部门帮扶32个乡镇（街道）开展法治创建。四是加强宣传培训，提升创建知晓率。在县电视台、织金报醒目位置设置“法治织金”栏目，开展法治知识在线竞答和30余期法治创建专题培训，受训人员累计达8000余人。五是强化考核督导，促进工作落实到位。先后制定系列督导考核、挂帮联系制度，定期不定期对各单位、各乡镇（街道）开展督导检查18余次。织金法院先后被评为“全省法院先进集体”“贵州省巾帼建功先进集体”“全国优秀法院”，织金铁路护路工作在市19轮承包工作会上作交流经验发言，织金六中开展“十百千万”示范创建工作得到省、市领导充分认可和肯定。

【依法打击各类犯罪】 始终保持对各类违法犯罪的严打高压态势，坚持什么犯罪突出就重点打击什么犯罪、什么问题突出就重点整治什么问题，全力保障全县人民群众安居乐业。一是严打刑事犯罪。持续开展了“三打击、一整治”、扫黑除恶等系列专项行动，重点打击暴力犯罪和多发性侵财犯罪，保护人民群众人身财产安全。全年公安机关共立刑事案件978起，治安案件3737起，同比分别下降35%、19.5%；检察机关共受理提请批准逮捕刑事案件514件708人，批准逮捕369件488人，提起公诉290件362人；法院受理各类刑事案件317件392人，审结309件374人，结案率为97.48%。二是严打经济领域犯罪。针对近年来经济犯罪高发特点，政法委成立以经侦大队为主力的专案组，严打经济领域犯罪，有效维护了全县经济秩序稳定。同时积极加强与县监察委配合协作，认真履行职能，适时介入职务犯罪案件调查，有力惩治和预防职务犯罪。公安机关全年共受理各类经济犯罪案件27起，立案15起，破案6起，刑事拘留10人，取保候审5人，批准逮捕3人，移送起诉1人；检察院受理县监察委移送起诉职务犯罪案件5件5人，依法采取强制措施5件5人，提起公诉5件5人；法院审结贪污贿赂案件6件6人。三是严打毒品违法犯罪。按照突出破大案堵源截流、强基础服务实战，内外结合、全面整治，认真开展“两打两控”，全县禁毒工作取得明显成效。共破毒品刑事案件205起（其中特大13起，重大4起，一般21起，零包167起），缴获各类毒品

38.03 公斤（其中海洛因 37.8 公斤，冰毒 0.13 公斤，鸦片 0.1 公斤），打击处理毒品犯罪嫌疑人 261 人（打掉贩毒团伙 6 个）；共破获部级目标案件 1 起（缴获各类毒品 7.742 公斤，抓获毒品犯罪嫌疑人 18 人）；破获省级目标案件 2 起（缴获各类毒品 4.21 公斤，抓获毒品犯罪嫌疑人 9 人）共收戒吸毒人员 1974 人（其中强制隔离戒毒 1588 人，责令社区戒毒 386 人）。全县有 4 个单位荣获“2015 年至 2017 年全省禁毒人民战争先进集体”、7 个人荣获“2015 年至 2017 年全省禁毒人民战争先进个人”称号；实现毒品原植物 11 年“零种植”目标。强化整治外流贩毒，加强被市禁毒委列为挂牌整治或通报警示以那、金龙等 9 个乡镇（街道）外流贩毒督促指导，通过线索摸排、网上比对、资源共享等措施，倾力开展外流贩毒整治。全县外流贩毒被打击处理绝对数为 145 人，同比下降 27.14%。

【提高司法质量，切实维护公平正义】 一是认真开展执法质量检查、案件评查和“精品案例”评选工作，切实提高各政法部门的办案质量，全年累计评查案件 6465 件，其中，2018 年随机抽取 20 件案件进行集中评查，未发现“不合格”案件。二是积极引导律师参与化解和代理涉法涉诉信访案件工作，积极引导律师参与化解和代理涉法涉诉信访案件 204 件、释法析理 67 件、调阅卷宗 3 件，化解 17 件，导入法律程序 34 件，参与案件评查 30 件。三是积极开展涉法涉诉信访积案攻坚化解行动，完成省委政法委交办 10 信访积案化解，已全部申报终结。四是大力开展司法救助工作。将司法救助前移，对符合司法救助的案件当事人或家属依法及时进行救助，切实维护社会和谐稳定，共司法救助 32 件 56 人，发放救助资金 150 万元。五是强力攻坚执行难。建立健全联合惩戒拒执行为的联动机制，召开全县“基本解决执行难”工作推进会，印发《关于加强多部门联动推进“基本解决执行难”工作的通知》，先后开展“猎赖利剑”、“雷霆风暴”等行动，集中破解执行难题，实现了执行效率最大化、权利兑现最大化和执行质效全面提升。一年来，受理各类执行案件 1689 件，同比上升 15.59%，结案 1548 件，同比上升 8.94%，结案率 91.17%，结案标的 26494.75 万元。

【激励脱贫攻坚一线干部新担当新作为】 为进一步激发干部干事创业热情，增强工作动力，织金县坚持严管厚爱相结合，2018 年，织金县出台了《织金县脱贫攻坚一线干部关怀激励办法（暂行）》，针对贫困乡镇挂职的干部，贫困村村干部和村第一书记、驻村干部，村级党委（党总支）所辖党支部书记，“三支一扶”计划、“选聘高校毕业生到村任职计划”“大学生志愿服务西部计划”基层服务项目人员等脱贫攻坚一线干部从提拔任用、评先选优、招聘选聘、提高经济待遇、健全工作保障机制等方面作出明确规定，进一步强化正向激励，加大关心爱护力度，真正做到为干事创业干部鼓劲撑腰，为加快脱贫攻坚步伐注入强大动力。一是提高政治待遇。每年从村第一书记和驻村干部中定向选拔一批乡镇领导班子成员。对驻村工作年度考核连续三年以上“优秀”的村第一书记和驻村干部，经县委组织部考察合格，可优先提拔担任上一级领导职务或转任同级重要岗位。同时，充分利用乡镇非领导职数，按照有关规定中明确的条件，适时将连续在乡镇工作满 5 年且表现优秀的班子成员或年轻干部提拔为主任科员或副主任科员，解决好相关待遇，调动工作积极性。针对村级干部，将村级党委（党总支）所辖党支部书记纳入后备干部进行重点培养，对特别优秀的村支“两委”主要负责人，经县委组织部考察合格，并报市委组织部批准后，可按程序提拔进入乡镇领导班子任职。二是提高优秀考核等次比例。有深度贫困村的乡镇（街道）公务员年度考核优秀比例提高到 30%，事业人员年度考核优秀比例提高到 25%。三是落实表彰激励。根据公务员奖励有关规定，按照国家有关规定明确的条件、权限和程序对脱贫攻坚成绩突出的干部给予记功奖励。同时，提高脱贫攻坚一线干部在全县“优秀共产党员”“三八红旗手”等各类表彰奖励时的名额比例。四是落实招聘选聘政策激励，认真落实公开招聘面向基层倾斜政策，加大面向“三支一扶”计划、“选聘高校毕业生到村任职计划”“大学生志愿服务西部计划”基层服务项目人员定向招聘事业单位工作人员力度。对有贫困村的乡镇（街道），每年拿出1个以上事业岗位，面向任期满一届仍在岗的贫困村村党组织书记、副书记、村委会主任、副主任实行定向招聘。五是落实创业政策激励，鼓励县内事业单位在编干部职工、退休干部职工深入脱贫攻坚一线领办创办农业发展项目。对领办创办农业发展项目的在职人员，在协议期内编制、工资福利、社会保险不变，工龄连续计算。六是提高经济待遇。认真贯彻执行机关事业单位工作人员乡镇工作补贴政策，确保贫困乡镇干部工资总额高于县级机关同职级干部20%。严格落实驻村干部生活补助、交通费用、购买人身意外保险、工资浮动机制等。七是彰显人文关怀。制定工作调动优惠政策，明确夫妻双方在贫困乡镇工作，其中一方是贫困乡镇领导班子成员，且其中一方连续在贫困乡镇工作5年以上的，根据干部本人意愿，在空编情况下，可将夫妻一方调入县直部门或县城周边乡镇（街道）工作。每年组织乡镇（街道）党政领导班子成员进行一次健康体检。八是建立谈心谈话机制。深入开展“书记面对面”活动，由县委书记、县长带头，县委常委示范，乡镇（街道）党政主要领导和县直部门党组（党委）书记共同参与，通过座谈交流、谈心谈话、在线问政、书记下访等方式，县乡村三级书记积极开展交心谈心，宣传党的大政方针、收集社情民意、帮助解决实际困难、了解脱贫攻坚一线干部思想工作生活情况，真正做到生活上关心，工作上支持。各级党组织书记已召开“书记面对面”座谈会50余次，开展谈心谈话活动100余次，深入基层走访500余次。

【织普高速公路正式通车】 8月31日，织金至普定高速公路正式通车，两地间的行车时间也由原来的2个小时缩短到35分钟。织普高速公路起于织金县瓦房寨，接黔西至织金高速公路，止于普定县城北郊，接普定至安顺高速公路，路线全长约52公里。全线双向4车道，设计速度80公里/小时，沿线设5个互通收费站和2个服务区。该高速是贵州省“6横7纵8联”高速公路网中的“第五纵”——赤水至望谟高速公路的重要组成部分。织普高速公路正式通车后，将进一步完善贵州高速公路网的规划，大大缩短织金县到普定县的行车里程和行车时间，使沿线群众出行更加便捷；有利于把遵义的红色旅游资源，毕节的织金洞、百里杜鹃、九洞天、乌江源百里画廊同安顺的黄果树瀑布、龙宫、格凸河景区连成一线，促进贵州旅游发展；同时将进一步促进当地矿产资源的开发利用。吸引外来投资，推动沿线经济发展，助力脱贫攻坚。

【获奖情况】 2018年度，织金县10个单位、7名党员获省部级以上表彰。2018年6月30日，在省委表彰的全省脱贫攻坚优秀共产党员、优秀党组织书记、优秀村第一书记和先进党组织的决定中，织金县7名党员、9个党组织榜上有名。7名党员分别是：织金县农牧局党组成员、常务副局长罗廷勇（穿青人），织金县烟草专卖局党组书记、局长吕亚梅（女），织金县猫场镇林业环保站副站长陈凯，织金县少普镇扶贫工作站工作员高梦洁（女，白族），织金县茶店乡人大主席王家月（女，穿青人），织金县官寨乡人力资源和社会保障服务中心工作员王武平（彝族），织金县绮陌街道党工委委员、组织委员、人大工委副主任陈学林。9个党组织分别是：织金县官寨苗族乡白马村党支部，织金县龙场镇青山村党支部，织金县双堰街道干河村党支部，织金县绮陌街道平桥社区党支部，织金县以那镇沙田村党支部，织金县中寨镇石丫口村党支部，织金县自强苗族乡党委，织金县板桥镇白果村党支部，织金县纪委县监委机关党委。2018 年 4 月 17 日，在中国林场协会授予的二十七个国有林场为 2017 度“全国十佳林场”称号的决定中，织金县国有桂花林场榜上有名，这是贵州省此次入选的唯一国有林场。

（撰稿：董克明）

纳雍县

【概述】 全县总面积 2452.32 平方公里，耕地面积 95276.43 万公顷，辖 26 个乡镇街道办事处（其中 10 个民族乡、13 个镇、3 个街道办事处），160 个社区居民委员会、267 个村民委员会。年末总人口 105.54 万人，其中少数民族 22 万人，城镇人口 41.56 万人，乡村人口 63.98 万人。人口出生率 14.47‰，自然增长率 7.37‰，人口较多的少数民族有（苗族、彝族、白族、布依族）。主要矿藏有煤、铅锌、大理石、硫铁、萤石、白云石、石灰石等 20 余种；森林覆盖率 55.28%。

2018 年，全年生产总值 235.0 亿元，同比增长 12%；农林牧渔业总产值 57.46 亿元，增长 7.97%；工业总产值 69.81 亿元，增长 10.5%；财政总收入 233174.91 万元，增长 4.25%，其中地方财政收入 190548.86 万元，增长 3.91%；财政总支出 602061 万元，增长 3.32%；500 万元以上固定资产投资 135.92 亿元，同比增长 13.7%；社会消费品零售总额 33.4 亿元；城镇居民人均可支配收入 28946 元；农村居民人均可支配收入 8827 元；金融机构存款余额 137.46 亿元，金融机构贷款余额 129.65 亿元，金融机构存贷款余额同比增长 9.16%；森林覆盖率提高到 55.28%，生态建设和环境保护不断增强；节能减排降碳指标控制在国家下达计划范围内。

【脱贫攻坚工作】 一是“四场硬仗”纵深推进。产业扶贫方面：投入中央、省财政专项扶贫资金 1.54 亿元，整合各类涉农资金 6.57 亿元，发放“特惠贷”2859.47 万元，用于扶贫产业发展。组建 281 个农民专业合作社，2.27 万户 9.56 万名贫困群众与产业联结。基础设施方面：完成 2018 年 662 条 735.54 公里农村“组组通”建设任务，实现 30 户以上自然村寨通硬化路。完成 12 处覆盖 2.34 万人农村饮水安全工程。城乡生活垃圾无害化处理率达 84.86%，污水处理率达 88.5%。农网改造升级项目 10 千伏及以下配电线路架设 414.33 公里。数字电视覆盖 275 个行政村。易地搬迁方面：“十三五”期间规划易地扶贫搬迁 9201 户 42098 人，其中建档立卡贫困人口 6682 户 31088 人。2016 和 2017 年共 4171 户 18881 人，全部搬迁入住；2018 年 5030 户 23217 人，预计 2019 年 6 月底前完成搬迁入住。教育医疗住房保障方面：实现高中、中职、大专、大学贫困户子女资助全覆盖，营养午餐改善计划受益学生 14.23 万人。贫困户参合率达 100%，补偿医疗费用 9368.37 万元。完成 5862 户危房改造并同步实施“三改”。发放低保金 2.08 亿元，发放困难救助金 1171.32 万元。二是强化“专项治理”。开展脱贫攻坚“五个专项治理”，排查非贫困人口 15.6 万户 63.3 万人，排查建档立卡贫困人口 6 万户 23.88 万人，提高了“两率”精准度。深入开展财政专项扶贫资金使用规范专项治理，资金备案率、拨付率、报账率得到提升。三是深化社会帮扶。争取到民革中央及各地民革组织帮扶援引项目 30 个，涉及资金 851.25 万元。广州天河区帮扶项目 13 个，投入帮扶资金 3009.5 万元。贵阳国家高新区帮扶项目涉及资金 610 万元。省自然资源厅帮助争取地灾防治资金 1.07 亿元，争取土地整治项目资金 1.68 亿元。省农业农村厅派驻 29 名干部深入一线开展脱贫攻坚帮扶工作，共实施帮扶项目140个，涉及资金1.7亿元。恒大集团帮扶项目投入资金7.35亿元。金元集团帮扶资金1000万元。四是优化利益联结。鼓励建档立卡贫困户通过发展产业脱贫，拨付产业奖励资金7138.7万元。对各类扶贫资金用于发展产业项目实现的收益，统一由村集体实行二次分配，根据贫困户参与公益劳动、遵守法律法规及村规民约、家庭环境卫生考核评比等情况张榜公示发放，进一步提高村级组织的凝聚力、战斗力，有效激发了贫困群众内生动力。

【防范风险工作】 一是债务风险可控。持续深化国库集中支付改革，加大对涉农整合资金及项目监管力度，资金运行使用更加安全。严格债务管理，债务风险总体平稳可控。二是金融秩序稳定。全面排查化解金融领域存在的风险隐患，守住了不发生系统性、区域性金融风险底线，金融机构不良贷款率下降0.55个百分点。三是安全形势平稳。深入开展扫黑除恶行动，全县立刑事案件785起，同比下降33.53%。6起命案全部破获，发案率同比下降33.33%。两抢一盗案件432起，同比下降39.91%。新增吸毒人员168人，同比下降64.33%。“法治纳雍”深入推进，群众安全感满意度不断提升。开展安全生产检查3114次，检查企事业单位和场所3852家次，查出隐患1.8万余条，整改率98%。安全生产形势整体平稳。

【保护生态环境工作】 一是抓好环保督察问题整改。坚决贯彻落实中央、省、市关于生态环境保护的决策部署，累计投入环保资金1.98亿元，对全县生态环保问题进行整改。中央生态环境保护督察“回头看”转办信访件28件全部办结。二是打好蓝天碧水净土“三大保卫战”。认真落实“气十条”“水十条”“土十条”规定，累计执法911人次，检查企业363家次，处罚金额340.18万元。环境空气质量优良率94%，集中式饮用水源水质达标率100%，断面水质达到Ⅲ类标准。建成乡镇垃圾收运站21座，初步形成村收集、镇转运、县处理的格局。投资4500万元，建成农村生活污水处理点41处。完成造林8.73万亩，森林覆盖率提高到55.28%。三是加强建章立制和责任追究。制定《纳雍县生态环境损害党政领导干部问责暂行办法》，督促全县领导干部依法履行生态环境保护管理职责。通报批评4个乡镇，问责15人，刑事拘留1人，行政拘留1人。

【产业结构调整工作】 一是合理谋划产业。突出“一县一业”，围绕生态土鸡全产业链发展、食用菌产业裂变发展目标，谋划以生态土鸡、食用菌等为主的脱贫主导产业，打造相互融合发展互为生态循环产业链。依托恒大集团帮扶优势，着力打造优质肉牛养殖大县和蔬菜种植大县。生态土鸡产业投入资金3亿元，建成13万羽育苗育种场1个、育雏半育成场24个、生态放养场88个，年产30万吨生态饲料加工厂、年屠宰3000万羽屠宰冷链物流中心、年加工600万羽生态土鸡食品加工厂即将建成投产，开设直销店6个，百凤庭餐饮总店正式运营，生态土鸡一、二、三产全产业链基本形成。已注册纳雍土鸡蛋商标，“乌蒙乌骨鸡”被评为“贵州省十大优质特色禽产品”，源生牧业股份有限公司被评为全省脱贫攻坚先进集体、贵州省安全诚信示范企业、中国森林食品原材料认证基地。畜禽科技发展有限责任公司被认定为省级重点龙头企业。食用菌产业投入资金3亿元，年产原种、栽培种200万~300万瓶（袋）食用菌工程技术中心和年产3000万棒菌棒生产厂建成并投入运营，规划建设4000个层架式大棚，已完成1600个大棚设计。食用菌申请受理专利15项，其中发明专利13项、实用新型专利2项，为产业发展奠定了坚实的技术基础。肉牛产业投入资金1.56亿元，建成26个肉牛养殖基地，共引进肉牛3645头，其中原种安格斯3025头、西门塔尔620头。蔬菜产业投入资金2.55亿元，建成蔬菜大棚6323栋、育苗中心5个、蔬菜预冷库4座，引进和发展蔬菜生产企业3家、加工企业1家、蔬菜专业合作社50个，种植蔬菜35.07万亩；发展省级蔬菜农业园区2个，建设30 ~500亩连片商品蔬菜基地50个、面积1.85万亩。二是示范打造带动。打造县乡两级产业示范点108个，种植蔬菜、食用菌、特色经果林、茶叶、中草药等经济作物。三是强化产销对接。加强农超对接工作，纳雍生态土鸡、蔬菜、玛瑙红樱桃、茶叶等农产品进入贵阳、毕节、六盘水市场并远销北京、广东、山东、河北、黑龙江、江苏、四川、湖南等地。组建了纳雍县农民专业合作社联合会，成员11万人，出资总额22亿元。建立农产品集中配送中心和69个农村电商网点，推动销售蔬菜8.41万吨、食用菌2278.5吨、茶叶1400吨、玛瑙红樱桃3600吨。

【补齐短板】 一是交通建设有序推进。完成纳赫和纳六晴高速公路工程可研编制。A2级通用机场、纳水铁路、化作至梯子岩公路项目前期工作顺利推进。G246国道提级改造工程完成进度60%。完成寨乐至沙子坡、维新至干河公路建设，巴雍至昆寨公路工程完成进度90%，预计2019年上半年建成通车。全县公路里程达5437.26公里。二是水利工程有序推进。夹岩水利枢纽工程完成阶段性目标，环城、得勒科水库开工建设，金珠、马场等9座水源性工程前期工作有序推进。实施昆寨乡、董地乡12个村中央预算内农村饮水安全巩固提升工程。完成城东、城北、阳长镇、维新镇污水处理厂在线监测设备采购及安装，12个乡镇污水处理工程可研审查通过。三是电信设施不断完善。农村电网改造升级工程完成投资1.46亿元，完成35千伏锅圈岩输变电工程前期工作。新建光缆1099公里、3G/4G基站1061个。有线数字电视覆盖387个行政村（社区），用户7.8万户。

【发展转型升级】 一是工业经济巩固提升。完成“千企改造”项目12个，完成煤矿采掘综合机械化改造1个、煤矿生产辅助智能化改造5个。生产原煤387.53万吨、增长15.85%，火力发电50.73亿千瓦时、增长1.02%，生产水泥106.55万吨、增长12.5%。新增对外贸易备案登记企业7家。年产200万吨煤制清洁燃料项目申报顺利推进。龙场和大滥坝风电场首批机组并网发电。二是园区发展加快推进。博润环保、大拓新能源、唯特高等环保节能企业发展势头良好。纳雍经济开发区进入国家开发区目录，在全省开发区综合发展水平第三方考核评估中位列第39位，顺利通过贵州省煤电化一体化产业化示范基地复查复核。三是民营经济加速发展。民营市场主体4.71万户。民间投资149.16亿元，增长5.14%。民营经济增加值124.31亿元，增长18.65%。四是第三产业快速增长。县内酒店、宾馆、农家旅社床位增至8174张，接待国内过夜游客38万人次，同比增长15%；接待入境过夜旅客120人次，同比增长500%；实现旅游总收入51亿元，同比增长32%。销售商品房49万平方米。引进和培育电商企业17家，完成57个农村电商精准扶贫运营中心建设，建成村级电商服务站点137个，大数据电子信息制造业增加值11亿元、电商交易额3.4亿元。

【城乡面貌持续改观】 一是科学规划村庄振兴。统筹考虑山水、田园、乡村、城镇等要素，完成377个行政村（社区）村庄规划及乡村振兴战略规划编制工作。以玉龙坝镇岩脚村新发展理念示范点、寨乐镇乡村振兴示范点建设带动全县乡村振兴“五星示范户”建设。创建国家级文明村镇1个、文明村1个，省级文明乡镇1个、先进乡镇4个、文明村13个、先进村3个。二是加快推进城市建设。持续实施“北改南拓、东扩西连”城区建设战略，县城建成区达16.54平方公里，初步实现常住人口城镇化率42.02%。实施雍熙和猔岭片区2个棚户区改造项目，改造棚户区2978户、面积25.13万平方米。温州商贸城农贸市场建成投入使用。投入资金近2亿元，建成发展大道、复兴西路、文体路绿化工程及垃圾收运系统。完成文体路改扩建，建成新径路五眼桥至发展大道段。优化公交线路，提高公交出行分担率，有效缓解老城区交通压力。三是着力打造特色小镇。特色小城镇建成区面积扩容至32.99平方公里。勺窝镇、龙场镇、乐治镇3个示范小城镇“8+X”项目达标验收64个，新增城镇人口1826人、就业人口2134人，培育小微企业91户，启动“镇村联动”美丽乡村建设49个。

【招商引资工作】 一是“放管服”改革深入开展。公布实施2018年行政审批中介服务事项清单及行政许可事项目录、县乡两级行政权力运行流程图及权责清单。核发“五证合一”营业执照3164张。政务服务大厅面积扩大到5080平方米，进驻大厅部门31个，13个事项实现“集成套餐”办理，“最多跑一次”事项增至82项。开展“减证便民”工作，取消证明材料37个，保留证明材料4个。二是财税制度改革持续深化。深入推进国库集中支付改革，加大对涉农整合资金及项目监管力度，严格实行乡级财政报账制、政府采购制和公示公告制，资金运行使用安全高效。三是项目建设持续推进。围绕政策方向和资金投向谋划项目452个，总投资1659.47亿元。争取到中央、省级各类资金4.65亿元。成功申报扶贫产业子基金项目3个，获批基金4.95亿元。63个重大工程和重点项目完成投资140.08亿元。四是营商环境持续改善。深入开展招商引资项目“大排查、大整改、大促进”工作。全年新引进项目80个，到位资金123.58亿元，增速20.23%。

【民生福祉工作】 一是教育方面。投入教育经费3.24亿元。建成县第八小学，全县新增教学用房11.35万平方米、运动场（馆）10.22万平方米、图书136.73万册、学位1.68万个。招聘教师615名，交流教师741名。助学贷款、教育资助达1亿余元，惠及学生2.15万名。二是医疗卫生方面。深入推进医药卫生体制改革，县中医院通过二级甲等中医院复评审。加快推进跨省异地就医结算，全面开展大病专项救治、精准扶贫建档立卡贫困户先诊疗后付费和健康扶贫医疗保障救助政策，城乡居民医保补偿95.56万人次、3.09亿元。居民健康档案电子建档率97.47%，常住人口出生率9.1‰，孕产妇住院分娩率97.41%。三是文体广电方面。县图书馆、文化馆面积均达1500平方米，数字资源系统与乡镇文化站实现网上资源共享，县、乡、村文化阵地免费开放。创建国家公共文化服务体系工作通过验收，举办首届非物质文化遗产民族民间二胡唢呐展演等文化活动40场，农村电影公益放映3204场，观影人数14.86万人次。完成4个乡级农体工程、187个村级农民健身工程建设。四是民族宗教方面。投资699万元，完成17个少数民族发展资金项目。11个少数民族示范村寨分别获省、市命名。县、乡、村三级联系服务指导宗教活动场所体制机制日臻完善。五是就业和社会保障方面。城镇新增就业9869人，失业人员再就业1735人，城镇登记失业率3.4%，农村劳动力转移就业2.05万人。开发“10+N个一批”公益性专岗1.07万个，招募上岗6001人。完成25个农村敬老院标准化建设。投入资金434.91万元，对1.78万名留守儿童、困境儿童进行精准管理。补助和代缴建档立卡、低保和特困人员养老保险金715.29万元。完成1.5万名退役军人和其他优抚对象信息采集工作。六是民生重点项目方面。夹岩水库移民搬迁完成协议签订2076户9744人，占总户数98.72%。猔岭地灾避险搬迁安置签订协议1158户5411人，占总户数

90.7%，安置点建设完成投资1.7亿元，房屋主体封顶7栋。张家湾普洒安置点建成投用，195户935名涉灾群众全部迁入新居。

（撰稿：维雍县史志办）

威宁彝族回族苗族自治县

【概述】 全县辖区面积6298.73平方公里，耕地面积3770817亩，平均海拔2200米，年平均气温11.5℃，年降雨量903.3毫米，无霜期272天，县城年均日照1812小时，被省气象学界誉为“阳光城”。全县辖5个乡、30个镇、4个街道，419个村民委员会209个居民委员会，总人口154万人。

2018年，威宁县发展面临诸多矛盾叠加、风险隐患交会最为严峻的一年，各行各业都面临极大的挑战。在省委、省政府、市委、市政府的坚强领导下，坚持以习近平新时代中国特色社会主义思想为指导，认真贯彻落实党的十九大精神及习近平总书记对贵州对毕节工作重要指示批示精神，全面落实中央、省、市各项决策部署，坚持稳中求进，保持战略定力，注重稳扎稳打，抓重点带全局，有效应对各种风险及挑战，统筹抓实稳增长、促改革、调结构、惠民生等工作。脱贫攻坚深入推进，减贫1.3万户6.4万人，“减贫摘帽”贫困乡镇3个，出列贫困村105个，贫困发生率从2017年的11.4%下降到6.7%，全县所有贫困乡镇全部“减贫摘帽”。经济运行稳中有进，增速位列全市第一，在全省第三方阵甲类阵营县域经济综合测评半年考核中首次位列第一。腾退草海国家级自然保护区和杨湾桥饮用水源地保护区内生态用地9.6万亩、拆除各类建筑物近100万平方米。摘除“全国禁毒重点关注县”帽子和“全省社会治安重点整治县”牌子，社会安全感满意度在全省排位由第87位进位到第67位。义务教育基本均衡顺利通过国家评估认定。农村产业结构调整取得新进展，调减玉米种植面积29.4万亩。都香高速威宁段建成通车，草海机场开工建设。全县地区生产总值260.93亿元，同比增长11.4%。农林牧渔业增加值97.08亿元，同比增长7.0%，其中畜牧业增加值占农业增加值的22.8%；规模以上工业总产值109.86亿元，同比增长7.0%，工业增加值增长10.6%。一般公共预算收入完成12.22亿元，同比增长9.0%，财政总收入34.28亿元，同比增长10.1%；财政总支出87.63亿元，同比增长8.8%。500万元以上固定资产投资增速16.9%，其中亿元项目完成投资160.95亿元。社会消费品零售总额完成40.67亿元，同比增长9.9%。城镇居民人均可支配收入28748元，农村常住居民人均可支配收入9324元，同比分别增长9.8%和10.7%。金融机构人民币存贷款余额189.33亿元、180.30亿元，分别增长1.1%、45.6%。招商引资到位资金185.00亿元，增长23.3%。旅游总收入128.62亿元，增长36.8%，接待旅游总人数1288.87万人次，增长44.8%。人口出生率为9.76‰，死亡率为2.58‰，人口自然增长率为7.18‰。

【脱贫攻坚战取得关键性胜利】 深入开展“春风行动”“夏秋攻势”，强化督促调度，打好“四场硬仗”，抓实“五个专项治理”，扎实推进对口帮扶及就业扶贫工作，夺取脱贫攻坚战关键性胜利。2018年威宁减贫1.3万户6.4万人，“减贫摘帽”贫困乡镇3个，出列贫困村105个，贫困发生率从2017年的11.4%下降到6.7%，所有贫困乡镇全部“减贫摘帽”，全面小康实现程度达90%。

打好“四场硬仗”。扶贫产业覆盖贫困人口13.1万人。建成农村组组通公路4100公里，1427个村民组通硬化路，占总计划的64%。全面启动30.31万人饮水安全项目，实现82.6%的贫困人口饮水安全。累计建成安置房9731套，易地扶贫搬迁群众入住3.23万人。发放各类教育资助金1.6亿元，资助贫困学生19.5万人次。贫困人口新农合参保率100%，住院费用实际报销比例达90%以上。

抓实“五个专项治理”。认真开展村自查、乡镇班子成员包村查、乡镇交叉查、县领导包乡查工作，精准识别建档立卡贫困人口33.4万人。中央第四巡视组、省委第五巡视组巡视反馈问题全面整改。

扎实推进对口帮扶及就业扶贫工作。广州番禺区、招商局集团、九三学社中央、恒大集团、中国建设银行贵州分行等对口帮扶工作扎实开展。开发“10+N个一批”就业扶贫公益性岗位7228个，吸纳5645名贫困劳动力就近就业。

【保护绿色生态环境】 打好“三大保卫战”。出台威宁县大气污染防治意见，扎实推进扬尘、油烟等治理，环境空气质量优良率达99%以上。全力推进杨湾桥饮用水源地环境污染问题整改，水质达标率为100%。全面落实“河长制”，完成草海污水处理厂、县城一二期污水处理厂提标改造，建成双龙、金钟、二塘、东风4个乡镇污水处理项目。垃圾焚烧发电项目有序推进，完成34个乡镇（街道）生活垃圾中转站建设，城乡生活垃圾无害化处理率达85%以上。

筑牢生态屏障。完成营造林81万亩，治理水土流失面积68平方公里、石漠化面积20平方公里，森林覆盖率达44.1%以上。

【除隐患控风险】 出台防范化解重大风险“1+8”措施，实行“一风险一预案”。积极稳妥实施存量债务置换，地方政府综合债务率低于警戒线，金融机构不良贷款率平稳可控，PPP模式得到进一步规范。深入开展安全生产隐患大排查大整治，加强边界巡查防控，有效防止了非洲猪瘟疫情蔓延至威宁县；紧盯地灾隐患点，实行县乡村联动机制，坚持汛前排查、汛中巡查和汛后复查，紧急转移群众132户518人，实现地灾“零伤亡”。“法治威宁”创建、扫黑除恶专项斗争深入开展，“两抢一盗”发案率同比下降2.26%；依法分类处理信访诉求，扎实抓好积案化解。

【调结构促转型，完善现代产业体系】 特色农业逐步壮大，一是抓点做样调结构。按照4名县级领导人均5000亩、129名乡级领导人均1000亩创建示范点，调减玉米29.4万亩，扩大特色经济作物种植规模。二是善借外力调结构。通过恒大集团援建，新增规模化养牛场10个、养殖规模6000头；新增大棚（含灌溉系统）9336个，新建冷库7个5000平方米、育苗中心3万平方米。通过中垦薯业、江楠集团、开心公司、海升集团等龙头企业，领办创建标准示范基地近3万亩。三是产销衔接调结构。内抓农校对接，外抓华南、华中、西南和东南亚市场的拓展，充分利用江楠集团、千喜鹤集团、开心公司等企业营销优势，积极组织农民专业合作社抱团拓展市场，助推“威货出山”。四是抓督查问效调结构。成立13个督查组，对39个乡镇（街道）产业结构调整工作开展9轮督查，下发督查通报9次，反馈整改意见32条。

工业经济逐步壮大。新能源建设取得新成效，“水风光”三电装机容量180.3万千瓦，发电30.12亿千瓦时、同比增长146.2%。工业用电量3.36亿千瓦时、同比增长8.25%。2018年生产原煤57万吨，淘汰落后产能15万吨。贵州威宁经济开发区产业转型步伐加快，一批新兴产业、集群化产业逐步成型，发展后劲进一步增强。完成投资28.69亿元，实现规模以上增加值23亿元。

服务业逐步壮大。大力推进全域旅游项目建设，旅游宣传、品牌打造、服务设施、人才培育等现代化旅游服务体系加速构建，旅游业延续“井喷”增长态势。新增住宿单位284家、床位4000余个，接待游客、旅游综合收入分别同比增长44.81%和36.82%。建成农贸市场47个、冷库25个，农产品仓储、冷藏、保鲜、运销服务体系加快构建。消费市场持续活跃，新增各类市场主体12436户。大力发展电子商务，实现电子商务交易额5亿元。民营经济经营主体达5.5万户、同比增长21%，完成增加值167亿元、占GDP比重54.63%。

【补短板强支撑，改善生产生活条件】 一是交通基础设施建设取得新成效。昭黔铁路、六威昭城际铁路前期工作扎实推进，都香高速威宁段建成通车，威宣高速威宁段开工建设。启动实施国省道改造86公里，推进县乡道提等升级改造705公里、完成247公里。二是水利基础设施建设取得新成效。小米、落水洞、川洞海子、雪山水库扩建等4个骨干水源工程快速推进，赖子河、新民、开心等7个骨干水源工程前期工作有序开展。新建、整治山塘362座，实施产业供水工程31个，增加灌溉面积2.5万亩。三是电力及通信基础设施建设取得新成效。500千伏输变电工程开工建设，建成10千伏及以下线路436公里，实施智能电表、低压集抄两个全覆盖项目27万户，综合供电可靠率、综合电压合格率分别达99.37%、97.23%。100兆光纤宽带到乡村工程顺利推进。

【统筹协调城乡一体发展】 一是县城建设提速。县城总规修编已报省政府审批；奥园广场、公园王府等24个房地产项目建设快速推进，建成商品房72万平方米、销售65.3万平方米，完成投资24.3亿元，房地产稳定向好势头强劲带动钢材、水泥、运输、装饰等行业蓬勃发展。深入推进“五城同创”，城区环境不断改善。二是小城镇建设加快。按照“六型小城镇”建设要求，以8个省市级示范小城镇为引领，重点推进石门特色小城镇、板底彝寨、双龙风情小镇建设，30个镇村联动建设点加快推进。三是村庄规划建设步伐加快。启动乡村振兴战略规划编制，完成167个乡村规划。深入推进农村卫生专项整治，农村庭院、村庄卫生取得新成效。

【深入推进重点改革，持续加大招商和科技创新力度】 谋划实施12项改革，持续推进“三去一降一补”，大力推广“塘约经验” “三变改革”，累计建成“塘约试点”107个，“三变”改革试点216个。“放管服”改革取得实效，政务服务中心行政审批事项进驻率100%，取消各类证明材料113项；推行“不见面审批”和“一网通办”，网上办理9.2万件。财税、供销、水务、教育、卫生等领域改革深入推进，改革红利叠加释放。深入开展“产业大招商突破年”和“优化营商环境集中整治”行动，完成新增省外项目到位资金185.2亿元、同比增长7.67%。新增科技型企业备案数54个，万人发明专利申请量达51件，综合科技进步水平指数提高3.2个百分点。

【兜底线保民生】 一是教育事业。新（改扩）建农村义务教育薄弱学校27所、乡镇及村幼儿园28所。义务教育“超大班额”化解率100%。招聘“特岗”教师725人；学前教育三年毛入园率、九年义务教育巩固率、高中阶段毛入学率分别达86.1%、90.01%、88.3%。师德师风专项治理深入开展。二是医疗卫生。县医院整体搬迁项目、妇女儿童医院新建项目扎实推进。深化多形式医疗联合体建设，建成覆盖县乡两级的远程医疗服务体系。实施医学人才能力提升计划。石门、迤那成功创建省级食品安全示范乡镇。三是文体事业。乡镇（街道）综合文化站、村（社区）综合文化服务中心、农民体育健身工程实现全覆盖。威宁体育人才佳绩频传，高原耐力型训练人才基地的资源禀赋更加凸显，威宁籍运动员赵超、赵长虹在雅加达第十八届亚运会比赛中取得佳绩，进一步展示威宁的体育人才资源优势。四是就业服务保障。城镇新增就业1.1万人，转移农村劳动力就业1.45万人，城镇登记失业率3.43%。发放创业补贴120万元。五是民族宗教事务管理。建立县乡村三级联系服务指导宗教活动场所责任制。完成中央、省委巡视组巡视反馈宗教问题整改。创建宗教关系和谐示范区活动。建成省级少数民族特色村寨3个。对247所合法宗教场所开展“四进”活动，引领宗教界人士爱国爱教，正信正行。六是社会保障。净增9888名城乡困难群众纳入低保，总数达12.6万名。城乡低保平均保障标准分别提高到每月570元、每年3876元，增长9.3%、9.1%。留守儿童关爱保护工作进一步加强。

【转作风优服务】 牢固树立“四个意识”，坚定“四个自信”，向中央、省、市及自治县委决策部署看齐，做到提倡的坚决响应、决定的坚决执行、禁止的坚决不做。扎实推进依法行政，县乡法律顾问制度实现全覆盖，一村一居法律顾问制度有序落实。自觉接受人大法律监督、政协民主监督、社会舆论监督和审计监督，依法办理人大代表意见和建议113件，政协委员提案41件。强力落实从严治政，深入推进“两学一做”学习教育常态化制度化，严格执行中央、省委、市委、自治县委作风建设规定，严肃查处形式主义、官僚主义突出问题77个，问责79人。开展“作风评价”专项行动，全县服务对象和群众共计扫码评价2.1万次，督促整改283条，问责79人。聚焦民生开展监督执纪，查处扶贫领域突出问题369个，给予党纪政务处分175人、督促返还资金246.65万元。

【都香高速威宁段建成通车】 都香高速六盘水至威宁（黔滇界）原定于2018年12月30日通车，因天气原因推迟到次年1月3日中午12点正式通车。六盘水至威宁（黔滇界）公路是《贵州省高速公路网规划》“6横7纵8联”以及四个城市环线中“第7纵”及六盘水环城高速公路的重要组成部分，同时也是国家高速公路网新增加密线路都匀至香格里拉高速公路的重要路段。主线起点为六盘水市老鹰山镇，接六枝至六盘水高速公路，止于威宁自治县中水镇（黔滇界），接都香高速云南段，全长169.729公里，六盘水西联络线起自水淹坝，接主线，止于鱼塘乡，接毕都高速公路，西联络线全长21.678公里，项目线路总长为191.284公里。主线及六盘水西联络线均采用四车道高速公路标准建设，设计速度80公里/小时，路基宽度24.5米。设置六盘水机场、发箐、大河、德坞、猴场、纸厂、大湾、结里、金钟、威宁东、小海、观风海、迤那、中水、省界主线收费站15处收费站，设置德坞、威宁、小海、迤那4处服务区，东风、观风海2处停车区。共有桥梁38003米/157座，其中，特大桥5248米/4座（大水井、李子沟、中水、上寨），连续钢构桥梁4座（穿岩洞、狭岩、李子沟、前山）；隧道47116.5米/31座，其中，特长隧道19878米/5座（玉舍、大横山、鸡冠山、双山隧道、凉水井），瓦斯隧道7座；路基土石方挖方共4519万立方米，填方共3745万立方米；路基防护排水工程混凝土共161万立方米；涵洞通道410道，天桥36座。概算投资253.218亿元。该工程于2015年12月开工建设，2018年12月建成通车，总工期4年。都香高速六盘水至威宁（黔滇界）建成通车后，六盘水至威宁的车程由原来的2小时缩短为1小时；六盘水至昭通车程由原来的5小时缩短为2小时。

【草海机场开工建设】 威宁草海机场是省委、省政府确定的重点建设项目，是以国家自然保护区“高原明珠”草海命名。机场距县城直线距离5公里，涉及草海镇4个行政村，建设规模为4C，工程跑道长3200米，宽45米，机场海拔2449.7米，属高原机场。2014年8月28日，举行威宁临空经济区土地耕作层剥离及基础设施建设项目开工仪式，开始修建基础设施；2018年年底，通过各级各部门的积极协调和不懈努力，克服种种不利因素，正式开工建设。

【草海综合治理有序推进】 2018年，贵州威宁草海国家级自然保护区围绕“退城还湖、退村还湖、退耕还湖、治污净湖、造林涵湖”，共启动七大类27个项目的草海综合治理工程，已完成投资约64.41亿元。经过综合治理，完善了保护区边界核准勘界，收回保护区内原挂牌出让的开发建设用地2000余亩用于植被恢复。为退村还湖，完成拆迁房屋测量5420户，签订协议5230户，拆除房屋5192户，涉及人口2万余人。6万亩退耕还湿征地补偿工作基本完成，修复黑颈鹤栖息地1000余亩，种植鸟类喜食植物3000余亩。完成老城区污水收集管网建设工程并已投入使用，草海1万吨污水处理厂、环草海19个分散式污水处理站、西海码头水质净化试点工程建成投入运营，调水补水工程完工，入湖河口湿地恢复工程全面启动。完成草海流域造林绿化4.35万亩。

【威宁再次获省级文明城市荣誉称号】 2018年1月11日，每三年一届的贵州省精神文明建设表彰大会在贵阳召开。会上，威宁再次荣获省级文明城市荣誉称号，威宁县委办、县政府办、县委组织部等9个单位荣获省级文明单位称号，威宁县石门乡、东风镇、秀水镇、黑石头镇、观风海镇果化村荣获省级文明村镇，威宁县委党校荣获省级文明单位称号。

【威宁农村产业融合发展示范园入选首批国家创建名单】 2018年年初，国家发展改革委、农业部、财政部、国土资源部、商务部、国家旅游局等7部委联合发布通知，公布首批国家农村产业融合发展示范园创建名单，威宁农村产业融合发展示范园作为贵州省4个入选县之一和毕节市唯一入选县成功入选。

【全国第二届苗族作家文学研讨会在威宁召开】

2018年1月20日至21日，主题为“全面总结中国现当代民族作家创造成就”的全国第二届苗族作家文学研讨会在威宁召开，中国作协、民间文学杂志社主编、中国少数民族作家协会副会长石一宁，国家民委以及来自新疆、广东、重庆、云南、贵州、广西等地的200余名苗族作家、文艺评论家及其他嘉宾出席会议。威宁自治县人民政府副县长杨华忠出席并致辞。会上，与会专家、作家分别就编写高校教材《中国现当代民文作家文学史》等相关工作进行研讨，倡议设立两年一届的全国“民族文学奖”。与此同时，滇东北次方言苗族通用联席会议也在威宁召开，来自北京、云南等地的60余名苗文领导、专家学者出席会议。威宁自治县委常委、宣传部部长杨云娥参加会议并致辞，威宁县其他相关领导参加会议。

【国际荞麦理事会主席和国家燕麦荞麦产业课题组到威宁考察】 2018年5月18日至19日，国际荞麦理事会主席斯洛文尼亚卢布尔雅那大学教授IvanKreft和国家燕麦荞麦产业技术体系荞麦课题组组长、中国农业科学院作物科学研究所研究员周美亮，率工作人员及四川农业大学生命科学学院、成都大学药学与生物工程学院、贵州大学农学院相关专家一行14人组成考察团，赴威宁考察荞麦产业发展，对共同感兴趣的课题开展合作交流。考察团一行先后实地考察了板底乡雄鹰村3000亩苦荞种植基地和五里岗工业园区的荞麦产品加工企业，听取种植基地负责人和企业负责人关于苦荞基地建设和企业苦荞系列产品研发、生产和销售情况介绍，在随后召开的座谈会上，对共同感兴趣的课题交换了意见。

【威宁籍运动员赵超团队在亚运会上勇夺冠军为国争光】 8月23日，出生于威宁自治县小海镇的体育健将赵超与队友雄熊、吕凡普、周学武，在印度尼西亚雅加达举办的第十八届亚运会男子轻量级四人单桨无舵手比赛中，以6分28秒07的成绩击败东道主夺得该项目金牌。得知这一消息，赵超的家人和威宁全县干部群众无比的高兴和自豪，相互奔走相告，用微信、报刊、电视、网络进行宣传报道。尤其是中共毕节市委、毕节市人民政府欣闻该消息，第一时间向赵超母亲及家属发贺信。2018年8月26日在印度尼西亚雅加达第十八届亚运会田径男子10000米比赛中，威宁籍运动健将赵长虹再创佳绩，代表中国田径队以30分07秒49的成绩夺得铜牌。

【省委书记孙志刚到威宁调研脱贫攻坚和草海综合治理】 6月6日至7日省委书记、省人大常委会主任孙志刚深入威宁自治县石门乡等到调研。他强调，要坚持以习近平新时代中国特色社会主义思想为指导，牢记习近平总书记巨大关怀厚爱，坚决夺取脱贫攻坚全面胜利，确保与全国同步全面建成小康社会。省委常委、省委秘书长刘捷参加调研。

威宁自治县石门乡是全省20个极贫乡镇之一。孙志刚驱车近7个小时抵达该乡并夜宿与此。6月7日，他来到位置偏远的团结村，考察产业结构调整、教育医疗扶贫等情况，强调教育扶贫关键要提高教学质量，学生营养餐要优化结构，保证孩子们长身体的营养需求。孙志刚走进贫困户家里，与他们算增收账，叮嘱驻村干部要拓宽视野，开辟增加村民的门路。在新营苗族小康寨，孙志刚与村民们围坐话家常，苗族同胞用苗语唱起《没有共产党就没有新中国》。孙志刚高兴地对他们说，要感恩习近平总书记、感恩党中央，永远跟党走，大家的日子会越来越好。在石门民族中学新校区，孙志刚看望慰问了支教教师，鼓励他们在参与脱贫攻坚中锻炼成长。孙志刚十分关心草海综合治理进展情况。他先后到草海北坡、污水处理厂详细了解中央环保督查反馈问题整改落实情况，乘船查看水质、水位和生物保护情况。他说，中央环保督查是加强环境整治和生态建设的历史机遇，要以此为契机，检查保护就是最好的开发，抓好污染治理和生态修复，强化草海自然保护区功能。

【全国人大常委会副委员长、九三学社中央主席、中国科学院院士武维华到威宁调研】 2018年7月18日至21日全国人大常委会副委员长、九三学社中央主席、中国科学院院士武维华到黔出席统一战线参与毕节试验区建设座谈会并在威宁调研。实地考察了草海国家级自然保护区生态建设，威宁雪榕生物科技有限公司金针菇生产基地、百草坪凉水沟种羊场的草地生态畜牧业情况；调研了中垦薯业组培中心、迤那镇万亩精品苹果基地，以及威宁自治县人民医院眼科中心发展情况；参观了九三中学教改成果、五里岗街道易地扶贫搬迁安置点阳光馨区，并走访慰问贫困户、易地扶贫搬迁户。全国人大常委、宪法和法律委员会副主任、九三学社中央副主席、中国工程院院士丛斌参加调研。会上，武维华详细听取了威宁自治县委、县人民政府县政府对产业发展和助推脱贫攻坚情况汇报，对威宁自治县在毕节试验区设立30年来取得的发展成就和脱贫攻坚成效给予充分肯定。

【省委副书记、省长谌贻琴到威宁县石门乡调研脱贫攻坚】 2018年9月19至20日，省委副书记、省长谌贻琴到全省极贫乡镇威宁自治县石门乡调研深度贫困地区脱贫攻坚“夏秋攻势”开展情况。她强调，要深入学习贯彻习近平总书记关于扶贫工作的重要论述和对毕节试验区的重要指示精神，增强感恩意识，尽锐出战、务求精准，攻克重点难点，确保深度贫困地区按时打赢脱贫攻坚战。省政府秘书长张平，毕节市和省有关部门负责同志参加调研。（撰稿人：杨选福　张雾）

赫章县

【概述】 赫章县行政区域总面积3242.74平方公里，耕地面积9.83万公顷，基本农田面积7.17万公顷，森林覆盖率58.32%。辖1个矿区社区服务管理局、2个街道办事处、15个乡（其中少数民族乡12个）、10个镇，311个村民委员会、154个社区居民委员会。2018年年末总人口869124人，其中：城镇户籍人口153077人，乡村户籍人口716047人。人口出生率14.28‰，自然增长率7.6‰。人口较多的少数民族有彝族、苗族。境内已发现矿产（含亚矿种和伴生矿种）25种，发现矿床、矿点70余处。有铁、铅、锌、煤。

全年生产总值149.26亿元，比上年增长10.3%，其中，一产增加值完成48.25亿元，增长6.7%；二产增加值完成29.46亿元，增长10.2%；三产增加值完成77.55亿元，增长12.5%。工业实现总产值114.11亿元，增长11.08%。财政总收入17.4656亿元，增长4.50%，其中地方财政收入12.5974亿元，增长-2.02%；财政总支出49.2646亿元，增长-4.41%。500万元以上固定资产投资增长13.9%。金融机构存款余额135.47亿元，同比增长1.67%；金融机构贷款余额102.45亿元，同比增长32.54%，金融机构人民币各项存贷款增长14.96%；城镇常住居民人均可支配收入达到28584元，同比增长9.2%；农村常住居民人均可支配收入增长9.9%达8812元。

精准扶贫工作情况，累计整合各类扶贫资金8.6亿元助力脱贫，实现2个贫困乡镇摘帽，48个贫困村出列，40013人贫困人口退出，贫困人口发生率下降到10.95%。脱贫攻坚产业批复资金5.6亿元，到位资金5.6亿元。全面完成2091公里农村“组组通”公路建设任务。2018年搬迁的3782户19182人4387套住房已全部开工建设；发放精准扶贫学生资助资金11100万元。完成4623户“危改”和“三改”工程。

社会消费品零售总额达到25.3184亿元，同比增长7.7%。招商引资项目到位资金155.05亿元，同比增长10.84%。实现旅游收入85.06亿元。

全县公路通车里程达3829公里。完成水利建设总投资5.26亿元，占目标任务4.2亿元的125.26%。完成城镇棚户区改造货币化安置1439户，完成特色小城镇建设投资13.2亿元。学前教育三年毛入园率达88.34%、九年义务教育巩固率达91.05%、高中阶段毛入学率达90.78%，“三残”儿童少年入学率达91.10%，人均受教育年限达10.2年。城乡居民基本医疗保障常住人口参保率达100%，城乡居民基本养老保险参保人数达364900人，完成目标任务的102.78%。发放城乡低保、医疗救助、临时救助等资金2.24亿元，代缴城乡低保对象参合金614.3万元。城镇登记失业率为4.2%，农业劳动力转移就业17907人。

【脱贫攻坚再战告捷】 深入开展脱贫攻坚“春风行动”和“夏秋攻势”，坚持每月轮流在乡镇召开集“疆场比武、经验交流、表优罚劣”于一体的脱贫攻坚现场推进会，形成了浓厚的“比学赶超”氛围。全年减少贫困人口4万人，47个贫困村出列，贫困发生率下降到10.97%。海雀村作为脱贫攻坚先进典型参加全国“决胜2020——脱贫攻坚展”，得到中央领导的充分肯定和省扶贫办发文表彰。一是“四场硬仗”战果凸显。围绕“八要素”，强力推进“一棵树”“一根葱”“一个蛋”“一只鸡”“一头猪”等特色优势产业，辐射带动4.8万余名贫困群众增收致富。“组组通”公路建设提前圆满收官，建成里程2091公里。完成覆盖2.83万贫困人口的农村饮水安全工程，全面启动19.55万人脱贫攻坚农村饮水安全项目。2017 年易地扶贫搬迁 18956 名群众全部搬迁入住，累计建成安置房 4442 套；搬迁群众后续发展保障措施落实有力，社区工厂基本覆盖各搬迁安置点，“楼上住新房，楼下进工厂”的格局初步形成。教育精准扶贫资助贫困家庭学生 14.33 万人、资金 1.11 亿元，建档立卡贫困户参合率 100%，城乡居民住院补偿 3.78 亿元；完成“危改”“三改”4623 户。二是“五个专项治理”成效显著。扎实开展村自查、乡镇班子成员包村查、乡镇交叉查、县领导包乡镇查工作机制，新增识别建档立卡贫困人口 8677 人。中央、省市巡视组巡视反馈问题全面整改。三是帮扶工作推进有力。中央统战部、台盟中央、省委统战部、省自然资源厅、省住建厅、广州市番禺区、恒大集团、盘江集团、中天金融集团在项目、产业、资金、政策及各类民生实事上倾情倾力帮扶，有效助力赫章县脱贫攻坚。

【生态底线牢牢守住】 全面完成中央、省委环保督察反馈问题整改。一是“三大保卫战”持续打响。严格节能环保准入，严控高耗能、高污染行业新增产能，能耗总量和强度“双控”均完成市的目标任务，全年空气质量达标率 97.2%。全面落实“河长制”，扎实推进流域污染综合治理，主要河流水质全部达标。完成县城污水项目一、二期提标改造，县城第三期污水处理厂及罗州、哲庄、古达、可乐等乡镇污水处理项目加快推进。完成 22 个垃圾处理站建设，城乡生活垃圾无害化处理率达 80%，县城集中式饮用水水源地水质达标率 100%，乡镇集中式饮用水水源地水质达标率 98.6%。土壤环境质量有效改善，重金属污染物监测达标率 100%。二是生态屏障不断夯实。完成退耕还林 12.48 万亩、天然林资源保护 54.86 万亩、石漠化综合治理 20 平方公里。加强主要河流、水库岸线生态保护和水岸绿化，实现河道林木绿化率 80.4%。森林覆盖率达 58.32%，居全市第一，获得“贵州省森林城市”称号，水塘林场被列为全省森林康养试点基地。

【重大风险全面可控】 认真落实防范化解重大风险攻坚战“1+8”措施，实行“一风险一预案”。一是债务风险可控。按照“谁使用、谁偿还”的原则，建立“借、用、管、还”政府债务管理机制，采取政府存量债务置换、PPP 模式化解债务等方式，有效防范潜在债务风险隐患，金融机构不良贷款率 1.8%，较年初下降 0.66 个百分点，全县债务率指标低于警戒线。二是安全形势平稳。坚持常态化、制度化抓安全生产，全年未发生较大以上事故和重大社会影响事件，死亡人数下降 27.27%，受伤人数下降 72.72%。三是社会治理有效。始终保持严打高压态势，大力开展扫黑除恶专项斗争、严打整治专项行动，依法打击各类违法犯罪活动。刑事案件同比下降 15.8%，治安案件同比下降 12.56%，人民群众安全感满意度测评居全省第 29 位、全市第 2 位。依法分类处理信访诉求，扎实抓好积案化解。突发“非洲猪瘟”疫情得到有效控制。

【产业发展提质增效】 大力推进产业融合发展，三次产业结构调整为 29.63∶21.3∶49.07，经济发展质量不断提高。一是山地农业生机盎然。大力调整农业产业结构，调减玉米种植 16.7 万亩，粮经比调整为 35.27∶64.73。成立农业专业合作社 1486 个，引进农业龙头企业 30 家。致力打造“乌蒙山宝·毕节珍好”区域公共品牌，“赫之林”牌核桃乳被中国绿色食品发展中心认定为绿色食品 A 级产品，辣椒、生猪、马铃薯等 15 个农产品获无公害农产品认证，彻底改写了赫章县农产品“光着身子（没包装）没有牌子（没品牌）没有房子（没冷库）没有车子（没冷链）没有厂子（没加工）”的历史，绿色优质农产品销售额达 18 亿元。完成省级现代高效农业示范园区总产值 83.86 亿元，同比增长 2.26%。畜牧业增加值占农林渔业增加值比重为 29.89%，同比增长18.56%。粮食产量22.9万吨，农业增加值达48.88亿元。二是工业发展换挡提速。威赫电厂2×660兆瓦超超临界循环流化床工艺示范项目取得突破性进展。全面完成鸿发煤矿、青松煤矿“两化”改造。年产7000万只燃气灶炉头和年产1000万只地弹簧缸体在全国同行业市场份额举足轻重，赫章县泉盛五金铸造加工有限公司等3户短流程铸造企业实现上规入统，短流程铸造产业再度复苏，产值达9.36亿元，占全县规模以上工业产值的21%。工业用电量2.76亿千瓦时，增长35.21%，是5年来增幅最大的一年。7000万只肉鸡加工项目、生鲜农产品冷链物流园区等一批重大项目加快推进。新引进赫章县睿博金属铸造有限公司、贵州三铭机械铸造有限公司等15家企业入驻园区投资兴业，园区入驻企业达72家，完成工业总产值141.01亿元。产业园区发展得到市政府充分肯定，圆满承办了2018年第四季度全市产业园区发展现场推进会。三是文旅产业方兴未艾。成功创建全国第三批国家公共文化服务体系示范区。电影《文朝荣》在全国上映引起强烈反响。圆满举办第二届夜郎故里·赫章2018国际高原山地穿越挑战赛，彝族舞剧《坪上花开》被选送赴广州参加国际“广州文化艺术节”，广场舞《阿西里西》获文化和旅游部、体育总局优秀表彰，苗族芦笙舞蹈“飞笙踏月”、彝族“彝山恋歌”分别荣获贵州省第九届少数民族传统体育运动会一等奖和三等奖。阿西里西音乐狂欢节震撼空前，吸引了来自全国各地的游客，阿西里西风行天下、旅游品牌接续打响。可乐国家考古遗址公园、湿地公园等一批特色旅游景区初步建成，九股水温泉水上乐园荣膺国家AAA级景区。完成旅游基础设施投资25.5亿元，旅游接待884.67万人次、同比增长40.81%，旅游业持续“井喷式”发展。四是新兴产业风生水起。成功入围2018年国家级电子商务进农村综合示范县，建成电子商务运营平台3个、县级运营中心1个、村级电商服务站54个（含邮乐购）、冷链物流冷库3个。林翁生物科技发展有限公司在新四板成功挂牌上市。

【城乡建设稳步推进】 紧紧围绕“神秘夜郎·古韵赫章”城镇品牌定位，推动产、城、景融合发展。一是城市建设稳步推进。塔山山体公园、后河湿地公园、城关至野马川城市干道、西城区客运站等城市重点项目基本建成，城市给排水改扩建、城镇供水工程、“一院三馆”等项目全力推进，中央城、水岸华府、帝景湾畔等12个房开项目建设如火如荼，棚户区改造货币化安置完成1439套，城市建设投资达34.93亿元。城乡建设用地增减挂钩、土地综合整治等工作有效推进，实现土地收益15.05亿元。“四大行动”助推“五城同创”的经验做法得到市委领导的肯定并批示学习。常住人口城镇化率达35%。二是城镇建设各美其美。六曲河省级示范小城镇，平山、松林2个市级小城镇，妈姑、珠市、可乐、兴发4个县级示范小城镇加快建设，其他乡镇小城镇建设同步推进，完成投资13.2亿元。三是人居环境持续改善。全面完成27个乡（镇、街道）357个村（居）村庄规划编制工作。第一批66个村农村人居环境综合整治项目完成投资6.53亿元。投入3240万元配齐4500余名村级卫生保洁员。

【基础支撑强劲有力】 始终坚持以项目建设为引领，一切围绕项目转、一切盯着项目干，不断夯实发展基础。一是项目建设取得新进展。谋划储备项目853个、总投资1594.36亿元；录入财政部PPP综合信息平台项目6个，总投资53.56亿元。深入开展“千企引进”和“产业大招商突破年”行动，引进项目134个，完成招商引资项目省外到位资金155.05亿元，同比增长10.84%。二是基础设施取得新突破。赫镇、赫六高速公路隧道、桥梁等控制性工程有序建设，“赫奎”路、“六财”路改扩建工程稳步推进，县乡道“建养一体化”项目66.7公里全面完工，全县通车里程达3829公里。交通“大动脉”“毛细血管”交融互通、完美对接，出行便捷、快速通畅的城乡交通网络基本形成。海雀水库、娃二沟水库、海雀山塘全面完工，建成总投资5.26亿元的水利基础设施项目21个，河口水库建设有序推进。完成第一、二批中心村电网改造升级及第一、二批低电压整治工程，白水电站增效扩容并投入运营。完成“广电云”户户用工程3.2万户。新增4G基站760个，实现465个村（居）4G网络全覆盖。

【改革创新活力释放】 深入实施创新驱动战略，不断激发经济发展新活力。一是重点领域改革深入推进。谋划实施11项改革，《一颗核桃引发赫章县农村深刻的产业革命》在全省改革办会议上作为例文学习，并在《贵州调研》2018年6月专栏·产业革命“八要素”典型调研上刊登；“五张清单”深化农村殡葬改革得到省、市改革办领导高度认可，人民群众厚养薄葬的意识进一步增强。建立每周一次政府碰头会和每月一次常务会制度，变“等议题”为“找议题”，有力推动决策与落实。安方公司等国有融资平台逐步向实体化、市场化、产业化转型。赫章农信社成功改制为农村商业银行。全面深化商事制度改革，办理换发多证合一、两证整合营业执照8930本，新增市场主体6980户，注册资本58亿元。深入推进“三变”改革，实现农民变股东5.36万人。在465个村（居）成立“村社一体”合作社，投入财政资金4000万元助力村级集体经济发展。“三去一降一补”持续推进。智慧赫章项目加快建设。认真落实支持民营经济发展的政策措施，民营经济经营主体达2.54万户，完成增加值113.85亿元、占GDP比重65%。二是“放管服”改革取得实效。非行政许可审批事项全面取消，政务服务中心行政审批事项“4+X”进驻率55%，取消各类证明材料13项；推行“不见面审批”和“一网通办”，全年办理行政审批服务事项25.3万件，其中，网上办理5.9万件，是2017年847件的70倍。

【民生福祉全面增进】 十个方面的民生实事共17件，完成13件，完成投资23.9亿元，其余4件正加快推进；认真办理人大议案101件，政协提案180件，办复率和满意率均达100%。一是教育事业充满活力。义务教育基本均衡发展工作顺利通过国家督导评估验收，提前两年实现基本均衡发展目标。扎实推进“全面改薄”计划和学前教育“三年行动”计划，建成教育项目147个，改扩建中小学（幼儿园）99所。“超大班额”化解率100%，学前教育三年毛入园率88.34%、九年义务教育巩固率91.05%、高中阶段毛入学率90.78%，“三残”儿童少年入学率91.16%，人均受教育年限达10.2年。师德师风建设成效明显，圆满承办了全市师德师风建设工作现场会。二是卫计工作扎实有力。县第二人民医院、疾控中心加快建设，古达、财神等13个乡镇卫生院附属工程基本完工，县、乡两级远程医疗服务体系全面建成。农村卫生专项整治三年行动成效初显，承办了全市农村卫生专项整治三年行动现场推进会。人口出生率14.28‰，自然增长率7.6‰，政策外多孩率5.54%。三是扩大就业精准发力。大力开展“订单”“定岗”培训，完成技能培训17976人，促进9669名贫困劳动力就业。全面落实自主创业补贴、企业吸收就业奖励及社会保险补贴等就业扶持政策，发放创业担保贷款3301万元、各类补贴766万元，扶持2269人稳定创业，带动就业4549人。创新机制组建就业扶贫公司和就业扶贫劳务合作社，搭建“政府+公司+合作社+劳动力”就业服务平台，建成县就业创业远程视频服务平台，完成农业劳动力转移就业17907人。深入实施“十大员”就业扶贫工程，开发就业岗位6361个，招募上岗5697人。完成城镇新增就业6870人。圆满承办全省就业扶贫现场会。四是民宗事务管理得力。全面完成中央、省委巡视督察反馈宗教领域29个问题整改工作。圆满承办全省宗教信息数据库建设现场会。民族团结进步示范创建工作深入推进。五是民生保障持续用力。城乡居民养老保险参保人数36.49万人，完成目标任务的102.78%。城乡居民基本医疗保险参保72万余人，实现常住人口参保率100%。发放各类救助金2.24亿元，代缴城乡低保对象参合资金614.3万元。史志、外侨、档案、气象、消防、邮政等工作扎实开展；人民武装、国防建设、人民防空、民兵预备役等工作不断加强；工青妇、老龄、科协、慈善、文联、红十字和关心下一代等事业取得新成绩。

（撰稿：赫章县史志办）

百里杜鹃管理区

【概述】 百里杜鹃管理区位于贵州省西北部，毕节试验区中部，总面积691.46平方公里，耕地面积20.52万亩，辖7个民族乡2个乡级管理区，68个村（居），居住着汉、彝、苗、白、满、布依、仡佬、侗、蒙古等22个民族近15万人，人口出生率13.85‰，自然增长率6.8‰。平均海拔1580米，森林覆盖率67.65%，年均气温14.8℃，年降雨1150.4毫米，空气负氧离子含量每立方厘米2万多个，是得天独厚的“天然大氧吧”，是名副其实的“养生福地、清凉世界”。

境内旅游资源丰富，分布景区景点40余处，拥有全世界杜鹃花6个亚属60余个品种，原始杜鹃花林带绵延125.8平方公里，是迄今为止世界上面积最大、品种最多的高山杜鹃林带；辖区还有彝山花谷、奢香军营山地公园、九龙山、米底河瀑布、千年古银杏群等景观；境内主要矿产有无烟煤、黄铁矿、大理石、高岭土等，尤以无烟煤质优、储量多、分布广著称，初步勘察储量为4.5亿吨；境内民族风情浓郁，一年一度的国际杜鹃花节、祭花神，彝族火把节、彝族年、苗族跳花节、满族颁金节、布依族对歌节等传统节日，演绎着多姿多彩的民族风情，彰显着民族民间文化的无穷魅力。

作为毕节试验区体制改革先行区，百里杜鹃深入贯彻习近平新时代中国特色主义思想，坚持稳中求进的工作总基调，全面贯彻落实新发展理念坚定不移深化供给侧结构性改革，持续推动经济高质量发展。2018年，全区地区生产总值36.05亿元，同比增长11.4%，农林牧渔业总产值7.85亿元，增长6.9%；工业总产值12.52亿元，增长11.5%；财政总收入9.76亿元，增长24.48%，其中地方财政收入7.78亿元，增长35.19%（一般公共预算收入3.35亿元，同比增长24.44%，基金收入4.43亿元，同比增长44.63%）；社会消费品零售总额完成8.2亿元，同比增长11%；城镇居民人均可支配收入2.86万元，同比增长9%；农村居民人均可支配收入1万元，同比增长11%；规模以上工业增加值同比增长12%；税收收入完成4.02亿元，同比增长5.14%；招商引资到位资金完成30亿元，同比增长20%；全年全区贫困人口减少了1793户、6212人，贫困发生率为1.82%。

十年来，党和国家领导人胡锦涛、栗战书、汪洋、俞正声、李长春及时任省委书记赵克志、陈敏尔等先后莅临百里杜鹃指导工作，作出了一系列重要指示、批示，对百里杜鹃生态环境保护、体制机制创新等工作提出了明确要求，十年来，遵循各级领导的殷殷嘱托和殷切期望，百里杜鹃克难奋进，敢为人先，先后荣获国家AAAAA级旅游景区、国家生态旅游示范区、全国低碳旅游试验区、最负盛名国际景区、最具影响力国家森林公园等20余项国家级殊荣。

【进一步完善旅游规划】 全面加快推进《百里杜鹃景区旅游发展总体规划》编制工作，完成奢香军营山地公园、彝山花谷景区修建性详细规划专家评审工作和米底河景区修建性详细规划、普金景区概念性规划设计编制工作，正在开展老虎箐、杜鹃花王景区修建性详细规划工作。

【进一步丰富旅游业态】 在抓好普底、金坡两个杜鹃花观花旅游的同时，加快推进奢香军营山地公园、洞福天等新业态景区建设，彝山花谷景区正式开园运营，有效延长了旅游时限，丰富了旅游业态；投入资金700余万元成功打造夜游花海项目并推向市场；成功引进贵州产投集团投资20亿元对启化温泉进行整体打造；成功打造黄泥乡槽门村等乡村旅游景点，全区接待乡村旅游游客90余万人次。

【进一步提升旅游服务】 投入资金2900万元完成金坡景区停车场提级改造工程；启动奢香军营山地公园西入口游客服务中心及配套工程建设；由百旅集团对景区进行整体经营和管理，实现景区经营管理市场化；成功入选第四批全国旅游标准化试点单位、全国100个休闲农业和乡村旅游精品景点、中国最佳健康养生休闲旅游胜地名录，米底河度假山庄获评全省精品级乡村旅游客栈，对外知名度和美誉度稳步提升。全年接待游客375.8万人次，同比增长31.8%，实现旅游综合收入25.7亿元，同比增长35%。

【抓好组织保障】 成立“1+9+68”三级脱贫攻坚指挥体系和7个督导组，用好“五步工作法”，落实农村产业革命“八要素”，扎实推进脱贫攻坚“春风行动”和“夏秋攻势”，黔西片区以“零差错”配合黔西县顺利通过国家第三方评估。

【打好四场硬仗】 普金旅游公路等重大交通项目顺利开工，建成“组组通”公路162.7公里、进寨路318.2公里、入户路136.1公里。2017年易地扶贫搬迁167户686人全部搬迁入住，2018年易地扶贫搬迁项目已投入使用；发展烤烟、茶叶、经果林、食用菌、花卉等产业10.57万亩，覆盖农户1.21万户；投入财政资金1.08亿元，推动教育医疗住房“三保障”全面落细落实。

【搞好精准管理】 深入开展脱贫攻坚“五个专项治理”“六查”等工作，对已经脱贫农户、2018年计划脱贫农户及“边缘户”“边远户”，本着缺什么补什么的原则，补齐基础设施和增收产业短板，贫困发生率为1.82%；切实将“三率”控制在2%以下。

【聚好各级合力】 围绕就业扶贫、产业发展和智力支持，抓好增城区对口帮扶工作，旅游、教育、医疗等领域交流互动取得明显成效。恒大集团投入资金1亿元，支持风景名胜区发展中药材、花卉、蔬菜等扶贫产业，着力抓好恒大幸福三村等项目管护工作；充分整合统一战线资源，联引13家企业开展“千企帮千村”帮扶活动，聘请39名非公经济人士、农村致富能手开展“荣誉村主任”帮扶活动。

【经济发展实现提质增效】 坚持稳中求进工作总基调，全面贯彻落实新发展理念，坚定不移深化供给侧结构性改革，持续推动经济高质量发展。2018年，全区地区生产总值36.05亿元，同比增长11.4%；农林牧渔业总产值7.85亿元，同比增长6.9%；工业总产值12.52亿元，同比增长11.5%；财政总收入9.76亿元，同比增长24.48%，其中地方财政收入7.78亿元，同比增长35.19%（一般公共预算收入3.35亿元，同比增长24.44%，基金收入4.43亿元，同比增长44.63%）；社会消费品零售总额完成8.2亿元，同比增长11%；城镇居民人均可支配收入2.86万元，同比增长9%；农村居民人均可支配收入1万元，同比增长11%；规模以上工业增加值同比增长12%；税收收入完成4.02亿元，同比增长5.14%；招商引资到位资金完成30亿元，同比增长20%。

【坚定不移抓好工业升级】 一是抓好煤炭经济发展。协调煤矿与市内电厂签订煤电供应长期协议22份，拨付电煤保障供应奖励资金219.62万元，供应电煤130万吨；5对煤矿获批智能机械化改造项目奖补资金1617万元，完成黔金煤矿生产辅助系统智能化改造；全年完成煤炭产量300万吨、抽采瓦斯3100万立方米、利用瓦斯1300万立方米。二是抓好煤炭经营管理。全面落实科级领导联系验票站制度、科级领导挂任煤炭验票站站长制度，进一步规范煤炭验票站管理；煤炭税费监控管理系统三期建成并投入使用，进一步规范煤炭经营管理；开展煤炭税费路检路查140余次，抽查车辆660余辆，约谈煤矿企业17矿次。三是抓好民营经济发展。上报大数据与实体经济深度融合标杆企业2个；指导航鑫生态建材加快项目建设；全年完成民营经济增加值31.48亿元，民营经济增加值占GDP比重的65%；新增注册登记企业165户，注册资本15.75亿元；注册登记个体工商户868户，注册资本0.95亿元，市场主体增速达31%。

【坚定不移抓好农业转型】 一是抓好产业发展。管委会出资2亿元成立瑞禾集团，新增注册登记农民专业合作社30户，调减玉米等农作物种植面积4.81万亩，完成茶叶种植1.65万亩、烤烟2.6万亩、蔬菜3.2万亩、中药材0.51万亩、花卉0.95万亩、食用菌0.24万亩、经果林0.43万亩、新增退耕还林1万亩，覆盖农户1.21万户，农业产业结构调整获得市委、市政府通报表扬，并获得一次性奖励资金1000万元。二是抓好农村改革。大力践行“塘约道路”，助推“三变”改革，初步建成塘约试点村8个，“三变”试点村4个，农村土地确权颁证率达95%以上，完成农村清产核资、“两区划定”等相关改革工作；创新推进“支部+公司+农户”“支部+合作社+基地+农户”等工作模式，大力发展村集体经济，全区68个行政村村集体经济积累总额达1005.58万元。三是抓好利益联结。积极探索“国有公司+合作社（村集体）+农户（贫困户)”发展模式，引导广大群众积极参与农业产业结构调整、农业基础设施建设，将群众利益合理嵌入产业发展链条，让群众共享产业发展红利。2018年，茶产业吸纳群众承包地、荒山荒地4万余亩，带动15万人次群众参与务工，实现务工收入1200余万元。

【项目投资稳定增长】 争取中央预算内投资项目10个、资金9695万元；实施省、市重大工程和重点项目30个，13个新建项目100%开工，10个续建项目、7个收尾项目有序推进；实施省“1+7”民生工程49项，计划投资4.92亿元，完成31项、完成投资4.62亿元；实施市级十件民生实事17项，计划总投资4.97亿元，完成12项、完成投资4.83亿元；百里杜鹃一类通用机场建设正在进行实地测绘；5个智能化和3个机械化改造煤矿已全部完成待省市验收，拨付奖补资金639万元；生产原煤完成目标任务的97.8%，供应电煤完成目标任务的87.5%。

【抓好招商引资】 接待考察企业159家，跟踪对接项目32个，有意向投资在谈项目20个；全年上报“贵州省招商引资信息管理平台”项目32个，总投资64.89亿元；新引进重点项目5个，新开工重点项目5个，新投产重点项目2个；按照合同约定兑现招商引资优惠政策企业11家，兑现优惠资金1.51亿元。

【城乡建设统筹推进】 稳步推进2017年城镇棚户区改造和2015年城镇公租房项目建设，加快推进城镇基础设施和小城镇建设，新增城镇道路

3.6 公里、建成区 0.8 平方公里、绿地 1350 亩；开工房地产项目 10 个，完成投资 3.93 亿元；统筹推进在建交通项目 13 个 578.7 公里，完成建设 388.93 公里，新建和改造交通项目 4 个 87.6 公里；完成建成“组组通”公路 162.7 公里、进寨路 318.2 公里、入户路 136.1 公里。

【夯实社会保障】 将城市低保保障标准从 532 元/月·人提高到 570 元/月·人、农村低保保障标准从 3528 元/年·人提高到 3876 元/年·人，全年发放农村低保资金 2018.44 万元、城市低保资金 23.14 万元；深入开展双拥优抚工作，发放 351 名重点优抚对象优抚和生活补助资金 286.37 万元，并及时解决优抚对象生活、就医、就业培训等困难；通过“四个一批”措施减少留守儿童 719 名；有序推进中心敬老院、老年养护院、救灾物资储备库、公益性公墓等项目建设。

【教育事业健康发展】 坚持以办人民满意的教育为宗旨，大力推进优质均衡发展。设立教育工委，教育系统党的建设工作得到加强；争取上级资金 3223 万元，新建山村幼儿园 32 所，实施薄改项目 8 个，进一步夯实教育优质均衡发展基础，学前三年毛入园率、义务教育入学率保持高位；2018 年高考本科上线率达 41.2%；特殊教育巩固发展，民办教育规范管理，中职招生输送任务超额完成；开展教育扶贫、校农结合，发放各类教育奖免补助资金 865 万余元，办理生源地助学贷款 2006 人 1422 万余元。

【卫生事业稳步推进】 投资 3.85 亿元启动百里杜鹃人民医院建设，联合市三医、市一医组建跨区域专科联盟，完成 7 个乡卫生院医疗联合体组建、59 所农村中小学校医务室标准化规范化建设，建成 6 个乡卫生院中医馆，成功创建一批国家级、省级、市级卫生乡村；2018 年度新农合参合率 100%，资金使用率 94.45%，群众受益率 163.76%；全面落实健康扶贫医疗保障救助政策，“先诊疗后付费”惠民利民措施补偿贫困人口 5658 人次 1310 余万元。

【安全生产形势持续向好】 全面落实“党政同责、一岗双责、失职追责”要求，突出煤矿、道路交通、非煤矿山、建筑施工、地质灾害、森林防火、食品药品、社会消防、旅游、学校等重点行业领域安全监管，强化安全监管执法检查和隐患排查整治，开展执法检查 6394 次，排查治理安全隐患 2879 条，全年未发生较大及以上生产安全事故。

【信访维稳责任落实到位】 坚持守土有责、守土尽责，属地管理、分级负责，妥善解决征地拆迁、劳动争议、矿群矛盾、地灾赔付、欠薪欠资等涉及群众切身利益的突出问题；紧盯不稳定因素和重点人群、重要节点，强化接访下访和化解稳控工作，共排查调处矛盾纠纷 456 件，化解省、市集中交办信访积案 69 件，未发生进京非访事件、大规模群体性事件和重大影响涉稳事件。

【法治创建工作稳步推进】 深入推进“法治百里杜鹃”“平安百里杜鹃”创建，全面落实领导干部干预司法活动、插手具体案件处理的记录、通报和责任追究制度，保证法检独立公正行使审判权、检察权；25 家单位 329 项审批事项，16 项公共服务事项均入驻进驻政务中心，进驻办理率 100%；加强学法普法工作，80 余个单位 2300 余名领导干部参加在线学法用法考试；加强民主法治示范村创建，创建民主法治示范村（社区）17 个，区、乡、村法律服务网络和微信法律服务实现全覆盖；全面推进“雪亮工程”和区、乡、村三级综治中心建设，建立乌蒙云平台 70 余个。

【社会治理不断深入推进】 依法严厉打击各种

违法犯罪活动，深入开展扫黑除恶专项斗争，破获刑事案件105起，打掉犯罪团伙12个，侦破刑事案件13起，端掉赌博窝点1个；健全应急防范处置机制，防恐反恐、反邪防邪力度不断加大；未发生危爆物品安事故，未发生影响恶劣的重特大刑事治安案件，人民群众安全感满意度持续保持高位。

【生态建设不断加强】 认真落实“河长制”，不断加强饮用水水源地监管和森林资源管护，集中式饮用水源地高原水库达标率100%，建成7个垃圾收运站、4个污水处理设施和1个空气自动监测站等环保设施。深入开展“绿色毕节”行动，“抢战100天”造林2.06万亩，完成通村通组公路绿化50.3公里，营造林任务1.99万亩，全区森林覆盖率达67.65%，绿色毕节行动工作位列全市第三，综合目标考核获加2分，森林保护“六个严禁”执法专项行动排名全市前列。

【积极抓好植树造林】 深入抓好“抢战100天”造林工作，完成造林2.06万亩。完成2015—2017年3.96万亩退耕还林工程自查验收工作。纵深推进绿化工程建设，完成杭瑞高速百里杜鹃段102亩绿化项目和桥头、箐门污水处理厂绿化工作。

【有效抓好环境保护】 深入开展环保执法“风暴”专项行动和“百日攻坚”行动，督促重点企业环保设施运行率、运行达标率均达到100%；中央环保督察20个反馈问题已完成整改17个，8个生态环境突出问题已完成整改7个，其他问题整改正加快推进；建成空气自动监测站项目并投入使用；加强千人以上集中饮用水源地整治，卷洞门、污泥河、双龙潭、龙洞等4个水源地完成围网、界桩、界碑等工作并通过验收；完成全国第二次污染源普查清查建库工作；《毕节百里杜鹃风景名胜区条例》经省人大常委会批准实施，为百里杜鹃生态保护提供了有效支撑。

【污染防治持续深入】 深入推进水源地综合环境整治，完成移山水库、高原水库围网安装1.19万米，建成附廓水库污水处理厂和94个农户污水处理池；全区23家生产企业产生的固体废物得到妥善处置。环境监察三级标准化建设通过省环保厅验收，全面完成污染源普查清查建库工作。

【民主政治建设不断深化】 认真办理人大议案、政协提案及代表委员建议，区人大工委聚焦脱贫攻坚、重点项目、民生工程、法治百里杜鹃、旅游产业发展等重点工作和民生问题，积极组织代表开展视察调研、执法检查等活动，推动了中心工作的有序开展；政协工委将脱贫攻坚、农业产业结构调整、乡村旅游建设、民族村寨打造、农旅融合、生态环保等作为协商重点，积极参政议政，反映社情民意，有力促进了各项事业健康发展；在全区9个乡（区）、34个村（居）开展乡村统战联盟工作，组建数据库52个、800人，开展协商议事120次，政策宣讲149次，产业众筹40次，公益服务105次，解决问题85个；组建统战“五员”数据库19个、512人，开展进社区活动194次，参与群众4000余人；积极支持民盟百里杜鹃支部、民进百里杜鹃支部工作，在全市率先探索“党盟共建”，民盟百里杜鹃支部与大水乡高潮社区党支部结对共建，激发了基层支部活力。

【聚焦纪律作风建设净化政治生态】 持续深入贯彻落实中央“八项规定”及其实施细则精神，扎实推进大兴“三风”、纠治“四风”，积极开展党政机关办公用房、茅台酒问题专项整治，精简文件会议，规范接待工作，“三公经费”支出同比下降23.92%。集中整治脱贫领域腐败和作风问题，发现问题94个，立案34件，处分30件

38人，问责15人；持续深化作风建设，开展作风督查18次，发现“四风”问题188个，查处“为官不为”230人次；运用“四种形态”处理607人次，警示震慑效果充分显现，政治生态持续向好；紧盯民生项目专项监察，发现问题38个，立案7件，党政纪处分6件9人，问责主体责任8人。

【意识形态工作不断加强】 加强对意识形态工作责任制落实情况的监督检查，推动各级党委（党组）履行主体责任；狠抓传统媒体和新媒体建设管理运营，“百里杜鹃新闻”安全播出255期、编发《百里杜鹃报》12期、“百里杜鹃发布”微信公众号编发各类动态信息200期；全力办好“新时代农民讲习所”，建立区乡村三级讲习所78个、部门讲习所20余个，培养讲习人员250余名，聚焦脱贫攻坚，开展各类讲习活动2200余场次，参与群众5.8万余人次，切实为脱贫攻坚营造了良好的舆论氛围；加强网络舆情动态监管，不断净化网络空间，成功处置涉及民生、环保等舆情。

【聚焦干部队伍建设保障工作开展】 坚持“20字”好干部标准，着力锻造忠诚干净担当的干部队伍，组织举办各类专题培训班20余期，培训干部5000余人次；组织干部参加“新时代大讲堂”业务知识专题讲座117期，培训干部9600余人次；组织参加“新时代大讲堂”时代前沿知识专题讲座、脱贫攻坚大讲习培训共30期，培训干部12500余人次；坚持干部监督常态化，对11名领导干部进行提醒谈话，对13名领导干部进行诫勉谈话；建立干部负面清单150余条；完成54名在企业兼职及社会团体兼职领导干部的整改清理工作；选派18名科级干部到广州增城培养锻炼，下派42名干部到村担任第一书记和驻村；引导51名在外人才回乡创业，落地资金1478.9万元；选派9名本土专家人才、12名科级特派员、10名医务能手、51名农业辅导员到脱贫攻坚一线开展服务工作。

【聚焦基层组织建设夯实战斗堡垒】 深化实施党的建设“七大工程”，着力推进村干部专职化改革试点、软弱涣散基层党组织整顿、基层党组织规范化建设、严肃党内政治生活等重点工作，不断加强教育、国企、医院、非公组织等领域党的领导和党的建设；成立了中小学校、国企、易地扶贫搬迁党建工作领导小组，建立学校党总支5个，党支部44个；全区33家非公企业和9家社会组织实现党的组织和党的工作全覆盖；建立易地扶贫搬迁安置点党组织2个；通过强化安排部署、组织交流培训、加强督促指导，完成了9个试点村村干部专职化改革工作。

【群团组织建设全面进步】 认真贯彻落实习近平总书记关于党的群团工作和群团改革的重要讲话、重要指示精神，支持保障工青妇等群团组织依法依章程履行职责，推动群团组织围绕中心、服务大局，立足岗位、发挥优势，在助力发展、服务群众、促进稳定、保障维权等方面作出贡献。群团部门通过联合开展“万户联动·靓化家园”农村环境卫生整治活动，组建脱贫攻坚青年突击队、杜鹃医院医疗志愿服务队等行动，为脱贫攻坚凝聚合力、贡献力量。

（撰稿：刘映彤　蒙进　杨毓秀）

金海湖新区

【概述】 毕节金海湖新区于2015年12月6日由原毕节双山新区和贵州毕节经济开发区整合组建而成，是中共毕节市委、市人民政府派出的正县级机构，实行“一套人员、两块牌子”的管理体制。全区总面积595平方公里，城市规划面积120平方公里，工业园区规划面积23.6平方公里，耕地面积24652.05公顷。辖3个乡（其中2个民族乡）、4个镇、2个街道办事处，33个村民委员会、60个居民委员会。年末总人口27.85万人，其中少数民族5.9万人，非农业人口19.28万人，人口出生率8.68‰，自然增长率3.98‰。人口较多的少数民族有彝族、白族、苗族。主要矿藏有煤、石膏、石灰岩等；森林覆盖率为48.65%。全年生产总值88.3亿元，比上年增长10.7%；农林牧渔业总产值15.08亿元，增长6.6%；工业总产值123.3亿元，增长17%；财政总收入200937万元，公共预算收入完成33179万元，比上年增长16.61%，财政总支出221639万元，同比增长38%，公共预算支出127600万元，比上年增长4.3%；年内完成固定资产投资88亿元。社会消费品零售总额21.78亿元，城镇化率达47%，较上年提高2%，城镇居民人均可支配收入30456元，农民人均纯收入9807元。毕节高新技术产业基地（工业园区），在2017年全省93个产业园区考评中排名第14位，工业总产值排名第10位。

【发改物价与项目建设】 加大项目建设调度力度，2018年省、市重大工程和重点项目共70个，项目总投资547.29亿元，2018年投资目标为125.7亿元，累计完成141.25亿元。积极开展价格监督管理工作，完成了市政府下达的各项工作任务。完成分配政府投资公租房600套，500万元以上规模城镇基础设施投资28.89亿元，建设金海湖湿地公园面积4170亩，易地扶贫搬迁还贷增减挂钩节余指标生产任务112亩。完成“头步桥至牛集大修”项目2.93公里，“建养一体化”通村公路项目14条64.5公里，危桥安保6座、生命防护工程63.35公里。

【科研创新与成果转化】 全面完成国家能源大规模物理储能技术研发中心综合科研平台建设，建成物理储能领域规模最大、功能最全、测量范围最宽的研发基地。建成的膨胀机闭式实验平台，是国内唯一兆瓦级特殊工质实验检测平台。技术授权两家公司，并通过技术入股已成立两家产业化公司，技术总作价7800余万元，吸引投资超过1.3亿元。双级间冷离心压缩机闭式实验平台完成低压段典型级的性能实验；转子低速动平衡实验平台先后完成多根压缩机、膨胀机高速转子的动平衡测试；根据多轴系统轴振动的相互影响机理，成功研发柔性多轴齿轮箱；在中低温蓄冷实验研发平台，开展储冷单元初始温度在−15.6℃和4.6℃下的24小时保温实验；高温蓄热实验平台完成最后验收，各项性能均达到或超过设计指标；新型抽水蓄能实验测试平台实现电能有效存储，具备部件实验和系统集成测试双重功能。

【促进就业与社会保障】 城镇新增就业人数2059人，农村劳动力转移就业人数6750人，就业困难人员再就业165人，失业人员再就业315人，城镇登记失业率控制在4.2%以内。构建“三支柱”型社会保障体系，城乡居民基本养老保险共收缴参保资金531万元缴费120372人，失业保险基金收缴284万元，工伤保险基金收缴352万元，医疗保险基金收缴3077万元，生育保险基金收缴104万元；全年发放特困供养金605.13万元549人，农村低保金5041.84万元19869人，城市低保金167.16万元270人；筹集合作医疗基金11370万元参保227419人，累计发放救助金额623.60万元22188人，发放临时救助资金243.65万元1181人。全年救助流浪乞讨人员50人次，发放各类优抚对象的抚恤补助资金679.06万元，孤儿保障金114万元114人，困境儿童生活补助150万元401人。

【教育与人力资源开发】 推进教育体制改革，发展社会力量办学，加强控辍保学，加大投入促进教育发展，学前三年毛入学率86%，小学入学率99.45%，初中入学率97.54%，九年义务教育巩固率86%，“三残”儿童毛入学率为86.5%，高中教育毛入学率85.69%。发放助学金194.751万元，资助学生564名；完成“全面改薄”学校18所；改扩建幼儿园项目26所；改善1个普通高中办学条件，总建筑面积24150平方米，完工并投入使用单体项目7个；三个乡镇通过“义务教育均衡发展”国家级评估验收。建立健全“全员培训1+6机制”，推动“创岗兴业”战略盘活村级劳务市场，为小微企业提供发展要素，创建扶贫车间共11家，开发公益岗位4166个，进一步巩固和提升劳动力素质。

【文化旅游与交通网络】 成功申报金海湖公园为国家AAA级旅游景区，夜郎西民族乐园正式运营。整合金海文化传媒有限责任公司、金诚市政绿化旅游咨询有限公司和金海投资有限责任公司，融合组建金海湖新区文化旅游集团。组建文艺宣传队111支，开展“广场舞大赛”、义演等各类文体活动372场次，组织观看农村公共电影1112场91329人次。全年接待游客68.18万人次，增长62.35%；旅游收入6432.28万元，增长53.41%。推进干线公路及村道建设，完成“组组通”项目252.7公里，新增城镇道路16.82公里，改扩建普通省道9.96公里，组织形成飞雄机场与厦蓉高速公路、杭瑞高速公路、成贵高铁、毕水兴城际铁路、织纳铁路等公路、铁路、航空三位一体的现代化立体交通网络。

【为农服务与乡村人才培育】 累计发放“特惠贷”贷款3100户贷款金额1.29亿元。选派科技副职8名、科技特派员10名，农业辅导员21名、农业专家88人，组成7个工作组到乡村工作，覆盖全区8个乡镇31个贫困村，促成276名乡土人才与552户贫困户结成帮扶对子，精准服务猕猴桃、刺梨、玫瑰花、青脆李、大豆等17种农业主导产业。建立区、乡、村“三级”讲习所103个，村民组新时代农民讲习点34个，开展讲习活动2180余场次。搭建乡土人才扶贫带富平台，培训乡级农民讲师20人，开展28场培训、解决问题36个，培训农民10000余名。组织开展“情系金海湖·返乡创业”活动，吸引58余人返乡创业。建立农村实用人才实训示范基地16个，举办培训47余次培训2520余人。

【粮食安全与质量监督】 划定粮食生产功能区和重要农产品生产保护区3.22万亩，无公害农产品产地认证9.1万亩。25度以上坡耕地全部退耕还林，调减玉米种植面积1.05万亩，粮经比下降8个百分点以上，从现在的43：57调至35：65。培育省级以上重点龙头企业1家，市级重点龙头企业2家，500万元以上加工企业2家，认定家庭农场11户，新增农民专业合作社市级示范社3家，成功申报国家级农民合作示范社1家。依法处理出售过期农药和假冒伪劣农资经营户3家，销毁过期农药11.3公斤。商务粮食出口总额2195万美元，实现对外贸易者登记备案企业12家。开展“贵州绿色农产品”评价和入住贵州绿色农产品服务管理平台，现已有9家企业的32个产品入住；推进标准化管理工作，督促8家企业进行企业标准信息公开。

【纪检监察巡查督责】 作风明察暗访和“作风评价”工作常态化，建立科级干部廉政事项报告制度和廉洁档案，将松林污水处理厂打造为“实景”警示教育基地。受理信访举报351件，核查199件，给予处分57人；运用“四种形态”处理269人次；查处违反中央“八项规定”精神案件6起，纪律处分7人；查处形式主义官僚主义问题27起，问责27人。开展茅台酒专项治理，收缴茅台酒58瓶；完成封存酒类资产处置工作，上缴处置款9.79万元。加强村务（民生）监督委员会建设，聘任村务（民生）监督员353名；用好民生资金监督平台，录入民生资金类数据

170.7 万条，通过对比发现问题数据 1100 条，转立案 7 件 7 人。“五假”整治发现问题 138 个，转立案 15 件，结案 14 件给予纪律处分 16 人。

【组织改革与新闻宣传】 实行“一村一策”集中整顿后进村党组织，优化基层党组织体系建设，31 个村（社区）建立党总支，村民组（自然村寨）建立 172 个党支部，14 个农村综合改革试点村 53 个村民组（自然村寨）分别建立党小组。实施农村经营体制改革试点，对“空壳”村清零，推进“范本村”创建，14 个试点村成立“村社合一”合作社 25 个，93 个村社共成立农民专业合作社 256 个，不断壮大村集体经济。整合各种资源，办好办活电视新闻节目和微信公众号，组建新媒体介质矩阵平台，强化自身能力建设，促进区域融媒体发展。“金海湖发布”共发布信息 850 期 4400 余条；金海湖电视新闻节目播出 698 期，用稿 3490 余条；市级媒体刊登、转发新闻或信息 500 余条；省级媒体刊登、转发 27 余条；中央级媒体刊登、转发 4 条。

【“五城同创”与污染防治】 建成城市社区志愿服务站点（岗）8 个，开展创建全国文明城市文明志愿者进社区活动 30 余场次，以扶贫帮困、文明出行、党员进社区、树文明新风、清洁家园等为主题开展志愿服务活动近 50 场次，举办“我们的节日”春节（元宵节）活动共 40 场次。清理盲道及被占用盲道 1000 余平方米，修建公交车站台 50 个、安装交通信号红绿灯 20 余组，新修农贸市场 3 个、提升改造 2 个。抓好“文明在行动·满意在金海湖”工作，整治机动车乱停乱放 565 辆，督促施工方建立冲洗平台 5 个、硬化施工便道 1200 平方米、整治施工路口 1200 次、整治门前三包 1400 户、拆除各类乱搭乱建及野广告招牌 60 余处。建立学校垃圾中转站 10 个；公厕 5 个，建垃圾中转站 14 座；整治污水乱排乱放 35 次；完成移交管护面积绿化带修剪、除草面积约 409103 平方米；甄选符合条件的贫困户 2487 名参与农村环境整治。

【财政收支】 全区一般公共预算收入 33179 万元，同比增长 16.6%。全区一般公共预算支出 118762 万元，同比下降 3%。全区政府性基金收入 128852 万元，基金预算支出 155950 万元，比上年完成数增加 308%。专项上解支出 7902 万元，补充预算稳定调节基金 2460 万元，一般债券转贷支出 31451 万元。加大“三公”经费、会议费、培训费、现金支出等方面监控和核查力度，门户网站统一公开平台推进预决算公开，实现公开单位全覆盖。按照《金海湖新区政府性债务风险应急处置预案》《隐性债务及化解风险方案》，加强政府性债务举借和使用管理，做好存量政府债务置换工作，对全区所有行政事业单位及国有企业进行全口径债务清查，摸清底数，建实台账，制定化解方案及分年化解计划，动态掌握债务数据变化，严控隐性债务增量。

【主要经济指标】 截至 2018 年年末，完成生产总值 88.3 亿元，增长 10.7%；累计完成工业总产值 123.3 亿元，增长 17%；完成固定资产投资 88 亿元；社会消费品零售总额 21.78 亿元。

【统计工作】 以项目入库和企业上规入统为重点，全面抓好网报工作，同时做好第四次经济普查工作。加强对核算、农业、工业、投资、科技、贸易、劳动工资等方面统计数据质量的审核和评估，按时上报统计数据报表，客观、真实、全面地反映全新区各地经济总量和结构状况，为全面分析新区工业经济形势提供科学依据。同时，有序推进非公有制领域人才监测、城乡划分、第三次全国农业普查、大扶贫战略行动监测评价、新经济统计试点等工作。

【医疗卫生健康养老】 实现乡镇卫生院的信息

互联互通，全面建立影像、心电、检验等医技诊断及疾病会诊的远程医疗服务体系，提升乡镇卫生院诊疗服务能力。全面建成乡镇卫生院规范化数字预防接种门诊，规范开展预防接种工作。建设“营养进社区·健康进万家——贵州省居民健康素养提升行动”项目1个，“青春健康”教育示范基地1个，累计建立居民健康档案150126份，建档率89%。开展健康知识讲座280余次，开展老龄健康管理8675人，0~36个月儿童中医药健康管理4690人。建成使用城镇社区老年人日间照料中心2个，农村幸福院2个，发放高龄补贴金312.12万元4578人。

【税收与“放管服”】 全年累计组织收入61543万元，增长34.63%，增收15831万元。其中，税收收入完成59348万元，增长33.79%，增收14990万元。清理公共服务事项45项、乡镇442项，村居28项，落实纳税服务规范措施28条；政务大厅办件60000余件，其中网办件11000余件，月均网办件1000余件，服务效率较提高47%。

【城乡融合发展与易地扶贫搬迁】 实现15个贫困村按照国定标准出列，3525户14178人贫困人口实现脱贫。办理各类不动产登记1744件。清理出集体土地59.62万亩、经营性资产768.95万元、非经营性资产59601.5万元。完成52152户实测承包地面积36.06万亩。“三变”改革带动3830户13501人参与合作社、企业等经营主体的发展，土地入股16828亩，争取到3325.84万元各级财政扶贫资金变股金。以棚改促进项目房屋征收，征收房屋面积195320.81平方米，支付棚户区改造征收补偿款88633326.69元，产权安置1200户，安置面积为128995.74平方米。完成易地扶贫搬迁住房建设1377套，累计搬迁入住1032户4500人，同步实施已迁移民旧房拆除。

【动物检疫及非洲猪瘟防控】 检疫生猪4491头、牛83头、家禽27.28万羽、其他畜禽420羽（只），经检疫所有出证动物达到合格。组织10983人次开展非洲猪瘟防控，累计排查生猪养殖场（大户）、散养户214988户次，排查生猪518054头次，均未发现疑似病例；设立临时检查站15个，检查卡点累计参检人员达7145人次，开箱检查、消毒运输车辆332960辆次，未发现异常情况；野猪排查方面，累计出动护林员9313人次，对野猪野外活动场所进行排查，未发现异常情况。累计收缴不符合流通规定的生猪及制品950公斤。

【投融资改革与市场主体培育】 主动上门服务，指导企业运用股权质押、动产抵押进行融资，帮助企业盘活资产，拓宽融资渠道。全年办理股权出质8件，帮助企业融资57250.53万元；动产抵押17件，帮助企业融资33340万元，占全市的54%。深入推进商事制度改革，发展市场主体，全年注册登记4758户（企业588户，个体4170户），认缴注册资本41.68亿增长30.94%。

【安全生产】 坚持稳中求进总基调，继续深入开展安全生产领域“关键环节管控”各项工作，深入细致开展煤矿“自证合法”，非煤矿山、工贸、职业卫生，危险化学品、烟花爆竹“关键环节管控”和标准化建设工作，实现生产安全事故总量和死亡人数“双降”的总体工作目标。全年监管检查企业548次，查出一般隐患1699条，整改1699条，整改率100%，实现了较大及以上生产安全事故“零发生”、职业卫生危害事件“零发生”的工作目标。

【平安建设】 严厉打击毒品违法犯罪活动，侦破一起特大境外人体运输毒品案，查获毒品海洛因396.83克。开展扫黑除恶专项斗争，摧毁涉黑团伙1个、涉恶团伙2个，打掉村霸2名，破获刑事案件47起，抓获犯罪嫌疑人50人，冻结涉案资金35.35万元，扣押涉案车辆15台。积极开展矛盾纠纷大排查工作，有针对性地开展可性命案防控工作，实现了全年命案“零发案”的成绩，维护了人民群众生命财产安全。

【路政管理】 整治乱堆乱放158次，清理污染路面35万平方米。督促辖区内施工工地建立冲洗平台8家，完善冲洗设备17家，督促采取降尘措施23家，施工运输车辆密封式覆盖运输达到98%，小坝大道、高新路、碧阳大道、碧阳二道、小瓦路、机场路、职教城各路段外来运输车辆覆盖率达到98%、对辖区内各主次干道进行降尘3820余次。（撰稿：徐武　李伟）

社会经济发展主要指标

2018年毕节市各县（区）社会经济发展主要指标

指标名称	单位	毕节市	七星关区	大方县	黔西县	金沙县	织金县	纳雍县	威宁县	赫章县
土地面积										
土地面积	平方公里	26848.51	3410.98	3500.11	2555.14	2523.23	2865.26	2452.32	6298.73	3242.74
耕地面积	万亩	1481.99	202.11	182.81	148.78	127.55	155.81	142.58	374.37	147.97

续上表

指标名称	单位	毕节市	七星关区	大方县	黔西县	金沙县	织金县	纳雍县	威宁县	赫章县
人口										
年末总人口（公安户籍口径）	万人	930.28	166.82	120.84	100.81	70.75	123.66	105.54	154.94	86.91
#城镇人口	万人	328.12	70.29	38.11	38.77	30.97	40.24	41.56	52.88	15.30
乡村人口	万人	602.16	96.53	82.73	62.04	39.79	83.42	63.98	102.06	71.61
#男	万人	488.13	86.98	63.84	52.82	37.25	64.90	55.19	81.71	45.45
女	万人	442.15	79.85	57.00	47.99	33.50	58.76	50.35	73.23	41.46
年末常住人口	万人	668.61	116.32	79.43	71.19	57.34	80.19	68.55	129.18	66.41
#城镇人口	万人	283.07	59.89	28.42	33.54	28.73	37.07	30.44	47.36	17.62
乡村人口	万人	385.54	56.43	51.01	37.65	28.61	43.12	38.11	81.82	48.79
#男	万人	346.45	59.41	41.32	37.04	30.14	41.72	35.29	67.48	34.05
女	万人	322.16	56.91	38.11	34.15	27.2	38.47	33.26	61.7	32.36
劳动、就业与保障										
单位从业人员										
#单位从业人员人数	万人	32.34	8.37	2.93	3.36	3.25	2.91	3.10	4.78	2.80
单位从业人员平均劳动报酬	元	70970	80198	65248	70255	77468	70495	70101	62566	61420
在岗职工										
#在岗职工人数	万人	29.39	6.84	2.34	3.32	2.91	2.89	3.00	4.52	2.79
在岗职工平均工资	元	74543	90531	74192	70471	80970	70745	71327	63485	61447
城镇就业										
城镇新增就业人数	万人	8.56	1.20	0.73	1.07	1.18	1.22	1.00	1.09	0.69
城镇登记失业率	%	3.32	3.45	3.31	3.40	3.40	3.12	3.49	3.43	3.22
失业人员实现再就业人数	人	16285	2375	1997	1755	1659	2227	1772	2286	1680
困难人员实现就业人数	人	12704	1793	1508	1459	1458	1723	1413	1619	1396

续上表

指标名称	单位	毕节市	七星关区	大方县	黔西县	金沙县	织金县	纳雍县	威宁县	赫章县
社会保障										
参加社会保险人数										
#城乡居民基本医疗保险	万人	754.56	119.96	78.62	80.02	60.86	96.59	81.26	128.66	72.17
城乡居民基本养老保险	万人	353.06	50.79	36.42	35.04	32.13	45.29	36.62	61.74	36.49
工伤保险	万人	37.10	4.78	4.66	3.12	4.55	3.57	3.62	4.29	2.45
失业保险	万人	24.80	3.59	2.35	2.41	3.23	1.91	1.87	3.17	1.95
生育保险	万人	26.17	3.85	2.47	2.41	2.66	2.15	2.53	3.20	1.98
社会保险基金收入										
#城乡居民基本医疗保险	万元	460282	73177	47957	48811	37125	58920	49570	78484	44023
城乡居民基本养老保险	万元	120790	5075	1724	2727	3246	3911	1881	5304	3829
工伤保险	万元	45848	2037	1467	1616	3985	3150	1688	1302	1191
失业保险	万元	10865	1163	1167	1085	900	992	706	1394	877
生育保险	万元	7392	707	1106	587	756	729	704	982	255
社会保险基金支出										
#城乡居民基本医疗保险	万元	454216	81536	43406	51682	37760	55743	46356	67549	46523
城乡居民基本养老保险	万元	103397	16637	10850	11520	9775	13405	11184	15239	9647
工伤保险	万元	47320	1007	2918	1105	9231	5695	2021	514	1029
失业保险	万元	8896	440	232	535	922	239	451	280	334
生育保险	万元	6221	535	454	603	589	585	689	607	384
生产总值										
生产总值	亿元	1921.43	380.02	192.12	223.54	262.20	205.16	218.00	260.93	149.26
#第一产业	亿元	414.76	79.83	33.60	38.70	33.99	40.65	34.85	92.25	48.25
第二产业	亿元	697.03	117.47	71.39	86.73	136.99	71.08	107.22	64.98	29.46

续上表

指标名称	单位	毕节市	七星关区	大方县	黔西县	金沙县	织金县	纳雍县	威宁县	赫章县
#工业	亿元	547.84	95.35	58.53	62.62	115.74	46.26	90.73	48.38	23.19
第三产业	亿元	809.63	182.72	87.13	98.12	91.22	93.43	75.93	103.70	71.55
生产总值指数	上年=100	110.2	110.5	110.1	110.8	110.9	110.4	111.0	111.4	110.3
#第一产业	上年=100	106.9	106.6	106.5	106.8	107.3	107.2	107.1	107.0	106.7
第二产业	上年=100	109.3	109.8	109.5	110.1	110.1	108.8	110.1	110.3	110.2
#工业	上年=100	110.3	109.5	111.0	111.4	111.6	111.7	110.3	110.1	110.5
第三产业	上年=100	112.5	112.3	112.0	112.7	113.1	112.8	113.8	115.0	112.5
农业										
乡村劳动力资源数	万人	415.89	75.76	65.23	40.76	25.91	54.88	41.18	65.90	46.28
#男	万人	220.04	39.79	32.57	22.26	14.33	30.06	21.19	34.75	25.07
女	万人	195.86	35.97	32.65	18.51	11.58	24.82	19.98	31.15	21.21
乡村从业人员数	万人	371.68	66.62	63.97	32.51	23.42	48.08	36.63	58.72	41.73
#男	万人	196.73	33.16	32.58	18.41	13.24	26.10	19.93	30.97	22.34
女	万人	174.95	33.46	31.39	14.10	10.18	21.98	16.70	27.75	19.38
农村主要能源及物资消耗										
化肥施用折纯量	万吨	19.55	3.23	2.69	1.99	2.04	1.64	1.79	4.28	1.89
农村用电量	亿千瓦时	18.25	3.19	2.88	1.88	1.90	3.01	1.14	2.81	1.44
农用塑料薄膜使用量	吨	7956	2010	382	531	160	579	1864	1500	930
农林牧渔业总产值	亿元	687.50	132.21	74.22	66.82	57.80	68.14	57.47	151.83	79.03
#农业产值	亿元	457.11	88.08	49.27	45.83	36.68	42.32	37.00	104.48	53.43
林业产值	亿元	24.85	4.23	3.15	1.53	2.64	2.52	2.97	4.36	3.44
牧业产值	亿元	175.29	34.49	18.21	16.58	14.34	19.47	15.13	37.52	19.55
渔业产值	亿元	2.54	0.12	0.35	0.24	0.84	0.59	0.23	0.10	0.07

续上表

指标名称	单位	毕节市	七星关区	大方县	黔西县	金沙县	织金县	纳雍县	威宁县	赫章县
农林牧渔服务业	亿元	27.72	5.28	3.24	2.64	3.29	3.24	2.13	5.36	2.54
主要农作物播种面积										
粮食作物										
谷物	万亩	439.68	77.34	52.12	56.48	33.17	75.21	43.19	60.49	41.68
稻谷	万亩	32.21	4.38	3.70	8.18	6.54	8.27	0.85	0.04	0.26
小麦	万亩	39.51	6.92	4.34	4.97	2.56	7.30	5.35	2.14	5.92
玉米	万亩	346.17	64.89	42.34	41.79	15.19	59.28	35.25	56.37	31.06
豆类	万亩	237.70	39.48	38.15	35.47	11.81	29.75	45.86	25.97	11.22
薯类	万亩	455.57	74.12	17.60	22.80	39.92	43.53	54.19	145.47	57.96
马铃薯（洋芋）	万亩	440.87	74.01	17.43	14.72	34.48	43.33	53.54	145.46	57.90
经济作物										
油料	万亩	106.82	7.06	8.43	50.34	21.44	17.67	1.17	0.33	0.38
油菜籽	万亩	95.90	5.60	6.06	48.31	18.12	17.04	0.59	0.07	0.09
烟叶	万亩	64.46	5.64	9.73	5.40	4.07	4.10	3.62	26.57	5.33
中草药材（人工种植）	万亩	60.54	14.21	16.19	6.16	0.81	6.63	2.71	11.18	2.64
蔬菜及食用菌	万亩	399.36	90.12	43.49	55.40	39.56	43.71	45.70	44.50	36.88
叶菜类	万亩	38.58	22.68	2.76	2.81	1.16	3.63	4.83	0.12	0.59
瓜果类（果用瓜）	万亩	3.52	0.37	0.34	1.85	0.27	0.26	0.35	0.04	0.04
主要农产品产量										
粮食作物										
谷物	万吨	124.52	23.39	15.94	16.38	9.84	25.44	8.24	18.98	6.29
稻谷	万吨	12.83	2.01	1.50	3.02	2.77	3.27	0.14	0.01	0.10
小麦	万吨	5.66	0.86	0.55	0.71	0.48	1.01	0.97	0.36	0.73

续上表

指标名称	单位	毕节市	七星关区	大方县	黔西县	金沙县	织金县	纳雍县	威宁县	赫章县
玉米	万吨	102.97	20.42	13.72	12.43	4.90	21.12	6.92	18.38	5.07
豆类	万吨	14.16	2.58	2.01	2.35	0.91	1.64	1.50	2.62	0.56
薯类	万吨	109.69	15.15	5.65	6.68	10.18	7.79	7.44	46.34	10.47
马铃薯（洋芋）	万吨	106.28	15.13	5.61	4.83	9.07	7.75	7.09	46.34	10.46
经济作物										
油料	万吨	13.74	0.77	0.88	7.16	2.84	1.80	0.16	0.07	0.05
油菜籽	万吨	12.62	0.57	0.72	7.05	2.52	1.68	0.06	0.01	0.01
烟叶	万吨	7.16	0.63	1.06	0.66	0.38	0.43	0.47	2.94	0.59
中草药材（人工种植）	万吨	10.65	2.60	1.15	0.56	0.23	0.30	0.05	4.59	1.17
蔬菜及食用菌	万吨	361.22	85.10	44.77	36.72	40.78	37.29	32.02	53.01	31.52
叶菜类	万吨	30.59	17.38	2.58	0.87	1.02	3.00	4.59	0.06	1.09
瓜果类（果用瓜）	万吨	5.32	0.23	0.35	3.69	0.38	0.19	0.37	0.06	0.05
畜牧业										
四肉类总产量	万吨	42.37	8.35	3.99	4.42	3.76	4.25	3.44	10.16	4.00
猪肉	万吨	33.91	7.20	3.07	3.35	3.12	3.18	2.64	8.30	3.06
牛肉	万吨	4.00	0.46	0.41	0.52	0.35	0.56	0.31	0.99	0.40
羊肉	万吨	0.93	0.05	0.05	0.03	0.04	0.05	0.07	0.45	0.20
禽肉	万吨	3.52	0.64	0.47	0.52	0.26	0.46	0.42	0.42	0.34
鸡肉	万吨	3.19	0.61	0.43	0.46	0.22	0.39	0.38	0.38	0.30
禽蛋产量	万吨	3.26	1.19	0.46	0.10	0.14	0.20	0.21	0.38	0.58
鸡蛋	万吨	3.16	1.18	0.44	0.09	0.13	0.19	0.19	0.37	0.57
年末存栏数										
猪	万头	330	54	32	34	31	34	28	85	31

续上表

指标名称	单位	毕节市	七星关区	大方县	黔西县	金沙县	织金县	纳雍县	威宁县	赫章县
牛	万头	93	11	9	12	7	12	7	24	10
羊	万只	81	5	4	2	4	4	6	38	17
家禽	万羽	1727	296	247	220	121	261	200	194	188
活鸡	万只	1571	281	217	213	108	216	183	176	176
当年出栏头数										
猪	万头	378	82	35	38	35	36	30	86	35
牛	万头	31	4	3	4	3	4	2	8	3
羊	万只	56	3	3	2	2	3	4	27	12
家禽	万羽	2068	375	275	304	153	268	247	247	201
活鸡	万只	1869	361	253	273	131	227	224	225	177
规模以上工业										
规模以上工业增加值增长速度	%	10.5	7.7	12.3	13.3	12.6	13.5	10.5	10.6	11.3
规模以上工业总产值	亿元	964.42	95.59	61.01	79.76	170.43	70.91	193.82	109.86	34.36
主要工业产品产量										
#水泥	万吨	1334.9	171.0	164.7	96.3	264.4	107.3	186.5	130.7	50.0
软饮料	万吨	76.6		0.2	8.1		0.5	56.5	2.5	0.4
服装	万件	900.3				291.0	212.5	149.5		171.3
固定资产投资增长速度	%	12.0	16.5	−2.6	1.7	5.9	5.5	13.7	16.9	13.9
建筑业总产值	亿元	103.44	52.22	1.57	5.04	2.14	4.34	6.77	13.66	17.39
商贸										
社会消费品零售总额	亿元	384.58	108.01	31.90	38.74	42.51	35.70	31.95	40.67	25.32
限额以上消费品零售额	亿元	155.77	74.98	7.71	9.79	9.66	9.90	7.48	5.30	3.03
批发业销售额	亿元	432.23	238.41	27.93	28.06	30.82	30.42	13.99	32.89	21.87

续上表

指标名称	单位	毕节市	七星关区	大方县	黔西县	金沙县	织金县	纳雍县	威宁县	赫章县
零售业销售额	亿元	595.22	149.22	57.19	58.58	62.19	60.32	54.05	62.43	52.47
住宿业营业额	亿元	9.58	3.07	0.85	0.93	0.60	1.06	0.79	0.95	0.78
餐饮业营业额	亿元	70.16	13.73	7.12	7.57	8.50	7.98	6.75	7.58	6.75
财政、税收、金融										
一般公共财政预算收入	亿元	130.11	26.58	6.22	9.02	20.35	10.55	9.05	12.22	4.78
一般公共财政预算支出	亿元	574.83	91.47	50.93	39.23	54.75	60.72	51.02	74.10	41.19
税收收入	亿元	219.38	82.21	12.10	15.74	36.14	22.27	13.26	18.58	9.14
金融机构人民币存款余额	亿元	1911.69	652.16	206.01	214.35	161.93	214.98	137.46	189.33	135.47
住户存款	亿元	1057.89	273.42	132.63	122.13	113.48	132.78	87.95	111.48	84.00
金融机构人民币贷款余额	亿元	1581.43	479.24	147.47	188.25	157.24	196.83	129.65	180.30	102.45
住户贷款	亿元	669.06	198.80	78.22	68.04	55.44	67.59	54.31	83.44	63.22
人民生活										
城镇居民人均可支配收入	元	29888	31642	28800	29414	31669	28854	29105	28748	28584
城镇居民人均消费支出	元	17168	18017	16367	17694	17009	14978	18343	16969	17948
农村居民人均可支配收入	元	9354	9489	9469	9473	10396	9371	8852	9324	8812
农村居民人均消费支出	元	8920	9154	9036	9409	9828	8043	8842	8842	8710
文化、广电、旅游、卫生和教育等										
公共图书馆										
图书藏量	万册	159.94	9.00	9.48	9.03	12.70	8.27	69.04	6.00	2.91
古籍藏量	册	1937	1907						30	
报刊藏量	件	76247	3360	7000	16511	241	640	45	2000	7920
视听文献藏量	件、套	9502	960	1369	988			185	1000	
电子图书	万册	72.37	5.48	10.50	7.67	10.00	10.00	2.02	2.50	5.43

续上表

指标名称	单位	毕节市	七星关区	大方县	黔西县	金沙县	织金县	纳雍县	威宁县	赫章县
总流通人次	万人次	160.87	5.38	16.10	11.48	23.07	46.76	1.34	5.50	3.69
书刊文献外借	万人次	40.21	2.29	6.53	10.16	0.21	12.01	1.15	0.06	2.17
书刊文献外借册次	万册次	83.25	4.26	15.54	11.61	0.52	29.17	0.94	0.15	1.84
电视综合覆盖覆盖率	%	95.12	95.09	94.47	94.39	95.00	96.46	96.37	94.35	95.00
农村电视综合覆盖率	%	95.06	95.09	94.42	94.37	95.00	96.43	95.99	94.32	95.01
广播综合覆盖覆盖率	%	92.04	89.70	90.64	89.02	95.00	96.44	93.17	91.73	92.43
农村广播综合覆盖率	%	92.01	89.59	90.61	89.00	95.00	96.41	93.14	91.47	92.43
国内旅游总人数	万人次	10445.39	1649.78	1086.44	2318.25	844.29	1475.05	731.59	796.22	899.53
入境旅游人数	人次	13284	938	1534	776	827	7177	130	1365	289
国内旅游收入	亿元	937.12	136.89	101.42	183.73	87.17	130.73	51.78	124.52	75.06
卫生机构个数	个	4920	707	650	581	502	694	525	711	550
卫生机构床位数	张	38104	9199	5341	3872	3283	4644	3066	4532	4167
卫生技术人员	人	32477	7202	4210	3675	3507	3218	3141	4476	3048
执业（助理）医师	人	10321	2374	1321	1168	1176	1112	913	1350	907
注册护士	人	15220	3472	1891	1694	1512	1429	1449	2165	1608
幼儿园数	所	2085	439	81	302	224	157	241	256	298
幼儿园在园人数	万人	30.08	5.11	2.79	3.15	2.16	3.76	3.26	4.75	3.76
幼儿园教职工数	万人	2.23	0.45	0.23	0.32	0.24	0.23	0.15	0.15	0.34
#专任教师数	万人	1.43	0.29	0.14	0.18	0.13	0.15	0.11	0.12	0.22
小学学校数	所	1660	302	165	124	86	206	211	326	153
小学在校学生数	万人	82.32	14.72	7.80	7.02	6.16	9.69	9.34	15.81	8.56
小学教职工数	万人	4.31	0.74	0.39	0.36	0.40	0.44	0.56	0.80	0.44
#专任教师数	万人	4.01	0.70	0.38	0.34	0.35	0.43	0.43	0.78	0.43

续上表

指标名称	单位	毕节市	七星关区	大方县	黔西县	金沙县	织金县	纳雍县	威宁县	赫章县
普通中学学校数	所	464	99	46	57	31	46	45	71	47
普通中学在校学生数										
初中	万人	43. 13	8. 25	3. 80	3. 24	2. 96	4. 92	4. 65	9. 59	4. 33
高中	万人	21. 04	4. 97	2. 12	1. 58	1. 21	2. 40	1. 77	4. 62	2. 11
普通中学教职工数	万人	4. 54	0. 93	0. 44	0. 42	0. 34	0. 48	0. 49	0. 83	0. 48
专任教师数	万人	4. 14	0. 84	0. 42	0. 36	0. 28	0. 46	0. 41	0. 80	0. 45
初中	万人	2. 52	0. 45	0. 23	0. 24	0. 19	0. 28	0. 30	0. 51	0. 23
高中	万人	1. 62	0. 39	0. 19	0. 12	0. 09	0. 18	0. 12	0. 29	0. 22
邮政业业务收入	亿元	5. 50	2. 31	0. 50	0. 50	0. 33	0. 53	0. 45	0. 49	0. 39
快递业务收入	亿元	2. 44	1. 49	0. 16	0. 12	0. 12	0. 14	0. 14	0. 18	0. 09
电信业务收入	亿元	37. 71	8. 74	4. 12	4. 15	3. 49	4. 31	3. 53	5. 89	3. 49
快递业务量	万件	1378. 50	900. 61	94. 38	58. 86	51. 75	92. 15	70. 91	72. 79	37. 06
移动电话	万户	567. 38	130. 61	89. 85	56. 57	56. 23	61. 32	56. 46	54. 33	62. 00

注：1. 指标数据由各相关部门提供。

2. 部分分县数据不等于市的原因是不含百里杜鹃、金海湖区数据或分级测算。

3. 规模工业统计口径为全部年主营业务收入 2000 万元及以上的工业企业。

4. 固定资产投资统计口径为计划总投资 500 万元及以上的固定资产项目投资和房地产开发项目投资。

索　引

使用说明

一、本索引采用内容分析索引法，按索引要目汉语拼音字母顺序排列。

二、索引标目后的数字表示内容所在的页码。

数字

A

D

F

G

H

J

K

L

M

N

P

Q

R

S

T

W

X

Y

Z

图书在版编目(CIP)数据

毕节年鉴.2019/中共毕节市委党史研究室(毕节市地方志编纂委员会办公室)编.—北京:方志出版社,2019.10

ISBN 978-7-5144-3908-3

Ⅰ.①毕… Ⅱ.①中… Ⅲ.①毕节—2019—年鉴
Ⅳ.①Z527.33

中国版本图书馆 CIP 数据核字(2019)第 290124 号

毕节年鉴(2019)

编　　者:中共毕节市委党史研究室(毕节市地方志编纂委员会办公室)
责任编辑:黄　彦

出 版 者:方 志 出 版 社
地址　北京市朝阳区潘家园东里 9 号(国家方志馆四层)
邮编　100021
网址　http://www.fzph.org
发　　行:方志出版社图书经销中心
电话(010)67110500
经　　销:各地新华书店
印　　刷:成都现代印务有限公司

开　　本:889×1194　1/16
印　　张:44
字　　数:1116 千
版　　次:2019 年 12 月第 1 版　　2019 年 12 月第 1 次印刷
印　　数:0001~1000 册

ISBN 978-7-5144-3908-3　　定价:180.00 元

纳雍土鸡养殖扶贫产业

源生牧业
YUAN SHENG MU YE

纳雍县是国家级贫困县，2017年年底全县建档立卡贫困户12.64万人。如何壮大县域经济，帮助农民增收致富，实现全面建成小康社会宏伟目标。纳雍县因地制宜，探索多渠道、多元化精准扶贫新路径，在充分调研的基础上提出全县范围内大力发展土鸡养殖扶贫产业，力争把土鸡生态养殖产业发展为扶贫攻坚主导产业之一。

发展土鸡养殖产业周期短、见效快、效益好，是一项能有效提高农民收入的富民产业。纳雍县具有优质的种源、优越的自然条件、良好的生态环境和较好的交通区位优势，发展土鸡养殖产业具有得天独厚的地理条件。为贯彻落实省政府办公厅印发《贵州省发展生态家禽产业助推脱贫攻坚三年行动方案（2017—2019年）》文件精神，毕节市委、市政府和纳雍县委、县政府对发展土鸡养殖产业极为重视，明确提出要加快发展以家禽业为重点的畜牧养殖产业，调整和优化农业农村经济结构，切实提高农民收入，实现贫困人口全部脱贫与全国同步全面建成小康社会目标。因此，纳雍县委、县政府经多方论证，反复研究后，决定实施3000万羽土鸡全产业链建设项目。

纳雍土鸡包括乌蒙乌骨鸡和威宁鸡两个品种，是当地群众千百年来在放牧中经自然和人工选择而形成的肉蛋兼用型优质地方鸡种，具有耐粗饲、抗寒、抗湿、肉质鲜美、蛋大壳厚和蛋黄品质良好等特点。纳雍土鸡养殖采取独特的高原生态放养模式，吃五谷杂粮、尝百草、饮甘露、寻觅林间昆虫，循天道而自然生长，其肉蛋是地道山中珍品。

荣誉证书

贵州纳雍源生牧业股份有限公司

产品名称：“乌蒙乌骨鸡”

被评为贵州省十大优质特色禽产品

注：此证书有效期三年（2017年12月至2020年12月）

贵州省畜牧兽医学会

2017年12月

特授予 贵州纳雍源生牧业股份有限公司

中国森林食品原材料认证基地

基地名称：土鸡生态放养（纳雍）基地

认证编号：D-1-000063

许可期限：2017.10.20至2020.10.19

中国林业生态发展促进会

China Eco Development Association

作者简介：

黄苇，毕业于贵州民族学院艺术系美术专业（现贵州民族大学美术学院）。贵州工程应用技术学院美术专业教师、贵州省美术家协会会员、毕节市美术家协会副主席、副秘书长。

▲ 大河的春天

▲ 秋染德溪

▲ 青花－红果

▲ 一串红